GEORGETTE LEBLANC

DU MÊME AUTEUR
CHEZ LE MÊME ÉDITEUR

Ysaye, le dernier romantique, biographie,1989.

Mademoiselle Bovary, roman, 1991.

Ivresse dans l'après-midi, récit, 1991.

Colonel Lawrence, roman-essai, 1992.
(coédition Jean-Michel Place, Paris)

Ton fils se drogue, récit, 1993.

Le choix de Satan, roman, 1995.

CHEZ D'AUTRES ÉDITEURS

La Terre était ici, roman, Kesselring, Paris, 1978.

L'adieu des industriels, roman, Kesselring, Paris, 1980.

L'ami des Ambrosiens, roman, Editions Opta, Paris, 1981.

La Croisière-Einstein, roman (co-auteur Ph. Cousin),
Editions Stock, Paris, 1983.

Le Florentin, le roman de Dante, Editions Stock, Paris, 1985.

Eugène Ysaye, biographie, Belfond, Paris, 1989.

Mademoiselle Bovary, roman, Belfond, Paris, 1991.

Mademoiselle Bovary, roman (traduit en castillan par Manuel Serrat Crespo),
Emecé Editores, Barcelone, 1993.

Maxime Benoît-Jeannin

Georgette Leblanc

(1869-1941)

Biographie

LE CRI

EDITION

Distributions exclusives :

France
Dilisco
122, rue Marcel Hartmann
F-94200 Ivry-sur-Seine
Tél. : 49 59 50 50
Fax : 46 71 05 06

Diffusion C.E.D. **France**
73, Quai Auguste Deshayes
F-94200 Ivry-sur-Seine
Tél. : 46 58 38 40
Fax : 46 71 25 59

Canada
Les Messageries ADP
1261-A, Rue Shearer
Montréal, Québec, H3K 3G4
Tél. : (514) 523-1182
Fax : (514) 939-0406

Suisse
« L'Âge d'Homme »
10, rue de Genève (c.p. 67)
CH-1000 Lausanne 9
Tél. : 21 312 00 95
Fax : 21 320 84 40

Belgique
Presses de Belgique
Boulevard de l'Europe, 117
B-1301 Wavre
Tél. : 010/42 03 20
Fax : 010/41 20 24

Autres
Le Cri
Rue Guillaume Stocq, 43
B-1050 Bruxelles
Tél. : 32 (0) 2/646 65 33
Fax : 32 (0) 2/646 66 07

Catalogue sur simple demande.

ISBN 2-87106-197-1

Imprimé en Belgique
D/1998/3257/05
(Cet ouvrage a été publié avec l'aide de la Communauté française de Belgique.)

REMERCIEMENTS

Je pourrais raconter l'histoire de la réalisation de ce projet. Elle en vaut la peine. Maintenant, je me contenterai de remercier certains de ceux qui, de près ou de loin, les vivants et les morts, m'ont aidé volontairement ou involontairement à terminer la première biographie de Georgette Leblanc.

Je commencerai par Madeleine-Octave Maus et Michel Cournot. L'une et l'autre surent m'intriguer et me porter vers Georgette. La femme de Maus avait tracé dans ses mémoires un très beau portrait de G.L., jeune cantatrice exilée à Bruxelles. Cournot rendant compte dans *Le Monde* de je ne sais plus quelle pièce de Maeterlinck, parla, à côté de l'œuvre, des extraordinaires *Souvenirs* de la compagne de Maeterlinck.

Chronologiquement, celles et ceux à qui je fis partager ma passion naissante ne furent pas si nombreux mais ils m'étaient très proches à bien des titres. Ma compagne d'alors, Geneviève Herquel ; mon vieux complice en scénarios demeurés à l'état de rêves de papier, le réalisateur suisse Michel Jakar, lequel, aussi atypique que moi, vit et travaille à Bruxelles. La troisième personne qui m'écouta fut Françoise De Paepe. Elle dirigeait la librairie de cinéma *Le Bateau-livre*. Françoise m'offrit bientôt une carte postale de Georgette Leblanc. Par ce geste, elle inaugura une collaboration de documentaliste bénévole, qui dura plusieurs années. Férue de littérature et de cinéma, cette jeune femme très cultivée n'a pas sa pareille pour vous éplucher un index. Ainsi me débroussailla-t-elle gracieusement — de citations en citations du nom de G.L. — quantité de pistes que j'aurais mis beaucoup plus de temps à explorer, si elle ne s'en était pas mêlée. D'autre part, elle fut toujours une interlocutrice attentive à mes questionnements, mes hypothèses, mes découvertes. Grâce à elle, la solitude de qui ne travaille pas en milieu universitaire me fut épargnée. Une de ses amies, Mlle Josée Mies me prêta plusieurs livres rares de sa bibliothèque. Recevant dans sa librairie de nombreux

Parisiens, Françoise me présenta à Renée Lichtig, de la Cinémathèque française, dont justement une des amies, Mme Saunier, avait, dans sa jeunesse, souvent entendu parler de G. L. C'est par elle que j'appris que la Bibliothèque Marguerite-Durand avait constitué un important dossier sur G.L. Mme Annie Dizier, la bibliothécaire, a bien voulu m'en envoyer une copie, ce dont je la remercie encore. Les précisions apportées par Mme Saunier — qui mobilisa sa sœur et son frère — m'ont également permis de reconstituer un épisode de la vie de G.L., qui, sans son aide, eût été fort obscur. De menus faits stimulent l'imagination, les plus infimes détails comptent. Quand les documents ne foisonnent pas, qu'il est impossible de s'appuyer sur des travaux antérieurs parce qu'il n'en existe pas, le biographe s'apparente au détective. Le dernier tuyau de Françoise De Paepe, et non le moindre, fut celui-ci : Mme Marie-Ange L'Herbier, fille de Marcel L'Herbier, vivait à Neuilly. Il était possible de la joindre. J'eus en effet le plaisir de rencontrer Marie-Ange L'Herbier, qui voulut bien me confier des lettres et des photographies de G.L. Les lettres m'ont été extrêmement utiles. J'ai déjà eu l'occasion de dire à la fille du grand cinéaste à quel point sa confiance me touchait. J'en profite pour le répéter ici-même.

C'est simplement parce que la place m'est mesurée que je dois abandonner maintenant Françoise De Paepe, avec le remords de ne pas avoir suffisamment honoré ses mérites.

En découvrant G.L., j'apportais à Michel Jakar un personnage de fiction. Il fut un temps question d'un film. Nous n'avions pas froid aux yeux. À côté de la recherche de documents, il y eut l'écriture d'un premier scénario auquel Jakar et moi collaborâmes. Georges Dumortier, qui dirigeait alors le service « Musique » de la RTBF, nous aida dans la mesure de ses moyens. Benoît Jacques de Dixmude, son successeur, fit de son mieux, mais cette première aventure qui aurait lancé, en cas de succès, G.L., héroïne fin de siècle, sur les écrans de la télévision, s'enlisa.

Dans la recherche active de documents et d'argent pour avancer — écrire de quoi convaincre un éditeur et/ou un producteur —, je reçus un léger apport, une minuscule bourse d'écriture divisée par deux, mais qui, je dois le dire, fut le premier signe d'un intérêt venant d'instances officielles belges. De M. Marc Quaghebeur nous reçûmes l'équivalent financier d'une tape amicale sur l'épaule avant d'affronter la pluie battante dans la nuit obscure. C'est par Mme Nicole Leclercq que je rencontrai le chercheur Fabrice van de Kerckhove, des Archives & Musées de la Littérature, véritable érudit, qui m'apporta, avec sa discrétion coutumière, maints renseignements, autant de clés qui ouvrirent des portes fermées depuis longtemps à double tour. Mais peut-être devrais-je en profiter dès maintenant pour citer les autres personnes aimables des A. & M. L. : Nicole Leclercq, bien sûr, Jean Danhaive, à qui j'eus le plus souvent affaire, et qui m'ouvrait la porte de « l'armoire de Georgette ».

Jacques Derouard, auteur normand de la première biographie de Maurice Leblanc, m'a épargné bien des tâtonnements. Sa vie « autorisée » de Maurice est si terne qu'il a été contraint de lui annexer des fragments de celle de G.L. Il livre toutes ses sources avec une franchise et une honnêteté dont je lui sais gré.

Je rencontre dès juin 1990 Claude Labarre. Septuagénaire très alerte, jeune d'allure, ce conteur intarissable et collectionneur fabuleux a rempli sa Vieille-Église d'objets et de livres rares. Il a surtout conservé une caisse remplie de brouillons, de lettres, de textes, de documents et de photos, un trésor inestimable abandonné par Georgette dans le phare de Tancarville, si inestimable d'ailleurs que je ne peux l'acheter au prix où Claude Labarre veut le vendre. M. Labarre a connu Georgette Leblanc avant-guerre, lorsqu'elle habitait le phare et le château de Tancarville. La cantatrice avait fait de lui, alors jeune garçon, son « page ». Je ne suis pas venu seul à Tancarville. Michel Jakar et Nicole Leclercq m'accompagnent. Pendant que nous écoutons les récits de Claude Labarre, les documents sont dispersés sur la grande table de la cuisine et je note frénétiquement tout ce qui me tombe sous les yeux. Labarre est caustique, acerbe, drôle, touchant même, tout ce qu'on voudra mais il ne veut rien lâcher. Il faudra revenir, discuter. Nicole Leclercq aura l'idée géniale de proposer l'affaire aux Archives & Musée de la Littérature.

En juillet, mon amie Ida Lounsky et moi emmenons Fabrice van de Kerckhove à Tancarville, à charge pour lui de négocier le « trésor » de Georgette. (Nous deux, nous commençons à bien connaître le pays. Nous y sommes déjà venus en avril repérer le phare et la maison où vit Claude Labarre, qui était absent.) Les palabres avec Claude Labarre recommencent. Le soir, nous rentrons à Lillebonne et, le lendemain, nous repartons en direction de la Vieille-Église où nous déposons notre ami.

Dans le courant de l'été, suite à une information donnée par Fabrice, Michel Jakar et moi nous nous rendons chez le collectionneur Carlo De Poortere, qui possède la correspondance intime de Maurice Maeterlinck et Georgette Leblanc. M. De Poortere nous laisse consulter à notre guise ses précieux autographes contenus dans de grands livres reliés de cuir.

J'y retourne seul quelques semaines plus tard. Je copie tant que je peux ou j'enregistre, lisant phrase après phrase. Puis en automne, c'est Geneviève Herquel qui me seconde dans le dépouillement et la copie de la correspondance Maeterlinck/Leblanc et lettres annexes...

À l'automne, M. Claude Leblanc m'accorde un rendez-vous à Paris. Il me reçoit un après-midi. Très honnêtement, il m'avoue avoir peu connu sa tante. Ses souvenirs sont ceux d'un enfant. Un peu plus tard d'un jeune homme qui a vu les choses de loin. Plutôt que de m'égarer, il me remet un document précieux : la correspondance dactylographiée de Georgette et Maeterlinck. Certaines de ces lettres ont été publiées dans *Souvenirs* mais la plupart sont inédites. Elles me permettront en tout cas de contrôler les copies — parfois télégraphiques — que j'ai dû faire des pièces de la collection Carlo De Poortere. Claude Leblanc est terriblement sympathique. Je garde l'image d'un vieil homme charmant, très ému que je veuille écrire la biographie de G.L. dont il parle d'une manière sensible et intelligente. Reçu récemment par Mme Marie Leblanc, sa veuve, et Mme Florence Boesflug-Leblanc, leur fille, qui m'offrent quelques photographies rares, je constate à quel point le souvenir de Georgette est encore vivant dans la mémoire de Mme Leblanc. Je sens que, véritablement, pour elle, sa nièce par alliance — qui avait vingt ans à l'époque —, Georgette est toujours l'enfant terrible de la famille. J'écoute avec d'autant plus d'attention cette dame de quatre-vingt-huit ans qu'elle est aujourd'hui, avec Claude Labarre, l'un des rares témoins encore vivants à avoir parlé à Georgette, à l'avoir écoutée, à avoir vu Monique et Margaret. Mme Leblanc ignore à quel point cela m'est réconfortant. Ces quelques mots que nous échangeons me ramènent dans la vie. Il n'y a plus seulement des photographies, des documents, des livres, des lettres, du papier manuscrit ou imprimé, il y a le regard et la mémoire d'une femme qui se souvient d'une autre femme. G.L. est moins lointaine. Elle est bien du XXe siècle.

Je rencontre, également à Paris, une autre dame, Mme Hélène Boson, qui fut la secrétaire occasionnelle de l'acteur Roger Karl. C'est une Parisienne typique, qui se souvient très bien d'avoir aperçu Georgette Leblanc avant-guerre. Un jour qu'ils se promenaient ensemble, Karl lui désigna de loin son ancienne amie. Et Mme Boson a ce mot : elle ressemblait à une pauvresse. De ces rares témoins qui ont vu G.L., elle est la moins intéressante, car elle a surtout conservé en mémoire — et pour cause — l'image d'un Roger Karl plus que centenaire.

À Bruxelles, je croise l'artiste Maja Polackova. Elle me demande où j'en suis avec G.L. Elle a lu les mémoires de Claire Goll, *À la poursuite du vent.* Claire Goll y évoque brièvement G.L. mais en termes très chaleureux. Je suis né à Saint-Dié comme Yvan Goll. J'ai même joué enfant dans les ruines de sa maison natale. J'écris à la Médiathèque municipale de Saint-Dié. La responsable du fonds Goll, Mme Marie Cuny, me le confirme : la médiathèque possède bien quelques lettres de G.L. à Claire et Yvan Goll. Elle s'empresse de m'en envoyer des copies.

Jean-Luc Outers, qui s'occupe encore des destinées du cinéma belge, nous écoute avec attention. Une bourse nous sera octroyée ; elle nous permettra d'écrire le scénario de film dont nous rêvons, la télévision ayant pour sa part renoncé...

Grâce à la documentation amoncelée depuis bientôt deux ans, j'écris. Fin 1991, je tombe d'épuisement. Une vie personnelle devenue effroyablement compliquée depuis des années a sapé ma résistance. Ida Lounsky me sauve la vie. Encore malade, je suis interviewé dans le foyer du Théâtre Royal de la Monnaie par Claire Alby, qui s'occupait alors d'une émission de télévision sur l'opéra européen, coproduite en Belgique par Yves Swennen. Je parle longuement de G.L. Cette séquence ne sera jamais diffusée. Le scénario écrit en collaboration avec Jakar suit son cours. En ce qui concerne la biographie, les éditeurs contactés se sont défilés les uns après les autres.

Deux ans plus tard, Jean-Luc Outers passé à la Promotion des Lettres arrive à la rescousse. Grâce à sa compréhension je peux désormais travailler sérieusement à la biographie de G.L. Christian Lutz, du Cri, assurera l'édition.

Le film ne se fera pas. Trop grand, trop ambitieux, trop cher.

Cependant, le deuxième objectif que je me suis fixé est atteint.

J'ai tenu. À force, la Bibliothèque Albert Ier, et ses différents départements — manuscrits, périodiques, réserve précieuse, musicologie — est devenue ma deuxième maison, avec le Center for American Studies dont les responsables, Mme Francine Lercangée et son assistante Mme Myriam Lodeweyckx ont tout fait pour me faciliter la tâche. Certains ouvrages que ne possédait pas l'Albertine ont pu être consultés à la Bibliothèque universitaire de Strasbourg. Dans cette ville, j'ai joui de l'impeccable hospitalité de mes amis Alain Fort et Chantal Schneider.

J'ai terminé la biographie de G.L. Les vicissitudes conspirant, si je puis dire, à m'en empêcher, j'ai été admirablement aidé par ma compagne Ida Lounsky. Sans sa vigilante présence, l'insécurité morale dans laquelle une telle tâche vous maintient forcément, je n'y serais pas encore parvenu. Je lui dois donc des excuses pour mes incessants discours dont le principal sujet était G.L. Comme si pendant ces quatre dernières années, une troisième personne avait été constamment présente près de nous. Je n'ose même plus la nommer.

Au reste, on peut s'étonner qu'un auteur consacre tant d'années à ressusciter une femme hors du commun, mais qui n'a pas été à proprement parler un écrivain, ou plutôt qui a été davantage, ayant mis un peu de son talent dans ses livres et beaucoup de son génie dans sa vie, ce qui sied bien à celle qui a connu Oscar Wilde. Me trouvant à Annecy en octobre 1996, découragé par des événements extérieurs à ce livre mais qui me touchaient au plus près, je me suis demandé si ce n'était pas la tâche la plus vaine à laquelle je m'étais adonné dans toute mon existence. La lecture d'un petit livre, qui faisait d'ailleurs partie de ma bibliographie, me redonna confiance. Il s'agit de *Nocturne* de Gabriele D'Annunzio traduit et présenté par Jean-François Bory. Dans sa postface, Bory, qui était loin d'être un inconnu pour moi, racontait la naissance et le développement d'une passion assez semblable à la mienne. Mais contrairement à moi, son titre le disait assez *(Dix-sept façons de rater un livre sur D'Annunzio)*, il n'avait pas écrit la biographie de son personnage obsédant. Je consacre un chapitre entier aux relations entre G.L. et D'Annunzio. J'étais au bord d'un lac alpin. Si j'avais voulu, le lendemain j'étais à Gardone. J'ai hésité, puis renoncé. Mais anxieux d'avoir peut-être raté des documents exceptionnels sur la présence de G.L. à Gardone, peu de temps avant la fin de mon travail, j'ai écrit à la Fondation « Il Vittoriale degli Italiani ». Je dois donc remercier encore madame le professeur Annamaria Andreoli et les Archives de la Fondation pour m'avoir envoyé une trentaine de lettres de G.L. à D'Annunzio, parmi lesquelles une, très belle, sur le *Nocturne*. J'ai failli téléphoner à Bory, afin qu'il sache que je terminais, moi, la biographie de G.L., et que sa postface m'avait été un encouragement. Car il y citait cette phrase de Dominique Noguez, qui m'avait remonté le moral : « Être auteur, c'est ne pas dissocier les deux fonctions : création et mise en valeur des autres », et il ajoute (ajoute Bory) « qu'écrire vraiment, c'est être les deux à la fois, et qu'en particulier n'écrire jamais sur ses prédécesseurs, ou ses contemporains, est le signe d'un petit esprit ».

Maxime Benoît-Jeannin

« Je trouvais passionnant d'incarner des héroïnes sur les planches, mais combien m'apparaissait plus beau un simple rôle sur la terre ! »

Georgette Leblanc

PREMIÈRE PARTIE
(1869-1893)

Libre et déclassée

« On ne guérit jamais de son enfance. »
Léon-Paul Fargue.

« — Tu tiens donc à être libre?
— Oui.
— Pour quelles raisons?
— Pour les mêmes que toi, et pour d'autres que je ne m'explique pas bien, mais qui sont très anciennes déjà, qui m'ont toujours remuée (...) Je veux être heureuse à ma façon, choisir ma vie et la choisir librement. »
Maurice Leblanc.

« À Paris, il y a des cafés où l'on ne sert rien aux femmes seules. Elles sont obligées de dire qu'elles attendent un homme (...). Hier, une actrice du Théâtre d'Art, au café Weber, qui attendait depuis des heures sur sa banquette avec une autre femme, a profité de notre sortie pour sortir aussi ; et elle a prié Schwob de faire le simulacre de la reconduire à une vague voiture. »
Jules Renard.

Sous le signe de Flaubert

Elle naît à Rouen, le 8 février 1869 à une heure et demie du matin. À cette époque, le grand homme de la ville est Gustave Flaubert qui, en s'inspirant d'un fait divers local, a écrit le chef-d'œuvre de l'école réaliste européenne. Si bien que le nom de l'auteur de *Madame Bovary* devient vite familier à cette fille de bonne bourgeoisie. Mais c'est d'abord par un mystère angoissant que l'enfant est initiée toute petite à l'univers de Flaubert. Près de l'église Saint-Patrice, une pharmacie attire ses regards. La silhouette d'une dame lui apparaît à travers la vitrine. La fillette a déjà entendu sa mère parler en termes voilés de la femme du pharmacien. Un jour d'affluence, elle entre dans l'officine et a le bonheur de voir de près cette dame habituellement discrète au point de se cacher dans l'arrière-boutique lorsque retentissait la sonnette de la porte. Au comptoir, l'enfant blonde remarque surtout les mains blanches de la belle personne. À la lumière de la bougie, elle les regarde devenir « toutes roses et bordées de lumière ». Dehors, Mme Leblanc prononce cette phrase énigmatique :

— Nous avons vu la fille de Mme Bovary.[1]

Georgette n'oublie pas ce nom. Un après-midi, elle le déchiffre sur la couverture d'un livre abandonné par sa gouvernante. L'éducatrice des filles Leblanc a occulté certaines pages de l'ouvrage toujours réputé scandaleux. N'outrepassant pas l'interdit, Georgette feuillette les passages permis à son éventuelle curiosité et ne comprend pas grand-chose à la vie d'Emma. La fin du roman lui donne cependant un frisson particulier. L'avenir de Berthe s'annonçait sinistre. Flaubert, on s'en souvient, lance dans une phrase laconique que l'orpheline, recueillie par une tante trop pauvre pour l'élever, est contrainte par celle-ci de travailler dès son plus jeune âge dans une filature de coton. Aussi, lorsque Georgette passe maintenant devant la pharmacie proche de l'église Saint-Patrice, ressent-elle une émotion spéciale. Elle aime la dame aux « mains longues et blanches », l'orpheline qui ne put trouver meilleur parti qu'un apothicaire afin d'échapper à la misère de la condition ouvrière. Ironie de la vie à laquelle Flaubert lui-même n'avait

---

[1] Georgette LEBLANC, *Un Pèlerinage au pays de Madame Bovary*, Librairie E. Sansot, 1913.

pas pensé ! Quand il meurt en 1880, son exemple constitue déjà un recours inépuisable pour des générations d'écrivains. Bovarysme et flaubertisme vont de pair. Couvertes par la presse parisienne, ses obsèques dans une église proche de Croisset et son inhumation au cimetière monumental de Rouen suivies par une foule d'hommes de lettres, sont au centre de toutes les conversations. À onze ans, Georgette, qui aime déjà chanter, sait que la gloire existe.

Au sein des familles bourgeoises de la seconde moitié du XIXe siècle, les arts sont pratiqués pour le divertissement et la distinction qu'ils apportent. Il arrive parfois que les enfants prennent au sérieux ce que les parents affectent seulement de respecter pour la galerie. Mais les parents ne sont pas inquiets. Eux aussi ont connu leur période de désaccord avec la famille, la société et le monde, quand, dans leur jeunesse, ils se sont mis subitement à croire que les arts et la religion — en France, bien entendu catholique — pouvaient apporter des réponses aux questions posées par l'existence, ou qu'ils étaient supérieurs à l'argent, à l'économie, à la sécurité matérielle, au profit, notions avec lesquelles, à partir d'un certain âge, il convient de ne plus plaisanter.

La « crise » terminée, les enfants deviennent à leur tour raisonnables. Cela se passe au moment de l'entrée dans la vie, l'époque des fiançailles pour les filles, celle du choix d'une situation pour les garçons qui « ont fait leur Droit ». Cependant — cela arrive —, le fils ou la fille sur qui l'on comptait pour prolonger un nom respecté dans les affaires ou l'industrie, contracter des alliances ouvrant sur plus de fortune encore, s'accrochent à leurs chimères, n'en démordent pas de vivre à leur guise, et font, comme on ne cesse de le leur reprocher, « le malheur de leurs parents ». Georgette Leblanc est une de ces enfants perdues.

La « ravisée »

Comme celle de Flaubert, la famille de Georgette Leblanc était prospère, catholique et peu prolifique. Une fille Jehanne, née le 7 octobre 1863, un garçon, Maurice, qui vit le jour un an plus tard, le 11 décembre 1864, suffirent jusqu'en 1869 au bonheur de Blanche (née Brohy) et d'Émile Leblanc, bourgeois aisés, grâce à la fortune personnelle de l'épouse et au travail du mari. Comme il se devait dans ce milieu, Émile avait treize ans de plus que Blanche. Au départ simple négociant, en s'associant à la maison Charlemaine, il devint armateur, et l'essor de son entreprise se poursuivit.

Georgette fut longtemps tenue à l'écart par sa sœur et son frère aînés. Ils se suffisaient à eux-mêmes et se méfiaient de cette « ravisée », comme on disait en Normandie. En effet, si Blanche n'était âgée que de vingt-six ans quand elle accoucha de Georgette, elle avait épousé Émile en 1861, à dix-huit ans, leurs deux premiers enfants naissant deux ans après le mariage à quatorze mois d'intervalle. La durée assez longue — presque cinq ans — précédant l'apparition de Georgette laisse penser à un « accident », le couple ne souhaitant pas un troisième enfant. Qui peut affirmer, en effet, que cette nouvelle naissance signifiait un regain d'amour entre les parents, des personnes davantage alliées par les contrats notariaux qu'unies par la loi du désir ? À soixante ans, écrivant ses *Souvenirs*, Georgette Leblanc éprouva le besoin de rappeler les conditions de sa naissance. Son *Histoire de ma vie* — manuscrit inédit [2] — est encore plus accusatrice : « On ne

[2] Archives et Musée de la Littérature, Bruxelles.

voulait pas de moi. Les deux aînés étaient depuis longtemps en pension, on avait donné la layette et le berceau. J'étais une intruse et comme on repousse une pensée désagréable, on repoussa l'idée de ma naissance. On ne chercha pas un nom, on ne fit pas venir de nourrice, on ne songea point à bercer, à vêtir, à nourrir l'enfant qui allait venir et quand, par une frigide aube de février, je poussai mon premier cri, la servante m'enveloppa dans son tablier, me déposa dans son lit et s'en fut chercher une nourrice. » Du vivant de sa mère, elle dut saisir des reproches, écouter des confidences, surprendre des potins de domestiques, ou assister simplement à une scène révélatrice entre ses parents. Elle ne s'était quand même pas inventé cette souffrance ! Posséder très tôt la certitude qu'on est sur terre à cause d'une « imprévoyance » provoque une blessure dont on ne guérit jamais.

Si l'on examine la démographie de la deuxième moitié du XIXe siècle, on ne doute plus que Georgette soit malvenue. En 1868, la France ne compte plus que trente-huit millions d'habitants, avec un des plus faibles taux d'accroissement d'Europe. Dans tous les milieux, on estime que la baisse du taux des naissances favorise le niveau de vie. En 1873, devant la Société d'économie politique, un spécialiste, Henri Baudrillart, déplore et condamne : « l'excès de prévoyance des classes riches et aisées qui aboutit à n'avoir qu'un seul enfant. »[3] La famille Leblanc répondait parfaitement à cette définition : d'abord aisée, elle était devenue riche. Une fille, puis un garçon (indispensable à la transmission du patrimoine), et elle s'estima satisfaite. Si Blanche avait enfanté Maurice en premier, aucun puîné, sauf par accident bien sûr, n'eût suivi. En 1869, un deuxième garçon eût été certainement accueilli avec moins de réserve qu'une seconde fille. Pour une famille si économe de ses deniers, cela ne fait aucun doute. Ce « petit frère » de Maurice eût été appelé Georges. Puisque ce fut une « petite sœur », on lui fit une place et on l'affubla d'un prénom peu gracieux mais courant en Normandie où une « Georgette » était une bonne de curé. Cependant, quoique assez rare dans le reste de la France, il fut un temps suffisamment prisé pour être donné à de nombreuses jeunes filles de la génération de notre héroïne. Maurice Donnay — auteur à succès — intitula une de ses pièces *Georgette Lemeunier*.[4]

Les Leblanc quittèrent bientôt l'immeuble de la rue de Fontenelle, où étaient nés leurs trois enfants, pour le 87, rue de l'Impératrice (puis Jeanne d'Arc), à l'époque la plus élégante de Rouen.

En juillet 1870, Napoléon III ayant déclaré la guerre à la Prusse, des défaites militaires entraînèrent l'invasion de la France et la chute du Second Empire. Dans la panique ambiante, Émile fit passer Maurice en Écosse, puis le fit revenir alors que Rouen était encore occupée par les troupes prussiennes. La paix signée, moins d'un an après, les affaires reprirent. La fortune de Blanche ne fut absolument pas compromise par les événements, puisqu'en 1873 elle offrit à sa famille une maison d'habitation double de trois étages, « chambres de domestiques au-dessus », pour la somme de 615 000 francs[5] (environ 11 millions de 1996 [6]). En mars, on se

---

[3] Cité par Pierre GUIRAL, *La Vie quotidienne en France à l'âge d'or du capitalisme*, 1852-1879, Hachette, 1976.

[4] Ce prénom, devenu obsolète aujourd'hui, est cependant encore porté, par exemple par l'historienne Georgette Elgey.

[5] Jacques DEROUARD, *Maurice Leblanc*, Arsène Lupin malgré lui, (biographie), Librairie Séguier, 1989.

[6] Pour effectuer la conversion des francs d'avant 1914 en francs actuels, nous avons pris le

fixa donc 4, rue du Bailliage, tout près de l'ancienne rue de l'Impératrice, cette dernière, Eugénie de Montijo, vivant maintenant en exil.

Georgette n'avait pas été souhaitée par ses parents, mais la petite fille fut élevée, semble-t-il, sans restrictions. Tout être humain se souvient, un jour ou l'autre, de son éveil au monde. « La première impression de ma vie, écrira-t-elle, la voici : j'ai quatre ans, je suis sur un quai ensoleillé, des enfants jouent, les nourrices enrubannées circulent, majestueuses, comme des châsses, un marchand porte des grappes de ballons multicolores ; une vieille femme accroupie sur des marches est entourée de paniers pleins de friandises ; c'est la marchande de plaisir, mais il y a aussi… et c'est là que les premières lueurs de ma petite vie s'animent : il y a une paysanne qui vend de fragiles oriflammes composées de brindilles de genêt et cet objet me séduit vivement. »

Maurice fréquenta très tôt une institution, la pension Patry, avant d'entrer à onze ans au Lycée Corneille.[7] L'éducation de Georgette se fit à la maison. Sa mère se chargea de lui apprendre à lire, à écrire et à compter ; pour le reste, géographie, histoire, tout juste survolées, une préceptrice suffisait. L'enseignement dispensé aux filles de la bourgeoisie, sans parler des autres, était sommaire. Maintenue à l'écart des écoles de la nouvelle république et, heureusement pour son équilibre, des religieuses des écoles chrétiennes, Georgette se rattraperait plus tard. L'étude du piano et du chant l'ouvrait cependant à la musique et à la poésie. Elle ne put échapper aux cérémonies essentielles du catholicisme, mais tant que sa mère vécut, la religion respira un parfum bon enfant. Le soir de sa première communion, ses parents offrirent à la fillette un spectacle peu commun. Ils avaient invité un prestidigitateur et hypnotiseur, un certain Pickman. Il magnétisa deux camarades de Georgette. Quand ce fut à son tour de tenter l'expérience, elle résista à sa volonté. Pickman dut s'incliner.

À la belle saison, Jehanne et Maurice s'ébattaient dans le jardin public Solferino, voisin de la demeure familiale. Georgette ne partageait pas leurs jeux. Quand elle n'était pas dans les jupes de sa mère, la fillette chantait sur le balcon. Les jours où elle se sentait très heureuse, elle disait : « Aujourd'hui, je fais du soleil. » « Il ne faut pas parler comme ça. », la grondait sa gouvernante. Lorsqu'elle se sentait en trop, elle s'isolait derrière les tentures des fenêtres. Se croyant coupable d'exister et voulant être absoute, elle grandissait « dans la crainte et la gêne de sa propre présence. » Elle confessera à l'âge mûr : « J'étais audacieuse et timorée, tirée en avant et en arrière. Un étrange besoin d'expiation me poussait à donner le gâteau que je préférais. J'avais de grands désirs et quand on m'offrait de les réaliser, je refusais soudain par crainte de causer des sacrifices. Alors commencent mes refoulements. Ma gouvernante me gifle : mon orgueil s'exalte. »[8] Ses photographies nous montrent une enfant sage entourée de sa sœur et de son frère. À douze ans, on la devine secrète, réservée. Sa blondeur est évidente ; ses yeux admirables ; elle est très bien coiffée. Blanche et Jehanne ont dû l'aider à rassembler sa superbe chevelure. Cherchant, en 1900, à renouveler ses thèmes littéraires, son frère Maurice Leblanc décrira « une enfant si douce et si

---

coefficient 18 conseillé par l'INSEE. Toutefois, ce coefficient de transformation, précise l'INSEE, est à utiliser avec circonspection. (cf. Jacques Marseille, Enquête sur la fortune des Français, Revue *l'Histoire*, novembre 1996.)

[7] Jacques DEROUARD, *Maurice Leblanc*, Op.Cit.

[8] Georgette LEBLANC, *Souvenirs*, 1895-1918, (I), Bernard Grasset, 1931.

tranquille qu'on ne s'apercevait pas de sa présence. Le visage enfoui sous ses boucles dorées, son regard clair et profond toujours fixé dans le vague, elle ne semblait jamais rien voir ni rien entendre. Trop sauvage pour avoir des amies, elle ne connut point les jeux ni les heures d'épanchement. » [9]

La tranquillité, la lumière et la sécurité paraissaient envelopper cette enfance et ce début d'adolescence d'où le drame était encore absent. Ici tout n'était qu'économie et devoir. Les rites sacrés de la civilité bourgeoise dominaient. Les enfants à qui leur signification aurait échappé, étaient priés de taire leur scepticisme et de ravaler leurs moqueries. Il leur suffisait d'imiter le sérieux de leurs modèles, les adultes. Comment nier « l'importance des cartes de 1er janvier, des visites et des politesses à rendre, des jeûnes à observer, des pèlerinages (...) au cimetière » ? Tels sont les souvenirs amers de Maurice Leblanc à peine transposés dans *L'Enthousiasme*, autobiographie déguisée en roman, et façon pour l'auteur, à l'époque meurtri et méconnu, de se réfugier dans sa propre enfance. La révolte de sa jeune sœur se teintait d'humour. Les parents de Georgette « la forçaient à sortir le samedi avec des bigoudis — le dimanche ça me faisait deux côtelettes de frisures de chaque côté de la tête. Alors j'avais choisi pour un de mes cadeaux de jour de l'an un parapluie dont le manche extravagant était énorme et d'une chinoiserie maladive. Tous les samedis, je le tenais devant moi, et il faisait bouclier. On voyait la laideur du parapluie, on ne voyait pas la mienne. »[10] Telle était déjà Georgette Leblanc tout entière.

L'été, Georgette et sa famille séjournaient à Jumièges, dans la maison des parents de Blanche, vaste bâtisse à tourelles située en face des ruines de l'abbaye détruite durant l'époque révolutionnaire. Jean de Tinan, météore fin de siècle, né après 1874, passa les mêmes vacances d'été au bord de la Seine, près des pans de murs de Jumièges.

Le monastère de Saint-Wandrille était tout proche. À la différence de Jumièges, il possédait encore, quoique délabrés, ses bâtiments conventuels. Ils seront restaurés et vivifiés mais à l'époque seuls quelques moines occupaient les lieux. L'enfant que ses promenades avaient conduite jusque-là rêvait de vivre dans cet immense domaine aux origines mérovingiennes. Cette songerie de petite fille, Georgette la matérialisera à l'approche de la quarantaine. Tant qu'elle vivra à Rouen, elle participera sans lassitude aux parties de campagne, aux promenades le long du fleuve, aux réunions de famille, principal délassement des Rouennais de bonne souche. Adulte, elle retrouvera le pays de Caux avec le même enchantement.

Une jeune fille de bonne famille

Jusqu'à l'entrée de son frère en rhétorique, Jehanne était très liée à Maurice, mais l'âge et l'éducation, sans les séparer tout à fait, en firent des êtres différents. La communion de l'enfance était brisée. Jehanne, seize ans, une sensualité très éveillée, épousa un an plus tard Gustave Sasles, un riche négociant en vins et spiritueux de trente ans. Jehanne partie, Georgette et Maurice se rapprochèrent. En 1880, l'année de la mort de Flaubert, Maurice découvrit enfin l'existence de sa cadette.

---

[9] Maurice LEBLANC, *L'Enthousiasme*, Ollendorff, 1901.
[10] Georgette LEBLANC, *La Machine à courage*, (II), J.B. Janin, 1947.

Georgette écoutait volontiers ce littéraire qui s'évertuait à la tirer de l'ignorance. Au lycée Corneille, il brillait en narration française et en version grecque. Il admirait lui aussi Flaubert, c'était inévitable, mais n'en éprouvait pas moins la plus grande vénération pour Balzac. À douze ans, la jeune fille lisait avec avidité ce que lui conseillait son mentor. Elle s'avouera « pleine d'une bonne culture latine, éduquée par [*son*] grand frère qui [*lui*] avait donné la religion des classiques français. Sans curiosité de tout ce qui est géographie, histoire et mathématiques, j'étais nourrie de philosophes et de moralistes. Je savais par cœur La Bruyère et les maximes de La Rochefoucauld. »[11]

Presque toujours seule, se taisant, elle observait. Maurice, par exemple, lui apparaissait « nerveux et dominateur ». « Dans l'enfance, racontera-t-elle, sa nervosité s'était manifestée par des tics imprévus. Il s'en était guéri, mais parfois dans la conversation un petit tiraillement crispait son visage du menton à l'oreille, comme pour indiquer une émotivité toujours en éveil. »[12] Lui, ne se sachant pas étudié, n'avait pas été sans s'étonner de l'attitude de la cadette : « Les grands rideaux des fenêtres constituaient sa cachette favorite. Elle ne cessait d'y pleurer. Pourquoi ? »[13] Mais en famille, la question ne fut pas posée. On s'arrangeait de la discrétion de Georgette et on la laissait dans ses recoins. « (...) nul ne songeait », poursuit un Maurice Leblanc encore loin d'Arsène Lupin, « à examiner cette petite créature timide, obéissante, qui n'exprimait aucun désir et avait l'air par moments de s'exercer à une sorte de contrôle sur elle-même (...), vaguement orgueilleuse de pouvoir supporter la solitude. Elle y puisait un sentiment obscur d'originalité, qui la disposait à s'accommoder de tout sans se plaindre et même à s'infliger de légères privations. » À la parution, en 1901, de *L'Enthousiasme*, roman dont elle est l'héroïne sous le nom de Claire, Georgette trouvera si vrai ce portrait d'enfance qu'elle le citera plus tard dans son autobiographie.

Pour se faire mieux accepter, elle s'était dédoublée. Petite fille, puis jeune fille modèle, elle cachait son être véritable qui lui était devenu, à force de refoulements, inconnaissable.

Sitôt ses études secondaires terminées, Maurice accéda à une vie plus libre. Reçu au baccalauréat à dix-huit ans, au cours de la session de juillet-août 1882, il avait remporté le troisième accessit d'excellence, le premier prix d'histoire et le prix d'honneur de dissertation française. Son père l'envoya aussitôt en Angleterre et en Allemagne apprendre les langues des principaux rivaux commerciaux et industriels de la France. Il vécut un an à Manchester et à Berlin, pour mieux se préparer à une carrière qui comblerait les vœux paternels.[14] De retour à Rouen, il servit un an à l'armée, sous la forme d'un « volontariat », lequel évitait aux bacheliers les cinq ans réglementaires de service national. Les « volontaires » versaient en outre mille cinq cents francs (27 000 F. de 1996) au Trésor. On voit quel type de jeunes Français favorisait cette mesure. Artilleur à Versailles, il bénéficia de nombreuses permissions. À son retour à la vie civile, dès 1884, il eut droit à un « sursis » avant d'entrer dans la « vie active ». Pendant un peu moins de

[11] Georgette LEBLANC, I, Op.Cit.

[12] Ibid.

[13] Maurice LEBLANC, *L'Enthousiasme*, roman, Ollendorff, 1901.

[14] Petite, moyenne ou grande, la bourgeoisie française se montre prévoyante et ouverte au monde extérieur. Les stages linguistiques de Maurice Leblanc sont à rapprocher de ceux qu'effectua le jeune L.-F. Destouches — alias Céline — avant 1914.

deux ans, il s'amusa tant qu'il put et voyagea.[15] À Rouen, il fréquentait les théâtres et excursionnait dans la région, connaissant des plaisirs semblables — en moins épicé — à ceux des canotiers de Maupassant. La mort de sa mère l'affecta, mais il allait avoir vingt et un ans. Pour Georgette, ce fut un bouleversement sans précédent. La vie de la jeune fille modèle enrôlée dans la succession des rituels familiaux prit pratiquement fin le mardi 27 janvier 1885. Vers 19 heures, « parée pour une fête et tout éclairée de ses pierreries sous la lumière des lustres », Blanche, assise au piano, fut prise d'un malaise et mourut dans les bras de Georgette. Crise cardiaque ? La cause du décès, si elle fut connue, ne franchit jamais le cercle de la famille immédiate. Blanche avait quarante-deux ans. Elle fut inhumée trois jours plus tard au cimetière monumental de Rouen. La disparition prématurée de sa mère précipita Georgette dans une plus grande solitude. Elle perdit la foi. Mais l'événement la força à essayer d'exister et de s'affirmer. Une autre conséquence de cette perte fut un manque affectif si profond et durable qu'il allait provoquer en elle le besoin permanent d'une mère de remplacement. Une décennie après, Maeterlinck lui confiera, alors qu'il la connaissait depuis peu : « j'ai vu dans tes yeux, le premier soir, quelque chose de douloureux qui était plus fort que tes sourires et ta démarche victorieuse. » [16]

Émancipée à seize ans afin d'hériter des biens de Blanche, elle n'en demeurait pas moins soumise à la tutelle paternelle. Émile Leblanc, pater familias, se fit aussitôt nommer curateur de son héritage et de celui de Maurice. La fortune de la morte leur reviendrait à leur majorité, imminente pour Maurice, encore bien lointaine pour la cadette. D'ailleurs, à cette époque, une femme était-elle rien d'autre qu'une mineure à vie ?

De nature artiste

Georgette et Maurice Leblanc se retrouvèrent seuls face à un père déjà sur le versant de l'âge mûr. Blanche créait la cohésion, la certitude qu'après le mariage de Jehanne devenue mère à son tour et vivant sous un autre toit, la famille existait encore grâce aux soins que la défunte apportait au ménage, à l'attention dont Georgette et Maurice étaient l'objet. Parti le matin et rentré le soir, Émile ignorait tout des projets de ses enfants. S'il en avait eu vent, il les eût rejetés avec fureur.

Malgré la sombre période qui s'ouvrait maintenant, Georgette se mit à croire en elle-même et à espérer en l'avenir. Cachant à son père le but véritable de ses études, elle prit des cours de chant et fréquenta en outre le magasin du marchand de musique Aloÿs Klein, rue Ganterie, où elle apprit l'orgue sous sa direction. Klein, « le type de Verlaine, mais tout garni de poils blancs, une vareuse de molleton à grands carreaux et de larges pantoufles de feutre »[17] était acquis à la cause de sa jeune élève. Pour convaincre Émile Leblanc de payer ses leçons, il avait avancé que l'orgue produisait des vibrations mystiques propres à exalter les sentiments religieux de toute jeune fille. Paroles décisives pour le père de Georgette. Souffrant de son veuvage, il essayait de trouver consolation et réconfort dans la

---

[15] Jacques DEROUARD, Op. Cit.
[16] Georgette LEBLANC, I, Op. Cit.
[17] Georgette LEBLANC, II, Op. Cit.

religion. Il n'est pas impossible non plus que l'armateur ait caressé le rêve de voir sa cadette prendre le voile, afin qu'elle prie pour lui et l'âme de Blanche. Cela eût été en outre une façon élégante de caser une fille à problèmes, le caractère solitaire et introverti de Georgette laissant présager qu'elle ne serait pas facile à marier. L'exemple de Thérèse Martin née à Alençon et entrée au Carmel de Lisieux à quinze ans est suffisamment connu pour ne pas y revenir.[18]

Georgette rusait avec sa gouvernante. Elle s'enfuyait du jardin public Solferino où elle était censée prendre l'air avec les adolescentes de son quartier, et courait jusqu'au magasin de Klein qui l'accueillait volontiers en dehors de ses leçons. Elle passait là ses après-midi, revenant, juste avant la fermeture du jardin public, chercher la gouvernante qui l'avait oubliée dans les bras d'un permissionnaire. Le soir, elle se retrouvait face à un père plongé dans la lecture du journal. Il ne la questionnait pas. Du reste, Émile, qui n'avait jamais été très loquace, était devenu franchement taciturne depuis la mort de sa femme. Dans un sens, cela valait mieux. Si Émile s'était montré curieux, il eût fallu que Georgette lui mentît. Certes, il n'en aurait pas été étonné, puisqu'à seize ans une jeune fille cessant d'être une enfant, femme elle mentait nécessairement. C'était dans sa « nature ». Georgette avait surpris une phrase accusatrice à son sujet, à propos d'un « acte insignifiant » dont on la soupçonnait. Et la sentence était tombée. Pour lutter contre ce désolant sentiment d'incompréhension, elle voulut croire aux autres et, par délicatesse, leur accorda sa confiance sans trop de discernement.

Comparé à Émile, ce bourgeois travailleur et austère, le compositeur Jules Massenet dut lui paraître d'un charme et d'une disponibilité infinis. Georgette le rencontra dans la salle de musique de la Maison Klein et chanta à sa demande des extraits de *Manon*, tandis qu'il l'accompagnait au piano. La blondeur de l'adolescente, sa jeune voix de soprano plurent au compositeur. À la fin d'une audition particulièrement émouvante, « Massenet me tendit les bras, je m'y réfugiai sans hésitation et je lui confessai aussitôt mes malheurs. »[19] Quarante-cinq ans, mais déjà l'aspect d'un homme mûr à la moustache grisonnante, plutôt petit, Massenet fut séduit et le demeura toute sa vie. Il était, en 1887, l'auteur de nombreux succès pour la scène, dont *Hérodiade*, *Manon* et *Le Cid*. Sa renommée à l'opéra avait vite éclipsé le reste de son œuvre, pourtant loin d'être négligeable, et sa gloire irritait les jeunes compositeurs qui ne lui pardonnaient ni son habileté à plaire ni sa musique sentimentale. Il était bien, se moquaient certains, « la fille de Gounod ». Ses opéras souvent représentés au Grand Théâtre, il venait fréquemment à Rouen, et on le voyait chez Klein où il aimait à se livrer à d'innocentes plaisanteries au détriment des employés de la maison.

La jeune fille développait ses dons, son unique trésor. Elle transforma aussi la réalité à sa guise et s'inventa, future diva, une nouvelle généalogie paternelle,

---

[18] Tout de même ! Au début du XXe siècle encore, le couvent, non seulement continue à assurer la tranquillité des familles en recueillant les jeunes filles exaltées adroitement dirigées vers Dieu, mais aide un vieux garçon invétéré comme J.-K. Huysmans à se débarrasser d'une jeune fille trop collante à son goût. Gaëlle (ou Henriette) du Fresnel, « jeune fille de vieille noblesse provinciale » avait certes des dispositions à la religion, mais devint amoureuse de Huysmans. Fatigué de ses assiduités, l'écrivain parvient à lui faire prendre le voile. (Cf. R. Baldick, La vie de *J.-K. Huysmans*, Denoël,1958)

[19] Georgette LEBLANC, II, Op. Cit.

faisant naître Émile Leblanc Emilio Bianconi à Venise. Cet homme, dont les ancêtres étaient Normands — il y eut parmi eux un tailleur de pierres —, fut pourvu d'une jeunesse aventureuse. Violoniste ambulant, il avait parcouru l'Europe avant d'arriver à Rouen…

L'armateur ne soupçonnait pas ces fantasmes. Il s'enfermait à ses moments perdus dans sa bibliothèque, au milieu de ses reliures rares, et remâchait son malheur d'être veuf et déjà vieux.

À cette époque, Georgette n'entretenait plus de relations avec son frère. Se liant difficilement et surveillée par Émile, elle avait peu d'amies. Deux comptèrent exceptionnellement à ses yeux. Nelly-Rose, sa cadette, pianiste prodige qui se jouait des pires difficultés techniques, l'accompagnait quand les jeunes filles se produisaient chez les amis et alliés de leurs familles. Mais Georgette se montrait si exigeante que Nelly-Rose était juste capable d'interpréter fidèlement la partition. La chanteuse réclamait quelque chose de plus, peut-être du génie, de l'art certainement. L'amitié des jeunes filles se refroidit. Nelly-Rose, pourtant sa « première tendresse », s'éloigna. Le père de la jeune pianiste prévint Émile que Georgette, « trop artiste », troublait sa fille, l'entraînait sur des chemins dangereux. Il fallait interrompre de toute urgence une amitié qui, du point de vue de la morale et des mœurs en vigueur à Rouen, avait le défaut de se situer trop près de l'amour.

Au désespoir de ne pouvoir exprimer ce qui la tourmentait, s'ajoutait pour Georgette celui d'avoir perdu une âme sœur. Elle tenta de la revoir et lui fit savoir qu'elle passerait sous sa fenêtre. Il lui suffirait de soulever le rideau et d'apparaître. Georgette attendit en vain. Chambrée par ses parents, Nelly-Rose était retournée au déchiffrage de ses partitions.

Avec Isabelle, la seconde amie et accompagnatrice, rencontrée à l'occasion du mariage de Jehanne, ce fut encore plus bref. Isabelle, ou l'excès. « Éblouie de savoir et ne sachant rien de ce qu'on apprend, elle arrivait sur la terre avec une innocence soulevée de dégoût et de colère. Conditionnée en artiste, avec des dons extraordinaires et multiples, elle demeurait sans expression, paraissant comprendre que son temps serait trop court. Elle ne connaissait pas une note de musique, mais reproduisait sur le piano les airs qu'elle entendait avec une qualité, un rythme étonnants. Sa voix était grande et d'un timbre unique. C'était un réel phénomène qui se refusait au métier de phénomène. »[20]

Une nuit d'hiver, Isabelle se coucha sur le balcon de sa chambre. La neige tomba en abondance. Au matin, ce fut une agonisante que l'on découvrit sous une couche de glace blanche. Elle mourut au bout de quinze jours. « Elle était née divinement perdue avec un cœur étouffé d'amour. Elle me donna ce cœur magnifique et disparut… Toute ma vie, je devais sentir sur moi la chaude lumière de cette surprenante créature. »[21] À dix-sept ans, Georgette avait connu la timorée — fausse artiste, animal savant — et la trop belle héroïne, la « petite fille-Rimbaud »[22] Elle-même se situait à la croisée de ces deux destins, entre la capitulation de Nelly-Rose (un nom de caniche !) et le refus suicidaire d'Isabelle. S'étant entraînée dès l'enfance à vivre seule, elle n'attirait pas la médiocrité. Presque

---

[20] Ibid.
[21] Ibid.
[22] Ibid.

cloîtrée à Rouen, elle demeurait sur le qui-vive, guettant une ouverture, supportant en silence la dépression de son père, dans un tête-à-tête glacial parfois allégé par la présence de Maurice.

De quatre ans et deux mois plus jeune que son frère, Georgette pouvait mesurer l'inégalité de leurs situations. Elle ne disposait pas de la liberté d'aller et venir à sa convenance dont jouissait Maurice, et n'en aurait probablement jamais l'usage si elle entrait dans les vues d'Émile. Tout ce que demandait M. Leblanc à sa fille, c'était de se laisser marier à un membre éminent de l'aristocratie du coton, par exemple. Où réside le bonheur de la femme, sinon dans la maternité, la sécurité matérielle, la possession d'un riche trousseau et d'une maison bien meublée, où elle sera secondée par une domesticité obéissante ? Georgette connaissait de longue date les projets de son père, ils lui donnaient la nausée. Mais comment s'y opposer ?

Maurice, lui, touchait au terme de son répit. La fête était finie. À vingt-trois ans, un fils responsable, donc respectueux des valeurs paternelles, acceptait sans rechigner une vie laborieuse. Sur la recommandation d'Émile, Maurice entra comme stagiaire dans une fabrique de cardes, les machines qui équipent les filatures. L'univers contraignant de l'usine, dont il découvrit de son point de vue l'inintérêt total, l'obligea à s'interroger sur son avenir. Le risque sérieux de passer le restant de ses jours dans l'industrie de la carde, après avoir épousé la fille du patron, l'éclaira soudain sur sa vocation : écrivain.[23] Cette inclination pour le métier d'homme de lettres, Maurice l'éprouva si impérieusement qu'il osa abandonner son stage. La stupéfaction d'Émile fut absolue.

Maurice ne savait plus vers qui se tourner. Qui pouvait le comprendre ? Georgette ? Elle avait maintenant dix-huit ans. Belle et secrète, confinée dans la lecture et l'étude du chant, avait-elle changé depuis qu'elle ne se cachait plus derrière les tentures du salon ? Il la surprit un jour lisant les *Pensées* de Pascal et lui conseilla d'essayer Montaigne. Les *Essais* prirent alors place sur sa table de chevet. En dehors du contexte familial étouffant, les années quatre-vingt avaient de quoi doucher l'enthousiasme des enfants Leblanc. C'était l'époque où un « positivisme matérialiste plat et gras étalait son huile rance sur l'étang aux poissons (...) il était à fond de pessimisme et d'incurable désenchantement », écrira Romain Rolland.

Frère et sœur formèrent un duo complice. « Nous devînmes amis, je pourrais dire alliés, nos idées, nos goûts étant en opposition avec notre milieu. »[24] Mais la balance n'était toujours pas égale. À Maurice, tout était plus facile, comme offert. Fils aîné rétif, majeur, ses entraves n'étaient pas aussi serrées que celles de Georgette.

Dans sa solitude, elle aima un jeune homme qu'Émile récusa, parce qu'il s'agissait d'un parent éloigné trop entreprenant. Le prétendant se suicida : troisième mort de l'adolescence de Georgette.

Maurice était plus heureux en amour. Il aimait une Parisienne mariée. Elle divorça et il l'épousa en 1889. Un certain type de femme le fascinait : une longue chevelure blonde, « les yeux verts pailletés d'or », des lèvres voluptueuses, des yeux pleins de rêve... Un frais visage de blonde, rose et délicat avec des cheveux

---

[23] Maurice LEBLANC, « Un début littéraire », in *Une heure de ma carrière*, Éditions Baudinière, 1926. Cité par Francis Lacassin, in M.L., *Arsène Lupin*, Robert Laffont, 1986.
[24] Georgette LEBLANC, Op. Cit.I

pâles comme en ont les petites filles (...) du pays de Caux. »[25] Cette beauté normande qui le hantait et qu'il célébrera dans ses contes et ses romans, existait, jusqu'à la couleur des yeux incluse, dans sa famille. Georgette en était le modèle parfait. Maurice l'avait vue grandir et embellir, en même temps qu'il découvrait en elle une intelligence, une sensibilité et un appétit de vivre au moins égaux aux siens. Au lendemain de la mort de leur mère et jusqu'en 1888, les liens entre le frère et la sœur n'auront jamais été aussi étroits. On imagine sans peine le désarroi de la jeune fille quand Maurice partit s'installer à Paris à la fin de l'année. Certes, leurs échanges se poursuivirent par lettres, Georgette étant une épistolière passionnée. Mais elle retrouva presque la solitude de son enfance, « l'époque des tentures ». Maintenant seule avec son père et les domestiques, elle rencontrait de temps en temps Jehanne, jeune mère absolument fermée à toute spéculation d'ordre artistique et philosophique, qui se consolait des déboires de son mariage par l'adultère. Côté ambiance familiale, le caractère d'Émile, déjà sombre, virait au noir. « Nos soirées me terrifiaient. Nous les passions seuls dans sa chambre, austère malgré des baldaquins de velours à fleurs. La lumière de la lampe découpait durement son profil et s'accrochait aux genoux d'un Christ d'argent placé au-dessus du lit. Tout à coup il rejetait son journal, il arpentait la chambre avec des imprécations. Oppressée par le chagrin, je restais muette et mon calme apparent exaltait encore sa révolte. »[26]

Maurice échappait à cela. Il avait trouvé une échappatoire dans l'étude du droit. Émile n'était pas dupe et versait à son fils des avances sur son héritage. Indulgence sur laquelle Georgette savait ne pouvoir compter. En fait de faculté, Maurice humait l'air du temps au *Chat Noir*, le cabaret littéraire de Rodolphe Salis, et côtoyait la bohème fin de siècle des lettres, des beaux-arts et de la musique.

À Rouen, Georgette guettait les événements culturels. Si Massenet vu de Normandie représentait pour elle le modèle du compositeur parisien, que dire de Sarah Bernhardt venue se produire au Grand Théâtre ? Georgette réussit à y entraîner son père. La vision de Sarah la transporta. Elle admira passionnément et pour toujours la comédienne. Après la représentation, elle cousit un de ses portraits dans la doublure de sa robe.

« — Cocher, chez Sarah Bernhardt ! »

Quelques mois plus tard, la jeune fille commet sa première fugue. Un matin, elle s'échappe de la maison paternelle et prend le train de Paris.

Gare Saint-Lazare, sans perdre de temps, elle se fait conduire en fiacre boulevard Péreire. Il lui faut les encouragements ou la sévère critique de son idole. Le temps d'acheter des fleurs, et elle se fait annoncer chez Sarah. Un véritable décor de théâtre que cette thébaïde d'artiste ! Dans le salon, il y avait profusion de plantes vertes, de fauteuils et de cathèdres, de tapis et de tableaux. Un bric-à-brac fin de siècle. Sarah est mollement allongée sur d'énormes coussins. Un lourd tissu à franges tendu sur des hampes de drapeaux lui sert de dais.

---

[25] Jacques DEROUARD, Op.Cit.
[26] Georgette LEBLANC, I, Op.Cit.

La tragédienne, qui en avait vu d'autres, accueillit sans sourciller la jeune admiratrice surgie tout exprès de province. Elle la fit chanter, dire, déclamer et lui assura qu'elle possédait des dons de cantatrice et de comédienne.[27] Georgette, encouragée à se confier, raconta sa vie solitaire à Rouen, l'incompréhension de son père.

Curieuse confrontation. Sarah avait quarante-cinq ans. À l'époque héroïque de sa naissance, rares étaient les comédiens et les artistes lyriques issus de la bourgeoisie, les métiers du spectacle n'offrant pas d'eux-mêmes une image flatteuse. Dans l'esprit de ce temps, entre une *fille* et une actrice la différence est négligeable. Théâtres et opéras sont plus que jamais des viviers où puisent industriels, personnalités du journalisme, de la politique et de la finance. Comme le dit si bien Yvette Guilbert, « les mécènes de nos scènes étant des gens, en général, disposés à ne bénéficier du théâtre que comme d'un harem ».[28] Au moment où Georgette lui rend ingénument visite, Sarah n'ignore plus rien des grandeurs et des misères du théâtre. En entendant le nom de la jeune fille, elle avait pu songer à cette Léonide Leblanc, ancienne actrice du Gymnase, du Vaudeville et de l'Odéon, plus célèbre par ses liaisons avec Aurélien Scholl, le prince Napoléon (dit Plonplon), le duc d'Aumale et Clemenceau, que par son talent. On imagine la perplexité de Sarah devant cette belle et saine Normande de bonne famille, partagée entre l'ambition de marcher sur ses traces et celle de devenir une diva, mais qui risquait tout autant de finir comme Léonide Leblanc, cocotte de haut rang patronnant les jeunes écrivains…

Être libre

Un ami de passage la reconduisit à la gare. Le soir, à Rouen, l'accueil d'Émile fut glacial. Et, pendant des jours, le numéro 4 rue du Bailliage retentit de hurlements. Georgette représentait un danger : si elle s'échappait encore, comment l'empêcher de porter atteinte à la réputation de la famille ? L'enfermer au couvent était plus facile à dire qu'à réaliser. Elle ne s'en laissait plus conter par les prêtres. La marier ? Mais elle refroidissait les prétendants par ses raisonnements, son élégance tapageuse. Sa beauté même se retournait contre elle : alliée à une intelligence brillante, elle effrayait. Georgette se montrait en tout par trop insoumise. Si sa sœur Jehanne s'était mariée à seize ans, Georgette menaçait de coiffer sainte Catherine. À vingt ans, elle n'était encore promise à personne. Depuis le suicide de son premier prétendant, aucun homme ne semblait capable de l'émouvoir.

De retour à Rouen pour de courts séjours, Maurice trouvait en elle une auditrice attentive. Il lui parlait avec complaisance de sa vie à Paris et du monde littéraire où il essayait de se faufiler. Georgette retint les noms de Maurice Donnay, Maurice Rollinat, Alphonse Allais, de Steinlen, dessinateur et caricaturiste, tous habitués du Chat Noir, ce cabaret-laboratoire qui eut également des accointances avec le mouvement occultiste. Alors, Maurice Leblanc eut forcément connaissance d'Émile Goudeau, des frères Mac Nab et du chansonnier Xanrof (an-

---

[27] C'est du moins ce que G.L. affirme dans *Souvenirs*.
[28] Yvette GUILBERT, *La Chanson de ma vie* (mes mémoires), Grasset, 1995.

cien condisciple de Gérard Encausse alias Papus, au Collège Rollin), et, bien entendu, de Joséphin Péladan, qui s'y fit remarquer dès 1883. Mais ce n'était que menu fretin comparé à Guy de Maupassant, fils spirituel de Flaubert. Maurice prétendait recevoir des encouragements de l'auteur de *La Maison Tellier*. Il voyait aussi — d'assez loin, bien sûr — Moréas et Leconte de Lisle. En lui narrant ses débuts littéraires, il ne dissimulait pas la difficulté de se faire un nom, quand on ne dispose pas d'appuis sûrs.

Georgette montra ses premiers et timides essais au jeune écrivain qui n'avait pas encore publié. Maurice l'encouragea à persévérer. Il fallait dépasser la pure spontanéité dont la jeunesse s'émerveille trop vite. En philosophie, il lui conseilla *Le Monde comme volonté et représentation*, traduit depuis peu en français — Schopenhauer était à la mode.

Mais elle confia à son frère l'appréciation louangeuse de Sarah Bernhardt. Là, Maurice fut plus sceptique et même réticent. Il n'avait pas apprécié sa fugue. Imbu de son rêve — être un écrivain —, qui lui paraissait la plus noble aspiration idéaliste à laquelle un homme de sa classe pût prétendre, il répugnait à voir Georgette en cantatrice, peut-être parce que la musique était pour lui plus un divertissement qu'un art, sûrement à cause de la réputation détestable qui s'attachait au métier. Et puis, l'ambition de Georgette n'allait-elle pas davantage encore compliquer la relation avec Émile ? Un écrivain, plus une chanteuse, comment réagirait leur père ?

« Et si tu échouais ? demande le narrateur de *L'Enthousiasme* à sa sœur.

— Je réussirais toujours assez pour vivre à ma guise, pour être libre, et c'est l'essentiel.

Être libre ! Vivre à sa guise ! Elle aussi jetait ces mots que j'avais si souvent clamés en sa présence comme des cris de guerre ! Allait-elle également se prévaloir de sa conscience et des droits de sa nature ? »

Il s'en assure immédiatement : « Tu tiens donc à être libre ? » La réponse ne se fait pas attendre : « Oui.

— Pour quelles raisons ?

— Pour les mêmes que toi, et pour d'autres que je ne m'explique pas bien, mais qui sont très anciennes déjà, qui m'ont toujours remuée. (...) Je veux être heureuse à ma façon, choisir ma vie et la choisir librement. »

On le sent, Maurice Leblanc n'est pas franchement *enthousiaste* à l'idée que sa cadette en soit arrivée au même point que lui. Vivre à sa guise ! Quelle femme *honnête* le pourrait ? Il existait tant d'obstacles entre le désir et sa réalisation ! Il fallait se vaincre soi-même, surmonter les résistances des autres, et compter avec les lois, les coutumes, la religion. Une artiste réussissait à s'imposer, mais au prix d'une mise à l'écart sociale. La voie était étroite. Entre l'art et la prostitution déguisée, il arrivait toujours un moment où la femme était tentée, sinon sommée de choisir. Maurice eût pu être en paroles un ardent féministe qu'il n'eût rien fait pour aider Georgette. Se souciant principalement de sa réussite personnelle, il abandonna sa sœur à sa solitude de femme d'exception.

Georgette se savait toujours incapable de rompre avec son père. En attendant, elle transforma en atelier la chambre de Maurice. Aux murs, des portraits de Massenet, Gounod, Werther — héros du roman épistolaire de Goethe, pas encore celui de l'opéra de Massenet qui sera d'abord créé en allemand à Vienne en février 1892, un an avant Paris — et, plus surprenant, Saint-Just, le républicain romantique de la Terreur. À ces musiciens et personnages de l'imagerie de la future cantatrice s'ajoute Madame Guyon, mystique et amie de Fénelon, ce qui démontre son intérêt précoce pour les inspirées et les marginales du Grand Siècle. Elle meuble son atelier des instruments nécessaires : un piano, du matériel de sculpteur. Est-ce seulement pour s'occuper ? Elle apprend un temps la sculpture auprès du statuaire Alphonse Guilloux. Cet artiste rouennais de réputation locale est un maître suffisant pour qui ne veut pas pousser trop loin l'étude. En 1891, elle réalisa le buste d'une certaine « Madame S. » qu'elle envoya anonymement au Salon et pour lequel elle reçut une médaille. Elle ne persévéra pas. La sculpture était bien un dérivatif à son ennui.

Et si elle apprenait enfin à son père que le chant est sa vocation ? Le dialogue échoue. L'opposition d'Émile se déclare résolue. Cette ambition de devenir une diva est jugée des plus dangereuses. Quand Massenet revient à Rouen, il retrouve son admiratrice à la Maison Klein et compatit. Il l'invite dans sa loge assister à une représentation du *Cid*. Émile accorde son autorisation. Il n'est pas contre le divertissement. Que sa fille se rende à l'Opéra en compagnie d'un compositeur célèbre ne lui déplaît pas, mais qu'elle abandonne ce désir scandaleux de monter sur scène, elle lui fera plaisir. Massenet retourne à Paris. Georgette reste à Rouen. L'indécision paralyse sa volonté. Son père s'oppose viscéralement à ses aspirations, à ses rêves, il exige qu'elle rentre dans le rang, qu'elle accepte qu'on lui choisisse un époux, mais il est si seul, si malheureux… Jehanne défraie la chronique rouennaise par ses aventures. Comment ne pas craindre que la fuite définitive de sa fille cadette à Paris n'ait des conséquences funestes pour cet homme de soixante ans ?

Les écrivains au jardin public

Le dimanche 23 novembre 1890, il plut sans arrêt sur la ville. Au théâtre des Arts, on donnait *Salammbô*, opéra de Reyer et Du Loch d'après le roman de Flaubert. De son balcon, Georgette assista à un autre spectacle, l'inauguration de la statue de Flaubert qui commémorait le dixième anniversaire de sa disparition. Les grands écrivains de Paris avaient fait le déplacement. Sous les buissons de parapluies, entre les arbres dénudés du jardin public, il y avait le vénérable Edmond de Goncourt, l'ancêtre du réalisme, Zola, et les « jeunes », tels Maupassant, Mirbeau, Céard, et des journalistes. Parmi ces derniers, Henry Bauër, ancien communard et critique redouté. Georgette savait que son frère s'était glissé dans l'assistance pour voir de près les bons maîtres qu'il n'avait pas l'honneur de fréquenter. À vingt-six ans, il n'avait pas publié une ligne, mais terminait un recueil de nouvelles qui paraîtrait à compte d'auteur l'année suivante. Malgré la bourrasque, des bribes du discours d'Edmond de Goncourt arrivèrent jusqu'à Georgette.

Pour elle et les Rouennais, cette commémoration était un événement. Les Parisiens, eux, s'acquittaient d'une corvée en l'honneur des mânes de Flaubert. Edmond de Goncourt nota dans son *Journal* : « Maintenant, pour être franc, le monument de Chapu est un joli bas-relief en sucre, où la Vérité a l'air de faire ses besoins dans un puits. (…) La cérémonie finie, il est trois heures et demie, et la pluie a redoublé et le vent est devenu une trombe. (…) Il faut s'enfourner dans un café avec Mirbeau et prendre un grog. (…) Et Bauër, qui est venu la veille pour la représentation de *Salammbô*, nous conte que le directeur a eu l'aimable attention de faire remettre à tous les critiques dramatiques, dans une enveloppe, une clé des coulisses, après avoir recommandé à ses choristes d'être bien aimables pour ces messieurs de la presse parisienne, si bien qu'à l'heure du dîner, Bauër nous quitte pour aller dîner en *catimini* avec une de ces petites dames (...). » L'envers du décor, la réalité des coulisses. Dans quelques années, ceux que Georgette n'a fait qu'entrevoir de son balcon — Mirbeau, Zola, Bauër — seront des personnages de son existence... Une devineresse le lui prédirait qu'elle serait sans doute ravie et incrédule tout de même, de peur sans doute de manquer sa chance. Elle désirait cette vie parisienne imaginée d'après les récits forcément enjolivés d'un frère obligé de dissimuler son amertume. Mais elle la craignait aussi, et elle n'avait pas tort. L'Art, les Artistes, la République des lettres, l'Opéra, le Théâtre, ces mots-majuscules pouvaient se révéler vides de sens. D'autres, revenus de tout, s'ils osaient dissiper le mirage, qui les écouterait ? Certainement pas Georgette qui avait besoin de croire pour agir et s'arracher au destin que les conventions lui assignaient.

Elle à son balcon et cette assemblée d'hommes de lettres transis, semblant à ses pieds, cette vision apparaît comme une image qui se serait détachée de l'avenir.

La jeune fille ne se morfondrait plus très longtemps dans son atelier qui n'avait que l'inconvénient d'être situé à Rouen, sous les combles de la maison paternelle. Il arrive que les rêves se réalisent...

Les clauses secrètes d'un mariage ou l'imaginaire trahi

Georgette Leblanc n'a jamais révélé dans quelles circonstances elle rencontra son premier et unique époux, M. Bonaventura Juan Minuesa[29], négociant originaire de Saragosse et Parisien d'adoption. Mais le peu que nous sachions de ce mariage nous permet cependant de tenir pour hautement romanesque ce qu'elle affirme dans son autobiographie : « Alors dans mon esprit ignorant des hommes s'échafauda un plan d'évasion. — D'épouser le premier venu en lui imposant un pacte : avec ma dot, j'achèterais ma liberté par un mariage blanc. Celui qui se présenta ne fit aucune difficulté pour accepter ma proposition. J'ignorais qu'il avait joué et perdu. Pour lui, ce mariage remplaçait le coup de revolver. »[30]

La vérité semble moins mélodramatique. Elle approche de ses vingt-deux ans, quand Juan Minuesa se présente. Âgé de trente et un ans, grand, fort, plutôt beau, il porte un diamant à la main gauche et la courtise. Plus que jamais, Georgette est décidée à se libérer de la tutelle paternelle et à quitter Rouen. Le désir d'être heureuse ne l'a jamais abandonnée. Elle ne doit pas rater l'occasion. Feint-elle d'être amoureuse de Minuesa ou s'est-elle persuadée qu'elle l'aimait pour les besoins de la cause ? En tout cas, tout va très vite. Émile Leblanc agrée ce prétendant qu'il n'espérait plus. Georgette et Juan sont officiellement fiancés. La jeune fille, pour se raccrocher à son vieux rêve d'être cantatrice, obtient de passer une audition chez un professeur de chant de Paris. Émile Leblanc n'a pas cru cette fois devoir s'y opposer. Quand sa fille sera mariée, tout rentrera dans l'ordre et elle oubliera cette chimère. Il la confie aux bons soins de M. et Mme Chardon, le sieur Chardon étant son représentant commercial à Paris. Le jour choisi et avant

---

[29] Jacques DEROUARD, Op. Cit.
[30] Georgette LEBLANC, Op. Cit.

l'heure fixée pour l'audition, Georgette « se précipite à la cuisine, reniflant de l'eau salée, soumettant sa gorge à mille supplices, emplissant l'intérieur de ses bottines de farine de moutarde pour se décongestionner. » Tout se passe à merveille. Le professeur déclare que Georgette a une grande voix. Il la félicite, mais il faudra travailler. Mme Chardon annonce le prochain mariage de la jeune fille. Le professeur se montre tout à coup moins enthousiaste. Les études de chant et la vie de famille sont difficilement compatibles.

Rentrée à Rouen, Georgette se plie au rituel des fiançailles. Juan lui rend visite et ils passent une heure ou deux ensemble, en présence de Jehanne ou d'une domestique. Puis, brusquement, tout semble s'accélérer. Le contrat de mariage est signé le 19 avril, rue du Bailliage, en présence d'Émile et Maurice Leblanc. La veille, on a procédé à la liquidation des biens de Blanche. De cette opération, on a retiré 100 000 francs, la dot de Georgette (à peu près 1 million 800 000 francs d'aujourd'hui). Les titres de rentes ont été partagés entre les trois enfants. Le futur mari apporte 27 000 francs[31] (486 000 francs de 1996). La date de la cérémonie est fixée au 22 avril 1891. Mise au pied du mur, Georgette prend peur. Elle n'aime pas Juan au point de se lier à lui « pour la vie ». Elle veut parler à son père, mais recule. À Rouen, son trousseau est exposé dans la vitrine du plus grand magasin de blanc de la ville. Les bans sont publiés. Les choses sont allées si loin que par égard pour le vieil homme, elle se tait. Le mariage est célébré civilement et religieusement à Rouen. Georgette notera : « J'ai une robe de brocart lamée d'argent ; c'est excentrique et théâtral. » À peine unis, les époux quittent Rouen pour Paris, où ils habitent au 32, rue de l'Échiquier, dans le Xe arrondissement.

Alors commence une étrange histoire. À l'automne, la jeune mariée est à Madrid : elle visite les musées. En témoigne un croquis daté du 31 octobre, d'après une toile de Van der Weyden. Comme plus tard, elle se prétendra toujours empêchée de divorcer, parce que mariée à un Espagnol, on suppose qu'il y eut un enregistrement de son mariage en Espagne où le divorce n'existait pas. D'autre part, ayant été célébré en France avant la séparation de l'Église et de l'État, qu'il fût pour cette raison indissoluble, sauf à Rome, était un motif sérieux pour quiconque désirait convoler religieusement.

Nous n'en sommes pas encore là. Dès son retour en France, la situation du couple se détériore. Lassée de son époux ibérique qui méprise ses aspirations artistiques après avoir, pour mieux la séduire, feint de les encourager, la jeune mariée lui rend la vie impossible. Un soir, elle refuse de le rejoindre dans leur chambre et se barricade dans une pièce. À bout de patience, il abandonne la persuasion pour la violence. Elle garde une attitude rebelle, il la séquestre. « Maintenant encore, ce n'est point par cruauté qu'il m'enferme, c'est par esprit de responsabilité. Se trouvant en face d'un être qui lui semble énigmatique, il s'imagine toutes les catastrophes possibles et toutes les folies ! En vain, j'ai parlé avec la plus froide raison, en vain, j'ai usé des arguments les plus justes. Il n'entend rien et répète sans cesse : “Vous êtes une petite fille, vous ne voyez pas la vie telle qu'elle est. Je veux croire que bientôt vous changerez d'avis, mais en attendant, j'ai un devoir de responsabilité à remplir. Vous m'avez été confiée, tant que vous serez sous ma garde, il ne vous arrivera rien et pour éviter les extravagances que

---

[31] Jacques DEROUARD, Op.Cit.

votre conduite me fait craindre, j'ai décidé que vous ne sortiriez qu'avec moi, jusqu'au jour où vous vous conduirez normalement vis-à-vis de votre mari. Jusque-là, je prendrai les mesures nécessaires pour qu'aucun drame ne se produise et qu'aucun scandale ne ternisse ma réputation". » *(Histoire de ma vie)*

Georgette comprend trop bien son adversaire, mais elle s'obstine. « Mon jugement, obscurci par un entêtement et une frayeur enfantins, n'admettait aucune concession et n'imaginait d'autre issue que la liberté ou la mort. »

En dehors du sexe, les jeunes époux s'étaient découvert deux désaccords absolus. Si elle avait espéré de son mari qu'il acceptât qu'elle devînt cantatrice, c'est-à-dire qu'elle suscitât désirs et passions chez les hommes, elle s'était lourdement trompée. Quant à Juan, le comportement insoumis de sa femme dut cruellement le décevoir. Ni le ménage ni la cuisine n'entraient dans ses attributions, puisque son rang lui donnait droit aux services d'une bonne et d'une cuisinière, mais elle ignorait comment tenir une maison ou plutôt s'en désintéressait. Son rapport au réel n'était pas celui des autres femmes. Dès l'enfance, elle l'avait plié à ses fantaisies, et elle se retrouvait à la merci d'un homme rendu furieux par sa résistance.

Revenons un instant à la version donnée dans *Souvenirs*. Leur union ne devait pas être consommée. Aussitôt bénis, les jeunes mariés auraient dû se séparer. À Minuesa la dot qu'il s'empresserait de dilapider sur les tapis verts ; à elle la liberté ! Mais Georgette était si belle que cet époux de circonstance, rompant leur pacte secret, essaiera, pour leur malheur, de se faire aimer. Désespérant d'y parvenir, il usera de la pire violence pour la contraindre.

Cette histoire sujette à caution, Georgette la publie dans un livre qui défend sa relation de vingt-trois années avec Maeterlinck. Rien ne doit ternir cet amour et cette union exemplaires. Un seul compte, a compté, comptera dans sa vie : Maeterlinck. Elle reconstruit son passé d'avant 1895 selon les besoins de sa cause. Se décrivant dès son premier et unique mariage trompée et battue par un lâche, un joueur décavé, un coureur de dot, elle se présente en victime devant ses juges : Maeterlinck, ses proches, son éditeur, la critique, l'opinion.

Tout compte fait, elle a si bien brouillé les pistes sur ce mariage, repassé dessus tant de couches d'intrigues romanesques, que la vérité demeure insaisissable. Elle est bien la sœur de Maurice Leblanc. On veut croire qu'elle considérait cet hymen comme un expédient propre à lui ouvrir le chemin de la liberté, mais si elle a négocié un accord secret avec Minuesa à l'insu de son père, elle s'est mise dans une situation désastreuse. Au cas où cela tournerait mal, comment lui avouer que la minutieuse procédure notariale où les apports financiers de chacun sont précisés, n'aura été qu'une couverture légale jetée sur des motifs fantaisistes, des rêves de jeune fille. Sans garanties sérieuses de la part du fiancé, Émile ne l'aurait jamais accepté pour gendre. Et s'il avait soupçonné qu'un pacte romantique liait les futurs époux, il eût interdit ce mariage. La dot de Georgette était considérable, près de trois fois celle de Minuesa. À Rouen, le régime dotal aurait pu préserver la fortune de la jeune mariée, à moins qu'on ait adopté comme partout ailleurs la communauté de biens réduite aux acquêts. Quoi qu'il en soit, Émile n'eût pas supporté que sa fille cadette sacrifiât 100 000 francs-or pour recouvrer une hypothétique liberté qui n'aurait signifié à ses yeux rien d'autre que le déshonneur.

Au commencement de sa vie de femme adulte, il y avait donc un secret impénétrable, une zone d'ombre qu'elle n'éclaira jamais, même pour ses amies les plus intimes.

Histoire de ma vie reproduit les fragments d'un journal tenu pendant la durée de son mariage. Un jeudi matin, elle entre dans la chambre de son mari, la chambre conjugale où elle refuse de se rendre la nuit. « Comme tout m'est étranger dans cette chambre... C'est toute une vie d'homme que je ne connais pas... Une curiosité enfantine me retient là... je regarde ! ... sur la table... un livre avec des images légères. Il y a dans le titre un mot que je ne comprends pas, je le cherche vainement dans le dictionnaire. Pourquoi ai-je le droit de tout lire maintenant ? parce que j'ai changé de nom et que l'on m'appelle « Madame » ? quelle drôle de chose ! (...) Par terre, un programme à demi déchiré... Tiens... il est allé au café-concert hier soir... Il y a des portraits... une photographie de femme... Oh ! qu'elle a un drôle d'air avec son nez retroussé et sa cigarette à la bouche... Dessous, il est écrit que c'est une grande artiste... En voici une autre qui montre ses jambes... et une autre à cheval sur une chaise... Ah ! ce n'est pas ainsi que je serai sur mes portraits quand je chanterai dans un théâtre ! Et je ne serai pas non plus comme les chanteuses que j'ai vues la seule fois que l'on m'a menée à l'Opéra à Rouen avec Massenet... » Puis elle découvre au fond de sa malle, qui se trouve dans la chambre de son mari, ce qu'elle appelle « mes trésors de petite fille, enfouis dans mon trousseau » : une page reproduisant une image de Burne-Jones, arrachée d'un illustré dans la salle d'attente d'un dentiste, une Victoire de Samothrace qui ornait un sac de bonbons et quelques reproductions de bas-reliefs grecs. « Il y a même une figure tanagréenne décollée d'un couvercle de boîtes d'allumettes. » La gouvernante de son mari entrant avec un balai et un plumeau, Georgette s'enfuit au salon.

Finalement, dans les deux versions de son autobiographie *(Histoire de ma vie* et *Souvenirs*), elle échappe à l'enfer de la rue de l'Échiquier. Une nouvelle bonne, nommée Eugénie, la conduit chez un avocat. L'avocat fait intervenir un médecin. Georgette montre son corps « orné d'ecchymoses » au praticien qui rédige un certificat médical. Au nom de sa cliente, l'avocat porte plainte auprès du parquet.

Comme on était à Paris et non à Madrid, Georgette obtint gain de cause. Le tribunal ordonna une séparation de corps et plaça la jeune femme dans une maison de santé, rue du Ranelagh, à Passy. Minuesa disparut et elle fut délivrée pour toujours de ce mari épousé un an auparavant. Elle était libre, mais le prix à payer avait été lourd, tant humainement que financièrement.

Le repos et le calme prodigués par les religieuses de cette maison lui permirent de se rétablir rapidement. Elle reprit contact avec Maurice et Jehanne. L'aînée avait rencontré Fernand Prat, riche rentier parisien.

Maurice Leblanc s'inquiète de la situation de sa cadette. Lui est bourgeoisement établi. Rien de moins bohème que le jeune écrivain ! Où vivra Georgette ? Comment ? Elle n'envisage pas de retourner à Rouen. Ce serait avouer sa défaite et montrer qu'elle a peur de la liberté. Et puis comment parler à Émile, que lui dire ? Maintenant qu'elle est à Paris, elle y restera. Maurice ne doit pas oublier qu'elle se sent toujours destinée à une carrière lyrique. Décidément, elle est aussi obstinée que lui. Il s'incline et intercède auprès de leur père pour qu'il négocie en faveur de Georgette le reliquat de l'héritage maternel. Émile hésite. La dot de sa fille est entre les mains de Minuesa. Elle a assez fait de bêtises comme cela. Enfin, il cède et décide de se montrer magnanime. Il vaut mieux, en effet, que Georgette se tienne à l'écart de Rouen. Deux mariages ratés : les sœurs Leblanc se taillent maintenant une réputation effroyable. Georgette récupère donc quelque argent, ce qui lui permettra de tenir jusqu'à son prochain engagement. Car elle y croit plus que jamais. Son médecin, la jugeant encore fragile, lui conseille une cure thermale. Sa bonne Eugénie, qui ne la quitte plus depuis qu'elle l'a aidée à sortir des griffes de Minuesa, devient la cameriste de la future diva. Elles passent l'été à Allevard, station thermale proche de Grenoble. Maurice Leblanc, auteur encore peu assuré, envoie une nouvelle à sa sœur, qui lui répond : elle a lu le texte tout haut à Eugénie et elles se sont tordues de rire.

DEUXIÈME PARTIE
(1893-1897)

Un simple rôle sur la terre

« À Georgette Leblanc, l'héroïne des grands rêves... »

Maurice Maeterlinck

« Méditative, douce, un peu trop cérébrale. »

Madeleine O. Maus

Sous les couleurs de Zola, Wagner et Bruneau : un « vérisme » à la française

Le 16 janvier 1893, Georgette Leblanc assistait à la première de *Werther*, la nouvelle œuvre de Massenet. Créée un an auparavant à Vienne, la transposition lyrique du roman de Goethe rencontra à l'Opéra-Comique le succès automatique accordé par les habitués aux divertissements de leur favori. Georgette fut attentive aux rôles féminins et en particulier à la prestation de Marie Delna, une Charlotte mezzo-soprano à la voix grave. Marie Delna n'avait que dix-huit ans.

En prévision de son prochain engagement qui ne saurait tarder, croyait-elle, elle s'était installée dans un appartement-atelier de l'avenue Victor-Hugo. Ainsi, elle recevait qui elle voulait, afin de jouer l'hôtesse et peut-être l'égérie d'un compositeur ou d'un écrivain. Elle s'était également trouvé un maître de chant, Saint-Yves Bax, et fréquentait religieusement son studio. Par ce professeur et la paternelle sollicitude de Massenet, mais aussi la fréquentation du critique Henry Bauër, habitué des premières, elle se rapprocha du monde lyrique et apprit la création, la saison prochaine, à l'Opéra-Comique, d'une nouvelle œuvre d'Alfred Bruneau. C'était *L'Attaque du moulin*, d'après la nouvelle éponyme d'Émile Zola. Bruneau avait été l'élève de Massenet. Zola et le compositeur de *Werther* se connaissaient bien, Massenet devant mettre en musique *La Faute de l'abbé Mouret*. Ce fut Bruneau, devenu entre-temps le compositeur attitré de Zola, qui, finalement, s'en chargea.

Léon Carvaille, dit Carvalho, directeur et metteur en scène de l'Opéra-Comique depuis 1876, cherchant à former la distribution, Georgette se sentit assez forte pour tenter sa chance. En même temps, elle se demanda si ce n'était pas le moment d'adopter un pseudonyme italianisant ou exotique, les noms se terminant en a étant à la mode (Melba, Delna...) Mais c'était son prénom qui la gênait le plus, elle ne l'aimait pas. En fait, elle aurait voulu s'appeler Claire.[32] Comme elle aurait préféré que son père fût italien et ancien violoniste ambulant. Après réflexion, elle garda son prénom peu gracieux et son patronyme estimé dans

[32] Elle le redit à Claire Goll, dans les années '30 : « Claire chérie (Claire est mon nom de prédilection. J'ai hésité longtemps à remplacer le mien que je déteste par le vôtre !). » Fonds Claire et Yvan Goll. Médiathèque de la Bibliothèque municipale de Saint-Dié-des-Vosges.

l'armement des navires de commerce. *Georgette Leblanc* était maintenant indissociable de son identité. Sa famille n'avait jamais compté d'artiste dans ses rangs ; son père en ferait peut-être une maladie : tant pis.

Le jour de l'audition, la postulante dut attendre son tour parmi des dizaines d'autres. « Il y a des mères qui rassurent, des professeurs qui conseillent, des amis qui encouragent, c'est un va-et-vient affairé, un bruit de ruche bourdonnante dans le foyer du théâtre. À chaque nom appelé, une jeune fille disparaît, on se tait, on prête l'oreille... Parfois, le chant s'arrête brusquement, la jeune fille revient rouge et désolée... On l'entoure, on la console, on l'emmène. » *(Histoire de ma vie)*

Georgette était venue seule avec Eugénie, surnommée Brangaene. Quand on l'appela, elle avança bravement dans la lumière, face à deux barbus, le compositeur et l'auteur, qui la considéraient avec curiosité. Zola surtout ne la quittait pas des yeux. Était-ce ses boucles blondes sous le chapeau empanaché, sa ferronnière frontale, ses yeux couleur d'aigue-marine qui attiraient tant le petit homme bedonnant ? Bruneau, lui, jaugeait calmement la candidate. À qui avait-on affaire ? Une amie de Massenet recommandée par Saint-Yves Bax. « Carvalho voulut distribuer tout de suite les principaux rôles. (...) celui de Françoise [*revint*] à Georgette Leblanc, complètement inconnue alors, qui captiva notre attention en nous chantant au lieu d'un air du répertoire, des lieder de Schubert et de Schumann, l'*Adélaïde* de Beethoven, et atténua ainsi la vague frayeur que nous causait l'originalité exagérée de ses robes, de ses chapeaux et de ses allures. »[33]

Depuis sa délivrance, son personnage qu'elle avait dû brider à Rouen, se donnait libre cours dans la vie et à la scène. Sa voix et ses dons de tragédienne lyrique emportèrent cependant la décision. Bruneau et Zola étant convaincus, Carvalho entérina leur choix, se disant que la recrue était prometteuse et qu'il suffirait de la discipliner. Mais après vingt-deux années de province dans le carcan d'une famille bourgeoise, un mariage raté et mouvementé, elle n'était pas prête à s'assagir, même pour obtenir un rôle. Au contraire. *L'Attaque du moulin* lui offrait une belle occasion de se « lâcher », comme elle aimait à le dire.

Cette œuvre lyrique — absente à présent de l'Opéra-Comique depuis sa dernière reprise en 1922 — était la seconde tentative d'Alfred Bruneau de renouveler l'opéra par un genre nouveau que le compositeur nommait « prosaïsme », parce qu'au « personnage à casque et à pourpoint de l'ancien opéra », il entendait substituer « l'homme réel observé dans la vie contemporaine ». Il n'est pas douteux que cet admirateur de Wagner proposait une révolution, à l'instar d'Antoine et de Lugné-Poe au théâtre. Il ne parvint pas à l'accomplir, peut-être parce que sa musique, malgré de grandes qualités, n'était pas assez à la hauteur de son projet, et que le genre opéra résiste par nature au réalisme et plus sûrement au naturalisme de Zola.[34] L'auteur de *L'Assommoir* effrayait la critique musicale et le public des théâtres lyriques. Pourtant, dès ses débuts, Bruneau avait frappé à sa porte. « (...) je cherchais une pièce de construction logique, émouvante, humaine, où la poésie et le réalisme s'uniraient étroitement et dont les personnages, appar-

---

[33] Afred BRUNEAU, *À l'ombre d'un grand cœur*, Slatkine, 1980.

[34] Au moment de l'affaire Dreyfus, Bruneau fut l'un de ceux qui protégèrent l'écrivain de leurs poings, lors du procès en cours d'assises que lui valut la parution de *J'accuse !*

tenant à un temps rapproché du mien, me permettraient d'exprimer de manière directe mes propres sentiments. »[35] Bruneau obtint *Le Rêve* dès sa publication. Ce roman relativement court — selon les normes de Zola — est l'histoire d'une enfant mourant de froid sous le porche d'une cathédrale. L'adaptation en fut confiée à Louis Gallet, le librettiste en vogue. Carvalho, écarté provisoirement de la direction de l'Opéra-Comique après l'incendie de la salle, décida en 1891, dès qu'il fut reconduit à la tête de la maison, de produire *Le Rêve*. Ce premier résultat de la collaboration de Bruneau et Zola, lequel avait suivi de près le travail de Gallet, connut le succès, sans rien devoir, il faut le souligner, à la mode du vérisme italien. *Le Rêve* fut créé à l'Opéra-Comique un peu avant la première représentation de *Cavalleria Rusticana* à Paris, qui bénéficia de la forte présence d'Emma Calvé. Monté la même année à la Monnaie de Bruxelles et à Covent Garden, *Le Rêve* fut également dirigé à Hambourg par Gustav Mahler.

Carvalho commanda un deuxième opéra à Bruneau. Zola offrit cette fois *L'Attaque du moulin*, nouvelle parue dans *Les Soirées de Médan*, recueil-manifeste de l'école naturaliste. *Boule de suif* ayant plu davantage, Zola trouva là une excellence occasion de prendre sa revanche. Bruneau recherchait un sujet différent du *Rêve*. Il fut d'emblée séduit par ce texte qui offrait, comparé au livret précédent, « quelque chose de plus large, de plus général et de plus extérieur ». « La pièce pouvait, en effet, comporter des chœurs nombreux, des contrastes saisissants. [*Zola*] imagina d'y introduire un personnage nouveau, essentiellement lyrique, la vieille servante Marcelline qui, ayant eu ses deux fils tués à l'ennemi, maudit le fléau détesté des mères lorsqu'il menace encore la France. »[36]

Le compositeur et l'écrivain requirent de nouveau la collaboration de Gallet. Le librettiste possédait une double particularité, sans doute peu commune dans sa profession : il était sourd et occupait les fonctions de directeur de l'hôpital Lariboisière. Cependant, le travail avançait vite, car Zola mettait aussi la main à la pâte. De Médan, le 6 juin 1892 : « Mon cher Bruneau, je vous envoie enfin les quelques vers que je vous ai fait tant attendre. Pour les strophes sur le couteau, j'ai cru devoir briser le rythme et affecter un peu de prosaïsme, de façon à éviter la romance. Il m'a semblé que la netteté et la vigueur suffisaient. Au contraire, pour les adieux à la forêt, j'ai élargi le ton jusqu'au lyrisme. C'était ce que vous désiriez, n'est-ce pas ? Dites-le moi franchement. (…) Je n'ai que l'envie de vous contenter avec mes mauvais vers de mirliton. »

Un mois plus tard, Zola recommande à Bruneau, pour le troisième acte, « des flots de musique. Il faut que vous mettiez là-dedans toute la puissance, toute l'envolée qui n'y est pas ; autrement, nous aurons une œuvre bien étroite. »[37]

Ainsi stimulé, Bruneau acheva rapidement la partition.

La création de *L'Attaque du moulin* est fixée au 23 novembre 1893. La distribution assurée, les répétitions sont fructueuses. Bruneau en est satisfait. Même la belle, excentrique et débutante Georgette Leblanc, qui tient le rôle important de

---

[35] A. BRUNEAU, Op.Cit.
[36] Ibid.
[37] Ibid.

Françoise, fille du meunier Merlier et fiancée de Dominique, ne lui cause aucun souci. Tout va vien. Jusqu'à ce que Carvalho, soudain inquiet des réactions de son public qui verra sur scène l'uniforme des vainqueurs allemands de 1871, exige que l'action soit transportée pendant les guerres révolutionnaires du siècle précédent. Justement irrités, Bruneau et Zola s'inclinent quand même. Les théâtres de province et d'Europe se montrant moins timorés, l'Opéra-Comique rétablira l'époque de l'action lors de la reprise de 1897.

Le soir de la générale, « très chaude », Zola est persuadé du succès. À Bruneau : « 22 novembre 1893, (...) J'ai vu du monde cet après-midi, et tous sont bouleversés, tous prédisent un triomphe. Rien ne prévaut contre une œuvre de sincérité et de force. Un accident ne peut la tuer, elle triomphera et elle vivra. »[38]

La prédiction n'est pas exagérée. La grande presse loue en effet la musique, le livret, les artistes. Seul Henry Bauër, qui avait encensé *Le Rêve*, s'irrite de voir Bruneau changer de manière. Gustave Charpentier (futur auteur de *Louise*) écrit au contraire dans *Gil Blas* : « On s'imaginait que ce hardi musicien n'aurait d'autre aspiration que de faire grincer les canines des mélomanes. *L'Attaque du moulin* a dépisté ceux qui s'apprêtaient à rire... » Quant à Zola, il en profite pour publier ses idées sur le « théâtre musical », notamment dans *Le Journal* : « Négliger Wagner, ce serait enfantin. Toute sa conquête doit être acquise. Il a renouvelé la formule, il n'est plus permis de retourner en arrière, et d'en accepter une autre. Seulement, au lieu de s'immobiliser avec lui, on peut partir de lui ; et la solution n'est certainement pas ailleurs pour nos musiciens français. »

Les publications spécialisées ne se montrent pas moins favorables. *Le Guide musical*, hebdomadaire international de haute tenue, tout en prenant ses distances avec Zola, reconnaît : « Le succès de *L'Attaque du moulin* est incontestable et le public a fait à l'œuvre le plus chaleureux accueil. (...) Tous nos compliments à M. Danbé et à son orchestre. (...) Comme conclusion, émettons un vœu, c'est que, pour les directeurs et auteurs, la roue du vieux moulin tourne longtemps à l'Opéra-Comique. » On relève cependant des réserves « à l'égard de Mme Georgette Leblanc, une débutante dont la voix est encore mal assise et qui manque d'expérience. »

Qu'importe ! À vingt-quatre ans, la cantatrice s'est imposée sur une des deux premières scènes françaises, sans être passée par le noviciat des petits rôles et la formation auprès d'une aînée prestigieuse. Malgré ses maladresses, donnant la réplique à des artistes plus mûrs, Félix Bouvet, Delna, elle a contribué à la réussite de cet opéra pacifiste, vériste, patriotique et wagnérien, qui ne connaîtra pas moins d'une quarantaine de représentations en France et d'une douzaine de créations dans le monde.

Au lendemain de la première, Maurice Leblanc apporte avenue Victor-Hugo un paquet de journaux. De son lit, Georgette l'entend dire à la bonne : « Voilà les journaux, Eugénie, ils parlent tous du triomphe de Georgette ! »

Le 20 janvier 1894, *L'Attaque du moulin* est donnée en représentation au Théâtre des Arts de Rouen. Il est douteux qu'Émile Leblanc ait été présent dans la salle.

---

[38] Ibid.

La cantatrice et les décadents

Georgette Leblanc s'affirma dans sa nouvelle position. Séparée d'un mari abusif, cantatrice dédaignant tout protecteur riche ou titré, sa beauté, ses origines irréprochables et son indépendance financière firent d'elle un personnage recherché.

Sa liberté d'esprit se manifestait tant dans les petites choses que dans les grandes. Aimant les animaux, elle élevait trois poissons rouges. Elle les avait surnommés Plotin, Socrate et Marc-Aurèle. La chatte Salammbô cohabitait avec deux souris, Paul et Virginie, et un lézard, Alcibiade. Mais cette ménagerie minuscule n'aurait pu suffire à l'occuper. Il était grand temps de recevoir la faune littéraire et artistique de cette fin de siècle. Dans l'appartement-atelier, les chercheurs de nouveau trouvèrent, en plus d'une écoute attentive, souvent le gîte et le couvert. En décorant son appartement et en subvenant aux besoins des uns et des autres, elle dépensait sans inquiétude de l'avenir.

Le boulevardier Georges Maurevert se souviendra de son « extraordinaire appartement (...), plein d'étoffes antiques, de bibelots rares, de gravures, d'esquisses. »[39] La ferronnière au front, en robe de brocart, l'hôtesse accueillait alors tout ce que Paris comptait de symbolistes, décadents et Rose+Croix. Elle présidait, assise dans un « seigneurial et incommode fauteuil, garni de cuir, clouté de fer », qui allait bien à son style de patricienne préraphaélite. Dans ce décor mi-Art nouveau, mi-symboliste, où on respirait l'encens et la cire fondue des cierges d'église, un lutrin supportant une vieille bible n'était pas déplacé. Sur les murs gris, des citations de Platon et de Shakespeare, tracées à la craie, voisinaient avec des proverbes arabes ou des « pensées » de la maîtresse de maison. Peintres, sculpteurs, compositeurs, poètes, littérateurs, journalistes, « femmes d'artistes », « dames aux bandeaux précis, aux corps en tige »[40] entouraient leur égérie bienfaisante.

Le Sâr Joséphin Péladan n'était pas le moins surprenant de ces visiteurs. Il se distinguait au premier abord par des goûts vestimentaires en rupture avec la mode masculine du temps. Dédaignant le costume de velours côtelé du peintre et le strict habit noir de l'homme de lettres, il portait pourpoint de velours rose, collerette et manchettes de dentelles. On le voyait se promener sur les boulevards, les mains jointes sur un gilet en drap d'argent, le burnous noir flottant au vent. Catholique, il perpétuait la tradition du dandysme sulfureux de Baudelaire et de Barbey d'Aurevilly, mais en y ajoutant une touche exotique, « babylonienne ». Préfacé par l'auteur des *Diaboliques* en 1884, son premier roman, *Le Vice suprême*, l'avait propulsé dans le monde littéraire. Désormais membre du clan qui s'agitait autour du vieux maître, il en fut évincé à cause d'un goût vraiment trop prononcé pour l'intrigue bassement vénale. Il n'avait pas hésité à se faire l'agent et l'espion de Mme de Bouglon, « l'ange blanc » de Barbey, qui essayait de se rembourser des libéralités consenties jadis au « connétable des lettres ». Venu en pourpoint violet au domicile mortuaire de Barbey décédé dans sa quatre-vingt-unième année, il s'était fait jeter dehors par l'irascible Léon Bloy.

---

[39] G. MAUREVERT, *L'Art, le boulevard et la vie*, Floury, 1911.

[40] Georgette LEBLANC, I, Op. Cit.

Trente-quatre ans à l'époque de ses visites chez Georgette, il affirmait descendre des mages de Chaldée et était véritablement un occultiste notoire. On le trouva mêlé à toutes les affaires de magie noire et blanche des vingt dernières années du siècle, seul ou avec son compère, le marquis Stanislas de Guaita, morphinomane qu'il pourvoyait en drogue. Guaita avait « redécouvert » l'ordre ésotérique de la Rose+Croix, prétendument fondé au début du XVIIe siècle par le mythique Christian Rosencreutz. « Autour de Stanislas de Guaita, dans son modeste cinquième de la rue Pigalle, écrit Péladan, se forma le groupe le plus notable. Je ne peux évoquer sans une complaisance encore étonnée des nuits vraiment extraordinaires. L'hôtel Pimodan gardera dans l'Histoire son caractère de fête artistique et galante. Comment qualifier les débauches d'idées et d'ivresse cérébrale ? (...) Stanislas de Guaita, l'Athos du groupe, tendait avec raison à former une aristocratie de la gnose, à réunir une élite et à repousser les médiocres »[41] Ce qui fut toujours, au demeurant, l'ambition des sociétés secrètes dignes de ce nom.

En 1891, à la parution en feuilleton de *Là-bas*, roman sataniste de Joris-Karl Huysmans, où il était mis en cause, Péladan avait dû polémiquer avec l'auteur qui s'était rangé dans le camp de l'ex-abbé Boullan, alias docteur Johannès, et de la « mère » Thibaut, ennemis jurés des Rose+Croix. De Lyon où ils dirigeaient la secte « vintrasienne », Boullan et ses apôtres procédaient à des envoûtements contre Péladan et Guaita, grâce à la prétendue magie blanche. Boullan célébrait le « culte de Melchisédech » ; il « protégeait » Huysmans des « maléfices » des Rose+Croix. Quand Boulan mourut, l'année même où Péladan se montrait chez Georgette, des rumeurs accusèrent le Sâr et ses adeptes d'avoir provoqué sa fin.

Le jeune Jules Bois, né à Marseille en 1871, auteur du recueil de poèmes *Il ne faut pas mourir*, se consacrait aux spéculations métapsychiques. Très versé dans le satanisme et les sciences occultes, ami d'Emma Calvé, il soutint en toutes lettres dans *Gil Blas*, le grand hebdomadaire où avait triomphé Maupassant et où débutait Maurice Leblanc, que Guaita et son disciple Wirth avaient « exécuté » Boullan. Ces stupidités démonologiques furent corroborées par l'adversaire acharné de Péladan, J.-K. Huysmans, qui donnait à fond dans le panneau sataniste et croyait encore en la mystique obscène du pseudo-docteur Johannès. Menacé d'un duel par Guaita, Huysmans se rétracta. Mais Bois réitérant ses attaques dans *L'Événement*, le marquis Rose+Croix se battit au pistolet contre son calomniateur. Il n'y eut ni mort ni blessé.

Des lecteurs tentés de croire que ces délires n'affectaient — en dehors de Huysmans — que des écrivains médiocres et des poètes oubliés, feraient bien de lire *Inferno*, récit autobiographique que Strindberg composa directement en français. « *L'Initiation*, écrit-il, publie de moi une critique du système astronomique actuel. Quelques jours après, le directeur de l'Observatoire de Paris, Tisserand, vient à mourir. En un accès d'humeur enjouée, je combine ces deux faits, les rapprochant de la mort de Pasteur, au lendemain de la distribution de Sylva Sylvarum. Mon ami le théosophe ne comprend pas la plaisanterie, et, crédule comme personne, peut-être plus initié que moi à la magie noire, en vient à me soupçonner de pratiquer des manœuvres d'envoûtement. »[42]

---

[41] Joséphin PÉLADAN, *Œuvres choisies*, (introduction de J.-P. Bonnerot), Les Formes du Secret, 1979.

[42] August STRINDBERG, *Inferno*, Gallimard, 1996.

L'appartement-atelier de l'avenue Victor Hugo abrita, de l'aveu même de sa locataire, des « soirées bien curieuses ». Cela paraît tenir de l'évidence, puisque le chantre de l'Androgyne, alias, en littérature, marquis de Valognes, Merodack, Miss Sarah, Princesse A. Dinska, en était le plus déliquescent ornement. Mais le pittoresque pathétique du personnage, ses démêlés avec les partisans de l'ex-abbé Boullan à quoi on ne saurait le réduire, ne doivent pas nous tromper : il incarna, dans toutes ses métamorphoses et ses outrances, le maître à penser de la décadence. Le siècle qui s'achève aura été celui de prodigieuses inventions scientifiques et techniques. Depuis quatre ans, la tour Eiffel domine Paris de ses trois cents mètres. Un autre monde est en gestation. Des auteurs aussi différents que Jules Verne et Villiers de l'Isle-Adam l'ont pressenti. Mais quel sera-t-il ? Les artistes répondent comme ils peuvent à cette interrogation. Il y a ceux qui tiennent Satan pour l'architecte du nouvel avenir. C'est le cas, on l'a vu, de Huysmans, mais aussi de Félicien Rops qui demeure fidèle au souvenir de Baudelaire. Le symbolisme et l'Art nouveau semblent une tentative de capter les forces de la modernité pour rénover l'ancien, l'aménager et le sauver de la destruction. D'autres essaient de nier le mouvement en s'évadant de l'époque par le moyen des fausses sciences : hermétisme, ésotérisme, spiritisme, théosophie et autres mouvements secrets. Mais l'occultisme concerne à l'époque trop de gens pour être seulement l'exutoire d'originaux et de toqués en tous genres. Le mouvement a des milliers d'adeptes. Les voyantes pullulent. L'occultisme se veut une réponse au positivisme triomphant.[43] Les noms de Papus, de Mme Blavatsky et de lady Caithness s'ajoutent à ceux de Guaita et de Péladan.

En créant la Rose+Croix esthétique, qui avait pour but de mettre fin au « grand schisme d'Alexandrie », où « l'occulte et la religion se méconnurent », Péladan se réfugiait dans l'Art, pour lui « forme pure de la volupté ». Voulant « honorer et servir l'idéal », ayant cru retrouver les « normes perdues », il n'avait que mépris pour le réalisme de Courbet et proscrivait la représentation des ivrognes, des casseurs de pierres et des paysans. En fait, ses principes bannissaient de la peinture la vie contemporaine dans toutes ses manifestations. Les artistes étant pour lui la nouvelle caste sacerdotale, il en excluait tout naturellement les femmes. Georgette Leblanc protestait qu'elle n'était pas une femme, mais un cerveau. Péladan rétorquait : « Eh bien ! Sortez-moi une idée. » Selon le peintre Armand Point, un des habitués de ces soirées, elle aurait été interloquée. « Elle se mit à lever un bras, retrousser sa manche, à s'admirer, en soupirant : " Nous autres, pauvres femmes ! " »[44] Elle se moquait du Sâr. Écrivant ses mémoires durant les années vingt, elle aura cependant ces mots : « Le regard magnifique, les mains éloquentes en leurs corolles de dentelle fanée, les reins fiers sous ses oripeaux de velours usé, il parlait et parfois étonnait. »[45] Surtout quand il disait son admiration pour Wagner, autrefois méprisé, racontant son premier séjour à Bayreuth et l'impression qu'il y avait produite dans sa veste azur, sa fraise de dentelle, chaussé de ses cuissardes de daim, tenue « magique » dans laquelle il avait assisté à trois

---

[43] Occultisme, satanisme, magie noire et misogynie cohabitaient avec l'antisémitisme le plus débridé. Ce n'était pas un des signes les moins inquiétants d'une époque qui verrait bientôt éclater l'affaire Dreyfus.

[44] Paul LÉAUTAUD, *Journal littéraire*, Mercure de France, 1954-1964.

[45] Georgette LEBLANC, I, Op. Cit.

représentations de *Parsifal*. Ou quand il s'en prenait aux tares de la civilisation, déclamant des passages de *La Décadence latine*, son interminable « éthopée » déjà à son dixième volume.

D'autres membres de cette curieuse assemblée, qui faisaient les beaux soirs des réceptions de Georgette, valent qu'on leur consacre quelques lignes. Paul Adam, par exemple, écrivain parisien né, comme Maeterlinck et Debussy, en 1862. D'abord auteur de *Chair molle*, roman naturaliste par lequel il s'était attiré les foudres de la justice — peine de prison et amende de 100 francs — ; puis d'*Être*, fiction proche par son personnage, Mahaut, du Gilles de Rais de *Là-bas*. C'était également un « membre éminent du Suprême Concile de la Rose+Croix ». En 1890, Paul Adam avait fait grise mine au succès de Maeterlinck. Selon lui, Mirbeau avait perdu toute mesure en encensant le poète belge au détriment des œuvres de « la jeunesse française » qui en valaient la peine.

Un autre Belge, Henry de Groux, le jeune peintre du *Christ aux outrages*, devait se sentir chez lui dans ce décor et parmi les invités, peintres Rose+Croix ou dissidents esthétiques comme l'écrivain Élémir Bourges, auteur du roman *Le Crépuscule des dieux* et futur membre du premier jury de l'Académie Goncourt. Chez Georgette, il « arborait en guise de col un foulard de toile rouge semé de palmes ». De Groux avait rencontré ces irréguliers dans un lieu encore plus chargé des signes contradictoires de l'époque, le salon de Berthe Courrière, égérie de Rémy de Gourmont. Mais avant cela, il s'était brouillé à mort avec l'imprécateur Léon Bloy, pour des motifs encore non élucidés aujourd'hui. Arrivé dans le sillage de Péladan et communiant aux mythes wagnériens de Lohengrin et de Siegfried, De Groux fut un oiseau de passage. Plus tard interné en Italie dans un asile psychiatrique, il s'en évada et revint à Paris.[46]

Marié depuis quatre ans, Maurice Leblanc fuit déjà sa femme et la vie de famille pour l'atelier de sa sœur, où il espère trouver les appuis qui lui ont fait jusqu'à présent défaut. Son premier recueil de nouvelles, *Des Couples*, n'a pas été remarqué. Mais collaborant au *Gil Blas*, il espère la publication d'un prochain recueil. En outre, l'éditeur Ollendorff vient d'accepter son premier roman, *Une Femme*. Maupassant disparu, Maurice ambitionne de lui succéder dans le rôle du grand écrivain normand, mais la suite le prouvera, il est plutôt un imaginatif qu'un réaliste. À l'abri des soucis d'argent, il s'obstine dans l'erreur, au risque de passer, à vingt-neuf ans, pour un retardataire. Un soir, il amène Maurice Rollinat, connu naguère au « Chat Noir ». Georgette admira tout de suite ce filleul de George Sand. « Certains soirs, au piano, le superbe Rollinat rugissait avec l'innocence de la jungle. »[47] Originaire du Berry, il s'était fait connaître à Paris en interprétant lui-même ses œuvres. Son admiration pour Baudelaire et Poe éclate dans ses poèmes des *Spectres* et des *Ténèbres*. À quarante-sept ans, artiste reconnu par le Paris littéraire, l'auteur des *Névroses* trouva dans les soirées de

---

[46] De Groux réalise en 1909 un portrait et un buste de Debussy. Il expose encore en 1911 au Salon d'Automne. Debussy lui rend hommage dans une lettre à Robert Godet : « Ce De Groux, qui consent à disparaître si soigneusement qu'on a pu le croire mort, est un bel exemple de courage moral (…) Il enseigne qu'il faut dédaigner la mauvaise fumée des encensoirs et qu'au besoin il n'est pas inutile de cracher dedans. » (Claude Debussy, *Lettres*, (présentation de Fr. Lesure), Hermann, 1980.

[47] Georgette LEBLANC, I, Op.Cit.

Georgette un public de connaisseurs. Edmond de Goncourt appréciait ainsi le chanteur-poète : « Je le trouvais tantôt trop macabre, tantôt trop *bête à Bon Dieu*. Aujourd'hui, il me prend par de la musique qu'il a faite sur quelques pièces de Baudelaire. Cette musique est vraiment d'une compréhension tout à fait supérieure. »

Louis Fabulet, ami d'enfance de Georgette et Maurice Leblanc, aimait les retrouver chez la cantatrice. Ancien condisciple de Maurice en classe de philosophie, Fabulet avait trente et un ans. Semblable à de nombreux intellectuels de ce temps, il penchait pour l'anarchie, tout en étant licencié en droit et ancien secrétaire de la sous-préfecture de Mont-de-Marsan. Il traduira Whitman, Thoreaux et Kipling, seul ou en collaboration avec Robert d'Humières.

Pâle et blond, Georges Rodenbach, le poète du silence, se glissait aussi dans ces soirées, strictement vêtu, à l'encontre des autres, comme s'il dînait en ville, se distrayant là de ses pieuses réunions dans le « grenier » d'Edmond de Goncourt et le salon de son ami Mallarmé. Il venait de faire publier *Bruges-la-Morte*, roman qui allait lui assurer une réputation durable et faire oublier ses poèmes. Lui aussi, dans sa jeunesse, avait fréquenté d'étranges cénacles, tel celui des *Hydropathes* d'Émile Goudeau, où il avait côtoyé Rollinat, Laurent Tailhade et Charles Cros. Il admirait les paradoxes que Georgette, sans plus y songer, semait autour d'elle.

Deux peintres et un compositeur formaient la garde artistique rapprochée — et éphémère — de Georgette. Ils se nommaient Armand Point, Joseph Granié et Gabriel Fabre. Fidèle Rose+Croix, symboliste sage, Point était membre des ordres du Temple et du Graal. Après leur dissolution, il resta un peintre « idéaliste », participant à de nombreuses expositions d'art inspirées par le catéchisme péladanien. Vers 1894, il rencontra Hélène Linder, qui devint son modèle préféré, et s'installa avec elle à Marlotte, près de Fontainebleau, dans une vieille maison baptisée Hauteclaire, où il vécut et travailla.[48] En 1896, il réalisa en collaboration avec un de ses élèves, le Hollandais Léonard Sarluis,[49] l'affiche de la cinquième Geste, c'est-à-dire exposition de son mouvement. Elle représentait David tenant par les cheveux la tête de Goliath fraîchement décapitée. Point avait prêté à Goliath les traits d'Émile Zola, haï pour son naturalisme. Jean Lorrain se toqua de cette exposition comme de la précédente.

Granié — élève de Gérôme à l'École nationale des Beaux-Arts, admirateur du Moyen Âge italien[50] — réalisa un beau portrait de son hôtesse. Il peignit aussi en 1894 un portrait d'Yvette Guilbert et, à peu près à la même époque, dessina Romain Rolland et Marguerite Moreno. Il donna encore des scènes d'intérieur et de genre.

---

[48] En 1899, Point s'éprend d'une jeune élève norvégienne et l'emmène en Italie. Hélène Linder s'installe à Paris avec le diplomate Philippe Berthelot, qu'elle épousera tardivement. Revenu en France, Point continuera de peindre jusqu'à sa mort, en 1934, à l'âge de 74 ans.

[49] Christophe BEAUFILS, *Joséphin Péladan*, 1858-1918, Jérôme Millon, Grenoble, 1993.

[50] Joseph Granié (Toulouse, 1866 - Paris, 1915). Son *François d'Assise prêchant aux petits oiseaux* (1892) se trouve au Musée de Buenos Aires. Également miniaturiste et illustrateur, Granié, qui n'était pourtant plus un moderne, se fit connaître d'Apollinaire, qui lui dédia le poème de guerre « Chant de l'horizon en champagne » in *Lueurs des tirs*, Guillaume Apollinaire, *Calligrammes*, Le Club du meilleur livre, 1955.

Compositeur oublié aujourd'hui, Fabre[51] fut surtout un mélodiste. On lui doit nombre de musiques sur des poèmes de Charles Cros, Mauclair, Laforgue, Verlaine, Tristan Klingsor. La voix de la cantatrice le fascinait et il écrivit pour elle *La chanson de Mélisande*, sur le poème de Maeterlinck. Georgette gardera longtemps à son répertoire certaines œuvres de Fabre et ils collaboreront assez régulièrement pendant une dizaine d'années. Sombrant peu à peu dans la mélancolie, Fabre ne produisit plus rien et fut interné dans un hôpital psychiatrique où il mourut.

Le peintre Henry Le Sidaner se joignit quelque temps au cénacle. Henry Bauër était reçu avec toute l'admiration que lui vouait Georgette. Un soir, elle lui raconta une histoire, « étrange comme l'est sans cesse la vie. » Mais il la déçut par son incrédulité méprisante, et dès lors fut déconsidéré. D'autres fidèles étaient Georges Maurevert et Léon Bazalgette, ce dernier employé de *L'Intransigeant*. Ils appartenaient à la cohorte des journalistes et petits littérateurs qui foisonnaient dans le Paris de cette époque.

C.M., l'adorateur

À vingt-quatre ans, Georgette Leblanc s'était composé un personnage de *lionne* intellectuelle. Si elle intimidait au premier abord les hommes faits, pour les plus jeunes elle était le modèle, la muse et l'interprète. Camille Mauclair en fut immédiatement amoureux. « Grand, blond, l'air assez dédaigneux et fermé », ce critique et écrivain précoce venait d'achever ses études en Sorbonne. Par ses amitiés — c'était un intime de Fabre —, il devait inévitablement prendre le chemin de l'atelier de l'avenue Victor-Hugo.

Né à Paris en 1872, Camille Laurent Séverin Faust avait abandonné son patronyme germanique et goethéen pour le vocable léger et chantant de Mauclair. Dans son *Journal,* Jules Renard note le 4 avril 1894 ce mot d'Hervieu : « Camille Mauclair, cette pâle jeune fille aux dents de loup. » Pour l'hebdomadaire *Gil Blas*, il est « un homme de lettres dans la pure et belle acception du mot ». Lugné-Poe parlera de ses « attitudes intransigeantes et sibyllines ». Quand Mauclair participe à l'aventure du Théâtre d'Art avec Paul Fort et Lugné-Poe, il semble rempli d'une farouche énergie : « en acier, très anarchiste et le plus absolu de nous tous. (...) Quand on le connaît, il donne dans l'aspect blond et coupant. (...) il donnait à nos esprits assez ingénus l'impression de posséder un cran étonnant, nous croyions deviner en lui un conducteur pratique qui deviendrait précieux ; il gardait en mains des fils avec toutes les maisons, tous les salons, chez Stéphane Mallarmé, chez Paul Hervieu, chez de Régnier, chez Barrès et jusque chez les snobs. Agressif ou simplement audacieux, ses yeux vous gagnaient par leur acuité ; plus que quiconque il devait avoir un but. »[52]

Voilà le surprenant personnage qui entre un soir dans l'appartement-atelier. En littérature, il possède un mince actif — un recueil de poèmes et des articles tirés à part —, mais, on le voit, il dispose d'une solide considération. Il séduisit Georgette par son intelligence et sa jeunesse alliées à une érudition et une passion sans limites pour les arts. Enfin, elle allait aimer le genre d'homme dont elle

---

[51] Gabriel Fabre (Lyon, 1863 - Paris, 1921).

[52] Aurélien LUGNÉ-POE, *La Parade* (Le sot du tremplin), Souvenirs et impressions de théâtre, Tome I, Paris, Gallimard, 1930.

rêvait à Rouen : l'homme de lettres, celui-ci doté d'une beauté glaciale — et jeune, plus jeune qu'elle en fait de trois ans. Pour lui, elle était la cantatrice, ou plutôt la tragédienne lyrique, la diva, capable des plus folles audaces esthétiques. Il allait la guider dans ses choix, lui faire aimer Wagner et rejeter Massenet. Grâce à sa culture, dont il lui ferait profiter, elle gagnerait un profil de chanteuse intellectuelle. À eux deux, ils allaient sidérer Paris.

Il découvre vite en elle un être peu maniable d'une intelligence froide et logique, qu'il ne s'attendait pas à trouver chez une cantatrice. Ses admirateurs goûtent sa conversation, ses aphorismes autant que ses attitudes originales. Tout en étant parfaitement femme, elle est de l'espèce des dandies chère à Oscar Wilde ; et d'ailleurs, ce qui n'étonne pas, ils se rencontreront à la fin du siècle.

En avril 1894, au vernissage de l'exposition du Champ-de-Mars, alors un des grands événements artistiques parisiens, Maurevert admire Georgette au bras d'un « jeune esthète brun », qui n'est autre que son ami Bazalgette, frère de rosicruciens. « Ses magnifiques cheveux sommés d'un bonnet de velours vieux rose retenant le diamant frontal »[53], elle avance, indifférente aux lazzi des bourgeoises et des cocottes, suscitant alors la ferveur fraternelle de Pierre Louÿs et Henri de Régnier. En se composant cette allure, elle a lancé une mode. On retrouvera d'autres demoiselles du quattrocento, follement botticelliennes, aux soirées de l'Œuvre, leurs compagnons esthètes vêtus, eux, à la mode de 1830. À ce Salon où elle est venue parader, des peintres Rose+Croix exposent, ce qui n'empêche pas Péladan d'attaquer l'entreprise dans *La Presse* et de s'en prendre particulièrement à Puvis de Chavannes.

Le fidèle Maurevert décrit maintenant la jeune femme entrant un après-midi chez Gagé, pâtissier renommé de l'avenue Victor-Hugo, au bras du peintre Joseph Granié dans son « légendaire complet de velours gris perle ». Vêtue d'une robe médiévale de velours pourpre, Georgette tient en laisse deux superbes lévriers blancs. La clientèle jase. La cantatrice et son compagnon s'installent. Elle commande de savoureux gâteaux qu'elle s'empresse d'offrir à ses lévriers, en disant : « C'est bien assez bon pour eux ! » enfonçant par là Marie-Antoinette. Si elle signifiait aux bourgeoises de son quartier que ce qui faisait leurs délices était juste digne de l'estomac de ses chiens, elle se rachetait de cette outrecuidance par sa compassion pour les êtres. Elle écrivait à une amie : « Pauvre petite âme frileuse, qui a dû souvent avoir froid au contact des vilaines âmes, tu peux m'aimer sans crainte ; je ne te ferai pas de mal. J'ai trop souffert de tout pour ne pas savoir tout comprendre et c'est ce qui m'a rendue meilleure et plus haute. Vois-tu, la vie est longue à se révéler ; c'est par petits coins que la voilà qui se découvre, et c'est toujours la douleur qui les soulève... »[54]

Elle s'éloigna assez vite des milieux de la peinture symboliste et Rose+Croix, se cantonnant, si l'on ose dire, à la musique, la poésie et la littérature, ses vraies passions.

Maurice Maeterlinck

Mauclair veut éblouir celle qu'il croit sa conquête définitive et pense y parvenir plus sûrement en se vantant de ses bonnes fortunes intellectuelles. Il est en

[53] G. MAUREVERT, Op. Cit.
[54] Ibid.

relation depuis 1890 avec le poète belge Maurice Maeterlinck dont il se dit l'ami. Cela a commencé classiquement par une critique admirative publiée dans le numéro d'octobre de *La Plume*. Maeterlinck a protesté : « (...) ne dites plus que je suis un maître (...) ; je vous demande cela en toute sincérité, si vous saviez le pauvre tâtonneur que je suis vous auriez pitié de moi ».

Mauclair voit en lui le plus grand écrivain de leur génération. Un poète seul le dépasse, unique dans son splendide isolement parce qu'il ferme tous les chemins derrière lui, c'est Mallarmé. Maeterlinck est venu vite à l'expression théâtrale. « Le théâtre est d'essence supérieure, écrit Mallarmé, nul poète jamais, ne put à une telle objectivité des jeux de l'âme se croire étranger. » *(Divagations)* C'est lui qui attira l'attention d'Octave Mirbeau sur Maeterlinck, Gantois de vingt-huit ans, né le 29 août 1862,[55] jusqu'ici inconnu en France. Mirbeau lut le recueil de poèmes *Serres chaudes* paru chez Vanier et la pièce *La Princesse Maleine* publiée d'abord à Gand. Son article sortit en une du *Figaro* le dimanche 24 août 1890, sur trois colonnes et sous le titre MAURICE MAETERLINCK. Mirbeau ne craignit pas d'affirmer : « Je ne sais rien de M. Maurice Maeterlinck. (...) Je sais seulement que personne n'est plus inconnu que lui, et je sais aussi qu'il a fait un chef-d'œuvre, non pas un chef-d'œuvre étiqueté chef-d'œuvre à l'avance, comme en publient tous les jours nos jeunes maîtres, mais un admirable et pur et éternel chef-d'œuvre qui suffit à immortaliser un nom et à faire bénir ce nom par tous les affamés du beau et du grand... (...) Je crois *La Princesse Maleine* supérieure à n'importe lequel des immortels ouvrages de Shakespeare. Plus tragique que *Macbeth*, plus extraordinaire de pensée que *Hamlet...* »

L'outrance même de l'article, légitimée par sa publication dans un quotidien à grand tirage et de réputation internationale, créa une extraordinaire publicité autour du mystérieux écrivain dont Mirbeau avait tu sciemment les origines. Sa gloire naquit de ce formidable coup de cymbales. Aujourd'hui, les grands titres ne mettant plus la littérature à la une et la presse littéraire ayant pratiquement disparu, ce subit engouement d'un écrivain et critique renommé pour un poète inconnu serait pratiquement impossible à exprimer. Précisons encore que Mirbeau — très célèbre alors tant pour sa défense de Manet et de Cézanne que pour ses duels[56] — ne servait aucun intérêt éditorial. De plus, les poèmes et la pièce de Maeterlinck étaient détachés de l'actualité.

L'excellent papier de Mirbeau relaya et amplifia les études d'Adolphe Retté dans l'hebdomadaire parisien *Art et Critique* (4 janvier 1890) et d'Émile Verhaeren dans *L'Art moderne* en Belgique.

En septembre 1890, Maeterlinck précisa immédiatement à Mirbeau ce qu'il estimait devoir à quelques prédécesseurs et contemporains : « Dans ma pauvre *Princesse*, je ne vois que du Shakespeare, de l'Edgar Poe, et l'influence de mon

[55] La maison natale de Maeterlinck était un hôtel particulier de style Empire, 6, rue au Poivre. Il le rappellera peu de temps avant sa mort, sa langue maternelle était le français. Chez lui, on n'utilisait le flamand que pour parler aux domestiques.

[56] Les romans les plus importants de Mirbeau, *Le Jardin des supplices* et le *Journal d'une femme de chambre* paraîtront, le premier en 1898, le second en 1900. Ses œuvres précédentes, *Le Calvaire* et *L'Abbé Jules*, avaient fait scandale par leur réalisme exacerbé. Quand il aimait une œuvre, Mirbeau ne marchandait pas son enthousiasme. Admirateur dithyrambique de *La Princesse Maleine*, il fit l'éloge de *Théodora*, pièce de Victorien Sardou jouée par Sarah Bernhardt, à peu près dans les mêmes termes.

ami Van Lerberghe. Je n'y distingue plus rien qui m'appartienne. Dans *Les Serres chaudes*, il n'y a que du Verlaine, du Rimbaud, du Laforgue et, comme on me le reproche, du Walt Whitman… »[57] Il cèle pourtant qu'il a puisé le sujet de *Maleine* dans les contes populaires allemands réunis par les frères Grimm. On y trouve, en effet, une *Jungfrau Maleen*. Le pessimisme de Maeterlinck substitue à la fin joyeuse du conte une sanglante tragédie à la Shakespeare.

Dans une autre lettre, il fit à son découvreur l'éloge d'un « ami comme il est bien rarement, hélas, donné à l'homme d'en avoir un dans la vie : Charles Van Lerberghe ».[58] Et, ayant envoyé *Les Flaireurs* à Mirbeau, il ajouta : « Vous verrez, trop tard peut-être, et je ne me le pardonnerai jamais, que c'est de lui et non de moi que vous auriez dû parler, car il a été en tout et toujours le maître de son âme. »[59] La même année, usant encore d'un autre ton envers sa première pièce, il alla jusqu'à confesser à son ami Grégoire Le Roy qu'il ne s'agissait, après tout, que d'une « Shakespitrerie ».

Ignorant que le poète était agité de remords et se tournait en dérision, les lecteurs et le public d'avant-garde furent encouragés dans leurs choix et ne relâchèrent plus leur intérêt. Des animateurs de théâtre, des directeurs de revue, des critiques, des écrivains, des compositeurs — la nouvelle génération de Georgette Leblanc et Mauclair — lui apportèrent leur appui. Les 20 et 21 mai 1891, le Théâtre d'Art donna *L'Intruse* à Paris, au profit de Verlaine et de Gauguin[60], et le 27 août à Nanterre. Le 11 décembre, les répétitions ayant été dirigées par Adolphe Retté, le théâtre représenta *Les Aveugles*.[61] Saint-Pol-Roux, dit le Magnifique, soutint la pièce et manifesta contre les perturbateurs. En juin 1892, dans *Le Mercure de France*, il ne put contenir son admiration pour l'auteur des *Sept princesses*. Une représentation de cette pièce, le dimanche des Rameaux, dans l'hôtel particulier du conseiller d'État Coulon, l'avait conquis. Des acteurs travestis en marionnettes jouaient les personnages. Les pantins portaient des costumes dessinés par Maurice Denis et évoluaient dans des décors de Sérusier et de Vuillard. Le rideau de scène était de Jan Verkade. « Un tel ami, écrivit Saint-Pol-Roux de Maeterlinck, nous console d'une époque où beaucoup d'ignorants blasphèment et souillent cet acte sacerdotal et premier, le Théâtre. » Saint-Pol-Roux avait

[57] *Maurice Maeterlinck*, 1862-1962, La Renaissance du Livre, Bruxelles, 1962.

[58] Ibid.

[59] Van Lerberghe et Maeterlinck étaient des amis d'enfance. L'oncle de Maeterlinck fut le tuteur de Van Lerberghe, orphelin de père et de mère à 14 ans.

[60] Le programme de ces journées fut copieux. On représenta, en effet, *Les Uns et les autres* de Verlaine ; *Chérubin* de Charles Morice ; et *Le Soleil de minuit* de Catulle Mendès. Il y eut aussi une lecture du *Corbeau* d'Edgar Allan Poe, récemment traduit par Mallarmé. À cause du coût élevé de la mise en scène de la pièce de Mendès, le théâtre fut en déficit ; Verlaine et Gauguin ne reçurent pas l'argent espéré.

[61] Le Théâtre d'Art de Paul Fort fut un incontestable laboratoire du symbolisme qui se confondait alors avec la modernité. Maeterlinck ne fut pas le seul à bénéficier de ses audaces. Sur 46 mises en scène, 44 furent des créations. Paul Fort rappelle dans ses mémoires la hardiesse de certaines, comme celle du *Cantique des Cantiques* de Paul-Napoléon Roinard : « les projections lumineuses changeaient de couleur à chaque scène (…) et, de l'héliotrope au muguet, du benjoin à l'eau de Cologne, tous les parfums y passèrent. De toutes les loges supérieures de la salle, poètes et machinistes pressaient à qui mieux mieux des vaporisateurs (…) » (cf. *Lettres à Gustave et Rachel Kahn* (1886-1934), édition de Richard Shryock, Librairie Nizet, Saint-Genouph, 1996.)

contresigné les « Mandements de la Rose+Croix Esthétique » de Péladan, avec Élémir Bourges. Les spectacles de marionnettes — que les fantoches soient animés par un montreur ou, dans le cas de la représentation chez Coulon, singés par des acteurs — montraient des œuvres sérieuses. La fervente wagnérienne qu'était Judith Gautier en organisa dans son appartement parisien devant des spectateurs privilégiés, ce furent *Parsifal* et *La Walkyrie*.

1892 fut une excellente année pour Maeterlinck. Mauclair, qui venait d'avoir vingt ans, donna sa première conférence sur son œuvre. À Londres, Laurence Alma-Tadema, fille du richissime peintre londonien, Sir Alma-Tadema, traduisit en anglais *Pelléas et Mélisande* et *Les Aveugles*. L'Autrichien Hermann Bahr, chef de file du groupe de la Jung Wien, romancier naturaliste, poète et polémiste, rédacteur en chef de la *Freie Bühne* berlinoise, avait lu l'article de Mirbeau. Il répandit aussitôt le nom de Maeterlinck en Allemagne et en Autriche. Mais *Pelléas et Mélisande* ne fut pas publié en allemand avant 1897, alors que *Les Aveugles* furent traduits en danois dès 1891, soit moins d'un an après le formidable article du *Figaro*.

C'était en France, en raison de la suprématie de Paris, que l'essentiel du combat se jouait. Arraché à sa paisible obscurité gantoise, le poète était devenu un nom-symbole jeté dans les polémiques et les controverses qui se répercutaient dans l'Europe entière. André Gide voyageant en Belgique en juillet 1891 le rencontra à Gand où il l'entendit lire *Les Sept Princesses*. Gide visita Bruges et Ostende. Il repassa par Gand dire « adieu à Maeterlinck » et conclut : « Maeterlinck est d'une force admirable. »[62] Plus tard, il nota, avec une pointe d'envie protestante : « Nous n'avons à présent (...) aucun écrivain qui vaille à beaucoup près Maeterlinck. »[63]

La jeune génération éprouvait des difficultés à se faire entendre. On l'a vu avec Maurice Leblanc. Romain Rolland, né en 1866, prenant, à son retour d'Italie, la température du climat intellectuel français, constatait : « Il semblait bien qu'il n'y ait pas de place pour moi dans le Paris des Lettres de 1893. Je m'y sentais terriblement isolé et en antagonisme sur tous les points. »[64] Pour Maeterlinck, la partie était loin d'être gagnée. La critique officielle — Sarcey en tête — ne désarmait pas. Incarnant le conservatisme universitaire, le directeur de l'influente *Revue des Deux Mondes*, Brunetière, accusait Maeterlinck de vouloir réformer la langue française.

Lugné-Poe et Mauclair décidèrent de faire représenter coûte que coûte *Pelléas et Mélisande*. Mais le comité du Théâtre d'Art ne fut pas d'accord : « Pelléas, pièce incompréhensible, par exemple, sans décors. » Lugné-Poe, qui préparait *La Dame de la mer* d'Ibsen, donna carte blanche à Mauclair qui se montra l'homme de la situation. Sur son insistance, Mme Tola Dorian[65], associée de Paul Fort, leur per-

---

[62] André GIDE, *Journal*, (1889-1939), Pléiade, Gallimard, 1949.

[63] *Maurice Maeterlinck*, 1862-1962, Op. Cit.

[64] Cité par Gilbert Gadoffre in *Claudel (Paul)*, Encyclopedia Universalis.

[65] Née princesse Mestchersky, Tola Dorian était l'épouse de Ch.-L. Dorian, député de la Loire. Elle fut l'amie de Victor Hugo en 1883. Elle pratiquait le mécénat artistique, à condition que cela profite à sa publicité personnelle. À ne pas confondre avec sa belle-sœur, Mme Aline Ménard-Dorian, qui tint un salon favorable aux idées républicaines et socialistes. Elles se rejoignent cependant dans leur amitié pour Victor Hugo. Mme Ménard-Dorian reçut le poète sous une pluie de roses peu avant sa mort. (cf. Robert Ricatte, Index du *Journal* des Goncourt, Robert Laffont, 1989)

mit de mener à bien l'entreprise, non sans exiger que son nom fût mis en vedette.

Maeterlinck se déplaça à deux reprises à Paris. Il accompagna Lugné-Poe dans une démarche assez difficile. Le jeune metteur en scène allait quémander 200 francs auprès de son père, « pour boucler les frais ». Contre toute attente, celui-ci accepta. Maeterlinck fut stupéfait, peut-être pensait-il que son propre père ne lui aurait pas donné un centime : « Quel bon type que ton père ! » Rentré à Gand, il écrivit à son ami : « Tu es vraiment admirable ! mais si nous avions su toutes ces misères comme il eût été sage de rengainer à temps ce misérable *Pelléas*. Ce qui m'inquiète par-dessus tout, c'est que tu perdes de l'argent dans cette aventure et je ne veux absolument pas que cela retombe sur toi. De l'argent, je n'en ai certes pas maintenant — il a trente ans ! —, mais j'en aurai un jour. Je pourrais te faire des billets ou je ne sais quoi que l'on fait dans ces circonstances, mais en tout cas, s'il y a perte, c'est moi seul qui dois et veux la supporter. »[66] Maeterlinck en resta au stade de la déclaration d'intention.

Sa position à Paris se renforçait. Ses confrères l'estimaient ou parlaient de lui, comme Jules Renard : « Vu Maeterlinck montré sur le boulevard par Camille Mauclair. Un ouvrier belge qui s'est acheté un chapeau trop petit et des culottes trop larges. Le génial Claudel reste un moment découvert. » Claudel sait l'admiration que Maeterlinck porte à *Tête d'Or*. Le diariste poursuit : « Quand on lui présente quelqu'un, Maeterlinck a soudain un agrandissement d'yeux et un balancement du corps qui sans doute signifie : "Ah ! chouette ! " » [67] Ce croquis, bien dans la manière de son auteur, montre un Maeterlinck assimilé au milieu littéraire parisien, même s'il est perçu comme une curiosité. Semblant ignorer ses origines sociales et sa formation d'avocat, Jules Renard lui trouve des allures de prolétaire. Mais pour d'autres, comme Lucien Descaves[68], ses chemises chamarrées, ses pantalons bouffants — sans doute les pantalons « larges » vus par Renard — et sa moustache à la gauloise sont un signe d'excentricité. Les hommes de lettres ont l'obligation de s'habiller en « bourgeois ».

Maeterlinck intrigue par son mélange de réserve et d'adhésion. Le 30 avril, Mauclair donne une nouvelle conférence en sa faveur. En vue de la création de *Pelléas* par le Théâtre d'Art, le 17 mai, aux Bouffes-Parisiens, il se rendit à l'Hôpital Saint-Jean de Bruges pour prendre devant les panneaux de la Châsse de sainte Ursule, quelques croquis des costumes féminins dont le maître flamand avait revêtu la sainte et ses compagnes. « C'était, écrira-t-il, pour habiller Mélisande et la reine (...) Comment parer l'héroïne de Maeterlinck, princesse d'un pays imaginaire ? J'avais pensé que Memlinc conseillerait mieux que personne, et j'ai donné en effet à Mélisande le justaucorps blanc et la longue jupe bleue d'Ursule débarquant à Cologne. »[69] Il trouva encore le temps de rédiger l'article « Pelléas et Mélisande » qui parut dans *L'Écho de Paris* sous la signature de Mirbeau : » Une génération monte, impérieusement, avec des hommes et des œuvres. Dans ce mouvement, Maurice Maeterlinck est un des princes des lettres. La représentation prochaine sera une date dans la renaissance dramatique... »[70]

---

[66] Aurélien LUGNÉ-POE, Op. Cit.

[67] Jules RENARD, *Journal*, 1887-1910, (édition de Henry Bouillier), Robert Laffont, 1990.

[68] Pierre DESCAVES, *Une muse de Maeterlinck, Georgette Leblanc*, La Revue des Deux Mondes, 15/9/1962.

[69] Camille MAUCLAIR, *Le Charme de Bruges*, 1929.

[70] cf. Joseph Hanse in *Maurice Maeterlinck*, 1862-1962, Op.Cit. Mirbeau a publié cet article dans son recueil *Gens de théâtre*, Flammarion, Paris, 1924.

Le Figaro du jour, sous la plume de Jules Huret, situa avec lucidité le sens de l'événement : « La réputation de l'auteur de *La Princesse Maleine* n'a fait que grandir. À l'heure actuelle, aux yeux de presque toute la génération littéraire, il représente, à tort ou à raison, celui qui doit vaincre en son nom. »[71]

Le choix des Bouffes-Parisiens peut étonner. Depuis Offenbach, les Bouffes étaient le temple de l'opérette. Mais ne possédant pas de salle, Lugné-Poe louait ce qui se présentait.

Les décors de la pièce étaient de Paul Vogler et la musique de Gabriel Fabre. Mauclair, qui avait dessiné les costumes, était l'assistant de Lugné-Poe à la mise en scène. Celui-ci jouait Golaud, Eugénie Meuris, Mélisande. Pelléas était incarné par une jeune comédienne, Marie Aubry. L'actrice Georgette Camée fut la reine Geneviève, et l'acteur Raymond, le vieil Arkel. Georgette Camée avait déjà joué dans *L'Intruse*. Elle allait bientôt quitter Paris pour Bussang, dans les Vosges, où elle animerait le Théâtre du Peuple aux côtés de son fondateur Maurice Pottecher. Maeterlinck, qui avait admiré Louise France à Bruxelles, la voulut dans le rôle de la première des servantes.

La première eut lieu en matinée. Selon Lugné-Poe, le poète « alla tourner trois ou quatre fois dans les rues avoisinant le Palais-Royal. Ses cheveux, il nous le dit ensuite, avaient démesurément poussé pendant la matinée. C'était un phénomène assez curieux, chaque fois que Maeterlinck, énervé par une représentation ou par tel fait touchant une de ces représentations, venait à Paris, ses cheveux croissaient en quelques heures au point qu'il devait ensuite passer chez un coiffeur... »[72] (sic) Voir ses personnages sur scène, entendre leurs répliques, cela le plaçait dans un état de tension insupportable, et il entrait et sortait du théâtre, à mesure que se déroulait l'action. Pour la rendre plus lointaine, on avait tendu un rideau de gaze entre la scène et le public. Dans la salle, quelques spectateurs distingués : le comte Robert de Montesquiou-Fézensac, un des modèles de Des Esseintes, et l'énigmatique Stéphane Mallarmé, les peintres Whistler et Jacques-Émile Blanche, Henri de Régnier, la comtesse Greffuhle, Tristan Bernard, Léon Blum, Rachilde, Henri Lerolle... Georgette Leblanc n'assistait pas à la représentation. À l'époque, elle s'investissait trop dans ses études de chant et sa relation avec Massenet pour s'intéresser au théâtre de Maeterlinck. Parmi les spectateurs, Clemenceau, toujours curieux, accompagne la courtisane et actrice Léonide Leblanc.

Un compositeur déjà confirmé mais discret, Claude-Achille Debussy, écoute et suit, sans se laisser distraire, le drame de Maeterlinck. Songe-t-il qu'il se pourrait qu'il ait enfin découvert la matière de l'œuvre lyrique dont il rêve ? Bien que ne connaissant ni la pièce ni l'auteur, il n'est pas venu par hasard. Que Mauclair lui ait suggéré qu'aux Bouffes-Parisiens se donnait le « poème » qu'il recherchait ou qu'il en ait été informé par le battage journalistique organisé de main de maître importe peu. Comme les autres spectateurs, il assistait à une séance historique. Pour lui, cependant, tout se joue pendant cette matinée. Dix ans de sa vie vont être engagés.

---

[71] *Maurice Maeterlinck*, 1862-1962, Op.cit.

[72] Aurélien LUGNÉ-POE, Op. Cit.

De retour dans la salle, Maeterlinck se déroba aux applaudissements, mais retrouva ses camarades au café Gutenberg après la représentation. Les comptes faits, il manquait trente francs pour « boucler les frais ». Un certain Malaquin, associé de Lugné-Poe, les offrit de sa poche.

Plus tard, Jules Renard croisa Maeterlinck à la terrasse du café Tortoni : « Comme Jules Huret faisait signe à Maeterlinck de venir s'asseoir (...), Scholl se leva et dit : Je ne pourrais pas lui faire de compliments. Il rentra dans l'intérieur du café. » Alors, Renard : « L'esprit français recula devant l'esprit belge. »[73] Aurélien Scholl passait en effet pour un homme d'esprit. Vieille connaissance des Goncourt, âgé de soixante ans à l'époque, il était célèbre pour ses bons mots et ses duels. Le vieil homme frivole du boulevard battait en retraite devant la gravité et la profondeur de la jeunesse.

La revue de presse de *Pelléas et Mélisande* dépassa l'espérance de Lugné-Poe. « L'impression fut énorme, écrit-il. Il y eut bien quelques plaisanteries, il en faut ! Sarcey fit ses réserves, mais il nous consacra sa chronique entière. »[74] Un proche de Zola et de Goncourt, Henri Céard, est frappé de ce que l'œuvre est un « beau scénario d'opéra (...) qui attend encore la musique. » Il l'écrit dans *L'Événement* du 19 mai, montrant par là une intuition peu commune. Debussy a-t-il lu l'article de Céard ? Si oui, le compositeur n'a pu que se sentir conforté. Mallarmé, lui, dans le *National Observer* de Londres, soulignera la musicalité du texte qui exclut tout accompagnement : « La partie d'un instrument même pensif, violon, détonnerait, par inutilité. »

À l'invitation d'Alhaiza, directeur du théâtre du Parc de Bruxelles, Lugné-Poe et sa troupe jouent *Pelléas et Mélisande* pour les compatriotes de Maeterlinck. La représentation n'est pas à la hauteur de la pièce. Des spectateurs hostiles essaient d'en perturber le déroulement, mais les fidèles du poète, venus en grand nombre, les font taire. De l'aveu de Lugné-Poe, ce fut un succès financier.

De retour à Paris, Lugné-Poe et Mauclair eurent la certitude que la création de *Pelléas et Mélisande* ouvrait une ère nouvelle. Un soir, à un dîner chez l'actrice Marie Aubry, ils décidèrent de fonder le théâtre nécessaire à l'expression des auteurs contemporains de ce temps révolutionnaire. « Vuillard ouvrant un livre au hasard, indiqua l'Œuvre. »[75] On retient généralement le seul nom de Lugné-Poe comme fondateur du théâtre de l'Œuvre. En réalité, ils étaient quatre : Mauclair, Lugné-Poe, Vuillard et Louis Malaquin, ancien condisciple de Lugné-Poe à Condorcet et doux anarchiste bossu.

Lorsqu'il devient amoureux de Georgette Leblanc, le jeune Camille Mauclair est capable de parler et d'écrire brillamment sur la peinture, la musique, la poésie, le théâtre et la littérature. Et même de montrer quelques poèmes dont ses maîtres n'auraient pas à rougir, tant il excelle dans l'imitation du modernisme fin de siècle. Pour être complet, il ne lui manquait plus que de séduire la cantatrice. On la rencontre dans les manifestations les plus modernes. Sa double vie d'artiste et d'intellectuelle explique son ascendant sur Mauclair, amant naïf, chevalier servant, porte-serviette et futur chroniqueur, sous le masque du romancier, des « écarts absolus » de sa belle. Il répand le bruit de leur liaison. Elle viendrait

[73] Jules RENARD, Op. Cit.
[74] Aurélien LUGNÉ-POE, Op. Cit.
[75] Ibid.

chez lui, nue sous son manteau de fourrure... Lorsqu'en amour, l'adversité le saisira, il montrera un cœur d'adolescent sous l'armure de l'homme de lettres anarchiste.

Que Mauclair ait éveillé la curiosité de Georgette en évoquant l'aventure de la création de *Pelléas* et la personnalité de Maeterlinck, serait peu dire. Elle aime le jeune Camille, mais ne se refuse à aucune sensation neuve. Maeterlinck... quel nom exotique ! En 1894, pour une Parisienne de fraîche date, passionnée de wagnérisme, de symbolisme et de théâtre scandinave, la Flandre est aussi lointaine et attirante, spirituellement, que la Norvège.

Elle lit les poèmes des *Serres chaudes* qui inspirent certains compositeurs. Elle passe au théâtre. Cette *Princesse Maleine* qui avait enflammé Mirbeau, *Les Aveugles*, *L'Intruse*, *Pelléas et Mélisande* provoquent un choc décisif. Elle se pénètre de l'étrangeté de ces personnages hallucinés dont la bouche ne s'ouvre que pour proférer des énigmes ou de vertigineuses banalités. Les répétitions de mots et de phrases du texte créent une musique déconcertante. On baigne dans la peur de l'eau traîtresse, de la cécité, de la famine, de la maladie, de la tromperie. Golaud est un homme ordinaire. C'est sa jalousie obsédante qui fait de lui un monstre. Combien, dans ces décors froids et tristes, de petites filles écrasées par la fatalité, l'indifférence, la lâcheté de l'homme, car celui-ci, dans les pièces du Maeterlinck d'avant 1900 est inconstant, vaniteux, et d'une brutalité meurtrière.

Georgette est certaine de « tenir » un grand écrivain. Mauclair lui apparaît tout à coup immature, comme l'étudiant brillant qu'il n'a, au fond, jamais cessé d'être. N'ayant pas encore trouvé sa manière propre, il répète en mineur ce que Maeterlinck ou Marcel Schwob disent dans leur propre style. Aveugle à ce qu'il fait naître chez Georgette, Mauclair stimule ses lectures. Bientôt, il pourra dire comme Stendhal : « J'ai un talent malheureux pour communiquer mes goûts ; souvent, en parlant de mes maîtresses à mes amis, je les ai rendus amoureux, ou, ce qui est bien pis, j'ai rendu ma maîtresse amoureuse de l'ami que j'aimais réellement. »

Wagnérienne

En France, la fièvre du wagnérisme n'est toujours pas retombée. Si elle a atteint les milieux musicaux avancés, dans ses exagérations elle concerne davantage les critiques musicaux, les poètes et les littéraires au sens large que les compositeurs. Même ceux qui sont les plus touchés par Wagner sont obligés de se dégager de son influence, à moins de vouloir passer pour des suiveurs sans personnalité. Pour la génération de Georgette et de Mauclair, le wagnérisme est une rébellion contre les valeurs établies et les institutions : le Conservatoire, l'Université, l'Académie, Sarcey, etc., tout ce qui représente un pouvoir, oppresseur par définition. Devenu une mode, il s'éteindra quand Debussy s'imposera réellement en 1902.

Georgette veut négocier au mieux sa carrière. L'inspiration wagnérienne de la musique de Bruneau dans *L'Attaque du moulin* lui a fait découvrir *Tristan et Isolde* (ou plutôt *Yseult* comme on l'écrivait à l'époque). Ses amitiés Rose+Croix, le jugement catégorique de Mauclair la conduisent à étudier le rôle d'Yseult et elle se persuade qu'elle doit le chanter. La Monnaie donnant une représentation de l'œuvre en français le 21 mars 1894, elle se rend à Bruxelles pour la première fois. L'effet produit sur elle par la musique de Wagner est foudroyant : « Il est impossible d'avoir une sensation d'art plus intense que celle que j'ai eue, écrit-elle à une amie. Contrairement à toute réalisation, mon attente a été surpassée. Je suis brisée, anéantie, morte, et malgré ma fatigue, j'ai les nerfs trop tendus pour pouvoir dormir… J'ai été tout à la joie de sentir, de comprendre et de me confondre dans l'infini… C'est une joie immense et, en même temps, une souffrance aiguë qui fait que de petites larmes froides descendent continuellement le long de mes joues… »[76]

Revenue à Paris, le rideau étant tombé sur la dernière représentation de *L'Attaque du moulin*, elle se sent démobilisée. En outre, ses perspectives à l'Opéra-Comique ne sont pas brillantes. Un critique éclaire bien sa situation : « (…) n'ayant dû son éducation musicale et théâtrale à aucun conservatoire, elle avait tous les défauts et toutes les qualités d'une autodidacte. Elle se dépensait avec une fougue qu'elle-même aujourd'hui juge un peu luxuriante, et cela ne répondait pas à l'idéal du directeur qui, habitué de tout temps à voir les chanteuses considérables réserver posément leurs plus beaux effets pour la boîte du souffleur, ne pouvait comprendre qu'on parcourût la scène avec cette exubérance. M. Carvalho pensa l'assagir en cherchant à l'orienter vers des *Noces de Jeannette*. Cela ne pouvait continuer bien longtemps un pareil duo. »[77]

Sa découverte de *Tristan*, l'œuvre de Maeterlinck dont elle est maintenant imprégnée, font qu'elle écoute avec bienveillance les propositions de Calabresi, codirecteur de la Monnaie, qui lui offre un engagement au cachet, suivi d'un contrat à l'année. Peut-être lui fait-il également miroiter une carrière au service de Wagner, pour compenser des conditions financières moins intéressantes qu'à Paris. Mais la pensée que Maeterlinck habitait à Gand, c'est-à-dire à une soixantaine de kilomètres de Bruxelles, ne fut pas étrangère à sa décision d'accepter un si modeste contrat. Carvalho s'étonna qu'elle s'éloignât de l'Opéra-Comique, mais ne la retint pas. Son wagnérisme, de plus en plus affiché, lui déplaisait. Les scènes du pays boudaient encore Wagner malgré la ferveur de ses admirateurs français. Mais que représentaient à l'époque les noms de Vincent d'Indy, Duparc, Mallarmé, Catulle Mendès, Édouard Dujardin, Judith Gautier, sans oublier Péladan qui publie en 1894 son *Théâtre complet de Wagner* ? En outre, les sentiments anti-prussiens demeuraient si puissants parmi la population parisienne que jouer simplement des parties pour orchestre de son œuvre passait encore pour de la provocation. Lamoureux dirigeant *Lohengrin* en 1891 au Théâtre Éden l'avait appris à ses dépens, son programme suscitant une manifestation contre l'Allemagne.

L'engagement de Georgette à Bruxelles nécessite une audition. Au cas où elle serait refusée, elle fait part d'un projet exalté à une amie : « J'ai le mal d'Yseult, et c'est un mal terrible et angoissant dont je souffre horriblement. Je souffre parce que je ne pense qu'à cela, et cependant je me dois tout entière à cette audition prochaine !… Aussi, je vais là-bas sans inquiétude et sans peur. Ma décision est prise : si je ne suis pas engagée, je m'en irai à la campagne dans les environs de Paris ; là, (…), je passerai ma vie à travailler le rôle d'Yseult (…) Et puis

---

[76] G. MAUREVERT, Op. Cit.

[77] Arsène ALEXANDRE, « Mademoiselle Georgette Leblanc, de l'Opéra-Comique », in *Le Théâtre*, 1899. Ce journaliste fut proche de Gauguin et publia dans *L'Eclair*, en 1895, une correspondance entre le peintre et August Strindberg. Également collaborateur du *Figaro*, il éprouvait une vive admiration pour Robert de Montesquiou.

à quoi bon tenter autre chose que ce rôle ? Pour moi, est-ce qu'il ne résume pas tout ? Là seulement, je trouverai de quoi assouvir toutes les passions que la réalité bête ne contenterait jamais ! »[78]

L'audition réussie, l'autre directeur de la Monnaie, Stoumon, lui confirme l'accord passé avec Calabresi. Le monde musical vient peut-être de perdre une grande wagnérienne. Représentée à Bruxelles sans elle, puisqu'elle n'appartient plus à l'Opéra-Comique, *L'Attaque du moulin* [79] a provoqué le même engouement qu'à Paris. Elle a débuté dans ce rôle vériste ? Les directeurs de la Monnaie trouvent judicieux de lui en proposer un autre. Après Françoise, elle est invitée à créer Anita, héroïne de *La Navarraise* de Massenet, dont la première bruxelloise, après la création mondiale à Londres, le 20 juin, par Emma Calvé, est fixée au 26 novembre. Elle n'a plus que quelques mois pour se préparer et jeter son wagnérisme aux orties. En fait, elle renonce sans larmes au rôle de la blonde épouse du roi Marke auquel elle s'était crue destinée, car, dès à présent, elle désire impérieusement attirer sur elle l'attention de Maeterlinck.

Les fiançailles alchimiques

Hôte irrégulier des mardis de Mallarmé, Debussy n'envisageait nullement de se soumettre à l'avis formulé par le maître sur l'inutilité de mettre de la musique autour de *Pelléas et Mélisande*. Il se tourna vers Henri de Régnier qu'il rencontrait depuis 1890 à la librairie de l'Art indépendant et le pria de demander en son nom à Maeterlinck l'autorisation de mettre son drame en musique. « Mon ami Achille Debussy [*sic*] qui est un musicien du plus fin et du plus ingénieux talent a commencé sur Pelléas et Mélisande des musiques charmantes qui enguirlandent le texte délicieusement. Il voudrait avant de pousser plus loin ce travail qui est considérable avoir l'autorisation de le poursuivre… »[80] Maeterlinck accepta. À l'automne 1893, la rencontre à Gand de l'écrivain et du compositeur scellait l'accord. Dans une lettre du 20 avril 1914 à son frère Georges, Pierre Louÿs s'attribue un rôle essentiel dans l'entrevue : « C'est moi qui ai parlé pour lui, parce qu'il était trop timide pour s'exprimer lui-même ; et comme Maeterlinck était encore plus timide que lui et ne répondait rien du tout, j'ai répondu aussi pour Maeterlinck. »[81] Mais Debussy n'eut pas vraiment besoin de Louÿs. Il écrivit à Chausson : « J'ai vu M. avec qui j'ai passé une journée à Gand ; d'abord il a eu des allures de jeune fille à qui on présente un futur mari, puis il s'est dégelé et est devenu charmant… »[82]

Maeterlinck apprit à Mauclair la visite de Debussy et leur accord. Il avait en fait donné carte blanche au compositeur, ce que Louÿs confirma. Un grand opéra allait naître.

---

[78] G. MAUREVERT, Op. Cit.

[79] Donnée à Londres, *L'Attaque du moulin* n'a pas enthousiasmé G.-B. Shaw qui, en revanche, a beaucoup apprécié *La Navarraise* vue une semaine auparavant. À Londres, le rôle de Françoise a été repris par De Nuovina, cantatrice à la voix trop stridente pour Shaw.

[80] Georgette LEBLANC, I, Op.Cit.

[81] *Correspondance de Claude Debussy et Pierre Louÿs*, (1893-1904), recueillie et annotée par H. Borgeaud, avec une introduction de G. Jean-Aubry, Lib. José Corti, 1945.

[82] Ibid.

Mauclair n'eut rien de plus pressé que d'annoncer l'événement à Georgette. Elle eut une vision immédiate de ce que promettait l'alliance de la pièce et de la musique : ce serait l'opéra d'une génération. Dès cet instant, tout en professant pour son entourage un wagnérisme irréprochable, elle ambitionna de créer Mélisande, encore plus ardemment que de chanter Yseult. Tout se combinait merveilleusement : son admiration pour Maeterlinck entretenue par d'intenses lectures et le rôle de Mélisande qui était maintenant à sa portée. Elle finirait bien par rencontrer l'auteur. Continuant d'alimenter son feu sacré, Mauclair lui donna *Sept Essais* de Ralph Waldo Emerson, préfacé par Maeterlinck. Selon le philosophe américain, il existait une correspondance symbolique entre les lois naturelles et les lois morales. Dans sa préface, Maeterlinck écrivait : « En vérité, ce qu'il y a de plus étrange dans l'homme, c'est sa gravité et sa sagesse cachée. Le plus frivole ne vit jamais réellement parmi nous, et malgré ses efforts ne parvient pas à perdre une minute, car l'âme humaine est attentive et ne fait rien d'inutile. (...) Tous nos organes sont les complices mystiques d'un être supérieur, et ce n'est jamais un homme, c'est une âme que nous avons connue. » Selon Emerson, « l'âme est supérieure à ce qu'on peut savoir d'elle et plus sage qu'aucune de ses œuvres. Le grand poète nous fait sentir notre propre valeur et alors nous estimons moins ce qu'il a réalisé. La meilleure chose qu'il nous apprenne c'est le dédain de tout ce qu'il a fait. Shakespeare nous emporte en un si sublime courant d'intelligente activité qu'il nous suggère l'idée d'une richesse à côté de laquelle la sienne semble pauvre, et alors nous sentons que l'œuvre sublime qu'il a créée, et qu'à d'autres moments nous élevons à la hauteur d'une poésie existant par elle-même, n'appartient pas plus profondément à la nature réelle des choses que ne le fait l'ombre fugitive du passant sur un rocher. » Etc. La lecture de la préface et des essais — 1. Confiance en soi-même. 2. Compensation. 3. Lois de l'Esprit. 4. Le Poète. 5. Caractère. 6. L'âme suprême. 7. Fatalité. — la tient éveillée toute la nuit. Après *Pelléas et Mélisande*, la philosophie d'Emerson cautionnée par Maeterlinck contribue encore plus à la détacher de Mauclair, un enfant qui veut jouer dans la cour des grands. La pensée qui se dégage de la poésie et du théâtre de Maeterlinck l'aide à distinguer « une tendance d'esprit, une vision, des idées et même un être qui répondait à son être secret ». Maeterlinck louait Emerson d'avoir « donné un sens presque acceptable à cette vie qui n'avait plus ses horizons traditionnels, et peut-être a-t-il pu nous montrer qu'elle est assez étrange, assez profonde et assez grande pour n'avoir besoin d'autre but qu'elle-même. »

Georgette cherchait une direction, et voici qu'une lumière venue du Nord semblait la lui indiquer. Le milieu intellectuel où elle évoluait depuis deux ans exprimait beaucoup d'impuissance et de névrose, une incapacité à transformer les arts, bref à s'imposer comme génération nouvelle. Ceux qui auront trente ans en 1900 s'épuisent dans le décadentisme sans issue. Mauclair a des visions de catastrophe. Pierre Louÿs se réfugie dans l'antiquité alexandrine avant de basculer dans l'érotomanie et la stérilité. Gide n'a pas encore donné *Les Nourritures terrestres*. Marcel Schwob, qui publie *Le Livre de Monelle*, chef-d'œuvre admiré par Maeterlinck, rêve de marcher sur les traces de Stevenson. Il s'enfermera dans l'érudition et la maladie. Proust n'imagine pas encore de se lancer à la recherche du temps perdu. Péladan, plus âgé et doté d'une vaste culture ésotérique, d'un esprit visionnaire et analogique, évite de moins en moins le ridicule, dans lequel il se précipite avec une jouissance masochiste. Exhibitionniste et collectionneur de muses pâmées, son échec humain et artistique est aveuglant. Un « nervosisme » méridional fait de lui un D'Annunzio[83] français, confiné dans les marges du symbolisme. Étranger, mais proche, Maeterlinck, en pleine ascension créatrice, s'est échappé de cette cohorte d'esprits déboussolés.

Georgette Leblanc n'est pas la seule femme de son temps à vouloir échapper au déterminisme socioculturel qui limite ses possibilités d'émancipation. Le milieu artistico-mondain qui est le sien reproduit exactement les valeurs de la société bourgeoise. On ne demande certes pas à la femme d'être mère, mais d'être muse, modèle, chanteuse. Et si elle est mère par accident : tant pis pour elle. Le compositeur, le poète, le peintre éliront une autre muse, un autre modèle. Les rôles sont distribués d'avance, et toute femme qui aspire à l'égalité des chances est forcément déçue. Georgette ne se prive pas des moyens traditionnels de la femme jeune dont elle a la chance d'avoir été pourvue : la beauté, la séduction, le talent (ici la voix) ; et, par son charisme et son intelligence hors du commun, elle peut jeter le trouble parmi ceux qui seraient tentés de la considérer comme une écervelée à cause de ses chapeaux extravagants. Entre la mort de sa mère et son mariage raté, elle a tout vécu : solitude, souffrance, mensonge, incompréhensions, violences. Cela raffermit la volonté. Après avoir refusé d'être une épouse, au lieu de se lancer corps et âme dans une carrière lyrique, somme toute facile eu égard à ses dons, et d'ignorer tout le reste, elle lit, réfléchit, doute, cherche. Née vingt ans plus tard, elle eût probablement fait des études universitaires. Maintenant si elle veut bien être guidée, apprendre d'un maître en littérature, elle tient à le choisir elle-même.

La cantatrice à l'énergie inépuisable se débondant sur la scène est une femme qui explore sa vie intérieure et ambitionne d'être écrivain. Dès ses premiers essais, elle s'est exprimée en prose — art viril —, renforçant par là sa différence. Les poétesses en herbe ne manquent pas et on concède volontiers à la Femme (majuscule) un certain don de poésie. À voir les toilettes originales de Georgette, qui devinerait ce double qui habite en elle, ni homme ni femme, ce qu'elle affirmait à l'antiféministe Péladan : un cerveau ? C'est-à-dire mieux qu'un esprit et une âme, une intelligence. Elle se livre parfois à la solitude. « Je connais l'exaltation divine des ermites, écrivait-elle à son frère ; il n'y manque que Dieu et la crasse. »[84] En apparence plus avancé qu'elle — plus professionnel aussi —, Maurice Leblanc se contentait d'une production littéraire que les romans de ses devanciers rendaient vaine. Il s'attardait dans l'impasse du réalisme et de la psychologie ou sur la décharge publique du naturalisme finissant, alors que Huysmans avait publié *À rebours*, la bible des décadents, en 1884. Spirituellement, il n'était même pas de son temps. Comprenait-il vraiment sa sœur, alors qu'il se préoccupait de bicyclette et de mode vestimentaire ? Et Mauclair, si elle lui parlait, si elle lui avouait tout ce que Maeterlinck provoquait en elle ? Mais Mauclair est l'ami du poète. Ce serait le faire souffrir. Si elle lui disait : tu te contentes d'être un critique, tu te sers des autres, car tu n'as rien à dire. Presque ce que Jules Renard confiait à son *Journal* : « Cela juge la critique, qu'un jeune homme de 20 ans, Camille Mauclair, puisse s'y montrer de première force. C'est un genre du même ordre que les courses à pied et le cyclisme. » Ou plus cruellement, à constater sa

---

[83] Il fut d'ailleurs plagié par D'Annunzio et s'en déclara charmé (Cf. C. Beaufils, *Joséphin Péladan*, 1858-1918, Op.Cit.)

[84] Georgette LEBLANC, I, Op. Cit.

versatilité, ce que Rémy de Gourmont exprimera dans son deuxième *Livre des masques* : « On l'a présenté tel qu'un disciple de M. Barrès ; il le fut aussi de M. Mallarmé, de M. Maeterlinck, de plusieurs modes d'art, de plusieurs philosophies, de toutes les manières de vivre et de penser. (...) En cela un peu féminin, il se donne sincèrement à des passions successives dont le sourire lui dérobe le reste du monde et il se couche aux pieds de l'idole qu'il renversera demain. »

« Mme Leblanc que tu ne connais pas... »

L'été 1894, Georgette Leblanc répète le rôle d'Anita sous la direction de Massenet. Le livret de *La Navarraise*, d'après « La Cigarette » de Jules Claretie, présente quelque ressemblance avec celui de *L'Attaque du moulin*. Les œuvres de Bruneau et de Massenet étaient inspirées l'une et l'autre d'un épisode de la guerre : là, celle de 1870, en France ; ici, au cours des affrontements carlistes de 1874, en Espagne. L'héroïne des deux livrets est une fille du peuple, meunière dans l'opéra de Bruneau, vagabonde dans celui de Massenet. Mais Massenet et ses librettistes, Claretie et Henri Caïn, se montrèrent plus révolutionnaires que Bruneau, Zola et Gallet : le livret de *La Navarraise* était en prose, audace rarissime à l'époque.

Quand le bruit de l'installation prochaine de Georgette à Bruxelles se répand, l'inconscient Mauclair écrit à son ami Maeterlinck : « (...) Et encore le plus beau est cette question de madame Leblanc pour t'interpréter. Je peux bien te dire les choses entre nous deux. Mme Leblanc que tu ne connais pas, est une chanteuse du monde, très belle, très jeune, et qui est très connue parmi les artistes nouveaux d'ici [*entendre à Paris*] C'est ma maîtresse (...). Je l'aime beaucoup, elle a une nature d'artiste réelle, je lui apprends à dire des vers, et je crois qu'elle viendra cet hiver jouer Yseult à la Monnaie. Il était convenu que je ferais avec Fabre cet été un poème lyrique pour elle. Mais nous ne l'aurions pas fait jouer chez Antoine ! Fabre maintenant ne me parle plus de rien, et sachant que je ne voudrais jamais d'Antoine, il cherche ou va chercher avec toi, comptant que tu ne te méfieras pas. Or Mme Leblanc n'y consentirait jamais. Je crois que, si elle jouait une chose de toi, ce serait la *Mélisande* que Debussy a faite sur ton drame. » Ce qui n'était qu'espéré par Georgette, et entretenu dans les discussions entre Mauclair et elle, est maintenant révélé à Maeterlinck. L'Antoine dont il s'agit dans ce fragment de lettre sans date, est, bien entendu, l'acteur, metteur en scène et fondateur du Théâtre-Libre. Maeterlinck lui avait confié sa *Princesse Maleine*. Antoine ne put la monter. S'estimant malgré tout lié, Maeterlinck refusa sa pièce à l'Œuvre, à qui il céda cependant les suivantes. D'autre part, au-delà de la haine personnelle de Lugné-Poe pour Antoine chez qui le jeune metteur en scène avait débuté, l'Œuvre était un concurrent sérieux du Théâtre-Libre. On comprend donc que Mauclair ne s'adresse pas à Antoine et qu'il mette en garde Maeterlinck contre les manœuvres du compositeur Gabriel Fabre. En ce qui concerne l'avancement du travail de Debussy, Mauclair est d'un optimisme échevelé. Il semble croire que l'opéra est terminé. Pierre Louÿs a organisé dans son appartement 1, rue Grétry, des auditions des premiers essais du compositeur. Les Natanson de *La Revue Blanche* ont été conviés à écouter le premier acte, la scène de la fontaine, et l'ont fait savoir autour d'eux. D'autres mercredis, Paul Valéry et André Fontainas entendent Debussy « jouer sur un harmonium et murmurer de sa voix sans timbre, si étrange, les scènes toutes fraîches écrites de Pelléas. »[85] Mauclair ignore à quel point il induit en erreur Maeterlinck quant à l'achèvement de l'opéra. Se méprend-il en avançant que sa maîtresse jouera « Yseult » à la Monnaie, ou bien ment-il sciemment ? Massenet est honni par la clique wagnérienne de Mauclair, lequel serait humilié d'apprendre à son ami que « Mme Leblanc » est engagée pour chanter une œuvre de celui que Willy qualifie de « Wagner pour grande cocotte ». Mauclair se doute que Maeterlinck ne partage pas son fanatisme musical et que la musique ne l'intéresse guère, mais la réussite ne lui est pas indifférente. Prudent, le jeune littérateur préfère ne rien négliger. Dans leur relation, Georgette Leblanc peut être un atout. Elle serait à même de favoriser la création de l'opéra de Debusssy et Maeterlinck. Les deux écrivains se renvoient l'ascenseur. Maeterlinck publie dans *L'Art moderne* une longue critique d'*Eleusis, causeries sur la cité intérieure*, recueil d'essais de Mauclair, qui répond au dévouement incontestable du jeune Parisien envers son aîné flamand.[86]

La missive de Mauclair laisse supposer qu'il a déjà été question de Georgette Leblanc entre les deux amis. Maeterlinck avait pu entendre parler d'elle par Fabre. Il s'était enquis auprès de Mauclair de la valeur de cette cantatrice et le journaliste n'avait pu s'empêcher de mettre en avant leur intimité, donnant à son ami la curiosité, sinon l'envie de rencontrer cette « chanteuse très belle, très jeune ». Imprudent par vanité, Mauclair semble accorder sa confiance à Maeterlinck. S'il connaît admirablement ses écrits, il ignore tout de sa personnalité réelle. Croit-il que l'ami qu'il tient pour un « simple » manque à ce point de séduction, alors que ses livres parlent si fort à l'esprit de Georgette ?

Mauclair se trompe sur l'homme Maeterlinck, parce qu'il s'est fabriqué un camarade à sa mesure. Il ne doute pas, en outre, que leur relation fondée sur une admiration réciproque prime tout le reste. Il oublie seulement que dix années et l'épaisseur d'une œuvre les séparent.

Nordau *versus* Maeterlinck et l'esprit fin de siècle

Dégénérescence contenait une longue dissertation sur Maeterlinck. Cet indigeste essai de psychosociologie n'aurait pu aider Mauclair à mieux deviner quel personnage était son ami belge. Il faut pourtant en parler car ce livre est un produit typique de son époque comme l'ont été les ouvrages du Sâr Péladan ou les pamphlets de Léon Bloy.

Nul contemporain n'a osé établir un diagnostic sur l'équilibre mental de l'auteur de *La Princesse Maleine*, sauf un, qui n'a pas craint, de ce fait, de franchir les bornes du ridicule. Cet homme sévère est un journaliste d'origine hongroise, le stupéfiant docteur Max Nordau. Né à Budapest en 1849, il réside à Vienne, Berlin et Londres au titre de correspondant de journaux pestois. Envoyé par le *Vossisch Zeitung*, il s'établit en 1881 à Paris où, écrivain de langue allemande

---

[85] *Correspondance de Claude Debussy et Pierre Louÿs*, Op.Cit.

[86] Mauclair publie un « Maurice Maeterlinck » dans *Portraits du prochain siècle*, t. I « Poètes et prosateurs », Paris, 1894. Maeterlinck, sur *Eleusis* : « Voici un livre que j'admire. Il ne parle que de choses qui se trouvent presque toutes au-delà de la conscience ordinaire », etc. Gustave Kahn, dans *La Société Nouvelle*, sa revue paraissant à Bruxelles, est moins élogieux.

mais admirateur de la France, il publie *Les mensonges conventionnels de notre civilisation* qui provoquent un scandale en Autriche et en Allemagne. À Paris, il se rapproche de la Rose+Croix catholique et se lie avec Léonce de Larmandie. Quand ce dernier rêve de fonder une revue dissidente de *L'Initiation*, qu'il appelle tout naturellement *La révolte intellectuelle*, il envisage d'en confier la rubrique scientifique à son nouvel ami. Nordau met à profit ses fréquentations pour établir les fiches qui vont lui servir à la rédaction de son pensum antimoderniste.

Sous le titre *Dégénérescence* paraissent en effet, au début de 1894, deux forts volumes dans la « Bibliothèque de philosophie contemporaine » des éditions Alcan. S'appuyant sur la psychologie criminelle et le positivisme, Nordau dresse un tableau clinique effrayant des principaux symptômes de l'époque fin de siècle et dénonce les « tares » de ses « dégénérés ». Ainsi que l'écrivent ses biographes, « les leçons de Charcot et surtout de Cesare Lombroso lui sont indispensables à la compréhension des courants de la mode et du snobisme. » Dans la dédicace à Lombroso, qui ouvre son premier volume, Nordau expose sa principale découverte, ce en quoi il innove : « Mais il est un vaste domaine où ni vous ni vos disciples n'ont encore jusqu'ici porté le flambeau de votre méthode : le domaine de l'art et de la littérature. Les dégénérés ne sont pas toujours des criminels, des prostituées, des anarchistes ou des fous déclarés, ils sont maintes fois des écrivains et des artistes. Mais ces derniers présentent les mêmes traits intellectuels — et le plus souvent somatiques — que les membres de la même famille anthropologique qui satisfont leurs instincts malsains avec le surin de l'assassin ou la cartouche du dynamiteur, au lieu de les satisfaire avec la plume et le pinceau. Quelques-uns de ces dégénérés de la littérature, de la musique et de la peinture ont dans ces dernières années, obtenu une vogue extraordinaire et de nombreux admirateurs les exaltent comme les créateurs d'un art nouveau, les hérauts des siècles à venir. Ainsi, ce livre est un essai de critique réellement scientifique, qui ne juge pas une œuvre d'après les émotions qu'elle éveille, émotions très contingentes, capricieuses et variables selon le tempérament et la disposition d'esprit de chaque lecteur, mais d'après les éléments qui lui ont donné naissance et il tente en même temps de combler les lacunes de votre puissant système. »

Après ce préambule vigoureux et bizarre, Nordau s'attache à caractériser l'esprit fin de siècle comme essentiellement français. Selon lui, l'élite française a dégénéré et ses représentants sont des fins de race. Il le démontre par l'exemple suivant : « L'assassin Prinzini, après son exécution, est porté à la salle d'autopsie. Le chef de la police enlève au cadavre un grand morceau de peau, la fait tanner puis transformer en porte-cigares et porte-cartes pour lui et quelques amis. Fonctionnaire fin de siècle ! » Puis il passe à la chair même de sa thèse en dénonçant Maeterlinck, dont il expose longuement le cas en un chapitre intitulé « Les parodies du mysticisme ». Son mal ? « L'idiotie caractérisée » ! Maeterlinck exprimerait un mysticisme « devenu absolument enfantin et idiotement incohérent ». Les vingt-cinq pages qu'il lui réserve résonnent de condamnations « scientifiques » sans appel. À propos du poème « Ennui » (« Les paons nonchalants, les paons blancs ont fui »), il voit dans les assonances du vers une « forme d'écholalie qui n'est pas rare chez les aliénés. » Mais en outre, le poète n'est que l'imitateur « servile » des « éjaculations de Walt Whitman, cet Américain fou (...), conformément à la loi d'attraction mutuelle des aliénés entre eux. » Nordau s'amuse à pasticher le style de Maeterlinck. « Mais à quoi bon (...) ? Son genre ne supporte aucune parodie, vu qu'il atteint déjà les bornes extrêmes de l'idiotie, et il n'est pas non plus très digne d'un esprit sain de se moquer d'un pauvre diable d'idiot. » L'univers poétique du néodélinquant ? « Hôpitaux, canaux, princesses, tels sont les tableaux qui reparaissent toujours avec l'opiniâtreté d'obsessions, et qui seuls, laissent apercevoir quelques contours un peu arrêtés, au milieu du chaos nébuleux de son galimatias. »

Sur cette nef des fous, Maeterlinck est en bonne compagnie. Rollinat est décrété « poète de l'anxiomanie ». Mallarmé, par ses oreilles pointues, dénonce son caractère de criminel et d'aliéné. Verlaine, dont Nordau a vu le portrait par Aman-Jean, porte le « stigmate de la dégénérescence sur sa physionomie mongoloïde ». Si Maeterlinck reste un « triste infirme intellectuel », Péladan, lui, se voit rangé dans l'espèce des « dégénérés supérieurs », à l'instar de Wagner, mais le talent en plus. Signant la perte de tous les courants contemporains, autant de folies, la « mise sous tutelle » de leurs membres, le « docteur » Nordau interdit la ville moderne à tous les naturalistes, les mages, les nietzschéens, les rosicruciens, les symbolistes, les tolstoïens, les ibséniens, les wagnériens, ces « furieux », ces « mégalomanes », ces « graphomanes ».

Les propagateurs à succès, comme l'inconcevable Maeterlinck, sont les malades les plus pernicieux. « *L'Intruse* a été traduite en beaucoup de langues et représentée dans plusieurs villes, se plaint le disciple de Lombroso. À Vienne, on a ri de cette bêtise. À Paris et à Londres, on a secoué la tête. À Copenhague, un public d'appréciateurs de la poésie de "l'avenir" a été ému, charmé, enthousiasmé. C'est là un accueil aussi caractéristique pour l'hystérie de l'époque que pour la pièce elle-même. »

Le système de Nordau n'épargne personne. Il fustige les dessins de l'Anglaise Kate Greenway, illustratrice de livres pour enfants, et les meubles de l'ébéniste Carabin qui exécutait chambres à coucher et bibliothèques « licencieuses ». Le diagnostic s'étend au public, Nordau s'en prenant tant aux curieux du Salon du Champ- de-Mars qu'à ceux de l'Académie royale de Londres. « Quand on navigue à travers une exposition de peinture, dans le sillage de la bonne compagnie, ironise-t-il, on constate invariablement que celle-ci montre le blanc des yeux et joint les mains en face de tableaux qui font éclater de rire les gens ordinaires ou amènent sur leurs visages cette expression de courroux propre à l'homme qui se croit mystifié. »

Mais tout n'est pas perdu, si l'on place ses espoirs dans les classes moyennes, « dépositaires du bon sens en art et qui préfèrent les romans de Georges Ohnet à tous les symbolistes, *Cavalleria Rusticana* à toutes les œuvres des disciples de Richard Wagner. » Dans moins de cinquante ans, les classes moyennes des pays fascistes remettront de l'ordre dans les arts et la littérature, en Allemagne surtout où les livres « dégénérés » seront brûlés, leurs auteurs contraints à l'exil ou au silence. Naturellement, le docteur Nordau ne prévoyait pas que l'on pût prendre au pied de la lettre certaines de ses critiques et propositions, même s'il est tentant de faire de lui un des précurseurs des contempteurs nazis et staliniens de toutes les expressions de l'art moderne. Son application de théories entachées de darwinisme sommaire, comme celle de Lombroso, aux artistes et à leurs productions devait tout de même parler familièrement à l'esprit d'un certain Adolf Hitler. Paru en allemand, sous le titre *Entartung*, l'indigeste pamphlet a-t-il a été lu par Hitler dans sa jeunesse ? Si c'est le cas, on se demande ce qu'il a pu penser de ce jugement sur Wagner, qui se comportait « comme un furieux pendant l'acte sexuel », ou bien de la critique sur les « effets d'orchestre » wagnériens, pareils au « gong hypnotique de Charcot. »

La critique parisienne fut généralement hostile. Elle vit dans les attaques de Nordau la mise en accusation par un « Allemand » de la littérature et de l'art français. Un des rares approbateurs du « docteur » fut Willy. En octobre1893, juste avant la parution de *Dégénérescence*, il s'était distingué dans *Le Mercure de France*, en entérinant ses diatribes contre Zola et le naturalisme.

Traduit également en anglais et discuté jusqu'au Japon, *Dégénérescence* [87]n'a pas entravé la carrière de Maeterlinck et de ses « complices ». L'esprit fin de siècle se riait des manies aliénistes du docteur Nordau. Vu d'aujourd'hui, l'ouvrage n'est guère plus qu'un symptôme d'époque semblant faire la démonstration que l'insanité était équitablement partagée. Après tout, le bon sens frénétique de Nordau valait bien l'antisémitisme de Picard ou la misogynie systématique de Strindberg, telle qu'elle s'exprima sans détours dans l'article « De l'infériorité de la femme », publié par *La Revue blanche*, le 7 janvier 1895.[88]

Quand sa manie de la persécution le laissait en paix, Strindberg était plus qualifié que Nordau pour juger de la production littéraire contemporaine. « Du hasard dans la production artistique », article écrit directement en français et publié en novembre 1894 dans *La Revue des Revues*, défendait les poètes. « Les rimes lient l'esprit, mais le délient aussi. Les sons deviennent par là des intermédiaires entre des notions, des idées, des images. Aussi que fait Maeterlinck ? Il rime au milieu de son texte en prose. Et ce *dégénéré* de critique qui conclut à l'aliénation mentale de l'auteur, décorant sa maladie du nom scientifique (!) "d'Écholalie"... Écholaliste ? Mais tous les vrais poètes depuis la création du monde l'ont été... Sauf Max Nordau qui rime sans être poète. »

Nordau se montra plus accommodant dans ses relations humaines que dans ses livres. Il se rapprocha du « dégénéré supérieur » Péladan, au point d'être considéré comme un Rose+Croix honoraire. On le vit à la première de *Babylone*, pièce du Sâr donnée à l'Ambigu le 21 mai 1894. Il occupait une place près de Mallarmé, sans que celui-ci s'en émeuve, mais peut-être ne le connaissait-il pas ?

Bientôt, le bouillant « docteur » allait s'engager au service d' une autre cause. Sa croisade contre la dégénérescence artistique ayant échoué, il redécouvrit qu'il était juif et s'enthousiasma pour Théodore Herzl. Collaborateur dévoué et porte-parole de son maître, sa vie se confond alors avec l'histoire du sionisme. Karl Kraus se moqua de cette conversion en 1898 : « Où est donc passé Monsieur Nordau, ce grand médecin de la littérature qui, au plus léger dérèglement de

---

[87] Une deuxième édition française fut imprimée en 1896. Cependant, la thèse de Nordau rencontra peu de succès auprès de ceux qu'elle aurait pu intéresser au premier chef : les médecins et psychiatres français. Seul le docteur Pagnier, disciple du professeur Pitres, un des maîtres de l'École ethnopsychiatrique française, osa, huit ans plus tard, marcher sur les traces du critique féroce de Maeterlinck. Victor Segalen, quant à lui, réduisit à néant la charge dans sa thèse de médecine, *Les cliniciens ès lettres*, parue en 1902.

[88] Ces vingt pages provoquèrent le mois suivant un débat lancé par le *Gil Blas*, qui interpella tous les grands noms de l'époque : Alphonse et Léon Daudet, Dumas fils, Catulle Mendès, Octave Mirbeau, J.-K. Huysmans, etc. Clemenceau défendit les femmes dans *La Justice*. (Cité en note par André Mathieu in Michael Meyer, *August Strindberg*, Gallimard, 1993.)

l'époque, se sentait obligé, et avec quelle insistance, de prendre le pouls du siècle qui s'éteint ?... Ah bon, il est président du congrès sioniste ! »[89]

Maeterlinck ne s'offusqua pas des élucubrations de *Dégénérescence*. Il avait été le premier à critiquer durement ses propres œuvres. De plus, il « guérira » rapidement, démentant les sombres pronostics du « docteur » Nordau.

« ... une voix étrange, / Musicale, de fée ou d'ange »

Sans le savoir, Georgette Leblanc était déjà quelqu'un qui intriguait Maeterlinck dont la réclusion à Gand est une légende qu'il a lui-même forgée, laissant à ses admirateurs le soin de la répandre. On l'a vu, il lui arrivait d'assister à la création de ses pièces en France. Alors qu'à Bruxelles, la cantatrice se préparait à interpréter *La Navarraise*, le Théâtre de l'Œuvre donnait à Paris le 6 novembre une représentation d'*Annabella* de John Ford, librement traduite et adaptée par Maeterlinck. Le programme dessiné par Henry Bataille portait l'adresse de l'Œuvre, 23, rue Turgot. Plus connu par la suite sous son véritable titre — « Dommage qu'elle soit une putain » —, ce chef-d'œuvre élisabéthain avait séduit Maeterlinck, parce que Ford était « descendu plus avant dans les ténèbres de la vie intérieure et générale ». Le traducteur disait encore de la pièce : « *Annabella* est le poème terrible, ingénu et sanglant de l'amour sans merci. C'est l'amour charnel dans toute sa force, dans toute sa beauté et dans toute son horreur presque surnaturelle ». Mais pourquoi ce titre ? Parce que, selon Maeterlinck, le titre anglais serait « intraduisible et d'ailleurs arbitraire ». En réalité, le mot putain ne pouvait à l'époque passer la rampe. Le poète le dit autrement à propos d'une pièce d'un autre élisabéthain, *The Honest Whore* : « Je ne peux pas traduire, car les vieux dramatistes n'avaient pas peur des mots ». [90]

Marcel Schwob, qui avait suggéré à Lugné-Poe de jouer cette « tragédie de l'inceste », la présenta longuement[91] au public avant le lever de rideau. Présent, Jules Renard vit non loin de lui Rachilde, Courteline, Léon Daudet, Mallarmé, Georges Hugo — petit-fils de Victor —, Colette Willy, les critiques Édouard Julia et Henry Bauër. Berthe Bady interprétant le rôle d'Annabella, le diariste a « respiré tout de même une odeur de barbares. » Il juge les « acteurs au-dessous de tout. » et ne se prive pas de le dire à Rachilde qui en est « furieuse ». « Maeterlinck, note-t-il, se balance avec son air de charpentier arrivé et satisfait. » Mauclair se tenait à quelques rangées de fauteuils de son ami qui n'avait pas encore rencontré « Mme Leblanc ». Nul doute que si elle se fût trouvée à Paris, la cantatrice eût accompagné Mauclair et qu'elle eût connu Maeterlinck deux mois plus tôt, mais dans des circonstances moins favorables.

En 1894, Bruxelles ne ressemblait plus à la grosse ville brabançonne sillonnée de canaux puants que Baudelaire avait connue une trentaine d'années aupara-

---

[89] Karl KRAUS, *La littérature démolie*, Rivages/Poche, Petite Bibliothèque (n°92).

[90] M. MAETERLINCK, *Introduction à une psychologie des songes et autres écrits* (1886-1896), Archives du Futur, Editions Labor, Bruxelles.

[91] La conférence de Schwob fut éditée au Mercure de France. Le jour même de la première, *L'Écho de Paris* publiait un article de Maeterlinck sur Ford et sa pièce. Quant à Mauclair, il donna « Annabella de M. Maeterlinck » pour les lecteurs de la *Revue Encyclopédique* du 1er décembre 1894.

vant pour la maudire. Véritable égout, la rivière Senne avait été couverte. Des constructions de prestige, des hôtels internationaux, des avenues, l'Art nouveau naissant donnaient à la capitale belge des airs de Londres et de Paris. Un boulevard faisait communiquer la gare du Midi et la place de Brouckère, par la droite de laquelle on accédait, en contournant le bâtiment de la Poste, à la place de la Monnaie. Le Théâtre royal — l'Opéra —, plus communément appelé la Monnaie, fut reconstruit en 1856 après un incendie qui avait ravagé cette maison fondée en 1700. *Atys* avait inauguré une histoire mouvementée. En 1830, ce fut de la Monnaie que les révolutionnaires belges, dopés par les accents de *La Muette de Portici*, s'élancèrent à l'assaut des troupes hollandaises.

La maison est généreuse envers les compositeurs français, Massenet le premier, qui y a vu la création de son *Hérodiade* en 1881. 1900 marquera le tournant de la Monnaie. Désormais pilotée par Kufferath et Guidé, elle se transformera en place forte du wagnérisme jusqu'à la Première Guerre mondiale. Des œuvres de wagnériens comme d'Indy *(L'Étranger*) et Chausson *(Le roi Artus*) seront accueillies, l'opéra de Chausson devenant même un des succès de la maison, alors qu'il n'était même pas représenté en France. Entre ces deux dates, sous la houlette de Stoumon et Calabresi, la Monnaie satisfait avant tout les goûts du public le plus nombreux.

Munie des recommandations de Mauclair, Georgette Leblanc entra en relation avec les animateurs de *L'Art moderne*, Octave Maus, Émile Verhaeren et Edmond Picard. Octave Maus et sa femme Madeleine devinrent vite ses amis. Maurice Leblanc dédia à Maus trois de ses *Contes essentiels*, qui parurent dans le *Gil Blas* du 5 novembre. Ces marques de déférence semblent être une manière de consolider la position de la cantatrice. Bientôt, on put lire dans *L'Art moderne* du 18 novembre 1894, soit huit jours avant la première de *La Navarraise* :

« INSTANTANÉ / Georgette Leblanc.

« Charles Cros l'a pressentie dans ces vers que Gabriel Fabre vient de mettre en musique pour elle :

Elle avait de beaux cheveux, blonds
Comme une moisson d'août, si longs
Qu'ils lui tombaient jusqu'aux talons.
Elle avait une voix étrange,
Musicale, de fée ou d'ange,
Des yeux verts sous leur noire frange…

« Son physique de très pur Botticelli est en harmonie avec son âme éprise de la beauté sereine des Primitifs. Converse, dans les jardins mystiques de sa pensée toujours inquiète, avec Emerson, Barrès, Maeterlinck, Mauclair, dont la sensibilité aiguë avive la ferveur de sa foi d'artiste. Rattachée par de lointaines racines ataviques aux maîtres florentins, sa jeunesse s'amuse à troubler le décorum des cérémonies officielles par le préraphaélisme déconcertant de ses toilettes. Cantatrice, peintre, sculpteur, éclose à vingt ans à la vie après les révoltes nécessaires, se fourvoya durant quelques mois à l'Opéra-Comique où quarante représentations de *L'Attaque du moulin* ne ridèrent même pas la surface du lac qui reflète les cimes altières de ses aspirations. Trouvera dans la détresse d'Iseult, dans l'orgueil de Brunehilde l'expansion de sa nature véhémente et passionnée. Signe particulier : ne se sépare jamais de la ferronnière qui rive au milieu de son front, comme le cadenas mystérieux de ses rêves, un brillant qui luit symboliquement parmi les ondes indociles de sa chevelure d'or vierge. »

Ce magnifique portrait anonyme dû à la plume de l'infatigable Mauclair avait été conçu pour mettre l'eau à la bouche des lecteurs de l'hebdomadaire avant-gardiste. À côté de quelques exagérations sympathiques, il contenait une lacune de taille : il omettait complètement la raison de la présence de la cantatrice à Bruxelles. Mauclair poursuivait son opération de séduction envers les esthètes belges, et il était important que, jusqu'au bout, la maudite *Navarraise* fût passée sous silence.

Des trois opéras de Massenet produits depuis deux ans — dont *Werther* et *Thaïs* —, ce fut *La Navarraise* qui remporta le plus vif succès. Stoumon et Calabresi eurent l'occasion de se féliciter de leur intuition dès la générale. Le 24 novembre, en effet, la nouvelle recrue connaît déjà un triomphe que la première, deux jours plus tard, ne fera que confirmer. Bien reçue à Londres, l'œuvre bénéficiera de vingt-neuf représentations à Bruxelles. En voici, brièvement, le résumé : au temps des guerres carlistes, Anita, une fille de rien, méprisée par le père du jeune militaire qu'elle aime, en est réduite, pour gagner sa dot et épouser son amoureux, à poignarder le général ennemi. On la récompense. Triomphante, elle retrouve, hélas, son fiancé moribond. Ayant vu Anita se diriger vers le camp carliste, et la croyant sur le point de trahir, le soldat s'était lancé à sa poursuite mais des ennemis l'avaient abattu. Entendant le glas, le jeune soldat comprend qu'Anita a tué le général carliste. Il meurt dans les bras de sa fiancée. Anita devient folle.

Son cri, tandis que sonne le glas, bouleverse les spectateurs. Les articles de la grande presse traduisent l'enthousiasme du public pour l'interprète. Le correspondant du *Temps* à Bruxelles est frappé par sa « puissance d'expression dramatique ». *Le Guide musical*, revue du wagnérisme militant, qui avait loué *L'Attaque du moulin* du wagnérien et naturaliste Bruneau, éreinte la musique de Massenet. « En somme, le compositeur a compris son rôle d'une façon fort modeste, et la musique de *La Navarraise*, la vraie, celle où l'on trouve autre chose que des formules, tiendrait en quelques pages. » Massenet est traité d'émule de Mascagni. Mais il y a, heureusement, la cantatrice : « une artiste d'un tempérament qui paraît surtout parfaitement adéquat au caractère de l'héroïne qu'elle avait à personnifier. » Seulement : « Si Mlle Leblanc a incarné le rôle d'Anita avec une passion, une vigueur de sentiment extraordinaires, elle n'a peut-être pas recherché dans son interprétation la variété de nuances qui auraient accentué encore l'effet des passages pathétiques du rôle ; elle s'est ainsi vue amenée à dépasser la mesure, et de même que plastiquement elle a eu des attitudes aux lignes trop constamment tourmentées et brisées, elle n'a pas suffisamment mis à profit les moments où une diction simple et reposante eût été en situation. »

C'est un fait : tant à la ville qu'à la scène, la cantatrice tend à l'extravagance, ce qu'on lui reprochera le plus souvent. Le public, lui, ne se lasse pas, les abonnés de l'opéra comme les plus raffinés des cénacles d'avant-garde. En témoigne Madeleine Maus, il y a un « tintamarre de La Navarraise ». Georgette Leblanc, « le corps enroulé dans des haillons noirs, ses blonds cheveux en désordre » ; « toute jeune, bousculant les poncifs de l'Opéra, elle avait d'emblée réalisé une création intensément humaine et simplement magique, qui portait présentement ce drame élémentaire à un nombre paradoxal de représentations. »[92]

[92] Madeleine O. MAUS, *Trente années de lutte pour l'art*, L'oiseau bleu, Bruxelles, 1926.

L'Art moderne est élogieux : « Ce drame-express, le plus vertigineux de tous ceux que la scène lyrique ait vu éclore, se double d'un élément panoramique alléchant : défilé de troupes, combats, scènes de campements, extinction des feux, lever du jour sur les cimes neigeuses des Pyrénées. » Quant à l'œuvre elle-même, « malgré son américanisme (sic) et ses ficelles, [*elle*] a produit une forte impression d'angoisse et de tristesse. » Mais tout le mérite en revient à la cantatrice : « Par le prestige d'une artiste compréhensive, douée d'exceptionnelles qualités dramatiques et vocales, l'œuvre s'est subitement élevée au-dessus de la banalité anecdotique au point de donner l'illusion d'une conception de large envergure, émouvante et profonde. Avec une conscience et une pénétration rares, Mme Georgette Leblanc a reconstitué de toutes pièces la psychologie du personnage, (...) elle lui a donné une âme, une âme véhémente, poussée au paroxysme de la sensualité mystique. » Sur sa lancée, l'auteur anonyme de l'article — Maus, Mauclair ? — recommande à la direction de confier à la cantatrice les rôles d'Yseult et de Brunehilde dont elle a l'étoffe. Au projet d'une reprise de Carmen, dont il est déjà question, le journaliste oppose la création de *La Vestale* de Spontini, « le chef- d'œuvre qui affola Berlioz ». Et il termine sur ce constat : « Mme Leblanc aurait dans ce rôle de concentration, une occasion de se produire sous un aspect tout différent de celui qu'elle a revêtu pour ses débuts à Bruxelles. » L'insistance mise sur ses ambitions que l'on réfrène, Wagner, Spontini, semble prouver l'influence de Mauclair appuyé sans doute par la cantatrice elle-même auprès de Maus. *La Vestale* — trois actes comprenant un ballet —, opéra de Gaspare Spontini et Étienne de Jouy, était dédiée à Joséphine de Beauharnais. Admirée non seulement de Berlioz, mais de Rossini et de Wagner, elle fut créée en français le 15 décembre 1807, à l'Académie impériale de musique, par la soprano Caroline Branchu, « tragédienne de premier ordre » selon Berlioz. Dans l'acte central, une aria se transforme en duo, puis en trio, lequel se change en scène chorale. Le rôle de Julia (La Vestale) exigeait une cantatrice capable des plus belles performances de la voix et du jeu dramatique. Georgette Leblanc, en imposant cette œuvre rare, eût été mise au rang des très grandes. Mais, une fois encore, les souhaits de ses admirateurs ne furent pas entendus par Stoumon et Calabresi, lesquels, responsables des finances de leur maison, se refusaient à courir le moindre risque.

Elle habite 18, place des Martyrs, à deux pas de la Monnaie. Les fenêtres de son appartement donnent sur le monument funéraire et patriotique où reposent les héros de l'indépendance belge. Demeure idéale pour la nouvelle diva adoptée par l'élite artistique de la ville, une bourgeoisie raffinée dont les membres les plus en vue, fondateurs, soutiens et animateurs des XX, de la Libre Esthétique et de *L'Art moderne,* ont fait de la capitale belge, au tournant du siècle, « un haut lieu d'échanges, un carrefour d'idées, un centre d'émancipation sociale, un foyer d'expériences dont le rôle se révèle dominant dans la diffusion du symbolisme et la formation de l'Art nouveau. »[93]

Maus, Verhaeren, Lemonnier, Picard, Max Waller, Iwan Gilkin, Maeterlinck, Van Rysselberghe, Ysaye et bien d'autres côté belge ; Mauclair, Lugné-Poe, d'Indy, Chausson, Debussy, Mallarmé, Jarry, Gide, Gustave Kahn, Saint-Pol-Roux côté

---

[93] Robert L. DELEVOY, *Journal du symbolisme*, Skira, Genève, 1977.

français, contribuent par leurs échanges constants à créer un axe culturel Paris-Bruxelles.[94]

Vingt-cinq ans après la fin du Second Empire, Bruxelles n'accueille plus seulement des proscrits, des réfugiés politiques, des éditeurs faillis ou des poètes maudits, mais des artistes qui viennent librement et en connaissance de cause. Des liens esthétiques et affectifs se nouent. Judith Cladel,[95] fille de l'écrivain Léon Cladel, organisera avec l'aide d'Edmond Picard une grande rétrospective Rodin. Elle sera reçue plus qu'amicalement à la Maison d'Art et à la Plante, demeure des Picard, près de Namur. Les relations entre Gide et Théo van Rysselberghe sont tellement étroites que l'auteur de *L'immoraliste* aura, plus tard, un enfant de la fille du peintre. Et l'épouse de ce dernier, « Mme Théo », née Marie Monnom — « la petite dame » — deviendra la gouvernante de Gide vieillissant.

Georgette Leblanc s'apprête elle aussi à maintenir vivants les liens entre Paris et Bruxelles. À vingt-cinq ans, fêtée dans une capitale qui lui est de moins en moins étrangère, elle attend que surgisse de la foule des esthètes qui l'entourent, la silhouette vigoureuse de Maeterlinck. Mais on l'assure que le poète est un solitaire qui ne fréquente ni les théâtres ni les salons. Dommage. Madeleine Maus la voit ainsi vers la fin de 1894 : « Méditative, douce, un peu trop cérébrale. À Bruxelles où volontiers les conversations "cristallisent" longtemps autour d'un sujet, elle était le personnage du jour, tant à cause de ses débuts impressionnants et d'une beauté qui avait captivé du même coup le public et la critique, — que de ses originalités vestimentaires. »[96] On la croit immergée dans la préparation de ses rôles. En fait, elle songe qu'elle s'est trompée en acceptant de chanter à la Monnaie. Le succès de ses œuvres amène souvent Maeterlinck à Paris. C'est à Paris qu'elle l'aurait conquis. Leurs chemins risquent de ne jamais se croiser. Elle ne peut tout de même pas demander à Mauclair de leur ménager un rendez-vous.

Par Madeleine et Octave Maus elle apprend qu'à 32 ans, il vit toujours dans la maison de ses parents, 22, boulevard Frère-Orban. Rouen et Gand étant des villes assez comparables, Georgette a pu s'étonner qu'il n'ait pas encore quitté les siens. Jeune avocat pratiquant suffisamment la langue de ses ancêtres, il s'était spécialisé dans les procès qui se plaidaient en flamand. C'était montrer un refus de la carrière assez évident. Quand il sollicita un poste de juge de paix, le ministère de la Justice lui reprocha « des choses aussi ridicules que *La Princesse Maleine* ou *Les Aveugles* ». Et le poste ne lui fut pas attribué. En l'empêchant de s'enraciner dans sa province, on lui rendait service. Les milieux de la littérature officielle ne jugeaient guère mieux ses œuvres que les fonctionnaires de la Justice. Cependant, le jury du prix triennal de Littérature, réveillé par le bruit que son nom faisait en France, voulut couronner *La Princesse Maleine*. Le poète refusa de figurer dans « l'invraisemblable palmarès officiel », et on en resta là. L'homme était célèbre mais assez isolé et largement incompris dans son pays, sauf par quelques écrivains et revues d'avant-garde. Georgette le savait. Madeleine et Octave Maus, sans verser dans l'apologie, lui dressaient un portrait de Maeterlinck en

---

[94] J'ai utilisé cette expression dans mon livre, *Eugène Ysaye*, Le Cri, Bruxelles ; Belfond, Paris, 1989.

[95] Sa sœur Esther épousant à Bruxelles un M. Rolin est la mère de la femme de lettres Dominique Rolin.

[96] Madeleine O. MAUS, Op. Cit.

héros de la poésie et du théâtre belges, et les noms des amis qui revenaient sans cesse étaient ceux de Verhaeren, Rodenbach, Van Lerberghe, Iwan Gilkin et Albert Arnay. Ces critiques complices s'exprimaient dans *L'Art moderne*, *La Jeune Belgique*, *La Wallonie*, *La Société Nouvelle*, *La Pléiade*,[97] etc. Une floraison de revues qui donnait un élan indispensable à la pratique littéraire.

Convaincu que la cantatrice brûlait de rencontrer Maeterlinck, Maus se chargea de le faire savoir à l'intéressé qui se souvenait plus que certainement de la lettre de son ami Mauclair. La curiosité — Georgette était-elle vraiment aussi belle et aussi jeune que Mauclair le prétendait ? — l'emporta sur ses habitudes dont il se départissait volontiers quand ses intérêts l'exigeaient. « Mme Leblanc » était-elle l'interprète idéale de Mélisande ou d'une œuvre qu'il écrirait spécialement pour l'opéra ? Lui était-elle envoyée par le destin ? Les réponses avaient une certaine importance.

Le 13 décembre 1894 à Paris, Lugné-Poe et l'Œuvre avaient créé *Père* de Strindberg. La tournée belge suivit et la première eut lieu à Bruxelles, au Théâtre du Parc, le 11 janvier 1895. À l'invitation de Lugné-Poe, et sachant que Georgette Leblanc s'y trouverait pour lui, Maeterlinck alla donc chez Edmond Picard, soutien enthousiaste de l'Œuvre, qui offrait, en l'honneur de la troupe, une soirée dans son hôtel particulier.

Auprès de Picard et des siens, Maeterlinck se sentait en pays de connaissance : ne sympathisait-il pas avec l'avocat socialisant, depuis qu'en 1885 il avait effectué, jeune confrère, son stage dans son cabinet ? Cependant Picard n'était pas seulement un juriste, un bourgeois de gauche et un esthète amateur de théâtre d'avant-garde, c'était aussi un pamphlétaire antisémite qui exprimait ses idées dans *L'Art moderne*. En 1893, il avait publié une *Synthèse de l'antisémitisme* qui en faisait le Drumont belge. Mais l'antisémitisme est si banal à l'époque que ses amis ne lui en tiennent pas rigueur. Ils voient d'abord en lui un « ariste » (sic) engagé dans la défense des formes les plus extrêmes de l'art de son temps.

Père est une pièce violente et désespérée, qui a pour thèmes l'affrontement sans merci entre l'homme et la femme et l'impossibilité pour un mari d'être certain de sa paternité, dans le cas où son épouse lui « donne » un enfant. L'homme et la femme ne peuvent former un couple qu'à la condition que l'un soit asservi à l'autre. Strindberg voit la femme magnifiquement armée pour dominer le mâle et le réduire en esclavage. Laura, femme du capitaine, est douée d'une volonté féroce. Elle n'a aucun scrupule et utilise les pires moyens pour garder sa fille près d'elle. Le combat est inégal. Le mari, un homme de science, ne peut plus lutter. Menacé d'être déclaré fou par sa femme qui s'est assurée de la complicité d'un médecin, il meurt d'une attaque d'apoplexie.

Cette œuvre noire où l'amour « entre les sexes, comme l'affirme le personnage de Laura, c'est la guerre » préluda étrangement à la rencontre entre Georgette Leblanc et Maeterlinck. Homme méfiant et renfermé, mais séducteur, le poète n'avait pu que rester songeur en sortant d'une représentation où la femme — Laura — avouait : « Ne va pas croire que je me donnais à toi ; je ne donnais rien ; je prenais ce que je voulais prendre. Pourtant tu avais une supériorité que je

---

[97] *La Pléiade* était une revue française fondée en 1886 par Saint-Pol-Roux, Éphraïm Mikhaël et Pierre Quillard. Maeterlinck y fit publier la même année *Le Massacre des Innocents*.

subissais, et je voulais qu'à ton tour tu subisses la mienne. » Il se rendit chez Picard, bien décidé à ne pas baisser la garde.

Le soir du 11 janvier, Georgette arriva la dernière dans le salon de l'avocat. Pas par hasard. Elle y entra comme sur une scène. « Quand on m'annonça, tous les regards se tournèrent vers moi : j'arborais pour ce grand soir un costume très mélisandesque et d'un ridicule harmonieux. Plus que jamais brillait sur mon front le diamant qui déjà scandalisait Bruxelles. Mes cheveux en copeaux dansaient autour de ma tête et ma robe de velours à fleurs d'or me prolongeait indéfiniment. Ainsi parée, telle Cléopâtre s'embarquant sur sa galère, j'entrais à la conquête de mon destin, tremblante au-dedans, orgueilleuse au-dehors. »[98]

Camille Lemonnier, présent à cette soirée, ne releva aucun ridicule dans le costume de la cantatrice : « Un grand silence vint du fond de la salle, et soudain elle entra, lente et balancée, avec le bijou de sa ferronnière au front comme un signe d'empire, dans le froutement [*sic*] de sa traîne. Picard les présenta : elle eut un petit cri. Et lui la regardait, gêné, de ses yeux bas de paysan, fléchissant gauchement le torse, tandis que, d'une révérence profonde comme un rite, la belle comédienne, avec la grâce cérémonieuse d'une petite reine de Byzance, lui dédiait l'hommage de son culte d'artiste. »[99]

Maeterlinck était arrivé parmi les derniers et ne s'était pas encore débarrassé de son manteau — le macfarlane cher à Sherlock Holmes. Il fumait la pipe. Quand ils se furent serré la main, Georgette s'écria à l'adresse de Picard qui avait cherché à la mystifier :

— Quel bonheur, il est jeune !

L'avocat avait, en effet, affirmé que Maeterlinck et lui étaient du même âge, mis au monde peu après l'indépendance de la Belgique, ce qui était seulement vrai pour Picard, né en 1836.

L'enfantine exclamation eut l'effet immédiat de faire fuir Maeterlinck au fumoir. La cantatrice ne se découragea pas. Le physique de l'écrivain lui plaisait. Elle appréciait qu'il fût de haute taille et eût de larges épaules. Son visage la déconcertait, car elle lui trouvait une expression inquiète et des traits indéfinissables. « Il est rare qu'un visage d'homme ait plus d'atmosphère que de dessin ; c'est pourtant le cas de Maeterlinck malgré une constitution lourde et carrée de paysan flamand. »[100]

Au souper, elle fut placée entre Picard et Lemonnier, juste en face du poète. Elle put l'étudier à loisir. Ses prunelles claires ne supportaient pas « le poids d'un regard », remarqua-t-elle tout de suite. Ses voisins lui apprirent que l'auteur de *L'Intruse* était un *sportsman* accompli, pratiquant le canotage et le patinage, montant à bicyclette avec une ferveur égale à celle de Maurice Leblanc et aimant la boxe. Ce soir-là, elle s'aperçut surtout qu'il avait un solide appétit et appréciait le bon vin, presque à l'excès. Il lui parut taciturne. Lemonnier dit qu'il lui parla à peine pendant le souper. Elle nota que sa parole était difficile : « On aurait voulu venir à son secours en finissant ses phrases. »[101] Il l'observait à la dérobée, ne

---

98 Georgette LEBLANC, I, Op. Cit.

99 Camille LEMONNIER, *La Vie belge*. Fasquelle, 1905. Lemonnier (1844-1913), par ses activités d'animateur de revues littéraires, de romancier et de pamphlétaire, mais aussi de critique d'art, est, à l'époque, le plus connu des écrivains belges d'expression française.

100 Georgette LEBLANC, I, Op. Cit.

101 Ibid.

perdant aucun de ses gestes, et lui confia par la suite qu'il s'était bien amusé à la voir émietter son pain autour de son assiette.

À la fin du repas, Picard porta un toast à Georgette Leblanc et à ses triomphes. Comme on insistait, elle chanta *Les trois sœurs aveugles*, poème de Maeterlinck mis en musique par Gabriel Fabre. Octave Maus l'accompagnait au piano. L'auteur, qui avouait n'entendre rien à la musique, se déclara enchanté de son interprétation, mais révéla que son poème n'était qu'un assemblage harmonieux de mots et qu'il eût été vain d'y chercher des symboles. Elle en fut décontenancée. C'était la première fois qu'elle entendait un poète minimiser une de ses œuvres et se déclarer incompétent dans un domaine qui n'était pas le sien. Mauclair n'eût jamais dit cela. On l'a vu avec Mirbeau et d'autres, Maeterlinck se livrait fréquemment à cet exercice. Était-il sincère ? Georgette se posa peut-être la question. Et si elle ne le fit pas, il serait bon de s'interroger à sa place. Car cette tendance à se déprécier ne devait jamais cesser, sans que cela limite vraiment sa production. Aussi, ne pouvons-nous qu'être méfiant envers un écrivain si prompt à cracher sur son travail, mais âpre au gain, attentif à ses intérêts et, à l'exception de la période de ses débuts en Belgique, ne refusant aucun honneur, d'où qu'il vienne.

Il était temps de s'en aller. Après les salutations d'usage, elle crut le voir disparaître pour toujours. Elle eut alors la présence d'esprit de lui murmurer qu'elle aimerait beaucoup visiter Gand. Paraissant lui-même soulagé, il s'empressa de se proposer comme guide. Cette passerelle lancée, ils en revinrent aux convenances. Ils allaient s'écrire pour décider d'un rendez-vous.

Toutes les voitures étaient parties. Octave Maus se dévoua et la reconduisit à pied. De l'hôtel particulier de Picard, avenue de la Toison d'Or, jusqu'à la place des Martyrs, derrière la Monnaie, la promenade eût été agréable si cette nuit de janvier n'eût été glaciale. Tremblante de froid au bras de Maus, elle se remémorait la soirée, et Maeterlinck : « Au total il charmait par une certaine gaucherie, par tout un monde caché d'émotions et de craintes qui passaient comme des ondes sur ses traits, les modifiant constamment. Tout cela, en désaccord avec sa force physique, créait sa personnalité. »[102]

Maus la laissa aux soins d'Eugénie, la camériste en qui elle avait trouvé une alliée à l'époque tumultueuse de son mariage.

Aux représentations de *La Navarraise* s'ajoutèrent les premières répétitions de *Carmen*. Les bruits de coulisse s'étaient avérés exacts. Stoumon et Calabresi la voyant mettre tant de fougue dans le rôle d'Anita, furent assurés qu'elle ferait merveille dans Carmen, qui exige au moins une égale énergie. Mais Anita et Carmen ne se ressemblent guère. Anita, Espagnole du Nord, est austère et tragique, elle n'éprouve aucun plaisir à bafouer les hommes. Carmen, gitane et cigarière, on la connaît à Séville et dans le monde entier, avec son « Si tu ne m'aimes pas, je t'aime, mais si je t'aime, prends garde à toi ! » Elle les avait tous séduits, y compris le pauvre Nietzsche retiré à Gênes, qui croyait avoir trouvé en elle le contrepoison à ce Parsifal, négation du vouloir-vivre. Ne disait-il pas : « Carmen me délivre » ? À Paris, elle avait dépassé la cinq centième représentation et, à la Monnaie, sa carrière remplissait de respect Stoumon et Calabresi. Le duo

---

[102] Ibid.

directorial se fichait pas mal de Wagner et de Spontini, ainsi que des aspirations au sublime de leur nouvelle cantatrice vedette et de ses amis.

Déçue de voir ses ambitions détournées au profit de la caisse de la Monnaie, mais prenant aussitôt le parti d'aller de l'avant, elle accepta le rôle comme un défi. En outre, ce n'était pas le moment de rompre avec l'Opéra et de retourner à Paris, quand le but secret de son exil allait être atteint. Maeterlinck était sur le point de l'accueillir à Gand.

Sous une apparente facilité, Carmen appartenait à la catégorie des emplois impossibles. Pour une cantatrice de vingt-six ans, il était ardu de faire oublier les grandes voix du passé, surtout Célestine Galli-Marié créatrice du rôle, qui l'avait tant servi — 1 200 fois ! — qu'il lui était devenu en quelque sorte consubstantiel. Comment casser une assiette mieux que Galli-Marié ? Mais Georgette avait trop d'orgueil pour se contenter d'illustrer un rôle ou d'adapter la création d'une aînée prestigieuse. Par elle, Carmen accéderait à une nouvelle dimension et elle serait inoubliable.

Mais que serait l'art sans les contingences, la vie matérielle ? Peut-être un exercice vain, une activité purement ludique. Son nouveau contrat à l'année l'obligeait à un minimum de représentations par saison. Elle le respecterait, en essayant de se donner un peu de temps pour connaître Maeterlinck. Elle lui envoya sa photographie où elle était costumée en sainte Cécile tenant une gerbe de lys et regardant le ciel. Elle reçut en retour le livre d'Emerson qu'il avait préfacé, orné de la dédicace : « À Georgette Leblanc, l'héroïne des grands rêves, avec admiration et profonde sympathie. » De douloureuses questions l'assaillirent auxquelles s'ajouta l'inquiétude de le décevoir. « (...) je voyais mal "l'héroïne des grands rêves" danser sur une table avec des jupes courtes et la cigarette aux lèvres. »[103]

Le rendez-vous fixé, elle partit à Gand.

L'écrivain l'attendait sur le quai de la gare. Coiffé d'un chapeau melon, « qui ne lui allait pas », il était habillé de son vieux macfarlane. Sa chienne Lily l'accompagnait. Il emmena la visiteuse dans la rue où se trouvait sa maison natale, la lui montra et, sous la pluie, lui fit découvrir le centre de la ville, dont les deux béguinages entre lesquels il avait passé son enfance. Ils s'arrêtèrent un moment dans la maison du boulevard Frère-Orban qu'il occupait maintenant avec ses parents, le temps d'une courte visite. Dans cette demeure, elle eut la vision d'un « vestibule blanc et noir, une impression glacée, glissante, un salon nu et fermé qui s'animait seulement aux anniversaires. On ne sentait la vie que dans la salle à manger où s'affirmaient la lourde table de chêne, la suspension massive, l'argenterie abondante, brillante. Près de la fenêtre une table à ouvrage, des écheveaux de soie, une tapisserie commencée... Il m'offrit un verre de porto (...). »[104] Elle entrevit ses parents.

En ressortant, Maeterlinck lui dit qu'ils ignoraient totalement sa poésie et son théâtre. Dans la rue, en l'écoutant lui décrire ses journées, elle découvrit avec étonnement une vie d'habitudes, absolument réglée, qui cachait cependant certains épisodes assez peu ordinaires. Cet homme menait un existence de clandestin dans sa maison et sa cité. Au cours de leur longue promenade, il lui avoua sans ambages qu'il « avait toujours plusieurs maîtresses à la fois » à cause d'une dé-

[103] Ibid.
[104] Ibid.

ception de jeunesse. À dix-huit ans, sa première amante l'avait trompé avec un fabricant de cirage. La cantatrice ne s'offusquant pas de cet aveu, il poursuivit ; son idée du bonheur dans la vie quotidienne était rassurante : le plaisir des sens, la santé inaltérable lui suffisaient. Il réservait le dialogue des âmes et la vie mystique à la littérature et n'exigeait de la vie que ce qu'elle pouvait offrir à un homme de sa classe. Se moquant de lui-même, il confia à la jeune femme qu'avant la publication de *Serres chaudes*, il avait pensé réclamer pour son recueil l'imprimatur épiscopal. C'était tout ce qui lui restait de son éducation religieuse.

Elle l'écoutait avec d'autant plus d'attention que sa parole, à mesure que le temps passait, abandonnait toute hésitation. Lui, mis en confiance, parlait sans s'apercevoir de sa fatigue. Chaussée de hauts talons, elle se tordait les chevilles sur les pavés glissants. Ils entrèrent finalement dans un café où Maeterlinck allait fréquemment. Là, il lui confia que l'écrivain qu'il admirait le plus au monde était Villiers de l'Isle-Adam, l'auteur prodigieux des *Contes cruels* et de *L'Ève future*. En 1885, à Paris, brasserie Pousset, il s'était assis à sa table. Quelle voix, quel regard, quels gestes ! C'était un grand seigneur attaqué par la misère, astreint au dur labeur du journalisme et qui donnait des leçons de boxe pour survivre, mais toujours combatif, aux phrases d'un humour glacé, aux développements philosophiques vertigineux. Le contact avec Villiers avait transformé Maeterlinck au plus profond de lui-même. C'était « l'homme providentiel qui, au moment prévu par je ne sais quelle bienveillance du hasard, devait orienter et fixer ma destinée. »

Les femmes, la religion et la poésie constituèrent l'essentiel de la conversation. En écoutant Georgette, il comprit qu'elle avait rompu plus rapidement et plus radicalement que lui avec le catholicisme. Il voulut bien reconnaître : « Oui les femmes vont vite, plus vite que nous, leur intuition les éclaire très tôt… » Les poètes étaient ses héros. À Gand, deux ans auparavant, il s'était fait le garde du corps de Verlaine, le protégeant à la fois de la tentation perpétuelle de l'absinthe et de la goujaterie du public venu rire de ce conférencier à figure de pochard faunesque. Georgette écoutait passionnément. Assise sur la banquette du café, si proche de l'écrivain qu'elle n'avait qu'à mettre sa main sur la sienne, elle réagissait à ses moindres changements de physionomie et d'attitude : « Souvent il semblait parler malgré lui, sa voix vacillait, ses paupières s'abaissaient, son dos se retranchait comme pour entrer dans le mur. Alors mon esprit perdait pied, une panique soulevait mon cœur et je parlais à mon tour pour échapper à notre émotion. »[105]

Ils ne touchèrent pas à leurs consommations et, quand il fut temps de partir, Maeterlinck la raccompagna à la gare.

Leur deuxième rendez-vous eut lieu dans l'appartement de la cantatrice. Pour recevoir dignement le poète « mystique », elle avait recouvert de tulle noir orné d'argent les murs d'une chambre proche du salon. Des bâtonnets d'encens fumaient. Il n'y manquait plus qu'un catafalque. Maeterlinck refusa de pénétrer dans ce décor de messe noire et préféra s'asseoir dans le fauteuil Voltaire puce du salon. Comme plat de résistance intellectuel, il apportait *Les Ennéades* de Plotin, philosophe néoplatonicien du IIIe siècle né en Égypte et qui avait vécu à

[105] Ibid.

Alexandrie avant de se fixer à Rome, où il enseigna sa doctrine ésotérique. Le renoncement était le concept dominant de son enseignement et, dans un sens, il allait beaucoup plus loin que les adeptes d'Épicure. Relu au XIXe siècle par Hegel et, plus près de nous, par Bergson, on l'admirait pour son exigeante recherche de l'absolu. Étrangement, le monde antique de Plotin rejoignait celui de Thaïs, la courtisane du fameux roman éponyme d'Anatole France adapté à l'opéra par Massenet. Juste après Carmen, Georgette Leblanc serait une Thaïs inoubliable.

Maeterlinck ne s'intéressait pas seulement aux néoplatoniciens. À l'époque de son stage d'avocat au cabinet de Picard, il avait découvert, grâce à J.-K. Huysmans, le théologien et ermite flamand Ruysbroeck. L'Admirable, comme il fut surnommé, écrivait en flamand brabançon. Maeterlinck, qui traduisit *Le Livre des XII Béguines* et *L'Ornement des noces spirituelles*, dit assez drôlement : « Il a une syntaxe tétanique qui m'a mis plus d'une fois en sueur. » En 1891, date de la publication des *Noces*, la mort accidentelle de son jeune frère Oscar, renforça sa tendance au spiritualisme. Entre ce tragique décès et sa rencontre avec Georgette Leblanc, il écrivit et publia sa préface aux *Sept Essais* d'Emerson, lut Novalis, et particulièrement *Les Disciples à Saïs* qu'il traduisait encore en 1895. Il possédait une connaissance précise des mystiques, spiritualistes et illuministes tels Denis l'Aréopagite, Jacob Boehm, Swedenborg, Coleridge et Carlyle. La cantatrice de son côté relisait Fénelon et Mme Guyon, les auteurs de son adolescence.

Autour de Plotin et des mystiques, la conversation dura cinq heures. « Le vertige nous prenait. » Eugénie, la caméristе, les aida à retrouver les petites misères de l'existence, quand elle apporta le thé. Maeterlinck se plaignit : le thé était une boisson destinée aux malades. Georgette envoya Eugénie quérir du porto.

Maeterlinck sortit désorienté de l'entretien. Joué dans les petits cercles de Paris, Londres, Berlin, New York, Copenhague — avec moins de ferveur à Bruxelles —, il affectait de détester les acteurs et le monde du théâtre. Cette Française donnait une image d'elle-même qui ne coïncidait pas avec celle, navrante, qu'il s'était formée des actrices, pour se préserver de la séduction qu'elles exerçaient sur lui. Mais il y avait pire encore : la jeune femme, avec laquelle il avait déjà passé de nombreuses heures à discuter, raisonnait et pensait comme un « vieux philosophe ». Ça ne lui était jamais arrivé.

Après une semaine de séparation, ils se retrouvèrent à Malines, dans l'église Saint-Rombaut. La première phrase de Maeterlinck fut : « Le temps m'a semblé très long. » Elle, incapable de répondre, souriait dans le vide. Ils se quittèrent en fin d'après-midi à Bruxelles, sans qu'un nouveau rendez-vous eût été fixé. Ils s'écriraient.

Rentrée chez elle, elle y trouva une lettre de Mauclair ; y était jointe une missive de Maeterlinck à son ami parisien. Pour ne pas l'inquiéter, il avait pris soin, comme il le précisa plus tard, de mettre en avant la « cérébralité » de la cantatrice : « J'ai écrit à Mauclair au sujet de notre journée à Gand. Je lui ai dit que ta bonté me semblait plutôt cérébrale, mais que c'était sans doute à cause de ta jeunesse et de ton extrême beauté. » Il avait ajouté néanmoins, ainsi qu'elle put le lire : « Quelle autre femme pourrait sembler belle et intéressante après celle-ci ? » C'était plus que flatteur. N'importe quel amant eût été alarmé par un tel aveu, pas Mauclair semble-t-il. L'hommage rejaillissait sur lui. Son ami appréciait sa maîtresse, il approuvait donc son choix.

Vivant par la poésie et le théâtre, Mauclair devait voir d'un bon œil les accointances symboliques de leur trio avec les personnages les plus fameux de Maeterlinck. Sa « petite Geo », comme il la surnommait, future interprète de Mélisande, était la médiatrice rêvée entre les deux créateurs. Il semblait oublier l'essentiel : dans la pièce de son ami, Golaud tuait son demi-frère Pelléas. Dans la vie, Mauclair à force de s'en persuader croyait « Geo » sa maîtresse. Le point de vue de « Geo » était différent. Elle n'appartenait à personne. Elle occupait le centre de la triade. Deux hommes l'aimaient. Par son inexpérience de la vie, mais sa grande culture, Mauclair l'avait amenée à Maeterlinck. Pour cela, il avait droit à sa reconnaissance ici et maintenant. Pour le reste...

En Maeterlinck, l'homme et l'écrivain sonnaient vrai. Leur dernière entrevue à Malines, sous le signe du trouble et de la gêne, préludait aux aveux. Mais au lieu de se dire franchement leur amour, ils prirent des chemins de traverse littéraires et philosophiques.

Georgette lui écrivit dans son appartement, sa loge ou au café, partout où elle disposait de plume, d'encre et de papier. À son initiative, ils étaient vite passés au tutoiement. Dans sa première lettre conservée — huit feuillets — Maeterlinck avoue : « Moi je n'aurais jamais osé, étant toujours et malgré mes efforts esclave de circonstances ridicules. Et cependant je ne peux pas parler tant que ma voix se heurte à cette porte de fer du *vous* qui ferme l'âme. J'ai besoin, par exemple, en marchant, de donner le bras à quelqu'un avant de pouvoir réellement communiquer avec lui. »

L'amour à l'épreuve du silence

Une nuit, après une journée consacrée à *Carmen* et à *La Navarraise*, elle eut cette intuition que le silence est l'épreuve sublime des gens qui s'aiment. Elle lui écrivit aussitôt : « *Nous ne nous connaissons pas encore, car nous n'avons pas osé nous taire ensemble.* » Et elle expliqua : « Le silence, c'est montrer son âme nue. C'est une pudeur instinctive qui a établi l'inconvenance de "laisser tomber la conversation", comme si le vêtement des mots était indispensable. Mais les belles âmes, de même que les corps sains, ne connaissent point la pudeur. »

Elle lui rappela leur première rencontre à Gand : « Quand nous étions ensemble dans le grand salon, j'ai eu l'envie de tenter l'épreuve, mais j'ai eu en même temps la conviction qu'entre nous, cela pourrait être si complet, si sacré, qu'il ne fallait pas le vouloir si tôt et pour ainsi dire "inconsciemment". Donc, contrairement à l'habitude, j'ai parlé par respect pour nos âmes. »

Il fut conquis par cette dialectique du silence, à laquelle il avait été préparé par la culture du béguinage telle qu'elle existait encore dans les années de son enfance. « Tu m'as dit une chose qui m'a étrangement frappé et m'a longuement fait réfléchir. C'est que nous ne connaissons pas encore notre silence. Nous n'avons pas encore osé nous taire ensemble. Ne crois-tu pas qu'il doit y avoir des silences que nous n'avons pas encore connus, et qu'il doit y avoir dans ce que taisent les lèvres de l'amitié ou de l'amour prédestiné, peut-être des choses que d'autres lèvres ne peuvent taire ? C'est étonnant comme un mot de toi me fait descendre en moi à des profondeurs que je n'aurais jamais connues si je ne pensais pas à toi. »

Déjà on voit poindre ce qui deviendra plus tard la source d'un immense malentendu. La sublime phrase de Georgette « Nous ne nous connaissons pas encore, car nous n'avons pas osé nous taire ensemble » est d'une parfaite clarté. Maeterlinck se l'approprie en la détournant et renvoie à la jeune femme ses propres variations sur le silence. Il ne répond pas exactement à sa correspondante. S'il l'avait fait, leur relation — épistolaire et autre — se serait peut-être engagée autrement. Avant tout poète, il aime à broder sur les thèmes qu'on lui fournit, surtout quand ils ont la fraîcheur de l'intuition. De telle sorte qu'il les rend méconnaissables. On en conviendra, son « nous ne connaissons pas encore notre silence » n'a que peu de rapport avec la phrase de Georgette qui est sa source d'inspiration.

Trois mois plus tard, elle recevait trente-quatre demi-feuillets format cahier d'écolier. C'était l'essai qu'elle attendait. Il était intitulé *Le Silence*. Maeterlinck lui en était redevable, mais elle reconnut : « Quand je te lis, j'ai l'impression que tu veux bien me donner la main pour m'aider à marcher vers tout ce que j'entrevois et en me disant que tu crois me suivre, tu me fais m'apercevoir que je me trompais également en pensant parfois que c'était toi qui m'indiquais la route, car je crois que dans le chemin où nous sommes, on ne peut marcher que l'un à côté de l'autre. Dans la vie selon les êtres, c'est plutôt moi qui te suivrais, car tu as la supériorité de pouvoir formuler un peu de ce que nous voyons. »

Il s'agissait déjà de la « collaboration plus haute et plus réelle que celle de la plume », qu'il reconnaîtra publiquement dans quelques années, en préface à un autre livre.

Le Silence était une de ses méditations les plus originales. En apparence, la contribution de Georgette se limitait à la fameuse phrase déjà insérée dans l'écriture maeterlinckienne par la méthode que le poète ne cesserait d'utiliser pour ne pas citer directement son véritable auteur : « Nous ne nous connaissons pas encore, *m'écrivait quelqu'un que j'aimais entre tous*, nous n'avons pas encore osé nous taire ensemble. » Elle avait fourni beaucoup plus que l'étincelle en lui écrivant aussi : « Généralement nous atteignons les âmes en passant par les corps... je veux dire que pour nous pénétrer nous nous servons des yeux du Silence, de l'étreinte des mains... Mais nous ne connaissons pas "nos mains", nous ne savons pas ce que dira notre silence. (...) » Et dans sa réflexion sur le texte maeterlinckien, elle dira : « Ce mot sur le silence que je t'ai écrit, c'est ce que j'avais pensé le plus loin et le plus fort dans ma lettre, et c'est bizarre que tu me répondes juste en formulant ce que je ne savais que confusément. C'est si vrai, ce que tu as dit, que : "nous nous taisions dans la même chambre", que j'ai dû nous fuir, tant je devenais pâle et froide, avec des regards qui ne pouvaient plus voir "dehors". »

Dédié à Mme Georgette Leblanc, *Le Silence* paraîtra en 1896 en ouverture du recueil *Le Trésor des humbles*.

« Vous avez absolument l'air d'être le seul être vivant. »

Durant la période de préparation de *Carmen*, elle ne quitta plus Bruxelles. En cette fin d'hiver, chaque matin à l'aube, elle traversait la Grand-Place et gagnait par les ruelles médiévales du centre la gare du Midi. Elle portait elle-même au train postal les lettres qu'elle écrivait une partie de la nuit, afin qu'elles arrivent plus vite à Gand. Hallucinée, souriante, elle marchait en état de grâce, comme tombée d'un tableau de Memlinc au milieu des ouvriers qui se rendaient à pied à leur travail. On rencontrait encore dans les rues des carrioles tirées par des chiens. Mais elle ne voyait pas cette réalité-là. « Je revenais en flânant, à travers le marché aux fleurs, le panache balancé, l'âme éblouie. Les marchandes, habituées du paradis, me reconnaissaient et, criant mon nom, avec des rires elles me jetaient des roses. »[106]

Rentrée chez elle, elle mangeait à peine, retravaillait son rôle, tout en lisant *L'Ornement des noces spirituelles*, que son traducteur présentait ainsi : « Il ne faut pas s'attendre à une œuvre littéraire : vous n'apercevrez autre chose que le vol convulsif d'un aigle ivre, aveugle et ensanglanté au-dessus des cimes neigeuses. »

Georgette acheva de modeler son personnage, dans un état fiévreux, proche du délire. Pour la première fois depuis son apparition sur scène, l'insolente Andalouse allait être blonde comme une walkyrie. L'idée plut aux directeurs de la Monnaie et, de passage à Bruxelles au début du mois de mars, pour cause de conférence — *L'aristocratie intellectuelle* — donnée le 5 à la Libre Esthétique, Mauclair applaudit à la « nordification » de l'héroïne de Bizet.

La première de cette *Carmen* insolite eut lieu le 23 mars 1895. « C'était une sorte d'Hérodiade aux robes lumineuses et longues, aux cheveux blonds cerclés d'or — une gitane qui aurait pris du haschisch », dira plus tard la cantatrice.

Ce que fut cette représentation, le journaliste de *L'Art moderne* nous en donne une idée excitante : « enlaçante et câline, tantôt révoltée et vraiment peuple, Mme Leblanc se sépare nettement de ses devancières, préoccupées avant tout de l'élément musical qui n'est qu'une des faces du rôle. » Et : « Elle a joué, chanté et mimé son rôle avec une telle intensité d'expression, avec une vérité d'accent si saisissante, elle a mis en valeur, avec tant d'autorité, toutes les situations du poème, que le reste de l'interprétation a paru s'effacer dans la pénombre. » Puis, encore ceci, qui exprime bien sa stupéfaction : « Les artistes qui entouraient Carmen avaient l'air d'assister comme le public à la représentation. »

Maeterlinck présent lui aussi à la première, « malgré son horreur de l'atmosphère d'un grand Opéra », n'avait cessé d'admirer Georgette et de l'applaudir. Dès le lendemain, il lui écrivait, retrouvant son vouvoiement d'homme intimidé par sa vision : « C'est la première fois que je vous voyais mêlée directement à d'autres êtres. Vous ne savez pas l'effet étrange — pour ceux qui savent voir. C'est presque terrifiant. Vous avez absolument l'air d'être le seul être vivant. Cela fait exactement le même effet que si un être d'un monde supérieur apparaissait brusquement au milieu d'une foule. Tous ceux qui vous entourent en deviennent effrayants. Ils ont vraiment l'air de spectres, et je n'ai jamais senti plus clairement l'absence de vie, l'absence d'existence qu'il y a réellement dans la plupart des hommes. Cela apparaît même dans les choses les plus matérielles ; non seulement on voit qu'il n'y a pas d'âme mais à côté de vous, ils ont l'air de ne pas savoir marcher ni se tenir debout. Vous êtes là comme une flamme à laquelle on se brûle au milieu des flammes peintes sur le mur. »

En véritable « voyant », il a observé un être humain au milieu de « spectres ». Ce qu'il écrit de manière plus exaltée que le journaliste de *L'Art moderne* rejoint l'appréciation du spécialiste. Quand, quelques mois plus tard, en septembre 1895, la cantatrice reprend le rôle de Carmen, le critique du *Guide musical* manifeste à

---

[106] Ibid.

peine moins de passion. « Carmen vient de retrouver le succès que lui avait valu l'an dernier [*avant l'été*], indépendamment de l'œuvre elle-même, toujours débordante de jeunesse et de vie, l'interprétation si fouillée de Mme Leblanc. Elle a, comme précédemment, été fort discutée, cette interprétation, ce qui suffirait à prouver qu'elle n'est point banale. Bien au contraire, elle est profondément originale, et personnelle, et témoigne d'une étude approfondie de la psychologie de l'héroïne. L'artiste a dessiné la psychologie de celle-ci avec le plus grand soin. »

Le journaliste, qui doit montrer à ses lecteurs qu'il n'a pas complètement perdu son sang-froid, relève tout de même : « Comme l'an passé, la voix de l'intelligente artiste ne s'est pas toujours trouvée à l'aise dans la partition de Bizet » ; mais c'est pour faire aussitôt amende honorable : « là où le timbre de l'organe est insuffisant, la netteté de l'articulation, la puissance de l'accent y suppléent aisément, et arrivent parfois à des effets que ne produiraient pas bien des voix plus généreusement fournies. »

La Carmen de Georgette Leblanc marqua tellement l'histoire de la représentation de cet opéra légendaire qu'une quarantaine d'années plus tard, Reynaldo Hahn, évoquant les plus fameuses interprètes du rôle, écrivit : « On m'a maintes fois décrit la manière dont il était interprété par Mme Georgette Leblanc, qui, à n'en pas douter, était de la catégorie des Carmens expansives. Elle le jouait en blonde, et je regrette de n'avoir pas eu l'occasion de l'y observer, étant persuadé que son talent hardi devait lui fournir d'étonnantes trouvailles. »[107]

Reynaldo Hahn ne croyait pas si bien dire. Sur scène, dans le climat passionnel que la cantatrice entretenait depuis la première, intervint un incident révélateur.

Après l'entrée du toréador Escamillo dans l'arène, après qu'ils ont chanté, Carmen et lui, leur duo, Carmen reste seule. Elle sait que Don José la cherche pour la tuer. Il arrive, en effet, et menace. Carmen le défie : elle ne lui appartiendra plus. Dans l'arène, la fanfare éclate. Escamillo est acclamé. Carmen veut assister à son triomphe. Armé d'un couteau, Don José l'en empêche. Mais Carmen se moque de lui une dernière fois et affirme qu'elle aime Escamillo. Alors Don José va la poignarder en plein cœur. Et, tout à coup, Georgette Leblanc sans savoir pourquoi, plaque sa main sur sa poitrine. Elle reçoit un coup, une lame d'acier s'enfonce dans son poignet. Le ténor, qui joue Don José, a remplacé l'inoffensif poignard de théâtre par un vrai couteau. Le sang de la cantatrice coule sur sa jupe de satin jaune d'or. On ne s'aperçoit de rien. Le ténor en était venu à haïr la Carmen blonde qui le repoussait dans l'ombre chaque soir et le reléguait parmi les « spectres » que voyait Maeterlinck.

Il y a dans cette vie certains épisodes qui ressemblent à des histoires trop belles pour être vraies. Quand il les découvre, le biographe sourit, comme celui qui, connaissant la propension de son personnage à tout enjoliver, pratique le doute salutaire. Il vérifie et constate que, dans la plupart des cas, ce qui paraissait extravagant a réellement eu lieu. En ce qui concerne l'épisode du ténor assassin, l'incrédulité est admise. Mais, se non e vero…

---

[107] Reynaldo HAHN, *Thèmes variés*, J.B. Janin, 1946.

La Libre Esthétique. Eleonora Duse

Ses relations amicales avec Madeleine et Octave Maus l'amenèrent à apporter son concours aux manifestations musicales du Salon annuel de la Libre Esthétique, qui se déroulaient sous la direction d'Eugène Ysaye. En 1894, la Libre Esthétique avait succédé aux XX, dont le comité organisateur réunissait vingt peintres autour d'Octave Maus. Les Vingtistes s'étaient rassemblés pour la première fois le 28 octobre 1883 à la Taverne Guillaume, place du Musée. Parmi eux se trouvaient Rops, Ensor et Khnopff... Le groupe définit ses buts : la « défense d'un art intransigeant » ; représenter « l'insurrection consciente et organisée contre l'Académisme ». Sa dixième exposition fut l'occasion pour Maus d'annoncer la dissolution des XX et le lancement de la Libre Esthétique l'année suivante. Pour échapper à la répétition qu'il sentait menaçante, Maus avait écarté les peintres du nouveau comité et s'était entouré d'écrivains, afin de se garantir contre l'exclusion de certaines tendances de l'art moderne par des plasticiens jaloux. Ainsi, tous les courants de la peinture et de l'art contemporains finirent par être exposés à Bruxelles.

Le 28 mars 1895, époque du deuxième Salon, Ysaye se trouvant alors en Amérique, Georgette Leblanc interpréta *La Légende de sainte Cécile*, opus 22, d'Ernest Chausson, mystère de Maurice Bouchor, poète alors très en vogue. La cantatrice devait être accompagnée d'un chœur de femmes, d'un petit orchestre d'instruments à cordes comptant une harpe et un célesta. On eut toutes les difficultés à se procurer l'unique célesta disponible, celui du Conservatoire, qui ne fut prêté que sur l'intervention du ministre des Beaux-Arts. Mais sainte Cécile, vierge et martyre, fut célébrée. À sa première audition au Petit Théâtre des Marionnettes, le 25 janvier 1892, du *Ménestrel* à la *Revue des Deux-Mondes*, on s'était empressé de démolir l'œuvre de Chausson. Elle avait donc toute sa place à la Libre Esthétique et il était juste qu'elle fût servie par la jeune et brûlante interprète d'Anita et de Carmen. Toujours nimbée de sa chevelure d'or, le front ceint de sa ferronnière et vêtue d'une robe médiévale vert olive cousue par sa sœur Jehanne, Georgette défendit la périlleuse partition d'un compositeur quelque peu maudit, comme l'étaient les autres élèves de César Franck, ses camarades.

À défaut de Wagner, elle tentait de chanter ses disciples français et de sortir de Massenet. Pendant la même séance, elle interpréta deux mélodies de Gabriel Fabre avec une dilection particulière. Le poème de la première était de Maeterlinck, le fameux *Les trois sœurs aveugles* choisi en son honneur chez Picard. *Les Amoureuses aux matelots*, la seconde, était de Mauclair, présent à cette audition. Il s'était laissé pousser une petite moustache blonde, sans doute pour apparaître moins juvénile aux yeux de Georgette. Elle le reçut place des Martyrs, où ils parlèrent de Maeterlinck. Mauclair ne manifesta pas la moindre inquiétude quant aux relations qui s'étaient développées entre sa maîtresse et son ami. Il tira des plans sur la comète, assura Georgette que Debussy ne tarderait pas à achever son opéra et que des compositeurs plus dignes que Massenet s'intéressaient à elle. Il tenait cela de Maus en personne. Ce dernier s'était en effet empressé de faire l'éloge de « sa » découverte à Vincent d'Indy. Mauclair retourna à Paris sur un nuage.

D'Indy vint à Bruxelles, bien décidé à « interviewer sérieusement » la cantatrice. Il l'écouta dans *La Navarraise*, qu'elle chantait en alternance avec *Carmen*, et la rencontra chez Maus, à qui il avait apporté le brouillon de *Fervaal*, son opéra.

Il espérait que la diva de la Monnaie aurait suffisamment d'influence pour le faire représenter ici. En tout cas, après leur entrevue et la lecture de *Fervaal*, d'Indy se retrouva conquis par la voix et le physique de l'artiste, « que je vois décidément, écrivit-il à Maus, comme l'unique Guilhen. » Mais ce projet, comme tant d'autres d'ailleurs, n'aboutit pas. Ne connaissant pas un instant de répit, la cantatrice n'eut probablement pas le temps de le regretter. Le mercredi 8 avril, elle assistait, à la Maison d'Art, avenue de la Toison d'Or, à la représentation de *La Mort de Tintagiles* et d'*Intérieur* [108], précédée d'une conférence de Roland de Mares. Ouverte le 29 décembre dernier dans l'hôtel particulier de Picard, cette galerie, dirigée par le fils de l'avocat, vendait aussi les œuvres d'art appliqué exposées au Salon de la Libre Esthétique.

Georgette Leblanc désormais personnage public, son nom était utilisé à propos de tout et de rien, comme nous le montre un écho, paru entre une réclame de pianos et un fait divers : « RECETTES ET PROCÉDÉS — Bâillez tant que vous pourrez — Un médecin français prétend qu'il est non seulement utile pour la santé de bâiller naturellement, mais encore qu'il faut, lorsqu'on souffre de la gorge, s'obliger à bâiller par des moyens artificiels. Certaines cantatrices affirment même que cet "exercice" est indispensable pour donner à la voix toute sa clarté et Mme Georgette Leblanc n'entre jamais en scène sans s'exercer auparavant à bâiller de toutes ses forces. »

Certains esthètes bruxellois la comparent à Eleonora Duse. La tragédienne italienne jouant au Théâtre du Parc une pièce en trois actes de Dumas fils, *La Femme de Claude*, on pouvait lire dans *L'Art moderne* du dimanche 15 avril 1895 : « À quarante-huit heures d'intervalle, la semaine passée, le hasard me gratifia d'une coïncidence, fertile en rapprochements curieux : voir et entendre Georgette Leblanc dans *Carmen*, voir et entendre Eleonora Duse dans *La Femme de Claude*. » En des pages superbes, le critique explique en quoi les deux artistes excellent : la première incarne le Convenu, la seconde le Naturel. Par « convenu », il entend ce qui est voulu et composé par la cantatrice : « le résultat esthétique atteint par une intelligence de haut goût, que l'instinct ne mène pas, mais qui s'efforce aux trouvailles, aux ingénieux arrangements, aux combinaisons gracieuses et subtiles, créant ainsi une originalité factice, d'une saveur montante. » La Duse, elle, « ne connaît rien de ces raffinements. Elle se prend et se donne absolument telle qu'elle est, se rendant sans plus de façon, de son appartement réel à l'appartement factice du théâtre, par une passerelle imaginaire, qu'elle franchira de nouveau (...), la représentation finie, pour se rasseoir songeuse, au coin de son feu. »

Cette intéressante opposition entre une actrice déjà mythique et une tragédienne lyrique de vingt-six ans tourne donc au désavantage de cette dernière. Georgette Leblanc subordonne l'instinct à l'intelligence. L'arrière-pensée exprimée, c'est que l'instinct est plus propre à la femme que l'intelligence, et que l'une — la Duse — s'en sert admirablement. Les critiques de théâtre et d'opéra de ce temps sont — sauf rare exception — des hommes. Ils jugent des femmes artistes, et s'ils s'émerveillent de « l'intelligence de haut goût » de l'une d'elles, c'est que pour eux l'intelligence et la « cérébralité » sont déplacées, voire inutiles au théâtre et à l'opéra, parce qu'elles ne parviennent qu'à produire une « originalité factice ».

[108] Le peintre William de Gouves de Nuncques réalisa les décors d'*Intérieur*.

Georgette Leblanc vit la Duse dans *La Femme de Claude* et fut prise d'effroi. L'actrice semblait à bout de forces. « Elle va mourir ! Ce n'est pas possible qu'elle puisse vivre ! » Elle fut subjuguée par « sa pâleur, sa démarche immatérielle, ses mains fébrilement agitées, la flexibilité de ses poignets qui faisaient de ses mains deux fleurs aux tiges brisées, et surtout quelque chose de douloureux qui se dégageait de toute sa personne. Tout cela me prenait à la gorge et me faisait pleurer. »[109] L'amie qui l'accompagnait et qui se trouvait être également une proche de la Duse, assura en riant que l'actrice était comme tout le monde, elle mangeait, dormait, et même si elle était toujours fatiguée et toussait un peu, elle n'était pas malade. Elle était seulement « simple et merveilleuse ».

Le lendemain, la Duse reçut Georgette dans sa chambre. Assise au milieu de son lit, vêtue d'une chemise de nuit de religieuse aux manches longues boutonnées jusqu'aux poignets, la tragédienne devina l'étonnement de sa visiteuse et avoua avoir horreur des dentelles et de la lingerie féminine. Ses cheveux longs et noirs très abondants se divisaient en « anneaux lourds et lustrés comme de délicats serpents à reflets bleus. » Son visage, son cou et ses mains étaient « sculptés dans le même ivoire, point de couleurs sur les joues et des lèvres à peine rosées. Le luxe de la bouche était tout entier dans l'éclat parfait des dents. »[110] Eleonora Duse avait trente-sept ans.

Dans un irrépressible élan, elle confia à sa cadette combien son amour naissant pour D'Annunzio était déjà menacé. Elle connaissait les hommes — les poètes surtout, et les acteurs —, ils ne pouvaient s'empêcher de détruire. Elle avait saisi les mains de Georgette et la regardait désespérément, comme une moribonde regarde une femme en bonne santé peut-être déjà contaminée. Georgette pensa aussi qu'elle souffrait dans son linge virginal, à la manière de Cassandre annonçant la chute de Troie. Elle luttait contre la fascination exercée par celle qui ne jouait pas, qui était aussi naturelle qu'au théâtre. Elle affirma sa foi juvénile en l'amour et spécialement en un Maeterlinck exempt de cabotinage.

Quelques jours plus tard, la Duse lui rendit sa visite. Vêtue de noir, un bouquet de violettes à son corsage, elle détacha ses fleurs et les offrit à la jeune diva. Le théâtre occupa toute la conversation. La Duse s'expliqua : « (...) je construis tous mes personnages par la pensée, et c'est encore là, dans le silence et la solitude, que je les fais vivre. Assise dans un fauteuil ou couchée dans mon lit, les yeux fermés, j'évoque tout le rôle, toute la pièce. Et ce que je veux surtout, c'est de pouvoir éviter les répétitions. Les répétitions tuent la spontanéité de l'artiste, les répétitions détruisent les effets de la sensibilité. Si mes partenaires ne peuvent vraiment pas se passer de moi, alors je consens à venir sur la scène leur donner mes indications, mais je ne répète pas ! Je ne répète jamais ! »[111]

Pour Georgette, au contraire, la répétition était créatrice. Elle s'en servait comme le sculpteur des esquisses et dépensait « autant d'énergie pour une salle vide que pour une salle pleine. »

À l'issue de cet entretien avec l'actrice la plus mythique de sa génération, elle acquit la certitude de la médiumnité de la Duse. À force d'intensité psychique, la tragédienne se mettait dans un état second, qui laissait croire à sa mort prochaine. Il existait d'autres preuves de son état de médium : sa santé fragile, elle ne

---

[109] Georgette LEBLANC, *Mes conversations avec Eleonora Duse*, Les œuvres libres, 1926.
[110] Ibid.
[111] Ibid.

donnait d'ailleurs jamais plus de trois représentations par semaine qui la laissaient dans un état d'épuisement inquiétant ; à cela, il fallait ajouter le refus de tout maquillage à la scène, une « torture pour celle qui n'était réellement plus elle-même. »

L'étudier sur scène, l'écouter et lui parler dans l'intimité fut pour Georgette une expérience extraordinaire. Elle ne songeait pas encore à devenir actrice. Eût-elle accepté un rôle à l'époque qu'elle eût obéi à son tempérament qui la poussait à l'exubérance et à l'originalité au détriment de la vraisemblance. Elle appréciait plus les monstres sacrés que la pièce qu'ils étaient censés interpréter.

La Duse jouait Césarine, l'héroïne de ce drame que Dumas présentait comme une œuvre de combat au service de la France, sommée ici de se reprendre après la défaite de 1871. Créée en 1873, la pièce fait l'apologie du meurtre légitime d'une femme par son mari, au nom de préoccupations politiques et sociales. Au Théâtre du Parc, le « réalisme » de Dumas fils était servi par une actrice aux dons « surnaturels ». En France, le rôle de Césarine appartenait au répertoire de Sarah Bernhardt. *L'Art moderne* jugea la Duse supérieure à Sarah dans ce rôle. Pour les grands comédiens de la fin du siècle, la pièce n'est souvent qu'un prétexte. Cocteau enfant a vu Sarah et De Max dans des pièces aujourd'hui injouables, *Michel Strogoff*, *Les Pilules du diable*, mais le public vénérait ces idoles. La Duse prit place dans le panthéon de Georgette, à côté de Sarah.

Nous

Dès que ses engagements se firent moins contraignants, elle se consacra à Maeterlinck. Ils se rencontrèrent le plus souvent à Gand et à Bruges, dans le souci de ne pas ébruiter leur amoureuse amitié. Quoiqu'il eût trente-trois ans, il tenait compte de l'opinion de sa famille, pour laquelle se lier à une cantatrice eût été scandaleux.

Leurs affinités n'étaient plus seulement intellectuelles comme Mauclair avait encore la naïveté de le croire. Maeterlinck révéla son trouble à Georgette : « Je viens de découvrir le plus grand des fantômes dont je te parlais l'autrefois ; et je crois que c'est ta *beauté*. Elle me semble vraiment un troisième personnage venu d'un autre monde qui assistait à tous nos entretiens, de sorte que nous n'avons jamais été seuls jusqu'ici. Il faudra que je m'y accoutume pour qu'elle ne me distraie plus. »

Le Vendredi saint 1895, elle flânait seule à Bruges. Maeterlinck venait juste de la quitter tôt dans la matinée pour rentrer à Gand. Ils avaient passé leur première nuit ensemble. Après le départ de son amant, la jeune femme avait continué, « malgré l'hostile chambre d'hôtel, le vent méchant et les touristes anglais, à vivre la vie commencée hier » avec lui.

Assise maintenant à une table de café, elle lui écrivait : « Il est impossible de se quitter spirituellement au moment précis où l'on se sépare physiquement. » Tandis qu'il retrouvait sa maison et peut-être, déjà, sa table de travail, elle lui rappela le moment précédant leur séparation. Ils étaient au café. Elle, malheureuse qu'il s'en aille, pour rompre le charme noir qu'elle sentait peser sur elle, voulut lui demander qu'ils se tutoient à nouveau, afin qu'elle pût lui dire les phrases propres à effacer sa tristesse. Mais elle n'osa pas le lui proposer « franchement », parce qu'il n'était pas prêt. L'emploi du tu et du vous avait posé problème dès le début de leurs relations. Ils alternaient les deux modes, se montrant selon les circonstances et ce qu'ils avaient à se dire, tantôt familiers tantôt distants, comme si leur amitié n'avait pas encore trouvé sa forme parfaite. Question d'équilibre. Maintenant, elle tentait de lui faire comprendre, son crayon courant sur le papier à lettres, le pourquoi de son attitude d'hier. « Or, je n'ai pu me résoudre à la petite comédie que j'ai jouée qu'en me *promettant* de te la raconter après : pour en élargir ainsi la forme un peu mesquine. » Se vouvoyer ou se tutoyer n'avait aucune importance dans l'absolu. Ils l'avaient dit ensemble, mais elle ne l'avait pas pensé. Pour elle, en passant du vous au tu, c'était « comme un changement de saison dans la manière de s'aimer. Nous avions une amitié d'hiver et elle est devenue ainsi une affection d'été. Nous reprendrions maintenant les chemins spirituels que nous suivions hier ensemble que tout serait plus vivant, plus coloré, plus ensoleillé, et nous irions bien plus loin, et nous verrions bien plus de choses... »

La fin de cette lettre laisse deviner d'étranges arrière-plans : « Ai rencontré Mme de Tallenay, s'est jetée sur moi avec avidité, viendra me voir... faut-il la laisser approcher ? ? écris-moi. » Comme si elle attendait des instructions. Quelques semaines plus tard, elle lui reparla de cette « J. de Tallenay rencontrée devant les Memlinc de l'Hôpital Saint-Jean », car il ne l'avait pas aidée à y voir plus clair. « Je te dirai ce qu'*elle m'a suggéré*. Elle ne m'attire pas... Elle parlait trop fort ». L'aversion de Maeterlinck pour les voix trop bruyantes lui était connue. Mais qu'avait donc « suggéré » à la cantatrice cette femme écrivain — Jeanne ou Jenny de Tallenay —, dans le civil Mme Van Bruyssel, qui ne pouvait être relaté dans une lettre ? Elle était l'auteur de *L'Invisible*, livre orné d'un frontispice de Georges Moreau, publié à Bruxelles en 1892. En 1895, elle donna *Treize douleurs*, chez Ollendorff, préfacé par Joséphin Péladan. J. de Tallenay disparut rapidement des préoccupations de Georgette, quelles qu'aient pu être la tonalité de leurs relations et la position de Maeterlinck à ce sujet.

Le Vendredi saint de Bruges inaugurait l'histoire de leur passion, son incarnation charnelle et plus seulement spirituelle. Une semaine après, de Bruxelles cette fois : « Tu m'as fait comprendre que jusqu'ici je fus éclairée surtout par la lumière que je projetais sur les autres. Pour la première fois, j'ai reçu de toi un contact *direct* — une impulsion cérébrale si forte qu'elle me domine encore. »

Les lettres de ce mois d'avril disaient leur émerveillement mutuel, Georgette se montrant plus originale que son partenaire, lequel n'évitait pas, parfois, les sublimes banalités du discours passionnel. Mauclair à qui l'un et l'autre écrivaient était évoqué. On se questionnait à son sujet. Que savait-il exactement de l'importance de leurs rencontres et de ce qu'elles impliquaient fatalement pour lui ? Sans doute n'y voyait-il pas malice, quand il faisait la leçon à Georgette : « Crois-tu maintenant que tu avais tort de te faire du chagrin quand tu le voyais ? » Mauclair parle ici de son ami Maeterlinck.

Rien n'était gagné. La hantise de la cantatrice — quitter la Belgique sans le revoir — avait quelque réalité. Un engagement en France ou ailleurs ne pouvait être exclu. Du coup, elle accourrait à Gand quand il le voudrait. Mais leur passion risquait aussi de se dissoudre. Combien de temps tiendraient-ils l'un et l'autre dans ce registre ?

En mai : « J'ai peur atrocement de te revoir, et je ne désire et je ne pense qu'à cela cependant. » Elle le questionne : « tout n'est-il pas inattendu et nouveau dans ce qui nous arrive ? Pas plus que moi, n'est-ce pas, tu ne l'avais vécu dans tes songes ni dans ta vie ? »

Enfin, la possibilité d'un rendez-vous apparaissant, elle en fut tout exaltée. Maeterlinck préférait la recevoir à Gand, ses parents se reposant à Oestaker, leur résidence de campagne. La cantatrice ayant déménagé de son appartement pour un logement éphémère, rue Léopold, elle se préparait à s'installer à l'hôtel. Dès cette époque, elle pratiqua un nomadisme effréné, changeant plusieurs fois de résidence dans la même ville. Elle resta peu de temps à l'hôtel, ses amis Gevaert effrayés par son état d'épuisement nerveux lui offrant alors l'hospitalité. « Dimanche, le premier jour de mon arrivée chez eux, j'ai eu un chagrin fou, il m'a semblé que je quittais ta pensée !... mais c'était très enfant de croire cela, n'est-ce pas ? et maintenant je suis consolée car j'ai retrouvé mes couleurs, mes yeux, ma bouche, et malgré la vie, les choses et les gens, tu es encore et toujours, toujours avec moi... »

Elle anticipait le lieu où ils allaient se retrouver. S'il choisissait Gand, il faudrait qu'ils reviennent dans le grand salon où, précisait-elle, « pour la première fois nous nous sommes un peu approchés. » Il pourrait refuser ces dispositions qui l'arrangeaient, elle. Surtout, il ne devait pas la ménager : « Je suis trop vieille, pour avoir jamais à l'avance des certitudes de joie... »

Une lettre de l'aimé arriva à son refuge, 7, rue de Florence. Il allait venir. Elle reprit la plume aussitôt : « Je ne puis rien te dire ce soir à force de souffrir de joie, à force de te vivre. Je t'attends demain vers trois heures ? Je voudrais encore une journée, une soirée et une nuit comme la dernière qui donne l'illusion de l'habitude. Tu pourras repartir lundi car je joue le soir ! — ce ne sera donc pas beaucoup, mais c'est cependant mieux que tu viennes demain car je pense bien que rien ne m'empêchera de partir mercredi pour Paris. »

Maurice Leblanc avait effectivement besoin de sa présence. Il vivait maintenant seul dans son nouvel appartement, 10 bis, rue Piccini, à Passy.

À Maeterlinck, elle dut avouer dans cette lettre qu'elle ne parvenait pas à terminer : « Il n'y avait qu'en mettant ma bouche sur ta bouche que j'aurais pu te faire voir ce que je pense... Tu me donnes la plus grande joie que tu puisses me donner et je suis si faible en ce moment que c'est à peine si je puis la porter. » Répondant sur tous les points, dont celui de la question de son talent d'élucidation qu'il louait en l'encourageant à écrire au vu de ses dons éclatants d'épistolière, elle répliquait : « Mon cher Maurice, pourquoi veux-tu que j'écrive ? *Tu me diras* toujours mieux et plus exactement que moi-même ! Et qu'importe que cela vienne de toi ou de moi... pourvu que la beauté naisse ! ... »

Elle se donnait. Qu'il puise en elle ce qu'il jugeait utile. Il la prit au mot plus vite qu'elle ne pensait, ce qui l'amènera dans moins de deux ans à s'exprimer autrement. Dans l'instant, sa générosité amoureuse l'emportait sur toute autre considération. D'ailleurs, elle ne se résignait pas encore à fermer sa lettre : « Six heures — je viens encore de te lire. Je ne cesse de t'admirer et de t'aimer pour toute la beauté que tu fais vivre — je voudrais te le dire à genoux avec mes yeux, avec mon souffle, avec mes mains, car aujourd'hui que je suis si lasse, il semble à mon âme qu'elle n'a plus rien à dire, qu'elle doit seulement se reposer pour être belle demain.

« Adieu, Maurice — Je t'embrasse sur la bouche et sur l'âme. »

En attendant sa visite, elle assista à un concert à la Maison d'Art de la Toison d'Or.

Les atermoiements de Maeterlinck prirent fin. Peut-être parce qu'il craignait que le départ de Georgette pour Paris fût le prélude à une longue séparation. Le rendez-vous résista à toutes les manœuvres de son inconscient et ils purent savourer l'intimité d'une nuit et d'une matinée. Dès qu'il fut reparti, elle alla se faire tirer le portrait chez son photographe attitré, Dupont, rue Neuve. En posant, elle essaya de toutes ses forces d'exprimer la nouvelle entité qu'elle se sentait être, ce « Nous » qu'elle était persuadée de former avec Maeterlinck. Puis elle courut à la poste d'où elle lui écrivit, en changeant « de plume tout le temps pour donner des "figures" aux mots. Tandis que tu m'embrassais dans le noir... j'ai eu la sensation de prier de toutes mes forces (je ne sais pas vers quoi). Après, je voulais te demander de le faire pour que je puisse à mon tour t'embrasser, mais il n'y a pas eu d'instant favorable... »

Le lendemain, elle prit le train de huit heures et arriva à Paris dans l'après-midi. Elle se fit conduire rue Piccini, en espérant y trouver une lettre.

Après que des proches — les Gevaert, les Maus — soucieux de la santé de Georgette, l'eurent averti, Maurice Leblanc s'était inquiété du surmenage de sa sœur, au point d'alerter les directeurs de la Monnaie de son constant enthousiasme et les prier de modérer son ardeur. Lui-même était depuis l'enfance un grand nerveux. Il avait dû affronter récemment la dissolution de son mariage avec Marie-Ernestine Lalanne, sa première femme, qui n'en était plus à une séparation près. Le 4 avril 1895, le divorce avait été prononcé aux dépens de Maurice. Georgette était prête à soutenir moralement son frère, mais elle lui parla surtout de son amour pour Maeterlinck, « son autre Maurice ». Il eut des phrases de frère aîné, la mettant en garde contre ce qu'il appelait une aventure. Il marchait de long en large dans son bureau, le front soucieux, le sourire sceptique, les mains derrière le dos. Georgette risquait de compromettre sa réputation. Si Maeterlinck lui proposait le mariage — Maurice ne doutait pas qu'il fût un homme d'honneur —, que répondrait-elle ? Légalement, elle était toujours, aussi absurde que cela paraisse, l'épouse d'un certain señor Minuesa. Il faudrait divorcer, ce qui excluait le mariage religieux. Qu'en penserait le poète ? Bien sûr, l'amour était plus important que le mariage. Et si leur union demeurait impossible à régulariser, personne ne les empêcherait de vivre ensemble. À force, on les supposerait mariés. Il se voyait très bien le beau-frère officieux d'un célèbre écrivain. Georgette pouvait être tranquille, il ne leur mettrait pas des bâtons dans les roues.

Maurice Leblanc était de deux ans le cadet de Maeterlinck. Malgré un travail acharné, il ne connaissait qu'un succès d'estime. En quelques années, il avait publié trois volumes de romans et de contes, et écrit une pièce, *Lysistrata*, en collaboration avec Maurice Donnay, mais que celui-ci revendiquait pour sienne, contestant qu'il en fût à son égal l'auteur. Au fond assez amer en ce printemps 1895, il préparait la publication d'un roman intitulé *L'Œuvre de mort*, où s'exprimait le désespoir de son auteur : le héros de la fiction, un ambitieux prêt à tout, y compris au parricide, échouait dans ses projets et finissait dans la médiocrité.

Mauclair fut heureux du retour, quoique momentané, de sa « maîtresse ». Il n'aimait pas beaucoup Maurice Leblanc et aurait préféré la retrouver ailleurs que dans l'appartement de son frère. Elle n'osa pas lui dire la vérité. Avant son départ, Maeterlinck lui avait donné un étrange conseil : « Si tu lui parles de ce qui s'est passé... ne lui dis pas que nous souffrons. » Elle ne dit donc rien de la culpabilité de son amant. La sienne n'existait pas. Seul un doute l'avait effleurée, ce qu'elle avait jugé indigne d'eux trois. Alors, en présence de Mauclair, qui n'était pour ainsi dire plus qu'un « ami », elle souffrait, mais c'était d'être obligée de lui cacher la réalité. Et quand Mauclair lui dit : « Georgette, je t'aime peut-être surtout parce que je ne te trouble pas, tu es immuable comme la vérité même », elle ne rougit pas. Elle tenait le « mensonge actuel » pour nécessaire, il cachait la communion physique absolue entre elle et Maeterlinck.

Mauclair parti, elle écrivit aussitôt : quand « l'ordre et la paix seront revenus en nous et quand lui sera "préparé", on lui racontera (...) et il ne pourra que nous aimer davantage. » Elle croit encore que dans « la vie des âmes... dans notre beauté... plus haut que nous enfin » (...), l'entente peut être parfaite. Mauclair comprendra qu'ils ne sont pas coupables et qu'il n'a pas le droit d'exiger qu'ils se sacrifient. « Je crois, écrit-elle, que nous devons nous repentir éternellement de la crainte que nous avons eue de faire mal en nous aimant. »

Soupçonnait-elle Maeterlinck de duplicité ? En tout cas, elle se refusait à être sacrifiée sur l'autel d'une amitié littéraire, qui pouvait s'interrompre à tout instant pour des questions de susceptibilité ou d'intérêt. Était-il possible qu'elle crût à la souffrance de son amant, un homme qui entretenait des relations avec plusieurs maîtresses dont des femmes mariées ? Certes, il aimait bien Mauclair, qui avait rompu des lances pour lui et qui, sans doute, le ferait encore, trois de ses livres paraissant l'année prochaine. Au-delà de la prudence manœuvrière d'un écrivain et de sa défiance envers les femmes, quelque chose de plus était décelable. C'était la crainte de s'abandonner à une passion incontrôlable. L'amour risquait de perturber sa vie entièrement au service de l'écriture et de déstabiliser ses facultés créatrices. La pression familiale qui l'avait contraint à s'inscrire au barreau n'était rien à côté. Ses plaidoiries en flamand ne le menant à rien, il avait remisé sa robe et son père n'avait plus insisté. Mais l'amour de Georgette, comment y échapper ? En inventant cette culpabilité fictive et en essayant de la lui faire partager, de façon à ce qu'elle retourne à Mauclair. Mais Maeterlinck la connaissait encore bien mal. Elle, par contre, n'était pas aveugle : « Malgré sa carrure et ses fortes mains de mécanicien, ses traits m'apparaissaient comme à travers une eau qui tremble. Son regard clair blanchit, son teint blanc pâlit, sa voix grise se décolore. »[112]

Elle balaya ses derniers arguments, en concluant ainsi son admirable lettre du 1er mai 1895 : « Tu sais, naturellement, que si tu persistes dans ton idée, je tenterai ce que tu voudras... Quoique nous sachions l'un et l'autre que l'étreinte des âmes n'est pas de celles qui se lassent, et qu'il me faudrait peut-être quitter la mienne pour ne plus posséder la tienne, car nous ne savons pas jusqu'à quel point elles sont deux ? Il est évident qu'elles s'aimaient, bien avant que nous le sachions, et que pour prendre conscience l'une de l'autre elles ont peut-être dû s'incliner un peu... et peut-être est-ce cela qui fait que nous avons tremblé, nous qui avions toujours été les plus forts ! !...

« Lundi : Depuis hier j'ai cherché désespérément pour trouver des mots décisifs qui ressembleraient à mon âme..., et j'ai bien envie de pleurer car j'aurai beau faire, il n'y aura jamais rien d'assez rassurant, d'assez "clair".

« Il me faudrait pouvoir t'envoyer mon sourire pour adoucir l'angle des mots.

« Je ne puis que te prier encore, Maurice, de faire tout ce que tu peux pour

[112] Georgette LEBLANC, I, Op. Cit.

reprendre confiance... Dans notre cas, la peur implique une sorte de déchéance que nous ne devons pas garder en nous...

« Je sens vaguement qu'il y a là quelque chose qui me fait rougir...

« Bientôt, je t'embrasserai à mon tour dans la Clarté... »

Pris au piège, l'ancien Maeterlinck prudent et rusé ne se débattit plus longtemps. Le nouvel homme, qui naissait lentement à l'amour fou, commençait à exister. Il répondit. Georgette le rassura aussitôt : « Je savais bien, Maurice, que je n'avais rien à te prouver, et que nous n'avions cessé de voir de la même manière au fond de nous... mais je craignais que tu ne tentes de résister encore quelque temps, c'est pourquoi j'ai mis inconsciemment tant d'angoisse et tant de force dans ma lettre... Aussitôt qu'elle a été près de toi, j'ai été tranquille et j'ai attendu ta réponse en toute sécurité. Je l'attendais à chaque heure, à chaque instant, mais sans impatience. J'aspirais simplement à la sensation de tenir un peu de notre joie dans mes mains. »

Elle revint à Bruxelles à la fin du mois de mai, juste le temps de défaire et de refaire ses bagages, et lui annonça qu'elle serait disponible trois jours en lui précisant que, selon elle, ils ne s'étaient jamais quittés. « Je crois que nous n'avons dû nous retrouver que la première fois que nous nous sommes vus. »

Ils partirent pour l'île de Walcheren, située dans les bouches de l'Escaut, en Zélande. Elle vit le paysage « enluminé comme un jouet d'enfant ». « [*Il*]convenait à l'irréalité qui [*les*] enveloppait. » Indifférente aux contraintes pratiques des voyages, elle s'était « alourdie d'amples vêtements moyenâgeux, sans autre bagage qu'un petit réticule, pas beaucoup plus grand que la boîte à poudre qu'il contenait. » Ils passèrent d'abord par Flessinge (Vlissingen), port et paysage vus comme dans un tableau hollandais, où les ailes des moulins étaient immobiles. À Middelburg, chef-lieu de la Zélande, que traverse le canal de Walcheren, elle se sentit chez elle entre l'abbaye et l'hôtel de ville aussi anciens que la coupe de ses robes.

À l'auberge, un incident pénible eut lieu. Ils avaient loué chacun une chambre pour sauver les apparences. Dans la sienne, elle ouvrit la fenêtre et plaça « dans l'embrasure un petit canapé à deux places » où elle espérait bien qu'ils allaient s'asseoir et se tenir la main, car elle aurait voulu parler avec lui « lyriquement jusqu'à l'aurore ». Il demeura hésitant et « resta sur le seuil de la porte ». Intimidée, ou peut-être consciente du ridicule de la situation, car après tout ils étaient amants et adultes, non des adolescents effarouchés par l'idée d'une première étreinte, elle se mit à dire n'importe quoi. « À mes phrases vides, il répondait : "Oui", "Non". "Je ne sais pas." » Elle se sentait coupable de l'empêcher, par son attitude, de la prendre dans ses bras et de l'aimer comme il l'avait déjà fait. Prisonnière de son rôle de « femme élégiaque », elle se jugeait cruelle et se détestait, mais ne pouvait plus agir autrement. Il regarda sa montre, soulagé de mettre fin à cette comédie. Elle l'entendit murmurer un adieu et le vit sortir. Cette fois, c'était elle qui avait eu peur du silence. Cette scène s'était déjà produite, à la différence qu'elle avait quitté la chambre la première. Elle ne dormit pas. Quand le soleil éclaira son lit, elle fut heureuse de procéder à sa toilette et de le rejoindre pour le petit déjeuner, toute crainte ayant disparu. Ils quittèrent l'auberge dans une victoria et ne parlèrent plus de l'incident.

Changeant d'endroit, ils se promenèrent de longues heures sur la plage et assistèrent, le soir, de la tour de Vere, au retour des bateaux de pêche. Ils ne partiraient pas tant que le dernier n'aurait pas accosté. Les bateaux et les barques se faisaient de plus en plus rares. Qui déciderait le premier de s'en aller ? Stoïque, Georgette attendait. Enfin, l'ultime voile parut. Elle était noire. Ils descendirent l'escalier de la tour dans une ambiance de tristesse. Maeterlinck craignait les signes funestes et cette barque à la voile noire en était peut-être un. Quelques jours plus tard, elle lui écrivit, « pour effacer en lui jusqu'au souvenir de son inquiétude », et elle conclut : « Dans ce hasard, qui faisait la dernière barque sombre, nous aurions pu trouver une cause de mélancolie ; mais, comme des amants qui ont "admis la vie", nous l'avons constaté en souriant et une fois de plus nous nous sommes reconnus. » Comme beaucoup d'autres, cette lettre nourrira la méditation du poète, et se retrouvera à peine modifiée dans *La Sagesse et la Destinée.*

Rentrée à Bruxelles et ne pouvant différer un nouveau voyage à Paris, elle lui écrivit : « Songe que nos pauvres âmes ont vécu quelque chose de si impossible qu'elles ont failli toutes deux en mourir… C'est étrange, il me semblerait absurde et dérisoire de te dire que "je t'aime" et que "je pense à toi" — et remarque que dès le début même, il ne nous aurait pas paru possible de dire cela. Aimer, c'est préférer, c'est élever en soi un objet au-dessus des autres…, or comment pourrais-je t'élever, toi qui es plus haut que tout, toi qui ne vis réellement que dans l'autre vie où nous nous sommes reconnus… comment pourrais-je penser à toi ? — On ne pense pas à vivre. Tu es dans la pensée comme le ciel dans un paysage — il est la chose immuable dont tout porte inconsciemment le reflet… »

Sachant Georgette à Paris, il déclara souffrir comme il ne savait pas que « l'âme pût souffrir ». Et exigea qu'elle lui raconte tout ce qui se passerait entre elle et Mauclair. Georgette le lui promit, il saurait les « choses visibles » dès l'instant où Mauclair, qu'elle appelait « le petit », se manifesterait. Georgette et Maeterlinck estimaient que le temps n'était pas encore venu de tout lui dire. Pourtant, écrit-elle, « il se passe en moi d'étranges choses quand je vois "le petit". En le retrouvant, j'ai eu la vision nette de ma blancheur. » Quand elle lui parlait d'eux, c'était le visage « tourné du côté de la lumière, les yeux dans son regard et les mains dans les siennes. » Cette attitude aveuglait Mauclair. Il ne devinait pas cette vérité que celle qu'il se vantait encore de posséder tentait de lui faire voir. Au contraire ! « Quand je lui ai fait un récit quelconque de nous… prouvant notre absolue intimité d'âme… à propos d'autre chose, il me dira, en riant, au bout d'un instant : "C'est égal, ma petite Geo, Maeterlinck doit être souvent déconcerté et bien gêné avec toi !" » Et elle de conclure, à l'intention de Maeterlinck : « Je crois qu'il y a en nous un instinct qui préserve d'entendre les choses tant que l'on n'est pas apte à les comprendre. »

Elle avait hâte d'être en Belgique, mais attendait « l'instant favorable » car le jeune homme l'aimait de plus en plus. Et cet amour lui imposait des « visions humaines » tellement puissantes, qu'elle devait « presque ne plus vivre ». Ce n'était donc plus tenable. Il fallait que « le petit » abandonnât toute illusion. Pour le « préparer », elle se voulait pour lui « toujours plus belle, toujours meilleure ». Le malheureux vivait un rêve, comme ces malades condamnés à qui l'on fait croire qu'ils vont guérir.

Rue Piccini, à deux pas du Bois de Boulogne, Georgette ressentit soudain un extraordinaire besoin « d'air, de lumière et de feuilles ». Elle partit alors deux jours à Fontainebleau, « dans la forêt », entraînant avec elle Mauclair, Maurice, Jehanne et son futur mari, le rentier Fernand Prat. Le groupe s'installa dans une auberge et excursionna. Georgette trouva le temps d'écrire à Maeterlinck : « C'est là que j'ai compris très clairement que je t'avais avec moi mais que je ne me retrouvais point. Je vivais dans l'attente d'un geste, d'un regard, d'un sourire qui "me révèle à moi-même" ; je savais seulement que je baignais dans une clarté trop vive qui m'obligeait à fermer les yeux... et il fallait bien attendre. Alors de petites larmes froides descendaient *silencieusement* le long de mes joues... car il y a aussi des larmes qui font partie de *notre* silence. J'ai trouvé aussi pourquoi il y en a de deux sortes : ... tu sais, les très glacées et les très chaudes... qui ont un goût si différent ? C'est qu'il y a celles des yeux du corps et celles des yeux de l'âme. Les premières sont brûlantes et vivantes comme la vie même, tandis que les autres, ce sont les chères larmes qui, semble-t-il, viennent de si loin, si loin qu'elles sont déjà mortes quand elles arrivent dans la vie humaine. Ne penses-tu pas que si l'on pouvait suivre les routes qu'elles ont parcourues, et remonter tout en haut, tout en haut jusqu'à leur source, on trouverait là ce à quoi nous aspirons sans cesse ?... »

Son séjour dura plus longtemps que prévu. Se souciait-elle d'accorder à Mauclair quelques heures de bonheur ou bien savourait-elle tout ce que l'éloignement de Maeterlinck lui apportait de plaisir à lui rappeler ce qu'ils avaient si intensément vécu dans l'île de Walcheren : « Ah ! je pense constamment à la fenêtre... tu sais en entendant l'heure sonner, je t'ai dit : "Je voudrais arrêter le temps." Maintenant nous *savons bien* qu'il s'est arrêté là, en nous, pour toujours... Je revois aussi les petits moutons, et le pauvre crabe était en colère, et la pauvre fourmi qui s'affolait sous notre regard !... et... entends-tu encore le bruit des portes qui se sont fermées tandis que nous nous embrassions le premier soir au bord de l'eau... ?... Je vois aussi ma bague qui riait et qui faisait sur la mer un vaisseau fantastique, pour nous... là, tu m'as dit : "Je bois toute la mer !" et j'ai pensé qu'il fallait que je sois une coupe *bien infinie* puisque tu ne pouvais fatalement la boire qu'à travers moi ! » Lui absorbait cela comme une éponge.

Un dimanche soir, à l'auberge, à l'heure du dîner, le groupe d'excursionnistes fit la connaissance d'un inconnu de passage. Deux jours auparavant, abandonné par sa femme, l'homme avait tenté de se pendre. La marque de la corde se voyait encore sur son cou. Sauvé in extremis, il avait promis de recommencer dès qu'il serait seul. Alors on lui avait menti : sa femme allait le rejoindre dans deux jours. Naturellement, ne la retrouvant pas, il recommencerait. L'homme ne désirait peut-être plus vraiment mourir, puisqu'il avait raconté son histoire à cette tablée de gais compagnons. Comment savoir ?

À défaut de pouvoir s'en assurer, Georgette l'entraîna à une autre table et, à force de persuasion, obtint sa parole. Il patienterait huit jours avant de se pendre de nouveau. Pendant qu'elle essayait de retenir le désespéré parmi les vivants, et même les bons vivants, la tablée voisine se taisait. Venus pour s'amuser, on les sentait pourtant graves et admiratifs. Quand elle revint à leur côté, elle eut droit aux larmes d'émotion de sa sœur Jehanne — « cependant insensible », à « quelques mots presque sublimes » de l'*inexistant* Fernand Prat. Quant au « petit », il déclara à la cantonade qu'il avait vu, ce soir-là, le fond de son âme. Maurice admit avec ironie : « J'ai quelquefois contrarié Georgette, je m'aperçois que j'avais tort et à l'avenir je penserai toujours qu'elle a raison. »

Elle s'étonna d'avoir été la seule à sentir la détresse du candidat au suicide, la seule à avoir essayé de lui rendre, provisoirement, le goût à l'existence. Comment ne pas se battre pour faire le bien ? Mais aussi, à la réflexion, pourquoi empêcher quelqu'un de se supprimer, si cet individu est un médiocre « qui n'a rien en lui ni autour de lui ? » « J'ai pensé un instant devant sa logique navrante qu'il avait peut-être raison », écrit-elle à Maeterlinck à qui elle relate l'incident. Elle s'acharnerait naturellement à sauver un être supérieur, mais même les médiocres méritent de vivre. « La misère morale n'est-elle pas aussi pitoyable que la pauvreté ? » s'interroge-t-elle. Si elle avait à donner un sourire à un pauvre, elle y mettrait toute la grâce possible.

Son désir de revenir à Bruxelles fut freiné par Maeterlinck. Il s'apprêtait à traverser la Manche, Lugné-Poe devant présenter à Londres *Pelléas et Mélisande* et *L'Intruse*. Elle s'attarda dans la compagnie de Mauclair et des autres, parce qu'elle craignait ce voyage. Il lui avait dit, presque en plaisantant, qu'une de ses « fiancées » habitait Londres. C'était Laurence Alma-Tadema, sa traductrice.

Née en 1864 à Bruxelles, elle était la fille de Sir Lawrence Alma-Tadema, célèbre peintre mondain d'origine hollandaise et naturalisé Anglais. Alma-Tadema étudia à Bruxelles et à Paris. Dans la capitale belge, il épousa une Française, Marie-Pauline Gressin, qui lui donna deux filles, Laurence et Anna, et un garçon mort en bas âge en 1865. Marie-Pauline mourut en 1869 et le peintre décida alors de s'installer à Paris avec ses enfants, mais la guerre franco-prussienne et les événements tragiques qui en découlèrent l'obligèrent à modifier ses plans. Son principal marchand — un Français — résidait à Londres, sa réputation en Angleterre grandissait. Il s'y installa avec ses filles en octobre 1870. À partir de six ans, Laurence et sa sœur connurent une existence étrange dans des demeures toutes également somptueuses. Alma-Tadema loua la maison du peintre Frederick Goodall, dans le nord de Londres. Six mois plus tard, l'artiste et ses filles déménagèrent pour Townshend House, au 17 Tichfield Terrace, Park Road, sur le côté nord de Regent's Park. Bientôt remarié à une de ses élèves, de mieux en mieux intégré à la haute société, Alma-Tadema devint le peintre victorien par excellence. Couvert d'une profusion de médailles, membre de plusieurs académies en Angleterre et sur le continent, sa réussite était éclatante. Selon un contemporain, sa maison était « une sorte de tableau d'Alma-Tadema dans lequel il est possible de circuler ! » Malheureusement en 1874, une péniche chargée de poudre et de pétrole voguant sur Regent's Canal explosa en passant devant la maison qui fut gravement endommagée. Seules à demeure sous la surveillance de la femme du graveur de leur père, Laurence et Anna en furent quittes pour la peur.

Les vingt années suivantes, Laurence et sa sœur servirent souvent de modèles à leur père.

Vivant dans un milieu artistique riche et mondain, au centre de la capitale d'un empire universel, Laurence ne connut pas les révoltes de Georgette. Elle fut pendant quelques années attirée par le virtuose polonais Ignacy Jan Paderewski qu'elle rencontra dès 1890. Mais le pianiste était marié. Après la mort accidentelle de sa femme, Laurence conçut l'espoir de l'épouser, quand Paderewski, accablé par son veuvage, vint trouver refuge dans la maison d'Alma-Tadema. En vain. Après un été et un automne où Laurence et le pianiste se voyaient chaque jour, ce dernier quitta Londres pour les bords du Léman. Laurence resta, soumise à la volonté de son père, prête à se plier le moment venu — pourvu que le peintre le lui permît — aux désirs du nouvel homme qu'elle aimerait. Cet homme s'appelait Maurice Maeterlinck. Laurence ignorait naturellement le mode de fonctionnement amoureux de son « fiancé », l'étendue de ses relations féminines et a fortiori l'existence de Georgette. À trente et un ans, elle attendait que Maeterlinck l'épousât. Et Georgette se demandait avec inquiétude s'il reviendrait de Londres, ayant demandé sa main.

Tout ce qu'il écrivait lui semblait sacré. Or il avait dédié *Alladine et Palomides*, un de ses drames pour marionnettes, à la fille de Sir Alma-Tadema.

Pendant qu'il jouait leur avenir en Angleterre, Georgette alla à Schinznach, station thermale réputée du nord-est de la Suisse, sur l'Aar, dans les Alpes bernoises. Au prétexte d'y soigner sa gorge, fort éprouvée depuis deux ans, et en prévision de ses prochains rôles. La saison future, elle chanterait dans la reprise de l'opéra de Beethoven les rôles magnifiques de Léonora et de Fidelio.

Maurice Leblanc l'accompagna. Après un long voyage en train de Paris à Bâle et de Bâle à Schinznach, ils arrivèrent à leur hôtel avant la nuit, et elle écrivit immédiatement en Angleterre. Maeterlinck ne répondit pas. Pendant dix jours, elle envoya lettre sur lettre, autant de télégrammes, sans rien obtenir d'autre que le silence. Elle s'affola, puis se rassura, puisque ni ses lettres ni ses télégrammes ne lui étaient retournés. Mais était-ce que, pris au piège par d'imprudentes promesses, il s'était incliné devant le désir de Laurence ? Elle fut tentée de partir pour Londres, mais craignant le ridicule d'une telle intrusion, elle s'abstint et continua de se ronger les sangs, dans l'impossibilité de trouver le repos qu'elle était venue chercher de si loin.

Comme tous les grands nerveux, Maurice Leblanc éprouvait une sorte de délectation à imaginer le pire, mais en l'occurrence il lui apporta le réconfort d'un autre point de vue. Il inventa toutes sortes de raisons logiques pour expliquer le silence du poète, raisons qui excluaient le désamour. Accompagné de Laurence, il devait être reçu dans la meilleure société de Londres et répondre, du matin au soir, aux questions des maîtresses de maison et des journalistes. Il fut, en effet, sollicité par une autre de ses traductrices, la journaliste Jane T. Stoddart, qui avait proposé au public anglais son essai sur Ruysbroeck sous le titre, *Ruysbroeck and the mystics*, et lui accorda un entretien qui parut la même année à New York.

Enfin, une lettre de Maeterlinck, passionnée, et ne contenant aucune allusion à son absence de réaction aux lettres et aux télégrammes de Georgette, arriva à la poste.

Maurice Leblanc, rassuré, rentra à Paris. À trente et un ans, il menait, selon sa sœur, une existence de dandy soucieux de relancer « les modes de 1830 : hautes cravates, chapeau de feutre à grands bords, plastrons bouillonnés et redingotes serrées à la taille »[113]. L'année dernière, il avait publié *Ceux qui souffrent*, un recueil de nouvelles. *L'Œuvre de mort* allait paraître en novembre chez Ollendorff. Ses relations avec sa cadette restèrent chaleureuses, en dépit de leurs tempéraments opposés et du rythme différent de leurs carrières. La cantatrice avançait plus vite que l'écrivain dans la voie du succès, mais leur complicité allait résister à tout. À cette époque, Maurice fit au moins un séjour à Bruxelles, où Georgette l'emmena se faire tirer le portrait chez Dupont, son photographe attitré.

Désormais seule à Schinznach, dès qu'elle eut confirmation que la villégiature proposée à Maeterlinck lui convenait, elle regagna la France et s'arrêta dans les Vosges, au bord du lac de Retournemer, situé au pied du Hohneck, à quelques kilomètres, à l'époque, de la frontière franco-allemande. Maeterlinck l'y retrouva.

[113] Ibid.

Ils passèrent des jours délicieux sur le rivage ou en promenades dans la forêt. « À droite de l'hôtel, il y avait de vieux pins sèchement dessinés par le temps. À gauche, un sentier mettait un liséré clair au bord d'un lac sombre. C'était la fin du jour, un peu de brume voilait la terre, une odeur humide s'en dégageait. L'horizon mourait dans le ciel pâle. »[114] Il plut certains matins. Dans leur chambre, ils discutèrent des chapitres de son prochain livre dont il lui lut ce passage : « Sur les femmes : Que m'importe qu'elle me parle de pluie ou de bijoux, de plumes ou d'aiguilles, et qu'elle ait l'air de ne pas me comprendre ; croyez-vous que j'aie soif d'une parole sublime, lorsque je sens qu'une âme me regarde dans l'âme, et que je ne sache pas que les plus admirables pensées n'ont pas le droit de relever la tête en face des mystères ? » Celle qui, face à Péladan, se définissait comme un cerveau,« l'intellectuelle centrale », selon Mauclair, prenait-elle vraiment comme un hommage cette affirmation passionnée de la supériorité des âmes et de leur monde sur celui, apparent, où la femme aimée a toute liberté d'être futile ? Mais après le mystère angoissant de son silence de Londres, elle jouissait d'être adulée par Maeterlinck, lisant avec lui *L'Ornement des noces spirituelles*, texte conçu dans l'ermitage d'une forêt.

Coiffé de son chapeau de paille, Maeterlinck cheminait seul sur les sentiers vosgiens et lui rapportait des fleurs qu'elle plaçait entre les pages de son livre. Songeait-il à Laurence, au cours de ses promenades ? Que lui avait-il dit à Londres ? Elle aurait voulu qu'il lui en parlât, mais lui s'en gardait bien. Elle eut donc tout le temps cette inquiétude au cœur.

Leurs vacances, qui eussent été autrement idylliques, prirent fin début juillet. Ils partirent pour Paris où ils se séparèrent, Maeterlinck rentrant à Gand.

Une nouvelle saison

Georgette campa de nouveau dans la maison de son frère, rue Piccini. Ses bagages à peine défaits, elle reprit la plume. « Vendredi matin, 5 juillet 1895. Depuis que je t'ai quitté, je me demande comment je vis, Maurice, et je rends grâce par instant à la machine vitale qui veut bien continuer sa route en dépit de moi, car réellement je suis restée entière là-bas avec toi — et je ne suis ici qu'à l'état d'une maison vide dont les volets sont clos et les portes fermées. À peine si de minces rayons de soleil filtrent à travers les fentes. (Ici le souvenir de la chambre obscure avec la lumière sous la porte, le petit bruit tiède de la pluie sur les feuilles et sur nos cœurs — et la lenteur de toute la vie qui se recueillait. Tout marchait à pas lents.)

« Ce qui reste de mon âme est là-dedans comme un pauvre oiseau qui s'y trouverait enfermé par hasard et qui heurterait désespérément le plafond et les murailles pour retrouver le ciel.

« Tu dis que tu me trouves de plus en plus admirable — et moi je pense de même pour toi — ta bonté et ta simplicité, c'est toute ma joie... mais je voudrais pouvoir m'éloigner de nous, comme on s'éloigne d'un tableau trop grand pour le mieux voir ! !... (...)

« Oh, Maurice, je t'aime. »

[114] Ibid.

L'été passa au rythme des lettres.

À celle du 24 juillet : « Tu as peur que je m'illusionne sur toi, Maurice ! mais crois-tu être beaucoup plus près de ton être véritable que je ne le suis moi-même. Si petit, relativement, que soit l'abîme qui nous sépare chacun de notre vérité, il est grand en comparaison du rapprochement continuel de nos deux vies spirituelles… », Maeterlinck répondit le 2 août : « … Tu m'as fait revivre. Vraiment j'ai besoin que tu joues parfois devant moi ; que tu ries, que tu cries, que tu sautes dans l'herbe, pour recommencer à croire à ton existence matérielle. Tu es si haute que sans cela je ne verrais par moments plus en toi l'être humain, que je t'aimerais comme une chose impossible et abstraite. » [115] Puis, soudain pris de scrupules, il proposa de l'épouser. Georgette lui raconta son inextricable situation matrimoniale, et ce qui l'avait conduite à s'unir à cet Espagnol. Ce qui compliquait les choses, c'était que Maeterlinck prétendait ne pas pouvoir se passer d'un mariage religieux. Dans ce cas, il fallait obtenir l'annulation de celui de Georgette à Rome.

Dans cette première année de leurs « noces spirituelles », ce ne fut pas uniquement par mépris de la paperasserie ou par crainte d'aliéner sa liberté que la cantatrice entendait poursuivre leur union en dehors des contraintes sociales. « Pour moi, je ne voulais dépendre que de mon amour. Pour Maeterlinck, je ne trouvais pas dans l'Histoire un seul grand homme qui ait été rehaussé par la vie conjugale. »[116] Elle acceptait d'avance l'égoïsme sacré de l'artiste, et il faut reconnaître qu'en cette matière, celui-là ne la décevrait pas. Avec une fougue bien dans la note de son personnage, elle déclarerait encore quelques années plus tard : « Je trouve que le génie a tous les droits et que c'est à ceux qui sont autour de lui de faire leur bonheur quand même ou à côté — s'ils ont assez de force pour résister à l'intempérie des sommets… Cette théorie peut sembler folle, mais j'ai l'habitude de pratiquer mes théories… »[117]

De septembre à la fin de l'automne, elle habita en alternance Paris et Bruxelles. Reprenant *Carmen* du 26 au 30 septembre, elle recueillit de nouveaux applaudissements. Au commencement de décembre, l'appartement de ses débuts à la Monnaie étant vacant, elle y emménagea. La place des Martyrs était le décor idéal pour une cantatrice qui répétait *Fidelio*.

Maeterlinck trouva dans les lettres de Georgette un renouvellement d'inspiration qui profita à son théâtre et à l'essai philosophique, genre qu'il pratiqua avec le plus de bonheur ces années-là. Elle s'analysait et lui envoyait les déclarations les plus tendres, les plus lucides et les plus folles qu'il eût jamais reçues. « Maurice, comme il faut que tes yeux intérieurs soient beaux pour me voir ainsi toujours plus belle… C'est de cette manière que j'aime à m'expliquer ton admiration… mais ce que je ne m'explique pas, c'est que tu te sois étonné de moi si longtemps… car je te vois en moi, aussi haut que tu me vois en toi, et je crois que je n'ai jamais eu une minute d'étonnement. — Tu habites en moi là où on ne s'étonne plus de rien. Car si on s'étonnait, alors ce ne serait plus là. C'est dans tout ce que je possède de ciel et de beauté que ton âme est venue au-devant de la mienne. Or, comment serait-elle venue par là si elle n'avait été elle-même la beauté ?

[115] Ibid.
[116] Ibid.
[117] Ibid.

« D'ailleurs tu penses également ce que je viens de dire, et tes étonnements devaient certainement naître du malentendu de mon corps et de mon esprit. — »

Il fut malade. Elle aurait voulu le voir lundi, car elle ne jouerait « sûrement pas », mais inquiète, ce qu'elle exigeait, c'était qu'il se soignât et ne sortît pas, « s'il le faut ». « Je t'en prie, sois très sage et très prudent, je te dis cela parce que tu as quelquefois l'air de ne pas tenir à la vie — (c'est une chose qui déconcerte un peu ma logique !). Tu serais gentil de m'envoyer un mot de nouvelles. C'est la première fois que tu es malade depuis "Nous" et j'en ai le cœur tout tremblant. »

Il se rétablit et lui écrivit que ses lettres étaient « admirables ». Mieux, il lui parla d'un « génie inconnu ». Elle fut « absolument bouleversée ». « Je sais bien que tu as dû songer à cela, répondit-elle, et t'efforcer de me juger "en dehors de toi", mais jusqu'à quel point est-ce possible ? Tu m'as comprise plus profondément et tu m'as admirée plus que les autres parce que plus que tout autre tu es en état de réceptivité de beauté. Chez toi, la porte qui laisse entrer la lumière est toujours grande ouverte. Ton âme est agenouillée sur le seuil, éternellement attentive à saisir le moindre geste de vérité.

« Tu devrais faire juger mes lettres par quelqu'un en qui tu aurais une grande confiance et qui ne saurait rien de moi. Je me demande s'il ne dirait pas que c'est seulement le fait d'un être qui te comprend absolument, mais que cela n'existe pas en soi. C'est étrange de penser (et je crois ne pas me tromper) que le plus supérieur de moi vient du côté de la femme !... et reçoit simplement une sorte de direction lucide qui n'est plus de la femme... Si les deux choses peuvent marcher parallèlement vers le mieux, ce sera bien. Mais j'ai un peu peur, car en général l'un tue l'autre. »

Qui croirait qu'à peine rentrée de l'Opéra, à n'importe quelle heure du jour et de la nuit, la dernière réponse de Maeterlinck l'interrogeant encore, elle n'ait rien de plus urgent que de tremper sa plume dans l'encrier ? Son activité principale, c'est l'écriture. La vraie Georgette Leblanc n'est pas sur scène, mais dans son appartement, courbée sur son papier à lettres.

« Dans le désir d'harmonie qui me tourmente continuellement, je suis toujours tentée en commençant mes lettres de les précéder d'une page entière de petits points... ils seraient là, tu comprends, pour figurer le cours d'eau qui sépare la rive humaine de notre rivage spirituel...

« Il ne faudrait pas les voir d'un seul regard, non, il te faudrait promener tes yeux pas à pas dans leur chemin, et avancer ainsi lentement vers nous, comme on suivrait une allée mystérieuse qui conduirait à la mer. Je sens cela plus fort que jamais, aujourd'hui qu'il me faut la première élever la voix dans notre silence, je tremble de faire cela et c'est presque une souffrance physique... et puis, je suis en ce moment si envahie de choses flottantes et étourdissantes de clarté. Je songe à l'étrange forme que l'être aimé revêt en nous dans l'absence, je dis nous en cette occasion, parce que tout ce que j'essaierai d'exprimer de moi à toi aura lieu forcément de toi à moi.

« Tout ce que nous pensons, que ce soit un être, une chose, ou une idée abstraite, représente en nous une image, nous ne pouvons penser sans évoquer une forme quelconque.

« Comme c'est tout à fait en dehors de notre attention que cela se passe, je m'amuse quelquefois à faire défiler devant mes yeux les formes et les couleurs absurdes ou très belles qu'un livre, par exemple comme Emerson et Novalis, a pu évoquer en moi. C'est un peu étrange, car c'est à la fois la pensée elle-même et ce n'est pas elle. C'est qu'on se préoccupe uniquement et on ne voit que la pensée d'une pensée, c'est son âme qui est visible pour notre âme, mais il faut bien, puisque rien de notre machine humaine et spirituelle ne peut marcher isolément, il faut bien tandis que les yeux de notre esprit regardent l'autre esprit, que les yeux de notre corps perçoivent une forme. C'est donc pour ainsi dire de ce corps de l'idée que je voudrais parler à propos de nous — Vois l'étrange forme infinie, lumineuse et jamais "vue" qu'un amour tel que le nôtre a fait s'élever entre nos deux vies. Comme c'est à la fois précis et imprécis — visible et invisible — multiple et unique.

« Cela apparaît à travers toutes les choses les plus hautes et s'entend par toutes les voix de la beauté. C'est quelque chose qui vient du plus profond de la vie et qui s'élève continuellement sans trembler ; ...... et c'est tellement admirable dans la bonté que là il n'y a plus de mots pour le dire. — .... Mais je ne sais pas encore assez m'exprimer.

« Il faudra que tu m'aides pour aller voir ce qu'il peut y avoir au-delà de tout ce que je viens de bégayer. Je sais seulement qu'il y a quelque chose. —

« Tu te souviens de Golaud élevant le petit enfant dans ses bras, pour que ses yeux simples lui disent ce qu'il avait vu par la fenêtre de la tour... ainsi toi qui es le plus grand, tu me hausseras dans tes bras, et mon ignorance verra clair dans ce qui se passe plus haut que la vie.

« J'ai compris, Maurice, que souvent ce que tu appelles ma lumière vient de mon ignorance. Ce que je nomme ignorance est évidemment relatif, mais c'est cependant cela. Par exemple, quand je discute lointainement avec le "petit" [*Mauclair*], il se fera d'abord une sorte d'échafaudage avec le système de celui-ci et le système de celui-là ; ainsi il arrivera facilement et rapidement à un point assez élevé d'où il pourra partir à son tour.

« Tandis que moi j'enchaîne péniblement mes pensées les unes aux autres et je ne sais absolument rien de ce qui aide à penser... je crois bien que toi tu ne penses pas ainsi par système et échafaudage, mais à cause de tout ce que tu sais tu dois avoir tout de même une base... une sorte de terre propice aux fleurs de la pensée. —

« Moi je n'ai eu qu'une logique d'enfant et aussi l'intuition de la femme pour m'aider... car malgré l'intérêt que j'ai pour toutes ces choses dont je te parle vaguement, je me suis toujours écartée avec crainte de ce qui me semble être "l'anatomie spirituelle". —

« Je m'imagine donc que c'est mon peu de culture qui me fait souvent plus proche de la Vérité. Mais cela fait aussi que je me méfie beaucoup de ce que je dis, parce qu'à chaque instant je m'aperçois que j'ai cru trouver une chose qui est sue de tout le monde. —— »

La reprise de *Fidelio* en version française avec les récitatifs de François Gevaert devait être le grand événement classique de la saison et replacer la Monnaie au rang des premières scènes lyriques européennes. Cette ambition reposait essentiellement sur les performances de Georgette Leblanc et la direction musicale de Philip Flon. Après les succès de *La Navarraise* et de *Carmen*, la cantatrice était attendue au tournant. On sait que sa voix pouvait parfois la trahir. Elle communiquait spirituellement avec Maeterlinck, ce qui la rendait trop étrangère à son art pour réussir un sans-faute. Cependant, elle ne négligea aucune précaution et consulta le vénérable et autoritaire directeur du Conservatoire, auquel elle rendit visite en compagnie de Georges Rodenbach.

Repartie quelques jours à Paris afin de s'extraire du climat de tension qui règne à la Monnaie, dès qu'elle a un moment à elle, elle reprend sa déjà longue lettre, qui n'est rien moins qu'un essai épistolaire sur le comment de l'élaboration de la pensée. « À partir de cet endroit de ma lettre : je rentre hier après avoir pensé et noté en me promenant, tout ce que je viens de te dire. Je raconte à Maurice (*Leblanc*) d'une manière très étendue ce que je t'ai dit en passant sur "l'image de le sensation éprouvée". Or, tout ce que je lui ai dit était simplement le résumé exact de deux chapitres de "De l'intelligence" de Taine. »

Maurice Leblanc avait sorti triomphalement de sa bibliothèque le volume de Taine et, l'ayant ouvert, l'avais mis dans la main de sa sœur. Et Georgette d'avouer : « J'étais très navrée quand il m'a fait lire ça, car à chaque instant il m'arrive des choses analogues. Mais comme Taine s'arrête court dans ce qu'il dit sur tout cela. — »

Maeterlinck lui conseilla d'autres lectures : *The Egoïst* de Meredith, Joubert. « Cela me donne l'illusion de les lire, écrivit-il, avec toi, et pénètre aussi bien plus avant dans mon entendement et mon amour. Tout ce que j'ai lu sous ton regard fait partie désormais de ma vie. »

À la première de *Fidelio*, elle remplit l'attente de ses contempteurs. Jules Brunet l'égratigna dans *Le Guide musical* du 15 décembre : « À vrai dire, la démonstration n'a pas été complète ; car si son exécution de Fidelio a été marquée par un certain succès d'estime, un hommage rendu aux efforts intelligents dépensés — trop visiblement hélas ! — par l'intéressante interprète, la voix lui a manqué dans l'air fameux du deuxième acte (La Force qui m'anime...). » *L'Art moderne*, tout en partageant l'avis de Brunet sur son insuffisance vocale, mit en relief ses autres capacités qui la compensent largement. « Mme Leblanc s'est affirmée dans le rôle d'Éléonore — l'un des plus vastes et des plus complexes de la littérature scénique — artiste lyrique au sens absolu du terme. Aux extériorités, aux turbulences d'attitudes et de gestes qu'appelaient ses créations antérieures, elle a opposé dans Fidelio la simplicité, la sobriété et la réserve qu'exige le drame essentiellement psychique auquel sert de cadre l'action mise en scène. C'est dans le cœur de Léonore seule que se déroulent les épisodes de la lutte acharnée dont l'amour sortira vainqueur. Jusqu'à l'issue du troisième acte, jusqu'à la brusque apparition du pistolet braqué sur l'ignoble Pizarre, la tempête des sentiments notés de si admirable façon musicale se déchaîne exclusivement dans ce cœur, dont aucun des personnages qui s'agitent autour de l'héroïne n'a reçu les confidences ni soupçonné le torturant secret. Ces alternatives d'espérance et d'effroi, de joie dissimulée et de découragement aussitôt réprimé, l'artiste les a pathétiquement accentuées, en en graduant successivement les effets jusqu'à l'explosion finale. »

De fait, la reprise, six ans après la création belge de 1889, ne fut qu'à demi réussie, même si le public fit une longue ovation à l'orchestre et à son chef. Commencées le 8 décembre, les représentations s'achevèrent le 16.

En cette fin d'année, Georgette relègue sans regret le succès de sa carrière au second plan. Au soir du 31 décembre 1895, elle adresse cette lettre à

Maeterlinck : « J'ai pleuré de joie en pensant à toi, et tu es si vivant, si entier en moi qu'il faut que je te parle visiblement, quoique je sois pratiquement annihilée momentanément par l'air divin qui me traverse. Cette sensation de fin d'année et de recommencement est un enfantillage, nous savons que c'est inexistant et nous en rions, cependant nous y pensons. J'écrivais tout à l'heure à mon frère : "Je me sens pleine de piété, je suis tout effeuillée de gratitude en ensevelissant au fond de moi cette chère année de lumière et de beauté… et je la sens en mon âme tellement *immortelle* que je croirais lui faire injure en la regrettant. " C'est vrai, mon Maurice, si les années, les mois, les jours m'apparaissent comme des tiroirs où se trouvent rangés les lambeaux de notre vie, et qu'un hasard ou un anniversaire nous fait ouvrir, je sais que cette année vivra au-dessus de ma vie comme une force éclairante et fécondante. Elle ne peut pas mourir, rien de ce qui a touché ta venue en moi ne peut mourir… »[118]

L'égérie absolue

Le début de l'année 1896 fut endeuillé par la mort de Paul Verlaine. Invité par le comte de Montesquiou[119] à rencontrer le 7 décembre des officiels sud-américains au restaurant Foyot, le poète, dont l'organisme usé ne supportait plus les bons repas trop arrosés (écrevisses, foie gras, champagne), dut s'aliter les jours suivants. Trahi par son foie et son estomac, Verlaine contracta ensuite une grippe. Tombé de son lit et incapable d'y remonter, il agonisa sur le sol de terre battue de son glacial taudis pour mourir le 8 janvier entre sept heures et huit heures du soir.

Le 10 janvier, par un temps sec et ensoleillé, on lui fit des funérailles de prince des poètes. Messe à Saint-Étienne-du-Mont avec Gabriel Fauré à l'orgue, cercueil emmené sur un corbillard de cinquième classe mais les cordons du poêle tenus par Coppée, Mendès, Montesquiou, Lepelletier et le directeur des Beaux-Arts ; derrière, une foule considérable qui ne fera que grossir jusqu'au cimetière des Batignolles. Maeterlinck, Barrès et Mauclair figuraient dans le cortège. Les poètes discoururent sur la tombe. Mallarmé dépassa l'oraison funèbre de circonstance en disant simplement l'héroïsme de Verlaine.

L'événement eut des répercussions à Bruxelles, où Verlaine, vingt ans après ses frasques avec Rimbaud et son emprisonnement subséquent, avait été accueilli par les notabilités intellectuelles de la ville. Sa tournée de conférences en Belgique était encore dans toutes les mémoires. Maeterlinck ne fut pas le dernier à se souvenir du poète dont il admettait la forte influence sur ses premières œuvres. Deux mois après sa mort, Verlaine agitait encore les cercles poétiques.

Georgette répétait *Thaïs* et chantait *Carmen*, malgré une toux persistante. Un vendredi à 18 heures, elle écrivit : « Mon Maurice, je viens à toi si fervemment que je pleure d'avoir écrit ton nom… Figure-toi que j'ai senti mardi soir la manifestation de la "bonté invisible", je suis allée à la conférence sur Verlaine et en voulant faire son éloge les hommes qui en parlaient l'ont amoindri de façon navrante… cependant je ne me rendais compte de cela que par raisonnement car je vivais dans un bonheur inouï, tout ce que les gens disaient de laid restait pour

[118] G.L. a publié une version différente de cette lettre datée du 30/12/1896 dans ses *Souvenirs*. La version authentique à la bonne date est celle que nous donnons ici.
[119] Montesquiou délégua à sa place son secrétaire, Gabriel de Yturri.

ainsi dire devant moi, je le voyais, mais dès que cela passait le seuil de mon être, c'était transformé en beauté... J'ai vraiment vécu là deux heures admirables auxquelles je n'aurais jamais rien compris si je n'avais trouvé ta lettre qui m'attendait à la maison, et cette lettre était si bonne, Maurice !... si bonne !... que je ne sais comment te dire pour t'exprimer ce qui se passe en moi lorsque tu me juges ainsi dans une telle beauté, c'est une joie et en même temps une confusion extrême de penser que vis-à-vis de moi-même je ne mérite pas cela et que tout n'est dû qu'à ta seule bonté, alors ma rougeur intérieure est si grande que pour retrouver ma sérénité je dois à mon tour "te juger", ainsi je me vois éclairée du reflet de tout ce que j'admire en toi. J'eus le désir de t'écrire tout de suite, et chose bizarre, j'en ai été empêchée par l'intuition très nette que tu m'écrirais des choses pensées pendant l'enterrement...[*celui de Verlaine*] et j'ai été effrayée du calme avec lequel j'ai reconnu ton écriture le lendemain matin au milieu d'autres lettres... J'ai eu l'impression d'avoir été avertie de la venue de cette lettre et je pensais après que si nous arrivions à être toujours avertis par nos âmes, notre âme, de nos moindres gestes réciproquement, nous n'aurions même plus de joies visibles, ce serait de plus en plus un amour sans images ! ! »

Elle lui demanda de venir bientôt (« le plus tôt sera le mieux pour mon âme qui a besoin de sa source fraîche ») et lui offrit un fauteuil pour la première de *Thaïs*, mardi 7 mars. Massenet assisterait, lui, à la première représentation.

D'abord roman à succès inspiré à Anatole France par l'antique légende de sainte Thaïs, courtisane égyptienne, *Thaïs* fut transposé à l'opéra par Massenet et Louis Gallet. Le compositeur l'écrivit pour Sibyl Sanderson qui créa le rôle à l'Opéra de Paris le 16 mars 1894. Qu'il ait naturellement songé à Georgette Leblanc se comprend par leur vieille amitié et la contribution éclatante de la cantatrice au succès de *La Navarraise* à Bruxelles. Seule la favorite du public et des salons de l'avant-garde était à même de désarmer la mauvaise humeur de la critique envers un compositeur qu'elle avait pris l'habitude de maltraiter. Le livret de *Thaïs* est connu. Pour mémoire, il expose en trois actes la vie dissolue, au premier siècle de l'ère chrétienne à Alexandrie, d'une jeune courtisane, actrice et danseuse célèbre, et sa conversion par Athanaël, moine cénobite qui, avant son entrée dans cet ordre communautaire et contemplatif, a aimé la jeune fille. Dans le roman de France, Athanaël s'appelait Paphnuce. Il est possible que ce nom ait été jugé peu euphonique par le compositeur et son librettiste.

Cette Thaïs élégamment déshabillée d'une tunique transparente laissant entièrement nus les épaules et les bras, dévoilant et suggérant les formes de la ravissante interprète, enflamma le public de la Monnaie. Anatole France s'émerveilla de ses « Tanagras animés ». Depuis l'adolescence, Georgette admirait la sculpture grecque. Elle empruntait son geste coutumier des mains soutenant le manteau sur l'épaule à l'Aphrodite de Myrina.

Le Guide musical, intraitable, éreinta sans pitié Massenet et sa « partition d'une pauvreté d'invention absolument attristante ». « Si Thaïs a obtenu ici quelque succès, il faut en attribuer la cause exclusivement à l'interprétation vraiment attachante qu'ont reçue les deux principaux rôles. Mlle Leblanc a déployé dans celui de Thaïs un talent de composition qui lui fait grand honneur » ; « l'artiste a trouvé des effets bien intéressants ; (...) une finesse de sentiments rarement atteints dans ses autres rôles. » *Le Guide* s'employa à sauver la cantatrice de ce qui était pour lui un désastre. *L'Art moderne*, qui l'avait louée et soutenue dans *Fidelio*, semble cette fois plus réservé. Un long article rend hommage au roman de France mais démolit l'adaptation de Massenet et Gallet. Une seule phrase distingue l'interprète de la médiocrité de son rôle. « On ira voir le parti qu'ingénieusement Mme Georgette Leblanc a su tirer d'un rôle musicalement inexistant. »

Le public suivit ce conseil, appréciant pour sa part au moins autant que France les « Tanagras animés » de la cantatrice. Devant cet engouement, Stoumon et Calabresi lui firent reprendre *La Navarraise* en alternance avec *Thaïs* durant toute la saison.

Maeterlinck exprima ainsi son trouble : « On s'est trompé en te créant, tu avais l'âme d'un vieux sage à lunettes ; en te voyant jouer Thaïs hier, je ne parvenais pas à te réconcilier avec toi-même. » Mais quelque chose de plus étrange encore advint en ce mois de mars.

Les rivales

Laurence Alma-Tadema arriva sans s'annoncer à Bruxelles et courut à l'appartement de Georgette Leblanc. Se disant envoyée par Maeterlinck, elle se présenta comme sa fiancée. Georgette la reçut avec calme, car elle pensait bien qu'elle ne disait pas tout à fait la vérité. À Londres, Laurence se minait dans la splendide demeure de son père, à l'angle de Abbey and Grove End Road, dans le quartier d'artistes de Saint John's Wood. Elle et sa sœur Anna vivaient pourtant dans une maison que la presse du temps surnommait « le Palais de la Beauté ». La précédente, Towhnshend House, déjà remarquable par sa décoration, était éclipsée par l'ancienne résidence du peintre Jean-Jacques Tissot, qui l'avait abandonnée brusquement à la mort de son amie, Kathleen Newton. Sir Alma-Tadema dépensa, dit-on, huit millions de nos francs pour l'agrandir, l'aménager et la décorer. Laurence se mouvait dans un décor luxueux où voisinaient « l'onyx mexicain, les pièces hollandaises moyenâgeuses, les portes de bronze (copies de celles de la maison Eucmatia à Pompéi), des fontaines, des murs en marbre d'un vert marin, un atrium en mosaïque et des sols de marbre si précieux et si polis que l'on demandait aux visiteurs d'enfiler des chaussures spéciales pour marcher dessus. »[120] Quand Laurence faisait de la musique, elle jouait sur un piano incrusté d'ébène, de nacre, d'écaille de tortue, de bronze et d'ivoire. Habituée depuis l'enfance à ce luxe, elle avait décidé de venir se mesurer à l'artiste de cinq ans sa cadette que Maeterlinck aimait. Car il avait fini, devant son insistance de plus en plus pressante, par le lui avouer, tout en lui jurant que cela ne changerait rien à leurs relations. La fille du peintre tenait justement à tirer cela au clair et vérifier par elle-même en quoi consistait exactement la suprématie de sa rivale, si tant est qu'elle existât vraiment. Si c'était seulement sa jeunesse, elle était tranquille. Maeterlinck et Laurence étaient si proches depuis des années que, les voyant toutes les deux réunies, les écoutant, il finirait par la choisir, elle, au détriment de la cantatrice. C'est pourquoi elle était arrivée à l'improviste, de manière à la surprendre au naturel.

L'interprète de Thaïs vivait au milieu d'un désordre provoqué par ses élans créatifs. Ses malles de théâtre étaient ouvertes et ses parures répandues sur le divan.

[120] Vern G. SWANSON, *Sir Lawrence Alma-Tadema*, Chêne, 1977 (traduction : Michel Courtois-Fourcy)

Laurence considéra cet intérieur, si éloigné de la richesse de sa demeure londonienne avec une certaine commisération. Elle n'aurait jamais pu vivre dans un appartement si petit ni produire un tel désordre. Sa haute stature, ses yeux gris, son nez aquilin, sa bouche trop mince et trop petite, mais aussi son assurance et son intelligence déroutèrent Georgette qui se sentit jaugée. Elle comprit que l'on cherchait sur elle le point qui la rendrait moins admirable aux yeux de Maeterlinck. Mais à la fin de son examen, Laurence fut certaine que, pour son « fiancé », Georgette appartenait à une « espèce unique de femme ».

Elle fut franche. Elle avoua son âge et raconta dans quelles circonstances elle avait rencontré Maeterlinck. C'était à un banquet d'artistes donné en Belgique en l'honneur de son père. Elle accompagnait tout naturellement celui-ci. Elle vit Maeterlinck, l'aima immédiatement et se jura de l'épouser. Pour entretenir des relations suivies avec l'homme, elle traduisit l'écrivain en anglais et mit les nombreuses relations de son père à sa disposition. Maeterlinck l'en remercia chaleureusement et ils se retrouvèrent plusieurs fois en Belgique et en Angleterre. Laurence se considérait comme sa fiancée. Mais maintenant, il déclarait ne plus pouvoir l'épouser. Puisque Georgette était l'unique obstacle à son bonheur, elle prétendait la convaincre de se retirer de la compétition. Sa présence n'avait pas d'autre but.

Georgette fut stupéfaite. Elle le devint davantage, quand Laurence vanta ses nombreuses qualités. Elle apportait en effet dans la corbeille de noces la gloire et la fortune de Sir Alma-Tadema, sa maison de Saint John's Wood, qui seraient fort utiles à son mari pour recevoir.

À cela qu'elle devait déjà estimer considérable, Laurence ajoutait un don total de soi, une abnégation forcenée. Elle se dit prête à sacrifier ses dons d'écrivain et de poète pour mieux servir celui qui l'épouserait. « Je suis résolue, affirma-t-elle, à ne plus écrire une ligne à partir du jour où je me marierai. Toute mon intelligence, tout ce que je puis avoir de dons personnels, de force et d'esprit, je les consacrerai à mes devoirs. »

Il y avait dans cette passion de se livrer complètement à un autre être un désir pathétique d'échapper à son propre père, homme possessif qui exerçait une influence dévorante sur ses filles. Plus jeune que Laurence, Georgette avait liquidé depuis longtemps la question du père.

Maintenant que Laurence s'était mise à nu, Georgette ne ressentait plus aucune crainte. Elle rétorqua qu'elle ne souhaitait pas épouser Maeterlinck et se refusait à s'interposer entre lui et un bonheur possible.

Laurence eut une réponse digne de Georgette : « Vous comprenez que je suis incapable de chercher à le voir en dehors de vous. C'est à l'encontre de mes principes. Vous pouvez être sûre de ma loyauté. »

Elle accepta l'invitation à dîner de Georgette pour le lendemain soir. Maeterlinck serait là.

Georgette prépara avec un soin particulier le repas et la table. Elle achevait de se parer, quand Laurence, venue la première, la surprit devant son miroir. Georgette avait passé sa robe la plus seyante et mettait la dernière touche à sa beauté. La visiteuse avait l'air d'une institutrice. Les cheveux tirés en arrière, un parapluie à la main, des caoutchoucs aux pieds et, sur la tête, un chapeau masculin. C'était une tenue de voyage très confortable, mais pas l'idéal pour reconquérir un homme. Débarrassée de son manteau et de son chapeau, Laurence apparut dans une robe révélant peu sa féminité. Elle s'assit devant le miroir et demanda à la cantatrice de lui refaire une beauté. Georgette se prit au jeu. Elle défit les cheveux de la poétesse, redessina ses lèvres minces, leur donnant plus de sensualité… Assombries, les paupières de Laurence firent ressortir l'éclat de ses prunelles. Georgette avait transformé sa rivale. Maeterlinck ne manqua pas de le souligner, dès qu'il entra. C'était lui, incontestablement, qui avait provoqué cette rencontre. Il espérait qu'elle lui simplifierait la vie à l'heure du choix. Mais il faut dire qu'il retarderait ce moment le plus possible. Etre aimé de deux femmes aussi exceptionnelles, rien n'équivalait une telle joie.

Au dîner, les rivales affrontèrent leurs conceptions de la féminité et de l'amour, tandis qu'il les écoutait et les observait. Elles déployaient toute leur séduction, persuadées que la décision dépendait de lui. Il pensait exactement le contraire. Il ne déclarerait pas à un instant précis : « C'est toi que je veux. » Il patienterait jusqu'à ce que l'une l'emportât sur l'autre et que la vaincue s'écartât elle-même du jeu. Il espérait un temps indéfini de joutes. En attendant la conclusion lointaine de la bataille, il mangea de bon appétit le waterzooi préparé par Georgette.

Laurence voyait en Georgette la « femme de demain ». Elle se réservait le rôle plus rassurant et confortable de la « femme d'hier ». Georgette ne se laissa pas enfermer dans ces concepts primitifs. « Vous vous trompez, riposta-t-elle. Mon idéal n'est point dans l'avenir ou dans le passé. La femme parfaite devrait, à mon sens, mêler les qualités de l'une à celles de l'autre. »

Mais Laurence tenait pour assuré que certaines vertus féminines procédaient des faiblesses et des souffrances subies par la femme dans son enfance. Selon elle, la femme moderne, éduquée plus humainement, donc épargnée par les souffrances, avait perdu les vertus féminines ancestrales. Or celles-ci étaient nécessaires dans le mariage.

La cantatrice affirma que ce qui fondait l'essentiel de la féminité ne disparaissait pas, même sous l'emprise de l'éducation moderne. « Je prétends qu'en deux femmes également amoureuses, si différentes soient-elles d'idéal et d'éducation, il n'y a jamais qu'une seule différence : l'une obéit aveuglément à ses instincts, l'autre les surmonte pour obéir à une loi plus haute, à un idéal plus pur qui… »

« … tôt ou tard fatalement la brisera », affirma Laurence.

En définitive, elle voulait lui faire admettre que ses talents feraient d'elle une mauvaise épouse, ce qui était son leitmotiv depuis leur première rencontre. Elle le répéta sous diverses formes au cours du repas.

Peu encline à se laisser réduire, Georgette éleva sensiblement le débat en clamant superbement sa certitude. Une femme artiste apportait beaucoup à la vie intellectuelle de son compagnon. « J'avoue que s'il faut choisir pour lui entre la vie de l'esprit et celle du corps, je choisirai toujours celle qui mène à l'immortalité. »

Laurence insinua mesquinement :

« Alors, vous mettez la muse au-dessus de l'épouse ? »

Elle s'attira cette envolée lyrique :

« Je fais plus encore. J'imagine une femme qui ne soit pas seulement une muse, une inspiratrice passive, mais d'abord une Grande Vivante, une passionnée d'idées, une idéaliste du Devoir, celle qui entrevoit des devoirs supérieurs et sculpte ses gestes et ses actes à même cette matière neuve, s'exposant à tous les risques pour proposer des exemples au génie-compagnon ! Nous avons des héroïnes à créer, Laurence ! des héroïnes de beauté active, d'amour téméraire et d'audace généreuse dont les fictions des poètes ne seront jamais que les images fixées. Oh ! Laurence, pourquoi s'inspirer d'elles ? pourquoi les copier ? pourquoi ne pas les devancer ? La route est libre devant nous et quand on songe au bonheur de s'élancer à la conquête d'un horizon nouveau, on est tenté de remercier les dieux d'une féminité qui fut si longtemps esclave, puisqu'elle nous donne plus d'obstacles à surmonter et nous oblige à étendre nos ailes plus hardiment ! »[121]

Georgette chercha à deviner ce que son credo provoquait en Maeterlinck. Olympien, il tirait sur sa pipe et son « regard rêveur ne fixait rien ». Elle s'interrogea : était-ce la force de l'homme qui lui conférait parfois cet air d'indifférence ?

Dès cette soirée où les deux femmes avaient livré leur intime conviction devant leur homme impavide, se forma un trio absurde. Entêtée, collante, Laurence s'imposa à tout moment, même ceux qu'un couple dérobe à ses meilleurs amis. Georgette accepta cette présence et engloba Laurence dans les élans physiques de leur amour. Maeterlinck ne s'y opposa pas. L'expérience valait la peine d'être tentée. Laurence crut qu'il fallait en passer par là. En dehors de cela, ils la traînaient partout. Avec eux, elle visitait des musées et faisait des excursions. Georgette la jugea « bonne, loyale, son esprit était grand et très cultivé, la qualité de son âme exceptionnellement haute, mais il manquait à tout cela le charme délicat et l'insaisissable que donne la sensibilité. »[122] Les plaisirs du triolisme épuisés, et leur compagne ne paraissant pas disposée à les quitter de son plein gré, ils tentèrent de la jeter dans les bras d'un ami complaisant. Mais Laurence avait décidé une fois pour toutes qu'elle n'aimerait que Maeterlinck. Ils se rendirent ensemble à Paris, d'où elle accepta enfin de repartir pour Londres. Georgette et Maeterlinck le savaient, ce n'était que partie remise. Laurence reviendrait. Ils étaient l'un et l'autre responsables de cette situation équivoque, mais ne s'en plaignaient que pour la galerie. Une correspondance triangulaire s'instaura, Laurence retournée en son palais, Georgette à l'Opéra et Maeterlinck à Gand.

L'amoureuse déçue momentanément écartée, en avril ils s'évadèrent de Bruxelles pour l'Italie. À Venise, croyant que des gondoliers les menaçaient, l'écrivain sortit son revolver et tira en l'air. Ils passèrent également par Florence et Rome. Maeterlinck fit allusion à ce voyage, dans une lettre datée du 28 avril 1897 : « Songes-tu que l'an dernier nous nous préparions à partir pour l'Italie ? C'est encore un anniversaire qui doit nous faire rêver. »

Hommage et trahison

À la fin du printemps 1896, il termina *Aglavaine et Sélysette*. Première tentative de sortir des « shakespitreries » et du « tragique quotidien », l'univers théâtral qui avait fait jusqu'ici sa réputation. « J'ai achevé mon drame hier matin, écrivit-il à Georgette. Mais il faudra encore une quinzaine de jours de travail pour l'écheniller et le mettre au point. Ce travail-là, je puis le faire n'importe où. Il n'est pas tel que je le désirais, ce pauvre drame, et quand je le revois d'ensemble dans l'esprit, je ne l'aime plus du tout. Il devait être le triomphe et en somme,

[121] Les dialogues de Georgette Leblanc et de Laurence Alma-Tadema insérés dans ce chapitre sont extraits du manuscrit inédit *Histoire de ma vie*.
[122] Ibid.

la force des choses a voulu qu'il soit presque la défaite d'Aglavaine. Alors je me reproche de ne pas t'avoir vue avec assez de force. Je ne suis pas content et je voudrais détruire... Tu es si belle, Georgette, que dans la réalité, le malheur de Sélysette n'eût pas été possible, parce qu'il n'est pas possible que même à ton insu tu rendes malheureux un être bon. Tu es si belle qu'un être comme toi ne peut pas entrer dans un drame sans le transformer en un poème de bonheur et d'amour. En quelque endroit que tu sois, on ne peut plus verser de justes larmes. Et c'est en en faisant répandre en ta présence que je me suis trompé. Je le vois mieux aujourd'hui parce que je t'aime davantage. Comme tu vas te trouver petite, immobile et emprisonnée dans cette pauvre Aglavaine, ma Georgette ! Mais enfin, c'est ta faute, puisque tout doit s'évanouir devant toi. Je crois que le fond le plus intime de l'homme se révèle dans l'amour qu'il espère... et c'est pourquoi je dois reconnaître aujourd'hui que je ne t'ai pas méritée puisque je n'ai jamais osé t'espérer... Adieu, tu es ma paix vivante. »[123]

L'amour abolit les distances et le temps. Les jours s'effacent. On ne compte plus et on ne date plus ses lettres. Ainsi telle prière extasiée du mercredi matin s'envole-t-elle à la rencontre de Maeterlinck au début de l'été 1896 : « Quelle joie tu m'as donnée, mon Maurice, j'ai reçu de toi une lettre lundi, et encore une hier, une que je n'attendais pas ! ! j'en ai rougi jusqu'à l'âme en reconnaissant ton écriture. Tu es bon, Maurice, et je t'aime. L'ennui que tu ressens à cause de ton drame me semble, hélas ! bien logique, et je le partage, mais ce n'est pas, comme tu le crois, de ta faute, et surtout, ce n'est pas parce que tu ne me connais pas, au contraire, c'est, j'en suis sûre, parce que tu me vois trop complètement, non seulement tu me vois sur toutes mes faces, mais surtout tu me vois là où il n'y a rien à voir, là où il n'y a ni mots, ni actes, ni pensées, ni silence même, on ne sait pas ce qu'il y a, c'est peut-être de la lumière, de la vérité, ou de l'amour, mais c'est à coup sûr l'explication, et je dirais même l'excuse de ma vie. C'est ce qui fait que je ne suis ni fausse, ni monstrueuse, ni inhumaine ! Et de cela, tu ne peux rien dire, mon Maurice, c'est ta conscience qui a reconnu la mienne et c'est tout — mais quelle admirable et unique chose que la matière dont est faite la foi ! »

Aglavaine, le premier des trois personnages principaux du « drame », semblait donc le portrait de Georgette Leblanc en héroïne de théâtre. Face aux scrupules de son amant, le modèle se montra magnanime et compréhensif, digne en cela des inspiratrices du temps de l'amour courtois. « La désillusion s'exagère en toi », écrit-elle, « nous en jugerons ensemble cet été. » Ils avaient, en effet, un nouveau projet de vacances en commun. Pour cette épistolière, ce n'était peut-être pas l'idéal. « Je voudrais passer des journées à t'écrire, lui déclare-t-elle, c'est un besoin fou que j'éprouve et je ne peux pas à cause de la vie extérieure ! ! ! Je crois que cet été je me sauverai de toi, dans la campagne, pour t'écrire des lettres ! ! ! » Cependant, elle aspirait à ce moment où ils seraient côte à côte. Elle travaillerait le rôle d'Aglavaine, s'il le désirait. « Quand il sera dans mon corps, tu verras ce qu'il donne véritablement. » Aglavaine l'occupera, mais aussi Ygraine. Il faudrait faire vite, le prévint-elle déjà, « j'aurai six jours d'absence le 24 août pour le concert ; ça m'ennuie fort de me déranger, et d'un autre côté, je pense que ce ne sera pas sans utilité d'avoir un petit choc désagréable au milieu de notre unité trop complète... toujours notre besoin de mesurer le bonheur... ! » Il devrait s'habituer aux séjours fulgurants de son bel oiseau-lyre.

[123] Georgette LEBLANC, I, Op.Cit.

Au bout de quinze jours dans une maison isolée du bocage vendéen, Georgette était moins altière, moins sûre d'elle. La pièce que Maeterlinck venait de « toiletter » dans leur solitude à deux, malgré les bonnes intentions, les regrets affirmés de l'auteur, faisait la part trop belle, la part essentielle à Sélysette. Or le drame était censé être un hommage de l'écrivain à son inspiratrice. Il le déplorait, mais la direction de son œuvre lui avait bel et bien échappé. Aglavaine, aussi forte et aussi belle qu'elle paraissait, caricaturait son modèle. Il avait cru la rendre plus belle, meilleure qu'elle n'était en réalité, il l'outrageait. La dernière syllabe du nom, *vaine,* était une bonne indication de ce que tramait son inconscient.

Mais quel est le scénario d'*Aglavaine et Sélysette* ? Un certain Méléandre (Maeterlinck ne donnera jamais vraiment des noms ordinaires à ses personnages) vit avec une femme enfant qui répond au doux nom de Sélysette. Une lettre d'Aglavaine, la veuve du frère de Sélysette — la belle-sœur du couple — leur apprend qu'elle va venir leur rendre visite, et déjà Méléandre doute de son amour pour Sélysette. C'est que cette Aglavaine ne « ressemble pas aux autres femmes... C'est une autre beauté, voilà tout... une beauté plus étrange et plus spirituelle, une beauté plus variable et plus nombreuse, pour ainsi dire... une beauté qui laisse passer l'âme sans jamais l'interrompre. » Sélysette comprend immédiatement que Méléandre aime Aglavaine. Dans ce cas, dit-elle, elle partira. Méléandre sait que le mariage d'Aglavaine a été un échec bien avant la mort de son époux. Elle lui a confié la chose en secret et il s'est reconnu de la même espèce qu'elle. Quand elle fait son entrée dans la maison de sa belle-sœur et de son beau-frère, elle effraie la vieille grand-mère par sa beauté. Et disant tout haut les pensées que les autres osent à peine se murmurer à eux-mêmes, elle n'en est que plus dangereuse. Bien qu'affectant seulement d'aimer Méléandre d'un amour fraternel, elle sait qu'elle est amoureuse de lui. Elle lui dit : « Je ne suis réelle que lorsque tu es là ; je n'entends ma voix que mêlée à la tienne... » On reconnaît le ton des lettres de Georgette, utilisées ici comme matériau des dialogues d'Aglavaine.

Méléandre et Aglavaine ont beau se mentir à eux-mêmes et à Sélysette, l'épouse n'est pas dupe, elle va donc disparaître, en se jetant du haut d'un phare abandonné. Tandis qu'elle agonise, elle tente de persuader Méléandre et Aglavaine qu'elle est tombée accidentellement et qu'ils ne sont donc pas responsables de sa mort. Mais Aglavaine ne la croit pas.

L'agonie de Sélysette ressemble à celle de Mélisande. Pendant qu'elle meurt, on exige d'elle la vérité. Un mourant ne peut pas mentir. Pourtant, la petite et faible Sélysette cache, par esprit de vengeance, qu'elle s'est suicidée. Elle persiste à affirmer à son époux et à Aglavaine que son acte a été involontaire. Ce mensonge empoisonnait pour toujours l'avenir d'Aglavaine et de Méléandre. Il donnait un goût de cendre à leur amour interdit, celui d'un beau-frère pour sa belle-sœur. Aussi belle et aussi forte qu'elle soit, Aglavaine doit abandonner Méléandre à son sort de veuf inconsolé non pas de la mort de sa femme mais de sa perte.

Georgette ne pouvait pas ne pas lire entre les lignes l'histoire de leur récente et bizarre union triangulaire. Avant que Georgette ne se fasse aimer de lui, il vivait un amour tranquille, préservé par la distance. Laurence était loin, rêvant dans son palais londonien à leur futur mariage. Georgette était arrivée, pleine d'assurance et de fougue, géniale et passionnée, jeune femme et « vieux philosophe ». Laurence avait été condamnée à une mort symbolique. Et maintenant, Méléandre-Maeterlinck souhaitait que Georgette-Aglavaine s'éloignât.

On comprend son chagrin à la lecture du manuscrit. « Je pleurais comme on peut pleurer à vingt ans [*elle en a vingt-sept*] sur la chute d'une idée. » Laurence était provisoirement recluse à Londres, mais Sélysette avait reçu la compassion de Maeterlinck. Elle gagnerait le cœur des spectateurs.

Georgette se sentait trahie et défigurée par son poète. Mais comment le lui dire ? Elle ne réussit qu'à avancer quelques critiques du personnage d'Aglavaine, comme si c'était cela l'essentiel. Le débat ne porta que sur les œuvres et non sur ce qui les faisait naître dans la vie réelle. Aussi put-il la rassurer : « Ne te chagrine pas pour Aglavaine. Elle n'est pas parfaite, parce qu'une autre plus parfaite et qui par conséquent te ressemblera davantage doit venir. Aglavaine se ressent encore de mon étonnement et c'est cela qui lui donne trop de roideur. Mais maintenant mon étonnement est dévoré par l'amour plus parfait qui est, comme dit Ruysbroeck, sans étonnement. Je l'ai faite un peu trop tôt, voilà tout, mais je suis persuadé que c'était un mal nécessaire… »[124]

Elle accepta ses maladroites excuses. La poésie et le théâtre de Maeterlinck exigeaient qu'elle sacrifiât son amour-propre, et surtout qu'elle restât à ses côtés. C'était grâce à elle qu'il avait tenté de renouveler sa dramaturgie et ses personnages, qu'une vraie femme, pour la première fois, avait fait irruption dans son œuvre. Sélysette gagnait la partie sur la scène, mais Laurence était reléguée dans son palais londonien. N'était-ce pas l'essentiel ?

Alfred Valette reçut le manuscrit de la pièce le 28 juillet, ainsi que l'indique Jarry à Lugné-Poe par sa lettre du 29 juillet 1896. Dans le numéro d'août du *Mercure de France*, Gabriel Fabre publia la partition d'une chanson intitulée, « La voix de Sélysette ». *Aglavaine et Sélysette* parut la même année au Mercure de France. Gide, qui avait bénéficié d'un envoi de Maeterlinck, répondit : « Je ne sais que vous dire de votre drame, cher ami. Je trouvais les deux premiers actes mauvais — puis je trouve maintenant la pièce tout entière admirable. Vous semblez n'être pas de ce monde et pourtant plus je vous sens loin de ce monde et plus je vous sens mon ami… »[125] Elle fut créée sur la scène du Théâtre de l'Odéon, le 14 décembre 1896. D'autres représentations épisodiques suivirent en Angleterre et en Amérique. Peu de chose, si l'on compare avec le succès des œuvres antérieures et surtout de celles qui suivront cette pièce charnière. *Aglavaine* marquait le passage de Maeterlinck vers un autre type de théâtre dont son public et lui-même n'avaient pas encore la moindre idée. D'où l'incompréhension. L'auteur n'est pas découragé pour autant. Il ne l'est d'ailleurs jamais, ne cessant d'écrire à tous : acteurs, metteurs en scène, traducteurs, agents, admirateurs, accumulant avec le temps une vaste correspondance professionnelle. En 1899, il pousse sa pièce tant qu'il peut à Londres et révèle son véritable sentiment dans une lettre à l'acteur anglais Martin Harvey : « Je sens que mon affection si persévérante pour la pauvre Sélysette veille attentivement sur la destinée de la pièce. Aglavaine sera dans sa véritable patrie et dans la seule maison où elle puisse être complètement elle-même. » Maeterlinck voulait Mme Martin Harvey dans le rôle de Sélysette.

On peut avancer que l'insuccès du « drame » en France n'eut pas que des motifs artistiques, tenant à son sujet et à sa forme intermédiaire qui auraient dérouté la poignée de spectateurs symbolistes des premières des Théâtres d'Art

---

[124] Ibid.

[125] *Maurice Maeterlinck*, 1862-1962, Op. Cit.

et de l'Œuvre. L'inertie de son inspiratrice n'est pas à négliger. Georgette détestait *Aglavaine*. Quand elle eut la haute main sur la production de Maeterlinck, elle préféra ne pas la jouer. Le scénario — moins la mort de l'un des partenaires — révélait d'une manière gênante les ressorts secrets de leur vie intime. C'était le schéma fondateur de leur relation, la « scène primitive » de la triandrie qui se déferait et se reformerait au fil des années.

Aglavaine et Sélysette fut montée en 1907 en Allemagne, le Berliner Kammerspiele en confiant la mise en scène à l'Autrichien Max Reinhardt. Voyant son travail, Meyerhold, l'un des grands acteurs et théoriciens du théâtre russe avec Stanislavski, ne put s'empêcher de penser aux idées de Gordon Craig, autre révolutionnaire de l'époque. Ainsi *Aglavaine et Sélysette*, sorte de cadeau empoisonné fait à son inspiratrice, aimanterait au début de notre siècle les créateurs de l'avant-garde européenne qui y trouveraient matière à réflexions et expérimentations.

Dans *Gestes et opinions du docteur Faustroll, pataphysicien*, Jarry fait de la pièce l'un des vingt-sept livres pairs du docteur Faustroll.

À Bruxelles, matériellement, ce n'était plus tenable. La Monnaie n'avait pas renouvelé le contrat de Georgette Leblanc. Sur son départ, le critique du *Guide musical* (numéro du 27 septembre 1896) lâcha son fiel : « Reprendre le rôle [*il s'agit de Carmen*] immédiatement après Mlle Leblanc, dont l'exécution personnelle avait été généralement admirée, c'était une rude tâche. Avouons sans détour que Mlle Gianoli a déjà fait oublier la Carmen blonde, aux regards langoureux, aux sentiments artificiels et à la voix factice. » Le journaliste se trompait. Le souvenir de « Mlle Leblanc » n'était pas près de disparaître de la mémoire des spectateurs de la Monnaie. Particulièrement de celle d'une jeune institutrice foudroyée d'amour par sa composition dans *Thaïs*. Mathilde Serrure avait l'âge de son idole. Elle vivait une existence sage à Bruxelles. Un jour encore lointain, quand la cantatrice aurait tout perdu, amour, argent et gloire, elle viendrait lui apporter un dévouement sans faille. Le destin, n'en doutons pas, la réservait à cette fin.

Pour la même raison qui obligeait son égérie à quitter Bruxelles — le manque d'argent —, Maeterlinck, lui, fut contraint de rester à Gand, dans la maison de ses parents. Ce fut du moins la raison qu'il avança pour ne pas suivre Georgette à Paris. À trente-quatre ans, cela eût été humiliant pour tout autre que lui. Le scénario de sa dernière pièce se répétait dans la vie réelle : Aglavaine s'en allait. Alors, la cantatrice trop femme et trop vraie allait peut-être laisser l'écrivain en paix ?

À Adolphe Brisson venu s'entretenir avec lui à Bruxelles pour le quotidien *Le Temps*, Maeterlinck ne cacha pas son besoin d'une paisible retraite : « J'avoue que je préfère ma vieille cité gantoise. On n'y entend pas de bruit, on n'y rencontre point d'omnibus à trois chevaux. Lorsque j'arrive chez vous [*à Paris*], je suis tout étourdi par votre agitation extérieure. Au bout de quelques jours je suis atteint par la contagion, je perds le sommeil, je deviens nerveux ; il me tarde de repartir, de regagner ma province, où j'ai le loisir de vivre mon rêve. Du reste, je ne suis pas assez riche pour résider à Paris (...) »[126]

[126] Maurice MAETERLINCK, *Introduction à une psychologie des songes et autres écrits*, Op.Cit.

En septembre, entre leur retour de Vendée et son départ pour Bordeaux, Georgette s'était réfugiée chez Maurice Leblanc, rue Piccini. Souffrante, elle reçut les visites empressées et quotidiennes de Mauclair qu'elle n'avait pas revu depuis le printemps dernier. Il n'avait pas cessé de penser à elle. *Le Mercure de France* de mai et de juillet avait fait paraître deux vignettes qui la représentaient. La première montrait son visage jusqu'à la naissance du cou, les cheveux dénoués et parsemés de fleurs, les yeux fermés. La tête paraissait flotter. Elle venait à la suite d'un article de Maeterlinck consacré à Jules Laforgue, texte qui allait préfacer en volume l'essai de Mauclair sur le poète. La seconde illustrait Georgette debout de trois quarts devant un arbre fleuri. Elle était habillée d'une robe Renaissance (Quattrocento), aux manches bouffantes s'arrêtant au-dessus du coude, décolletée en carré sous la nuque. Son profil préraphaélite était parfaitement reconnaissable. Le dessin était imprimé sous un poème de Vielé-Griffin. Mauclair dessinait sa muse dans le *Mercure*, publication à la mode, et sans doute pour lui prouver sa bonne volonté, malgré son aversion pour Maurice Leblanc, y donna en mars quelques lignes favorables à *L'Œuvre de mort.*

C'étaient les preuves d'amour d'un jeune homme de lettres malheureux et inquiet. Il les lui apporta en cadeau, sachant qu'il allait souffrir. Car il avait des questions à lui poser. Et, en effet, il la cuisina littéralement. Elle rapporta aussitôt à Maeterlinck : « Il n'a pas eu de repos avant que je lui aie dit la vérité mot pour mot. Je crois que grâce à l'importance colossale qu'il a attachée à cette révélation, il comprendra et respectera mieux notre amour à l'avenir... Cinq heures — J'ai eu avec lui deux entretiens bien curieux à ce sujet, je te les raconterai en détails car il est vraiment étrange de voir jusqu'où la vanité peut égarer un homme intelligent. La première fois surtout, il a été inouï, après le premier instant de bouleversement passé, il a tenté de me persuader qu'il l'avait voulu ! ! que c'était lui qui nous avait incités à cela sans que nous nous en apercevions ! Il m'a fait des discours bien comiques, puis après m'avoir quittée, il a souffert un peu je crois, car deux jours après, il est revenu me l'avouer, et je l'ai vu enfin un peu près de la nature !... J'en ai profité pour lui parler aussi véritablement que possible, et il a paru soulagé après trois heures de sermons !... Le lendemain je l'ai revu, il paraissait tout à fait bien ; malgré cela il a dû partir aujourd'hui pour la campagne afin de se reprendre complètement. — Quoiqu'il se trouve et qu'il se dise en bonne route, moi je ne le trouve pas car sa nouvelle évolution de sensibilité l'éloigne encore de la vie, puisqu'elle est absolument factice : sa merveilleuse intelligence l'instruit de tout ce qu'il devrait être, de tout ce qu'il devrait éprouver, son intuition extraordinaire lui en donne l'illusion, et il croit que c'est arrivé. Nous avons ici des amis communs et c'est incroyable les abîmes de potins, de mensonges, et les preuves d'inconscience que chaque hasard me fait découvrir en lui !... et avec cela toujours une belle hauteur d'âme et de grandes aspirations, mais en voilà encore un qui ignore que pour se maintenir sur les hauteurs, il faut continuellement vivre en bas car c'est par là que nous sommes accessibles. C'est ainsi qu'il m'accorde les ailes les plus fantastiques et qu'il repousse énergiquement la réalité de mes deux pieds. Au fond, il m'attriste beaucoup, car c'est le spectacle d'une chose belle qui s'en va à la dérive et que chaque effort éloigne davantage de la vie. Adieu, mon Maurice. Toute ma vie t'embrasse. »

Mauclair n'était pas conscient qu'une révolution intérieure l'avait transformée depuis l'époque de son premier succès à l'Opéra-Comique, quand il se croyait son maître à penser. Bientôt, leurs relations seraient réduites à néant. Rien ne pourrait être sauvé. Mais la dérive allait être longue. Georgette se soucierait encore quelque temps du destin de celui qui l'avait amenée à Maeterlinck.

Dans la crainte de ne plus revoir « son Maurice » avant plusieurs semaines, elle monta brièvement en Belgique. Il se donna les gants de plaindre Mauclair, comme il l'avait déjà fait et le ferait encore. Il préservait ses relations littéraires avec le « petit ». Georgette, elle, aurait brûlé ses vaisseaux plus vite, s'il ne l'avait retenue. Certes, elle ne souhaitait pas le malheur de Mauclair, mais il était impossible de le ménager éternellement. Elle affrontait ses récriminations, tandis que Maeterlinck enregistrait les plaintes de Laurence. Était-ce la même chose ? Certainement pas. Le jeune littérateur imbu de lui-même croyait avoir des droits sur Georgette. La seule revendication de Laurence était de se prétendre sacrifiée. Pression efficace ? À condition que son « fiancé » fût accessible aux remords.

À peine arrivée à Bordeaux, Georgette envoya une gerbe de lettres. Tout était prétexte à écriture : « Je lis avec un bonheur inouï toutes les lettres de Fénelon, et il est si doux, il insinue si tendrement dans l'âme qu'il me semble que tout amour si pur s'ajoute au mien pour t'aimer davantage et plus profondément. L'amour n'a donc pas de limites, Maurice ? Quand donc le nôtre se lassera-t-il de monter ? »

Afin que sa réponse arrivât au plus vite à Bordeaux, il se rendit à Lille, où il posta le 29 septembre : « Je dois avoir l'air par moments de ne pas t'aimer. Je crois que c'est le signe même de l'amour qui comme le grand amour divin doit aboutir à une sorte de quiétisme. » Maeterlinck savait quoi répondre à la lectrice de Fénelon. Mais ce n'était pas seulement pour parler de leur « communion spirituelle » qu'il s'était déplacé jusqu'à la gare de Lille. Il avait rompu avec une maîtresse anversoise et tenait à informer Georgette de la facilité de la chose, tout en lui accordant une satisfaction d'amour-propre : « Je suis allé hier à Anvers. Ne crains rien. La petite a été très douce et n'a même pas demandé d'explication. J'ai constaté que lorsque quelqu'un vous aime véritablement, on ne devrait pas être jaloux. Certaine infidélité apparente se transforme en un surcroît d'amour… »

Georgette dut apprécier, ainsi que le propos empreint de sagesse sur « certaine infidélité apparente ». Ils pouvaient l'un et l'autre tout se permettre. Mais ce n'était pas ce qui inquiétait le plus Maeterlinck. Enfin, il se délivra : « Je suis tourmenté depuis quelques jours à cause de la morphine. Tu n'en as pas emporté ? Tu n'en reprends plus, à moins d'urgence absolue ? » Utilisée à faible dose, la morphine inhibe le centre de la toux. C'était ainsi que la cantatrice soignait ses maux de gorge, fréquents dans son métier, mais il ne semble pas qu'elle ait été toxicomane.

À Bordeaux, elle louait un appartement meublé, 34, allées de Tourny, au-dessus d'un excellent restaurant. « Comme toujours », elle inscrivit sur les murs, d'une large écriture, des citations de Montaigne et de Pascal. « Une grande table, des baquets [*sic*] d'encre, un hérissement de plumes d'oies —, les laideurs du meublé étaient vaincues. » Elle était prête à recevoir Maeterlinck et à le nourrir avec la carte du restaurant. Elle s'évertuait à tuer le temps qui la séparait de sa prochaine visite, lisant le poète Robert Browning, éprouvant « l'éternelle solitude à laquelle Browning fait allusion au cœur même de ses amours. »

Elle écrivit le vendredi 5 octobre : « Maurice, je crois que jamais je ne me lasserai de t'entendre me dire que tu me trouves belle et que tu m'approuves. Ta lettre m'a donné un bonheur si profond, si immense que même si j'avais eu le temps matériel de t'écrire depuis hier soir, je n'aurais pu le faire car le bonheur avait pour ainsi dire immobilisé ma vie et mon âme restait fixée dans un sourire... Ah ! c'est toujours cette même étrange sensation que je te disais cet été : "Quand un bonheur est trop absolu, il semble qu'on le dorme." C'est un rivage féerique sur lequel on se laisse glisser si doucement, si facilement que l'on perd conscience du temps. Tu t'étonnes, mon Maurice, de ce que ma sagesse soit à la fois résistante et sévère sans jamais être dure et inhumaine, je pense que cela vient tout simplement de ce que je t'aime, non comme une idée abstraite, mais d'un amour bien humain et souffrant, d'un amour de femme, qui fait que je me demande si c'est ma sagesse qui m'a éclairée la première ou si c'est moi qui lui ai donné la lumière en lui donnant l'amour ? La sagesse pour être belle doit donner la main à la vie — on l'a fait trop souvent combattant un glaive à la main et perçant aveuglément les âmes, les cœurs et les instincts — or nous savons que celui qui combat, même pour une noble cause n'est point un véritable sage, non, l'idéal de la sagesse selon moi serait de le voir vivre au milieu de nos passions comme Jésus vivait au milieu de ses disciples... il les laisse agir, il les contemple en silence et s'efforce simplement d'ouvrir leurs yeux, nous le voyons même au besoin pleurer parmi ceux qui pleurent mais il ordonne par son sourire et il éclaire par sa simple présence... C'est ainsi que la sagesse devrait vivre au milieu de notre vie. »

Maeterlinck lut, réfléchit, prit des notes et répondit le 18 octobre, l'esprit encore rempli de son « drame » : « Sais-tu ce qu'en de nombreuses lettres la plupart reprochent à Aglavaine ? C'est qu'elle est trop divinement belle et qu'elle ne peut pas exister. Je n'ai pas cessé de sourire cette semaine en songeant que celle dont la pauvre Aglavaine n'est que l'ombre existait cependant. Mais ce qui surtout m'a rempli de joie, c'est que plusieurs, même parmi ceux qui ne savent rien (en Angleterre par exemple), ont constaté qu'il devait y avoir eu un changement immense et lumineux dans ma vie. L'un deux — *il s'agit de son traducteur, Alfred Sutro* — m'écrit : "Que vous est-il arrivé ? Il me semble entendre Lazare..." Ce sont des choses dont nous ne nous rendons pas compte facilement parce que nous vivons au milieu d'elles, mais il est certain que notre amour doit traverser de ses rayons tout ce que nous faisons, et qu'il a eu sur moi une influence dont je ne me rends compte qu'en ce moment parce que ceux du dehors m'avertissent. J'ai constaté que le bonheur, la confiance, la paix et la sécurité, le sentiment et la certitude d'un asile de l'âme, toujours ouvert, toujours inébranlable, est tellement entré dans ma vie, que tout l'axe de mes pensées s'est déplacé du côté de la lumière qui est à proprement parler la volonté de l'âme, et moi par exemple, qui étais tout imprégné de la force aveugle du destin, j'en arrive à écrire des choses où je ne puis pas ne pas affirmer que le *destin intérieur* n'existe pas, qu'il n'y a pas de drame inévitable, et que toute destinée morale (qui est la seule véritable) dépend uniquement de la puissance de sagesse accumulée en nous... *Même si tu n'avais pas été femme, tu aurais été le seul être que j'eusse aimé complètement.* C'est étonnant comme les plus simples choses de notre simple vie commune de cet été, alors que nous croyions ne rien faire que nous aimer comme des enfants, représentent aujourd'hui de merveilles, et comme le moindre geste, un mot ou un sourire de toi sont devenus de grands trésors sur lesquels mon âme se penche sans relâche pour y puiser toujours. »[127]

---

[127] Georgette Leblanc, I, Op.Cit.

Cri de reconnaissance, appel à la vie commune, désir sincère de guérir la blessure causée à celle dont Aglavaine n'est que l'ombre, Maeterlinck amoureux avait déchiré le voile qui enveloppe d'ordinaire la passion la plus authentique. Il aimait un « être » et non une « femme ».

Deux mois étaient passés depuis les « merveilles de l'été ». L'éloignement profitait à leur correspondance, si essentielle pour eux. Des propos originaux de Georgette sur le silence entre les êtres qui s'aiment, Maeterlinck avait tiré son essai maintenant publié dans *Le Trésor des humbles*. Les répliques d'Aglavaine étaient nourries des lettres de Georgette. Maintenant, la « sagesse » semblait être le nouveau mot fétiche, grâce auquel la cantatrice ouvrait les vannes de son imagination créatrice : « À propos de sagesse, écrivit-elle dans sa lettre-fleuve du 26 octobre, j'ai constaté cet été que la tienne est dix fois plus solide, plus sûre, plus stable que la mienne, je le savais d'ailleurs, mais je l'ai bien vu : ce sont deux forteresses identiques, mais l'une est bâtie sur un rocher contre lequel les flots se brisent et l'autre est construite sur des sables mouvants. Cette dernière phrase de "sables mouvants" me fait songer au "petit". Je t'ai dit dans une lettre que je l'avais vu mais je ne t'ai pas encore donné de détails sur cette visite. Il a été naturellement bien curieux, très attristé par ta lettre et par la peine que je lui avais causée. Je l'accueille pleine de regrets, lui disant franchement la cause de mon silence — "n'ayant plus de nouvelles de lui, sachant par Dauriac [128] qu'il était bien, je pensais qu'il m'oubliait et je croyais mieux de ne pas raviver ses souvenirs". Et voilà qu'il me répond en se forçant à rire, qu'il est très heureux, que sa lettre à toi ne parlait que de joie, qu'il ne désirait me voir que très modérément… etc.… il a persisté presque une heure sur ce ton. Je voyais très bien qu'il mentait et j'étais tellement interdite de cette nouvelle manière d'être que je ne pouvais que le supplier de temps en temps de parler sincèrement et de cesser cette comédie. Enfin, au bout d'une heure, il a éclaté en discours passionnés, démentant tout ce qu'il venait de me dire en me faisant des reproches, me parlant de ses désirs, de ses rêves sur mon corps, de ses cauchemars de possession dans les termes les plus… « zolatiques » !… J'étais de nouveau pétrifiée, je ne l'ai jamais vu dans un tel état d'exaltation. Il était absolument fou. Aucune tendresse, aucune douceur ne pouvaient le calmer. Il est arrivé à me dire d'un ton prophétique que bientôt je briserai ta vie (! ! !) comme j'avais brisé la sienne, comme je briserai toutes celles qui se trouveraient sur ma route… Tout cela était entremêlé de prières d'amour et de supplications affolées… Je l'écoutais en silence et des larmes déroulaient lentement le long de mes joues, car ton nom revenait souvent dans ses paroles et d'une manière cruelle pour notre amour… Et puis, voir cette belle intelligence réduite à un état si misérable, cela me désolait. Je pensais qu'il n'y avait pas un mot de vérité dans tout ce qu'il disait. Mais alors, n'était-ce pas encore plus lamentable ? J'ai dû attendre qu'il soit à bout de forces et qu'il tombe comme un enfant dans mes bras pour pouvoir le ramener un peu à lui-même. Après, il a été très bien, mieux que les autres fois, un peu plus véritable, je crois, il m'a avoué humblement beaucoup de choses, il semblait enfin un peu touché. Quelle drôle de chose ! Il manque souvent de la plus ordinaire des psychologies… Il m'a avoué que quelques instants avant, il avait excité volontairement son exaltation parce qu'il constatait que je n'éprouvais pas le moindre sentiment de vanité de la femme, mais au contraire une réelle douleur, or, plus il sentait

[128] Auteur, sous le pseudonyme d'Armory, de *Cinquante ans de vie parisienne*.

cela, en moi, plus il exagérait dans l'espoir de m'arracher un trait de féminité ordinaire. Il est évident que s'il me connaît de cette façon-là, pour peu qu'il soit capable de sincère chagrin, il peut, dans ce cas, souffrir. Enfin, il a prétendu en me quittant qu'il m'avait vue pour la première fois, et que maintenant il serait sage et heureux ! Nous verrons ! Hélas ! je crois qu'il peut être toujours sincère, mais son *vrai* est celui de la plupart des gens, c'est un VRAI qui naît instantanément de l'union des circonstances et du hasard, il dure juste le temps d'être entendu. Ce sont des vérités qui ressemblent à ces fleurs coupées que l'on pique dans des corbeilles remplies de terre, pour orner les tables des festins ; elles sont bien vivantes mais elles ne durent que le temps qu'on les regarde. »

Maeterlinck dut être rassuré et se gausser des avertissements « prophétiques » de Mauclair. Par ailleurs, la tonalité des entretiens de la cantatrice et du jeune critique affreusement désillusionné fut atroce. Elle lui donna un fameux grain à moudre pour son prochain livre, car il était ainsi fait qu'il en avait toujours un sur le métier. Il transformait ses sentiments et ses peines en phrases. Elle lui aurait dit : « Si cependant, je devais t'avoir causé ce qu'on appelle la souffrance d'amour, eh bien, tu es un très subtil artiste, tu en ferais quelque chose. » Cette certitude ne tarderait pas à être vérifiée. La solidité de l'union de ses amis constatée et l'inanité de ses prédictions admise, Mauclair se lancerait aussitôt dans un roman au titre « éclairant ». *Le Soleil des morts* serait le symptôme ou la revanche mineure de sa défaite.

Le 3 novembre, Georgette sut qu'elle allait chanter *La Navarraise* le samedi 14, parce que Massenet était annoncé pour ce jour. « Presque chaque soir, mon impatience trouvait un échappement dans *La Navarraise*. On disait que je la haussais à la hauteur d'un symbole. En vérité, je l'enflais de toute ma folie, au risque de la faire éclater. Lorsque Massenet était venu conduire la première, l'orchestre, saisi par mes convulsions finales s'était arrêté, oubliant les dernières mesures de la partition. (...) Les critiques ne doutaient pas que j'eusse fait des études approfondies à la Salpêtrière et les spectateurs déliraient avec moi. »[129]

Le 18 novembre, elle recevrait enfin Maeterlinck. Pour rendre cette attente moins pénible, elle ne lui cacha pas qu'elle cherchait à se distraire. Comment ? « elle en arrive à écouter les discours de ses soupirants et à faire des dîners fins. »

Elle mangea en compagnie d'un peintre, d'un « littérateur d'ici » et de l'acteur Sylvain de la Comédie-Française — les acteurs en tournée jouaient *Mithridate* et *Tartuffe*. Après le spectacle, Sylvain récita jusqu'à minuit les plus beaux vers de Hugo, de Musset et de Racine.

La plume à la main, elle s'étonna de ses sorties. Comment se faisait-il que quelque chose eût le pouvoir de l'arracher à sa retraite ? « C'est-à-dire à NOUS et à Fénelon, confia-t-elle à Maeterlinck... car il est toujours et décidément le préféré... » Là-dessus, elle admit : « Tu as raison de dire que nous sommes bêtes !... Nous faisons subir à notre pauvre amour des épreuves stupides et inutiles. » Et cet aveu, qui est comme l'envers de la médaille du métier : « Ce qui exaspère ma douleur et la rend parfois intolérable, c'est le sentiment que j'ai de n'avoir le droit de partir, d'être continuellement enchaînée par la représentation prochaine ! Alors je vois, en imaginant l'impossible, que si un jour je n'avais pas l'argent nécessaire pour pouvoir partir, je ferais évidemment quelque grosse

[129] Georgette LEBLANC, I, Op. Cit.

bêtise ! Est-ce moi qui ai tort de ne point sacrifier ma destinée extérieure ?... ou est-ce toi qui as tort de ne point sacrifier ta paix matérielle ? »

Elle mettait le doigt sur la plaie de leurs relations : le manque d'aisance financière. Dès le début, l'argent avait constitué un frein sérieux, à l'instar de leurs professions d'ailleurs. Georgette ne disposait plus de fortune personnelle. Sa dot ayant fondu dans son désastreux mariage, son métier de chanteuse lyrique était son seul gagne-pain. Officiellement avocat, Maeterlinck ne pratiquait plus. La littérature lui prenait tout son temps, mais ses livres et ses pièces ne lui rapportaient pas encore de quoi vivre hors de la maison familiale. Selon les mœurs du temps, il aurait dû entretenir sa maîtresse. S'il en avait eu les moyens, elle aurait refusé, ne voulant dépendre matériellement de personne et surtout pas de l'homme qu'elle aimait. Ce qui ne l'empêchait pas d'être entravée par le besoin de gagner de l'argent. Elle rêvait pour leur amour « l'air de pleine mer », mais céder à ce rêve eût été restreindre et compromettre le travail littéraire de Maeterlinck, dans lequel elle voyait la clé de leur sagesse. « C'est-à-dire, conclut-elle, que je préfère souffrir et garder mes désirs en prison. »

La priorité accordée à l'œuvre de son amant bien affirmée — son sacrifice proclamé haut et fort —, elle pouvait développer ses arguments littéraires. Elle avait lu les lettres d'Eugénie à son frère Maurice de Guérin, le poète du *Centaure*, le diariste du *Cahier vert* et comparait Eugénie à Henriette, la sœur de Renan. Eugénie de Guérin, « il faut la lire à travers les larmes, pour la voir dans son cadre ». D'autre part, Mme de La Fayette lui paraissait « douée d'une force morale et d'une raison stable mais [*un **mais** très grave à son avis*], on dirait qu'elle « n'a jamais aimé ». La Rochefoucauld et elle ne parlaient que d'amitié. « Or l'amour n'est-il pas pour la raison de la femme, l'épreuve terrible et concluante ? N'est-ce pas l'écueil contre lequel se brise fatalement le peu qu'elle possède de sagesse et de force...nous avons en nous une telle mer de tendresse qu'il faut vraiment pour la contenir une sorte de "digue" *suprême* dont les hommes n'ont pas besoin. »

Quand elle reprit sa lettre, comme un écrivain pressé de terminer le chapitre commencé, elle indiqua l'heure : « Trois heures — Vraiment, est-ce une erreur ou bien ai-je réellement un principe de force qui me différencie des autres femmes. Tout à l'heure dans la rue, je pensais que si les nerfs des gens étaient affinés au point de tressaillir au choc d'une vie véritable, comme ils tressaillent au choc d'une secousse électrique... certes, toutes les vies factices prendraient conscience de leur mensonge en passant près de la mienne.

« De cette volonté de bonheur acharné que j'ai en moi, je n'ai qu'une preuve fixe, ce sont mes lettres de quinze à vingt-deux ans, qui ne sont vraiment qu'une suite de chagrins, de déceptions et de luttes, or il n'y en a pas une qui ne soit découragée. Dans les moments les plus durs, l'espérance recouvre toujours les pierres de ma route, comme une mousse verte, plus fraîche et plus vive après la pluie. En les relisant dernièrement, Maurice [*Leblanc*] et moi, avons été étonnés de cela.

« Donc, ce que j'ai pu approfondir sur mes pareilles ne fait que confirmer ce que je pensais déjà, que toutes, mêmes les supérieures se complaisent trop dans les larmes, elles y noient le peu de force que la nature leur a donnée. Elles semblent ignorer la psychologie du bonheur, qui se dilate en nous par l'exercice comme toutes nos facultés, et qui s'atrophie également dans l'inaction. Selon moi, la joie est un fruit de l'éternité ; si après y avoir mordu à pleines dents, nous le rejetons à la moindre contrariété, la trace de nos lèvres imprime dans sa chair une meurtrissure ineffaçable, et quand nous voulons y mordre de nouveau, le fruit n'a plus la même saveur… Donc, si une fois nous y avons goûté, gardons-le précieusement contre nos lèvres spirituelles, alors même que notre humanité souffre et pleure, car la joie dont je parle est compatible avec la douleur. Ce n'est pas celle qui naît de nos satisfactions extérieures… c'est la joie divine qui forme la matière même de notre âme. C'est la mère de notre foi et de notre force. »

Ici, elle ouvrit une parenthèse : « (ma lettre prend des proportions effrayantes, mon Maurice, cependant je recommencerai à te dire peu à peu ce qui me viendra pour les femmes, tu me diras ce qu'il faut rejeter ou garder et peut-être qu'ainsi j'arriverai à parler dans le vide, j'ai bien du mal ! !… et dire que lorsque je t'écris je souffre du contraire, je suis exactement comme une carafe d'eau trop pleine que l'on verse trop vite, par moments. Ça s'arrête et ça fait glouglou sans pouvoir sortir parce qu'il y en a trop !) »

Maeterlinck bénissait cette pléthore en fumant la pipe dans la quiétude de son cabinet. C'était de la pensée toute chaude, tirée de l'expérience. Aucun enseignement académique n'avait gâté la réflexion de Georgette. Elle s'exprimait en toute spontanéité. Depuis le temps qu'elle se battait pour exister en tant qu'être pensant… Elle avait encore la modestie de la pécheresse devant son directeur de conscience : « tu me diras ce qu'il faut rejeter ou garder ». Le tri, il l'effectuait pour lui-même, sans le lui dire. Lisant la lettre, il avait gardé la blouse qu'il revêtait pour s'occuper de ses abeilles. Non, il ne se plaignait pas de la longueur des missives de cette femme qui pensait après le spectacle. Comme les abeilles, elle lui donnait son miel. Et quand sa tête à lui était bien échauffée par la lecture, il jetait le brouillon d'une réponse ou d'une page sur ses carnets.

Elle aborda franchement la question de leur sexualité d'amants séparés depuis plusieurs semaines et qui vont se retrouver dans une quinzaine de jours : « Tu as supprimé Mirette, mais *l'autre* te suffira-t-elle, c'est qu'il ne faut pas en ces choses songer à mon plaisir ou à mon déplaisir, je suis au contraire satisfaite moralement d'avoir là une occasion de vaincre en moi un sentiment que je désapprouve et que je juge inexistant. Tu dis que cela fait du mal à notre amour, je pense que cela n'existe pas, mais je pense aussi qu'à ta place, je le craindrais et même je crois que j'aurais tout rompu dès le début, pour ne pas me causer une légère peine, fût-elle absolument non fondée. Mais ç'aurait été une faiblesse, un acte d'amour ordinaire, et tu m'as prouvé bien davantage en m'estimant assez pour ne pas même songer à changer tes habitudes. Tu sais que malgré moi, j'en souffre quelquefois, mais tu sais aussi que ce n'est qu'un mouvement d'instinct impossible à tuer tout à fait, et que ma raison t'approuve absolument. De plus je suis assez embêtée moi-même avec mon corps depuis que je t'ai quitté et je pense que ce doit être bien pire pour toi. Il faut donc que tu agisses selon la nature, fais tout ce que tu veux, mon Maurice, ma sagesse t'approuvera toujours. Quant au reste, tu sais que je passe ma vie à marcher dessus. Mais… c'est bien difficile de voir clair dans cette question, toi-même tu démens aujourd'hui à propos de Mirette ce que tu disais l'autre jour à propos de l'autre… nous savons sans hésitation ce que proclame la raison ainsi que notre unité inébranlable… Mais je ne sais pas jusqu'à quel point il est bon d'exposer la chaleur de l'amour au contact des vérités froides et austères. Je ne sais vraiment rien sur ces choses et je pense quelquefois que je devrais faire de mon côté quelques expériences, afin que tu juges par toi-même ce qu'il faut en penser, mais je sens que je ne pourrais pas. »

Elle lui accordait la licence qu'elle se refusait. Mais pouvait-il être certain qu'elle s'interdisait vraiment les « expériences » dont elle parlait ? Et puis, il y avait cet humour à froid : « Je pense (...) qu'à ta place, (...) j'aurais tout rompu dès le début, pour ne pas me causer une légère peine, fût-elle absolument non fondée. Mais ç'aurait été (...) un acte d'amour ordinaire, et tu m'as prouvé bien davantage en m'estimant assez pour ne pas même songer à changer tes habitudes. » Était-il possible qu'elle pensât sincèrement cela ? Non, elle souffrait, mais elle était trop fière pour lui faire des reproches, sauf d'une manière détournée. Pudeur, litote, euphémisme... Et lui qui ne lui cachait rien, parce qu'il l'estimait au-dessus de la condition féminine. Il avait peut-être tort. À Bordeaux, adulée, courtisée, pourquoi se serait-elle gênée ? Mais s'il éprouvait le moindre doute quant à sa fidélité contre nature, qu'attendait-il pour venir au plus vite calmer ses ardeurs ?

Les signes annonciateurs de son arrivée s'accumulèrent. Il lui écrivit que le mari de la « petite d'Anvers » [*alias Mirette ?*] était venu à Gand pour le tuer. En lisant la carte de l'homme, Maeterlinck avait eu un pressentiment et s'était armé de son revolver avant de le laisser entrer. En sa présence, le mari trompé avait parlé d'une manière saccadée, de plus en plus hors de lui, puis il avait mis fin lui-même à l'entretien en jetant son revolver sur la table du salon. Maeterlinck s'était saisi de l'arme très calmement, en avait extrait les balles et avait promis à l'homme qu'il ne reverrait plus sa femme. Le mari s'était presque excusé et était sorti en pleurant.

Maeterlinck lui annonçait donc que plus rien ne le retenait à Gand. Il était prêt à la rejoindre, bien qu'il ne possédât encore que 200 francs (soit aujourd'hui 3 600 francs). « Et voilà, ma Georgette, conclut-il, comment le destin même semble vouloir déblayer tout autour de notre amour. » Tels étaient les « embêtements » du corps amoureux, quand l'aimé (e) vivait au loin !

Avant qu'il ne soit là, elle passa en revue la littérature qu'elle dévorait ces derniers temps : « Pour en revenir aux femmes : les œuvres de Mme de Maintenon[130] n'existent plus, les deux saintes de Hello[131], non plus. J'ai la correspondance de Lacordaire et de Swetchine[132]. Ça a l'air... pénible. J'ai aussi Sainte-Beuve et les lettres de Lespinasse et idem Aïssé. Le hasard m'a fait brocanter ici la vie de Charlotte Brontë, la vie de Jacqueline Pascal et les Confessions de La Vallière corrigées par Bossuet. Aussi un petit livre de Lacordaire sur Marie-Madeleine, il y a de jolies choses dedans, c'est très doux, ça ressemble à un champ d'oliviers à la nuit tombante. Mais il y a çà et là des lueurs et tu sais qu'une lueur dans la pénombre est quelquefois plus précieuse et semble même plus intense

---

[130] L'épouse morganatique de Louis XIV a écrit de nombreux textes : *De l'esprit de l'institut des filles de Saint-Louis*, *Avis aux maîtresses de Saint-Cyr*, *Entretiens* ; et des *Lettres*...

[131] Ernest HELLO (1828-1885). Écrivain catholique français. Il traduisit le *Livre des visions et instructions de la Bienheureuse Angèle de Foligno*. Avant Maeterlinck, en 1869, il traduisit en français des textes de Ruysbroeck l'Admirable. Maeterlinck critiqua son travail.

[132] *Correspondance du Père Lacordaire et de Mme Swetchine* (1864). Mme Swetchine (1782-1857), née Anne-Sophie Soymonoff à Moscou. Meurt à Paris. Russe d'origine, elle s'installe très jeune en France et accueille dans son salon parisien Joseph de Maistre, Montalembert, Lacordaire... Elle écrit en français des méditations mystiques et des lettres.

que le grand soleil déchirant les nuages en plein midi. Sophie Arnould n'existe plus. Je vais chercher Clairon. Je sais trouver aussi une traduction du second roman de Charlotte Brontë, [*Shirley*], et de celui de sa plus jeune sœur, Ann. Malgré l'expérience pénible de *Jane Eyre*, je lirai *Shirley* parce qu'elle dit avoir fait revivre en ce personnage sa sœur Emily. Or le peu qui est dit de celle-ci dans la biographie de sa sœur est très curieux, si bien même dans le sens vivant que l'auteur s'excuse de ne pouvoir "justifier" l'impression peu favorable qu'il fera certainement aux lecteurs ! ! ! Sa sœur elle-même dit que dans *Shirley*, elle essaye de donner une idée de ce qu'aurait été Emily dans des conditions de santé et de bonheur… en somme, elle paraît avoir été trop grande pour son cadre et avoir vécu exaspérée et inflexible. Je me sens très portée vers elle, rien quc son ombre me donne une impression plus réelle que le corps des autres… Dix heures du soir. Adieu, mon Maurice, je vais me coucher… quand dormirons-nous ensemble ! ! ! »

Elle recherchait fébrilement ses sœurs dans les personnages qu'elle étudiait à travers correspondances, romans autobiographiques, journaux et biographies. Grâce à Julie de Lespinasse, épistolière et femme d'esprit protégée de Mme Du Deffand, dont le salon attira d'Alembert, Condillac, Condorcet et qui disait : « Il n'y a que l'amour-passion et la bienfaisance qui me paraissent valoir la peine de vivre. », la Bienheureuse Angèle de Foligno, la cantatrice Sophie Arnould et la tragédienne Mlle Clairon, Mlle Aïssé, la Circassienne de la Régence, Emily Brontë, transposée par sa sœur dans *Shirley*, une généalogie clandestine d'amoureuses, de saintes et de philosophes lui servait d'appui moral. Sa solitude dans son époque était plus facile à supporter au contact intellectuel de ces ombres.

La venue de Maeterlinck, après l'intense préparation épistolaire des semaines précédentes, fut sans doute vécue comme un merveilleux intermède. Mais sa présence apporta aussi une déception que la cantatrice n'a pu exprimer à l'époque. Rédigeant ses *Souvenirs* dans les années vingt, elle ne s'attacha guère à ces retrouvailles, sauf pour relater deux « brefs souvenirs, presque deux visions : le premier soir, après le dîner, une petite table de bois doré, un compotier de fruits posé sur un rond de dentelle. La lumière de la lampe sur son front incliné. »[133] Il lui confia ses tourments relatifs à son ancienne maîtresse. Se maintenant dans la ligne de ses écrits antérieurs, pour ne pas le contredire et le désespérer, elle l'écouta « avec un calme faux, une indulgence simulée. Je ne voulais pas laisser voir une peine opposée à mes belles théories… » Quelques mois plus tôt à Bruxelles, Laurence avait revendiqué sa place, se présentant en ménagère parfaite et en rempart de ses intérêts : Maeterlinck lui revenait de droit. Georgette l'avait « laissée courir sa chance. » Ce soir-là, 34, allées de Tourny, combien, malgré son intelligence, cela lui semblait difficile de supporter qu'il se montre incapable de renoncer aux autres femmes simplement par amour pour elle ! Mais pour rien au monde, elle ne se serait départie de son « calme faux ». Elle l'autorisait ainsi à lui manquer d'égards chaque fois qu'il en aurait envie, croyant savoir qu'elle était indifférente à ses infidélités, mieux qu'elle les approuvait.

Il repartit trop vite. Le reconduisant à la gare, elle fut frappée par sa pâleur. « Était-ce la fatalité de ses premières œuvres qu'il subissait encore et qui nous

---

[133] Georgette LEBLANC, I, Op.Cit.

semblait menacer notre bonheur ? Nous nous disions au revoir comme on se dit adieu devant la mort. »[134] Deuxième et dernier souvenir de la présence du poète à Bordeaux...

Elle lui écrivit aussitôt. Elle s'était remise également à la lecture de *Shirley*. Pourquoi n'avait-elle pas profité de sa présence pour lui parler longuement du roman de Charlotte Brontë ? Maeterlinck n'aimait pas la conversation. D'autre part, ils se retrouvaient si peu physiquement qu'ils avaient tenu l'un comme l'autre à utiliser au mieux ces très courts moments. « Quel bonheur pour moi d'avoir enfin une direction précise dans ma "vie intellectuelle". J'ai presque fini de lire *Shirley*, c'est mille fois mieux que *Jane Eyre*, ce n'est pas comparable ! Intéressant même par deux caractères de femmes bien. Celui de sa sœur surtout [*Emily*] est beau de force, d'originalité et de cœur... Il semble par exemple livré entièrement à l'instinct et il est incomplet en cela. Mais c'est inouï la marche qu'il y a entre son premier roman et celui-ci. Sachant sa vie, je ne puis m'empêcher de voir là la marque de la souffrance... Entre ces deux ouvrages, elle a perdu son frère, puis Emily et enfin sa plus jeune sœur, Ann !... Maintenant peut-être mon jugement est-il plus approprié à sa personnalité, maintenant que je connais sa vie — car pour connaître véritablement l'œuvre d'un homme nous devrions toujours connaître les circonstances dans lesquelles il la mit au monde... Cependant j'ai dans ce roman des surprises désagréables comme celles que j'ai eues en lisant "Aurora"[135]. C'est instable comme beauté (comme morale, je n'en cherche même plus !...) au moment où l'on rencontre enfin un sol ferme sur lequel on croit pouvoir avancer sans crainte, il arrive un tournant trop brusque et on tombe dans un précipice !... Ah ! notre cher Fénelon et tous nos chers amis si pleins de sécurité... quand trouverons-nous la sécurité dans l'œuvre d'une femme ? »

Dans le courant de l'écriture, elle dit avoir reçu de Madeleine Maus une coupure de presse l'informant qu'en janvier 1897, une certaine Mlle Duthil allait chanter « des fragments de la Mélisande de Debussy ! » aux Concerts Ysaye. « Tu sais, c'est la petite qui n'est pas sotte mais qui me copie trop. On en a parlé souvent devant toi. Debussy ne devrait-il pas au moins prévenir ? Enfin, tant pis ! » Elle s'était attachée au personnage de Mélisande, au point de ressentir comme intempestives les initiatives d'Ysaye et de Debussy. Pourquoi ne pas l'avoir engagée, elle, au lieu d'une cantatrice portée à l'imitation ? Par cette protestation, elle mettait en garde Maeterlinck contre les empiétements de Debussy. Sans trop insister, cependant. À cette heure Maeterlinck et elle vivaient au-dessus des soucis de la carrière.

Le 13 décembre : « Je t'aime Georgette, je te vois dans tout ce que je touche. Je suis à la fois ici et là-bas et je ne souffre pas encore à force de t'aimer et d'être heureux. » À ses rêves de le voir s'installer à Paris, il opposait alors sa répugnance. Il disait qu'il n'y avait connu que deux véritables êtres. Georgette devrait user de beaucoup de patience pour vaincre sa résistance.

Huit jours plus tard, il postait une lettre en gare de Lille, signe d'urgence. Il avait rencontré Mauclair. Ce dernier, prolixe, parlant longuement de leur amour auquel il ne croyait toujours pas, Maeterlinck ne comptant pas pour Georgette. Seul Mauclair lui importait. Son délire affecta Maeterlinck. Ne souffrait-il pas un peu par leur faute ? Georgette avait déjà trop écrit sur Mauclair. Elle ne put que

---

[134] Ibid.

[135] *Aurora Leigh*, (1855), roman en vers d'Elisabeth Barret Browning.

rire de son incroyable déni de la réalité. Que fallait-il qu'elle fît pour le convaincre qu'il se trompait ?

La première heure du 1er janvier 1897, elle composa cette réflexion amoureuse : « Minuit — une heure. Mon Maurice, l'année dernière à cette heure je pensais que je laissais derrière moi la plus belle année de ma vie, car mon imagination n'allait pas au-delà de ce que nous avions vécu… cependant ce n'était rien en comparaison de ce que ma mémoire revit ce soir… J'ai parcouru tout le chemin que nous venons de faire ensemble pour la deuxième fois (songes-tu qu'il y a deux ans que nous nous sommes connus physiquement ?) et je ne trouve pas une ombre… rien que de la beauté, de la bonté, de la clarté… Que dirons-nous dans un an, Maurice ? Par enfantillage j'ai voulu veiller ce soir pour t'embrasser la première, je pense que ça n'a pas d'importance, que rien ne finit, que rien ne commence, que nous avons toujours devant nous notre route d'amour, droite, lumineuse et infinie et que pour notre vie unique les années ne sont que des degrés VERS LE MIEUX. Mais j'aime à penser que tandis que tu dors, sans doute, je t'embrasse, je te vis, et je regarde au loin notre bel horizon éblouissant de lumière — — Je ne puis écrire, je suis fatiguée et triste… ta lettre n'est pas encore arrivée !… et tout de suite je m'inquiète, j'ai peur qu'elle soit perdue… ou que tu sois malade… Adieu, mon Maurice, je t'aime. »

« C'est quand tu n'es pas là que je ne suis plus seul. »

Elle était en pénitence à Bordeaux où elle résidait uniquement pour les besoins de son métier. L'homme qu'elle aimait se trouvait à Gand et le milieu littéraire parisien où évoluait son frère l'attirait. Elle se déplaçait donc à Paris, quand Maeterlinck ou un événement de première importance l'y appelaient. Ainsi, sans qu'on en ait la certitude, il est possible qu'elle ait accompagné Maurice Leblanc à la première d'*Ubu roi*, le 10 décembre 1896, salle du Nouveau Théâtre, 15, rue Blanche. Deuxième spectacle de la quatrième saison du théâtre de l'Œuvre, *Ubu roi* déclencha le scandale que l'on connaît.

Dans les premiers jours de 1897, Georgette et Maeterlinck décidèrent de se retrouver à Paris. Le 4 janvier, il lui confirma son arrivée gare du Nord, un jeudi à six heures du soir et envoya sa lettre en double exemplaire, l'un à Bordeaux, l'autre à Paris où la cantatrice pouvait déjà se trouver, à l'adresse habituelle, 10 bis, rue Piccini. « Je t'ai suivie jusqu'ici et vais continuer à te suivre en esprit jusqu'à la fin du jour. À 9 heures et demie, il m'a semblé que c'était le commencement d'un grand bonheur et ma journée sera légère et bienheureuse jusqu'à ce que le train s'arrête. Ah, ma belle Georgette, comme je reconnais à toutes ces petites choses, auxquelles je n'eusse même pas songé dans les premiers étonnements de mon amour, comme je reconnais la manière différente et définitive dont je t'aime aujourd'hui. On dirait que l'amour, lorsqu'il sait en lui-même qu'il doit être l'amour d'une vie, envahit l'homme avec respect, avec prudence, et comme par couches successives. C'est d'abord l'homme mûr, sa raison et son cœur averti qu'il atteint ; puis il descend dans sa jeunesse et son adolescence, mais l'amour ne devient probablement ineffaçable que lorsqu'il a atteint les couches profondes de l'enfance. C'est alors seulement que l'homme entier est imprégné. On dirait que l'enfant qui ne meurt pas dans l'homme est son gardien bien plus que sa sagesse, et c'est pourquoi sans doute, il cède le dernier. Il ne suffit pas d'aimer quelqu'un comme un amant ou comme un sage, il faut l'aimer aussi comme un enfant aime la première chose qu'il aime. »

Georgette et Maurice Leblanc passèrent la soirée du 5 janvier au Théâtre de la Renaissance, où Sarah Bernhardt jouait *Lorenzaccio*. Maurice rencontra Jules Renard au vestiaire. Les écrivains se connaissaient depuis 1893. Maurice avait envoyé son roman, *Une Femme*, à Jules Renard, qui l'en avait remercié en lui reconnaissant le mérite d'avoir assimilé les leçons de Flaubert et de Maupassant. Il disait de l'héroïne d'*Une Femme*, Lucie Chalmin : « C'est une Bovary exaspérée. »

Maurice lui présenta sa sœur. La cantatrice fit alors vibrer la corde sensible de l'auteur de *Poil de carotte*, lorsqu'elle s'exclama : « Oh ! Monsieur, je suis heureuse de vous voir. Laissez-moi vous regarder. J'admire tout ce que vous faites, et c'est si rare, un écrivain ! » Jules Renard s'avoua « troublé ». « À un entracte, je m'excuse auprès de Maurice Leblanc : " — Dites bien à votre sœur que je ne suis pas aussi sot que j'en ai eu l'air, et que je suis profondément touché." » Maurice Leblanc fit l'éloge de Georgette, « femme extraordinaire, grande artiste lyrique et enthousiaste de chaque instant. » Jules Renard eut besoin de certitude et insista : « Pourquoi, dis-je, aime-t-elle les petites choses que je fais ? À cause de ma sincérité ? Est-ce là le lien qui attache les âmes les plus différentes ? » Maurice dut acquiescer ou s'en tira par un silence « qui en disait long ».

Sous le coup des compliments de la diva, Jules Renard « n'ose plus la regarder dans sa loge. » C'était trop. « J'ai besoin d'aller vite travailler dans du noir. » Cette émotion ne l'empêcha pas de décrire la cantatrice telle qu'elle lui apparut ce soir-là : « Je vois une tête étrange : deux grands yeux, un grand nez, une grande bouche. » Ce visage et les louanges décernées avaient bouleversé l'écrivain qui doutait perpétuellement. Ne disait-il pas de lui-même : « Jules Renard, ce Maupassant de poche... on dira de lui qu'il était le premier des petits écrivains » ?

Les propos de Georgette reposaient-ils sur une connaissance approfondie de son œuvre ? « J'admire tout ce que vous faites ». C'était gentil mais douteux. Dans sa correspondance avec Maeterlinck par exemple, elle n'effleure pas une seule fois le sujet. Quand elle rencontra l'écrivain, avait-elle vraiment lu *L'Écornifleur*, *Poil de carotte* ou *Histoires Naturelles* ? Lui ne se posa pas la question. Sa modestie n'allait tout de même pas jusque-là. Il nota scrupuleusement les paroles de la cantatrice dans son *Journal*.

À Gand, Maeterlinck était toujours sur le départ. On eût dit qu'il se préparait à une formidable expédition : « Gand, 6 janvier 1897, dimanche soir. J'entre dans l'attente impatiente et énervée qui a précédé mon départ pour Bordeaux. Le retour est comme le départ. Une fois qu'il a été décidé, il faudrait qu'il ait lieu tout de suite. Quand on sait que la séparation doit être longue, on ne compte pas les heures et la souffrance de l'absence se répartit sur une longue étendue. Mais maintenant elle se concentre en chaque minute que je vis loin de toi, je jette sottement à la mer l'un des plus beaux ornements de ma destinée... Je t'aime, ma Georgette, je me demande comment nous arrangerons notre vie dans l'avenir, car il me semble que les limites permises à notre absence se resserrent de plus en plus. Je crois que cette fois, j'aurais volé ou fait n'importe quoi si je n'avais pas eu l'argent nécessaire pour te rejoindre au bout de ces quatre semaines... »

Aveu émouvant d'un homme de trente-cinq ans dont les mouvements sont limités par une gêne relative. Ce fils de grands bourgeois n'a toujours pas les coudées franches, malgré ses pièces jouées en Angleterre, en Amérique, en

Scandinavie, et la parution de trois livres en 1896. Franchir 250 kilomètres pour rejoindre la femme aimée réclame de lui effort et persévérance. « Adieu, ma Georgette, termine-t-il, je suis un peu bête. (...) Adieu, je t'aime. Je songe tout le temps aux bras tièdes, aux cheveux, à la bouche et aux seins de Moumoutte... » Ce surnom enfantin qu'il utilisait avec parcimonie, peut-être parce qu'elle le jugeait ridicule, il l'avait emprunté à la chatte Moumoutte de l'ouvrage de Pierre Loti, *Le Livre de la pitié et de la mort*[136]. Loti y raconte l'histoire de deux chattes, Moumoutte Blanche et Moumoutte Chinoise. Laquelle des deux était Georgette dans l'imaginaire érotique de Maeterlinck ? Cela, il ne le précise pas. Dans Moumoutte, il y a les deux M de maman.

Le 7, nouvelle lettre de Gand : « J'ai été si heureux, ma Georgette, de trouver ton écriture qui m'attendait, en arrivant à Paris, lors du dernier voyage, que je m'imagine que tu éprouveras peut-être la même joie. Quand à l'hôtel, on m'a remis ta lettre, ce n'était plus un hôtel, mais une maison où tu avais passé, où tout me semblait plein de ta présence ; et je me rappelle qu'en montant l'escalier, j'étais heureux comme si j'allais te trouver dans ma chambre... Et cependant, alors, je m'éloignais de toi... Je trouve comme toi qu'il serait sage de retarder mon arrivée à jeudi. Tu dois tes premières à Maurice [*Leblanc*]. Maurice n'enlève rien à notre amour, et je sais bien que nous ne lui enlevons quelque chose qu'en apparence. Mais les apparences sont quelquefois cruelles et je me le suis reproché plus d'une fois. Je serai donc à Paris à six heures du soir. Mais quand je songe que demain à partir de 9 heures, tu vas te rapprocher sans cesse... Je ne sais ce que je vais faire. Je ne pourrai tenir en place, je fouetterai les heures. S'il fait beau, je prendrai ma bicyclette et j'irai à toutes pédales vers le sud, pour me rapprocher un peu de ton côté.

« À propos de temps, je crains qu'il ne fasse bien froid à Paris pour la pauvre Moumoutte. Ici, il gèle depuis deux jours. Sois prudente. Pour moi, me voilà décidément enrhumé, mais pas grave.

« Ah... j'aime ce que tu dis sur la jalousie. C'est absolument ce qu'il faut dire. Je sais d'ailleurs que maintenant j'éprouverais exactement la même chose. Je sais aussi qu'ici l'instinct a raison et que la plus simple caresse donnée à un autre être enlève quelque chose au caractère unique que la caresse doit avoir dans un amour unique. Au reste, je constate une fois de plus qu'il faut respecter toutes les manifestations instinctives de l'amour, car, lors même qu'elles semblent blâmables à la raison, elles ne sont pas sans raison. »

Après la soirée Sarah Bernhardt, Georgette était vite retournée à Bordeaux, Thaïs et Navarraise obligent, avant de reprendre le train pour Paris. Une partie considérable de ses gains devait être dépensée dans les transports, car pour aller plus vite, il valait mieux voyager en première. Quant à Maeterlinck, dont le trajet était beaucoup plus court, il rédigea encore une lettre et un télégramme, ce dernier simplement libellé « En route. » Il prévoyait que ses derniers messages lui parviendraient dans la matinée de jeudi. Si, le soir, elle ne venait pas l'accueillir à la gare, à cause du froid, il se rendrait de suite à l'hôtel Montesquieu, où il l'attendrait toute la soirée. Elle l'y retrouva et lui murmura la dernière phrase de sa lettre reçue le matin même : « Je songe à la manière dont nous allons nous embrasser. »

[136] Calmann-Lévy, Paris, 1891.

Le séjour du poète à Paris et à Versailles n'excéda pas une quinzaine de jours.

Engagée par l'Opéra de Nice, elle dut s'installer à l'hôtel d'Angleterre avant la fin du mois de janvier. Dès le lundi 25, elle lui envoyait une lettre à Gand, qu'il recevait le mercredi soir. Leur séparation fut cette fois si pénible qu'il essaya de se consoler en tablant sur la rapidité de la poste : « quand tout va bien, (*les lettres*) mettent tout juste vingt-quatre heures. » « C'est moins que je ne craignais et cela m'a consolé un peu, car jamais, je crois, matériellement, nous n'avons été aussi éloignés l'un de l'autre. » Nice et Gand sont en effet distants d'environ mille kilomètres.

Elle se plaisait à Nice, en dépit de la séparation et de l'enchaînement au répertoire de Massenet. Comme à Bordeaux l'année précédente, elle alternait *Thaïs* et *La Navarraise*. Elle ne parlait plus du tout des héroïnes de Wagner. Mais elle était joyeuse et heureuse de vivre, tant son amour comblait les manques et les vides. Maeterlinck lui écrivit : « Je constate clairement aujourd'hui que la joie de l'un de nous pénètre bien plus profondément en celui qui l'apprend qu'en celui qui l'éprouve, et c'est pourquoi chaque fois que tu souris là-bas, ou chaque bonheur qui t'y arrive, dis-le-moi, ma Georgette, et j'aurai de cette façon la part la plus belle et la plus durable de tes joies. Comme l'amour véritable diffère de l'amour ordinaire. Dans le temps, quand je croyais aimer un peu d'autres êtres que toi, je ne sais quel instinct semblait leur envier le plus petit bonheur qui ne venait pas de moi, tandis qu'à présent chaque bonheur qui t'arrive, m'arrive bien plus directement qu'il n'arrive à toi-même ou n'arriverait à moi. Je voudrais par moments que tu sois seule heureuse dans la vie, afin d'être plus heureux que toi-même, car je ne puis plus m'imaginer ce que serait pour moi un bonheur qui n'aurait pas passé par toi. J'ai été un peu triste jusqu'ici, mais c'était une tristesse heureuse, puisque c'était la tristesse qui permet d'évaluer les plus profonds trésors de notre cœur. Aujourd'hui je regarde les fleurs et la mer que tu as regardées et il me semble que j'ai envoyé là-bas en mission de soleil et de bonheur, l'organe fidèle de ma joie. Ah… cette fois encore et après cette nouvelle étape, je t'aime tellement plus, ma Georgette, tellement plus que je n'y vois plus clair et qu'il faudra bien des jours avant que je ne puisse parcourir avec un peu de calme les conquêtes nouvelles de notre amour. »

À Gand, il avait « de la glace et de la neige jusqu'aux genoux », mais le cœur était chaud et l'intellect attentionné. Il conseilla à « sa Georgette » *La Mythologie des Grecs*, par Decharmes, chez Garnier Frères éditeurs (« un peu chère malheureusement, 16 F, mais à Paris on l'aurait pour 12 ») et lui envoya *Les Heures claires* de Verhaeren : « Il y a là des strophes qui ne semblent écrites que pour toi ».

Elle lui répondait avec ponctualité et abondance. Des lettres semblaient s'égarer ou mettre plus de temps qu'espéré. Au 31 janvier, il l'informa que celle postée le vendredi après-midi avait été distribuée à 8 heures, sans doute du matin. Pour les amants séparés, le temps était l'obstacle principal auquel ils devaient à chaque seconde se mesurer. « Il y a donc progrès. Ah ! comme on guette tout ce qui rapproche un peu les distances », soupirait Maeterlinck. Il lui donna des nouvelles d'un « Jean Lapin » qu'elle avait tenu dans ses bras la dernière fois qu'elle était venue à Gand. L'animal avait « failli mourir pour avoir joué trop longtemps dans la neige ». Maintenant guéri, il était plus insouciant que jamais. L'écrivain, quant à lui, avait « été un peu malade aussi — ayant été [*sic*] attraper froid je ne sais où et j'ai dû garder la chambre avec fièvre, vertiges, etc.... Mais c'est fini et je sortirai même à bicyclette tout à l'heure. Et puis, je t'ai aimée si doucement pendant ces heures de solitude. Je crois qu'on ne peut être longtemps ni sérieusement malade quand on aime. On a devant soi et en soi une telle lumière, une telle chaleur, une telle certitude que la flamme de la vie a une force qu'elle n'a pas lorsqu'elle n'a pas uni deux êtres. Et puis, comment le mal lui-même pourrait-il faire quelque mal à la vie, puisqu'il n'est pas plutôt entré qu'il se transforme à son tour en amour et devient une douceur plus douce que celle de la santé. » Obligé de garder la chambre, il avait lu la vie de Carlyle. « Ah ! quelle belle et noble et héroïque vie, dans de toutes petites circonstances. Et comme un homme peut être grand sans rien faire d'extérieur.[*Il avait merveilleusement exprimé et developpé cette idée dans le chapitre "Le tragique quotidien", du* Trésor des humbles.] Je t'en reparlerai quand je te reverrai, car c'est un *bonhomme* dans ton genre (mais moins bien, il n'y a pas à dire) tu verras... Adieu Georgette, cette lettre ne compte pas, c'est simplement pour te redire que je t'aime. »

Elle s'inquiéta de sa santé : il lui répondit par un télégramme : « 4 février 1897. Reçu lettre. Tout va bien. Avec toi. Maurice. » Et c'est par une lettre qu'elle apprit qu'il avait reçu ses fleurs « hier matin, tes chères pensées d'amour, (...) un peu froissées, un peu fatiguées du voyage, elles me rappelaient tes sourires lorsque tu es un peu souffrante ; mais je les ai soignées si attentivement qu'elles se sont presque toutes redressées. Et les voilà dans trois vases sur ma table, et c'est la première fois que je comprends les fleurs. Les pauvres iris et jacinthes ont beaucoup souffert, mais les œillets ont merveilleusement résisté. J'attends la mort complète des iris pour les recueillir dans les livres que nous avons aimés ensemble. (...) Il y a des heures de la journée où je suis successivement tous tes gestes, là-bas ; si loin de moi, comme si j'étais à tes côtés, et cela se mêle à tout ce que je t'ai vu faire pendant que j'étais près de toi et tout ce que je t'ai vu faire en imagination fait que je t'aime davantage. C'est inouï comme la mémoire de l'amour se développe en même temps que l'amour. Je ne crois pas que le plus petit geste (...) soit sorti de mon souvenir, et chacun de ces gestes, chacune de ces attitudes, chacun de ces regards, de ces sourires, de ces paroles, de ces pensées qui n'avaient même pas besoin d'être dites, est pour moi l'objet d'une admiration et d'un amour inépuisables. Je ne t'ai jamais possédée comme je te possède aujourd'hui. Je ne sais pas moi-même pourquoi je ne puis à ce point m'empêcher d'admirer tout ce que tu fais... Ce n'est pas seulement parce que je t'aime, c'est peut-être parce que je commence à te connaître. Tu es de plus en plus parfaitement pour moi le seul être vivant, le seul être constamment véritable que j'ai rencontré et c'est cela qui fait sans doute que tout ce que tu fais acquiert une telle signification à mes yeux. »

Le jeudi matin suivant, il nota, en prélude à une journée qui s'annonçait longue : « Pas encore de lettre. Ah, vraiment, le temps infini que mettent à arriver ces pauvres lettres, décourage d'écrire. » L'après-midi, ayant reçu ce qu'il espérait, il reprit le même feuillet : « (...) Il était temps. Malgré ma bonne sagesse, je commence à voir un peu sombre autour de moi, et je m'imaginais déjà que notre amour diminuait... C'est ainsi, toute la partie forte et stable de soi sait parfaitement qu'il n'en est rien, malgré qu'elle le sache, quelque chose de stupide qui demeure en nous souffre comme si on ne le savait pas. Car il est un peu de l'âme comme du corps, où il suffit que le bout du petit doigt soit blessé pour enlever au corps entier une partie de la joie de sa santé parfaite. Ah, (...), comme je t'ai retrouvée tout entière (...), avec ton amour, ta sagesse et les éclairs de tes grands jours. »

Dans sa dernière lettre, elle lui avait parlé longuement et lucidement de Madeleine Maus dont elle avait eu à se plaindre. Le cas de Madeleine offrit à Maeterlinck l'occasion de livrer sa pensée sur les femmes très intelligentes : « Tout ce que tu me dis de Madeleine ne m'étonne pas et ne m'indigne pas non plus. Elle avait cela en puissance, comme toutes les femmes chez qui l'amour est toujours bien plus près de la haine que chez l'homme. Je suis convaincu que la pauvre petite t'aime très réellement, mais Madeleine, malgré toute son intelligence est aussi inconsciente que la femme ordinaire. J'ai remarqué cela fréquemment chez les femmes d'une intelligence supérieure. On dirait même que c'est là le point capital qui différencie l'intelligence de l'homme. L'homme même avec une intelligence moyenne peut appliquer une partie de cette intelligence à des retours sur soi, c'est-à-dire au développement de sa conscience, tandis que la femme, même d'intelligence supérieure ne peut rien distraire, semble-t-il, pour ses retours sur soi. On dirait qu'il y a là une certaine qualité de l'intelligence qui s'applique ou ne s'applique pas à la conscience. Or je crois que toute intelligence qui ne se transforme pas immédiatement en conscience, est une intelligence qui s'aigrit, s'empoisonne et finit par faire un usage malfaisant d'elle-même car la conscience est le seul vase où l'intelligence se conserve pure et claire. (Ça, c'est une phrase à la Moumoutte, blague-t-il.) Tu verras que Madeleine ne sera probablement pas gênée le moins du monde, alors qu'un homme infiniment moins intelligent qu'elle ne saurait où se fourrer après avoir fait ce qu'elle a fait[137]. J'aime à réfléchir à ces choses, parce que ce m'est une occasion de plus d'aimer l'admirable exception que tu es au milieu de tes sœurs les plus belles, ma Georgette... »

Fut-elle sensible à cet hommage ? Sans doute. Bien qu'elle dût trouver étranges ses considérations sur ce qui distingue l'homme (à l'intelligence moyenne) de la femme (à l'intelligence supérieure) au bénéfice du premier. Pouvait-on vraiment, à partir du cas de Madeleine, étendre aux femmes un raisonnement qui ne concernait qu'une seule d'entre elles ?

Enfin, la cantatrice demeurait « l'admirable exception ». Chez elle, l'intelligence se transformait immédiatement en conscience. D'ailleurs, elle s'essayait aussi à la conscience pratique. Décidée à s'établir à Paris, Georgette louait désormais un appartement, 5 Villa Dupont, impasse chic s'ouvrant sur la rue Pergolèse, à quelques mètres de la rue Piccini. La Villa Dupont est encore aujourd'hui une voie privée, bordée d'anciennes maisons et d'hôtels particuliers. La rue Pergolèse se termine avenue Foch, anciennement avenue du Bois. En 1897, la Villa Dupont était un îlot urbain dans un coin de forêt, comme la rue Lalo et la Villa Saïd. En habitant Villa Dupont, Georgette s'enracinait à Passy, où elle s'était installée après le jugement de séparation de corps qui l'avait libérée de son mari espagnol.

Elle comptait occuper son appartement dès le 15 février et ne manquait pas d'idées de décoration. L'objet qu'elle recherchait était un sablier. Maeterlinck croyait qu'il était encore possible d'en trouver à Anvers, « des sabliers de ce genre étant encore sur certains navires pour compter les nœuds que l'on file. » À

---

[137] Malheureusement, nous ignorons la « faute » de Madeleine...

défaut, une relation, « directeur d'une verrerie à Valenciennes, fera souffler le double globe qu'il nous faut, ce qui sera bien plus joli que deux entonnoirs. »

Dans sa lettre, il s'inquiétait tout à coup de Mauclair. Avait-elle reçu de ses nouvelles ? Il l'avait mise « un peu en vignette dans le dernier *Mercure* ». Le dessin la représentait assise, adossée à un arbre, visage levé, coude sur le genou et poing sous le menton dans une attitude méditative. Il fut publié en février 1897 à la fin d'un article de Léon Rictor, « L'art théâtral à Paris ». En fait, non seulement, Georgette inspirait des dessins à Mauclair, mais elle était le principal personnage féminin du roman qu'il avait en chantier.

À Nice, elle n'était plus seule, son frère Maurice l'avait rejointe avec sa nouvelle compagne, Marguerite Wormser, non encore divorcée. Maeterlinck eut une pensée pour le « bonheur que Maurice doit avoir en t'ayant près de lui. »

Lundi soir, 9 février, l'homme du Nord imagina son amante dans la lumière et les fleurs de Nice. Mardi matin, il lui recommanda de rester au moins jusqu'au Carnaval. « Je compte tous les jours comme s'il est entendu que tu restes jusqu'à ce moment-là et tous ceux que nous gagnerons seront autant de jours de joie inattendus, pourvu qu'ils ne laissent aucun regret. » La veille, il souffrait : « Autrefois j'aurais pu le faire, aujourd'hui, je ne peux plus être heureux quand tu n'es pas là, même quand je te sais heureuse. Je t'aime moins "haut" peut-être, mais je t'aime bien "plus près" et j'aime mieux t'aimer plus près que t'aimer plus haut, car je t'aime vraiment trop pour pouvoir sacrifier comme autrefois une heure de ta présence à la sagesse de notre amour. Il faudrait presque rougir de dire cela, et cependant n'est-ce pas l'amour qui a raison contre tout ce qui n'est pas l'amour avec toutes ses faiblesses et ses désirs déraisonnables ? Chaque fois que je constate en toi ou en moi-même ces inquiétudes puériles de l'amour, je suis bien plus heureux que si notre sagesse avait remporté un triomphe de plus sur l'amour. Car l'important pour nous, c'est de nous aimer et tout le reste vient naturellement par surcroît. Jusqu'ici nous n'avions pas encore connu à ce point l'inquiétude — toi, pour un silence, moi, pour un retard — et voilà que nous avons atteint dans notre amour l'inquiétude dans la sécurité parfaite. »

Il passait dans son entourage pour un sage secret, renfermé, un « mystique flamand » à l'image de Ruysbroeck. Dans sa lettre du mardi matin, 10 février, il dressa l'acte de décès de « Jean Lapin » : « Hélas, le lapin blanc vient de mourir. Depuis sa dernière maladie, il donnait des signes évidents d'aliénation mentale. Il rongeait la peinture des portes et des murs, ce qui lui valait des indigestions et des empoisonnements quotidiens. Puis depuis quelque temps il avait découvert l'existence du feu et s'était mis à l'adorer. Une nuit, il s'est couché dans le feu de la salle à manger et le lendemain matin, on l'a trouvé, le ventre intact, mais les deux flancs rôtis, comme si, se sentant cuit à point d'un côté il s'était retourné sur l'autre. Il a survécu deux jours, puis avant hier, il est décédé... Je le regrette parce que tu l'as tenu plus d'une fois dans tes bras. Mais à part cela, il était bien insupportable, rongeant les pieds de tous les meubles (il aimait surtout l'acajou) ahuri, sourd, stupide etc.... En tout cas, ce suicide est assez étrange... »

Petit chef-d'œuvre de cynisme badin et d'humour, ce récit dut attrister Georgette dont la compassion pour les animaux était sans limites.

Le 11 février, il reçut confirmation qu'ils se verraient le 22. Il exulta. Puis lui apprit tranquillement que « le petit » lui avait envoyé une lettre « assez dure ». « J'ai tâché d'y répondre sagement. » Mauclair entretenait sa blessure en lui reprochant de s'être joué de lui, ce qui installait sans doute un climat favorable à l'écriture de son roman.

Sachant de manière irréfutable qu'ils allaient se retrouver dans moins de douze jours, Maeterlinck était tout entier livré à l'attente : « 12 février 1897, jeudi après-midi, je ne puis travailler aujourd'hui. La joie de te revoir bientôt dévore toutes mes pensées... C'est étrange : pendant quinze jours, j'ai supporté ton absence sans me plaindre en moi-même. Je te savais heureuse là-bas. Je m'enfonçais dans mon travail et ton souvenir seul fournissait la beauté et le bonheur de tout ce que je faisais. Puis tout à coup le désir fou de te revoir et de te rejoindre m'a empoisonné toutes mes heures. Si j'avais pu, je serais allé là-bas. C'est comme si durant un moment, tu m'avais moins aimé et que l'instinct de mon amour m'en eût averti... Est-ce cela, ma Georgette ? Ce serait si naturel, puisque c'est moi maintenant qui entre dans la période la plus ardente de l'amour et que, même dans un amour comme le nôtre, il faut toujours que l'un des deux souffre un peu, ou du moins éprouve ce que l'on appelle, faute d'un autre nom "souffrir " et qui n'est qu'une joie un peu douloureuse qui naît de la conscience trop ardente de l'amour... Je crois que quand nous sommes réunis, nous nous aimons au même degré, et c'est pourquoi nous sommes si heureux que nous ne sentons plus notre existence ; mais lorsque nous nous séparons, c'est tantôt l'un, tantôt l'autre qui aime davantage. C'est une flamme qui va de l'un à l'autre ne sachant plus où se poser. Celui qui la détient un instant connaît alors les plus douces et les plus profondes souffrances de l'amour. Mais dès que nous nous réunissons, n'étant plus inquiétée par le choix qu'elle doit faire, elle ne fait plus de mal, elle nous enveloppe tendrement. Elle monte toute droite vers le ciel et au lieu de brûler, elle réchauffe et éclaire. »

Conversation ininterrompue. Dès le vendredi matin, en attendant la lettre de Georgette, « qui arrivera probablement vers onze heures », il évoqua sa dernière lecture, « une biographie de Robert Browning », le grand poète anglais et mari de l'auteur de *Aurora Leigh*. Ne se souvenant plus que la cantatrice lui avait parlé la première d'Élisabeth Barrett dans leur correspondance de l'automne dernier, il lui résuma la vie des deux poètes. « Leur amour passe en Angleterre pour le plus beau et le plus parfait qu'il y ait jamais eu sur la terre. C'est beau de douceur, de tendresse et de sécurité. Mais cependant, que cela paraît triste par moments ! Elle avait trois ans de plus que lui, c'est-à-dire près de 40 ans quand il l'a rencontrée. » En fait, née en 1806, Robert en 1812, Élisabeth était son aînée de six ans. Elle l'épousa à trente-neuf ans. « Malade, vieille et presque paralytique, continua-t-il. Et c'est navrant, leur voyage de noces en Italie, quand il doit la porter presque tout le temps dans ses bras. Puis, durant quinze ans, il la voit diminuer physiquement tous les jours jusqu'à n'être plus qu'une pauvre petite ombre... Ah, ma belle Georgette, je songeais en pleurant de reconnaissance à notre union plus belle encore qui ne connaît pas ce supplice. Je te voyais si forte, si saine et si pleine de jeunesse et de vie... Comment pouvait-il embrasser comme je t'embrasse cette pauvre vieille femme ! et qu'est-ce que malgré tout que l'amour qui n'embrasse pas passionnément ? Je n'ai jamais vu plus clairement l'étendue prodigieuse de notre bonheur... (...) J'ai peur de tout quand je compare notre histoire à celle des Browning... » Plus âgé que Georgette, se voyait-il vieux et « presque paralytique » dans quinze ans ? Il n'était pas sûr que Georgette eût pour lui la magnanimité de Robert envers Élisabeth. Leur histoire, exemplairement belle, pouvait attirer le malheur sur eux, et finalement les détruire. Avant de terminer sa lettre, et peut-être pour ne pas rester sur cet aveu de crainte, il courut ouvrir sa boîte : « le deuxième courrier est arrivé. Mais pas de Moumoutte. Ce sera pour ce soir (...) » Continuant à s'entretenir avec elle de la *Jeanne d'Arc* de Michelet, si elle n'avait pas encore acheté ce livre, qu'elle ne fasse pas une dépense inutile, il venait de dénicher une occasion à l'état neuf et la lui apporterait.

Le 13 février, des signes de découragement apparurent : « C'est ce matin seulement que j'ai reçu ta lettre écrite mercredi. Ah ! ma Georgette, que cela devient triste à la longue, cette distance qui nous sépare. Nos lettres arrivant toujours trop tard, ne se répondent plus, se cherchent et se poursuivent sans s'atteindre comme des enfants aveugles. Je pense qu'une des miennes doit s'être égarée puisque tu me dis que tu n'en as pas reçu depuis quatre jours. Nous sommes vraiment trop loin l'un de l'autre, Georgette. Il est temps que nous nous rapprochions. On dirait que toute lettre d'amour qui ne peut pas rejoindre le jour même l'être aimé qui doit la recevoir, se décourage en route, et perd les parfums les plus doux de l'amour... »

Il se consola toutefois en songeant qu'il la reverrait peut-être le samedi 19, et qu'à cette date ils auraient été séparés quatre semaines. « Quelquefois, écrit-il, il me semble que nous sommes comme des enfants qui jouent à se pousser au bord d'un précipice... » Maeterlinck ne sortait pas de son univers poétique...

Le soir, de retour de la poste, il trouva une deuxième lettre et y répondit aussitôt : « En la lisant, j'ai comparé ce que je suis à ce que tu es dans notre amour. Ah, ma belle Georgette, comme toute la lumière, toute la bonté, toute la tendresse, toute la patience, toute la sérénité se trouvent de ton côté. J'ai songé tout à coup que si j'avais été dans les circonstances où tu étais, que si tu m'avais su heureux là-bas, loin de toi, immédiatement, d'instinct, sans même y songer, sachant que tes lettres pouvaient me rendre plus heureux encore, tu aurais fait tout ce que tu aurais pu pour ajouter quelque chose à mon bonheur. Je me demande tout à coup, si d'instinct, je n'ai pas fait le contraire... Je n'ai jamais vu plus clairement l'abîme de bonté, de sagesse et d'amour au-dessus duquel tu me tends les bras depuis si longtemps. Il me semble que j'ai été mauvais, mauvais durant toute ton absence. Je me suis tellement accablé de reproches qu'il faudra toute ta bonté pour que j'ose encore te parler comme autrefois. Hélas, tout cela vient peut-être de ce que je t'aime trop... » Peut-être.

Elle avait fait ses adieux à Nice et à l'hôtel d'Angleterre et était déjà en route pour Paris, lorsqu'il envoya, le 15 février, son premier courrier Villa Dupont, à l'appartement qu'elle avait loué avec l'espoir de l'y accueillir bientôt : « (...) je tremble quand je pense qu'au moment où tu liras cette lettre (...), nous sommes à la veille de nous revoir... (...) J'étais vraiment au bout des forces de l'attente. Tu l'auras vu peut-être. Je ne sais si l'impression que j'en ai gardée est exacte, mais je me sens un peu gêné quand je songe aux inquiétudes de mes dernières lettres. Il me semble que cette fois, ma sagesse n'a pu dominer toutes les pauvres impatiences de l'amour... et je me sens aussi misérable que ceux que tu ne pourrais pas aimer parce qu'ils seraient misérables en leur amour... Il faut longtemps se soumettre à l'amour avant de connaître l'amour. Si fort qu'il soit, il a besoin de bien des jours pour transformer toutes nos forces en sa propre substance. C'est une dérision de vouloir qu'on dirige l'amour, car tant qu'on peut le diriger, on n'aime pas assez. On n'aime assez que lorsque l'on a absorbé toute notre force et toute notre sagesse, même celle qu'il faudrait pour pouvoir en parler, qu'on a le droit de parler de l'amour... »

Ayant confessé sa faiblesse, il offrit à Georgette le plus beau des gages : « Je ne suis content de moi qu'à un seul point de vue, c'est que cette fois j'ai été absolument *sage physiquement*. L'épreuve a été énervante mais d'abord, je n'aurais pas pu ne pas le faire. Et puis, je suis heureux... »

Un homme heureux peut se contraindre à la chasteté, alors que son tempérament le porte plutôt à l'excès contraire. De plus, en dehors des tentations ordinaires du sexe, il avait été fort exposé ces derniers temps, Laurence étant venue le relancer. La belle Anglaise, seule rivale possible de Georgette, avait le tort d'être jalouse. « Pauvre Laurence, elle doit avoir souffert pour en arriver là. Cependant, cette fois, puisqu'elle demande toute la vérité, je la lui dois et la lui dirai tout entière : c'est-à-dire que si même je ne t'avais pas rencontrée, je suis absolument sûr que je n'aurais jamais pu l'aimer d'amour. Quoique cruelle, c'est la seule réponse honnête à faire ici, et la simple honnêteté, dans les cas graves, vaut souvent mieux que la bonté. Puis, il y a dans sa lettre un mot odieux qui l'exige : "après Georgette". »

Continuant à lui écrire le mardi, il lui fit part de son désarroi. Il ne semblait pas disposé à se rendre à Paris, bien qu'il lui demandât de télégraphier si elle désirait sa venue. Il craignait pour elle la fatigue des voyages, et que « le passage du sud au nord « , « trop brusque », lui soit néfaste. Mais ce fut aussitôt pour lui exposer le climat de Gand : « le temps est assez beau, l'air assez tiède ici, et l'approche du printemps se fait déjà sentir. Mais n'est-ce pas navrant que pour nous aimer, je doive t'arracher aux fleurs et au soleil ? »

Devant de telles perspectives climatiques, qui eût hésité ? Elle viendrait donc à sa demande, puisqu'il n'était plus question pour lui d'aller à Paris. « (...) tâche d'être vendredi à Bruxelles, tu aurais ainsi l'occasion de voir Mme Bréma[138] dans *Orphée* (c'est la dernière), où elle est, paraît-il, extrêmement remarquable ; j'ai attendu d'aller la voir jusqu'à ce moment, dans l'espoir de la voir avec toi. »

C'est dire si Maeterlinck s'était dégrossi au contact de Georgette. Elle lui avait communiqué, semble-t-il, un goût assez sûr, qui était loin d'être le sien avant qu'il ne l'ait vue dans *Carmen*, *Thaïs* et *La Navarraise*. Aussi la légende d'un Maeterlinck, béotien musical, doit-elle être révisée. Il restait un amateur et demeurait incapable d'apprécier la valeur d'une œuvre en lisant sa partition, mais il n'était pas insensible à la beauté d'un air d'opéra.

Laurence repartie pour Londres, lestée du même espoir fou d'être enfin l'élue, il prépara son rendez-vous avec Georgette : « J'irai à ta rencontre à Bruxelles, expliqua-t-il. Au reste, tandis que je suis en route, il me serait impossible de t'attendre dans l'immobilité. Je t'en prie, quand tu seras arrivée à Paris, télégraphie-moi un simple mot afin que je sache que tout est bien. Songe que je ne suis plus très raisonnable... (...) Je me dis que cette lettre, tu l'ouvriras peut-être demain soir et qu'elle t'accueillera sur le seuil de ta véritable maison... Il n'y a peut-être

[138] Marie Bréma, cantatrice française. À Bayreuth, une des grandes interprètes de Wagner, l'égale d'une Gullbranson ou d'une Grandjean. À Paris, on l'entendit chanter Brangaene. En janvier 1897, à l'Opéra-Comique, elle aurait repris le rôle de Marceline de *L'Attaque du moulin*, si Bruneau n'avait décidé de suspendre les représentations à cause de la mort de Carvalho.

plus que soixante heures qui me séparent de toi, et les heures de la nuit tiennent si peu de place. »

Il ne se considéra jamais vraiment chez lui dans l'appartement de Georgette. Elle allait y habiter, pas lui, du moins pas encore. Il avait beau se plaindre de leur séparation et se languir, s'astreindre à la chasteté, il restait à Gand. Sa lettre du 1er mars disait pourquoi : « Je ne t'ai pas encore quittée (...), il me semble que je suis allé simplement "fumer une pipe" et que je vais retrouver ton sourire en montant l'escalier... J'y songeais en m'endormant cette nuit, nous ne nous sommes jamais aimés ainsi. Cela vraiment n'a plus de nom possible. Il ne s'agit plus de communion, de fusion, d'union, tout cela ne correspond à rien de ce qui nous arrive. Pour des êtres comme nous, qui comme tous les êtres un peu forts, ont besoin d'être seuls, c'est la joie d'être deux fois seuls dans le bonheur d'être deux fois un. Quand nous sommes seuls ensemble, nous sommes bien plus seuls que lorsque nous sommes seuls avec nous-mêmes. Mais seuls avec nous-mêmes, nous sommes seuls dans la tristesse, tandis que seuls ensemble, nous sommes seuls dans la joie, et grâce à toi, (...), j'ai reconnu qu'on est bien plus près du meilleur de soi-même dans la joie que dans la tristesse. *C'est quand tu n'es pas là que je ne suis plus seul.* Et il est presque nécessaire de se séparer par moments pour comparer ainsi la différence entre la solitude dans les ténèbres et la solitude dans la lumière. (...), c'est presque bête de le redire, mais je t'aime cette fois encore d'une manière tellement différente. Les rayons de l'amour n'ont peut-être pas de centre, ou un centre qui recule toujours. »

Le départ de Georgette après un très bref séjour lui permit de se retrouver seul dans la joie. Quelque temps après leur séparation, il revoyait « toujours comme un reproche la rose jaune sur le marchepied du train, la rose que je n'ai pas ramassée... »

Il se rapprocha un peu de Maurice Leblanc, qui lui avait envoyé les épreuves de son dernier roman. Maurice était impatient de connaître l'avis de son « beau-frère ». Le livre fut lu en quelques heures et renvoyé, accompagné d'une lettre, à Georgette, à charge pour elle de retourner le paquet à son frère. L'opinion de Maeterlinck sur le livre, telle qu'il la formula à sa bien-aimée : « Il est très beau. On y sent respirer ta beauté. » Ce roman, qui ne sortirait pas en librairie avant le début de mai, s'intitulait *Armelle et Claude*. Les personnages en étaient un frère et une sœur ou deux amants vivant comme frère et sœur. Un critique du temps s'interrogea à sa manière : « C'est seulement à la page 156 du roman — qui en compte 250 — que les deux voyageurs se décident à se poser l'insoluble question de leurs rapports. »[139] Maeterlinck n'avait pas tort de voir en Armelle un personnage inspiré de Georgette et de « respirer » sa beauté à la lecture du roman. La cantatrice et son frère ayant effectué ces dernières années au moins deux voyages ensemble, Armelle et Claude étaient nés de leurs séjours communs.

Maurice Leblanc avait besoin d'encouragement. Contrairement à Maeterlinck, ses débuts n'en finissaient pas. Les milieux littéraires influents ne le prenaient toujours pas au sérieux. *Armelle et Claude* lui vaudrait cependant l'appui de Rachilde dans le *Mercure* de juin et donc plus de considération.

---

[139] Jacques DEROUARD, Op.Cit.

Laurence virtuellement sacrifiée

La critique des romans contemporains n'étant pas vraiment la tasse de thé de Maeterlinck, il ne fut déjà plus question de Maurice Leblanc dans sa lettre à Georgette du 3 mars. Il venait de prendre une décision capitale pour l'avenir de leurs relations. Il s'agissait de mettre Laurence devant la réalité. Georgette reçut l'épître qu'il se proposait d'adresser à la « pauvre Laurence ». « Dis-moi, écrit-il, si tu l'approuves et fais les changements que tu voudras. » Elle la retoucha les jours suivants, ainsi qu'en attestait un post-scriptum de Maeterlinck à une lettre du 4 mars : « Adoucis un peu çà et là, si tu peux. Entre autres "indigne" etc.... qui est bien dur. »

Le résultat de cette collaboration fut le plus beau cadeau qu'un homme eût jamais fait à une femme. Maeterlinck apprenait à Laurence son amour fou pour Georgette et stipulait les conditions rigoureuses auxquelles elle devait se plier pour que le couple l'aimât en retour. Il sacrifiait la « pauvre Laurence » à terme, car le choix qu'elle s'imposerait pour ne pas le perdre était un pari impossible. L'expérience vécue l'année précédente le prouvait.

Par cette lettre, il se surpassait : « Je vous avais à peine quittée, l'autre jour, ma chère Laurence, que j'ai fait quelques pas pour revenir vers vous, car lorsque je me suis vu si brusquement seul j'ai eu un très grand remords de vous avoir quittée sans nous être repris. Mais j'ai obéi une fois de plus à un instinct très fuyant chez moi et que Georgette m'a souvent reproché en souriant, qui me pousse à abréger avec une sorte de terreur enfantine les minutes les plus belles, comme si je craignais qu'en les prolongeant au-delà de leur instant le plus intense, le plus précieux de leur âme s'évaporerait dans un espace trop agrandi. Aujourd'hui, j'ai peur qu'ayant agi ainsi je vous aie peut-être fait souffrir et cependant je ne sais pas si je n'ai pas bien fait de fuir comme un avare qui emporte un trésor trop lourd et qui a hâte de le mettre en lieu sûr. C'est puéril d'ailleurs. Je savais bien que vous ne pouviez rien reprendre, et cependant, j'avais l'instinct obscur de le défendre contre vous-même... Puis, il me semble qu'ainsi, le noyau de votre vie future était un diamant plus brillant et plus net auquel il ne fallait plus toucher ce jour-là.

« Vous avez été si belle et si franche devant moi, ma chère Laurence, que je n'ai voulu vous écrire qu'après avoir longuement réfléchi pour tâcher de trouver une vérité sûre et stable et humaine dans une situation si peu conforme aux lois ordinaires de la vie. Il est en effet trop facile de dire qu'on peut être *trois* à s'aimer au-dessus des habitudes de l'amour. Mais lorsqu'il s'agit de faire descendre cette idée admirable en elle-même dans la vie véritable, il faut examiner jusqu'aux moindres replis de son âme de peur qu'une erreur ne fasse mortellement souffrir lorsqu'il serait trop tard...

« Il faut d'abord que je vous dise en toute vérité de quelle façon j'aime Georgette — car il m'a semblé par moments que vous ne croyiez pas que je l'aime autant qu'il est vrai qu'elle m'aime. J'aime Georgette d'un amour absolu, unique et inébranlable et qui comprend en lui toutes les amitiés et tous les amours qu'on peut imaginer. Je n'ai jamais aimé qu'elle et je sais que je ne pourrais jamais aimer qu'elle d'un amour *semblable*. Si le malheur voulait que je la perdisse demain, je considérerais ma vie comme terminée. Si le hasard avait voulu que je vous eusse rencontrée avant elle, le hasard eût été inclément pour nous deux, car je suis sûr aujourd'hui que malgré tout ce qui nous rapproche et nous mêle si étrangement vous et moi, j'aurais aimé Georgette de la même façon. Je sais la gravité des paroles que je vous dis en ce moment, mais vous êtes si haute et si belle qu'il ne faut pas qu'il subsiste un doute ou une erreur entre nous deux. Il y a dans l'amour que j'ai pour elle, outre toutes les raisons que j'ai pour l'aimer (et vraiment, elles y sont toutes) une part d'inconscience et d'instinct qui est précisément, je crois, la part de la destinée et de je ne sais quelles lois éternelles dans un amour parfait. Or, je ne crois pas que cette indispensable part d'inconscience et d'instinct, ajoutée par miracle à toutes les raisons du cœur, de l'âme et de l'intelligence qui nous forcent à aimer puisse se rencontrer deux fois dans la vie de l'homme le plus aimé des dieux. En un mot, si je n'avais pas rencontré Georgette sur ma route, je sais que je serais mort sans avoir su ce que peut être l'amour unique et absolu.

« Je ne peux donc aimer un être qu'en Georgette, et tout amour qu'elle ne partagerait pas avec moi, ne pourrait vivre en moi… Car vraiment, et c'est vrai, à un point qu'il est impossible de dire, nous ne faisons plus qu'un seul être.

« Mais Georgette est si belle qu'elle ne peut s'empêcher d'aimer ce qui est beau. C'est vous dire qu'elle vous aime et je vous aime de mon côté parce qu'à côté d'elle. Vous êtes l'être le plus beau, le plus humain et le plus clair que j'ai rencontré. Mais de quelle façon cet amour pourra-t-il se traduire et vivre dans la vie ?

« C'est ici que les exemples manquent. Il faudrait une sagesse que je n'ai pas pour être à même de vous dire de quelle façon je pourrais vous aimer. Je vous aimerais plus qu'un ami et autrement qu'un frère ou un amant. Je ne vous aimerai pas comme un amant et cependant je vous aimerai tout autrement qu'un homme aime un homme. Il est parfaitement possible selon l'esprit, l'âme et l'imagination du cœur d'aimer ainsi un être dans un autre, mais dans la réalité de la vie quotidienne, cela ne fera-t-il souffrir personne ? Cela peut-il suffire à l'amour profond que vous croyez éprouver ? La nature la plus intime de l'amour n'est-elle pas toujours exclusive ? ce sont là des questions auxquelles nous ne pouvons pas répondre jusqu'ici, l'expérience innée de l'imagination ne suffit même plus. Mais j'ai cru qu'il était loyal de mettre ainsi mon âme devant vous avec les doutes et les craintes qui s'y trouvent. Un être comme vous a droit à un amour parfait, unique et exclusif. Comme je ne pourrais jamais vous offrir cet amour, j'ai si peur que le moindre malentendu, que la moindre erreur vous fasse souffrir un jour que j'ai mieux aimé en ce moment exagérer mes craintes et augmenter mes doutes… Je ne suis sûr que d'une chose aujourd'hui, c'est que si je mourais demain, il y aurait deux traces très profondes et lumineuses dans ma vie : celle de Georgette et la vôtre à côté de celle de Georgette.

« Adieu, ma chère Laurence, aimons-nous en Georgette, et aimer quelque chose en elle, n'est-ce pas l'aimer dans le meilleur, le plus pur et le plus stable de nous-mêmes ? Mais n'oubliez pas que vous avez une vie qui attend encore quelque chose à côté de la nôtre qui n'attend plus rien. »

Ce chef-d'œuvre eût-il convaincu Laurence de se laisser « aimer en Georgette » et d'aimer Maeterlinck en elle ? Le 6 mars, une lettre de Laurence le fit reculer : « Nous ignorions qu'elle fût malade ». Il envoya à Georgette la prose de leur correspondante. Le 7, il avoua : « Lettre à Laurence, naturellement pas envoyée. Peut-être plus nécessaire de l'envoyer. Enfin, tu jugeras toi-même. » S'en étant remis à elle, il ne parla plus de l'affaire, mais il mentionnera encore son ex-fiancée qui, de Londres, lui enverra des missives de plus en plus plaintives. De son côté, Georgette conserva précieusement la lettre-manifeste. Même si elle était remplie de doutes et d'interrogations, elle n'en constituait pas moins, pour celle à qui elle s'adressait, une invitation à fusionner amoureusement avec l'écrivain et la cantatrice qui prétendaient former une entité indissociable. Cette réminiscence des *Liaisons dangereuses* dans le climat spiritualiste que Maeterlinck entretenait autour de lui, ne dut pas déplaire à Georgette.

« Songe au repos de mon cœur, je t'aime. »

Dans la soirée du jeudi 4 mars, il s'inquiéta encore : « Nos lettres, par lesquelles nous élargissons l'horizon autour de notre amour, se sont étrangement croisées (...) Si la mienne te semble encore trop douce, dis-le-moi. J'aime mieux n'importe quoi que l'idée que tu pourrais t'imaginer que je t'écris ainsi parce que je t'aime moins que tu ne m'aimes. Mais ne parlons plus de tout ceci qui finit vraiment par empiéter un peu trop sur notre amour à nous... (...), je songe à ton mardi si triste. Je voudrais que lorsque tu te trouves à un de ces moments où tu te crois injuste envers la vie, tu me dises tout ce que tu penses. C'est en ces moments-là que la vérité doit paraître plus nue et que tout ce que je dois avoir à me reprocher envers toi, doit prendre une forme plus visible. Je voudrais que tu te plaignes, toi qui ne te plains jamais. Et je regretterai toujours ce que tu as voulu me taire dans ta détresse. Pourquoi ? Je n'en sais rien moi-même. C'est peut-être un instinct de l'amour qui me dit qu'en ces moments qu'on s'imagine injustes, les plus justes reproches de l'amour montent à la surface... Je t'ai aimée et admirée tellement en moi-même ces jours-ci. Jamais tu ne m'as laissé un souvenir aussi pur ni aussi beau. Et c'est étrange, plus je t'aime, plus je t'admire aussi, plus je m'imagine qu'il est impossible que tu m'aimes ou que tu continues à m'aimer... C'est presque toujours là le châtiment de mon admiration et de mon amour trop ardents, et c'est sans doute la première forme que prennent cette fois-ci les premiers tourments de l'absence... Je m'inquiète et je souffre déjà... M'as-tu dit toute la vérité sur ton mal ? Tu sais que j'aime mieux n'importe quoi que la moindre incertitude et Paris est à six heures de Gand. »

Cela dit, il ne bougea pas. Une dépêche de Georgette le rassura un peu. La santé de la cantatrice se rétablissait. Ce n'était qu'un rhume.

Toujours à distance, paraissant prisonnier d'un cercle magique, il lui dit son angoisse : « (...) me méfiant de ces rhumes qui débutent ainsi sournoisement et dans l'état de fatigue où tu étais peut-être, mon imagination allait aux pires choses... On n'a plus de repos quand on aime ; c'est la peine et la joie de l'amour : mais quelle autre joie vaut cette peine de l'amour qui ne nous atteint que pour faire aimer davantage ? À la moindre inquiétude, je sais si vivement combien je t'aime, je vois si clairement pour quelles raisons je t'aime. Et puis, l'inquiétude passe, mais l'amour en demeure embelli, comme les fleurs après la pluie, et si l'inquiétude ne naissait pas, hélas, d'un danger véritable, l'amour serait heureux de s'inquiéter sans cause. »

Le lendemain matin, samedi, on lui apporta une enveloppe épaisse. Il se trouve « tellement heureux » qu'il « n'ose pas l'ouvrir tout de suite ». Puis, quelques minutes à peine après avoir soupesé la lettre, il réceptionna une nouvelle dépêche. Et le samedi après-midi, une dernière lettre lui fut distribuée pour clore la semaine. On imagine leur production épistolaire ! Malgré son harassant métier et ses obligations mondaines, Georgette passait ses moments perdus le porte-plume à la main. Pendant quelques jours — Maeterlinck s'en réjouissait plus d'une semaine à l'avance —, ils allaient délaisser l'encre et le papier à lettres pour d'autres activités, car ils allaient se voir, se parler, faire l'amour, manger et dormir ensemble. Il se voyait déjà descendre du train, gare du Nord, à Paris, ce prochain 16 mars.

Mais en attendant, il fallait se remettre au courrier, seule occupation qui les rapprochait.

Le 12 mars, Georgette chanterait *Thaïs* à Reims. Maeterlinck lui apprit qu'Ethel et Alfred Sutro se déplaceraient de Paris pour l'écouter. Alfred Sutro admirait la cantatrice. Écrivain britannique, auteur de *The Walls of Jericho*, il avait traduit *Aglavaine et Sélysette* en anglais, ce que Laurence, trop concernée par le sujet, n'aurait sans doute pu faire. C'était également un ami de Mauclair et de Lugné-Poe. Selon le directeur de l'Œuvre, Maeterlinck « n'eut pas en Angleterre de champion plus dévoué, de zélateur plus obnubilé que notre excellent Sutro. »[140] Pour vivre, Sutro traduisait le vaudevilliste Bisson et des comédies légères.

Le dimanche 8, Maeterlinck revint sur le problème des femmes qui le harcelaient. Le séducteur finissait par être fatigué de leurs jérémiades. Au sujet de Laurence, il prônait une attitude ferme : « (...) Je crois que le mieux sera de ne plus lui écrire — c'est peut-être cruel, mais notre premier devoir est de défendre notre amour. Et puis, au fond, il n'y a rien de plus cruel que les demi-mesures. Et d'un autre côté, toutes ces "attentes" autour de nous finiraient par nous porter malheur. » Car Laurence n'était pas seule en cause. Une certaine Lydia, « elle aussi, s'était mise à attendre. Aussi ça n'a pas traîné. J'ai pâli de colère et je lui ai envoyé une lettre de rupture si nette et si formelle que je n'en entendrai plus parler... » Une bonne chose de faite ! Georgette ne lisait pas ces nouvelles sans plaisir. Quand il aurait définitivement tué les espoirs qu'il avait fait naître chez ses admiratrices, ce serait autant d'obstacles en moins à son installation à Paris.

« C'est étrange, continua-t-il, comme, à mesure que la flamme de l'amour monte, elle devient plus jalouse. On ne supporte plus qu'une étincelle s'écarte du foyer de l'amour, et si une seule de mes pensées pouvait aller vers un autre être, j'en souffrirais plus que tu ne souffrirais toi, même si tu pouvais la suivre. Il est vrai que c'est impossible. Mais on en vient à ne plus supporter qu'un autre être vous aime... » Georgette lui ayant parlé du jour de leurs retrouvailles, « Huit jours encore, éclata-t-il, et c'est tout ce que je pourrais supporter (grâce à beaucoup de lettres. J'en arrive à en désirer deux par jour, et quand j'en ai reçu une le matin, je retourne l'après-midi et le soir à la boîte, comme si j'attendais depuis six mois). Mais n'y fais pas attention, ce n'est pas raisonnable. Je te dis ceci simplement pour te montrer à quel point toute ma vie se trouve entre tes mains... »

Il était désolé, mais devait s'interrompre. Une grande revue américaine lui avait posé la question : « Quelle femme a le plus influencé Jésus-Christ ? » Il se sentait obligé d'y répondre séance tenante, parce que ça l'intéressait et que le solliciteur était un homme qui lui avait rendu service. Il avait cru expédier ça en quelques phrases, mais il avait déjà écrit trois pages et sa matinée y était passée. Il allait les envoyer à Georgette : « elles sont à toi puisque ce n'est qu'à toi que je songeais en écrivant. » Mais en outre, puisqu'elle allait voir Sutro à Reims, il la chargeait de lui dire combien sa pièce lui plaisait. En effet, le traducteur lui avait

[140] Aurélien LUGNÉ-POE, Op. Cit.

envoyé un « drame » : « Trois actes très bien, très vivants, très réels, très scéniques », estimait Maeterlinck.

On était le 10 mars. Lui qui croyait arriver le lundi, voire le dimanche suivant, vit soudain surgir une foule de petits obstacles qui allaient retarder sa venue au mardi ou au mercredi. « D'abord, pas de linge en ce moment, puis mon tailleur, puis ma bicyclette pas prête, ensuite ma mère à Bruxelles a pris la malle qu'il me fallait et ne reviendra que lundi (il y a bien d'autres malles au grenier mais énormes ou trop petites) etc. etc. Bref, un tas de petits riens stupides, mais dont l'un ou l'autre pourrait me forcer à revenir ici... Et j'ai si bien la sensation de m'en aller pour longtemps que je ne saurais songer à un retour. Il me semble que cette fois nous nous marions définitivement, nous qui étions déjà mariés tant de fois plus que les gens les plus mariés de la terre. Tu as raison de dire que nous vivons de plus en plus une chose impossible. Dans les commencements, elle pouvait paraître possible, parce que tout rêve paraît possible un moment, lorsqu'on ne songe pas aux réalités que renferme l'avenir. Mais à présent, n'avons-nous pas un long passé qui nous garantit l'avenir ? Ah, elle est vraiment étrange depuis quelque temps la netteté avec laquelle je suis les progrès des racines de feu de notre amour dans mon être. Je les regarde chaque jour se multiplier dans mon cœur. Je me couche chaque soir pour trouver leur réseau de lumière plus éclatant et plus profond, et quand je me réveille le matin j'apprends que leur vie ne s'est pas arrêtée durant la nuit et que le sommeil même est venu m'apporter de nouvelles raisons de t'aimer... Je t'aime dans la conscience, je t'aime dans la nuit, je t'aime dans le jour, je ne puis plus faire autre chose, et lorsque je ne songe pas à t'aimer, je t'aime aussi profondément que quand je songe à notre amour. »

Certains éléments de cette lettre pourraient laisser croire que Maeterlinck s'était enfin décidé à vivre à Paris. La suite des événements nous montrera qu'il n'en était rien. Ses atermoiements allaient durer plusieurs années, mais on assistait cependant à une série d'efforts qui le conduiraient à une installation provisoire au 5, Villa Dupont, dans le courant de l'été 1897.

Jeudi 11 mars, de Gand, il avertit Georgette qui avait pris une chambre au Grand Hôtel de Reims : « J'espère, à moins d'imprévu, et même, l'imprévu, je m'en fiche d'avance. Il est donc presque sûr que je pourrai partir lundi, de sorte que lundi soir...

« Je ne puis songer à l'instant de la rencontre dans la gare, sans trembler de bonheur. Comment se fait-il que cette émotion ne soit pas encore émoussée et qu'aucune de nos émotions d'amour ne s'émousse ? Chaque fois que je te retrouve ainsi après une absence, c'est dans l'âme, l'émotion que le corps éprouve quand il va se jeter dans la mer. C'est comme si elle savait qu'elle se jette dans sa mer de bonheur. Je passerai ma vie à faire le voyage pour te trouver ainsi à la sortie d'une gare... »

Pure projection poétique. L'écriture le dispensait de vivre cette impression. À la seconde même où il formulait l'image de Georgette l'attendant à la sortie, tout déplacement réel s'avérait inutile.

Enfin, il se devait de la rassurer sur ce qui la préoccupait tant : sa production poétique et littéraire. « Ne t'inquiète pas pour mon travail. Quand j'ai dit que je n'ai pas travaillé autant que l'autre fois, j'ai voulu dire que j'avais écrit moins de pages, mais c'est que je suis arrivé à des questions si abondantes et si difficiles qu'il fallait s'arrêter pour réfléchir ; dans ces quelques jours, j'ai réuni des notes et des matériaux qu'il me faudra un mois pour mettre en œuvre et là encore, comme toujours, c'est l'amour qui a agi et l'impatience même de l'amour fut utile à mon travail.

« Et puis, quel point de repère lumineux tu es toujours, en tout ce que je pense. Si je ne t'avais plus, ma Georgette, je ne saurais vraiment plus quel dieu interroger dans le silence de mon âme… »

Réputé profond et méditatif, il s'adressait à une cantatrice de sept ans sa cadette dont les prévenances étaient infinies. Elle craignait qu'il n'ait pas travaillé à cause d'elle, ou parce qu'il aurait négligé sa santé. Lui, de son côté, avait peur pour sa vie. L'histoire d'un billet de mille francs qu'elle aurait perdu ou qu'on lui aurait volé, le mit dans tous ses états. Quand il reçut en mars, à une date incomplète — était-ce avant ou après leurs retrouvailles à Reims et à Paris ? — une lettre où elle lui rapportait qu'elle couchait seule au 5 Villa Dupont, il en devint malade d'anxiété : « tout cela a fait naître en moi une inquiétude peut-être absurde mais qui ne me laisse plus de repos. Je crois qu'il est très dangereux pour une femme seule de coucher au rez-de-chaussée dans une maison située dans un quartier aussi désert. Il me semble que l'on m'a dit qu'il n'y a pas d'homme dans la maison (du moins pas de concierge.) Il serait très facile de pénétrer chez toi par le jardin. Puis on doit savoir maintenant par les ouvriers, etc. qu'il y a de l'argent. Il serait donc prudent, jusqu'à ce que je vienne ou jusqu'à ce que tu aies un bon et solide chien de garde et un revolver que tu saches manier, de coucher rue Piccini. Je t'en prie, ma Georgette, si la moindre des circonstances que je redoute existe réellement, fais-le pour me tranquilliser, car je n'en dors plus lorsque j'y songe…

« Je n'ai pu travailler énormément. Je t'aime trop pour pouvoir travailler tranquillement comme autrefois quand j'étais loin de toi… et c'est à quoi je reconnais que je ne t'ai jamais aimée comme je t'aime aujourd'hui ; car lorsque l'amour est trop grand, il faut des signes de ce genre pour reconnaître qu'il a grandi encore… »

Il termina sur cette prière : « Je t'aime, ma Georgette, songe au repos de mon cœur, je t'aime. »

Elle n'avait pas peur de son ombre. Familière depuis son mariage raté des aventures extrêmes et des situations épineuses, elle voyageait, dormait seule à l'hôtel ou dans des appartements meublés, parfois en compagnie d'une camériste qui attendait le plus souvent de sa maîtresse aide et protection. Intrépide comme elle l'était, elle devait mettre au compte de la sensibilité exacerbée de Maeterlinck ses phobies d'agression et de vol. Naturellement, elle n'acheta ni chien de garde ni revolver. Ce fut lui qui les apporta, lorsqu'ils habitèrent ensemble.

TROISIÈME PARTIE
(1897-1902)

Notre destinée

« Une grande âme ne sait pas ce qu'elle est : de toutes les choses, ce qu'elle peut le moins, c'est se mesurer elle-même. »

Carlyle

« Il y a une collaboration plus haute et plus réelle que celle de la plume ; c'est celle de la pensée et de l'exemple. »[141]

Maeterlinck

« Le sage ne peut jamais dire absolument qu'il souffre, parce qu'il domine sa vie. Il la juge à vol d'oiseau. S'il souffre aujourd'hui, c'est qu'il a tourné sa pensée vers la partie inachevée de son âme. »

Georgette Leblanc

---

[141] Extrait de la dédicace de Maeterlinck à Georgette Leblanc in *La Sagesse et la Destinée*.

La gloire vue par Mauclair

Entre mars et avril, Maeterlinck effectua deux séjours chez Georgette. Après ces instants de fulgurante intimité, il repartait plein d'appréhension. Or elle avait choisi cet appartement isolé en raison de son calme, de sa proximité du Bois, pensant qu'il serait un cadre propice au travail du poète. Qui l'eût cru ? Il ne craignait pas que les assassins et les voleurs. Quelqu'un d'autre le tracassait à ce moment-là, c'était Mauclair ! La rupture entre le jeune littérateur et Georgette, bien que cette dernière fût de plus en plus irritée par ses racontars, n'avait pas encore été rendue publique. Cependant, conseillée par son frère, Georgette allait bientôt exiger de Mauclair qu'il lui rendît ses lettres. Manière la plus évidente de mettre fin à une relation entre une femme et un homme qui avaient été amants. Prudence aussi : Mauclair eût pu faire un livre des missives de Georgette.

Maeterlinck plaida la cause de son confrère, parce que le jeune homme venait de subir un revers de plus, étant obligé de quitter le Théâtre de l'Œuvre : « si tu ne lui as pas encore envoyé ta lettre, écrivit-il de Gand, attends encore quelque temps avant de le faire. Ce ne serait vraiment pas bien de lui apporter une nouvelle tristesse en un moment où plusieurs choses se déchaînent contre lui. N'oublions pas qu'il fut notre ami et qu'il vaut mieux que ce qu'il montre. » Il faut se rappeler son attitude envers Laurence Alma-Tadema ou Lydia, son exaspération face à leur attente. Contre ces femmes, il ne voulait plus de demi-mesures. Il prônait la cruauté comme thérapeutique. Sa pitié envers Mauclair, son cadet de dix ans, brave soldat de la cause maeterlinckiste, avait pris racine sur un sentiment de culpabilité plus ou moins authentique, éprouvé dès les commencements de sa relation amoureuse avec Georgette. Fraternité d'hommes de lettres en sympathie qu'une femme sépare pour toujours.

Maeterlinck séjournant à Paris en avril, ils se revirent chez elle en son absence. Mauclair acheva de vider leur querelle, du moins pouvait-on l'espérer, tant l'amoureux éconduit avait tendance à ressasser et à proposer de nouvelles versions de leur histoire. Ce fut grotesque. Il se repentit de lui avoir « cédé sa petite Geo ». Et le bénéficiaire écouta sans broncher les absurdités du pauvre Camille. Jetant un regard rétrospectif sur leurs relations, ce dernier jugea qu'ils avaient vécu « artificiellement tous les trois ». Quant à Georgette, elle aimait « l'amour plus que l'amant ». Maeterlinck devait donc s'attendre au pire. Il ne protesta pas mais décida de ne pas se rendre à l'Œuvre en solidarité avec Mauclair, lequel, bien entendu, aimait toujours Georgette. À vrai dire, le seul Leblanc qu'il détestait était Maurice, à cause de sa supposée influence négative sur sa sœur. Si Georgette avait rompu et lui avait préféré Maeterlinck, la responsabilité de ce choix incombait aux intrigues du futur créateur d'Arsène Lupin. Comme tous les amoureux abandonnés, Mauclair se contredisait. Tantôt il affirmait avoir jeté Georgette dans les bras de Maeterlinck, tantôt il chargeait Maurice Leblanc de cette besogne. En 1919 — vingt-deux ans plus tard —, apprenant la séparation de ses anciens amis, il dénoncera à Maurevert, leur vieille connaissance, les manigances du célèbre auteur de romans policiers : « Si vous appelez "celui qui a fait le malheur de la vie de Georgette", son frère, alors vous avez bien plus raison que vous ne le croyez. J'ai été, comme le bon Ovide[142], évincé pour avoir vu ce qui ne devait pas être vu, et si vous parlez de choses terribles que j'ignore, depuis j'en ai surpris sans le vouloir de non moins terribles alors. C'est pourquoi il fallait se débarrasser de moi et me présenter à Maeterlinck sous un jour tout spécial. Ce fut l'œuvre adroite de cet homme, et c'est pourquoi, épouvanté, sans défense, ayant rendu loyalement une correspondance accablante, je partis cuver mon chagrin sans même essayer de me défendre. La vérité, il n'y a que le docteur Dauriac[143] qui l'ait sue. » Il est évidemment impossible de tirer quelque chose de ce tissu de sous-entendus, sauf que, près d'un quart de siècle après les faits, Mauclair voyait toujours en Maurice Leblanc le responsable de sa défaite. Ailleurs, il transposera ses malheurs pour Maurice de Waleffe[144], se croyant, selon ce chroniqueur, une réincarnation de Musset à Bruxelles : « je tombai malade, Maeterlinck vint me voir, Georgette me soignait, et ce fut l'aventure banale de Musset à Venise, quand George Sand le plante là pour le robuste docteur Pagello : pendant que je délirais, mon amie fila avec mon ami. » Cet épisode imaginaire n'a probablement pas été recueilli tel quel de la bouche de Mauclair. On le doit sans doute à l'habileté du mémorialiste qui l'a arrangé à sa manière, le glissement de Georgette (Leblanc) à George (Sand) paraît évident.

En cette année 1897, l'esprit de Mauclair fut pleinement occupé par Georgette. Ne pouvant se résoudre à ne plus lui écrire, il lui adressait ses lettres chez Maeterlinck, ce dernier les transmettant fidèlement à l'élue. Puis il composa un roman inspiré par son idole, tout en participant à la vie des cafés littéraires. À la Taverne du Panthéon, un soir de mardi gras, il se battit avec Ernest La Jeunesse habitué du Napolitain et de la *Revue Blanche*, tandis que Jarry empoignait le tout jeune Christian Beck[145] du *Mercure de France*. Tinan parvint à faire sortir

---

[142] L'allusion à Ovide, auteur de *L'Art d'aimer*, qui fut exilé sur ordre de l'empereur Auguste parce qu'il avait surpris des choses interdites aux simples mortels, laisse supposer d'inavouables turpitudes…

[143] Armory n'en parle pas dans ses mémoires.

[144] Curieux personnage que Maurice de Waleffe, de son vrai nom Maurice Cartuywels. Belge d'origine, il gravita dans le cercle de Georgette et Maurice Leblanc. Auteur de romans historiques *(Maria von Magdala*, paru en allemand), il a écrit avec Hermine Lecomte du Noüy *Mater Dolorosa* (1901). Confidente de Maupassant, Hermine Lecomte du Noüy écrivit *Amitié amoureuse* et fut la mère de Pierre Lecomte du Nouÿ, le jeune ami de Georgette Leblanc dont il sera question dans la quatrième partie de cet ouvrage. Les mémoires de Waleffe sont à prendre avec précaution.

[145] Critique précoce, Christian Beck s'occupait des questions scientifiques au *Mercure de France*. Il publia plusieurs romans avant 1914. Il est le père de la romancière Béatrix Beck.

La Jeunesse qui injuriait Mauclair.[146]

Scribe d'abord et toujours, il voulut témoigner du passage bouleversant dans sa vie de celle qu'il nomma « Lucienne Lestrange ». Le résultat de son travail de deuil scripturaire fut un roman à clés, qui parut en 1898 sous le titre *Le Soleil des morts*, « roman contemporain ». Dédié à Ernest Chausson, le livre ambitionnait d'être le portrait d'une femme exceptionnelle et la peinture d'une génération d'artistes. La cantatrice était le pôle féminin qui aimantait ces jeunes hommes. Un poète secret et génial, qui n'était autre que Mallarmé, représentait le pôle masculin. Au milieu se situait André de Neuze (Mauclair), amant de la première et admirateur éperdu du second.

Mauclair chanta la beauté et la sensualité inouïes de Georgette, revivant par l'écriture leurs quelques mois de bonheur partagé. Il la remodela cependant à sa guise, sans trop se soucier de la vérité, mais il avait l'excuse d'avoir vingt-six ans et d'être incapable d'oublier. « Lucienne Lestrange entrait, dressant sa tête d'or impérieuse, traînant un manteau de satin qu'elle ramenait sur la blancheur diamantine de son corsage. » Ou bien : « Comme elle se trouvait contre André de Neuze, il sentit la torsion souple de son corps sous les étoffes luxueuses, émanant un parfum si violent qu'il pâlit. » Dans les pages du *Soleil des morts* — la gloire — défilaient les protagonistes, les comparses et les figurants que Mauclair avaient connus ou auxquels il s'était seulement frotté. Sous des noms factices, James Mac Neill Whistler, Mirbeau, Debussy, Gabriel Fabre, Pierre Louÿs, Paul Bourget, Barrès, Paul Adam, Mallarmé et sa fille Geneviève, Catulle Mendès, Banville, Jean Lorrain, Rodin, Willy, tous tournaient autour de la très belle, l'unique, l'absolue Lucienne Lestrange. Maeterlinck était curieusement absent de cette sarabande d'artistes et d'écrivains.

Mauclair mêla avec plus ou moins d'habileté réalité et fiction, brouilla les caractéristiques de certains personnages, amalgama la psychologie des uns et des autres et, si l'intrigue de son roman ne dépasse guère le romanesque courant de cette fin de siècle, Georgette Leblanc, dans le rôle de Lucienne Lestrange, apparaît tout de même grandiose et authentique au milieu de ce décor truqué. « Le cerveau, chez cette femme, domptait le cœur, l'annulait » ; « ses passions venaient de l'esprit, ses luxures étaient un art, ses affections des raisonnements. Rien en elle ne cédait, l'intelligence suppléant à tout, et son génie la poussait à considérer tous les élans instinctifs du cœur et des nerfs comme des créations intellectuelles qu'elle étudiait sur nature et comprenait par logique, sans s'y mêler. »

Elle était « l'intellectuelle centrale ». Celle qui « aimait l'art jusqu'à la perversité, les recherches morales jusqu'au nihilisme, la logique jusqu'à la cruauté hors nature. » Mais il la jugeait incapable de créer : « femme condamnée à l'interprétation de la pensée des hommes, elle voyait la vie comme un spectacle, devant lequel se tenaient attentives son intelligence dévorante et son âme tuée par la raison. » C'était sans doute animé de cette conviction jalouse qu'il estimait avoir pris sa revanche en écrivant ce roman que Georgette eût été, selon lui, incapable de composer, non par défaut d'intelligence mais au contraire par excès.

Son modèle n'était pas seulement un cerveau trop bien organisé dans un sublime et désirable corps de femme, elle était aussi un sexe insatiable : « l'amour

---

[146] Jean-Paul GOUJON, *Jean de Tinan*, biographie, Plon, 1991.

physique était (...) un développement raisonné de sa beauté ; elle y continuait sa suprématie, allait à ceux qu'elle voulait et les prenait presque insolemment. » Il prêtait d'ailleurs à Lucienne Lestrange des liaisons avec un sculpteur qui ressemblait à Rodin, un musicien qui pourrait être Debussy mais plus sûrement Gabriel Fabre, un peintre (Monet ou Renoir ?), un écrivain qui tenait à la fois de Barrès et de Maurras ; et faisait de son ami Deraine (Pierre Louÿs) quelqu'un capable de lui « expliquer » la cantatrice. Enfin, elle demeurait à jamais inoubliable car « la rectitude de son jugement esthétique, la variété ordonnée de ses connaissances, la hauteur de son allure, l'emportement passionné de son art tragique, l'harmonisation de sa faculté à sa beauté [*lui*] méritaient (...) l'attention et le prestige que rencontre forcément un caractère unifié dans toutes les parties de sa personnalité. »

Ciselant son personnage d'esthète et poursuivant sa carrière précoce au service de « l'élite intellectuelle », Mauclair évoluait dans un monde parallèle à celui qu'animait maintenant Georgette. La présence de Maurice Leblanc lui interdisait le 5, Villa Dupont, car l'aîné chaperonnait sa sœur et entretenait désormais des relations confraternelles avec Maeterlinck.

Sous l'œil des féroces échotiers

Le soir du 14 avril, elle offrit un récital privé à quelques auditeurs triés sur le volet. Défenseur du théâtre de Maeterlinck, Mallarmé était de ce petit nombre. Gand n'étant « qu'à six heures de Paris », l'auteur d'*Intérieur* effectuait là son troisième séjour. À ce duo de poètes surclassant de très haut le milieu littéraire parisien, s'étaient joints deux représentants patentés de la Belle Époque, l'imprévisible et sulfureux Jean Lorrain, qui, au dire de l'abbé Mugnier, se peignait les ongles et se fleurissait de gardénias, et dont la rosserie envers les dames était connue, et Willy, viveur et négrier littéraire, lequel s'employait à faire oublier qu'il s'appelait Henry Gauthier-Villars, fils de l'imprimeur et éditeur du même nom, établi quai des Grands-Augustins.

Né en 1859, Willy avait eu très tôt, dira plus tard Colette, « l'horreur nerveuse du papier vierge ». Il avait déjà mis à contribution sa jeune femme, mais à cause de la frilosité des éditeurs, le manuscrit de *Claudine* dormait encore dans une armoire. Colette avait vingt-quatre ans et appréciait Maeterlinck dont elle avait lu certains textes dans *Le Mercure de France*. La rencontre entre Georgette Leblanc et Gabrielle Sidonie Colette, épouse Gauthier-Villars, la Normande et la Bourguignonne, aux tempéraments et aux personnalités si opposés, ne datait pas de cette soirée. Aux yeux de Colette, Georgette Leblanc était une cantatrice célèbre, sœur d'un écrivain peinant à se faire un nom. La présence de Mallarmé et de Maeterlinck le prouvait, Georgette épatait les intellectuels.

Elle voulait écrire, était une épistolière acharnée. Colette, de son propre aveu, fut contrainte de rédiger ses souvenirs d'écolière. Elle apprenait à composer sous la direction tyrannique de Willy. En apparence, Georgette semblait mieux servie par le destin que Colette. Dans les années à venir, il en sera tout autrement, la chance de la cadette étant que son mari ne fût pas un écrivain.

Outre Colette, Willy avait amené avec lui le sculpteur Pierre-Félix Masseau, dit Fix-Masseau. À l'exception de Mallarmé, Maeterlinck et Maurice Leblanc qui appartenaient à une caste littéraire probe et aristocratique, les auditeurs de la soirée étaient du même clan mercenaire. Ils pratiquaient en vase clos une endogamie intellectuelle qui les faisait se nourrir les uns des autres. Ainsi Fix-Masseau, ancien amant d'un modèle de Montmartre, dont Willy avait profité avant lui. Créature vouée à réjouir la chair triste des esthètes, la blanche et blonde jeune femme avait écrit au sculpteur. Amusé par les lettres toutes spontanées de son modèle, Fix-Masseau les avait données à Willy. Toujours avide de sujets et de documentation, l'entrepreneur littéraire avait fait prendre note de l'histoire des relations amoureuses du sculpteur à son ami Jean de Tinan, lequel rédigea pour 500 francs (environ 9 000 de nos francs) un petit roman tout naturellement titré *Maîtresse d'esthètes.*[147]

Le livre venait de paraître en mars sous la signature commerciale du seul Willy. Succès bien parisien, l'œuvrette amusa les amis de Willy et de son nègre, en premier lieu Pierre Louÿs et Jean Lorrain. Ce soir, Lorrain devait se souvenir avec quelque délectation qu'au début du roman très enlevé dont il avait fait l'annonce pour son « Pall-Mall Semaine » à paraître dans le *Journal* du 17 avril, le sculpteur Franz Brotteaux (Fix-Masseau) raconte à son ami Jim qu'il passe à la « Revue Mauve » chercher le nouveau drame de Jef van den Kerkove, « Adlaguigne et Cerisette » (sic). Dialogue : « — Tu l'as lu ? — Oui, mais la traduction ne vaut rien. — Ce n'est pas une traduction, mon Jim ! Il écrit en français, Kerkove. — Ah fichtre ! tu crois ? Alors, c'est très curieux comme style. » L'intrigue se déployait dans le milieu de l'avant-garde. On se rendait au Théâtre de l'Âme (l'Œuvre) où l'on croisait Lug-Allan (Lugné-Poe) et Suzanne Gazon (Desprès), etc. Quant à Ysolde Vouillard, l'héroïne du roman, on lui donne comme premier amant esthète, un certain Sotaucrack, alias Joséphin Péladan. Or le grand amour du Sâr à ses débuts fut Henriette Maillat, cataloguée hystérique et mystique, qui s'offrit ensuite d'une manière éphémère à J.-K. Huysmans. À partir d'Henriette Maillat, le romancier avait tout de même créé le personnage inoubliable de Hyacinthe Chantelouve. Comme autre modèle de leur personnage, Willy et Tinan avaient songé aussi à Berthe Courrière, l'amie de Rémy de Gourmont (Sixte Mouron, dans le roman). Mais on se demande s'ils n'avaient pas aussi en vue une certaine Minna, décrite ainsi par Strindberg dans *Inferno :* « une fille d'artiste, modèle, maîtresse, s'intéressant à la littérature, bonne fille, reçue partout. » Ysolde Vouillard — caricature d'égérie — était une redoutable mangeuse d'écrivains. Peu après Sotaucrack, elle « connaissait (…), trois fois par semaine, le jeune et blond Arill Vainpur, qui, à vingt ans, touchait de temps en temps "au sens de Dieu" (Tu payes un bock ?). Il la partageait, ou mieux, elle le cumulait avec Charlie Campbell, Franckiste exaspéré, Blanc d'Espagne irréductible, naturiste féroce. » Si Arill Vainpur n'était autre que Camille Mauclair, qui pouvait bien être Charlie Campbell ? Gabriel Fabre ? Charles Bordes ? Érik Satie ? Probablement ce dernier, car le critique et le compositeur en étaient venus aux mains à la suite des attaques dont « l'ouvreuse » accablait Satie. Georgette elle-même eût pu se sentir visée dans la ridicule Ysolde Vouillard. N'était-elle pas le grand amour de Mauclair et, pour certains, une excentrique ? Bref, par la composition de « ses » romans à clés le plus souvent fausses, Willy compromettait le maximum de personnalités, dans l'espoir que la malignité publique augmentât ses tirages. *Maîtresse d'esthètes* n'était qu'un tissu d'insinuations et de rosseries. En le fabriquant, Willy et ses ouvriers se vengeaient de leur milieu, ce qui en dit long sur la réalité de la « république des lettres » au tournant du siècle.

---

[147] Ibid.

Spécialisée dans les *Claudine*, Colette garda de sa formation et du milieu délétère où elle évoluait sous la coupe de Willy une propension à procéder elle aussi par insinuations. On peut le vérifier dans *Mes apprentissages*, ouvrage autobiographique publié en 1936, où elle révèle, à soixante ans passés, les humiliations subies. Elle raconte également ses rencontres avec des écrivains connus, tel Jean Lorrain par exemple. Et à cette occasion, elle le mêle à une anecdote très révélatrice du milieu « esthète » des dernières années du siècle. Elle a vingt-deux ans (?) à l'époque et apprend le piano auprès d'une « grande alezane » vêtue de « damas glauques de chez Liberty » et coiffée de « béguins cousus de verroterie ». Elle est prise d'un « engouement bref » pour cette dame aux « rousses ténèbres ». « Toquade, attachement de l'élève au maître… » Georgette Leblanc affectionnait les tenues médiévales et la coiffe des béguines qu'elle aimait rehausser de brillants. Certes, elle n'enseignait pas le piano ; cependant, étoile montante de l'Opéra-Comique, elle s'était donné une sérieuse culture musicale. Le trouble augmente, à la lecture de ceci : « quant à son prénom, je préfère le celer plutôt que d'avouer qu'elle se nommait Daffodyl, *Aglavaine* ou Ortrude. » En 1936, Colette ne peut avoir oublié qu'Aglavaine est une héroïne de Maeterlinck inspirée d'une femme réelle qu'elle a connue. Poursuivant son récit, Colette compare sa « dame en Liberty » à un personnage issu d'une œuvre de Félicien Rops, et il ne s'agit pas d'un compliment. Apprenant que son élève connaît Lorrain, la « dame en Liberty » prénommée Aglavaine veut à tout prix le rencontrer. Georgette, on le sait, aime les écrivains, non pour se donner à eux — ce qui, dans le cas de Lorrain, eût témoigné de sa part d'une belle naïveté — mais pour leur parler d'égal à égal. Colette caricature sa « dame en Liberty », faisant d'elle avant la lettre une groupie d'écrivain, une sotte narcissique et hystérique que Lorrain ayant accepté de subir cinq minutes ridiculise aux yeux de son amie : « il partit, en me faisant signe de le suivre jusqu'au palier. — Imbécile ! me dit-il. Vous n'avez pas vu que c'est un homme ? Et il me planta là, effarée… » Naturellement quand il revit Colette, Lorrain se gaussa de sa « crédulité ». C'était simplement une plaisanterie. Mais Colette, entre-temps, avait utilisé « n'importe quel prétexte pour écarter la dame qui se prénommait *Alladine* ou *Joyzelle…* »

L'insistance mise par Colette à donner à sa « grande alezane » des noms d'héroïnes maeterlinckiennes que Georgette Leblanc a portés en scène au début du siècle, laisse peu de doute quant à sa volonté de nous permettre d'identifier le personnage. Elle avoue que jeune femme et jeune épouse, le mariage n'avait pas réussi à éteindre en elle ce qu'elle nomme « le romanesque de la pensionnaire », voulant signifier par là qu'elle s'était éprise d'*Alladine* ou *Joyzelle*, c'est-à-dire de Georgette son aînée de quatre ans. La cantatrice aurait-elle répondu trop passionnément à son désir, plus en tout cas que la jeune mariée ne l'eût souhaité ? C'est douteux, tant la bisexualité de Colette était connue, avant même la liaison matrimoniale de l'intéressée avec Missy.

Sa dérobade et la suite des événements rendent l'anecdote peu crédible. Car Georgette Leblanc et Colette Willy allaient encore se rencontrer dans les années à venir.

On respirait donc ce soir-là, autour de la cantatrice, une atmosphère viciée par la confusion qu'entretenait la fiction burlesque de *Maîtresse d'Esthètes*.

Trois blagueurs féroces et une épouse dessalée — Fix-Masseau, Lorrain, Willy et Colette — allaient assister à un récital d'art. Ils devaient mijoter d'étranges pensées devant leur hôtesse, Willy la projetant peut-être dans une de ses prochaines fabrications littéraires. Il ne manquait plus que Jean de Tinan, pour évoquer avec Georgette et Maurice leurs vacances en Normandie — à Jumièges, une tante de Tinan, Mme Lepel-Cointet, qui louait une partie de la maison abbatiale, n'appelait-elle pas le frère de Georgette, le « petit Maurice » ?

Les invités furent sensibles au décor que Georgette avait planté en souvenir de sa villégiature à Walcheren, et pour rappeler à Maeterlinck les intérieurs flamands et hollandais : « murs blanchis à la chaux, détails de couleurs violentes, cuivres rutilants. Avec cela d'épais rideaux lamés se reflétant dans le parquet poli, des fauteuils vastes comme des divans, des divans comme des lits ». Et ce sablier que Maeterlinck s'était fait fort de chiner à Anvers ou de faire souffler à Valenciennes. Et puis, « les plantes de Bruges qu'elle aimait. »

Elle chanta. Jean Lorrain ne laissa pas transparaître ses impressions. Quant à Mallarmé, il fut élogieux et, dès ce soir, considéra la cantatrice comme une femme et une artiste supérieures.

Le récital privé eut les honneurs de la presse. Après trois années à Bruxelles, Nice et Bordeaux, Georgette Leblanc se rappelait au souvenir des Parisiens. Elle prenait date, avant de repartir en province. L'article de Jean Lorrain (signé Raitif de la Bretonne) parut dans *Le Journal* du 25 avril ; celui de Willy ("La lettre de l'ouvreuse"), dans *L'Écho de Paris* du 27. Le papier de Willy, plutôt gentil, ne fit pas de vagues. Il n'en alla pas de même avec la prose ambiguë de Lorrain. Elle agaça Mauclair et Maurice Leblanc. Ce dernier surtout, qui méprisait le provocateur efféminé. Georgette et Maeterlinck, qui n'étaient plus à Paris à la fin du mois d'avril, ne s'en émurent pas.

Eurythmie

Moins d'une semaine après son récital parisien, elle regagnait Bordeaux. Le 24, elle habitait encore l'hôtel Dussaut Saint-Émilion. Le 28, installée à demeure au 34, allées de Tourny, elle recevait de Maeterlinck une lettre du « petit », jointe à l'article de Jean Lorrain. *(Le Mercure de France* d'avril 1897 publiait à la fin du poème de Gustave Kahn, « La Maison du Soir », une nouvelle vignette dessinée par Mauclair : très reconnaissable, le visage de la cantatrice apparaissait entre des algues et des roseaux.) Parlant avec détachement de son camarade, Maeterlinck écrivait : « Il me semble assez évident que c'est l'article (...) qui a mis sa vanité en effervescence — enfin, tu jugeras. »

Mauclair n'était donc pas si mécontent que ça. Moins que jamais, ce qui touchait Georgette ne le laissait indifférent. Lorrain avait rédigé ce portrait : « Gainée dans une étroite robe de velours noir, d'où jaillissait à mi-sein toute une nudité de chairs blondes, les épaules, les bras et la poitrine offerts avec la belle hardiesse d'une femme sûre de sa beauté, l'artiste nous avait étonnés, surpris, abasourdis encore plus par l'eurythmie de ses poses et le tragique de ses gestes que par l'étendue de sa voix. Grands yeux avides et dévorants, d'un vert glauque, visage d'enfant, nudité blanche et souple de fille du Rhin, elle avait chanté appuyée à la muraille, à l'ombre d'un oranger en caisse apporté d'Italie comme dans les intérieurs de Khnopff, et l'impression avait été plutôt de stupeur. » Hormis la chute finale, effectivement propice à interprétation (la stupeur était-elle synonyme d'hébétude due à un stupéfiant ou d'étonnement profond ?), Georgette dut apprécier l'hommage d'un homosexuel aussi affirmé à sa dramaturgie toute physique. Et puis Lorrain était bien de son temps. Il n'employait pas le mot *eurythmie* au hasard. Il y avait un fameux tableau de Ferdinand Hodler qui portait ce titre. Les esthètes le connaissaient bien. Hodler y exprimait des préoccupations plastiques qui avaient intéressé les Rose+Croix. À propos du récital de Georgette, l'eurythmie ne signifiait pas seulement l'harmonie la plus heureuse dans la composition d'une œuvre plastique, ici la création à la fois vocale et gestuelle poussée à la plus haute perfection, c'était aussi un mouvement initié par le Suisse Émile Jaques-Dalcroze, inventeur de la « gymnastique rythmique ». Georgette s'était-elle inspirée de ses principes par lesquels les mouvements corporels traduisaient les rythmes musicaux, ou bien y était-elle arrivée par ellemême en étudiant la statuaire grecque ? Dans le système de Jaques-Dalcroze, les valeurs des notes étaient représentées par des mouvements de pieds et du corps et les intervalles des temps par des mouvements de bras ; et grâce à lui, il était possible d'exprimer plastiquement la fugue, la symphonie ou l'opéra. La méthode de Jaques-Dalcroze ne fut pas sans influence sur le développement de la danse moderne au XXe siècle. Le compositeur ambitionnait de rendre sa « sainteté au corps humain ». À propos de sa rythmique, il écrivait : « Une des lois primordiales qui régit l'économie politique comme elles devraient régir l'économie psychique est la loi de la moindre dépense pour le plus grand résultat. » Cette loi, Georgette Leblanc l'appliquait presque exactement, ce qui lui permettait, en dépit d'activités multiples, de préserver en elle une formidable énergie psychique. Quant au nom de Khnopff, il la rattachait au symbolisme pictural alors en vogue. C'est dire si elle et Lorrain se comprenaient ! Mais combien plus vital que l'appréciation en coup de griffes peintes d'un chroniqueur à la mode amateur de stupéfiants, était pour elle son dialogue épistolaire avec Maeterlinck.

La moisson souterraine

« Gand, 24 avril 1897, vendredi, Tu le dis admirablement, ma Georgette : "Tout bonheur qui ne naît point de la seule satisfaction de notre conscience devient dangereux à la longue. " Notre âme, notre raison, tout ce qu'il y a de plus haut en nous est fait pour le bonheur. Mais je crois que les nerfs d'un être humain ne peuvent supporter un bonheur sans interruption. Le bonheur est assez semblable à un courant électrique, on ne le sent que lorsqu'il est interrompu. Ce qu'il y a de très heureux peut-être en notre amour, c'est que les circonstances nous obligent parfois à le couper brusquement et à chacune de ses coupures, il est devenu plus jeune, plus vigoureux et plus profond.

« Je ne sais s'il a jamais été donné à deux êtres l'occasion de méditer sur le bonheur avec plus de certitude que nous deux. J'y songeais hier soir et je me disais qu'il est bien évident que la première âme venue ne peut pas supporter le bonheur. Il y a le courage du malheur, il faut peut-être plus de force pour continuer à être heureux que pour continuer à être malheureux, car l'espoir de ce qu'on n'a pas donne plus de force à l'âme humaine, qui est si folle, hélas, que la pleine possession de ce qu'elle a désiré. C'est vraiment au sommet d'un bonheur permanent qu'on voit le mieux l'essence de l'âme humaine qui ne semble pouvoir se nourrir que de craintes ou d'espoirs et qui a tant de peine à se nourrir de ce qu'elle a, alors même qu'elle a tout... Je crois que même au sein du bonheur suprême selon les hommes, la partie fixe et stable du bonheur ne se trouve que dans ce qui en notre conscience pourrait nous rendre heureux au sein du malheur même.

« Gardons notre bonheur et notre amour contre eux-mêmes, (...), ils n'ont pas d'autres ennemis que leur ardeur et que leur plénitude. Nous vivons une expérience tellement inouïe que nous nous heurtons à des choses que les hommes n'ont peut-être jamais rencontrées ! Ne sommes-nous les premiers êtres qui sont par moments presque obligés de se plaindre de ce qu'ils sont trop heureux ? Dans le temps, quand ce bonheur était moins grand et moins connu surtout, j'en avais peur parfois, mais maintenant que je sais à quel point tu m'es supérieure dans le bonheur et dans l'amour, je n'ai plus peur de rien, car je sais que tu sauras toujours les protéger contre ce qu'il y a d'imparfait et d'inquiet dans mon âme. »

Puis, c'est une nouvelle lettre, datée du 25, toujours de Gand : « Je viens de faire une longue promenade à bicyclette, dans la campagne qui est merveilleuse en ce moment. Toute en fleurs blanches et en feuilles naissantes. Je me suis assis dans l'herbe devant un beau paysage, à une courbe de ma vieille rivière, la Lys, et j'ai songé longtemps à tout le bien que tu m'as fait, Georgette, depuis que je t'ai rencontrée. À tout le bien que nous nous sommes fait l'un à l'autre sans le savoir, en nous aimant ainsi dans la simplicité et dans la vérité de notre amour. Il était temps, je crois, que cette rencontre eût lieu. Au moment où nous nous sommes trouvés, n'ayant rien trouvé jusque-là qui pût nous fixer dans le réel, nous commencions à rétrécir, chacun de notre côté, le cercle de notre vie. Nous allions trop aimer le rêve, et rien ne devient plus artificiel que le rêve trop longtemps cultivé. Je croyais à la sincérité de bien des mots qui ne cachent aucune vérité, tu allais y croire aussi, et les lettres de ta première année le prouvent.

« Mais rien qu'en nous aimant, tout s'est remis en place, et nous allons tous les jours vers plus de simplicité, vers plus de bonne foi, vers une sagesse de plus en plus hautaine et vers une vie de plus en plus réelle.

« Pour moi, je suis de plus en plus décidé à me laisser guider en tout par notre amour, à lui subordonner toute chose, à ne plus même laisser le désir de penser ou d'écrire inquiéter cet amour car je constate de plus en plus clairement que quelques jours de notre amour font plus de bien à l'âme, la ramènent plus près de la vie et de la vérité que des années de méditations solitaires. »

Le « désir de penser ou d'écrire » trouble-t-il vraiment leur amour ? N'est-il pas inconcevable sans la littérature et la poésie qui font de Maeterlinck un écrivain ? Que se passerait-il si, « subordonnant toute chose » à leur amour, il cessait d'écrire, par exemple ?

Il rendait justice à leur amour et exprimait comme un léger regret : « Que de fois j'eusse voulu t'embrasser plus tendrement que je ne l'ai fait jusqu'ici en songeant à ces choses, ma Georgette. Je t'aime.

« Figure-toi que je m'imaginais parfois que nos deux forces étant à peu près égales, se neutralisaient un peu pendant que nous sommes ensemble. En réalité elles ne semblent se reposer que parce qu'elles accomplissent un travail plus profond que d'ordinaire. On le voit quand ce travail cesse, c'est-à-dire quand nous nous séparons, et chaque fois la moisson souterraine, en toi et en moi étonne par sa richesse.

« Il est heureux qu'il en soit ainsi, mais quand bien même il n'en serait pas ainsi, il faudrait s'aimer tout de même et sans inquiétude car notre amour vaut mieux que tout ce qu'il peut produire. »

Deux jours après, il lui envoyait une nouvelle méditation, mettant au jour la « moisson souterraine » : « Ce matin, ma chambre où je t'écris ceci est tellement pleine de toi qu'il me semble que tu m'entoures comme une foule. On dirait qu'à mesure que je t'aime davantage, tu te multiplies en moi et je n'ai plus une pensée qui n'emprunte ton visage pour me sourire et pour t'aimer en moi.

« Que c'est bizarre, quand je suis près de toi, on dirait vraiment que je m'amuse à ne pas t'aimer comme tu le mérites. Mais à peine me suis-je éloigné de quelques heures que j'ai la pleine conscience de t'aimer comme tu le mérites et que mon amour est aussi beau et aussi grand que tu es belle et grande. On dirait qu'en ta présence un instinct m'oblige à cacher constamment à toi et à moi-même toute l'étendue de mon amour. Peut-être est-ce nécessaire que ce voile tombe entre l'amour et nous quand nous sommes ensemble, car sans lui je finirais par n'être plus autre chose qu'une chose qui aime… Je ne voudrais pas avoir en ta présence la même conscience de mon amour que j'ai en ton absence car je crois que je ne ferais plus que pleurer. Voici ce que je vois clairement ce matin, de quelle manière tu t'es dissoute dans mon âme durant ce séjour. Ah, ma Georgette, que tu m'apparais encore plus belle et plus incomparable. Plus sphère de cristal unique et lumineuse au milieu des cailloux. Mais que la nature de l'homme est donc peu faite pour le bonheur et pour l'admiration, puisqu'il est obligé de s'éloigner pour admirer, de perdre un peu de son bonheur pour savoir ce qu'était ce bonheur. Et cela est, hélas, si vrai, que je sais bien dès aujourd'hui que je ne comprendrai combien je t'aime et combien tu es belle que lorsque j'aurai perdu ton amour et que toute ta beauté ne sera plus pour moi… »

Cette mélancolie soudain exhalée envers un amour trop parfait — n'évoquait-il pas la perte de Georgette pour la conjurer ? —, il la mit en garde contre le surmenage dont elle souffrait, lui recommandant par hygiène de ne pas travailler plus de trois heures par jour. Obligée de gagner de l'argent et heureusement remplie d'énergie, elle ne mesurait pas son temps comme lui, Flamand de tendance hédoniste. Fatigué d'écrire, il partait en balade à bicyclette, rentrant à temps pour le dîner toujours pris à heure régulière.

Enfin, soucieux de l'aider à aménager son home, Villa Dupont, il l'aida dans ses recherches de décoration et d'ameublement. Il avait déjà trouvé des lauriers et avait mis la main sur une horloge.

En vrac, il termina par le dernier livre de Mauclair, *L'Orient vierge*, roman d'anticipation dédié à Alfred Sutro (« à peu près illisible. Un diamant qui roule dans un chaudron d'or »), qu'il allait faire suivre à son intention, et, descendant un peu plus bas dans l'échelle de ses besoins, il lui recommanda de se méfier de la cuisine du « Chapon fin », célèbre restaurant bordelais, bien connu des artistes en tournée, tel le violoniste Eugène Ysaye qui en avait fait sa cantine.

Il lui était aussi difficile qu'à Georgette de mettre le point final à une lettre. Aussi lui apprit-il encore qu'il avait accepté, par amitié pour Lemonnier, d'écrire un petit essai sur les mystiques flamands, à paraître dans *La Revue Encyclopédique*. « C'est bien embêtant, d'autant que ce n'est qu'un travail d'érudition. » « Je songe à me corriger de bien des choses, ajouta-t-il, surtout à ne plus me faire sans cesse des reproches sans me corriger jamais. »

Le mercredi 28 avril, il revenait sur ce texte dont la rédaction lui imposait une pénible contrainte. « Voilà deux jours que je travaille sept heures par jour à cette fichue machine de Lemonnier, et j'en suis abruti. Heureusement, j'aurai fini demain et je pourrai te revenir — car voilà le grand malheur de ce triste travail, comme il ne s'agit pas de choses purement belles, je ne t'y vois pas, au lieu que dans un travail que j'aime, c'est toi seule que j'aime tout le temps, et chaque fois que je cherche un dénouement aussi beau que possible à une pensée ou à une phrase, c'est ton souvenir transformé ou quelque chose que j'évoque en toi qui vient me le donner. Ma Georgette, je t'aime. Le temps est superbe ici en ce moment, mais plus le jour est beau, plus il m'attriste parce que tu n'y es pas. Que cela semble déraisonnable de perdre ainsi un printemps, quand on s'aime... »[148]

Entre Gand et Paris. Entre le tien et le mien

Depuis *Le Trésor des humbles* et *Aglavaine et Sélysette*, le malaise couvait. Ses idées qu'il s'était appropriées et dont il avait détourné le sens, avaient donné « Le Silence ». Certes, il lui dédia ce court essai placé en ouverture du livre qui était un succès de librairie. Mais cela n'empêchait pas qu'ayant allumé son feu grâce à ses étincelles de génie, il la spoliait d'un trésor d'intuitions qu'elle ne pouvait même plus dire siennes sans passer pour une revendicatrice, ce qui n'eût pas manqué d'arriver. Du reste, elle n'y songeait pas. *Le Silence* et sa dédicace l'avaient comblée. En revanche, la première *femme réelle* du théâtre de Maeterlinck, Aglavaine, lui avait montré les limites de son influence. En dépit des regrets embarrassés de l'auteur et de ses promesses d'un personnage futur qui lui rendrait justice, elle gardait maintenant une méfiance que les proclamations amoureuses les plus enflammées ne parvenaient plus à réduire. Car l'ingénuité avec laquelle il s'adjugeait ses lettres, donc sa pensée telle qu'elle l'exprimait au jour le jour, la persuadait que tout ce qu'elle ne lui cacherait pas serait recyclé et restitué sous une forme à peine différente, lui se renouvelant, tandis qu'elle ne parviendrait pas à seulement commencer.

Il travaillait depuis quelque temps à un essai sur la sagesse. À mesure qu'il lui lisait ou qu'il lui envoyait ses pages, elle se sentait de moins en moins étrangère à cette œuvre en gestation. De Bordeaux, après des semaines d'hésitation, elle se décida enfin à lui répondre, recommençant plusieurs fois sa lettre : « 30 avril 1897... Lorsque je t'ai quitté à Paris, j'aurais bien voulu te dire ma pensée, mais... je savais que du moment que nous étions tous deux en cause, tu n'hésiterais point à me donner aveuglément raison... (...) comme tu me lisais ton travail, tu m'as dit en riant "Je t'ai un peu volée". Moi, j'ai dit que cela ne faisait rien. J'ai menti (momentanément) afin de ne point risquer de déranger le cours naturel de ton travail et de te gêner par des scrupules de conscience... Dans d'autres circonstances analogues, j'ai éprouvé la même blessure... J'ai d'abord souffert violemment de la ressentir... Je me suis accusée des sentiments les plus mesquins et les plus bas... Je me répétais avec entêtement que je ne retrouverais le calme que lorsque j'aurais arraché en moi jusqu'à la dernière racine de cette douleur... Je crois, Maurice, que c'est justement parce que tu respectes et reconnais ma force que tu ne songeras point toujours à lui livrer passage... Toute la question était de

---

[148] Le « triste travail » auquel s'astreint Maeterlinck paraît dans le numéro spécial du 24 juillet 1897 de *La Revue Encyclopédique Larousse* consacré à la Belgique. Maeterlinck y traite de la mystique flamande. Marie Mali — traductrice d'Emerson — de la femme belge. Tous les collaborateurs de cette livraison abondamment illustrée sont belges, à l'exception de Mauclair qui publie « La Belgique par un Français ».

savoir si je devais te révéler ma peine. L'instinct criait que je devais parler, l'amour implorait le silence ; et l'intelligence, craignant autant la vanité de l'un que la faiblesse de l'autre, n'osait se prononcer avant un long examen de conscience. La réponse de ma conscience fut selon la certitude et l'exception de notre amour. Mais si même, comme tu le prétends, ma force est égale à la tienne, elles sont cependant bien différentes et par conséquent ce qui s'est présenté cette fois-ci se présentera encore. Si cela n'est pas encore arrivé, c'est que durant deux années nos forces ont été absorbées par nos premiers étonnements. Maintenant nous nous connaissons, mon Maurice. Tu m'as donné un espoir de réalisation auquel j'aurais peut-être toujours aspiré, sans oser y prétendre... Il faut donc tâcher de régler notre marche sans entraver mon premier effort. D'autant que cet effort n'est pas seulement pénible comme tous les essais, mais il l'est surtout en ce qu'il touche aux questions les plus confondues de notre vie intérieure... »[149]

Maeterlinck ne resta pas insensible à cette lettre d'une grande hauteur de vue et d'une sensibilité toute féminine. Dans ses *Souvenirs*, Georgette donne un résumé plausible de sa réponse pour nous perdue. Reconnaissant sa responsabilité dans son empêchement à créer, à cause de leur amour, il proposait de « rester sept ans sans publier afin de [*lui*] donner le temps de faire paraître [*son*] œuvre. » « Je n'ai pas besoin de dire, ajoute-t-elle, que la proposition de Maeterlinck ne me parut pas admissible une seconde. Je lui opposai un refus très ému mais catégorique. »[150]

Elle avait pu dire ce qui l'opprimait ; lui, répliquer par un moratoire chevaleresque. Rien n'était résolu. L'incident semblait clos, mais, comme une blessure mal soignée, allait s'envenimer et prendre des proportions plus graves au cours de l'été.

Le 4 mai, s'étant provisoirement dédouané auprès d'elle, il se préparait à venir la rejoindre à Paris, espérant y rester plus longtemps que d'habitude. Il attendait qu'elle lui donne la date de son prochain récital et surtout quand elle souhaitait sa venue, comme si sa lettre du 30 avril avait « inquiété » leur amour. Cependant, à le lire, on a l'impression qu'il s'apprête à s'installer définitivement : « Je suis à la campagne depuis ce matin et dans les ennuis du déménagement, inquiet aussi parce qu'en ce moment tu roules à toute vitesse vers Paris. (...) rien ne me sourit plus sans ton sourire. Ici, mon coin de verdure calme [*la propriété d'Oestacker*] que je croyais tant aimer m'a déçu. Je constate que pour la première fois je ne l'aime plus. Je ne peux plus aimer l'endroit où tu n'es pas. Je suis heureux d'apprendre ainsi qu'en dehors de notre amour, je n'ai plus de refuge. L'amour se réjouit de ne plus pouvoir aimer autre chose que ce qui entoure ce qu'il aime, et je sens qu'on est profondément heureux de ne pas être heureux dans l'absence. Il est doux de voir les instincts les plus inférieurs même, conquis peu à peu par un amour si haut au-dessus d'eux qu'il semblait qu'ils ne dussent jamais subir son influence. C'est étrange, il me semble aujourd'hui qu'un arbre ou une fleur que tu ne regardes pas, n'est pas un arbre ou une fleur.

« J'irai à Bruxelles demain pour y chercher les cuivres et les poteries. »

---

149 Georgette LEBLANC, I, Op. Cit.

150 Ibid.

L'ancienne hôtesse des jeunes poètes et des petits maîtres était maintenant la compagne reconnue d'un écrivain célèbre internationalement. À ce titre, elle aspirait à recevoir ceux qu'elle admirait, les égaux de Maeterlinck. En quatre ans, son statut avait changé.

Célébrités et personnalités « ordinaires » se côtoyèrent dans son « salon ». Rodin, « imposant avec sa grande barbe, ses petits yeux d'éléphant et ses longs doigts de prophète ». Rodin, qui aimait en elle l'artiste et la femme, au point de lui écrire : « Ma belle artiste je ne suis pas toujours au pair avec moi-même et pour cela indigne de vous entendre. Je vis avec le souvenir d'art que vous m'avez donné belle comme une colonne grecque immobile comme elle, déliée cependant vers le chapiteau vos bras et votre buste, belles volutes belles feuilles en rosaces que je vois des choses avec vous… »[151] Georgette lui rendit ses visites et leurs relations continuèrent au-delà de 1900. Le peintre Antonio La Gandara, portraitiste de la société parisienne et qui fut un familier d'Edmond de Goncourt, franchit également son seuil. Comme le poète Paul Fort. Mme Rachilde, romancière et critique redoutée. Anatole France qu'accompagnait Mme de Caillavet. Les rapports entre France et Georgette cessèrent rapidement après quelques déjeuners chez l'académicien, Villa Saïd, voie proche de la Villa Dupont. Quand il leur arrivait de se croiser dans le quartier, France détournait la tête. Enfin, il osa lui avouer : « Madame, j'ai résolu de vous dire la vérité ; je suis lâche, tous les hommes sont lâches en face de leur femme ; c'est mon excuse. On me défend de vous voir et je n'ose même plus vous saluer ! !… Mes hommages. » [152]

Par un parisianisme bien compréhensible à l'époque, elle était persuadée que la gloire de Maeterlinck avait besoin de la capitale française pour atteindre à l'universel. Le coup d'envoi de la partie consistant à le hisser au sommet avait été donné par l'article de Mirbeau du 24 août 1890. Nordau, qui s'en était étranglé d'indignation, avait eu pourtant raison d'affirmer que son retentissement inouï résultant de l'influence européenne d'un *Figaro* fort de ses trois cent mille lecteurs, avait lancé Maeterlinck. Mais cette notoriété eût pu être éphémère si elle n'avait été soutenue par des publications régulières et des créations théâtrales. Il fallait étonner. Proposer du nouveau. Être en phase avec son temps. Plaire. Sinon, en cas de rabâchage, de surplace, les mêmes qui l'encensaient l'auraient déclaré fini. Au premier signe de déclin, les dagues seraient sorties des fourreaux. C'est pourquoi Georgette était si attentive et peut-être tyrannique. Elle exigeait que son génie fût à la hauteur et lui donnait sa propre substance. En cela, son apport à l'œuvre était décisif, ainsi que Maeterlinck le reconnut maintes et maintes fois dans leur correspondance privée. Pour ses lecteurs, ses amis, Georgette Leblanc avait sa place auprès de lui, en tant que compagne et muse. À cela rien de suprenant. Tout poète avait son inspiratrice. Tout écrivain, sa nounou. France avait Mme de Caillavet. Et tout homme avait besoin d'une femme : amante, épouse, mère, sœur, si possible en une seule personne. Les admirateurs du *Trésor des humbles* eussent été bien étonnés de lire les aveux privés de l'auteur. Ils se seraient aperçus alors que sa compagne de vingt-huit ans exerçait une action comparable à celle d'une éminence grise en politique. Elle « faisait » intellectuelle-

---

[151] *Correspondance de Rodin*, 1860-1899, T.I. Éditions du musée Rodin, 1985. (textes classés et annotés par Alain Beausire et Hélène Pinet)

[152] Georgette LEBLANC, I, Op.Cit.

ment, de l'intérieur, cet écrivain qui occupait le devant de la scène littéraire, tandis qu'on la croyait destinée à incarner les héroïnes séduisantes et factices de Massenet. En public, Maeterlinck se gardait bien de lui accorder l'importance qui était la sienne dans leur vie privée comme créatrice plus ou moins forcée d'une part de plus en plus grande de son œuvre. Cette attitude ne tardera pas à faire problème.

Après des mois d'atermoiements, Maeterlinck avait, grâce à Georgette, surmonté sa procrastination. En cette fin de mai, ils vivaient ensemble à Paris. De crainte qu'il ne retourne trop vite en Belgique, et pour qu'il puisse travailler tranquillement sans être gêné par ses vocalises et le piano, elle avait loué pour lui, dès le mois de mars, une chambre au cinquième étage du 4, rue Lalo, à quelques mètres de leur impasse. Pour tout confort, Maeterlinck disposait d'une table, de deux chaises et d'un portemanteau. Un encrier, du papier, un porte-plume, c'était suffisant pour écrire. De la fenêtre, il voyait le Bois de Boulogne. Au calme, le dos à la porte, il rédigea là en partie *La Sagesse et la Destinée*. Dans sa correspondance, toujours enclin à séparer sa vie littéraire de sa vie privée, il indiquait l'adresse de sa chambre. Peu d'hommes de lettres, en fait, savaient qu'il vivait avec Georgette Leblanc, Villa Dupont. L'adresse professionnelle de la rue Lalo passa pour sienne. Il y fut contacté par Gustave Kahn, fondateur, avec Catulle Mendès, des Samedis populaires de l'Odéon, où des acteurs lisaient de la poésie. À deux reprises, Maeterlinck refusera aux organisateurs ses poèmes de *Serres chaudes* et de *Douze Chansons* avec des arguments bien à lui, qualifiant les premiers de « vieilles choses mortes que je n'aimerais pas voir revivre »[153]. Les pièces du second recueil ? « Les *Chansons* sont faites pour être chantées, et sans la musique, ce n'est rien. » Kahn était prêt à accepter des extraits de *Pelléas et Mélisande*. Maeterlinck objecta : « Quant aux scènes de drame, lues et détachées de leur cadre, elles paraissent bien puériles et bien insupportables. » Rares étaient les auteurs qui se montraient intraitables à ce point.[154] Mais Kahn obtint finalement gain de cause, car une scène de *Pelléas et Mélisande* fut effectivement récitée à un Samedi populaire du 12 février 1898 par Mlle Rabuteau et Paul Franck. Lassitude de Maeterlinck qui céda pour avoir la paix ou autre chose ? Les relations entre lui et Debussy n'étaient déjà plus très bonnes. Le poète belge, devant le peu d'empressement que l'on mettait à jouer sa pièce en France, allait commander une musique de scène à Fauré pour des représentations à Londres.

Sa participation aux Samedis populaires irrita *La Libre Parole*, le journal antisémite de Drumont, qui s'en prit surtout à Gustave Kahn et Catulle Mendès, dans un article intitulé : « Au jour le jour Les Juifs à l'Odéon ». Les Samedis populaires étaient stigmatisés en tant qu'entreprise de lucre, se servant pour sa publicité des noms des « grands morts » et exploitant les jeunes poètes. Le journaliste Gaston Mery reliait clairement « l'affaire commerciale montée par des Hébreux » à l'affaire Dreyfus. Kahn et Mendès excipèrent de leur bonne foi et

[153] *Lettres à Gustave et Rachel Kahn* (1886-1934), Édition de Richard Shryock, Libraire Nizet, St-Genouph, 1996. Dans ce recueil réunissant 34 correspondants, l'auteur publie deux lettres intéressantes de Maeterlinck. Il date de mars 1897 « l'installation » de Maeterlinck à Paris, ce qui est impossible.

[154] Sollicité à la même époque, Mauclair ne participa pas non plus aux Samedis populaires, mais pour une question d'amour-propre. (cf. Lettres à G. et R. Kahn, Op. Cit.)

furent soutenus par Paul Adam, Maeterlinck, Paul Fort, Albert Mockel[155], Van Lerberghe et les principaux symbolistes de Paris et de Bruxelles.

Maeterlinck utilisa quelques mois seulement son « bureau » de la rue Lalo. Bientôt les réceptions de Georgette, son infatigable énergie, ses efforts pour lui faciliter la vie lui pesèrent chaque jour davantage, et il rentra en Belgique. Non pas certes définitivement, comme on le verra.

À Gand, il faisait partie du décor et l'intendance de la maison familiale fonctionnait en douceur. Il pouvait se livrer à ses occupations sans que le monde cessât de tourner. Villa Dupont, tout s'ordonnait autour de Georgette, toujours inquiète d'un inconfort dont « son Maurice » aurait pu souffrir. Dans sa ville natale, la chair satisfaite pour un moment, cultivant en lui son amour, il engrangeait sa « moisson souterraine », recevant les lettres de Georgette et y répondant dans le calme de sa chambre.

Le 24 juin, de nouveau seule, elle assista au mariage de Paul Adam et de Mlle Marthe Meyer, à Passy. Naturaliste, puis Rose+Croix et symboliste, Paul Adam était passé par l'appartement-atelier de l'avenue Victor-Hugo. Il défendait maintenant le « théâtre d'idées » et avait écrit un roman, *L'Année de Clarisse*, où il exposait ses théories, dont celle de « l'émotion de la pensée ». Lugné-Poe soutint quelques mois cette « révolution » pour un art intellectuel, en accord avec Henry Bauër.

Au cours de la réception de mariage, Mirbeau fut présenté à Georgette. « Une large main se tendit vers moi : "J'aime sa femme à l'avance ! " » Le portrait du découvreur de Maeterlinck vaut d'être cité : « Un visage rond de pirate normand[156], une moustache et des cheveux roux, un regard toujours en quête, un regard de chien de chasse. Je remarquai sur sa face, encore jeune, des plis profonds de découragement et d'amertume. (...) Je l'interrogeai. Il haussa les épaules. "Oui, j'ai eu des malheurs, comme tout le monde naturellement, mais j'ai une sensibilité stupide. Alors que voulez-vous, c'est idiot, on souffre de tout !" » Selon elle, Mirbeau ne s'attarda pas à la fête, « agacé par la chaleur, gêné par son faux col », et, ce qui est peut-être exagéré, « maudissant le monde et la cérémonie ».[157] Mirbeau, malheureusement, ne parvint jamais à voir en elle quelqu'un d'autre qu'une cantatrice.

Rentrée chez elle, elle répondit à Maeterlinck, qui lui avait envoyé une copie de son manuscrit encore inachevé : « Ah ! Maurice, tes pages sur la sagesse ! J'ai pleuré de bonheur, *tu n'as jamais été si beau*, mon Maurice. Je ne suis guère disposée à t'en parler maintenant, je ne puis te dire qu'une chose, c'est que j'en suis restée éblouie. Ah ! j'ai une impression de *certitude*, de *vie* et de *lumière* inouïe... Comme je voudrais la suite ! »

Elle ne découvrit aucun motif de protestation. Le résultat la touchait au-delà de toute espérance. Elle acceptait qu'il la détrousse pour le bien supérieur de son œuvre. Le malaise semblait surmonté.

---

[155] C'est Albert Mockel qui alerta Paul Fort des attaques de *La Libre Parole*. Fort informa Kahn en lui conseillant de réagir avec le soutien de ses amis. (cf. Lettres à G. et R. Kahn, Op.Cit.)

[156] Octave Mirbeau (1850-1917) était né à Trévières, Calvados.

[157] Georgette Leblanc, I, Op. Cit.

Elle ajouta, disant de George Sand et de ses amours, façon détournée de parler du leur : « Bien curieux, les amours de George Sand... C'est drôle, n'est-ce pas ? Moi je reste étonnée et effrayée devant de tels amours... Que peut-être cet amour qui ment ? Je pense quelquefois que le grand miracle de notre amour vient peut-être simplement de notre impossibilité de nous mentir... ne fût-ce qu'en paroles ! Je pense, je pense indéfiniment quand je vois ces amours de femmes, de femmes faites de la même matière que moi... Mon Dieu, Maurice, comment pourrais-je jamais acheter une joie au prix d'une larme de toi ! Vraiment je t'ai bien dit la vérité instinctivement, ce jour où tu voulais me persuader qu'il viendrait un temps où je serais lasse... Je t'ai répondu, tu te souviens ? Alors, en admettant cela, je sais que je t'aimerais encore de ne plus t'aimer... »

Phrases dont elle s'étourdit pour annihiler sa souffrance. Non seulement elle se refuse à envisager que le quitter est du domaine du possible, mais elle renonce à lier sa perte de créativité littéraire à l'exploitation qu'il fait de son monde personnel auquel lui-même appartient. Ils forment une entité que des questions de propriété littéraire ne peuvent séparer et rendre antagonistes. Ce qu'il lui donne à lire est leur bien commun. Elle fête ces pages dont il lui offre la primeur et qui paraîtront à l'automne 1898, dans *La sagesse et la destinée*.

Depuis 1895, sa furia épistolaire relançait sans trêve la réflexion de Maeterlinck. Elle la nourrissait de nouvelles fraîches, de pensées neuves, le tout servi avec verve, chaleur, intelligence. Barrès et Maeterlinck se connaissaient, le second ayant dîné chez le premier où se trouvait « la petite de Noailles ». Maeterlinck qualifie ainsi la jeune poétesse dans une lettre à Georgette. Barrès avait le même âge que Maeterlinck, trente-cinq ans. À force de travail et d'insolence calculée, il s'était taillé une principauté inexpugnable dans les lettres. Avançant dans la carrière avec la pose avantageuse de « maître à penser de sa génération », il était désormais incontournable. Il y avait plusieurs Barrès. L'ami de Stanislas de Guaita, l'étudiant en droit nonchalant, le compagnon de route du boulangisme, le député d'extrême-droite, l'anarchiste intellectuel, l'admirateur sincère de Verlaine. C'étaient les images d'un parcours jusqu'à présent sans faute.

Au physique, pour Edmond de Goncourt, il avait « la tête d'un oiseau desséché et dont je touche le maigre bras et ne sens qu'un os. » Physionomie qui ne représentait rien d'attirant pour Georgette. Mais elle ne demandait pas à un écrivain d'être beau. Il suffisait qu'il eût du génie. Barrès l'approcha un vendredi soir de 1897, dans le salon de Mirbeau, après qu'elle eut chanté, accompagnée au piano par Gabriel Fauré, quelques poèmes du maître de maison. Esthète, amant de Venise dont il a contemplé les charmes déliquescents, il salua d'emblée en cette Georgette Leblanc maternée par Judith Gautier une patricienne du Quattrocento. Elle commençait à en avoir l'habitude, elle-même s'étant inventé des origines vénitiennes. Ce soir-là, pour faire honneur à Mirbeau et se produire devant une assistance choisie, elle était moulée dans un fourreau de satin noir attaché aux épaules par de petits liens. Elle ne portait pas de bijoux. Barrès lui prédit qu'elle n'avait pas d'avenir dans cette société fin de siècle. « Croyait-il me faire un compliment ? Je regardais ces yeux faciles et beaux comme ceux des marchands orientaux. Il ne souriait pas, son visage était digne, son attitude droite. Je me rebellai. Il insista. Je compris qu'il irait jusqu'au bout de sa fantaisie barrésienne. »[158] Finalement, elle lui dit : « Vos paroles ne sont pas un éloge à

[158] Ibid.

mes yeux, elles signifient que je n'ai point de destinée véritable, c'est-à-dire personnelle. Si ma force ne trouve pas d'issue, c'est qu'elle n'est pas réelle. Si les circonstances ne me favorisent pas, c'est que je ne sais pas les dominer. Quant à ne pas trouver, à notre époque, une destinée digne de mon âme, qu'entendez-vous par là ? N'est-ce pas notre énergie, notre esprit qui créent ce que nous appelons notre destinée ? »

Georgette Leblanc et Maurice Barrès conversèrent toute la soirée, mais il ne devint pas son « quatrième Maurice ». Toutefois, elle nota dans ses carnets : « Très intéressée et préoccupée par la question Barrès. Évidemment, je pense que notre vie vaut par ce qu'elle est et non par ce qu'elle paraît être, mais comment cette vie profonde ne serait-elle jamais visible ? Une personnalité, une force peut-elle être véritable sans laisser de traces ! Elle agira autant dans sa maison que si elle remuait des foules ! Elle agira malgré elle, souterrainement s'il le faut, elle influencera tout ce qui l'entoure et tout portera sa marque. La force qui ne se répand pas meurt de sa force même. »

Dès le lendemain, elle communiqua à Maeterlinck les propos vespéraux de Barrès et sa révolte contre la fatalité dont l'accablait le grand prêtre du « culte du moi ». « Il serait temps de définir les mots avec lesquels nous définissons les choses indéfinissables ! Que signifient les mots : Destinée, Justice, Raison, Beauté ? etc., etc. Est-ce que tout cela ne change pas avec chaque esprit comme avec chaque peuple et même chaque regard ? J'ai comme l'impression que nos pauvres cerveaux circulent toute la vie dans une forêt de majuscules ! » À Gand, élaborant son nouveau livre, il s'empara de cet échange artistico-mondain, le transforma et en fit le chapitre quatre-vingt-quinze de ses méditations. Technique très simple de transposition comme on va le voir : « *Quelqu'un* disait un jour à une *femme* qui lui semblait l'être le plus admirable, le plus comblé des dons les plus divers, y compris la jeunesse et la beauté physique, qu'il fût possible de trouver : "Qu'allez-vous faire ? Qui pourrez-vous aimer ? Je ne vois pas d'issue ; il n'y a pas de destinée qui soit à la hauteur de la vôtre. Qu'en savait-il ? », etc. Mais avant d'écrire cela, il avait répondu à Georgette, lui affirmant sur un ton plus familier qu'il doutait qu'elle eût eu une destinée plus belle à Venise et dans les cités-États de la Renaissance italienne. Elle y aurait été adulée par les artistes et les princes et, par un de ses sourires, aurait donné plus de bonheur aux habitants. Aujourd'hui, il voyait sa vie se partager entre quatre ou cinq personnes qui connaissaient son âme et qui l'aimaient. Il se pouvait qu'elle ne sorte pas de sa maison et que son existence, sa pensée et sa force ne laissent aucune trace distincte parmi les hommes. Il se pouvait que toute sa beauté, toute sa puissance, toute son énergie morale demeurent ensevelies en elle-même et dans le cœur de quelques-uns de ceux qui l'approchèrent. À cela, Georgette répliqua : « Non, une force qui ne se répandrait pas mourrait de sa propre force. Si elle existe, tout autour d'elle portera son empreinte jusqu'au jour où elle trouvera une issue. » Maeterlinck concéda : « Il est possible aussi que son âme trouve une issue. De nos jours, les grandes portes qui donnent accès à une vie utile et mémorable ne roulent plus sur leurs gonds avec le même fracas qu'autrefois. Elles sont peut-être moins monumentales, mais leur nombre est plus grand et elles s'ouvrent sur des sentiers plus silencieux, parce qu'ils mènent plus loin. » Les six pages du chapitre quatre-vingt-quinze — dans l'édition originale — n'auraient jamais été écrites sans la relation par Georgette de sa rencontre avec Barrès. Maeterlinck avait profité de cette épiphanie intellectuelle, fête brève et joyeuse par laquelle deux êtres mesurent leur différence et l'acceptent. Ils savent qu'ils ne se reverront pas, tout ayant été dit dès ce premier contact. Penché sur ses pages, Maeterlinck le pérennisait, le gravant dans le marbre de la littérature. Il reprenait la question du silence dont Georgette avait semé l'inquiétude en lui : « Est-il donc impossible, écrivait-il, de trouver n'importe où, dans n'importe quel silence, la seule matière inaltérable qui reste au fond du creuset de la plus noble existence extérieure, et puisque nous ne possédons une chose qu'autant qu'elle nous accompagne dans l'obscurité et le silence, sera-t-elle moins fidèle au silence et à l'obscurité parce qu'elle y est née ? » Et, plus loin, il citait ironiquement Barrès lui-même : « Agir, dit quelque part Barrès, c'est annexer à notre réflexion de plus vastes champs d'expériences. » Et Maeterlinck ajoutait pour sa part : « Agir, c'est penser plus vite et plus complètement que la pensée ne peut le faire. Agir, ce n'est plus penser avec le cerveau seul, c'est faire penser tout l'être. Agir, c'est fermer dans le rêve, pour les ouvrir dans la réalité, les sources les plus profondes de la pensée. Mais agir, ce n'est pas nécessairement triompher. Agir, c'est aussi essayer, attendre, patienter. Agir, c'est aussi écouter, se recueillir et se taire. »

Ainsi avait-elle encore donné l'impulsion à une belle salve de littérature. Maeterlinck savait apprécier en connaisseur les ajustements, les précisions et les tournures illuminées de la phrase de Georgette. En 1896, déjà, lui citant une de ses pensées : « Le sage ne peut jamais dire absolument qu'il souffre, parce qu'il domine sa vie. Il la juge à vol d'oiseau. S'il souffre aujourd'hui, c'est qu'il a tourné sa pensée vers la partie inachevée de son âme », il assurait de son admiration l'interprète de Carmen et de Thaïs : « Relis Marc-Aurèle et dis-moi si tu peux y trouver dix pensées qui aient la grandeur, l'ampleur et la sérénité de celle-ci. Et celle-ci est semblable à tant d'autres que tu sèmes sans le savoir en tout ce que tu écris. Je n'aurais jamais vu de toi que cette seule pensée, qu'à la manière dont elle est exprimée (la phrase finale surtout : "c'est qu'il a tourné sa pensée vers la partie inachevée de son âme"), je ne douterais pas un instant que je me trouve devant l'un des plus grands écrivains-nés qui aient jamais existé, et ainsi par une ironie de ton destin admirable, qui sourit à ton humilité qui n'est que l'ignorance de tes trésors, c'est justement dans la page où tu te plains de "l'écorce invisible qui gêne ta pensée" que ta pensée se montre avec une force, une beauté et une spontanéité que la pensée humaine ne connaît presque jamais… »[159]

La pensée « Le sage ne peut absolument dire qu'il souffre… » allait se retrouver dans le chapitre CIV de *La Sagesse et la Destinée* consacré à Emily Brontë. (Rappelons-nous que Georgette, de Bordeaux, avait entretenu longuement Maeterlinck des sœurs Brontë.) Elle serait attribuée à « une femme admirable et qui avait souffert ». Il récupérait même ses larmes pour faire de la littérature.

À la même époque, un autre grand artiste entendait lui aussi « profiter » de Georgette. C'était Rodin. Depuis qu'il l'avait admirée Villa Dupont, il ne cessait de penser à elle. Peu après le récital que la cantatrice avait presque tout entier consacré à Mirbeau, le polémiste confiait à Rodin combien Georgette l'avait ému, lui et bien d'autres au cours de cette soirée. Et Rodin écrivait aussitôt à Georgette, dans son style si personnel : « Chère et grande artiste, (…) C'est un heureux augure

---

[159] Ibid.

pour votre gloire prochaine. Voulez-vous me donner pour la semaine prochaine un rendez-vous à l'atelier j'aurai du choix. [?]. À vous comme devant un beau tableau le maître religieusement / A. Rodin. »[160]

La fréquentation de Rodin devait donner à Georgette d'étranges sensations certainement récupérables en termes d'art par le sculpteur. Mais leurs relations n'engendraient aucun trouble. Rodin se sentant petit garçon devant la parole et l'écriture, il ne la spoliait en rien. Au contraire. Son émerveillement s'offrait avec confiance. Si Maeterlinck rendait hommage au cerveau de la cantatrice, tout en jouissant de sa pensée et de sa chair, Rodin, lui, plus concret et plus respectueux, célébrait sa voix et son corps sans arrière-pensée. Une femme-artiste aussi vibrante aurait-elle pu ne pas être touchée au plus profond par l'exquise maladresse du lyrisme verbal de Rodin ? Bien sûr que non. Elle qui pleurait en lisant les lettres de Balzac à Mme Hanska… Ainsi Rodin proclamait-il naïvement son admiration active et son attente d'être comblé : « J'espère en votre visite j'y suis toutes les après-midi j'y serais toute la journée si vous voulez m'indiquer un jour »[161]

Écrivains en villégiature

Maeterlinck résistait à Paris. Georgette avait eu beau se mettre en quatre, lui offrir une demeure dans l'un des plus beaux quartiers de la capitale, lui louer un « studio » avec vue sur le Bois de Boulogne, rien n'y fit.

L'été, elle l'invita donc à la suivre en Normandie, dans les environs immédiats de Bagnoles-de-l'Orne, station thermale établie au bord d'un lac formé par la Vée, affluent de la Mayenne. À l'époque, le temps n'était pas si lointain où, dans ce site agreste, un premier établissement thermal abritait trois piscines rudimentaires construites en planches. L'eau chaude de la source, très peu minéralisée mais fortement radioactive, remplissait successivement la piscine des hommes, celle des femmes et enfin celle des pauvres. Brigands et loups en des temps encore plus reculés hantaient la forêt des Andaines. Un garde armé d'un fusil veillait à éloigner les agresseurs éventuels.

En 1897, cette atmosphère épique n'existait plus que dans la mémoire des anciens, mais Georgette, il faut le reconnaître, savait choisir les lieux chargés de drame et d'histoire. Profita-t-elle de ce séjour pour se soigner, l'eau de la station thermale soulageant les « troubles de la circulation veineuse, en particulier les séquelles de phlébites et préventivement les varices » ? C'est possible. Mais le motif avéré de ces vacances, outre le désir du couple de se retrouver conjugalement, était celui de travailler séparément à une œuvre littéraire.

La maison louée par Georgette s'appelait « la Montjoie ». De « styles normand et anglais mêlés », elle « surgissait au sommet d'une colline en plein bois. »[162] Georgette installa Maeterlinck dans une chambre éclairée dès le lever du soleil. Elle se réserva l'autre dont la vue était bouchée par une rangée d'arbres, la fenêtre encadrant « un sapin mort, son geste fixe et désolé ».[163] Cette chambre lui

---

[160] *Correspondance de Rodin*, I, Op.Cit.
[161] Ibid.
[162] Georgette LEBLANC, I, Op.Cit.
[163] Ibid.

donnait envie de fuir, mais elle prétendit le contraire pour ne pas gêner son compagnon. Ils occupaient les deux extrémités de la maison, dans ce qu'elle appelait « leur studio ». La cuisine et la salle à manger étaient situées au centre, là où ils se retrouvaient, leur journée terminée.

Elle partit avec deux handicaps : son « studio » manquant de lumière ne lui plaisait pas ; elle perdit une journée à engager une bonne à Bagnoles-de-l'Orne. Le premier soir de la confrontation, il lui lut ses pages et l'étrange marathon littéraire entre le professionnel et *l'écrivaine-née* commença par la mortification de la seconde. Elle aurait été probablement insatisfaite du résultat, si elle était arrivée à jeter quelque chose qui vaille sur la page blanche. Or, après des heures dans sa chambre, elle n'avait réussi qu'à noircir du papier. « Je m'enfermais consciencieusement dans mon studio aux mêmes heures que lui. Quand nous sortions à midi de nos boîtes respectives, il s'informait. "Alors, ça marche ?... tu ne me lis rien ?..." » Elle répondait à côté ou se moquait d'elle-même. Bien sûr, il ne fut pas sans remarquer qu'elle pleurait, à cause de son incapacité à fournir un texte utile. Il eut la cruauté d'en plaisanter : « Tu fais de ce studio un potager et voilà que tu l'arroses !... tu l'arroses beaucoup trop ! »[164] C'était le vampire humoriste. Il la plaçait dans une situation d'échec, pourquoi ne pas en rire ensemble ? Elle s'expliquait ainsi sa stérilité : « Tout ce que nous étions avant notre rencontre forme à présent le matière de "nous". C'est notre vie, notre amour, notre bonheur. Lui a déjà une maturité dans son métier, il possède la maîtrise de sa pensée, il est donc juste et inévitable qu'elle soit à lui, cette matière. Chacun de nous l'a constituée, mais ma part plus faible se trouve absorbée dans la sienne. Mes lettres, mes conversations, mes idées sont tout naturellement exprimées par lui et mille fois mieux que je ne saurais le faire. »[165] Belle humilité et courageuse lucidité, mais qui n'étaient pas payées de retour. Maeterlinck restait « lui », il ne s'était pas fondu dans le « nous ». Son activité fondamentale, l'écriture, demeurait l'expression de son individualité propre. De passage à « la Montjoie » — le cottage des larmes —, Maurice Leblanc perçut un malaise. Pouvait-il comprendre sa sœur ? Il participait depuis des années à la vie littéraire, en mineur certes, mais il connaissait toutes les ficelles du métier. Georgette était censée chanter. Elle l'entretenait depuis l'adolescence de son désir d'être écrivain. Ils échangeaient des lettres. Il reçut ses confidences et s'en attrista, mais conclut assez vite : « C'est presque inévitable, on est souvent forcé de choisir dans la vie. » Cette banalité qui se voulait consolante attisa la révolte de Georgette. Amoureuse, elle se savait privée de sa liberté et donc incapable de choisir. « Lui n'était-il pas moi et pour moi plus que moi ? » [166]

Venu à bicyclette de Bagnoles-de-l'Orne, Maurice Leblanc aimait cette région baptisée la « petite Suisse ». Le trio — les deux Maurice et Georgette — parcourut les environs en deux-roues, la cantatrice avec moins de plaisir que les hommes. S'il n'écrivit pas, comme son « beau-frère », sur les extraordinaires sensations que procure la bicyclette, Maeterlinck n'en fut pas moins un adepte acharné de la merveilleuse « petite reine », dont on oublie à quel point elle enchanta les écrivains de l'époque. Péladan, autre cycliste passionné, eut droit à un surnom en forme de calembour : « le Mage Pédalant » et à une chanson irrévérencieuse :

164 Ibid.
165 Ibid.
166 Ibid.

« Les pieds de Péladan ». Mallarmé répondit à une enquête « sur le costume féminin à bicyclette ». Bien d'autres hommes de lettres rallièrent avec enthousiasme ce nouveau moyen de locomotion.

Aux alentours de Bagnoles-de-l'Orne, Maeterlinck coiffé d'une casquette « large, étalée, gonflée comme une brioche », habillé de « culottes à gigots gargantuesques », pédalait à « larges coups de jarrets ». Georgette ne s'adapta pas tout de suite aux nécessités du sport. Gardant ses « robes de style, jupe à queue, chapeau "Grande Mademoiselle" », chevauchant une machine savamment enroulée de filets pour assurer la liberté de « [*ses*] jupons et de [*ses*] écharpes excessives », elle se montra, de son propre aveu, d'un « ridicule échevelé pendant une saison ». « J'avais un certain costume d'amazone en drap noir surmonté d'un boléro écarlate, orné de boutons d'or, qui était vraiment d'un effet sûr. »[167]

Les randonnées ne la détournèrent pas de sa quête fondamentale, l'écriture. Maurice Leblanc parti, l'auteur chevronné continua de s'y adonner avec bonheur. Georgette, lucidement, vit le remède : « Pour que j'écrivisse autre chose[168], il eût fallu penser autrement, il eût fallu me renouveler, me dégager et sortir du cercle dans lequel nous étions ensemble enclos, comme on voit à la surface de l'eau deux cercles se fondre en un seul. » Autrement dit : quitter l'homme qu'elle aimait, détruire le « nous ».

Dans l'impossibilité où elle se trouvait de le sacrifier à sa liberté d'expression propre, elle était contrainte de subordonner leur amour à sa littérature. Elle fit donc dériver l'essentiel vers l'accessoire. Alors qu'ils observaient des insectes dans le jardin de « la Montjoie », elle le questionna, le doigt sur les pages litigieuses. Pourquoi ne citait-il jamais son nom ? Par exemple, dans les passages qu'il venait de lui lire, il rappelait le séjour effectué en 1895 dans l'île de Walcheren. Il citait les propos de Georgette, quand ils attendaient le retour des barques de pêche. Ou bien c'étaient ses lettres, recopiées intégralement, à peine modifiées (comme on peut s'en rendre compte en se reportant au chapitre « Nous », de la deuxième partie de cet ouvrage).

Il n'était jamais allé aussi loin dans l'appropriation de sa correspondance. « Le Silence » du *Trésor des humbles* était un détournement, l'épisode Barrès recueilli dans *La Sagesse et la Destinée* en train d'être composé, avait été habillé, enrobé de méditations. L'épisode de Walcheren et les lettres reçues à ce sujet donnaient un plagiat sans fard. « Je pense au jour de notre amour, écrivait une *femme*, où par une large fenêtre qui s'ouvrait sur la mer, nous regardions venir à l'horizon une multitude de barques blanches, qui toutes venaient docilement s'attacher au port que nous dominions... Ah ! comme je revois ce jour !... Te rappelles-tu qu'une seule barque portait une voile presque noire, et que ce fut la dernière qui rentra au port ? Te rappelles-tu aussi qu'il était l'heure de partir, cela nous était pénible, et nous avions pris comme signal du départ l'arrivée de la dernière barque ? Dans ce hasard qui faisait la dernière barque sombre nous aurions pu trouver une cause de mélancolie. Mais comme des amants qui ont "admis la vie", nous l'avons constaté en souriant et une fois de plus nous nous sommes reconnus. » Et Maeterlinck d'approuver : « Oui, c'est ainsi qu'il faudrait

[167] Ibid.

[168] Ibid. Elle veut dire par là quelque chose d'absolument personnel. Or, elle le sait, Maeterlinck transpose sa pensée dans son style à lui qu'elle reconnaît supérieur. C'est un cercle vicieux.

faire dans l'existence. Il n'est pas toujours facile de sourire à l'arrivée des barques sombres, mais il est possible de trouver dans la vie quelque chose qui nous domine sans nous attrister, comme l'amour dominait sans l'attrister la *femme* qui parlait de la sorte. »

Maeterlinck, qui « taquinait [*des*] fourmis avec une baguette », releva la tête et considéra la « femme » avec étonnement. Elle était habillée d'une robe de nansouk rose. « Mais te nommer serait ridicule, voyons ! Tu es au théâtre... une chanteuse... on ne me croirait pas... ce serait ridicule ! » Elle écouta « sa voix voilée, voix qui sort à regret de ses ténèbres ».[169] Alors qu'elle déplorait son ignorance, où était l'homme qui lui avait écrit en 1896, parmi tant d'autres témoignages de son émerveillement : « Les esprits de ta nature n'ont pas besoin d'apprendre quelque chose, parce qu'ils n'ont pas besoin de vêtements. Marc-Aurèle et Socrate et Ruysbroeck ne savaient pas ce que tu sais et ils en auraient su bien moins encore qu'ils n'en auraient pas moins été ce qu'ils furent. Entre toutes les âmes que j'ai connues, tu es la seule qui sache se nourrir naturellement et complètement d'elle-même. Ne la change pas de lait, crois-moi, il n'y a pas de meilleur aliment pour une âme que sa propre substance... Ne te plains pas de ton cerveau, il n'a jamais été plus puissant ni plus lucide, tu en feras tout ce que tu voudras dès que le calme sera revenu dans ta vie, tu verras. Sais-tu bien qu'ils sont rares les moments où je ne t'envie pas ? Avec les habitudes de discipline intellectuelle que j'ai acquises (et que tu acquerras quand tu voudras), j'en tirerais bien plus que je ne tire du mien... » ?[170] Cet été, celui avec qui elle formait avec certitude un nouvel être, non seulement continuait à « amasser de grands trésors en elle », mais se gaussait de sa naïveté. Il connaissait bien les règles de leur monde. Sa profession interdisait qu'il nommât l'être qu'il dépouillait en toute bonne foi puisque « tout ce qui me vient de toi retourne à toi dans mon amour et tout ce qui est bien porte tellement ton empreinte que c'est toi seule que j'aime et que je reconnais en tout ce que je puis aimer... »[171] Qu'était-ce le fait d'être nommée dans ses écrits ou d'apparaître à ses côtés comme créatrice à égalité de son œuvre, comparé à cela ? De la vanité ? De plus, pour les autres, puisqu'elle chantait *Thaïs* un diamant au front, maquillée, les bras et les mains nus, la taille libérée du corset, « Tanagra animé » qui comblait le vieil Anatole France, à la réflexion, cela devait exclure la pensée. Aussi ne répliqua-t-elle pas en lui opposant les éloges dont il avait couvert son intelligence, voire son génie.

À la fin des vacances, Maeterlinck ne s'étonna pas de son « inaction intellectuelle ». « Plus que jamais je rejoignais ses désirs, notre union était parfaite. »[172]

Tandis qu'il rentrait à Gand, elle partit à Fontaine-le-Dun (Seine-Maritime), où elle demeura une quinzaine de jours à essayer de comprendre ce qui l'étouffait. Cette recherche de la vérité ne fut pas menée à son terme. Elle ne parvint à y voir clair qu'à l'âge mûr, quand vint le temps des « mémoires ». On comprit assez mal, en 1931, sa franchise et son audace et on l'accusa de revendiquer une place disproportionnée dans la genèse de l'œuvre de son compagnon à partir de 1895. En réalité, elle mettait simplement le doigt sur une des contradictions les plus tragiques de l'amour, quand deux êtres sont manifestement doués à égalité

---

[169] Georgette LEBLANC, I, Op.Cit.
[170] Ibid.
[171] Ibid.
[172] Ibid.

pour l'expression, ici littéraire : à savoir que l'un, la femme généralement, donne à l'autre ce qui lui aurait autrement permis de s'affirmer au même plan d'une façon plus rapide et complète.

Dans sa solitude normande, elle s'interrogea *ad nauseam* : que valaient ses repentirs en regard de leur union ? Est-ce qu'un livre pouvait balancer la fin de leur amour ? « Mais un regret tenace occupait ma pensée et il me semblait qu'une partie de ma vie réduite au silence était bien longue à mourir. J'espère que l'on m'entendra bien, que l'on comprendra qu'il ne s'agit pas ici pour moi de valeur, ni d'intelligence, ni d'avenir. Je veux réduire la question à son essence : le désir. Le désir — ressort tout-puissant de notre vie. C'est en résumé l'histoire assez commune de l'être adolescent qui chérit particulièrement l'un de ses rêves et doit plus tard y renoncer. Ceux qui sont devenus des maîtres ne se souviennent plus que leur œuvre commença par un grand désir. La chose réalisée acquiert une telle autorité que l'on ne songe point qu'elle fut avant d'être conçue, simplement rêvée et portée dans le flot infini des idées périssables. »[173]

Récitals pour Mallarmé

Résignée aux « vols » de Maeterlinck, elle remit l'écriture à plus tard et rentra à Paris. Tant mieux si l'homme qu'elle aimait approfondissait ses recherches grâce à elle et bâtissait son livre avec l'obstination d'un maçon flamand.

Après sa dépression estivale, son personnage extérieur, ses succès, le plaisir de dire et de chanter en public l'aidèrent à reprendre le dessus et elle se jeta dans une entreprise qui ne la placerait pas en situation de rivaliser avec lui. Cherchant à marier l'art et le gain, elle prépara une série de récitals de mélodies de Schumann et de Schubert. Celui que la musique n'intéressait guère fut cependant requis de l'aider. Elle lui demanda d'adapter les lieder que Maurice Leblanc avait traduits en français littéral. Il accepta, d'autant mieux qu'elle ajouterait à son programme certains de ses poèmes mis en musique par Gabriel Fabre.

Le 3 octobre, elle lui envoya les poèmes originaux de Heine et de Kerner. « Maintenant, je me hâte pour le courrier ! ! Je t'envoie des paroles allemandes qui sont mises en musique par Schumann d'une manière inouïe. C'est d'ailleurs une mélodie célèbre et connue, mais si belle, et puis les paroles sont si honteuses en français ! (je les ai retrouvées, les voici). Je te les envoie pour que tu te rendes compte plus facilement des longueurs qu'il faut comme vers, mais je ne sais même pas si on a respecté le sens ?... La musique exprime beaucoup plus une douleur certaine qu'une douleur qui hésite... ?... À mon avis, c'est un des airs les plus douloureux que l'on puisse imaginer !... »

Au passage, elle lui apprit qu'elle était « toujours sans nouvelles de Madeleine », ce qui confirme que sa relation épistolaire avec l'épouse de Maus continuait. Elle terminait sur un : « Je ne sais pas quand je partirai... Mais en tout cas, bientôt, bientôt, je t'embrasserai ! » Étonnante promesse, un peu semblable aux siennes, alors que ni l'un ni l'autre ne bougeaient.

Dès le lendemain, elle reprit la plume : « J'ai repensé hier que ma lettre ne devait avoir ni commencement ni fin ! [*il n'en reste qu'un fragment.*]... enfin, qu'importe ! À propos des paroles allemandes que je t'ai envoyées... j'ai appro-

[173] Ibid.

fondi la musique admirable, oui, elle peut exprimer le doute mais un doute si grand, si universel que je ne l'avais pas reconnu en face des paroles françaises, qui nous présentent le plus mesquin, le plus petit des doutes. Le sens de la musique est tellement rapetissé dans ces paroles que je ne l'avais pas vu. Mais après, je l'ai travaillé sans paroles et j'ai senti que peut-être l'idée d'un doute n'avait point été imaginée par le cochon de traducteur. C'est en effet douloureux, comme je te l'ai dit, mais d'une douleur vivante, une douleur de sang, une douleur qui se débat et non pas une douleur de résignation. Je cours à la poste, adieu. »

Ponctuée de rencontres à Paris et à Gand, leur collaboration se poursuivit encore durant tout le mois de novembre. L'effort de l'adaptateur pour se plier à la musique que Georgette était contrainte de lui rappeler, car, dira-t-elle, « Maeterlinck, ne comprenant rien à ce que peut être une noire, une blanche ou une croche, je n'avais pu que lui opposer désespérément des interdictions qui le consternaient », ne l'empêcha pas de l'entretenir de ses interrogations sur Fénelon et sa « lumière » qui accompagne les malheurs des personnages les plus en vue de la cour dont parle Saint-Simon : les ducs de Chevreuse et de Beauvilliers, le Dauphin...

Georgette saisit la balle au bond : « 2 novembre. En étudiant Fénelon de plus près, j'ai été frappée de ce que ses enseignements se contredisent en apparence — il en est de même pour toutes les morales, d'ailleurs — mais n'y aurait-il pas à ce propos un essai très utile à faire ? Tu devrais le faire — Moi, je le vois bien, mais je n'en serais pas capable. Ne serait-ce pas intéressant de montrer d'abord de Fénelon une vue d'ensemble avec ses beautés, ses forces et ses défaillances apparentes, c'est-à-dire ses contradictions en regard de l'intelligence et de la vie humaine... Puis faire une deuxième partie dans laquelle on rendrait *visible* le nœud *essentiel* qui relie les sommets opposés de toute morale. Cette seconde partie serait immense et bien utile à faire car elle serait pour ainsi dire la sœur éclairée de tout effort de sagesse et de morale humaine — — Mais, est-ce bien possible ? Il faudrait arriver à *marcher* avec aisance dans un chemin de lumière que l'intelligence entrevoit à peine. » Il n'écrira pas ce grand essai sur Fénelon, mais il s'attachera longuement à lui dans les dernières pages de son livre, montrant la grandeur humaine du « cygne de Cambrai » au milieu de ce panier de crabes qu'était la cour de Louis XIV.

Georgette recherchait l'accord le plus parfait entre la traduction des lieder et leur musique. Aussi avertit-elle Maeterlinck de la difficulté. « Beaucoup de merveilles d'ailleurs sont intraduisibles, dit Maurice [*Leblanc*]. Mais lorsque nous arrivons au but, quels beaux résultats ! » Elle ne doutait pas que Maeterlinck, Flamand et poète, transformerait en poésie le mot à mot de son frère. Le même jour, elle l'encourageait : « Cinq heures. Mon Maurice, tes vers marchent très bien pour le second *Armer Peter*. C'est parfait — je suis très contente — mais il y a ce diable d'*aussi* que tu proposes à la place d'aime *même*, mais ça fait une syllabe de moins : aime *même*, aime *aussi* ! ! ça ne marche plus !... enfin, laissons le même jusqu'à ce que tu trouves autre chose par hasard... Je t'envoie une *merveille* de Schubert — Héliopolis — La musique a un caractère religieux et ancien. Les paroles, d'après le littéral de Maurice, m'ont l'air inouïes et tout à fait propices à une belle chose de toi. L'idée est très belle. Adieu, je t'adore. Geo. »

Le programme de « l'audition lyrique » dont elle allait donner plusieurs séances comportait non seulement des œuvres de Schubert et de Schumann, mais du très contemporain Gabriel Fabre. De Schubert, elle allait chanter *Toi, mon désir* (poème de Ruckert), *Hallucination* et *Ta bouche* (Ruckert) ; de Schumann, *Les disgraciés* (a/ Les amoureux s'en vont danser là-bas, b/ J'ai dans le cœur un grand amour, c/Je marche parmi ceux qui vivent), *Pressentiment* (paroles de Heine) et *Larmes silencieuses* de Kerner. Maeterlinck était présent par ses poèmes, tels *Chanson de Mélisande*, *Quand l'amant sortit*, *J 'ai cherché trente ans, mes sœurs*, *Et s'il revenait un jour*. Fabre avait également composé *Dansons la ronde* et *L'Élue* sur des textes de Van Lerberghe, l'auteur de la *Chanson d'Eve*. Les partitions des mélodies de Fabre avaient été publiées au *Mercure de France*.

Les premiers récitals eurent pour cadre le Théâtre de la Bodinière, rue Saint-Lazare, « Théâtre d'Application » fondé par M. Charles Bodinier, ancien lecteur à la Comédie-Française. La diseuse Yvette Guilbert prétend avoir été la première à baptiser le théâtre du nom de son fondateur. Ainsi, on ne dit plus, Le Théâtre d'Application de M. Bodinier, mais la Bodinière. C'était plus court. Le but de M. Bodinier en créant cette salle dans un ancien salon de peintures, était de permettre aux élèves des conservatoires d'art dramatique de jouer devant des gens de théâtre, des critiques, des éditeurs, des professeurs, des poètes, des artistes en tous genres et des personnalités du monde. La Bodinière recevait donc, comme on dirait aujourd'hui, un public branché, curieux de toutes les innovations parisiennes, y compris les plus étranges. En novembre, par exemple, le Rose+Croix Andhré des Gachons lui infligea *Mérovack le visionnaire* [174], un récital de déclamations macabres déjà rôdé dans les catacombes de Paris. Les Muhlfed ou autres Jean Lorrain se détendaient à l'écoute de ce genre d'excentricités pour mieux apprécier le talent qui se risquait sur la scène et dans la galerie d'art. Une partie de l'ancien salon avait été conservée et on y exposait toujours tableaux et sculptures. Le théâtre proprement dit contenait cinq cents places. On y accédait par la galerie d'art.

Il hébergea le 15 décembre, à 15 heures, la première séance de Georgette Leblanc.

À la date du 15 décembre 1897 de son *Journal*, Jules Renard, après s'en être pris à la pièce de Mirbeau, « Les mauvais bergers », se lança dans un hommage appuyé à la cantatrice : « Georgette Leblanc. Une grosse, grosse émotion. Le cerveau congestionné, l'âme me monte aux yeux. Mallarmé me dira tout à l'heure : "Je suis heureux, Monsieur Renard, que nous ayons pu admirer ensemble une belle chose". » Quand elle était entrée en scène, introduite par Georges Vanor, poète et essayiste[175], qui disserta sur l'art du lied chez Schumann, Schubert et leur émule moderne Gabriel Fabre, il avait vu « une femme gracieuse ou très belle, vêtue de soie noire », entendu et admiré « une voix qui passe d'un étage à un autre sans se servir de marches. » Oui, le personnage, son jeu, le décor, tout trouva grâce à ses yeux. « Trois rideaux de serge verte, une musique invisible, un laurier : c'est plus fort que Sarah Bernhardt. Un jeu parfait, sauf quelques petits mouvements de tête et des frappements de pieds inutiles. Le geste prolonge le chant. Il ne faut pas applaudir quand on n'entend plus rien : il faut suivre d'un œil douloureux le geste qui termine, qui se meurt là-bas, dans un lointain d'angoisse.

[174] Christophe BEAUFILS, *Joséphin Péladan*, Op.Cit.

[175] Georges Vanor (1866-1906). Il fut secrétaire de rédaction des *Entretiens Politiques et Littéraires*, la revue de Paul Adam, Henri de Régnier et Francis Viélé-Griffin. Auteur de *L'Art symboliste*.

On se croit dans la forêt, et l'on est la proie de la forêt, et la cognée d'un bûcheron qu'on ne voit pas vous frappe au cœur. — Mais c'est une femme de génie ! dis-je. — Oh ! dit Muhlfeld, vous exagérez. Tout de suite, je suis un peu honteux. La musique est un art qui m'effraie. Je me crois dans un tout petit bateau sur des vagues énormes. Ce qui me révolte contre la musique, où je suis ignorant, c'est que de petits juges de paix de province en sont fous. De quoi les gens peuvent-ils être fous ? »

Si le secrétaire de rédaction de la *Revue Blanche* garda son sang-froid, il n'en fut pas de même pour Mallarmé, qui enregistra les mêmes fortes impressions déjà éprouvées en avril.

Maurice Leblanc partageait les sentiments de Jules Renard. Il reçut dès le lendemain ce mot du grand écrivain : « Mon cher ami, oui, j'ai passé hier une de mes plus belles heures, et je ne suis pas allé voir Mlle Leblanc [*après le récital*], parce que je savais que, vite contracté, je ne pourrais rien lui dire. (...) L'art de Mlle Georgette Leblanc m'effraye et me courbature. (...) Mais j'ai dû céder encore et je me rappellerai toute ma vie cette loge, cette cabane, d'où je voyais une grande actrice se mouvoir dans un monde qui m'était inconnu, et prolonger par le geste, ses chants jusqu'à l'infini. »[176]

Il emploie le mot actrice. Or Georgette Leblanc ne jouait ni le drame ni la comédie. L'habitué des répétitions et des premières percevait dans son travail des dons particulièrement éminents, bien mis en valeur par l'eurythmie qu'elle combinait avec le chant. Il apprit en outre à Maurice l'admiration de Mallarmé pour sa sœur. Ce dont elle devait se douter depuis cette inoubliable soirée d'avril. Maurice communiqua la lettre de Renard à Georgette, qui demanda aussitôt à rencontrer Mallarmé. « 21 décembre, Cher Maître, Puis-je vous demander de m'indiquer un jour et une heure où je ne vous dérangerais pas et où je serais sûre de vous trouver seul ? Excusez-moi de vous demander cela, mais... toute la joie que j'aurais à vous voir serait perdue dans la gêne et la timidité qui m'emprisonnent dès que je me trouve en présence d'êtres que je ne connais point — — Votre approbation me rend bien heureuse, et je vous en remercie de tout mon cœur. »[177] La réponse fut d'exquise politesse : « Mademoiselle si admirable, Je suis confus que vous vous dérangiez jusqu'à venir me voir et heureux, cependant, de cette visite annoncée... Je ne recevrai personne entre cinq et six demain jeudi, pour être tout à vous. Le lendemain vous chantez, puis vient Noël ; trop de temps passerait. Votre respectueux et hanté Stéphane Mallarmé. »[178]

Le 23, elle entrait 89, rue de Rome. Nombre de familiers ont décrit l'atmosphère particulière de la fameuse salle à manger. Le poète la reçut dans sa chambre, là où il travaillait. Elle le découvrit, « son immortel plaid à carreaux sur ses épaules », comme on le voit sur la photographie de Nadar, plume en main devant la feuille blanche. Il était incontestablement le héros de la jeune génération. D'emblée, Georgette se sentit en confiance. « Sa présence dégageait une qualité de bonté rare, — celle qui a tout traversé et tout dépassé. On goûtait près de lui la paix absolue. Il semblait vivre au bout du monde, à la limite de toutes les beautés qui l'absorbaient, et pourtant il était proche, amène, simple comme un saint. (...)

---

[176] Jules RENARD, *Lettres inédites*, Gallimard, 1957.

[177] Stéphane MALLARMÉ, *Correspondance*, rassemblée et annotée par Henri Mondor, tomes I à X, Gallimard, 1959-1983.

[178] Ibid.

Son expression était parfois tellement intense qu'il eût fallu du courage pour la soutenir si l'on n'avait été secouru par la grâce de son sourire. »[179]

Le 28 décembre, elle l'invita à son récital du vendredi 31, au Théâtre de la Bodinière. Il y aurait des billets également pour son épouse et sa fille. En répondant, Mallarmé se trompa d'enveloppe et envoya à Georgette une lettre destinée à une autre personne. Elle la lui retourna, signant son mot de son seul prénom, comme si l'acte manqué de Mallarmé ou quelques privautés accordées au poète l'autorisaient à être plus familière.

Il succomba de nouveau au charme de l'interprète et pria cette fois Maurice Leblanc d'intervenir auprès de sa sœur afin qu'elle lui consente au plus tôt une audition privée.

Georgette donna une nouvelle « audition lyrique » le 7 janvier 1898 et reçut Mallarmé chez elle le jeudi 13. Maurice Leblanc avait précisé que l'habit était facultatif.

Mallarmé retrouva Jules Renard, toujours aussi fervent. En plus du talent, de la voix, des élans de « l'actrice », il y avait : « Épaules et bras nus. Elle est quelquefois très jolie. Elle a un sourire de tout le visage, qui est charmant. » L'admiration du diariste était équivoque. Il y entrait une part de désir pour la femme. « Elle chante trois ou quatre fois la même chose, poursuit-il, une fois de plus pour l'invité en retard. — Qu'est-ce que je vais faire maintenant ? dit-elle. Je chanterais toute la nuit, des choses que j'aime, bien entendu. Les hommes, dit-elle, ont le droit de venir comme ils veulent, mais le devoir d'une femme est de se faire la plus belle possible. » Choses que les hommes ne détestent pas entendre et qui surprennent dans sa bouche. Quand elle disait « les hommes », il fallait entendre écrivains et artistes pour qui elle était d'une indulgence infinie.

Gabriel Fabre accompagnait Georgette au piano. Entre les auditions, les hommes bavardaient de « l'Affaire ». Directeur de *Gil Blas*, hebdomadaire qui publiait Maurice Leblanc, Maizeroy « voudrait coffrer Zola » qui a déjà publié un article en faveur de Dreyfus et qui lancera le 13 janvier, dans *L'Aurore*, la bombe de *J'Accuse... !* Jules Renard et Maurice Leblanc étaient dreyfusards par raison et souci de défendre l'innocence contre la raison d'État.

Le journaliste et conférencier Hugues Leroux, qui avait connu Flaubert dans sa jeunesse, parlait avec « le roulement d'un phonographe ». Pour Jules Renard, il offrait « un joli contraste avec Mallarmé, qui est doux, qui est modeste, qui parle après avoir pensé, qui préfère penser sans parler, et dont le dos de redingote est sans tache ». L'auteur de *L'Écornifleur* croqua Fabre : « Maigre, maladif, figure de rat très doux. Un singulier col de chemise en forme de petit bateau. Il dit : — Maeterlinck a toujours eu peur que je mette trop de musique sur ses vers. Dès qu'il entend une note un peu trop haute, il fronce le sourcil. D'ailleurs, en écrivant, il se chante des airs insignifiants de nourrice et de petit soldat. » Propos de compositeur à un homme de lettres sur un autre homme de lettres absent. Car s'il était chanté à Paris par « sa » Georgette, Maeterlinck était à Gand. Mais le décor *flamand* que « Moumoutte » avait recréé pour lui demeurait. Il y avait « l'énorme sablier sur la cheminée. Sur la table, des livres extraordinaires et vieux ; ils ont même un peu de poussière. Des petites fenêtres peintes en vert, des orangers, des Christs au mur, des petits pots de fleurs sur des supports verts, et ce petit

[179] Georgette LEBLANC, I, Op. Cit.

pot là dans un coin, cet autre, là, parce qu'ils y font mieux, de beaux candélabres à sept ou huit bougies, des candélabres pour Princesse Maleine. Un gros chat noir qui est mis là pour faire le diable, sans s'en douter. Des rideaux tendus sur des tringles mobiles pour faire des jeux de lumière selon l'âme qu'on a. »[180] La maîtresse de maison avait imaginé et rendu réel ce décor pour un autre écrivain et Jules Renard se sentait vraiment ailleurs, loin de son ménage.

Mallarmé, Jules Renard et les autres invités partis, Georgette ne se coucha pas avant d'avoir jeté sur le papier, à l'attention de Maeterlinck, ses pensées de la soirée et ce qu'elle avait pu entendre de la bouche des uns et des autres. Elle possédait un agneau baptisé « Tintagiles ». Mallarmé s'étonnant de la présence de l'animal sur son « coussin de satin vert devant la cheminée du salon », elle le prit dans ses bras. Tintagiles bêla et Mallarmé composa un petit poème où revenait le bêlement de l'agneau. Maeterlinck apprit qu'elle espérait recevoir chez elle le comte de Montesquiou.

Le 18 janvier, elle retourna voir Mallarmé.[181] Ce fut au cours de ce tête-à-tête qu'elle lui rappela son désir de chanter pour Montesquiou, gloire des salons parisiens, et dont le jugement esthétique était redouté. Il y avait un an exactement, quand brûla le Bazar de la Charité, où périrent plus d'une centaine de grands noms de l'aristocratie française — en majorité des femmes —, le personnage ambigu et quelque peu ridicule du poète-comte avait acquis une dimension tragique. Au cours de la catastrophe, les hommes s'étaient mal conduits, certains piétinant leurs femmes pour échapper à la mort. On raconta qu'un aristocrate, venu identifier le corps de son épouse, soulevait négligemment les suaires du bout de sa canne. Certains témoins de cette attitude ignoble crurent reconnaître la canne de l'auteur des *Hortensias bleus* et répandirent le bruit que c'était lui. Il ne pouvait s'agir que de curiosité morbide, car Montesquiou, connu pour ses mœurs, vivait avec son secrétaire, M. de Yturri. Dans une soirée, Marie de Régnier et ses sœurs l'accusèrent de s'être livré à ce voyeurisme macabre. Offensé, Montesquiou se battit en duel contre Henri de Régnier qui le blessa à la main. Ainsi ayant conservé son honneur, assuré de l'amitié de Mallarmé, Montesquiou restait l'arbitre des élégances intellectuelles.

Mallarmé écrivit tout de suite à son « cher ami » que « Mademoiselle Georgette Leblanc, (...), une statue musicale, (...) me prie de vous demander d'assister à une audition intime qu'elle veut donner, entre amis et sans cérémonial, à votre intention, le lundi, mercredi ou jeudi de la semaine prochaine. »

Plusieurs échanges eurent lieu entre le poète, l'esthète et la cantatrice. On diligenta des coursiers. Maurice Leblanc s'en mêla. Et le résultat de ces efforts fut que Montesquiou vint « auditionner » Georgette le 24 janvier. Cherchait-elle l'approbation d'un personnage si emblématique de l'esprit fin de siècle, très bien introduit dans les salons et qui aurait pu contribuer à son lancement dans le grand monde ? Ou bien voulut-elle simplement charmer une personnalité légendaire, l'ajouter à sa liste déjà bien remplie d'hommes de lettres ? Elle n'a pas laissé

---

[180] Jules RENARD, *Journal*, 1887-1910, Robert Laffont, 1990.

[181] Il se pourrait qu'elle ait assisté également aux fameux « Mardis », si l'on en croit Gustave Le Rouge : « Il me souvient d'une de ces soirées où se trouvaient un grand seigneur russe, le poète Georges Rodenbach, le compositeur André Rossignol, une belle jeune femme qui était je crois Madame Georgette Leblanc... » Gustave Le Rouge, *Verlainiens et décadents*, préface de Francis Lacassin, Julliard, 1993.

d'explication. Mais son engouement peut se comprendre par son amour immodéré de la littérature. Modèle de Huysmans, Montesquiou le fut également d'Edmond Rostand et de Proust. Poète oublié, il passa à la postérité grâce aux œuvres d'écrivains auxquels il ne s'estimait pas inférieur. Montesquiou était lui-même un chef-d'œuvre éminemment périssable, déclinant avec l'époque qui l'avait vu naître, et à ce titre méritait une rencontre.

Quelques jours après la venue du « chef des odeurs suaves »[182] Villa Dupont, Mallarmé se rendit au domicile de Mauclair, 138 avenue de Villiers, près de la porte de Champerret. Il savait que son jeune confrère traversait une mauvaise passe. Mais ils se manquèrent. À l'en croire, Mauclair avait eu plus que son compte de déveines. Il souffrait, en fait, d'une dépression nerveuse consécutive à ses déboires amoureux et professionnels. La parution de son livre ne l'avait pas délivré de son obsession. « Je paie cher, très cher, tout ce que j'ai enduré silencieusement depuis longtemps, et je crains bien de n'en être pas quitte. », se plaignit-il à Mallarmé (22/23 janvier 1898).

Le poète lui répondit le 25. Dans sa lettre du 26, Mauclair annonça son départ imminent pour Monte-Carlo. Il se lamenta sur sa faiblesse et l'impossibilité où on le mettait de prendre huit jours de repos dont il aurait eu pourtant le plus grand besoin.

Le même jour, sachant depuis peu que Georgette avait remplacé Georges Vanor par Léopold Lacour, Mallarmé l'assura qu'elle avait fait un choix heureux. Lacour était un bon conférencier. Il s'excusa de n'avoir pu assister à l'audition intime du 24, organisée en l'honneur de Montesquiou, et se redit « l'admirateur de toujours ».

La cantatrice l'invita encore à venir l'entendre, non plus à la Bodinière, mais à la salle des fêtes du *Journal*. Elle allait y donner plusieurs récitals à partir du vendredi 28 janvier.

Conséquence agréable de sa réussite, les partitions des « trois musiques de Gabriel Fabre » *(L'Élue*, *Dansons la ronde*, *Chanson de Mélisande*, poèmes de Van Lerberghe et Maeterlinck) furent publiées par l'éditeur Enoch et Cie, à Paris et à Londres. La couverture de la brochure était illustrée d'une photographie de la cantatrice en fourreau noir à traîne, bras nus croisés, la tête rejetée en arrière, visage souriant, telle qu'elle apparaissait en scène.

Le vendredi 28 à seize heures, Mallarmé entra dans la salle des fêtes du *Journal*, donnant le bras à son amie, Mlle Paule Gobillard[183], dite affectueusement « la colonelle ». Après l'introduction chaleureuse et éloquente de Léopold Lacour, Georgette Leblanc donna le frisson à son public. Mallarmé savait que la cantatrice et son eurythmie s'adressaient à lui, en particulier, malgré l'affluence de spectateurs.

Le lendemain, les « Échos » du *Journal* firent plus que signaler l'audition lyrique. « La plus brillante et la plus rare assistance se pressait hier (...). Son attente de plaisirs profonds et de charme unique n'a pas été trompée. Cette âme chantante qu'est Georgette Leblanc l'a transportée, (...) aux limbes, aux paradis les plus lointains, aux enfers les plus troublés. (...) elle a su faire tenir toute l'émotion, toute la souffrance, tout le désir, toute la volupté de la terre et de l'au-delà : ce sont des sensations que le public voudra retrouver, c'est un triomphe que

---

[182] Recueil de vers de Robert de Montesquiou paru en 1893.

[183] Jeannie, sa sœur, épousa Paul Valéry en 1900.

l'artiste retrouvera en salle des fêtes du *Journal*, vendredi prochain à quatre heures. » (C'est-à-dire le 4 février, et présentée par Léopold Lacour.)

Le Guide musical pour sa part, fut moins approbateur. Le journaliste J. d'Orfoël n'appréciait pas les nouvelles traductions des lieder. Cependant : « si Mlle Leblanc ne nous offre ni le vrai Schumann, ni le vrai Schubert, elle ne nous en offre pas moins quelque chose d'où se dégage, sous une absolue personnalité, un charme très subtil mêlé d'on ne sait quelle très délicate perversité un peu décadente. Et tout cela est trop rare pour que quiconque l'entend ne l'applaudisse pas. »

Léopold Lacour défendit les choix de la cantatrice, ce qui relança la courtoise polémique, J. d'Orfoël revenant à la charge dans sa revue : « Et que Mlle Leblanc me pardonne si, tout en l'applaudissant, presque malgré moi, j'ai gardé au fond du cœur la perception très nette, que j'applaudissais une magnifique monstruosité. »

Dans ses *Souvenirs*, la « magnifique monstruosité » évoquant Léopold Lacour, « un de nos premiers féministes », le qualifie d'« admirable orateur ». Ce qu'il était sans doute. Quarante-quatre ans en ce début de 1898, vu par Jules Renard il apparaît sous un jour peu flatteur, sorte d'homme à tout faire du journalisme, qui [*a*] « dansé pendant douze ans sur les mains, dans les salons de Paris, et [*n'est*] arrivé à rien. »

Dès son premier rôle dans *L'Attaque du moulin*, Georgette avait travaillé pour se gagner l'estime des intellectuels (le mot est alors neuf) et des meilleurs artistes de son temps. Moins de cinq ans plus tard, sa réussite était éclatante. De Bruneau et Massenet à Mallarmé et Rodin, le parcours était pour le moins original. Et aucune cantatrice fin de siècle n'aura cherché avec une telle constance à épurer son public. Rodin aurait oublié Georgette — ce qui n'était pas le cas — qu'elle eût ranimé son désir de l'entendre, grâce au récit enthousiaste de son récital que Mallarmé fit au sculpteur. Celui-ci, mis en verve, prit aussitôt la plume et convia la cantatrice à son atelier. « … que mon ami Mallarmé a été heureux de vous voir, écrit-il, et combien ce magicien a été enchanté vendredi je suis comme un malade qui pense au vin capiteux qu'il aimerait boire. (…) mais quelle gloire vous allez acquérir par votre pensée dramatique et ce talent qui a déjà atteint un but différend [*sic*] une expression nouvelle secondée par le maître Maeterlinck. affectueusement A. Rodin »[184] Ne doutons pas qu'elle eut la bonté d'étancher la soif du sculpteur…

De Mallarmé, elle reçut une autre récompense début mars, à Bordeaux, où elle avait accepté un nouvel engagement, afin de combler le déficit de ses deux mois de récitals parisiens. C'était l'article — le poème plutôt ! — paru dans la *Revue blanche*, sous la rubrique « La quinzaine dramatique ». Alfred Athys, alias Louis-Alfred Natanson, présentait prudemment le texte comme étant « l'opinion de M. Stéphane Mallarmé ».

« Madame Georgette Leblanc produit, dans Schumann et Schubert puis le Gabriel Fabre intimant Maeterlinck et Van Lerberghe en matinée, à la salle des fêtes du *Journal*, une évidence d'art. L'unique fois, hors les conventions de théâtre, on a besoin de regarder la cantatrice. À l'encontre de la loi que le chant, pur, existe par lui, rend l'exécutant négligeable, une interprète, de très loin, revient, avec mystère, s'y adapter, plus comme instrument, ni actrice, en tant que le

---

[184] *Correspondance de Rodin*, I, Op.Cit.

spectacle humain visible, ou personnage, de la Voix qui baigne une face expressive, ruisselle, avant dispersion, au vol nu aussi de bras, les exalte et mesure où s'écoule en la sombre tunique selon des attitudes que je nommerais d'une mime musicale, sauf qu'elle-même est la source lyrique et tragique. Un drame, ordinaire à tout éclat vocal se joue — directement et individuellement, non ; réglé par des conflits mélodiques — au travers. L'étrange et passionnante femme accentue la notion que l'art, dans ses expressions suprêmes, implique une solitude, conforme, par exemple, au mouvement pour étreindre quelqu'un n'existant qu'en l'idée et vers qui le cri, de rabattre un geste ployé et le contact des mains sur sa poitrine à soi. Toute une volonté se compose harmonieusement aux dons plastique et d'organe, ici souverains. »[185]

Bouleversée par cet hommage sans précédent, elle lui répondit le 11 : « (...) comme vous avez été bon pour moi... vous avez su dire en quelques lignes tout ce qui pouvait me plaire et me toucher profondément. Je vous en remercie de tout mon cœur... Je ne puis vous écrire la joie que vous m'avez donnée parce que ce serait trop long et que je n'ose pas — Je viendrai donc vous la dire — dès mon retour — Adieu, cher Maître. » Émue, elle signe à nouveau de son seul prénom.

Fin mars, elle annonce sa visite à Mallarmé pour le jour même à quatre heures. « Je suis impatiente de vous voir, car j'ai honte de n'avoir pu vous remercier que par un mot hâtif de la seule chose belle et profonde qui ait été écrite sur moi... — — De tout cœur. Georgette. »[186]

Elle lui apporta des photographies d'elle-même interprétant ses chansons. Le poète en choisit quatre et la remercia en deux lignes simples et belles comme l'amitié du solitaire pour celle en qui il voyait une interprète selon son âme. Oui, elle, « L'étrange et passionnante femme », qui « accentue la notion que l'art, dans ses expressions suprêmes, implique une solitude ». Il lui écrivit : « Bonjour, demoiselle admirable ; merci des quatre vues et tendresses de S.M. »[187]

Mallarmé devait mourir le 9 septembre 1898. En une année, Georgette avait noué des liens fondés sur le songe, l'émotion et la tendresse avec le poète le plus complexe et le plus mystérieux du XIXe siècle. « Un homme au rêve habitué », qui disait, au début de sa conférence sur Villiers de l'Isle-Adam prononcée à Bruxelles : « Sait-on ce que c'est qu'écrire ? Une ancienne et très vague mais jalouse pratique, dont gît le sens au mystère du cœur. Qui l'accomplit, intégralement, se retranche. »[188]

Un personnage de roman, mais un auteur ?

En ce mois d'avril 1898, Georgette et Maeterlinck traversent sentimentalement une zone floue et ambiguë. Elle semble peu se préoccuper de l'homme et se soucier surtout de l'œuvre qu'il est en train de terminer. *La Sagesse et la*

[185] Stéphane MALLARMÉ, *Œuvres Complètes*, (Édition établie et annotée par Henri Mondor et G. Jean-Aubry), Bibliothèque de la Pléiade, Gallimard, 1989.
[186] Stéphane Mallarmé, *Correspondance*, tome X, Op.Cit.
[187] Ibid.
[188] Cet éloge de Villiers de l'Isle-Adam par Mallarmé a été prononcé un soir de février 1890 au Cercle des XX. Selon Verhaeren, en dehors des fondateurs du Cercle et de quelques esprits particulièrement ouverts, le gros du public se conduisit d'une manière ignoble envers l'orateur.

Destinée arrivait en effet au bout de son terme. Maeterlinck — scrupuleux ou sadique — livrait régulièrement ses pages à son inspiratrice. À la lecture passionnée du manuscrit, elle dut se sentir encore plus volée que d'habitude. C'est un fait avéré que l'on y retrouvait, comme nous l'avons déjà montré, beaucoup de leurs échanges épistolaires de ces deux dernières années.

Grand poète confirmé par ses pairs et essayiste suivi par le public, Maeterlinck voyait en elle un extraordinaire écrivain-né. Il appréciait ses productions spontanées au point de les intégrer dans son œuvre. Son frère, romancier estimé, admirait son intelligence et son énergie vitale. Si elle était avant tout attirée par les poètes, Georgette n'était pas effrayée par les hommes de science. Elle était l'amie du docteur Maurice de Fleury, médecin, psychologue et fin lettré, qu'elle surnommait mon « Maurice III ». Lui-même fils de médecin, né en 1860 à Bordeaux, cet ancien élève de Charcot s'était lié avec Léon Bloy, Villiers de l'Isle-Adam, Edmond de Goncourt, Zola. Spécialiste des maladies nerveuses, qui s'intéressait également de très près à l'éducation et à l'hygiène des enfants, il écrivait des chroniques médicales dans *Le Figaro* sous le pseudonyme d'Horace Bianchon. Déjà auteur d'ouvrages importants, il donnera toute sa mesure pendant la Grande Guerre et mourra en 1931. Applaudie par l'avant-garde littéraire — Barrès, Mauclair, Jules Renard, Jean Lorrain — et le public de l'Opéra-Comique, pourquoi Georgette se serait-elle effacée derrière l'auteur de *Pelléas* ? Parce qu'ils s'aimaient et qu'il ne cessait de gagner en assurance à mesure que grandissait son succès ? Malgré l'arrivée de nouvelles romancières sur le marché, et dont certaines usaient de pseudonymes virils ou neutres[189], le Paris des lettres comptait surtout par ses auteurs masculins tous unis par une indéfectible solidarité de mâles, dès lors qu'une femme menaçait leurs positions. Différents écueils guettaient les femmes de lettres qui l'auraient oublié. Celles-là étaient vite étiquetées : bas-bleus, hystériques, muses de sous-préfecture, suffragettes, etc. Riches, nobles, tenant salon, et sachant rester à leur place, les femmes étaient utiles aux carrières de ces messieurs. Une jeune et belle femme ne devait pas manifester son intelligence en public. C'eût été indécent. Et qu'elle ne soit pas, de surcroît, actrice ou chanteuse ! De vigilants gardiens de la morale littéraire veillaient à ce qu'on ne mélangeât pas les genres. Tel Jules Huret, rédacteur au *Figaro*. Chroniqueur engagé de la modernité de son temps, faisant connaître à ses lecteurs par ses entretiens et ses articles tant Mallarmé que Maeterlinck, il avait avoué franchement à ce dernier : « Je ne verrai jamais votre femme. Je n'imagine pas Maeterlinck vivant avec une actrice. »[190]

Quand, par lassitude ou facilité, le poète ne luttait plus contre ses préjugés, il ressentait sa liaison comme une anomalie et aurait pu donner raison au journaliste. S'approprier les pensées et les phrases de « l'actrice » lui paraissait naturel, mais la citer dans ses livres eût été se couler auprès de la critique. Il s'était récrié quand elle avait émis cette prétention. On ne cite pas « Thaïs ».

La position d'Huret embêtait Maeterlinck et il ne le cacha pas à Georgette. « Le poète me répéta ces mots et je vis qu'il était contrarié. »[191] Pas indigné, « contrarié ».

---

[189] Rachilde, Daniel Lesueur, Gérard d'Houville, Jacques Vontade, Aurel…
[190] Georgette LEBLANC, I, Op.Cit.
[191] Ibid.

Elle se rendit au siège du journal et demanda à parler à M. Jules Huret. Le garçon de bureau lui retourna sa carte de visite. « M. Huret regrettait beaucoup, il ne pouvait pas recevoir. »[192] Elle l'attendit dans l'antichambre. Quand il sortit, elle se dressa devant lui et se présenta : « Il fit quelques pas pour fuir. Je le rattrapai. "Je vous force à me reconnaître ! dit-elle. Après, si vous me détestez, je n'aurai rien à dire ; mais d'abord nous allons causer ensemble…" » L'homme, « grand avec une barbe grise taillée en pointe, des lèvres énormes, un regard myope derrière des verres épais »[193], fut interloqué. Il s'assit et, repris par la curiosité professionnelle, il l'écouta. Une heure plus tard, ils achetaient des conserves à l'épicerie Olida et retrouvaient Maeterlinck Villa Dupont. Conquis, Huret admit que « Thaïs » possédait non seulement une âme mais un cerveau dans une tête bien faite.

La date de publication de *La Sagesse et la Destinée* approchait et la question de la signature du livre n'était toujours pas réglée, au moins dans l'esprit de Georgette. On était en mai, le livre allait paraître à l'automne. Après avoir, par sa lettre du 30 avril 1897, tenté d'expliquer, non pas sa revendication, mais le processus cannibale de dévoration de sa pensée qui rendait aléatoire sa propre création et la retardait indéfiniment, elle n'avait obtenu en guise de réponse qu'une proposition trop chevaleresque pour être honnête et la mise en activité, à l'été 1897, d'un d'atelier d'écriture où chacun était censé travailler pour son propre compte, à égalité, mais où il était apparu tout de suite que le professionnalisme de Maeterlinck avantageait l'écrivain confirmé.

Près d'un an plus tard, voyant qu'il n'envisageait nullement de reconnaître sa dette autrement que par des phrases, dont la résonance ne dépassait pas la sphère privée, elle se sentit réduite à l'impuissance, d'autant que le livre à paraître étant selon elle nécessairement un chef-d'œuvre, sa part de création spontanée dans son élaboration serait perdue, absorbée pour toujours par l'univers maeterlinckien.

« Trop fervente pour protester, trop ardente pour capituler, je commençai de contenir mes élans et mes jugements personnels »[194]. Il lui fallait se débarrasser du souci lancinant de s'être fait exploiter.

Un opéra lui en offrit l'occasion. Créée le 27 novembre 1897 à l'Opéra-Comique provisoirement installé Théâtre Sarah-Bernhardt, avec Emma Calvé dans le rôle de Fanny Legrand, *Sapho* était due aux plumes efficaces de Caïn et Bernède, collaborateurs réguliers de Massenet. Les librettistes et le compositeur avaient adapté avec bonheur le roman naturaliste [195] d'Alphonse Daudet, grand succès de librairie paru en mai 1884.

Georgette Leblanc remplaça Emma Calvé le 25 mai 1898, l'Opéra-Comique se transportant, pour la dernière fois d'ailleurs, au Théâtre du Château d'Eau. Elle investit si bien le personnage de Fanny Legrand que le compositeur lui fit parvenir ce billet le 23 juin : « Que je voudrais vous rencontrer, vous remercier encore avant la séparation de l'été. Ce matin je vous envoie nos pensées et je vous dis au revoir maintenant dans notre nouveau théâtre ! De toute reconnais-

---

[192] Ibid.

[193] Ibid.

[194] Ibid.

[195] Le roman subit une première adaptation, théâtrale celle-là, en 1885. Devenue pièce en cinq actes, *Sapho* passa à la scène et connut un triomphe.

sance. Massenet. » Le nouveau théâtre était l'Opéra-Comique, finalement reconstruit après l'incendie de 1887, et dont l'inauguration aurait lieu en décembre 1898.

Le 28 juin, Georgette participa, à l'Athénée comique, à une soirée d'hommages à Maurice Rollinat. Sa prestation donna à Jean Lorrain l'occasion de faire amende honorable. « Une révélation : une artiste, que j'avais trouvée si mauvaise l'autre semaine dans *Sapho*, y atteint, sobre de gestes et impeccable de diction, au summum de l'émotion poignante. D'une voix contenue, belle de lignes comme une statue grecque, Mlle Georgette Leblanc chante avec une voix d'ange, ou plutôt avec une voix d'âme, deux sonnets de Baudelaire, que toute la salle, frénétique, applaudit, clame, et réclame.

Sois sage, ô ma douleur, et tiens-toi plus tranquille.

Et :

Vous êtes un beau soir d'automne, clair et rose !

Oh ! mademoiselle Leblanc, dans les beaux vers de *Recueillement* ! »[196]

Fin juin sortit en librairie *Le Soleil des morts* de Camille Mauclair. Lucienne Lestrange est l'hommage désespéré du jeune littérateur à Georgette Leblanc. Mauclair ne prend des libertés avec son modèle que lorsqu'il en fait, dans la deuxième partie du roman, le double ou l'émule de la danseuse Loïe Fuller[197], Lucienne Lestrange abandonnant le chant pour la danse lumineuse et radioactive de l'Américaine. Roman à clés donc, mais aussi fiction qui transpose au plan littéraire la montée en puissance (en impuissance serait plus juste) de la génération de ceux et celles qui avaient eu vingt ans en 1890.

Dans une déclaration liminaire, Mauclair lançait : « Aux insatisfaits de l'époque et d'eux-mêmes, à la souffrante foule moderne, à ceux qui attendent sans obtenir, à ceux qui rêvent sans espérer, exaltant leurs âmes éperdues vers des soleils divers, liberté, passion, ascétisme ou gloire, Je consacre ce livre dont ils sont tous le sujet et que j'ai écrit en songeant à eux fraternellement. » Sous cette adresse à une « génération perdue » (déjà !), il donnait en épigraphe cette citation de Carlyle : « Une grande âme sincère ne sait pas ce qu'elle est : de toutes les choses, ce qu'elle peut le moins, c'est se mesurer elle-même. »

Au seuil de son premier « roman contemporain », il se présentait donc en état d'innocence ou d'inconscience, et désarmé face à la critique. Il est plus que vraisemblable qu'il ait fait parvenir son roman à Georgette et à Maeterlinck. Il eût été difficile à la cantatrice de ne pas se reconnaître dans les propos de Lucienne Lestrange. Et le portrait de sa maîtresse par la plume fervente de ce confrère qui fut son ami, n'a certainement pas laissé Maeterlinck indifférent. Conjectures, ce-

[196] Jean LORRAIN, *La Ville empoisonnée*, « Pall-Mall Paris », préface de Georges Normandy, éditions Jean Crès, 1936. Seul le premier vers cité est de *Recueillement*. Le second est tiré de *Chant d'automne*.

[197] Mauclair a reçu un véritable choc en voyant danser la Loïe Fuller aux Folies-Bergère. Plus tard, il la rencontrera dans l'atelier de Rodin. À l'Exposition universelle de 1900, il sera l'un des spectateurs les plus remués par la danse japonaise présentée au Théâtre-Loïe Fuller. Sadda Yakko, découverte par Loïe, mima et dansa *La Geisha et le chevalier*, drame en deux actes mis en scène, éclairé et coloré par la chorégraphe lumineuse. Mauclair rédigea un article pénétrant et inspiré sur ce spectacle. (Cf. *Loïe Fuller*, par Giovanni Lista, Stock/Somogy, 1994.)

pendant, car ni l'un ni l'autre, en l'état actuel de nos recherches, ne s'est livré sur ce point. À l'époque de la rédaction des *Souvenirs*, Mauclair n'est plus pour Georgette qu'une ombre dont elle ne mentionne l'existence que parce qu'elle l'a conduite à Maeterlinck. « Disciple de celui que je devais aimer, écrivit-elle, il m'apportait le mirage des horizons spirituels qui allaient bientôt fixer ma destinée. Il eut le triste sort de m'acheminer vers celui qu'il considérait comme son maître. » Épitaphe de la mémoire pour ce « disciple » qui n'a droit qu'à ses initiales, C.M. !

La « génération perdue » dont Mauclair chantait la désespérance, vénérait le maître Calixte Armel. Séjournant l'été à Valvins par Avon (Seine-et-Marne), Mallarmé voulut bien se reconnaître en ce personnage et répondit à l'auteur : « Mon cher Mauclair, J'ai rapporté *Le Soleil des morts* ici et je l'ai lu vous devinez comme. Il assemble la légende d'un temps et, si près, le transporte haut. La formation, la défaite de l'Élite présentent un intérêt inconnu, on dirait une bataille humaine à la fois et la conflagration spacieuse de splendeur et de nuage, que vous réglez d'un geste certain. Oui, inaugurant, en ce volume de votre œuvre, comme du « merveilleux intellectuel », avec quelles passion et aisance ! Cher ami, il vous plut que je me sentisse en Calixte Armel, merci et j'ai, d'un trouble aiguisé de délice, suivi cette figure jusqu'où j'y pouvais prétendre, je dois paraître un rien cela encore que, surtout, étant un ouvrier désespéré ou malheureux ; puis l'accompagnai au-delà de moi, vers ses proportions de rêve. Toujours est-il que si l'aspect que dégage un homme à plusieurs ne lui demeure extérieur totalement, vous êtes quelqu'un, Mauclair, qui m'aurez extraordinairement regardé. Les ans, pour peu qu'il m'en reste, ne m'exauceraient pas, littérairement que je me contenterais, pour destin, de vous être apparu cet homme-là. »[198]

Mallarmé louait la façon contemporaine dont il avait su peindre un groupe humain et déplorait seulement quelques animosités.

Pour un écrivain de vingt-six ans, cette lettre valait tous les lauriers. Elle le consola des jugements moqueurs qui avaient accueilli son livre. On pense ici à Rachilde : « Il répète un peu trop souvent qu'il fait partie de l'élite et il parle de l'élite comme si ça existait. Mais ça lui passera. » En proie à une sérieuse dépression, il avait trouvé refuge 26, rue de la Folie, à Sannois (Val-d'Oise). Il répondit à son « cher maître » sur un ton découragé et plaintif qui n'excluait pas cependant l'espoir d'aller plus loin et plus haut. « Maintenant, dans un jardin tranquille, ne lisant pas de journaux, ayant dit adieu à tous les potins, à tous les milieux littéraires, à tout ce que le parisianisme m'apportait d'agaçant, je réalise un rêve longtemps caressé, et je me dispose à faire des livres plus importants, si Dieu veut. »[199]

En 1908, il subit une nouvelle crise dépressive. Jules Renard, qui le rencontre en octobre, note ce dialogue : « — Vraiment, vous trouvez bien ce que je fais ? me dit Mauclair. — Infiniment intelligent. — Ah ! je ne sais plus. Il me semble que je recule. Jamais je n'ai tant douté de moi. — Vous n'êtes pas le seul. »[200] Bien sûr… Mais publié à dix-huit ans, il en avait trente-six. Il avait déjà tellement écrit ! Le nouveau siècle faisait le tri et une autre génération poussait les vieux de trente ans vers la sortie.

---

198 Stéphane MALLARMÉ, *Correspondance*, Op. Cit.
199 Ibid.
200 Jules RENARD, Op.Cit.

Mauclair et son épouse échappèrent de peu à un grave accident de voiture au début de l'année suivante, quand Catulle Mendès mourut écrasé en descendant précipitamment de son train de banlieue. Bien qu'il n'appréciât pas beaucoup Mendès, Mauclair en fut éprouvé. La mort encourue le rapprochait de l'ancien poète parnassien.

Le temps passant, il s'aigrit. Ses livres personnels étant incompris par la jeune critique, il prit en grippe la littérature, la musique et la peinture modernes. L'écrivain s'effaça derrière le polygraphe et il produisit sans désemparer. Nationaliste et xénophobe dès avant 1914, il s'enferma dans sa tour d'ivoire symboliste et Rose+Croix pour n'en plus sortir qu'à l'occasion d'articles virulents dénonçant la corruption de « l'art français » par les « métèques ».

Oscar Wilde

Le 23 juin, jour où elle recevait la carte de Massenet, Georgette écrivait à Maeterlinck : « Mon Maurice, je t'aime. Ne fais pas d'imprudences.[?] N'oublie pas le livre *Entrevisions* [201] pour Sébastien Melmoth… rue des Beaux-Arts, Paris. C'est un devoir de ne pas négliger le plaisir que l'on peut faire à ce grand homme. » Oscar Fingall O'Flahertie Wills Wilde vivait en exil, sous le nom de Sebastian Melmoth, tel le héros maudit du roman noir de Maturin. Tenu à l'écart du monde littéraire qui l'avait naguère célébré, il habitait une chambre de l'hôtel d'Alsace. Les hôtels de la rive gauche hébergeaient toutes sortes de personnalités : poètes, hommes politiques en exil, peintres bohèmes, occultistes, venus d'un peu toute l'Europe et des deux Amériques. Un autre persécuté — imaginaire celui-là —, Strindberg, avait occupé successivement plusieurs chambres, dont une au fameux hôtel Orfila, rue d'Assas, où il poursuivait ses recherches alchimiques.

Oscar Wilde, lui, avait été rejeté pour son insolence et ses mœurs.

Conquise par la grâce du réprouvé, Georgette réclamait l'aide de Maeterlinck. En une phrase, toute la compassion, la noblesse, la finesse et l'intelligence de la diva était exprimée : « C'est un devoir de ne pas négliger le plaisir que l'on peut faire à ce grand homme. »

Déshonoré et persécuté en Angleterre, après sa libération de Reading, Wilde s'était tourné naturellement vers la France, où il avait été fêté au courant des années 1880 dans les banquets d'hommes de lettres. Retiré d'abord à Berneval, près de Dieppe, il avait cédé au désir de retrouver le Paris de sa jeunesse. Une déception l'attendait, car ses confrères français les plus connus se mirent à le fuir. Même à Paris une condamnation pour homosexualité faisait du poète un pestiféré. En mai 1898, cependant, Gide et Édouard Ducoté l'invitèrent à présider un banquet offert en son honneur. Mais dans son *Journal*, Gide ne cite pas son nom entre 1892 et 1902.

Autocensure qui montre la crainte des écrivains réputés les plus anticonformistes. En 1895, une pétition protestant contre la dureté de son incarcération avait été lancée à Paris par Stuart Gilbert, dans *La Plume*. Publiant son « Pour Oscar Wilde » dans *L'Écho de Paris* du 2 décembre de la même année, Henry Bauër s'était indigné de la pusillanimité des écrivains français qui avaient refusé leur signature, à l'exception de Maurice Donnay et de Lucien Descaves. Goncourt se plaignit du ton de l'article de Bauër, « qui rend impossible la signa-

201 *Entrevisions*, recueil de poèmes de Charles Van Lerberghe, paru en 1898.

ture de la pétition en faveur d'Oscar Wilde, qui semblerait une signature forcée par l'intimidation. » Malheureusement pour Wilde, les courageux Donnay et Descaves n'appartenaient pas à l'establishment littéraire.

Le peintre Armand Point reçut Wilde à Hauteclaire, sa maison-atelier de Marlotte.

Informée de la mise à l'écart de Wilde par son ami d'enfance Louis Fabulet, Maurevert et Point, Georgette, révoltée par l'injustice, soutint elle aussi la cause perdue d'avance de « Sebastian Melmoth ». Maurevert rencontrait Wilde et traduisit avec Eugène Tardieu *Le Portrait de Dorian Gray*. Fabulet — traducteur de Kipling avec Robert d'Humières — fut, avec son collaborateur, du nombre des commensaux de Gide au banquet Wilde.

À plusieurs reprises, Georgette alla chercher Wilde à l'hôtel d'Alsace pour l'emmener en promenade. En elle, la rebelle, la femme sensible aux autres femmes, passant et repassant librement les frontières de Gomorrhe, était particulièrement touchée par l'ostracisme qui frappait le « grand homme ». Elle tenta de rendre plus supportable la solitude de Sebastian Melmoth qui se clochardisait peu à peu.

La société littéraire parisienne avait épuisé ses réserves de compassion avec feu Verlaine, et Wilde tombait mal. Georgette plaida la cause de l'exclu auprès de Maeterlinck qui, à Gand, ne risquant pas de rencontrer Wilde au coin d'une rue, laissa échapper dans ses lettres quelques paroles de réconfort pour l'infortuné, allant jusqu'à lui envoyer les *Entrevisions* de Van Lerberghe. Il est difficile d'en affirmer davantage, d'autant que le texte sur lequel on se fonde généralement pour établir qu'un dîner réunit Georgette Leblanc, Maeterlinck et Wilde, a pour auteur Guillot de Saix, ancien « nègre » de Willy. Cet article a paru dans *Les Nouvelles Littéraires* du 25 octobre 1945, sous le titre « Oscar Wilde chez Maeterlinck ». Contrevérité : Maeterlinck à Paris réside encore à cette époque chez Georgette Leblanc et non l'inverse, ce que leurs intimes savaient. Guillot de Saix a procédé à un montage d'extraits des *Souvenirs* de Georgette Leblanc et de l'article qu'elle a elle-même publié sur Wilde. Ce plagiat rend suspect l'événement lui-même. Il n'empêche ! Le « nègre » a enjolivé l'événement, il ne l'a pas inventé. Georgette Leblanc, Maeterlinck et Oscar Wilde ont bien dîné ensemble Villa Dupont ou rue Raynouard, le témoignage de Georgette est irréfutable. À Maeterlinck lui apprenant que Huysmans s'était retiré dans un monastère — ce qui, sans être tout à fait faux, était quand même inexact —, Wilde répondit : « Il doit être délicieux de voir Dieu à travers des vitraux. »

Georgette Leblanc et Oscar Wilde alias Sebastian Melmoth échangèrent des propos et des lettres (perdues), et Georgette adoucit un peu l'exil du paria qui fut enterré le 3 décembre 1900 au cimetière de Bagneux.

« Ce livre, qui est pour ainsi dire votre œuvre »

Voir *La Sagesse et la Destinée* paraître, sans que son nom ne soit jamais cité, lui fut brusquement insupportable. Elle en appela à son frère, lui fit lire sa lettre à Maeterlinck d'avril 1897 et la réponse « chevaleresque » du poète, les sept années de non-publication qu'il lui sacrifiait afin qu'elle pût se remettre à niveau. Georgette réitéra son refus d'un engagement impossible à tenir et qui aurait mis fin à leur amour. Maurice, sachant depuis l'an dernier ce que Maeterlinck devait à sa sœur, recommanda à son « beau-frère » d'accepter sa signature auprès de la sienne.

Maeterlinck refusa. Non parce qu'il se jugeait l'unique auteur, dit-il, mais pour ne pas révéler au public l'intimité de sa relation avec Georgette, la chanteuse, l'actrice… Nuance !

Après discussion avec sa sœur, Maurice évoqua la possibilité d'une dédicace. De son côté, Georgette déclara se contenter de n'importe quel petit mot par lequel Maeterlinck reconnaîtrait sa dette intellectuelle. De Gand, l'auteur tarabusté, répondit le 8 septembre 1898, avec calme : « Je cherche une formule de dédicace explicative. Mais tu ne peux t'imaginer comme c'est difficile ! Je crois cependant entrevoir quelque chose et j'y consacrerai tout ce jour. Comme point de départ, il faudrait dire que tu as refusé d'être mise comme collaboratrice à côté de mon nom, c'est le seul qui rende une dédicace laudative, réelle et vraisemblable. Je te soumettrai ainsi qu'à Maurice la formule dès qu'elle me semblera satisfaisante. »

Avec un sang-froid d'apiculteur, Maeterlinck tentait de sortir du guêpier. C'était lui qui refusait que le nom de Georgette Leblanc figurât sur la couverture du livre. Or il lui demandait d'affirmer le contraire !

Ayant reçu une lettre où elle exprimait la crainte que lui inspirait sa demande, il répondit le 9 : « Pas encore trouvé la formule. Tu ne peux pas t'imaginer combien c'est difficile de n'y être pas grotesque, fade ou de mauvais goût. Enfin, je ne désespère pas encore, dis à Maurice que je n'ai pas encore le temps de lui écrire : au reste, sa lettre ne demande d'autre réponse que la formule introuvable… Ma pauvre chère, que tes inquiétudes sont déraisonnables et touchantes ! Pourquoi veux-tu que cela me fâche. Ce qui m'ennuie, c'est la découverte d'une formule, sincère et juste. Mais dire simplement la vérité dans certaines circonstances, à un public naturellement malveillant, c'est risquer de rendre un peu ridicule ce qu'on veut honorer, et voilà le grand écueil à éviter. »

Deux jours plus tard, samedi 10 septembre, il annonça le résultat de ses cogitations : « Voici, inclus, la formule que je te soumets. C'est jusqu'ici ce que j'ai trouvé de mieux, ce qui concorde le mieux avec la discrétion de l'œuvre. Surtout que je tenais avant tout à éviter cet acte de mauvais goût littéraire qui est de mettre le public dans le secret de la vie privée et de lui révéler, comme un goujat de table d'hôte, les mystères de l'alcôve. Soumets-la tout de suite à Maurice et si elle vous semble satisfaisante, je l'enverrai immédiatement à Fasquelle. »

Le ressentiment envers Georgette et son frère se lisait entre les lignes. S'il n'avait tenu qu'à lui, Maeterlinck n'eût fourni aucun texte préliminaire. *La Sagesse et la Destinée* était *son* œuvre. Lui qui mettait d'ordinaire en avant les influences dont ses livres antérieurs portaient les multiples traces, défendait maintenant bec et ongles sa stricte paternité. Il avait réussi à éviter la double signature mais s'était fait arracher la dédicace. Cet épisode laisserait des traces dans son orgueil désormais blessé.

À la suite de la réaction de Georgette, conseillée par Maurice Leblanc, pour en finir, il révisa et compléta docilement la dédicace qui allait paraître en ouverture du livre :

« À MADAME GEORGETTE LEBLANC

Je vous dédie ce livre, qui est pour ainsi dire votre œuvre. Il y a une collaboration plus haute et plus réelle que celle de la plume ; c'est celle de la pensée et de l'exemple. Il ne m'a pas fallu péniblement imaginer les résolutions et les actions d'un sage idéal, ou tirer de mon cœur la morale d'un beau rêve forcément un peu vague. Il a suffi que j'écoutasse vos paroles. Il a suffi que mes yeux vous suivissent attentivement dans la vie ; ils y suivaient ainsi les mouvements, les gestes, les habitudes de la sagesse même.

MAETERLINCK. »

Il s'en était bien tiré. À lire ce texte délicat, on ne pouvait que soupçonner l'apport de Georgette. Il reconnaissait sa dette, en « galant homme », et consacrait officiellement son égérie. Les rôles étaient définitivement distribués.

Trente ans plus tard, elle confessa dans *Souvenirs* : « Cette très belle dédicace me toucha, mais elle n'apportait pas une issue à mes propres efforts. Je décidai que je continuerais à écrire pour moi-même, et crus qu'en renonçant seulement à la vanité de paraître je pourrais quand même travailler et progresser. » Elle ajouta aussitôt : « Non : la pensée ne progresse pas dans l'ombre, il lui faut le grand jour et la critique d'autrui. » Six années lui seraient nécessaires pour qu'elle publie son premier roman.

La Sagesse et la Destinée sortit à Paris, sous la couverture jaune de la Bibliothèque-Charpentier, aux éditions Fasquelle, et simultanément à Londres et à New York. Ce recueil de méditations et de pensées morales ne tarda pas à être traduit en allemand. Le succès de l'édition française fut immédiat. En 1900, Fasquelle avait vendu douze mille exemplaires. En 1928, le tirage atteignait les cent mille.

En décembre 1898, à Alfred Valette qui lui demandait pourquoi il n'avait pas donné *La Sagesse* au Mercure de France comme précédemment *Le Trésor des humbles*, Maeterlinck répondit que ce n'était pas à cause d'une certaine lenteur dans les paiements, « bien que ce soit parfois désagréable ».[202]

À trente-six ans, il était un auteur célèbre, qui voisinait, chez Fasquelle, avec Alphonse Daudet, Edmond Rostand, Maurice Barrès et Émile Zola. Beau triomphe pour un poète ! Le cercle informé qui connaissait la liaison du moraliste et de la cantatrice fut sans doute intrigué par la dédicace. S'il crut trouver dans le livre des indiscrétions sur leur vie privée, il en fut pour ses frais. Mais les méditations de Maeterlinck plaisaient. Le public, dans chacun des individus qui le composent, les croyait siennes. Symptomatique est à ce propos la réflexion d'une jeune femme, amie de Jules Renard : « — On a pensé tout ça, on n'a pu l'exprimer. De quel pays est-il donc, cet homme-là ? » Marcel Proust, après quelques réserves, concéda à un ami : « Tout cela n'empêche pas ce que dit Maeterlinck d'être admirable, consolant et juste. Et ce que je dis, moi, d'être impertinent et ridicule, comme si ce n'était pas assez que Maeterlinck nous dise ce qu'il faut penser d'Emily Brontë et qu'il faille que moi je vous dise, à vous qui savez tout, ce qu'il faut penser de Maeterlinck. »[203] Gide, Renard, Gourmont aimèrent le livre. Gide crut que c'était « la vie » et « Nietzsche » qui avaient « bouleversé » Maeterlinck. La vie, certes, telle que Georgette la lui avait révélée à travers sa pensée et son amour.

Venu à Paris pour la parution, Maeterlinck retrouva sa dédicataire. Ils passèrent plusieurs jours ensemble, et il s'en retourna à Gand. À lire la lettre que

---

[202] *Correspondance de M. Maeterlinck à Alfred Valette*. (Bibliothèque Carlo De Poortere).
[203] Maurice Maeterlinck, 1862-1962, Op. Cit.

Georgette lui écrivit le 22 septembre, ce séjour fut passionné et douloureux : « Tous mes troubles viennent de ce que je t'aime trop, Maurice. Je t'aime si follement que mon amour est trop grand pour ma vie et que par moments elle succombe sous le poids.

« Je commence seulement à m'habituer à ne plus te voir mais j'ai subi une véritable amputation en te quittant et j'en ai eu le délire pendant plusieurs jours. Je suis si heureuse de ta lettre car je sens que j'ai emporté pour moi seule la douleur des deux. Je t'ai laissé toute ma paix, toute ma sérénité, toute ma foi. Je suis partie comme une écorce vide qui flotterait sur une mer en furie et c'est un miracle que je ne sois point coulée au fond de l'eau.

« Je t'embrasse follement, mon Maurice, je songe qu'il n'y a rien de plus pur, de plus lumineux, de plus divin que notre amour dans l'absence, c'est la voix lactée de mon âme. »

Heureusement, du reste. Car en ce qui concernait *La Sagesse et la Destinée*, elle n'avait pu obtenir la seule reconnaissance qui lui importât. Qu'il l'eût acceptée pour cosignataire du livre, leur amour en eût été changé. Mais Maeterlinck, devenu ce qu'on appelle un *homme de lettres*, savait trop bien lui-même ce qu'il devait à Georgette pour l'avouer publiquement.

En 1895, sa période « inconsciente » et présurréaliste prenait fin. Sa bonne santé physique, sa pratique des sports l'empêchaient de songer à la maintenir artificiellement par l'alcool, la drogue ou « le dérèglement de tous les sens » préconisé jadis par Rimbaud. Maeterlinck n'avait pas l'étoffe d'un poète maudit. Et puis, quand on songeait à la mort de Verlaine… Les différentes périodes d'un poète ou d'un écrivain qui ne se renie pas ressemblent trop à un calvaire. Il suffit de lire le Journal intime de Léon Bloy pour être édifié. Maeterlinck ne supportait pas la souffrance. S'il n'avait pas aimé Georgette, de plus en plus dégoûté par ce qu'il écrivait, il eût cessé toute activité littéraire, et se fût marié bourgeoisement avec Laurence. Mais Georgette lui apparut. Bon gré mal gré, grâce à ses soins attentifs et fervents, il construisit les marches de sa propre gloire.

Certains spécialistes rejettent presque toute sa production d'après 1895, justement parce qu'elle fut influencée par la cantatrice. Ils jugent son ascendant destructeur, considérant que Maeterlinck a été détourné de sa voie. En réalité, d'une manière ou d'une autre, le poète de *Serres chaudes* devait disparaître. Grâce à Georgette, il se libéra peu à peu de ses tropismes et prit en elle le matériau dont il avait besoin. Il le transforma, lui imprimant sa marque de fabrique, et la persuada qu'il exprimait mieux qu'elle ce qu'elle ressentait et pensait, alors que, le plus souvent, il accommodait ses fulgurances en les plongeant dans un fadasse brouet littéraire. Au tournant du siècle, en effet, il se mua en littérateur, sinon optimiste, du moins épris de quiétude. Ses lecteurs de plus en plus nombreux lui en surent gré.

Le scandale Carmen et « le poids de ces malpropretés »

Son interprétation de Fanny Legrand provoqua chez Saint-Saëns un élan passionné. Il lui offrit de reprendre *Proserpine*, mais l'affaire traîna en longueur et Georgette perdit le rôle. Ce n'était d'ailleurs pas une sinécure. *Proserpine* (livret de Louis Gallet) était l'œuvre maudite de Saint-Saëns. Créé à Paris le 16 mars 1887, avec seulement dix-sept représentations, cet opéra ne fut réellement apprécié que par Gounod. En 1919, Georgette fut de nouveau sollicitée par Saint-Saëns, mais Proserpine ne quitta pas davantage le royaume des morts…

La carrière de la cantatrice paraissait maintenant s'ancrer à Paris. Albert Carré, le nouveau directeur de l'Opéra-Comique remis à neuf, l'engagea dans *Carmen*, rôle toujours prestigieux, quoique d'une popularité qui éloignait encore un peu plus l'artiste de la musique moderne. Elle ne sortait pas du répertoire de l'Opéra-Comique et avait seulement approché Wagner par ses émules français.

Cependant, elle accepta comme un défi cette Carmen qui devait inaugurer la nouvelle salle Favart, le 7 décembre 1898, et, croyait-elle, une collaboration fructueuse avec le deuxième opéra de Paris.

Au début, le contact entre Georgette et Carré fut excellent. Il jouissait d'un préjugé favorable, ayant mis en scène Ibsen quelques années auparavant. Il fit appel à l'intelligence de l'artiste, ambitionnant lui-même de renouveler l'œuvre. Georgette, quant à elle, entendait révolutionner ce personnage qu'elle connaissait trop bien. Avec l'approbation de Carré, elle allait s'inspirer de la vie des cigarières de l'Andalousie de 1898, comme Mérimée en son temps. La nouvelle éponyme est — on l'a peut-être oublié — le chef-d'œuvre d'observation et de réalisme d'un véritable connaisseur de l'Espagne de 1840.

Jusqu'à présent, que ce soit à Bruxelles ou ailleurs, Georgette ne s'était guère souciée de la réalité psychologique et sociale de l'héroïne de Bizet, donnant au public une Carmen blonde et décadente aussi éloignée que possible de l'idée que l'on pouvait se faire d'une gitane inculte et à demi sauvage. Aujourd'hui, en allant se documenter sur place, elle rechercherait la Carmen vivante sous les clichés de l'exotisme qui faisaient de l'Espagne de ce temps un pays à la mode. Pierre Louÿs en avait ramené *La Femme et le pantin* et une nouvelle intitulée — pourquoi pas ? — *Carmen* ; des auteurs moins connus, des feuilletons pour les journaux.

Accompagnée de Maeterlinck, Georgette arriva en Espagne dans le courant de l'automne. Elle y effectuait son deuxième voyage, le premier, en tant que jeune épouse de ce Juan Minuesa qu'elle n'aimait pas. Maintenant elle prenait des trains avec l'homme de sa vie, mais le grand écrivain se plaignait de la nourriture infecte des buffets de gare et craignait les courants d'air et l'imprévu. Ils visitèrent Madrid, Séville et Grenade.

« À Séville, la manufacture de tabac nous déçut. La cigarière de Mérimée n'existait pas ou plus. Rien que de très vieilles femmes. Une discipline de pensionnat. Aucun pittoresque. »[204] Ce fut dans l'ancienne capitale du royaume musulman de Grenade, non loin de l'Alhambra, que Georgette découvrit son modèle de Carmen, une gitane nommée Trinidad. Elle proposa de lui donner de l'argent contre des leçons de danse. Trinidad refusa. Elle désirait être traitée en égale par la Française. N'était-elle pas, comme elle, une artiste ? Georgette l'invita à son hôtel et elles s'appelèrent désormais par leur prénom. « Une espèce de noblesse théâtrale drapait naïvement sa cupidité sans la cacher. Si je ne l'avais surveillée elle eût vidé ma chambre, mes malles, mes sacs, mes poches. Toujours prête à m'éplucher, ses petites mains noires se jetaient avidement sur les plumes de mon boa ou les fleurs de mon chapeau. »[205] C'était le comportement d'une

---

[204] Georgette LEBLANC, I, Op. Cit.
[205] Ibid.

pauvre et orgueilleuse Andalouse des rues qui voulait s'approprier les ornements d'une Parisienne pour lui ressembler et éblouir ses compagnes.

Georgette fut persuadée d'avoir déniché en Trinidad la vraie Carmen de Mérimée que traquaient les aficionados de l'authentique, la gitane populaire ignorant tout de Bizet. Elle nota ses danses, ses allures, ses déhanchements, sa vulgarité sensuelle avec la précision d'une ethnologue et décida de transposer le sujet de son étude sur la scène de l'Opéra-Comique.

Albert Carré, de son côté, avait fait aussi ample provision de documents et d'impressions. Au retour, ils confrontèrent la réalité de leurs Espagnes et chacun se mit au travail.

Cinq jours avant l'inauguration du nouvel Opéra-Comique, Georgette était à Montpellier pour un engagement. L'égérie supplantant la cantatrice en tournée, elle écrivit à Maeterlinck : « 2 décembre 1898 : Je relis ma lettre et je m'aperçois que je te rassure sur mes promenades avant même de savoir si tu t'inquiéteras, cela par contraste me fait penser à Madame Hanska... elle m'indigne sous ce rapport, comment pouvait-elle ainsi tourmenter pour des niaiseries ce pauvre et adorable Balzac qui avait déjà tant de tourments ! Pour cela, les femmes sont extraordinaires... bien souvent quand j'ai parlé d'amour avec elles et que je leur ai dit que "je ne savais pas, que je ne pouvais pas inquiéter sciemment l'être que j'aime", elles m'ont répondu qu'ainsi je ne devais pas être passionnément aimée... mais je pense que si c'est vrai, j'aime mieux être moins aimée et mériter de l'être davantage. Je crois d'ailleurs que si leur psychologie est juste en général, elle serait absolument fausse par rapport à toi... Je me tromperais comme toi tu te tromperais si je m'appliquais les lois psychologiques que l'on applique d'ordinaire aux femmes... Mais il est évident que cette angoisse perpétuelle dans laquelle vivait Balzac donnait à son amour un plus grand relief et que nos lettres d'amour si pleines de sécurité sembleraient singulièrement froides à côté des siennes. Mais, nous l'avons constaté ensemble, l'amour de Balzac était surtout littéraire. Quant aux autres amours, si en général elles font plus de bruit que les nôtres, c'est que les gens ont pris l'habitude de vivre beaucoup plus près les signes et les gestes des choses que par les choses elles-mêmes. »

Isolée des autres — égarées —, cette lettre résonne étrangement. Que s'est-il passé en Espagne, pour que Georgette éprouve le besoin de disserter sur leur amour et ceux de Balzac ? On dirait qu'elle souffre, justement, de se sentir moins passionnément aimée. Elle s'en console en prétendant qu'elle et Maeterlinck sont si différents des autres couples qu'il est impossible de leur appliquer les « lois psychologiques » communes. Naturellement, elle s'aveugle.

Tout près du jour de l'inauguration de l'Opéra-Comique, Carmen, on le voit, ne la préoccupait guère.

Le 7 décembre, dans l'après-midi, elle chanta des extraits de l'opéra de Bizet ; des fragments d'autres œuvres étant au programme. Il est instructif de comparer ses souvenirs à ceux du directeur de l'Opéra-Comique. Évoquant leur collaboration, Georgette le couvre d'éloges : « Albert Carré avait fait un chef-d'œuvre de mise en scène. Le travail avec lui m'intéressait. Nous avions la même ardeur à renverser les habitudes. (...) Il trouvait en moi une comédienne affranchie de tous les clichés. (...) Comédienne, chanteuse, telle m'avait choisie Albert Carré. »[206]

---

[206] Ibid.

Des photos de studio et non de scène nous montrent un peu la conception que Georgette se faisait de son rôle. Ses cheveux blonds dissimulés sous une perruque brune dans laquelle était prise une mantille, les sourcils charbonneux et les yeux soulignés de noir, la bouche rouge, parée de lourdes boucles d'oreilles, les bras et les épaules nus, un châle jeté sur l'épaule gauche, une main sur la hanche faisant onduler une croupe prise dans une robe à falbalas, elle brandissait de la main droite un éventail déployé. Méprisante et altière, orgueilleuse et provocatrice, comme Trinidad, la gitane andalouse. Sur une autre photo, elle se dressait, la tête penchée en arrière, déhanchée, une main appuyée sur le haut de la cuisse, l'autre lancée en l'air, son châle jeté sur l'épaule.

Pour Carré, Georgette Leblanc trahit outrageusement l'œuvre. Elle campa une Carmen « vulgaire », « fille de barrière », se trémoussant devant le Président Félix Faure et Madame venus honorer de leur présence la renaissance du second temple de l'art lyrique français. Allant jusqu'au bout de son personnage, elle envoya des oranges sur ses partenaires. Une partie du public, mécontente de ses excès, la hua et la siffla. Mais le scandale aurait pu se muer en catastrophe, car un incendie manqua se déclarer. Tout juste si Carré n'en attribuait pas la responsabilité à la cantatrice, dont l'indécence aurait mis à rude épreuve la libido des machinistes et des pompiers. Son principal grief, cependant, fut que, non contente d'exagérer les tendances populacières de la fatale Andalouse, la cantatrice se montra « insuffisante vocalement »[207] Ce que semble confirmer ce jugement sarcastique de Jean Lorrain : « Georgette Leblanc a l'aphonie des grandeurs. » Mais le directeur suivait personnellement les répétitions. Cette insuffisance vocale se manifestant avant la première, Georgette eût été remplacée au pied levé. Les candidates ne manquaient pas.

Carré suspendit néanmoins les représentations où elle aurait dû encore paraître et la remplaça par une artiste docile, respectueuse du dogme fixé par plus de cinq cents représentations. Sur le coup, la raison officielle de son éviction fut qu'elle avait eu le tort de confondre Théâtre-Antoine et Opéra-Comique, Zola et Bizet, sans tenir compte de la présence du couple présidentiel et du public des inaugurations.

Les années ne l'avaient pas assagie. Carvalho n'ayant pas réussi à la dresser, Carré s'y était essayé à son tour en lui présentant en outre des « exigences auxquelles [*elle ne put*] répondre que par le dédain ou le fou rire le plus outrageant ».[208] Dans ses mémoires, Carré ne laisse entendre évidemment rien de tel et maintient ses critiques sur le terrain professionnel, tout en lui manifestant une sourde animosité qui n'épargne pas non plus (on verra pourquoi) Maeterlinck. La plainte de la cantatrice se fondait tout de même sur une certaine réalité, le harcèlement sexuel ne datant pas d'aujourd'hui. « Il y a dans les théâtres les plus subventionnés des influences, étrangères ou autres, et des despotismes de sultans plus ou moins qualifiés qui réclament trop souvent l'exercice des droits qu'ils s'arrogent. »[209]

L'Opéra-Comique lui fut interdit. Maeterlinck, informé de cette exclusion dont les motifs étaient inavouables, essaya de la consoler comme il put : « Quelle horrible chose que le théâtre et tout ce qui l'entoure ! J'ai hâte d'être à Paris et

[207] Albert CARRÉ, *Souvenirs de théâtre*, Plon, 1951.
[208] Georgette LEBLANC, I, Op.Cit.
[209] Ibid.

de porter avec toi le poids de ces malpropretés. Je veux y voir Paul Adam, Mirbeau et les mettre en mouvement... » On dit cela quand on est à Gand. Le problème était qu'il ne semblait pas si pressé que cela de « porter [*avec elle*] le poids de ces malpropretés. » Il fuyait Paris à la moindre occasion. À la fin de 1898, alors que l'on date généralement de mars 1897 son installation en France, on voit qu'il se protège toujours dans son cocon flamand, bien heureux d'être loin des misères de la vie théâtrale dont souffre Georgette.

Cette Carmen controversée eut ses admirateurs. Arsène Alexandre affirmait aux lecteurs de la revue *Le Théâtre* : « Il suffit de jeter les yeux sur les illustrations de cette notice, qui sont le fidèle souvenir de cette récente Carmen qui fut tant discutée, pour se rendre compte de la façon dont cette artiste entend la composition d'un rôle. Il est impossible de ne pas voir que c'était là quelque chose de nouveau, de vibrant et de charmant. Nous ajouterons que ce caractère de nouveauté n'est pas du tout fantaisiste ni arbitraire. C'est une Espagnole, du bout du soulier au sommet du chignon, une Espagnole de Goya (...) dans les rôles du répertoire où nous ne sommes plus habitués à en demander tant, elle est une des rares qui soient vraiment aptes à créer une œuvre moderne. Elle doit en donner la preuve dans la *Proserpine* de Saint-Saëns, dans *Pelléas et Mélisande* de Claude Debussy. Vous verrez après cela que le répertoire suivra tout seul. »

Ainsi à la fin de 1898, Georgette espérait encore en Debussy, malgré la rumeur d'un renoncement. On disait que le compositeur peinait à donner forme à ses ambitions musicales.

Elle ne semblait pas bien non plus mesurer l'ampleur de la rancune de Carré à son égard. Que se passerait-il — Debussy ayant achevé son œuvre — si l'Opéra-Comique acceptait *Pelléas et Mélisande* ?

Ariane au presbytère de Gruchet Saint-Siméon

L'année 1898 finissante, ses perspectives de carrière se limitaient aux théâtres non subventionnés de Paris, à la province et à l'étranger. Mais l'égérie qui écrivait dans l'ombre du célèbre Maeterlinck, ne manquait pas de raisons d'espérer. Le succès de *La Sagesse et la Destinée* faisait connaître son nom et son influence. Elle s'était offert un lieu de vie propice à l'écriture et à la vie de couple, en Normandie.

Ce fut donc d'un ton assuré qu'un mercredi de décembre, elle écrivit à Laurence Alma-Tadema une longue missive où, prenant prétexte de sa lecture de *La Vie de Renan*, qui venait de paraître — Renan étant mort en 1892 —, elle parla d'elle-même, à travers l'histoire d'Henriette Renan. « Mon petit, je t'enverrai dans quelques jours un livre qui me touche infiniment... je l'aurai achevé demain, il passera alors par Lui et il ira vers toi. Je ne crains pas de te l'annoncer à l'avance car, dans la vie incolore et triste que tu dois avoir en ce moment, l'attente d'un plaisir, si léger qu'il soit, rend les heures plus courtes et les jours plus clairs — (...) Il ne t'apprendra pas grand-chose, car peu de vies sont aussi connues que l'est celle de Renan, mais il y en a peu qui nous touchent autant que la sienne, et tout ce que nous pouvons ajouter à notre connaissance de cet homme me semble bien précieux... puis c'est écrit d'une façon admirable et vu par une intelligence de femme qui me paraît belle et rare. Je suis bien sûre que tu seras heureuse de lire cela car je me souviens de l'effet que t'avait produit la brochure de Renan sur sa sœur Henriette[210] — pour moi, tout ce qui parle de cette pauvre Henriette me passionne et m'attriste également, elle me révolte et elle m'attire. Il me semble (et ce livre confirme mon impression) que ceux qui l'entouraient, et pour lesquels elle a donné sa vie si complètement ne l'ont point adorée comme ils auraient dû le faire... on voudrait les voir quelquefois combattre cette abnégation au lieu de l'accepter et de la fortifier par la reconnaissance. Certes, ils l'aimaient ; mais tout le bien de l'amour n'est-il pas dans la manière d'aimer ? et cette manière ne saurait être bonne si nous la créons seulement d'après les lois de notre propre cœur — elle doit au contraire se modeler et se transformer suivant le caractère, le cœur et l'esprit de l'être que nous aimons. Si la vie place auprès de nous un de ces êtres altérés de dévouement tel que fut la sœur Henriette, notre amour pour lui devra être surtout attentif et prévoyant... nous devrons craindre sans cesse qu'un nouveau sacrifice ne se dissimule derrière ses gestes patients, ses habitudes régulières, nous ne pourrons pas voir son sourire sans penser qu'il cache peut-être une douleur... et il me semble que nous n'aurons point de repos avant de lui avoir fait connaître un peu de "joie directe"... Comment lui faire comprendre que celui que nous aimons doit garder la moitié de la joie qu'il nous donne pour que nous la puissions ressentir tout entière ? Mais si comme je le crois, ces êtres d'abnégation ne peuvent vraiment goûter le bonheur qu'en y renonçant, nous nous appliquerons au moins autant que possible à prévoir pour eux les moments de sacrifices afin de les adoucir parfois et de les entraver même, quand ils nous sembleront dangereux.

« Pour moi je ne souhaite pas de vivre auprès d'un être de cette race sublime mais un peu oppressante pour qui ne l'admet point comme naturelle ; je l'admire d'autant plus que mon instinct de bonheur et l'admiration excessive que j'éprouve devant un tel exemple le grandit et l'augmente encore à mes yeux.

« Cependant il est bien certain que la plupart des femmes habituées à la soumission et à l'abnégation par l'éducation et l'instinct héréditaire ne doivent point regarder la sœur Henriette avec autant d'admiration et d'étonnement. Ce devait être le cas de madame Renan et c'était sans doute aussi le cas de son mari qui ne semble pas avoir beaucoup connu et approfondi le cœur de la femme... Tout en l'admirant, il devait trouver naturelle la conduite de sa sœur, et peut-être devait-il s'y habituer jusqu'à l'oublier un peu... Au fond, rien ne s'oublie plus facilement que la vertu qui s'exerce à notre profit d'une façon ininterrompue, et plus les êtres qu'elle enveloppe sont bons et aimants, plus elle leur devient vite le seul air respirable — — en général nous devons nous défier de notre manière d'accueillir tout ce qui nous est favorable — — ce simple geste d'attention est un des plus grands principes de notre bonheur, car nos causes de joie sont entre nos mains comme des instruments à cordes dont la sonorité tend à baisser continuellement si notre sagesse ne sait point la maintenir au diapason... Enfin, j'ai tort de discourir sur l'état de cœur des Renan vis-à-vis d'Henriette, s'il y a une chose que l'on ignore, c'est bien celle-là... mais toutes les fois que je lis le récit du voyage en Syrie et la triste mort d'Henriette, je suis désolée et surtout fâchée contre

---

[210] Ernest RENAN, Henriette RENAN, *Lettres intimes*, précédées de *Ma sœur Henriette*, 1896.

Renan... On ne peut pas s'empêcher de penser que s'il avait eu plus de prévoyance et de sollicitude, la pauvre fille ne serait point restée là-bas... — — et je me sens prête à détester l'œuvre d'art ou de science qui peut distraire un homme de son plus humble devoir de bonté et d'humanité. »

« Vendredi. Je n'ai pu achever cette lettre qu'aujourd'hui ayant été prise toute la journée hier... je te l'ai écrite peut-être égoïstement sur un sujet qui à cet instant-là me dominait, et tu n'auras peut-être pas autant de plaisir que si je t'avais parlé de moi ou de nous... Si le temps est beau demain, nous faisons une chose qui me tente depuis longtemps. Nous allons d'abord passer l'après-midi à notre propriété, puis le soir, en revenant nous nous arrêtons à Rouen, où je ne suis encore jamais retournée ! Nous y passerons la journée de dimanche. Je n'y retrouverai que des souvenirs de malheurs, mais ils ne me paraîtront pas noirs par la comparaison avec mon beau présent.

« Adieu, mon chéri, je t'embrasse infiniment.

Note : en te promettant du plaisir par ce livre, je n'ai pas songé que tu as en ce moment Le Livre des Livres ! [*La Sagesse et la Destinée*] Mais qu'importe ! il faut bien aussi trouver un peu de beauté ailleurs. Donc je te l'enverrai. »

Elle avait d'autant plus rapidement surmonté son échec à l'Opéra-Comique, qu'elle avait su préserver sa dignité. Celle qui chantait Thaïs et Fanny Legrand — des courtisanes — se reconnaissait, en fait, dans le personnage d'Henriette Renan ! Si Carré avait su ! Les livres contant les vies des femmes exceptionnelles, les amoureuses exemplaires et chastes au comportement de sœur, les personnages littéraires hors du commun, voilà son véritable monde. Georgette comprenait trop bien Henriette Renan. Elle-même tentait de se protéger de son propre élan sacrificiel. Maeterlinck savait son admiration pour la sœur du philologue. S'adressant à Laurence, elle comptait bien que celle-ci transmettrait sa lettre à son ex-fiancé, même assortie de commentaires acerbes. Ainsi pourrait-il apprendre comment se comporter avec « un de ces êtres altérés de dévouement », en suivant le conseil de Georgette : « notre amour pour lui devra être surtout attentif et prévoyant... nous devrons craindre sans cesse qu'un nouveau sacrifice ne se dissimule derrière ses gestes patients, (...), nous ne pourrons pas voir son sourire sans penser qu'il cache peut-être une douleur... »

Maeterlinck tiendrait-il compte de l'avertissement, alors qu'ils s'apprêtaient à vivre ensemble ? L'été 1897, pendant sa retraite à Fontaine-le-Dun, à une cinquantaine de kilomètres au nord de Rouen, elle s'était promenée à bicyclette dans ce pays de bocages où les toits de chaume et les anciens manoirs apparaissaient entre les bouquets d'arbres. Par les chemins creux, on passait sous des charmilles. Ruisseaux et rivières poissonneux irriguaient toute la région. Elle avait découvert dans le village de Gruchet Saint-Siméon une maison de briques à un étage, construite au XIXe siècle, séparée de l'église et du cimetière par une double rangée de grands hêtres. Aux alentours, l'œil était séduit par les prairies et les vergers. Plus personne n'occupait la bâtisse que Georgette baptisa aussitôt le « presbytère » en même temps qu'elle eut envie d'en faire sa résidence d'été. Sans être l'équivalent d'Oestacker, la propriété familiale des Maeterlinck, elle espérait que le poète y serait moins dépaysé qu'à Paris. Un an plus tard elle signait un bail de neuf ans, « à raison de 300 francs par an ! » (soit 5 400 francs d'aujourd'hui). On accédait facilement à Gruchet par le train jusqu'à la gare de Luneray. De là, on prenait une calèche ou une bicyclette. La bicyclette permettait d'atteindre en moins d'une heure les plages de Quiberville et de Saint-Aubin-sur-Mer.

Le « presbytère » offrait une alternative confortable et campagnarde à l'onéreux appartement de la Villa Dupont, où Maeterlinck ne faisait que passer. L'automne et l'hiver à Paris, le printemps et l'été en Normandie, elle espérait le voir harmoniser ses habitudes avec ce rythme saisonnier. Même s'il lui était impossible d'abandonner les tournées d'une artiste lyrique vouée à la province depuis son renvoi de l'Opéra-Comique, ils jouiraient d'un semblant de vie commune à condition que l'écrivain reste en France.

L'argent était le principal souci de Georgette. En gagner pour être indépendante et assurer la part de Maeterlinck dans le paiement des charges que leur train de vie exigeait. Il continuait d'être tenu serré par sa famille ou était peu prodigue de ses droits d'auteur. Pourtant, après trois ans d'exploitation, *Le Trésor des humbles* était un succès commercial, précisait le critique Robert de Souza dans le *Mercure* de janvier 1899. Sans compter les huit mille exemplaires de l'édition anglaise vendus en 1897. L'accueil encourageant des lecteurs de langue allemande en Autriche et en Allemagne laissait présager de confortables tirages. En France, le succès de *La Sagesse et la Destinée* dopait les ventes du *Trésor des humbles*. Mais l'heureux auteur laissait sa compagne louer à ses frais son appartement parisien et le presbytère de Gruchet.

Lorsqu'elle écrivait à Laurence, à la fin de son petit essai sur Henriette Renan, « Si le temps est beau demain, nous faisons une chose qui me tente », le *nous* n'incluait pas Maeterlinck. Il englobait plutôt son frère Maurice et leur sœur Jehanne qui, à cette époque, en butte à l'hostilité des parents de son ami Fernand, ne pouvait résider dans les nombreux châteaux que la famille Prat possédait dans la région. Le projet de s'arrêter à Rouen ressemblait au pèlerinage de trois enfants prodigues : la femme légère (Jehanne), la cantatrice-égérie (Georgette) et l'écrivain confidentiel (Maurice). Ce voyage-éclair dans leur ville natale leur confirma qu'ils n'y avaient plus leur place. Sans regret. Ils n'avaient pas encore l'âge de la nostalgie. Georgette semblait avoir oublié qu'elle était revenue à Rouen chanter dans *L'Attaque du moulin*, en janvier 1894. Mais sans doute n'avait-elle plus franchi le seuil de la maison paternelle depuis son mariage, lorsque ce dimanche, avec sa sœur et son frère, elle revit leur père Émile, alors âgé de 67 ans.

Elle fêta ses trente ans à Paris, mais, dès le printemps, s'installa dans son presbytère normand.

Derrière la « petite barrière blanche » du jardin poussaient phlox, pieds-d'alouette, roses trémières et tournesols.[211]

En voyant Maeterlinck faire le tour du propriétaire, elle fut heureuse de son choix et aima davantage sa maison : « le style Empire avait influencé sa construction suffisamment pour arrondir le haut de ses fenêtres et les orner de quelques flèches qui, réunies à la base, s'élargissaient comme pour soutenir le cintre de pierre. La porte d'entrée, sorte de cage de verre, formait sur le seuil une première antichambre. C'est là, dans ce petit coin où s'amassaient la lumière et la chaleur, que je me tenais généralement pour lire et pour écrire. »[212]

[211] Maeterlinck nous apprend dans *Le Double Jardin* que le « phlox annuel ou phlox de Drummond », si vulgaire, nous fut offert par le Texas en 1835.

[212] Georgette LEBLANC, I, Op. Cit.

Elle aménagea et décora elle-même les pièces. L'ambiance était simple et chaleureuse, moins surchargée qu'à Passy : « murs à la chaux, surfaces lisses, meubles rustiques, couleurs vives et brillantes. (...) La grande table de la salle à manger exécutée au village, ressemblait à un établi de menuisier. Elle était passée au Ripolin écarlate ainsi que les meubles qui l'entouraient. Ceux du salon d'en face étaient en vert hollandais. Aucun bibelot, pas d'objets inutiles, mais partout des gerbes de fleurs sans cesse renouvelées. »[213]

Venu s'entretenir avec Maeterlinck, Octave Uzanne est charmé par la « sainte simplicité du *home* ». Il insiste sur « l'eurythmie voulue » et se sent dans un décor imaginé par Ruskin et William Morris. Il rend un hommage discret à la fée du logis : « Certes, des mains artistes, des mains unies, des mains de Thaïs [*sic*] en communion de bonheur dans cette thébaïde ont apporté partout ce sourire de vie fleurie. Le poète philosophe n'aurait su par lui-même créer dans son silence et sa solitude cette mystérieuse atmosphère d'amour que ne dégagent jamais les *bachelor's homes* des bénédictins misogynes. »[214]

Pour son cabinet de travail, Maeterlinck se contenta d'une table recouverte d'un pan de drap vert, et de deux chaises. Il commença et acheva sur cet équipement de fortune, plusieurs de ses œuvres les plus importantes, dont *Ariane et Barbe-Bleue* et *La Vie des abeilles*.

Si, du point de vue de son auteur, *Aglavaine et Sélysette* fut un hommage raté à Georgette Leblanc, *Ariane et Barbe-Bleue*, destiné à un compositeur, remplit son but. La langue, un peu trop ornée de métaphores, est à première vue plus « poétique » que celle de *Pelléas*, mais à dire vrai, on n'y retrouve pas la magie de la pièce qui avait subjugué Debussy. En fait, *Ariane et Barbe-Bleue* [215] est l'anti-*Pelléas et Mélisande*. Son livret illustre l'idée naïve que Maeterlinck se faisait de l'opéra.

Georgette ne renonçait pas à défendre une œuvre moderne. *Proserpine* de Saint-Saëns, c'était du passé dans toute l'acception du terme. *Pelléas* n'était pas encore sorti de l'athanor de Debussy, l'alchimiste des sons ne semblant pas avoir fixé de limite à sa quête.

L'œuvre scénique promise à la cantatrice en 1896, alors que Maeterlinck peinait à lui faire accepter *Aglavaine*, était bien cette *Ariane* que le poète avait tirée de la légende grecque. Pour lui, Ariane rachetait Aglavaine. Elle fut d'abord offerte à Ernest Chausson par l'intermédiaire de Willy, un ami de la famille. Excessivement scrupuleux, lent et pondéré, Chausson hésita, puis renonça à *Ariane* en exprimant ses regrets. Mort accidentellement en juin 1899, il n'aurait jamais trouvé le temps de la terminer, quand on sait qu'il peina de nombreuses années sur son unique opéra, *Le Roi Artus*.

Paul Dukas admirait Debussy. Travailler sur un vrai livret de Maeterlinck le séduisit et il accepta *Ariane et Barbe-Bleue*. Né en 1865, second prix de Rome, Dukas était célèbre depuis l'audition de la *Symphonie en ut majeur* et de *L'Apprenti sorcier*. Il restait à espérer qu'il fût plus rapide que Debussy.

---

213 Ibid.

214 Octave UZANNE, *La thébaïde de Maurice Maeterlinck*, *Écho de Paris*, 7 sept. 1900.

215 Avant de réunir *A. et Barbe-Bleue* à ses autres pièces et de la publier en 1901 dans le tome III de son Théâtre, Maeterlinck la confia à la *Wiener Rundschau*, où elle parut en juillet 1899.

Maeterlinck s'était éloigné du mythe pour s'inspirer de la femme réelle qu'il aimait. Mais son modèle n'était tout de même pas sans ressembler quelque peu à l'Ariane grecque. Aussi possessif que Barbe-Bleue, Maeterlinck aurait voulu qu'elle ne se souciât que de lui, Georgette montrant une propension — irritante selon son compagnon — à sauver à tout prix les faibles de son entourage. Cette générosité sans discernement et, bien entendu, sans calcul, excitait la jalousie de l'écrivain. Selon lui, Georgette, moderne Ariane, était flouée par celles-là mêmes qu'elle aidait. À Gruchet Saint-Siméon, elle avait gagné à sa cause une jeune paysanne, Mathilde Deschamps, afin de la tirer du milieu archaïque qui l'opprimait. Maeterlinck fut le témoin sarcastique de ce « sauvetage » ambigu et souffrit des sentiments qui lièrent bientôt les deux femmes. Lui-même ne s'étonnait même plus de l'inépuisable bonté de Georgette à son égard. Il avait fini par croire qu'il la lui rendait au plus juste en créant pour « l'actrice » des personnages à sa mesure. Ainsi naquit *Ariane et Barbe-Bleue* ou la Délivrance inutile.

Qu'il fût le Méléandre d'*Aglavaine* ou le Barbe-Bleue d'*Ariane*, Maeterlinck confessait un étrange aveu : son impuissance à retenir ces deux projections de Georgette auprès de lui. Méléandre était incapable de garder Aglavaine et n'osait pas la suivre. Ariane abandonnait Barbe-Bleue au milieu de ses cinq épouses, non sans avoir essayé d'emmener les prisonnières à l'extérieur du château. Les épouses portaient les noms des créatures antérieures de l'écrivain, qui les possédait comme Barbe-Bleue ses femmes.

Ariane n'était pas issue de ses phantasmes. Elle était libre. Donc dangereuse, perturbatrice. Les personnages féminins d'avant Georgette auxquels il tient tant lui rappellent cruellement l'époque où il pouvait se passer d'elle. Ainsi peut-on voir dans le départ d'Ariane le dénouement que Maeterlinck craignait et souhaitait à la fois dans sa vie. Plutôt souffrir terriblement une dernière fois en se disant que c'est fini, que de souffrir un peu à chaque départ de la cantatrice. Mais aussi Ariane-Georgette hors du château, cet endroit clos qui le protège du monde, il espère retrouver la période rassurante où les femmes se soumettent ou sont mises à mort par la loi du père. Dans la vie réelle, il sait bien qu'elle l'aime et fait le maximum pour être présente le plus souvent possible à ses côtés. Il sait qu'elle jongle avec les engagements, les villes, les horaires des trains, mais il souffre de solitude, que ce soit au presbytère ou Villa Dupont, dès qu'elle est partie. Quand cela devient insupportable, il retourne à Gand, auprès de ses parents. Et aussitôt, il écrit à Georgette, qui lui répond. Et les amants s'émerveillent l'un et l'autre. La vie qui menaçait d'être « quotidienne » redevient alors source de poésie et de bonheur.

« Mardi, 1 heure, Ah ! mon Maurice, ta lettre me fait déborder à mon tour ! ! !... Mais *je n'ai pas encore été aussi stupéfaite*. Ma lettre belle ? Jamais cette pensée ne me serait venue. Je l'ai écrite sans lever les yeux et je n'ai même pas eu le temps de me relire et de m'inquiéter de la soudure du samedi au dimanche ! Ah ! j'ai senti que tu m'aimais tant... J'ai pleuré de bonheur en te lisant. Je t'adore, mon Maurice. Nous nous retrouverons encore comme l'autre fois ! — — Ça me semble joli, la petite natte que tu préfères — on verra. Je t'aime. Je sais la phrase de Balzac que tu veux, je vais la chercher, c'est dans "La vieille fille" — — — Je t'aime. »

Elle ajouta ces lignes émouvantes : « À moins que par hasard tu me dises que je puis venir te chercher... (ce ne serait la peine que si ta mère s'absentait et si je pouvais au moins me promener une heure dans le jardin), je voudrais que tu me cueilles une fleur ou une feuille d'une plante ou d'un arbre que tu connais depuis ton enfance… Pauvre coin de terre qui t'a porté tout petit et qui va mourir ! Cela me fait de la peine, tout ce qui nous a touché et qui disparaît, c'est quelque chose de nous qui meurt ! » Le creusement d'un nouveau canal allait en effet noyer sous les eaux la plus grande partie de la propriété de campagne des Maeterlinck.

À trente-sept ans — et son chagrin n'y était pour rien —, le poète ne se permettait de faire entrer Georgette *une heure* dans le jardin de ses parents, que si sa mère ne s'y trouvait pas à demeure ! Ils restaient, aux yeux de Polydore Jacques Marie Bernard Maeterlinck, propriétaire foncier, et de Madame, née Mathilde Van den Bossche, un couple illégitime, et « Mlle Leblanc » une actrice.

La menace planant sur un lieu de vie cher à l'écrivain rendait précieux les domiciles de Georgette. De 1899 à 1902, Maeterlinck l'y retrouva plus souvent et plus longuement. Il disposait rue Raynouard d'un cabinet de travail « encombré — selon Adolphe Van Bever — de livres et de papiers ». Bien que du printemps à l'automne, le presbytère fût leur demeure la plus constante, à la mi-juin 1899, ils retournèrent une semaine à Paris. L'éditeur Ollendorff fêtait le 17 la sortie d'un volume de contes de Maurice Leblanc, intitulé *Les Lèvres jointes*. Georgette interpréta « Le balcon » de Baudelaire, mis en musique par Maurice Rollinat. Un témoin de l'événement entendit : « un souffle, un murmure, deux notes prolongées… »

Faut-il le préciser ? Cela ne changea rien au destin de ce livre, le huitième de Maurice Leblanc. Ignoré de la critique, il obtint seulement un petit succès et contribua, plus que les précédents, à l'effacement de son auteur de la scène littéraire traditionnelle. *Les Lèvres jointes* n'apportaient en effet rien de neuf, et les critiques les mieux intentionnés n'auraient pu répéter que ce qu'ils avaient déjà dit à propos de ses œuvres antérieures.

Apprécié de ses pairs de la Société des Gens de Lettres dont il devint membre titulaire en 1900, il lui fallut cependant reconnaître qu'à trente-cinq ans, ses efforts avaient donné de bien piètres résultats. Il subit de ce fait une grave crise existentielle et plongea dans la dépression, son poids tombant à quarante et un kilos. Georgette s'en inquiéta et essaya de lui remonter le moral, mais pour cet homme de lettres invétéré aucune parole de compassion ne valait la reconnaissance du public. Proposant toujours régulièrement romans et nouvelles, il ne prendrait sa revanche qu'en 1905, ayant enfin congédié les prestigieux maîtres de sa jeunesse et donnant libre cours à son imagination personnelle.

« Bébé » boude Sœur Béatrice et Ariane

Ariane et Barbe-Bleue s'ajoutait aux deux ou trois projets lyriques chers à Georgette, même si le futur de sa création demeurait incertain. Dukas n'était encore qu'au début de la composition. Quant à *Pelléas*, des bruits couraient depuis mai 1898 qu'André Messager, nouveau directeur de la musique de l'Opéra-Comique, avait accepté de le diriger, mais sans que rien ne soit encore signé.

Autre drame lyrique précédant de peu *Ariane*, *Sœur Béatrice* était un « miracle », ou comme l'on disait jadis, un « mistère » dont l'action se situait au XIVe siècle, dans un couvent proche de Louvain. La religieuse était enlevée à sa vie cloîtrée par un jeune prince. Puis abandonnée… Prise aux pièges du monde, elle devenait prostituée comme Manon Lescaut. Quand elle revenait repentie à son couvent, personne ne la reconnaissait et on lui disait que sœur Béatrice était la plus sainte des religieuses. Explication : la Vierge Marie avait pris sa place sans que la communauté s'en aperçoive. Ce que Béatrice apprend de la bouche même de Marie. Tout rentre alors dans l'ordre… Maeterlinck s'était souvenu de la légende médiévale et du poème *Beatrijs* composé par le moine flamand frère Gijsbrecht au XIVe siècle. Le scénario de la pièce, très édifiant, avait un intérêt limité… mais *Sœur Béatrice*,[216] destinée elle aussi à l'opéra, était dédiée à Georgette Leblanc. En 1902, Rainer-Maria Rilke fit jouer la pièce à Brême. En 1904, elle fut montée à Helsinki par le Théâtre national de Finlande, sur une musique de E. Melartin. Maeterlinck avait d'abord songé à Fauré, qui s'était montré extrêmement rapide dans l'écriture de la musique de scène de *Pelléas*. Mais, pour *Sœur Béatrice*, il avait exigé un long délai — près de trois ans — et des droits d'auteur que Maeterlinck jugea excessifs. Si bien qu'en France tout au moins, *Sœur Béatrice* ne fut jamais représentée sur une scène d'opéra.

Maeterlinck ne dissimula pas en quelle médiocre estime il tenait ces deux pièces lyriques[217] : « Ce n'est pas parce qu'elles sont postérieures [à *Aglavaine et Sélysette*] qu'il y faudrait chercher une évolution ou un nouveau désir. Ce sont, à proprement parler, de petits jeux de scène, de courts poèmes du genre assez malheureusement appelé « opéra-comique », destinés à fournir aux musiciens qui les avaient demandés un thème convenable à des développements lyriques. Ils ne prétendaient à rien davantage, et l'on se méprendrait sur mes intentions si l'on voulait trouver par surcroît de grandes arrière-pensées morales ou philosophiques. » Ces appréciations méprisantes étaient désormais rituelles. Par contre, « Maet » — un des surnoms que lui donnait Georgette — était toujours prêt, en privé, à s'enthousiasmer pour la prose de sa compagne. Dans leur retraite de Gruchet-Siméon, il préférait la voir écrire que l'entendre jouer du piano ! L'instrument était « relégué derrière le salon, dans un coin défendu par deux portes. [*Il*] n'en détestait pas seulement le bruit mais aussi l'aspect. À cette époque, il était en proie à des antipathies violentes qui provoquaient ses nerfs et parfois l'étendaient par terre avec de brusques syncopes ».[218]

Était-ce Georgette qui le déséquilibrait à ce point ou simplement la vie quotidienne ? Il tombait également dans des périodes de mutisme complet qui duraient plusieurs heures ou plusieurs jours. Au sortir de cette humeur noire, il reconnaissait franchement qu'il boudait. Le 8 août 1899, Georgette confiait à Maurice Leblanc : « Après une seule matinée de bouderie, Maurice, rayonnant, est venu me surprendre : "Tu sais, je ne boude plus ! "Moi, étonnée : "Déjà ! Tu es content d'avoir fini ? " Lui : "Très content. " "Alors ?… " — Ce n'est pas que ça m'amuse de bouder, mais c'est plus fort que moi, et puis j'imagine que ça embête les autres encore plus que moi… " Moi, sincèrement au regret : — Ma conscience m'oblige à te dire que ça m'est tout à fait égal. " Lui, de bonne foi : " — Je l'ai si bien senti ce matin que ça m'a déboudé d'un coup." »

Et Georgette de conclure gaiement cette saynète de leur vie au presbytère : « Maurice a ri avec moi quand il a eu connaissance de ce dialogue, mais il trouve que je parle trop irrévérencieusement de la bouderie qu'il juge une chose digne,

---

[216] *Sœur Béatrice* fut d'abord publiée en allemand en mars 1900, dans la revue *Die Insel* de Munich. En septembre, une traduction parut dans *The Anglo-Saxon Review* avant l'édition française de 1901.
[217] Il les publia tout de même dans le tome III de son Théâtre.
[218] Georgette LEBLANC, I, Op. Cit.

grave et... nécessaire ! ... »[219] Si cela amusait Georgette, on se demande ce que Maurice Leblanc, qui souffrait dans sa chair d'être méconnu et mésestimé, devait penser de l'attitude de ce « beau-frère » dont la réputation littéraire grandissait régulièrement en Europe.

La conduite enfantine de « Maet » autorisa Georgette à le baptiser « mon bébé », ainsi que l'atteste leur correspondance de ces années. Plus tard, l'habitude étant prise, « bébé chéri » et simplement « bébé » supplantèrent « Maet ».

La moraliste

Des pages rédigées dans la « cage de verre » du presbytère, la cantatrice tira quelques lignes qui parurent dans la revue *La Vogue* nouvelle manière, à l'origine, une des plus importantes publications du symbolisme. Fondée par Gustave Kahn en 1886, *La Vogue* fut hebdomadaire jusqu'à sa disparition en 1889. On y avait révélé « Les Illuminations » de Rimbaud, les « pages oubliées » de Verlaine, ou les « Souvenirs occultes » de Villiers de l'Isle-Adam. Ressuscitée en hommage aux précurseurs par de jeunes poètes dont Tristan Klingsor,[220] *La Vogue* fin de siècle était suffisamment estimée pour qu'un camarade de Jules Renard, Ernest Raynaud, s'interrogeât : pourrait-il obtenir une note dans la revue ? Georgette Leblanc ne proposa rien d'autre que des aphorismes et des réflexions qui n'auraient sans doute pas déplu à Wilde et à Rémy de Gourmont : « La sagesse de la femme n'est jamais aussi mûre que celle de l'homme ; elle reste verte par places et elle grince quand le destin mord dedans. » Ou bien : « Ceux qui croient à la nécessité de se masquer ne sont-ils pas encore eux-mêmes dans le choix de leur masque ? Comment distinguer ce que nous sommes de ce que nous souhaitons être ? Où s'arrête le désir de notre volonté et où commence notre nature involontaire ? » Mais encore : « Chaque jour, chaque heure apporte à notre vie intime une parcelle d'or, de cuivre ou d'argent et, semblable à une mosaïque admirable ou médiocre, cette vie dépend tout entière de la sagesse qui préside au dessin et à l'assemblage des métaux que le hasard nous envoie. »

C'était peu de choses, si l'on veut, que ces quelques notes, mais c'était imprimé et entre les meilleures mains. Sur cette lancée, elle osa enfin risquer une fiction, entre le journal intime et le roman, genre auquel Maeterlinck n'avait jamais touché. Une fiction dont l'héroïne vivait à Gruchet Saint-Siméon, tout près du « presbytère ». Pendant que son compagnon écrivait sur les fleurs de leur jardin et les abeilles, Georgette avait attiré à elle la jeune Mathilde, sauvageonne aux manières brutales de garçon manqué. C'était ce « sauvetage » qui avait agacé Maeterlinck mais lui avait inspiré *Ariane*. Quant à Georgette, ce fut sur la réalité inavouable de cette relation qu'elle fonda l'intrigue centrale de son premier livre.

---

[219] Ibid.

[220] Et Henri Degron. *La Vogue* (3e série) fusionna avec l'Anthologie revue de l'éditeur Sansot. Tristan Klingsor (1874-1966) était le pseudonyme, ô combien wagnérien, de Léon Leclère. Ce poète français, ami de Maurice Ravel, fut également compositeur et peintre. Klingsor, dans *Parsifal*, est le magicien maudit rejeté par les chevaliers du Graal, qui a fait de Kundry sa créature...

Charlotte Corday, la vierge normande

Parmi ses activités parisiennes, certaines l'amenèrent à sortir des beaux quartiers. Habitant rue Raynouard depuis avril, elle s'aventura dans les « Universités-Populaires » et, le 21 novembre 1899, participa à l'inauguration de celle du XVe arrondissement. Anatole France, l'écrivain officiel de la IIIe République et son pusillanime voisin de la Villa Saïd, y alla de son discours. Au printemps 1900, Lionel Dauriac (Armory) obtint son concours pour une autre « Université-Populaire », celle de la rue Mouffetard, fondée par des universitaires de la rive gauche. « Je l'allai chercher en fiacre jusqu'à Passy et l'emmenai rue Mouffetard. Elle était légèrement vêtue, j'avais vingt-trois ans. Ah ! le beau voyage ! Mais ce fut un de mes amis, un jeune Russe, qui s'éprit d'elle jusqu'à en tomber malade. Servant de truchement, j'eus alors avec la vibrante Normande une correspondance des plus suggestives. »[221] Ou les à-côtés charmants des « Universités-Populaires ».

Dauriac rencontrait également Mauclair, qui ne parvenait pas à oublier Georgette. Jouissant d'une notable considération littéraire (en Italie, il était connu de D'Annunzio), présidant des banquets de « jeunes écrivains des deux sexes », il s'inquiétait encore d'apprendre ce que son ancienne amante pensait de lui. « " — Avouez que Georgette Leblanc vous dit beaucoup de mal à mon sujet. " Pourquoi en eût-elle dit ? Il fut assez fâché de savoir qu'elle ne me parlait jamais de lui. J'aimais beaucoup Mauclair, ajoute Armory (...) ; je fus peiné de l'avoir affligé. »[222]

Au début de l'année 1901, Georgette créa à l'Opéra-Populaire *Charlotte Corday* d'Alexandre Georges, autre tentative de distraire et d'éduquer le peuple, à travers le destin exemplaire de la jeune Girondine, lectrice de Rousseau et meurtrière de Marat. On la voyait monter à l'échafaud. *Fémina* [223], le journal où s'exprimait l'Union des Femmes de France, présenta la cantatrice dans son numéro du 1er mars. « Une Charlotte Corday qui ressemble à l'héroïne, telle que celle-ci nous apparaît dans le célèbre et beau portrait du Musée de Versailles. De la "jeune demoiselle normande" que représente ce portrait, Michelet avait dit : "Elle a les cheveux cendrés des plus doux reflets ; et Mlle Georgette Leblanc — Normande elle aussi — fut heureuse de ces mots, voyant la permission pour elle de garder sa blonde chevelure." » Deux photos de l'artiste illustraient la page de la rubrique « La femme au théâtre » : en Charlotte Corday, de profil, coiffée d'un bonnet de dentelle ; chez elle, debout, le visage éclairé par la lumière du jour tombant d'une haute fenêtre, dans le décor hollandais, de « béguinage flamand » ou de « parloir de couvent », que mentionnent tous les visiteurs. Elle avait reconstitué le décor de l'appartement de la Villa Dupont, rue Raynouard. « Une immense boule de verre, transparente et creuse, réflète le jour passant par la croisée. Elle est posée sur un socle carré de bois noir, au centre d'une lourde

---

221 ARMORY, *Cinquante ans de vie parisienne*, Jean Renard éditeur, 1943.

222 Ibid.

223 Le magazine *Fémina* vient d'être créé par l'entreprenant Pierre Lafitte et a pour rédacteur en chef Henri Barbusse (1873-1935), futur auteur de *L'Enfer* et du *Feu* avant de devenir après la Grande Guerre un militant pacifiste et communiste de premier plan. Barbusse mourra à Moscou. Au début de 1901, il est le mari de la plus jeune des filles de Catulle Mendès et a publié un recueil de vers, *Les Pleureuses*.

table Louis XIII. C'est elle qui crée ses costumes de ville et de scène. Pour Charlotte Corday, elle a consulté M. Georges Cain, à Carnavalet, M. Dufeuilles, à Versailles ; puis, a cherché partout étoffes et rubans purs Louis XVI et Révolution. » Léopold Lacour avait signé l'article, *Fémina* oblige, du doux surnom de *Mary* Léopold-Lacour.

Né à Arras en 1850, Alexandre Georges composa oratorios, mélodies avec chœurs et poèmes lyriques. La cantatrice connaissait ses *Chansons de Miarka*, d'après les poèmes de Jean Richepin. Mais ce qui lui importait par-dessus tout, elle qui avait fait sienne l'admiration de Maeterlinck pour Villiers de l'Isle-Adam, c'était sa collaboration avec l'auteur de *L'Ève future*. Georges avait écrit la musique de scène de deux de ses drames, *Le Nouveau-Monde* et *Axël*, dont seul le premier avait été représenté de son vivant, Villiers étant mort en 1889. De plus, Alexandre Georges avait été un sympathisant de la Rose+Croix [224] et Georgette ne pouvait oublier ses relations épiques avec Joséphin Péladan au cours des soirées qui s'étaient tenues avenue Victor-Hugo.

N'ayant plus accès aux grandes scènes de la capitale, elle travaillait le répertoire contemporain sans crainte de l'échec. Alexandre Georges n'était pas un compositeur à succès. *Charlotte Corday* connut peu de reprises.

L'assistante de l'apiculteur

À Gruchet Saint-Siméon, elle ne s'ennuyait jamais. Mathilde et l'écriture de son roman ne l'occupaient pas au point de ne pouvoir seconder Maeterlinck dans ses travaux d'entomologiste amateur.

Le robuste Flamand, botaniste distingué et goûteur de fruits, avait été initié à l'apiculture dans sa jeunesse par un certain Claus[225], jardinier de son oncle, qui lui apprit à soigner les ruches de la propriété d'Oestacker. En Normandie, il lut les *Souvenirs entomologiques* de Jean-Henri Fabre, qui étaient en cours de publication, et en fut si impressionné qu'il décida d'écrire un ouvrage, à la fois scientifique et poétique, comme si l'œuvre de Fabre n'existait pas. Le vieux naturaliste vivait toujours à Sérignan, dans le Vaucluse, où il s'éteindra en 1915, à quatre-vingt-douze ans. Maeterlinck ne songea pas à le rencontrer mais lui rendit cependant hommage en 1910 dans la revue *Vers et prose*. Contrairement à son vénérable prédécesseur, il limita sa recherche aux abeilles et entreprit le plus simplement du monde leur étude.

L'observation dura plusieurs mois, la rédaction de *La Vie des abeilles* commençant vraiment à l'été 1900. Georgette plaçait des soucoupes remplies de miel sur la table où il écrivait. « Tandis que [*les abeilles*] suçaient le liquide, nous laissions tomber sur le dos une goutte de peinture de couleurs différentes pour les reconnaître. » [226] Une ruche de verre fut posée contre une vitre. Une passerelle partant de la ruche rejoignait un trou percé dans le bas de la fenêtre. Le couple étudiait les allées et venues des insectes. Il leur tendait des pièges. « (...) nous leur posions des problèmes tragiques. Nous étions au-dessus d'elles comme deux

[224] Alexandre Georges fut un des six qui assistèrent à l'inhumation de Joséphin Péladan au cimetière des Batignolles, en juin 1918. (Cf. C. Beaufils, *Joséphin Péladan*, Op.Cit.)

[225] En ce qui concerne l'histoire de la mort de Claus, voir le chapitre « Maeterlinck s'en va-t-en guerre » (Cinquième partie 1911-1919).

[226] Georgette LEBLANC, I, Op. Cit.

géants malfaisants, détruisant leur ouvrage et contrariant sans cesse leurs desseins. »[227] À ceux qui, plus tard, mirent en doute le sérieux des travaux de Maeterlinck, Georgette affirma que « *La Vie des abeilles* était le seul de ses ouvrages pour lequel [*je l'ai vu*] se documenter par des expériences personnelles et point seulement par des lectures. »[228] Sa nièce Marcelle Prat, qui avait cinq ans à l'époque, se souviendra en son âge mûr de « coffres fourmillant d'abeilles ».[229] L'essai qui ne devait pas dépasser cent vingt-cinq pages, prit de l'ampleur et, quand le poète acheva le dernier chapitre en janvier 1901, un volume de trois cent treize pages était prêt à l'impression.

Modestement, elle avait apporté son aide, son amour attentionné et le foyer sans lesquels sa passion entomologique n'aurait pu s'épanouir, s'il avait dû subir les contraintes de la vie quotidienne. Il lui devait donc un peu son livre, cette somme à la fois méticuleuse et lyrique, née d'une passion d'enfance pour les mystères de la ruche, qui s'était ravivée au contact de la nature et à la lecture de Fabre.

Dès sa parution en mai 1901, *La Vie des abeilles* toucha le grand public. En vingt ans, il fut traduit en quatorze langues. À une réputation de poète, d'auteur de théâtre et de moraliste, Maeterlinck ajoutait maintenant celle de naturaliste et de philosophe. La critique du temps fut favorable et, dans certains cas, élogieuse. En un demi-siècle, Fasquelle vendit 237 000 exemplaires de l'ouvrage et une quinzaine d'autres éditions virent le jour. Pour le centenaire de la naissance de Maeterlinck, en 1962, le biologiste Jean Rostand rappela l'importance du livre. « *La Vie des abeilles* n'est pas seulement admirable par la qualité de la prose, mais aussi par la construction du récit, l'équilibre intérieur, le ton de la voix. (…) Dans ce monde étranger, [*l'auteur*] pénètre en explorateur déférent qui récuse la priorité de l'humain. C'est de niveau qu'il contemple l'abeille : au prix du mystère où ils baignent, homme et insecte s'équivalent. » Rostand citait en outre l'opinion de Karl Von Frisch, le découvreur du langage des abeilles : « Ouvrage où se révèle un admirable don d'observation et qui constitue un véritable délice pour les connaisseurs. »[230]

Mélisande : une longue attente

La relation qu'entretenait symboliquement Georgette avec le personnage de Mélisande remontait à 1894. Avant même qu'ils ne se rencontrent, Mauclair l'avait déjà présentée à Maeterlinck comme l'interprète qu'il lui fallait. Plus tard — on se rappelle ses protestations auprès du poète devenu entretemps son amant, quant à la prestation de Mlle Duthil aux Concerts Ysaye — elle s'irrita de ce qu'elle appelait les « procédés » de Debussy.

À mesure que l'on se rapprochait du XXe siècle, elle déclara à plusieurs reprises son intention de chanter Mélisande le moment venu. On pourrait croire alors qu'elle eut, durant ces années, de fréquents contacts avec Debussy. Il n'en fut rien.

Ceux qui assistèrent chez Pierre Louÿs aux exécutions, par Debussy en personne, des fragments de *Pelléas*, sur l'harmonium de l'auteur d'*Aphrodite*, ne

[227] Ibid.
[228] Ibid.
[229] Marcelle de JOUVENEL (Prat), *Souvenirs sur Maeterlinck*, La Revue de Paris, 1969.
[230] *Maurice Maeterlinck*, 1862-1962, Op. cit.

citent pas son nom. Georgette elle-même, qui révéla dans ses *Souvenirs* les dessous peu reluisants de son exclusion, ne se prévalut d'aucune rencontre avec le compositeur avant 1901. Sa foi se fondait sur son identification passionnée au personnage de Mélisande et la conviction inébranlable que la volonté de Maeterlinck, auteur du drame original, primait celle du compositeur. Comment croire que l'autorité d'un écrivain d'une telle envergure, connu en Europe et en Amérique, ne l'emporterait pas dans tous les cas de figure ? Debussy était seulement un compositeur apprécié de quelques esthètes parisiens. Pour cette raison, aux yeux de l'écrivain et de son égérie, l'équation Georgette Leblanc/Mélisande ne pouvait être mise en doute. Cette illusion dura jusqu'à la première répétition de Debussy avec Mary Garden, en janvier 1902, soit près de huit années.

Mais pourquoi cette passion pour un rôle qui n'avait pas été écrit pour elle ? Les suivants : Aglavaine, Sœur Béatrice, Ariane, en attendant Monna Vanna et la suite, lui étaient trop proches ou trop extérieurs. D'autre part, ils n'appartenaient pas au cœur mystique de l'œuvre de Maeterlinck. Sœur Béatrice n'était que le personnage d'une ancienne légende. Aglavaine et Ariane, qui tentaient de la représenter dans sa vérité humaine, s'en allaient. Aglavaine quittait la demeure de Méléandre par respect des conventions bourgeoises, puisqu'il y avait désormais entre les amants virtuels le cadavre de Sélysette. Ariane abandonnait Barbe-Bleue à ses phantasmes incarnés. Le monde mystique de Maeterlinck est souvent symbolisé par un château. On n'y entre pas facilement. Quand on y est parvenu, il faut renoncer à soi-même ou mourir. Mélisande a été acceptée parce qu'elle a épousé Golaud, s'ouvrant ainsi le cœur de Pelléas, prince d'un royaume déchu. Le père de Golaud et de Pelléas, atteint d'une mystérieuse maladie qui le consume, est au bord de la mort. Le vieux roi Arkel, leur grand-père, règne sur un territoire où les pauvres crèvent de faim. C'était bien dans ce château-forteresse enfermant les angoisses, les frustrations, les fureurs et les tares de la classe dominante d'Allemonde que Georgette voulait entrer ! Afin d'incarner le rôle d'une femme qui aime son beau-frère, provoquant la mort de celui-ci et mourant à son tour après avoir donné naissance à une petite fille ! Elle tournait autour du château comme l'Arpenteur de Kafka. Mais parvenue à l'intérieur de ses murailles, ce serait — à l'issue d'épreuves cruelles — pour y rendre son âme, se désincarner une fois pour toutes, afin que se poursuive le dialogue d'esprit à esprit auquel elle aspirait depuis toujours. Chanter Mélisande, c'était alors être initiée à l'œuvre ésotérique de Maeterlinck, celle — ils le savaient l'un et l'autre — qui était désormais close. Aussi, malgré l'échec qui la guette au début de ce siècle, n'y renoncera-telle jamais, tant qu'elle sera sa compagne. Et même bien plus tard, comme nous le verrons.

Maeterlinck et Debussy, de leur côté, ne s'étaient rencontrés qu'une seule fois, à Gand, à l'automne 1893. Ainsi que le compositeur l'écrivit à son ami Ernest Chausson, début décembre : « (...) ... il m'a parlé théâtre vraiment comme un homme tout à fait remarquable ; à propos de Pelléas, il m'a donné toute autorisation pour des coupures et m'en a indiqué de très importantes, *même très utiles* ! »[231]

Le témoignage de Debussy quant à la sagacité de Maeterlinck sonne juste. Le poète se double d'un « grand professionnel ». S'il a eu l'air de « condamner » le

[231] *Correspondance inédite de Chausson et de Claude Debussy.* Revue musicale, 1er décembre 1925.

théâtre, avant même de connaître Georgette, qui a dû sérieusement le documenter, ce n'était pas l'art en soi qu'il visait, mais son monde, celui des acteurs, des régisseurs et des directeurs, qui lui paraissait moralement indigne et manquant par trop de noblesse.

« Maintenant au point de vue musique, poursuit Debussy, il dit n'y rien comprendre, et il va dans une symphonie comme un aveugle dans un musée ; mais vraiment il est très bien, et parle des choses extraordinaires qu'il découvre avec une simplicité d'âme exquise ; pendant un moment où je le remerciais de me confier Pelléas, il faisait tout son possible pour me prouver que c'était lui qui devait m'être redevable d'avoir bien voulu mettre de la musique dessus ! Comme j'ai un avis diamétralement contraire, j'ai dû employer toute la diplomatie dont la nature ne m'a pourtant pas comblé. »[232]

Les deux artistes se quittèrent donc sur un a priori de sympathie. La rencontre avait parfaitement fonctionné. Debussy avait trouvé le « poème » dont il rêvait. « Quel poète pourra vous fournir un "poème" ? réplique Guiraud. — Celui qui disant les choses à demi, me permettra de greffer mon rêve sur le sien ; qui concevra des personnages dont l'histoire et la demeure ne seront d'aucun temps et d'aucun lieu ; qui ne m'imposera pas despotiquement de "scène à faire" et me laissera libre ici ou là, d'avoir plus d'art que lui, et de parachever son ouvrage. Mais qu'il n'ait crainte ! Je ne suivrai pas les errements du théâtre lyrique, où la musique prédomine insolemment. » (Selon le témoignage de Maurice Emmanuel.) L'auteur Maeterlinck était aussi ductile que possible. Pas du tout un poète sur la défensive, mais un homme d'une politesse exquise, intelligent, clair et pratique, un véritable moderne, en fait un artiste de sa génération.

Debussy et Maeterlinck étaient nés en août 1862, à sept jours d'intervalle, dans des pays voisins mais de milieux socialement étrangers l'un à l'autre[233]. Si leurs études — le Conservatoire pour l'un, la faculté de droit pour l'autre — les séparèrent un peu plus, ils passèrent tous deux par les mêmes écoles qu'étaient alors les cafés littéraires. Sous le prétexte d'étudier des exemples d'éloquence judiciaire, Maeterlinck, son diplôme en poche, partit en 1885 à Paris et fréquenta bientôt la Brasserie Pousset (Taverne Montmartre), carrefour de Châteaudun. S'y réunissaient poètes, écrivains, journalistes, compositeurs et musiciens. Maeterlinck, on le sait, y fut à l'écoute de Villiers de l'Isle-Adam, c'est tout dire. Deux années plus tard, de retour de Rome Debussy hanta épisodiquement le même lieu. Il y connut de vrais amis, mais n'éprouva pas au contact de ce milieu le choc décisif qui détermina la carrière littéraire de Maeterlinck. Ayant rompu avec l'Académie, il vécut en bohème jusqu'à la création de *Pelléas*, soit pratiquement quinze années de tribulations, parfois humiliantes.

Maeterlinck rentra vite à Gand. Il faudra sa rencontre avec Georgette Leblanc pour qu'il se détache peu à peu de sa ville natale. Poète symboliste, c'est-à-dire moderne, tant en ses recueils qu'en son théâtre, il ne s'intéressait pas à l'effervescence musicale de son temps. Il la tenait même pour négligeable, ignorant

[232] Ibid.

[233] M. Debussy père fut communard et exerça divers métiers : marchand, faïencier, courtier, commis d'imprimerie… La sœur de Claude fut lingère, son frère ouvrier agricole, vidangeur… Sa tante Clémentine ouvrit une maison de couture à Paris mais fit aussi commerce de galanterie. La pauvreté de ses parents et la précarité de son existence rendent d'autant plus comique la graphie *de Bussy* que Maeterlinck, par erreur ou distraction, lui attribua lorsqu'il répondit à Henri de Régnier.

les noms et les travaux de ses créateurs les plus éminents. Il ne répondit jamais, par exemple, aux lettres d'Erik Satie lui proposant de composer un opéra d'après *La Princesse Maleine*. Si Debussy n'avait pas eu l'habileté de se faire parrainer par Henri de Régnier, il est probable que sa demande eût subi le même sort.

Son autorisation libéralement accordée, Maeterlinck, qui écrivait somme toute avec une certaine facilité, dut imaginer, par analogie, que Debussy terminerait au plus vite son opéra. Après tout, il ne s'agissait *que* de musique...

Trois ans plus tard, en 1896, il manifesta de l'impatience et fit intervenir Mauclair. Et si Debussy écrivait seulement une musique de scène pour *Pelléas et Mélisande* ? Le compositeur reçut la proposition comme un camouflet. Il y vit un manque de confiance et la preuve que l'écrivain ne comprenait rien à ses buts, voire qu'ils lui étaient indifférents. Ce qui primait, c'était le succès de sa pièce. Il ne distinguait pas entre un opéra et un drame enveloppé d'une musique de circonstance. Maeterlinck patienta encore trois ans mais n'abandonna pas son idée. Il engagea Gabriel Fauré à composer ce que Debussy lui refusait. L'ombrageux Claude ne pouvait qu'en être ulcéré.

En juin 1898, le Prince Of Wales Theatre de Londres donna plusieurs représentations de *Pelléas et Mélisande* et on y entendit la musique de Fauré, composée en un mois et demi. La tragédienne Stella Campbell jouait le rôle de Mélisande. Le jeune acteur Henley, Pelléas. Quant à Golaud, il était interprété par Forbes Robertson, acteur renommé.

Georgette, Maeterlinck et Van Lerberghe assistèrent à une représentation de ce *Pelléas* anglais. Celle-ci ayant eu lieu un jeudi en matinée, Georgette, dès le vendredi matin, écrivit à son frère : « très grande impression, très très scénique. La pièce gagne à la scène à mon avis et cependant ils n'ont pas respecté les coupures de Maurice !... C'est en somme une succession de tableaux merveilleux. Grande impression d'art, mais je ne pouvais en avoir d'autres ne comprenant pas assez. Très bien monté. Cependant on peut faire dix fois mieux avec très peu de retouches. Campbell-Mélisande presque toujours parfaite dans l'attitude, dans la grâce touchante, mais de grosses fautes d'incompréhension dans le sens général du personnage qui avec elle n'est en somme que : charmant et pleurnicheur. Or j'ai vu combien ce rôle devient important à la scène ! c'est l'âme du drame... Enfin j'ai une impression inouïe de beauté, d'harmonie. » Quant aux autres rôles, elle considérait l'acteur jouant Pelléas au-dessus de toute critique, et « Golaud, très bien aussi, même superbe, mais plus proche du connu, de l'habituel... »

Sachant que Carré et Messager viendraient voir la pièce le vendredi après-midi, pour s'assurer que la musique de Fauré ne gênerait pas l'opéra de Debussy, Georgette se proposa de parler au directeur de l'Opéra-Comique. L'entrevue devant porter, bien sûr, sur le choix de l'interprète de Mélisande. À cette époque, Carré n'aurait certainement pas barré sa candidature. En juin 1898, leurs relations étaient au beau fixe. Elles ne se dégraderaient qu'à leur retour d'Espagne, en automne, et ne deviendraient franchement hostiles qu'au moment des représentations d'inauguration du nouvel Opéra-Comique.

En août, Hartmann, éditeur de Debussy, s'inquiéta de ces représentations. Il avait avancé de l'argent au compositeur et craignait que la musique de Fauré nuise à la création de l'œuvre dont il possédait les droits. Debussy s'employa à le calmer, d'autant qu'il savait depuis le mois précédent que Messager et Carré avaient accepté verbalement son opéra. Il relativisa donc la portée des représentations londoniennes, mais on le devinait en colère : « Maintenant il est certain que Maeterlinck aurait pu m'en avertir, la chose se faisant malgré tout. Mais il est Belge ! Partant un peu grossier et sûrement mal élevé, j'en ai d'autres preuves trop longues à raconter ici. »[234] On était très loin du coup de foudre de 1893. Quant à l'explication de « l'indélicatesse » du poète par sa nationalité, elle était curieuse, Debussy étant redevable à Ysaye — Belge lui aussi — de la création de son quatuor à cordes. Sans doute avait-il lu les échos consacrant Georgette Leblanc créatrice de Mélisande et s'en était-il irrité ? Or à Maeterlinck qui lui faisait part de son désir formel de voir la cantatrice interpréter le rôle, Debussy aurait simplement répondu, sans se compromettre davantage : « Nous verrons. » Mais Messager lui-même a écrit que Debussy, loin d'être évasif, s'était formellement engagé à prendre Georgette. Nous y reviendrons.

À Hartmann, il ne cacha pas ce qu'il pensait de Fauré : « Le porte-musique d'un groupe de snobs et d'imbéciles qui n'auront jamais rien à faire ni à voir avec Pelléas. »[235]

Deux ans plus tard, Debussy crut mettre un terme à sa vie sentimentale mouvementée en épousant Mlle Lily Texier, jeune et blond mannequin, qui avait succédé à Gaby Dupont, la compagne de la période héroïque. Lily Texier avait été l'amie de cette « Gaby aux yeux verts » et aux formes sculpturales, poussée au suicide (heureusement raté) par l'inconduite amoureuse du musicien. Assagi pour un temps mais toujours désargenté, le matin même de son mariage, il dut donner une leçon de piano pour payer le repas de noces.

La situation matérielle du couple demeura incertaine. Lily Debussy était de santé fragile : on diagnostiqua une tuberculose. Comme si cela ne suffisait pas, Hartmann mourut brutalement en 1900 et son exécuteur testamentaire, un général, exigea de Debussy le remboursement des avances consenties par l'éditeur. Dans ce marasme, Debussy put quand même annoncer, le 5 mai 1901, une bonne nouvelle à son ami Louÿs : « Je ne veux pas que tu apprennes par un étranger que j'ai la promesse écrite de M. Albert Carré qu'il jouera *Pelléas et Mélisande* la saison prochaine. »[236] Il était temps. Le 3 février, Fauré avait donné aux Concerts Lamoureux la première audition de sa Suite de Pelléas et Mélisande, dédiée à la princesse de Polignac, de son nom de jeune fille Winaretta Singer. L'engagement solennel de Carré en poche, Debussy bénéficiait d'un répit. La malchance — le guignon eût dit Baudelaire — semblait moins s'acharner sur lui. Mais il lui fallait rester modeste et prudent. En fait, dans un an, il saurait si l'œuvre était vraiment faite pour la scène. Et dans ce cas de figure agréable, ce serait peut-être gagné. Ou bien il faudrait s'en remettre au jugement de la postérité, prédire que l'on serait seulement compris dans cinquante ans. Debussy se préparait aussi à cela.

Des chiens, des automobiles et des armes à feu

Georgette Leblanc et Maeterlinck vivaient leur idylle dans une ambiance matérielle confortable. À Gruchet Saint-Siméon, elle « éduquait » Mathilde, mêlant rousseauisme et saphisme distingué. Elle aimait véritablement la jeune campagnarde et le cachait à Maeterlinck derrière des motifs généreux. Et peut-être se le cachait-elle à elle-même, tant les amitiés féminines fleurissaient dans

---

[234] René PETER, *Claude Debussy*, Gallimard, 1952.
[235] Ibid.
[236] *Correspondance de Cl. Debussy et P. Louÿs*, Op.Cit.

son milieu. Les artistes masculins n'y trouvaient rien à redire, à condition d'avoir accès, au moins comme voyeurs, aux plaisirs interdits de leurs compagnes. Mais ce qui se passait entre Georgette et Mathilde excluait la présence de l'homme.

Maeterlinck engrangeait les succès de librairie, contrairement à Maurice Leblanc. *L'Enthousiasme* publié chez Ollendorff, fut dédié « À ma sœur Georgette Leblanc ». Roman des relations entre un frère aîné et sa sœur cadette — Pascal et Claire Devrieux —, ce livre tomba dans l'indifférence générale. Pour expliquer l'échec des derniers ouvrages de sa période prélupinienne, Maurice Leblanc avançera : « Je subissais l'influence ibsénienne du milieu où évoluait ma sœur Georgette. » Son aveu ne convainc pas, ses romans de jeunesse exploitant les thèmes chers à Maupassant et Flaubert. Les œuvres que Georgette portait en elle étaient transposées par Maeterlinck et publiées à des milliers d'exemplaires. À chacun sa croix. Et que de tracas ! Georgette ayant déménagé 69, rue Raynouard, Maurice occupa le 5, Villa Dupont disponible. Il tenait à rester près de Marguerite, sa compagne, dans leur quartier de Passy. À la même époque, Debussy louait un modeste appartement, rue Cardinet, dans le XVIIe arrondissement.

À Passy, village de luxe, habitaient des actrices en vue, des politiques comme Poincaré, des industriels tel Levassor, ou l'ancien polémiste Henri Rochefort. La rue Raynouard — du nom d'un écrivain du XVIIIe siècle — gardait une physionomie provinciale, un peu rappelée aujourd'hui par les vestiges de la rue Berton, sa voisine. Balzac avait vécu au 47, dans une maison à deux entrées, pratique pour fuir ses créanciers. Il connaissait l'angoisse du terme, comme la bohème artistique, comme Debussy. Georgette et Maurice Leblanc n'en étaient pas là, Maeterlinck pas davantage, lui qui allait s'enrichir de plus en plus. La seule des trois qui subirait un brutal revers de fortune serait Georgette. Mais qui pouvait alors le lui prédire ? Certainement pas *Mary* Léopold-Lacour, décrivant pour ses lectrices de *Fémina* l'intérieur de la cantatrice : « Le salon-cabinet de travail, par la blancheur ivoirine des murs et de ses boiseries, l'austérité luisante du parquet sans tapis et de quelques meubles vieillots, dévotement rococos, par sa cheminée en autel avec ses candélabres flamands, fait penser à une cellule d'abbesse ».

La maison, « d'allure patricienne », s'adossait à un jardin en terrasses. Maeterlinck s'était arrangé un cabinet de travail dans le petit pavillon relié à la maison par quelques marches. Sa grande table était encombrée de livres ; le sol jonché de journaux, de revues et de dictionnaires. Il avait placé sur la cheminée et les tablettes des fenêtres une collection de plantes grasses. D'une maison à l'autre, le décor et le désordre de son bureau restaient immuables.

Rue Raynouard, leurs voisins immédiats furent le docteur Joseph-Charles Mardrus — Jésus-Christ Mardrus, disait Natalie Barney —, né au Caire en 1868, et sa jeune épouse, Lucie Delarue, poétesse qui ne tarderait pas à se faire connaître par des recueils tel *Ferveur*, avant de devenir romancière à succès. Entrant assez intimidée chez la rabelaisienne Colette Willy, la jeune femme s'entendit demander : « Alors, Ferveur, que vous arrive-t-il ? Vous avez envie de faire pipi ? » Le docteur Mardrus était connu du cercle de la *Revue blanche* pour avoir traduit *Les Mille et une nuits.* Lucie et son époux fréquentaient les frères Natanson. Félix Fénéon fut l'un des témoins du mariage du docteur et de la poétesse.

Georgette et Maeterlinck montaient parfois le soir chez leurs nouveaux voisins qui leur rendaient la politesse. Née en 1880, Lucie Delarue-Mardrus inspira des passions aux femmes. Natalie Barney l'aima. Mme Muhlfeld lui avoua : « J'ai une admiration physique pour vous ! Une admiration physique ! » Georgette et

Lucie furent également de très bonnes amies. Lucie donna à lire à Maeterlinck une pièce en vers, *La Rivale marine*, que l'écrivain lui rendit avec de vifs éloges. Georgette et Lucie ayant en commun de nombreuses relations, choisirent également la Normandie comme terre d'élection, mais leur charmant attachement de voisinage ne se transforma pas en amitié durable.

Maeterlinck, qui, dans le passé, regrettait souvent de manquer de trésorerie au point de ne pouvoir prendre le train, s'offrit une automobile. Il roulait sans pare-brise pour « communier avec la route et (...) jouir de la vitesse »[237] : trente à l'heure. Assise à côté de lui, Georgette se protégeait du vent grâce à un grand canotier qu'elle maintenait tant que bien que mal sur sa tête en le transperçant de longues épingles passées à travers son abondante chevelure. Mais la vitesse arrachait ce fragile rempart contre les maux de tête. Pour ne pas rester confinée au presbytère pendant que Maeterlinck courait les routes de Normandie au volant de son bolide, elle se confectionna « une sorte de cage à poules (...) tendue de soie » avec « sur le devant une fenêtre de mica s'ouvrant à volonté pour les repas et la conversation. »[238] Ils possédaient la première automobile qui eût jamais roulé à Gruchet Saint-Siméon. Mais la panne survenant souvent au crépuscule, il fallait alors chercher refuge dans une grange et repartir au matin, le véhicule à moteur tiré par un cheval de labour. Ironique revanche de la traction animale qui avait quand même encore de beaux jours devant elle.

Jamais effrayé par les pannes à répétition et toujours heureux de plonger les mains dans le cambouis, Maeterlinck décida de rallier Gand en voiture et envoya à Georgette des bulletins quasi quotidiens. Ç'aurait pu être le journal d'un pionnier du voyage en auto. Maurice Leblanc, lui, en aurait fait un livre. Maeterlinck se contenta d'informer sa compagne des ennuis causés par un véhicule qui, à Arras, avait déjà connu trois crevaisons et perdu l'arrière de sa carrosserie. Il espérait le récupérer au retour.

Il acceptait totalement le progrès mécanique, mais la puissance des moteurs et des machines ne donna pas un autre cours à sa littérature. Il écrivit seulement une calme méditation sur l'automobile, plus statique que dynamique. D'Annunzio, son contemporain, célébrera, lui, avec emphase, l'action dévastatrice de l'artillerie italienne en Cyrénaïque avant de se faire le romancier de l'aviation, et la génération futuriste de Marinetti se chargera de chanter la vitesse et la guerre mécanisée en langage moderne.

Doutant de plus en plus de son œuvre, le Flamand était avide de nouveaux divertissements. Ce que Georgette appelait « les drames du sport », continua. À peine la motocyclette fut-elle à la portée de sa bourse que le cycliste acharné voulut essayer la nouvelle machine à deux roues. Georgette fut le témoin craintif du domptage du fougueux engin par un Maeterlinck déterminé à dresser la bête. L'expérience eut lieu sur le boulevard Maillot, à Passy. Il avait assuré qu'il n'aurait besoin que de cinq minutes pour vérifier si sa nouvelle acquisition fonctionnait. Georgette le vit s'éloigner à toute vitesse vers la porte Maillot, par laquelle il disparut. Une demi-heure plus tard, il resurgissait sur le boulevard, roulait sans s'arrêter et sans mot dire, repartait en direction du Bois pour revenir. Il essayait, au passage, de communiquer par gestes que quelque chose n'allait pas, mais Georgette n'y comprenait rien. Affolée par cette obstination à rouler sans trêve,

[237] Georgette LEBLANC, I, Op. Cit.
[238] Ibid.

elle le vit, longtemps après, se rapprocher en poussant la motocyclette. « Je n'ai jamais pu faire fonctionner le frein, dit-il. Alors j'ai dû tourner et retourner pour épuiser l'essence. »[239]

Les armes à feu le passionnaient aussi, mais pour des raisons plus obscures. Ancien garde civique, il possédait un revolver, dont il aurait pu se servir à Gand, lorsque le mari trompé de « la petite d'Anvers » était venu exiger des explications. À Venise, il avait tiré en l'air pour éloigner des gondoliers menaçants. Rue Raynouard, un jour d'énervement, il abattit d'une balle entre les deux yeux, Messaline, la chatte en chaleur qui miaulait dans le jardin. Villa Dupont, Georgette avait élevé un lapin et l'agneau Tintagiles auquel elle donnait le biberon. Elle n'était pas plus à l'aise avec les armes qu'avec les bicyclettes, les motocyclettes et les automobiles. Horrifiée par l'exécution de son chat, elle pardonna cependant à son compagnon. À cette époque encore, il souffrait de certains bruits qui lui détraquaient les nerfs. Lucie Delarue-Mardrus, leur voisine, raconta dans ses mémoires que le félin fut abattu au cours d'une séance d'entraînement, Maeterlinck étant convaincu de devoir se battre en duel avec Debussy.

Quoi qu'il en soit, Georgette veillait de son mieux sur la santé du poète qui n'avait jamais mieux mérité son surnom de « bébé ». Elle s'inquiétait surtout de sa manie de s'entourer d'armes, qui s'aggravait à la nuit tombante. À ce moment, il se sentait vraiment menacé. Avant de se coucher, il déposait à la tête de son lit et à portée de la main un « couteau corse grand ouvert », un revolver et un fusil chargés. Lorsque Georgette s'était installée pour la première fois Villa Dupont, il l'avait quasiment suppliée de placer un revolver sur sa table de chevet. Mais en dehors de cela, la fin du jour le rendait sombre et mélancolique. Il ne supportait pas les couchers de soleil, en montagne ou sur la mer. Un tel homme perpétuellement inquiet, assailli par des pressentiments, aimait à ses côtés la présence d'un animal domestique. Le chat incarnait l'errance et l'imprévisible. Ce n'était pas le compagnon qu'il lui fallait. Il avait besoin d'un chien en adoration devant lui. Les départs de Georgette l'attristaient par-dessus tout. Mais quand elle restait trop longtemps, il ne savait plus comment lui manifester son amour et se verrouillait. Oui, le chien était vraiment l'acolyte idéal de cet écrivain à succès, recherchant et fuyant la solitude, à la limite de l'effondrement nerveux, voire psychique.

Un ami lui offrit un jeune bouledogue nommé Pelléas. L'écrivain se fit photographier, Pelléas sur les genoux, dans le jardin du presbytère de Gruchet. L'animal mort prématurément, il composa un texte intitulé « Sur la mort d'un petit chien », qui éclaire vivement les raisons de sa préférence pour cet animal et son aversion pour le chat, « faux et traître » comme il se doit. À cette accusation déjà gravissime, s'ajoutait — il l'écrivit dans *Le Double Jardin* — le danger que représentait pour nous le félin si nous eussions été de la taille d'une souris. Comment ne pas être terrifié par le « chat féroce dont l'oblique dédain ne nous tolère que comme des parasites encombrants dans notre propre logis » ? Le chien, au contraire, « naît notre ami ». Parlant du bouledogue Pelléas, il élargit son propos à tous les chiens de la terre : « Nous n'avons pas à acquérir sa confiance ni son amitié ; les yeux encore fermés, il croit déjà en nous : dès avant sa naissance il s'est donné à l'homme. (...) Il est certain que dans l'ensemble des créatures intelligentes qui ont des droits, des devoirs, une mission et une destination, le chien est un animal vraiment privilégié. Il occupe dans ce monde une situation unique

239 Ibid.

et enviable entre toutes. Il est le seul être vivant qui ait trouvé et reconnaisse un dieu indubitable, tangible, irrécusable et définitif. Il sait à quoi dévouer le meilleur de soi. (...) Et c'est ainsi que l'autre jour, avant sa maladie, je voyais mon petit Pelléas, assis au pied de ma table de travail, la queue soigneusement repliée sous les pattes, la tête un peu penchée pour mieux m'interroger, à la fois attentif et tranquille, comme doit l'être un saint en présence de Dieu. »

Un homme capable d'écrire cela, qui compare l'état de domesticité du chien à un Paradis, pouvait à la longue se révéler bien surprenant pour sa compagne, ses relations d'amitié ou d'affaires.

Pelléas mort et enterré, Maeterlinck se remit en quête d'un nouvel animal de compagnie. Il le découvrit un dimanche d'hiver à Paris, tenu en laisse par un revendeur à la sauvette. Ce chien était un bull bâtard. Il avait un regard intéressant. Le vendeur en exigeait cent francs. Maeterlinck en offrit deux louis, soit quarante francs (720 francs actuels). Il prit en laisse son acquisition et héla un fiacre, direction rue Raynouard.

L'animal fut baptisé Golaud. Quand on s'appelle Golaud, on est fort, on est « fait au fer et au sang ». On ne meurt pas prématurément. Georgette lui accola bientôt l'épithète de « surchien ». Il eut le droit d'entrer dans le cabinet de travail de son maître et de dormir à ses pieds après l'avoir regardé se livrer à cette étrange occupation, l'écriture.

Du fol espoir « mélisandesque » aux enchevêtrements de la vie, de l'art et du catholicisme

Maintenant assuré de voir son œuvre représentée à l'Opéra-Comique, Debussy reprit contact avec Maeterlinck pendant l'été 1901. Musicalement parlant, l'écrivain était moins timide que par le passé. Surtout, il avait à ses côtés une femme apte à évaluer sans complaisance la transposition de *Pelléas et Mélisande*. Un de ses amis les plus proches l'a dit : « (...) je ne trahis pas un grand secret, en constatant que c'est son inséparable compagne, Mme Georgette Leblanc-Maeterlinck, qui a étudié et apprécié à sa place — ayant pour lui ce don qui lui manque — la valeur des partitions inspirées de ses œuvres. »[240]

Isolé par son génie, Debussy attendait tout de son premier opéra. Lui ne s'adossait pas à une célébrité européenne et à une aisance matérielle acquise presque sans effort. Il n'avait même pas auprès de lui une compagne de la trempe de Georgette, capable de le comprendre et de le seconder.

Venu 69, rue Raynouard soumettre une partition aussi immatérielle et fragile que *Pelléas*, Debussy était en état d'infériorité et devait tendre toutes ses forces pour compenser cela. D'autre part, sachant que Georgette désirait passionnément le rôle de Mélisande et que, même s'il l'avait voulu, il n'aurait pu le lui donner, il se trouvait dans l'obligation de dissimuler ce fait. Elle n'avait toujours pas compris cela lorsqu'elle écrivit : « Ce qui frappait le plus dans cet homme était son corps construit pour la force et qui "en toute évidence" n'était pas habité par elle. Sa force avait été drainée par son génie. »[241]

---

[240] Gérard HARRY, *Maurice Maeterlinck*, Carrington, Libraire-Éditeur, Bruxelles-Paris, 1909.
[241] Georgette LEBLANC, I, Op.Cit.

Assis au piano droit, le compositeur joua la partition. « Son librettiste » s'impatienta assez vite. Il fit des grimaces dans son dos. Il aurait voulu se retirer. Georgette le retint par gestes. Excédé, il alluma sa pipe.

Georgette sut qu'elle n'avait pas espéré en vain : « A cette première audition (...), beaucoup de merveilles m'échappèrent ; mais quand le prélude de la mort de Mélisande arriva, je ressentis cette émotion spéciale, unique, que nous éprouvons en présence des chefs-d'œuvre : notre vie semble se détacher de nous, quelque chose s'arrête ; les mots, les larmes, l'émotion même, tout ce qui est en notre humanité au service des grands moments de la vie devient tout à coup insuffisant. »[242]

La réaction de Maeterlinck fut embarrassée. L'exécution de l'œuvre au piano ne le touchait pas. En musique, il manquait de culture et d'imagination. On allait jouer une de ses pièces sous la forme d'un opéra. Très bien ! Enfin ! Debussy avait quand même pris tout son temps. Naturellement, Georgette allait chanter le rôle de Mélisande, ce qui suffisait à le rassurer. Le reste lui était indifférent. Il ne se doutait pas que le *Pelléas* de Debussy n'était plus le drame créé par la troupe de Lugné-Poe. Que pour Debussy, sa compagne n'était qu'une cantatrice parmi d'autres. Qu'il n'était plus en leur pouvoir de décider qui incarnerait Mélisande. Il est difficile de croire que Debussy — selon Georgette — se montra enchanté ou alors il était particulièrement hypocrite. Le compositeur devait savoir que Carré avait banni Georgette de l'Opéra-Comique. Toutefois, il est exact qu'en quittant le poète et sa muse, il ne laissa rien deviner de sa gêne. Au contraire. Et on doit supposer que prévoyant un éclat de Maeterlinck s'il avouait que les chances de Georgette étaient nulles, il dut même en rajouter dans l'acquiescement. Car le témoignage de Messager — un des mieux placés — est irréfutable. Quand viendra le temps de faire l'historique de la création de *Pelléas* et du scandale *sui generis*, le chef d'orchestre expliquera : « La cause de [*la*] grande colère [*de*] Maeterlinck était que Debussy, ayant d'abord accepté le concours d'une cantatrice particulièrement chère au poète, avait dû, pour différentes raisons, y renoncer. »[243]

Plutôt que de les heurter de front, Debussy préféra temporiser. À la satisfaction de Maeterlinck, il accepta que Georgette travaillât le rôle. Il y eut cinq répétitions. Debussy vint trois fois rue Raynouard et Georgette deux fois au cinquième étage de la rue Cardinet.

Quand ils se reposaient entre les séances de travail, Debussy restait silencieux. « Nous étions deux sauvages, se souvint Georgette, et chacun se rétractait en face de l'autre. » Debussy retournait sans trêve le dilemme : être joué ou ne pas l'être, face à celle que Carré détestait et à qui il ne pouvait dire la vérité, car cela signifiait entrer en conflit avec le coauteur de son œuvre.

Malgré « l'entente parfaite » qu'elle supposait régner entre eux, à l'issue de ces cinq répétitions, Debussy était peut-être arrivé à la conclusion que la cantatrice, malgré son talent dramatique, sa voix et sa diction, n'était pas faite pour le rôle de Mélisande tel que lui le voyait. D'autre part, Georgette ou pas, ce n'était pas à lui de faire céder Albert Carré.

Debussy disparut. L'Opéra-Comique ne se manifesta pas. Aussi curieux que cela paraisse, Georgette et Maeterlinck s'en inquiétèrent peu. Or l'écrivain, sa

---

242 Ibid.

243 Extrait d'un texte d'André Messager d'abord paru en 1926 (de son vivant). Le texte a été republié dans *La Revue musicale* n°258, 1964.

correspondance le montre assez, suivait avec une minutie d'homme d'affaires retors, l'expansion de son œuvre en France, en Europe et aux États-Unis. Il entretenait une correspondance serrée avec ses traducteurs et ses agents, ne négligeant aucun détail. La soudaine éclipse de Debussy eût dû lui mettre la puce à l'oreille et le faire réagir plus tôt qu'en janvier 1902, lorsque le choix de Mary Garden fut définitif.

Mais durant les derniers mois de 1901, il faut croire que sa vigilance s'exerça principalement au profit de *Monna Vanna*, sa nouvelle pièce en trois actes qu'il retravaillait avec acharnement afin qu'elle fût prête au printemps. Il échangea à ce sujet une correspondance nourrie avec son traducteur berlinois, Friedrich von Oppeln-Brokinowski, projetant de confier la pièce à Antoine ou au Théâtre de la Renaissance.

Quelque chose qui touchait au plus près de sa vie intime, l'anima aussi durant cette période : il s'agissait de son mariage. Pas moins. Il semble qu'en décembre 1901, le couple fût allé loin sur la voie de la régularisation, à en juger par la réponse de « bébé » à une lettre du traducteur : « Le mariage dont vous vous plaignez amicalement de n'avoir pas été avisé a été annoncé plus tôt que nous n'avions voulu par l'indiscrétion d'un journaliste. Il ne pourra avoir lieu qu'au printemps, et si les choses avaient suivi leur cours normal, croyez bien que vous n'eussiez certes pas été le dernier que j'en eusse informé ! ». [244]

« Les choses » durent singulièrement s'embrouiller en route. Au printemps, il n'y eut pas de mariage. Pourquoi ? Si l'on s'en tient à l'explication de Georgette, son refus persistant d'épouser Maeterlinck par peur de tuer leur amour, on doit comprendre qu'il était revenu à la charge et qu'elle lui avait opposé le même raisonnement qu'au début de leur relation. Plus banalement, elle devait craindre, leur union légalisée, qu'il lui imposât un joug insupportable. Son mariage avec Minuesa avait été un tel traumatisme qu'elle ne se livrerait plus jamais pieds et poings liés à un homme. Seulement « bébé » avait dû se montrer si pressant, qu'elle avait accepté. Après tout, s'il ne s'agissait que d'un mariage civil... Mais lui, en raison de son éducation et de sa famille catholiques, ne pouvait se contenter de passer simplement devant le maire. La loi française du 18 avril 1886, quand les conjoints respectaient le délai légal de séparation de trois ans, rendait presque automatique la procédure de conversion d'une séparation de corps en divorce. Si Georgette en avait fait la demande, le divorce civil entre elle et Minuesa eût été immédiatement prononcé. Maeterlinck exigeant une cérémonie religieuse, cela compliquait tout. Car pour qu'un prêtre sanctifiât leur union, il fallait annuler le mariage de Georgette à Rome. On connaissait la lenteur et le coût élevé des décisions du tribunal de la rote. La sécurité que Maeterlinck recherchait dans le sacrement était précisément la chose la plus difficile à obtenir.

On trouve, dans *Le Mercure de France* de janvier 1904, une « supplique » au pape Pie X de Joséphin Péladan. L'ancien Sâr dit clairement les problèmes insurmontables posés aux catholiques français divorcés légalement et remariés civilement. L'Église les exclut des sacrements et interdit aux « divorcés civils » le mariage religieux tant que le premier, réputé indissoluble, n'est pas annulé par le tribunal du Vatican. À cette époque des dizaines de milliers de ces catholiques quasiment excommuniés ne peuvent baptiser les enfants issus de leur second mariage et n'ont pas droit à un enterrement religieux.

[244] Lettre du 22/12/1901, Bibliothèque Royale Albert I, Bruxelles.

Maeterlinck ne souhaitait pas se retrouver dans cette situation. Le manque d'enthousiasme de Georgette mais aussi bien les complications a priori insurmontables l'obligèrent à repousser sine die leur mariage. Et il en oublia même l'idée. La position sociale de la femme étant ce qu'elle était à l'époque, Georgette était la seule exposée. L'opprobre du concubinage retombait sur elle et non sur l'homme. Lui gardait son honorabilité et son entière liberté. Pour consacrer leur union spirituelle et ruser avec les convenances, Georgette ajouta à son nom celui de Maeterlinck. À partir de cette décision, hors du théâtre, on la désigna comme étant Mme Leblanc-Maeterlinck. Et au-delà du cercle de leurs intimes, on préféra les croire mariés.

La « trahison » de Debussy et l'affaire Pelléas

Ils apprirent par les journaux qu'une jeune cantatrice écossaise, Mary Garden, répétait depuis quelque temps déjà le rôle de Mélisande sous la direction de Debussy et d'Albert Carré.

Lorsque Georgette raconte sa désillusion dans *Souvenirs*, trente ans ont passé. Elle tente d'être objective. Mais nul doute qu'à l'époque de l'événement, elle ait souffert de son rejet et des épisodes navrants qui suivirent. On lui préférait une artiste de peu d'expérience, à l'accent britannique très prononcé, connaissant à peine le français, une protégée de Carré de cinq ans sa cadette. Le coup était rude.

Mary Garden appartenait au sérail de l'Opéra-Comique et jouissait des faveurs de la direction. En 1900, le 12 mars, Carré écrivait en effet à Alfred Bruneau : « Mon cher ami, pouvez-vous venir jeudi à cinq heures au théâtre ? Je vous ferai entendre une *petite femme* pour le premier acte de *L'Attaque du moulin*. Elle vous étonnera et je crois bien que quand nous reprendrons l'ouvrage, c'est à elle que vous laisserez le rôle. C'est une de mes petites trouvailles dont vous aurez la primeur. Votre dévoué. (signature). »[245] Cette lettre laissait deviner un comportement que Mary Garden tolérait. Georgette Leblanc, elle, avait remis Carré à sa place.

Mary Garden avait été recommandée par Sybil Sanderson. Recommandation efficace, puisque la belle Écossaise fut engagée à trois cents francs par mois, pour commencer. C'est à *Louise* qu'elle dut sa première notoriété, remplaçant au pied levé Mlle Riotton victime d'une extinction de voix. Elle avait dû faire de grands progrès en français car on imagine mal une jeune couturière parisienne affligée d'un terrible accent britannique, sans que la salle croule de rire.

Debussy méprisait l'opéra de Charpentier, qui avait eu le tort de vulgariser et d'affadir les « cris de Paris ». Néanmoins, Mary Garden était plus mélisandesque que la sculpturale Georgette Leblanc tant admirée de Rodin. Même si elle se rajeunissait de six ans et se soignait, Georgette avait perdu les formes juvéniles qui étaient encore son apanage dans *Thaïs*. Sa beauté était maintenant celle, épanouie, de la femme de trente ans, merveilleusement utilisée dans sa dernière *Carmen* ou *Sapho*, et qui la ferait admirer dans *Ariane et Barbe-Bleue*. Debussy ne voyait pas Georgette avec les yeux de Maeterlinck.

Carré poussait tant qu'il pouvait sa « petite trouvaille ». Au café Weber, un soir que les trois hommes avaient passé en revue « la troupe de l'Opéra-Comique » et les divas des autres établissements tant de Paris que de province, et qu'aucune d'entre elle ne « répondait par son physique à l'idéal que s'était formé

[245] Alfred BRUNEAU, *À l'ombre d'un grand cœur*, Op.Cit.

le directeur », celui-ci apporta la solution miracle. Messager fut « effaré ». « Quoi, la petite Anglaise de *Louise ?* Évidemment elle a de jolis dons ; mais tout de même ! »[246] Car Messager, tout sensible qu'il fût aux charmes de Mary Garden, se souvenait de l'hilarité du public qui l'avait entendue dans *La Marseillaise* de Louis Lambert. Fiancée de Rouget de l'Isle, elle proclamait « Je suis française » avec un accent irrésistiblement comique. Debussy, prudent, ne se prononça pas. Il connaissait peut-être la rivalité des deux directeurs de l'Opéra-Comique, chacun désirant garder pour lui seul la belle Mary. Enfin Carré insista tant que son directeur de la musique et son compositeur auditionnèrent la « petite femme ». Rencontrant Garden chez Messager, Debussy s'autorisa à la voir désormais sous les traits de Mélisande. L'art et le désir y trouvèrent leur compte.

Apprenant que les répétitions commençaient le 13 janvier 1902 sans sa compagne, Maeterlinck se déchaîna, considérant la décision de l'écarter comme un affront personnel. Son antipathie janséniste envers les milieux du théâtre et de l'opéra le galvanisa. Il allait leur montrer ! Avocat de formation, il défendrait ses droits avec acharnement. Le bulletin de réception de *Pelléas* déposé à la Société des auteurs le 30 décembre 1901 n'ayant été signé que par Debussy, il considéra l'œuvre comme étant officiellement non reçue à l'Opéra-Comique et entendit, dès lors, qu'elle fût jouée par l'interprète de son choix, sinon il refuserait son autorisation. Georgette soutint-elle sa démarche ? C'est impossible. Debussy l'avait blessée. Carré et Messager imposaient Mary Garden. Travailler le rôle dans de telles conditions d'hostilité à sa personne eût été intenable. De toute façon l'action se situait maintenant à un plan qui lui échappait. Elle se retira à Gruchet Saint-Siméon.

Debussy disposait de l'appui précieux de Pierre Louÿs, lequel, ayant assisté en 1893 à l'entrevue de Gand entre Maeterlinck et le compositeur, pouvait témoigner que le poète lui avait littéralement confié sa pièce. Et il ne s'en était pas tenu là. Dans une lettre du 19 octobre 1895, il avait affirmé : « La pièce sera jouée, où, comment et quand vous voudrez. » Cette position généreuse se retourna contre lui. Il eût beau contester le sens que Debussy prêtait à sa phrase, lui reprocher de « ne pas l'avoir informé de la réception [*de Pelléas*] à l'Opéra-Comique et d'avoir, sans le consulter, confié le rôle à une autre interprète »[247], Debussy, fort du soutien de Carré, ne se laissa pas impressionner. Avant tout, il se souciait de son œuvre. Il ne nourrissait aucune prévention contre Georgette Leblanc dont le seul tort, à ses yeux, était de rendre furieux Carré. Debussy entérinait le choix du directeur, celui du pouvoir.

Le 7 février 1902, Maeterlinck fit appel à la Société des auteurs, dont la commission était présidée par Sardou. Les adversaires furent convoqués pour la prochaine séance où on les entendrait. Le 14, Debussy avertit son ami Robert Godet : « Cher ami, Voulez-vous être assez gentil pour venir me voir le plus vite possible. J'ai un grand service d'ami à vous demander au sujet de Pelléas. »[248] Quel put être ce service ? Quoi qu'il en soit, rasséréné, Debussy présenta sa position devant la commission, Maeterlinck la sienne. La commission leur proposa de se soumettre à un arbitrage. Debussy accepta d'emblée. Maeterlinck demanda

246 René PETER, *Claude Debussy,* Op.Cit.

247 Ibid.

248 Claude DEBUSSY, *Lettres à deux amis*, (78 lettres inédites à Robert Godet et G. Jean-Aubry), José Corti, 1942.

à réfléchir. Le 21, Georges Ohnet présidant la commission, il les informa qu'il allait poursuivre Carré devant les tribunaux. Il le jugeait responsable au premier chef de la décision d'écarter Georgette Leblanc, et ce pour des motifs qui n'avaient rien d'artistique. Debussy n'étant pas libre de son choix, arbitrer entre eux ne servait à rien. Le véritable conflit ne se situait pas entre les auteurs, il était le fruit du despotisme du directeur de l'Opéra-Comique, ce en quoi Maeterlinck avait raison, mais puisque Debussy se rangeait à l'opinion de Carré, c'était difficile à prouver. En outre, dans le cas où un écrivain et un compositeur collaboraient à un opéra, les droits de l'auteur de la musique primaient. La pièce de Maeterlinck préexistait à l'œuvre de Debussy, mais l'écrivain oubliait qu'il lui avait donné par écrit la liberté de s'en servir comme il l'entendait. Sûr de lui et ne paraissant plus craindre l'action de son coauteur, Debussy confia à René Peter : « 27 février 1902, Cher ami, Maeterlinck est dans le sac et Carré trouve avec moi que son cas relève plutôt de la pathologie. Mais il y a encore des maisons de santé en France. »[249] À un autre ami, il assurait : « Carré est tranquille comme Baptiste. »[250]

En prévision du dénouement imminent de l'affaire, Georgette revint à Paris, espérant exercer une influence apaisante sur Maeterlinck. Le 27 février, la justice déclara irrecevable la plainte de l'écrivain contre le directeur de l'Opéra-Comique. Le code pénal et le droit d'auteur jouant en sa défaveur, il ne lui restait plus qu'à provoquer Carré en duel. Or, curieusement, changeant de cible, il décida de s'en prendre à Debussy. Georgette tenta de le raisonner, mais, saisissant sa canne pour en bastonner le musicien et lui « apprendre à vivre », il s'échappa en sautant par la fenêtre du rez-de-chaussée.

La scène qu'il fit à Debussy fut du dernier burlesque. Le compositeur, assis dans un fauteuil, ne réagit pas aux menaces et à la colère de l'intrus. Lily Debussy supplie le belliqueux auteur belge de s'en aller. Rien ne se passant comme prévu, il se retire enfin, dépité de n'avoir pu aboutir à un duel et ne pouvant se résoudre à frapper Debussy en présence de sa femme.

Dès le retour de Maeterlinck qui se gaussait de ce détraqué de compositeur trop lâche pour se battre, Georgette craignit néanmoins l'arrivée de ses témoins, tant à l'époque un duel à l'épée ou au pistolet était encore le moyen le plus courant de venger son honneur. Et Dieu sait si celui de Debussy avait été bafoué ! Mais personne ne vint.

Devant l'indifférence méprisante de Debussy, le poète ne sut plus que faire. Le 19 mars, il assista incognito aux répétitions d'orchestre avec et sans chanteur, puis il disparut comme il était venu.

Georgette souffrait de l'atmosphère délétère qui les entourait. Elle partit quelques jours à Bruxelles et donna, le 31 mars, une conférence — La femme au théâtre — sur laquelle s'acheva le Salon de la Libre Esthétique de l'année 1902. Le 21, Jarry était venu traiter de l'utilisation des marionnettes dans son œuvre la plus connue, *Ubu roi*. Le 13, Ysaye et son ensemble instrumental avaient créé le *Quatuor en si bémol majeur* de Debussy.

Réduit à l'impuissance, Maeterlinck réagit par voie de presse et *Le Figaro* publia sa lettre le 14 avril : « Cher Monsieur, La direction de l'Opéra-Comique annonce la représentation prochaine de Pelléas et Mélisande. Cette représentation aura lieu malgré moi, car MM. Carré et Debussy ont méconnu le plus

[249] René PETER, Op. Cit.
[250] Claude DEBUSSY, Op. Cit.

légitime de mes droits. J'aurais fait trancher le différend par les tribunaux qui, une fois de plus, eussent probablement proclamé que le poème appartient au poète, si une circonstance particulière n'eût altéré "l'espèce", comme on dit au Palais. En effet, M. Debussy, après avoir été d'accord avec moi sur le choix de l'interprète que je jugeais seule capable de créer le rôle de Mélisande selon mes intentions et mes désirs, devant l'opposition injustifiable que M. Carré fit à ce choix, m'avisa de me dénier le droit d'intervenir à la distribution, en abusant d'une lettre trop confiante que je lui écrivis il y a près de six ans. À ce geste inélégant se joignirent des pratiques bizarres, comme le prouve le bulletin de réception de la pièce, manifestement antidaté pour tenter d'établir que mes protestations avaient été tardives. On parvint ainsi à m'exclure de mon œuvre, et dès lors elle fut traitée en pays conquis. On y pratiqua d'arbitraires et absurdes coupures qui la rendirent incompréhensible ; on y maintint ce que j'avais l'intention de supprimer ou d'améliorer, comme je l'avais fait dans le livret qui vient de paraître, où l'on verra combien le texte adopté par l'Opéra-Comique diffère du texte authentique. En un mot, le "Pelléas" en question est une pièce qui m'est devenue étrangère, presque ennemie ; et, dépouillé de tout contrôle sur mon œuvre, j'en suis réduit à souhaiter que sa chute soit prompte et retentissante. »[251]

Georgette aurait voulu tourner la page et se consacrer à *Monna Vanna*, mais elle ne réussit pas à empêcher le « belliqueux Maeterlinck qui veut gifler toute la terre », comme elle l'écrivit à une amie, d'envoyer sa lettre. L'absence de réaction de Carré et Debussy, qui avaient intérêt à adopter un profil bas, désamorça l'affaire. Maeterlinck n'avait risqué que l'incompréhension et les moqueries. Ses amis le plaignirent. Mirbeau livra le fond de l'affaire à Carré : « 18 avril 1902, Cher Monsieur, Merci mille fois pour la pensée charmante que vous avez eue. Certes oui j'irai demain samedi, ainsi que vous m'y conviez, à la répétition de *Pelléas*. Ai-je besoin de vous dire combien je regrette l'attitude prise par Maeterlinck et combien je voudrais que mon amitié fût assez forte et persuasive pour l'éclairer sur ce que cette attitude a surtout de ridicule ! Mais je n'espère rien contre un tel aveuglement. Je ne puis faire appel à sa raison : il ne raisonne plus. Et tout ce que je risquerais de faire à côté, en ce moment du moins, ce serait d'exaspérer plus encore un sentiment qui en est à un tel point d'exaspération que c'est devenu, chez cet homme doux et de grand bon sens, une véritable folie furieuse. Je ne crois même pas que le retentissant succès que j'attends de cette œuvre lui soit une détente, au contraire. Je n'ai jamais vu un homme possédé, à ce point, par le *mauvais génie d'une femme*. Mais croyez bien que, si j'aperçois un moyen de ramener ce pauvre Maeterlinck à un sens plus vrai des choses, je n'aurai garde de le laisser échapper car cela me navre, ainsi que tous ses véritables amis. »[252]

Mirbeau, qui pouvait estimer à juste titre avoir poussé Maeterlinck sur le devant de la scène, curieusement cette fois ne prenait pas son parti. Il lui était indifférent que l'auteur de *La Princesse Maleine* et de *Pelléas et Mélisande*, jadis qualifié par lui-même « d'égal de Shakespeare », n'eût pas son mot à dire. Pour éviter de se faire un ennemi de Carré sans accabler « ce pauvre Maeterlinck », Mirbeau plaida l'irresponsabilité du poète. Il était sous influence. Le polémiste avait découvert le coupable idéal : la Femme. Celle qui avait nom Georgette

[251] René Peter, Op. Cit.

[252] Ibid.

Leblanc exerçait son empire sur « l'homme doux et de grand bon sens ». Mirbeau était-il seulement, comme tant d'autres, un misogyne ordinaire ou bien avait-il un compte personnel à régler avec Georgette ? Très enthousiaste de la personnalité de la cantatrice quelques années auparavant, n'aurait-il pas été humilié par son refus de lui donner ce qu'il estimait sans doute être son dû ? Georgette le citera vingt ans plus tard dans la liste de ceux qu'elle repoussa. On comprendrait donc mieux la complicité objective de Mirbeau avec Carré, autre refusé, et leur accord dans le procès fait à Georgette.[253] Or la déception surmontée, elle s'était efforcée, connaissant l'irréductible opposition de Carré, de calmer le jeu et de ne rien réclamer. Elle voyait plus loin : créer au théâtre le rôle de Monna Vanna, qu'elle savait écrit pour elle, chanter *Ariane* dès que Dukas aurait achevé son opéra.

La cantatrice, pareille au personnage qu'elle avait rêvé d'interpréter, était diabolisée. Dans la pièce, Mélisande faisait de Golaud l'assassin de son demi-frère Pelléas. Dans la vie, elle divisait les hommes et transformait ses « pères » en ennemis irréductibles.

Le reste de la distribution ne posa aucun problème. Personne n'était prêt à se battre pour ou contre Jean Périer (Pelléas), Dufranne (Golaud), Félix Vieulle (Arkel) ou Mme Gerville-Réache, qui incarnait Geneviève, l'autre personnage féminin de l'œuvre. Maeterlinck et Albert Carré s'étaient affrontés jusqu'au bout pour « leur » Mélisande, Debussy ne s'étant rallié à Mary Garden que parce qu'elle était imposée par le plus fort, le directeur de l'Opéra-Comique. Cependant, il rendit hommage à Garden, écrivant le 8 mai 1902 à Messager : « le succès de "notre Garden" ne m'étonne pas ; il faudrait autrement avoir les oreilles bouchées à l'émeri pour résister au charme de sa voix. Pour ma part, je ne puis concevoir un timbre plus doucement insinuant. Cela ressemble même à de la tyrannie, tant il est impossible de l'oublier. »[254] Les autres interprètes de Mélisande qu'il entendit de son vivant, n'égalèrent pour lui jamais Garden. Il se montra ambivalent envers Maggie Teyte et Rose Féart qu'il loua d'abord avant, quelques mois plus tard, de les juger sévèrement. Une cantatrice n'était, après tout, que l'incarnation passagère d'un personnage idéal et immortel.

Maeterlinck avait agi sans crainte pour défendre son point de vue d'auteur (il n'était pas le librettiste de Debussy, mais le poète, l'essayiste à la renommée considérable qu'un compositeur au génie encore méconnu à l'époque avait sollicité) et l'honneur de la femme qu'il aimait le plus au monde. Par ce fait, il s'attira l'hostilité durable des debussystes qui affectèrent de mépriser sa pièce, la

---

[253] Produit en 1994, un téléfilm intitulé *Chouchou*, qui prétend narrer en 90 minutes la vie « tumultueuse » de Debussy et son amour passionné pour la fille qu'il eut de sa seconde épouse Emma Bardac, évoque le « scandale Pelléas ». Georgette Leblanc et Maeterlinck y sont présentés comme les méchants de l'affaire. G.L. est ignoblement caricaturée en grosse bécasse, du genre Castafiore... Premier volet d'un tryptique intitulé *La Musique de l'Amour* (titre vraisemblablement emprunté à un essai de Ch. Oulmont, *Musique de l'amour*, consacré à Chausson et aux élèves de César Franck, paru en 1935), ce téléfilm a été réalisé par un certain James Cellan Jones. On voit donc que les mépris, les mensonges et les calomnies des ennemis de G.L. sont encore, alors que notre siècle s'achève, paroles d'évangile pour les tâcherons de l'audiovisuel qui, travaillant à partir d'une documentation obsolète, ne se donnent évidemment pas la peine d'aller y voir de plus près.

[254] René PETER, Op. Cit.

déclarant inférieure à la musique de leur maître. De plus, il contribua par ses prises de position rageuses au lancement de l'opéra tant détesté.

Satisfait d'avoir imposé sa protégée, Carré mit tout en œuvre pour assurer le triomphe de *Pelléas et Mélisande* ; et Messager, bien qu'il fût aussi directeur de la musique à Covent Garden, apporta le plus grand soin aux répétitions. Il y en eut quarante-trois d'ensemble ; à partir du 21 mars, avec l'orchestre ; du 2 avril, avec les chanteurs. La répétition générale eut lieu le 28 avril 1902. Debussy en aurait voulu une supplémentaire, mais il ne l'obtint pas. Dans les jours précédant la première, il mobilisa ses partisans, expliquant à un correspondant que Carré craignait une cabale fomentée par Maeterlinck et Georgette Leblanc.

Le 30 avril allait être dans l'histoire de la musique une date aussi importante que celles de la création de *L'Après-midi d'un faune*, de *Jeux* et du *Sacre du Printemps*.

Cet après-midi printanier, place Boieldieu, trois cents jeunes debussystes se réunirent pour faire taire les critiques et le public rétrogrades prêts à chahuter. Des signes de réelle animosité contre Debussy étaient apparus dans la presse, indépendamment de la querelle entre le compositeur et l'écrivain, laquelle n'avait fait qu'ajouter de l'eau au moulin des détracteurs de celui qui incarnait plus que d'autres le renouvellement de la musique en France. S'ajoutèrent au public réactionnaire, des individus mystérieux qui, à l'instar de Maeterlinck, souhaitaient à *Pelléas et Mélisande* une « chute prompte et retentissante », mais sous les rires. Il s'agit des inconnus qui distribuèrent à l'entrée de l'Opéra-Comique un « programme du spectacle » traitant, sur le mode humoristique, de l'action du drame lyrique. Le « programme » en trois parties, imprimé en bleu, que certains avaient acheté six sous, annonçait : « C'est une histoire du Moyen Âge. Plutôt une légende. Pour tout décor, un antique château fort et une sombre forêt. Douze scènes, douze tableaux. Cela se raconte comme les brefs commentaires d'une image d'Épinal. Scène I. — Golaud, un vieux veuf, père du petit Yniold, égaré dans la forêt, y rencontre une fillette non moins égarée. Il l'emmène et il l'épouse. Scène II. — Son vieux père, Arkel, à qui l'on annonce cette union après coup, n'objecte rien ; c'est un fataliste. Il n'arrive jamais, dit-il, d'événements inutiles. Scène III. — Pelléas, le frère de Golaud, se promène avec sa petite belle-sœur dans les jardins ombreux. Hé, hé ! Scène IV. — Mélisande, toujours accompagnée de Pelléas, va s'ablutionner *(sic)* à la fontaine ; elle y perd son anneau de mariage qui glisse au fond de l'eau. Scène V. — Pelléas et Mélisande cherchent la bague... dans une grotte obscure. » Etc. Conclusion du « programme » : « Et voilà ! Ce petit drame est un chef-d'œuvre et Maeterlinck est un génie. Du moins on le dit. »

Ce faux visait avant tout à ridiculiser l'auteur du « poème ». Debussy n'était pas nommé, mais pouvait-il ne pas être atteint, lui qui avait choisi la pièce ? On peut écarter d'emblée l'hypothèse que Maeterlinck ait été l'instigateur de cette provocation, comme l'affirmèrent certains, tel François Vinneuil (Lucien Rebatet) dans son *Histoire de la musique*. Maeterlinck eût été incapable de se moquer à ce point de lui-même et de son œuvre.

On ferait mieux de se demander si l'auteur de cette parodie ne fut pas un écrivain ulcéré de voir Debussy abandonner leur projet commun d'opéra pour se consacrer uniquement à *Pelléas*. Catulle Mendès s'était retrouvé dans cette situation. Debussy n'acheva pas leur *Rodrigue et Chimène* parce qu'il ne le « sentait » pas assez pour le laisser représenter, ce qui, étant donné l'entregent de Mendès, eût fatalement eu lieu tôt ou tard.[255] Mais Mendès se manifesta par une critique prudente dans *Le Journal* du 1er mai 1902 : « Et, de cette soirée, on emporte deux désirs : celui d'entendre bientôt, sans récitants, dans les grands concerts d'orchestre, la partition de M. Claude Debussy, et celui de voir jouer, sans chanteurs ni instruments, sur quelque théâtre, le charmant conte lyrique — si lyrique, tout seul — de M. Maurice Maeterlinck... »[256]

Parmi les amis de Debussy, un seul possédait à l'extrême le goût de la mystification à froid (André Gide en sut quelque chose), c'était Pierre Louÿs.[257] Or ce dernier, entre 1901 et 1902, crut que, s'inspirant de son roman *Les Aventures du roi Pausole*, le compositeur écrirait une suite symphonique intitulée *Le Voyage de Pausole*. Debussy y renonça, son temps pris par la mise au point de l'orchestration de *Pelléas*. En outre, dans un passé récent, il s'était déjà montré plus que désinvolte à l'égard de Louÿs, ainsi que cette lettre de l'écrivain en fait foi : « [*décembre 1898*]. Mon cher Claude, Je demande la parole pour un fait personnel. En 1893 (la Belgique était heureuse) — *allusion transparente à leur voyage à Gand et à l'autorisation donnée à Debussy par Maeterlinck* —, tu me juras de composer pour moi un quintette dédié au futur auteur d'*Aphrodite*. (...) En 1895, tu confisquas un génial scénario de ballet intitulé *Daphnis et Chloé* (à propos, où est-il ?) et tu fis serment par les Prunes de le muer en harmonie avec une hâte égale à ton amitié. En 1896, tu me prias de répondre **Merdre** (un mot de trop, je crois) aux treize compositeurs qui voulaient faire jouir Chrysis sur un petit 2/4 suggestif, avec des accords de neuvième sur tonique, je ne te dis que ça. (...) Pour tous ces travaux tu as donné mission au seigneur Peau-de-Balle de les exécuter en ton nom. »[258] En 1900, Louÿs annonçait encore au compositeur Camille Erlanger qu'il avait « décliné dix ou douze autorisations tendant à mettre Aphrodite sur une scène d'opéra parce que mon ami Debussy m'avait demandé de lui réserver ce livre... Depuis qu'il y a renoncé, j'accepte au contraire tous les projets dont on veut bien me parler... »[259] Pierre Louÿs se sentait maltraité par Debussy. Il a pu réagir, à sa manière caustique, en s'en prenant au « poème » de *Pelléas et Mélisande* qu'il n'aimait pas, s'étant montré dès le début hostile au choix de son ami.

Toujours est-il que les écrivains avec lesquels le compositeur noua des relations d'amitié ou de sympathie — Pierre Louÿs, Victor Segalen — ne purent aboutir à une collaboration fructueuse avec lui. Il y eut, certes, les *Chansons de Bilitis*, mais Louÿs rêvait d'un grand opéra dont Debussy et lui eussent été les auteurs. Quant à Segalen, ce fut en vain qu'il proposa le livret de *Siddhartha* et d'autres projets inspirés de son admiration pour la civilisation maorie. Debussy se déroba toujours. Au fond, celui-ci ne travailla vraiment qu'à partir d'œuvres littéraires publiées : la pièce de Maeterlinck et *La Chute de la Maison Usher* d'Edgar Allan Poe. *Le Martyre de saint Sébastien* est une exception intéressante en ceci que le poème fut écrit en français par D'Annunzio, pour être porté à la scène avec de la musique.[260] La production et la distribution ayant déjà été préparées par le poète,

---

[255] Selon René PETER, *Claude Debussy*, (Vues prises de son intimité), Les Œuvres libres, 1931.

[256] René PETER, Op.Cit.

[257] Cf. Jean-Paul GOUJON, *Pierre Louÿs*, Seghers, 1988.

[258] *Correspondance de Claude Debussy et Pierre Louÿs*, Op. Cit.

[259] Ibid.

[260] D'Annunzio avait d'abord pensé à Roger Ducasse. Contacté par une lettre qui le trouva

Debussy composa alors presque aussi rapidement que l'autre avait écrit. « Claude de France, la première fois que je lui lus les parties de mon poème anxieuses d'être mises en musique, comprit ; il ne s'étonna que pour m'aimer, que pour se donner tout entier et pur, lui qui semblait encore offensé par l'étroitesse présomptueuse d'un autre poète que fascinait, à chaque saison, le refrain du merle obtus et incorrigible. »[261] Neuf ans plus tard ! Debussy, pas plus que Maeterlinck, ne paraissait enclin au pardon.

Détracteurs et admirateurs de *Pelléas* s'étaient déjà affrontés au cours de la répétition générale. Le 30 avril, les passions tournèrent à l'avantage de ce chef-d'œuvre sans précédent. Les positions négatives des critiques installés — Eugène d'Harcourt, Camille Bellaigue, Gauthier-Villars, Arthur Pougin — n'y changèrent rien. Au contraire, leurs papiers hostiles et la décision imbécile de Théodore Dubois, directeur du Conservatoire national de musique, d'interdire aux élèves des classes de composition d'assister aux représentations, provoquèrent un mouvement de curiosité passionné. Au bout de la huitième représentation, Messager sut que « Pelléas [*allait faire*] de l'argent ». Le souhait public de Maeterlinck ne s'était pas réalisé, pas plus que les vœux secrets des envieux, des hypocrites ou des humoristes du « programme du spectacle ». *Pelléas et Mélisande* — dont la musique, écrivit C. Bellaigue « contient des germes non pas de vie et de progrès, mais de décadence et de mort » — était entré dans la légende des grandes œuvres lyriques de la musique occidentale.

à Vienne, Debussy répondit à D'Annunzio : « Comment serait-il possible que je n'aimasse point votre poésie ? Aussi bien la pensée de travailler avec vous me donne à l'avance une sorte de fièvre. » Debussy accepta de composer pour D'Annunzio le 10 décembre 1910.

[261] Gabriele D'ANNUNZIO, *Le livre secret*, Christian Bourgois éditeur, Paris, 1993.

QUATRIÈME PARTIE
(1902-1910)

L'âge de femme

« Tu as en toi une force magnétique et toute particulière, un pouvoir personnel qui t'empêchent de bien te rendre compte de tes lacunes artistiques. »

Laurence Alma-Tadema
(à Georgette Leblanc, 26 juin 1902.)

« Je connais Mme Georgette Leblanc pour l'avoir vue au théâtre. Mais on dirait qu'elle a réalisé ses propres gestes en langue française, cristallisé sa personne, un peu déjà l'idole ou la statue, dans de l'écriture, et cela, c'est mieux que d'être belle, c'est avoir le génie de la chair, le coup de pouce de Dieu. »

Rachilde
(sur *Le Choix de la vie.*)

« Elle peut s'approprier cette appréciation de Diderot : "On ne pouvait désirer ni plus de douceur dans le chant, ni plus de force dans l'expression de la douleur." »

Le Courrier Musical
(sur son interprétation dans
Castor et Pollux, 1908.)

« Puisque j'ignore totalement l'art de la tragédie... »

Georgette Leblanc fut naturellement la plus attaquée et, bien que déjà portée en avant par la préparation de *Monna Vanna*, la plus meurtrie. Le nouveau siècle promettait d'être aussi misogyne que celui qui venait de finir. On la rendait responsable de « l'incompréhensible » attitude de Maeterlinck envers Carré et Debussy. On l'accusa de ne pas accepter une œuvre qui se passait d'elle.

Les blessures infligées par les amis furent les plus cruelles. Mirbeau, dont on connaît la position par sa lettre à Carré, ne se gêna pas davantage en publiant un article le jour de la première de *Pelléas*. Sous le prétexte d'ouvrir les yeux de Maeterlinck, afin de le réconcilier avec Debussy, il dénonça, sans la nommer, le rôle néfaste de Georgette. Elle réagit par une lettre personnelle, mais n'osa pas l'envoyer. Dommage, car elle eût peut-être amené l'incurable polémiste à réviser son impitoyable condamnation. « Dimanche matin. Qu'il me soit permis au moins de protester, de me défendre, de crier la vérité de toutes mes forces, de toute ma vie que votre jugement révolte ! Vous croyez que c'est moi qui ai encouragé Maurice contre sa pièce, contre son succès, contre son intérêt... Que la plupart des gens le croient, c'est naturel, ils ne me connaissent point et je ne m'attarde pas à souffrir des choses inévitables. Mais vous, Mirbeau, vous qui êtes juste et généreux !...[262] Lorsque j'ai vu cet hiver au début de l'histoire que je ne pourrais rien sur les résolutions de Maurice, lorsque j'ai eu tout tenté, tout imaginé, tout appelé à mon secours, lorsque j'ai vu échouer toutes les influences en qui j'avais espoir, j'ai entrevu le danger, le duel possible, et me voyant à la veille d'un tel malheur, je suis tombée malade... Pendant ma maladie je n'avais qu'un regret,

---

[262] Mirbeau s'était en effet distingué dans la défense de Zola et de Dreyfus. Sa campagne de presse, entamée fin 1897 dans *Le Journal*, se poursuivit dans *L'Aurore* jusqu'en 1900. Pendant le procès de Zola en février 1898, il protégea physiquement l'écrivain avec Bruneau et Fasquelle. Son engagement ne s'arrêta pas là. Il avança à Zola 7 500 francs-or — l'amende à laquelle le grand écrivain a été condamné pour la publication de *J'Accuse... !* Mieux : il obtient de Joseph Reinach la remise de 40 000 francs-or grâce auxquels Zola évitera la saisie de ses biens. (Je dois ces précisions à Pierre Michel, président de la Société Octave Mirbeau, qui les a publiées dans *Le Monde* du mardi 27/1/1998.)

presque un remords obsédant : n'avoir pas deviné l'été dernier, quand Debussy me faisait travailler, ce qui pourrait arriver par la suite… Je connaissais la haine de X [*Albert Carré, avec lequel Mirbeau paraissait être au mieux*], j'aurais dû prévoir les événements et mentir à Maurice, en lui disant que le rôle ne me convenait pas. C'est dans tout cela, voyez-vous, le seul reproche que j'aie à me faire ; je pouvais par déduction envisager des malheurs possibles pour Maurice — et je n'ai pas su le faire. Il est difficile de croire à la durée d'une haine que rien ne justifie. Ma saison a été empoisonnée par la menace affreuse qui planait, qui plane encore sur mon amour, et cependant voilà l'heure où tous les meilleurs amis semblent me crier à travers leurs sourires, leurs paroles ou leurs insinuations : "Nous, nous aimons Maeterlinck et nous lui ferons un triomphe malgré vous." (...) Je n'espère pas que vous croirez cette lettre… je pense même que vous serez étonné et un peu choqué de l'exaltation qui la dicte. En passant… vous avez jugé de cette affaire et vous vous êtes trompé sur mon compte sans y attacher plus d'importance que cela n'en comporte. Le geste en soi est insignifiant — le résultat ne saurait l'être pour celui qu'il atteint. J'ai une grande habitude de ces blessures-là, et je sais d'ordinaire les recevoir en souriant ; mais vous êtes parmi les quelques êtres que j'estime, je ne saurais donc être indifférente à votre opinion. Lugné-Poe me disait l'autre jour que vous lui demandiez comment je pourrais jouer le troisième acte de *Monna Vanna* qui serait déjà difficile pour une tragédienne de métier… (...) mais je puis vous répondre aujourd'hui, mon cher Mirbeau. Je le jouerai de toute la force d'une loyauté et d'un cœur qui n'ont encore jamais vu leur image réfléchie que par un seul et unique regard. »[263]

Elle allait commencer une nouvelle carrière en incarnant un personnage de femme réelle, psychologiquement proche d'elle-même, quoique inspiré de Monna Vanna, une héroïne des chroniques de la Renaissance italienne. Il y a à la Tate Gallery un tableau de Dante Gabriele Rossetti, peint en 1866, qui représente Monna Vanna. C'est un des plus magnifiques portraits de femme de l'école préraphaélite. Rossetti lui a donné les traits de son modèle Alexa Wilding, dont il a idéalisé et exalté la beauté. Maeterlinck, qui connaissait bien la peinture de William Morris et des préraphaélites, a peut-être vu ce tableau.

Quoi qu'il en soit, par cette deuxième tentative de créer au théâtre une héroïne dont le modèle était sa propre compagne, Maeterlinck réussit à se dégager complètement de sa première période *(La Princesse Maleine*) et de la seconde (les pièces du « tragique quotidien »). *Monna Vanna* ouvrait une troisième ère.

Il l'écrivit à Gruchet Saint-Siméon et testa les répliques et les situations sur Georgette. Selon ses réponses et ses suggestions, il modifiait son plan et retravaillait la pièce.

À peu près dans le même temps, il composa *Le Temple enseveli* qu'édita Fasquelle. Cet essai poursuivait les méditations entreprises dès *Le Trésor des humbles* et contenait d'amples réflexions sur le passé, le règne de la matière et autres mystères en évolution dans la pensée de l'auteur. Les dernières pages, sous le titre « L'avenir », révélèrent à ses lecteurs toujours plus nombreux, qu'il avait consulté des voyantes modernes à titre expérimental, afin de les confronter aux augures, devins et pythonisses de l'Antiquité. Ces recherches coïncidèrent avec la période troublée de l'affaire Pelléas. Et à cette lecture, on devine aisément qu'il demanda à une de ces voyantes — très prisée à Paris et qui prétendait

[263] Georgette LEBLANC, I, Op. Cit.

incarner l'esprit d'une petite fille inconnue nommée Julia — de lui dévoiler l'avenir de sa querelle avec le directeur de l'Opéra-Comique. Carré, lui-même, ne s'y est pas trompé. Comme les contemporains — René Peter, l'ami de Debussy, par exemple —, on ne peut qu'être troublé par les lignes suivantes : « Mais enfin, lui dis-je, comment l'affaire finira-t-elle ? Est-ce moi qui l'emporterai ou est-ce l'ennemi qui me résiste et qui me veut du mal ? " " — Non, non, répondit la voyante, il n'en veut pas à toi, c'est à cause d'une autre personne. Je ne vois pas pourquoi il la déteste. Oh ! il la hait, il la hait ! Et c'est parce que tu l'aimes qu'il ne veut pas que tu fasses pour elle ce que tu voudrais faire. " " — Mais, insistai-je, ira-t-il jusqu'au bout, ne cédera-t-il point ? " — " Oh ! ne le crains pas. Je vois, il est malade. Cela ne se voit pas, mais il est très malade. Il ne vivra pas longtemps. " " — Tu te trompes, Julia, lui dis-je, je l'ai vu avant-hier, il se porte fort bien. " " — Non, non, ça n'y fait rien, il est malade... Cela ne se voit pas, mais il est très malade... Il doit mourir bientôt... " " — Mais quand donc ? Et comment ? " " — Il y a du sang sur lui, autour de lui, partout... " " — Du sang ? Est-ce un duel ? (J'avais pensé, un instant, trouver occasion de me battre avec l'adversaire) Un accident ? Un meurtre ? Une vengeance ? (C'était un homme injuste et sans scrupules, qui avait fait beaucoup de mal à bien des gens) " " — Ne m'interroge plus, concluait la voyante. Je suis très fatiguée. Laisse-moi. " " — Pas avant de savoir... " " — Non, je ne puis rien dire. Je suis trop fatiguée. " Il est vraiment déconcertant, notait Maeterlinck, qu'un étranger aille plus loin que nous dans notre propre cœur. » Et il supposait la voyante capable de lire « dans [*son*] intuition particulière », elle « n'aurait fait que traduire ce que [*son*] inconscience ne pouvait dire à [*sa*] pensée. » Certainement l'hypothèse la plus proche de la vérité.

Durant cette période de tensions et d'affrontements où il se sentit destitué de ses droits sur *Pelléas et Mélisande*, sa plus troublante œuvre théâtrale, Maeterlinck courut vraiment d'un cabinet de consultations à l'autre, essayant tour à tour voyantes, astrologues, chiromanciens, sibylles déchues, somnambules et médiums qui grouillaient dans le Paris du début du siècle. Comme si sa vie en dépendait, il voulut lire l'avenir dans les cartes, le marc de café ou l'inflorescence de blanc d'œuf dissous dans un verre d'eau. « Il est à certains égards tout à fait incompréhensible, écrivit-il, que nous ne connaissions pas l'avenir. Il suffirait probablement d'un rien, d'un lobe cérébral déplacé, de la circonvolution de Broca orientée de façon différente, d'un mince réseau de nerfs ajouté à ceux qui forment notre conscience... » Il concevait vraiment notre incapacité à connaître l'avenir comme une « infirmité singulière ».

Paraissant en même temps que se déroulaient les représentations de *Pelléas* et que débutaient celles de *Monna Vanna*, le livre, en raison de ces passages, bénéficia d'une attention orientée par le récent scandale, alors qu'il contient de belles méditations sur le passé, dont celle-ci, que tous les acteurs de l'affaire Pelléas auraient eu intérêt à méditer, l'âge des *mémoires* et des *souvenirs* venu : « Notre passé dépend tout entier de notre présent et change perpétuellement avec lui. Il prend immédiatement la forme des vases dans lesquels notre pensée d'aujourd'hui le recueille. Il est contenu dans notre mémoire, et rien n'est plus variable et plus impressionnable que cette mémoire ».

Ces pages ainsi que celles du chapitre sur l'avenir conquirent un lecteur qui deviendrait un des plus grands écrivains européens du XXe siècle, Marcel Proust. À partir du *Temple enseveli*, Proust lira attentivement l'auteur de *Pelléas*. Il se procurera *La Sagesse et la Destinée, La Vie des abeilles* et, à la différence de Gide, tiendra longtemps Maeterlinck pour un des penseurs les plus importants de son époque.

Si l'on ajoute la publication de *Monna Vanna*, le 15 mai 1902, dans *La Revue de Paris*, Maeterlinck était décidément l'auteur du jour.

Nue sous le manteau de brocart de Monna Vanna

Lugné-Poe avait renié le symbolisme en 1897. Dans une très mauvaise passe au début du siècle, il était allé jusqu'à se commettre avec l'industrieux Willy pour porter à la scène le personnage de Claudine. Une pièce en trois actes, *Claudine à Paris* était sortie de leur collaboration. Lugné-Poe s'étant adjoint Charles Vayre, il s'était fondu avec son camarade sous le pseudonyme de Luvey. Représentée le 22 janvier 1902 aux Bouffes-Parisiens, *Claudine à Paris* fut un énorme succès, mais il n'est pas sûr qu'il ait profité financièrement à Luvey. Et ce que touchait Willy était tellement faisandé que Lugné-Poe avait plutôt intérêt à dissimuler cette collaboration.

Sa situation dans le théâtre demeurant au plus bas, le fondateur de l'Œuvre chercha, pour remonter la pente, à renouer le contact avec Maeterlinck. Il le savait l'amant de Georgette Leblanc et semblait croire que celle-ci allait rendre l'auteur moins accommodant que par le passé, époque bénie, pour le « clergyman somnambule » comme l'avait baptisé Jules Lemaître, de la création de *L'Intruse*, des *Aveugles* et de *Pelléas et Mélisande.* Lugné-Poe, qui jouait naguère Ibsen comme si c'était du Maeterlinck, avait abandonné cette manière prônée par la critique symboliste, les réflexions de Maeterlinck et de Mallarmé sur le théâtre. Cela consistait à psalmodier en évitant au maximum les gestes. « Une voix blanche, sans chaleur, sans nuances qui paraît comme inexorablement dictée, inhumaine, venue de très lointains au-delà. »[264] En revanche, il avait conservé son ascendant sur les comédiennes, dont la jeune actrice d'origine hollandaise Marie Kalff. Admiratrice de Maeterlinck et amie ambiguë de Georgette, Marie Kalff, reçue rue Raynouard, recueillait les confidences de la cantatrice, qui ne lui épargnait ni ses déboires ni ses joies. À cause de cette informatrice, irritée semble-t-il par les ambitions théâtrales de la généreuse et fantasque Normande, Lugné-Poe perçut Georgette, dès le début, comme une insoumise à dompter ou à écarter.

Il se rendit 69, rue Raynouard. Le décor dans lequel vivait le couple le stupéfia, ce qui est curieux pour un homme de théâtre, même réputé « pauvre ». De là, il inféra que Maeterlinck « n'était plus le même » et assura l'auteur qu'il présenterait *Monna Vanna* au Théâtre-Français. Claretie en étant l'administrateur, ce n'était pas complètement farfelu. Georgette n'avait-elle pas chanté avec succès *La Navarraise*, adaptation d'une nouvelle de Claretie ? Le couple acquiesça sans deviner qu'il ne s'agissait que d'un stratagème. Lugné-Poe connaissait Claretie mieux qu'eux et savait que cet homme de soixante-deux ans — esprit conservateur — refuserait. Mais maintenant, il était l'interlocuteur indispensable et pouvait discuter de nouvelles perspectives avec Maeterlinck et Georgette. Admis dans l'intimité du couple, il découvrit, avec un effarement hypocrite, un auteur sous la coupe de son égérie. Qu'elle l'eût appelé « bébé », soit, mais était-ce en

---

[264] Jacques ROBICHEZ, *Lugné-Poe*, l'Arche, 1957.

rapport ? « Les gestes de Maurice ne sont plus les mêmes ; dès qu'on lui adresse la parole pendant cinq minutes, il s'énerve vite et grimace en parlant, regardant de côté (...) »[265]. On était alors en pleine affaire Pelléas et les soucis de Maeterlinck, à cause des pressions subies, l'avaient rendu, en effet, excessivement nerveux.

Lugné-Poe s'insinua de telle manière auprès de « bébé » et de sa compagne que la pièce — Claretie ayant réagi comme prévu par la négative — lui fut acquise. Mais il s'agissait maintenant de la représenter. Contrairement à Suzanne Desprès, Berthe Bady, Georgette Camée ou Marthe Mellot, Georgette Leblanc résistait au fameux magnétisme du maître de l'Œuvre. Alors prétextant qu'elle n'était pas « actrice », il chercha à s'en débarrasser en proposant *Monna Vanna* à Sarah Bernhardt. Et il prétendit que Maeterlinck avait écrit sa pièce spécialement pour elle. Sarah acceptant le rôle, Maeterlinck eût-il pu refuser le concours de la tragédienne ? Le calcul de Lugné-Poe n'était pas absurde. À Londres, en 1898, Sarah avait été séduite par l'actrice Stella Campbell, qui incarnait Mélisande. C'était pour ces représentations en anglais que Maeterlinck avait commandé de la musique à Fauré. La critique le rangeait sur le même rayon que les auteurs scandinaves et Sarah était étrangère à cet univers théâtral. Mélisande, sous les traits de la délicieuse Stella Campbell, lui était pourtant apparue accessible. Finalement, ce fut en 1904 que Sarah offrit à l'actrice anglaise de reprendre le rôle, tandis qu'elle se réservait celui de Pelléas. La pièce fut représentée en français à Londres et en province. Sarah avait soixante ans.

Mais en 1902, lorsqu'elle reçut *Monna Vanna* des mains de Lugné-Poe, Sarah trouva tout de suite qu'elle présentait un vice rhédibitoire. L'héroïne n'apparaissait, en effet, qu'à la fin du premier acte et pour ne dire que quelques mots. Sarah réclama l'entrée en scène immédiate du personnage. Informé de la démarche de Lugné-Poe et des exigences de la comédienne, Maeterlinck refusa de modifier son texte et avertit le metteur en scène qu'il n'aurait pas la pièce sans Georgette Leblanc. Lugné-Poe se soumit de mauvaise grâce. Il lui déplaisait de confier le rôle principal à la compagne de l'auteur. De plus, il se méfiait de son « excentricité », telle qu'elle se révélait dans ses costumes et la décoration de son appartement. Cette femme admirée de Mallarmé, de Rodin, passée de Mauclair à Maeterlinck, ne se plierait pas à sa volonté. Mais *Monna Vanna* était la seule chance de Lugné-Poe de revenir au théâtre ambitieux de ses débuts. Et puisqu'il n'avait plus le choix, il se résigna à travailler avec l'élue. « Y aurait-il peut-être tout de même avec elle quelque chose d'heureux que moi je puisse susciter sur le théâtre ? Si j'avais, par hasard, trouvé, découvert, grâce à Maurice, l'Étoile que je cherche ?... Ce serait chic ! Entre le chant et le mime, espérons tout du drame. Quel fol espoir !... »[266]

Maeterlinck se laissa attirer Cité Pigalle, où se trouvaient les « bureaux » de l'Œuvre, grâce à la proximité de la salle du maître d'armes Spinnewyn. Lugné-Poe s'y réfugiait habituellement, quand le rez-de-chaussée de l'Œuvre était par trop insalubre. Il suffisait de traverser l'impasse pour se réchauffer dans la salle d'armes. Obsédé de duels pendant les six mois précédant la création de *Pelléas*, Maeterlinck fut enchanté de l'endroit. Il fit des armes, s'entraînant à l'épée avec

---

[265] Aurélien LUGNÉ-POE, *La parade*, Acrobaties et impressions de théâtre (1894-1902), Gallimard, 1931.

[266] Ibid.

son metteur en scène, tandis que le soir, après la fermeture, Georgette et les acteurs, quand c'était possible, répétaient *Monna Vanna.*

Georgette pensait qu'elle avait tout à apprendre et l'avoua sans ambages. Lugné-Poe préféra d'emblée la juger impossible. La cantatrice menaçait d'être aussi peu orthodoxe au théâtre qu'à l'opéra. En fait d'art dramatique, elle pratiquait, on l'a vu, une eurythmie spontanée qui avait séduit Jules Renard et Jean Lorrain. Lugné-Poe, lui, fut plus difficile. La cantatrice qui ambitionnait de créer les œuvres théâtrales de Maeterlinck et le metteur en scène qui s'était fait une gloire de monter les grands auteurs scandinaves avaient le même âge : trente-trois ans. Mais le parisien Lugné-Poe avait débuté beaucoup plus tôt au théâtre que la provinciale Georgette Leblanc à l'Opéra. D'abord, il était passé par le Conservatoire avant d'entrer à dix-huit ans au Théâtre-Libre d'Antoine. Acteur, metteur en scène, promoteur, il pouvait se transformer à l'occasion en requin et avait « maquereauté » (c'est son expression) sa femme, l'actrice Suzanne Desprès pour que vive l'Œuvre. Ce qu'il pardonnait le moins à Georgette, en dehors — selon lui — de son talent dramatique incertain, c'était d'être obligé de traiter avec elle d'égal à égal de la création de la pièce. Comble de malchance : Maeterlinck souhaitait se débarrasser de tout le côté « malpropre » du théâtre, qui l'affectait plus que d'ordinaire dans cette période de lutte contre le directeur de l'Opéra-Comique.

La sincérité même de Georgette n'était pour Lugné-Poe que pose et comédie. Quand elle reconnut : « Un jour viendra, peut-être, où je tuerai la pauvreté en dedans et le chic au-dehors ! », il ricana. Prête à monter sur scène, elle n'ignorait pas la différence entre l'art lyrique et le jeu dramatique. Elle prit conseil auprès du tragédien Mounet-Sully, de la Comédie-Française, resté célèbre pour sa création d'Œdipe. Il avait soixante et un ans. Il réclama trois ans pour faire de Georgette une tragédienne accomplie. Coquelin aîné, le Cyrano de Rostand, la rassura un peu. Puisque Maeterlinck et elle s'aimaient, elle n'avait plus qu'à prendre *Monna Vanna* à bras-le- corps et à s'y tenir.

Elle ne consulta pas d'autres sommités de l'art dramatique. Elle ne se sentait concernée que par « le caractère de la femme ». « Que Maeterlinck offrît au monde des héroïnes surhumaines, mes ambitions n'allaient pas au-delà. J'étais chanteuse et je ne croyais pas l'art lyrique compatible avec l'art tragique. » Mais le temps pressait. Georgette et « son Maurice » devaient se sortir de l'épouvantable sentiment d'échec engendré par l'affaire Pelléas. Maeterlinck n'ayant plus confiance qu'en elle, elle risqua le tout sur le tout. Se reconnaissant « sans talent » dans sa lettre à Mirbeau, elle allait jouer ce rôle « de toute la force d'une loyauté et d'un cœur qui n'ont encore jamais vu leur image réfléchie que par un seul et unique regard. »

Les relations entre Lugné-Poe et eux restèrent tendues jusqu'à la première, le metteur en scène soupçonnant « son » actrice de jeter à tout moment de l'huile sur le feu et de dresser Maeterlinck contre lui. L'auteur se montra en effet susceptible, mais l'ambiance funambulesque, le côté précaire, « corde raide » de la situation, l'incitaient à la méfiance. Ainsi les répétitions avaient lieu tantôt dans la salle d'armes de Spinnewyn, cité Pigalle, tantôt dans un salon du Casino de Paris, les directeurs de l'endroit ayant refusé de prêter leur scène. Éclairé seulement par la lumière du jour, ce salon, « sorte de hall-vestibule, atrium, jardin d'hiver, précédant le Casino », était surnommé « l'oriental ». Des « palmiers artificiels aux feuilles en zinc » s'élevaient au milieu d'un « grand pouf bleu-vert » qui en occupait le centre. Sur une pancarte, Maeterlinck pouvait lire : « Danses orientales, Mme Fathma prédit l'avenir »[267]. Les répétitions de *Monna Vanna* attiraient un public goguenard et bruyant de garçons de café et de danseuses de revue, qui lançaient des plaisanteries salaces. Les clowns, les danseurs nègres et les gymnastes traversaient obligatoirement le hall. Lugné-Poe ne comprenait pas la mauvaise humeur de l'auteur. Maeterlinck lui apparaissait « maussade ».[268] Seul avantage du lieu, sa proximité avec le Nouveau Théâtre, rue Blanche, où la pièce allait être représentée — les deux salles communiquant entre elles.

Georgette dessina elle-même le manteau de brocart sur fond vert qu'elle devait porter au premier acte et en peignit l'étoffe. Mais Lugné-Poe avait la phobie du vert, prétendant que cette couleur portait malheur sur la scène. Elle tint bon, garda son manteau et n'en changea pas la couleur. Sur la magnifique affiche de Fauré-Dujarric, Georgette Leblanc/Monna Vanna est drapée cependant dans une robe écarlate. Elle y apparaît en héroïne inflexible et soulève un pan du manteau qu'elle a jeté sur ses cheveux. L'affiche exprime une sorte de hiérarchie implicite. « L'ŒUVRE » et « LUGNÉ-POE » sont imprimés au-dessus du titre de la pièce. Le nom de l'auteur est inscrit, lui, en très petits caractères sous MONNA VANNA en grandes capitales, tandis que celui de l'interprète, en capitales lui aussi, est bien visible sous les pieds du personnage-titre. Combien de disputes pour en arriver à cette belle composition graphique ? Lugné-Poe et Maeterlinck semblaient parfois à deux doigts de la rupture, tant tout se faisait dans la précipitation, l'angoisse et l'urgence. Le metteur en scène agissait pour le mieux avec des moyens de fortune. Et il pestait, se voyant contraint de tirer ce qu'il appelait « la brouette des exigences de Mme Leblanc ». Maeterlinck protesta. « Il est certain, lui écrivit-il, qu'il y a bien des gaffes autour de Vanna, il est certain qu'on n'en a pas tiré le parti qu'on aurait pu ; il est certain que tu n'as jamais aimé la pièce (...), il est plus certain encore que tu as toujours détesté Georgette. »[269]

Le fidèle Mirbeau, qui avait déjà beaucoup donné, reprit du service. S'abstenant de citer la *femme* responsable des errements de Maeterlinck, et contre laquelle, on l'a vu, il avait prévenu Lugné-Poe, il annonça : « Enfin, quelques jours après *Pelléas et Mélisande*, nous aurons *Monna Vanna*, que M. Lugné-Poe aura l'honneur de représenter (...). Entre la *Princesse Maleine*, que j'ai relue hier, et qui demeure un chef-d'œuvre aussi délicieux qu'aux premiers jours de notre enthousiasme, et *Monna Vanna*, un autre chef-d'œuvre, mais très différent, il s'est passé dans la vie de Maurice Maeterlinck un fait considérable, et qui n'est pas si quotidien que l'on croit, parmi les hommes... Il a vécu (...) La passion qui, dans *La Princesse Maleine*, et dans *Pelléas*, balbutie de petites plaintes, discute, crie, hurle et veut dans *Monna Vanna*... *Monna Vanna* est une œuvre pleine, forte, qui n'a plus les douceurs évanouies de la fresque et de la tapisserie, et qui montre la rudesse des reliefs (...) Elle a l'ampleur, la tenue sévère, la solidité, la clarté des tragédies classiques. Et elle atteint, par bien des scènes, par une beauté violente et profonde, par la somptuosité farouche de la passion, à la splendeur des plus grands chefs-d'œuvre... »[270]

---

[267] Ibid.
[268] Ibid.
[269] Ibid.
[270] *Maurice Maeterlinck*, 1862-1962, Op. Cit.

Mise en scène quinze jours après *Pelléas*, *Monna Vanna* révélerait, en effet, un auteur renouvelé et une actrice. Maeterlinck s'était dégagé de son univers symboliste pétri de culture anglaise et flamande traduite en français, dans lequel il se sentait de plus en plus à l'étroit. Si la nostalgie de ses anciennes créatures l'habitait encore, il admettait maintenant que la femme est un être, logique et capable de volonté.

Jusqu'ici réputé fumeux, il traitait de façon claire de l'amour et de la guerre, du devoir conjugal et du patriotisme.

Avant *Monna Vanna*, ses principaux drames — y compris *Pelléas et Mélisande* — se situaient dans un Moyen Âge d'inspiration préraphaélite. Mais*Pelléas* appartenait tout de même, avec *L'Intruse*, à la période dite du « tragique quotidien ». Le style de *La Princesse Maleine* fut influencé en partie par Shakespeare, et, de ce fait, cette première œuvre demeurait la plus « médiévale » de toutes, quoiqu'elle pût être jouée en complet-veston et en robe courte. Véritable pièce historique, *Monna Vanna* s'inscrivait dans une époque donnée, la Renaissance italienne.

L'hostilité de Carré servit Georgette. Où eût-elle trouvé l'énergie de chanter et de jouer en même temps dans deux lieux différents ? En cas de succès prolongé des œuvres, la question eût fini par se poser. C'eût été une performance impossible, même si Maeterlinck l'eût exigé. Le hasard ou la chance ne lui imposèrent pas de choisir. Un seul rôle lui échut, celui pour lequel elle se croyait la plus impropre.

En dépit de l'atmosphère empoisonnée et de la méfiance réciproque, la première eut lieu le 17 mai sur cette scène providentielle du Nouveau Théâtre, où l'on avait jadis monté *Annabella*. Lugné-Poe et l'Œuvre présentaient *Monna Vanna* avec moins d'amateurisme. La distribution était bonne. Autour de Georgette Leblanc dans le rôle-titre, le metteur en scène avait réuni Darmont (Prinzivalle), Robert Liver (Trivulzio), Gérard (Borso), Ropiquet (Torello), Gribouval (Vedio). Jean Froment était Guido Colonna. Lugné-Poe s'était réservé le rôle de Marco Colonna. Maeterlinck aurait voulu De Max pour Prinzivalle, mais le grand acteur n'était pas libre, il remplaçait Darmont auprès de Sarah Bernhardt.

La pièce quitta rapidement Le Nouveau-Théâtre, Lugné-Poe, prévoyant, ayant négocié avec « Hertz, à la Porte Saint-Martin ».[271] Elle remplit la salle quotidiennement pendant une quinzaine de jours.

Comme le patron de l'Œuvre le reconnaît lui-même, en s'en attribuant exclusivement le mérite, « la pièce fut un succès, un très gros succès. » L'enthousiasme de Mirbeau et des admirateurs de Maeterlinck, sans oublier les retombées du scandale *Pelléas*, n'y furent pas étrangers. On voulut voir cette cantatrice qui, dans l'esprit du public, avait provoqué la rupture entre trois hommes. Et puisqu'elle ne chantait pas, qu'il s'agissait de son premier rôle au théâtre, on espéra se moquer d'elle et assister à un four. Mais Georgette fut si convaincante qu'on l'admira dans ces trois actes si étrangers au symbolisme.

L'héroïne est une Judith du XVe siècle, qui se retient de décapiter le condottiere Prinzivalle, un Holopherne vénitien au service de Florence. Prinzivalle assiège Pise avec son armée de mercenaires. Il serait d'ailleurs étonnant que, dans le théâtre de Maeterlinck, apparaisse une femme criminelle. Jusqu'à l'arrivée de Georgette dans sa vie, ce sont des victimes sacrificielles. L'énergique Monna Vanna pourrait tuer Prinzivalle si un fait capital ne retenait son bras. Pise affamée est

[271] Aurélien LUGNÉ-POE, Op. Cit.

sur le point d'être prise, pillée, et ses habitants massacrés, quand Prinzivalle, sachant la beauté de Monna Vanna, exige sa venue. Si elle se livre à lui, nue sous son manteau, il lèvera le siège et les Pisans auront la vie sauve. Monna Vanna est l'épouse de Guido Colonna, le commandant de la garnison pisane, qui peut difficilement accepter le sacrifice de sa femme, même pour sauver leur ville. Malgré la colère et l'opposition de son mari, elle parvient à tromper la vigilance des gardes et s'échappe de Pise pour se présenter devant Prinzivalle aux conditions exigées. Le condottiere n'est pas une brute sanguinaire. Il est ému par le sacrifice de la jeune femme et lui déclare son amour déjà ancien.

Monna Vanna a été blessée à l'épaule par un garde. Prinzivalle la soigne et ils parlent du passé…

Prinzivalle est originaire de Venise. Enfant, il s'appelait Gianello. Monna Vanna, petite fille, habitait alors la Sérénissime. Gianello la vit et l'aima pour toujours. Et voici pourquoi Monna Vanna ne pouvait toucher un cheveu de la tête de Prinzivalle.

Avant l'aube, un revirement soudain menace le Capitaine. Un commissaire de Florence est arrivé à la tête de six cents soldats. Sa mission : exécuter Prinzivalle qui passe désormais pour traître, Pise n'ayant pas été conquise.

Monna Vanna lui offre de se réfugier à Pise sous sa protection. Il accepte.

Dans la ville toujours assiégée, Guido Colonna, mari de Monna Vanna, refuse de la croire quand elle lui affirme que Prinzivalle n'a pas abusé d'elle. Jaloux, il expédie son ennemi en prison. Pour sauver Prinzivalle de la torture, Monna Vanna se fait remettre la clé du cachot, sous le prétexte de venger son honneur, car les gardiens ne doutent pas qu'elle a été violée par le condottiere.

Elle s'évade avec lui.

Blessée à nouveau dans leur fuite, elle dit à Prinzivalle, avant de s'évanouir dans ses bras : « Le beau va commencer. »

On se demande comment le public eût réagi si Monna Vanna avait été une Lorraine de Metz allant se livrer nue à un officier prussien pendant la guerre de 1870. Mais entre une défaite déjà trentenaire et une guerre future, il y avait peut-être place pour l'amour triomphant des nationalismes sanglants. Mariée, Monna Vanna se servait de son sacrifice patriotique à la cité de Pise pour satisfaire son appétit d'aventure et sa curiosité amoureuse. Pourquoi ce militaire étranger la réclamait-il, elle, et pas une autre ? Était-ce seulement pour affaiblir moralement Guido Colonna, commandant de la garnison ? En effet, le blessant gravement dans sa virilité, il lui inflige une défaite supplémentaire. Monna Vanna veut savoir. Aucune considération ne la retient, ni la fidélité à son mari, ni le patriotisme. C'est pourquoi, au péril de sa vie et de son honneur, elle quitte la ville, traverse le camp des assaillants et se rend sous la tente de Prinzivalle. Revenue à Pise avec lui, elle le défendra contre son mari, qui refuse de croire que le chef ennemi a respecté sa femme, parce que lui-même, dans la même situation, eût exigé que l'otage lui sacrifiât sa vertu. Monna Vanna subordonne les fidélités conjugale et patriotique à l'amour. Il fallait que Georgette exerçât un grand ascendant sur le public pour lui faire accepter d'enthousiasme ce programme, à une époque où les plaies de l'affaire Dreyfus sont encore à vif et où la trilogie de Barrès, *Le Roman de l'énergie nationale*, remporte le plus grand succès. En fait, Monna Vanna est l'anti-Colette Baudoche[272]. Elle est prête à aimer son ennemi, qui ne demande

[272] Le roman de Barrès paraîtra en 1909.

pas mieux et déserte sa cause pour la suivre. Maeterlinck a pu l'observer chez son modèle : Georgette désarme souvent la haine...

Tandis qu'il était dépossédé de la pièce la plus accomplie de sa période antérieure, transposée maintenant dans le domaine musical par le génie de Debussy, le triomphe de *Monna Vanna* dissipait les brumes du Nord et du symbolisme avec le malheur de vivre. L'amour, l'optimisme régnaient dans la lumière de la Renaissance italienne. Adieu les tristes châteaux et les sombres forêts ! Adieu aussi à l'étrange génie qui avait inauguré sa carrière. Maeterlinck était un homme satisfait en amour, en littérature et sur la scène. Les gros tirages se cumulaient à ceux du théâtre. Même l'affront de *Pelléas* tournait, financièrement s'entend, à son avantage.

Dopé par le succès, Lugné-Poe préparait déjà la tournée européenne.

La critique parisienne se sentit prise de court. Elle avait à peine digéré *Pelléas* au théâtre, qu'elle dut prendre position sur l'opéra de Debussy et la nouvelle pièce de Maeterlinck. Il fallait aussi qu'elle traite du *Temple enseveli* après avoir rendu compte de *La Vie des abeilles*, succédant à *La Sagesse et la Destinée*. L'abondance de cette production avait de quoi donner le vertige. Édouard Schuré, wagnérien et philosophe des religions, auteur des *Grands initiés*, loua *Pelléas*, « œuvre de poésie exquise » et *Monna Vanna*, « drame d'énergie ». Il jugea néanmoins le théâtre de Maeterlinck « trop statique, tragique et non dramatique. » Paul Souday aimait lire ses pièces plutôt que de les voir représentées car, pour lui, leur mystère et leur poésie disparaissaient sur la scène. Quant à la musique de Debussy, il l'entendait comme l'expression sonore de la décadence. Henry Béranger préférait *Pelléas* à *Monna Vanna*. Et Henry Hallay, dans *La Revue de Paris* du 15 mai 1902, avouait aimer la musique de *Pelléas*, qui aidait à faire sentir les qualités du texte. D'autres articles parurent dans *Le Figaro*.

Le Mercure de France traita largement de l'opéra et de la pièce. En juin, Jean Marnold analysa *Pelléas* sur plus de six pages et conclut au chef-d'œuvre. En juillet, A. Ferdinand Hérold admira *Monna Vanna*, le drame le plus « robuste » que Maeterlinck ait jamais écrit, tout en lui faisant le reproche de s'être un peu trop écouté en écrivant. Il pondit près de quatre pages sur l'action et les personnages mais ne parla pas de la mise en scène et expédia l'interprétation en une phrase : « Monna Vanna a été jouée avec trop de lenteur, mais ses interprètes ont prouvé une conscience qui leur fait honneur. »

Quand la pièce fut représentée à Nice, au palais de la Jetée, Georges Maurevert, l'ancien boulevardier et vieil ami de Georgette, subit une impression inoubliable en voyant le « magnifique Darmont étreignant sur les durs brocarts de sa poitrine, la pantelante, éblouissante et demi-nue Georgette Leblanc !... Ça, vraiment, c'était beau ! ... Ce couple merveilleux formait un tableau qu'eût signé Véronèse... »[273] L'acteur Darmont était d'ailleurs amoureux de Georgette. Elle se laissa courtiser, s'amusant de la passion de l'acteur qui dut se contenter de son rôle comme exutoire. En février 1907, Maurevert alla voir la Duse au Casino de Nice, où l'actrice avait repris le rôle de *Monna Vanna* dans sa traduction italienne. Recourant une fois encore à une comparaison picturale, il ne put cacher sa déception. « Hélas, c'est tout au plus le fuligineux Eugène Carrière qui aurait

[273] Georges MAUREVERT, Op. Cit.

pu extraire une toile pathétique de l'ombre dans laquelle se jouait, ce soir, le drame d'amour entre Prinzivalle et Monna Vanna ! »[274]

Georgette et Maurice : quel couple ?

Révélée au théâtre et consacrée pour l'audace de son jeu — la scène du deuxième acte où elle doit se montrer à Prinzivalle nue sous son manteau est son morceau de bravoure —, mise au pinacle par Maeterlinck, jalousée et critiquée par d'autres, dont Lugné-Poe, Georgette décela en cette année 1902, celle de leurs triomphes communs, les « premières fissures » dans le bel édifice qu'ils avaient élevé depuis 1895. Maeterlinck s'irritait de la désorganisation de leur vie privée et voulait ignorer qu'elle était inhérente à un couple formé par un auteur et sa compagne interprète quand le succès est au rendez-vous. Bruxelles, Gand, Anvers, Londres, Genève réclamaient Monna Vanna.

Mais le confort matériel d'une vie quotidienne sans histoire semble être la principale aspiration de « bébé ». Comme il méprise les bassesses du monde du spectacle, il se refuse à tenir compte de l'intendance dans la vie domestique. La machine, parfaitement huilée, doit fonctionner au mieux, à son insu.

L'homme à la chair faible et exigeante, délaissé pour l'auteur, repartait alors chez ses parents, où le spectre de l'anarchie domestique n'avait jamais pénétré. Maeterlinck, l'épicurien, pouvait se gaver de bonne nourriture familiale, et calmer ses sens avec une « petite femme » de Gand, silencieuse et pratique.

Dans la paix de sa chambre, il écrivait à Georgette en proie aux difficultés de tous ordres de l'actrice en tournée. Il lui disait son affliction. Et quand les critiques envers elle lui devinrent trop pénibles : « Il semble que l'on sache quelque part que tu es la source la plus profonde de notre bonheur et que c'est à cette source qu'il faut que l'on s'en prenne. »

Revenu à Paris ou à Gruchet Saint-Siméon, il lui reprochait aussi sa trop grande bonté envers ceux qui étaient à leur service. « On te prendrait ton chapeau sur la tête que tu ne dirais pas un mot ! » Un autre jour, découvrant quand même ce qu'elle s'efforçait de lui dissimuler pour ne pas lui gâcher l'existence, il s'insurgea : « Est-ce que nous comptons traverser la vie ensemble comme une fête ? Je voudrais que tu te plaignes, toi qui ne te plains jamais. Et je regretterai toujours ce que tu as voulu me taire dans ta détresse. » Une fête ? C'était exactement ce qu'elle voulait pour lui, en qui elle aimait d'abord le poète et l'artiste. C'était pour son œuvre qu'elle refoulait ses chagrins et paraissait la sérénité en personne, ce qui fit naître en lui le désir d'écrire un essai sur le bonheur. « Le bonheur est le nom qu'on devrait donner à ton âme. » Elle répondit aussitôt : « Tu te trompes, mon Maurice, pour écrire cela il ne faut pas avoir le bonheur mais l'avoir choisi comme image à toute autre image. »[275] Et quand ce fut écrit, elle recula. La lettre ne partit pas, comme beaucoup d'autres qui auraient éclairé Maeterlinck sur sa vie et ses désirs véritables. S'étant persuadée qu'elle devait le protéger, elle préféra ne pas détruire la rassurante vision que « bébé » avait d'elle-même, de peur de l'effrayer inutilement. Une mère n'aurait pas agi autrement. Georgette outre-

---

[274] Ibid.

[275] Georgette LEBLANC, I, Op. Cit.

passait son rôle. Maeterlinck enfantait son œuvre par elle, qui veillait, remplie d'attentions jalouses. Elle n'en pensait pas moins en femme, compagne d'un homme de chair plus dense que l'encre et le papier de ses livres, ou que les scènes de ses pièces. Ah ! si elle avait pu lui dire : « Il y a du vrai et du bon dans ton instinct de paix "perpétuelle" mais cela ne prouve point que l'instinct contraire soit dénué de raison et je crois que je suis coupable quand je le refoule trop longtemps au fond de moi. C'est cette contrainte que je m'impose souvent qui quelquefois me déséquilibre physiquement, car cela me brûle l'intérieur comme un poison. » Ou bien : « Écoute, mon Maurice, dans ton horreur des comédies amoureuses, tu en arrives à sevrer notre amour de toute manifestation. Eh bien ! tu as tort. Je suis convaincue de ce que tu m'aimes. Si je ne l'étais pas, je ne dirais rien, mais voilà déjà quelque temps que c'est ma seule raison qui m'en avertit, et quoi que tu en dises, l'amour ne peut pas vivre uniquement de raison. » Et encore ce cri : « Je suis jeune, je suis sensible, très exaltée même, et très femme aussi. Tout cela est gouverné par une clairvoyance impitoyable, c'est vrai, mais si je veux bien qu'elle gouverne, je ne veux pas qu'elle tue. Je ne veux pas cesser d'être *humaine*. J'y arriverais s'il me fallait vivre longtemps de ce régime d'amour muet. (...) je vais trop loin, j'exagère ? est-ce vrai ? Je crois que je prévois. Je me méfie horriblement des pentes insensibles que descend toute vie commune. »[276]

Cette admirable lucidité d'une femme de trente ans à la profession qui passe à tort pour légère, restait, hélas, inconnue de Maeterlinck. Il aurait eu pourtant tout intérêt à entendre « qu'il devait y avoir un milieu, un pays tempéré où [*les instincts de Georgette et sa sagesse*] vivraient également heureux et satisfaits. D'ailleurs nous avons connu ce pays, avant que l'odieuse habitude n'ait fait son œuvre. L'a-t-elle fait ? Non, mais elle va le faire si nous ne réagissons pas. Je m'inquiète sans doute à l'avance mais c'est moi qui la première ai conçu notre amour. Par ce geste j'en ai pris la responsabilité. Je dois veiller, prévoir et prévenir. »[277] Diagnostic aussi vain que ce qui précède, puisque resté inconnu de son destinataire. Maeterlinck eût-il été d'accord avec sa vision de leur amour ? Elle s'attribuait un rôle déterminant, voire unique. Elle affirme que leur amour n'existe que parce qu'elle l'a « conçu ». Cet amour est leur enfant, mais il est d'abord et surtout le sien, à elle. En somme, Maeterlinck n'a rien décidé. Il s'est laissé faire un amour comme d'autres se laissent faire un enfant. C'était une conception du rôle de la femme proche de celle qu'exprimait Strindberg dans *Père*. La volonté de la femme est plus forte que celle de l'homme, dans tous les cas. Au fond, il valait peut-être mieux que Maeterlinck ignorât qu'il avait été choisi par Georgette pour « concevoir » un amour destiné à se maintenir au-dessus de toutes les contingences et les accidents de la vie.

La consécration de *Monna Vanna* et les premières représentations en Europe détournèrent Georgette et « son Maurice » de la question essentielle : leur amour allait-il pouvoir, non seulement, survivre, mais croître, en dépit du temps qui étouffe peu à peu les sentiments les plus sublimes ? Ne subissant que brièvement la routine de la vie quotidienne, ne se rencontrant plus qu'épisodiquement à Gruchet Saint-Siméon et à Paris, les années suivantes à Grasse et à Saint-Wandrille, ils renvoyèrent indéfiniment la question à plus tard. Georgette, au lieu de « veiller,

[276] Ibid.
[277] Ibid.

prévoir et prévenir » fuyait en avant, emportée par le rythme des tournées internationales.

Vedette internationale : exit Lugné-Poe

Cela commença classiquement en juin 1902 par Bruxelles. On joua *Monna Vanna* à la Monnaie, où la cantatrice revint en comédienne dans la vieille maison dirigée dorénavant par Kufferath et Guidé. La pièce fut donnée ensuite au Théâtre du Parc. Lugné-Poe y avait ses habitudes. Selon *L'Art moderne*, Georgette Leblanc insufflait aux trois actes de *Monna Vanna* une atmosphère de passion véritable. *Le Peuple* fit l'éloge de la nouvelle œuvre de Maeterlinck. Mais en privé, des voix exprimèrent des réactions défavorables. Dans une carte à l'auteur, Picard émit des réserves. La clarté de la pièce, ses contours nets qui la rapprochaient des nouvelles italiennes de Stendhal, où les personnages ne connaissent que l'énergie, déconcertèrent la génération symboliste belge. Les amis les plus proches de Maeterlinck, tel Van Lerberghe, s'inquiétèrent. Il avait atteint le faîte de sa gloire. Pourrait-il s'y maintenir ?

Mais déjà Lugné-Poe et son « étoile » peu facile à manier représentaient *Monna Vanna* à Gand. Puis à Anvers. En juin toujours, ils arrivaient à Londres, où Georgette se rendait pour la deuxième fois. À la fin du siècle, Lugné-Poe et l'Œuvre s'étaient produits dans la capitale britannique, mais sans grand succès, quoique G. B. Shaw eût apprécié la manière dont les Français jouaient Ibsen.

La censure de la prude Albion leur joua un mauvais tour. *Monna Vanna* fut interdite. Lugné-Poe aurait dû monter l'œuvre au Victoria Hall, avec la collaboration de Philipp Comyns Carr. Il lui fallut se contenter d'une représentation privée, qui eut lieu le 19 juin. L'Angleterre ne leva l'interdiction qu'en 1914, en dépit du soutien de nombreuses personnalités, dont Laurence Alma-Tadema, qui publia un article favorable dans *The Fortnightly Review*.

À trente-huit ans, toujours célibataire, elle vivait encore dans la somptueuse demeure de son père. Le 26 juin, elle écrivit à Georgette une lettre fielleuse, remplie de bons conseils empoisonnés. Elle avait assisté à la première à Paris et vu sur scène une débutante inspirée. À Londres, Georgette avait « charmé et fortement impressionné tout le monde », mais on ne la considérait pas comme une véritable actrice. Selon Laurence, elle n'avait pas progressé depuis Paris (en fait depuis le 17 mai !) Son jugement pointilleux était enrobé de compliments ambigus : « Tu as en toi une force magnétique et toute particulière, un pouvoir personnel qui t'empêchent de bien te rendre compte de tes lacunes artistiques. » Elle lui conseilla, pour s'améliorer, de parfaire son éducation dans une troupe quelconque et de jouer n'importe quoi. « Mais voilà justement, reconnaissait-elle, un moyen qui gâterait trop ta vie. » En effet ! D'autant qu'elle ne lui envoyait pas dire ce qu'elle pensait de sa profession. « Que tu dois être heureuse de te trouver en paix à la campagne ; quel bonheur, au fond, pour toi, de ne plus devoir recommencer ton vilain métier pour quelques mois ! » Et la fille du peintre officiel de l'Angleterre édouardienne de se féliciter de sa position sociale : « Que je suis heureuse au fin fond de moi, de ne pas avoir une estrade, moi ! — quoique je ne sois pas sans comprendre ce qu'il y a de beau et de séduisant dans la carrière publique. »

La censure anglaise avait causé un manque à gagner. Cependant Lugné-Poe rentrait peu à peu dans ses frais. Les représentations suivantes à Luxembourg et à Genève confirmèrent cette impression de réussite financière. Dans la déjà longue carrière du fondateur de l'Œuvre, c'était la première fois qu'une pièce rapportait. Il le dit d'ailleurs crûment dans ses mémoires. La perte du contrôle de l'exploitation de *Monna Vanna* l'affecta tellement, qu'il ne faut pas chercher ailleurs les raisons de sa haine pour Georgette.

Elle jouait le rôle, mais en compagne inquiète de l'auteur et de ses droits, elle gardait aussi un œil sur la manière dont le metteur en scène gérait l'affaire. Pour l'Allemagne, l'Autriche-Hongrie, l'Italie et les pays d'Europe centrale, un imprésario de dimension internationale était nécessaire. Lugné-Poe ne disposant pas encore de l'entregent et des relations indispensables s'entremit auprès de Hertz et de Schürmann. Ce dernier — imprésario de Sarah Bernhardt et de la Duse — fit les propositions les plus intéressantes et, passant par-dessus Lugné-Poe, traita directement avec l'auteur, ce qui signifiait avec Georgette, puisque « bébé » fuyait les gens de théâtre.

On la connaissait cantatrice, égérie, écrivain, épistolière, compagne religieusement dévouée, elle allait remplir efficacement la fonction d'agent de Maeterlinck. « Bébé » et Georgette signèrent le contrat de Schürmann à des conditions avantageuses et Lugné-Poe fut écarté. « (...) Mme Leblanc m'avait eu jusqu'au "trognon", puisqu'il ne me restait pas, en touchant au port, ni une croûte de pain, ni même cinquante francs, pour pouvoir subsister jusqu'au prochain spectacle... (...) Ce fut la première fois qu'une de mes pensionnaires partit de l'Œuvre en emportant tout, jusqu'aux meubles !... »[278] Ou bien : « Le blé, je l'avais semé pour qu'une autre le récolte. Je n'avais pas vu "son âme dans ses yeux !..." »[279] Le combinard qu'était aussi Lugné-Poe ne réussit pas à subjuguer *son* auteur et *son* étoile.

Le contrat d'un an signé avec Schürmann la conduirait dans toutes les villes importantes d'Europe, du nord au sud, à l'est du Rhin et des Alpes.

Apothéose à Berlin et à Vienne

En Allemagne, depuis 1900, on avait repris *L'Intruse*, *Intérieur* et *La Mort de Tintagiles*. La création en langue allemande de *Monna Vanna* eut lieu à Berlin, le 8 octobre 1902. Grandiose événement dont l'ampleur dépassa le succès parisien de la pièce. Les esthètes d'outre-Rhin, qui avaient soutenu jusqu'à présent Maeterlinck, furent aussi désorientés que ses admirateurs belges et français, mais le public applaudit. « Soir après soir, on faisait salle comble. » À la fin de l'hiver, on avait joué *Monna Vanna* sur cent vingt et une scènes allemandes.

Berlin n'avait pas encore vu la pièce en français. Le 17 janvier 1903, Georgette Leblanc la joua dans le cadre de la tournée Schürmann.

À l'issue de la représentation de gala, un banquet fut offert à Maeterlinck, qui déclara alors voir en l'Allemagne la conscience morale du monde, tandis que la France en était la conscience esthétique. À cette époque où les risques d'une nouvelle guerre entre les deux puissances continentales rivales n'apparaissent

[278] Aurélien LUGNÉ-POE, *La parade*, II, Op. Cit.
[279] Ibid.

qu'aux personnes les mieux informées, ce jugement de Pâris fit l'unanimité. Même aux yeux des artistes allemands, le centre mondial de l'art occidental se trouvait bien au bord de la Seine. Dans sa compréhension des relations franco-allemandes, Maeterlinck n'avait pas varié depuis 1895, quand *Le Mercure de France* du mois d'avril publia sa réponse à la question : « Etes-vous partisan de relations intellectuelles et sociales plus suivies entre la France et l'Allemagne ? » — « Dans les domaines spirituels, l'échange crée toujours des richesses invisibles, et à la fin de l'année ou du siècle, chacune des deux parties s'étonne d'avoir reçu mille fois plus qu'elle n'a donné, sans qu'elle puisse exactement savoir d'où lui vient ce surcroît mystérieux. »[280]

La sympathie qu'éprouvaient pour lui certains poètes et écrivains de Berlin ou de Vienne trahissait cependant une certaine condescendance. Son traducteur, Von Oppeln-Brokinowski, crut percevoir que le français était la langue la moins adéquate à exprimer son univers. « mais pour l'amour de Dieu, parlez donc allemand ! Maeterlinck est d'ailleurs aux trois quarts germain, non seulement par son origine mais par ses pensées… Maeterlinck est plus proche de l'univers de pensée chrétien d'essence germanique qu'aucun autre Gaulois… »[281] Peut-être… mais il correspondait avec son traducteur en français. Hofmannstahl, lui aussi, est touché par l'authenticité flamande du poète sous son vernis français, et ressent à son égard une vive amitié. De fait, l'influence du poète belge sur ses confrères de langue allemande, de Hofmannsthal à Musil, fut considérable. Flamand et francophone, donc moins prisonnier qu'un autre des barrières linguistiques et culturelles, Maeterlinck exprimait naturellement une conscience artistique européenne qui portait à l'époque le nom de symbolisme.

En cette soirée du 17 janvier, le peintre et dessinateur Ismaël Gentz [282] rendit hommage à Georgette Leblanc en réalisant son portrait au crayon, une des spécialités de cet artiste berlinois qui devait représenter par la même technique près de deux cents personnalités des Arts et des lettres, de Théodor Fontane à Max Klinger. Le peintre a signé son œuvre d'une petite écriture dans le coin à droite et précisé la date (17 *januari* 1903) ainsi que le temps d'exécution (55 *minuten*). Le modèle a authentifié lui-même son portrait d'un large « Georgette Leblanc-Maeterlinck ».

Après les représentations dues à Berlin, Georgette et Maeterlinck prirent le train pour Vienne. *Monna Vanna* en français dans la capitale des Habsbourgs lança en Autriche-Hongrie une vogue durable. La pièce fut jouée plus de huit cents fois, dans la traduction de Von Oppeln-Brokinowski. Dans les principaux pays germaniques, on vendit des chapeaux, des gants, et même des corsets à la Monna Vanna. Georgette, quant à elle, refusait de porter ce sous-vêtement de contention aussi bien à la scène qu'à la ville.

---

[280] Maurice Maeterlinck, *Introduction à une psychologie des songes et autres écrits*, Op. Cit.

[281] Ibid.

[282] Ismaël Gentz (et non Geutz, comme on l'écrit fautivement dans le catalogue de l'exposition du centenaire de Maeterlinck) : (Berlin,1862 -1914). Gentz avait accompagné jeune son père Wilhelm, dont il fut l'élève, en Algérie, puis à Tunis et à Tripoli. Il repartit seul deux ans au Maghreb en 1889 et 90, puis à la fin du siècle suivit le couple impérial allemand dans son voyage en Palestine. Amoureux du monde arabe, il se fit appeler Ismaël, abandonnant désormais ses prénoms Wolfgang et Christian. Dessinateur, peintre, aquarelliste, graveur, photographe, il participa à de nombreuses expositions.

De l'Europe du sud à la Scandinavie

La tournée Schürmann l'emmena ensuite en Italie où, accompagnée de son amant, elle en profita pour visiter les « vieilles villes ignorées et pleines de surprises merveilleuses » (carte à Von Oppeln-Brokinowski, Gênes, 10/5/1903). Elle joua bien entendu à Rome, où la scène de Monna Vanna ouvrant son manteau devant Prinzivalle créa une commotion sensible. Sept ans auparavant, le poète s'était émerveillé de son premier contact avec la ville éternelle. « L'immortelle présence d'une assemblée de dieux si parfaits qu'aucune mutilation n'a pu altérer l'eurythmie de leurs corps et de leur attitude, la protège contre ses propres erreurs et empêche que les derniers venus parmi les hommes aient plus d'empire sur elle que les barbares et le temps n'en eurent sur ces dieux mêmes. »[283] En ce printemps de 1903, les constructions modernes de l'Urbs lui déplurent. « Jusqu'ici ce génie [*celui de la ville*], quoique plus d'une fois maltraité, a cependant fini par avoir raison de tous les attentats. Mais aujourd'hui, on se demande avec quelque inquiétude comment il s'accommodera du hideux palais de justice qu'on élève à côté du château Saint-Ange (...) »[284] Cet édifice terminé en 1911 s'affaisse maintenant de plus en plus sur lui-même.

Maeterlinck ne souhaita pas aller plus loin. Il rentra en France, tandis que Georgette conduisait *Monna Vanna* en Grèce. À Athènes, elle joua devant le roi Georges Ier, qui eut à cœur de lui prouver immédiatement son admiration. Un membre de la cour vint demander, au nom du monarque, un « entretien ». Accordé, il aurait valu à l'actrice une émeraude remise personnellement par le souverain. Georgette méprisa cette proposition et reçut la visite du roi dans sa loge, avant et après la représentation. Né Guillaume de Danemark à Copenhague — et imposé à la Grèce par l'Angleterre —, il avait cinquante-sept ans. Il félicita Georgette, prêt à satisfaire n'importe lequel de ses caprices. Elle demanda le privilège de pouvoir se promener la nuit sur l'Acropole, les grilles étant habituellement fermées au crépuscule. Le souverain le lui accorda en regrettant, toutefois, qu'elle n'acceptât rien de plus de sa royale personne. Gageons qu'elle monta, la nuit venue, sur l'Acropole en murmurant la prière de son cher Renan.

La tournée remplit presque l'année 1903. Georgette écrivit à Maeterlinck avec sa spontanéité habituelle et, grâce à l'éloignement salvateur, leur amour recouvra sa vigueur d'antan. À preuve les pages vibrantes, publiées par l'écrivain en 1904 dans *Le Double Jardin*, sous le titre « Portrait de femme » : « Elle est belle, de cette beauté que les années altèrent le plus lentement. Elles la transforment sans l'amoindrir et pour remplacer des grâces trop fragiles par des charmes qui ne paraissent un peu plus graves et un peu moins touchants que parce qu'on les sent plus durables. Le corps promet qu'il gardera longtemps, jusqu'aux premiers frissons de la vieillesse, les lignes pures et souples qui ennoblissent le désir ; et l'on ne sait pourquoi l'on est sûr qu'il tiendra sa promesse. La chair, intelligente comme un regard, est sans cesse rajeunie par l'esprit qui l'anime, et n'ose prendre un pli, déplacer une fleur ni troubler une courbe admirée par l'amour. »

Elle vécut une époque heureuse. L'affaire Pelléas, le lancement risqué de sa carrière dramatique sur un chemin garni de chausse-trappes, les aigreurs d'une

---

[283] Maurice MAETERLINCK, *Le Double Jardin*, Fasquelle, 1904.
[284] Ibid.

critique tatillonne, les jalousies possessives des amis de l'écrivain, les protestations acrimonieuses de Laurence et d'autres admiratrices de l'auteur, les ragots de Lugné-Poe, tout cela semblait loin. Elle jouait chaque soir le personnage que son amant avait créé d'après elle et pour elle. Ce premier rôle dramatique au théâtre lui ouvrait un horizon qui ne pouvait être borné que par l'impuissance créatrice de Maeterlinck. Car il allait de soi qu'elle était maintenant vouée corps et âme au théâtre de l'homme de sa vie. En montant sur scène, elle était entrée en religion. Réfléchissant sur sa vocation de prêtresse du maeterlinckisme, elle écrivit : « C'est une erreur de croire que le bon tragédien lyrique sera logiquement un grand tragédien tout court. Pour le chanteur la part de création est réduite ; attaché à l'orchestre, prisonnier des sons, du rythme, des vibrations, il n'a qu'une liberté restreinte, — son domaine créatif est l'intention, la coloration des sons, l'expression, les gestes : c'est le triomphe de la personnalité la plus secrète qui s'affirme dans ses moindres nuances. (...) J'avais rêvé de liberté ; soudain j'en avais trop. J'étais dans un désert, dans une lumière sans ombre. C'est au tragédien de construire ses propres limites et de tracer son chemin dans l'espace. Le silence devient la matière principale, la matière sacrée dans laquelle l'acteur doit sculpter les pensées et les paroles de l'auteur. »[285] Cette dernière phrase est à retenir, elle annonce, sans que Georgette en soit elle-même consciente, ce qu'elle recherchera d'ici une dizaine d'années, dans un art nouveau-né, qui n'a que huit ans à l'époque, le cinématographe.

D'Athènes, elle remonta sur Salonique, puis elle arriva à Bucarest, où elle se produisit devant le roi et la reine de Roumanie. L'épouse de Carol Ier — un Hohenzollern —, était née Élisabeth-Pauline-Ottilie-Louise, princesse de Wierd. Elle aussi d'origine allemande, elle s'éprit de sa nouvelle patrie, étudiant sa langue, sa littérature et son histoire, au point d'écrire une œuvre littéraire abondante inspirée des récits et légendes de Roumanie, sous le nom de Carmen Sylva. Georgette Leblanc et Carmen Sylva sympathisèrent, Monna Vanna et celle qui l'incarnait passionnant la reine.

La Scandinavie, où les anciennes pièces de Maeterlinck étaient toujours jouées, ne fut pas négligée par Schürmann. La critique, le public cultivé n'ignoraient pas les débuts encourageants de *Monna Vanna* en France, ni ses triomphes dans les pays de langue allemande. De plus, on était curieux de connaître l'actrice qui portait le rôle principal, parce qu'elle était dans la vie, croyait-on, l'épouse de Maeterlinck. Georgette joua non seulement *Monna Vanna* en français, mais *L'Intruse* et *Aglavaine et Sélysette*, l'œuvre qui offrait certaines clés de sa vie privée et qu'elle détestait fondamentalement. Les critiques suédois s'intéressèrent à cette pièce charnière annonciatrice de la nouvelle ère inaugurée par *Monna Vanna*. Que Georgette les eût inspirées toutes les deux ajoutait un attrait supplémentaire au spectacle.

La traduction de *Monna Vanna* en suédois ne tarda pas et la pièce obtint une dizaine de représentations dans cette langue, ce qui était excellent pour la réputation de Maeterlinck en ce pays dispensateur du prix Nobel.

Au Japon, la même année, *Monna Vanna* touchait un public curieux de la littérature européenne, grâce à l'écrivain Mori Ogaï. Celui-ci, très informé de la

[285] Georgette LEBLANC, I, Op. Cit.

culture occidentale la plus moderne, présenta à ses compatriotes une fascinante image de la nouvelle femme maeterlinckienne. Inspirée d'une cantatrice normande qui s'était inventé des origines vénitiennes, Monna Vanna héroïne italienne du Quattrocento, tenta là-bas trois traducteurs différents et il y eut trois éditions japonaises de la pièce avant que celle-ci fût jouée en 1906.

Joyzelle, la superfemme

À peine revenue à Paris, Georgette reçut *Joyzelle*, la dernière pièce de « bébé ». Cette intense production dramatique avait pour but la création d'un répertoire exclusivement maeterlinckien au service d'un projet grandiose déjà baptisé « Théâtre-Maeterlinck ». Par théâtre, il faut comprendre une compagnie permanente et itinérante vouée à la célébration de l'art de l'auteur par sa grande prêtresse. Une entreprise, au fond, un peu semblable à l'Œuvre de Lugné-Poe à ses débuts, quand le metteur en scène, après Maeterlinck, jouait Ibsen, Bjornsson, ceux qu'il appelait « mes Norvégiens ». Il se gaussa d'ailleurs de la prétention de « Mme Leblanc », lorsqu'il dut céder *Monna Vanna* à l'imprésario Schürmann, et prédit l'échec de la formule.

Happée par la dynamique de son ambition, Georgette peinait à achever son livre. Elle aurait voulu s'arrêter de jouer pour réfléchir, peaufiner le manuscrit, mais comment faire ? La gloire du grand écrivain exigeait tous les sacrifices. Elle s'inclina donc. Interprète idéale, égérie, il lui était impossible de réclamer une pause. Si elle s'était jetée en travers de la machine à célébrer le nouveau Maeterlinck dont elle avait elle-même mis au point le mécanisme, peut-être celle-ci l'eût-elle écrasée et une autre femme en eût-elle pris les commandes. Les candidates à sa succession auprès de « bébé » ne manquaient pas.

Georgette Leblanc, en couleurs, fit la couverture de la revue *Le Théâtre* de juillet 1903, telle qu'elle apparaissait sur scène dans le rôle de Joyzelle. Albert Darmont était Lancéor, Jean Kemm, Merlin, et Juliette Margel, Arielle. Cette actrice dont le personnage était invisible aux autres, passait à la ville pour être la maîtresse de Porto-Riche.

Joyzelle, conte d'amour en cinq actes, se jouait depuis le 20 mai au Théâtre du Gymnase, rebaptisé « Théâtre-Maeterlinck » le temps des représentations. Les décors, somptueux, avaient été commandés à des artistes italiens. Aveuglé par le triomphe européen de *Monna Vanna*, l'imprésario Schürmann, espérant voir se renouveler le miracle de 1902, avait loué cette salle pour la création mondiale de la nouvelle œuvre. Son optimisme restait entier, en dépit de l'attitude négative des directeurs parisiens. Ceux-ci, avec un bel ensemble, avaient tous refusé la pièce qui relevait à leurs yeux d'un symbolisme désormais révolu. Schürmann avait fait le calcul : en cas d'insuccès de *Joyzelle*, il estimait ses pertes à une soixantaine de mille francs. Or il en avait gagné le double avec *Monna Vanna* !

Georgette incarna plus qu'elle ne composa cette Joyzelle qui appartenait à la famille d'Aglavaine, de Monna Vanna et d'Ariane, la sienne, et non celle de Maleine ou de Mélisande, les *vraies* filles de Maeterlinck. En effet, par amour pour Lancéor, fils de Merlin, et afin de s'unir à lui, la vertueuse mais superbe Joyzelle accepte les épreuves que lui impose l'Enchanteur. La dernière — la plus cruelle — est que Joyzelle se donne au vieillard, sinon son fiancé subitement atteint de maladie mourra sans recours. Joyzelle feint de s'incliner. Seulement, elle porte sur elle un poignard, bien décidée à tuer Merlin si celui-ci essayait de la forcer à subir son funeste désir. La nuit choisie pour l'accomplissement, Merlin, semblable à Dieu le père réclamant à Abraham le sacrifice d'Isaac et arrêtant son bras dès qu'il obtient la preuve de la soumission de son adorateur, Merlin, qui feignait de dormir, quand Joyzelle s'approche pour se soumettre (en réalité le tuer, s'il ose la toucher), révèle à l'héroïne qu'elle vient, en levant son poignard sur lui, de remporter la dernière épreuve. Elle épousera Lancéor, digne d'être sa femme et la petite fille de Merlin. Dans l'île paradisiaque de l'Enchanteur, Joyzelle et Lancéor vivront pour toujours leur sentiment idéal. En tout cas, tant que Lancéor acceptera l'amoureuse protection de Joyzelle. Car c'est Joyzelle qui domine le couple. Dès leur première rencontre, elle l'effraie par sa détermination. Ne refuse-t-elle pas d'obéir à toute autorité parentale, alors que le puéril Lancéor se sent obligé de s'incliner devant la volonté de son défunt père ? Lancéor : « On ne peut se soustraire aux volontés des morts... » Joyzelle : « Pourquoi ? » Lancéor : « Elles ne peuvent plus changer... Il faut avoir pitié, il faut les respecter... » Joyzelle : « Non... » Lancéor en est tout bouleversé. « C'est affreux ! ... » s'écrie-t-il. Et Joyzelle : « Non, les morts sont affreux, s'ils veulent que nous aimions ceux que nous n'aimons pas... » Lancéor préfère clore la discussion. Mais plus tard, après la première passe d'armes avec Merlin, Joyzelle scandalisera encore le timide Lancéor. Merlin les éloigne en confinant son fils dans une partie du palais. Les conditions de Merlin sont dures : « (...) Joyzelle, il se peut qu'un hasard vous remette en présence de cet homme. Dans ce cas, fuyez-le, votre vie et la sienne dépendent très strictement de votre prompte fuite. » Lancéor promet de se tenir à l'écart de Joyzelle. Joyzelle refuse de se plier au chantage de Merlin. Même si sa vie et celle de Lancéor sont menacées. Il y a dans ces répliques plus qu'un écho de la vraie vie de Georgette et de Maeterlinck.

Le critique du *Théâtre* reçut poliment cette nouvelle œuvre de « M. Maeterlinck ». « Telle est cette pièce dont la marche est très prévue, dont l'action se devine clairement dès le premier acte. Elle est vraiment curieuse et profonde par la philosophie qui s'en dégage : elle pose l'amour comme une passion fatale ; la volonté des personnages est complètement nulle en ces épisodes ; leurs manifestations sont déterminées sans qu'ils aient la possibilité d'intervenir. Il y a là, je le répète, tout un système philosophique vraiment intéressant à discuter. » On se demande vraiment où le journaliste veut en venir. Hésite-t-il à dire que la pièce dégage un mortel ennui ? D'autres se gêneront moins. « Le style de *Joyzelle* atteste un maître, un artiste de premier ordre. La langue que parle M. Maurice Maeterlinck est si ailée, si poétique que les alexandrins semblent courir à travers cette prose cadencée ; les phrases ont du rythme comme si la pièce était en vers. Les épithètes s'accolent délicieusement aux mots, les mots eux-mêmes sont de vraies trouvailles. Il semble que ces périodes évoquent de la musique, tant elles s'alignent en mélodieux hémistiches, tant leur trame est harmonieuse. » Le journaliste, tout occupé à ciseler ses compliments ambigus, ne dit rien du contenu de la pièce, se limitant à raconter l'action, quasiment absente. Pourtant, Joyzelle apparaît plus que les précédentes pièces de Maeterlinck comme un « véritable laboratoire où le philosophe essaie ses idées dans des corps vivants. (...) les deux attitudes possibles en face du destin sont incarnées en Lancéor qui obéit et Joyzelle qui dit non. » Comme Ariane qui érige la désobéissance en valeur suprême, Joyzelle est une femme libre et dominatrice. Celui qui veut faire d'elle un jouet s'en repentira. Merlin a été bien avisé de l'avertir à temps qu'il l'avait trompée pour son bien et celui de Lancéor, sinon il eût été poignardé. Quant au pâle Lancéor, il paraît être une projection dévirilisée de Maeterlinck lui-même, quand celui-ci est subjugué par l'amour fou de Georgette. Aux gémissements de Lancéor — « Que reste-t-il de moi ?... Ce ne sont pas ces mains qui ont perdu leur force, ce ne sont pas ces yeux qui n'ont plus leur éclat, et ce n'est pas ce cœur qui a trahi l'amour... » —, la vigoureuse Joyzelle répond : « — C'est toi, et toujours toi, et ce n'est que toi-même !... Qu'importe qui tu es, pourvu que je te trouve !... (...) Quand on aime comme je t'aime, on est aveugle et sourde, parce qu'on voit plus loin et qu'on écoute ailleurs... Quand on aime comme je t'aime, ce n'est pas ce qu'il dit, ce n'est pas ce qu'il fait, ce n'est pas ce qu'il est qu'on aime dans ce qu'on aime : c'est lui et rien que lui qui demeure le même, à travers les années et les malheurs qui passent.... Lancéor a juste la force de crier : « Joyzelle ! » Et cette dernière de lui lancer : « Nous ne sommes que deux, mais nous sommes tout l'amour !... »

Maeterlinck avait déposé ce tribut aux pieds de Georgette.

Pour ce rôle, elle s'était donné un personnage à l'extérieur tantôt sensuel tantôt austère. Elle apparaissait, les cheveux d'un blond roux bouclés et nimbés de fleurs, le sourire carnassier, comme une créature sylvestre qu'eût poursuivie le faune de Mallarmé, ou bien méditative sous un châle, telle une châtelaine orientale.

Mais *Joyzelle* trahit le succès espéré. Les chiffres de l'exploitation se révèlent cruels : 2 266 francs à la première, pour descendre jusqu'à 453 francs de recette. La pièce n'eut que dix-sept représentations à Paris. L'audacieux impresario avait perdu 87 000 francs (soit environ un million cinq cent mille francs actuels). Schürmann, Maeterlinck et Georgette s'étaient trompés. Incontestablement, *Monna Vanna* — en dehors des talents de l'auteur et de son égérie — avait bénéficié du scandale de 1902. Impossible d'en créer un de cette ampleur chaque année. Et quand bien même... Le sujet de la pièce, sa langue — plus proche de celle d'*Ariane et Barbe-Bleue* que du langage romantique, mais parlé, de *Monna Vanna* —, son intrigue et sa philosophie déconcertèrent les spectateurs.

Bien que l'auteur eût proposé de son propre chef des suppressions importantes, notamment dans les actes III et V, *Joyzelle*, par ses longueurs, était plus faite pour la lecture que pour la scène. Dans *Le Mercure de France* (janvier 1904), Georges Polti[286] la trouva « (...) pas indigne de ses aînées ! moins féminine et adolescente que Maleine ou Mélisande, mais empreinte d'une sorte de tristesse, c'est le crépuscule d'une grande âme de qui le corps se fait quadragénaire. Au lieu des vieillards découragés des œuvres d'antan, voici Merlin l'Enchanteur, il dresse dans cette ombre, un front où luit le reflet de quelque aube nouvelle ; sous sa protection, on dirait que l'amour, tant galvaudé par notre art, se défarde pour un rôle plus pur. »

Le critique tentait de relier Joyzelle aux anciennes héroïnes de Maeterlinck, sans comprendre qu'une faille vertigineuse séparait les deux époques. Joyzelle

---

[286] Georges Polti fut dans leur jeunesse l'ami et le collaborateur de Gérard Encausse, dit Papus. Après avoir rompu avec *L'Initiation* et *L'Ésotérisme*, il collabora au *Mercure de France*.

n'était pas la sœur cadette de Maleine et Mélisande. Elle appartenait à une autre lignée.

Gide et Jacques Copeau ressentirent de l'accablement. Gide écrit à Henri Ghéon, le 27 mai 1903 : « J'ai entendu avec le très agréable Copeau la très détestable Joyzelle. On en sort plein de tristesse, de honte et d'hostilité. On en aurait peut-être davantage si la pièce avait du succès ; mais c'est aussi rasant que détestable. » Quant à Copeau, il note dans son Journal : « (...) Gide et moi nous affligeons sur une aussi profonde et peut-être irrémédiable décadence du poète de *Pelléas et Mélisande.* » Sans doute qu'à la différence de ce dernier, ils connaissaient mal Shakespeare. Copeau et Gide, pas plus que les critiques, ne semblent avoir remarqué les emprunts faits à *La Tempête*. L'action de *Joyzelle* se déroule sur une île. Par ses pouvoirs magiques, Merlin ressemble à Prospero. Il impose des épreuves à Lancéor, tout comme Prospero à Ferdinand. L'invisible Arielle est le pendant féminin de l'Ariel de *La Tempête*. Elle obéit à Merlin, de la même façon que le lutin ailé sert Prospero. Bref, Maeterlinck ne paraît pas avoir tout à fait renoncé, quoiqu'il en ait dit, aux « shakespitreries » de ses débuts qui plaisaient tant à Mirbeau.

La tournée Schürmann emmena *Joyzelle* dans les grandes villes de Scandinavie, d'Allemagne, d'Autriche et d'Italie, et un an passa sans que Maeterlinck eût le commencement d'une idée de pièce. Puis, pendant leur séjour d'été à Gruchet Saint-Siméon, il dit à Georgette : « j'ai l'idée d'un conte pour les enfants. Ce sont deux petits enfants qui rêvent. Je vais l'écrire. » Quelques jours après, il précisa : « Tu sais, dans leur songe, mes enfants font un grand voyage. » La première ébauche de *L'Oiseau bleu* était née. Maeterlinck la mit de côté et lui accorda plusieurs mois de maturation.

Le Choix de la vie

Georgette s'isola à Gruchet Saint-Siméon et termina son livre qu'elle intitula *Le Choix de la vie*. Titre quasi gidien. Ce que personne n'a souligné à l'époque, puisque Gide, seulement connu des milieux lettrés, était loin d'y être une référence « incontournable ». On découvre également dans *Le Choix de la vie* des éléments qui rappellent *Les Nourritures terrestres* et *L'Immoraliste*. Ce parallélisme fait honneur à Georgette Leblanc. Dès son premier roman, elle affirmait des préoccupations et des désirs que partageait un grand écrivain en devenir. Naturellement, elle ne lui devait rien. Personnalités aux tempéraments très éloignés essayant de donner un sens à leurs recherches, ils ont simplement respiré le même air du temps.[287]

La qualité du texte, la célébrité de son auteur au théâtre et sa position auprès de Maeterlinck convainquirent Eugène Fasquelle. L'ouvrage parut en 1904 dans la « Bibliothèque Charpentier ». Georgette Leblanc rejoignait à son tour le prestigieux catalogue. Tiré d'abord à mille exemplaires[288], *Le Choix de la vie* connut plusieurs rééditions. L'ouvrage n'avouait pas son genre. Roman ? récit ? L'auteur avait refusé toute précision à cet égard. Au lecteur de se faire une religion. Même si le fond en est incontestablement autobiographique, *Le Choix de la vie* est avant

[287] Le thème de la vie fut également très en faveur à Vienne, à la fin du siècle. Le satiriste Karl Kraus le tourna en ridicule.

[288] A l'époque, tirage habituel d'un premier roman.

tout une œuvre de fiction à tendance philosophique. On peut donc parler de roman. Un avertissement le précède : « Une triste méfiance désunit les femmes, alors que toutes leurs faiblesses tressées pourraient être au-dessus de la vie comme une couronne de force, d'amour et de beauté… L'effort que tenta l'une d'entre nous pour libérer son amie malheureuse, les discours qu'elle lui tint, les exemples qu'elle lui proposa, les bonheurs qu'elle lui offrit : voilà ce que j'ai voulu noter dans ces pages. » On allait lire, écrit à la première personne, le récit d'une femme libre et cultivée, vivant à Paris et à la campagne, qui s'éprenait d'une jeune paysanne normande, Rose, prisonnière d'une vie médiocre et sans issue. Le style, malgré quelques concessions mineures au symbolisme finissant (allitérations, rimes intérieures) évoquait celui des romans d'analyse féminins du Grand Siècle, mais l'époque de l'action se situait bien aux environs de 1900. D'où l'allure insolite d'un livre qui n'avait de parenté qu'avec les courants les plus souterrains de son temps. Car son sens de l'analyse psychologique ne rattachait pas Georgette Leblanc à l'école de Paul Bourget. Marquée définitivement, et dès son jeune âge, par Fénelon, La Rochefoucauld et les moralistes français, elle avait déjà écrit des centaines de lettres avec l'enthousiasme vital, le sens de la formule et la même pénétration que les plus vaillantes épistolières du XVIIe siècle. Ses fréquentations décadentes, Rose+Croix, symbolistes ou naturistes, pour la dernière période, avaient été impuissantes à altérer son style propre, fait de hauteur et de clarté. On remarquera que le naturisme, doctrine littéraire et artistique proclamée en 1897 par Saint-Georges de Bouhélier et Maurice Leblond, se réclamait de Zola, Rodin et Claude Monet. En déployant ces trois étendards, les naturistes protestaient en fait contre les influences allemande, scandinave et russe. Si son écriture était typiquement française — utilisant les ressources et les grâces musicales de la langue —, *Le Choix de la vie* ne relevait pas de ce réalisme rehaussé de psychologie à quoi finalement aboutissait le naturisme littéraire. Parcouru de frémissements fiévreux, le roman était une sortie par le haut du décadentisme et exprimait une sensibilité toute féminine. La joie se nuançait souvent de gravité. Par sa langue presque toujours classique, l'auteur se révélait une portraitiste pleine de tact, mais qui pouvait être à l'occasion féroce. Enfin, il faut relever que le phrasé de Maeterlinck n'apparaît nulle part dans le texte.

Rachilde, la romancière audacieuse de *Monsieur Vénus* (ouvrage poursuivi et condamné en Belgique) et de *La Marquise de Sade*, tenait la rubrique des romans au *Mercure de France*. Dans sa fonction critique, elle ne mâchait pas ses mots et était souvent d'une franchise brutale. Elle consacra en juillet plus d'une page, typographiquement serrée, au *Choix de la vie*. « Raconter ce livre, affirme-t-elle, c'est en détruire l'harmonie, risquer de ne pas le faire apprécier à sa juste valeur et surtout en donner une idée fausse, parce qu'il est d'une conception terriblement subtile. » Essayons cependant d'en résumer les grandes lignes, car il n'est pas sans rapport direct avec la vie de Georgette entre 1900 et 1905.

Nous assistons à la découverte émerveillée de Rose par la narratrice. Au début, Rose est comme un animal farouche mais elle s'enhardit au point de venir de plus en plus souvent dans la maison de celle qui s'intéresse à elle et à sa minable histoire. La narratrice aime profondément la nature qui l'entoure. C'est une artiste et une intellectuelle, ce que ses réflexions ne vont pas tarder à nous prouver. « Assise au jardin, près de la maison paisible, je songe à la rencontre que je fis dans le village. Un merle chante à intervalles réguliers une phrase invariable, d'autres la reprennent dans le lointain. Le calice des lys éclate sous le soleil brûlant, et les fleurs plus faibles s'inclinent vers la terre. Sur toutes les choses, des papillons blancs papillotent éperdument. La splendeur du jour est si cruelle que mon regard ne peut monter jusqu'à la cime des arbres, et mes paupières qui tremblent me font voir tout le ciel au travers de mes cils. »

Ainsi commence, au tournant du siècle, une histoire d'amour singulière, dans le décor virgilien de la campagne normande, pendant la moisson. La narratrice découvre la jeune fille donnant à manger et à boire aux moissonneurs qui se reposent. « Une seconde son geste a passé entre le ciel et mon regard, que l'éclat du jour fait hésiter un peu ; et ce bras perlé de sueur m'a paru d'une matière admirable, d'une ligne franche et pure. Elle est vêtue comme ses compagnes, d'un jupon de grosse toile dont les plis épais embarrassent les hanches, et d'une chemise de calicot emprisonnée dans un corset noir, sorte de cuirasse informe et barbare. Un large chapeau de paille orné d'un ruban déteint projette son ombre sur ses épaules, mais, quand elle incline la tête, je vois luire ses cheveux, dont les masses brutalement serrées et tordues s'enroulent comme des cordes d'or. Le cou un peu fort est d'un joli modelé. Il se creuse délicatement à la nuque, et une chaînette d'argent en précise l'ondulation légère. Sous ses vêtements maladroits, je ne sais presque rien du corps ; cependant, ses proportions me paraissent justes et plutôt élancées. J'ai envie de m'en aller sans rien dire, la gourmandise de mes yeux me rend craintive. (...) Mais un des paysans m'a vue. Il m'adresse un bonjour amical, et, avant que j'aie le temps de répondre, elle s'est retournée. Il est si rare dans nos campagnes de rencontrer une beauté de femme qu'au premier instant j'accuse le charme de l'heure, et rends complice la lumière bienveillante. Mais peu à peu sa perfection force mes doutes, et plus je l'observe, plus je la trouve belle. Par la lenteur presque immobile de ses gestes, par la ligne robuste de son corps, l'allégresse des couleurs qui fleurissent sa bouche, ses joues et ses bras nus, elle semble participer de la santé de la terre. La jolie gerbe humaine est liée à la nature comme les gerbes d'or qui l'entourent. Sans bouger, l'une en face de l'autre, nous nous regardons. »

Comment ne pas penser à Georgette Leblanc rencontrant la jeune Mathilde Deschamps près du presbytère de Gruchet Saint-Siméon ? Si une telle scène a eu lieu, à peine transposée dans le « roman », on comprend l'éblouissement de Georgette et son attachement pour Mathilde, qui dura près de quatorze ans.

Mais revenons à Rose. La narratrice anonyme que nous pourrions nommer « Elle » ou « la belle dame », sait que Rose a tenté de se suicider en se jetant dans la mare proche de l'église et que c'est le curé qui l'en a tirée. Rose n'est pas à sa place à Sainte-Colombe. La belle dame est prête à tout pour la sauver. « Nous n'ignorons point toujours les sottises que nous allons commettre, mais il est naturel que les joies immédiates effacent à nos yeux les malheurs probables et nous aident à passer outre. »

Elle reçoit Rose avec une certaine exaltation et, entourant de son bras la taille de la jeune fille, l'embrasse sur la joue. Plus tard, Rose dépose son Journal intime chez sa bienfaitrice, qui le lit avec avidité. « À partir de ce moment, je vois son fin profil se détacher sur un fond de tristesse et de douleur comme une jolie médaille dont le temps efface la délicatesse. » Elle est persuadée qu'elle doit accomplir un « acte juste ». Mais quand Rose revient la voir deux semaines plus tard, c'est une autre femme qui se présente. Rose parvient tant bien que mal à exprimer ses craintes. Maintenant ses désirs sont éveillés à cause d'Elle, qui l'assure qu'il est trop tard pour avoir peur. Un bras passé autour du cou de Rose,

Elle lui murmure : « Discuter une idée de révolte, c'est déjà s'y livrer. Ne résiste plus, abandonne-toi, Roseline. » Mais « Roseline » se méfie. Quelque chose la tracasse. Pourquoi cette belle et riche dame lui veut-elle tant de bien ? Elles ne sont ni parentes ni amies. « Voyez-vous, ça ne me paraît pas très naturel ce que vous faites là. » À cette objection de bon sens, Elle répond qu'il ne s'agit ici ni de charité ni de bonté. Ce qui l'anime et la porte vers Rose, c'est la « seule joie, le seul plaisir de connaître. Comprends-tu ? » Rose secoue la tête. Non, elle ne comprend pas, ce qui n'est pas étonnant. La belle dame reconnaît elle-même qu'elle est « plutôt obscure ». En fait, Elle est tout bonnement amoureuse de Rose, ça c'est parfaitement clair, mais se refuse à l'avouer à la jeune fille qui a compris de quoi il retournait.

Quand elle vient à la maison, Rose, d'un naturel plutôt bruyant, se montre expansive en paroles. La belle dame doit la morigéner pour qu'elle ne crie pas. C'est qu'ici, comme dans le « presbytère » où habite la romancière, un homme, parfois, vit et écrit. Et cet homme exige le silence le plus parfait. Dans la vie réelle, Georgette s'était instituée la gardienne de ce silence fécond grâce auquel la méditation de Maeterlinck prenait son essor. L'exigence du silence dans *Le Choix de la vie* était le seul rappel de la vraie vie de Georgette, et donc, en creux, de la présence de son compagnon. Toujours dans la vie réelle, la qualité de ce silence fut sujette à des variations, lorsque Maeterlinck se mit à taper à la machine. Même portative, la machine devait mettre à la torture les nerfs de la cantatrice qui se privait de répétitions et de piano afin de ne pas troubler le travail de l'écrivain. Georgette fut une véritable héroïne de ce que, sans penser à elle, Maeterlinck avait nommé jadis « le tragique quotidien ». Et si le poète ne cita jamais le nom de l'égérie — sauf dans les dédicaces accordées ou arrachées —, dans *Le Choix de la vie*, ni Maeterlinck ni son œuvre n'apparaissent nommément. Revanche délibérée ? Sans doute pas : plus sûrement, il n'inspirait pas Georgette. Pour vivre et croître de manière indépendante en littérature, elle avait dû, non seulement tenir à l'écart de son imaginaire l'homme qu'elle aimait, mais éloigner tout homme du territoire de son écriture. Ce qui ne signifiait pas que la narratrice du *Choix de la vie* ne se préoccupait point des relations entre les hommes et les femmes. Au contraire. C'est un sujet de discussion important entre la belle dame et Rose, la première entendant déniaiser la seconde sur ce point capital. Mais dans le livre, il y a juste un personnage masculin, peintre hollandais. Il passe brièvement dans la deuxième partie. L'ombre fugace de Maeterlinck s'est cependant glissée dans trois minces paragraphes des dernières pages du roman. Il n'est pas nommé. Il est simplement là, très peu matérialisé, léger et invisible comme un esprit. La narratrice parle avec « lui ». On a l'impression qu'ils sont « d'anciens amis ». « Je n'ai le sentiment de la nouveauté de sa présence que pour m'étonner de ne point la sentir étrangère. » Rose est le personnage le plus important. C'est autour d'elle et à cause d'elle que tout s'ordonne.

Pour obtenir de Rose ce dont elle a besoin, la belle dame sait s'y prendre : « (...) je lui demande le silence comme une grâce, j'incline sa taille sur mes genoux, sa tête dans mes bras, et je la berce lentement. »

Les jeunes femmes se réunissent aussi dans les bosquets qui environnent la maison. La belle dame confesse : « Je suis avec elle en état d'émotion continue. Sa beauté et sa grossièreté me font mal, comme deux couleurs ennemies qui attirent et blessent le regard. » Bientôt, elle ne peut plus se taire : « J'ai souhaité souvent de rencontrer une femme qui fût presque sauvage, à force d'être simple, et maintenant que tu es là, je redoute tes gestes qui me froissent et ta voix qui m'afflige ! » Rose ne s'offusque pas de cette franchise, au contraire ! Elles bavardent et la belle dame lui dit son espoir : « il me semble que toi aussi tu sauras bientôt t'exprimer et t'épancher sans contrainte, être silencieuse avec le silence et paisible dans la paix des choses… »

La belle dame n'est pas seulement amoureuse de la jeune fille, et tout serait dit. Elle initie et enseigne sa conquête. De l'éloge de la solitude et de l'indépendance de la femme à l'évaluation de la notion d'amitié entre amazones, Rose apprend. La question de Dieu et de la vie éternelle est également traitée. Un matin, Rose, qui n'a pas oublié la leçon de la veille, se précipite au chevet de la belle dame. Elle s'écrie : « — Vous m'avez dit une fois : "Ceux qui croient à une autre vie semblent balayer leurs fautes et leurs remords jusqu'aux portes de l'Eternité ! Pour nous qui ne possédons point cette illusion, tout est différent ; nous ne remettons pas à plus tard le compte de nos fautes. Nous savons reconnaître leurs conséquences, et c'est là notre expiation…" Puis vous avez ajouté orgueilleusement : "Il est lâche de l'attendre d'un autre, fût-ce même d'un Dieu ! " »

La belle dame n'est pas toujours certaine d'aimer Rose, alors elle le dit par honnêteté intellectuelle, sauf que ses gestes, ses élans démentent les doutes exprimés si délicatement. Elle lui lave les cheveux, ne l'habille que pour mieux la déshabiller. « Près du hâle de ses bras et de son cou, ses seins nus m'apparurent blancs et purs. Ils frissonnaient du désordre de son cœur. Leur forme était précise et ronde ; de petites branches de veines bleues, transparentes, couraient autour d'une fleur à peine rosée. J'admirai leur grâce. Un rayon de soleil vint illuminer ses épaules. Une ombre légère monta le long des hanches fermes et lisses. Sur les arbres sombres la jeune fille se détachait blanche et pure comme une vierge de marbre. »

Rose confie ses émois et ce qu'elle a caché jusqu'à présent à la narratrice qu'elle appelle parfois « maman » : elle a eu un amant, ou plutôt un homme l'a prise et abandonnée sitôt après. Elle lui a cédé sans passion aucune. La belle dame s'en étonne et lui apprend qu'elle aime un homme vivant en Hollande… Elle évoque cette période de sa vie pendant laquelle, certaine d'être aimée par lui, elle était allée le retrouver. « Je nous vois encore marchant dans une prairie tout illuminée de fleurs. À l'horizon le ciel bleu se mêlait à la mer, et derrière nous s'effaçaient peu à peu les toits rouges, les clochers et les petites maisons blanches d'un village hollandais. Il me donnait le bras, et par le mouvement de ma hanche sur laquelle il s'appuyait un peu, je me plaisais à lui faire sentir l'allégresse de ma vie. Alors il me dit : "Tu marches comme une reine attendue." Et j'appris par là qu'il m'attendait encore, quoique je fusse à son côté, et ses paroles me firent comprendre soudain quel royaume heureux j'avais à lui offrir !…" » Il y a là, quand même, plus qu'une réminiscence du bonheur physique qu'elle connut avec Maeterlinck, l'homme qu'elle doit éloigner en Hollande pour les besoins de sa narration.

À une affirmation quelque peu naïve de Rose sur la nécessité d'expériences amoureuses réservées à l'homme, la belle dame disserte longuement sur la liberté parallèle d'expérimentations que la femme doit s'accorder. Il faut étudier l'homme… « (…) l'instinct de l'homme est plus ou moins aveuglé par le désir ; toujours, sournoisement ou brutalement, il propose. C'est à nous de disposer. Nous sommes toutes-puissantes. De notre volonté naîtra la paix ou le désaccord.

Lui, n'est pas apte à choisir aussi bien que nous, puisqu'il n'a point les mêmes raisons de souhaiter la bonne entente après la passion et la sécurité par-delà l'ivresse. (...) Dans un couple heureux l'amour n'est-il pas à l'image de la femme bien plus qu'à celle de l'homme ? L'homme a mille choses qui l'entraînent et le retiennent ailleurs, son caractère est généralement plus large et moins attentif que le nôtre... C'est en elle que repose l'amour, sa nature sensible l'incline à une science plus grande en l'art d'aimer, et la minutie de son cœur peut la rendre parfaite aux yeux de l'amant quand elle ne la fait point exclusive... »

Rose, qui a parfaitement compris qu'elle ne prêchait pas la monogamie, lui demande si elle n'est pas infidèle. Elle s'attire cette fière réponse : « On ne songe même pas à être fidèle, tant que l'on aime. On rougirait d'offrir à l'amour le froid hommage de la fidélité, c'est un mot vide de sens au regard d'un sentiment véritable... La fidélité est en celui-ci comme une chaîne qui disparaît sous les fleurs. Si elle nous est visible un jour, c'est que les fleurs sont fanées. »

Et la jalousie ? La belle dame préfère la franchise. Elle ne prétend pas être parfaite. C'est en elle-même, fait-elle comprendre à Rose, qu'elle « étudie les femmes » qu'elle se refuse à être.

La narratrice retourne passer l'hiver à Paris et elle écrit à sa protégée. La liaison se fait épistolaire. Cela commence par une sorte d'élégie : « Si tu savais, Roseline, comme je regrette la belle campagne d'automne ! Le temps était si pur le jour de mon départ que, pour mieux en jouir, je suis allée jusqu'à la ville voisine à bicyclette. En sortant du pays je pris le chemin qui traverse le bois, et c'était délicieux de rouler ainsi dans les feuilles mortes, dans le flot doux et mouvant que pleure l'automne. Parfois un coup de vent survenait, je roulais plus vite, et des petites vagues dorées semblaient monter, descendre et se poursuivre autour de moi. Certains arbres, pas encore nus, mais seulement allégés, découpaient sur le ciel bleu de jolies dentelles rousses, et les oiseaux chantaient, roucoulaient, sifflaient comme au printemps. J'entrevoyais au bout de ma journée les rues de Paris encombrées et bruyantes. Cela me faisait plus tristement goûter le calme des grandes routes, la pureté de l'air et l'intimité des chemins. » Maintenant qu'elle est reprise par Paris, elle peut avouer : « Comprends-moi, Roseline, ce n'est pas une amie que je veux, ce n'est pas une de ces liaisons incertaines, légères, capricieuses, qui encombrent la vie sans y rien ajouter. *Je rêve enfantinement d'une femme qui, par la forme et la pensée, réaliserait la plus grande somme de beauté possible, et qui ajouterait sa force à la mienne pour servir des idées semblables.* Rose, es-tu cette femme ? M'aideras-tu à délivrer encore d'autres femmes que les gens ou les circonstances oppriment, à délivrer celles que les préjugés et les craintes entravent, à délivrer la beauté qui ne sait pas se montrer et la volonté qui n'ose pas agir ? Délivrer ! Quel mot féerique ! »

Le programme même qui hérissait Maeterlinck ! Il y avait répondu, on le sait, par son *Ariane et Barbe-Bleue* ou la délivrance inutile, l'opéra que Georgette rêvait de chanter et dont la création n'était pas encore en vue. Vie, roman, opéra, théâtre, tout finissait par se confondre, car tout venait de la même source. On disait de Georgette Leblanc, sans penser plus loin, qu'elle était l'égérie de Maeterlinck. Aujourd'hui, ce n'est plus qu'un cliché ridicule. Quelle femme accepterait de n'être qu'une « égérie » ? Mais dans l'Italie antique, Égérie était la déesse des sources. Le culte de cette nymphe était lié à celui de Diane, une déesse vierge. Par la suite, Égérie fut la déesse des femmes et des esclaves. Elle fut aussi, dit-on, la conseillère d'un roi latin.

Maeterlinck synthétisait les mythologies. Georgette les transfigurait par ses actes. *Le Choix de la vie* dit la grandeur de la femme vivant dans l'affrontement et le doute. « Nous sommes toujours niées. Si nous faisons une œuvre, le premier sentiment qu'elle éveille est un doute. On nous en conteste le mérite. »

Pensant à Rose, elle lui adresse ses réflexions sur la vérité et le mensonge, l'être et le paraître, à l'aide d'exemples personnels. Elle se souvient d'un homme inoubliable par ses mensonges. Et l'on reconnaît le polygraphe Camille Mauclair, son premier amour parisien. « Il mentait avec tant d'aise et de naturel qu'il ne discernait pas lui-même ce qu'il avait fait de ce qu'il avait dit, ce qu'il avait éprouvé de ce qu'il avait prétendu vivre. Étrange nature qui, dans le souci de paraître, oublia d'être, et qui, ne distinguant plus son domaine de celui d'autrui, perdit le sien propre ! Curieux exemple d'une conscience égarée qui, n'ayant plus de limites, s'attribuait les actes des autres, parlait suivant leur cœur et vivait leur existence ! Il se promenait dans la vie comme on se promène dans une galerie aux murs lambrissés de glace. Il ne pouvait faire un pas sans croire qu'il en faisait mille, et sa vanité grandissait de telle manière ses moindres gestes, qu'il s'imaginait vraiment posséder une femme en lui baisant la main. (…) Certes, je lui dois beaucoup ! Si la copie exacte d'un chef-d'œuvre peut nous émouvoir autant que l'original, la comédie parfaite de l'intelligence, de la noblesse de caractère, peut influer sur nous d'une manière très heureuse. Combien je lui suis reconnaissante de la peine qu'il prit pour me donner la représentation des vertus qu'il n'avait point ! » D'où elle concluait : « *Le faux a une éclatante impassibilité, une affirmation d'apparence que nous ne trouvons jamais dans le vrai…* », maxime dont la vérité est peut-être encore mieux comprise à la fin du XXe siècle…

Enfin, après quelques atermoiements, Rose ose s'enfuir de Sainte-Colombe. La jeune fille s'est affublée en « dame », ce que son amie parisienne ne supporte pas. Elle veut retrouver la jouvencelle villageoise. Sortant de la gare à l'heure où le jour pointe, quand s'éteignent les becs de gaz, elle n'y tient plus. « (…) je déboutonnai la jaquette barbare qui étouffait la gorge, rapprochait les épaules et déformait la taille. Le vêtement s'écarta, le buste était libre et large dans une blouse de toile claire, et je respirai plus à l'aise. » Elle ordonne à Rose de retirer son chapeau. Les cheveux blonds sont libérés et cascadent en boucles sur les joues. « Je passai mes doigts légèrement sur la soie d'amour dont mes yeux buvaient la douce couleur. »

Elle décide de l'habiller et l'emmène dans les magasins. Mais « d'une taille peu commune, Rose ne pouvait guère trouver de vêtements dans les confections courantes. » Qu'est-ce à dire ? À la ville, tout à coup, Rose paraît affligée de proportions inhabituelles chez une femme. « Je pris soin, dit la narratrice, de lui choisir les choses les plus sobres, les plus correctes, afin de mieux dérober sa paysannerie. » Comme coiffure, une toque de velours sombre munie d'une voilette noire pour « modérer la violence d'un teint trop habitué au grand air ». Les mailles de la voilette « rendront plus visible encore l'admirable rectitude des traits. » Vêtue d'une manière plus sobre et plus conforme aux goûts de son amie, Rose la suit jusqu'au cinquième étage d'un immeuble. La jeune fille vivra dans cette chambre, puis dans une pension de famille où elle côtoiera, pour son éducation, toutes sortes de gens.

Plus tard, la belle dame emmène sa compagne au Louvre, mais alors qu'elle s'exalte devant des toiles de Rubens, la jeune fille semble ne rien ressentir. « (…), il y a peu de temps encore, avoue la narratrice, je passais sans émoi dans cette salle éblouissante où les Rubens vivent d'abondance et de volupté. Je regardais, maintenant je vois ; je frôlais, à présent je saisis. Toute cette ivresse qui est éparse autour de nous et qui est à cent lieues de toi, Rose, je la possède et elle vient augmenter la mienne… »

La jeune fille veut savoir : « Que s'est-il donc passé en vous ? s'écrie-t-elle.

« Je ne pus m'empêcher de sourire, car, en cherchant à m'expliquer, il me sembla qu'au plus profond de mon âme, je jouais avec les mots…, songe la belle dame. Et : — Tout ce qui me blessait hier m'est devenu une cause d'admiration. L'excès me paraît abondance et richesse, le tumulte s'ordonne ; ainsi je crois voir, dans ces œuvres, la glorification de tout ce que nous devons estimer le plus dans notre vie, la santé, la beauté, la force, l'amour. Dans la magnificence exagérée de ces toiles, n'y a-t-il pas un parti pris éclatant ? » Toujours aussi incapable d'exprimer ses sensations, Rose n'a rien à répondre. Pour elle, cet enthousiasme comme tombé du ciel, est lettre morte.

Après le Louvre, les boulevards, où les hommes admirent en toute franchise les beautés qui passent et vont jusqu'à les suivre. Rose en est révoltée et frappe d'un coup de parapluie un admirateur trop assidu. La belle dame estime excessive cette sauvagerie. « En général ceux qui nous recherchent ainsi pour la cadence de nos hanches, pour la masse de cheveux qui reluit sur notre col, ou pour un soulier bien fait sous une balayeuse ébouriffée, ceux-là sont peu intéressants, et parmi tous les hommages grossiers, niais ou timides qu'une femme peut ramasser dans la rue, il y en a peut-être un ou deux, au plus, qui s'imprimeront dans sa mémoire d'une manière ineffaçable. Mais pourquoi ne pas admettre toujours les meilleures conjectures ? » Elle-même au Parc Monceau s'est entendu dire qu'elle était belle. Au lieu de s'en offusquer, elle remercie l'auteur de ce compliment qui se révèle être pur de toute arrière-pensée.

À l'Opéra, la provinciale se montre aussi passive que dans les circonstances précédentes, si l'on excepte sa réaction d'agressivité sur les boulevards. La musique et l'intrigue ne l'entament pas.

Dans la demeure de sa protectrice, elle est simplement heureuse d'être dans son sillage, près d'elle, lui manifestant sans relâche sa « tendresse exclusive ».

Une rencontre entre femmes — entre élues vaut-il mieux dire — se prépare. La narratrice pare Rose d'une « longue tunique de velours vert qui tombe lourdement autour d'elle, sans ornement, sans bijoux. Du col de velours très haut, la tête jaillit comme une fleur de son calice et je n'ai jamais vu de plus riche harmonie que celle de ses cheveux d'or ruisselant sur la couleur d'émeraude. » Georgette avait fait de Rose une blonde alors que son modèle, Mathilde, avait les cheveux noirs.

Les amies sont réunies deux par deux, selon leurs affinités. Il y a Blanche, « aux prunelles d'agate, aux cheveux châtains, légers comme l'ombre » ; « la belle Marcienne, (…) si chère » à la narratrice pour son orgueil, se trouve assise près de la cheminée, et son profil admirable se détache dans les flammes. Sa bouche est d'un rouge cruel, mais, sous le drap clair de la robe, le corps se révèle gracieux et enfantin. La toque de cygne fait paraître plus noirs encore ses cheveux si noirs » ; les « inséparables » Aurélie et Renée ; une jeune Hollandaise, Cécilia, dont le modèle dans la vie est la future actrice claudélienne Marie Kalff ; Hermine, la sœur de Blanche ; et deux autres sœurs, Anne et Marie. À un moment, toutes écoutent Marcienne, qui affirme : « — Presque toujours, en défendant une femme, nous avons l'occasion de porter un coup mortel à quelque vieux préjugé. Pour moi je dois avouer que ma générosité s'augmente malicieusement de ce qui l'arrête souvent chez les autres, car, de crainte d'attaquer légèrement un principe suranné, elles blesseront deux fois la plus innocente de leurs semblables. » Rose, qui enlace sa protectrice, trouve tout cela, ce qui se dit comme ce qui se fait, « fou et dénué de bon sens ».

Des descriptions de ces dames et demoiselles, équivalents littéraires des portraits de la peinture symboliste, vaudraient d'être citées intégralement, comme celle-ci : « Par la porte largement ouverte, on voit la chambre plus sombre et déjà éclairée. Une jeune femme est accoudée sur la table. À voix basse, elle lit un poème dont quelques mots plus sonores se mêlent parfois au demi-silence des autres pièces. Penchée sous l'abat-jour, sa chevelure brune trempe dans la clarté, son profil est voilé par sa main, et les lignes du corps s'évanouissent dans la robe sombre qui se confond avec l'ombre. Debout, près d'elle, appuyées au mur blanc, deux formes blanches écoutent et rêvent. »

La lectrice est appelée *sœur* Hermine par Marcienne. À une question de Cécilia intriguée, Marcienne raconte l'histoire d'Hermine : « Riche, belle et très douée, elle appartient à une grande famille anglaise. À vingt ans, elle entrait au théâtre par fantaisie, mais, en plein succès, quelques mois plus tard, elle fit la connaissance d'un grand prêtre de l'Inde. (...) Depuis deux ans elle ne le quitte plus. » Hermine tente de répandre une doctrine bouddhiste et a fait à Paris deux adeptes... Georgette était en contact avec un milieu qui s'intéressait de près à la spiritualité hindoue. Une note de ses papiers posthumes nous apprend qu'elle suivit aux alentours de 1900 les cours d'un professeur de chant, Mme Cléricy du Collet, qui avait su extraire du sanscrit une méthode vocale. C'est, dit-elle, grâce à cet enseignement qu'elle qualifie elle-même d' « initiatique », qu'elle put mener de front l'art lyrique et la tragédie. En quoi cela consistait-il ? Sans doute en une technique de contrôle du souffle et des exercices de méditation inspirés du yoga. Rien ne dit d'ailleurs que le professeur de chant se soit contenté d'enseigner sa spécialité et n'ait pas proposé à ses élèves-adeptes d'acccéder à une connaissance supérieure. À une époque où on était féru d'initiation ésotérique, cela ne présenterait rien d'extraordinaire. Georgette avait fréquenté de près des Rose+Croix notoires. Elle avait lu — Maeterlinck oblige — certains mystiques flamands. Mais si sœur Hermine fut inspirée de la mystérieuse Mme Cléricy du Collet, elle le fut sans doute tout autant de la chanteuse Alexandra Myrial, plus connue sous le nom désormais mythique d'Alexandra David-Néel. [289]

Dans cette assemblée de beautés et d'intelligences, chacune a le droit de rayonner quelques minutes pour les autres. Ainsi d'Hermine qualifiée plus loin « d'admirable folle », parce qu'elle voue sa vie à un Dieu. « En dépit de sa robe commune et de ses cheveux sévèrement arrangés, Hermine est très belle, et sa beauté

---

[289] Nous savons par Jean Chalon, son biographe, qu'à son retour des Indes, A. D.-N. chanta sous le nom d'Alexandra Myrial, entre 1893 et 1904, principalement dans des théâtres de province et d'outre-mer. Elle connut Massenet, tout comme Georgette, interpréta naturellement le répertoire du compositeur, et habita quelques années à Passy, rue Nicolo, près de la rue Raynouard... Circulant à la même époque sur le même réseau de théâtres de province et ayant un pied-à-terre voisin, on peut raisonnablement supposer que les cantatrices se sont rencontrées. (Jean CHALON, *Le Lumineux Destin d'Alexandra David-Néel*, Librairie académique Perrin, 1985.)

triomphe de la médiocrité de ses vêtements, de même que la qualité de son cœur et la grande inquiétude de son intelligence la maintiennent malgré elle au-dessus des principes étroits de la foi. » Exaltée, la narratrice se tourne vers Rose, « peut-être secrètement ennuyée. »

Plus tard, après cette réunion féminine, la belle dame doit s'absenter et laisser Rose à elle-même. La jeune fille rencontre alors un jeune peintre hollandais qui devient amoureux d'elle. Mais Rose le refuse. La narratrice, à son retour, l'apprend. Elle ne semble pas songer un seul instant que Rose lui est trop spécialement attachée pour suivre un homme, fût-ce celui-ci, méditatif et aimant la nature. Car la provinciale se plaît tellement dans la compagnie de sa protectrice qu'elle se laisse utiliser dans les besognes de la vie quotidienne. En en prenant conscience, la belle dame décide de se séparer de Rose, pour ne pas devoir la congédier plus tard comme une domestique.

Six mois après cette décision, elle va la retrouver dans la petite ville normande de Neufchâtel, où Rose travaille dans une boutique de lingerie. Le soir de son arrivée, elles dînent dans la chambre de la jeune fille. Soudain, Rose pose son front sur l'épaule de la visiteuse et dit : « — Je t'attendais toujours, mais je n'espérais plus… Ce tutoiement qu'elle me donne pour la première fois, comme si, n'étant plus soumise à aucun effort, elle s'abandonnait enfin aux douceurs de l'amitié, ce tutoiement et mon nom qu'elle répète avec amour, achèvent l'aménité de cette soirée. »

Au matin, la belle dame embrasse Rose sur la bouche et s'en va. La villageoise a « choisi » sa vie à Neufchâtel. « Rose disait son contentement et je ne me lassais point de respirer cette bonne quiétude. Je songeais à l'établissement de sa vie. Quelle leçon précieuse s'en dégageait pour moi ! Rose était de celles dont le chemin doit être marqué par un petit devoir quelconque. (…) Elle disait d'un air joyeux "ma chambre", "mon jardin, ma maison", et je souriais en pensant qu'autrefois je m'évertuais à détacher en cet esprit tous liens inutiles. »

Tandis qu'elle s'apprête à rentrer à Paris, la narratrice « pense à Rose, à son passé, à son avenir. Mais, au-dessus de ma songerie, une idée qui ne se formule pas semble s'étendre comme un ciel clair, sans dessin, sans couleur, sans commencement ni fin… et j'ai le sentiment secret que j'agirai encore. »

Rose casée dans sa petite vie, la narratrice reprend sa quête inassouvie. « J'irai vers de nouvelles inconnues ; je comprends à présent que je n'ai d'autre ambition que de les mettre à même la vie. »

Le roman se terminait sur une profession de foi en l'action la plus lente, la plus répétitive, puisqu'en définitive seuls comptent « l'effort et la connaissance ». « Agissons sans prétendre à plus que la petite vague qui se hausse et meurt contre le roc. D'autres viennent après elle, et c'est leur caresse légère qui, sournoisement, finit par mordre au granit. »

En dépit (ou à cause) de son thème lesbien « entre les lignes » et de son atmosphère délicatement sensuelle, *Le Choix de la vie* ne fut pas un succès de librairie. Était-ce la constante tenue du style qui dérangeait, l'intellectualité un peu froide des démonstrations, la chasteté des descriptions, le traitement pudique de la relation entre la narratrice et Rose, un monde féminin à l'ordonnancement pictural où l'homme n'est qu'un lointain type humain perdu dans les arrière-fonds des tableaux ? Bien sûr, il y avait un homme dans la vie de la narratrice, mais on eût dit un fantôme ou un éternel absent. L'action était sans cesse menée du point de vue de la femme. Et la narratrice confessait son besoin d'aller à la chasse aux captives … Après Rose, il y aurait d'autres « délivrances » … La nature était présente par les jardins, les champs, les paysages de campagne. Maintes pages révélaient de la sensualité, mais restaient poétiques et pures, sans le moindre soupçon de naturalisme. L'auteur se refusait à voir les laideurs de l'existence.

Rachilde admira le roman sans réserve. « Il faut, en le lisant, conseille-t-elle, ne pas séparer sa forme du fond. Chaque phrase signifie toute sa portée d'ensemble, et il est d'une essence si rare que je suis étonnée de sa force malgré son apparente délicatesse. Il a un défaut énorme ; il est admirablement écrit, et cela ne peut guère se pardonner à une femme qui doit malgré toutes ses humanités demeurer humaine, c'est-à-dire familière ou même incorrecte. On chercherait vainement dans toutes les œuvres célèbres des femmes de lettres de notre époque un style plus pur et plus splendidement sobre que celui qu'emploie l'auteur (…) pour développer devant vous un paysage ou un raisonnement. » Et Rachilde ne cache pas que Georgette n'est pas une femme de lettres ordinaire : « Je connais Mme Georgette Leblanc pour l'avoir vue au théâtre. Mais on dirait qu'elle a réalisé ses propres gestes en langue française, cristallisé sa personne, un peu déjà l'idole ou la statue, dans de l'écriture, et cela c'est mieux que d'être belle, c'est avoir le génie de la chair, le coup de pouce de Dieu. » Si le livre de Georgette eût été du niveau d'*Idylle saphique*, le fameux roman de Liane de Pougy, soyons certains que la critique du *Mercure* l'eût impitoyablement descendu. Mais personne ne s'y trompa, y compris les lecteurs de la courtisane, qui ne se précipitèrent pas sur *Le Choix de la vie*, comme ils l'auraient fait pour n'importe quelle cochonnerie 1900 (les *Claudine* ou les deux romans précédents de Liane de Pougy).

Qu'importe, finalement, Georgette recherchant avant tout l'estime et la compréhension de ses égaux. En cet été de 1904, une excellente critique de Rachilde dans *Le Mercure* valait un sacre. Rodin, qui avait reçu son livre, lui répondit : « Une femme de la plus grande beauté, et du plus grand talent m'envoi [*sic*] son livre et se rappelle du sculpteur. je la remercie de tout mon cœur, de cette amabilité et de cette joie, de lire un livre de madame Maeterlinck / En grand hommage dévoué / Auguste Rodin »[290]

La « Petite chronique des lettres » du *Figaro* rendit compte du livre sous la plume de Philippe-Emmanuel Glaser, mais d'une manière plus convenue : « œuvre très haute, profonde et savoureuse, où rayonnent intensément à la face du monde l'amour de la Beauté et la beauté de l'Amour. »

Colette, qui signait également son premier livre, *Dialogues de bêtes*, avait reçu, en avril de la même année, les conseils gentiment ironiques de Rachilde, qui eut ce souhait amical : « Nous espérons que Mme Colette Willy ne s'arrêtera pas sur le sentier des petites jungles. » La romancière, à qui Georgette fit parvenir son œuvre, se déclara impressionnée par le ton du *Choix de la vie* : « Mais je ne vais plus oser te parler ! tu dis : Nous ne perdons rien quand une triste vérité prend la place d'un beau rêve. Penserai-je jamais aussi noblement ? Non, je crois même que je regretterais. Pardonne-moi, il me manque, avec tant d'autres choses, le "besoin de la connaissance". Ignorer à demi, craindre, dédaigner, désirer passionnément et sans activité, détester et maudire jusqu'aux coups de poing inclusivement, c'est le lot qu'il faut me laisser. J'ai été étonnée — pardon ! étonnée —

[290] *Correspondance de Rodin*, I, Op. Cit.

de la force inépuisable qu'on devine en toi. Je te voudrais reine de quelque chose ou de quelque part, et les gens seraient épatés. »

On voit ce qui les différencie. L'une deviendra le célèbre écrivain que l'on connaît, l'autre ne parviendra jamais à écrire le livre dont elle rêve, le repoussant toujours à plus tard, faute de temps et de liberté intérieure. La vie, certes... Toujours plus aventureuse, toujours plus forte, toujours plus en dehors des normes. Ce sera celle de Georgette Leblanc. Est-ce que la littérature alors peut être ressentie autrement que comme pratique compensatoire, moyen d'intégration sociale, ouvrage de dame, tapisserie, crochet ?

N'aurait-elle pas dû suivre les conseils de Maeterlinck ? Non content de transcrire ses paroles, il lui répétait : « Tu ne feras jamais rien, parce que tu prétends être vraie, être exactement toi-même. Il faut te créer un double, c'est plus urgent qu'un style, tu es sérieuse comme un âne et tu as l'obsession de l'authenticité. Crée ton double insouciant et menteur, alors il t'aidera. » Simple, n'est-ce pas ? Mais que pensa « bébé » du roman de Georgette ? L'a-t-il aimé, détesté ? Elle n'en dit rien dans ses *Souvenirs*, ni dans ses papiers posthumes. Quant à lui, il semble avoir été d'une grande discrétion. À moins que son « Tu ne feras jamais rien... » se rapporte au premier livre de sa compagne...

Le monde littéraire ne sut que faire du *Choix de la vie* qui, pour d'autres raisons que ce qui arriva aux premiers romans de Maurice Leblanc, tomba dans l'oubli. Les œuvres naturalistes ou psychologiques de l'aîné collaient trop à leurs prestigieux modèles. Le livre de la cadette péchait par originalité. Avant 1914, le saphisme était toléré, voire encouragé en certaines circonstances, alors que la société rejetait violemment l'homosexualité masculine. Mais en dépit de l'ostracisme qui frappait les déviants, tout ce qui se passait, en bien ou en mal, dans la société des hommes, était jugé important, grave, capital, en tout cas digne de la plus grande attention. Adulé, puis persécuté, Wilde avait été traité en criminel, mais sa revanche posthume n'avait pas tardé. Un membre de la bonne société, Gide, scandalisait lorsqu'il publiait *L'Immoraliste* et les œuvres qui allaient suivre. Pas Georgette Leblanc, comédienne et cantatrice, compagne d'un écrivain nobélisable, qui affirmait *Le Choix de la vie*. Rachilde avait vu juste en prédisant que le livre pâtirait de sa qualité d'écriture. Qu'une femme exprimât sa singularité sexuelle, son incroyance religieuse, son dégoût des faux-semblants, sa lucidité ravageuse, son désir de vivre avec un homme sans être mariée, qu'elle prônât l'infidélité réciproque, son goût du plaisir et son refus de la culpabilité, en dehors de toute hypocrisie, ne gênaient pas les hommes, parce que ce qu'une femme ressentait et écrivait en 1904 ne tirait pas à conséquence.

Vie privée

Maeterlinck perdit son père en octobre 1904. De Gand, où il l'enterrait, il annonça très simplement à « Madame Maeterlinck / Gruchet-Saint Siméon par Luneray (Seine-Inférieure) » le décès de Polydore-Jacques-Marie-Bernard et n'envoya pas de faire-part. Dans cette lettre, qui n'exprimait aucun chagrin (mais on connaît sa pudeur), il parla d'un projet de pièce qu'avait Georgette, tout en lui conseillant de ne pas se laisser influencer par son frère Maurice (« Réagis ! »). C'est lui qui tenait, apparemment, à ce qu'on les crût mariés. Un jour, il lui enverra pourtant une lettre rude pour protester contre l'accolement de son nom à celui de Georgette : « Ton nom de théâtre est Leblanc et je n'aime pas voir le mien mêlé à ceux des autres cabots ! »

Lorsqu'il rentra de Gand, il était devenu tout à coup très riche, son héritage s'ajoutant à de considérables droits d'auteur. Il acquit, de ce fait, une liberté de mouvement dont il ne profita pas tout de suite, tant par souci d'économie que par crainte du changement. Il aimait la paix du presbytère de Gruchet Saint-Siméon et de la campagne environnante autant que Georgette. Il en profitait d'ailleurs beaucoup plus, n'étant pas contraint comme elle de voyager pour gagner sa vie.

La disparition d'Émile Leblanc à la fin de janvier 1905 eut peu d'incidence apparente sur la vie de sa fille cadette. Georgette assista aux obsèques. Il y eut une messe à l'église Saint-Godard suivie de l'inhumation au cimetière monumental de Rouen. Au moment de son décès à l'âge de soixante-quatorze ans, Émile Leblanc était président du syndicat des importateurs de charbon du port de Rouen. Début juin, sa bibliothèque fut dispersée à l'hôtel des ventes. Les questions d'héritage furent réglées sans que l'on sache exactement comment s'effectua le partage. Si elle éprouva une peine particulière à la mort de son père — et il n'y a aucune raison de croire que sa disparition ne l'affecta pas —, elle le dissimula soigneusement. Elle était forte. Mais elle éprouva désormais beaucoup plus d'inquiétude que par le passé pour la santé de Maeterlinck. Lui avait toujours été très attaché à son père, auprès duquel il s'était initié au jardinage et à des expériences de culture sous verre. Son décès, l'absence de Georgette (une sorte de mort), rien de tel pour le plonger dans une humeur noire dont la fin était imprévisible. Georgette lui écrivit de Londres : « Je pense seulement que tu es bien méchant. Je ne suis pourtant pas exigeante. Une ligne de nouvelles de ta santé tous les deux jours pour ne pas être inquiète. C'est tout. Le reste, je le sais. Mais toi, tu t'amuses à bouder. »

Il y avait autre chose : son succès de librairie depuis 1898, dans sa monotonie presque automatique, le déprimait. Si l'on en croit le *Journal* de Gide, daté du 17 mars 1904, Maeterlinck aurait répondu à côté à des propos de Verhaeren au cours du banquet Edmond Gosse : « C'est tout comme moi..., d'ailleurs, même ce que j'écris ne m'intéresse plus beaucoup. » Et Verhaeren de protester : « (...) Ce que j'écris m'intéresse passionnément ; (...) et c'est même pour ça que je ne m'intéresse plus beaucoup aux écrits des autres. » Comme c'est Verhaeren qui raconte l'histoire, il précise : « Et un peu plus tard, Maeterlinck m'a dit encore : "Du reste, je ne travaille plus à présent que par habitude." »

Mais c'est de l'habitude qu'il tirait sa force. Après une semaine passée auprès de lui, Georgette, désireuse de témoigner du phénomène, s'amusait à décrire dans son journal intime la journée type de l'écrivain au presbytère. Elle était pour ainsi dire déjà vécue, car quoi que fît Maeterlinck, un livre ou une pièce, chaque instant était extérieurement semblable à celui de la veille. « On sent que rien ne peut changer, que rien n'arrivera jamais que les deux seuls malheurs que ma sollicitude redoute toujours : la maladie ou l'irrémédiable chose, que je crains même de nommer. Mais ce ne sont que les inquiétudes habituelles de la tendresse. » Debout à huit heures, ayant déjeuné à huit heures quinze d'un verre d'eau, d'une tasse de café et de quelques biscuits, il fumait sa première pipe sur le banc, « devant l'horizon ». Sauf s'il pleuvait. Dans ce cas, la pipe était fumée dans la salle à manger. Mais le plus souvent, à cause du ciel maussade de Normandie, il pratiquait ce rituel exigeant « tout près de la maison dans un bosquet où nous avons mis une table et des fauteuils ». Par chance, ce jour d'août étant lumineux, Georgette le vit allant d'un pas tranquille vers le banc. Sa « tête inclinée sous son grand chapeau de paille » montrait qu'il lisait en marchant. À voir ses vêtements, Georgette devinait son occupation de l'après-midi. Il avait « remplacé sa vareuse de laine foncée par un veston de toile grise » sur une culotte courte. Le chien Golaud que Georgette voit suivre son maître connaît aussi bien qu'elle les intentions de l'écrivain. Elle l'imagine enfourchant sa motocyclette et disparaissant au premier tournant « dans un élan de sa machine infernale ». Ni les courtes pattes de Golaud ni la bicyclette de Georgette ne pouvant rivaliser avec la motocyclette, elle sait déjà qu'elle passera son après-midi en compagnie du chien à attendre le retour de Maeterlinck. Ce ne sera pas avant le crépuscule.

Il n'en était encore qu'à la première pipe. Revenant vers la maison l'air pensif et son livre à la main, il apercevait Georgette à la fenêtre. Il lui faisait un signe de la main, un vague sourire, puisqu'il pensait à son travail de la matinée, et, le chien sur les talons, entrait dans son cabinet. Il était neuf heures et demie.

À midi, il réapparaissait, pipe en bouche, avec son livre. Il descendait au jardin où il soignait les plantes et les fleurs jusqu'à l'heure du repas. C'était lui qui s'occupait des provisions. Il trouvait que Georgette s'acquittait mal de cette tâche. Les jours de beau temps, il fonçait à motocyclette jusqu'à la mer où il achetait du poisson et n'oubliait pas, au retour, de passer par le marché aux primeurs. Le repas non pas expédié mais consommé avec tout le sérieux nécessaire à cette opération vitale, il préparait lui-même le café.

Après le café et la pipe, c'était la sieste. Georgette, elle, ne dormait pas. Elle l'accompagnait seulement dans la chambre où elle méditait ou lisait. Une heure plus tard, il était réveillé. « Moi qui n'ai pas dormi, je m'attarde, écrit Georgette, le passage du repos à l'action m'est un trajet intéressant et doux, je puise mille choses en route tandis que mes bras s'étirent. J'ai dans l'âme de longs chemins à parcourir. Nous sommes toutes ainsi, sans doute, plus lentes et plus rêveuses. Mon Dieu ! quand la mort viendra je lui dirai : "Attends encore cinq minutes que je finisse mon rêve aujourd'hui." »

Mais lui fait déjà son courrier car, à quatre heures de l'après-midi, il faut respecter son programme et sortir la motocyclette. Sauf s'il se met subitement à pleuvoir. Dans ce cas, on chausse des bottes et, « le caoutchouc sur les épaules », on quitte la maison avec le chien. Bien sûr, on peut prendre la voiture quand le temps est beau, mais ce que l'on préfère, c'est la moto.

À moins que l'on ait crevé un pneu ou que l'on soit tombé en panne sèche (cela arrive), on revient avec ses journaux vers sept heures. On les lit dans le salon avant le dîner. Quand celui-ci a été pris, on s'installe « au creux d'un grand fauteuil confortable ». On fume sa pipe en lisant journaux, revues, livres en français, anglais ou allemand.

On rit peu. Maeterlinck a un rire « limité », qui fait parfois peur à Georgette. Il ne sait pas « ouvrir les écluses du fou rire » comme elle et son frère Maurice.

Maeterlinck détestait Nietzsche. Georgette l'adorait. Ç'aurait pu au moins leur fournir un sujet de conversation. Mais il ne lui parlait que de ses travaux en cours. Leurs causeries ne l'obligeaient donc pas « à sortir de ses préoccupations personnelles ».

À vingt et une heure quarante-cinq, Maeterlinck montait se coucher. Une demi-heure plus tard, il s'endormait en lisant un livre.

Dire que ce quotidien immuable enchantait Georgette eût été exagéré. « J'avoue, écrit-elle, qu'il est difficile à ma nature de femme d'y donner sa pleine mesure. » En effet. Dans ces années qui vont de 1902 à 1906, ce fut sans doute autant le besoin de gagner sa vie en jouant son œuvre que d'échapper à l'ennui de son existence d'horloge suisse qui la poussèrent à s'en aller régulièrement. Mathilde, dans ce cas, l'accompagnait. Car si Rose du *Choix de la vie* lui a été inspirée par Mathilde, elle a pris de considérables libertés avec son modèle. Il n'est même pas certain, d'ailleurs, que Mathilde ait vraiment été d'origine paysanne. Rose devient mercière à Neufchâtel ; dans la vie, Mathilde reste la camériste, l'intendante et la dame de compagnie de sa maîtresse. On disait la « secrétaire ». Qu'en pensait Maeterlinck ? Il supportait Mathilde, sans plus. C'était une fantaisie de Georgette. Comme « Bamboula », la cuisinière africaine qui fut aussi auprès d'elle rue Raynouard ou à Gruchet.

Dans ses souvenirs pittoresques, Lugné-Poe qualifie Mathilde Deschamps de « factotum à l'aspect bizarre, inquiétant ». Il ajoute qu'elle paraissait « jouir de la confiance commune ». Elle « veillait » sur Georgette, « et, vigilante, dirigeait la maison. » Son emprise sur Georgette allant croissant, on peut comprendre que Maeterlinck ait fini par voir cela d'un mauvais œil, car la « secrétaire » s'occupait de tout, y compris de gérer les cachets de sa patronne. Lugné-Poe, qui ignore cela, semble être frappé par l'apparence extraordinaire du « bachi-bouzouk noir, sorte de policeman irlandais ». Un bachi-bouzouk ayant été un soldat turc du XIXe siècle avant de devenir une des injures préférées du capitaine Haddock, Mathilde portait-elle un costume exotique ? Et pourquoi « noir » ? Et qu'est-ce qu'avoir l'air d'un policeman irlandais ? Mathilde était-elle d'une taille trop athlétique selon les canons féminins de cette époque ? C'est possible, si l'on se souvient que la belle dame du *Choix de la vie* semble avoir des difficultés à habiller Rose en raison de ses proportions peu habituelles. On a dit aussi que Mathilde était assez masculine. C'était peut-être ce qui attirait Georgette dans le physique de sa gouvernante, dont le costume masculinisé exprimait les penchants. Mais il semble que Lugné-Poe confonde parfois Mathilde la Normande et « Bamboula » l'Africaine... En tout cas, il insinue qu'une relation spéciale existait entre Georgette et Mathilde, le « policeman irlandais ».[291]

Mathilde régentait la maisonnée. La perception qu'avaient d'elle les visiteurs n'est pas unanime. Si l'homme de théâtre suppose l'existence d'une liaison entre Georgette et sa gouvernante-protégée, un autre témoin de cette époque, André de Fouquières, voit en Mathilde « une secrétaire impérieuse fort prisée » de Maeterlinck, qui aurait eu avec Georgette des « différends » bruyamment exprimés. Comme on le voit, le couple et Mathilde excitaient la curiosité. Lugné-Poe avait visé juste : Georgette et Mathilde s'appréciaient au-delà de ce que la morale tolère. Les « différends » étaient des scènes que la secrétaire faisait à sa patronne. Et Maeterlinck, qui semblait ne s'apercevoir de rien, pouvait à juste titre passer pour complaisant. Au début du siècle, le fantasme saphique n'épargnait personne dans les milieux artistiques. Copeau confie à son *Journal* une conversation avec

---

[291] La photographie de Maeterlinck, Georgette Leblanc et Mathilde Deschamps que nous publions remonte à 1899. Mathilde semble en effet embarrassée de ses vêtements féminins. Mais ils ne sont guère différents de ceux de Georgette. C'est plus tard que Mathilde portera des chapeaux d'homme et des tenues de gouvernante. D'où peut-être l'explication de cette allure de « policeman irlandais ».

la cantatrice Lucienne Bréval. L'artiste lui raconte avec des détails crus l'histoire d'une femme enceinte séduisant une très jeune fille.

Georgette protégeait Maeterlinck et sa tranquillité, mais à certaines occasions, elle donnait libre cours à sa fantaisie. Jehanne et Fernand Prat, sa sœur et son beau-frère, possédaient une résidence à quelques kilomètres seulement de Gruchet. Marcelle Prat, leur fille, se souviendra d'une fête de bienvenue organisée par sa tante.[292]

Coiffée d'un chapeau de paille et assise, en haut des marches de la maison, sur un tabouret, un sous-main orange bordé de clous d'or sur les genoux, Georgette, une grande plume d'oie à la main, guettait la venue de ses invités. Lorsque la voiture des Prat s'arrêta devant l'entrée du presbytère, elle s'écria : « Maurice, Maurice, les petites filles modèles sont là ! » La tête sous une casquette beige « d'automobiliste », Maeterlinck les rejoignit. Chez les Prat, ils passaient tous deux pour « détester les enfants ». Par conséquent, les petites Marcelle et Fernande, muettes de frousse, hésitaient à descendre de la voiture paternelle. Georgette leur annonça une surprise. À leur étonnement, « Bamboula », la cuisinière, s'avança, le crâne orné d'un turban rouge. Elle était habillée d'une robe à grands ramages que Marcelle supposa taillée par sa tante dans un vieux rideau. La femme noire s'effaça. Affublés de manteaux de cour et coiffés de bonnets à plumes d'autruche, deux chiens se tenaient sur leurs pattes de derrière. Ils saluèrent Fernande et Marcelle et donnèrent à chacune des petites un sac de bonbons. Georgette les avait dressés et habillés en l'honneur de ses nièces. Selon sa sœur aînée, mère de cinq filles issues de deux mariages, elle n'aimait pas les enfants. Mais Jehanne croyait sans doute que ne pas en avoir soi-même signifiait cela. Maeterlinck, quant à lui, écrivait *L'Oiseau bleu*, dont les héros « humains » sont un petit garçon et une petite fille d'une dizaine d'années.

À la même époque, mais à Paris cette fois, Georgette participa à d'autres fêtes où les enfants n'eussent pas été admis. Elle fréquentait un restaurant à la mode, « La Ferme », où l'on jouait gros jeu après le repas. La propriétaire reçut des avertissements amicaux et transforma son restaurant en cercle, baptisé « Cercle Victor Hugo ». On continuait à y souper. Georgette y avait son couvert, comme Jules Bois, P.-J. Toulet, Paul Reboux, Curnonsky et Jarry. On dit qu'au cours d'une de ces soirées de mars ou d'avril 1905, la marquise de Morny et Colette furent présentées l'une à l'autre sous l'œil amusé de Willy « qui surveillait le baccara en faisant des mots. » La marquise était entourée d'une escouade d'amazones. Mais d'autres femmes célèbres pour leur beauté et leurs mœurs venaient au « Cercle Victor Hugo ». Et Georgette côtoya alors Liane de Pougy, Caroline Otero, Alice de Tender, les mondaines, les actrices et les courtisanes, ce demi-monde dont Maeterlinck se gardait, et où la frontière entre l'amitié et l'amour physique entre femmes était floue. Les habitués du cercle éditèrent une revue appelée *Le Damier* et certains, dont Colette, y collaborèrent.

Georgette avait besoin de cette vie parisienne brillante et coûteuse. Ses cachets étaient investis par Mathilde, par exemple dans le Chemin de fer du Hedjaz. Comme il se doit, sa souscription lui rapporta des intérêts, mais aussi la médaille en argent des Beaux-Arts décernée l'année 1905 par le Gouvernement impérial ottoman. Y songeait-elle, lorsqu'elle flambait, épaule nue contre épaule nue, avec la belle Otero et Liane de Pougy, sous le regard gourmand de Colette ?

Pour se renflouer, un télégramme à Frank Curzon, son manager de Londres, et quelques récitals de l'autre côté de la Manche suffisaient.

[292] Marcelle de JOUVENEL, Op. Cit.

C'est ainsi qu'elle se produisit deux mois à Londres, en juin et juillet 1905, au Criterion Theatre, dans la saison de Miss Ethel Irving. Il y eut des matinées Georgette Leblanc-Maeterlinck et il n'est pas exclu que l'adjonction du nom de l'écrivain au sien — affirmation d'une union légitime — ne fût pas aussi un coup de réclame.

Au cours de ces matinées londoniennes, les auditeurs découvraient les poèmes de Verlaine, Banville, Gautier, Judith Gautier (ex-Mme Catulle Mendès), Gregh, Baudelaire, Richepin, Maeterlinck, sur des musiques de Gabriel Fabre, Reynaldo Hahn, Jean Nouguès, Rollinat, Alexandre Georges et Louis Keyser. Georgette chantait les mélodies, disait les poèmes et donnait une conférence sur les *Chansons* de Maeterlinck.

Elle l'informait scrupuleusement des réactions du public, selon elle peu intéressant. Ce qui signifiait que les concerts rendaient peu, en termes financiers. Il était également question de leurs projets : la création d'*Ariane et Barbe-Bleue* que Dukas terminait et les atermoiements de Carré. Trois ans après l'affaire Pelléas, Carré haïssait toujours Georgette et Maeterlinck. Paul Dukas ne se décourageait pas, mais c'était pénible de devoir dépendre à ce point du directeur de l'Opéra-Comique. En outre, Maeterlinck achevait sa nouvelle pièce. Des travaux d'approche avaient déjà commencé auprès de certains théâtres. Mais *L'Oiseau bleu* est une longue aventure... Il faudra six ans et des représentations à Moscou, Londres et New York avant que Paris accepte cette œuvre qui porte le même titre qu'un conte pour enfants de Mme d'Aulnoy.

Pour en revenir à la sphère privée, Georgette promettait à Maeterlinck de mieux s'occuper à l'avenir de leur intérieur et de ne plus emprunter d'argent à Maurice Leblanc. Ses lettres mélangeaient depuis toujours l'intime, le domestique et les affaires.

Il faut imaginer le destinataire lisant les copieuses missives dans le jardin de la maison de Gruchet Saint-Siméon. Il est assis à l'ombre d'un arbre et fume sa pipe. À un moment, il doit sourire lorsque Georgette lui confie qu'une baronne anglaise lui a manifesté un intérêt des plus troubles, après qu'elle eut accepté une invitation à prendre le thé.

Georgette sera rentrée en août. Mais alors, il faudra compter avec la présence parfois envahissante de Mathilde. Comment s'en débarrasser ? Il suffira peut-être de l'envoyer garder l'appartement de la rue Raynouard. Et quand ils y seront à l'automne lui demander de retrouver Gruchet quelques semaines. Après tout, elle était née dans ce village. Car il entendait avoir les coudées franches. Le genre de Mathilde eût pu effrayer certaines visiteuses...

Si Georgette s'éprenait soudainement de quelque jeune femme qu'il fallait à tout prix « sauver » d'un destin implacable, elle le faisait avec panache. « Bébé », attiré par une inconnue, n'ouvrait plus du tout la bouche. Ce mutisme exacerbé était toujours chez lui le signe d'un trouble profond. Et c'était Georgette qui devait lui tirer les vers du nez. Alors, laborieusement, il lui révélait la « cause de ses préoccupations ». Depuis qu'il avait vu cette femme, il était incapable de travailler, ne pensant plus qu'à elle. Elle était brune, parfois blonde, elle avait les yeux noirs ou bleus. Ça dépendait. Georgette s'inquiétait. Ne s'était-elle pas instituée la gardienne de sa tranquillité ?... Dans tous les cas, il disait : « On l'invitera pour prendre le thé », et il laissait tomber, après un silence : « Je la reconduirai chez elle. » Encore l'habitude... Georgette s'inclinait. L'essentiel était qu'il pût se remettre à produire. Et puis, n'avait-elle pas Mathilde, ou « la Russe qui parlait sept langues » ? Une oiselle de passage en chassait une autre. Maeterlinck aimait dans son voisinage, à moins qu'une actrice ou une figurante aperçue sur une scène où se donnait l'une de ses pièces lui ait particulièrement plu.

Bamboula, le cordon-bleu africain, avait été engagée après une série de catastrophes culinaires. Georgette avait décidé alors de confier la cuisine à des mains plus expertes que les siennes. La nourriture abondante, les plats bien préparés comptaient énormément pour Maeterlinck. Tant que Bamboula fut à leur service, elle lui mitonna de bons petits plats. Un repas médiocre et mal servi pouvait le jeter dans l'humeur la plus sombre. Il partait et disparaissait quelques heures. Si la « catastrophe culinaire » avait lieu à Paris, on suppose qu'il se rendait tout simplement au restaurant ; à Gruchet, il devait marcher dans la campagne et ruminer son infortune, le chien Golaud sur ses talons.

Une cuisinière noire dans un hameau normand au début du siècle, cela avait dû provoquer, au commencement du moins, une vive curiosité. Son turban rouge, ses amulettes, son langage « petit-nègre » en faisaient un personnage extraordinaire pour des paysans de la Seine-Inférieure. Bamboula était toute dévouée à Georgette qui lui reconnaissait une « imagination ardente ». Son histoire était simple : séduite et délaissée par un Européen à seize ans, elle ressassait toujours, vingt ans après, ses peines et ses joies passées. Venue en France, elle s'était retrouvée au service de Georgette par l'intermédiaire d'un bureau de placement.

Des visites d'hommes et de femmes bien habillés, une femme de couleur, Mathilde coiffée d'un chapeau masculin et portant parfois cravate, des départs, des retours, les tenues originales de Georgette, la réserve distante de Maeterlinck, une automobile, une motocyclette, des bicyclettes. Vu de l'extérieur — les gens de Gruchet, les journalistes —, le couple se permettait tout.

Mais Georgette et « son Maurice » essayaient, chacun à leur manière, de contenir l'anxiété dont ils étaient largement pourvus. On l'a vue se manifester à plusieurs reprises chez Maeterlinck. Il y résiste par une organisation précise de ses journées immuables. Du lever au dîner et au coucher, il ne fait que pratiquer des rituels de conjuration. Georgette a-t-elle parlé de « bébé » au docteur Maurice de Fleury, qui publia son fameux livre *L'Angoisse humaine ?* On le croirait à lire certaines descriptions. « De temps à autres une bouffée d'angoisse le terrifie, ou bien se cristallisent et grandissent en lui les idées obsédantes. » Mais il est vrai que de Fleury, médecin féru de littérature, fréquentait de nombreux écrivains et qu'en les étudiant de près, il a pu faire ample provision d'observations.

Georgette, elle, craignait la fin de leur union et qu'une autre femme prît sa place, ou qu'il mourût. Mais par-dessus tout, c'était la stérilité de l'écrivain qui la terrifiait. Il eût été, à ce moment-là, un homme des plus ordinaires, gros mangeur, amateur de bons vins et grand fumeur. L'action, le mouvement, le contact avec le public lui étaient nécessaires pour surmonter cette peur de tous les jours, alors que Maeterlinck fuyait le monde. Il consentait à ce qu'elle représentât ses œuvres, rien que les siennes, mais elle devait les mériter par une attention de tous les instants et une persuasion sans relâche. Elle ne gagnait jamais la partie. C'était lui qui acceptait de céder, au moment voulu.

L'ouvrière de M. Willy et l'égérie de M. Maeterlinck

Dans le Paris de cette époque, rares étaient les artistes qui menaient de front une carrière lyrique et théâtrale de haut niveau, tout en se vouant à l'écriture la plus exigeante. Sous ce rapport, Georgette Leblanc dame le pion à Colette Willy. Maeterlinck avait déjà remarqué que son souci extrême d'authenticité la condamnait à l'impuissance, tout en passant évidemment sous silence sa propre responsabilité dans l'amoindrissement de ses ressources. Colette écrivait facilement et faisait du music-hall pour gagner sa vie, ce à quoi Georgette, par une sorte de pudeur aristocratique, n'eût jamais consenti. Colette avait déjà accepté d'être la mercenaire de plume de son mari, elle pouvait donc exhiber ses « nichons », comme l'en félicitait un échotier, dans des spectacles à faible alibi artistique. Cela ne l'empêcha de devenir une grande romancière. Au contraire. Georgette écrira : « L'école que Willy imposait à Colette était simple et objective ; on n'y enseignait pas les métaphores dans le vide : d'ailleurs un tempérament comme celui de Colette n'aurait pu s'y attarder. Elle est essentiellement une "adaptée". Quand elle n'écrit pas *divinement* sur la nature et les bêtes, elle reste tout près de la vie sociale, de celle qui est vécue par tous les gens. C'est là que son grand talent a lieu, dans un monde qui m'ennuie, mais auquel elle donne sa propre énergie comme une transfusion de sang. »[293] Le milieu du music-hall, où son animalité s'épanouit, succéda à « l'école de Willy ». Ce fut sa seconde chance. Elle s'en sortit par l'écriture et, livre après livre, grimpa vers la respectabilité, en passant par le lit d'un notable du journalisme.

Comme elle fut habile à s'attirer les grâces de tous et connut une réussite sociale exemplaire — grand officier de la Légion d'honneur, présidente de l'Académie Goncourt, funérailles nationales —, c'est son exemple que l'on retient, et c'est sur sa vie que biographes et essayistes brodent inlassablement.[294] Plutôt que de se trahir, Georgette Leblanc préférait se taire. Aucun homme n'aurait pu la contraindre d'écrire ce qu'elle ne pensait pas et ne sentait pas. Seulement, il lui était aussi extrêmement pénible de s'exprimer. « Je veux écrire comme j'écris des lettres, comme je m'entretiens avec une personne, pas des personnes. Écrire à un ami m'est une libération — je vois la chose de vie qui naît sur le papier. Écrire au public m'est un étouffement. » Au fond, Barrès avait vu juste en disant qu'elle aurait dû vivre au temps de la Renaissance, avant la spécialisation à outrance et la fabrication des divertissements de masse. Impossible pour elle, en effet, de renoncer à ses autres dons pour devenir une romancière à la mode, même de très grand talent. De toute façon, elle n'aimait pas le roman, préférant de loin les lettres de Flaubert à son œuvre et adorant celles de Balzac à Mme Hanska. *Le Choix de la vie*, ce titre définitif, affirmait le renoncement à la fiction, sinon à la chose écrite. Quelle forme eût pris *Marcienne*, suite annoncée et non publiée du premier livre ? Celle, sans aucun doute, du journal légèrement transposé de Georgette/Marcienne, si l'on songe, non seulement à son évolution personnelle et à ses préférences, mais aussi à tout un courant non négligeable de la littérature française ou étrangère. Après les Goncourt, Zola et Maupassant — les maniaques du document humain, l'épique et le réaliste —, le désir de vérité rendant toute fiction vaine aboutit fatalement à l'autobiographie et au journal intime.

[293] Georgette LEBLANC, II, Op. Cit.

[294] Les derniers en date fouillant le passé secret de la femme découvrent qu'elle avait par sa mère des origines antillaises, que Sido épousa en premières noces un alcoolique invétéré, que Willy transmit la syphillis à sa jeune épouse, laquelle en guérit difficilement… ce qui achève en quelque sorte le portrait de Colette. (Claude FRANCIS, Fernande GONTIER, *Colette*, Perrin, 1997).

Strindberg, Jules Renard, Léautaud, Léon Bloy ou Marie Lenéru, à des degrés divers, en témoignent. Dès 1892 (5 et 6 avril), le laconique Jules Renard note : « Le moment est venu de se fatiguer des cris des littérateurs contre la littérature. N'en faites pas, c'est si simple ! / Peindre sur toiles d'araignées. / La formule nouvelle du roman, c'est de ne pas faire de roman. » Un contemporain parmi d'autres, Albert Flament, adoptera cette « formule nouvelle » en présentant son journal comme un roman. *Le Bal du Pré-Catelan*, livre oublié aujourd'hui, est truffé de personnages réels qui se nomment Marcel Proust, Lucien Daudet, Georgette Leblanc, etc. et de leurs acolytes de l'époque 1900 que l'auteur — journaliste influent — a côtoyés. Et, en dernier recours, le silence ?...

Le génie pluriel de Georgette possédait plusieurs personnalités. Suivant la pression extérieure, elle mettait l'une ou l'autre en sommeil. Entre 1905 et 1914, ce génie résida surtout dans l'immédiateté de l'exhibition. Elle posera la question plus tard : « Est-il plus noble de révéler notre pensée dans des œuvres écrites que d'exposer notre personnalité en scène sous des apparences fictives ? Je ne vois pas de hiérarchie dans les arts — la vie psychique d'une Ludmilla Pitoëff passant à travers un personnage médiocre nous suggère plus que bien des lectures. »[295]

Après 1905, l'écrivain — et non l'épistolière et moraliste toujours très active — paraît donc avoir jeté l'éponge au profit exclusif de l'artiste. Définitivement ? Non.

Mais à cette époque, sa « vie psychique » se contente apparemment d'animer des personnages qui sont des transpositions d'elle-même, telle que Maeterlinck s'en inspire. Ce travail s'effectue au prix d'une indifférence parfaite à la réalité historique contemporaine. À trente-six ans, elle ne pense qu'en terme d'art — théâtre, opéra, littérature, poésie — et ignore, ainsi que la plupart de ses contemporains, tout des sciences de ce début de siècle. Elle vit sur un capital de culture, d'expériences et de sensations acquis au XIXe siècle. Elle est d'ailleurs de son temps, puisqu'en 1905, la même civilisation continue de battre monnaie. La mode féminine n'a guère changé, malgré la bicyclette, la motocyclette et l'automobile. Seuls les peintres, les compositeurs, les ingénieurs et les physiciens sont modernes, beaucoup plus que les écrivains, et en tout cas que Maeterlinck dont la philosophie procède des romantiques allemands, d'Emerson et des néoplatoniciens. À cette époque, la modernité de Georgette est dans sa personne. Soit une femme bisexuelle, cantatrice, comédienne, insatisfaite de ses limites, vivant en union libre avec un écrivain dont elle ne dépend pas financièrement. Indépendance matérielle, mais affectivement c'est autre chose. Colette Willy, sa contemporaine et amie, suivra une voie différente et accumulera les publications. *Marcienne* attendra, puis se dissoudra dans l'indifférence de son auteur pressé de réinventer sa vie.

Retour de flammes symboliste : *La Mort de Tintagiles*

À la fin de 1905, le Théâtre-Maeterlinck a pris ses quartiers au théâtre des Mathurins, dans le VIIIe arrondissement. Georgette en est la directrice et fonde « Les matinées de Georgette Leblanc ». Elle joue un vieux drame de Maeterlinck, *La Mort de Tintagiles*, pièce en cinq tableaux formant triptyque avec *Alladine et Palomides* et *Intérieur*. Ces œuvres publiées en 1894 n'étaient pas destinées à la

[295] Georgette LEBLANC, I, Op. Cit.

scène.[296] Mais depuis le succès du *Pelléas* de Debussy/Maeterlinck à l'Opéra effaçant la pièce éponyme, le triomphe européen de *Monna Vanna*, suivi de l'échec de *Joyzelle*, il fallait maintenir la présence de Maeterlinck au théâtre, en attendant que sa féerie fût terminée. Stratégie de l'auteur et de son interprète. Georgette veut jouer un drame de la période antérieure à 1895. Lui ne demande rien mais accepte tout ce qui raffermit sa position.

La Mort de Tintagiles s'imposait donc. C'était le plus scénique des « trois petits drames ». Une musique de Jean Nouguès accompagnait l'action dans des décors médiévaux d'Émile Bertin. La pièce traitait des vieux thèmes chers à Maeterlinck : « (...) le poète met en présence l'amour et la mort. L'amour le plus pur et peut-être le plus touchant : celui de trois créatures penchées sur la vie fragile d'un petit être dont elles tentent vainement de prolonger les jours à force de soins et de tendresse. Au fond d'une sombre vallée, dans un château isolé, deux jeunes princesses sont restées seules avec leur vieux maître Aglovale. Elles vivent craintives et inquiètes sous le joug terrifiant d'une reine si âgée que nul ne sait en quelle nuit commença son règne. » L'épouvante montait, comme dans une nouvelle d'Edgar Allan Poe. La vieille reine représentait la mort. Après avoir emporté le père et les deux frères de Tintagiles, elle s'en prenait à ce dernier, parce qu'il était aimé de sa sœur, la petite Ygraine, jouée par Georgette Leblanc. N'ayant pu entrer dans le château d'Allemonde, elle a réussi à pénétrer dans celui de la Mort.

Il y eut deux représentations les 28 et 29 décembre 1905. Une troisième, le 4 janvier, exceptionnelle par la composition de la salle, ouvrit l'année nouvelle. La pièce commençait à seize heures quinze précises pour se terminer à dix-sept heures trente.

En cette fin d'après-midi, la petite salle des Mathurins est comble. Mary Garden occupe une loge, ainsi qu'Eleonora Duse. Sur scène, Georgette Leblanc. Sous leurs regards. A-t-elle voulu cette réunion ? La Duse est l'actrice qu'elle admire le plus au monde avec Sarah, depuis qu'elle l'a vue à Bruxelles au Théâtre du Parc. La tragédienne jouait en outre *Monna Vanna* en italien. Mary Garden avait ravi à Georgette le rôle de Mélisande. Que signifie sa présence en dehors des mondanités théâtrales ? Beaucoup plus que les apparences. Il faut que Mary Garden assiste au triomphe de Georgette Leblanc au théâtre après l'en avoir privé à l'opéra. Ses applaudissements mettront fin aux calomnies nées de l'affaire Pelléas. Georgette fait absolument confiance au chiffre trois. Une trinité de femmes est à l'œuvre autour de *La Mort de Tintagiles*. Georgette se confie au jugement de son aînée et de sa cadette.

Maeterlinck avait invité Gide dans sa loge. Gide ne l'admirait plus, il le supportait comme un mal nécessaire. Il écrivit dans son Journal : « *Inintérêt complet* du visage de Maeterlinck ; matérialité de ses traits ; homme du Nord très positif, très pratique, chez qui le mysticisme est une manière d'exotisme psychique. » En 1895, il avait noté avec la satisfaction que l'on devine, à l'issue de sa rencontre avec D'Annunzio en Italie : « Il n'aime pas beaucoup Maeterlinck dont la langue lui paraît trop simple. » On serait tenté d'ajouter : trop simple à imiter, pour un auteur passé maître dans le plagiat.

Au début, Gide n'est pas très heureux d'être là. Prévoyant que Georgette

---

[296] Sorties chez l'éditeur belge Deman, elles sont sous-titrées « trois petits drames pour marionnettes ».

Leblanc sera « exécrable », en la voyant jouer il se critique de ne pas la trouver pire qu'il ne l'avait supposé. Et puis, non. L'éclairage, la mise en scène, le jeu de l'actrice l'attendrissent. Il se laisse gagner par l'émotion et concède « qu'elle se mettait en valeur assez bien. » Or il déteste habituellement son physique et son personnage. Quant à la pièce, il la voit comme une « suite de tableaux vivants à la Burne-Jones ; ou à la Walter Crane. Musique continue qui alentit la diction et creuse des profondeurs sous chaque phrase ; l'action en est toute gênée ; chaque mot tend à faire entendre qu'elle se passe ailleurs que sur la scène. » Question de point de vue. On sent bien ce qui déplaît à Gide dans cette pièce au symbolisme déjà anachronique et proche de l'opéra par la volonté d'une cantatrice. C'est d'ailleurs un chanteur de la Monnaie de Bruxelles, Stéphane Austin, qui psalmodie le rôle du vieil Aglovale, Tintagiles et Bellangère étant interprétés par Petit et Nina Russel[297]. Mais au-delà, c'est le succès de Maeterlinck que Gide réprouve et juge profondément injuste. Il ne dédaignerait pas d'avoir, lui aussi, une pièce qui marche. Il fréquente l'acteur De Max, Lugné-Poe... Le théâtre ne lui est pas indifférent. Cependant, il en méprise le milieu et ses alentours presque autant que Maeterlinck. Quand il lira *Mes apprentissages* de Colette, trente ans plus tard, il révélera sa haine d'une « société (...) factice, frelatée, hideuse », en estimant que Colette en a été malgré tout « contaminée ».

Les « matinées de Georgette Leblanc » proposaient après la pièce un récital de mélodies choisies et chantées par l'organisatrice. Les poèmes étaient de Baudelaire, Banville, Charles Cros, Henry Gauthier-Villars (Willy), Judith Gautier, Théophile Gautier, Fernand Gregh, Pierre Louÿs, Maeterlinck, Verlaine, mis en musique par de Bréville, Bruneau, G. Charpentier, Debussy, Duparc, Fauré, Grieg, Xavier Leroux, etc. Copieux programme, on le voit, et qui prêtait à l'ensemble du spectacle une tonalité plus musicale que théâtrale.

Pour le ramener davantage vers les arts de la scène, Georgette supprima son récital et demanda une pantomime à Jean Nougués et Francis de Miomandre. Ce fut « Le Désir, la Chimère et l'Amour ». Une sincère amitié existait à l'époque entre l'éphémère directrice des Mathurins et la jeune romancière Colette Willy. Georgette vint trouver Colette : « Mon spectacle est bien court. Tu ne voudrais pas jouer une petite pantomime pour arranger tout cela ? Je lui ai répondu avec le même naturel : "Si tu veux." » Le 15 janvier, elle donna ses « impressions de première » dans *Le Mercure musical* : « Derrière un rideau baissé, au centre d'un jardin de toile peinte bordé d'un mur en carton, s'agite un petit peuple désespéré... On crie, on pleure, on menace, on court et on se heurte... Georgette Leblanc vole de l'un à l'autre, éblouissante et nue dans sa robe du dernier acte de *Tintagiles* et ses cheveux d'or la suivent, soulevés par l'élan. (...) » Un problème surgit : le mur de carton-pâte ne tient pas. Colette appelle au secours les machinistes qui font la sourde oreille. « Enfin, poursuit-elle, Mathilde Deschamps, secrétaire à poigne, les ramène par l'oreille. » Le public s'impatiente, « et les violons grincent, et Georgette Leblanc secoue ses cheveux d'un geste tragique. » Et le 6 février, Colette, en « Petit Faune », entra, grâce à Georgette Leblanc, dans la carrière du théâtre et du music-hall. Elle était ravissante, ainsi qu'en attestent les

---

[297] La chanteuse Nina Russel est la femme de l'imprésario Henry Russel que l'on retrouvera plus tard directeur de l'Opéra de Boston. « Petit » Russel est sans doute leur fils Sheridan. Les Russel habitèrent un hôtel particulier de la rue Bellini, où ils reçurent Georgette Leblanc, Maeterlinck, Fauré, Debussy, D'Annunzio...

photographies de scène. Debout près du jeune faune à demi nu, M. Willy habillé et chapeauté de noir s'appuie sur sa canne. Toucha-t-il une commission pour avoir prêté Colette à Georgette Leblanc ?

La Mort de Tintagiles, qui n'avait pas aussi fondamentalement déplu à Gide que *Joyzelle*, eut un effet étrange sur son ami Copeau, lequel partageait la loge de Mme Théo van Rysselberghe. En date du 11 janvier, Copeau exprime son « Exaspération nerveuse. Ah ! non, je n'aime plus cela ! et pourtant Pelléas est charmant. » Quant à Mme Théo, elle écrit à Gide : « Copeau pleure comme un veau, dit : Je deviens malade ; peux plus aller au théâtre sans pleurer. » Et Gide, le même jour, note : « Et quand Mme Théo lui demande ce qu'il pense du spectacle, il répond, sur le ton de *Ça finira mal* : "On s'occupe trop du petit."[298] Puis ajoute, après un blanc : « C'est même le défaut de cette pièce." »

Mais laissons Gide et ses amis se débrouiller avec leurs maladies nerveuses.

Le soir du 4 janvier, à la fin de *La Mort de Tintagiles*, la Duse s'était penchée au bord de sa loge pour applaudir et, détachant le camélia blanc de son corsage, l'avait lancé aux pieds de Georgette. Ensuite, elle était venue dans la coulisse, où elle avait embrassé sa cadette en pleurant.

Georgette réussit à entraîner « son Maurice » à l'hôtel du Palais d'Orsay, où habitait la tragédienne. Dans sa chambre, dont les fenêtres donnent sur la Seine et le Louvre, Eleonora les remercie d'un pâle sourire. Elle a quarante-huit ans. Gide, qui l'a vue dans sa loge aux Mathurins, parle de son « admirable visage de *vieille* femme ». Dans sa chambre, elle paraît petite, triste, enveloppée qu'elle est dans des voiles gris. Georgette est peinée par son aspect : peau couleur d'ivoire, regard terne, cheveux noirs avec de longues mèches blanches. Elle la reconnaît à peine. Duse était si différente il y a seulement quelques jours. Georgette se souvient de l'émotion de leur première rencontre en 1896 à Bruxelles. Elle veut assister à un miracle.

La conversation devient laborieuse, la Duse questionnant Maeterlinck sur son œuvre. Il bredouille quelques mots, se ferme et ne cache pas son ennui.

La Duse sort un instant demander du thé à la femme de chambre. Le poète ne cache pas sa contrariété. Pourquoi Georgette lui a-t-elle imposé cette corvée ? La Duse et lui n'ont rien à se dire ; de plus, elle n'est même pas belle.

De retour, la tragédienne s'assied à côté de Georgette, qui lui prend les mains et la tire peu à peu de sa torpeur. La Duse s'anime et raconte ses aventures de voyage. Le charme du personnage renaît et Maeterlinck, conquis, est sidéré de sa transformation.

En sortant de l'hôtel, il exprima son étonnement. Comment une femme pouvait-elle rajeunir en une heure de vingt-cinq ans ? Quand ils étaient entrés dans sa chambre, il l'avait vue plus vieille qu'elle n'était, ignorant qu'elle subissait de perpétuelles métamorphoses au gré de son psychisme mouvant. L'état naturel de la Duse semblait être une forme de dépression. Elle n'en sortait que pour s'adapter à son entourage. C'étaient les autres qui « faisaient » la Duse et elle se montrait toujours différente. Mais sa dépression avait des causes bien réelles. Seule, livrée à elle-même, l'actrice souffrait encore de sa rupture de l'été 1904. Rupture affective, mais non intellectuelle, du côté de D'Annunzio, car le poète italien ne voyait pas pourquoi il se serait privé de son talent. Il lui avait clairement avoué son exigence de renouvellement : « Le besoin impérieux de la vie

[298] Le petit, c'est-à-dire Tintagiles.

violente — de la vie charnelle, du plaisir, du danger physique — m'a retenu éloigné. Et toi — qui t'es parfois émue jusqu'aux larmes devant tel de mes mouvements instinctifs comme tu t'émeus devant la faim d'un animal ou devant l'effort d'une plante pour passer par-dessus un mur triste — tu peux mépriser ce besoin que j'ai ? »[299] Cela ne devait pourtant pas empêcher l'actrice de continuer à le servir. « Comme tu es la seule révélatrice digne d'un grand poète, et puisque je suis un grand poète, il est nécessaire — devant les lois sacrées de l'Esprit — que tu donnes ta force à ma force. »[300]

De Maeterlinck seul, Georgette Leblanc eût accepté un tel langage. Son titre de gloire, elle le tenait de son rôle d'interprète privilégiée du poète et non de fausse épouse du citoyen belge. La Duse, elle, refusa de rester la « révélatrice » de D'Annunzio. Elle répondit : « (...) Ainsi soit-il. Nous nous sommes unis pour être séparés. Le monde est plein de telles misères ! Ne me parle pas de la raison de l'empire, de la raison de ta "vie charnelle", de ta soif de "vie glorieuse". Je suis repue de ces mots. »[301] Pourtant, lorsque D'Annunzio écrivit son fameux roman *Le Feu*, certains amis de la Duse — dont son imprésario Schürmann — lui conseillèrent de ne pas le laisser paraître, tant le personnage de la Foscarina, tragédienne vénitienne à la sensualité experte, lui ressemblait. Eleonora autorisa la publication, parce qu'elle ne s'estimait pas le droit de priver la littérature italienne d'un chef-d'œuvre.

Eleonora Duse fut une de ces figures de femmes qui rappelaient à Georgette la mère perdue à seize ans. Elle la rencontra pour la dernière fois dans un salon parisien où elle disait des vers. Son ultime vision de l'actrice fut alors celle d'une dame en robe de velours noir. « La dentelle de son chapeau assombrit ses yeux... elle me tend les mains, elle sourit ».

Après cinq semaines aux Mathurins, la troupe du Théâtre-Maeterlinck partit à Bruxelles, emmenant Colette Willy, le petit faune, et son ami homosexuel, Georges Boulestin, un des nègres de Willy, qui jouait un « Athénien » dans la pantomime de la première partie du spectacle. *La Mort de Tintagiles* fut représentée au Théâtre du Parc.

Le *Désir...* de Miomandre et Nouguès conquit son autonomie et le petit faune descendit à Monte-Carlo. Colette suivit sa pente naturelle qui consistait à faire la noce avec les vedettes du demi-monde venues sur la côte d'Azur pour le mardi gras.

Le midi de la France attirait l'aristocratie, la grande bourgeoisie et les écrivains « arrivés » et/ou malades. Jean Lorrain appartenait à la dernière catégorie. Il devait le délabrement de sa santé à ses excès. Le fameux docteur Pozzi l'avait opéré jadis d'une fistule à l'anus ; à peine rétabli, Lorrain avait « remis ça » et, de nouveau mal en point, s'était installé à Nice depuis quelques années.[302] Antithèse de Lorrain, Maeterlinck était, lui, en parfaite santé, mais il était « arrivé », dans le sens que Degas prêtait à ce mot en peinture : il ne bougeait plus, c'est-à-dire que, depuis *Manna Vanna*, il n'inventait rien de neuf tout en se maintenant à un niveau honorable.

[299] Paolo ALATRI, *Gabriele D'Annunzio*, traduit de l'italien par Alain Sarrabayrouse, Fayard, 1992.
[300] Ibid.
[301] Ibid.
[302] Jean Lorrain mourut en 1906.

Georgette en était malade rien que d'y penser. Colette était libre de ne songer qu'à elle-même et à ses plaisirs. Georgette, elle, avait charge d'âme. Et cette âme qu'elle voyait péricliter sous ses yeux affaiblissait le « Nous », l'entité gémellaire qu'elle croyait avoir enfantée en se donnant à Maeterlinck. « Bébé » cherchait-il à s'émanciper de son exigeante collaboratrice en s'exilant en Provence ?

D'Ariane et Barbe-Bleue à l'abbaye de Saint- Wandrille

En 1906, grâce à de substantiels droits d'auteur, il s'offrit une propriété à trois kilomètres de Grasse, le mas des Quatre chemins, qui avait appartenu à Fernand Xau, fondateur du *Journal*. Xau l'avait achetée à la famille de Marsy. On disait qu'il y avait agonisé deux ans avant de mourir, en 1899.

Avant cette acquisition, Maeterlinck habitait chez ses parents, son domicile légal. Il retrouvait Georgette à Paris ou à Gruchet Saint-Siméon. Dès qu'elle partait, la déréliction l'accablait. Gand représentait le refuge idéal où ce sentiment d'extrême abandon pouvait être contenu. La découverte de Nice et de sa région, puis la mort de son père changèrent cela.

Georgette accusa le coup. Elle décida de garder l'appartement de la rue Raynouard et de se séparer du « presbytère », puisque le poète n'y viendrait plus. Grasse, c'était le luxe de la Méditerranée proche, les senteurs parfumées, les œillets et les roses, une villa blanche aux volets verts de deux étages avec terrasse et deux pergolas — devant la façade, un jet d'eau s'élançant d'un bassin —, entourée d'un parc de quatre hectares. Mais comment jouer en France, en Europe, et se tenir à Grasse, auprès de lui ? En un mot continuer d'être sa femme ? Si elle désirait « veiller sur leur amour », tenir en main leur destinée commune, créer ses pièces, chanter *Ariane et Barbe-Bleue* que Dukas avait achevé, sa vie allait devenir horriblement compliquée. Cette installation à Grasse était « un événement grave pour votre amour » l'avertit immédiatement son frère, jamais en reste quand il s'agissait de la démoraliser. Cette fois encore, mine de rien, il la sommait de choisir entre la soumission et l'écartèlement. Pouvait-elle se résoudre à n'être que la compagne d'un écrivain aussi connu et fortuné soit-il, alors qu'elle-même, en son propre nom, avait tant à dire et à faire ? C'était impensable. Ne voulant renoncer à rien, mue par une énergie qui épuisait son entourage, elle essaya de concilier les extrêmes, rester sur la scène et dans le cœur de Maeterlinck, tout en travaillant à ce second roman qu'elle ne parvenait pas à terminer.

Pour ne rien arranger, le mas des Quatre chemins était bâti à l'écart de Grasse, au croisement des routes de Cannes et de Pegomas. Sa situation isolée plaisait à Maeterlinck. Georgette fit des prodiges pour l'y rejoindre, passant à certaines périodes plus de temps dans le P.L.M., le chemin de fer du littoral et sur les routes qui grimpaient vers Grasse, qu'avec lui. Doit-on le préciser ? À aucun moment, il ne tint compte, dans le choix de sa résidence, de la profession de Georgette et des distances énormes qu'elle devait parcourir pour jouer ses œuvres d'une ville et d'un pays à l'autre. Mais peut-être croyait-il, ses voyages n'ayant jamais cessé depuis 1894, qu'elle était faite pour sillonner l'Europe ?

Elle fut si heureuse du bonheur de « son Maurice », qu'elle aima la villa et les paysages de l'arrière-pays, si différents de la côte d'Azur. De toute façon, le problème n'était pas là. En s'installant en Provence, il semblait la mettre au pied du mur. Exprimer ses œuvres partout ailleurs, ou vivre à ses côtés dans le silence. Le mas n'était-il pas aussi sa maison ? Justement, aux Quatre chemins, quelque chose avait changé, et qui ne lui plaisait qu'à moitié : Georgette habitait chez Maeterlinck et non l'inverse. Elle eut l'impression de perdre un peu de sa liberté, bien qu'il la laissât arranger le mas à sa guise. Il se fit simplement aménager un cabinet de travail dans l'ancienne chapelle et ne toucha pas aux autres parties de la bâtisse. Dans le salon, le drap vert du billard disparaissait sous les livres, comme à l'époque de la rue Raynouard et de Gruchet le plancher de son bureau.

Toujours aussi passionné de motocyclette, il lui en offrit une, afin qu'elle pût le suivre dans ses randonnées. Mais elle fut incapable de l'utiliser sans tomber. Si elle avait réussi à maîtriser la bicyclette en Normandie, le relief accidenté autour de Grasse, les chemins escarpés longeant les précipices lui furent fatals, à cause du vertige qui la prenait dans les descentes. Elle renonça à l'accompagner et, comme à Gruchet, s'inquiéta de son absence, surtout à la fin du crépuscule.

Mais l'année 1906, elle demeura très peu à Grasse. Les tournées de conférences et les récitals l'accaparèrent. Dès le mois d'avril, elle étudiait avec son enthousiasme si personnel la partition d'*Ariane et Barbe-Bleue* comme le montrent ses lettres à Paul Dukas. Le compositeur n'avait sans doute jamais rencontré une artiste aussi absorbée par un rôle. C'était comme si Ariane en personne lui écrivait. « Je la chante, elle se dessine à mes yeux et je suis éblouie (...) On ne peut rêver une musique plus lumineuse, c'est fou, c'est aveuglant (...) Je crois être devant une énorme montagne qu'il me faudra gravir lentement, sagement, avec mille précautions. Quand je serai à mi-hauteur, alors nous pourrons faire route ensemble. »[303] Elle se plaçait au même plan que le compositeur. Savait-il qu'Ariane était à ce point Georgette que Maeterlinck aurait pu, concernant cette œuvre, répéter ce qu'il avait déjà dit en exergue de *La Sagesse et la Destinée* : « Il a suffi que j'écoutasse vos paroles. Il a suffi que mes yeux vous suivissent attentivement dans la vie (...) » ?

Fin juin elle communique à Dukas ce qu'il faut penser de la meilleure manière de « travailler Ariane ». Elle utilise pour cela des comparaisons de sculpteur. Elle a étudié la sculpture et s'est pas mal inspirée de la statuaire grecque pour créer *Thaïs.* Donc « travailler Ariane comme on élève une statue, sa logique merveilleuse ne permet point que l'on s'attache à la tête sans avoir au moins construit le corps et je n'oserais m'oublier en ses grandes ailes si je n'avais la juste connaissance du sol où se posent fermement ses pieds audacieux. Voilà un langage bien symbolique, mais j'y vois l'image bien exacte du travail un peu particulier qui m'est imposé par la seule grande difficulté que je vois en Ariane. Cette difficulté est pour la voix dans les tessitures du rôle. Elles étaient *inévitables*, elles sont la voix d'Ariane. C'est à la mienne de retrouver l'unité. Il faut que le travail mêle et fonde sans cesse ce qui n'est en somme séparé que par *l'imagination*... Ne le croyez-vous pas comme moi ? »[304] Paul Dukas allait rompre toutes les lances qu'il faudrait avec la direction de l'Opéra-Comique pour imposer une telle interprète.

---

[303] *Lettres de Georgette Leblanc à Paul Dukas*, conservées à la Bibliothèque Nationale, citées par José Pons, Opéra International, 1991.
[304] Ibid.

Au début de l'été, elle conçut un projet fou. Si Maeterlinck acceptait, il leur serait possible de revivre tous deux en Normandie, au moins d'y passer la belle saison.

L'abbaye de Saint-Wandrille était à vendre. Georgette enfant avait rêvé d'y vivre. Dès leur premier séjour à Bagnoles-de-l'Orne, elle l'avait montrée à Maeterlinck qui la visita en compagnie du poète André Fontainas, après que les moines en eurent été chassés.

Lui n'eût jamais songé à s'installer dans ces immenses corps de bâtiment privés de tout confort. La fondation du site remontait au VIIe siècle. D'abord abbaye de Fontenelle, du nom de la rivière qui la traverse, elle prit au Xe siècle le nom de son fondateur, Wandrille, un noble mérovingien originaire des régions de la Belgique actuelle. En 1906, restaient encore debout les murs de l'église abbatiale gothique, le cloître du XVe siècle et les bâtiments conventuels du XVIIIe. La splendeur de Saint-Wandrille, entourée de ses hauts murs, avait défié des siècles de guerre et la Révolution française. L'abbaye ne subit pas le sort funeste de Jumièges et, à la fin du XIXe siècle, des Bénédictins tentèrent de revivifier l'un de leurs plus anciens établissements. Cette brève renaissance fut cependant interrompue par la loi sur les Congrégations et la séparation de l'Église et de l'État. Les moines de Saint-Wandrille se réfugièrent alors dans le Hainaut, tandis que le crâne du fondateur était conservé à l'abbaye de Maredsous, et ses autres restes révérés à Gand.

La première tentative de restauration remontait à 1894. Joris-Karl Huysmans, féru de vie monastique, y avait séjourné une semaine. Quand il en partit le dimanche 8 juillet, il écrivit dans le livre des hôtes que « le bonheur consiste sans nul doute à être enfermé dans un endroit bien clos où une chapelle est toujours ouverte ».[305] L'auteur d'*À rebours* qui allait mourir en 1907, avait caressé quelque temps le rêve de s'installer à Saint-Wandrille, mais à la suite de l'éviction de son ami Dom Besse, il dut définitivement y renoncer.

À l'été 1906, le domaine de quatorze hectares allait être cédé, sans doute à quelque industriel de la région. Georgette arracha Maeterlinck aux torpeurs languides de Grasse, et ils arrivèrent à Caudebec, non loin de l'abbaye. Des affiches annonçant la vente étaient apposées dans toutes les mairies du canton. En réponse, Dom Pothier, le supérieur de la congrégation en exil, fit composer et distribuer un avis avertissant les acheteurs éventuels qu'en vertu de la loi canonique, ils s'exposaient à l'excommunication. Cela dut faire réfléchir Maeterlinck, qui demanda conseil à son « beau-frère » Fernand Prat, locataire à cette époque du château de Gueures, à quelques kilomètres de l'abbaye.

Lorsque la vente eut lieu en septembre, ils ne se portèrent pas acquéreurs. Georgette ne possédait pas les fonds nécessaires. Maeterlinck, qui voulait lui faire plaisir, reculait tout de même devant une folle dépense assortie d'une excommunication. Mais Georgette, qui ne s'inclinait pas facilement, eut de la chance. Le 20 décembre, Saint-Wandrille fut adjugée à un industriel du Havre, M. Chappée, un ami des moines. Le but de l'opération était de conserver l'abbaye en l'état, dans l'attente du retour des bénédictins. L'industriel fut contacté. Maeterlinck se mit en avant, car il n'était pas question de citer le nom de Georgette Leblanc. Une cantatrice dans une abbaye, pour Chappée et l'ordre, c'eût été le comble ! Mae-

[305] Robert BALDICK, *La vie de J.-K. Huysmans*, Denoël, 1958.

terlinck inspira confiance à l'industriel, lequel, en achetant Saint-Wandrille, avait immobilisé des fonds importants. L'écrivain proposait de la louer à l'année et d'y habiter simplement à la belle saison. Disposant déjà d'une propriété à Grasse, le monastère ne serait pour lui qu'un pied-à-terre commode, parce que proche de Paris. M. Chappée signa donc en confiance un bail à ce M. Maeterlinck si rassurant. Le contrat était sans limite de durée et la location coûtait 6 000 francs l'an (environ 108 000 de nos francs). Georgette exulta.

Avant de vivre des moments inoubliables au cœur du monastère, elle dut reprendre sa vie errante. Ses retrouvailles avec Bordeaux furent émaillées d'un incident comique, au cours duquel elle ridiculisa le critique et compositeur Gustave Samazeuilh. Elle chanta cependant les *Poèmes de Jade* de Judith Gautier, mis en musique par Gabriel Fabre.

Ses lettres à Maeterlinck comportaient maintenant des interrogations sur les diverses combinaisons ferroviaires. Comment se retrouver à La Flèche ou à Paris, quand Maeterlinck vient de Grasse et que Georgette est en tournée dans le sud-ouest ?

Elle gardait en outre le contact avec Paul Dukas dont l'obstination frisait l'héroïsme. Carré n'en finissait pas, en effet, de faire la sourde oreille, ou bien il proposait n'importe laquelle de ses « petites trouvailles », voire sa propre femme, toutes plutôt que Georgette Leblanc. Mais Dukas tenait bon. Il n'entendait et ne voyait plus Ariane que par la voix et sous les traits de la compagne de Maeterlinck. Ce dernier, aussi ensorcelé que le compositeur, refusait à Carré le droit d'imposer qui il voulait. Le directeur se fatigua plus vite qu'eux et finit par accepter de rencontrer leur interprète idéale. Maeterlinck et sa compagne avaient tenu à être reçus ensemble. Ils le furent, et Carré, à l'issue d'un entretien quelque peu contraint à ses débuts — Georgette parlant pour deux —, décida d'accepter la cantatrice dans le rôle d'*Ariane*. La création pourrait avoir lieu à la fin de février 1907. C'était une victoire obtenue à l'arraché. Carré avait cédé, mais il n'aimait décidément pas la cantatrice, ainsi qu'il le montrera dans ses mémoires, où sa hargne s'adresse en réalité davantage à la femme qui avait osé lui rire au nez qu'à l'artiste.

Les répétitions ne commencèrent pas avant février 1907, ce qui repoussait la date de la première représentation à la mi-avril. C'est alors que des ennuis de santé se déclarèrent. Le mode de vie nomade de Georgette, ses déplacements aux quatre coins de la France et de l'Europe avaient mis son corps à rude épreuve. Elle travaillait à Paris, tandis que Maeterlinck était retourné à Grasse. Pendant les répétitions, elle souffrit de la gorge puis elle eut une extinction de voix. Carré la guettait, attendant, semble-t-il, la faute qui lui permettrait de la renvoyer. Elle se plaignit à « bébé » qui trouvait qu'elle exagérait et lui envoyait des réponses laconiques. Il était loin le temps où il prenait des leçons d'escrime et tirait au pistolet pour défendre son honneur. Elle n'avait qu'un défenseur, Paul Dukas. « Heureusement que Dukas est un philosophe et que l'orgueil l'entoure comme une ceinture de liège qui le fait flotter sur la vie. Et puis avec cela il a un cerveau, un caractère discipliné, une certaine bonté, bref il a accepté le désastre avec une bonne grâce parfaite. » Le désastre, c'était le report de la première d'*Ariane*. Car il s'avéra que les ennuis de santé de la prima donna étaient plus graves qu'un rhume mal soigné aggravé d'une pharyngite. C'étaient les effets psychosomatiques d'un état non désiré. Elle était enceinte, ce qu'elle finit par avouer à mots couverts à son compagnon. Celui-ci ne doutait pas qu'elle s'arrangerait. Elle assumait depuis tant d'années qu'elle n'allait pas subir un inconvénient pareil sans réagir. Il était impossible de laisser venir cet enfant à terme. L'eût-elle désiré que cela lui eût été interdit. Sa carrière, ses engagements, l'œuvre de Maeterlinck exigeaient d'elle la réponse adéquate à ce malencontreux accident. Elle s'ouvrit de ses problèmes à Dukas ou il comprit à demi-mot. En tout cas, ses inquiétudes augmentèrent. Carré ne devait à aucun prix se douter de quelque chose, lui qui ne croyait qu'à moitié au succès d'*Ariane*, bien qu'il se fût entouré d'une équipe qui avait fait ses preuves, dont le décorateur Léon Jusseaume, celui de *Pelléas*. Maeterlinck étant l'auteur des deux « poèmes », Carré avait programmé *Pelléas* pour le lendemain de la première d'*Ariane*, afin que la réputation établie du premier bénéficiât à la seconde.

Dukas dut encore se faire un sang d'encre, car fin mars, l'extinction de voix de Georgette n'était toujours pas guérie. Sa grossesse intempestive empoisonnait son corps et sa relation avec Maeterlinck. Enceinte, des ennuis d'argent, au bord de l'épuisement nerveux, elle savait qu'elle ne pouvait compter que sur elle-même. Son seul appui moral et artistique, elle continuait de le trouver en Dukas. « Un bloc carré est là, plein de probité, de loyauté sans failles », écrivait-elle à son compagnon. C'est qu'à Grasse, le grand poète jouissait du merveilleux climat et écrivait sur l'intelligence des fleurs ! Il étudiait les procédés d'élaboration des parfums avec la rigueur passionnée d'un chimiste et ne bougea pas de son mas, sauf pour se rendre d'urgence en voiture en Seine-et-Oise. Qu'est-ce qui nécessitait ce voyage éclair ? Eugène Demolder, gendre de Félicien Rops, qui vivait à la Demi-Lune, la propriété de son beau-père décédé, ayant envoyé à Maeterlinck *Le Jardinier de la Pompadour*, « bébé » avait décelé dans ce livre une grossière erreur. Parmi les nombreuses fleurs célébrées par Demolder, il y avait le dahlia. Or cette plante de la famille des composacées, baptisée d'après le nom du botaniste suédois Dahl, était inconnue sous Louis XV. Maeterlinck ne doutait pas que Demolder allait détruire une édition entachée d'un tel anachronisme !

Une autre œuvre qui occupa Maeterlinck à cette époque fut l'adaptation d'un épisode des *Mémoires de la comtesse de la Villirouët*. Il en tira une pièce en quatre actes, *Marie-Victoire*, dont l'action se déroulait pendant la Révolution française.

Il fut question dans la presse des ennuis de larynx de Mme Leblanc. *Le Courrier musical* parla d'une indisposition, terme assez ambigu, et on évoqua la possibilité de voir *Fortunio,* d'André Messager, avant *Ariane*. Messager remplaçant Dukas au pied levé pour cause de défaillance de la cantatrice, cela ne rappellerait que trop l'affaire Pelléas, Messager ayant dirigé l'opéra de Debussy ! *Le Courrier musical* du 1er mai annonça finalement la création de l'opéra de Dukas et Maeterlinck pour le mardi 7, la répétition générale étant prévue le samedi 4 à 13 heures.

Mais la première fut encore retardée et eut lieu le vendredi 10 mai 1907. Ce soir-là, Georgette chanta, parée du magnifique costume dessiné par Marcel Multzer. Elle avait avorté et effectué le nombre de répétitions nécessaires, en dépit de sa santé chancelante. Dans *Le Figaro* du 11, Gabriel Fauré lui rendit un juste hommage : « Le rôle d'Ariane est interprété par Georgette Leblanc de façon admirable au point de vue du jeu et de la plastique, d'une manière moins satisfaisante au point de vue vocal, j'entends par là que si elle chante fort juste et fort bien, le volume de sa voix ne suffit pas toujours à faire parvenir jusqu'aux auditeurs un texte qu'il est indispensable qu'on entende mot à mot. Il m'a semblé aussi qu'elle solennisait un peu sa déclamation, ce qui a l'inconvénient de ralentir parfois l'action musicale. »[306] Alfred Bruneau, avec qui elle avait débuté, fut ironique : « (...) dans le rôle immense, écrasant de l'inutile libératrice, [*Georgette Leblanc*] est délicieusement décorative et légèrement compliquée. »[307] Les compositeurs-critiques ne jugeaient que du résultat sans s'embarrasser des conditions périlleuses de la création. Mais on relève tout de même que leurs réserves sont extrêmement courtoises. Ariane chante, en effet, du début à la fin de l'œuvre, sans interruption. Il ne fait aucun doute que le défi du rôle d'Ariane leur était apparu et que la cantatrice s'en tirait très honorablement. Six jours après la première, elle écrivait à Dukas : « Je disais souvent que je ne voulais pas mourir sans avoir participé à une œuvre de *beauté totale* (...) Maintenant, je ne veux pas mourir sans avoir eu le temps de lui donner en hommage ce que je possède, si humble que soit ma mesure, je suis encore loin de l'avoir atteinte. »[308] Un mois plus tard, poursuivant son entretien épistolaire avec le compositeur, elle confessait : « Voyez-vous, depuis notre première Ariane, j'ai vécu dans une peur continuelle, j'avais peur de tout, des fenêtres, des portes, des rues, des voitures, des gens, des choses et de moi-même. Je n'osais plus rire, pleurer, sentir, atteinte pour la première fois dans ma santé au moment où j'en avais le plus besoin (...) J'avançais à travers les jours sans oser lever les yeux, comme une enfant qui porte un trésor. Je n'avais de repos qu'à chaque soir, en franchissant le seuil de Barbe-Bleue. Je descendais les marches en prenant possession du sol avec une volonté joyeuse qui raidissait mon corps et de toutes mes forces, je pensais encore une que le hasard ne me volera pas. Après, j'oubliais tout, je m'abandonnais et les jeux admirables commençaient, ces jeux d'un bonheur étrange, que ceux qui éclairent simplement ne peuvent pas connaître et que je ne puis décrire, parce que la vie dans ces instants-là est plus subtile, plus déliée, à la fois si réceptive et pourtant victorieuse, trop pleine de contradictions pour que l'on puisse définir les états que l'on a traversés. »[309]

Ses souffrances l'avaient laissée seule face à elle-même. Chaque soir, la scène la sauvait. Elle se sentait abandonnée comme Ariane par l'homme à qui elle avait tout sacrifié. Les personnages de Maeterlinck exprimaient sa dualité : il était à la fois Golaud et Pelléas, Prinzivalle et Guido, tantôt Merlin, Barbe-Bleue et Lancéor. Un homme mûr, jaloux et impitoyable, ivre de puissance et/ou un tendre et rêveur adolescent que tout terrifiait.

Nourri d'humanités classiques, il connaissait l'histoire de la fille de Minos et de Pasiphaé, demi-sœur du Minotaure Astérion, monstre à tête de taureau que Pasiphaé, leur mère, eut du taureau blanc. Elle vivait en Crète dans le palais de son père. Thésée, fils de Poséidon, débarqua à Cnossos pour tuer le Minotaure qui réclamait d'Athènes trop de chair fraîche (sept jeunes gens et jeunes filles tous les neuf ans !) Quand Ariane vit Thésée, elle lui dit : « Je t'aiderai à tuer mon demi-frère, le Minotaure, si tu m'emmènes avec toi à Athènes comme ton épouse. » Thésée jura qu'elle serait sa femme. Ariane avait reçu de l'architecte Dédale, qui construisit le labyrinthe où vivait le Minotaure, une pelote de ficelle magique. Dédale avait expliqué à la jeune fille comment entrer et sortir du labyrinthe sans

---

306 Opera International, 1991, Op. Cit.

307 Ibid.

308 Ibid.

309 Ibid.

se perdre. Ariane attacha l'extrémité du fil au linteau de la porte. Thésée déroula le fil et parvint ainsi jusqu'à l'endroit où dormait le monstre. Il le tua avec l'épée qu'Ariane lui avait donnée. En réenroulant le fil, il retrouva la sortie où l'attendait Ariane. Thésée était couvert de sang. Ariane l'embrassa et le conduisit au port où ils s'embarquèrent. Ils firent relâche dans l'île de Naxos. Reniant sa promesse, Thésée abandonna Ariane endormie sur la plage et reprit seul la mer. À son réveil, Ariane qui avait aidé Thésée à tuer son demi-frère et avait trahi son père, se lamenta et en appela à Zeus, qui lui envoya Dionysos escorté de ses Ménades et de ses Satyres. Dionysos épousa aussitôt Ariane dont la couronne de mariée forgée par Héphaïstos « d'or étincelant et de rubis indiens taillés en forme de roses » fut placée par le dieu dans les étoiles. Ariane, *Ariagne*, signifie « qui est très pure ».

Le livret faisait se télescoper l'Ariane de la mythologie et le Barbe-Bleue de nos légendes. L'Ariane de Maeterlinck était pure comme Georgette, digne elle-même de l'amante de Thésée, et elle aimait un seigneur qui avait la réputation d'être un monstre. Ici Barbe-Bleue n'était pas tout à fait celui de Perrault et il n'avait rien à voir non plus avec le Minotaure, quoiqu'il habitât un labyrinthe-forteresse. La rumeur l'accusait d'avoir mis à mort ses cinq femmes : Mélisande, Sélysette, Bellangère, Ygraine et Alladine, et l'on craignait qu'Ariane ne subisse le même sort. Mais Ariane, à qui Barbe-Bleue avait confié, à condition de ne pas les utiliser, six clés d'argent et une clé d'or, découvrit qu'il les retenait seulement prisonnières. À mesure qu'elle investissait le château, sa nourrice ouvrant les portes interdites avec les clés d'argent, Ariane, qui s'était réservé la clé d'or, confiait à cette femme ses réflexions, ses impressions et ses certitudes. Et avant de délivrer les recluses craintives de l'emprise de celui qu'elle devait épouser, elle se parait des trésors que son audacieuse investigation faisait surgir. La scène clé de l'opéra était celle qui l'opposait au seigneur du château : « BARBE-BLEUE : — Je vous croyais plus forte et plus sage que vos sœurs. ARIANE : — Combien de temps ont-elles supporté la défense ? BARBE-BLEUE : — Celles-ci quelques jours, celles-là quelques mois ; la dernière une année. ARIANE : — C'est la dernière seule qu'il eût fallu punir. BARBE-BLEUE : — C'était bien peu de choses ce que je demandais... ARIANE : — Vous leur demandiez plus que vous n'aviez donné. BARBE-BLEUE : — Vous perdez le bonheur que je voulais pour vous. ARIANE : — Le bonheur que je veux ne peut vivre dans l'ombre. BARBE-BLEUE : — Renoncez à savoir et je puis pardonner. ARIANE : — Je pourrai pardonner lorsque je saurai tout. »

Barbe-Bleue ne doutait pas de briser la résistance d'Ariane, puisqu'elle l'aimait et avait bravé la peur qu'inspirait son nom dans tout le royaume pour venir l'épouser. Il la contraindrait à le suivre dans les souterrains du château où elle deviendrait sa sixième prisonnière. Mais elle lui résista. Les paysans envahirent le château, blessèrent le seigneur et le ligotèrent. Ariane lui sauva la vie. Elle le soigna et coupa ses liens, après avoir persuadé les insurgés de se retirer. Comme elle allait l'abandonner, elle offrit aux cinq prisonnières de les mener à l'air libre. Mais les femmes de Barbe-Bleue préféraient la servitude auprès de leur seigneur et maître, les interdits qu'il leur imposait étant pour elles autant de pactes amoureux. Après tout, il n'avait pas fait couler le sang. C'était un monstre plus moderne que les égorgeurs de jadis. Il se proposait seulement de les asservir. L'auteur, lui-même, voulait se démarquer de ses anciennes et sanglantes « shakespitreries ».

Plutôt que de perdre sa liberté, Ariane sacrifiait son mariage avec Barbe-Bleue et sa tendresse pour les captives, ses sœurs. Invaincue et libre, elle quittait le château. Par son combat, elle avait préservé son intégrité, son intelligence et sa dignité. Ariane était une femme moderne et indépendante, sans l'amertume d'Aglavaine, chassée par le suicide de Sélysette. Et si elle se nommait Ariane comme l'antique héroïne de la mythologie, elle n'était pas abandonnée. Sa pureté était dans sa solitude.

Dans *Le Mercure de France*, le sévère Jean Marnold éreinta ce « conte lyrique en trois actes », mais s'en prit surtout à la musique de Paul Dukas. Il salua la mise en scène, loua Vieuille d'avoir « sauvé du ridicule le pauvre Barbe-Bleue » et estima que Georgette Leblanc, par ses défaillances, avait « plutôt desservi la pièce ». Henri de Curzon, dans le *Guide musical*, fut d'un avis contraire. Le mois précédent, il avait déjà consacré une analyse au livret, parlant de sa « sobriété exquise », et, dès le 12 mai, il publia un article favorable à l'œuvre musicale et à son interprétation. « Tout ce qui nous apparaît en scène est comme *hiératisé* dans l'harmonie des gestes et de la parole : tout est calme, lent, mystérieux ; tout est grâce pénétrante et beauté. » Quant à Georgette Leblanc, il insiste sur son identification totale avec le rôle. Elle « est l'incarnation même de son personnage, qu'on ne peut concevoir sans elle ; et les défaillances de sa voix, où d'ailleurs vibrent encore de charmantes sonorités, sont souvent rachetées par une diction pleine de poésie et une articulation qui ne laisse rien perdre…, sans parler de l'harmonie du geste et de la grâce du jeu. » Il eût été préférable d'attendre que la cantatrice fût rétablie, mais la date de la première avait déjà été bousculée…

Les pressions de toutes sortes qu'elle eut à subir pendant les cinq premiers mois de 1906 situent son courage à une hauteur qui laisse admiratif, compte tenu du résultat accompli malgré tout.

Ses ennuis de santé ayant retardé la première d'*Ariane*, celle-ci coïncida, à quelques jours près, avec la création en allemand de *Salomé* à Paris. Henri de Curzon : « Le hasard a rapproché *Ariane et Barbe-Bleue* de *Salomé*. Loin de nuire aux deux œuvres, il les a peut-être fait valoir. » Richard Strauss qui dirigea lui-même son opéra au Châtelet pour six représentations, composa plus tard une *Ariane à Naxos* sur un livret de Hugo von Hofmannsthal parodiant le mythe. Quant à Béla Bartok, il devait écrire *Le Château de Barbe-Bleue* (créé à Budapest en 1918), qui semble devoir lui aussi quelque chose à Maeterlinck et à Dukas.

Malgré son retentissement dans les milieux musicaux européens, *Ariane et Barbe-Bleue* n'accéda pas cependant à la gloire légendaire de *Pelléas et Mélisande*.

Avant 1914, Maeterlinck était un des écrivains les plus sollicités par les compositeurs. Henry Février, à qui il avait accordé les droits de *Monna Vanna*, protesta dans *Le Courrier musical* : il était question que l'Opéra de Budapest représentât bientôt une autre *Monna Vanna* mise en musique par le compositeur hongrois Albranyi.

Quatorze ans après ses débuts, Georgette Leblanc n'était pas encore la diva incontestée qu'elle rêvait de devenir jeune fille, sous les encouragements de Massenet et du vieux Klein, le marchand de musique de Rouen. Une des meilleures critiques de son interprétation, parue dans *Le Courrier musical* du 15 mai, jugeait qu'Ariane dominait et dépassait Barbe-Bleue. « Mme Georgette Leblanc a bien donné cette impression. Si la voix de cette femme remarquable, *qui ne fut d'ailleurs jamais une cantatrice*, n'a pas toujours eu l'ampleur ni la fraîcheur qu'on aimerait entendre, nous devons dire aussitôt que nous ne voyons pas quelle artiste aurait pu incarner avec cette perfection l'idéal du poète. Elle a exprimé (...) par sa façon de vivre son rôle, toute la générosité, l'orgueil, la joie de sa mission libératrice et aussi la tristesse de son départ solitaire. C'est une superbe création, dont Mme Georgette Leblanc doit être fière. » Soit. Mais tout de même, ce « qui ne fut d'ailleurs jamais une cantatrice » dut lui rester en travers de la gorge.

Carré, metteur en scène d'*Ariane*, manifesta sa mauvaise humeur chronique par de petites vexations qui, accumulées, la firent cruellement souffrir. Elle s'en plaignit à Dukas. Il compatit, sans plus. Tolérée à l'Opéra-Comique, Georgette ne s'était pas amendée. Elle avait eu l'audace de provoquer le directeur en faisant déposer sur son bureau la pétition qu'un millier d'admirateurs avaient signée en sa faveur. Le texte demandait rien moins qu'on lui donne « le rôle laissé vacant par Mlle Garden dans *Pelléas*, œuvre qui nous est si chère à tant de titres. » Il n'y eut pas de réponse. En mars 1908, à la fin des dernières représentations d'*Ariane* à Paris, elle autorisa un groupe de jeunes gens à former une association des « chevaliers d'Ariane ». Les conditions d'admission étaient simples : avoir assisté plusieurs fois aux représentations et manifester envers l'œuvre et son interprète une « dévotion sans limites ». L'été, Georgette offrit à ses « chevaliers » une journée d'Ariane à l'abbaye de Saint-Wandrille. « Nous étions dans la salle capitulaire, tandis qu'un des chevaliers, excellent pianiste, jouait la partition de Dukas. La nuit descendit, l'immense vaisseau se remplit d'ombre, les deux bougies du piano brillaient comme deux étoiles tombées. On jura fidélité à Ariane, j'étendis mes mains qui ne portaient point d'anneau. Je les reconduisis le soir. Tous armés de torches, à travers la campagne, nous allâmes chantant le chant de délivrance des Filles d'Orlamonde. »[310] Ce genre de culte païen déplaisait à Maeterlinck. Il avait offert une coupe de champagne aux chevaliers, puis s'était enfermé chez lui.

Ennuis de santé et de voix consécutifs à son avortement, problèmes d'argent, rivalité avec l'épouse de Carré, qui devait reprendre le rôle d'Ariane, voyages à Marseille et à Bruxelles pour des concerts et des conférences peu rémunérateurs, son éloignement de Maeterlinck, telle fut la face sombre de sa vie de 1907 à 1908. Le succès d'*Ariane,* les articles laudateurs du *Guide musical* et de *Comœdia* valaient-ils tant de tristesses, de fatigues, d'incompréhensions et d'exaspérations ? Dans ses lettres à l'actrice Marie Kalff, voire à « bébé » (« Mais diable, si *Ariane* meurt, plus de galette ! »), elle ne cachait pas ce que lui coûtaient ses ambitions, l'inavouable galère des tournées dont elle ne voyait pas la fin, puisqu'elle était désormais indésirable à l'Opéra-Comique.

L'abbesse de Saint-Wandrille

La création d'*Ariane et Barbe-Bleue* coïncida pratiquement avec l'installation de Georgette à Saint-Wandrille. Ainsi passa-t-elle du décor d'opéra de Jusseaume, évoquant le Moyen Âge, à la clôture monacale fermée par deux doubles portes. Du château de Barbe-Bleue où, dans l'acte II, nous dit le programme : « Fééeriquement la paroi se divise et une nappe de clarté aveuglante inonde le souterrain. On entend le murmure de la mer, le vent dans les arbres, le chant des

---

[310] Georgette LEBLANC, I, Op. Cit.

oiseaux, les clochettes d'un troupeau », au formidable domaine religieux, résidence nocturne des chouettes et des chauves-souris.

Ce fut pour résister aux angoisses de son personnage, en porte- à-faux dans une profession où l'on demandait à l'artiste de n'être qu'une voix docile, qu'elle eut besoin d'habiter ce lieu immémorial et démesuré. Elle ne l'oublia jamais : « En parlant aujourd'hui [*en 1930*] de l'Abbaye que j'ai tant aimée, mon cœur tremble comme s'il s'agissait d'un amour perdu. J'entends sur les dalles le murmure de mes robes d'abbesse, je surprends le bruit léger de mes pas qui s'élève et s'éteint de voûte en voûte. Je vois l'escalier des moines à midi quand il apparaît baigné de soleil au fond du large corridor des cellules. Les premiers rayons s'accrochent à la rampe, ils montent les marches, ils montent encore et baignent les colonnes de pierre blanche qui éclatent dans la lumière. Chaque jour l'enchantement recommence. »[311] Le monastère abandonné lui offrait aussi l'occasion, devenue rare, de reformer quelques mois par an un couple avec Maeterlinck. Pendant l'été, il consentait à quitter sa villa de Grasse.

La rumeur s'était rapidement répandue. Un écrivain célèbre et sa femme occupaient l'abbaye. Les moines, qui s'étaient d'abord réjouis que leur monastère fût préservé, déchantèrent. Dès lors qu'une « actrice » y paradait, leur ancienne maison n'était plus qu'un lieu de dépravation. Ils trouvèrent « regrettable » que leur allié Chappée eût jugé bon de signer un bail aussi peu contraignant avec « ces gens-là ». Passant par le village en août, un chanoine écrivit aussitôt aux bénédictins exilés en Belgique : « Proserpine, hélas » se vautrait dans leur abbaye. Aux yeux du prêtre, Georgette était bien l'équivalent de la divinité infernale.

Les amis et connaissances venaient et repartaient, heureux d'avoir pu partager quelques instants de ce couple unique dans l'incroyable décor qui les unissait. Pour le rendre plus habitable, Georgette avait meublé les pièces où ils vivaient de bergères à la mode du XVIIIe siècle et de tabourets Renaissance. Maeterlinck, moins formaliste et plus soucieux de ses aises, se réservait les fauteuils de cuir. Des portières de taffetas mordoré garni de dentelle noire coupaient les vastes salles pour leur donner un caractère plus intime. Selon Georgette, le beau devait primer le confort. La partie des bâtiments réservée aux hôtes n'étant pas équipée en eau courante, elle mettait une jarre à la disposition de ses amies de passage, qui devaient aller au puits. Rempli d'eau, le récipient s'alourdissait au point que l'amie, parfois, succombait sous le poids, mais il fallait respecter l'esthétique de l'abbaye. Maeterlinck assistait, goguenard, aux efforts de sa compagne pour théâtraliser la vie.

Si travailleur d'habitude, les premiers temps de leur installation, l'écrivain traversa une nouvelle période de stérilité et de découragement. Il se répétait. À la différence de la dépression de 1904, qui fut surmontée grâce à la pratique quotidienne de l'écriture, cette fois le dégoût fut plus puissant. Georgette écrivit à son frère : « (...) hélas ! (...) Maurice ne peut toujours pas travailler !... (...) Je sens qu'il se trouve à un tournant difficile. Il me semble aussi qu'il aurait besoin d'un courant nouveau. J'ai été il y a dix ans le premier tournant, mon arrivée près de lui s'est trouvée à une époque favorable. Voici la troisième.[312] Je la reconnais

[311] Ibid.

[312] G. L. saute dans sa lettre la deuxième époque de 1904. Elle estime qu'il y a eu alors un changement dans la production de Maeterlinck. Elle veut sans doute faire allusion à la

à l'arrêt de sa pensée, à toute la gêne qu'il éprouve à l'idée de se remettre au travail pour « continuer ». Il dit : " À quoi bon continuer ? " Et il a raison. (...) Je l'encourage donc à ressentir l'ennui que je devine, je voudrais qu'il y puise enfin la force d'une œuvre importante. *Le travail qui ne naît pas en lui, c'est l'ombre de ma vie actuelle.* Je sais que malgré le bonheur, la jeunesse de ses journées ici (il joue (...) à soigner les fleurs, à découvrir des sentiers dans les taillis, à cueillir des fruits, à peindre des meubles, à faire le menuisier, à pêcher surtout !), il y a en lui un rouage important, essentiel, qui, ne fonctionnant pas, doit abîmer un peu son équilibre physique et moral. Comme c'est étrange ! Parce qu'il ne travaille pas, il n'a jamais été aussi gentil avec moi dans le sens ordinaire du mot. (...) Il se dérangera pour m'apporter un vêtement ou pensera à mille petites surprises pour me faire plaisir. Hélas ! que j'ai hâte, pour lui, de perdre tous ces petits biens qui vont seulement de l'homme à la femme, et qui sont à mes yeux le signe de la pensée qui s'effrite, de l'attention qui s'effeuille... Combien j'ai hâte de retrouver la vie plus rude des deux compagnons que nous sommes presque toujours, et qui se regardent sans se voir, ou se parlent sans s'écouter — distraits, absorbés par le travail qui se prépare en dessous l'après-midi pour germer le lendemain matin. Le mieux est que je donne l'exemple, et c'est cela surtout qui m'a donné la force de me remettre au travail. J'y suis arrivée bien douloureusement. »[313] La dépression de Maeterlinck entraînait la sienne. Elle voyait avec horreur le « grand écrivain », descendu de son piédestal, se muer en compagnon charmant. Si cela continuait, il serait dans l'incapacité de reprendre son rôle de génie, ayant dilapidé pour rien les « richesses » de Georgette. Alors, elle payait de sa personne.

Il eût été intéressant de connaître la réponse de Maurice Leblanc, désormais créateur inspiré et bien rétribué d'Arsène Lupin. Il écrivait lui aussi dans la douleur, en tout cas au prix d'un effort nerveux qui allait, après la guerre, ruiner définitivement sa santé. Mais sa femme n'était pas une artiste et n'interprétait pas l'indifférence de son mari à son égard comme la manifestation positive de la création de l'écrivain. Georgette dit ici très clairement l'importance de sa place auprès de Maeterlinck : elle se veut responsable de son œuvre tout autant, sinon plus, que lui-même. L'affaissement de ses facultés créatrices anéantirait le duo fusionnel — ce qu'elle nomme *Nous* — qu'ils forment depuis 1895 et mettrait en danger la vie de Georgette.

Paru en 1907, *L'Intelligence des fleurs* est le dernier des grands essais de Maeterlinck, encore qu'il ne soit pas à la hauteur de *La Sagesse et la Destinée*. Dans ce volume de *mélanges*, l'auteur traite de la justice sociale, de la mesure des heures, de l'immortalité, de la guerre, et quand même du monde végétal. Il décrit les plantes et les phénomènes de germination, mais publie dans le même livre un « Éloge de la boxe ». Il est instructif de mettre en parallèle les attitudes de deux grands écrivains face à ce livre qui fut, comme les autres, un succès de librairie. André Gide dans son *Journal*, en date du 25 avril, parle avec mépris d'une certaine Mme de Watteville. « Grande "distinction" morale. Mais croit un peu trop que les vrais poètes ne vont jamais aux cabinets. Admire beaucoup *L'Intelligence des fleurs*. Et ainsi de suite... » Gide revient à l'essai de Maeterlinck et lui consacre quelques lignes navrées : « J'ai même, quand je vois Maeterlinck se pâmer

---

période où il commença à ébaucher *L'Oiseau bleu*. De son point de vue, la crise est préférable à la stagnation.

[313] Georgette LEBLANC, I, Op. Cit.

ainsi, quelque mal à le trouver aussi intelligent que ses fleurs. » Etc. Proust, par contre, se délecte de *L'Intelligence des fleurs* et, chose qui eût certainement interloqué Maeterlinck, il s'en inspire pour composer *Sodome et Gomorrhe* !

La crise surmontée, Maeterlinck se remit aux essais et au théâtre. Il « continua ». Parce qu'autrement, c'eût été devenir fou. Georgette retrouva donc cette « vie plus rude » dont elle avait craint l'irrémédiable perte. Mais reçut-elle vraiment l'œuvre importante et nouvelle qu'elle espérait au sortir de la dépression de l'écrivain ? La suite nous montre que non.

Des articles bienveillants d'hôtes émerveillés, qui ne s'aperçurent en rien de la détresse de celui qui était déjà considéré comme l'un des plus grands écrivains européens, parurent sur eux en France et en Belgique. Les alliés des congrégations religieuses et des cloîtres se calmèrent. On parla tout de même d'une excommunication, en raison de la vie licencieuse prêtée au couple, mais ce n'était qu'un bruit sans fondement. La fièvre des rumeurs remontera lorsque Georgette donnera à Saint-Wandrille des représentations théâtrales restées longtemps fameuses.

Télaïre, fille du Soleil

Cette vie d'exaltations et de tensions, faite d'absences, de séparations et de retrouvailles, voulue passionnément par les protagonistes du terrible couple, maintenait autour d'eux une atmosphère de drame. Lorsque Georgette partait, elle ne pouvait s'empêcher de craindre le pire. « Je n'ai qu'un souci : l'accident possible, le malheur, tous les malheurs qui menacent la vie de l'être que je quitte. » Maeterlinck se trouvait dans les mêmes dispositions. Ses longs silences parlaient pour lui. Durant la période de préparation du rôle de Télaïre, l'héroïne de *Castor et Pollux*, il la conduisit en voiture jusqu'à Avignon, ne lui adressant pas la parole pendant le voyage. Avant de continuer seul sur Paris, il la déposa près du Palais des Papes. Là, elle devait rencontrer Charles Bordes, discuter avec lui et prendre le soir même le train pour Bruxelles, où elle chantait le lendemain. « Bébé » et Georgette s'étaient quittés le cœur plein de reproches non formulés et elle eut soudain le sentiment, tandis que le train de nuit s'éloignait d'Avignon, que cette séparation était la dernière, parce qu'ils n'allaient plus jamais se revoir. À Bruxelles, elle attendit une demi-journée le télégramme au texte anodin ou catastrophique. La dépêche rassurante de Paris lui fut enfin apportée : Maeterlinck était vivant. À l'Opéra, dans les salles de concert, sur la scène des théâtres ou dans les salons privés, le public écoutait, admirait, détestait ou s'ennuyait à périr. Il ne soupçonnait pas que l'artiste, seule au monde, s'efforçait de dominer la terreur qui lui nouait le ventre…[314]

---

[314] Cet inexprimable « tragique quotidien » n'empêchait pas G. L. et Maeterlinck de se soucier de leurs proches. Maurice Leblanc, de plus en plus captif des exploits de son gentleman cambrioleur, cherchait alors à être publié en Allemagne. Il sollicita naturellement sa sœur et Maeterlinck demanda à Von Oppeln-Brokinowski d'indiquer à Maurice Leblanc un traducteur et un éditeur pour Arsène Lupin. (Lettre du 18/1/1908. Bibliothèque Albert I, Bruxelles).

La « remise à la scène » de *Castor et Pollux* au Grand Théâtre de Montpellier, les 23, 25 et 26 janvier 1908, fut, grâce à la cantatrice, un jalon considérable dans l'histoire de la renaissance de Rameau.

Rameau à Montpellier ? En 1905, les médecins conseillèrent vivement à Charles Bordes de s'éloigner de Paris et d'habiter le Midi. Ce qu'il fit. Il créa cependant une branche languedocienne de la Schola cantorum à Montpellier et y organisa des concerts. Ancien élève de Franck, ami personnel d'Ysaye, créateur de l'Association des chanteurs de Saint-Gervais, et, bien sûr, cofondateur de la Schola cantorum avec d'Indy et Guilmant, Bordes fut un des artistes les plus influents de son temps. On lui doit la redécouverte de la musique polyphonique des XVe, XVIe et XVIIe siècles. Respectueux de la tradition, serviteur des valeurs anciennes, il cherchait à donner sa vraie place à Rameau qui, au début du XXe siècle encore, était négligé. On sait que de son vivant Rameau eut toutes les peines du monde à s'imposer, et qu'incarnant la musique nouvelle, les modernes, il dut batailler ferme pour y parvenir. Ce fut au cours de ces luttes que les « ramoneurs » comme disait Voltaire, repoussèrent les « lullistes ».

Selon les Annales dramatiques, *Castor et Pollux*, le mieux accueilli des ouvrages de Rameau, fut joué vingt et une fois l'année de sa création, chiffre respectable si l'on songe que l'Opéra n'ouvrait ses portes qu'après la Semaine Sainte et pour quelques semaines seulement. Deux cent trente représentations suivirent et l'opéra fut maintenu au répertoire jusqu'en 1814. Pendant presque tout le XVIIIe siècle, *Castor et Pollux* fut le drapeau — selon le mot de Bordes — de la musique française, que ce fût contre les lullistes, les Bouffons[315] ou les gluckistes. Les représentations divisaient le public en factions qui en vinrent souvent aux mains, comme à Bordeaux.

En janvier 1908, il y avait donc près d'un siècle que ce chef-d'œuvre n'avait plus été monté en France. Georgette Leblanc baignait depuis ses débuts dans l'atmosphère de la musique contemporaine — du léger Massenet à l'austère Dukas. Elle s'était passionnée pour Schumann et Schubert, à une époque de furieux wagnérisme, tout en pratiquant elle-même cette religion par *Attaque du moulin* interposée. Elle passa avec une aisance stupéfiante d'Ariane à Télaïre, le seul rôle à sa mesure dans l'opéra en un prologue et cinq actes de Rameau. L'histoire mouvementée d'une œuvre traînant derrière elle un parfum d'émeutes plaisait à Georgette, qui aimait les défis et les personnages d'exception. Son ami Bordes était lui-même un « homme à l'aspect éternellement juvénile et modeste, plein de simplicité, de douceur, d'ardeur et de foi, pareil à un jeune moine franciscain aussi bien par l'aspect de son visage que par la qualité de son âme, aimant les êtres de la musique comme saint François aimait les créatures de Dieu » (Pierre Lalo). Georgette vivant dans une abbaye bénédictine, fût-elle désacralisée, et se costumant en abbesse, une harmonie potentielle unissait ces deux êtres de la musique. Le climat du Midi étant essentiel à la santé de Bordes, c'est à Grasse qu'ils se rencontrèrent, dans la maison de Maeterlinck. Paralysé du côté droit, le compositeur se mit au piano et joua de la main gauche la partition de *Castor et Pollux*.. Georgette le vit tel « (...) un dieu au piano ». Le portrait qu'elle en fit est fidèle aux photographies : « [*il*] semblait toujours en deuil, la tête tondue,

---

[315] La querelle des Bouffons fut déclenchée en 1752 par la représentation à Paris de *La Servante maîtresse* de Jean-Baptiste Pergolèse.

couverte d'une ombre noire, de superbes yeux noirs, un complet de drap noir et une mince cravate noire que je renouais vingt fois pendant notre travail. »[316] Ils communièrent par un enthousiasme commun. « — Vous avez raison, dit Bordes, ça ne s'explique pas, il n'y a pas d'école pour l'essentiel. On vit Rameau ou bien on ne le vit pas. »[317]

C'est avec cet instinct de la perfection innée qu'ils bâtirent la renaissance de *Castor et Pollux* sur une scène française. On mesure la difficulté de ce travail pionnier, quand on voit l'Opéra de Paris reprendre l'œuvre seulement dix ans plus tard, la belle Germaine Lubin chantant le rôle de Télaïre.

Pour ces trois extraordinaires journées musicales, Bordes avait mobilisé les chœurs et coryphées de la Schola cantorum, les chœurs de Saint-Gervais et ceux du Grand Théâtre de Montpellier. Lui-même dirigeait l'orchestre. Le rôle de Télaïre, fille du Soleil, valut à Georgette Leblanc des louanges sans réserve. On ne prétendit plus qu'elle n'avait jamais été cantatrice. Responsable de cette ineptie, *Le Courrier musical* se réhabilita : « Mme Georgette Leblanc chantait Télaïre. Il nous faut louer le pathétique de ses attitudes — sur la tombe de Castor, raidie dans ses voiles de deuil, elle semblait la statue de l'Élégie —, les mouvements de son visage, les accords de sa voix, la beauté de son chant, la perfection de son style, la noblesse de sa déclamation. Elle peut s'approprier cette appréciation de Diderot : "On ne pouvait désirer ni plus de douceur dans le chant, ni plus de force dans l'expression de la douleur. " Les autres artistes s'efforcent quelquefois en vain d'oublier qu'ils ont chanté la veille Halévy ou Ambroise Thomas. » C'était souligner en quoi la cantatrice était unique. Et il faut croire que le destin de Télaïre ne fut pas indifférent à sa prise de rôle : Jupiter, après avoir transporté Castor et Pollux au firmament, ne faisait-il pas de Télaïre une étoile ?

Une simple voix humaine reçoit le salut de la « vagabonde »

Encore entourée du halo lumineux de la déesse, elle se produisit le 16 février aux Concerts Colonne, le même jour que le fameux trio Cortot-Thibaud-Casals.

À ses yeux, le seul poète vivant étant Maeterlinck, elle s'efforçait d'amener un nouveau public à son ancienne œuvre poétique mise en musique par Gabriel Fabre. Sa méthode restait inchangée : une « causerie » en début de programme et le récital Maeterlinck-Fabre, comme cette soirée privée donnée le vendredi 8 mai 1908 au domicile du critique Jean Ernest-Charles, Fabre l'accompagnant au piano. Or à cette époque, mettre une voix humaine d'une diction parfaite, chantant clairement les mélodies, au service de la musique et de la poésie réunies, semble déjà relever d'une pratique désuète. Sous le titre « La voix maudite »[318], Mauclair, rendant hommage à Gabriel Fabre, déplore l'époque révolue du symbolisme où les cantatrices pouvaient révéler leur tempérament dans leur interprétation tout en donnant respectueusement les poèmes dont pas une syllabe n'était perdue. Toujours vindicatif, il ne cite pas celle qui se faisait accompagner par leur vieil ami commun. Fabre fut le premier compositeur français à mettre

---

[316] Georgette LEBLANC, *La Machine à courage*, Op. Cit.
[317] Ibid.
[318] *Le Courrier musical*, 15 mars 1908. Cet article nostalgique constitue déjà un symptôme de ce qui va plus tard emporter Mauclair…

Maeterlinck en musique, bien avant la foule de ceux qui, en 1908, se bousculaient au portillon.

Georgette n'était pas carriériste. Sa fidélité en amitié ne dépendait pas des circonstances. Quand elle appréciait une personnalité, elle lui témoignait de l'intérêt malgré les distances et l'éloignement de leurs sphères respectives. En 1908, elle fréquenta assez Léon Hamel, le confident de Colette, homme distingué et financier attiré par le monde des lettres et du théâtre, pour que la *vagabonde*, toujours vedette du music-hall, prie son ami de lui transmettre des « choses gentilles de [*sa*] part. »[319] Ainsi, ces deux femmes — la plus jeune ayant échappé à l'influence sinistre de son premier mari, alors que la seconde portait encore à son compagnon une dévotion sans pareille — s'envoyaient de loin en loin des signaux de reconnaisance et d'affection.

L'invité

On était en juillet. À la gare d'Yvetot, Constantin Serghéïévitch Stanislavski prit Maeterlinck pour l'homme chargé de le conduire à l'abbaye. Dans la voiture lancée à toute vitesse, ayant demandé des nouvelles de M. Maeterlinck, il s'aperçut de sa méprise en entendant son chauffeur s'exclamer : « — Maeterlinck ! Mais c'est moi ! »[320] Ils éclatèrent de rire. Ainsi les présentations se trouvèrent faites.

Dans la grande salle capitulaire, Georgette, vêtue d'une robe rouge médiévale, accueillit « Stani » comme elle seule savait le faire. La flamboyante apparition se révéla une « hôtesse très agréable et une interlocutrice intelligente et intéressante ».[321] Pendant que Maeterlinck travaillait, elle tenait compagnie au metteur en scène, qui préparait alors pour l'automne la création de *L'Oiseau bleu* en son Théâtre artistique de Moscou. Leurs conversations devaient apporter à Georgette certaines lumières qu'elle saurait mettre plus tard à profit. À quarante-cinq ans, Stanislavski, dont la carrière remontait à l'adolescence, avait accumulé, en tant qu'acteur et metteur en scène, une somme d'expériences qui faisait de lui un des grands maîtres européens de la scène. En France, seuls Antoine et Lugné-Poe pouvaient lui être comparés. Cependant, à la différence des Français, Constantin Sergheïevitch, bien que petit-fils d'une actrice parisienne, était né dans une famille riche et avait été épargné par la mouise. Grâce à ses relations, il s'était donné assez rapidement les moyens de bâtir le théâtre de ses rêves, où il interpréta et mit en scène les plus grandes pièces de Tchékhov. Il était venu en France rassurer Maeterlinck, auteur très anxieux. « Je lui jouai tous les rôles, il saisissait mes allusions au vol. Maeterlinck se montra aussi conciliant que Tchékhov. Il se passionnait facilement pour ce qui lui paraissait réussi, et son imagination voyageait sans réticence dans les directions que je lui suggérais. »[322]

Stanislavski suivait son travail depuis 1904. À cette époque, il portait déjà à la scène *Les Aveugles*, *L'Intruse* et *Intérieur*. Seule la Révolution de 1905 empêcha la représentation publique de *La Mort de Tintagiles*, l'entreprise ayant été quand

[319] COLETTE, *Lettres de la Vagabonde*, Flammarion, 1961.
[320] Constantin S. STANISLAVSKI, *Ma vie dans l'art*, (préface, traduction et notes de Denise Yoccoz), Collection Théâtre années 20, L'âge d'homme, Lausanne, 1980.
[321] Ibid.
[322] Ibid.

même poussée jusqu'à la générale au studio de la rue Povarskaïa. Mais l'association temporaire de Stanislavski et de Meyerhold s'arrêta sur cette création avortée qui précéda la fermeture du Studio, en fait l'ancien local du Théâtre Nemtchinov. La pièce, quand même vue par les théoriciens et les artistes de Russie les plus engagés dans la révolution théâtrale, suscita un débat fructueux. Sa création au Théâtre des Mathurins souleva, on l'a vu, beaucoup moins de passion et toucha peu l'intelligentsia parisienne.

En ce mois de juillet, à Saint-Wandrille, une entente parfaite régna entre le metteur en scène et ses hôtes. Stanislavski découvrit un mode de vie qu'il ne soupçonnait pas. Armé d'un fusil de marque Monte-Christo, Maeterlinck chassait autour des bâtiments ; il pêchait aussi dans la Fontenelle. Le soir, après le dîner, le couple et son invité gagnaient leurs chambres. « (...) nous nous mettions en marche le long des corridors et des passages obscurs, précédés par la lueur des candélabres. »[323] Stanislavski insiste sur l'ambiance mystique de l'abbaye, comme pour cacher son embarras, laissant entendre qu'il surprit des événements peu ordinaires dont les gens bien élevés ne parlent pas. Évoquant Maeterlinck, il écrit : « Je ne peux dévoiler sa vie privée, car il serait indiscret de m'immiscer dans un domaine qui s'ouvrit pour moi par hasard. »[324]

Il quitta Saint-Wandrille avec la promesse que l'auteur assisterait à la première de *L'Oiseau bleu* à Moscou. Naturellement, « bébé » recula devant les fatigues du voyage. Fin septembre, lorsque le monastère devenait froid et humide, il retournait à Grasse jouir de l'automne provençal. La première eut donc lieu sans lui le 30 septembre. Ce fut un succès considérable qui inscrivait désormais *L'Oiseau bleu* au répertoire du théâtre russe du XXe siècle.

La célébrité de la « féerie » allait surpasser celle des pièces précédentes, et elle connaîtrait une carrière mondiale pendant plus d'une décennie. Pensée, écrite et retravaillée dans les différents lieux de vie du couple, de Gruchet Saint-Siméon à Grasse en passant par Saint-Wandrille, elle se présentait sous l'apparence enjolivée d'un gentil conte de Noël sans prétentions symboliques, où il semblait que le poète s'était d'abord laissé aller à son penchant pour le merveilleux, en faisant de deux enfants les principaux personnages de sa nouvelle œuvre. Il n'avait cependant pas oublié sa compagne, à qui il devait le personnage de la Lumière.

L'Oiseau bleu exercerait une influence déterminante sur la vie de Georgette, dont la carrière lyrique, après une éclipse de plusieurs années, avait repris son essor. Grâce à l'échec de *Joyzelle*, libre de se donner au chant et à la musique, ses premières passions, la cantatrice connut une période faste entre 1905 et 1909. Plus que son dilettantisme affirmé, le responsable de son élan lyrique trop souvent réfréné fut son lien amoureux. Les œuvres de « son Maurice » exigeaient tous les soins. Le moment venu, l'alternance favorisera *L'Oiseau bleu* au détriment de l'opéra. Et la personnalité d'actrice de Georgette reprendra vie jusqu'à la Grande Guerre.

---

[323] Ibid.
[324] Ibid.

Un opéra pour rien : Monna Vanna

À l'automne 1908, Henry Février, le jeune compositeur de *Monna Vanna*, fut pris à partie par le poète. Cette fois la querelle ne porta pas sur le nom de l'interprète du rôle-titre auquel Georgette aurait pu prétendre en raison de l'antériorité de sa création au théâtre, mais plus prosaïquement sur les droits d'auteur. Maeterlinck intenta un procès à l'Opéra de Paris. La revue *Musica* se fit l'écho de l'incident en proposant à ses lecteurs une enquête sur les droits respectifs des compositeurs et des librettistes. Février refusa de parler de pourcentages et maintint la controverse au plan artistique. Il ne souhaitait pas envenimer les choses. Jean Nouguès, compositeur de *La Mort de Tintagiles*, ami de Maeterlinck et de Février, prôna la conciliation. Le critique Pierre Lalo, lui, fit une déclaration méprisante pour les librettistes. On lui répondit que Maeterlinck n'en était pas précisément un, etc. Cependant, les retombées publicitaires de l'action en justice de Maeterlinck furent nulles. Il n'y eut pas d'affaire *Monna Vanna*. On s'affrontait pour ou contre une cantatrice, pas pour des tantièmes. En 1902, Mirbeau et ses émules accusèrent Georgette Leblanc de pousser Maeterlinck à la confrontation avec Debussy. Mais on voit que, dans le cas précis de *Monna Vanna*, le poète s'était mis tout seul en tête de demander des comptes à Février et à l'Opéra de Paris.

À la création, en janvier 1909, le critique Georges Pioch, spectateur de la pièce sept ans auparavant, s'étonna hautement de son admiration de l'époque. La langue de Maeterlinck lui paraissait aujourd'hui bien terne et entâchée de belgicismes. Quant à la musique de Février, elle était agréable mais sans audace. Parce qu'il était galant homme, le critique rendit hommage à la cantatrice Lucienne Bréval.

En 1904, Maeterlinck se félicitait pourtant que la musique de Février ne sonnât pas « Schola cantorum » et proposait une audition chez lui, bien que son piano fût une « déplorable casserole ».[325] Se reconnaissant « profane en musique », il comptait sur l'avis des mélomanes. Georgette fit-elle partie des premiers auditeurs de l'œuvre ? Il semble que non. Quatre ans plus tard, Maeterlinck n'était plus très sûr d'apprécier la musique de Février, au point d'écrire à Stanislavski qu'il eût préféré avoir Rachmaninov[326]. D'ailleurs, il ne voyait aucun inconvénient à ce que ce dernier composât une *Monna Vanna* pour la Russie. Si Stanislavski voulait bien se charger de prendre les contacts nécessaires… La forme de la transposition de ses œuvres en opéra lui était assez indifférente. Debussy, Fauré, Février, Rachmaninov, un compositeur hongrois, d'autres… Il n'y avait que sur la question des droits d'auteur qu'il se montrait intraitable.

L'opéra d'Henry Février n'effaça pas *Monna Vanna*, la pièce, qui ne connut pas, dans la décennie suivant sa création, le sort injuste de *Pelléas et Mélisande*. Le souvenir de l'interprétation légendaire de Georgette Leblanc n'y était certes pas pour rien, le texte ayant déjà bien vieilli. Aux yeux d'une génération, elle restait l'inoubliable actrice du Théâtre de l'Œuvre, la splendide femme libre de leur jeunesse. Le temps, seul, a plongé dans l'oubli *Monna Vanna*. La pièce et le drame lyrique.

---

[325] Lettre à Albert Mockel (27/10/1904), Archives et Musée de la Littérature, Bruxelles.

[326] Lettre à C. Stanislavski (22/12/1908), A.&M.L., Bruxelles.

Deux femmes : Marguerite ; Hélène de Troie

Théâtre des Arts de Rouen, le 16 décembre 1908 en matinée. Georgette Leblanc dit des poèmes de Maeterlinck. Berthe Bovy déclame, elle, du Verhaeren. En un temps où le français était le langage de l'intelligence et de la sensibilité dans de nombreux pays où il n'avait pas le statut de langue officielle, on aimait en France les poètes belges, qu'ils chantassent leurs visions maladives d'esthètes ou l'énergie du travail humain sur les bords de l'Escaut. Georgette ne s'attarda pas à Saint-Wandrille, invivable en cette saison, et descendit à Grasse.

De retour en Normandie au début de 1909, elle prit une part prépondérante à un gala de bienfaisance organisé au profit des « sinistrés de Sicile et de Calabre », rescapés d'un tremblement de terre qui avait fait deux cent mille victimes. Fermo, directeur du Théâtre des Arts, ayant organisé dans le même temps un cycle faustien, l'engagea à prendre les rôles de Marguerite et d'Hélène de Troie. *Méphistophélès*, le magnifique opéra d'Arrigo Boito, était peu joué hors d'Italie en raison de ses difficultés dramatiques, l'auteur ayant voulu transposer l'esprit philosophique du chef-d'œuvre de Goethe, ce que Gounod dans son *Faust* s'était gardé de faire.

Être Marguerite, l'amante de Faust, et Hélène à qui Faust rend hommage au cours de la nuit du Sabbat représentait une performance lyrique que Georgette avait déjà tentée dans sa jeunesse, lorsque la Monnaie, pour elle, avait remonté *Fidelio*. Elle s'y consacra tout entière, rendant à Boito la même dévotion qu'à Beethoven, Dukas et Rameau. Elle étudia de très près la morale et la métaphysique de Goethe, telles qu'elles s'expriment dans son poème dramatique et sa suite, quand Faust accède à la sérénité de la Grèce antique en épousant Hélène de Troie. Elle lut et recopia des passages du *Faust* et du *Second Faust*, dans la traduction de Gérard de Nerval. Et l'on trouve dans ses papiers posthumes cette réplique de Méphistophélès à Faust, soulignée au crayon bleu : « Je te découvre à regret un des plus grands mystères. Il est des déesses puissantes qui trônent dans la solitude. Autour d'elles n'existent ni le lieu, ni moins encore le temps. L'on se sent ému rien que de parler d'elles. Ce sont les Mères. » Le mot mère, évidemment, la concernait. Goethe parlait des puissances qui avaient précédé le règne des dieux. Mais ce passage était entré en résonance avec sa vie intime la plus profonde. N'était-ce pas une mère qu'elle recherchait dans chaque femme ? Peut-être devina-t-elle en cette déclaration de Méphistophélès les grandes lignes de son avenir.

La première eut lieu le 25 janvier 1909 au Théâtre des Arts. Ainsi, parée de son prestige scandaleux d'abbesse de Saint-Wandrille, elle se rendit chaque jour dans sa ville natale, offrant durant toute la saison « l'éclat d'une voix prenante et souple, la plastique élégante d'une statue animée », comme l'écrivit Charles Bordes dans *Musica*. « Tour à tour Marguerite et Hélène, [*elle*] fut la parfaite interprète de cette œuvre ; enfant presque dans l'acte du jardin, avec toute la grâce et l'ingénuité de ses vingt ans, elle a atteint au sublime tragique dans la scène de la prison dont elle exprime, avec des accents incomparables, toute la frissonnante horreur. » Trois extraordinaires photos illustrent l'article de Bordes. Sur la première, Georgette Leblanc en Marguerite innocente est stupéfiante de grâce adolescente. Sur la troisième, elle est cette autre Marguerite hallucinée et criminelle de la « scène de la prison ». La photo centrale nous la montre en Hélène de Troie à la sensualité inoubliable. Les amis des moines en exil, la réaction cléricale, selon le vocabulaire polémique de l'époque, auraient pu s'en offusquer. Vivant en concubinage dans la millénaire abbaye bénédictine, n'exaltait-elle pas en scène le destin criminel de l'amante de Faust, un homme qui avait signé un pacte avec l'esprit qui nie tout ; et n'incarnait-elle pas aussi Hélène, reine païenne et adultère, pour laquelle Grecs et Troyens s'étaient entre-tués ?

Mais elle allait donner aux bien-pensants catholiques et nationalistes une raison plus grave de s'indigner. Elle avait à l'esprit un projet ambitieux. Oui, jamais les antiques pierres de Saint-Wandrille n'avaient été utilisées à pareille fin.

Lady Macbeth de Saint-Wandrille

Maeterlinck s'intéressait de longue date à Shakespeare, découvert et lu sous l'influence de Taine. Dès qu'il fut locataire de Saint-Wandrille, sa compagne ne tarda pas à le persuader que le décor exceptionnel de l'abbaye suggérait la mise en scène de *Macbeth*. Il fallait cependant une traduction digne de l'ambitieuse représentation dont elle rêvait. Celle de François-Victor Hugo, qui datait du milieu du XIXe siècle, ne la satisfaisant pas, elle demanda à Maeterlinck de la retoucher. Se prenant au jeu, il en entreprit bientôt une refonte complète. Par ce biais, Georgette avait trouvé le moyen de l'associer à son projet et de lever ses réticences, voire au début sa franche opposition à une représentation profane dans un lieu aussi anciennement consacré que l'abbaye. Le poète n'eût voulu pour rien au monde risquer le scandale et l'excommunication. Maintenant il était embrigadé dans l'entreprise et il lui était impossible de déserter. Mais pourquoi *Macbeth* ? Georgette s'en est expliquée dans *Souvenirs* avec la conviction et le talent qui, chez elle, forcent toujours le respect. « On ignore quel surcroît d'émotions peuvent donner l'art et la nature mêlés — une phrase de Shakespeare rendue à la terre, à l'espace, à la forêt. (…) Et c'est ainsi que survint en mon imagination l'idée d'une représentation spéciale, dont les lois que j'entrevoyais seraient exactement à l'opposé des lois théâtrales (…). Il ne s'agissait pas de réunir dans une des vastes salles un grand nombre de personnes et de jouer une tragédie devant elles. Non, la tragédie se déroulerait dans les décors séculaires que m'offrait l'Abbaye. Les spectateurs réduits à un minimum la suivraient en silence et, protégés par la nuit, la surprendraient comme des indiscrets. »[327] Pour elle, en vue de ce spectacle d'avant-garde, *Macbeth* était la pièce idéale. Se voyant naturellement dans le rôle de l'épouse de l'usurpateur, on peut supposer que ce choix ne dépendit pas seulement de l'adéquation de la pièce avec la scénographie du lieu. La personnalité de Lady Macbeth, incontestablement, lui plaisait. N'avait-elle pas elle-même souvent incarné des rôles de femmes puissantes dominant des hommes faibles ? Elle avait demandé à « bébé » de lui livrer une version scénique propre à mettre en avant la terrible lady, et il s'exécutait. Il élimina plusieurs scènes, émonda l'acte III et recomposa entièrement le dernier, non par souci de rendre plus clair le texte, mais en faveur de la représentation particulière de Georgette Leblanc à Saint-Wandrille.

Dans sa préface à l'édition de *La Tragédie de Macbeth* parue en 1910 chez Charpentier, Maeterlinck se justifiera : « De tous les poètes tragiques,

---

[327] Georgette LEBLANC, I, Op. Cit.

Shakespeare est celui qui perd le plus à la lecture, ou plutôt le seul dont la lecture la plus attentive ne révèle qu'une partie de sa vitalité. » Après la représentation de la fin août 1909, il se remettra à l'ouvrage, ne proposant à l'édition pas moins de trois versions de son propre travail.

Pour la première, celle qui fut représentée, Georgette se montra particulièrement attentive. Elle écrivit à Maurice Leblanc, afin que nul n'en ignore : « Chaque jour *nous* travaillons. Maeterlinck suit le texte anglais, pendant que je lis à haute voix les diverses interprétations des traducteurs[328] de Macbeth. D'abord il dit la phrase en la construisant presque selon la forme française, puis il la redit en déchirant le vêtement français qui ne lui va pas — il la répète en disloquant de plus en plus le premier sens qui s'était présenté ; et alors au-dessus d'un tas de mots qui tombent au hasard, comme des coques vides, la vraie pensée du poète jaillit, énorme, immense, intraduisible. » Mais le cadre de la merveilleuse abbaye allait suppléer à tout.

Un an auparavant, Stanislavski disait à Georgette, avec qui il passait ses journées en promenades : « Les cours, les leçons, les répétitions ne peuvent apporter aux artistes ce que donne une continuité d'atmosphère, la vie de l'esprit dans un cadre de beauté. Je vous envie cette abbaye. »[329] Ils s'étaient longuement entretenus des possibilités scéniques qu'offraient les différentes parties du monastère à certaines pièces de Maeterlinck. Ils avaient campé Pelléas et Mélisande évoluant autour d'un puits entouré d'une épaisse végétation, ou Golaud attirant Pelléas dans le souterrain… Georgette voyait Stanislavski dans le rôle du vieillard d'*Intérieur* … Ces conversations amicales où chacun s'était amusé à proposer des scènes en situation, comme s'ils travaillaient à une œuvre commune, portaient maintenant leurs fruits dans le cadre même qui les avait fait naître. Le spectacle voulu par Georgette serait proposé dans un lieu, non seulement contemporain de l'épisode historique dont Shakespeare s'est inspiré, mais encore plus ancien, de près de cinq cents ans. Sur le site de Saint-Wandrille se sont succédé jusqu'au XVIIIe siècle des styles architecturaux dont les plus antiques subsistent à l'état de vestiges. Un journaliste releva qu'en 1040, lorsque le roi Duncan périt assassiné par Macbeth, l'abbaye venait d'être récemment reconstruite par l'abbé Maynard, qui fut jeune moine à Gand.

Elle intéressa à son entreprise le directeur du *Figaro*, Gaston Calmette, qui chargea Abel Bonnard[330] d'écrire le premier article de lancement. Le critique fut frappé par la grandeur de l'abbaye et sut faire partager son éblouissement à ses lecteurs : « Non loin de Caudebec, près d'une rivière, au pied des forêts, elle mêle dans une confusion enchantée tous les styles et tous les siècles ». Puis la publicité du *Figaro* ayant fait son œuvre, Georgette dévoila l'originalité de son projet. Seules cinquante à soixante personnes — à peine deux fois plus que les vingt-sept acteurs et figurants de la distribution — assisteraient à *La Tragédie de Macbeth* qui n'aurait qu'une unique représentation, le 27 août 1909 en soirée. Quelques acteurs connus joueraient les principaux rôles. Les villageois de la localité de Saint-Wandrille-Rançon participeraient au spectacle comme figurants bénévoles. Le

---

328 Principalement Pierre Letourneur — qui traduisit la pièce au XVIIIe siècle —, Georges Duval, Guizot, Montégut, Maurice Pottecher, F.-V. Hugo…

329 Georgette LEBLANC, I, Op. Cit.

330 Futur académicien ; ministre de l'Éducation nationale sous le régime de Vichy.

prix de la place fut fixé à 200 francs (d'avant 1914), à peu près 3 600 francs d'aujourd'hui. C'était une somme importante, si l'on pense qu'à cette époque un ouvrier recevait un salaire de 150 francs par mois. *Le Figaro* et d'autres journaux — quotidiens, hebdomadaires — présentèrent l'événement sous l'angle d'une entreprise artistique et charitable. Les frais payés, le bénéfice serait distribué aux pauvres du village.

Quand elle se lança dans la réalisation de son rêve, Georgette ne possédait pas les fonds suffisants. Mais elle courut le risque, engageant toute l'entreprise sur sa parole. Elle dessina les costumes d'après la tapisserie de la reine Mathilde conservée à Bayeux, qui raconte la conquête de l'Angleterre en 1066, quasiment contemporaine du règne de Macbeth de 1040 à 1057. Elle commanda la musique à son ami Bordes, lequel, avec la collaboration du musicologue Pierre Aubry, s'inspira de danses et de chansons anglaises du XIIIe siècle, en particulier d'un thème découvert dans un manuscrit de la bibliothèque d'Oxford. Bordes s'intéressait à toutes les formes de la musique ancienne, y compris le folklore basque, et avait participé en tant que conseiller musical à des entreprises de caractère proche, toutefois de conception moins novatrice. L'époque était friande de reconstitutions dans des décors naturels et grandioses.[331] Cependant, Georgette n'imitait personne. L'idée avait germé dans la magnifique abbaye. Stanislavski l'avait encouragée, l'enthousiasme de la cantatrice faisant le reste. Si elle se référait quand même à un modèle existant pour l'avenir, à condition que le projet prît corps, c'était celui de Bayreuth. Mais un Bayreuth réservé à une poignée de fidèles et non à une foule de pèlerins

En juillet, lorsqu'elle reçut un télégramme de la princesse Murat réservant quatre places, elle respira. Marie de Rohan, épouse du prince Lucien, était en effet une des personnalités les plus en vue de la société mondaine de Paris et Cabourg. Maîtresse un temps d'Henry Bernstein, courtisée platoniquement par Proust, la princesse, par ses relations et ses amitiés, était une alliée indispensable. La publicité des journaux fonctionnant ainsi que le bouche à oreille, il y eut d'autres commandes et Georgette finit par recevoir les soixante souscriptions nécessaires. De nombreux souscripteurs possédaient d'ailleurs leur résidence d'été en Normandie.

Trois semaines avant la création, acteurs, régisseurs et autres gens de théâtre — en tout une quarantaine de personnes — affluèrent et prirent leurs quartiers dans le bâtiment principal. René Maupré et Mme Cassini venaient de l'Odéon, Andréyor de la Renaissance, Schültz du Théâtre Sarah-Bernhardt, et Marie Kalff de chez Antoine. La vieille amie de Georgette jouait la Première Dame d'honneur de Lady Macbeth. Leur présence, qui dérangeait ses plus chères habitudes, porta assez rapidement sur les nerfs de Maeterlinck. Il menaça d'abord de s'en aller, puis un jour de tirer. « Je ne tolérerai pas davantage l'envahissement sournois de l'abbaye ; au prochain cabot que je rencontre, je donne un coup de fusil. » Il ne fit ni l'un ni l'autre. Il écrivit à un ami : « Macbeth règne en l'abbaye… Après avoir longtemps boudé le thane de Cawdor qui attentait à ma tranquillité, à mesure qu'il se dessine davantage, j'y prends goût. Je crois que ce sera vraiment une expérience assez curieuse. » D'après Georgette, il prit un malin plaisir à épier

---

[331] En Italie, pourtant, on s'était moqué de D'Annunzio qui voulut faire représenter sa *Nave* au bord de l'Adriatique.

ce qui se passait dans les différents décors retenus. Mais il ne se résigna pas à ce qu'elle s'intéresse plus à la mise en scène de la pièce qu'à lui-même, souffrant à un moment d'une crise d'appendicite, à un autre de la fièvre typhoïde. Georgette courait sans cesse le calmer et se rassurer par la même occasion. Mais il était évident que ni rien ni personne ne réussirait à la détourner de son ambition d'incarner, ne fût-ce qu'une nuit, la criminelle lady. On ne se priva pas pourtant de décréter folle et impossible sa conception du spectacle. Et Maeterlinck ne fut, bien sûr, pas le dernier. Les journalistes qui la suivirent à travers les décors de l'abbaye, eux, lui tirèrent leur chapeau. Dans *L'Illustration théâtrale*, Georges Bourdon écrivit : « Pas à pas derrière Mme Georgette Leblanc, prestigieuse et brûlée d'une foi magnifique, j'ai parcouru l'antique abbaye. Étape par étape, sous la parole ardente de mon guide, j'ai suivi et Macbeth et Duncan et Banquo et lady Macbeth. (...) et c'est toute la pièce que scène par scène, durant plus de deux heures, je vis se développer frissonnante et atroce. » Et à l'issue de cette visite guidée d'un nouveau genre, car certains jours, on laissait entrer les touristes dans l'abbaye, Georgette se tourna vers le journaliste : « Me comprenez-vous à présent ? Doutez-vous que Saint-Wandrille et Inverness ne soient semblables ? Et vous étonnerez-vous que familière avec ses lieux depuis deux ans cette idée me hante, sans qu'elle m'ait un jour lâchée, faire vivre le drame de Macbeth ? » Elle ajouta en riant : « Saint-Wandrille n'a été fait que pour Macbeth. » Puis d'un geste, elle lui désigna le paysage que l'on apercevait depuis la façade nord de l'abbaye : « Oui, c'est bien sur cette pelouse sauvage, entre ces arbres noirs, que les sorcières allumèrent le feu de leurs marmites... » Et le journaliste de conclure, visiblement subjugué par la vision de Georgette : « J'admirais (...) la certitude avec laquelle l'initiatrice de ce rêve a adapté aux diverses parties du château ces scènes shakespeariennes. »

Ce soir exceptionnel, les soixante spectateurs-souscripteurs furent distribués en six groupes de dix personnes. Parmi eux, la princesse Murat et ses propres invités, plusieurs journalistes et poètes belges, tels Gérard Harry, ami personnel de Maeterlinck et de Georgette, Iwan Gilkin, Louis Piérard, délégué de la revue *La Société Nouvelle* qui présenta à Maeterlinck une pétition d'écrivains belges et de directeurs de journaux exprimant leur admiration envers leur « illustre compatriote ». On retint aussi la présence d'Adolphe Brisson et d'Yvonne Sarcey, du critique Octave Uzanne, de Jacques Hébertot, de Francis de Croisset, de dessinateurs et de journalistes venus couvrir l'événement. Parmi les gens de presse, le tout-puissant et néanmoins affable Gaston Calmette[332], responsable du *Figaro* depuis 1903. Ce soir de clair de lune un peu frisquet, il était venu soutenir par sa présence l'audace de son amie Georgette Leblanc. C'était encore la « Belle Époque ».

En organisatrice avisée, elle n'avait rien négligé pour satisfaire ses mécènes. Ceux qui désiraient se déguiser pouvaient choisir un costume médiéval. Les dames d'honneur de Lady Macbeth avaient pour mission d'accueillir les happy few à l'entrée de l'abbaye et de les conduire dans leurs chambres pour se changer. Au verso des cartes d'entrée, un itinéraire était tracé afin que personne ne s'égare entre le cloître, les bâtiments conventuels et les ruines. Car le spectacle allait

---

[332] Gaston Calmette restera dans les annales du journalisme politique par sa violente et longue campagne contre Joseph Caillaux qu'il paiera de sa vie en 1914, lorsque la femme du ministre l'abattra dans son bureau directorial.

durer trois bonnes heures. Enfin, pour se protéger de la fraîcheur nocturne d'une nuit de fin août en Normandie, on avait disposé des braseros dans les endroits stratégiques et les flammes crépitaient dans les cheminées, tandis que de grands feux brûlaient à l'extérieur.

Une partie importante du public étant parisienne et de l'espèce mondaine qui se moque férocement de ce qui l'ennuie ou la dépasse, le moindre couac eût pu déclencher une irrévérence totale. Après tout, ils avaient financé le spectacle. Georgette s'attendait à de l'incrédulité devant le merveilleux qu'elle avait mis en scène et guettait, « dissimulée dans l'embrasure d'une fenêtre (...) l'effet du premier tableau. »[333] Les chuchotements acerbes et les rires moqueurs qu'elle prévoyait se répandaient déjà sur la terrasse, quand l'apparition des trois sorcières environnées de tonnerre et d'éclairs sur la lande — la pelouse sauvage de l'abbaye — provoqua un silence soudain. Le fantastique d'une nuit de sabbat dans le décor grandiose de Saint-Wandrille opérait. Costumée en Lady Macbeth, Georgette sut qu'elle l'avait emporté contre le scepticisme de ceux à qui on ne la fait pas — les « branchés » de l'époque — et alla rejoindre son seigneur, car il était temps d'accueillir à Inverness le roi Duncan que des fanfares annonçaient déjà.

Guidés par des soldats de Duncan et Macbeth, dont quelques-uns étaient de bénévoles « chevaliers d'Ariane », les spectateurs avaient assisté au sabbat des sorcières depuis les fenêtres de la façade est de l'abbaye. On les conduisit à la façade nord, d'où ils virent l'entrée à cheval de Duncan et de sa suite dans la cour d'honneur. La scène était éclairée par des torches. Lady Macbeth recevait Duncan pour le faire assassiner pendant la nuit.

Les spectateurs furent emmenés ensuite au grand réfectoire. La porte du fond s'ouvrait sur la chambre où Duncan était tué.

Au milieu de l'ancienne salle capitulaire, Macbeth donnait l'ordre à deux spadassins d'exécuter Banquo et Fléance. Le pourtour du chœur de la basilique conservait ses chapelles, quoiqu'en ruine. Les tueurs coururent s'y dissimuler. Banquo fut trucidé dans le transept à ciel ouvert, côté chœur.

Le banquet, au cours duquel éclatait la folie de Macbeth, eut également lieu dans la salle capitulaire aux superbes boiseries.

Pour aller lui faire leurs prédictions, les fantômes passèrent par la galerie du cloître.

Placés à l'angle de celle-ci, entre le cloître et l'église, les spectateurs assistèrent à la scène des fantômes.

Le grand réfectoire avait une galerie surélevée à laquelle on accédait par un escalier. Pendant la scène du cauchemar somnambulique à Dunsinane, Lady Macbeth suivit cette galerie et, s'éclairant avec un flambeau, descendit l'escalier, épiée par les spectateurs.

Ces quelques indications pour évoquer l'atmosphère de la représentation, ce réalisme poétique dont on retrouvera quelques traces dans le film *Les Visiteurs du soir*, avec la différence, essentielle, que Saint-Wandrille n'est pas en carton-pâte. Les acteurs, et en particulier Georgette, surent trouver le ton juste, au-delà de la « diction théâtrale et de la déclamation verbeuse », comme l'écrivit Georges Bourdon dans *Le Figaro*. Le Belge Louis Piérard jugea que « l'initiatrice de cette manifestation d'art » avait été « admirable de naturel et de vérité », ce qui

---

[333] Georgette LEBLANC, I, Op.Cit.

était d'autant plus remarquable que, selon lui, ça n'avait pas toujours été le cas par le passé. Au cours de cette inoubliable soirée, « elle est restée de bout à l'autre de l'action d'une remarquable sobriété de gestes et d'intonations. Alternativement câline, séduisante, sanguinaire ou en proie au terrible remords, elle a eu à certains moments des trouvailles qui ont ajouté au texte shakespearien une incontestable beauté : tel, après le banquet, quand elle est avec Macbeth déprimé, ce geste d'infinie lassitude par lequel elle enlève de son front la lourde couronne. »

Le célèbre Séverin-Mars jouait le rôle de Macbeth. Tant acteur de mélodrames que de pièces d'avant-garde, plus chevronné que Georgette, il commit pourtant l'erreur de donner trop d'éclat et de virilité à son personnage, avant tout un lâche et un faible. Il fut cependant acclamé pour la mobilité de ses traits après la scène du troisième acte, dans laquelle, roi, il soudoie les assassins de Banquo. C'était une des gloires du théâtre avec De Max.

Les privilégiés de cette « nuit des rois » furent transportés au cœur même de l'univers shakespearien. Ce qui ne les empêcha pas de retrouver les réflexes du public et d'applaudir, parfois au milieu d'une scène, tant l'enthousiasme les prenait. Ils n'avaient plus de repères. Eux-mêmes costumés ou non, ils allaient et venaient par groupes, afin de suivre la progression de la pièce, sous la conduite de figurants habillés comme pour la scène. Quoi qu'on ait pu dire à l'époque, en la rattachant à d'autres expériences de théâtre de plein air — Orange, Bussang, Oberammergau — la représentation de Macbeth à Saint-Wandrille était sans exemple par sa préoccupation de limiter le nombre des spectateurs et de les déplacer pour en faire les voyeurs furtifs, tolérés à condition qu'on ne les remarque pas, d'actions simultanées pouvant théoriquement se passer d'eux.

La représentation terminée, ils se restaurèrent sur les lieux mêmes du festin de Macbeth et aperçurent Maeterlinck en personne dans un costume de guerrier écossais. Car la bouderie de « bébé » n'était plus qu'un souvenir. Quelques heures avant le début de la représentation, Georgette avait fait déposer dans sa chambre la tenue complète d'un soldat de Duncan, en lui conseillant de la revêtir s'il désirait circuler dans l'abbaye. Maintenant, il était heureux que le pari fou de Georgette eût été gagné. Sa traduction avait reçu le baptême de la vie. Il accepta avec bonhomie les compliments du public mondain et l'hommage de ses compatriotes belges. Dans son pays natal, une nouvelle génération appréciait ses œuvres. Le temps de l'incompréhension et des mépris, dont on supposait qu'il avait souffert, était passé.

Le lendemain, l'abbaye retournée à son silence millénaire, Maeterlinck fit une promenade avec Louis Piérard qu'étonna l'aspect timide de son hôte. Souvent, quand il parlait, il détournait les yeux et ne regardait plus son interlocuteur en face. Lugné-Poe avait fait jadis la même constatation, à l'époque de *Monna Vanna*, se moquant à sa manière caustique de cette attitude. Mais avant lui, certains, à commencer par Georgette, s'étaient déclarés peinés de son incapacité à supporter longtemps le regard et le visage de l'autre. Son incroyable succès de librairie et l'envolée mondiale de *L'Oiseau bleu* qui se préparait n'avaient en rien modifié sa personnalité de « grand nerveux ». On a vu qu'il avait tenté, durant les éprouvantes semaines précédant la création de Macbeth, de faire pression sur sa compagne par un comportement infantile. Il avait alors quarante-sept ans.

Un ami très proche de Georgette — Pierre Lecomte du Noüy — avait joué le rôle de Donalbain, l'un des premiers de la pièce, encore qu'il n'ait eu que peu de texte à dire. Acteur et auteur à l'occasion, le jeune homme grand et blond, sans être étranger à ce milieu d'artistes, de mondains et de journalistes, se différenciait par la diversité de ses études et son attrait pour les sciences. En 1907, il obtenait sa licence en droit et sortait diplômé de l'Institut des sciences politiques et de l'École des langues orientales. Il parlait en outre couramment l'anglais et l'allemand. Son hobby consistait à s'habiller en cow-boy et à jouer du lasso. Il avait d'ailleurs séjourné au Texas avant de faire son service militaire. S'intéressant de près au théâtre[334], il écrivit plusieurs pièces qui furent jouées, y compris à l'Odéon. L'année suivante, terminant son stage au service d'Aristide Briand, il serait docteur en droit et acteur professionnel, un peu par hasard, comme s'il hésitait encore. Pierre Curie avait été son professeur, mais c'est sur le conseil de Le Bon que Lecomte du Noüy s'inscrira en physique et en chimie à la Sorbonne en 1913. Il suivra également les cours de Marie Curie. Et ce sera en partie grâce à l'influence de Pierre et Marie Curie, mais aussi de Lippmann (prix Nobel) et de Sir Ramsay qu'il étudiera la biologie et la physique, devenant un grand biophysicien et un philosophe des sciences.

Par ses qualités humaines et intellectuelles, sa séduction, Pierre Lecomte du Noüy avait tout pour plaire à Georgette. Il s'entendit aussi très bien avec Maeterlinck. Les deux hommes disputèrent quelques matches de boxe amicaux pendant les trois à quatre semaines de répétitions qui précédèrent *Macbeth*.

L'attrait qu'exerçait le jeune génie était dû également à ses origines. Né en 1883 à Paris, ses parents étaient l'architecte Émile André Lecomte du Noüy et la romancière Hermine Lecomte du Noüy, née Oudinot de la Faverie, descendante du maréchal Oudinot, fait duc de Reggio par Napoléon Ier.

Absent de longues années, l'architecte construisit le Pater élevé au mont des Oliviers, à l'est de Jérusalem. La romancière fut l'auteur d'*Amitié amoureuse*, roman épistolaire inspiré de sa relation — platonique ? — avec Guy de Maupassant, son voisin à Étretat. Enfant, Pierre considéra longtemps Maupassant comme son oncle, tandis que son propre père ou présumé tel bâtissait au loin, s'illustrant non seulement en Palestine mais en Roumanie où il s'installa définitivement, devenant un familier du roi Carol et de la reine Élisabeth. Jules Jean Antoine, frère aîné de l'architecte et véritable oncle de Pierre, brillait dans la peinture de genre et d'histoire. Il fit le portrait de son cousin, le docteur Adrien Proust, médecin célèbre et père de l'auteur d'*A la recherche du temps perdu*. La Normandie était alors, l'été, le refuge des gens de la meilleure société. Si ce fut d'abord à son amour du théâtre et à sa mystérieuse filiation que Pierre Lecomte du Noüy dut le privilège d'être le partenaire de Georgette, le fait qu'il devint un savant, dans l'acception humaniste que l'on donnait à ce terme — un esprit ouvert à toutes les disciplines intellectuelles et scientifiques ainsi qu'à l'art et à la spiritualité —, le rendit plus précieux encore aux yeux de la cantatrice. Il demeura, jusqu'à la fin, un de ses meilleurs amis.

En septembre et octobre, la presse fit encore l'éloge de *La Tragédie de Macbeth*. Le poète belge Iwan Gilkin avoua son émerveillement dans la revue *Vers et Prose* : « (...) les scènes tragiques se succèdent, cruelles, terrifiantes. C'est

---

[334] En 1911, il signera une pétition en faveur de Henry Bernstein dont la pièce *Après moi* créée au Théâtre-Français provoqua des émeutes antisémites orchestrées par les ténors de *L'Action française*. Sur la liste, on relève également les noms de Debussy et Maeterlinck.

la farouche châtelaine poussant le faible Macbeth, le poignard à la main, dans la chambre où dort Duncan (...) C'est enfin la scène dominante de cette représentation : la scène du banquet. Mme Maeterlinck-Leblanc (*sic*) y fut admirable et même sublime (...) Demeurée seule avec Macbeth, son énergie l'abandonne. Elle s'abat sur une peau de bête, épuisée, défaillante, et, ôtant de son front la fatale couronne qui l'écrase, elle la laisse tomber sur le sol : geste tragique, d'une beauté et d'une grandeur si émouvantes, qu'il fit passer dans les chairs des spectateurs un long frisson. »

Georgette le remercia : « Vous avez vu le soir de Saint-Wandrille avec des yeux de poète et vous en avez parlé en ami..., tout en fixant mon souvenir, il le dépasse, il rejoint mon rêve et le retrace plus fidèlement que la réalité... »

La revue parisienne *Le Rythme* publia un numéro spécial consacré à Georgette Leblanc et Maeterlinck à Saint-Wandrille, avec des contributions de Gérard Harry, Han Ryner, Henry Bataille, Camille Lemonnier.

Il y eut, certes, ailleurs, des articles critiques accusant les locataires de Saint-Wandrille de démesure. On ironisa : « Shakespeare chez Maeterlinck ! » D'autres estimèrent Shakespeare trahi et utilisé à des fins publicitaires par une comédienne à demi folle, l'entreprise relevant d'un bluff éhonté.

Les journaux cléricaux, quant à eux, ne décolérèrent pas devant un tel sacrilège. Un certain Boyer d'Agen donna la mesure de son indignation catholico-nationaliste : « Un dramaturge *belge*, traducteur d'une pièce *anglaise*, choisit une abbaye *française* pour l'y faire représenter devant un parterre de spectateurs rares et aussi étrangers que lui-même à la délicatesse d'un pays qui, d'ordinaire, n'aime pas mêler le sacrilège à la plaisanterie, ni la gravité des monastères déserts à l'amusement des comédiens survenants. Il faudrait pourtant s'entendre dans cette incohérence de races mêlées et de sentiments hétérogènes où nous sommes en droit de ne pas reconnaître les nôtres ; et ce qui reste de Français en France peut bien se demander, devant ce cloître ainsi violé de Saint-Wandrille, si la loi de spoliation qui a envoyé les moines en exil n'avait d'autre raison que celle d'y faire place plus nette au cabotinage envahisseur... » Il aurait pu ajouter, pour retourner le couteau dans la plaie, que les bénédictins, anciens occupants de l'abbaye, s'étaient réfugiés en Belgique, pays natal du traducteur et concubin de l'actrice normande, la véritable organisatrice du « viol » de Saint-Wandrille.

Et puis, preuve définitive de leur succès, une fameuse revue parisienne, *Garçon, de quoi écrire*, se moqua de la représentation et de ses organisateurs. Francis Carco écrivit les paroles d'une chanson sur l'air de *Biribi* d'Aristide Bruant et les spectateurs de la salle Malakoff reprirent en chœur :

« À Saint-Wandrille, c'est près d'la Manche,
Très loin d'ici.
On y pass' de fameux dimanches,
J'vous l'certifie.
Quand Georgett' dit "Allez, marchez ! "
Faut qu'on gambille,
C'est une vrai' course au clocher,
À Saint-Wandrille !
À Saint-Wandrill', c'est là qu'on crève
De soif et d'faim.
Le buffet n'existe qu'en rêve

En ces jardins.
Et chopant un rhum' de cerveau,
Chacun s'tortille,
En suivant Macbeth ou Banco
À Saint-Wandrille ! »

Les jours ordinaires, sa population réduite à ses deux locataires et à quelques serviteurs dont une cuisinière, le monastère se refermait derrière ses murs. Quand il pleuvait, Maeterlinck faisait du patin à roulettes dans le cloître et les salles voûtées, son éternelle pipe en bouche. Pour ses déplacement à l'intérieur du domaine, Georgette, costumée en abbesse, montait l'âne Cadichon. Elle rejoignait ainsi un pavillon construit par le marquis de Stackpool, qui ne comportait que deux chambres faciles à chauffer. Georgette y écrivit *Quand j'étais Lady Macbeth* [335] et un charmant conte pour enfants, inspiré de *L'Oiseau bleu*. Publié seulement en 1913 en Angleterre et aux États-Unis, *The Children's blue bird*.[336] fut illustré par Albert Rothenstein. Il est curieux que Fasquelle, faisant paraître en 1909 la première édition française de *L'Oiseau bleu*, n'ait pas édité le conte de Georgette. À moins que Maeterlinck s'y soit opposé…

La vie était simple. Maeterlinck chassait et pêchait. Georgette meublait, tapissait, dessinait. Elle se fit photographier en longue robe blanche dans l'escalier qui conduisait aux cellules des moines et sous les arcades du cloître. Ou avec son âne que Maeterlinck tenait en laisse. La photo fut tirée en carte postale. Les visiteurs ayant accès à l'abbaye deux jours par semaine achetaient ainsi un petit souvenir. La présence du poète et de sa compagne excitait la curiosité. On s'attendait à le voir écrire dans la salle capitulaire, tandis qu'elle aurait chanté ou répété à ses côtés. La vieille servante du couple disait : « Oh que Mossieur est connu… il est connu comme Barrabas, Mossieur. »[337] Mais ces jours-là, Georgette et Maeterlinck étaient invisibles, cachés dans leurs appartements privés.

Pour se retrouver sur le vaste domaine, ils sonnaient la cloche ou poussaient un cri de ralliement. Grâce à ce système, les importuns étaient facilement évités. « Il arriva qu'un certain archéologue, que nous avions perdu à dessein, passa son après-midi à hurler le cri de ralliement, qui dans ce cas orientait notre fuite. »[338] D'autres étaient mieux reçus. Colette, par exemple, qui voyant Maeterlinck lui apparaître sur un fond gothique, lui dit : « J'imaginais que vous étiez un type dans le genre de Jésus-Christ. »[339]

En mai 1914, un quatuor d'importants visiteurs se présenta à la porte du monastère. Il s'agissait de Marie Bonaparte et de son mari, Georges de Grèce, qu'accompagnait son chambellan, d'Aristide Briand, l'amant de cœur de la princesse, et du sociologue Gustave Le Bon. Marie Bonaparte admirait Maeterlinck rencontré à une soirée chez Le Bon. Elle savait qu'il vivait avec Georgette Leblanc dans l'antique abbaye. Après avoir visité les ruines de Jumièges, les touristes menés

---

[335] Cet article parut dans Lectures pour tous. Traduit en anglais sous le titre *Macbeth at Saint-Wandrille*, pour la Fortnightly Review, il fut publié en octobre 1909.
[336] *The Children's blue bird* (traduction d'Alexander Teixeira de Mattos)
[337] Gérard HARRY, Op. Cit.
[338] Georgette LEBLANC, I, Op. Cit.
[339] Georgette LEBLANC, II, Op. Cit.

par la bouillante princesse trouvèrent porte close, Maeterlinck et Georgette étant absents ou préférant éviter les altesses, le ministre et le sociologue…

L'abbaye recelait des zones dangereuses. Partie en exploration avec le chien Golaud, Georgette resta plusieurs heures prisonnière derrière une lourde porte qui étouffait ses appels à l'aide. Réussissant à s'échapper, l'animal chercha du secours et sauva ainsi la femme de son maître.

Cela mis à part, leur emploi du temps était aussi prévisible qu'à Gruchet. Partout où il s'installait, Maeterlinck établissait son protocole d'habitudes et de rites qui le menait sans imprévu du matin jusqu'au soir. « (…), ses deux mains, tenant son journal, occupaient tout le rayon de sa lampe et des montagnes d'ombre nous environnaient. Nous étions seuls dans un monde de ténèbres et de silence. » Il avait cependant réussi à tromper une habitude déjà ancienne. Fumeur invétéré, il ne bourrait plus sa pipe que d'un tabac dénicotinisé. Les gestes du fumeur demeuraient les mêmes, ce qui était peut-être suffisant. Ils passaient leurs soirées dans le salon Louis XV. Le retour de l'automne les obligeait à se tenir près de la cheminée où brûlaient d'énormes bûches.

Pendant ces heures mornes d'où tout risque de surprise était exclu, Georgette appréhendait le moment d'aller se coucher près d'un homme qui s'endormait immédiatement, sans la toucher, mais qui la voulait dans son lit. Elle ne bénéficiait pas d'un sommeil aussi facile et profond, à partir du moment où toutes les mesures de sécurité avaient été prises. L'ennui l'effrayait plus que les voleurs qui l'auraient au moins distraite. L'insatisfaction la tenait longtemps éveillée. Elle savait que les soirées seraient identiques à Grasse, comme d'ailleurs les journées. Il n'y avait pas d'issue…

Elle partit sans regret à Bruxelles donner quelques représentations de *Macbeth*. Gérard Harry assura Maeterlinck de leur succès.

Travaux littéraires

De retour à Grasse, elle y prépara une introduction à une anthologie des œuvres de Maeterlinck, qui devait être publiée en 1910 dans la populaire collection Nelson, sous le titre *Morceaux choisis*. Les extraits présentés étaient tirés, à l'exception d'*Intérieur*, de huit ouvrages parus entre 1896 et 1909. Hasard ou volonté, aucun des textes sélectionnés, sauf un, n'était antérieur à leur rencontre. L'anthologie s'ouvrait sur *Le Silence*, méditation largement inspirée, on l'a vu, par Georgette, et se refermait sur *L'Oiseau bleu*, dont tout indiquait que s'il y avait un jour une création en langue française sur une scène parisienne, la préfacière en serait.

Il n'est pas habituel, aujourd'hui pas plus qu'hier, que la compagne ou l'épouse d'un écrivain célèbre présente ses œuvres au public. En 1910, les préjugés envers les femmes étant encore quasi insurmontables, cette préface en étonna plus d'un, s'agissant d'un auteur déjà traduit et diffusé dans le monde entier, candidat au prix Nobel de littérature et que l'Académie française avait pressenti à condition qu'il se fît naturaliser. On eût pu croire alors l'éditeur de l'anthologie soucieux d'en confier l'introduction à un grand critique ou à une gloire universitaire quelconque comme garant du sérieux de l'entreprise. Il y eut peut-être des discussions à ce sujet entre l'éditeur, l'égérie et l'auteur, nous l'ignorons. À la fin du siècle, il s'était montré soucieux de cacher sa vie privée, et l'on se souvient des manœuvres autour de la parution de *La Sagesse et la Destinée*. Il acceptait maintenant que sa maîtresse, s'appuyant sur sa connaissance intime de l'homme, écrivît sur son œuvre.

Muse, collaboratrice, agent littéraire et représentante de ses intérêts auprès des imprésarios, lui fournissant de la documentation, lui donnant à penser, incarnant ses personnages, c'était la première fois que leurs deux noms allaient être imprimés sur la page de titre d'un livre, dans une mise en page suggérant une collaboration. « Morceaux choisis par Maurice Maeterlinck — Introduction par Mme Georgette Leblanc. » Douze ans après *La Sagesse et la Destinée*. D'inspiratrice saluée comme telle, elle était passée à l'échelon supérieur d'introductrice officielle. Elle s'acquitta avec talent de cette tâche souvent ingrate, sans cacher d'où elle parlait : « (...), il faut avoir longuement partagé une vie pour commencer à la comprendre, pour pénétrer au-delà de cette première connaissance extérieure qui généralement ne révèle rien de l'âme véritable. Il nous faut des mois, des années pour faire simplement le tour d'un caractère ; car s'il est vrai que l'on juge un être d'après les actes qu'il fait, on le connaît d'après ceux qu'il ne fait pas. »

Lorsque l'on rencontre Maeterlinck, on n'est point déçu, tant l'œuvre et son auteur semblent se confondre. C'est qu'il a reçu en naissant un don qu'il a fortifié tout au long de sa vie au lieu de le disperser dans des tâches secondaires. Georgette reconnaît sa puissance. On peut comprendre entre les lignes qu'elle regrette, elle, qui avait tous les dons (de l'aveu même de son compagnon) de les avoir employés uniquement à son profit. Car elle ajoute, ne dévoilant qu'une partie de la méthode maeterlinckienne : « tant il est vrai que nous obtenons peu à peu la complicité des choses que nous avons su dominer. » Des choses... Elle sait qu'elle est sa complice dominée, une sorte de chose, un être qui accepte l'asservissement étant réduit à cela. Elle décrit la vie réglée au millimètre près, « l'existence presque immobile » nécessaire à la récolte des livres, ce mode de vie qui la fait tant souffrir. Car elle sait aussi qu'elle ne le changera pas. Elle s'y est essayée, mais elle a vite compris que ce serait mettre en péril le système qui abritait son génie. Ayant « choisi » la littérature, elle accepte que la vie déserte leur couple, elle qui a écrit *Le Choix de la vie* ! Elle sublime toujours, alors que lui ne s'astreint à rien. Il est ainsi. L'habitude est l'armature qui le soutient, et elle profite à son œuvre. « Non seulement, (...), écrit Ravaisson, les mouvements que l'habitude soustrait graduellement à la volonté ne sortent pas par cela même de la sphère de l'intelligence pour passer sous l'empire d'un mécanisme aveugle ; mais ils ne sortent pas de la même activité intelligente où ils avaient pris naissance. Une force étrangère ne vient pas les diriger ; c'est toujours la même force qui en est le principe, mais qui s'y abandonne de plus en plus à l'attrait de sa propre pensée. »[340]

Son existence à lui est parfaite. Elle la frustre simplement des joies qu'elle a attendues de la vie à deux, un enfant peut-être... D'où ses départs. Pour ne plus étouffer. Ne pas être engloutie dans le silence. Vivre enfin ! Mais dans cette introduction, nulle revendication, nulle plainte, on ne fait que deviner une vérité gênante. L'adéquation de la vie et de l'œuvre de Maeterlinck depuis 1895 a continué grâce à la soumission de sa compagne à ses volontés, avec la funeste conséquence pour elle de se barrer la voie de la création littéraire. Pire, Georgette finira par comprendre, au prix d'une souffrance inouïe, que sa lucidité en ce qui

[340] Félix RAVAISSON, *De l'habitude*, Rivages poche/Petite Bibliothèque, 1997.

concerne le rapport de l'homme à son œuvre a été prise en défaut. La vie de Maeterlinck si unie en apparence cache un homme dont les actes feront mentir ses propres textes. Georgette en souffrira cruellement.

La substance même de la vie de Maeterlinck, reprend-elle, est la méditation : « En somme, il travaille peu, si nous entendons par travail les seuls instants de production, car il lui semblerait puéril de s'attarder trop longtemps à la tâche. Rien ne serait plus contraire à ses idées et à ses goûts. Mais je ne connais pas d'être plus studieux si l'on songe qu'en dehors des deux heures précises qu'il accorde à sa besogne quotidienne, aucune distraction ne vient interrompre l'unité attentive, presque monotone de ses jours. Il nous donne un exemple frappant de cette sorte d'oisiveté active dans laquelle s'élabore toute œuvre profonde et qui est vraiment l'espace, le ciel de notre vie morale, la lumière qui fait éclore ses germes, éclater ses promesses. C'est ainsi que se prépare, au cours de la promenade, pendant les plaisirs silencieux, le travail qu'il réalise si étrangement vite chaque matin. Quand on veut suivre l'existence de Maeterlinck pas à pas, on a la révélation du rôle formidable que joue *l'inconscient* en notre âme. Son œuvre n'est pas seulement le résultat d'une volonté cérébrale, mais elle émane d'une force perpétuellement en mouvement, toujours en éveil, qui agit à son insu, en dehors de lui, et qui semble prendre une voix humaine pour lui dicter les pages si profondes qu'il a écrites sur la part même de cet inconscient dans notre pensée. »

L'importance capitale qu'elle accorde à l'inconscient dans l'élaboration de l'œuvre de son compagnon et la pensée de quiconque en général nous montre la force de son esprit de pénétration. À cette époque, l'inconscient a déjà pris une place centrale dans les recherches de Freud qu'elle ignorait. Alors ? Le fondateur de la psychanalyse n'a pas « inventé » l'inconscient. Bien avant lui, ce concept a inquiété — sous une forme évidemment non scientifique — des penseurs et des poètes très divers. Depuis des centaines d'années, saint Augustin, Montaigne, Rousseau et, au XIXe siècle, Byron, Stendhal, Nietzsche, Henry James et son frère William, ont frayé le chemin vers l'inconscient de type freudien. Georgette Leblanc, qui devait, après *Le Choix de la vie* — déjà fortement autobiographique —, évoluer en direction de l'autobiographie pure et du Journal intime, était bien elle-même de « ces temps autobiographiques qui sont les nôtres » (Carlyle). L'introspection, l'auto-analyse, la méditation favorisent le travail de l'inconscient et libèrent certains souvenirs de ses profondeurs. De nombreux textes de Maeterlinck — tout en conservant une syntaxe rigoureuse — sont écrits sous la dictée de l'inconscient, c'est ce que veut dire Georgette. Dévoreuse de correspondances et de journaux intimes, illuminée par la préface de Maeterlinck à Emerson, savait-elle que le philosophe américain, à la fin de sa vie, avait été frappé, tout en s'en inquiétant, de cette tendance de la conscience contemporaine à se nourrir de ce qu'elle ignorait auparavant ? « La caractéristique de cette période semble être la conscience que l'esprit a acquise de lui-même. (...) Les jeunes gens naissent avec des couteaux dans le cerveau, une tendance à l'introversion, à de ravageuses auto-analyses, à l'examen minutieux des motifs. »[341] Se mettre à l'écoute de son propre inconscient n'est évidemment pas sans danger. Mais Maeterlinck a posé lui-même les bornes au-delà desquelles il n'ira pas voir. Il y a certes jusqu'à un certain point unité de son œuvre et de sa vie. Mais sa pensée qui

341 Cité par Peter GAY, *Freud, une vie*, (traduit de l'anglais par Tina Jolas), Hachette, 1991.

s'enlise de plus en plus dans le quiétisme n'est dangereuse pour personne. À commencer par lui-même. Aussi la mise en lumière de sa singularité — le travail souterrain de l'insconcient —, si elle est originale, nous laisse un peu sur notre faim tant il se barricade contre les « tristesses », les « bonheurs défunts », la « foule des souvenirs »[342] bien que Georgette écrive superbement : « Chaque matin, au moment de la réalisation, une fenêtre s'ouvre sur l'espace, sur l'humanité, sur les vérités éternelles, et, quand elle se referme, le travail ne s'arrête point cependant, il continue au-delà des gestes, durant la promenade, l'examen des ruches ou la visite des fleurs. Il continue, et les horizons de la pensée s'éclairent, les vérités se rapprochent, pareilles à ces bonnes fées qui parfois traversant les ténèbres du sommeil nous offrent au réveil la solution du problème que notre conscience avait cherchée en vain. »

Elle révéla que Maeterlinck, alors dans sa quarante-huitième année, se souvenait[343] toujours avec terreur de ses sept années passées au collège Sainte-Barbe de Gand. Les jésuites avaient empoisonné son enfance en lui inoculant la notion de péché mortel et la peur de l'Enfer. Il ne le leur pardonnerait jamais, mais leur éducation avait laissé en lui une empreinte ineffaçable. Cela expliquait qu'il fût encore soucieux de ne pas encourir les foudres de l'Église. Les premiers temps à Saint-Wandrille, il s'était réjoui de recevoir la bénédiction papale. En louant l'abbaye, n'avait-il pas empêché sa transformation en usine de produits chimiques ? De ce respect craintif de l'Église, Georgette ne parla pas. Ce trait de caractère n'était pas de ceux qu'elle préférait. Elle le mettait au passif de l'homme-« bébé » qu'il fallait constamment protéger, afin qu'il rédige dans les meilleures conditions et publie à date fixe des ouvrages de moins en moins nécessaires.

Et si, dans ces années, elle n'eut pas la force de couper les liens intellectuels et affectifs qui l'attachaient à lui, elle sut au moins exercer sa sagacité sur la production qu'il signait mais qu'elle avait nourrie jusqu'en 1910 au moins. Il y a cette introduction aux *Morceaux choisis* et les conférences. Ce n'était rien d'autre qu'une consolation. Mais pourquoi, en ce qui la concernait, avait-elle placé la barre si haut, sa propre production dût-elle en souffrir ?

Elle revint peu après à la littérature en s'exonérant d'un petit ouvrage curieux par son aspect mentir-vrai — la narratrice raconte sa visite au village de Ry et ses entretiens avec la vieille bonne de Delphine Delammare, le personnage qui aurait inspiré Mme Bovary à Flaubert — mais *Un Pèlerinage au pays de Mme Bovary*, ce mince volume que la critique remarqua quand il parut chez Sansot en 1913, ne possède pas la qualité et l'ambition du roman de 1904, et d'ailleurs n'y prétend pas. Il est inspiré par un souvenir d'enfance, que nous avons évoqué au début de ce livre. Leur mère avait raconté aux petits Leblanc que l'épouse du pharmacien du quartier était la fille de madame Bovary, ou « plutôt » comme l'a rappelé Maurice Leblanc lui-même, « de la jolie dame des environs »[344] dont Flaubert, croyait-on, s'était inspiré. Cette anecdote fut à l'origine de *L'Officine de monsieur Homais*, l'un des premiers essais littéraires de Maurice Leblanc. Ainsi

---

[342] M. MAETERLINCK, « Le passé » in *Le Temple enseveli*, Fasquelle, 1902.

[343] Lui qui voulait interdire au passé de franchir « notre seuil sans notre ordre » ! Il est singulièrement désarmé devant ses souvenirs de collège.

[344] Maurice LEBLANC, *Un Début littéraire* (Une heure de ma carrière, recueil collectif, Éditions Beaudinière, 1926) Document cité par Francis Lacassin in *Arsène Lupin*, T. II, Éditions Robert Laffont.

le frère et la sœur, à trente ans de distance, avaient utilisé le même souvenir ; l'aîné, pour écrire classiquement un conte, la cadette, pour donner un vrai-faux reportage imprégné de féminisme.

Quand nous nous réveillerons d'entre les morts

À Saint-Wandrille, à Paris ou à Grasse, Georgette s'efforçait de maintenir l'unité du couple, le fameux *nous*. Mais suivre en tous points la vie calme et ordonnée de son compagnon, c'était pour elle la dépression nerveuse assurée. Aussi, en 1909/1910, lorsqu'elle habita un peu longuement le mas des Quatre Chemins, elle répéta au Casino de Nice la pièce d'Ibsen, *Quand nous nous réveillerons d'entre les morts*[345], tout en travaillant à son introduction à l'anthologie maeterlinckienne dans le train qui l'amenait chaque matin à Nice pour la ramener le soir. Quand elle eut joué la dernière œuvre du Norvégien, afin de ne pas s'éloigner de Maeterlinck, elle remplissait les creux de sa saison avec des représentations de *Monna Vanna* et des récitals pour les après-midi. Elle jetait en outre les bases de la création parisienne de *L'Oiseau bleu*, qui semblait encore bien hypothétique, surtout dans le respect de la mise en scène de Stanislavski. Au cours de cette saison niçoise, elle fit constamment des allers-retours Grasse-Nice dans la journée. Le soir, Maeterlinck et le bouledogue Golaud l'accueillaient à la gare et ils rentraient ensemble, en voiture ou à bicyclette.

Gérard Harry, qui leur rendit visite en 1908, a cru voir un couple heureux. Il s'est extasié sur leur parfaite entente, leurs promenades dans l'arrière-pays. Leur découverte à l'hospice de Grasse d'un panneau peint pour le compte du cardinal-archiduc de Mantoue et destiné à l'église Sainte-Croix de Jérusalem, que certains attribuaient à Rubens. Et il a relaté cette harmonie dans la presse belge de l'époque.

Dans *Souvenirs*, Georgette présente aussi cette période comme l'une des plus heureuses de sa vie. D'où vient alors qu'elle ait joué le sombre drame d'Ibsen en 1910, elle qui se faisait une gloire d'interpréter exclusivement les œuvres de Maeterlinck ? Le sujet de *Quand nous nous réveillerons d'entre les morts* est un terrifiant cri de détresse. L'idée de produire la dernière pièce d'Ibsen revenait au directeur du Théâtre du Casino de Nice. Ce qui était plutôt ambitieux, Georgette qualifiant elle-même les spectateurs niçois de « public peu habitué aux efforts intellectuels, public rieur, joueur de roulette, de tennis, de golf… » Si elle ne fut pour rien dans le choix de la pièce, il est impossible cependant que celle-ci ne lui soit pas apparue telle une métaphore poussée au noir de ses relations avec Maeterlinck. Elle qui parlait si bien de l'inconscient dans le travail de son compagnon dut être sensible à cette occasion qui lui était offerte.

Le professeur Rubek, sculpteur célèbre, maître imagier, son épouse Maja et son ancien modèle Irène sont les personnages principaux de ce péan de désespoir. Rubek et sa femme prétextant une cure résident à l'Hôtel des Bains, au pied de la montagne. Le sculpteur cherche un second souffle. Depuis qu'Irène l'a quitté, il ne parvient pas à se renouveler. Célèbre, grâce à son chef-d'œuvre *Le Jour de la*

---

[345] La pièce fut créée en 1900 en Norvège, au Danemark et en Allemagne. Ayant joué les drames de Maeterlinck à Stockholm en 1903, G. L. n'a pu ignorer longtemps l'ultime pièce d'Ibsen, d'ailleurs traduite en français et présentée, en 1900, par le comte Prozor.

Résurrection, pour lequel Irène a posé, il vivote en sculptant des bustes à la commande. Mais l'artiste ne supporte plus sa vie et son épouse.

Irène, malade, est une des curistes de la station thermale. Une horrible diaconesse la surveille. Mais Rubek et Irène se retrouvent. Nous apprenons l'importance d'Irène pour Rubek et son œuvre et le sacrifice que le modèle consentit à l'artiste. Depuis ce temps, Irène se croit morte. Elle a rendu fou des hommes dont certains se sont suicidés à cause d'elle. Et quand Rubek lui demande ce qu'elle a fait après s'être enfuie de son atelier, elle répond : « J'ai posé sur un plateau tournant, dans des cabarets. Figuré nue dans des tableaux vivants, comme une statue. Gagné beaucoup d'argent. À cela, je n'étais pas habituée chez toi ; tu n'en avais pas. » Maintenant, Irène est mariée à un propriétaire de mines d'or de l'Oural. Elle prétend l'avoir tué. En fait, elle est folle de désespoir, donc lucide.

Irène a tout donné à Rubek, sa beauté, sa jeunesse, son corps. Elle accuse le sculpteur de l'avoir obligée à mourir. Rubek, ému, admet le dévouement sans limites de la jeune femme. Irène lui reproche de ne l'avoir jamais touchée, mais s'il l'eût osé, elle l'eût tué sur-le-champ. Rubek est reconnaissant à Irène d'avoir tout quitté pour le suivre. Elle lui répond : « Te suivre, ce fut la résurrection de mon enfance. » Et le dialogue qui suit est celui d'un couple qui a été séparé, la femme s'estimant victime de l'homme. L'homme tente de la persuader qu'elle a agi ainsi pour « sa propre glorification ». Mais Irène a néanmoins laissé entre ses mains ce qu'elle appelle le « cadeau le plus précieux », son « âme jeune et vivante. Ensuite, je suis restée vide. — Sans âme. Et j'en suis morte (...) ». Elle se raccroche cependant à l'idée que l'œuvre pour laquelle elle a posé nue est « l'enfant » de Rubek et le sien. Mais elle finit par apprendre — Rubek le lui avoue — que l'œuvre, après son départ, a évolué. Irène n'est plus la figure principale de la Résurrection. Et même, la joie n'illumine plus vraiment son visage. Rubek dit que cette joie est « légèrement atténuée ». Euphémisme qu'Irène dénonce : « Et tu m'y as mise un peu fanée, — comme une figure d'arrière-plan, — dans un groupe. » Rubek se défend misérablement : « Pas comme une figure d'arrière-plan. Disons plutôt de plan intermédiaire, — ou quelque chose de ce genre. »

Cette phrase condamne Rubek. Irène se prépare à le tuer, mais les circonstances font qu'elle ne parvient pas à passer à l'acte. Elle analyse le personnage de Rubek, « veule et mou et plein d'indulgence pour [*ses*] actes et [*ses*] pensées. » « Tu as tué mon âme, lui dit-elle, — et tu te sculptes dans une attitude de repentir, de pénitence et de confession, — et tu crois en être quitte avec cela. » Rubek proteste qu'il n'est qu'un artiste, et Irène s'obstine à le traiter de poète, « Parce que ce mot contient une excuse (...). Une absolution, — qui jette son manteau sur toute faiblesse. Mais moi [*c'est Irène qui parle*] j'étais un être humain ! J'avais ma vie à vivre, — mon destin à accomplir. Tout cela, j'y ai renoncé, — j'ai tout abandonné pour me soumettre à toi. Ce fut un suicide. Un crime mortel contre moi-même. »

Il semble, maintenant, qu'ils se soient tout dit. Rubek, en vrai lâche qu'il est, s'obstine à ne pas comprendre. Il implore Irène : « Aide-moi, — aide-moi à revivre ! » Mais Irène est impitoyable : « Rêves creux. Rêves inutiles et morts. Notre vie commune ne connaîtra pas de résurrection. »

Après cela, Irène et Rubek s'élèvent dans la montagne par un sentier dangereux. C'est un suicide. L'orage gronde. Irène a encore le temps de se moquer de Rubek : « Où est donc ce désir brûlant que tu combattais lorsque je suis apparue devant toi comme la femme ressuscitée ? » Rubek : « Notre amour n'est pas mort,

Irène. » Mais elle répond : « L'amour terrestre, — celui qui appartient à la belle, à la merveilleuse vie terrestre, — à la mystérieuse vie terrestre, — celui-là est bien mort en nous. » Le couple escalade le sentier à pic pour s'unir dans la lumière. L'orage éclate. Une avalanche entraîne Irène et Rubek qui sont ensevelis sous la neige.

Ce poème nihiliste transposait la situation vécue depuis tant d'années par Georgette : dans une relation amoureuse entre deux artistes qui ont des ambitions égales, l'un est fatalement sacrifié par l'autre. Irène, se sentant dépossédée de son être, finissait par entraîner Rubek dans la mort. Désormais incapable de recréer une œuvre aussi puissante que celle qu'Irène lui avait inspirée, il préférait mourir avec elle plutôt que de continuer à se survivre. Georgette Leblanc croyait-elle Maeterlinck aussi stérile que Rubek ? Pas encore. C'était la protestation d'Irène qui l'intéressait et qu'elle fit sienne. En jouant cette pièce, elle jetait un cri. Ce qu'elle se retenait de hurler à Saint-Wandrille et à Grasse, elle s'en libérait sur la scène du Casino de Nice. Mais si ce cri s'adressait bien à Maeterlinck, il était aussi vain et inutile que les lettres qu'elle n'osait pas lui envoyer. À quoi bon ? Il n'éprouvait aucun sentiment de culpabilité. À partir de 1895, il avait bâti son œuvre sur son silence complice. Accepte mes hommages, contente-toi de jouer mes œuvres, parle de moi, présente-moi au public, chante mes poèmes, et tais-toi, ne me fatigue plus avec ton énergie intellectuelle inemployée, tiens-toi à ta place, la première après moi. Mais ce silence qu'il croyait acquis, ne l'avait-il pas extorqué ? Et il la tenait encore, par sa participation étroite à son œuvre. Ne lui fournit-elle pas les thèmes de son prochain ouvrage, *La Mort*, en attendant de lui procurer les matériaux d'enquête de son livre suivant, *L'Hôte inconnu* ? En fait, après *Le Choix de la vie*, Georgette n'eut d'autre alternative à l'autodestruction que la fuite en avant, ou plutôt la course à l'abîme. Incapable de se révolter, elle se soumit davantage au pouvoir de Maeterlinck qui la pressura sans complexe, à mesure que le temps passait. Dans le même temps — nous le verrons plus loin —, elle accepta la domination de Mathilde Deschamps, la Rose de son roman, dans la vie une mère de substitution tyrannique qui tira d'amples bénéfices financiers de leur liaison.

Pelléas et Mélisande à Saint-Wandrille. Voyage d'affaires à Moscou

Malgré tout, Georgette Leblanc entrait dans la quarantaine avec une énergie intacte. Avant 1914, il était, on s'en doute, beaucoup plus difficile qu'aujourd'hui à une femme de « rester jeune » au-delà de quarante ans. Les progrès des sciences et de la médecine, ces cinquante dernières années, rendent malaisée l'appréhension de cette banalité et de ce qu'elle implique.

Après sa saison niçoise, le dernier cri de l'Irène d'Ibsen jeté dans le vide, Georgette revint, à la belle saison, dans sa chère abbaye, selon une alternance désormais automatique.

Le succès de *Macbeth* l'incita à monter *Pelléas et Mélisande* en suivant les mêmes modalités et toujours pour un public restreint. Elle n'avait pas abandonné son rêve de faire de Saint-Wandrille un Bayreuth normand dévolu au culte de Maeterlinck, et espérait voir grossir peu à peu le nombre de ses souscripteurs. Ce *Pelléas* n'eût été qu'une première étape. Pour cette représentation, son idée — elle-même interprétant Mélisande — consistait à confier le rôle de Pelléas à Sarah Bernhardt. Six ans auparavant, bien qu'elle eût déjà soixante ans, la tragédienne l'avait incarné à Londres, face à Stella Campbell, l'amie de G.-B. Shaw. Il est d'ailleurs tentant d'introduire ici un parallélisme entre Stella et Georgette, deux actrices qui ont joué chacune Mélisande et Lady Macbeth[346] et que deux grands écrivains ont aimées. Béatrice Stella Campbell fut un peu, toutes proportions gardées, la Georgette Leblanc de Shaw. Sans exercer la même et longue influence déterminante sur l'œuvre de l'Irlandais, elle lui offrit cependant, et généreusement, de quoi l'alimenter. Shaw se comporta envers Stella d'une manière implacable. Une lettre de mars 1913 nous offre l'avis autorisé de Laurence Alma-Tadema sur cette question. Laurence repoussée jadis par Maeterlinck, et qui écrivait épisodiquement à Georgette, tint sur Shaw les propos suivants devant Stella : « Il marchera sur votre cœur avec ses sabots boueux, et puis il s'en ira en laissant ses sabots. » Ou bien : « Il ne respecte pas ceux qui l'aiment. » Et ceci, qu'elle pensait peut-être également de Maeterlinck : « Quand il sera sur son lit de mort, j'aurai pitié de lui. » [347]

En 1910, quand Georgette l'approcha, Sarah souffrait d'une grave maladie qui la contraindrait bientôt à subir l'amputation d'une jambe. La tragédienne vint cependant en repérages à Saint-Wandrille. « Elle apparut comme Phèdre, appuyée sur deux amies. Sa tête était couronnée de glycines, un voile mauve l'entourait et retombait jusqu'à ses pieds. Une fourrure grise et légère l'enveloppait entièrement. Elle était adorable. »[348] Georgette lui vouait la même admiration qu'à l'époque où elle cousait son nom dans la doublure de ses robes. Hélas, face au décor écrasant et à l'immensité des salles, Sarah renonça à participer au rêve de sa cadette. Georgette reprit alors l'acteur René Maupré, son partenaire dans *Macbeth*, qui, cette année-là, faisait une triomphale tournée en Grande-Bretagne. Le reste de la distribution n'était pas moins remarquable. Séverin-Mars (encore un habitué !) jouait Arkel, Jeanne Even, Geneviève. Georgette avait confié le rôle de la première servante à une de ses amies, Marguerite Maze, l'épouse d'un M. Hottois, artiste peintre, imprésario, homme fort sympathique à Maeterlinck et à la cantatrice, et qui fut une relation dévouée du couple. Il aura l'occasion de le prouver par la suite. Marguerite Maze séjournait de temps en temps à l'abbaye et puisait de l'eau dans la fameuse jarre si esthétique mais si pesante que Georgette mettait à la disposition de ses invitées. L'abbesse de Saint-Wandrille comparait volontiers son amie à la Samaritaine, et c'est sans doute la grâce avec laquelle elle s'acquittait de cette tâche qui lui valut d'être la première servante du château d'Arkel, le vieux roi d'Allemonde.

Georgette mobilisa à nouveau ses indéfectibles « chevaliers d'Ariane » ainsi que Gaston Calmette et son puissant *Figaro*. Octave Maus, le vieil ami de Bruxelles, alors en vacances en Savoie, accepta de passer un encart publicitaire dans *L'Art moderne*. Les souscripteurs (200 francs la soirée comme pour *Macbeth*) reçurent une carte où se lisait cet avertissement : « À l'abbaye de Saint-Wandrille, les Spectateurs, divisés par groupes, seront guidés pendant la soirée par des

[346] Sarah Bernhardt également, en 1884, dans une adaptation de Jean Richepin.

[347] *Bernard Shaw / Mrs Patrick Campbell, Correspondance*, (préface de Jean Cocteau), traduction française de Jean Bloch-Michel, Calmann-Lévy, 1961. — Sur L. A.-T. : Le peintre Alma-Tadema était mort en juin 1912. Ses filles Laurence et Anna — toujours non mariées — n'héritèrent pas de ses biens légués à la Royal Academy. Laurence put cependant acheter une maison où elle vécut jusqu'à sa mort en 1940.

[348] Georgette LEBLANC, I, Op. Cit.

serviteurs de Mélisande, vêtus de la couleur [*rouge*] que porte cette carte à l'un de ses angles. Le costume de touriste est généralement admis, mais les servantes de Mélisande se tiendront à la disposition des dames qui désireraient changer de toilette. ».

Le 28 août 1910, *Pelléas et Mélisande* débuta à 19 heures. Le spectacle connut un retentissement moindre — ce n'était plus aussi surprenant que l'année précédente —, mais les vingt-cinq spectateurs découvrirent, pour les plus jeunes d'entre eux, la pièce de Maeterlinck avec la musique de Gabriel Fauré, jouée par un orchestre invisible dirigé par Albert Wolff. Parmi les élus, un poète de vingt ans, Marcel L'Herbier, qui ne pensait pas encore au cinéma ; des professionnels, dont Lucien Guitry et Réjane. Maeterlinck jeta un froid en tirant un coup de fusil en l'air, « pour que tout le monde aille se coucher plus vite ». Les jours suivants, il fut d'une humeur noire et refusa de parler à quiconque. Georgette écrivit à Maurice Leblanc : « Proposition intéressante de Guitry et Réjane (...). Malheureusement Maurice n'ouvre pas la bouche ; je vais être obligée de répondre qu'il est absent. Ah ! la terrible plaie de la terre, c'est le caractère de la plupart des humains. Cela me terrifie. Quel est ce mal qui fait que tout à coup, sans raison sérieuse, le cœur qui aime est fermé, l'intelligence n'entend plus rien, et une sorte de force aveugle pousse les êtres les uns contre les autres... »[349]

Son découragement fut passager. Il fallait monter *L'Oiseau bleu* en France. Certains y pensaient, comme Lugné-Poe qui en avait fait des lectures publiques sans même en aviser Maeterlinck. Pour Georgette, il n'était pas question de traiter avec le fondateur de l'Œuvre. Elle avait gardé de leur ancienne collaboration d'amers souvenirs. La personnalité de Réjane l'attirait. « Plusieurs directeurs étaient sur les rangs. Mais alors même qu'elle n'aurait pas eu tant de titres à mon admiration, j'eusse voulu par solidarité féminine obtenir pour elle la préférence de Maeterlinck. »[350] Le projet de reprendre *L'Oiseau bleu* à Paris, après sa triomphale création moscovite et des représentations à guichets fermés à Londres depuis décembre 1909[351], tentait Réjane. Il est vrai que l'engouement des Anglais pour la féerie, qui se jouait en matinée et en soirée depuis six mois, autorisait tous les espoirs, en dépit des attentes différentes des spectateurs londoniens et parisiens — vérité au-delà de la Manche ; erreur en deçà. Mais la pièce allait en outre être jouée au Nouveau Théâtre de New York, le 1er octobre. Une quarantaine de représentations étaient prévues. En ce qui concerne les États-Unis, Maeterlinck disposait d'un agent efficace à Paris en la personne de Mildred Aldrich, amie de Gertrude Stein et d'Alice Toklas, une dame dans la cinquantaine, au « visage à la George Washington, des cheveux blancs, des vêtements et des gants d'une fraîcheur admirable » (selon Gertrude Stein). Le succès théâtral de Maeterlinck en Amérique dépendit beaucoup de cette Américaine francophile.[352]

Créations en Angleterre, en Russie, en Amérique, l'auteur et son interprète-agent-metteur en scène avaient des arguments de poids à opposer au scepticisme de n'importe quel directeur ou imprésario.

---

[349] Ibid.

[350] Ibid.

[351] Maeterlinck assista à la première londonienne de *L'Oiseau bleu* en compagnie de Georgette (Lettre à Von Oppeln-Brokinovski, 15/12/1909), A. & M. L., Bruxelles.

[352] Gertrude STEIN, *Autobiographie d'Alice Toklas* (traduction de Bernard Faÿ), L'Imaginaire/Gallimard, 1980.

Georgette, Maeterlinck et Réjane se retrouvèrent en septembre à Paris. Réjane s'efforça de séduire Maeterlinck par son charme élégant, sa tournure d'esprit, et y parvint. L'auteur l'autorisa à créer *L'Oiseau bleu* dans son théâtre[353]. Leur accord comportait une clause essentielle : le rôle important de La Lumière et la direction artistique iraient à Georgette Leblanc. Réjane accepta et il fut entendu que « La Lumière » et « Madame Sans-Gêne » se rendraient à Moscou, afin de négocier avec Stanislavski et ses collaborateurs. Maeterlinck était ravi de s'éviter l'interminable voyage en train. Les deux femmes s'occuperaient de tout, et il n'ignorait pas que Georgette défendrait ses intérêts bec et ongles.

À la mi-octobre, elle partit pour la Russie, flanquée de l'indispensable Mathilde Deschamps. La secrétaire ne ressemblait plus du tout à la jeune paysanne gauche et touchante du *Choix de la vie*. Femme d'affaires âpre au gain, elle gérait au mieux de ses propres intérêts les cachets de sa patronne et l'entreprise du « Théâtre-Maeterlinck ». Georgette se reposait entièrement sur elle. Elles vivaient en outre dans une intimité qui ne laissa pas d'étonner ceux qui, par hasard, la surprirent. En l'absence de Maeterlinck, Mathilde était la « maman », l'âme sœur et la confidente, qui soignait les peines de cœur de la grande esseulée…

Écrite à Moscou vers la fin de son séjour et datée du mercredi 20 novembre 1910, une lettre de Georgette apporte un éclairage cru sur ses véritables sentiments envers Réjane (le coup de foudre a fait place au désenchantement), les négociations avec le Théâtre artistique et l'ambiance russe ressentie par une Française :

« Mon bébé chéri, je finis par t'écrire trop tard sans doute ayant cru partir chaque jour, je n'ai même pas envoyé une longue lettre d'impressions inachevées. C'est étrange et curieux de voir combien les événements sont rebelles à la conclusion de l'affaire au Caucase. Némirovitch[354] nous reçoit vendredi soir et tombe gravement malade dans la nuit. On ne peut lui parler que depuis hier… Nous fûmes retenues d'abord d'heure en heure par cet événement. Impossible de préparer les choses en son absence à cause du triple suicide dont un des héros était grand commanditaire du théâtre et adoré. Le théâtre étant sans directeur, plus de discipline. Pendant trois jours on se heurtait à des êtres en larmes, priant, gémissant dans les coins.

« Depuis la merveille que j'ai vue réalisée dimanche, je veux conclure et partir en vain matin et soir, car je suis un peu lasse de la vie exaltée que j'ai vécue ici avec les trois ou quatre femmes intelligentes du théâtre — admirables. Mais vraiment, c'est une atmosphère tuante quand on la sent violemment comme moi. À ce propos, l'évolution a été bien curieuse. Réjane arrivée avant moi, il n'y en avait que pour elle, je restais dans l'ombre, tranquillement, mais dès le lendemain on commençait à changer, et le surlendemain un vieux du théâtre, intime de « Stani », lui écrivait : Jamais un étranger n'a compris votre œuvre comme la femme de M. M.[*Maeterlinck*]. Nous nous prosternons tous devant elle ; et il s'est

---

353 Dans ses mémoires, l'imprésario J.J. Schürmann accuse Maeterlinck d'ingratitude. L'auteur lui a dédié *Joyzelle*, mais enlève sa dédicace dès la nouvelle édition. Après le « sacrifice » qu'il a consenti pour créer cette pièce déficitaire, Maeterlinck aurait dû lui donner *L'Oiseau bleu*, pièce « plus public » (sic). Il ne semble pas avoir soupçonné l'influence de Georgette dans le choix de Réjane. (Imprésario Schürmann, *Derrière le rideau*).

354 Vladimir Némirovitch-Dantchenko, avec Stanislavski le patron du Théâtre artistique.

produit ceci, quand nous avons voulu conclure : « Pourquoi pas avec Mme M.M. ? Pour elle, tout, pour Réjane, alors il faut payer, discuter etc… et quand Mathilde a enfin parlé à Némirovitch hier, il s'est lamenté de ne pouvoir s'arranger avec moi, alors il m'aurait tout envoyé à Paris, il aurait loué théâtre, moi préparé troupe française et nous aurions partagé les bénéfices ! Evidemment puisque le destin m'apportait une belle affaire, c'est qu'il en cachait une plus belle encore.

« Bref, c'était le commencement d'une entente d'affaires entre le Théâtre artistique et moi. Au milieu de l'exaltation dans laquelle j'ai été dans ce milieu, les heures où j'ai dû entendre le flot Réjane ont été terribles, j'en ai eu une sorte d'inflammation nerveuse, j'ai dû voir le docteur et me purger aujourd'hui. Enfin, elle est partie hier, ayant raté deux représentations sur quatre. Elle a une maladie de cœur[355] et a eu une crise en arrivant — tête de Nico, garde-malade ! ! ! Elle nous a laissé des chiffres pour conclure avec le régisseur (machiniste-électricien) et le décorateur. Ce qu'ils demandent est dérisoire ! Elle aura pour 20 000 francs de décors (environ 360 000 F. d'aujourd'hui). Et elle grogne et elle gratte. Quelle âme basse !

« La musique est un chef-d'œuvre. Tout est inouï sauf le tableau de l'Avenir à moitié bien : (enfants trop grands, grandes personnes) et impression religieuse. Pas de vitalité. Mais le reste ! le reste ! »

Georgette s'était mise au diapason exalté des théoriciens, acteurs, musiciens, décorateurs et machinistes du Théâtre artistique de Moscou. « Stani » et « Némirovitch » apparaissent comme des maîtres spirituels entourés de la vénération de leurs disciples. Tels sont bien les deux théoriciens qui se font la plus haute idée de leur art. Stanislavski a raconté sa première entrevue avec Némirovitch-Dantchenko dans un grand restaurant appelé le Bazar Slave. Ils y discutent des « bases du théâtre futur, les questions d'art pur, nos principes, l'éthique théâtrale, la technique, l'organisation, le répertoire. »[356] Exemple de leur dialogue : « Voici l'acteur A… Le considérez-vous comme doué ? — Au plus haut degré. — Le prendrez-vous dans notre troupe ? — Non. — Pourquoi ? — Parce qu'il a accommodé son talent aux exigences du public, son caractère aux caprices de l'entrepreneur, et son âme tout entière aux questions de boutique théâtrale. Qui est intoxiqué par ce poison ne peut guérir. »[357] Dans cette discussion qui dure près d'une vingtaine d'heures, « Stani » et « Némirovitch » ne négligent aucune question. Rien n'est laissé à l'improvisation de dernière minute. L'organisation matérielle du théâtre, son confort pour les acteurs, la propreté des loges, l'hygiène, la nourriture, tout est minutieusement prévu. « Cela demandera plus de personnel, — tant pis ! Les loges des hommes et des femmes se trouveront à des étages différents, avec des foyers séparés où recevoir les visiteurs ou se réunir. Il est indispensable d'y placer un piano, une bibliothèque, une grande table pour livres et journaux, un jeu d'échecs (les cartes, de même que tous les jeux de hasard étant sévèrement bannis). Défense de venir sur le plateau en pardessus, en caoutchoucs, pelisses et chapkas. Les femmes ne sont pas autorisées à garder leur chapeau. »[358] Les deux révolutionnaires s'intéressent même au souffleur et à ses conditions de travail qu'ils entendent améliorer.

---

[355] Réjane mourra en effet d'une crise cardiaque, en 1920.
[356] Constantin S. STANISLAVSKI, Op. Cit.
[357] Ibid.
[358] Ibid.

Le projet de « Stani » et « Némirovitch », qui avait toutes les apparences d'une utopie fut réalisé. Les deux rêveurs avaient su s'adjoindre un riche amateur, le fabricant de textiles Morozov, qui les aida de ses deniers et de ses compétences techniques et administratives. Car ce fut le deuxième Théâtre artistique, érigé en 1902, passage (*péréoulok*) Kamerherski, par l'architecte Schechtel, qui bénéficia vraiment de toutes les innovations voulues par Stanislavski et son camarade. Georgette put admirer le fonctionnement de la scène tournante. Sous la scène se trouvait un étage avec « les trappes et toute la machinerie des dessous. Une énorme fosse pouvait s'ouvrir électriquement pour représenter fleuves et abîmes. Cette même fosse pouvait monter pour former montagnes, terrasses, etc. »[359] Le dernier cri de la technique. Représenter *L'Oiseau bleu* nécessitait à la fois beaucoup de talent, d'imagination et des grands moyens. À l'époque, et c'est ce qui explique le retentissement mondial de la création à Moscou, le 30 septembre 1908, le Théâtre artistique disposait largement de ces atouts, fruits d'une incessante recherche qui durait depuis dix ans. Mise en scène maladroitement, la pièce eût sombré dans le ridicule. [360] La prééminence de Moscou sur Londres ne s'explique que par sa supériorité artistique. Après tout, Georgette eût pu se rendre à Londres, où la pièce triomphait.

Il y avait cependant un aspect de la vision de Stanislavski que Georgette jugeait néfaste, ce qu'elle nommait « le mysticisme russe ». En effet, le personnage de La Lumière apparaissait telle une sainte. Georgette était décidée, quant à elle, à le représenter à Paris avec toute la séduction d'une déesse païenne. Elle assista non seulement aux représentations de *L'Oiseau bleu* moscovite mais aussi aux cours de formation de l'acteur donnés par Stanislavski dans l'école qu'hébergeait le théâtre. Elle admira sa méthode de travail qu'elle comprenait ainsi : « Il demandait à l'élève d'entrer en scène comme s'il était sous le coup d'une nouvelle terrible et de traduire cet état avec n'importe quels mots, simplement pour faire fonctionner les ressorts de son émotion. L'élève devait recommencer, aller jusqu'au paroxysme de son émotion sans s'occuper de ses paroles. [*Il*] faisait de l'être humain une dynamo chargée à bloc et obéissant au moindre commandement. »[361] Aux acteurs de *L'Oiseau bleu*, il recommandait : « Liez-vous d'amitié avec les enfants, approfondissez leur monde, contemplez avec toute votre attention la nature et les choses, devenez amis d'un chien, d'un chat, et, le plus souvent possible, regardez à travers leurs yeux, dans leur âme. ».[362]

Il avait été convenu que la mise en scène de Stanislavski, « naïve, simple, légère, joyeuse et illusoire comme un songe enfantin », serait reprise à l'identique, ainsi que les décors du peintre Egorov et la superbe musique d'Ilia Satz, qui avait déjà composé pour *La Mort de Tintagiles*. Stanislavski déléguerait à Paris le metteur en scène Soulerjitski et son assistant Eugène Vakhtangov, lesquels travaille-

---

[359] Ibid.

[360] Le faible niveau des installations techniques des théâtres français est affirmé à la même époque par Sarah Bernhardt. Elle invoque « l'état actuel de l'éclairage et de la machinerie théâtrale en France » pour ne pas accepter de jouer *La Dame à la faulx*, pièce de Saint-Pol-Roux. En 1909, le poète essaie en vain de faire accepter son œuvre à la Comédie-Française, toujours dirigée par Jules Claretie. (cf. *Lettres à Gustave et Rachel Kahn*, Op. Cit.) Claretie avait déjà refusé *Monna Vanna*, pourtant d'un accès plus facile.

[361] Georgette LEBLANC, II, Op. Cit.

[362] Ibid.

raient dans un esprit de collaboration avec Georgette Leblanc, interprète principale et œil de Maeterlinck au Théâtre Réjane.

La brutalité de certains passages de sa lettre témoigne de sa passion sans limites pour l'œuvre de son compagnon, devant laquelle tout doit plier. Dans leurs relations épistolaires de cette époque, il n'y a plus de place pour l'expression de l'amour. Il est entendu, une fois pour toutes, que cet amour sublime — tout au moins dans la conception de Georgette — s'adresse davantage aux créations qu'à l'homme qui les a conçues.

Imprégnée de toutes les visions et les émotions de ses quatre semaines passées à Moscou dans le théâtre le plus moderne du monde, elle rentre début décembre à Paris, sachant qu'elle ne dispose que de trois mois pour monter *L'Oiseau bleu* selon les indications de Stanislavski, et composer son personnage de La Lumière.

CINQUIÈME PARTIE
(1911-1919)

La lumière blessée

« Goethe dit que l'on tue la chose sur laquelle on ferme la main. Tout mon organisme me convie à penser ainsi, et la nature, pour s'assurer la complicité de mon instinct, m'a fait des doigts en pointe qui ne savent rien retenir. »

Georgette Leblanc

« Georgette a eu autant d'amants qu'il y a d'étoiles dans le ciel. »

Maeterlinck
(propos rapportés à G.L.)

« Comment [Maeterlinck] a-t-il pu oublier l'aide de divulgation énorme que cette femme a apportée à son œuvre, à son nom ? Et contre qui l'échange-t-il ? Et à quel âge contre quel âge ? Et elle, privée de ce porte-respect, de ce bouclier que deviendra-t-elle ? »

Camille Mauclair
(à G. Maurevert, 15 mars 1919)

L'Oiseau bleu à Paris et ses séquelles

La parution de *L'Oiseau bleu* chez Fasquelle, en 1909, provoqua l'émulation de Saint-Georges de Bouhélier qui écrivit *Le Carnaval des Enfants*. Cette pièce fut montée à Paris l'année suivante, avant *L'Oiseau bleu*. Maeterlinck et Georgette assistèrent par curiosité professionnelle à sa création. Marie Kalff, qui partageait leur loge, entendit un Maeterlinck resté de marbre dire qu'il n'applaudissait pas ses épaves. Et, de fait, *Le Carnaval des Enfants* tomba dans l'oubli, complètement éclipsé par le triomphal succès de *L'Oiseau bleu* en 1911. Pourtant si le voyage dans l'au-delà de Tyltyl et Mytyl avait entraîné le public à Moscou, Londres et New York, rien ne garantissait qu'il en serait de même à Paris où le théâtre de Maeterlinck n'avait jamais été populaire. La seule vraie réussite de cet ordre remontait à *Monna Vanna*, soit neuf ans en arrière. Mais Maeterlinck en tant qu'auteur bénéficiait d'un grand prestige, d'autant que la critique savait qu'à l'étranger on lui faisait un triomphe.

Comme d'habitude, il retourna à Grasse et Georgette prit ses quartiers d'hiver à Paris. À la fin de l'année, elle était épuisée, se battant avec les soucis quotidiens de sa vie d'artiste et travaillant d'arrache-pied tantôt en collaboration avec Réjane, tantôt contre elle qui l'avait déçue. La manière de voir de la directrice était simple : *L'Oiseau bleu* devait rapporter le maximum. Réjane voulait tout obtenir au moindre coût, au risque de trahir la mise en scène de Stanislavski.

Dans ses rares lettres à Georgette, Maeterlinck recommandait certains détails de mise en scène qui l'obnubilaient, puis passait sans transition à des considérations domestiques. Ainsi, il incombait à Mathilde, la secrétaire, de contrôler les cuillers du service…

Georgette répondait de manière à tranquilliser ce grand anxieux de « bébé » sur l'angoissant problème des cuillers…

À la même époque, elle semble toujours en relation avec Colette. Dans une lettre du 27 décembre, elle annonce à « son Maurice » la visite de la romancière et vedette de music-hall qui se sait estimée de Maeterlinck et de Maurice Leblanc, dont l'opinion compte. Lors d'une « enquête » lancée par *L'Intransigeant* demandant aux principaux hommes de lettres le nom de la romancière ou poétesse la plus digne d'être candidate à l'Académie française, ils avaient donné son nom.

Colette est en train d'opérer un rétablissement qui doit la faire basculer à plein temps dans la littérature et le journalisme. Quant à Georgette, elle n'a plus un instant à elle pour regretter son ambition littéraire combattue par les servitudes de son amour et de son métier.

Le premier mois de l'année 1911 fut rempli de contrariétés, et, dans les semaines qui précédèrent la première de *L'Oiseau bleu*, les tensions entre Georgette et Réjane s'aggravèrent. Quand elle n'en pouvait plus, La Lumière allait se reposer à Rouen où elle habitait alors l'hôtel d'Angleterre. Elle s'y trouvait encore le 10 janvier, la Seine étant en crue. Un élève de Bordes avait composé de la musique pour *Sœur Béatrice*. Il lui apporta la partition. Malheureusement, si la musique était belle, elle ressemblait trop à du Debussy. La cantatrice ne voulait pas d'une imitation de *Pelléas*.

Le 11, elle regagnait Paris et cherchait déjà un théâtre pour *Marie-Magdeleine*, la dernière pièce de Maeterlinck. « Bébé » était en bonnes mains. Mais Réjane était décidément impossible, une vraie folle. Le 14, Georgette envoya à Grasse un nouveau signal de détresse : la musique n'était pas prête ; Réjane tâtonnait : « Faites avec ça d'abord, après on verra ! »Les relations avec Moscou se tendaient, Réjane trouvant que le matériel fourni par le Théâtre artistique était trop cher. Bref, on était loin de l'enthousiasme de novembre 1910. Réjane comptait et recomptait ses sous.

Georgette s'occupait des costumes. Réjane soufflait le chaud et le froid. Tiraillements, rivalités, affrontements. Les grandes manœuvres se déroulaient dans une ambiance véritablement éprouvante. « Bébé chéri, écrivit Georgette, j'en ai plein le dos de la Réjane ! Elle fuit clairement et les répétitions manquées n'ont pas lieu sous divers prétextes. »

L'Oiseau bleu est la pièce de Maeterlinck la plus lourde à monter. La distribution, à elle seule, est un vrai casse-tête. Remaniée pour la scène en six actes et douze tableaux, la féerie comporte cent seize personnages distribués sous une trentaine de costumes. Georgette doit donc être régisseuse, costumière, s'occuper de la distribution, et répéter son rôle, celui de La Lumière, le plus important de la pièce. Il faut prévoir des doublures. Il y a une centaine d'enfants et d'adolescents — garçons et filles — choisis pour leur petite taille qu'il faut tenir, faire répéter. L'une des jeunes filles, qui appartient encore à la cohorte des « enfants de l'avenir » attendant de naître dans le palais d'azur du dixième tableau et vêtue comme eux d'une tunique azur et diaphane, va sortir peu à peu de l'anonymat sous les regards conjoints de Georgette et de Maeterlinck. Car ce dernier que les répétitions habituellement ennuient a consenti à quitter Grasse. Au Théâtre Réjane, assis dans un fauteuil d'orchestre, il observe à la lorgnette les évolutions des enfants sur le plateau. La Lumière mène gentiment mais fermement son petit monde. Elle s'est aperçue qu'une des enfants de l'avenir, malgré sa taille et son visage puérils, est une figurante de dix-huit ans. Un coup d'œil sur le registre soigneusement tenu lui apprend son nom, Renée Dahon. C'est une adolescente d'origine niçoise vivant à Paris, chez ses parents. Sentant en elle des capacités, Georgette lui offre deux petits rôles : Le Rhume de cerveau et le Bonheur du printemps. Maeterlinck distingue désormais mieux la jeune fille-enfant. L'éblouissante Lumière, drapée dans sa robe brillante et bleutée, ne pense plus à l'insignifiante Renée surnommée dans la troupe « Gland d'argent », « parce qu'elle portait aux premières répétitions une toque de velours noire, ornée d'un gland d'argent, qui sautait sans cesse de son cou au bout de son nez. »[363] « Enfant de l'avenir », « Rhume de cerveau », « Gland d'argent » ? bien malin qui aurait su dire à l'époque qui était vraiment Renée Dahon et ce qu'elle voulait. Elle paraissait plus jeune que son âge réel, seule certitude. Et elle était blonde, jolie. Pendant les entractes, elle se mêlait, seulement vêtue de sa légère tunique transparente, aux enfants qui assaillaient Maeterlinck pour avoir des bonbons. La Lumière était belle, intemporelle. Quant à son interprète à la scène, elle avait quarante-deux ans.

En février, Soulerjitski, Vakhtangov et Egorov arrivèrent à Paris. Ils ne tardèrent pas à critiquer les innovations apportées par Georgette dans les décors et la mise en scène. Par exemple, le tableau de la Forêt donné à Moscou était supprimé au profit de celui du Jardin des bonheurs. Leur travail équivalant pour eux à la perfection, il fallait s'y conformer strictement, sinon c'eût été trahir la religion de Stanislavski. Il y eut des frictions entre Réjane, Georgette et les Russes. Georgette s'employa à les atténuer, de façon que Maeterlinck et sa féerie n'en pâtissent point. Mais elle ne transigea pas sur son personnage de La Lumière. Tant pis pour Stanislavski et ses délégués. Elle ne s'inspirerait pas de l'iconographie religieuse orthodoxe comme ils l'exigeaient, mais continuerait à prendre modèle sur la statuaire grecque, à l'époque la plus moderne des attitudes, si l'on se rappelle l'exemple d'Isadora Duncan.

Les querelles entre Russes et Français s'amplifièrent à l'approche de la première fixée au 2 mars. Maeterlinck n'y participa que de très loin, faisant entièrement confiance à Georgette du soin de tout résoudre et de tout aplanir. Soulerjitski l'accusa pourtant d'avoir « mutilé gravement son œuvre de ses propres mains. », ce qui était quelque peu excessif. Et il y eut une affaire Oiseau bleu à Moscou, où l'on déclara que la mise en scène de Stanislavski était massacrée au Théâtre Réjane.[364] On avait fait composer de la musique additionnelle à Albert Wolf pour le tableau du Jardin des bonheurs, celui-ci n'existant pas dans la partition originale.

Le succès parisien du volatile dépassa les espérances. Dans l'ensemble, la critique se montra unanime à louer la pièce, la mise en scène, les décors, la musique et le talent des acteurs, avec une mention spéciale pour Georgette Leblanc félicitée en raison de sa « direction intelligente et passionnément dévouée » et de son interprétation qui dominait la distribution. Du *Temps* au *Journal des débats*, de *L'Éclair* au *Petit Parisien*, les grandes plumes soulignèrent la qualité d'un divertissement destiné à tous les publics. Paul Léautaud (Maurice Boissard) tenait la rubrique des théâtres au *Mercure de France* et s'en acquittait à sa manière mordante, brillante et ironique, n'épargnant personne, surtout pas ses amis. Non seulement, il encensa la pièce mais il dit spécialement son admiration pour La Lumière : « (...) Mme Georgette Leblanc (...), c'est la clarté et la poésie mêmes. Chez elle, rien d'affecté. Aucun maniérisme. Je pensais, en la regardant, à ces actrices qui m'ont tant agacé par leur prétention aux poses hiératiques, comme Mme Segond-Weber, par exemple. Mme Georgette Leblanc n'a rien de cela. Sa voix, ses attitudes, ses gestes sont harmonieux naturellement. On sent qu'elle

---

363 Georgette LEBLANC, I, Op. Cit.

364 L'accusation de Soulerjitski fut reprise dans le *Rousskoe slovo* du 23 février 1911. Constantin S. STANISLAVSKI, Op. Cit.

doit être ainsi chez elle, dans sa vie de chaque jour. » La seule réserve de Léautaud concernait la manière, selon lui injuste, dont Maeterlinck traitait le chat. Georgette était certainement d'accord avec lui !

Dans *Comœdia*, Léon Blum mit en avant la profondeur et la gravité de *L'Oiseau bleu* : « C'est une féerie philosophique (...). Dans leur voyage à la recherche de l'oiseau magique, les deux enfants (...) ne courent pas l'aventure ordinaire des contes. Ils n'affrontent pas l'ogre, le dragon, la méchanceté des fées ou la malice des objets enchantés. Leur voyage est une aventure morale, un apprentissage vers la sagesse. Ils se promènent à travers des entités et des allégories. Leur odyssée puérile suit comme une carte du Tendre métaphysique. » C'était très bien vu. Dans cette œuvre, Maeterlinck avait placé, en effet, tout sa philosophie.

La nuit de Noël, les deux enfants accomplissent un périple initiatique à travers différents lieux merveilleux : le Pays du souvenir, le Palais de La Nuit, la Forêt, le Cimetière, Le Jardin des bonheurs et le Royaume de l'avenir. Les objets, la nourriture (Le Pain, Le Sucre, Le Lait),les pierres, les chiens, les chats, les êtres, les végétaux, tout est animé. Il existe une âme universelle. La mort n'est qu'une illusion.

Maeterlinck est non seulement tributaire de la pensée néoplatonicienne mais aussi de la philosophie de la nature telle qu'elle a été exprimée par le romantisme allemand. C'est un lecteur de Plotin. Il a traduit Novalis : « La mort transfère l'esprit en quelque autre lieu dans la grande association, le réveille quelque part ailleurs. » Il a lu et préfacé Emerson qui lui a ouvert les yeux sur le quotidien. Il faut apprendre à voir la « vérité des choses ». Aidés de la Fée et de La Lumière, les enfants sortis du sommeil regardent leur monde autrement. Misérable au premier tableau, l'intérieur de la cabane de Tyltyl et Mytyl a, en apparences, changé. Les didascalies le disent : « tout, les murs, l'atmosphère, y paraît incomparablement, féeriquement plus frais, plus riant, plus heureux. La lumière du jour filtre gaiement par toutes les fentes des volets clos. » Or les enfants, aussi pauvres qu'au début de la féerie, sont le fils et la fille d'un bûcheron qui n'a pas les moyens de leur offrir un cadeau de Noël. Certes, ils ont connu une merveilleuse nuit dont les « petits riches » auront été privés. On est en droit aujourd'hui de se moquer de cet optimisme béat fondé sur une philosophie déjà dépassée du temps de Maeterlinck. Cette histoire consolante où les enfants pauvres sont plus heureux que les riches, parce qu'ils ont découvert l'existence de l'âme du monde a de quoi ravir les tenants d'une société injuste où chacun doit rester à sa place. Le féerique, le merveilleux de *L'Oiseau bleu* sont acceptables. Ils n'inquiètent pas les esprits et les plongent au contraire dans une douce quiétude. La pièce possède également des vertus de rassemblement et de réconfort moral. Gabriel Trarieux écrit, dans *La Revue* : « Lorsque Dante sort de l'enfer, il salue les étoiles naissantes. C'est un peu l'impression qu'on éprouve, lorsque, au sortir des autres pièces, on entre dans l'atmosphère mystérieuse et enchantée de *L'Oiseau bleu*. [*Elle*] offre à trois classes de spectateurs le triple attrait d'un beau spectacle, d'une histoire claire et attachante (...). »

Maeterlinck avait renoncé au message délivré dans « Notre devoir social », qui faisait l'éloge de la Révolution française en ce qu'elle détruisait le passé. « Nous n'avons pas à nous soucier de ce que nous mettrons à la place des ruines. La force des choses et de la vie se chargera de reconstruire ; elle n'a même que trop de hâte à réédifier, et il ne serait pas bon de l'aider dans sa tâche précipitée.

N'hésitons donc point à user jusqu'à l'excès de nos forces destructives ; les neuf dixièmes de la violence de nos coups se perdent parmi l'inertie de la masse ». Cette méditation parut dans *L'Intelligence des fleurs* en 1907. Maeterlinck n'écrira plus rien de pareil.

L'Oiseau bleu arrive au bon moment. Car selon J. Ernest-Charles, le public est accablé. Il « veut réagir d'urgence contre la brutalité pessimiste, pénible, douloureuse, atroce, de l'art et de la vie (...). » En définitive, on constate que, si la « délicieuse » histoire qui nous conte que « la vie la plus modeste peut être remplie de petits bonheurs innombrables et exquis » ne sombre pas dans le ridicule et la mièvrerie d'un œuvrette de patronage, c'est grâce à son ampleur, à l'importance des décors et de la mise en scène, à la qualité de l'interprétation. La splendeur du personnage de La Lumière est celle de Georgette Leblanc que Maeterlinck, dans ce cas aussi, s'est contenté de regarder vivre.

La critique ne cesse de le souligner, criant sa gratitude à l'auteur, la féerie dispense son espoir et sa joie de vivre au monde bourgeois. Ce qu'elle ne dit pas, c'est que ce monde court aveuglément à sa perte. La pièce est intimement liée à une époque qui se cramponne à sa béatitude. Son succès en Europe et aux Etats-Unis entraîne une mode. On fabrique des boîtes de biscuits, des flacons de parfum, des jouets « oiseau bleu », du linge, de la vaisselle, des bijoux, des cartes à jouer. Le *merchandising* bat son plein. Comme il existe aujourd'hui une tintinomania — hier une beatlemania — il a existé jadis, surtout en Amérique, une « maeterlinckomania » dont *L'Oiseau bleu* a été le vecteur. [365]

Le XIXe siècle meurt en 1914. La Première Guerre mondiale provoque une fracture béante qui rejette loin en arrière l'art et la culture des trente dernières années. La paix revenue, *L'Oiseau bleu* ne sera plus représenté régulièrement, sauf en Union soviétique et au Japon. Dans ce dernier pays où Maeterlinck ne cessait d'être apprécié depuis 1900, la féerie fut presque exclusivement montrée aux enfants. En France, le Théâtre de l'Odéon la choisit pour sa soirée de réveillon du 24 décembre 1927. La mise en scène était de Firmin Gémier, le directeur, et l'on rapporte qu'elle fit la joie des petits et des grands.

La plupart de ses œuvres scéniques devenant des opéras, puisque telle est la volonté du poète belge, la féerie n'échappe pas à la règle. Albert Wolff signa cette fois la totalité de la musique de l'œuvre lyrique qu'il dirigea lors de sa création au Metropolitan Opera de New York le 27 décembre 1919, et quelques mois plus tard à Bruxelles.

Créé à Moscou, *L'Oiseau bleu* y fut également filmé pour la première fois lors d'une représentation. C'était encore du théâtre filmé. Le cinéma prit le relais dès 1918 avec *The Blue Bird* de Maurice Tourneur. 1940 vit la sortie d'un remake avec Shirley Temple.

1976 fut l'année de la seule coproduction cinématographique des États-Unis et de L'Union soviétique, *The Blue Bird* naturellement. Le cinéma est l'art le plus adéquat pour représenter un monde merveilleux où les chiens et les chats

---

[365] Les chiffres parlent d'eux-mêmes : à New York, la pièce est créée le 1er octobre 1910, cinq mois avant sa première parisienne. Elle bénéficie de 44 représentations. Brooklyn l'accueille pendant deux mois : plus de cent représentations. En 1911, elle est encore donnée une trentaine de fois à New York. En 1912, c'est une tournée de quatre ans à travers le pays, soit 1 600 représentations qui drainent deux millions de spectateurs. (Cf. *Maurice Maeterlinck,* 1862-1962, Op. Cit.)

parlent, le chien étant brave et le chat mielleux, où le sucre et le pain s'animent, d'où suinte une sorte d'idéologie du bonheur à la Walt Disney.

Georgette et Sélysette

Georgette Leblanc a atteint le sommet. Son personnage s'est définitivement imposé à toute une génération. Elle est La Lumière, dans la vie de Maeterlinck et sur la scène du Théâtre Réjane. Elle exerce son empire sur le cœur des jeunes gens. « Ne pleurez pas, mes chers petits... Je n'ai pas de voix comme l'Eau ; je n'ai que ma clarté que l'Homme n'entend point... Mais je veille sur lui jusqu'à la fin des jours... »

Fils de l'écrivain naturaliste et membre de l'Académie Goncourt Lucien Descaves, Pierre Descaves rencontre à plusieurs reprises Georgette Leblanc et Maeterlinck chez son oncle, le docteur Crepel, un des premiers utilisateurs de l'électricité en médecine, qui comptait parmi sa clientèle, entre autres, Clemenceau, Tristan Bernard et Pierre Loti. Le jeune garçon s'éprend platoniquement de l'interprète de La Lumière. Il se souviendra d'elle « toujours en retard et ménageant son entrée »[366]. Il la vit sur la scène du Théâtre Réjane, « Pâle, diaphane dans ses longs voiles à la Loïe Fuller, hiératique et superbe. Sa science des attitudes servait prodigieusement ce rôle non pas en or, mais en soleil. Sa voix étrange (...) d'une richesse déchirante se mariait exactement avec les gestes, comme si, d'un astre miraculeux, elle eût été l'émanation directe. Ses longs cheveux tombant sur ses épaules et qui se soulevaient doucement lorsque d'un pas léger, elle se déplaçait (...) ajoutaient à la silhouette une mouvante et subtile draperie. C'était bien un symbole étrange, un symbole vivant. C'était bien la lumière, la plus douce, celle de l'âme. »[367]

Maeterlinck est décrit moins lyriquement. « Il se dégelait lorsqu'il appréciait un bon plat » et demandait alors la recette à Mme Crepel. Tristan Bernard présent à table remarquait : « Voyez, "la recette". Encore un mot d'auteur ! » Maeterlinck ne souriait pas. Très courtois envers les dames, il ne brillait pas dans les conversations, lâchant son « C'est à voir... »[368] habituel.

Entre les représentations, Georgette troque ses voiles bleus pour le costume de ville et se rend en voiture au *Figaro* et chez Fasquelle négocier *La Mort*, le nouvel essai de Maeterlinck. Ses tenues de ville sont toujours aussi originales. Elle demeure fidèle à son idéal préraphaélite de 1895 et, seule concession au temps, jette sur ses épaules un manteau en peau de panthère. On se retourne sur cette « amazone hardie et décidée »[369], comme on l'a toujours fait, mais elle n'en a cure. On imagine l'effet de sa tenue dans les bureaux du *Figaro* et de la maison Fasquelle... Elle transmet à Maeterlinck une proposition intéressante de l'éditeur tout disposé à se montrer généreux envers un écrivain si populaire. Dans la même période, elle se déclare victime de la jalousie de Réjane. Elle est fatiguée, déprimée, ce qui n'a rien d'étonnant, si l'on songe qu'elle n'a pas pris le moindre

---

[366] Pierre DESCAVES, *Une muse de Maeterlinck, Georgette Leblanc*, La revue des deux mondes, 15/9/1962.
[367] Ibid.
[368] Pierre DESCAVES, *Visites à mes fantômes*, Denoël, 1949.
[369] Ibid.

repos depuis l'été 1910. De son côté Maeterlinck est attristé par l'état de santé de sa mère, qui lui fait craindre le pire.

À la fin d'avril, Georgette quitte son appartement de la rue Raynouard pour un hôtel particulier situé au fond d'un jardin, 32 rue Perronet à Neuilly-sur-Seine (téléphone : Neuilly 661), non loin de l'île de la Grande Jatte. Était-ce pour se rapprocher de sa sœur Jehanne ? Les Prat venaient de s'installer 96, boulevard Maillot, dans le Pavillon des Muses, ancienne demeure de Robert de Montesquiou. Le descendant de d'Artagnan y avait dirigé des réceptions « superbes ». Des « mélanges de récitation et de chants dont l'alternance m'a, de tout temps, paru composer un schéma charmant de fête bien ordonnée. »[370]

Dans ses moments de liberté, elle fréquente des *thés* où elle recherche la compagnie des femmes. Chez une certaine « Lathie » ou « Lalie »[371] (la graphie est difficile à déchiffrer), elle se lie intimement avec une divorcée, femme du monde, « grande, superbe, un corps de statue, et une intelligence et une grande allure ». Cette splendide créature, une « beauté inouïe » est « assez personnelle pour exister en dehors des catégories ». Georgette n'est pas égoïste. Elle n'entend pas garder pour elle seule cette nouvelle amie. Elle offre de l'amener au mas des Quatre chemins en faisant miroiter à « bébé » tout le plaisir qu'il tirera de cette femme. Ne pousse-t-elle pas trop loin la sollicitude ? Ou lui faut-il écarter d'urgence la menace d'une présence inopportune ? Renée ? La crainte de Georgette est prématurée. Maeterlinck ne lui a pas encore marqué sa préférence. Ne pouvant descendre dans l'immédiat à Grasse, Georgette conseille à distance sur le choix d'une cuisinière. Justement, elle en a une sous la main, une jeune femme de province, une vraie perle. Elle sait « son Maurice » sensible à la nourriture et éprouve sans doute quelque regret de ne pouvoir diriger elle-même le personnel du mas.

Fin avril toujours, elle est en mesure de rasséréner l'auteur. *L'Oiseau bleu* vole toujours au-dessus de Paris, le théâtre ne désemplit pas. Evidemment, il faut faire avec Réjane…

Georgette s'octroie quelques jours de repos et vient au mas le 29. « Bébé » est déprimé. Les nouvelles de Gand sont pessimistes. Mme Maeterlinck mère ne se rétablit pas. Georgette fait de son mieux. On ne sait pas si elle a amené la mystérieuse et très belle jeune femme dont elle a parlé. Son séjour est de courte durée. Elle remonte à Paris, où elle n'est pas seulement l'actrice mais la représentante des intérêts de l'auteur au Théâtre Réjane. Dès le 6 mai, elle le rassure. « Ça va beaucoup mieux avec Réjane ! » Et puis, qu'il ne se fasse pas de soucis pour la domesticité. On ne le laissera pas sans présence féminine.

Sur la scène et dans les salons, elle se déleste comme elle peut de l'angoisse que lui inspire le caractère sombre et obstiné de Maeterlinck. Que va-t-il se passer ? Leur couple exceptionnel se brisera-t-il comme tant d'autres plus communs, après seize années d'union dans l'art et la liberté ? Elle passe la soirée du 9 mai

---

370 Robert de MONTESQUIOU, *Les Pas effacés*, Mémoires, (3 volumes) Emile-Paul Frères, 1923.

371 Nous n'avons pu découvrir l'identité de cette femme qui organisait des réceptions mondaines et recevait des écrivains connus. Georgette parle d'un « thé-Lathie » à Maeterlinck, sans plus préciser. Maeterlinck la connaissait donc. Georgette a écrit quelques lettres à « Lathie » ou « Lalie », peut-être Lalie Pearson, dite Nectarine, dont parle Philippe JULIAN dans son *D'Annunzio*, Fayard, 1971.

au Carlton, où *L'Intransigeant* offre une fête. Léautaud, qui la voit, note le lendemain dans son *Journal* : « Georgette Leblanc, affreuse, ridée, presque caricaturale. » C'est le même homme qui l'a complimentée dans sa chronique de théâtre du 1er avril : « Mme Georgette Leblanc (...), c'est la clarté et la poésie mêmes. » Comme Léautaud est sincère, on ne peut que le croire : en cette période, Georgette est physiquement épuisée et il serait temps qu'elle se repose.

Au début de juin, Maeterlinck s'est rendu au chevet de sa mère mourante. Il l'écrit le 5 à Von Oppeln-Brokinovski. Mme Veuve Maeterlinck meurt peu après. Elle est inhumée dans le caveau familial du cimetière de Wondelghem. Ce deuil plonge l'écrivain dans une mélancolie qui affole Georgette. Elle ne trouve alors rien de mieux, pour remonter le moral de « bébé », que de lui offrir Renée, l'une des « enfants de l'avenir ».

S'ouvre alors une période tout à fait étonnante dans leur vie. *Aglavaine et Sélysette*, la pièce de 1896, inspirée par l'aventure triangulaire qui mit aux prises l'écrivain, Laurence et Georgette va se jouer pendant près de sept ans. Dans ses lettres, Georgette désigne Renée sous le nom de Sélysette, parfois raccourci en « Sélyse », preuve qu'elle avait parfaitement compris jusqu'à un certain point la situation... Dans le vieux « drame » postsymboliste, Sélysette mourait. Mais sous ses dehors de femme-enfant, Renée, elle, ne se préparait pas à un rôle de victime. Elle manœuvrait d'une manière si évidente que Georgette eût dû se méfier, mais elle refusait d'employer les armes des *faibles femmes* : le chantage aux sentiments, les larmes, le mensonge, moyens dont sa jeune rivale n'allait pas se priver quand elle estimerait le moment venu. L'ancienne complicité des « rudes compagnons », qui l'unissait encore à Maeterlinck, semblait à Georgette un rempart suffisant contre les éventuelles prétentions de cette « Sélyse ».

La coïncidence était presque parfaite. Le poète écrivit *La Mort*, en utilisant les matériaux réunis par Georgette. Mme Maeterlinck mère décéda en juin et l'essai parut du 1er au 6 août dans *Le Figaro*. Cette publication estivale provoqua la rage de Montesquiou qui reconnut, fielleux, le rôle de Georgette : « Sans doute l'aimable Georgette Leblanc — Maeterlinck, précise-t-il en note —, toujours si modeste et ennemie du bruit, qui dut se faire violence pour accepter l'ambassade, se sera entremise pour faire admettre au Figaro de publier en feuilleton une œuvre vouée à un parrainage si sombre. J'imagine pourtant qu'il y aura eu du tirage et que ça n'a pas dû marcher comme sur des roulettes. Mais ce grand quotidien aurait-il accepté un feuilleton intitulé *Dieu*, désignation encore moins figariste ? Je crains que cette fois, toute la diplomatie de Mme Leblanc se fût montrée impuissante. »[372] Montesquiou ne partageait pas la vision de nos fins dernières qui était celle de Maeterlinck. Mais on le sent surtout trépignant de jalousie. Ah ! si quelqu'un s'était dévoué pour lui avec tant d'obstination et de succès ! En tout cas, son persiflage en atteste, le rôle d'agent littéraire efficace que jouait Georgette ne passait pas inaperçu du Paris mondain et littéraire. Si le poète aristocrate des *Paons* avait connu l'existence de Renée et la complaisance de « Mme Leblanc », nul doute que sa mauvaise humeur se fût muée en férocité.

[372] Robert de MONTESQUIOU, Op. Cit.

La réparation américaine

Une femme qui a voué son existence à la création des autres ne résiste pas aux engagements. Ce sont ces rôles qui lui apportent des raison de vivre et de continuer. Quand les imprésarios puis le public l'oublient peu à peu, c'est pour l'artiste comme une agonie plus ou moins longue. Un jour elle n'est plus qu'elle-même, c'est-à-dire comme tout le monde, pleine de ses secrets incommunicables, qui d'ailleurs n'intéressent personne.

Georgette Leblanc n'appartenait pas à cette catégorie la plus répandue d'interprètes, mais elle était enchaînée à la gloire de Maeterlinck et se devait donc de la servir.

Henry Russel[373] l'invitait à venir jouer *Pelléas et Mélisande* et *Monna Vanna* à l'Opéra de Boston.[374] Elle était allée à Moscou. Elle irait à Boston. Et elle laisserait Maeterlinck plusieurs semaines aux bons soins de Renée ? Une telle situation ne s'était jamais produite. Si l'écrivain trompait sa solitude avec quelque admiratrice de passage, ou une relation de Georgette, celle-ci l'admettait. Elle rentrait, *ils* se retrouvaient. Maintenant, au retour de quelque longue tournée, elle *les* retrouverait. Maeterlinck avait jadis écrit à Laurence Alma-Tadema : « Il est en effet trop facile de dire qu'on peut être trois à s'aimer au-dessus des habitudes de l'amour. Mais lorsqu'il s'agit de faire descendre cette idée admirable en elle-même dans la vie véritable, il faut examiner jusqu'aux moindres replis de son âme de peur qu'une erreur ne fasse mortellement souffrir lorsqu'il serait trop tard… » Georgette savait combien c'était vrai. Si quelqu'un devait souffrir *mortellement*, ce ne serait pas lui, mais Georgette ou Renée. Avec les années, il avait pris de l'assurance. Il ne craignait plus d'être abandonné par Georgette. Peut-être méditait-il maintenant de se séparer d'elle. Inconsciemment, bien sûr… Mais dans son processus de pensée, l'inconscient — elle l'avait écrit — tenait une place essentielle. L'arrivée de Renée était peut-être l'indice d'une crise beaucoup plus grave que les précédentes. Si Renée s'incrustait, sa présence tuerait le « Nous » en lequel Georgette croyait toujours. Cependant, malgré les menaces qui s'accumulaient au-dessus de sa vie et de son amour, la cantatrice partirait, il lui était impossible de renoncer à Boston. C'eût été admettre la crainte et se préparer à une vie prudente, parasitée par les calculs les plus sordides. Voire reconnaître que la jeunesse et la beauté de Renée lui faisaient peur, maintenant et dans l'avenir.

Et puis, cette *Mélisande* dont elle avait été privée à Paris par un extraordinaire concours de malveillances, Georgette se la devait avant tout à elle-même. À y regarder de près, cette proposition de Henry Russel tenait du miracle. En avril 1909, Russel avait déjà organisé une représentation de l'opéra *Pelléas et Mélisande* à Boston. Négligea-t-il alors d'en avertir les auteurs ? Cette fois, afin de prévenir tout malentendu, il leur apportait la maquette de la scène de l'Opéra.

---

373 Directeur du Boston Opera House depuis 1909. Directeur des saisons du théâtre des Champs-Élysées et de celles de Covent-Garden. En 1914, à la veille de la guerre, il organisa la saison wagnérienne du théâtre des Champs-Élysées, où *Parsifal* fut représenté pour la seconde fois à Paris.

374 En 1909, Gérard Harry avait conseillé à Maeterlinck et Georgette Leblanc de donner aux États-Unis des conférences sur *Monna Vanna.* Selon lui, l'auteur et son interprète auraient connu un triomphe. (Lettre de G. Harry, 24/6/1909), A. & M. L., Bruxelles.

Ainsi leur montrerait-il comment s'agenceraient les décors et se succéderaient les actes. Ceci pour l'aspect dramaturgique. En ce qui concerne la musique, son idée était de faire diriger l'orchestre de Boston par Debussy — une première sur le sol américain, donc une publicité automatique pour autant que le compositeur s'y prête. Il était l'obligé de Russel. Deux ans auparavant, l'imprésario lui avait prêté 5 000 francs-or. L'échéance venue, Debussy s'était retrouvé dans l'incapacité de rembourser cette somme considérable. Maeterlinck, lui, ne devait rien à Russel. Ils se connaissaient au moins depuis la création à Paris de *La Mort de Tintagiles* par Georgette Leblanc. Que Debussy dirige en personne son opéra ne pouvait en rien lui déplaire ; et, en outre, les arguments publicitaires ne lui étaient pas indifférents. Georgette sentit alors que l'heure de la revanche avait sonné. Le projet de Russel était ambitieux. Non seulement il voulait monter l'opéra de Debussy mais la pièce éponyme à laquelle il ajoutait *Monna Vanna*. Georgette devait *jouer* Mélisande. Pourquoi ne la *chanterait-elle* pas aussi ? Elle persuada Maeterlinck d'en faire la proposition à Russel. L'imprésario n'ignorait pas le vieux scandale de 1902. Il en parla à Debussy et les choses commencèrent à redevenir compliquées. Debussy ne dit pas nettement non car Maeterlinck, une fois de plus, eût ressenti cela comme une provocation intolérable, et les représentations de *Pelléas* à Boston eussent été sans nul doute compromises. Or Debussy ne pouvait se permettre de se brouiller avec Russel, d'une part parce qu'il était son débiteur, et d'autre part parce que l'organisateur était aussi puissant à Paris qu'à Boston et Londres. Lui ne manifestait d'ailleurs aucune opposition à ce que Georgette Leblanc chantât Mélisande. C'était en soi — là aussi — une bonne idée publicitaire. Debussy préféra donc prévenir Russel qu'il ne conduirait pas lui-même l'orchestre du Boston Opera. Il s'en remettait à son chef, André Caplet, en qui il avait toute confiance depuis qu'il avait dirigé en mai *Le Miracle de saint Sébastien*. Comprenant les répugnances de Debussy en ce qui concernait Georgette, mais aussi qu'il risquait de se mettre à dos Maeterlinck s'il se rangeait à l'opinion du compositeur, Russel accepta la solution Caplet, tout en espérant que Debussy, délivré du fardeau des répétitions et de la direction d'orchestre, honorât quand même les représentations de sa présence.

En juillet 1911[375], Caplet s'installa à Saint-Wandrille et Russel garda à l'esprit la venue possible de Debussy à Boston. Caplet habitait le Pavillon Louis XV de l'abbaye, autrement appelé l'Hostellerie. Quand dix heures tintaient à la cloche de l'église, la cantatrice sortait par la porte des Lions. Elle foulait la mousse d'une allée millénaire bordée de tilleuls. Le piano avait été installé le plus loin possible de Maeterlinck et, dans ce studio improvisé, Georgette travaillait son rôle. « Je ne connais aucune réussite qui vaille la joie de l'étude, mais je ne crois pas qu'une autre musique puisse prêter autant que celle-là aux recherches infinies et aux découvertes. »[376] Avant qu'elle ne rencontre Caplet, on l'avait informée de sa « laideur physique ». Or, une photo du musicien nous montre qu'on exagérait quelque peu sa disgrâce. Georgette s'étonna : comment peut-on « avoir des traits sans ligne, sans couleur et être si charmeur ? »[377] Elle avait sans aucun doute une conception très exigeante de la beauté masculine.

---

[375] Dans ses *Souvenirs*, Georgette parle de l'été 1912. Elle se trompe d'un an.
[376] Georgette LEBLANC, II, Op. cit.
[377] Ibid.

Pendant qu'elle étudiait la partition de *Pelléas* sous la direction de Caplet, Debussy passait ses vacances à Houlgate avec sa femme et sa fille. Des photographies nous le montrent strictement habillé et coiffé d'un canotier, seul ou accompagné de « Chouchou » âgée de six ans, sur la plage de la station balnéaire. Il envoie de Honfleur, le 28 juillet, une carte postale adressée à « André Caplet, Abbaye de Saint-Wandrille ». Le texte est en soi mystérieux. C'est une phrase tirée de *Pelléas* : « Il y en a d'autres, mais nous ne les voyons pas encore. »[378]

Caplet quitta Saint-Wandrille à la fin de l'été et rentra à Paris avant de regagner les États-Unis. Georgette le rejoindrait en décembre à Boston.

La représentation de *Pelléas et Mélisande* au Boston Opera fut fixée au 10 janvier 1912.

Debussy, quant à lui, déclara bientôt à Caplet qu'il n'y assisterait pas. Il le lui écrivit en octobre à la suite d'une rencontre dans le métro, vraisemblablement peu avant le départ de son ami pour l'Amérique. « Naturellement il faut perdre tout espoir dans le voyage à Boston… Il y a des obstacles dont je sens parfaitement les formes mais dont je ne sais d'où ils peuvent venir ? Vous savez peut-être déjà combien j'ai horreur de la contradiction ? Or, tout me contredit, tout me blesse dans cette histoire. »[379]

À quoi fait-il allusion, sinon au choix de Russel qu'il a été forcé d'entériner en raison de sa dette envers lui ? On invoque généralement l'opposition de sa femme Emma à son voyage en Amérique. Certes, le P.-S. de la lettre le suggère : « Pourtant, il ne serait pas impossible, en faisant un léger effort, que je puisse partir seul… Mais voilà, je n'ose pas ! Donnez-moi vite votre avis. N'oubliez pas que je devrai montrer votre lettre. »[380] Il manque plusieurs phrases à cette lettre à laquelle Caplet n'a pas répondu. La compréhension s'en trouve altérée. On devine cependant qu'Emma était jalouse, Debussy ayant pu profiter de ce voyage lointain pour la tromper. Mais l'essentiel, répétons-le, n'est pas là. Debussy se sert des contraintes de son mariage pour cacher à Caplet son humiliation. Lui qui ne supporte pas la contradiction, il doit s'incliner devant Russel.

Le 22 octobre, il lui écrit qu'il renonce à Boston, mais « avec regret ». Il impute cette décision à des « raisons de famille assez sérieuses pour que je ne puisse passer outre ». La mise en scène dont Russel lui a parlé, les projets de décor « sont autant de tentations auxquelles il est pénible de résister ». Il met en avant la parfaite maîtrise musicale de Caplet et sa connivence exceptionnelle avec l'œuvre qu'il va diriger. Ce sont « de bien belles garanties ».[381] On sent Debussy soulagé de ne pas se retrouver à Boston dans une situation pénible pour son orgueil : être contraint d'applaudir Georgette Leblanc.

Le 22 décembre, il envoyait à Caplet une lettre pleine de reproches, de plaintes, de regret et de nostalgie. Au chapitre Boston, il se révélait décidément inconsolable : « Vous pensez bien que je n'ai dit à personne ce qu'il m'a coûté de renoncer au voyage en Amérique… (…) l'exécution de *Pelléas* préparée par vous me promettait l'émotion la plus délicate. » À la fin de sa lettre, il ajoutait cependant : « Tout de même, c'est vraiment trop au bout du monde, votre Boston !

---

[378] Claude DEBUSSY, Correspondance avec André Caplet ; avec Henry Russel, 1910-1914, Domaine musical, Ed. du Rocher, 1957.
[379] Ibid.
[380] Ibid.
[381] Ibid.

Pensez qu'à vous, mon ami le plus cher, je suis obligé de vous envoyer, par écrit, des vœux que la longueur du trajet, l'humidité de l'Océan, auront forcément refroidis. »[382]

Fin décembre, Georgette, ses appréhensions momentanément oubliées, s'apprêtait à rejoindre ce Boston du bout du monde que Debussy, mélancolique profond, n'avait pas le cran d'affronter seul.

Première traversée

Fin décembre, à Cherbourg, elle attendit un jour et une nuit avant de prendre place à bord de l'*Olympic*, un paquebot géant de la classe du *Titanic*.

La tempête hivernale compliquait l'embarquement. Sans amélioration des conditions atmosphériques, l'*Olympic* n'entrerait pas dans le bassin, car il risquait autrement de ne pouvoir lever l'ancre. Le soir du premier jour, les voyageurs furent informés que le navire serait en rade à l'aube, à deux kilomètres des quais, et qu'il faudrait l'y rejoindre. La Compagnie de Navigation offrit une chambre aux femmes et Georgette put dormir dans une chambre à deux lits, qu'elle partagea avec Mathilde dont c'était aussi la première traversée.

Quand elle fut enfin dans sa luxueuse cabine, aussi grande, remarqua-t-elle aussitôt, que le rez-de-chaussée de sa maison de la rue Perronet, Georgette jeta sur un carnet quelques-unes des impressions causées par leur transbordement dans l'aube glacée :

« Une immense traînée de lumière dans le ciel sombre, c'est l'Olympic. Nous partons vers sept heures et c'est un moment extraordinaire car pendant les vingt minutes de marche tout se transforme, la nuit s'écarte, nous avançons dans une brume grise créée par la pluie. C'est plutôt un voile d'eau et peu à peu tous les bateaux du port dessinent leur silhouette sur le ciel pâle, c'est fantastique, malgré le froid je ne quitte pas le pont. Alors, on aperçoit l'*Olympic*, il se présente de dos et paraît une énorme maison à sept étages. Les couleurs se précisent, la mer verte qui semble malgré sa colère lécher respectueusement les pieds du colosse noir et la cheminée jaune qui monte lourdement comme une grosse tour. Nous tournons lentement, péniblement en dansant autour de lui et maintenant quatre tours énormes s'imposent au regard. Et puis, une longueur, une longueur qui, je ne sais pourquoi, me fait penser à St-Wandrille mis deux fois bout à bout ! ... Alors, quelle étrange impression ! Tout au long de la colossale prison noire rient des centaines de petites fenêtres, beaucoup se sont ouvertes et des têtes curieuses se penchent. Il y a une rangée de coiffures blanches, ce sont les cuisiniers et les marmitons, mais je ne vois rien tant mon étonnement est grand. Nous sommes maintenant contre le géant. Deux portes de fer se sont ouvertes dans son flanc, très bas, c'est-à-dire à notre hauteur et bien qu'une passerelle de plusieurs mètres nous prouve la distance qui nous sépare de lui, il est maintenant impossible en levant la tête d'apercevoir la fin du navire.

« Je passe et dès que je mets le pied en lui, j'ai une impression de terre, le vestibule blanc est énorme et une armée de domestiques en livrée sont rangés près des portes, au fond. On me montre la tête du capitaine, moustaches blanches, regard clair, joues épanouies. On traverse des corridors qui me font encore

[382] Ibid.

penser à St-Wandrille (...) Me voici dans mes appartements, tout de suite nous installons la vie, fleurs dans les vases, portraits et livres sur la table, on se fait servir un repas qui semble délicieux et puis le monstre bouge et après... après tout s'efface... Pourtant il ne remue pas mais la mer est grosse et c'est un rythme lent auquel il est bien difficile de résister. » Elle souffrit du mal de mer. « Malgré ma misère, j'ai enregistré quelques belles impressions — il est quatre heures — tout tourne — je ne sais plus très bien ce qui est arrivé mais je veux voir car par la fenêtre haute un rayon doré se joue dans la glace. Je me hisse sur un fauteuil et ma curiosité est récompensée. Jusqu'au bout de mes regards, des vagues de cristal vert, immenses et larges, surmontées de blancheurs qui jouent follement sur elles et sur le ciel et tout au fond, un gros soleil rouge, un soleil d'estampe chinoise nettement découpé dans le gris de l'horizon. Une autre impression à une heure et à sept heures : l'appel du repas fait par le clairon. Toutes les voix de l'espace si mystérieuses, si nouvelles pour moi, soudain déchirées par des notes allègres et sûres d'elles-mêmes !... Une autre encore et qui paraît-il ne me quittera pas ! La présence du vent, d'un vent que l'on ne connaît pas à terre ! C'est vraiment lui qui règne et tout autour de moi *sans cesse* chaque paroi de ma chambre crépite comme un feu de sarment. C'est un bruit qui n'arrête jamais. Tandis que du côté de mes fenêtres, bien que je sois séparée de l'espace par une large promenade couverte, un mugissement de colosse semble soulever des nuages. »

Prendre la mer en 1911 était encore une aventure qui risquait de tourner à la tragédie. Mais éprise de nouvelles expériences et aimant les voyages, elle ne songea pas un instant au naufrage. Son contrat en Amérique lui assurait mille dollars par soirée, soit à l'époque une petite fortune. Dix ans auparavant, au moment de l'affaire *Pelléas*, elle avait été calomniée, méprisée et haïe. Elle y pensait encore pour se dire qu'elle avait eu raison de s'imposer. D'un point de vue professionnel et financier, cette tournée serait une réussite. Elle ne craignait pas le public américain. Ce qu'elle appréhendait par contre à chaque instant, c'était la fin de son parcours unique au côté de Maeterlinck. Elle partait trois mois, le laissant à la merci de Renée, et savait que, pendant son absence, elle ne recevrait aucune nouvelle de lui. « Bébé » bouderait, malgré la distraction que lui apportait la présence de la jeune fille. C'était comme ça. Il ne supportait pas d'être quitté, même si c'était pour le servir.

Elle effectua la traversée en compagnie de Walter Straram, l'assistant d'André Caplet, et du chanteur Vanni Marcoux. Né à Londres en 1876, Straram était un des musiciens les plus doués de sa génération. Violoniste, pianiste, chef des chœurs, il avait suivi Caplet à Boston, où ils travaillaient ensemble depuis 1909. Georgette décrit curieusement ce grand debussyste comme un « homme brûlé ».[383] Il « avait l'allure d'une marionnette macabre ». « Il semblait craquer dans le feu. »[384] Son intransigeance, son esprit tranchant l'impressionnèrent. En 1928, Straram dirigera à Paris la création du Boléro de Ravel.

Vanni Marcoux, basse célèbre, habitué de Covent Garden depuis 1905, avait créé le rôle de Guido dans *Monna Vanna* d'Henry Février. Debussy l'avait félicité pour son interprétation d'Arkel, « le vieux roi d'Allemonde », à Covent Garden. Il avait trente-trois ans en 1911. De formation atypique — d'abord étudiant en droit et avocat au barreau de Turin, sa ville natale —, il fit ses classes chez des

[383] Ibid.
[384] Ibid.

maîtres italiens et commença de chanter sous un faux nom. Il avait été engagé pour le rôle de Golaud à Boston et était donc le partenaire de Georgette.

Durant toute la traversée, Mathilde veilla jalousement sur sa maîtresse.

Le journal *Le Temps* publia un écho sur Georgette et Maeterlinck, repris par *La Nouvelle Revue française* de janvier 1912, dans sa rubrique "Les Grandes Nouvelles" : « Mme Maeterlinck est arrivée mercredi soir à New York, par l'Olympic. Elle va jouer à Boston le drame de son mari, *Pelléas et Mélisande*, le 10 janvier. Les reporters et les photographes ont cherché vainement, à bord de l'Olympic, M. Maeterlinck, qui a parié avec M. Russel, de Boston, qu'il saurait leur échapper. M. Maeterlinck, qui s'est bien embarqué sur l'Olympic avec sa femme, a dû arriver déguisé ou comme passager d'entrepont. Mme Maeterlinck a refusé de rien dire, si ce n'est que l'écrivain ne viendrait pas sans son chien Golaud. Les reporters américains cherchent maintenant l'auteur et son chien. » Le public a toujours été friand de ces anecdotes, inventées de toutes pièces, dont les gens célèbres sont les héros. Autour d'un fait réel, l'échotier du *Temps* avait construit un récit mystérieux propre à exciter la curiosité de ses lecteurs. *Le Temps* était, à l'époque, le journal le plus sérieux de la presse française. À Nice, les voisins de Maeterlinck, qui lisaient le prestigieux quotidien, durent s'amuser, eux qui le voyaient faire sa promenade quotidienne.

De New York, Georgette, Straram et Vanni Marcoux gagnèrent immédiatement Boston, où André Caplet et Russel étaient pressés de leur faire les honneurs de leur maison.

Triple miracle en Amérique : Mélisande, Monna Vanna, Helen Keller

Les trois mois qu'elle passa sur la côte est des États-Unis commencèrent sous les meilleurs auspices. Elle chanta, après dix-sept ans d'attente, le chef-d'œuvre de Debussy et Maeterlinck, et elle connut alors la deuxième de ses « plus grandes impressions d'artiste », la première ayant été l'entrée de Duncan dans « la cour d'honneur de Saint-Wandrille ». « Comme le rideau se lève sur Mélisande (...), on ne peut commencer l'ouverture avant que la chanteuse soit en scène (...). On n'imagine pas avec quelle intensité l'artiste qui est là seule, dans le noir, peut écouter... (on écoute ainsi dans les instants de peur ou de bonheur absolu, quand tout l'être est suspendu au mot qu'il attend). Parce que le rideau va se lever dans un instant, parce qu'on sent le public là, tout près, sans le voir, et parce que l'inévitable trac grandit avec l'attente, la tension de tous les sens et de l'esprit est centuplée. (...) accroupie au-dessus d'une plaque de zinc qu'un reflet de lumière faisait miroiter comme de l'eau, il m'était donné à la fois de comprendre, d'analyser, de goûter la beauté sensible de cette ouverture, comme jamais je n'aurais pu le faire dans d'autres conditions. Les premières mesures tombaient dans le silence lentes et lourdes, comme certaines phrases de l'Orfeo de Monteverdi, mais avec une grandeur et une simplicité plus actualisées ; (...) À force de suivre à travers Debussy l'âme même de Pelléas et Mélisande, j'oubliais ma présence, je me quittais entièrement ; il fallait la brutalité de la rampe pour me rappeler à mon rôle. »[385]

Vanni Marcoux fut un terrible Golaud, rôle que le chanteur assurera encore à Paris en 1914.

[385] Ibid.

L'œuvre de Debussy révélée en français aux Bostoniens, Georgette joua les pièces de Maeterlinck, *Pelléas et Mélisande* et *Monna Vanna*, que les spectateurs entendirent aussi dans notre langue. Expérience déroutante, surtout pour ceux qui étaient parfaitement francophones, car ce ne sont pas seulement les années qui séparent les deux pièces, mais toute une expérience de vie.

Les succès de Georgette Leblanc, qui étaient aussi les siens, laissèrent Maeterlinck de glace. En novembre 1911, il avait changé de résidence, abandonnant Grasse pour Nice. Ses câblogrammes restant sans réponse, Georgette envoya de l'argent à la servante de la villa « Les Abeilles », où Maeterlinck boudait, afin de recevoir chaque jour « les trois mots essentiels : « Tout va bien ».[386] Certes, il la laissait la plupart du temps dans l'ignorance, mais cette fois Georgette avait tout le loisir d'imaginer le pire, non pas sa mort mais la résurrection de son désir dans le lit de Renée. Cette pensée lui était intolérable. Aussi ne pouvant lutter à cette distance contre l'influence de « Sélysette », Georgette essaya-t-elle de comprendre un peu l'Amérique. Elle le fit par le biais d'une étrange expérience : une visite à Helen Keller, phénomène alors mondialement célèbre. Aveugle, sourde et muette presque dès sa naissance en 1880, la jeune femme fascinait alors par des dons supranormaux. En dépit de ses infirmités, Helen était un véritable puits de connaissances. Georgette alla la voir à Wrentham Cottage, à soixante-dix kilomètres de Boston, où elle vivait avec ses tuteurs, M. et Mme Macy (celle-ci, ex-miss Sullivan).

La première rencontre de la cantatrice et de la sourde-muette et aveugle fut assez pathétique, les yeux morts d'Helen étant cachés sous des globes de porcelaine peinte. L'Américaine parla en français d'une « voix caverneuse ». Avec le temps, en effet, et grâce aux efforts de miss Sullivan devenue Mme Macy, elle avait réussi à produire des sons. Georgette écrivit à son correspondant belge, le maeterlinckiste Gérard Harry : « Il me sembla alors que je pénétrai avec elle dans une ombre où l'on ne respire pas. J'en fus oppressée au point que je ne ressentis des impressions absolument nettes qu'à ma seconde visite, lorsque l'habitude de ces dehors poignants eut été prise. »

À sa seconde visite, Georgette la découvrit devant une machine à écrire. Elle tapait avec application des articles de tendance « socialiste ». Son regard de porcelaine faisait songer à celui d'un automate.

Tout était organisé dans la villa des Macy pour qu'Helen fût la plus indépendante possible et pût se déplacer seule. Dans le jardin, elle se guidait grâce à des cordes tendues d'un arbre à l'autre.

Georgette ne pensa pas une seconde que les tuteurs d'Helen eussent pu la préparer à ces rencontres, comme on entraîne un athlète de cirque ou un animal savant à faire son numéro. C'est tout de même l'impression que l'on retire de ces quatre visites. Son éducatrice traçait dans sa main les questions de Georgette et transmettait oralement les réponses. Maeterlinck était certes connu en Amérique, mais de là à ce qu'Helen récitât de mémoire des passages entiers de *L'Oiseau bleu*, « en les commentant », écrit le naïf Gérard Harry, « de façon à laisser voir qu'elle en avait pénétré les plus subtils symboles »... Helen utilisait le langage tactile, plus rapide que l'usage de la parole, pour elle exténuant.

En une vingtaine d'années, miss Sullivan avait réussi à faire de sa protégée une sorte de prodige qui s'exprimait aussi bien sur l'avenir des revendications

[386] Georgette LEBLANC, I, Op. Cit.

féministes que sur celui du socialisme dont le mouvement et les idées étaient bien implantés dans l'Amérique d'avant 1914. À Helen Keller, celle qui est douée d'une « main divinatrice », rien d'impossible ! Et bientôt, on la fit chanter et elle eut des conversations téléphoniques. Il fallait que les exploits de la surdouée et la ténacité de ses tuteurs fussent connus partout. Georgette participa de bonne grâce à cette campagne publicitaire.

Elle se fit photographier au côté d'Helen Keller, devant les rayons d'une bibliothèque. On remarque qu'elle a délaissé ses tenues médiévales au profit de la mode de 1912. Coiffée d'un chapeau évoquant un casque de Minerve orné de plumes d'oiseau et garni de voiles, elle sourit gentiment à « la fille du miracle ».

Elle admira sincèrement l'optimisme américain dont Helen était en partie le produit sophistiqué, mais ne lui attribua pas tout le mérite de la réussite de la « miraculée ». De ses visites, elle rapporta la certitude que l'élève de Mme Sullivan-Macy « est un être si supérieur, on voit sa raison si équilibrée, si puissante et si saine, son intelligence si claire et si belle, qu'aussitôt le problème se renverse. On ne songe plus à être compris, on voudrait comprendre ! On veut savoir, on veut déchiffrer l'admirable énigme qu'elle propose, et l'on s'irrite de la cécité morale qui nous empêche d'admettre, tout naturellement, des conditions humaines qui s'écartent des nôtres. Car si Helen est presque née infirme, par sa valeur et par sa force, elle est devenue simplement « différente ». Le mot « différent », dans cette acception, allait connaître aux États-Unis, une fortune que Georgette était loin de soupçonner. En tout cas, face à Helen, elle fit preuve d'une intuition et d'une ouverture d'esprit plutôt rares, mettant l'être humain plus haut que le phénomène, fierté de l'Institut Hopkins. Avant son départ des Etats-Unis, elle eut le temps d'écrire un récit, *The girl who found the blue bird*, qui parut dans un magazine et peu après en volume.[387]

Elle donna au Boston Opera une conférence de presse en français sur Maeterlinck. Le public et les journalistes posèrent toutes les questions qu'ils voulurent. Il y en eut de naïves et de savantes auxquelles Georgette répondit de son mieux. Le triomphe de *L'Oiseau bleu* et l'attribution du prix Nobel de Littérature, le 9 novembre 1911, avaient prodigieusement élargi le cercle des lecteurs de Maeterlinck. Ce n'étaient plus seulement les lettrés qui s'intéressaient à ses livres, mais un public de plus en plus vaste et sans culture. Il excitait la curiosité la plus innocente, d'autant que sa vie restait un mystère.

Walter Straram suivit Georgette à New York où le duo se produisit dans quelques salons huppés. Que faire ? Rester ? On le lui proposa, des contrats grassement payés à la clé. Ne prolonger son absence que d'un mois et demi eût été également possible, et à des conditions financières toujours avantageuses. Il eût fallu tirer un trait sur Maeterlinck, se moquer de la situation qu'elle trouverait à Nice. Si la cantatrice n'avait raisonné qu'en termes professionnels, elle eût regagné la France avec des gains importants et la réputation d'une grande tournée en Amérique. Mais elle devait être de retour en Europe, impérativement, — cela, on le lui avait câblé — avant le 8 mai 1912, date de l'hommage rendu par la Belgique officielle à son premier prix Nobel de littérature.

Elle s'y efforça, malgré la désorganisation des lignes maritimes de l'Atlantique Nord après la catastrophe du *Titanic*, la nuit du 14 avril, et sa terreur de la

[387] Le cas Helen Keller a nourri une abondante littérature. *Miracle en Alabama*, pièce célèbre aux États-Unis, est devenue un film…

traversée consécutive au naufrage. Confiants en la supériorité de la technologie anglo-saxonne, mille six cents passagers avaient péri dans l'Océan glacial.

Georgette réussit à trouver deux places sur le *Provence* et fit ses adieux à Straram.

Plus petit que l'*Olympic*, le *Provence* essuya une tempête et son pont supérieur fut endommagé. Georgette et sa secrétaire arrivèrent cependant à bon port.

Maeterlinck, prix Nobel

L'Académie suédoise avait décerné son prix Nobel de littérature à Maurice Maeterlinck, « en raison de son activité littéraire si multiple et, particulièrement, de ses créations dramatiquement remarquables par une richesse d'imagination et par un idéalisme poétique et qui parfois, sous la forme voilée de la féerie, révèlent une inspiration profonde et parlent d'une façon mystérieuse aux cœurs et aux pressentiments. » Le secrétaire perpétuel de l'Académie exprima tout de même une réserve. L'écrivain était agnostique. Ceci étant, pour l'honorable aréopage, cela valait mieux que d'être matérialiste et athée. « Plus qu'aucun autre », il avait « éclairci la conscience morale et intellectuelle du public européen. »

Prétextant son état maladif, le récipiendaire ne se déplaça pas à Stockholm. Ce fut l'ambassadeur de Belgique qui reçut son diplôme des mains du secrétaire perpétuel de l'Académie. L'importance du Prix ne changeait rien à son horreur des voyages et des cérémonies officielles. Maeterlinck en novembre préférait la douceur du climat de Grasse à l'atmosphère compassée de la grande salle de l'Académie royale de musique de Stockholm où eut lieu la cérémonie.

Il n'était pas vraiment le candidat idéal des milieux littéraires de son pays, qui lui préféraient Émile Verhaeren. Était-ce parce qu'il vivait exclusivement en France depuis tant d'années ? Verhaeren, lui, bien que résidant souvent à Saint-Cloud, se partageait entre son pays et la France. Il était en outre très proche du Palais Royal, où il exerçait une sorte de charge de poète de cour. Il bénéficiait d'autres soutiens, non officiels ceux-là. Ce clan avait, dès 1908, informé le Comité Nobel qu'un compromis était possible. Il suffisait que Maeterlinck et Verhaeren se partageassent le prix. Cette lettre envoyée à l'initiative de la Libre Académie de Belgique, fondée par Edmond Picard, ne servit pas Verhaeren dont la candidature ne fut pas retenue. Le 4 novembre 1911 encore, le poète estimait qu'il avait toutes ses chances : « Rien ne s'oppose, écrivit-il de Saint-Cloud à l'un de ses partisans, à ce que vous présentiez les candidatures de Maeterlinck et de Verhaeren en même temps... Je n'ai jamais donné même à entendre qu'il me déplairait de partager avec mon illustre et très admiré ami, le prix Nobel. » S'il était le favori de la Libre Académie, et paradoxalement de la reine des Belges, il ne l'était pas du Comité Nobel. Quant à Maeterlinck, il semblait se désintéresser de la question. Il n'était cependant pas dans son caractère de partager un honneur et un profit avec qui que ce fût.

Les Nobel couronnèrent un auteur déjà répandu mondialement.

En Suède, sa renommée était au zénith. Strindberg, qui admirait son œuvre, n'avait pourtant pas digéré que le Théâtre intime, « son théâtre », eût joué *L'Intruse* en septembre 1910, au point qu'il rompit toute relation avec la jeune troupe. Quelques mois après l'attribution du Prix au Belge, Strindberg reçut de ses admirateurs, pour son soixante-troisième anniversaire, un anti-prix Nobel d'un montant de 45 000 couronnes levées par souscription. Il redistribua cette somme à des écrivains et artistes nécessiteux.[388] En Suède, et pour l'Académie suédoise en particulier, ses œuvres sentaient le soufre. Contrairement à Maeterlinck — qui conserva, lui, le montant de son prix, soit 200 000 francs-or —, l'auteur de *La Sonate des Spectres* eut une vie cahotique et désespérante. Longue bataille contre la folie et l'indigence. À côté du grand écrivain suédois souvent au bord de l'abîme, Maeterlinck paraît un coq en pâte des lettres, une reine des abeilles nourrie par les esclaves de sa ruche.

De Cherbourg, Georgette gagna immédiatement sa résidence parisienne. Elle ne disposait que de quelques jours pour se préparer.

La Belgique officielle fêtait son premier Prix Nobel de littérature et les cinquante ans de l'écrivain. Georgette participa à l'hommage, qui se déroula le 8 mai 1912 au Théâtre royal de la Monnaie, en présence d'Albert et d'Élisabeth. Elle joua Mélisande. Que se serait-il passé si le roi et la reine eussent été absents de la loge royale ? Eût-on encore ri de certaines répliques comme on le fit à la première ? Cocteau remarquait, en 1962, à l'occasion du centenaire de la naissance de Maeterlinck, que « c'est l'humanité familière de *Pelléas* qui provoquait le rire des imbéciles ». Sous la loge royale, il y eut des applaudissements chaleureux s'adressant davantage à l'écrivain belge le plus admiré du siècle qu'à son œuvre. Maeterlinck fut promu grand officier de l'ordre de Léopold : première reconnaissance de la royauté à son égard.

La manifestation provoqua l'hostilité des milieux littéraire que les organisateurs avaient sciemment ignorés. Quand on sait qu'un écrivain aussi important que l'Anversois Georges Eekhoud — attaqué en justice pour son roman *Escal-Vigor* en 1899 — et les autres fondateurs de *La Jeune Belgique* furent tenus à l'écart par les notables, on comprend que leur hommage allait à la réussite financière du Prix Nobel et à ses gros tirages. Tenant la balance égale entre ses confrères et la cour, Maeterlinck se réfugia dans une indifférence butée. Il attendait la fin de la corvée et n'était pas dupe de l'intérêt soudain que lui portaient les officiels. Sa réputation mondiale rejaillissait sur la Belgique. Il le savait : sans Mirbeau jadis et sans ses séjours parisiens suivis de son installation définitive en France voulue par Georgette Leblanc, sa gloire n'aurait pas dépassé, à valeur égale, celle de son ami Charles Van Lerberghe dont la mort, en 1907, était passée inaperçue. Muni de son diplôme Nobel et de sa décoration royale, Maeterlinck, impavide, se replia à Nice avec La Lumière.

Si, en 1911, Georgette Leblanc avait triomphé à Paris, et en 1912 à Boston, Maeterlinck était joué à Moscou, Paris, Londres, New York, Stockholm, étudié au Japon et récompensé par un prix littéraire prestigieux. La mort de sa mère l'avait certes affligé, mais la jeune Renée, pour l'instant pas plus importante qu'un jouet, le distrayait de son chagrin. Les millions du prix Nobel, l'héritage familial, les droits d'auteur qui affluaient de partout en faisaient un des écrivains les plus riches de l'époque. Les ennuis d'argent de Debussy lui furent toujours étrangers. Il habitait, sur la colline des Baumettes, une villa de style mauresque, ancienne maison de retraite pour religieuses. Cette nouvelle propriété — « Les Abeilles »

---

[388] Michael MEYER, Op. Cit.

— était entourée d'un parc où poussaient églantiers et eucalyptus. Une allée principale conduisait à la grille près de laquelle poussait un poirier. La porte principale grillagée était maintenue cadenassée. On entrait par une ruelle qui donnait sur l'arrière de la villa, et une porte discrète.

Maeterlinck laissa Georgette s'occuper de la décoration intérieure. Les murs furent peints en bleu pâle, la couleur qu'elle affectionnait et qu'elle utilisa dans ses demeures successives.

Les arrangements financiers du couple, comme la vie quotidienne de « bébé », demeurèrent inchangés. Georgette participait aux frais du ménage et, selon sa nièce Marcelle Prat, chacun puisait dans son propre pot de confiture au petit déjeuner. Quoique la fortune de Maeterlinck eût été continuellement ascendante depuis dix-sept ans, les dispositions par lesquelles Georgette assurait son indépendance financière ne furent pas modifiées. L'actrice n'accumulait rien, sauf des dettes. Elle n'avait même sans doute qu'une vague idée de ses revenus, Mathilde s'occupant de tout et effectuant des placements en son nom dont les intérêts étaient habilement détournés.

Georgette s'épuisait à maintenir la balance égale. Elle bougeait sans cesse, allait et venait sur les deux rives de l'Atlantique, tandis que Maeterlinck recevait hommages, argent et visites galantes dans sa villa de l'avenue des Baumettes. Marcelle Prat affirme que sa tante « avait pour le grand homme toutes les indulgences, ses désirs étaient sacrés et parfois on rencontrait aux « Abeilles » de charmantes jeunes femmes qui disparaissaient aussi vite qu'elles étaient apparues. »[389]

La gloire mondiale de l'écrivain lui valut de recevoir une lettre d'Isadora Duncan, disant en substance : « Vous êtes le plus grand poète d'un temps dont je suis la plus grande danseuse. Un enfant né de nous serait admirable. Ne pourrions-nous pas nous rencontrer ? »[390] Il chargea Georgette de lui répondre par la négative, en précisant qu'il se sentait flatté de la proposition, ce qu'elle fit.

À Nice, elle retrouvait son aînée Jehanne, qui possédait avec son mari Fernand la « Villa Minerve », sur la promenade des Anglais, Maurice Leblanc et sa femme passant leurs vacances dans un hôtel proche des « Abeilles ». Maurevert, le vieil ami de la période fin de siècle, aimait à revoir le frère et la sœur dans la villa de Maeterlinck. De ces personnages tous assurés financièrement, qui vieillissaient comme des rentiers de la Côte d'Azur, La Lumière se détachait par ses étonnants costumes et ses inquiétudes refoulées. Il lui fallait aimer, écrire, s'assurer que « bébé » ne manquât de rien, et, de ce fait, accepter la cohabitation avec Renée.

Mais le bonheur de Maeterlinck à Nice, son équilibre apparent, sa joie de vivre étaient-ils autre chose qu'une attitude ? Au début des années vingt à New York, Georgette laissera échapper, pour sa confidente, une étrange image de cette période « heureuse » : « Il avait l'air d'un homme en voyage. Elle avait l'air, elle, d'un oiseau — un perroquet — perché sur son bras. » Or, à cette époque — amour, gloire, argent — tout leur semblait dû.

---

[389] Marcelle de JOUVENEL, Op. Cit.

[390] Cité par Jacques COPEAU, *Journal*, Op. Cit. Isadora Duncan (1877-1927) Elle succéda à Loïe Fuller en tant que « grande danseuse américaine en Europe ». C'est à Paris, en 1900, que naquit sa légende.

Brève rencontre avec Gabriele D'Annunzio

Entre 1910 et 1914, Georgette croisa Gabriele D'Annunzio, qui s'était exilé en France pour échapper à ses créanciers. Le poète prodigue était entretenu par sa maîtresse, la comtesse russe Nathalie de Goloubeff, et ne délaissait la villa Saint-Dominique, au village du Mouleau, près d'Arcachon, que pour Paris où l'entourait une cour d'admiratrices. Mais dans les salons où ils furent mis en présence, elle ne fut pas dupe du simulateur de génie. Elle n'aimait pas l'écriture surchargée du *Feu*, ni la manière dont il avait traité la Duse. Combien le poète italien « l'irritait à cause de ses airs vainqueurs devant les femmes » ! [391] Ils eurent pourtant un entretien assez intime, puisqu'il se déroula, la main dans la main, dans l'embrasure d'une haute fenêtre. D'Annunzio la surnomma Armide[392], selon son habitude de rebaptiser les femmes qu'il courtisait ; ainsi Romaine Brooks — amante de Natalie Barney et d'Ida Rubinstein — surnommée Cinerina. Armide ne tomba pas sous le charme de ce Renaud transalpin : « Son esprit avançait audehors si avidement qu'on ne pouvait imaginer qu'il restât quelque chose audedans. »[393] À côté de Maeterlinck, solide et taciturne — à un an près le Flamand et l'Italien avaient le même âge —, D'Annunzio, chauve et de petite taille, ressemblait à un cabotin frénétique. Si Georgette aimait le théâtre, elle ne le recherchait pas dans la personnalité des écrivains, au contraire. Ce qui l'attirait en eux était l'exact opposé du monde où son individualité contradictoire et son absence de fortune la contraignaient de vivre. Elle était en outre émue par les adolescents romantiques et les hommes jeunes et beaux. Pour qu'un quinquagénaire lui plût, il fallait qu'il fût écrivain, philosophe, homme de science de haute valeur. Dans ce cas, l'attrait sexuel devenait très secondaire. D'Annunzio avait contre lui son personnage et l'adulation dont il profitait. Elle confia plus tard à son amie intime, Monique Serrure, qu'elle ne partageait pas l'engouement physique des femmes pour les écrivains. Une de ses camarades, la mystérieuse Lathie-Lalie, se vantait d'avoir « eu » D'Annunzio, et disait à son nouvel amant : « vous serez le successeur de D'Annunzio. » Georgette refusa ses avances et, dit-elle, celles de France, Mirbeau, Barrès, et bien d'autres. Il était plus difficile de les repousser que de les accepter. Si une femme prenait tous les hommes célèbres, elle ressemblerait moralement à un cabinet d'aisance.

Elle tint ces propos désabusés au début des années vingt, sans se douter qu'en 1925 un élan la pousserait vers D'Annunzio. Entre-temps, il y avait eu la Grande Guerre, pendant laquelle le poète italien s'était comporté avec un courage physique inattendu chez un personnage si boursouflé de son importance qu'il en paraissait vide. Georgette consultait les extralucides. Une voyante l'eût étonnée en lui révélant, qu'à cinquante ans passés, elle partagerait quelques semaines la retraite du poète aventurier, alors fatigué des combats et de la politique.

---

[391] Georgette LEBLANC, *D'Annunzio au Vittoriale*, Les Œuvres libres, 1938.
[392] Armide, la magicienne, est l'héroïne de *La Jérusalem délivrée* et de l'opéra *Armide* de Lully et Quinault, inspiré du poème de Torquato Tasso.
[393] Ibid.

Georgette Leblanc à deux ans et six mois. Rouen. (Collection Marie Leblanc et Florence Boesflug-Leblanc, D. R.)

Maurice Leblanc à dix-huit mois. Rouen. (Idem, D. R.)

Jehanne, Georgette et Maurice Leblanc, vers 1875. Rouen. (Idem, D. R.)

Émile Zola. De nombreuses œuvres de Zola adaptées en collaboration avec Bruneau deviendront des opéras à succès. (D. R.)

Le Sâr Joséphin Péladan, vers 1893, tel que G.L. put le voir chez elle, avenue Victor-Hugo. (D.R.)

Maurice Rollinat, poète et chansonnier. Lorsqu'il chante chez G. L., il a 47 ans. (D. R.)

Alfred Bruneau, compositeur naturaliste. L'Attaque du moulin, Le Rêve, Messidor, *etc. Ami et disciple de Zola. (D. R.)*

Georgette Leblanc à Paris et à Bruxelles, 1893/94. Époque de L'Attaque du moulin. *(Collection de l'auteur.)*

Jules Massenet, compositeur. (Photo Nadar, D. R.)

Eugène Ysaye et Ernest Chausson, vers 1895. (D. R.)

Octave Maus. D'après un portrait de Théo van Rysselberghe. (D. R.)

Georges Rodenbach. (D.R.)

Georgette Leblanc. Carmen, *1895.*
Théâtre royal de la Monnaie, Bruxelles.
(Collection de l'auteur.)

Georgette Leblanc. Fidelio, *1895/1896,*
Théâtre royal de la Monnaie, Bruxelles.
(Collection de l'auteur.)

*Georgette Leblanc.*Thaïs, *1896. Théâtre royal de la Monnaie, Bruxelles. (Collection de l'auteur.)*

Georgette Leblanc en dame préraphaélite, 1895/96. (Collection de l'auteur.)

Maurice Leblanc, 1896. Se fait photographier à Bruxelles, chez Dupont, neuf ans avant d'écrire Les aventures d'Arsène Lupin. *(Collection Marie Leblanc et Florence Boesflug-Leblanc, D. R.)*

Georgette Leblanc à 26 ans, telle que Maurice Maeterlinck la rencontra, à l'époque de ses triomphes à la Monnaie. A.& M. L. (Photo Dupont, reprod. N. Hellyn, D. R.)

Maurice Maeterlinck tel qu'il apparut à G. L. dans le salon d'Edmond Picard. Ce dessin réalisé en 1903 par Théo van Rysselberghe montre un Maeterlinck inchangé depuis sa rencontre avec G. L. huit ans auparavant. (Librairie Sansot, 1904.)

Stéphane Mallarmé, 1895. À G.L. : « Mademoiselle si admirable, (…) Votre respectueux et hanté Stéphane Mallarmé. » *(22 décembre 1897). (Photo Paul Nadar, D.R.)*

Octave Mirbeau, le « découvreur » de Maeterlinck. (D.R.)

Laurence Alma-Tadema avant 1900. Le modèle de Sélysette, *comme G. L. fut celui d'*Aglavaine. *(Photo Lena Connel, D. R.)*

Jules Renard. À propos de Georgette Leblanc : « Mais c'est une femme de génie ! » *(Journal). (D.R.)*

Auguste Rodin. Photo X, Musée Rodin. (D.R.)

Maurice Maeterlinck, Georgette Leblanc et Mathilde Deschamps, vers 1899. A. & M. L.(Reprod. N. Hellyn, D.R.)

Réunion de famille en Normandie au château de Gueures, aux environs de 1900. Au premier rang, assises de gauche à droite, Marcelle et Fernande, filles de Jehanne et Fernand Prat et nièces de G.L. ; au second rang, de gauche à droite : Jehanne Prat debout(2°), Georgette Leblanc assise ; au dernier rang, de gauche à droite : Fernand Prat(4°), Maurice Maeterlinck(5°) et Maurice Leblanc(6°). (Collection de l'auteur ; don de M. Cl. Leblanc.)

Georgette Leblanc à l'époque où elle inspire l'essai Le Silence *à Maeterlinck.*
(Carte postale, collection de l'auteur.)

Monna Vanna, *1866. Détail du tableau de D.-G. Rossetti. (Tate Gallery, D. R.)*

Pose évoquant Monna Vanna *au théâtre. (Carte postale, collection de l'auteur.)*

Georgette Leblanc chez un photographe parisien. (Photo H. Manuel, collection de l'auteur.)

Monna Vanna, *1902. Théâtre de l'Œuvre. (Collection de l'auteur.)*

Georgette Leblanc-Maeterlinck. Joyzelle, *1903. Théâtre du Gymnase. (Collection de l'auteur.)*

Georgette Leblanc, vers 1904. (Collection de l'auteur.)

Madame Georgette Leblanc-Maeterlinck dans le rôle de Ygraine *d'après un photographie de M. Bert. (Collection de l'auteur.)*

Georgette Leblanc(Ygraine) *et « Petit » Russel.*La Mort de Tintagiles, *1905/1906, Théâtre des Mathurins. A. & M. L. (Reprod. N. Hellyn, D. R.)*

Maurice Maeterlinck, vers 1904. Dessin à la sanguine par M.B. (Librairie Sansot, 1904.)

Georgette Leblanc dans son appartement rue Raynouard au début du siècle.
A. & M. L. (Reprod. N. Hellyn, D. R.)

Albert Carré, directeur de l'Opéra-Comique. En 1902, il impose Mary Garden dans Pelléas et Mélisande *mais, en 1907, ne peut refuser à Georgette Leblanc le rôle d'Ariane d'*Ariane et Barbe-Bleue. *(D. R.)*

*Paul Dukas. C'est à l'indéfectible soutien du compositeur d'*Ariane et Barbe-Bleue *que G. L. dut de créer le rôle d'Ariane. (D. R.)*

Georgette Leblanc dans le jardin de l'appartement qu'elle partage avec Maeterlinck, rue Raynouard. environ 1905. A. & M. L. (Reprod. N. Hellyn, D. R.) « Le balcon de pierre qui borde la terrasse supérieure est orné de très vieux vases en terre cuite. » *Maurice Leblanc (*Le Triangle d'or, *roman 1917).*

L'abbaye de Saint-Wandrille aujourd'hui. (Photo de l'auteur.)

Le cloître. (Idem.)

Georgette Leblanc et Maurice Maeterlinck. Photo prise à Londres au moment de la création anglaise de L'Oiseau bleu, *1909. (Bibliothèque royale Albert Ier. D. R.)*

André Caplet et Claude Debussy. Le chef d'orchestre dirigea Georgette Leblanc dans Pelléas et Mélisande *en 1912, à l'Opéra de Boston. (D. R.)*

Georgette Leblanc, « La Lumière » *de* L'Oiseau bleu. *Création française au Théâtre-Réjane, 1911. Photo parue dans* Comœdia illustré. *(Collection de l'auteur.)*

Georgette Leblanc en 1911, époque de son triomphe à Paris dans L'Oiseau bleu. *A. & M. L. (Reprod. N. Hellyn, D. R.)*

Roger Karl. Acteur de théâtre et de cinéma. Est le partenaire de Georgette Leblanc dans Marie-Magdeleine *où il campe Lucius Verus. (Collection de l'auteur.)*

Maurice Maeterlinck, Prix Nobel de Littérature 1911 et auteur de Marie-Magdeleine. *(Idem.)*

Roger Karl (gauche) et Maurice Maeterlinck (droite) mimant un combat de boxe. Villa les Abeilles, Nice, 1913. Karl est déjà l'amant de G. L.
A. & M. L. (Reprod. N. Hellyn, D. R.)

Georgette Leblanc. Marie-Magdeleine. *Théâtre du Châtelet, 1913. (Collection de l'auteur.)*

Photo de G.L.-M. Deux ans après la rupture, G. L. la dédicace à Margaret Anderson lorsqu'elle se rencontrent pour la première fois en avril 1921. (Photo parue dans Forbidden Fires *by Margaret Anderson, edited by Mathilda Hills, Naiad Press, 1996. Reprinted by permission of the editor and publisher.)*

Georgette Leblanc à New York (1921). Elle tente de relancer sa carrière au cinéma et à l'opéra. A. & M. L. (Photo Underwood studios NY, reprod. N. Hellyn.)

Georgette Leblanc, le jeune compositeur George Antheil et Margaret Anderson à Bernardsville, USA. Été 1921. (Photo parue dans Forbidden Fires *by Margaret Anderson, edited by Mathilda Hills, Naiad Press, 1996. Reprinted by permission of the editor and publisher.)*

Otto H. Kahn. Milliardaire et mécène francophile vers 1925. Bienfaiteur de G. L. (D. R.)

Georgette Leblanc à New York à l'époque faste de Art Direction Georgette Leblanc Inc., *Fisk Building (1923/24). A. & M. L. (Reprod. N. Hellyn.)*

Vue partielle du château de Tancarville aujourd'hui. (Photo de l'auteur.)

Ruines de l'ancien château… (Photo de l'auteur.)

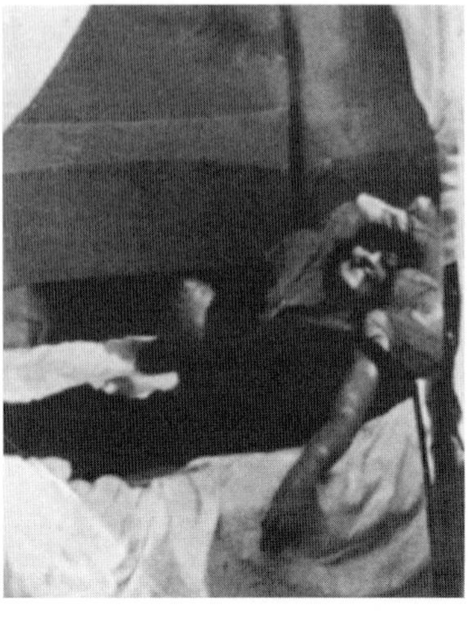

Georgette Leblanc au château de Tancarville, été 1923. (Photo parue dans Forbidden Fires by Margaret Anderson, edited by Mathilda Hills, Naiad Press, 1996. Reprinted by permission of the editor and publisher.)

Monique Serrure (secrétaire de G.L. depuis 1920) et Georgette Leblanc saluent à bord du paquebot « Paris », 1923. (Collection de l'auteur.)

Georgette Leblanc. Photo prise à bord du « Paris », 1923. (Photo parue dans Forbidden fires *by Margaret Anderson, edited by Mathilda Hills, Naiad Press, 1996. Reprinted by permission of the editor and publisher.)*

Dans le laboratoire futuriste construit par Fernand Léger pour L'Inhumaine *de Marcel L'Herbier. De gauche à droite : l'acteur Jaques Catelain* (Einar Norsen), *Fernand Léger, Georgette Leblanc* (Claire Lescot) *habillée par Poiret et Marcel L'Herbier, 1923. (Collection Marie-Ange L'Herbier, D.R.)*

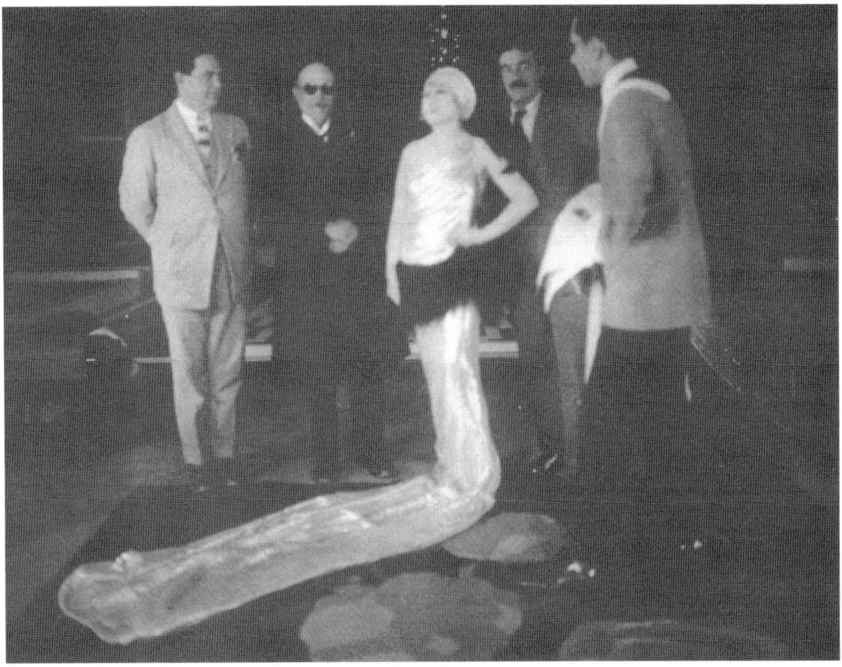

Sur le plateau de L'Inhumaine. D*e gauche à droite : Darius Milhaud (auteur de la musique du film), Erik Satie, Georgette Leblanc habillée par Poiret, Fernand Léger et Marcel L'Herbier, 1923. (Collection Marie-Ange L'Herbier, D. R.)*

Reproduction des affiches de L'Inhumaine. *Le film est terminé et sort en 1924. (D. R.)*

Jaque Catelain et Georgette Leblanc dans L'Inhumaine. *(Collection Marie-Ange L'Herbier, D. R.)*

Gabriele D'Annunzio. G. L. le retrouve en 1925 à Gardone, Italie. (Photo Fondazione " Il Vittoriale degli Italiani " Gardone Riviera Archivi.)

Georges Ivanovitch Gurdjieff. (Photo vraisemblablement prise au « prieuré » d'Avon, près de Fontainebleau, D. R.)

Vue partielle de la résidence de D'Annunzio au bord du lac de Garde. (Photo Fondazione " Il Vittoriale degli Italiani " Gardone Riviera Archivi.)

Georgette Leblanc à la fin des années '20 à Paris. Elle porte la robe de scène de « La Lumière » *de* L'Oiseau bleu. *(Collection de l'auteur.)*

Georgette Leblanc à Étretat en 1928. Elle a 59 ans. (Photo parue dans Forbidden Fires *by Margaret Anderson, edited by Mathilda Hills, Naiad Press, 1996. Reprinted by permission of the editor and publisher.)*

Le prince de Thurn und Taxis, Georgette Leblanc et Margaret Anderson. Duino, Italie, juin 1928. (Photo parue dans Forbidden Fires *by Margaret Anderson, Naiad Press, 1996. Reprinted by permission of the editor and publisher.)*

Georgette Leblanc à l'entrée du phare de Tancarville au début des années '30. (Photo parue dans Forbidden Fires *by Margaret Anderson, edited by Mathilda Hills, Naiad Press, 1996. Reprinted by permission of the editor and publisher.)*

Le phare de Tancarville aujourd'hui. G. L. le loue de 1928 à 1939. (Photo de l'auteur.)

Au jardin du phare de Tancarville. De gauche à droite : Margaret Anderson, Georgette Leblanc, Monique Serrure. Sous le parasol : Maurice Leblanc, sa bru, Mme Marie Leblanc, Claude Leblanc et sa mère, Marguerite Wormser, épouse de Maurice Leblanc.(Collection Marie Leblanc et Florence Boesflug-Leblanc, D. R.)

Georgette Leblanc au Pavillon de la Muette, 1931.
(Collection de l'auteur.)

Le comte Maurice Maeterlinck et son épouse Renée Dahon, château de Médan, 1932. (D. R.)

Intérieur de la Villa Orlamonde. (D. R.)

Georgette Leblanc et Monique Serrure devant le « chalet rose » au Cannet, quelques semaines avant la mort de la cantatrice. 1941. (Collection de l'auteur.)

Margaret Anderson à Cannes, 1941. (Photo parue dans Forbidden Fires *by Margaret Anderson, edited by Mathilda Hills, Naiad Press, 1996. Reprinted by permission of the editor and publisher.)*

Sépulture de Georgette Leblanc, Monique Serrure et Margaret Anderson. Cimetière des anges, Le Cannet, Alpes-Maritimes. (Photo de l'auteur, 1993.)

Le jeune Marcel L'Herbier

L'été venu, Georgette se précipitait à Saint-Wandrille. Maeterlinck l'y rejoignait habituellement, mais, cette année, il ne semblait pas pressé de quitter la Côte d'Azur. Il est vrai qu'il n'éprouvait pas l'attachement de Georgette pour l'abbaye. La Lumière, se lassant de sa solitude, finit par aller retrouver la famille de sa sœur Jehanne, qui louait le château médiéval de Tancarville, à quelques kilomètres de là. Georgette aimait la compagnie de « Lupin » et des filles que Jehanne et Maurice avaient eues de leurs mariages successifs. Les familles Leblanc-Prat et leurs alliés appréciaient les parties de campagne, comme au bon vieux temps. Georgette adorait ses nièces, Marie-Louise, fille de Maurice, ou Fernande et Marcelle, filles de Jehanne, la cadette des Prat écrivant de la poésie. Tout en éprouvant pour les parents de ces dernières une réelle affection, elle ne mâchait pas ses mots, lorsqu'elle parlait de Jehanne et de Fernand — son beau-frère —, les jugeant « plus bêtes que jamais ». Cette sévérité et d'autres considérations sur des personnes, l'évocation de *Sélysette* alias Renée ne prenaient que plus de relief sur le papier à en-tête en lettres gothiques de l'abbaye, spécialement imprimé pour Georgette.

Au château de Tancarville, elle retrouva une de ses connaissances les plus chères, Pierre Lecomte du Noüy. Élégant, bon danseur, excellent cavalier, plaisancier émérite, dans deux ans, ce surdoué embrasserait une carrière de chercheur scientifique de haut niveau.

Marcelle Prat (seize ans) ressemblait physiquement à sa tante Georgette. La jeune fille était éprise d'un garçon de vingt-deux ans, Marcel L'Herbier, rencontré au Pavillon des Muses. De la génération de Cocteau dont il était d'un an le cadet, L'Herbier fut un des spectateurs privilégiés du *Pelléas et Mélisande* joué en 1910 à Saint-Wandrille. Le jeune esthète, licencié en droit et en lettres, était attendu au château de Tancarville. D'une élégance impeccable, portant monocle, un de ses doigts cachés dans un étui de cuir, il était auréolé d'une réputation d'amoureux tragique. L'année précédente, fiancé officiellement à une séduisante demoiselle de la haute société, Marcelle L.-D., L'Herbier exigea-t-il trop de sa « promise » ? Ou voulut-il se désengager ? Une nuit, dans la demeure de la mère de la jeune fille, à Saint-Germain-en-Laye, des coups de revolver retentissent. Marcelle L.-D. a tiré sur Marcel L'Herbier, puis a retourné l'arme contre sa tempe. Blessé, le « fiancé » perd un œil et l'usage d'un doigt. La jeune fille n'a pas réussi à se brûler la cervelle. Sa joue droite gardera cependant la marque d'une cicatrice en étoile. Les fiançailles rompues, Mlle L.-D. abandonnera, au début des années vingt, son respectable patronyme pour le nom vaguement hindouisant de Marcelle Rahna et, devenue danseuse, se produira au côté de Mistinguett. Ce fait divers exagéré par la presse — « Idylle sanglante. Un enlèvement s'achève par un crime » — ne nuisit pas à la réputation de Marcel L'Herbier, qui continua d'être reçu dans la meilleure société. L'actrice transfigurée qui était, aux yeux d'une jeunesse exaltée par la musique et la poésie, Ariane et La Lumière, bouleversa l'amoureux de Marcelle Prat. Elle descendait de sa voiture, « une grosse Panhard qu'elle avait fait carrosser en coche normand de l'époque Maupassant. Avec petites vitres de diligence et stores à glands rouges. »[394] La scène se passait

[394] Marcel L'HERBIER, *La Tête qui tourne*, Éditions Pierre Belfond, 1979.

dans la cour d'honneur du château, et L'Herbier n'oublierait jamais cette vision d'une Georgette « casquée comme une walkyrie ».[395] Elle aima les traits fins et intelligents du futur cinéaste, son regard un peu distant, les nuances de sa voix. Lui admira la beauté de la femme de quarante-trois ans, maternelle, attentive, très à l'écoute... Ils se charmèrent à un point que leur amitié devint publique. Tout le monde remarqua l'élan qui les poussait l'un vers l'autre. La poétesse en herbe fut éclipsée. C'était évidemment au titre de fiancé potentiel de Marcelle que L'Herbier devait d'être reçu au château et non à celui d'ami de cœur de sa tante. Il fallut ménager la susceptibilité des uns et des autres : la jeune fille, en premier lieu, ses parents, son oncle Maurice Leblanc... Quant à Georgette, la différence d'âge « scandaleuse » entre L'Herbier et elle, la situation du jeune homme, qui deviendrait peut-être son neveu par alliance, tout cela l'incitait à la plus grande prudence, d'autant que la jalousie de Maeterlinck, si elle ne s'exprimait jamais, n'en était pas moins réelle. Le Prix Nobel pouvait se consoler de sa dépression de quinquagénaire avec une jeune fille de dix-neuf ans, personne n'y trouvait à redire. Mais que Georgette prétendît disposer de la même liberté, c'eût été inacceptable. Aussi convia-t-elle Maeterlinck à les rejoindre à Tancarville, tandis que L'Herbier envoyait des poèmes passionnés à Marcelle Prat.

Renée accompagna Maeterlinck. Saint-Wandrille était si vaste que la fluette présence de « Sélysette » ne se fit guère sentir. Au château de Tancarville, elle fut présentée à la compagnie comme une jeune actrice que Georgette protégeait. Maeterlinck était encore trop attaché à sa compagne pour songer à la rupture. Rien n'indiquait d'ailleurs que Renée fût disposée à accepter longtemps ce rôle de tendron dans le trio qu'ils formaient en secret. Heureuse d'être reçue chez d'excentriques bourgeois, la figurante participa de bonne grâce aux fêtes champêtres données à Tancarville et à Saint-Wandrille, et chacun s'accorda à la trouver charmante.

Un soir d'août, Georgette, « bébé » et « Sélysette » passèrent chercher Jehanne et les autres habitants du château. L'Herbier, Marcel Lattès, neveu par alliance de Maurice Leblanc et auteur d'opérettes, ainsi que Lecomte du Noüy, se joignirent à la caravane. Les voitures partirent en direction du Havre, où un cirque avait dressé sa tente. Georgette adorait le cirque et les exhibitions d'ours savants.

Une partie de son été normand se passa en flirt avec Marcel L'Herbier, à qui elle commanda une traduction d'Hamlet, pour un spectacle qu'elle espérait donner l'an prochain à Saint-Wandrille. Le fiancé de Marcelle Prat se faisait également donner des leçons d'écriture par « Lupin ». Maurice Leblanc jugea les nouvelles de L'Herbier prometteuses et le mit en garde contre une admiration exagérée envers les anciens. Maeterlinck, lui, passait le plus clair de son temps à l'abbaye avec Renée, Georgette ayant le tact de les y laisser seuls. Lui ne donnait de conseils à personne. Les hôtes du château venaient parfois troubler sa quiétude. Renée disparaissait, le temps de la visite. Pendant ces vacances, on circula beaucoup en voiture et à bicyclette, entre Tancarville et Saint-Wandrille.

---

[395] Ibid.

Rémy de Gourmont

Cet été encore, Georgette vit arriver avec plaisir Rémy de Gourmont et Natalie Clifford Barney. Plusieurs années après *Le Livre des masques*, Gourmont reconnut que l'auteur de *Pelléas et Mélisande* était « celui dont l'influence sur les esprits a été la plus profonde et la plus durable. »[396] Fondateur du Mercure de France avec Rachilde et Valette, Gourmont demeurait le grand critique de la période symboliste. Malgré la maladie de peau qui le défigurait, à cinquante-quatre ans ce pessimiste incurable exerçait sur les femmes de qualité un charme indéfinissable. L'auteur des *Lettres à l'Amazone* apitoyait Georgette, qui se fût sans doute donnée à lui par compassion, tant elle le trouvait « adorable ». Elle disait : « Je le vénérais, en me promenant avec lui dans le jardin. Cet homme, qui savait tout, paraissait mal à son aise dans la nature. On eût dit un vieux bibliothécaire un peu ahuri de se trouver parmi des arbres, sous le ciel. » Bibliothécaire, il l'avait été jusqu'en 1891, date de sa révocation de la Nationale pour avoir osé railler un des tabous français les plus sensibles, dans son article « Le Joujou patriotisme ». Il habitait une mansarde, 71, rue des Saints-Pères, et ses incursions les plus aventureuses l'amenaient jusqu'au quai Voltaire, au Café de Flore, ou rue Jacob, là où se dressait l'hôtel particulier de la riche Américaine.

Gourmont et Natalie Barney descendaient la Seine de Paris à Caudebec à bord du *Druide*, un bateau loué par l'Amazone. Ils accostèrent près de Saint-Wandrille, où ils séjournèrent. Miss Barney jugea Maeterlinck peu fait pour le décor grandiose qui l'entourait. « Les murs gothiques de l'abbaye lui appartenaient moins que deux larges fauteuils de cuir modernes, placés dans la salle du chapitre. »[397] Et quand Maeterlinck lui chuchota à propos de son protégé : « Cet homme est une bouteille à l'encre. », elle pensa que lui était un « mystique à motocyclette ». Elle eut le temps de voir le Prix Nobel sur un balcon, un fusil à la main. Il tirait « en éventail sur toute la plaine. » Renée, à ses côtés, lui passait des cartouches. En fait, le seul personnage en accord avec l'abbaye était Georgette Leblanc, mais Natalie Barney, obnubilée par son perpétuel défi lancé aux mâles, l'aperçut à peine. Maeterlinck l'irritant, elle préféra repartir au plus vite. Gourmont, bien entendu, la suivit. Il n'eût pas osé résister à Natalie.

Georgette les raccompagna jusqu'au bateau. Natalie dit qu'elle « monta à l'avant, ses voiles liberty déployés — mais la brise était trop faible et le mât trop petit pour la figure de proue qu'elle voulut simuler. »[398]

Ayant regardé un moment *Le Druide* s'éloigner, elle rentra à l'abbaye écrire à Gourmont. Georgette avait, disait-il, « le merveilleux instinct d'une grande artiste joint à une rare intelligence et au charme de la femme. »

Naissance d'une amitié

Saint-Wandrille fut laissée en septembre à la garde des serviteurs. Maeterlinck et Renée regagnèrent la Villa « les Abeilles », et Georgette, son hôtel particulier de la rue Perronet. Elle revit Marcel L'Herbier dans le courant de l'automne. Il l'entretint, par lettre, de son amour pour Marcelle Prat. Elle lui fit

---

396 Dans *Promenades littéraires*, 1913.
397 Natalie Clifford BARNEY, *Aventures de l'esprit*, Émile-Paul Frères, Paris, 1929.
398 Ibid.

comprendre l'ambiguïté de sa position : « Il m'est facile de vous écrire, nous causons si aisément ensemble mais je ne puis guère répondre à votre lettre car si j'en goûte le charme, je n'en discerne point toutes les pensées. C'est sans doute le hasard des mots qui semble créer une distance entre ce que vous m'avez dit et ce que vous m'écrivez. Vous parlez des " choses étrangères " que vous m'avez dites " quand d'autres auraient dû solliciter vos lèvres ". Vous pensez que j'en dois " garder un souvenir sans joie " — N'étiez-vous pas absolument sincère ? — Vous me l'avez prouvé cependant par d'inconscientes contradictions dont je vous ai su gré — Vous étiez vrai, je crois, autant qu'on peut l'être — Quant à moi... vous est-il arrivé de recevoir des aveux qui n'étaient pas pour vous ? C'est une curieuse impression... Dès que l'on a compris, on s'applique à la manière d'un enfant sage qui reçoit des trésors en dépôt... C'est un empressement consciencieux à tout saisir sans rien abîmer et même sans trop regarder, et puis une hâte à tout ranger au plus profond de son cœur (...). Si je vous demande d'être toujours clair, c'est que je ne sais pas vivre dès qu'il y a un peu d'ombre...[399] Vous vous souvenez de mes paroles au cirque ? Pour moi, les mystères nécessaires, les mystères délicieux et cruels commencent après la première lumière dont on n'ose pas d'ordinaire approcher ! Quelle crainte puérile ! On peut bien vouloir la clarté et chercher à y demeurer : il reste assez d'ombre involontaire, assez d'ombre pour nous égarer dans la joie et dans la peine... Donc je n'ai rien su depuis votre visite, lorsque dans la grande salle où le jour tombait, mes mains en offrande s'emplissaient de vos angoisses et de votre amour pour la petite fleur à peine éclose qui se penchait près de nous... » [400] L'Herbier figura de moins en moins aux réceptions du Pavillon des Muses, avant de disparaître de la vie de Marcelle Prat.

Le 21 décembre, Georgette lui fit découvrir à l'Odéon les ballets de l'École Loïe Fuller dansant un intermède, *La Danse des sylphes*, pendant la représentation du *Faust* d'Émile Vedel mis en scène par Antoine. À cinquante ans, la chorégraphe américaine, qui avait fasciné les symbolistes et Toulouse-Lautrec, exerçait toujours son art prodigieux à travers ses élèves, de toutes jeunes filles. En Loïe Fuller, la femme d'affaires le disputait fortement à l'artiste. Elle engagea la Japonaise Ota Hisa, qu'elle surnomma Hanako, dans des tournées qui conduisirent la danseuse extrême-orientale à se produire à Marseille, au moment de l'Exposition coloniale de 1906. Dès qu'il vit Hanako, Rodin ne l'oublia plus. Et Fuller, qui vivait parfois avec elle, ne cessa de la proposer au sculpteur, avec l'insistance d'une négociante en chair exotique : « Voulez-vous encore la petite Hanako pour poser ? » Ou : « Hanako va venir chez vous à 2h 1/2. » Des séances de pose eurent effectivement lieu de 1907 à 1911. Rodin sut remercier la Fuller comme il le fallait en lui offrant un bronze de la tête de la « petite Hanako ».

Dans le monde de l'art d'avant 1914, l'amour, le désir, l'argent, le manque, la jalousie, la crainte de la pauvreté, la souffrance et la peur de la mort, étaient, dans leurs excès, des réactions pulsionnelles aux refoulements d'une société reposant sur les soubassements les plus triviaux. Tout ce dont on ne parlait pas dans les livres et les journaux et que l'on ne pouvait connaître que par initiation. Georgette Leblanc était, à son corps défendant, l'une des protagonistes de ce monde qui

---

[399] Dans *Ariane et Barbe-Bleue*, elle chantait : « Le bonheur que je veux ne peut vivre dans l'ombre. »

[400] Collection Marie-Ange L'Herbier.

portait en lui la mort et la destruction. En jeune idéaliste, Marcel L'Herbier piétinait à l'entrée. Georgette le prit par la main et l'instruisit.

À l'Odéon, il fut fasciné par les rythmes qui faisaient alterner l'ombre et la lumière. D'une agilité sans pareille, les jeunes ballerines de la troupe apparaissaient et disparaissaient, tantôt chairs lumineuses tantôt ombres. Loïe Fuller les présentait au public sous les noms printaniers et japonisants de « Mimosa », « Mousse », « Pêche »…

À la fin du spectacle, Georgette emmena le timide L'Herbier dans la loge de Loïe. La Lumière de *L'Oiseau bleu* présenta le jeune esthète à celle que l'on avait surnommée « la fée de la lumière ». Elles se connaissaient pour s'être croisées à des premières, dans des salons, à l'atelier de Rodin, ou dans des villes d'Europe. La cantatrice et la danseuse, l'une précédant ou suivant l'autre, s'étaient en effet produites au début du siècle à Berlin et à Vienne. À Bucarest, si Georgette suscita la sympathie de Carmen Sylva, Loïe se fit aimer de Marie de Roumanie, sa fille. [401]

Les images lumineuses des ballerines attirent L'Herbier qui ne se croit pas encore une vocation de cinéaste. Il revoit cinq fois la performance que Georgette lui a fait découvrir, et écrit son premier article de critique qui paraîtra en janvier 1913 dans *L'Illustration*. [402] Son camarade et futur interprète, l'acteur Jaque Catelain, a supposé que la vision des ballets de Loïe Fuller avait, en quelque sorte, indiqué à L'Herbier la voie d'un cinéma d'art et de prouesses techniques, celui qu'il pratiquera dès ses premiers films muets.

Roger Karl, l'homme facile

Après Marcel L'Herbier, jeune esthète se cherchant encore, elle se lia avec l'acteur Roger Karl. Né à Bourges en 1882, fils d'un administrateur de l'Agence Havas, Roger Trouvé de son véritable nom avait rompu très tôt avec sa famille et, par provocation, s'était choisi un pseudonyme germanique. Grand, solide, beau garçon aux traits virils, cet amateur vivait pour son seul plaisir. Le métier de comédien lui était apparu le mieux accordé à sa paresse, puisqu'il fallait bien gagner de l'argent. Il fréquentait la seule compagnie digne de lui, les peintres et les écrivains de Montmartre. Cependant, il avait étudié très sérieusement la musique et la déclamation au Conservatoire. Premier prix de violon, il rencontrait de temps à autre d'anciens camarades devenus chanteurs, musiciens ou compositeurs. À trente ans, il s'était retrouvé un temps à l'Œuvre, avait fait un stage chez Antoine, déjà donné la réplique sur les scènes de Bruxelles et de Londres, suivi Sarah Bernhardt dans des tournées. Il aimait les femmes et beaucoup d'actrices le lui rendaient bien, dont Mlle Bovy de la Comédie-Française.

Georgette Leblanc et Roger Karl s'étaient croisés pour la première fois à Bruxelles, peu avant la création de *Castor et Pollux* à Montpellier. Angoissée par le silence de Maeterlinck, après leur séparation glaciale devant le Palais des Papes, Georgette chantait à la Monnaie, dans l'attente du télégramme libérateur. Au moment de l'ovation finale, Karl lui avait jeté un bouquet de violettes et était venu la féliciter dans sa loge. Puis, la dépêche rassurante de Maeterlinck était arrivée.

---

[401] Depuis la fin du siècle, Loïe Fuller était l'amie intime de Gab Sorère (Gabrielle Bloch).
[402] Craignant probablement de compromettre son nom, L'Herbier publie son article, *Les élèves de Loïe Fuller à L'Odéon*, sous le pseudonyme de Didier Debraux.

Georgette n'avait pas oublié le lanceur de violettes. Assistant à Paris à une représentation de *Salomé* d'Oscar Wilde, elle reconnut Roger Karl dans le rôle de Jean-Baptiste. La danseuse et mécène Ida Rubinstein était l'étoile de ce drame longtemps interdit en Angleterre. Salomé-Rubinstein dansait avec la tête coupée de Roger Karl-Jean-Baptiste. Georgette fut impressionnée par le physique de l'acteur. Elle le revit au Châtelet dans *Hélène de Sparte*, tragédie en quatre actes d'Émile Verhaeren, mise en scène par Sanine dans des décors de Bakst, Déodat de Séverac ayant écrit la musique de scène. Ida Rubinstein et Édouard De Max étaient les vedettes de cette production cosmopolite. Roger Karl n'y tenait qu'un petit rôle, mais, à voir sa musculature, Georgette pensa qu'il ne serait pas ridicule sous la tunique d'un tribun romain. Car elle avait en tête la distribution de *Marie-Magdeleine*, la nouvelle pièce de Maeterlinck, elle aussi un « peplum ». D'Hélène de Sparte — c'est-à-dire de Troie — à Marie-Magdeleine, Karl ne serait pas dépaysé.

L'acteur ne se laissait pas impressionner par les épigones de Sarah Bernhardt. Pourtant très belle, Ida Rubinstein — un temps éprise de D'Annunzio, lequel appréciait surtout ses jambes — avec sa longue silhouette longiligne « couverte de voiles, de fourrures, de bijoux » lui donnait le fou rire. À ses yeux, en dépit de ses toilettes, Georgette Leblanc était une muse littéraire, la compagne du plus grand écrivain de l'époque. Karl fut charmé de ses attentions et accepta de jouer dans *Marie-Magdeleine*, que Georgette allait produire en 1913.

D'abord un peu goguenard devant les tenues vestimentaires de « Mme Leblanc », qui s'habillait en effet selon ses propres critères esthétiques et les exigences de son personnage intérieur, il fut séduit par sa beauté un après-midi qu'elle le reçut dans son hôtel particulier. Sûre de son effet, elle apparut en longue robe de velours rouge à manches très larges, devant un mur blanc. Elle portait la même à Saint-Wandrille le jour où elle accueillit Stanislavski. Pour Karl, elle s'était coiffée d'un « bonnet florentin » taillé dans le même velours que sa robe. L'acteur fut frappé également par le décor fin de siècle de la pièce où ils se tenaient : les rayonnages remplis de livres, les reproductions de peintures sur les murs peints en blanc. L'angle du boudoir était occupé par un divan de peluche rouge, à demi dissimulé par un rideau grenat. Georgette avait conservé le fauteuil à haut dossier sculpté, sorte de cathèdre, qui meublait déjà son appartement atelier de l'avenue Victor-Hugo en 1894. S'il fut quelque peu interloqué par le décor daté dans lequel vivait son hôtesse, il admira son intelligence au plan spéculatif, sa hauteur de vue et sa philosophie. Ça ne collait pas ensemble, et ça rendait Georgette plus qu'attirante.

Elle l'emmena dans les *thés* et fut parfaitement indifférente à la curiosité mauvaise qui les enveloppait. Une dame au début de la quarantaine, fidèle à la mode préraphaélite des années quatre-vingt-dix, s'affichait avec un homme aux allures très 1912. Il n'en fallait pas plus pour susciter jalousies et médisances.

Par son physique ténébreux et son désabusement, Karl était plus proche de sa conception de l'homme que Marcel L'Herbier. Il suffit de feuilleter le premier recueil de poèmes du futur cinéaste, *Au Jardin des jeux secrets*, paru en juillet 1914, pour s'en convaincre. Ses vers, inspirés en partie par la nièce de Georgette, sont d'une sensibilité adolescente.

L'acteur était athlétique. Il eût pu se mesurer à la boxe avec Arthur Cravan, mais Karl était proche d'Apollinaire, de Mac Orlan et de leurs amis, un clan que ne fréquentait pas le « neveu d'Oscar Wilde ». À ce promeneur désengagé, un peu écrivain, un peu poète, un peu peintre, acteur de profession, on ne parlait pas avec un tel enthousiasme de l'œuvre de Maeterlinck. C'est pourtant ce que fit Georgette, imperméable à son scepticisme poli. Il restait à distance mais l'écoutait sans ennui, voulant bien être son amant à leurs moments perdus et son partenaire dans la pièce de Maeterlinck. De son côté, Georgette n'était pas dupe de sa nonchalance. Elle savait qu'il lui céderait le moment venu. Maeterlinck avait Renée, elle s'amuserait avec Roger tant qu'elle en aurait envie.

Unis et séparés

À Nice, Maeterlinck changeait. La vie lui semblait, eût-on dit, plus agréable. Il ne se souciait plus guère de se renouveler par l'esprit, sa chair goûtant la nouveauté au contact de celle qui avait été « Bonheur du Printemps ». Ils sortaient dans les restaurants fins du vieux Nice.

Georgette comprit qu'il avait trouvé une compagne plus en rapport avec les désirs profonds d'un homme de cinquante ans et que ça n'avait aucune importance. Puisqu'il travaillait, en apparence indifférent aux modes et au temps. Jouir de Renée, c'était comme soigner les fleurs, pêcher, cueillir des fruits... Georgette avait « retrouvé la vie plus rude des deux compagnons que nous sommes presque toujours, et qui se regardent sans se voir, ou se parlent sans s'écouter ».

La Mort venait de paraître en volume chez Fasquelle. Enquête sur la *réalité* de la mort, que l'écrivain dédramatisait, cet essai apprenait au lecteur à voir notre fin « telle qu'elle est en soi, c'est-à-dire dégagée des horreurs de la matière et dépouillée des terreurs de l'imagination. » Dès sa première réflexion, entièrement empruntée à l'auteur dramatique Marie Lenéru, Maeterlinck analysait les différentes positions modernes (avant 1914) face à l'interruption de la vie, en puisant ses exemples dans la théosophie, le néospiritisme, les témoignages d'apparitions, tout ce qu'englobait la communication avec les morts. La réincarnation n'était pas négligée non plus. Il concluait son ouvrage d'une façon prudente : « Mais n'espérons pas que quelqu'un prononce sur cette terre le mot qui mette un terme à nos incertitudes. Il est au contraire fort probable que personne en ce monde, ni peut-être dans l'autre, ne découvrira le grand secret de l'Univers. » Puis il finissait par avouer que la mort était préférable à l'immortalité... Ce livre facile, tissé de citations de Bossuet, Napoléon, Pascal, Emily Brontë, William James et de tant d'autres, suscita quelque méfiance de la part des catholiques. Maeterlinck remettait en cause la doctrine de l'Église, en présentant la métapsychologie et l'occultisme fin de siècle comme des voies possibles vers la connaissance de nos fins dernières... Le succès fut au rendez-vous. Un an plus tard, la mise à l'Index de *La Mort* par le Vatican en relança la publicité.

Au moment de la publication de ce vingt-cinquième livre, la vie privée de « bébé » reflétait un bonheur tranquille. Autour de lui, tout n'était que luxe, calme et volupté. Dans les bras de Renée, il ne connaissait que le bienheureux anéantissement de la petite mort. En 1906, Gide ne s'était pas trompé en l'épinglant de ce trait : « homme du Nord très positif, très pratique, chez qui le mysticisme est une manière d'exotisme psychique. »[403]

---

[403] André GIDE, *Journal*, Pléiade, Gallimard, 1948.

Georgette se consolait avec l'auteur, peut-être immortel, de la faiblesse de l'homme périssable. On était en février 1913 : il était temps de préparer les représentations de *Marie-Magdeleine*.

Le Théâtre du Casino municipal de Nice avait accepté le nouveau drame en trois actes du plus célèbre écrivain de la ville. Georgette remonta à Paris et convainquit Roger Karl de jouer le tribun Lucius Vérus, premier rôle masculin de la pièce. Denis d'Inès, de l'Odéon, voulut bien être le philosophe Silanus, disciple de Sénèque, et Roger Monteaux, Appius. Georgette se réserva le personnage de Marie-Magdeleine et donna le rôle de Marthe à Gina Barbieri dont le mari, Armand Bour, jouait surtout du Bataille et du Bernstein. Maxime Dethomas[404], un des plus célèbres décorateurs avec Bakst, dessina les maquettes des décors qui furent exécutés par Cillard, Jenselme et Guérard.

Malgré le succès de *L'Oiseau bleu*, les directeurs parisiens résistaient toujours au théâtre de Maeterlinck. Les auteurs foisonnaient, et les spectateurs préféraient leurs répliques brillantes et faciles à la prose poétique parfois un peu indigeste du Prix Nobel. Par conséquent, ne tenant pas à recommencer à se prendre aux cheveux avec Réjane, Georgette loua le Châtelet, alors la plus grande salle de Paris, pour six représentations de *Marie-Magdeleine*, du 28 mai au 3 juin 1913. La nouvelle de cette création se répandit dans le Paris des théâtres.

Prête à rendre service à sa vieille camarade Christiane Mendelys, Colette demanda à Georgette Leblanc s'il n'y aurait pas pour elle une place dans sa troupe. Colette avait déjà effectué la même démarche — sans succès — auprès d'Ida Rubinstein. Georgette semblant injoignable par lettre, elle conseilla à Christiane Mendelys d'aller la voir ou de lui téléphoner « pour savoir si on la trouve dans Paris, elle ou sa sacrée secrétaire. »[405] On peut en déduire l'importance de la fondatrice du « Théâtre Maeterlinck » à cette époque. Colette ne voit qu'elle ou Ida Rubinstein comme étant susceptibles d'employer sa camarade. On suppose qu'en raison de ses multiples occupations, Georgette fut difficilement accessible, la lettre de celle qui signait désormais « Colette de Jouvenel » n'y changeant rien.

Quand tout fut réglé, Georgette prit Roger sous son aile et ils descendirent à Nice. Elle l'emmena aux « Abeilles » et le présenta à Maeterlinck. « Bébé » fut étonné du changement. Habituellement, c'était plutôt des femmes que la cantatrice invitait pour lui faire plaisir.

Karl méprisait son métier et eût préféré vivre de sa plume. Il tenait son journal et écrivait des poèmes. Se retrouver face à un auteur de réputation mondiale l'intimida jusqu'au moment où Maeterlinck lui proposa de se mesurer à lui à la boxe. Karl ajoutait à son engouement pour la littérature une aptitude aux arts martiaux. À Paris, il pratiquait la boxe pour garder la forme. Sachant que cette qualité plairait à Maeterlinck, Georgette l'avait mise en avant afin que l'écrivain pardonne à Karl de n'être qu'un pauvre *cabot*. Il ne serait pas venu à l'esprit du Prix Nobel que Georgette pût prendre pour amant un membre de cette caste

---

[404] Peintre influencé par Degas, Maxime Dethomas (1867-1929) fut le compagnon des dernières années de Toulouse-Lautrec. Il a peint des paysages de banlieue à Paris, des scènes de rues à Venise. Décorateur de théâtre — à l'Opéra, l'Opéra-Comique, la Comédie-Française, etc. —, il a également illustré des œuvres de Mirbeau, Henry de Régnier, Paul Adam…

[405] COLETTE, *Lettres de la vagabonde*, Flammarion, 1961.

méprisée, ce qui contribuait à sa sérénité. Ainsi, ce que Georgette crut une attitude équitable — elle lui passait Renée, il la laissait « aimer » Karl — n'était de sa part que l'ignorance tranquille d'un homme que l'adulation de son égérie aveuglait. Georgette crut qu'il savait mais ne voulait pas en parler par crainte de souffrir.

L'auteur d' « Éloge de la boxe » n'avait rien à retrancher à ce qu'il avait publié six ans auparavant dans *L'Intelligence des fleurs* : « Il convient, parmi nos soucis intellectuels, de s'occuper parfois des aptitudes de notre corps et spécialement des exercices qui augmentent le plus sa force, son agilité et ses qualités de bel animal sain, redoutable et prêt à faire face à toutes les exigences de la vie. (...) le poing est l'arme de tous les jours, l'arme humaine par excellence, la seule qui soit organiquement adaptée à la sensibilité, à la résistance, à la structure offensive et défensive de notre corps. » Il s'était fait installer une salle de sport dans un garage désaffecté proche de sa villa. Il invita Karl à l'y rencontrer. L'acteur s'y rendit un matin avec lui. Les deux hommes se mirent en tenue, enfilèrent les gants, et le combat commença sous le regard curieux de Georgette et de Renée.

Bien qu'ayant vingt ans de moins que son adversaire et se sachant plus fort, plus rapide, Karl fut d'abord intimidé. Il hésitait à « taper » sur un génie. Il se contenta d'abord « de danser, de faire des "esquives". »[406] Mais son partenaire, lui, ne souffrait pas de la même inhibition à son égard. Au contraire, il éprouvait une extrême jubilation à cogner sur l'acteur qui allait jouer le premier rôle masculin de sa nouvelle pièce. Et il attaqua : uppercut, crochet, swing. Karl encaissa et se dit soudain que la comédie était finie : « Plus de Maeterlinck ! C'est fini, Maeterlinck ! »[407] Et il y alla carrément, comme s'il combattait un boxeur chevronné.

L'exercice prit fin assez rapidement, le Prix Nobel ne tenant pas à se faire réellement démolir le portrait. Dès lors, il conçut une sorte de respect pour le bon amateur qu'était Karl. Il dit, plus tard, à Georgette : « Il est fort. Il reviendra ? »[408] Georgette appréciait l'endurance de son amant dans les jeux amoureux. Que Maeterlinck ne s'inquiète pas : on reverrait l'acteur aux « Abeilles ».

Dans les jours précédant la création de *Marie-Magdeleine*, Karl la trouva éblouissante dans ses robes légères. « Un long voile vert s'enroule autour de son chapeau et retombe en flottant sur ses épaules. » Ou bien : « robe claire à larges plis, longue cape souple attachée par deux rubans où pendaient des glands énormes ; vaste chapeau à la Reynolds, garni de bleu tendre. » Amoureux, il ne voyait plus qu'elle et la surprit dans une fiévreuse activité épistolaire. Elle répondait à des lettres, tirant de grandes feuilles « d'une ample serviette de maroquin rouge qui ne la quittait jamais », les couvrant au crayon de sa longue écriture.

La veille de la première, il lui sembla que la frénésie de Georgette augmentait. Il la vit « entourée de tous ses amis, qui la complimentaient sans cesse et feignaient de considérer toutes ses agitations avec sérieux, elle allait de l'un à l'autre sans s'arrêter, discutant à l'écart avec sa secrétaire, sautant dans sa voiture

---

[406] Michel BALFORT (Roger Karl), *Comédien malgré moi*, J.A.R., Paris, 1957, et *Nous sommes tous des comédiens*, Le lérot rêveur, sept. 1981.
[407] Ibid.
[408] Ibid.

où l'attendait toujours quelque jeune homme d'allure précieuse ou quelque jeune femme d'une élégance étrange... »

La première de *Marie-Magdeleine* eut lieu le 18 mars au Théâtre du Casino municipal de Nice. Parmi les invités figurait un monsieur, l'industriel Henry Deutsch de la Meurthe, alors âgé de 67 ans, l'un des fondateurs de l'Aéro-club de France et le créateur à Saint-Cyr, en 1909, de l'Institut aéronautique. Cet important personnage, chevalier de la Légion d'honneur, membre de l'Automobile-club, du Cercle des chemins de fer et du Yacht-club de France et Yachts français réunis, habitait 4, place des États-Unis et possédait un château à Romainville. Il vouait à Georgette une admiration sans limite et joua un rôle des plus troubles dans sa vie déjà passablement compliquée. Il sera question plus loin de la figure paternelle de cet homme né en 1846, et l'on verra qu'il était un de ses visiteurs les plus assidus rue Perronet...

Dans la loge de l'actrice garnie de fleurs, ce soir-là, Maeterlinck, Georgette et Mathilde étaient réunis, cette dernière se chargeant d'ouvrir et de refermer la porte sur les admirateurs venus féliciter le grand auteur et son interprète.

Une tournée de miel et de fiel

En attendant les représentations parisiennes de *Marie-Magdeleine*, la troupe du « Théâtre Maeterlinck » partit de l'autre côté des Alpes. Roger Karl était du voyage. Georgette Leblanc ayant auprès d'elle son fondé de pouvoir, secrétaire et caméristе, Mathilde Deschamps, il fut jaloux de leur relation particulière. Certaines nuits, il lui fut impossible d'approcher Georgette, parce qu'elle dormait avec Mathilde. Ça le choquait, et il se demandait ce qu'en pensait Maeterlinck. Or celui-ci, pendant qu'ils tournaient de Milan à Rome et de Rome à Naples, vivait des heures tendres avec Renée, sans doute soulagé que Georgette fût loin. À l'encontre des années précédentes, celle-ci s'attarda le moins possible aux « Abeilles ». À peine rentrée d'Amérique, les préparatifs de la création niçoise de *Marie-Magdeleine* terminés, elle s'éloigna, sous le prétexte de présenter *Joyzelle* aux Italiens. La présence presque constante de Renée dans « leur » maison devait lui être devenue insupportable. Maeterlinck agissait d'ailleurs de même quand, arrivant chez Georgette, rue Perronet, il croisait Mathilde. Il repartait aussitôt. Georgette avait eu beau se mettre en frais, préparer un bureau où il n'aurait eu qu'à installer sa machine à écrire, lui prouver qu'aucune note de piano ne viendrait le déranger là, le charme était rompu. Depuis le temps, il savait à quoi s'en tenir sur les relations de Georgette et de sa secrétaire, mais maintenant ne tolérait plus sa présence pendant ses séjours et en voulait à Georgette de ne pas l'avoir éloignée. Le défaut principal de la caméristе était qu'elle ne lui plaisait pas physiquement : il la trouvait « hommasse ». Roger Karl partageait ce point de vue. Lui aussi, au cours de sa première visite rue Perronet, avait été frappé par son aspect et sa mise : « robe de gouvernante, jaquette ouverte sur un gilet croisé, faux col blanc, empesé, entouré d'une étroite cravate. » Mathilde était coiffée d'un « feutre masculin ». En somme, l'uniforme des lesbiennes dominatrices d'avant 1914... L'apparence de la « secrétaire » donnait ainsi de curieuses informations sur sa patronne.

Georgette s'était attaché Karl grâce à son ascendant personnel, plus que par ses talents d'actrice et de metteur en scène. Le choix de *Joyzelle* n'arrangeait rien. Pièce datée et à la langue lourdement poétique, sans rapport avec la bouleversante simplicité de *Pelléas et Mélisande*, elle eût fait chuter n'importe qui. Pour Karl, Georgette ne s'intéressait qu'au côté plastique de la mise en scène, « comme dans un ballet ». L'acteur appartenait à une génération théâtrale qui allait rendre obsolète Georgette Leblanc et son auteur de prédilection. Il avait déjà travaillé avec Copeau, Dullin, connaissait bien Jouvet. En Italie, il joua Merlin l'Enchanteur, père de Lancéor, l'amoureux de Joyzelle, et ayant mis la plus grande distance entre lui-même et son rôle, ne vit plus que les ridicules de la pièce et du jeu de sa partenaire. Son regard accrochait dans la salle ce qui pouvait l'égayer et il y avait souvent un incident propre à le distraire encore davantage de ce qui se passait sur la scène. Quand rien d'extérieur à la pièce ne se produisait, il inventait quelque chose. L'arrivée de Merlin étant annoncée d'un son de trompe, Georgette-Joyzelle disait : « Voilà Merlin ! » Karl avait trouvé parmi les accessoires une « minuscule trompette d'enfant » d'où sortait un son fluet. Il souffla dedans avant d'entrer en scène. Georgette fut incapable de garder sa « jolie pose apprêtée » et éclata de rire. Autrement, la plupart du temps, le nom de Maeterlinck paralysait de respect le public. Aux soirées dans ce qu'il appelait les « boîtes à tréteaux », Karl préférait les promenades avec Georgette qui lui faisait découvrir les villes italiennes. Pour les amants, ce fut une sorte de voyage de noces qui devait rappeler à l'actrice ses premiers séjours à Venise et à Rome au tournant du siècle. À cette époque, elle n'avait pas trente ans et s'appuyait au bras de Maeterlinck. Maintenant, à certaines heures du jour, elle souffrait d'un sentiment de nostalgie qui la jetait dans l'abattement ou lui donnait de violentes crises de désespoir. Karl assista également à des scènes entre elle et Mathilde, auxquelles il ne comprit pas grand-chose. Mathilde rabrouait littéralement Georgette, qui balbutiait comme une fillette prise en faute. Bref, ce voyage en Italie lui réserva bien des surprises. Sa jalousie et sa curiosité furent alimentées par une vieille comédienne de la troupe. Elle lui rapporta le récit peut-être imaginaire des anciennes amours de Georgette en tournée. La passion flamboyante de Darmon pour Monna Vanna était encore dans toutes les mémoires. En mettant en parallèle sa liaison avec sa « directrice » et le scénario de *Joyzelle*, Karl découvrait entre eux des rapports cocasses. Il jouait le rôle de Merlin, or l'Enchanteur contraignait Joyzelle à se donner à lui, tout en espérant qu'elle lui résisterait par amour pour Lancéor. La condition de Merlin était que, pour sauver Lancéor, Joyzelle devait s'incliner devant son désir. Aporie dont Joyzelle se tirait en se décidant à tuer l'Enchanteur. Celui-ci l'en félicitait et lui donnait, devant une telle preuve d'amour, son fils Lancéor. Le modèle de Joyzelle étant Georgette, Maeterlinck aimait mettre à l'épreuve autant le personnage que l'interprète. Sur la scène, Karl-Merlin exigeait la soumission de Georgette-Joyzelle et se retrouvait heureux de se heurter à la volonté inébranlable de l'héroïne. Dans la vie réelle, Georgette et Karl étant amants, l'acteur n'était pas le maître du jeu et devait compter avec Mathilde. Mais c'était surtout Georgette qui imposait son rythme à leur liaison. Dans sa villa de Nice, Maeterlinck ne soupçonnait rien, ou plutôt s'arrangeait pour ne rien savoir. Il se distrayait avec celle que Georgette nommait par dérision Sélysette. Le théâtre et la vie se mélangeant à ce point, il y avait de quoi perdre contact avec la réalité.

Parfois, à Pise, Rome ou Naples, ils s'attardaient devant les œuvres d'art et discutaient à l'infini sur la vie, comme les adolescents refont le monde. Georgette mettait fin brusquement à ces discussions sérieuses par un comportement de jeune fille. Elle courait soudain dans la rue, en donnant à Karl de petits noms. Elle riait toute seule. Karl, qui craignait le ridicule et oubliait qu'ils étaient en Italie, s'impatientait. Il remarquait, un peu effaré, que le « sang (...) lui montait aux joues, ses lèvres étaient humides, tout son visage révélait une brusque excitation, à la fois sensuelle et puérile. » Elle voulait acheter n'importe quoi. Un jour, elle se fit offrir un lévrier indocile qu'il fallut ramener à l'hôtel, tellement ce chien l'irritait. Karl eût préféré une compagne plus discrète. Elle avait quarante-quatre ans et était supérieurement intelligente. Alors, qu'est-ce que ça signifiait ? Si elle avait eu vingt ans, il n'eût pas été choqué mais attendri par sa spontanéité. L'homme jeune attend de sa maîtresse quadragénaire un comportement approprié — croit-il — à son âge.

À Naples, Georgette présenta Karl à Léopold Lacour, un conférencier de ses amis, qui lui avait été jadis conseillé par Mallarmé, au temps de ses récitals au Théâtre de la Bodinière. Ce critique et journaliste féministe itinérant parlait dans une salle de concerts de la ville. Georgette promit de venir l'écouter. Elle emmena Karl. Le conférencier proposait d'éclairer le public sur la liberté de l'homme et de la femme dans le mariage. Pour lui, le désir physique ne comptait pas. Tant que l'homme et la femme s'aimaient, ils avaient le droit de ressentir une attirance sexuelle pour un autre partenaire et d'y céder. Ils se devaient donc une absolue franchise, combattre la jalousie, etc. À la suite de ce brûlant plaidoyer pour la liberté et l'égalité sexuelle de la femme, surtout si l'on songe qu'il était prononcé à Naples en1913, Karl questionna Georgette. Puisqu'elle affirmait haut et fort, elle aussi, que la vérité et la loyauté entre homme et femme étaient toujours préférables au mensonge, se conformait-elle, pour ce qui la concernait, à cette loi ? Non, pas toujours hélas, et quand elle avait essayé de parler à Maeterlinck de sa petite aventure avec Darmon, le Prinzivalle de *Monna Vanna*, cela avait failli mal tourner. Un soir, sur la Côte d'Azur, Maeterlinck et Georgette revenaient d'une promenade en canot. Maeterlinck pilotait lui-même l'embarcation et les ramenait vers la côte, quand Georgette eut la malencontreuse idée de lui confier les tourments que lui causait sa faiblesse pour Darmon. Maeterlinck cria qu'il refusait d'en entendre davantage. Un mot de plus et il jetait le canot sur les rochers. Épouvantée, Georgette s'était tue, refoulant au plus profond d'elle-même ses mots et ses larmes. Maeterlinck, blême, avait finalement redressé la barre, et ils étaient rentrés au port dans un silence pesant. Depuis, neuf ans étaient passés, et ils n'en avaient plus jamais reparlé. Était-ce vrai, était-ce faux ? Karl ne le discernait pas exactement. Le récit de Georgette, l'apparente liberté de l'écrivain et de son égérie qui se séparaient pendant des semaines, l'indifférence voire l'inconscience de Maeterlinck, tout cela renforçait l'impression que ces personnages étaient décidément peu ordinaires.

S'il avait mieux connu son œuvre, en particulier la méditation « De la sincérité » — parue dans *Le Double Jardin* —, Karl eût mieux compris la déception de Georgette. Maeterlinck avait écrit dans la belle période de leur amour : « La vertu purificatrice de l'aveu dépend de la qualité de l'âme qui le fait et de celle de l'âme qui l'accueille. L'équilibre établi, tous les aveux élèvent le niveau du bonheur et de l'amour. Dès qu'ils sont confessés, les mensonges anciens ou récents, les défaillances les plus graves se changent en ornements inattendus, et, comme de belles statues dans un parc, deviennent les témoins souriants et les preuves paisibles de la clarté du jour. » Mieux encore : « Si celui qui reçoit l'aveu ne peut s'élever jusqu'à nous aimer davantage pour cet aveu, il y a malentendu dans notre amour. Ce n'est pas celui qui fait l'aveu qui doit rougir ; mais celui qui ne comprend pas encore que par le fait même que nous avons confessé un tort nous l'avons surmonté. »

Jusque-là, Georgette avait cru en l'unité profonde de l'homme et de l'écrivain.

La pécheresse

Au début de mai, Georgette et Karl repassèrent par Nice. Maeterlinck reçut le jeune acteur à sa table et lui parla de ses débuts littéraires. Son admiration pour Villiers de l'Isle Adam était intacte. Il tenait *Axël*, la pièce fantastique de Villiers, pour un chef-d'œuvre. Georgette joua le rôle de la maîtresse de maison en titre qu'elle demeurait aux yeux du personnel à qui elle en imposait encore. D'ailleurs, Maeterlinck n'avait rien décidé. Il avait horreur du changement et Georgette était depuis si longtemps inscrite dans son paysage mental qu'il eût fallu un séisme pour l'en chasser. Renée était absente. Georgette, qui l'ignorait quand elle était là, l'oublia tout à fait. À l'heure fatidique du coucher, Maeterlinck monta seul dans sa chambre. Georgette et Karl restèrent encore quelques instants dans le salon à bavarder. Mais « bébé », d'un ton sans réplique, réclama bientôt « sa femme » auprès de lui. Elle obtempéra, à la fois résignée et heureuse, ce qui étonna l'acteur. Elle manifestait une grande hardiesse de pensée, mais pouvait aussi se montrer enfantine et capricieuse comme une femme futile. Karl s'expliqua ainsi cette dualité : « On eût dit que le cerveau de cette femme se composait pour moitié d'un cerveau de femme et d'un cerveau d'homme ; et autant le côté masculin était d'une qualité précieuse, grave, profonde, autant la partie féminine était compliquée et sournoise. » L'acteur voyait le phénomène au travers de sa misogynie primaire, mais il faut lui reconnaître une certaine perspicacité : il avait perçu le dédoublement de son amie. Dans ses relations avec les hommes de culture, Georgette, au premier contact, était intimidée. Elle, qui n'avait pas fait d'études, dissimulait encore plus sa supériorité intellectuelle, lorsque ses interlocuteurs en manquaient. Son statut inférieur de femme de spectacle l'aidait alors à composer un personnage déconcertant qui ne faisait qu'attiser perplexité et désir. Quand elle admirait un « homme de lettres », elle était facilement touchée par ses petitesses et ses malheurs. Elle avait pitié du cœur des grands hommes…

Georgette et Karl montèrent à Paris poursuivre les noces de l'imaginaire et du réel. Le « Théâtre Maeterlinck » s'installait au Châtelet.

Elle fit imprimer un superbe programme. Dès la première page, un portrait photographique de Maeterlinck, le visage encore jeune sous les cheveux blancs coupés courts, donnait la première place à l'auteur bien habillé, cravaté. Ses mains se rejoignaient sur le pommeau de sa canne, la gauche étant gantée et la droite tenant le gant de cuir. En 1911, il se présentait encore aux photographes d'une manière plus rustique, vêtu d'une vareuse de garde-chasse. La réputation mondiale de l'auteur, le sujet « religieux » de *Marie-Magdeleine* exigeaient peut-être qu'il fût en tenue de gala. En deuxième page, Georgette Leblanc, ses longs cheveux pudiquement recouverts d'un voile, apparaissait sous la robe de la pécheresse. Elle gardait les yeux baissés et sa main droite était posée sur son sein gauche. Ce costume et cette posture rappelaient Thaïs. La troisième page du programme était illustrée d'une photo de plus petit format : « M. Roger Karl, rôle de

Lucius Vérus ». Comme Maeterlinck, Karl portait l'habit. Ainsi étaient réunis les trois personnages principaux de la pièce : l'auteur et les deux premiers rôles. En dehors de Georgette et de Karl, certains subodorèrent qu'ils étaient aussi les héros du vaudeville classique : le mari, la femme et l'amant. Le luxueux programme était un album de famille. Il n'y manquait plus que Renée, laquelle, après le Rhume de cerveau de *L'Oiseau bleu*, eût pu interpréter Une Femme du peuple… Mais pour des raisons faciles à deviner, la jeune amie de Maeterlinck ne fit pas partie de la distribution.

Le sujet de *Marie-Magdeleine* manquait pour le moins d'originalité. Le seul argument dramatique que l'on ne trouvait pas dans les Évangiles était le suivant : le tribun Lucius Vérus proposait à Marie-Magdeleine un marché : elle acceptait de se donner à lui et Lucius sauvait le Christ. Pas moins. Marie-Magdeleine refusait, bien sûr, le chantage et Jésus était crucifié. Cela dit, on se demande par quel miracle Jésus eût échappé à son sort, à supposer que Marie-Magdeleine eût obéi au centurion. L'histoire du monde en eût été changée.

Maeterlinck reconnut, avec son humilité habituelle, que l'idée de cette situation n'était pas de lui. Il l'avait empruntée, avec la suivante, au poète allemand Paul Heyse, auteur d'une pièce intitulée, justement, *Maria von Magdalena*. La voici : on entendait seulement la voix du fils de Dieu à la fin du premier acte, quand elle arrêtait la foule déchaînée contre Marie-Magdeleine. Maeterlinck avait découvert *Maria Von Magdalena* en 1908, grâce à Von Oppeln-Brokinovski. Il le remercia aussitôt et fit l'éloge de l'œuvre de Heyse qui avait traité « le plus admirable sujet qui soit dans aucune littérature : la lutte de Madeleine pour sauver celui qu'elle aime… Si je me sentais plus de talent, ce serait le seul sujet qui me tenterait. Mais je ne me sens pas la force nécessaire. »

Il faut se méfier des déclarations où il confesse sa faiblesse et ses manques. Elles ne l'ont jamais empêché de produire. Le sujet de Marie-Madeleine lui tenait trop à cœur, et depuis trop longtemps, pour qu'il y renonçât. En 1897, déjà, il confessait à Georgette son intérêt pour la question que lui avait posée une revue américaine : « Quelle femme a le plus influencé Jésus-Christ ? »[409] Et il précisait qu'il avait rédigé plusieurs pages de réponse, en ayant constamment Georgette à l'esprit. Nul doute que, pour lui, la femme qui avait le plus « influencé » Jésus était Marie-Madeleine. Finalement, par l'intermédiaire de son traducteur, il demanda poliment au poète allemand de lui prêter son « admirable sujet », mais Heyse refusa « grossièrement ». Donc, Maeterlinck passa outre. Il écrivit dans *L'Illustration théâtrale* : « (…), je suis heureux de témoigner au vieux maître ma gratitude d'un don spirituel, qui pour être involontaire n'en est pas moins considérable. » Or, l'argument de la mise à l'épreuve de Marie-Magdeleine ressemblait beaucoup à celui de Joyzelle. Elle devait se refuser à un homme qui exigeait sa soumission pour qu'un autre pût être sauvé. Monna Vanna, jadis, fut soupçonnée par son mari d'avoir été violée par Prinzivalle. Mélisande, sur son lit de mort, fut interrogée par Golaud : avait-elle aimé Pelléas d'une manière *coupable* ? Sélysette, à son tour, fut pressée de questions au nom de la Vérité. Barbe-Bleue garda ses femmes, malgré Ariane la libératrice, qui renonçait à son amour plutôt que de consentir à l'asservissement. Depuis le début, l'obsession de la trahison de la femme aimée courait d'une œuvre à l'autre. On comprend que Maeterlinck n'ait pas tenu compte du refus de Paul Heyse. Ce thème de la mise à l'épreuve,

[409] Lettre à Georgette Leblanc du 8 avril 1897, voir *supra*.

du *jugement de Dieu*, lui appartenait depuis toujours. Il fallait qu'une femme se dévouât pour lui jusqu'à la mort et fût en même temps soupçonnée d'être incapable de ce sacrifice. Sur la scène du Châtelet, Marie-Magdeleine, qui s'était offerte spirituellement à Jésus, repoussait l'amour charnel de Lucius Vérus. À la ville, Georgette Leblanc, ayant épousé l'âme de Maeterlinck, prêtait son corps à Roger Karl. L'aveuglement ou la complaisance du poète dura encore cinq années.

L'accueil fait à la pièce fut excellent. Les grandes plumes catholiques surent gré à l'auteur d'avoir traité le Christ avec respect en ne le faisant pas paraître sur les planches, ce que Massenet dans *Marie-Madeleine* et Rostand dans *La Samaritaine* n'avaient pu éviter. Paul Souday, Robert de Flers, Pavlowski, de *L'Éclair* à *Comœdia*, en passant par *L'Opinion*, tous sont sincèrement touchés. Les décors, la musique sont au-dessus de tout éloge. Georgette avait choisi des pages de Jean-Sébastien Bach : La Passaglia en ut mineur, le Trio de la suite en ré et l'Adagio d'un concerto brandebourgeois joués également pendant les entractes par l'orchestre de l'Association des concerts Colonne.

Maurice Boissard (Paul Léautaud) loua l'œuvre sans arrière-pensées, admirant lui aussi que Jésus ne parût pas en scène, mais pour des raisons purement théâtrales. Enfin, il vit le fond du drame dans l'opposition entre la philosophie stoïcienne et le christianisme naissant. Marie-Magdeleine, comme Thaïs, était une riche courtisane usant sa vie dissolue au milieu de philosophes et de débauchés. Le critique gratifia l'interprétation de l'actrice d'une courte mais flatteuse appréciation : « Mme Georgette Leblanc-Maeterlinck a été merveilleuse d'attitudes ». Boissard n'oublia pas le reste de la troupe à qui il distribua ses éloges.

Roger Karl attira spécialement l'attention du critique du *Journal des débats*, qui le trouva « fougueux, impétueux et brutal ». Georgette aurait pu contresigner cette appréciation.

Incursion chez Copeau

Les représentations terminées, elle emmena Maeterlinck dans quelques soirées parisiennes. Ils dînèrent au Café de la Paix. Ève Francis, qui découvrait Paris au bras de Louis Delluc, la jugea « étrange et spectaculaire » à côté d'un Maeterlinck « impassible », que les femmes regardaient « avec admiration ».[410] Dans un coin du restaurant, la Trouhanova dansait « La Péri » de Paul Dukas, ballet que l'artiste avait créé en 1912 au Châtelet dans une chorégraphie de Léo Staats. Les messieurs ne pouvaient détacher leurs regards des mouvements de la danseuse russe aux épaules et aux bras nus.

Maeterlinck résidait dans l'hôtel particulier de Georgette, qui avait probablement réussi, pour une fois, à éloigner Mathilde, condition sine qua non du séjour du poète. Il ne sortait pas tous les soirs. Pour une première à la Comédie-Française, il pria l'éditeur d'art Henri Piazza d'être le cavalier de Georgette. Piazza se présenta rue Perronet et dut patienter. Quand Georgette paraît, assez en retard, il est ébloui. Elle a le front ceint d'un diadème et est vêtue d'une robe légère dont la fente permet d'apercevoir un genou et le début d'une cuisse « admirables ». Ses cothurnes laissent voir des doigts de pieds fleuris d'hibiscus roses. Piazza

---

[410] Ève FRANCIS, *Temps héroïques* ; théâtre, cinéma (préface de Paul Claudel), À l'enseigne du chat qui pêche/Denoël, 1949.

l'aide à enfiler un manteau d'hermine garni de renards blancs. Georgette saisit un lys, mais au moment de monter en taxi, une maladresse de l'éditeur brise le lys.[411] Atmosphère Belle Époque garantie !

Maeterlinck rentra à Nice. Georgette préféra rester à Paris ou passer les fins de semaine à Saint-Wandrille. Cet arrangement ne déplaisait pas à « bébé ». Karl, quant à lui, avait été engagé par Jacques Copeau. Début juillet, il rejoignit la future troupe du Vieux-Colombier dans la petite propriété que possédait Copeau, au Limon, près de la Ferté-sous-Jouarre, en Seine-et-Marne. L'amant de Georgette, malgré son dilettantisme affiché, a fait partie de la vertueuse aventure des débuts du Vieux-Colombier quand Copeau, imitant Stanislavski, réunissait ses acteurs, soutiens et amis à la campagne, loin des miasmes des théâtres parisiens. Au Limon, Roger Karl retrouva Dullin, Jouvet, Blanche Albane, Gina Barbieri, Lucien Weber, Jane Lory, une élève du Conservatoire, Suzanne Bing, Régis Gignoux. Mais aussi l'architecte Francis Jourdain, le poète Léon-Paul Fargue, les écrivains Roger Martin du Gard et Georges Duhamel (le mari de Blanche Albane). Sur la scène du Théâtre des Arts de Jean Rouché, Karl avait précédemment joué le rôle de Dimitri des *Frères Karamazov* dans l'adaptation de Jean Croué et Copeau. Depuis, ce dernier le jugeait digne de faire partie de ses disciples. Mais Karl n'était pas, comme les actrices Blanche Albane et Gina Barbieri, en quête de rédemption. Car il s'agissait bien de cela : « Nous nous emploierons de notre mieux, proclamait Copeau, à renormaliser ces hommes et ces femmes dont la vocation est de feindre toutes les émotions et tous les gestes humains. Autant qu'il nous sera possible, nous les appellerons hors du théâtre au contact de la nature et de la vie ! »[412] Mais Jane Lory, la débutante, était entrée dans la troupe poussée par la faim. Quant à Suzanne Bing, mariée au compositeur Edgar Varèse à la fin de 1907, elle l'avait suivi à Berlin où elle s'était morfondue pendant cinq ans, tandis que lui, devenu proche de Busoni, appartenait à l'extrême frange de la modernité la plus radicale. Varèse composait, vivait de leçons et fréquentait Strauss qui lui envoyait des élèves. Cependant, Varèse et sa femme rentrèrent en France en 1913 et se séparèrent. Suzanne Bing, renouant avec le théâtre, s'efforça de remonter la pente. Elle connaissait Karl, qui connaissait Varèse. Ils s'étaient rencontrés au Conservatoire et dans un milieu de peintres, de poètes et d'acteurs, qui réunissait Modigliani, Juan Gris, Picasso, Apollinaire, Max Jacob, André Salmon, Mac Orlan, Jouvet et Dullin, pour ne citer que les plus connus. Avant son départ pour Berlin, Varèse avait également eu l'occasion d'approcher Georgette Leblanc et lui témoignait une estime non exempte de brutalité.

Au Limon, durant ces mois caniculaires, on répéta dans un moulin désaffecté. Copeau avait choisi *Une Femme tuée par la douceur*, de l'acteur et auteur anglais Thomas Heywood, qui vécut sous Elisabeth Ire et Charles Stuart, et *L'Amour médecin* de Molière. On commençait à neuf heures trente. Karl était chargé de mettre les acteurs en forme par une demi-heure d'exercices quotidiens. Copeau lui confia le rôle de Sir Frankford, le mari trompé de la pièce anglaise. Son sujet

---

[411] Cette anecdote est rapportée par la productrice Denise TUAL (née en 1906), dans *Au cœur du temps* (Carrère, 1987). Elle la tient de son propre père, qui avait à peu près l'âge de Georgette et republia certains ouvrages de Maeterlinck en éditions de luxe.

[412] Clément BORGAL, *Jacques Copeau*, L'Arche éditeur, 1960.

avait profondément ému Maeterlinck, à l'époque (1894) où il traduisait Ford et s'était intéressé de près aux autres étoiles de la constellation élisabéthaine. Il écrivit : « Il n'y a rien de plus tragique dans la vie ou les littératures que le moment où le bon Sir Frankford hésite, la clé à la main, devant la chambre nuptiale où il sait que sa femme repose entre les bras de son amant. (...) Ensuite, [*il*] sort de la chambre ; il a trouvé les amants endormis dans le lit conjugal. Il a eu pitié de sa femme et il s'est souvenu des bonnes heures où il l'avait aimée. » [413] Mais Maeterlinck était plus proche du prince Golaud que de Sir Frankford, ainsi que, dans quelques années à peine, la suite le démontrerait.

L'arrivée de Georgette dans ce phalanstère provoqua un petit scandale. À peine descendue de son extravagante automobile conduite par Mathilde en uniforme de gouvernante sadique, la diva se gaussa de l'austère entreprise. Après tout, elle avait accueilli Stanislavski à Saint-Wandrille et connu, deux ans plus tard, les soirées exaltées du Théâtre artistique de Moscou, où elle était restée plusieurs semaines. Le Limon dut lui rappeler Pouchkino, sans la folie russe. Quant à Copeau et ses disciples qui voulaient « décabotiniser l'acteur », Georgette ne pouvait leur apparaître qu'en tant que l'incarnation de tous les vices qu'ils entendaient extirper du théâtre. Elle apostropha Karl en riant : « Mais vous voilà à l'école communale, mon pauvre ami ! » On fit semblant de ne pas entendre. Dans ce milieu quasi protestant, Georgette était un blasphème vivant. Le luxe de sa berline tapissée de peluche verte, ses parures, ses chapeaux, ne faisaient que souligner cruellement la pauvreté de la jeune troupe.

Elle attendit Karl dans ses deux pièces louées à un paysan. Quand il la rejoignit, il lui avoua son ennui. Son scepticisme avait repris le dessus, et il était aussi rétif au théâtre de Maeterlinck qu'à l'avant-gardisme à retardement de Copeau. Mais il lui était impossible de ne pas rester jusqu'au bout du stage : il tenait à jouer au Vieux-Colombier, ce nouveau théâtre. Georgette le laissa libre. Les mouches, la saleté du lieu, la chaleur la contraignaient à repartir dans la soirée. Elle assista cependant aux lectures faites par les acteurs sous les arbres. Elle regarda Dullin et Karl travailler sous la direction de Copeau, eux qui étaient des comédiens chevronnés, et repartit comme elle était venue. Aux yeux des débutantes Suzanne Bing ou Jane Lory, il ne pouvait s'agir que d'une « demi-mondaine », tant pour les « jeunes » le monde décadent dont elle était l'une des gloires appartenait au passé. Francis Jourdain, l'architecte du Vieux-Colombier, aura pour elle des mots très durs lorsqu'il réglera ses comptes dans ses mémoires.

Avant le cataclysme

À l'automne 1913, débute le lent effacement de son personnage, à mesure que son monde lui-même prend de la gîte et sombre peu à peu dans le maëlstrom de la Grande Guerre. Ce naufrage personnel ne prendra fin qu'en 1919.

En 1914, les jeunes gens sensibles à son aura la considèrent toujours avec un respect mêlé de désir. Depuis l'époque de Saint-Wandrille, Georgette n'aime plus physiquement « son Maurice » ou « bébé », cet homme faible. Mais elle se sait consubstantielle à son œuvre et croit que la mort même ne les éloignera pas,

---

[413] Maurice MAETERLINCK, *Introduction...*, Op. Cit.

puisque leurs âmes communient dans la vraie vie, celle de l'esprit. Personne d'ailleurs ne se risquerait à parier sur la fin prochaine de leur union libre ici et maintenant. Georgette est d'ailleurs si sûre de son pouvoir qu'elle projette des représentations d'*Aglavaine et Sélysette* à Saint-Wandrille, avec elle-même dans le rôle d'Aglavaine et Renée dans celui de Sélysette, bien entendu. Provocation, manière de conjurer le péril ? Il eût été passionnant, en effet, de faire se rencontrer dans les ruines de l'abbaye la réalité et la fiction par les acteurs mêmes du drame qui se jouait dans la vie. Mais quel acteur eût mieux incarné Méléandre que Maeterlinck en personne ? Est-ce la guerre qui fit échouer le projet, ou Maeterlinck se rendant compte de l'incongruité qu'il y aurait eu à faire monter sur la scène sa compagne et sa jeune maîtresse ? C'eût été, en effet, quasiment exhiber leur ménage à trois.

Un homme de trente-deux ans, Roger Karl, donne à la chair de Georgette une seconde jeunesse. Elle aime tendrement certaines femmes… Mathilde la rudoie, elle se soumet. Toujours en errance, passant de Neuilly à Saint-Wandrille, de sa chère abbaye à la villa « Les Abeilles », elle tente de répondre à toutes les sollicitations qui l'affolent. Elle délaisse le théâtre, ou plutôt Maeterlinck ayant en train une autre pièce qu'il ne se presse pas de terminer, elle se retrouve démobilisée. Reprendre d'anciens rôles ? Certes, sans enthousiasme, pour « aller aux provisions » — expression de son cru —, autrement dit gagner de l'argent et rien d'autre.

À partir de février1914, on la voit plus souvent au Pavillon des Muses, chez sa sœur Jehanne Prat. Quand il se croit obligé d'être présent à Paris, Maeterlinck accepte les invitations à dîner de sa « belle-sœur ». On y mange très bien, les vins sont toujours parfaits. Fernand et Jehanne, en bons bourgeois fortunés, ne négligent pas les plaisirs de la bouche. Maeterlinck et Georgette forment encore pour la galerie un couple très assorti. Georgette est aux petits soins pour « son Maurice ». Fin février, Georgette et sa sœur organisent une soirée privée en hommage à Maeterlinck. Ce sera *Pelléas et Mélisande*.[414] Maurice Rostand et Marcelle Prat se partagent les rôles-titres. Jehanne Prat et Maurice Leblanc, à qui leur cadette ne cache pas grand-chose, tentent, dirait-on, de l'aider à garder son ascendant sur Maeterlinck. Ils connaissent sa situation pénible — elle doit accepter la présence de Renée — et ses écarts — sa passion pour Roger Karl, ses liens ambigus avec Mathilde. Tout ce que l'hypocrisie sociale recommande de dissimuler.

Jehanne et Fernand Prat pensent aussi à marier leurs filles. Ils invitent les jeunes gens du meilleur monde. Maurice Rostand, qui porte un nom célèbre, en fait naturellement partie. Les parents de Marcelle ont pu espérer un instant unir leur fille au jeune dandy, lequel écrit à Robert de Montesquiou qu'il a passé deux semaines « dans ce pavillon, à qui nul n'arriverait à persuader qu'il ne vous appartient pas encore. »[415] L'original prédécesseur des Prat n'avait pu ni acquérir, ni garder les Muses aux conditions qui lui étaient faites.

Habitué des salons les plus aristocratiques, lié au grand monde par ses parents, le jeune Rostand avait déjà publié des vers en première page du *Figaro*. Il voyait en Marcelle Prat une « charmante petite créature assoiffée de littérature

---

[414] Mis en scène par l'acteur Durec, qui avait joué le rôle de Banquo dans *La Tragédie de Macbeth* à l'abbaye de Saint-Wandrille.

[415] Robert de MONTESQUIOU, Op. Cit.

et qui eût été digne d'être du sang même des poètes, bien qu'elle ne leur fût parente que par alliance. »[416] Il ne fait pas de doute, aux yeux de Maurice Rostand, que Maeterlinck est bien, puisqu'époux de Georgette Leblanc, le beau-frère de Mme Prat née Leblanc *(de Brohy*, précise le Bottin mondain) et donc l'oncle « par alliance » de Marcelle. Si Georgette se donne parfois des origines italiennes, sa sœur Jehanne ajoute une particule au nom de jeune fille de leur mère anoblissant ainsi sa lignée. Chacune, on le voit, se rêve d'autres origines.

Dans la meilleure société, on est persuadé que Georgette et Maeterlinck sont mariés. Les apparences ont été habilement sauvegardées depuis près de vingt ans et la récente liaison de « bébé » et de Renée, la « protégée » du couple, est encore un secret.[417] Le Bottin mondain de 1914 recense avec application nos protagonistes et leurs titres. Georgette y apparaît sous le nom de Leblanc-Maeterlinck, « artiste lyrique et dramatique ». Bizarrement, « femme de lettres » n'est pas retenu. Elle n'a pas moins de trois adresses : 32, rue Perronet à Neuilly, abbaye de Saint-Wandrille et Villa des Abeilles à Nice. Elle est décorée et a rang d'officier d'Académie. Maeterlinck est un homme de lettres, officier dans l'ordre de la Légion d'honneur. Il est marié à « Madame » née Georgette Leblanc. Et voilà ! C'est dans cette période où leur union paraît la plus visible socialement et la plus ancrée dans l'habitude, qu'elle se délite intérieurement. Renée est comme une tumeur cancéreuse, qui affaiblit peu à peu le « Nous » en le vidant de sa substance.

Un soir à table, on parle d'Aurel, pseudonyme d'Aurélie de Faucamberge, poétesse, romancière, essayiste, et épouse de l'auteur dramatique Alfred Mortier. Mme Aurel tient salon. Maeterlinck déclare : « Cette femme-là, il faudrait lui lever les jupes et la fesser. » Léautaud tient l'anecdote de Mme Laure Faure-Favier, présente à ce dîner, et que l'on voit beaucoup dans les salons. [418] Il s'empresse de noter la saillie de Maeterlinck : il n'aime pas beaucoup Aurel.

Maeterlinck rentré à Nice, Georgette revoit aussitôt Karl, dont elle excite, sans le vouloir, la jalousie. L'acteur est, en effet, de plus en plus épris. Quand il tombe par hasard sur un livre de Mauclair dédicacé, elle doit lui jurer que l'écrivain, dont son amant n'a jamais entendu parler, n'est qu'un ancien amour de jeunesse. Puis il se passe bientôt un événement considérable. Un jour qu'ils font l'amour, Karl a la certitude que Georgette ressent enfin « la puissance de la volupté qui emporte tout. ». À l'en croire, en elle, « dans sa maturité au bord du déclin, le plaisir montait comme un mer puissante et calme, et, sans heurt, la débordait irrésistiblement. Les instants qui suivaient, elle était rajeunie par l'extase, mais bientôt son visage se détendait, (...) dans une extrême lassitude. (...) Elle était bien plus touchante qu'une jeune femme toujours prête (...). Il y avait dans

---

[416] Maurice Rostand, *Confession d'un demi-siècle*, La Jeune Parque, Paris, 1948. Il dînait chez les Prat lorsqu'un appel téléphonique leur apprit l'assassinat de Gaston Calmette par Mme Caillaux.

[417] Quant à l'autre poète que semble évoquer le jeune Rostand par son pluriel, nous ne voyons pas de qui il s'agit, à moins que l'évaporé M.R. tienne Maurice Leblanc pour un poète.

[418] Laure Faure-Favier recevait elle-même dans son appartement du 45, quai de Bourbon, dans l'île Saint-Louis. Romancière et auteur de guides de voyages par avion, elle connut D'Annunzio et se lia d'amitié avec Apollinaire.

cette détente quelque chose d'absolu, de mortel. Un aboutissement profond qui annihilait tout désir et donnait à cette créature l'aspect d'une idéale victime. »[419]

Se sachant aimé et non instrumentalisé, Karl devient possessif. Il voudrait ce que Maeterlinck n'a jamais obtenu : le renvoi de Mathilde. Mais Georgette tient bon et n'admet pas qu'il puisse l'accuser de « coucher avec sa secrétaire ».[420] Ce vif échange a lieu en présence de Marcelle Prat, qui ne paraît rien ignorer de la liaison de sa tante avec l'acteur et de la relation spéciale qu'elle entretetient depuis près de quinze ans avec Mathilde. Karl est stupéfait et un peu honteux de savoir la famille Prat informée de ses amours et du reste. Cette fois encore, il se demande si Maeterlinck ne ferme pas les yeux, par indifférence ou perversité…

Dès que le climat le permet, Georgette se met à l'abri des murs indestructibles de Saint-Wandrille. Elle est fragile, amoureuse d'un garçon inconsistant et velléitaire. Malgré, l'automne passé, un succès au théâtre du Vieux-Colombier, dans la pièce de Th. Heywood, mise en scène par Copeau, Roger Karl, qui a décidé de ne rien prendre au sérieux, surtout pas le théâtre, reprend son chemin solitaire. Mais il aime Georgette à sa manière. Elle sait cependant que leur différence d'âge lui laisse juste la possibilité de rêver.

Bien que désormais ils ne soient plus amants, Maeterlinck lui a écrit : « Nous nous aimerons toujours au-dessus des autres et de toutes les choses. »[421] Et elle l'a cru, comme si le « reste » n'avait pas la moindre importance. Par exemple : la vieillesse. Elle le voyait changer physiquement. Elle avait découvert des « petites rides verticales » près de ses oreilles. Elle ne semblait pas imaginer que lui aussi avait dû surprendre certains affaissements et se tourner alors vers Renée qui, à vingt et un ans, en était exempte. Ce qui la rassurait quelque peu, c'était leur entente intellectuelle. « Je portais sa propre pensée en mon esprit et ne doutais point qu'il portât la mienne toujours au centre de la sienne. »[422]

Georgette utilisait tous les prétextes pour se rendre à Paris. Elle ne semblait pas craindre la curiosité maligne de Renée, et surtout son désir de la remplacer. Sans doute que ce danger ne lui apparaissait pas. Que se passerait-il si la jeune femme apprenait sa liaison avec Karl ? Elle n'aurait pas besoin de fouiller davantage et de découvrir des relations encore plus compromettantes. Georgette affectait de croire à l'indifférence bienveillante de Maeterlinck. La tolérance n'était-elle pas réciproque ?

De son côté, Karl fit une découverte gênante. Henry Deutsch de la Meurthe était souvent le bienvenu rue Perronet et semblait très bien connaître Mathilde Deschamps. L'association entre un vieil industriel fortuné et une camériste homosexuelle paraissait au premier abord inexplicable. Une visite impromptue de ce duo de comédie, son insistance à être reçu, alors que Karl était présent et caché, lui apporta soudain la lumière. Georgette et Mathilde participaient ensemble à des parties fines chez Deutsch de la Meurthe. Le vieillard aimait regarder les femmes se caresser… Le plaisir et l'argent liaient la cantatrice, la camériste et l'industriel. Georgette avait en horreur la gestion des questions matérielles. Pour cela, elle se reposait entièrement sur Mathilde. Par Georgette, Mathilde était

---

[419] Michel BALFORT (Roger Karl), *Madame Arnoul*, Éditions de la Revue Belgique, 1942.

[420] Ibid.

[421] Georgette LEBLANC, I, Op. Cit.

[422] Ibid.

entrée en contact avec Deutsch de la Meurthe. Des plaisirs que l'on dit charnels, par l'intermédiaire du corps de Georgette, le vieil industriel et la gouvernante-secrétaire étaient passés à ceux de la Bourse. Mathilde jouait avec l'argent de Georgette et conseillait Deutsch de la Meurthe. L'industriel entretenait Georgette. Son argent finissait entre les mains de Mathilde… Le vieillard se payait par des visites soudaines et, au besoin, utilisait Mathilde en renfort pour réduire les réticences de la cantatrice, qui se soumettait. La proie était engluée dans une toile tissée de désirs et d'intérêts. Celle qui avait perdu sa mère trop jeune et qui avait été terrorisée par les colères paranoïaques de son père, ne pouvait dire non à la mère et au père sadiques qu'étaient Mathilde et le vieux Deutsch de la Meurthe. Sa cameriste la manipulait uniquement contre son gré ? On peut en douter. Les anciennes macérations de l'enfance s'étaient muées en sources de plaisir. Au fil du temps, elle avait fait de sa vie un roman inextricable, dans lequel son personnage et le sens de son propre itinéraire s'étaient perdus. Pourquoi inventer des histoires sur le papier, quand on en vit des dizaines par semaine ? Quand on passe son temps à déguiser la réalité, à la repeindre de couleurs différentes selon les personnes à qui on la destine ? Il faut sacrifier beaucoup de la sienne pour qu'un roman soit supérieur à la vie. Georgette, elle, avait fait *Le Choix de la vie*. Il valait mieux envoyer des lettres à Roger, Maurice (Leblanc), « bébé », Gourmont, L'Herbier et à des dizaines d'autres. Il était préférable d'écrire sur les chiens de Maeterlinck, ce qu'elle faisait à ses moments perdus.

Les liens inavouables de Georgette, Mathilde et De la Meurthe n'entamèrent pas les sentiments de Karl. En dehors de ces jeux pervers, il y avait l'amour, authentique celui-là, qu'elle lui portait. À Saint-Wandrille, c'était l'amante qui s'exprimait par des lettres à la sincérité pathétique et désespérée, où elle apparaît plus vulnérable qu'aux premiers temps de sa correspondance avec Maeterlinck. À l'époque, elle ne se départissait presque jamais d'une altière assurance : le faible, c'était lui. Vingt ans plus tard, elle écrit à un homme de la génération suivante : « Roger, tu m'as fait connaître qu'il y a pour la vie du cœur un autre bonheur que le bonheur. Je ne peux pas expliquer cela mais je le sens si profondément. Ça a l'air de ne vouloir rien dire, c'est vrai pourtant…

« Oh ! si l'homme est assez indigne souvent pour partager entre plusieurs de ses caresses, quelle femme peut le faire quand elle aime, dis ? Il n'y a que les pauvres filles [*sic*] qui gagnent leur vie avec leur corps, et qui pourtant « aiment », parfois, mais quand on songe que l'homme le fait « par désir » il n'y a pas de mots !

« Vous, hommes, vous ne pouvez pas comprendre que l'amour puisse vous retirer le désir de tout, que l'on ne puisse admettre un contact étranger à l'être que l'on aime, que l'on a choisi, plus fort que soi-même, sans savoir, parce que c'est lui.

« Quand on aime on ne s'appartient plus moralement et on ne désire plus cette indépendance dont tu parles. À quoi sert-elle d'abord ? Elle a un sens pour l'homme, hélas, mais pas pour la femme qui ne trouve de joie que dans son amour.

« J'ai d'autres joies ? Certes, mais elles ne sont point de celles qui peuvent blesser l'amour. Par le seul fait qu'elles ne lui sont pas contraires, elle se retournent vers lui tout naturellement. Quand je fais une belle promenade, je te regrette sans cesse, ou bien je pense que nous la ferons un jour ensemble et je me réjouis en espoir ; un livre ? c'est pour t'en parler ; un travail ? c'est pour que tu l'approuves… C'est ça l'amour, tu sais bien, et c'est simple. »

Ses réponses ne la désarmaient pas. À l'une d'elles, elle rétorque : « Tu m'écris : "... qu'au moins ce qui est ennemi ou simplement sans attaches en toi se montre tel pour que je te respecte en ma tendresse et te l'offre entière. " C'est bien de me dire cela, mais je cherche en vain, je ne trouve pas. De moi à toi il y a toutes les attaches, tu n'as qu'à nouer ce qui tombe de l'un à l'autre. »

Au début de l'été de 1914, le hasard mit Karl en présence de Varèse. Ils ne s'étaient plus revus depuis sept ans. Le compositeur parla de ses tribulations, de sa vie à Berlin et de son projet de voyage en Hongrie pour y rencontrer Bartok. (Il dut l'abandonner à cause de la guerre.) L'acteur évoqua ses amours et surtout celui qui le liait à Georgette Leblanc. Varèse avait été mis au courant de cette liaison passionnée par des amis communs. Il espérait pour Karl que ce n'était pas sérieux. Certes, Georgette était une « femme très intelligente... très artiste... » Mais... Au moment où il l'avait connue, elle était la maîtresse d'un ténor, ce qui n'empêchait pas le jeune compositeur de la voir régulièrement à Paris. À part cela, que devenait-elle ? Karl prétexta un rendez-vous urgent et quitta Varèse. La jalousie le torturait de nouveau.

L'Europe à feu et à sang

Le 4 août, la déclaration de guerre surprit Georgette et Maeterlinck à Saint-Wandrille. À dix heures du matin, elle le vit entrer dans sa chambre. Il était blême. D'habitude, il était à sa table de travail. L'énormité de la nouvelle, dans laquelle était comprise l'invasion de la Belgique, l'avait expulsé de ses rituels. On peut dire qu'il déraillait, lorsqu'il l'avertit qu'il irait à Rouen s'engager dans la Légion étrangère. Elle réagit avec sa sincérité coutumière. Elle ne le voyait pas tirer sur d'autres hommes et exposer sa vie. Il lui répondit par des phrases patriotiques. Elle lui dit qu'il était bête. Il la traita de folle. Elle fit tout ce qui était en son pouvoir pour l'empêcher de partir.

Le gouvernement belge, qui s'était réfugié à Sainte-Adresse, près du Havre, repoussa les demandes de Maeterlinck. Il avait cinquante-deux ans et n'était plus mobilisable. Par contre, sa plume devait être mise au service de la cause alliée. Il le fit comme tant d'autres, déçus dans leur admiration pour l'Allemagne. En tant que Belge et Flamand, il haïssait particulièrement le IIe Reich d'avoir envahi son pays au mépris des lois internationales. À la traîtrise et à la violence impérialiste de la grande puissance, s'ajoutait le comportement odieux de Guillaume II, cousin du roi et de la reine des Belges, qu'aucun principe ni sentiment humains n'avait retenu sur la voie du crime.

En septembre, pendant la bataille de la Marne, les autorités municipales conseillèrent aux habitants de Saint-Wandrille d'évacuer l'abbaye au plus vite. Maeterlinck cacha ses meilleures bouteilles dans les souterrains et Georgette, ses possessions les plus précieuses sous les planches du grenier. Ils franchirent la Seine à bord de deux voitures. La première, conduite par Maeterlinck, transportait Georgette et Renée ; la seconde, celle de Georgette, que pilotait son chauffeur permissionnaire, contenait les bagages du trio et tout ce qu'ils avaient réussi à entasser. Mathilde, elle, était à Paris.

La première étape des fuyards fut le haras de la Motte, situé près de Verneuil-sur-Avre, dans l'Eure. Cette propriété appartenait à un cousin de Fernand Prat. Maurice Leblanc et sa femme s'y trouvaient aussi mais prévoyaient déjà de se replier sur Arcachon. Le frère de Georgette avait été définitivement réformé en 1900. En proie à des résolutions contradictoires, Maeterlinck refusait de trop s'éloigner du gouvernement belge en exil. Il suivait avec anxiété la bataille de la Marne et la course à la mer des armées antagonistes, sachant que le roi Albert et ses troupes résistaient à La Panne, près de la frontière française.

La menace allemande s'éloignant de Paris, Georgette, « bébé » et « Sélyse » se risquèrent dans la capitale, où ils vécurent quelques semaines rue Perronet. Les Parisiens restaient sur la défensive. Des tranchées avaient été creusées Porte Maillot.

À la mi-décembre, Colette dont le mari, Henri de Jouvenel, était au front, convoitait l'hôtel particulier de son voisin Maurice Leblanc, 14, Villa Herran. Elle l'écrivit ingénument à une amie. La vie continuait.

Son indignation toujours aussi vive, Maeterlinck publia des articles incendiaires contre l'Allemagne. On était alors en pleine bataille de l'Yser. Un télégramme signé du roi Albert lui fut apporté. Le roi l'appelait simplement à La Panne. Ce télégramme arrivé par la poste parut incongru. Maeterlinck se méfia et chargea Georgette de se renseigner auprès de l'ambassade de Belgique. Les diplomates ignoraient la convocation royale. Était-ce une supercherie de l'ennemi ou une mauvaise plaisanterie ? Georgette flaira un complot. Dans la crainte de se faire enlever ou ridiculiser, Maeterlinck ne bougea pas, les communications avec le réduit belge n'étant d'ailleurs possibles que par la mer.

Quelques jours plus tard, Maeterlinck quitta Paris pour Nice, accompagné de Georgette et Renée. Cette première année de guerre, il se rendit en Italie où il prononça un discours de propagande à la Scala de Milan.

La marraine de guerre du soldat Roger Karl

Aux « Abeilles », Georgette apprit la mobilisation de Karl dans « l'auxiliaire ». L'acteur, profondément déprimé, se retrouvait encaserné dans un petit bourg proche d'Angers. Il lui écrivit, elle accourut. Les transports civils désorganisés, l'armée réquisitionnant les trains, le voyage de Nice à Angers fut interminable, mais elle en supporta toutes les fatigues. Karl en valait la peine. Pour elle, il était « une intelligence ardente et souffrante, un esprit découragé. » Il possédait « des dons multiples et le mépris de les exposer. (...) Un cerveau d'analyste et un organisme semblable à un torrent qui entraîne tout pêle-mêle, abandonnant l'individu au remords et au désespoir. »[423] Il avait besoin d'elle. Alors qu'importent la promiscuité d'une femme seule dans les gares et les trains bondés de soldats.

Nommé secrétaire d'un major, Karl disposait, en principe, de la liberté d'habiter en ville. Aussitôt arrivée à destination, Georgette l'aida à louer une chambre et lui tint compagnie pendant cinq jours. Ce fut sa première visite. Il y en eut beaucoup d'autres, son amant demeurant en poste dans la même région. À son âge, trente-deux ans, il courait le risque d'être envoyé au front. Il n'en fut rien. Il faut croire qu'il devait bénéficier de solides protections. Quand Georgette l'abandonnait à sa garnison, le soldat Trouvé Roger alias Roger Karl ruminait la trahison de sa maîtresse. Que faisait-elle à Paris ou à Nice ? Avec qui couchait-elle ? Aussi égoïste que Maeterlinck, il ne « réalisait » pas que traverser la France pour le retrouver quelques heures était une preuve d'amour incontestable. Lui, dès

[423] Ibid.

qu'il la savait à Paris, essayait de venir le plus souvent possible en permission le samedi et le dimanche. Le lundi, elle le raccompagnait à Angers, où elle se faisait passer pour sa cousine. Ruse naïve qui ne trompait personne.

À l'été 1915, elle se partage entre Nice, Angers, Paris et Saint-Wandrille. De sa maison de Neuilly, elle écrit à ses « enfants chéris », « bébé » et « « Marise ». Marise est Marie-Louise Leblanc, fille du premier mariage de Maurice et nièce de Georgette. À cette époque, elle séjourne aux « Abeilles ». Née à Nice en 1889 et ayant surtout vécu avec sa mère, elle ressemblait beaucoup elle aussi, disait-on, à sa tante Georgette. À vingt-six ans, elle est fiancée à un certain André Biguet qui, lui, se bat en Serbie. Ce qui expliquerait la présence de Marie-Louise à Nice auprès de sa tante, laquelle, il faut le remarquer, se rend tant qu'elle peut au chevet de Roger Karl, le « planqué ». Or l'acteur, à cette date, ne parvient pas à surmonter sa dépression. La peur d'être envoyé au combat — à mesure que la guerre se prolonge le risque s'accroît — doit y être pour quelque chose. Georgette précise à ses « enfants chéris » : « J'ai vainement tenté de le distraire. » Elle se plaint de ne pouvoir se rendre à Nice et craint que Maeterlinck ne lui en veuille, mais il doit comprendre, le pauvre Roger Karl est toujours malade.

Après quatre mois de service militaire près d'Angers, l'amant de Georgette a été muté à Saumur. Il jouit de plusieurs permissions à Paris qui ne sont pas perdues pour son amie, bien que leurs retrouvailles soient ponctuées d'affrontements, d'accusations et de reproches. Karl avoue dans son *Journal* : « Il lui a dit les pires mots. Il l'a (...) insultée, blessée. Elle sanglotait. Il s'est montré d'une jalousie frénétique. Il a pris en lui-même des résolutions. Elles ont abouti... au lit ; comme toujours. Alors il lui demande d'oublier en une seconde sa révolte et d'être douce. Ce qui semblerait révéler plus de pureté en elle qu'en lui, c'est son impossibilité de se dégager de la douleur tout à coup et de se livrer à ses sens. »[424] Quand il revient dans sa garnison, sa dépression reprend le dessus. Chaque soir, il souhaite mourir dans son sommeil, tant la vie militaire lui est insupportable.

Georgette l'encourage à faire des pieds et des mains pour se faire muter à Paris. Il entreprend des démarches dans ce sens. L'aider à patienter, c'est aller le plus souvent possible à Saumur. Ils prennent leurs repas dans le meilleur hôtel de la ville, essayant de se faire les plus discrets possible dans la plus petite salle du restaurant, sans doute en vain : Georgette a une étrange allure sous ses chapeaux et dans ses manteaux de velours. Elle en porte un supplémentaire sur son bras, comme si c'était toutes ses richesses.

Malgré sa situation financière préoccupante, elle prend en charge les permissions de Karl, se prive de beaucoup de choses dont des vêtements neufs. Elle en aurait pourtant besoin, sa garde-robe commence à dater et à s'user. À la fin de la guerre, elle aura dépensé à peu près 40 000 francs pour son amant.

Un samedi soir qu'ils ont rendez-vous à Paris, « du côté de la Trinité », la limousine de Georgette s'arrête à la hauteur du permissionnaire. Karl reconnaît à peine la femme assise à l'intérieur, « pelotonnée dans un manteau de soirée brodé d'or ». Elle se penche. Il voit ses yeux, « deux étoiles vertes ». C'est bien elle. Habillée, coiffée, parfumée pour sortir, Georgette ne ressemble plus à l'amoureuse fatiguée et anxieuse d'Angers ou de Saumur, qui, enveloppée dans ses manteaux, descendait du train de Paris. Là, installé à ses côtés, enveloppé dans son parfum, il l'admire sous son chapeau, une sorte de « casque de Minerve tout doré, avec une jugulaire emper-

---

[424] Michel BALFORT (Roger Karl), *Journal d'un homme de nulle part*, Galilée, 1977-1979.

lée et des pampilles tombant des oreilles jusqu'aux épaules. »[425] Elle est belle, éclatante de vitalité, et tandis qu'ils roulent maintenant vers le Bois, elle lui confie qu'elle doit se rendre avec Maeterlinck à un banquet d'hommes de lettres. « Une corvée », dit-elle. Le poète restera toute la semaine à Paris.

Maeterlinck s'en va-t-en-guerre…

À Nice, certaines des pensées de Maeterlinck sont tournées vers la Belgique et le combat pour la libération du territoire. Mais sa volonté patriotique d'engagement physique dans la guerre s'est évaporée au soleil du Midi, étant entendu qu'à cinquante-trois ans on ne doit plus « l'impôt du sang ». Cependant, il manifeste encore de temps en temps une humeur guerrière, qui ne présente — faut-il le préciser ? — aucun danger pour lui. Est-ce pour se dédouaner tout à fait ? Il charge Maurice Leblanc de faire savoir au Comité de la Société des Gens de lettres qu'il tient à sa disposition une somme de 300 francs destinée à doter un prix. Il sera décerné à un écrivain belge mobilisé sur le front. Le montant de ce prix représente à peu près 2 400 francs actuels.

Maeterlinck paie cependant de sa personne. Il rejoint en Italie son compatriote Jules Destrée et donne, dans la péninsule, des conférences en faveur de la Belgique occupée. Il stigmatise la barbarie teutonne. « L'annonce seule de sa présence, dit Jules Destrée, faisait accourir des foules innombrables et anxieuses de le voir. » Des lecteurs désiraient lui soumettre « quelques cas de conscience ». Les Allemands qu'il avait déçus mirent en doute la pureté de son « sang germanique ». Un critique le prit à partie, avec d'autres, dans la *Frankfurter Zeitung* et exprima le credo guerrier du IIe Reich : « Les pleurnicheries sur les chefs-d'œuvre détruits — quand elles sont sincères — sont l'effet d'une fausse et vide conception de la Kultur. La Kultur n'est pas « avoir et jouir », mais « être, produire, devenir, créer, détruire, changer » ; et Attila a plus à faire avec la Kultur que tous les Shaw, Maeterlinck et D'Annunzio mis ensemble… » D'un an plus jeune que Maeterlinck, le surprenant Gabriele fut, du côté des Alliés, le seul écrivain célèbre de sa génération à pousser à la guerre et à y participer effectivement, dans l'aviation d'abord, puis dans les tranchées, au contact de l'ennemi. Romain Rolland a raison de se moquer de lui en le qualifiant de « conglomérat de pastiches », mais, et l'écrivain pacifiste le reconnaîtra à la fin de la guerre, D'Annunzio « a signé sa rhétorique de son sang. »

Estimant avoir fait son devoir, Maeterlinck rentra dans sa confortable Villa des Abeilles. En 1917, il écrivit *Le Bourgmestre de Stilmonde*, trois actes patriotiques exaltant le courage des Belges face à la terreur allemande. Il s'était inspiré d'un fait réel. Le jardinier Claus, cet employé qui l'avait jadis initié à l'apiculture, était passé au service de son cousin. C'était donc un vieux serviteur de la famille Maeterlinck. Quand les Allemands attaquèrent la Belgique et occupèrent la quasi-totalité du pays, il y eut, dans la population civile, des actes de résistance individuels. En 1914, près de la propriété du cousin de Maeterlinck, un officier allemand fut tué. Les ennemis arrêtèrent plusieurs personnes dont Claus et son patron. Pour sauver ce dernier, le brave Claus s'accusa du meurtre de l'officier. Malheureusement, son sacrifice fut inutile : la cour martiale condamna le serviteur et le maître à être fusillés ensemble.

---

[425] Michel BALFORT (Roger Karl), *Madame Arnoul*, Op. Cit.

Ce drame familial fortifia l'antigermanisme du poète. Mais sa transposition au théâtre fut des plus lentes. D'autres auraient été davantage prompts à réagir, surtout dans l'intérêt de la cause alliée.

Trois ans après l'assassinat des otages, Maeterlinck fit de Claus un des héros de sa pièce. Le jardinier avait été au service des Maeterlinck et s'était montré héroïque. Quoi de plus naturel. Mais l'auteur honora curieusement sa mémoire en lui dérobant son noble geste pour l'attribuer au bourgmestre de Stilmonde. Dans la pièce, en effet, Claus est accusé injustement d'avoir tué un officier prussien. Et c'est son employeur, le bourgmestre, qui s'avoue coupable du meurtre pour sauver son vieux jardinier ! Beau détournement de l'abnégation d'un personnage du petit peuple (on dirait aujourd'hui un anonyme) au profit d'un dirigeant, que l'on tentera peut-être de justifier par les besoins de la propagande de guerre. C'est, à notre avis, la méthode habituelle de Maeterlinck pour détrousser l'autre de la pensée et de l'action qu'il entend s'approprier. Dans ce cas précis, elle révèle l'attitude « inconsciente » d'un maître envers un vieux serviteur.

Écrite tardivement, la pièce ne fut évidemment pas jouée en Belgique occupée. Mais le comble ! la censure française en empêcha la création, parce que des personnages portaient — et pour cause — l'uniforme allemand. Finalement, *Le Bourgmestre de Stilmonde*, cette œuvre de combat d'arrière-garde, fut donnée à Paris en 1919 au Théâtre Moncey, après la guerre.

Remous

Karl doit être efficacement pistonné puisqu'il obtient en février 1916 sa mutation à Paris, caserne de Reuilly. Il souffre des reins et réussit à se faire hospitaliser au Val-de-Grâce. Ensuite, c'est la voie du conseil de réforme. Début mars, il est libéré de ses obligations militaires. À trente-quatre ans, l'ancien professeur d'éducation physique de la troupe du Vieux-Colombier échappe à la boucherie générale où ont déjà succombé de nombreux artistes et hommes de lettres. Il n'a pas retrouvé pour autant son moral d'avant-guerre. « Je ne crois plus à la vie forte, large et agissante que je souhaitais. Dans une telle atteinte on a peur de tout, les déplacements, les voyages, les entreprises… On est fragile, craintif. Malheur véritable, profond ! Voir tous les êtres qui marchent, agissent, qui sont forts, et craindre tout. Se savoir ruiné, pour toujours peut-être… »[426]

Il s'accroche à Georgette qui le soutient de toute son énergie pendant l'année 1916. Leur liaison n'est pas de tout repos. Karl ne cesse de rencontrer des gens qui prétendent en savoir long sur Georgette. Sans méchanceté apparente, ils veulent lui « ouvrir les yeux ». On dirait que les milieux du théâtre et de la musique, désœuvrés, n'ont plus comme distraction majeure que d'usiner des ragots. Elle aurait couché avec tout le monde : hommes, femmes, vieillards, enfants. Naturellement, tous ces « témoins » impartiaux la jugeaient la plus extraordinaire des femmes. Mais surtout, il ne fallait pas en être amoureux. À ce déluge d'insinuations et de reproches, elle répond :

« Je ne peux pas écrire… Il n'y aura donc aucune manière qui te fera voir ! Il faudra donc que tu divagues en accablant mon cœur. Je crie si fort en moi que la sueur coule sur mon visage. Jamais je n'aurais imaginé une telle douleur. Je ne savais pas que l'on pouvait avoir tant de chagrin révolté.

---

[426] Michel BALFORT (Roger Karl), *Journal*… Op. Cit.

« Je ferais mieux de me taire. À quoi bon te dire quelque chose de ma vie, tu diras " Invention, invention ". Je n'en peux plus. Je suis trop écrasée par ce soupçon perpétuel. Je n'ai pas su me montrer à toi telle que j'étais, c'est évident. J'étais plus profondément douce que les autres femmes… Celle-ci parlera haut avec vulgarité et tu la croiras, pourquoi ? Celle-là affirmera ce que tu ne peux savoir, et tu la croiras et tout le monde la croira. Moi je suis une idiote. Tu as raison de frapper.

« Frappe donc encore, que je meure bientôt ou que je perde la raison ; elle ne me sert qu'à souffrir ! C'est ma faute, c'est ma faute. Je n'avais qu'à ressembler aux autres. »[427]

Mais les horreurs du temps la font aussi entrer en correspondance avec Marie Lenéru, auteur dramatique et essayiste alors fort estimée. Affligée de diverses infirmités, elle avait quarante ans et tenait son journal intime depuis l'âge de dix ans. Elle mourra en 1918, la paix revenue.

Face à la guerre, Georgette lui avoue son désespoir et son impuissance. L'écrivain lui répond : « Comme vous le dites et le répétez avec toute la force qu'il fallait, les masses « ont obéi sous peine de mort ».[428] Mais elle, l'infirme, pense qu'une minorité agissante a le pouvoir d'arrêter le carnage, et elle songe aux intellectuels révolutionnaires socialistes. Utopie en France, sa spéculation optimiste deviendra presque une réalité en Russie et en Allemagne.

Georgette, elle, demeure accablée, peut-être autant par la guerre que par la défaite de ses amours, semblant croire désormais que le goût de la mort est définitivement ancré au cœur de l'homme.

Cinématographe I

En novembre 1916, elle prétexte encore la maladie de son amant pour rester à Paris. « Le malheureux Karl toujours malade », écrit-elle à sa nièce. Marise réside aux « Abeilles ». Georgette ne néglige pas d'avertir Maeterlinck qu'elle ne rentrera pas dans l'immédiat. Le poète doit se sentir bien seul, Renée se trouvant aussi à Paris, chez Georgette qui entretient « bébé » de leurs projets de cinéma. Georgette a reçu une proposition de film qui devrait se tourner à Nice. Il s'agit du « film de la madone ». *(La Madone du secret*, dont il est question plus loin.) Quant à « Sélyse », elle a décroché le rôle de la chatte Ciné. [429]

La mobilisation a touché tous les secteurs, y compris celui des théâtres. L'Odéon par exemple, a été fermé d'août 1914 à février 1915. Quand les grands théâtres rouvrent leurs portes, c'est surtout pour distraire et maintenir le moral de l'arrière. En ce temps de guerre, la crise du théâtre sérieux touche plus particulièrement les drames philosophico-poétiques. Monter du Maeterlinck relève donc de la mission impossible et Georgette se retrouve en chômage technique. Il n'est pas surprenant alors qu'elle se tourne vers le cinéma dont elle vient de découvrir les étonnantes possibilités d'expression. À l'été 1915, on l'a filmée dans *Macbeth* et *Pelléas et Mélisande*, représentés spécialement à Saint-Wandrille pour cette « captation » réalisée par la Société française des films l'Éclair, une des grandes compagnies de l'époque avec Gaumont et Pathé.

---

[427] Michel BALFORT (Roger Karl), *Madame Arnoul*, Op. Cit.

[428] Marie LENÉRU, *Journal*, Grasset, 1946.

[429] Nous ignorons si ce film a été tourné.

Au moment où Georgette rédige cette lettre, Epstein, un producteur, envisage de porter *Marie-Magdeleine* à l'écran. Mais il semble qu'on ait déjà songé à une autre actrice qu'elle pour le rôle. Elle écrit à Maeterlinck : « On ne me trouvait pas assez *ciné* pour Marie-Magdeleine. »

Son amour pour Karl, ses relations sulfureuses avec Mathilde et Deutsch de la Meurthe ne l'empêchent pas de s'occuper de près des affaires de son vieux compagnon qu'elle tient toujours pour siennes. Elle reçoit les demandes et les visites des uns et des autres. C'est Gomez Carillo, collaborateur du Mercure de France et ami de Maurevert, qui lui commande un article sur « Maeterlinck face à la guerre », destiné à une publication espagnole, en prévision d'une tournée de conférences de l'écrivain belge en Espagne. Ou bien Émile Verhaeren, qui lui apporte une pétition qu'elle transmet à Maeterlinck, tout en lui disant l'enthousiasme que lui inspire le poète des *Villes tentaculaires*. Elle espère écrire une étude sur lui. Comme au bon vieux temps de leur jeunesse, elle termine sa missive à Maeterlinck le Niçois par un « Je t'aime » qui semble ici comme une figure de style. Qu'est-ce que le destinataire peut bien en penser ?

La rédaction de sa lettre, commencée un jeudi, se poursuit le vendredi de la semaine suivante. Il y est à nouveau question de cinéma. Les producteurs n'ont pas renoncé à tourner *La Madone du secret*. De plus, les Films l'Éclair proposent une adaptation cinématographique de *L'Oiseau bleu*. Mais un certain Azarian a rapporté à Georgette qu'on veut l'écarter de la distribution, sauf si elle accepte le rôle de la « vieille fée », Bérylune. Naturellement, elle ne consentira qu'à reprendre celui de La Lumière,[430] créé au Théâtre Réjane. Elle se dit dégoûtée des intrigues… mais conclut, résignée, « Je m'en fous ! » Le cinéma est un autre monde dont il faut apprendre les règles. Nombre d'imprésarios et d'acteurs venus du théâtre se glissent dans cette nouvelle entreprise de spectacles filmés qui a de plus en plus les faveurs du public.

Ceux qui ont compris plus vite que les autres la montée en puissance du cinématographe ont déjà tourné des films. C'est le cas de Maurice Tourneur, qui a réalisé pour Éclair, en 1913, *Le Parfum de la dame en noir*. La firme ayant fondé une filiale aux Etats-Unis, à Fort-Lee, dans le New Jersey, Maurice Tourneur dirigera *The Blue Bird* pour American Eclair Company en 1918. Et Georgette ne jouera pas dans ce film. 1918 ne sera pas pour elle une très bonne année.

Roger Karl, lui, juge le cinéma pire que le théâtre — le travail y est encore plus facile — mais, pour cette raison, suit le mouvement. Le cinéma ne se veut pas encore un art, en dépit de ses théoriciens et esthètes qui commencent à s'agiter.

Mariages dans la famille Leblanc. Mort d'Émile Verhaeren

Fin novembre 1916, le projet de voyage en Espagne piétine à cause de la situation politique et militaire. « Ce serait trop bête de rester les bras croisés à Madrid », assure Georgette à un Maeterlinck ravi de ne pas bouger. Elle met à profit cette inactivité forcée pour travailler *La Chanson d'Ève* de Van Lerberghe. « Sélyse » (Renée) va regagner Nice, tandis que Marise remontera sur Paris où

[430] Moins difficile, Élisabeth Taylor acceptera, en 1976, de jouer sous la direction de Cukor, les rôles de la sorcière, de la mère et de… La Lumière.

sa tante s'occupera d'elle. Une présence féminine sera donc maintenue aux « Abeilles ».

Émile Verhaeren, que Georgette a vu récemment à Paris, s'est rendu à Rouen pour y donner une conférence. À la différence de Maeterlinck, Verhaeren s'est engagé à fond dans la défense de la cause belge et alliée. Il voyage donc beaucoup, sautant d'un train à un autre. Maeterlinck ne se considère pas au-dessus de la mêlée comme Romain Rolland, mais son hédonisme et Renée suffisant à occuper ses jours, il consacre finalement peu de temps, comme eût dit Gourmont, au joujou-patriotisme.

Sa conférence terminée, Verhaeren arrive en retard à la gare et voit son train partir sans lui. Il court, veut monter en marche, rate le marchepied et tombe sous les roues. Les jambes sectionnées, il meurt à soixante et un ans.

Ses obsèques ont lieu à Rouen. À Paris, Georgette attend Maeterlinck pour l'accompagner à l'enterrement. Mais il ne viendra pas. Elle écrit à une amie : « Ma chérie, Je crois que Maeterlinck ne peut plus arriver maintenant et je n'y comprends rien ! J'ai reçu une deuxième dépêche (mais mise ce matin avant de savoir que les obsèques ont lieu à Rouen !). Il me dit : « Nous fixerons départ Espagne après les obsèques ». J'ai couru à l'instant dans deux hôtels au cas où une première lettre serait arrivée disant son départ de Nice. Maintenant, il est trop tard pour agir. Tu ne peux savoir à quel point je suis désolée. N'y aura-t-il pas de service [*funèbre*] à Paris ? Ah ! je t'en prie, dis bien à tous les amis et à cette pauvre madame Verhaeren quelle part nous prenons à son affreuse douleur ! Il n'y a pas de mots ! Je me dis que si Maurice croit à l'existence du train de 8h 25… il ne va même pas télégraphier, il ira à la gare… Trop tard ! »

Marie-Louise Leblanc, dite Marise, attend que son fiancé, l'aspirant-officier André Biguet, soit rentré en France pour l'épouser. Un autre projet de mariage — plus bourgeois celui-là, puisqu'il concerne la famille Prat — avait, quelques mois auparavant, beaucoup agité la sœur de Georgette. L'aînée de ses filles — Fernande — s'était unie en février 1916 à l'héritier du papier à cigarettes Lacroix. Jehanne, dans tous ses états, avait agacé Georgette : « Quelle scie ! ». La fille de Maurice vient habiter chez elle, rue Perronet, Georgette quittant alors l'hôtel particulier de son frère, Villa-Herran, où elle vient parfois passer quelques jours. Elle souffre d'un rhume, Marise la soigne. Elles s'installent chez les Prat, mais vivent aussi à l'hôtel, rue de Lille ou rue Gaillon, dans le quartier de l'Opéra. Cette errance est due à la crainte des bombardements allemands sur Paris mais a sans doute aussi d'autres causes. Ennuis financiers ? Désir de s'éloigner de Mathilde ? de Deutsch de la Meurthe ? ou de Roger Karl ? Un jour de novembre, Georgette écrit à Maeterlinck : « Marise part avec la "belette pâle" qui décidément se montre tragiquement éprise. » Phrase mystérieuse et indéchiffrable en l'état…

Georgette emmenait sa nièce au théâtre. Elles assistèrent à une représentation de *L'Amazone*, pièce jugée « impudique ». Puis elles virent *Faisons un rêve*, comédie en quatre actes de Sacha Guitry, dont la première avait eu lieu aux Bouffes-Parisiens le 3 octobre 1916. Au sujet de cette œuvre, Georgette emploie des mots très durs : « une blague ordurière, tout cela fait tolérer le silence respectable du cinéma. » Jouée par Sacha, Raimu, Charlotte Lysès et Georges Barral, elle a pour thème le sempiternel cocuage. Le mari, la femme et l'amant s'aiment et se trompent. À cela s'ajoute une attaque contre les femmes accusées d'être frivoles et méprisables. Lui, joué par Sacha, déclare : « Etre marié, ce doit être terrible. Je me suis toujours demandé ce qu'on pouvait bien faire avec une femme en dehors de l'amour (...) Elles ont toujours quelque chose... On dirait qu'elles ont deux fois plus d'organes que nous ! (...) Elles ne font que des bêtises quand elles réfléchissent ! », etc. Façon basse, en effet, de considérer les femmes, toute la pièce étant de cette veine-là. Georgette s'efforçant de maintenir sa relation avec Maeterlinck à une certaine hauteur, des phrases telles que : « Puisqu'on ne peut rien empêcher, la vie à deux n'est supportable que dans la confiance mutuelle » durent lui paraître d'insupportables caricatures de sa vie.

En mai 1917, la nièce de Georgette épousa enfin, à vingt-huit ans, cet André Biguet, son cadet de trois ans. Après une courte permission, il remonta au front et Marie-Louise retrouva sa tante qui semblait ne pouvoir se passer d'elle.

Du cinéma, de la trahison et de la ruine

Un an après la démobilisation de Karl, Georgette Leblanc et l'acteur, en ce mois de mars 1917, sont toujours amis, parfois amants. À l'ardeur des débuts a succédé le calme et la quiétude. Ils continuent à se montrer ensemble. Dans les rues encore neigeuses, ils flânent en bavardant et vont en camarades d'un salon de thé du Faubourg Saint-Honoré à la librairie préférée de l'acteur. S'il ne fallait pas, selon Karl, sacrifier à l'« imbécile sensualité », toutes les journées seraient bonnes à l'exemple de celle-ci.

À Paris, le printemps est froid et pluvieux. Georgette se rend à Nice avec sa nièce. Elle a maintenant quarante-huit ans. La vie aux « Abeilles » se poursuit, routinière. Renée est définitivement installée. Georgette ne dit rien, laisse faire. Les scènes, ce n'est pas son style.

Un mois après, Karl, se sentant abandonné, décide de la rejoindre. Est-ce l'influence du climat ? Il se comporte en tendre amoureux, ce qui étonne Georgette qui s'était habituée à sa froideur. Ils passent leur journée ensemble, font une escapade de deux jours à Menton où la cantatrice donne un récital chez une certaine Lady V.... Quinze jours plus tard, Karl quitte « Nice et Georgette sans regret ». Il note : « Tout un côté de cette femme est vraiment d'élévation. Sans doute parce qu'elle lutte aussi contre des instincts invincibles. »

Karl n'a pas reparu aux « Abeilles ». Il est peut-être temps de pratiquer la plus élémentaire prudence.

Georgette revient en mai à Paris d'où elle part pour la Suisse donner un récital et une conférence. En pays neutre, elle ne récolte que des ennuis : conférence et récital sont annulés.

Elle retrouve Karl à Paris. Mais ce qui est plus important pour l'avenir, rue Perronet l'attendent des nouvelles de son ami Marcel L'Herbier. Le jeune esthète d'avant-guerre se cherche fiévreusement. Il a travaillé dans une usine qui relève de la Défense nationale, où on tisse et assemble des manteaux pour les troupes. À ce poste, L'Herbier a veillé à ce que les cadences de production soient respectées. Quoique réformé, il a réussi ensuite à s'engager. Le deuxième classe, d'abord auxiliaire, est passé dans l'artillerie. En pleine crise d'exaltation nationaliste, il réprouve le *Britannicus* donné en décembre 1915 sur la scène du Théâtre-Français, parce que l'acteur De Max y joue un Néron excessivement romantique. Or De Max est roumain. Et L'Herbier de s'écrier : « Racine est pour beaucoup de combattants comme leur patrie spirituelle. A-t-on le droit d'attenter à cette patrie au moment où des hommes tombent pour elle ? ». Il est bien le seul de sa génération à penser cela. Tout le monde loue De Max et Pierre Fresnay (Britannicus). Ses amis tentent de le ramener à la raison, mais une *Phèdre* représentée à l'Opéra dans des décors de Bakst met le feu aux poudres. Il s'indigne cette fois contre Ida Rubinstein qui ose *danser* l'héroïne de Racine. Le spectacle réunit en outre De Max (toujours lui !) et Greta Prozor. Il se libèrera de sa fureur par l'article « Phèdre à Cosmopolis » que publiera — grâce à la recommandation de Georgette Leblanc — *Le Mercure de France*. Son ami Jaque Catelain se gausse de ce coup de sang nationaliste. Quant à Georgette, en intervenant auprès de Valette, elle a simplement voulu aider un ami. L'article paraît en novembre 1917.

L'Herbier rencontre la vedette des *Vampires* de Feuillade. Poète méprisant jusqu'ici le cinématographe, il est entraîné par Musidora à la projection de *Forfaiture* de Cecil B. De Mille. Choc salutaire. (En 1937, L'Herbier recevra comme grâce la proposition de deux producteurs français de réaliser le remake de ce grand mimodrame qui a fait de lui un cinéaste, et il dirigera l'acteur Sessue Hayakawa qui reprendra le rôle de séducteur sadique qui avait été le sien dans le film de De Mille.) Mais ce n'est pas fini. Ensuite, c'est Chaplin, que le néophyte découvre grâce à la belle actrice. Il publie en avril 1917 sa première pièce de théâtre, *L'Enfantement du mort*, et rédige dans la foulée un scénario intitulé *Le Torrent*. Les visions poétiques de L'Herbier se transforment en images rétiniennes. Il explique à son ami Catelain : « Ce torrent d'Engadine que j'ai vu jadis sortir de Sils-Maria sur le territoire de Nietzsche, m'est revenu à la mémoire, et je le vois comme un personnage d'écran primordial et actif. Autour de lui, j'imagine certains acteurs qui agiteront leur existence fantomale [*sic*], leurs désirs fugitifs. Mais le drame de ces "ombres" humaines ne sera que l'écho du drame immortel de l'eau. » [431]

Louis Mercanton et René Hervil de la Société L'Éclipse réaliseront *Le Torrent*.

Mercanton charge le scénariste de la distribution. L'Herbier propose à Georgette d'être une de ces ombres qui « s'agiteront » sur les bords du torrent. Elle accepte, d'autant que des projets plus importants tardent à voir le jour. Elle doit survivre. Maeterlinck est de plus en plus soumis au démon de midi. Avec Karl, les querelles s'amplifient. Elle résiste de toutes ses forces à l'amour qui la sauverait. Elle ne renonce pas à l'esprit de Maeterlinck et au corps de Karl, tandis que des femmes entrent et sortent de sa vie, que Mathilde trafique les comptes, mélange les sentiments, le plaisir et l'argent.

Courant juin elle reçoit une lettre de Maeterlinck contenant une note de dentiste adressée à « Marise ». Elle informe alors le riche homme de lettres qu'elle a dû vendre sa voiture 10 000 francs (environ 80 000 francs d'aujourd'hui). Elle lui recommande de n'en rien dire à personne : « Je n'ai de repos du côté des tapeurs que parce que l'on sait que je n'ai plus rien. »

En un mois, sa situation financière — la guerre accélérant sa ruine — s'était effondrée.

Par un tour de passe-passe financier, Mathilde Deschamps avait réussi à s'approprier les sommes avec lesquelles Georgette l'autorisait à jouer en Bourse, lui déduisant les pertes et gardant pour elle les gains. Par cette méthode pratiquée de longue date, Georgette était devenue la débitrice de sa secrétaire. Mathilde se révélait décidément une bien mauvaise « mère », qui dépouillait son « enfant ».

[431] Jaque CATELAIN, (présente) *Marcel L'Herbier*, Editions Jacques Vautrain, 1950.

Georgette eût été malavisée de s'en plaindre à Maeterlinck, lui qui avait fini par ne plus supporter l'emprise de Mathilde sur sa compagne. Aussi lui dissimula-t-elle les causes de sa banqueroute.

Dans la même lettre, elle enchaîne sur ce qui l'intéresse au premier chef, la reprise tant espérée de *Pelléas et Mélisande*. Elle croit pouvoir récupérer d'anciens décors pour la remise en scène. Puis, passant aux questions de la vie quotidienne aux « Abeilles », elle assure qu'elle amènera à Nice une « petite bonne », « un petit bout qui n'a l'air de rien ».

Lorsqu'elle effectue ce voyage — au moins aussi long qu'au début de la guerre —, est-elle accompagnée de la servante promise ? On l'ignore. En arrivant, elle entend dans l'escalier de la villa un « frou-frou de robe, une voix flûtée (...) », elle hume « un parfum de Guerlain » qu'elle connaît bien. Et bientôt, elle se sent inutile. Maeterlinck la voit et lui parle à peine. Renée a pris toute la place.

Georgette se rassemble et repart pour Paris, ville affamée et bombardée. La lenteur du voyage qui n'est pas sans incidents — changements de trains, arrêts prolongés — lui laisse tout le temps de sonder la profondeur de sa peine. Elle est immense. La tension et les chagrins accumulés depuis 1912 viennent à bout de sa résistance nerveuse et physique. En juillet, épuisée, elle est frappée d'une maladie pulmonaire. Les eaux du *Torrent* rouleront donc sans elle.

Pour remplacer Georgette, L'Herbier fait appel à Louise Lagrange, future actrice de la Comédie-Française. Suzanne Delvée, Gabriel Signoret, Jaque Catelain, Henry Roussel apparaissent à ses côtés. Les extérieurs sont tournés dans les Gorges du Loup au-dessus de Grasse, les scènes d'intérieur dans le studio de la société l'Éclipse, à Boulogne-sur-Seine. Les bombes des Ghotas et des canons à longue portée perturbent fréquemment le tournage. Mais les réalisateurs parviennent à terminer le film. À leur demande, on y voit Marcel L'Herbier déclarer au public que le véritable héros du film est le torrent impétueux. Présenté à la censure, comme il se doit, *Le Torrent* subit une coupe exigée par M. Laurent, préfet de police. Ce fonctionnaire obtient la suppression d'une scène où l'on voit Jaque Catelain, en proie à un chagrin d'amour, se jeter dans l'eau tumultueuse et disparaître dans les tourbillons. Le préfet justifie sa censure par ce mot : « Pas de morts violentes pendant la guerre ! » Le film sort en novembre au Ciné-Opéra du boulevard des Capucines, où il remporte un relatif succès.

L'Herbier est pris au sérieux par les critiques Laurent Tailhade et Edmond Epardaud. J.-L. Croze de *Comœdia*, un des chefs de la Section Cinématographique de l'Armée, l'appelle à ses côtés. Le scénariste passe alors de l'artillerie au cinéma.

Louis Mercanton lui avait réglé *Le Torrent* 500 francs (environ 4 000 francs d'aujourd'hui). Il lui passe commande d'un second scénario. Acheté pour la même somme, *L'Ange de minuit* est rebaptisé *Bouclette*. Mercanton et Hervil en dénaturent profondément le sujet et les intentions. Spolié dans son œuvre, L'Herbier, qui se voulait surtout écrivain, en arrive à une certitude capitale : « Celui qui écrit pour l'écran, l'auteur de l'affabulation, le scénariste, s'il ne veut pas être trahi, même par ce qui ne serait quelquefois qu'un excessif respect de son histoire, n'a plus devant lui qu'une ressource : entreprendre en personne la réalisation de ses sujets, en diriger les prises de vues, devenir en quelque sorte le créateur absolu de son œuvre. »[432] Cette prise de conscience préfigure un passage à

[432] Jaque CATELAIN, Op. Cit.

l'acte cinématographique sans lequel la vie de Georgette Leblanc eût été changée. Évincée du *Torrent* par la maladie, alors que ses projets cinématographiques marquent le pas, elle suit de très près la transformation de son ami, le poète Marcel L'Herbier, en metteur en scène reconnu. Un jour viendra...

Dépression

Georgette tentait de maintenir à tout prix un dialogue. Maeterlinck ne bougeait plus de Nice et se taisait. Pourquoi venir à Paris où pleuvaient les bombes et où l'on souffrait de restrictions alimentaires ? Pourquoi écrire ? Elle se plaignit qu'avec Sélyse (Renée), ils ne songent pas à lui envoyer une simple carte. « Pas de nouvelles de vous depuis un siècle. » En septembre 1917, elle essaya de forcer leur silence par des lettres presque quotidiennes. La plupart restèrent sans réponse. Malgré sa fatigue et la difficulté de monter une pièce symboliste en pleine guerre, elle parvint à créer un mouvement de curiosité autour de *Pelléas et Mélisande*. « Les pédés se battent autour », remarqua-t-elle avec une amère ironie. Grâce au jeune acteur Pierre Bertin, Paul Gavault, le nouveau directeur de l'Odéon, acceptait, en principe, de programmer la pièce pour le début de 1918. La plus belle œuvre de Maeterlinck — la plus éternelle aussi — accéderait enfin en France, si tout allait bien, à une scène nationale. Maeterlinck aurait pu saluer la persévérance de Georgette.

Dans une autre lettre, elle recommanda à « bébé » une certaine Alice, bonne de son état et véritable perle. Elle s'humilia jusqu'à dire que cette perle jugeait par avance « Sélyse une adorable créature ». Puis elle en vint à parler de Saint-Wandrille où elle aurait bien voulu se reposer. Maeterlinck pensait se débarrasser de l'abbaye et Georgette lui avait demandé, pendant son dernier séjour à Nice, quel serait son prix de location. Puisque c'était du courrier d'affaires, la réponse finit par arriver. « Dix mille, Saint-Wandrille ? rétorqua-t-elle, c'est refroidissant. J'attends ta lettre d'explication. » Elle n'en reçut pas. Entre-temps, la nouvelle fiancée de L'Herbier, Marie Cavadia, jeune poétesse roumaine élevée à Paris, s'étant entichée de Saint-Wandrille, voulut y habiter. Georgette proposa en vain cette repreneuse amie au locataire principal.

L'aggravation soudaine de sa maladie rendit nécessaire son départ urgent pour Royat, dans le Puy-de-Dôme, tout près de Clermont-Ferrand, à quatre cent cinquante mètres d'altitude et à plus de sept heures de Paris. De Clermont-Ferrand, un tramway emmenait les curistes dans cette station thermale baptisée « l'Ems français ». L'eau jaillissait de quatre sources principales minéralisées à différents degrés. On y pratiquait l'hydrothérapie, les bains hydro-électriques. Royat était conseillé aux malades des voies respiratoires et aux arthritiques anémiques. Maurice Leblanc, qui y fit un séjour réparateur en 1903, avait recommandé Georgette à son médecin, le docteur Deschamps. Par une cruelle ironie, le médecin et celle qui l'avait exploitée étaient homonymes. La cure thermale laissait des loisirs. Logée Villa Jean Heitz — nom du prédécesseur de Deschamps —, Georgette écrivit comme elle l'avait toujours fait. Lettres à L'Herbier, à Maeterlinck. À Karl. Son traducteur anglais Teixeira de Mattos lui envoya des nouvelles de ses livres. *The Children's Bluebird* et *The Girl who found the Blue Bird* marchaient. Il évoqua l'éventualité d'une traduction de *Nos Chiens*, son prochain ouvrage.

Le cinéma occupait ses pensées. Elle s'entretint par lettres avec L'Herbier d'un projet d'adaptation d'un « célèbre roman anglais ». Le docteur Deschamps l'encouragea à écrire sur cet art jeune et moderne auquel de plus en plus de gens talentueux s'adonnaient. Elle réussit à réunir ses idées avec d'autant plus de difficulté qu'elle devait oublier que, pendant qu'elle était malade et affaiblie Villa Jean Heitz, Maeterlinck vivait parfaitement heureux loin d'elle. Mais le cinématographe, pense-t-elle, représente une alternative aux bavardages du théâtre. Elle mène à bien un article intitulé sobrement *Étude sur le cinéma*.

Elle excursionna et séjourna également au Mont-Dore, où jaillissaient onze sources chaudes à mille cinquante mètres d'altitude. Cette station thermale devait ressembler, dans son esprit hanté, à la montagne de *Quand nous nous réveillerons d'entre les morts*. Des lettres à Maeterlinck furent aussi adressées de ce lieu de cure, d'où l'on repartait souvent plus malade qu'à l'arrivée. C'est en tout cas ce qu'elle écrira à une amie.

Les stations thermales prétendaient tout soigner : les nerfs, les poumons, la gorge, les muscles, le foie, les reins, les cœurs, les âmes. Georgette en avait fréquenté quelques-unes depuis 1893 : Allevard, Schinznach, Bagnoles-de-l'Orne — rarement en tant que malade. Aujourd'hui, c'était différent. Mais que pouvait l'hydrothérapie contre le désespoir ? Les accès de neurasthénie qu'elle avait déjà subis dans le passé — à l'époque de ses renoncements — n'étaient en rien comparables à ce qu'elle éprouvait aujourd'hui. Jamais, il est vrai, Maeterlinck n'avait réussi à se passer d'elle à ce point.

La station de Royat fermait à la mi-octobre.

Après trois semaines à Royat et au Mont-Dore, Georgette demeurait toujours dans un état de faiblesse inquiétant, et il lui fallait maintenant un climat plus doux. Néanmoins, elle retourna à Paris, s'y sentit très mal et se réfugia à Saint-Wandrille avant de pouvoir faire halte à Nice. Au lendemain de Noël, Karl notait dans son *Journal* : « Georgette L. m'écrit des lettres excessivement tendres. L'indifférence n'est pas soumise à la volonté. Elle est même l'abolition de la volonté, le découragement de la pensée qui se détourne de l'objet. Or, trop de mensonges ont exaspéré, puis lassé tour à tour mon sentiment. » Qui va rompre le premier ? Quoi qu'il en soit, Karl s'en tirera le mieux. Il a trente-cinq ans. Son physique lui permet de multiplier sans fatigue les conquêtes. Professionnellement, il commence à tourner des films… Il intéresse les cinéastes.

Aux « Abeilles », passant ses journées dans sa chambre ou le jardin de la villa, Georgette a plus que jamais le temps d'écrire. Dans une longue missive à une certaine Madame G., elle retrace son histoire depuis sa maladie de l'été 1917. « Nice, 10 janvier 1918, (…) Après une période plus orageuse, plus dramatique que jamais, je me suis enfuie comme on fuit un incendie !… et en arrivant ici je suis tombée malade. Quoi ? — « troubles inexplicables » : syncopes, fièvre, sommeil impossible, faiblesse. Tout le désastreux cortège qui résulte des émotions trop vives et trop répétées. Trois médecins sont venus et comme il fallait trouver quelque chose… on a constaté un point aux bronches. [*Après le Puy-de-Dôme et Paris*] Aller à Nice était impossible — pas de domestiques ; Maeterlinck voyageait en automobile avec R.[*Renée*].

« Ici se place une période d'une mélancolie infinie, une fuite à Saint-Wandrille complètement seule, sans même une bonne. Période de chaise longue devant le petit bassin maintenant à sec. Période (…) de soins primaires donnés par des paysans, concierges de l'abbaye. (…)

« Pendant dix-sept jours je restai perdue dans cette immensité, inerte, ne pouvant même pas lire, et si faible que je ne pouvais faire le tour du cloître sans m'asseoir plusieurs fois ! Je couchais dans " la chambre de l'Évêque " que tu as connue ornée de mousseline blanche et parée de rubans pompadour, à présent nue et vide ; elle était cependant la pièce la meilleure, toute baignée de soleil. Je n'avais pas peur, je ne fermais pas même les portes, et les chauves-souris étaient mes compagnes de nuit. Je te dis tout cela parce que c'est passé. Dans la tristesse, je n'appelle rien, je préfère être dans le noir jusqu'au cou. (...)

« En arrivant [*à Nice*] j'eus le bonheur d'apprendre que notre grand ami, le docteur Charles-Édouard Lévy, était mobilisé à Menton. Le premier mois il vint me voir deux fois la semaine. Je vécus au soleil comme une plante, on me nourrissait toutes les deux heures, on me " piquait " deux fois par jour, j'avalais de nombreux cachets. Ainsi je remontai la côte lentement pendant deux mois. À quel point suis-je à présent ? La santé est presque revenue. Les tempêtes viennent de loin..., les malheurs et les bonheurs sont de plus en plus rares.

« Mais quelle étrange maladie que ce besoin de bonheur qui est en toute créature ? Qu'il est donc difficile de déraciner cela ! ! »

Parlant ensuite de Renée et de Maeterlinck, elle montre une stupéfiante incapacité à comprendre la situation, mais peut-être voulait-elle seulement ne pas perdre la face. « La petite R. vit toujours ici. J'ai accepté cela pour que tout le monde soit content et puisqu'il s'agit de lui, — d'un être qui veut tout et qui est habitué à faire tout ce qu'il veut. Peut-on le blâmer d'être ainsi ? et faut-il lui en vouloir ? Cela crée du malheur mais ce n'est pas sa faute. D'ailleurs qu'est-ce qui est une faute, à mes yeux, dans un être que j'aime ?

« (...) il est en superbe santé, travail facile, paix totale. Il achève une suite à *L'Oiseau bleu*, qui témoigne d'un ciel moral sans nuages. »

« Bébé » est en effet en paix avec lui-même. Il ne subit plus aucun déchirement. Des phrases aux agréables tournures coulent de sa plume et il met ses interrogations métapsychiques à la portée des bonnes gens. La souffrance de Georgette, sa maladie ne relèvent à ses yeux que de l'anecdote. Et encore !

Fin janvier, ils sont invités par un Américain, propriétaire d'une résidence à Saint-Jean-Cap-Ferrat. Ils l'ont rencontré naguère en compagnie d'Isadora Duncan. Cet homme riche, qui possède un avion, raconte ses prouesses sportives dans le cabinet particulier du restaurant où il les a conviés. Les commensaux discutent agréablement. Mais Georgette, comme il arrive souvent aux dépressifs, plonge soudain dans un trou noir. Sa souffrance est si insoutenable qu'elle laisse échapper son verre. Des larmes coulent sur son visage. Elle n'en peut plus. L'Américain veut lui venir en aide. Et avant qu'elle ait pu répondre à ses questions inquiètes — mais qu'aurait-elle pu dire ? —, Maeterlinck asséna avec assurance : « Laissez..., elle n'a rien, absolument rien... » Ce « rien », ainsi qu'elle le confessera vingt ans après, s'abattit sur elle, « si chargé de choses énormes, le ton en était si coupant, si irréductible, que j'eus la force de me lever et de gagner la porte ».[433] S'étant reprise, elle retourna à table et la conversation continua de rouler entre gens de bonne compagnie. Rien ne s'était passé.

Incapable de lui parler franchement de ses tourments, et d'ailleurs n'obtenant de lui, après de pénibles objurgations, qu'un : « Inutile d'en dire davantage... Tu es assez grande pour te débrouiller toute seule. »[434], en février elle regagna Paris. Elle ployait sous la culpabilité, croyant avoir déséquilibré le précieux

---

[433] Georgette LEBLANC, I, Op. Cit.

[434] Ibid.

emploi du temps de Maeterlinck, qui n'avait subi aucune dérogation depuis qu'ils se connaissaient. Mais elle se cachait à elle-même que le pire était encore à venir.

Sa situation matérielle n'était plus gérable. Non seulement, elle ne possédait plus rien, comme elle l'avait déjà annoncé à Maeterlinck, en espérant sans doute un appui qui ne vint pas, mais ses créanciers s'impatientaient.

Ses ennuis financiers n'étaient pas étrangers à sa maladie nerveuse. Et si elle n'avait eu à affronter que cela !

Dans un état de détresse insondable, elle se réfugia au Pavillon des Muses, où elle fut contrainte de subir la charité de sa sœur qu'elle méprisait. Jehanne lui prêta un petit appartement de la vaste demeure, semblable à ceux que ses filles occupaient.

Ses nièces la distraient, en premier lieu, « Marise », que la guerre sépare toujours de son mari. Marcelle, son autre nièce, a la rougeole. Les bombardements sur Neuilly ne sont pas trop violents. C'est du moins ce qu'elle écrit à Maeterlinck. Mais ce dernier, qui rédige une suite à *L'Oiseau bleu*, intitulée *Les Fiançailles*, s'en moque totalement. En 1917, il a publié *L'Hôte inconnu*, livre de réflexions inspirées des mêmes matériaux à partir desquels il avait déjà élaboré *La Mort*. *L'Hôte inconnu* serait donc le deuxième volume d'un ouvrage centré sur les questions de métapsychisme et de communication avec les morts, devenues très en vogue dans un pays où des batailles gigantesques ont anéanti des millions d'hommes. [435] Le hasard joua, là encore, en faveur de Maeterlinck, son intérêt pour le « spiritisme scientifique » et les hypothèses théosophiques s'étant manifesté de longue date. Dès avant la guerre, Georgette procédait elle-même aux recherches, consultait des médiums et des spécialistes, transcrivait leurs réponses et, ayant remis ce matériel d'enquête à l'écrivain, en discutait avec lui. Telle fut sa part exacte dans l'élaboration de ces deux livres. Cette contribution, différente en qualité de celle qui fut la sienne — bon gré mal gré — pendant la gestation et l'écriture de *La Sagesse et la Destinée*, fut la dernière à son œuvre d'essayiste. *La Mort* et *L'Hôte inconnu* sont du pur Maeterlinck. Le second volume est encore plus faible. On y lit, entre cent autres banalités : « l'on commence à comprendre qu'il n'y a nul espoir de comprendre. » Plaisanterie à part, c'était ce que Georgette devait se dire face à son comportement.

Début janvier 1918, croyant que Renée renouvellera son inspiration, il termine *Les Fiançailles*, féerie en cinq actes et onze tableaux. Traduite en anglais, *The Betrothal* sera jouée à New York le 18 novembre sur la scène du Schubert Theatre. Le titre est en soi une indication de ce que tramait Maeterlinck. L'œuvre sera dédiée en 1919 à Renée Dahon-Maeterlinck, comme si, en 1918 encore, l'auteur et l'homme n'étaient pas sûrs de la durée de cette idylle. Le plus beau, dans cette suite faible et facile d'un grand succès, sinon d'une grande œuvre, étant son titre, il ne s'agit même plus cette fois de philosophie néoplatonicienne illustrée, mais tout simplement d'une histoire d'amour un peu débile. Tyltyl, l'un des enfants de *L'Oiseau bleu*, a grandi. Il a seize ans. La fée vient lui rappeler qu'il est amoureux et que c'est de son âge. Tyltyl doit choisir son élue entre six jeunes

---

[435] Il n'y a pas, en effet, que les gens simples qui tentent de communiquer avec les morts. Certaines dames de la haute bourgeoisie ont des apparitions. Catherine Pozzi, par exemple, fille du célèbre chirurgien et épouse de l'auteur dramatique Édouard Bourdet, a, en juin 1916, une vision de son ami d'esprit et de cœur, André Fernet, tué à la guerre le même mois. (C. POZZI, *Journal* 1913-1934, Seghers, 1990)

filles. Grâce à un bonnet spécial et à un saphir remis par la fée, Tyltyl va de nouveau pouvoir voyager hors du temps et de l'espace, en fait en lui-même. Il réunit les jeunes filles dans sa chambre et part en leur compagnie à la recherche des Grands-Ancêtres et des petits enfants qu'il n'a pas encore mais qui existent déjà dans le futur. Ils l'aideront à choisir la femme qu'il aime. Les jeunes filles sont bientôt suivies d'un fantôme, un être dont Tyltyl, malgré ses efforts, ne se souvient pas. Il est bien le seul. On devine que la jeune fille en question est celle qu'il aime depuis toujours. D'ailleurs, c'est elle que les Grands-Ancêtres et les petits enfants de Tyltyl élisent pour lui. Sans la fée et La Lumière, le pauvre Tyltyl, pas très futé, n'arriverait pas à grand-chose. La Lumière, si extraordinaire dans *L'Oiseau bleu*, est devenue secondaire. Elle guide, elle conseille. C'est tout. Les personnages importants sont Tyltyl et le fantôme, lequel ne commence à parler qu'à la fin du onzième tableau. Entre-temps, Tyltyl a congédié avec de bonnes paroles ses six amoureuses. Le fantôme s'étant transformé en superbe jeune fille qui a pour nom Majoie, Tyltyl et Majoie, sa promise, bavardent et s'embrassent. Le dialogue est consternant, si l'on songe au poète que fut Maeterlinck jusqu'à *L'Intelligence des fleurs* et *L'Oiseau bleu*. Même *Joyzelle* est un chef-d'œuvre à côté des *Fiançailles*. À un moment, le père Tyl (le père de Tyltyl) s'écrie : « Qu'est-ce que je vous disais en montrant les lapins ?... Ils sont faits l'un pour l'autre... Ils s'embrassent déjà comme du pain... » Et Tyltyl parlant à Majoie de leur future descendance : « Les petits de là-bas !... Ils étaient bien gentils... Ils t'ont reconnue tout de suite... Tu n'étais pas trop triste ?... » MAJOIE : « Pourquoi ? » TYLTYL : « Parce que je ne pouvais pas me rappeler... » MAJOIE : « Ce n'était pas ta faute... » TYLTYL : « Je sais bien, mais c'était vexant... Et tu étais pâle, tu étais pâle et tu ne disais rien... Depuis quand m'aimais-tu ?... » MAJOIE : « Depuis que je t'ai vu ; quand tu m'as donné l'oiseau bleu... »

Maeterlinck nageait maintenant dans le bonheur élémentaire. Il se croyait aimé vraiment par une femme de trente ans sa cadette, alors qu'elle était subjuguée par sa gloire mondiale, son âge respectable, sa richesse. Et grâce à elle, si l'on ose dire, il avait composé un pastiche de son œuvre la plus représentée. Que Georgette Leblanc lui ait ouvert, à partir de 1895, un nouvelle voie où, selon certains critiques, il ne fit que se fourvoyer, c'est incontestable. En 1918, Renée Dahon, la nouvelle égérie, libérait chez son amoureux de cinquante-six ans une bonhomie naïve, ridicule à cet âge, à une époque où un homme de près de soixante ans passait pour un barbon. Dans son euphorie, Maeterlinck croyait avoir seize ans, l'âge du Tyltyl des *Fiançailles*.

Dans le « camp retranché de Paris », Georgette était en proie à d'ordinaires soucis matériels. La cohabitation avec sa sœur devenant épineuse, elle emménagea en mars, 95, rue Charles-Lafitte, une rue parallèle au boulevard Maillot, en fait à quelques pas tout de même de Jehanne et des nièces Marcelle et Marise. « La vie est odieuse et on crève de faim », précisa-t-elle à l'écrivain douillettement retiré à Nice. Elle donnait des leçons de chant à 60 francs l'heure tout en terminant son livre sur les chiens qui furent pendant vingt ans leurs compagnons. Il s'intitulera simplement *Nos Chiens*.

Côté cinéma, rien ne se décidait. Un nouveau projet de film, dont elle eût été la vedette, échoua. L'héroïne du scénario était Édith Cavell, directrice anglaise de l'école d'infirmières de Bruxelles, fusillée par les Allemands pour espionnage. La censure anglaise veillait et fit capoter le projet.

Georgette sollicita André Antoine, ancien directeur de l'Odéon. Démissionnaire en 1914, depuis lors le cinéma l'occupait à plein temps. Il envisageait d'ambitieuses adaptations cinématographiques de grandes œuvres littéraires. Tout séparait Antoine de Maeterlinck.[436] C'est dire à quel point elle était aux abois ! Le fondateur du Théâtre-Libre tourna en effet des films d'après *Les Travailleurs de la mer* et *La Terre*. Il allait réaliser bientôt, en Italie, une adaptation de la pièce de Bernstein, *Israël*.

Pour Georgette, tout allait à vau-l'eau. Mais au milieu du malheur général, le sien — fût-ce à ses propres yeux — dut lui paraître infime. Le conflit n'en finissait pas et redoublait d'acharnement. Paris était pilonné comme jamais. La guerre, qui avait contribué à sa débâcle amoureuse, morale et financière, la sauva sans doute du naufrage final. En temps de paix, ruinée, secourue petitement par son frère et sa sœur, elle aurait pu succomber au désespoir et en finir, Maeterlinck dressant entre eux un mutisme de granit.

Pelléas et Mélisande, une déception nécessaire

La reprise de *Pelléas et Mélisande* à l'Odéon lui rendit un peu d'espoir. Le poète verrait qu'elle lui était encore utile.

Toute démoralisée qu'elle fût, elle était parvenue à convaincre Pierre Bertin et la direction du théâtre — qui avait beaucoup hésité — de l'originalité absolue du drame par rapport au répertoire de guerre constitué depuis trois ans par Gavault. Il eût pu passer pour une nouveauté ou une pièce datant de plusieurs siècles, tant la date de sa création paraissait lointaine. *Pelléas* n'avait jamais été apprécié en France que par une poignée d'esthètes et de poètes de la génération symboliste. La mémoire de la génération actuelle ne remontait pas si haut. Georgette offrait à Maeterlinck un public entièrement renouvelé, dans un des théâtres les plus prestigieux de Paris. Les amis de Pierre Bertin viendraient l'applaudir. Ainsi le poète et son œuvre franchiraient le fossé d'incompréhension qui existe normalement entre les générations et que la guerre avait transformé, pour certains, en abîme. Les jeunes gens découvriraient alors qu'antérieurement à l'opéra éponyme existait une pièce qui se soutenait sans la musique de Debussy, plus moderne que bien des œuvres du répertoire contemporain.

Bertin habitait en face de l'hôpital militaire du Val-de-Grâce où deux étudiants sous l'uniforme, Louis Aragon et André Breton, préparaient leur diplôme de médecin auxiliaire. Ils l'avaient connu avant-guerre, pendant ses brèves études à la faculté des Sciences. L'acteur avait fait ses débuts à l'Odéon en 1912, dans *Le Menteur* de Corneille. Puis il avait organisé une séance poétique avec le concours d'Apollinaire et se sentait dans le vent. Sa femme, la pianiste Marcelle Meyer, interprétait la musique d'Érik Satie. Pour ceux qui avaient eu dix-huit ans en 1914, Maeterlinck et Georgette Leblanc n'étaient plus vraiment des contemporains.

Mais Aragon et Breton assistèrent à la reprise historique du 10 février 1918. Aragon dit que, si la salle fut presque comble, « la représentation n'alla pas sans ridicule. Les cheveux de Mélisande étaient trop courts, et Bertin-Pelléas faisait visiblement *semblant* de s'y accrocher, comme les enfants qui se jouent une pièce

---

[436] Dans les années 1890, Antoine faillit monter *La princesse Maleine*. Et il en resta là.

et remplacent le décor par des conditionnels : on serait sur un bateau, et tu aurais des cheveux longs, etc. »[437]

Le public ne comprit pas la pièce, riant grassement, par exemple quand Golaud prend le petit Yniold sur ses épaules et lui demande de dire ce que font ensemble son demi-frère Pelléas et sa femme Mélisande… Aragon en convient : « Pelléas restait (…) très provocant. »[438]

Aragon alla féliciter Bertin dans sa loge et y rencontra Georgette Leblanc. Ses nièces, Marie-Louise et Marcelle, l'accompagnaient, demoiselles d'honneur d'une reine en exil. Georgette invita Bertin à Saint-Wandrille, dont elle espérait encore à l'époque faire son douaire. À l'acteur et à son ami Aragon, elle parla de Maeterlinck « avec cette déférence qu'on a pour le génie méconnu. »[439] La comédienne qui jouait Mélisande avait été très mauvaise. Une « insignifiante créature » dit Aragon. Il y fait encore allusion en ajoutant d'une façon sibylline que cette Mélisande « agaçait on voit bien pourquoi Madame Leblanc. »[440] Cette actrice s'appelait Mme Guereau, et si elle « agaçait » Georgette, ce fut sans doute par la manière ridicule dont elle incarna son personnage. En 1917, Georgette apprenait à Maeterlinck que Sélyse (Renée) voulait jouer Mélisande. Ne préféra-t-elle pas, tout de même, une Guereau aux cheveux trop courts à une Renée sortant du lit de Maeterlinck ? Voir Renée en Mélisande sur une scène, c'eût été boire le calice jusqu'à la lie…

La pièce fut représentée quatorze fois, la musique de scène de Gabriel Fauré étant jouée par l'orchestre des concerts Monteux.

Pendant la semaine où *Pelléas* est à l'affiche, les *gothas* lancent des raids sur Paris. Pendant les alertes, le directeur fait jouer La Marseillaise que le public écoute debout. Les spectateurs peuvent s'abriter dans les caves de l'Odéon pour y attendre la fin de l'alerte annoncée par une sonnerie dite « la berloque ».

Ce soir de première, il n'y eut pas d'alerte. Georgette et ses nièces retournèrent à Neuilly. Bertin, Breton et Aragon, eux, se promenèrent sur le trottoir mouillé de pluie du boulevard Saint-Germain. Selon Aragon, Bertin était « dégoûté, découragé : Pelléas pourtant ! »[441] Breton qui, à seize ans, aimait les poèmes de Maeterlinck, dit « simplement à ce malheureux [*Bertin*] que somme toute (…),Pelléas est impossible aujourd'hui. »[442] Bertin s'exclame : « Mais alors, qu'est-ce qui est possible ? » Les trois amis ont « l'air d'avoir porté le théâtre en terre. »[443] Et, en effet, pour cette génération qui, dix ans auparavant, lisait encore « ce Belge roué » (dixit Aragon), cette représentation sonne comme un adieu au symbolisme de leur préadolescence. Pour les futurs surréalistes, Maeterlinck n'appartient déjà plus au monde des vivants.

Georgette Leblanc n'a pas conscience de ce divorce de sensibilité. Pour elle, *Pelléas et Mélisande* est une œuvre immortelle. Son unique souci est de la pérenniser. Elle se voit toujours garder la haute main sur les principales pièces de

---

[437] Louis ARAGON, *Projet d'histoire littéraire contemporaine*, (édition établie, préfacée et annotée par M. Dachy), Mercure de France.
[438] Ibid.
[439] Ibid.
[440] Ibid.
[441] Ibid.
[442] Ibid.
[443] Ibid.

Maeterlinck passées, présentes et à venir, quelle que soit leur situation personnelle. Elle croit encore que le pacte d'esprit à esprit, signé il y a plus de vingt ans, est indestructible.

La mort de « Nous » : rupture et liberté

Le 15 février 1919, un an après la représentation de *Pelléas* à l'Odéon, dont Georgette Leblanc avait été l'obstinée cheville ouvrière, Maeterlinck épousait Renée Dahon — sa maîtresse officieuse — dans une église de l'arrière-pays niçois.

Les signes avant-coureurs de la séparation définitive s'étaient multipliés les années précédentes, mais l'ex-égérie n'avait pas su ou voulu les voir, comme quelqu'un niant les symptômes du cancer qui l'emportera. Cette comparaison est choisie à dessein : victime à 70 ans de la maladie mortelle, Georgette en niera presque jusqu'au bout la réalité. Quand elle écrira la dernière mouture de ses *Souvenirs* — onze ans après la rupture —, elle prétendra avoir décelé dès 1902 ce qu'elle nomme les « premières fissures ». Lucidité après-coup, comme il arrive souvent. Mais si vraiment elle fut avertie et ne fit rien, aurait-elle constaté passivement la multiplication des fissures dans le bel édifice de leur union jusqu'à son écroulement final ? Douze ans de torture morale, c'est bien long.

L'être humain est un inépuisable sujet d'étonnement.

Renée s'introduit dans le couple en 1911. Le « Nous » ne vole pas en éclats tout de suite, parce que Georgette croit le maintenir en vie par sa foi en l'impossible. Au commencement de leur relation amoureuse et épistolaire, c'est elle qui a inventé la formule de la fusion de leurs deux âmes. Il l'a laissée dire. On était en pleine époque occultiste. Georgette avait fréquenté le Sâr Péladan, elle lisait *L'Initiation* de Gérard Encausse, dit « Papus ». L'alchimie recherche l'union des contraires, le mâle et la femelle.

Au début, Renée se positionne comme l'enfant du couple. Cette ruse est rendue possible par son aspect gracile, son visage infantile. La jeune fille ne paraît pas ses dix-huit ans. Le statu quo règne et aurait régné encore sans la guerre qui blesse à mort le théâtre et rend les communications difficiles entre Paris et Nice. Georgette se bat sans relâche pour l'œuvre de Maeterlinck, ce qui la contraint à espacer ses séjours à Nice. Les périodes de séparation deviennent de plus en plus longues. Par pitié, elle se rapproche alors de Roger Karl, une fausse alternative. Élément mâle et adulte, aussi jaloux et égoïste que le poète, Karl ne peut pas appartenir au « Nous ».

À partir de 1915, Georgette ressent avec horreur l'indifférence grandissante de Maeterlinck à son égard. En 1917, pendant sa maladie, conséquence du conflit interne qui ravage le « Nous », il n'a aucun mouvement de compassion. Il n'accourt pas à Royat, où on la soigne. De Nice à Clermont-Ferrand dont cette station thermale est voisine, la distance ne représente pourtant pas un obstacle sérieux pour un conducteur aussi expérimenté que lui.

Vers la mi-décembre 1918, il feint de découvrir « l'adultère » de Georgette à une époque où il n'existe plus. Les anciens amants sont devenus amis. Ils se sont revus en août, si l'on en croit Karl : « (…) Animée, fardée, actrice. Elle m'a avoué, avec quel air ! qu'il y avait deux femmes absolument opposées en elle ; qu'elle n'y pouvait rien. Elle est assez pitoyable d'être tellement tourmentée à son âge ; et moi je suis simplement ridicule. »

L'acteur s'est longtemps demandé — sans arriver jamais à une certitude — si Maeterlinck ne savait pas tout. Il en faisait une question d'amour-propre. Il lui était odieux qu'il sût et laissât faire. Ce qui s'est sans doute passé. Tant que ça l'arrangeait…

Quant à Georgette, elle raconte qu'annonçant son arrivée à Maeterlinck pour le 16 décembre, elle reçut trois jours auparavant une dépêche de Renée : « Ne venez pas, Maeterlinck est furieux contre vous. Il sait tout. » Sûre qu'il savait déjà tout ce qu'il devait savoir, elle confirma son arrivée par télégramme. Il répondit : « Inutile de venir, tout est fini entre nous. Maeterlinck. »[444]

Assommée par cette dépêche, elle dit elle-même avoir sombré « dans un état d'inconscience totale »[445] et agit dès lors à la manière d'une héroïne de roman noir. Elle part pour Nice dans un train de nuit bondé, arrive à la villa, et tombe en pleine atmosphère d'hystérie. Profère-t-elle des menaces contre Renée ? Maeterlinck, qui craignait des dangers imaginaires, croit soudain que Georgette veut tuer Renée. La jeune femme court se réfugier à l'hôtel. Après une scène et des cris qui embrouillent encore plus la situation, il s'enfuit à son tour de la villa, où Georgette reste seule comme une pestiférée. Deux jours après, malade, ne sachant plus où aller, elle se replie sur Royat.

Début janvier, elle réintègre le Pavillon des Muses et prend tous les torts psychologiques de la rupture sur elle. « En songeant que Maeterlinck, plus âgé que moi, n'était jamais intervenu pour me montrer mes naïvetés et réprimer mes élans, je voyais à quel point il comptait sur mon caractère. Il était sûr que j'avais toujours raison. Aveuglément il était prêt à déclarer : « " Elle ne peut pas se tromper. " Et, peu à peu, comme dans un cauchemar, l'image s'était obscurcie. Les accusations, les doutes avaient fait le reste. Et quand j'étais accourue, malgré tout, je n'avais offert de moi-même qu'une créature égarée qui, au lieu de s'insurger, ouvre des yeux épouvantés et reste inerte comme une épave que les forces hostiles n'ont qu'à rejeter. »[446] Elle se croyait victime d'un complot orchestré par Renée et ses parents, excluant que Maeterlinck ait pu en être le cerveau. Passif, absent du monde comme elle continuait à le voir, elle le crut dupe lui aussi de la « machination ». Sinon, il ne l'eût pas repoussée sans vouloir l'entendre. Elle s'était fait un Maeterlinck à son image.

En mars 1919, elle reçut un court billet où il ne faisait nulle mention de son mariage. Il l'accusait de lui avoir menti pendant toute sa vie. Il était donc incapable de supporter sa présence à Nice. « Il n'est pas question de silence ou d'erreur, mais d'une vérité à laquelle, en souvenir de ce que j'ai cru que tu étais, je ne donnerai pas de nom… Quand le temps passera on verra ce qui repoussera sur les ruines !… »

Cette dernière phrase lui donna une lueur d'espoir et excita sa combativité. Elle convainquit sa nièce, la blonde Marcelle Prat, de descendre à Nice chez la marquise de Ménabréa, une amie commune, et d'aller, si possible, aux « Abeilles » évaluer les dispositions de Maeterlinck. Poétesse, auteur d'un premier roman, la jeune fille s'acquitta avec zèle de cette mission de bons offices.

Maeterlinck l'accueillit avec simplicité et sut se montrer agréable. C'est seulement quand elle parlait de Georgette que son visage se fermait et qu'il

---

[444] Georgette LEBLANC, I, Op. Cit.
[445] Ibid.
[446] Ibid.

semblait frappé de mutisme. Il lui dit cependant qu'il y avait dans ce qui s'était passé « quelque chose d'inconcevable et d'innommable ! ». Elle revint plusieurs jours de suite, apercevant Renée de loin en loin. Elle télégraphiait à Georgette ses sentiments sur ce qu'elle voyait et entendait. Un jour, les domestiques lui apprirent que Monsieur et Madame étaient absents. Marcelle alla trouver Maurevert, le rédacteur en chef de *l'Eclaireur de Nice et du Sud-Est*. Le vieux camarade de Georgette lui apprit qu'en effet, Maeterlinck et Renée passaient quelques jours dans la montagne, au-dessus de Grasse. À leur retour, Marcelle fut invitée aux « Abeilles ». Il y avait là Maurevert et Gomez Carillo. C'est seulement à la fin du repas qu'elle apprit que Renée était devenue le plus religieusement et le plus légalement du monde l'épouse de Maeterlinck. Elle télégraphia aussitôt à Georgette et rentra à Paris.

Jusqu'ici cordiales, les relations entre les Prat et Maeterlinck cessèrent.

À Neuilly, Georgette lui écrivit :

« Dimanche.

« (Marcelle vient de rentrer et me confirme la nouvelle qu'elle avait télégraphiée.)

« Tu es marié.

« Pour moi l'acte social n'est rien. Celui-là est la conséquence logique de ma vie, de mes idées, de ma nature et aussi de ma façon d'aimer — humainement *inexplicable*. Quand on aime, on traque l'individu choisi, on l'emprisonne, on le surveille, on cherche à le dominer. Moi, je n'ai qu'une idée — ne pas gêner, ne rien demander, m'en aller si l'on préfère autre chose. Je ne croyais pas que tu ferais jamais rien sans me parler. J'avais confiance. Je me considérais libre. Je pensais que nous vivions en dehors de toute convention sociale. En vingt-deux ans, toutes les fois que l'on m'avait donné le conseil de me marier, j'avais eu honte. Jamais cette pensée, ce désir, n'avait effleuré mon âme. J'étais « ailleurs » — Je n'attache pas d'importance à cela. Les lois ne sont organisées que pour retenir les biens matériels : situation, honneur, argent. Quand le cœur et l'âme n'y sont plus, qu'est-ce que cela signifie ? Une seule chose compte — celle qui ne se voit pas. La valeur d'un acte est dans le sens qu'on y attache. Il n'importe de savoir que ce qui ne peut pas se dire.

« Dans tous ces événements, une seule chose me semble grave, c'est ton bonheur. Tu n'imagines pas à quel point j'ai perdu le souci du mien. Je ramasse des petits plaisirs, des petites occupations pour me donner la force nécessaire, mais le bonheur… je n'y songe plus depuis des années. Je ne songeais qu'à ton repos. Je revenais toujours à cette pensée : « Enfin, tout est bien puisque je suis sûre de garder pour moi la plus mauvaise part. » Aujourd'hui, je me le dis encore.

« Pourvu que tu sois heureux ! Tu t'étonneras sans doute de mon calme, car malheureusement tu m'as fatalement perdue de vue en aimant un être tout à fait opposé à moi.

« Ayant été une criminelle vis-à-vis de moi, peut-elle être parfaite vis-à-vis de toi ? Je l'espère. Rien n'est impossible dans un être humain. Les contradictions les plus effrayantes peuvent se toucher.

« Pour moi, toute la douleur fut, lorsque je courus à Nice et que tu ne voulus pas m'entendre. Evidemment, le malheur m'égarait et je n'avais pas de *force* pour me faire comprendre. Mais tu as dû sentir tout cela. Cette douleur fut la seule, elle ne s'effacera jamais. Le reste est secondaire. Sera-ce plus heureux pour toi de me voir quelquefois ? Dans ce cas, je viendrai. Après vingt-deux ans d'union, ne plus nous revoir me semblerait un malheur sans nom.

« On verra comment on peut équilibrer la situation, si étranges qu'en puissent être les éléments.

« Ne te tourmente pas ! Garde ce repos que j'ai tant fait (trop peut-être) pour te conserver.

« Je t'embrasse. »[447]

Cette lettre inouïe provoqua le trouble dans le cœur de Maeterlinck. Quelques jours plus tard, Georgette étant descendue à Nice chez la marquise de Ménabréa, elle fit porter un message aux « Abeilles » pour prévenir de l'heure et du jour de son passage. Elle viendrait chercher des papiers personnels et un petit bureau anglais.

Accompagnée de la marquise, Georgette arriva dans une victoria devant la grille de style oriental de la villa « mauresque ». Un domestique leur ouvrit et leur dit que Monsieur et Madame étaient absents. L'attelage entra dans la cour. Georgette, soutenue par son amie, en descendit et pénétra dans la maison d'où elle avait été chassée en décembre.

Sur une table du salon se trouvait une lettre. Georgette la prit sans l'ouvrir, aidée dans sa résolution par la marquise. Il fallait d'abord emporter ce qui devait l'être et ne pas céder à ses émotions.

Quand tout fut prêt, elles reprirent place dans la victoria, Georgette jetant une dernière fois un regard de souffrance sur le « chemin bordé de roses, les orangers, les vieux eucalyptus déguenillés ».[448]

Enfin seule chez Mme de Ménabréa, Georgette ouvrit la lettre de Maeterlinck. C'était un billet plutôt bref, mais dans lequel il s'étonnait qu'elle ne fût pas venue aux « Abeilles ». « Ta place est ici. » Il tenait en outre son acte de mariage pour un « papier insignifiant ». Ce revirement était curieux. Qu'est-ce que cela voulait dire ? « En vérité je connaissais l'âme où le débat se produisait et je comprenais qu'il y avait enfin réaction — « Ta place est ici », cela signifiait — « Rien n'est vrai de ce que j'ai dit… Reviens ! car je sais qu'avec ta vision de la vie aucun obstacle de vanité ne saurait t'arrêter. »[449]

Elle fut tentée de le prendre au mot et de recommencer *comme avant*. C'était possible, à condition de renoncer à elle-même. Dans son malheur, elle était quand même délivrée de Maeterlinck ! « une personnalité uniquement attentive à son propre développement ». Celle qu'il avait autrefois appelée Aglavaine devait-elle se résigner à un rôle « d'une beauté contestable » ?

Elle répondit à son billet :

« Mercredi.

« Maurice, je suis touchée de ta lettre mais ce n'est pas possible.

« Si tu étais seul, oui, je serais venue comme autrefois.

« Ah ! ne me parle pas de ce que tu appelles un "papier insignifiant"… à l'heure où je m'aperçois si cruellement et avec stupeur combien cela compte…

---

[447] Une version plus courte de cette lettre a été publiée par G. L. dans ses *Souvenirs*.

[448] Georgette LEBLANC, I, Op. Cit.

[449] Ibid.

Car s'il y avait eu entre nous un « papier insignifiant », je n'aurais pas été traitée en étrangère au bout de vingt-trois ans d'union.

« Mon tort fut d'avoir accepté la vie que nous menions depuis huit années. J'ai accepté cela au nom d'une morale aussi sublime qu'absurde, et parce que j'étais trop dominée pour réagir.

« Ensemble nous avons vécu en dehors des lois, mais je suis seule à en subir les conséquences. »

La marquise de Ménabréa lui remit cette lettre en mains propres. Il dut y répondre et proposer un rendez-vous destiné à une explication, car Georgette lui écrivit pour ainsi dire sa dernière lettre, celle qui mettait vraiment le point final à l'épilogue de leur vie commune.

« Maurice, tu t'es dérangé inutilement hier soir. Je ne serais pas venue, c'eût été un trouble inutile.

« Reste en repos. J'ai confiance dans le temps qui ordonne, classe et éclaire tout.

« Je me retrouve pareille à celle que tu as connue. J'avais alors cependant toutes les richesses et je sors de notre vie bien plus pauvre. Mais j'ai gardé l'essentiel qui est dans mon âme. Et malgré tout, j'ai foi en l'avenir — cette foi insolite et absurde, mais un peu merveilleuse, qui presque toujours est accordée à ceux qui n'ont plus rien.

« Attendons. »

Il prit ombrage de son refus. Il s'était cru magnanime, puisque, victime, il avait pardonné. Et voilà qu'elle préférait la solitude et la pauvreté à une place de second rang auprès de lui !

Ils ne se revirent plus jamais.

Le poète avait certes beaucoup changé et ses anciens écrits ne l'engageaient pas envers ses lecteurs, encore moins, dirons-nous, que la parole d'un homme politique envers ses électeurs. Il avait même une tendance spéciale à dénigrer ses œuvres anciennes, extrêmement rare chez un écrivain. Il s'intéressait à leur réédition mais d'un point de vue uniquement commercial. Cependant, il avait quand même écrit, une vingtaine d'années auparavant, dans *Le Double Jardin* : « C'est ainsi que l'honneur au sens chevaleresque et conjugal du mot (j'entends par ce terme l'honneur du mari qu'on fait dépendre d'une faute de la femme), la vengeance, une sorte de pudeur maladive, l'orgueil, la vanité, la piété envers certains dieux, mille autres illusions ont été et sont encore l'intarissable source d'une multitude de devoirs absolument sacrés, absolument indiscutables pour un grand nombre de *consciences inférieures*. (...) Et peut-être est-ce de la lutte de notre devoir contre notre ignorance et notre égoïsme que doit naître le véritable drame de ce siècle. Une fois cette étape franchie dans la vie réelle comme sur la scène, il sera peut-être permis de parler d'un théâtre de paix et de beauté sans larmes. »

Pas plus sur scène que dans la vie réelle, il n'était parvenu à se renouveler. Ce qui signifie que, sous l'influence de Georgette, il avait constamment surveillé son moi profond et qu'il n'avait laissé filtrer que des pensées nobles et rassurantes. Manière pour lui de se situer à la hauteur de sa compagne, donc de la mériter. (Et elle qui avait surestimé le rôle joué par son inconscient !) Tant qu'elle avait été son surmoi, Golaud-Barbe-Bleue s'était tenu à peu près tranquille. Il avait filé doux. Au prix d'une distorsion de plus en plus grande entre sa production littéraire et sa vie psychique. Combien Strindberg était plus authentique dans sa violence misogyne, lorsqu'il s'écriait avec toute la rage que l'on peut deviner, dans ce commentaire du tableau *Jalousie* d'Edvard Munch : « Jalousie, saint sentiment de propreté de l'âme qui abhorre de se mêler avec un autre de même sexe par l'intermédiaire d'un autre. Jalousie, égoïsme légitime, issue de l'instinct de conservation du moi et de ma race. Le Jaloux dit au rival : va-t'en, défectueux ; tu vas te chauffer aux feux que j'ai allumés, tu respireras mon haleine de sa bouche, tu t'imbiberas de mon sang et tu resteras mon serf puisque c'est mon esprit qui te régira par cette femme devenue ton maître. »[450]

Georgette rentra à Paris.

La famille, les amis la poussèrent à se « défendre ». Qu'elle lui lance une campagne de presse dans les jambes, quitte à laver leur linge sale en public ! Que l'on sache qu'avant son mariage, ce Maeterlinck, supposé marié à une cantatrice célèbre, avait été durant sept ans l'amant de la petite Renée. La jeune Niçoise n'étant que la dernière des copies de Mélisande que Georgette avait dû supporter pendant vingt ans dans leurs demeures successives. Bien des plumes parisiennes eussent été ravies de lacérer la réputation d'un poète si olympien, si apparemment éloigné des affaires du sexe et de l'argent. Mais elle renonça à ce genre de recours, qui n'eût été qu'un chantage. « La liquidation de l'amour par l'argent !... jamais je n'y consentirais. Avec la fortune et la gloire mon compagnon emporterait tout avec lui. Sur moi pèserait un mystère qui bientôt fatalement se changerait en blâme. Qu'importe !... mes biens avaient toujours été ailleurs. » [451] Elle le dira autrement dans ses carnets intimes : « Si mon idéalisme m'a menée là où je suis, à mon âge, ce n'est pas pour de l'argent que je dois cesser d'être moi-même. Si mon idéalisme m'a perdue, je veux au moins lui être fidèle jusqu'au bout. Je veux jusqu'à la fin de ma vie rester conséquente avec moi-même. »

Renée épousée, Maeterlinck avait, sans prévenir Georgette, cédé le bail de Saint-Wandrille à un industriel havrais. N'ayant accepté de louer l'abbaye que sur l'insistance de son ancienne compagne, il liquidait brutalement tout ce qui le rattachait à elle et leur passé commun. Dernière muflerie dont elle se serait bien passée.

Elle apprit la perte définitive de Saint-Wandrille, fin mars, par une lettre de M. Georges Hottois, le mari de son amie, l'actrice Marguerite Maze,[452] lettre écrite de l'abbaye où il était venu préparer, croyait-il, le déménagement du couple. Cet ami proche, qui avait joué un « assassin » dans *La Tragédie de Macbeth* en 1909, se rangea au côté de Georgette : « dans tous les milieux la sympathie vous est acquise et la réprobation universelle est sur lui. Il ne pourra même pas s'expliquer sans être odieux. » Au village de Saint-Wandrille, manifestation semblable : « Même ici où les gens ne sont pas tendres on s'informe de vous avec une familiarité touchante où on découvre que des deux c'est vous qu'on aimait. »

Pauvre consolation tout de même !

Selon son amical et dévoué correspondant, il fallait qu'elle vienne au plus tard fin mars, l'abbaye devant être libérée le 7 avril. Il se chargeait de tout emballer et

---

[450] *La Revue Blanche*, 1er juin 1896, L'exposition Edvard Munch, in *Revue Française de Psychanalyse*, tome LXI, 1997.

[451] Georgette LEBLANC, I, Op. Cit.

[452] Elle est présentée sous le nom de Marguerite Hottois dans le programme du spectacle où elle joue une des dames d'honneur de lady Macbeth.

même de lui racheter son piano, puisqu'elle en possédait un autre à Paris. Il semblait ignorer que ce n'était plus le cas. Dans sa lettre, il passe sans cesse des questions d'ordre pratique à des considérations philosophiques et psychologiques. Voici pour Maeterlinck : « son cas ne peut s'expliquer que par l'instabilité de la personnalité, sa dissolution, sa désagrégation et sa transformation par contact, un contact abject nous le savons. À y réfléchir, il n'a peut-être pas une très forte personnalité, à preuve : l'influence que vous avez eue sur elle et les modifications qui furent les conséquences de vos premières rencontres, puis de vos années de vie commune... De vous deux, l'artiste, c'était vous. Lui, le styliste, et pour le reste : travail, ordre, méthode, économie : vertus bourgeoises. En même temps, par votre apport d'idées libertaires, il se libérait de ses devoirs et tombait facilement dans un égoïsme parfois féroce. À un nouveau contact, la personnalité acquise au vôtre s'est facilement désagrégée... » À un moment, il remarque : « Dans votre aventure, l'union libre aura reçu un coup mortel. » Maeterlinck lui avait confié la mission de déménager les meubles de l'abbaye, en se gardant bien de lui annoncer sa rupture. On lit, en effet : « Si vous saviez le peu de courage que j'ai maintenant pour cette besogne bénévolement acceptée d'un cœur encore léger, il y a quelque temps ! C'est qu'alors je croyais rendre service et faire plaisir à deux amis et à présent... » Mais il a promis « follement » et il évitera à Maeterlinck un conflit avec Latham, le repreneur du bail.[453] Georgette doit lui donner ses instructions et coopérer au mieux.

Elle dut recueillir les débris du double désastre : objets, vêtements, meubles, parures, bijoux de théâtre, lettres et autres souvenirs que même ceux qui n'ont pas le moindre souci des choses finissent par accumuler. Elle sauva des affaires et des meubles, plus certains objets précieux cachés pendant les préparatifs d'évacuation de l'abbaye à l'automne 1914.

Ce fut une expédition douloureuse, ainsi qu'en témoigne cette lettre à Marguerite Maze : « ... Tu as su que j'ai été à Saint-Wandrille pour ranger et ensevelir ? Tu imagines ce que ce fut pour moi... (...) j'ai dû me loger sur la place, chez des paysans. Heureusement la fenêtre de ma petite chambre donnait par derrière, sur un carré de choux. Cela m'épargnait de voir la belle entrée. Mais malheureusement comme autrefois j'entendais la cloche de l'église...

Je suis vraiment comme une chose qui aurait été écrasée par un poids trop lourd. Dans ma tête il y a une pitié, une inquiétude douloureuses. Et puis des questions si graves auxquelles toute mon imagination ne parvient pas à trouver de réponse ! car je n'en sais pas beaucoup plus que toi ! »

Deuil

À Pâques 1919, les éditions Charpentier et Fasquelle publièrent *Nos Chiens*. Elle y racontait les hauts faits de Louis, le débonnaire ; Adhémar, l'incompris ; Gaston, le forban et Delphine ; Jules, l'écornifleur ; l'Ancêtre du chenil ; et Golaud, le surchien. Le livre était illustré de trente-deux dessins de l'auteur. Une édition anglaise était en préparation à Londres, chez son éditeur habituel, l'ouvrage ayant été traduit par Alexander Teixeira de Mattos. Les textes, bien sûr, évoquaient en

[453] On notera « l'évolution » de Maeterlinck. En 1907, il se félicitait d'avoir sauvé l'abbaye. Douze ans plus tard, il en cédait le bail à un industriel. Les moines reviennent à Saint-Wandrille en 1931.

filigrane l'union maintenant défunte des maîtres de ces animaux. On eût dit des histoires pour enfants très intelligents. La silhouette de Maeterlinck se profilait dans le livre. Pour les chiens, il était le dieu, le maître. Il les aimait absolument soumis, à sa botte. Mais il était *bon*.

En France, *Nos chiens* passa inaperçu. Elle attribua le silence de la presse à une gêne des critiques. Ils se seraient abstenus de parler d'un livre qui entrebâillait les rideaux sur sa vie avec Maeterlinck, alors que celle-ci appartenait au passé. N'auraient-ils pas dû feindre d'ignorer le mariage de l'écrivain ? Bien sûr, la manière odieuse dont Georgette fut traitée ne passa pas inaperçue, et le Prix Nobel possédait suffisamment de relations pour étouffer l'ouvrage. Il est plus probable, cependant, que, quatre mois après l'armistice, la guerre, ses hécatombes et ses désastres aient occupé totalement les esprits. En Angleterre, le titre fut transformé en *Maeterlinck's dogs*. En 1913, on avait publié un court texte de l'écrivain intitulé *Our friend the dog,* version anglaise de *Sur la mort d'un petit chien*. Souvenons-nous, il y faisait l'éloge du chien domestique, incapable de se passer de son dieu, l'homme. Le livre de Georgette était tout autre. Elle aimait les animaux pour eux-mêmes, non pour leur comportement servile et n'avait pas habillé son texte de la fausse profondeur devenue, au fil du temps, la marque de fabrique du célèbre penseur pour dames et lecteurs aisés. L'éditeur anglais feignit de croire qu'elle portait toujours le nom composé de Leblanc-*Maeterlinck*. Georgette ne protesta pas. Elle se retrouvait dans la position infernale de la dame quittée pour une jeune femme qui aurait pu être sa fille. Selon le code bourgeois alors en vigueur, elle ne pouvait même pas se prétendre la victime, puisqu'elle avait joui plus qu'à son tour de sa liberté. Et lui, aussi hypocrite et faux que lorsqu'il dénigrait ses œuvres et jouait les humbles, s'était drapé dans la dignité du mari trompé pour la jeter par-dessus bord, Georgette lui ayant de surcroît épargné les frais d'un divorce. Alors, qu'un éditeur, pour des raisons commerciales, accole son nom au sien n'avait plus aucune importance.

Ces publications ne remirent pas ses finances à flot. Elle dut vendre les quelques meubles rapportés de Saint-Wandrille. Sa sœur Jehanne loua pour elle, à un sixème étage, un modeste appartement meublé, près de la rue Lalo, à quelques mètres de la Villa Dupont où elle avait reçu jadis Anatole France, Mallarmé, Jules Renard, et où elle avait vécu avec Maeterlinck, son frère habitant alors à deux pas. Aujourd'hui, elle n'était pas très éloignée non plus de la Villa Herran où se trouvait l'hôtel particulier de Maurice Leblanc. Mais de sœur prodigue et fantasque, elle était tombée au rang de cadette sans le sou à qui il fallait venir en aide. De sa fenêtre, elle avait vue sur le Bois. Assise dans un fauteuil, elle contemplait les arbres durant des heures. Était-ce pour la forcer au repos ? On lui avait fait craindre un risque de tuberculose.

Sut-elle que pour la 111e représentation de *Pelléas et Mélisande* à l'Opéra-Comique, le 22 mai 1919, son vieil ennemi[454] avait imposé Marguerite Carré dans le rôle de Mélisande ? Dix-sept ans après la création, le même despotisme s'exprimait. N'ayant pas de « petite trouvaille » de la souplesse de Mary Garden sous la main, Carré s'était tourné — comme en 1911 déjà — vers sa propre épouse. Sans étonner Georgette, ce « fait du prince », si elle l'apprit, dut la meurtrir un

[454] Albert Carré dirigea d'abord l'Opéra-Comique de 1898 à 1913. Après un intermède à la tête de la Comédie-Française, où il succéda à Claretie, il reprit la direction de l'Opéra-Comique de 1918 à 1925.

peu plus. Car enfin, en 1902, les arguments décisifs en faveur de Mary Garden avaient été sa jeunesse et sa silhouette « mélisandesque », son charme anglo-saxon très en phase avec le personnage rêvé par Debussy, alors que Maeterlinck, lui, ne croyait qu'en Georgette. Que restait-il de tout cela, quand une cantatrice sur le retour reprenait le rôle ? L'œuvre de Debussy — mort d'un cancer à l'anus le 26 mars 1918 — appartenait maintenant au répertoire. Aujourd'hui, l'essentiel n'était-ce point que les droits tombassent dans l'escarcelle des auteurs ou de leurs ayants droit ?

Perdue dans sa contemplation ou passant en revue les événements clés de son passé, Georgette Leblanc avait tout le temps de méditer sur les choix que l'on croit faire à vingt ans.

Fernand Prat, son beau-frère, et Maurice Leblanc négocièrent pour elle une pension mensuelle de 1 000 francs, ce qui était peu, le franc français ayant beaucoup perdu de sa valeur en 1919. Maeterlinck accepta de lui céder également la propriété des droits de *Sœur Béatrice*, une de ses œuvres qu'il estimait le moins et qui ne fut d'ailleurs pratiquement pas représentée, bien que le compositeur Albert Wolf l'eût mise en musique. Le versement des mensualités était conditionnel. Il cesserait dès que Maeterlinck en déciderait. Il n'était pas prêt à battre sa coulpe et ne l'envoya pas dire à Maurice Leblanc, qui avait essayé d'obtenir de meilleures conditions pour sa sœur : « Inutile d'insister. Je sais ce que je sais et partant mieux que toi ce que j'ai à faire. Quant à l'avenir dont tu parles, il ne dépend que de moi et de mon bon plaisir. Et après ce qu'on m'a fait, ce n'est que justice. »

Il cacha à Maurice Leblanc qu'il avait calculé la durée réelle de sa vie passée avec Georgette. Dans une récapitulation maniaque, il avait additionné les instants, les minutes, les heures, les jours, les mois de vie réellement communs. Et il était arrivé à un étrange résultat. Sur les vingt-trois ans où ils furent amants, puis compagnons, ils n'avaient pas passé en réalité plus de deux ans ensemble. Il se voulait l'abandonné, le trompé, le bafoué, la dupe d'une actrice. Il était impossible qu'écrivain au faîte des honneurs — Prix Nobel et, il n'eût tenu qu'à lui, de l'Académie française —, il n'eût pas raison. Mais il n'ignorait pas non plus que la manière brutale dont il s'était débarrassé de Georgette indignait tous ceux qui les avaient connus au temps de leur jeunesse, et ils étaient nombreux. De Nice, Marcel Drouin — ami de Gide — traça à son intention un portrait-charge de Renée, qui ramassait les accusations et les critiques locales. Maurevert condamnait l'attitude de « son vieil ami », mais respectait trop le « grand écrivain » pour oser le lui dire en face. Un échange de lettres entre Maurevert et Camille Mauclair est assez éclairant. Mauclair possède une bastide au-dessus de Grasse. C'est de ce lieu retiré entre les oliviers, qu'il demande des informations. Puis qu'en date du 15 mars 1919, il s'indigne : « Comment a-t-il pu oublier l'aide de divulgation énorme que cette femme a apportée à son œuvre, à son nom ? Et contre qui l'échange-t-il ? Et à quel âge contre quel âge ? Et elle, privée de ce porte-respect, de ce bouclier, que deviendra-t-elle ?… » Il demande des détails. Il insiste : « Et l'autre, l'adorée d'antan, comment prend-elle cela ?… J'espère qu'elle a de quoi vivre. L'idée contraire me serait odieuse. »

Pour l'instant, « l'adorée d'antan » vivotait. Quoique petitement, son frère et sa sœur l'aidaient. La pension octroyée par Maeterlinck arrivait à temps. Tant mieux, car le recours à Deutsch de la Meurthe, le vieux mécène qu'elle avait su s'attacher avant-guerre, n'était plus possible. D'ailleurs, il devait mourir dans l'année.

Sa santé s'améliorant, elle se reprit à espérer, à rêver. Elle n'eût pas été Georgette Leblanc si, à cinquante ans, elle se fût résignée à l'anonymat et à la dépendance. Car se faire oublier, c'était pour elle se soumettre à la charité de Maurice Leblanc ou de Jehanne, à la bonne volonté contrainte de Maeterlinck. Dans l'immédiat, elle n'avait pas d'autre solution que de faire ce qu'elle savait le mieux : chanter, dire des poèmes et donner des conférences. Saint-Saëns, alors âgé de quatre-vingt-quatre ans, lui reparla de *Proserpine*, son opéra qui n'avait plus été représenté depuis 1900. Elle qui revenait lentement à la vie accepta de chanter le rôle de l'épouse du dieu Pluton. L'opéra aurait dû être repris au Théâtre du Vaudeville en avril 1920, mais le sort en décida autrement, le théâtre faisant faillite en janvier. Saint-Saëns mourut en 1921 et *Proserpine* ne fut plus jamais donnée intégralement sur une scène française.

Elle décida de revoir des amis en Belgique et d'y présenter une série de concerts-conférences sur trois poètes : Van Lerberghe, Verhaeren et Maeterlinck. Elle avait un peu connu Van Lerberghe, à qui Maeterlinck prétendait tout devoir. Elle aimait ses poèmes. Quant à Verhaeren, ni l'œuvre ni le personnage ne lui étaient indifférents. En ce qui concernait Maeterlinck, elle ne supposa pas un instant que leur séparation lui interdisait à tout jamais de dire des œuvres qu'elle interprétait depuis 1895.

Avec ses « Poètes belges » — le titre de la conférence — elle remplit quelques soirées à Bruxelles et à Liège.

Dans la capitale belge, elle retrouva surtout une fidèle admiratrice en la personne de Mathilde Serrure, professeur dans une institution pour jeunes filles, qui l'aimait passionnément depuis sa création de *Thaïs* à la Monnaie. Mlle Serrure lui avait écrit et les deux femmes entretenaient une correspondance déjà ancienne. Mathilde était cultivée et même savante. Son visage en arrondis, ses cheveux coiffés en bandeaux, inspiraient confiance à Georgette. Mais il n'était pas pensable qu'elle gardât ce maudit prénom. Georgette la rebaptisa Monique, en pensant à la mère de saint Augustin. Comme une religieuse prenant le voile adopte le nom d'un saint ou d'une sainte, signifiant par là son absolue dévotion à Dieu, l'amie accepta ce changement puisqu'elle entrait dans l'ordre mystique des sœurs de Thaïs et d'Ariane. Désormais, elle se ferait appeler Monique Serrure. Elle serait la secrétaire, la gouvernante douce, entreprenante, éducatrice, et succéderait ainsi à la mauvaise Mathilde Deschamps. Elles convinrent que Monique rejoindrait Georgette à Paris dès que possible, le temps pour l'institutrice de donner sa démission de son collège et de liquider ses affaires à Bruxelles.

À Liège, la cité ardente, Georgette Leblanc causa une très forte impression. En particulier sur un jeune homme de seize ans qui lui était inconnu. Il décida, après l'avoir applaudie, après lui avoir parlé, de partir avec elle à Paris. Il s'appelait Georges Simenon et rêvait d'une carrière littéraire. « (...) on peut appeler ça un coup de foudre ou un petit accès de fièvre. Toujours est-il qu'à minuit moins un quart j'arpentais le quai de la gare des Guillemins, une petite valise à la main ».[455] Un camarade, à qui il s'était vanté de son équipée, survint, le convainquit de rentrer et le raccompagna à la maison. On ignore si Georgette était sur le quai à ce moment-là. Simenon ne le précise pas. Il savait que Maeterlinck l'avait

---

[455] Georges SIMENON, *On dit que j'ai soixante-quinze ans, Destinées, (Mes dictées)*, Presses de la Cité, 1980-1981.

quittée depuis peu pour une jeune femme et se sentait, lui, provincial inconnu mais de grande ambition, de taille à le remplacer auprès de Georgette. Cette anecdote, *dictée* par Simenon lui-même en 1978, prouve à quel point Georgette — dans sa cinquantième année — était encore fascinante. En tout cas elle plaisait aux écrivains belges, qu'ils fussent confirmés ou en herbe, l'adolescent Simenon voyant peut-être en Georgette Leblanc une possible Laure de Berny. Le jeune homme reçut, quelques jours après le passage fulgurant de la conférencière, un exemplaire dédicacé de *Nos Chiens*.

Cette tournée belge vint naturellement aux oreilles de Maeterlinck. Il y trouva un magnifique prétexte. Georgette avait exploité commercialement son nom et ses œuvres. Du coup, il se jugea délivré de toute obligation envers elle et cessa immédiatement le versement de ses mensualités.

La goujaterie du Prix Nobel, si elle atteignit Georgette, lui donna aussi l'énergie de se battre. Aussi loin qu'elle remontait en arrière, elle avait toujours lutté. Après la mort de Blanche, sa mère, elle s'était opposée à son père, veuf rigide et à son premier mari. S'étant émancipée, elle trouva l'homme qu'elle voulait, puis le perdit. Il fallait qu'elle se détache complètement de lui. Elle aurait créé *L'Oiseau bleu* au Metropolitan Opera de New York, si sa séparation ne l'avait automatiquement exclue. Elle comprenait son attitude : « ma carrière d'artiste serait presque impossible dorénavant, car après avoir été si étroitement mêlée à [*son*] œuvre (...) on ne pouvait m'en détacher. Ce qui s'offrirait à moi serait toujours une part de sa gloire, et j'étais prévenue qu'il me refuserait toute autorisation d'y participer. »

Le chant, sa première activité consciente, qui préexistait à l'emprise de Maeterlinck sur sa vie, revint au premier plan. Mais en France, on n'oubliait pas qu'elle avait été compromise par l'affaire Pelléas, certains toujours persuadés qu'elle l'avait provoquée. Elle avait créé *Ariane et Barbe-Bleue*, mais en forçant Carré à se soumettre. Aujourd'hui comme hier, elle était trop libre, trop entière pour s'incliner devant une hiérarchie de directeurs et d'administrateurs de théâtres.

Pour se réinventer une vie, elle devait quitter la France, changer d'air. Il n'existait qu'un seul pays où son passé ne la rattraperait pas, c'était l'Amérique. Là-bas, hors de la littérature et du théâtre, s'étendait un vaste territoire où elle se sentirait libre. On disait que l'Amérique était le pays du cinéma.

Les derniers mois à Paris

Un soir de janvier 1920, Georgette assiste à une représentation théâtrale au Cirque d'Hiver. C'est, selon Karl, un « invraisemblable *Œdipe* ». À l'entracte, il croise son ancienne maîtresse qu'accompagnent un journaliste étranger et une femme. Karl décrit ainsi l'inconnue : « cette Y... a un visage vicieux de lesbienne. Elle me considère avec le regard de ces femmes-là pour les hommes... » [456] Georgette s'échappe un moment pour lui parler. Karl pense alors que Wilde l'eût aimée, oubliant qu'elle avait vraiment rencontré celui qui se faisait appeler Sebastian Melmoth...

Monique aurait-elle déjà rejoint Georgette ? Non. Et d'ailleurs, elle ne ressemble pas au portrait hargneux de Karl. Georgette fréquente le milieu lesbien

[456] Michel BALFORT (Roger Karl), *Journal d'un homme de nulle part*, Op. Cit.

de Paris ? Ce n'est pas vraiment nouveau. Tant mieux si c'est auprès des femmes qu'elle trouve le réconfort dont elle a besoin… Karl est vraiment mal placé pour jouer les moralistes. Y… est une certaine Yorska — Américaine ou Anglaise — que l'on retrouvera plus tard dans la vie de Georgette. Le journaliste étranger est un Américain, un certain Vidal Hundt (le Véral D. de *La Machine à courage*) qui essaie de la convaincre d'écrire ses mémoires et de les vendre au groupe Hearst pour lequel il dit travailler.

C'est peut-être l'année du départ de Georgette que Karl lui présente Max Jacob. L'acteur, traversant une période de nostalgie, note simplement dans son *Journal,* sans date : « La conversation, un jour, si subtile, entre Max Jacob et Georgette Leblanc. » Mais sortant de chez elle, le poète déclare, péremptoire : « Trop intelligente. C'est un vieil homme. Horreur de ces bas-bleus ! »

Karl ne soupçonne pas ses projets américains. Elle veut s'éloigner, fuir le plus loin possible le champ de ruines de ses vingt-trois années maeterlinckiennes. L'acteur et diariste, lui, ne s'intéresse qu'à leur propre aventure. « Depuis la rupture, écrit-il, je laisse mon cœur se vider ou se gonfler comme une éponge, comme s'il m'était étranger. Je ne veux pas écrire. Comme un convalescent évite le mouvement, je ne veux pas gêner un travail secret et salutaire. »[457] Il ignore combien Georgette est déjà engagée, en ce qui le concerne, sur la voie de la guérison. S'il n'est pas encore sorti de sa mémoire, c'est qu'elle le tient finalement pour un triste sire, qui n'a même pas l'excuse d'être poète. Il s'en rend compte à un rendez-vous fixé un soir au buffet de la gare d'Orsay. Quand tout a été dit, rentré chez lui il ne peut qu'écrire : « Il était tard, nous nous sommes séparés gauchement, lourds de regrets, de reproches, de tristesse. » [458] Et il détruit les quelque cinq à six cents lettres qu'elle lui a envoyées depuis 1913.

Georgette rencontre régulièrement Mme Karl Boès, femme de l'ancien directeur de *La Plume* [459], Valette et Rachilde. Fin avril, elle prie Mme Boès d'inviter à dîner Léautaud, qu'elle appelle Boissard. Il viendrait bien, mais la présence d'un convive importun pour lui, Elie Faure, médecin, qu'il trouve un « écrivain assommant « [!] fait qu'il se dérobe. Georgette a tout de même rencontré l'auteur de *L'Histoire de l'Art*, gageons qu'elle a gagné au change. Cependant, elle finit par se rendre au *Mercure*, dans le bureau du bougonnant diariste. Misogyne comme pas un, Léautaud n'a que faire de Georgette qu'il a pourtant encensée dans ses Chroniques de Maurice Boissard. Quand elle lui annonce qu'elle est sur le point de quitter la France pour l'Amérique et qu'elle lui écrira sans qu'il soit forcé de lui répondre, il rétorque : « Vous allez un peu vite. Je vous répondrai peut-être. » Ensuite, il note : « Je la croyais grande, elle est petite. Elle a peut-être été jolie. Elle n'est pas très distinguée. Elle a l'air d'une femme à hommes. » Grossièreté de l'ami des bêtes…

Georgette voyait lucidement ce qui l'attendait : la déchéance d'une Nathalie de Goloubeff ou l'équivalent de la mort lente… Elle se sentait jeune. Sarah Bernhardt et la Duse, beaucoup plus âgées, continuaient leur carrière. Pourquoi se serait-elle retirée ? En outre, le milieu littéraire de sa jeunesse sentait le rance. Il suffit de lire les ragots de Léautaud pour être édifié. Georgette aurait dû s'inté-

---

[457] Michel BALFORT (Roger Karl), *Journal*… Op. Cit.

[458] Ibid.

[459] Karl Boès fut l'éditeur de Liane de Pougy *(Idylle saphique)*.

resser aux petits problèmes de Rachilde, son soi-disant refus de la Légion d'honneur, son dépit de ne pas l'avoir obtenue, sa jalousie de Colette qui avait été décorée, etc. De l'autre côté de l'océan existaient un pays neuf et un art plus neuf encore. En lisant ses *Propos sur le cinéma* publiés au *Mercure de France* en novembre 1919, on voit, dans sa décision de s'expatrier, le rôle déterminant de l'image de l'Amérique donnée par les films : « ... (...) prenons plaisir... aux films américains. La naïveté, la fraîcheur, la jeunesse de la race leur prêtent des qualités qui expliquent leur succès autant et plus que la supériorité des moyens matériels. Les hommes sont de grands gars au sourire honnête, simples et sans cabotinage. (...) Les femmes sont enfantines, vives, claires, leur beauté n'est rien moins que fatale. Tous sont sportifs, ou pourraient l'être, leurs mouvements sont souples, précis, bien ajustés à l'intention.

« Un grand acteur français disait un jour à l'un de ses élèves : " Allez donc au bout de l'intention !" Évidemment, mais il faut pour cela une plénitude de force et de santé, un organisme équilibré. Il faut que la machine humaine soit en parfait état. Les Américains donnent cette impression physique agréable de jeunes créatures saines et puissantes. Ils sont mus par une mécanique neuve dont les ressorts ne « jouent » pas encore, et ils animent ainsi de leur grâce et de leur jeunesse des films dont les moindres valent par le naturel des personnages et par la richesse de vie qu'ils mettent au service de l'objectif. Des cavaliers fous traversent les pampas, de superbes brutes luttent à coups de poings dans les mines et font songer aux bronzes héroïques du grand Constantin Meunier, des batailles se livrent, il y a de la force, des muscles, de l'allégresse, de l'ardeur, du sang, et, au milieu de tout cela, ingénue, fragile et candide, une enfant blonde qui ne comprend pas...

« Est-ce de l'art ? Qu'importe ! Encore une fois, c'est de la vie, et voilà l'essentiel. »

De la vie...

Cette vie qu'aimait tant le jeune Jacques Vaché, qui écrivait en style télégraphique présurréaliste pendant la boucherie de 14-18 : « Je serai aussi trappeur, ou voleur, ou chercheur, ou chasseur, ou mineur, ou sondeur — Bar de l'Arizona (Whisky — Gin and mixed ?), et belles forêts exploitables, et vous savez ces belles culottes de cheval à pistolet-mitrailleuse, avec étant bien rasé et de si belles mains à solitaire. »[460] Ou Arthur Cravan. Ou L.-F. Céline, plus tard, célébrant la beauté des danseuses d'outre-Atlantique.

Le cinéma américain envoie ses forces vitales à l'Europe qui se relève, hébétée, de la guerre. Pourquoi Georgette, qui voulait enfin vivre pour elle-même, n'aurait-elle pas cru elle aussi en l'Amérique ? Autour d'elle, on se récria. À son âge, ce n'était pas raisonnable. Pourquoi n'écrivait-elle pas plutôt ses mémoires ? Elle répliqua : « Mais qu'on ne me parle pas d'écrire ! Si tu savais comme la littérature me dégoûte ! N'est-ce pas elle qui est à la base de mes malheurs ? »[461] Et, évoquant Maeterlinck : « Pour lui, comme pour moi, la littérature fut le premier mal de notre union. Elle a faussé notre jugement. Je n'ai rien compris, rien vu,

---

[460] Jacques VACHÉ, *79 Lettres de guerre*, (réunies et présentées par Georges Sebbag), Jean-Michel Place, Paris, 1989.
[461] Georgette LEBLANC, I, Op. Cit.

aveuglée par du sublime sur papier. Le danger, c'est la morale et la philosophie, toujours fatalement erronées. »[462]

Pendant qu'elle exprimait le plus violent dégoût pour la littérature opposée à la vie, elle négociait avec Hundt, pseudo-agent du groupe Hearst à Paris, la publication de ses souvenirs aux États-Unis. Ce journaliste lui avait fait miroiter le départ d'une nouvelle carrière. Elle devait se faire connaître là-bas par un grand coup de publicité. Pourquoi ne pas utiliser à cette fin le récit de sa vie et de sa rupture avec Maeterlinck ? Pour un étranger, cela paraissait simple. Mais il lui était impossible d'écrire une ligne sur son passé, le « cadavre de sa vie morte ». Si elle l'avait avoué à l'agent de Hearst, il n'y eût pas eu de contrat, ni d'avance financière, partant pas de voyage en Amérique. Or cette traversée était devenue une question de vie ou de mort. L'Américain était grand, beau, sympathique comme les acteurs de cinéma de Hollywood. Il lui fit de mirifiques promesses. Dans l'enthousiasme, elle accepta un contrat léonin : pendant cinq ans, il toucherait trente pour cent sur ce que lui rapporteraient ses activités artistiques. La seule réserve qu'elle se permit concernait ses mémoires, dont le héros principal, Maeterlinck, ne devait pas être mis en cause, ou plutôt ne devait l'être qu'avec sa permission à elle, et dans des expressions dont elle serait l'auteur.

Au moment de ces discussions, elle n'avait pas encore écrit une ligne. Le groupe Hearst achetait donc du vent ou, si l'on veut, un projet de livre.

De New York où il était retourné, Hundt télégraphia : le *Sunday American* proposait 4 000 dollars pour la publication de ses souvenirs. Georgette accepta. La somme lui parut honnête. De toute façon, ce qui lui importait par-dessus tout était de partir.

Maurice Leblanc tenta de la faire revenir sur sa décision. Là-bas, elle aurait à affronter des difficultés dont elle n'avait pas la moindre idée. Lui qui n'attendait plus rien de la vie et que le succès — pas celui qu'il espérait mais tout de même ! — avait comblé au moins financièrement, utilisa, dans l'espoir de la fléchir, des arguments assez curieux. « Ta vie fut magnifique, tu as eu les plus belles joies d'art et d'amour, pourquoi maintenant ne pas rester en paix ? »

Le père d'Arsène Lupin, emmitouflé dans son châle, astreint à un labeur littéraire quotidien, aspirait peut-être à la retraite. Georgette non. Elle ne considérait pas la vie « comme un gâteau dont on mange d'abord le gros morceau, sans considération pour le reste. J'entrevoyais au contraire que les dernières miettes pouvaient être les plus importantes ! »[463]

L'entretien entre le frère et la sœur se termina sur des positions diamétralement opposées. Maurice : « Ta vie de bataille est finie. » Georgette (se levant) : « Non, Maurice, ma vie commence. »[464]

L'opposition de principe de Maurice ne s'appuyait pas seulement sur des considérations existentielles. Le départ de sa sœur signifiait qu'il allait devoir encore y être de sa poche.

Elle lui avait inspiré quelques romans et contes : ce départ risqué lui donnerait — qui sait ? — l'idée d'une nouvelle œuvre. Manière indirecte mais insuffisante de se rembourser, cependant. Celle qu'il avait baptisée *La Demoiselle aux yeux verts* lui était depuis l'enfance un constant sujet d'agacement, d'étonnement

---

462 Ibid.
463 Ibid.
464 Ibid.

et d'admiration. Il l'aimait beaucoup, certes. Mais il ne perdait pas de vue l'apurement de leurs comptes. Georgette était en effet sa débitrice. Et il ne cessera de la relancer avant qu'elle ne s'embarque, pour qu'elle lui signe au moins une reconnaissance de dette.

Monique Serrure la rejoignit à Paris début septembre et elles apprirent à se mieux connaître tout en faisant leurs préparatifs.

L'amour fou de Monique durait depuis vingt-cinq ans et son idolâtrie serait sans fin. En lui faisant maintenant le don de sa personne, Georgette lui ouvrait les portes d'un monde longtemps inaccessible. Monique ne pouvait soupçonner qu'elles avaient le même âge puisque Georgette prétendait être née en 1875 et que, réellement, la cantatrice paraissait beaucoup plus jeune que sa nouvelle secrétaire. Dans ses carnets, véritable journal de bord de leur union, Monique s'extasie souvent sur la capacité de récupération de Georgette et son visage jeune, souriant, qu'un séjour à la campagne régénérait.

Le type de leur relation apparaît clairement, quand Monique note : « Soir : tendre effusion. Je la prends dans mes bras. Nous nous serrons tendrement. » Georgette lui déclare : « Mon frère m'a demandé ce que tu pouvais être pour moi. Une mère. C'est encore ce qu'il y a de meilleur. Ma Monique, pourquoi hésitais-tu, pourquoi disais-tu que tu ne pourrais rien faire pour moi ? On ne demande pas à une mère de savoir des choses !... Une mère, c'est mieux que tout ! » Si ce besoin d'une mère n'est pas forcément au cœur de toutes les relations homosexuelles féminines, il occupe une place prépondérante dans nombre d'entre elles et dans l'attirance exercée par certaines femmes sur Georgette. Sa déclaration d'amour à Monique est proche de ce que chuchote la narratrice de Colette à son amante : « ... Tu me donneras la volupté, penchée sur moi les yeux pleins d'une anxiété *maternelle*, toi qui cherches à travers ton amie passionnée, *l'enfant* que tu n'as pas eue. »[465]

Dans les semaines précédant leur départ, Georgette se confia davantage à Monique. Son union avec Maeterlinck l'avait coupée de toutes ses amitiés. En 1912, si elle avait pris Karl pour amant c'était que Maeterlinck avait fait de Renée sa maîtresse. Mais l'homme qu'elle eût pu aimer vraiment et pour qui elle eût quitté le poète était, malgré leur différence d'âge, le futur biophysicien Pierre Lecomte du Noüy !

Monique accueille ces révélations avec une tendresse frémissante. Elle est dans son rôle de « mère ». Georgette se repose entièrement sur elle de l'organisation de leur voyage et de leur vie quotidienne à cette période où se situent également de mystérieuses séances de tatouage chez un certain docteur Voronoff.[466] Essayages de vêtements, tatouage de Georgette. Monique note tout

---

[465] COLETTE, *Les Vrilles de la vigne* (cf. Michèle Sarde, *Colette, libre et entravée*, Stock, 1978). La libraire Adrienne Monnier, d'autre part, avait baptisé Odéonia sa librairie et celle de sa compagne Sylvia Beach, cette partie de la rue de l'Odéon qu'elles occupaient à elles deux. Mais ce lieu n'était pas seulement géographique. C'était, selon Adrienne Monnier, un « Pays de la Mémoire », « un lieu où les Mères nous bercent et nous sourient sans cesse. » (Cf. Shari BENSTOCK, *Femmes de la Rive Gauche*, éditions des Femmes, 1987.)

[466] Le docteur Voronoff — célèbre dans les années vingt — prétendait avoir découvert un traitement miraculeux qui empêchait le vieillissement. (Renseignement dû à Mme Gh. Dewèvre)

avec minutie. Georgette a cette phrase, à propos de sa beauté : « C'est de la façade, je serai jolie jusqu'à mon dernier jour...pour la parade ! »

Elles ont l'une et l'autre le goût du déguisement, sortent le soir habillées en bonnes et vont consulter des voyantes. Le voyage en Amérique se fera-t-il ? Et que se passera-t-il là-bas ? Autant de questions cruciales à poser aux devineresses !

En attendant, elles vivent parfois à trois dans l'appartement du sixième proche de la rue Lalo. Marie-Louise Leblanc, désormais veuve de guerre,[467] veut passer avec sa tante les dernières semaines avant son départ. Mais bientôt, Georgette est expulsée de son appartement et elles doivent se réfugier au Pavillon des Muses.

Quand elles circulent en taxi ou à l'arrière de la voiture de Maurice Leblanc, dans les quartiers fréquentés par Roger Karl, Georgette, craignant d'être reconnue, se recroqueville sur la banquette et se cache sous son manteau. Maurice se moque d'elle mais n'oublie pas la question de la reconnaissance de dette. D'autant qu'elle l'a convaincu de lui prêter une nouvelle somme d'argent. Enfin, le frère et la sœur parviennent à un accord.

Georgette rédigea et signa le texte suivant :

« Je reconnais devoir à mon frère Maurice Leblanc la somme de 14 000 francs prêtée autrefois et 5 000 prêtés pour mon départ en Amérique.

« Pour cette somme globale, je lui donne en garantie tous les meubles et objets qui m'appartiennent. Je lui lègue d'ailleurs tout ce qui composera ma succession au moment de mon décès. »

Elle le lui remit le 27 novembre, jour de son départ.

Elle envoya aussi cette lettre à son amie Marguerite Maze : « Tu as bien senti qu'il faut que je lutte, que je m'extériorise pour ne pas mourir de tristesse. Il faut que je me débatte, même inutilement.

Quand j'aurai bien peiné, si c'est en vain, il faut espérer que l'espoir sera mort avec la vanité de l'effort et alors je pourrai entrer dans la solitude et le silence. »

---

467 Le sous-lieutenant mitrailleur que la nièce de Georgette avait épousé en 1917 fut tué en octobre 1918. Marie-Louise Leblanc ne se remaria pas. (Cf. Jacques Dérouard, Op. Cit.)

SIXIÈME PARTIE
(1920-1925)

La renaissance américaine : rencontre avec quelques êtres exceptionnels

« — Et l'artiste en Amérique ?

« — Si vous, Américains, pouviez seulement avoir quelque patience en présence de la vie, tout irait bien, mais vous vous y refusez. Tout ce qui est vrai vous choque. Ce n'est pas le cas pour tout le monde, bien entendu. Je veux dire le peuple, le pauvre peuple tragique. Quand comprendra-t-il ? Comprendra-t-il jamais ? »

Yvette Guilbert à Djuna Barnes.[468]

« La parole connaissait des frontières.

« Le silence est un langage universel.

« La paix des nations a soif de silence. »

Marcel L'Herbier (1918)

« Sentez-vous combien les paroles deviennent superflues et inutiles ? Sentez-vous combien la raison, à elle seule, est impuissante ? Nous touchons là au Principe de tous les Principes. »

Georges Ivanovitch Gurdjieff (1915)

---

[468] Djuna BARNES, *Interviews*, (traduit de l'anglais par Camille Bercot) Christian Bourgois éditeur, 1989.

Les émigrantes à New York

Le 27 novembre[469] 1920, Georgette Leblanc et Monique Serrure quittèrent la France à bord de l'*Olympic*, le paquebot que Georgette, alors passagère adulée dont la presse annonçait les voyages, avait pris huit ans auparavant pour sa première traversée. En cet automne d'après-guerre, aucun journaliste n'aurait gaspillé une ligne pour elle. Elle n'était plus qu'une passagère comme les autres. Âgée de cinquante et un ans, elle n'emmenait avec elle qu'un poisson rouge dans un bocal et une bonbonnière contenant un peu de terre de l'abbaye de Saint-Wandrille. Elle emportait aussi l'espoir de fonder une nouvelle carrière en Amérique et — pourquoi pas ? — de s'y établir. Au large des côtes de l'Europe, elle s'adressa aux « forces » qui lui avaient permis d'entreprendre ce voyage : « Puissances qui m'avez protégée quand j'étais perdue. Puissances qui m'avez gardée quand j'étais morte à la vie. Je crois en vous ! Et je vous demande d'étendre votre protection sur ma Monique et sur tous ceux que j'aime ! »

New York, qui, dans les années cinquante, succéderait à Paris en tant que capitale artistique du monde occidental, recueillait déjà nombre d'Européens en rupture ou désireux de prendre le large. Certains d'entre eux — dont pas mal de Français (Duchamp, Varèse, Gleizes, Picabia, etc.) —, arrivés pendant la Grande Guerre. Durant cette période, Pierre Monteux dirigea l'orchestre du Metropolitan Opera avant de prendre la direction de l'Orchestre symphonique de Boston. Copeau et sa troupe jouèrent les classiques français jusqu'en 1918. Révolutionnaire expulsé de France en Espagne, Léon Trotski, embarqué à Barcelone, fit un détour par New York pour rentrer en Russie et organiser l'insurrection d'Octobre. Il avait traversé l'Atlantique sur le même navire qu'Arthur Cravan, poète et boxeur, qui, lui, rejoignait l'avant-garde artistique de Greenwich Village.

---

[469] Dans *La Machine à courage*, G. L. écrit : « Je m'embarquai (...) le 27 octobre 1920. » Mais dans les carnets intimes tenus par elle-même et Monique Serrure, on lit 27 novembre, date également de la rédaction de la reconnaissance de dette et de sa remise à son frère Maurice, le jour de son départ. Le récit de *La Machine à courage* commence en décembre à New York, où Georgette dit être seulement depuis quelques jours.

Quand l'*Olympic* jeta l'ancre, Georgette et Monique se sentirent comme deux misérables créatures débarquées sur une côte hostile. Heureusement, Vidal Hundt les attendait à la gare maritime. Il semblait avoir tout prévu. Georgette, sa gouvernante et leurs bagages furent emportés dans un taxi qui les déposa devant le Madison Square Hôtel où une suite était retenue. Elles s'y installèrent et se crurent sauvées.

Depuis 1912, « Gotham » avait encore accentué sa verticalité. Manhattan exhibait des gratte-ciels qui accrochaient les nuages. Pour prendre la mesure de la ville, Georgette monta sur le pont de Brooklyn. « Un vent dur luttait contre moi. Je tenais mon manteau à deux mains pour protéger mon corps — un corps… tout ce que je possédais. (…) J'étais égarée parmi les choses géantes. Une foule pressée s'agitait (…). Je ne comprenais pas ses desseins. Je ne comprenais pas ses mots. » [470]

Elle allait mieux comprendre la ville elle-même dans les mois à venir, son architecture, sa topographie, son essence. Entre le port et la Bourse, y avait-il une place pour les artistes, et laquelle ?

Une Miss Dean, échotière, vint l'interviewer, et son journal annonça bientôt l'arrivée « mystérieuse » de la cantatrice. « *Will Georgette Leblanc find the blue bird here ?* » D'autres reporters furent reçus, afin de créer l'événement. C'était d'autant plus excitant pour eux que Maeterlinck et son épouse, revenant de Californie, étaient passés récemment par New York avant de rentrer en France.

Maintenant que la presse avait été conviée dans la suite « luxueuse » de la cantatrice, Hundt organisa le repli. Pour faire fortune avec les mémoires de l'ex-compagne de Maeterlinck, il lui fallait maîtriser ses investissements.

Le Madison Square Hotel lui coûtant trop cher, il fit déménager ses protégées pour un appartement de la 72e rue, au septième étage, où il y avait des punaises. On dut faire venir l'exterminateur. Les deux femmes découvrirent l'importance de cette profession à New York, ville envahie par les cafards et autres insectes nuisibles. Georgette regretterait bientôt qu'il n'y eût pas d'exterminateur pour les parasites du genre de Hundt.

Provisoirement débarrassée des insectes à l'odeur infecte, qui révèlent plus que d'autres la misère, Georgette s'attela sans aucun enthousiasme à l'ouvrage qu'on attendait d'elle. Dégoûtée à l'avance par le résultat, mais décidée à s'en sortir, elle essaya d'extraire de sa vie le jus romanesque adapté à un journal à grands tirages. Monique tapait son texte à la machine. L'homme du groupe Hearst, un certain Green, venait chercher la *story* destinée au *Sunday American* pour la faire traduire.

À mesure qu'elle entrevoyait la voracité et la puissance de la presse américaine, Georgette s'effrayait. Monique, qui parlait et écrivait l'anglais à peu près couramment, l'avait mise en garde contre certaines bizarreries de la traduction. Incapable de se rendre compte par elle-même de ce que l'on était en train de lui faire dire, elle s'interrogea. Comment faire ? Dans le doute, le mieux était de retarder la publication. Le responsable du *Sunday American* exigeait d'avoir les coudées franches. Georgette refusa de laisser imprimer la moindre ligne qui n'eût pas été supervisée par elle. Le journal, n'étant pas « absolument libre », lui coupa les vivres. Elle apprit ainsi comment fonctionnait la Libre Entreprise. Au début de l'idylle, lorsqu'elle avait voulu rencontrer William Randolph Hearst, elle avait

[470] Georgette LEBLANC, II, Op. Cit.

provoqué un éclat de rire. Le *Sunday American* n'était qu'une feuille parmi d'autres. Citizen Hearst possédait vingt quotidiens, onze hebdomadaires, six magazines. Il était présent dans la radio, le cinéma, l'immobilier, les mines d'or, les terrains à bâtir… Patron de droit divin, il était aussi inaccessible que Dieu le Père. À ce moment-là, la naïveté de Georgette avait amusé les hommes de Hearst. Maintenant, on ne riait plus. Puisqu'elle refusait la fortune, on la menaçait. Si elle s'obstinait, le journal la forcerait à rembourser les avances consenties. Rien n'obligeait le *Sunday* à publier sa prose…

Pierre Lecomte du Noüy, son ancien partenaire dans *La Tragédie de Lady Macbeth*, vivait depuis janvier 1920 à New York. Biophysicien renommé, il œuvrait à l'Institut Rockefeller pour la recherche médicale *(Rockefeller Institute of Medical Research)*. Célèbre du jour au lendemain pour sa découverte en 1916 de « la loi quantitative qui exprime le taux de guérison des blessures », Lecomte du Noüy intégra à Compiègne l'équipe du docteur Alexis Carrel et, en juin 1917, présenta à Paris sa thèse de doctorat ès Sciences[471]. En juillet, il exposait déjà à New York les résultats de ses travaux. Les conférences et les démonstrations eurent lieu à l'Institut Rockefeller. Là, il enseigna également la méthode de traitement des plaies Carrel-Dakin. Il s'agissait de former les chirurgiens américains qui allaient opérer les blessés de guerre. De retour en France, il reprit ses recherches à l'hôpital de Compiègne et mit au point son premier tensiomètre. L'hôpital détruit par un bombardement en juillet 1918, le jeune savant continua ses travaux à Saint-Cloud puis à Paris. À l'époque le seul Français membre associé de l'Institut Rockefeller, on lui avait offert, à la fin de la guerre, de diriger un programme de recherches à New York, et il n'avait pas hésité.

Lecomte du Noüy et Georgette Leblanc étaient l'un et l'autre des immigrants de fraîche date, mais placés à des échelons très différents. Alors âgé de 37 ans, le protégé de Carrel poursuivait son œuvre de savant et d'humaniste. Georgette devait recommencer à zéro. Dès qu'il sut sa présence, il vint la voir et lui conseilla de ne pas ménager Maeterlinck. Georgette fut momentanément encouragée par son pragmatisme et reprit espoir. Il connaissait encore peu de monde à New York et l'emmena chez ses amis, Henry Caro-Delvaille et son épouse. Caro-Delvaille, peintre français[472], recevait tous les dimanches soirs des artistes et des personnalités cosmopolites. Il était estimé pour ses nus féminins élégants — pureté des lignes et subtilité des couleurs. Edmond Rostand lui avait confié la décoration de sa villa de Cambo-les-Bains.

Les quelques soirées où le savant l'accompagna, Georgette dut amèrement regretter son âge et sa situation, car à moins de quarante ans, il exerçait une séduction extraordinaire. Le designer Raymond Loewy lui trouvait « le physique d'une vedette de cinéma, l'esprit d'Oscar Wilde, la finesse de Voltaire, du Noüy représentait la quintessence de l'élégance dans la retenue. » Maintenant trop de choses séparaient Georgette de ce « Don Juan » qui avait, toujours selon Loewy, « le rythme de Laurence Olivier ».[473] Tout en s'efforçant de renaître à la vie, elle ne se faisait aucune illusion. Ce qui avait été possible dix ans auparavant entre

---

471 « Recherches expérimentales et application des méthodes de mesure et de calcul à un phénomène biologique : la cicatrisation. »

472 Caro-Delvaille (Henry) : Bayonne, 1876 ; Paris, 1928.

473 Raymond LOEWY, cité par Mary Lecomte du Noüy, in *Pierre Lecomte du Noüy,* La Colombe, Paris, 1955.

Pierre et elle était désormais exclu. Après leurs brèves retrouvailles, ils furent repris par leurs occupations. Pour la recrue du prestigieux Institut Rockefeller, le travail de laboratoire et les bonnes fortunes, jusqu'à ce qu'il rencontre celle qui serait sa seconde épouse ; pour Georgette, les effarants exploits de la survie.

L'appartement était payé, mais les deux femmes possédaient à peine de quoi se nourrir. Elles abordaient la misère à cinquante et un ans. Quatre mois passèrent en efforts inouïs, alors qu'il neigeait sur New York. Toutes sortes de parasites proposèrent leurs services dans l'espoir de gagner quelques dollars sur la réputation de Georgette Leblanc. Le moindre projet nécessitait la consultation d'agents et d'avocats et chacun pensait d'abord à prélever sa dîme. Un concert donné à l'Hippodrome fut à un moment sur le point de se faire. Albert Wolff[474], consulté, jugea que ce serait un magnifique début. Mais l'œuvre proposée n'était autre que l'injouable *Sœur Béatrice*...

Le soir, Georgette sortait parfois avec Hundt, qui semble avoir été de temps à autre plus que son impresario. Ils allaient au cinéma ou au music-hall, ce type de spectacle jadis méprisé, qu'elle s'étonna d'aimer à ce point « Ils ont l'air de s'amuser vraiment en scène. Ils ont tous un tempérament, une vitalité. À Paris, c'était toujours de la singerie. »

Elle rentrait assez mélancolique de ces soirées, songeant au lendemain et à la nécessité de manger. Marié, père de famille, Hundt prétendait devoir s'occuper en priorité de son épouse et de leur progéniture. Et puisque les mirifiques affaires qu'il avait espérées s'écroulaient comme des châteaux de cartes, il grattait ailleurs de quoi ramener sa subsistance. Chacun pour soi. Lorsque Georgette gagnerait de l'argent, il prendrait sa part.

Les derniers *cents* dépensés, un jour d'hiver elle descendit à Central Park armée de son carnet de croquis. Elle était en fourrure. Un homme bien mis lui acheta un dessin cinq dollars. Le soir, elle put dîner de nouilles au jambon avec Monique.

C'est à une représentation de *Monna Vanna*, l'opéra d'Henry Février, dans lequel chantait ici Mary Garden, qu'elle rencontra Allen Tanner. Inconnu, quoique pianiste et compositeur de talent, il appartenait à la bohème de Greenwich Village. Joli garçon efféminé, il avait admiré Georgette Leblanc pour la première fois à l'Opéra de Boston, quand elle interprétait le rôle de Mélisande sous la direction d'André Caplet. Allen n'était encore qu'un adolescent accompagné de ses parents. Près de dix années plus tard, lorsqu'il la reconnut sortant de la loge de Mme Hammerstein, directrice du Manhattan Opera House, il la crut de retour en Amérique dans les mêmes conditions brillantes qu'avant la guerre. Il n'aurait pu imaginer la situation précaire de son idole dont la réputation artistique — pour les happy fiew d'ici — demeurait intacte. Il la salua, après qu'elle eut été féliciter Garden, et se réclama de Debussy, Ravel et Scriabine, les intercesseurs que ce pianiste confidentiel s'était choisis pour l'aborder. Elle le mit sans tarder au courant de son infortune, de sa situation d'otage du groupe Hearst. Il sut alors que la grande Georgette Leblanc était devenue aussi désargentée qu'une poétesse de Greenwich Village et qu'un contrat absurde la liait à la presse la plus vénale des États-Unis. S'il avait été un tapeur décidé à « emprunter » quelques

---

[474] Chef d'orchestre et compositeur, Albert Wolff (1884-1970) était établi à New York depuis 1919. Il dirigea au MET jusqu'en 1921, créant vingt-deux œuvres françaises. Compositeur, il a écrit la musique de *L'Oiseau bleu*.

dollars à une cantatrice en tournée, il eût fui sans retour. Au contraire, il chercha aussitôt à l'aider en lui faisant connaître une autre femme qu'il admirait.

Tanner était un proche de Margaret Anderson, éditrice, avec son amie Jane Heap, de *The Little Review*. En 1921, cette belle femme blonde de trente-cinq ans, elle aussi homosexuelle, qui avait étudié le piano, connaissait Georgette Leblanc par les récits enfiévrés de son ami Allen.

Margaret Caroline Anderson

Qui était Margaret Anderson ? Elle était née à Indianapolis (Indiana) le 24 novembre 1886. Après une éducation commencée dans sa ville et à Youngstown où résidèrent ensuite ses parents, Arthur Aubrey Anderson et Jessie Shortridge, elle étudia de 1903 à 1906 au Western College for Women d'Oxford, dans l'Ohio. Durant cette période, elle lut beaucoup et poussa assez loin ses études musicales. En littérature, ses goûts étaient assez éclectiques : Havelock Ellis, Dostoïevski, Shelley, Keats, Swinburne.

Après ses trois années de collège, elle décida de retourner chez ses parents et eut très vite à se demander comment échapper à la médiocrité. Elle aimait la conversation à la folie, à la manière d'une dame du XVIIIe siècle, mais dans son milieu d'origine il lui était difficile, sinon impossible, de pratiquer avec profit pour son intelligence et sa sensibilité la forme la plus civilisée de la communication entre les êtres humains.

Aussi partit-elle pour Chicago, alors centre de l'effervescence intellectuelle du Midwest.

Elle se fit engager par un magazine religieux, *The Continent* et débuta également à *The Evening Post*, où elle fit de la critique littéraire.

En 1912, elle entra comme vendeuse dans « la plus belle librairie du monde », imaginée par l'architecte Frank Lloyd Wright pour la Maison des Beaux-Arts de Chicago. Elle rencontra là Francis F. Brown, l'éditeur du *Dial*, qui l'invita à rejoindre son équipe. Elle se forma aux métiers de l'édition, ce qui devait plus tard lui être très utile.

Vers 1913, curieuse de connaître les projets des grands éditeurs, elle revint à *The Continent* en tant que rédactrice littéraire. Elle se rendait souvent à New York et fit connaissance, entre autres, d'Alfred Harcourt, fondateur de la maison Harcourt & Brace.

À Chicago, elle rencontra Floyd Dell, directeur littéraire de *The Evening Post*, et sa femme Margery Currey, âme d'un salon littéraire où se réunissaient Sherwood Anderson, Théodore Dreiser, Susan Glaspel, Llewellyn Jones, Arthur Davison Ficke et Dewitt C. Wing. Ce dernier allait participer à ses côtés au lancement de *The Little Review*.

Mais les jours de Margaret à *The Continent* étaient comptés. Au bout d'un an, elle perdit son emploi, parce qu'elle avait osé dire tout le bien qu'elle pensait de *Sister Carrie*, premier roman de Dreiser publié en 1900 et aussitôt accusé « d'immoralité ». Effrayé, l'éditeur retira lui-même le livre de la vente. En 1913, le rédacteur en chef de *The Continent* pensait qu'il n'y avait aucune raison de réhabiliter *Sister Carrie* et licencia Margaret.

Cette disponibilité soudaine poussa la jeune femme à sortir au plus vite la revue dont elle rêvait depuis longtemps. Elle trouva des commanditaires à

Boston et New York et put compléter les fonds apportés par Dewitt C. Wing. Puis elle fit appel aux auteurs, poètes et écrivains, qui lui parurent dignes d'être au sommaire de sa revue dont le slogan était : « Une revue d'art qui ne fait aucun compromis avec le goût de tout le monde. »

À la Maison des Beaux-arts de Chicago, Margaret ouvrit un bureau dans la salle 917, où se tiendraient le siège et la rédaction de *The Little Review*, parution mensuelle. Elle pratiquait volontiers l'euphémisme et parlait de sa revue d'un ton modeste et détaché. Rien à voir avec le style d'une proclamation artistique européenne. Pourquoi avait-elle fondé cette publication sans précédent en Amérique ? Simplement parce que « Les gens qui sont artistes sont plus intéressants que ceux qui ne le sont pas et voient la vie sous un éclairage spécial. Et cet éclairage spécial est le thème de toute conversation « inspirée » ; et qu'on pourrait tout aussi bien être mort que de vivre en dehors de ce rayonnement. » Ce ton d'antimanifeste, résolument prosaïque, portait la marque de l'École de Chicago et avait quelque chose de rafraîchissant.

Elle reçut la visite encourageante du poète anglais Rupert Brooke, qui effectuait alors un voyage aux États-Unis. Jeune et beau, Brooke était le type même du poète sorti de King's College, charmant, raffiné, brillant causeur. Il plut énormément à Margaret. Ses voyages l'inspiraient. Sous contrat avec un éditeur britannique, il ne put malheureusement donner de poèmes à la *Little Review*. Rentré en Angleterre, il publia *Letters from America*. À la déclaration de guerre, il s'engagea dans la Royal Navy et mourut à 28 ans, en 1915, dans l'île de Scyros, en mer Égée.

Le premier numéro de *The Little Review* parut en mars 1914. Il proposait un poème de Nicholas Vachel Lindsay, précurseur des poètes de la Beat Generation, qui venait de publier son premier recueil, *Le Général Booth entre au ciel*. Cinq poèmes d'Arthur Davison Ficke, un article de Llewelyn Jones sur le bergsonisme, un article de Sherwood Anderson *(The New Note)*. Bien qu'âgé de trente-huit ans, Sherwood Anderson n'avait publié que quelques articles dans le *Dial* mais il avait vécu intensément, changeant de ville et de métier, participant même à l'expédition américaine contre Cuba au moment de la guerre entre l'Espagne et les États-Unis. Il devint, quelques années après sa collaboration à *The Little Review*, un des écrivains les plus connus de l'École de Chicago. Au même sommaire, Henry Bruman Foster signa le premier d'une série d'articles sur Nietzsche. George Soule donna une étude sur la « littérature cubiste » de Gertrude Stein. Margery Currey et Cornelia Anderson (la première épouse de Sherwood) contribuèrent à la revue par un compte-rendu critique du livre d'Ellen Key, consacré à Rachel Varnhagen d'Ense, dame fort influente dans le Berlin des Lumières et des débuts du Romantisme. Goethe lui dut, en 1813, sa consécration à Berlin. On voit en elle, aux États-Unis tout au moins, une pionnière du féminisme. L'intérêt de Margaret pour ce personnage rejoint celui de Georgette pour Julie de Lespinasse. L'esprit, la conversation, le charme, la communication par lettres avaient été les armes favorites de ces dames du XVIIIe siècle. La *Little Review* remplaçait le salon littéraire, lieu d'échanges et d'idées, qui fut le principal vecteur des courants de pensée jusqu'à la Grande Guerre. Margaret, montrant par là sa nature éclectique, donna des articles sur la dernière nouvelle de Galsworthy, *The Dark Flower*, une composition musicale de Paderewski et la poésie de Rupert Brooke. Ce premier numéro couvrait également les événements littéraires intéressants de Chicago.

Un coup de pouce de Floyd Dell dans le *Chicago Evening Post* fit décoller les ventes.

Le numéro d'avril attira le public informé, parce qu'il contenait une allocution de Yeats aux poètes américains.

Dès le troisième numéro, Margaret rompit le consensus qui s'était établi autour de la revue, d'avant-garde certes, mais littéraire et poétique avant tout. Ayant assisté à une conférence de l'anarchiste et féministe Emma Goldman, elle fit son éloge, tout en dénonçant la propriété privée. C'en était trop pour Dewitt, son premier commanditaire, qui cessa aussitôt de soutenir la revue. Aux yeux des Américains « blancs et protestants », Emma cumulait les tares. Juive née en Russie, féministe et probablement lesbienne, prônant la collectivisation des moyens de production, elle publiait le journal révolutionnaire *Mother Earth*. Ses diatribes contre l'oppression de la femme touchaient aussi bien les ouvrières que les artistes et les petites-bourgeoises émancipées. En 1919, le gouvernement l'expulsera des États-Unis dont elle n'avait pu obtenir la citoyenneté.

Margaret ne baissa pas les bras et recourut à une campagne de souscriptions afin de payer son imprimeur. Heureusement, Emma Goldman n'effrayait pas tout le monde. Frank Lloyd Wright versa de l'argent. La poétesse Eunice Strong Tietjens vendit une bague en diamants. L'influent Bert Leston Taylor adressa à Margaret et à sa revue un vibrant éloge dans sa colonne du *Chicago Tribune*.

La salle 917 de la Maison des Beaux-Arts reçut les fréquentes visites de poètes et d'écrivains disponibles : Carl Sandburg, qui venait de publier ses premiers vers dans *Poetry*, et Edgar Lee Masters, Ben Hecht, futur scénariste à succès, le romancier Sinclair Lewis, Harriet Monroe. Amy Lowell offrit de soutenir financièrement la revue à condition de pouvoir décider de ce qui s'y publierait en poésie. Margaret refusa.

Emma Goldman écrivit une lettre de remerciement à Margaret et demanda à la rencontrer. Les deux femmes devinrent de grandes amies, malgré leur différence d'âge, Emma étant née en 1869, la même année que Georgette Leblanc.

La mère de Margaret était un tyran domestique. Frustrée d'amour maternel dès son plus jeune âge, Margaret, devenue adulte, recherchait amitié et protection auprès des femmes mûres.

On était en mai 1914. La « petite revue » grandissait de manière trop rapide. La publication étant surtout populaire auprès des journalistes, des poètes désargentés, des féministes et des militants anarchistes, l'argent ne rentrait pas. Des souscripteurs de plus en plus nombreux se dérobèrent. Bientôt, il fut impossible de payer l'imprimeur et la location du bureau. Pire encore, Margaret dut abandonner son studio où elle vivait avec sa sœur Loïs et ses enfants. De la mi-mai à la mi-novembre 1914, les sœurs Anderson en furent réduites à s'abriter sous une tente, dans le Highland Park, au bord du Michigan.

Par chance, à une saison où la température, pendant la nuit, descend en dessous de zéro, un grand article du *Chicago Tribune* plaignit les nomades de la littérature révolutionnaire obligées de camper sur la rive du lac. De nouvelles souscriptions affluèrent. Une maison fut alors promise pour l'hiver qui s'annonçait rude, mais elle échappa au dernier moment aux sœurs Anderson. Finalement, Emma Goldman sauva du froid les dissidentes, grâce à une de ses amies qui mit à leur disposition une maison sur Indiana Avenue.

Par son féminisme et son anarchisme, Margaret garda à la revue son caractère de laboratoire de recherches. Entre 1914 et 1916, elle publia les Imagistes :

des poèmes d'Amy Lowell, un article sur Hilda Doolittle, une « situation des Imagistes » de Richard Aldington. Elle édita John Cowper Powys, Henry James, Théodore Dreiser, des nouvelles de Ben Hecht, le long poème d'Edgar Lee Master *So we grew together*, le portrait de Dreiser par A. Davison Ficke, des nouvelles de Sherwood Anderson, des poèmes de Carl Sandburg et les « Lettres de prison » d'Emma Goldman.

À cette époque puritaine, imprimer ces poètes et ces écrivains signifiait se compromettre. Aucun éditeur en vue n'eût été assez courageux pour le faire. Margaret, seule, osa. Qu'ils soient de Chicago ou d'ailleurs, s'ils ont par la suite acquis, pour certains d'entre eux, une plus ou moins grande notoriété, c'est à elle qu'ils le doivent. Elle qui demeure aujourd'hui encore largement méconnue.

Elle s'interrogea plus tard sur ses critères. « Je n'ai jamais su ce qui a cloché avec l'Art pour l'Amour de l'Art, dit-elle un jour. Est-ce que cela aurait dû être l'Art pour l'Amour de l'argent ? » Au nom de quoi acceptait-elle ou refusait-elle un manuscrit ? Il fallait que le texte exprimât la personnalité de son auteur, bref qu'il eût un style. « Un artiste est une personne exceptionnelle. Seule cette personne a quelque chose d'exceptionnel à dire. À sujet exceptionnel, attitude exceptionnelle. C'est cela le style. »

En février 1916, à New York, Margaret devint l'amie intime de Jane Heap, ce qui mit fin à la liaison de cette dernière avec Djuna Barnes. On sait peu de choses sur les débuts de Jane Heap, née en 1885 de parents aux origines anglaises et norvégiennes. Son père dirigeant les services d'entretien de l'Institut psychiatrique de Topeka, Jane y passa son enfance avec ses sœurs. Ensuite, la jeune fille étudia la peinture et les arts décoratifs à Chicago, où elle aperçut d'ailleurs Margaret pour la première fois, pendant l'été 1915.

La rencontre de ces deux artistes rebelles indéfectiblement fidèles à leur sexe apporta un sang neuf à *The Little Review*. Elles partirent s'installer en Californie, dans une maison rustique, près de Muir Woods, sur la baie de San Francisco et, en septembre, Margaret publia le numéro le plus provocateur de la revue, soixante-quatre pages de papier vierge, l'équivalent du « carré blanc sur fond blanc de Malevitch » peint en 1919. En préambule à cette blancheur, un avertissement aux lecteurs : cette année, *TheLittle Review* n'ayant rien reçu d'intéressant préférait s'abstenir de publier des œuvres inférieures à ses ambitions.

Revenues à New York, les deux femmes ne s'assagirent pas. Surtout Margaret, qui participa à la campagne de soutien en faveur d'Emma Goldman et d'Alexandre Berckman. Margaret tenta de perturber le procès que la justice américaine leur intentait pour menées pacifistes et faillit être jetée en prison. Sa notoriété scandaleuse la fit d'ailleurs chasser de l'appartement qu'elle partageait avec Jane.

Cette phase politique se termina en même temps que la période « blanche » de la revue, quand Ezra Pound, proposant ses services, fut son responsable européen. Les proses et les poèmes — dont ceux de Pound — affluèrent, et Margaret fut convaincue que l'Art existait encore. Pound amena T. S. Eliot, Wyndham Lewis, Yeats. Margaret publia Hart Crane, Ford Madox, ainsi que plusieurs œuvres de William Carlos William.

Pound proposa *Ulysse*. Vivant à Paris, Joyce cherchait désespérément un éditeur qu'il finira par trouver rue de l'Odéon en la personne de la libraire Sylvia Beach assistée de l'autre libraire qu'était Adrienne Monnier. L'Américaine dirigeait Shakespeare and C° ; la Française, Les Amis des Livres. Et leur rôle dans la diffusion de la littérature moderne entre les deux guerres fut considérable. Il faut remarquer que l'œuvre de Joyce, qui ne fait aucune place à l'homosexualité féminine, eut pour défenseurs à New York et à Paris des femmes homosexuelles.

Margaret n'était pas une vieille fille inhibée, dont la littérature eût été l'exutoire. Durant sa liaison avec Jane, elle éprouva une passion — partagée — pour l'actrice Gladys Tilden, jeune et jolie femme remarquée dans un salon littéraire de Chicago.

Jane souffrit de l'éparpillement amoureux de Margaret et menaça de se suicider. Heureusement, Gladys s'éprit d'une certaine Louise Davidson, qui devint son imprésario. Mais Margaret s'intéressa platoniquement à une autre actrice, Joséphine Plows Day, surnommée « Tippy », une tante de Gladys. Agée de 50 ans, membre de la Mansfield's Company de Londres, elle avait joué Shakespeare, Molière, Ibsen et Shaw. Travaillant surtout en Angleterre, elle était venue engager à New York de jeunes actrices pour une tournée européenne. En « Tippy », ce qui attirait par-dessus tout Margaret, était son âge, son air respectable et son autorité. La dame eût pu faire une mère convenable. Leur amitié demeura chaste, « Tippy » ne pouvant apparemment concevoir une autre forme de relations entre deux femmes.

L'actrice rentra en Angleterre, disparaissant pour de longues années de la vie de Margaret dont tous les efforts conscients étaient alors consacrés à la publication de sa revue, un véritable tour de force pour une femme de 30 ans sans argent et sans appuis.

Ayant lu le manuscrit de Joyce, Margaret s'exclama : « C'est le plus beau texte que nous aurons jamais. Nous l'imprimerons, dût-il nous coûter les derniers efforts de nos vies ! »

En mars 1918, commença la parution d'*Ulysse* en feuilleton dans *The Little Review*. Pendant les trois années que dura la publication du chef-d'œuvre joycien, la Poste des États-Unis brûla quatre numéros de la revue pour obscénité. Il y eut des écrivains américains qui dénigrèrent *Ulysse* ; les autres l'ignorèrent. Le 4 octobre 1920, la direction de la librairie « Washington Square » fut accusée par la Société pour la répression du vice d'avoir vendu à un mineur le numéro de juillet-août de *The Little Review* contenant la fin de l'épisode XIII d'*Ulysse*. Les éditrices furent citées à comparaître devant la Cour de séances spéciales.

Margaret Anderson et Jane Heap ne se dérobèrent pas. L'avocat new-yorkais John Quinn, ami de Pound et de Joyce, mécène et grand collectionneur d'art contemporain, les défendit. Sa plaidoirie consista à les présenter comme deux « innocentes » qui n'avaient rien compris à ce qu'elles publiaient. Elles furent néanmoins reconnues coupables d'avoir introduit sur le sol américain une œuvre immorale, et condamnées à une amende de cent dollars. Ce procès pour outrages aux bonnes mœurs américaines était aussi stupide et vain que ceux intentés à Baudelaire et à Flaubert sous le Second Empire, sauf qu'on était au XXe siècle et que James Joyce vivait à l'abri des poursuites à Paris. La France des années vingt, malgré la Grande Guerre et ses suites, ne vivait pas courbée sous l'ordre moral, artistes et poètes y travaillaient librement. New York, en dépit ou à cause de sa verticalité agressive, était encore en proie aux démons de l'ordre puritain.[475] Deux

[475] Ébranlé durant les années soixante-dix, le puritanisme a reconquis droit de cité. Son retour s'est effectué par le « politiquement correct » et les déchaînements médiatiques qui sonnent le glas de la vie privée. En notre fin de siècle, puritanisme et peine de mort sont les traits dominants de la société américaine.

jeunes femmes les affrontèrent seules. Pas un journal de New York ne vola au secours de *The Little Review* et James Joyce.

Cette condamnation prononcée en 1921 et l'absence de solidarité qui en découla choquèrent intensément Margaret et Jane. Elles se sentirent rejetées par la société américaine. Arrière-petite-fille de pionniers hollandais et écossais, Margaret s'était installée à Chicago, puis à New York où, habitante de Greenwich Village, elle avait participé avec franchise et panache aux rites de l'intelligentsia new-yorkaise. En 1917, le *New York Evening Sun* l'avait classée dans le petit nombre des femmes modernes. Une élection avait eu lieu. La poétesse anglaise Mina Loy fut choisie devant Margaret et la baronne Freytag Von Loringhoven. Il y avait un décalage certain entre le *Village* et les journalistes-amis qui gagnaient leur vie dans la grande presse. En tant qu'éditrices, Margaret et Jane étaient perçues comme des marginales aux mœurs non conformistes, qui publiaient des auteurs illisibles. Le vitalisme américain de Margaret fut atteint. Tout en soutenant la revue — qui devint trimestrielle —, elle envisagea sérieusement de l'abandonner en dépit des protestations de Jane. La poésie et la littérature lui pesaient. « Je ne savais plus que faire dans la vie, et à cause de cela, j'eus une dépression nerveuse qui dura plusieurs mois. » Elle rêvait de commencer — à trente-quatre ans — une carrière de pianiste de concert ou d'accompagnatrice. La musique et l'Europe la sauveraient.

L'Europe... C'est en écoutant Yeats chez John Quinn, qu'elle crut y découvrir une alternative à la sauvagerie et au puritanisme américains. En 1924, elle fit la connaissance d'un autre personnage, originaire d'un continent encore plus éloigné dans le temps, qui avait recueilli là-bas des fragments de connaissance perdue dont l'Amérique, sous la férule des managers industriels et des banquiers, n'avait pas la moindre idée. C'était Gurdjieff, venu à New York donner des conférences illustrées de danses soufies.

Et à la fin de mars 1921, Allen Tanner lui présenta Georgette Leblanc.

Quand deux femmes se rencontrent...

Allen Tanner parlait à peine le français. Monique s'exprimait dans un anglais, déjà désuet à New York. Georgette commençait juste à prononcer quelques mots d'américain. Cet idiome basique, en tout cas pour Georgette, elles le réservaient à un emploi utilitaire. Elles ne se seraient pas risquées à s'en servir pour exprimer des idées et des sentiments. Allen avait écrit à Georgette une lettre rendue poétique par sa maladresse même. Lui osait tout.

« New York, Chère Madame, À coups de dictionnaire, je m'assis vous écrire. À dire la vérité, je n'ai jamais été présenté à vous. Je me suis présenter au grand besoin me contenter à cause d'une admiration profonde, laquelle a exister toute ma vie. Pardonnez-moi. Ne croyez pas que je suis présomptueux : il fallait vous addresser parce que c'est un visage telement me connaître, telement admiré et telement sympathique. (...) Voulez-vous être si gentil, me permetter vous voir, chère Madame ? Peut-être nous pouvons faire la musique. » (sic) [476]

Faisant des contresens comiques, Allen évoqua en sabir franco-américain les aventures prodigieuses de ses amies Margaret et Jane. Rempli de fierté, il

---

[476] Georgette LEBLANC, II, Op. Cit.

racontait leur odyssée américaine. L'été, elles vivaient dans la forêt — en fait, depuis leur retour de Californie, à Brookhaven, dans une partie isolée de Long Island — où elles avaient construit un chalet de leurs mains, de même qu'elles avaient fabriqué leurs meubles. Le récit épique et coloré d'Allen fit surgir dans l'imagination de Georgette « deux créatures préhistoriques (...) brandissant la hache pour passer dans les bois ».[477] L'hiver, elles habitaient New York.

Sur les conseils de son avocat, Georgette proposa le manuscrit encore incomplet de ses mémoires à Dodd, Mead and Company, éditeur de ses trois derniers livres dont *The Children's Bluebird*. Dodd accepta à deux conditions : les bonnes feuilles paraîtraient d'abord dans le *Sunday American*, ce qui offrirait une excellente publicité au livre ; et, sa maison étant aussi l'éditeur de Maeterlinck, le manuscrit serait purgé de toute allusion diffamatoire. Au deuxième rendez-vous, M. Dodd et son associé assurèrent que la traduction américaine serait améliorée avant d'être livrée à la publication. Et ils remirent à Georgette une avance de mille dollars. Hundt, le manager vorace, en exigea aussitôt trente pour cent au nom de leur accord. Elle céda et eut cette phrase désarmante : « Si ce n'était pour vous, je lâcherais tout... et à tout autre qu'à vous je dirais merde ! » Ce premier projet de mémoires n'aboutit pas.

Grâce à ces sept cents dollars, Georgette et Monique louèrent une chambre au vingt et unième étage de l'Hôtel Commodore, vaste caravansérail de construction récente, proche de la gare de Grand Central.

Le concert à l'Hippodrome fut remis à des temps meilleurs. Et Georgette, sans enthousiasme, accepta de chanter *Carmen* au Lexington Theater. Ultime précaution ? Son cachet lui fut juste donné avant son entrée en scène. Mais qu'importe ! Ces dollars tombaient bien, quoiqu'elle dût en céder le tiers à Hundt.

À la mi-mars, la saison déjà printanière donnait envie d'air et de lumière au milieu des arbres. Un dimanche à midi, Georgette et Monique allèrent déjeuner sur l'herbe de Central Park d'un morceau de pain et d'une tablette de chocolat.

Le soir, Allen fit appeler la cantatrice dans le hall de l'hôtel. En sortant de l'ascenseur, elle fut attirée par « une silhouette bleu horizon, une main gantée de blanc agitée en l'air et un sourire au-dessous d'une toque de skungs. »[478] Margaret Anderson portait un tailleur usé mais chic, très ajusté. Elles s'embrassèrent. Puis Georgette éclata de rire. Elle expliqua que les récits d'Allen avaient fait naître dans son esprit des visions de femmes sauvages. Allen traduisit tant bien que mal et Margaret répondit par un rire aussi franc.

Elles se plurent. La voix de Margaret, le son de son rire émouvaient doucement la cantatrice. Ses « éclats de rire (...) saccadaient en soprano, mais elle parlait en contralto avec des sons attachés à la gorge. »[479] Toute sa personnalité visible était un enchantement. « Son regard m'intriguait surtout — ses yeux d'un bleu de lac comme habitués à refléter des paysages durs, des espaces vastes chargés de couleurs vives. Quand elle se taisait, ses yeux reposaient dans des orbites parfaitement dessinées en alcôve, leur teinte bleue s'alourdissait, ils devenaient ingénument méditatifs comme ceux des bébés. Sa marche légère semblait mue par l'émotion. Ses gestes étaient particuliers — elle avait une manière amusante d'écarter son coude gauche et de le tenir assez haut avec la main appuyée sur la

---

[477] Ibid.
[478] Ibid.
[479] Ibid.

poitrine et les doigts largement séparés. Une voilette légère soulignait le bout de son nez et retenait ses cheveux châtains. Quand une mèche revenait sur ses yeux, elle avançait la lèvre inférieure et soufflait très fort pour la repousser en arrière. »[480]

La femme de cinquante-deux ans, d'une jeunesse de caractère inentamée, était bouleversée au plus profond de son être par cette Américaine de dix-sept ans sa cadette. « Elle ne parlait pas français et je ne disais pas un mot d'anglais, mais je ne me souviens d'aucune barrière entre nous. Son intensité franchissait les mots et rejoignait la mienne. »[481]

Elle rendit visite à Margaret et Jane. Leur appartement-grenier de Greenwich Village lui plut beaucoup. Le décor inventé par les jeunes femmes lui fit apprécier la maturité de cette génération d'artistes. Avec trois fois rien, elles avaient réussi à allier le confort, la simplicité et l'esthétique. La misère ne pouvait les réduire. Cela les rapprocha.

Elle écrivit plus tard : « Bien qu'on ne l'imagine pas dans la vaniteuse Europe, je touchais à un centre d'art d'une densité que je n'avais jamais rencontrée ailleurs. Dans l'immense New York, les vrais artistes sont peut-être incités à se rapprocher avec une grande solidarité comme des rescapés sur un rocher. »[482] Au Village se réfugiaient non seulement les artistes, mais tous ceux qui avaient maille à partir avec la nation WASP et ses codes rigides.

L'Hôtel Commodore, en raison de sa proximité avec la gare de Grand Central et de la minceur des cloisons qui séparaient les chambres-salons, était devenu rapidement invivable. Le voyageur n'y restait jamais longtemps. Il y passait la nuit et il repartait. Douches, baignoires et toilettes fonctionnaient en permanence. Georgette ne dormait plus et ne pouvait même pas s'étendre. Le plexus noué et douloureux, elle passait ses nuits assise dans un fauteuil. Il fallut déménager.

Elle était fascinée par la hauteur vertigineuse des tours. Elle loua deux chambres au 15e étage du Nobleton Hotel.

Quand Margaret vint dormir dans la chambre de Georgette, Monique fut jalouse et souffrit. Puis, en « véritable mère », elle accepta.

Musicienne d'instinct, Margaret se persuada qu'elle devait accompagner Georgette au piano. Elle fit avec la cantatrice des démarches dans ce sens auprès de grands imprésarios. On les envoya passer des auditions. Pour la première fois de sa vie, Georgette fit quelques essais d'enregistrement. Monique jugea que sa voix perdait beaucoup à être écoutée au phonographe.

Le soir, elles sortaient en compagnie d'Allen et passèrent une soirée chez la « diseuse » Yvette Guilbert, qui habitait alors à New York depuis 1915. Yvette Guilbert était une grande amie de la Duse.

Le mardi 26 avril, Georgette Leblanc rencontra Otto H. Kahn. Elle avait mis sa robe « Maleine », une de celles que Monique préférait. Le financier fut ravi. Cette première « audience », accordée par l'un des hommes les plus puissants d'Amérique, eut une influence heureuse sur le destin de Georgette, et il faudra reparler plus longuement de M. Kahn.

Georgette et Monique étaient arrivées en hiver. Dès le mois de mai 1921, elle souffrirent du printemps excessivement chaud. Comme un signe de ce qui les

480 Ibid.
481 Ibid.
482 Ibid.

attendait, le poisson rouge nommé Augustin creva dans son bocal. Les deux amies étouffaient entre leurs quatre murs. L'une des portes de leur chambre s'ouvrait sur l'échelle d'incendie. À la nuit tombée, pour avoir de l'air, elles grimpaient au sommet de la tour. De là, elles contemplaient les étoiles, Broadway, l'Hudson… Sur cette terrasse entre ciel et terre, Georgette respirait enfin, au-dessus des bruits de la ville. Elle aurait voulu ne plus jamais redescendre, mais c'était nécessaire. Les avocats habitaient Wall Street, et l'affaire du *Sunday American* n'était pas encore réglée.

Le jour, ne possédant pas de tenue printanière en harmonie avec la saison, elle dissimulait sa robe de velours sombre sous un burnous et se coiffait d'une capeline de drap blanc qui « ne supportait plus le nettoyage ». Afin de lui conserver sa blancheur, Monique l'avait saupoudrée de farine. Dans les rues écrasées de chaleur, la brise emportait de petits nuages de poudre blanche.

Avocats et journalistes s'irritaient de l'acharnement de Georgette. Pourquoi ne pas laisser le *Sunday American* publier sa *story* ? Ce serait fait, elle gagnerait de l'argent, et on n'en parlerait plus. Où était le déshonneur ? La presse est par définition éphémère. Georgette s'obstinait : elle avait l'impression de vendre sa vie et de trahir l'homme qu'elle avait aimé. En son for intérieur, elle n'avait pas renoncé à s'expliquer avec lui en tête à tête, afin que le malentendu qui défigurait leur histoire fût effacé.

Elle-même s'en rendait compte : la fatigue et la faim entamaient peu à peu sa détermination et elle finirait par céder. Simplement pour que Monique et elle survivent et que ce voyage et ces souffrances aient un sens. « Je pense souvent, écrivit-elle dans son journal intime — et c'est comme un refrain dans ma tête : « Je suis venue pour avoir une autre vie que là-bas ; une autre, faite d'activités et du travail que j'aime, une autre, pour voir s'éloigner le passé, et voilà qu'un bizarre problème me fut posé et que je le vis difficilement pour satisfaire ma conscience. Mais qui sait s'il ne vaut pas mieux vivre tant de misères que d'avoir des succès au théâtre, qui sait si cela ne m'apprend pas beaucoup plus, qui sait si je ne suis pas heureuse de vivre tant de malheurs au seul bénéfice d'un principe que je trouve juste. L'important est de se sentir exister et la faim me fait sentir sans cesse mon existence. »

Dans ses moments de découragement, elle se disait qu'elle était arrivée trop tard en Amérique. Puis, elle réagissait, un peu honteuse. Non, il n'était jamais trop tard. Même à la veille de la mort, on devait pouvoir recommencer une nouvelle vie. Surtout que maintenant, une amie délicieuse s'offrait à elle et prenait peu à peu sa place à côté de l'irremplaçable Monique. Fin mai, elle offrit à Margaret une de ses anciennes photos, image pieuse du temps de sa splendeur, où elle se nommait encore Georgette Leblanc-Maeterlinck. Elle est assise sur un banc, jambes croisées, tenant contre elle un grand chien aux oreilles dressées. Coiffée d'une capeline, elle porte une lavallière sous un tailleur, et sa jupe laisse voir une bottine montante. La dédicace, encore timide, dit simplement : « Pour Margaret Anderson. Pour ma charmante amie qui réalise le précieux miracle d'avoir autant de cœur que de Beauté ! autant de beauté que d'esprit et d'âme. Tendrement, Georgette Leblanc. »

Charlie Chaplin

Georgette admirait la vitalité du cinéma américain. Elle fut invitée à une soirée d'adieu donnée au Ritz par une de ses icônes, Charlot en personne. On ne présente plus Charlot. On a pu dire, dès les années vingt, qu'il était infiniment plus célèbre que Jésus-Christ, sans que l'on crie au blasphème.

À l'entrée de sa suite, il accueillit Georgette et la débarrassa de son manteau qu'il tendit au groom. « Il m'apparut d'abord plus âgé que je ne le supposais, correct et très gentleman, tout recouvert d'une amabilité froide, anglo-saxonne, mais bientôt il se départit de cette raideur et nous devînmes amis. » Margaret, présente elle aussi, se souviendra qu'ils jouèrent à des charades et que Charlot et Georgette s'amusèrent à parodier le récent *Camille*, adaptation cinématographique de *La Dame aux camélias*, Alla Nazimova et Rudolph Valentino jouant les principaux rôles. « Aux côtés d'un tel Armand Duval, je ne pouvais être qu'une Marguerite agonisant de rire... »

Hilares, les invités applaudirent l'improvisation de la star et de sa partenaire. Dans ce genre seulement — toilettes extravagantes, exotisme —, Nazimova était une Georgette Leblanc d'origine russe, dont la carrière avait démarré d'une manière foudroyante aux États-Unis, un an après son arrivée en 1905. Au théâtre, Georgette avait joué Maeterlinck et, exceptionnellement, une pièce d'Ibsen. Nazimova avait été en Amérique une des grandes interprètes d'Ibsen, mais aussi de pièces médiocres avant de débuter au cinéma en 1916. En 1921, elle était déjà une des actrices les plus recherchées du muet. Leblanc parodiant Nazimova au côté de Chaplin pastichant Valentino, c'était une représentation burlesque des monstres sacrés à l'européenne propre à ravir les Américains.

On se souvient que Georgette avait su plaire jadis à Stéphane Mallarmé, le poète le plus hermétique de son époque. Ce soir-là, elle donna la réplique au plus grand comique du XXe siècle.

Au-delà de l'anecdote, elle témoigna de ce qui lui avait paru essentiel : la personnalité grave de Charlot. « Mais quel fut son esprit, durant cette première rencontre ? Celui de tous les comiques : triste, inquiet, infiniment las au-delà des plaisanteries. Il se montra tout entier dans le fameux monologue d'Hamlet, qu'il joua et dit pour finir la soirée. »

Morte de fatigue et rendue malade par la chaleur écrasante dans les heures précédant la rencontre avec Charlot, elle recouvra force et beauté le moment voulu. C'est ce que Monique nommait le miracle coutumier. Elle ajoute cependant que cette fois Margaret et Allen l'aidèrent puissamment à se reconstituer. Allen, surtout, qui s'épuisa à lui passer sa force.

Malheureusement, cette rencontre ne se renouvela pas. On peut rêver d'un film où auraient joué Charles Chaplin *et* Georgette Leblanc. Et c'est sans doute ce qu'avaient follement espéré Margaret et Allen.

Georgette garda un souvenir profond et tendre du vrai Charlot et le défendit en 1927, au moment où sa jeune femme lui intentait un procès retentissant.

Tactiques de survie

Pour se stimuler, Georgette se fit donner des leçons d'anglais par Monique et Margaret. Monique lui dictait des compositions et Margaret lui apprenait la prononciation. Mais l'élève était trop inquiète du présent et de l'avenir pour bien assimiler. Tant d'énergie était captée par la recherche quotidienne de l'argent ! Ce qui ne l'empêcha pas d'aider Jane Heap de quelques dollars, l'amie de Margaret étant sans un *cent* depuis plus d'une semaine.

L'idée de créer une *Salammbô* à New York lui parut merveilleuse et remonta le moral des troupes. Mais de l'idée à la réalisation, le parcours était semé d'embûches. Georgette apprit que Nazimova allait jouer Salammbô au cinéma. Son projet échoua donc rapidement devant cette concurrence imprévue, rejoignant le cimetière dejà plein des espoirs avortés. Dans cette ambiance morose, une lettre de Maurice Leblanc accompagnée d'un chèque de soixante-quinze dollars fut la bienvenue. « Lupin » n'oubliait pas sa sœur. Sa lettre apportait cependant une mauvaise nouvelle, Berthe Bady, une personne chère à Georgette était morte. Bady — la comédienne préférée d'Henry Bataille[483] — avait créé sa pièce *La Femme nue*, en 1908, aux côtés de Lucien Guitry. À New York, Georgette était particulièrement vulnérable à la nostalgie, mais qu'elle ait éprouvé de l'amitié pour la maîtresse de Guitry semble avéré. La disparition de son amie dut lui rappeler leur jeunesse fin de siècle — Bady avait joué *Annabella* de Ford, dans la traduction de Maeterlinck — et la période heureuse d'avant 1914, les soirées chez Nathalie de Goloubeff, la maîtresse de D'Annunzio, lorsque ce dernier consentait à y paraître et que Bady récitait *Le Balcon.*

Georgette croyait de plus en plus au cinéma, moyen de bondir au-dessus des vieilles formules. Elle rencontra Abel Gance chez des amis communs. Arrivé à New York en avril, le cinéaste français, parrainé par l'imprésario Marc Klaw, avait, le 10 mai, présenté son film *J'accuse* ! à la salle des fêtes de l'hôtel Ritz-Carlton, devant un public de décideurs et de critiques. Le *Moving Picture World* estima que le film « oscillait entre le fastidieux et le sublime » et souligna l'inexpérience technique de Gance, qui rendait confus son propos. Heureusement pour lui, le cinéaste trouva un défenseur passionné en la personne de Griffith, mais lorsque Georgette lui fut présentée, il n'était pas encore certain d'intéresser vraiment un distributeur.

Georgette invita Gance à son hôtel. Il vint un soir de juin. Voulant lui apparaître à son avantage, elle était habillée d'une robe fourreau verte, les cheveux libres. À trente-deux ans, le lyrique cinéaste était déjà le visionnaire qui donnerait toute sa mesure avec *Napoléon.* Ses conceptions cinématographiques et ce qu'il lui dit de l'industrie américaine bouleversèrent Georgette. Les professionnels avec qui elle avait pris contact lui parurent du coup singulièrement démodés, et elle comprit qu'elle faisait fausse route. Mais la soirée avec Gance, qui rentrerait de toute façon en France, ne déboucha sur aucun projet commun.

Durant cette période, elle alterna les rencontres les plus hétéroclites, passant d'un milieu à l'autre, voyant Gance ou des gens du Metropolitan Opera, des imprésarios italiens et des professeurs de chant, déjeunant avec Carl Van Vechten, ami de Margaret Anderson et de Djuna Barnes, une des figures de Greenwich Village.

À force de brasser du vide, de passer d'un projet à un autre, il arriva un moment où elle fut dans l'impossibilité de payer l'hôtel Nobleton.

C'était en août 1921. Après avoir le plus longtemps possible dissimulé son extrême misère, Georgette appela Margaret au secours. Ou bien, c'était grimper

---

[483] Henry Bataille mourut à 50 ans, en 1922.

par l'échelle d'incendie sur la terrasse de la tour et se jeter dans le vide. Monique l'eût suivie. Margaret proposa de les accueillir dans son appartement-grenier de Eighthstreet, au *Village*. Elle eut quand même besoin de trois jours pour quêter l'argent nécessaire au paiement de la note. Enfin, Georgette et la fidèle Monique purent déménager.

Georgette découvrit que Margaret possédait en tout et pour tout deux tailleurs « mille fois reprisés et nettoyés comme ses gants et ses bas. »

Vivre dans la compagnie de la jeune femme allégeait Georgette du fardeau de cette existence où la peur de manquer était constamment présente à son esprit. « J'étais intéressée par son allure aérienne, ses vibrations légères et le ravissement subtil qui orne toujours sa beauté. »[484]

Maintenant le problème de la subsistance, au lieu de constituer la torture principale du couple Georgette/Monique était supporté par le quatuor Georgette/Monique/Margaret/Jane, les Américaines, plus jeunes, s'étant entraînées à la survie à Chicago, New York et en Californie depuis 1914. Jane Heap était toujours là, solide comme un roc. Selon Margaret, son visage ressemblait à celui d'Oscar Wilde jeune, lorsque le poète était à l'apogée de sa beauté. Quant à Georgette, aux yeux de Margaret elle « s'identifiait à la perfection sous toutes ses formes ». Elle dira encore d'elle, bien après sa mort : « J'ai vu des étrangers l'arrêter pour lui dire : « Vous avez le plus beau visage du monde. »[485] Ce qui est d'une objectivité fabuleuse de la part d'une femme elle-même très belle. Ainsi Georgette traversant les pires épreuves restait indiciblement fascinante.

Récente habitante du *Village* et toujours obsédée par sa lutte contre Hearst, elle revit Abel Gance.[486] Le cinéaste venait de vendre les droits d'exploitation de son film aux Artistes Associés. Il l'adressa à un ami juriste, lequel connaissait un grand avocat qui haïssait le magnat américain. Elle crut que ce maître du barreau la sauverait et, dans cet espoir, remit son affaire entre ses mains, continuant à affronter, démunie, la réalité new-yorkaise. Mais un nouvel amour allégeait sa vie et la remplissait d'espérance. « L'âme remplace la jeunesse. Peu à peu Margaret s'est avancée jusqu'au bord de ma vie, si colorée, si vivace qu'il n'y a pas de différence apparente. Elle a recouvert le corps de printemps, mais je suis seule à savoir tout ce qu'elle m'a donné en secret. »[487]

Des bataillons de juristes défendaient les intérêts de l'empereur de la presse. Georgette ne gagnerait jamais la partie. Maître Ernst, son avocat, crut pourtant obtenir gain de cause par une transaction qui effacerait la dette de sa cliente envers le *Sunday American*, tout en respectant sa liberté d'auteur. Le journal ayant accepté, les épreuves furent communiquées à l'avocat. Margaret et Monique aidèrent Georgette à les corriger. On allait vers une fin honorable pour toutes les parties. C'était compter sans la duplicité de la grande presse — équivalent du système médiatique contemporain — qui se faisait un devoir de vendre les pires insanités au public en ayant pour elle le droit du plus fort. Si le fond des articles fut respecté, leur présentation accrocheuse, le sensationnalisme des titres et des sous-titres, la formidable publicité montrèrent à la naïve Georgette qu'il était

---

[484] Ibid.

[485] Margaret ANDERSON, *The Fiery Fountains*, Hermitage House, New York, 1951 (traduction inédite de Nicole Leclerc)

[486] Abel Gance quitta New York le 5 octobre 1921. (Cf. Roger ICART, *Abel Gance*, L'Âge d'Homme, 1983)

[487] Georgette LEBLANC, II, Op. Cit.

impossible de faire tourner à l'envers les puissantes rotatives de Hearst. La « mission » de cette presse — à en croire ses vertueuses proclamations — n'était-elle pas de donner au lecteur sa pâture quotidienne ?

Georgette savait que les journaux de Hearst, à l'exception du *Harper's Bazaar*, étaient destinés à un public fruste. Les poètes et les artistes de ce pays ne les lisaient pas, pas plus qu'aujourd'hui ils ne regardent la télévision pour y chercher l'essentiel de leur information et de leur distraction. Alors pourquoi attacher tant d'importance aux lecteurs de la petite bourgeoisie, dont la perception du réel était déjà altérée par l'éducation, les préjugés sociaux, raciaux, religieux, et des années de lecture de la presse de caniveau ? Au fil du temps, elle avait fini par livrer un combat personnel contre l'invisible et tout-puissant Citizen Hearst. Les astuces de ses juristes, les ruses de ses journaux étaient les manifestations de son esprit maléfique. Surtout, elle souffrait de ce que l'on rapporterait à Maeterlinck. Les calomnies déjà anciennes seraient tenues pour vraies dès qu'on lui traduirait les articles. Donc, elle s'indigna de voir des affiches montrant deux énormes cœurs écarlates traversés par une flèche noire, l'encre rouge éclabousser le nom de Maeterlinck et le sien, un grand surtitre « flamboyant » qui disait : « TWENTY YEARS OF LOVE, WITHOUT MARRIAGE ». Ce qu'elle avait voulu, afin de préserver la liberté et la dignité de son union spirituelle, était travesti en infamie.

Un an de privations et de souffrances pour en arriver là ! Au triomphe de la bêtise qui gonflait tout à la mesure de sa gigantesque outrecuidance. À New York, on perdait le sens des proportions. Elle commençait à le comprendre. La gentillesse, la cruauté, le dévouement, l'amour ne semblaient considérés qu'au superlatif. On se débattait sous le règne du « plus grand que » *(biggest than)*. On vivait aux extrêmes.

En dépit de ses démêlés avec Hearst et de leur conclusion prévisible, elle ne devait pas regretter ces mois new-yorkais où elle connut les punaises, l'hiver glacial et la canicule, la pauvreté et la faim, s'efforçant de survivre tout en essayant de sauver de l'appétit sordide des foules l'image de son grand amour passé. La compagne de la seconde partie de sa vie avait surgi de la foule, menée jusqu'à elle par un imprévisible messager. Jadis, Maeterlinck lui avait avoué : « Même si tu n'avais pas été femme, tu aurais été le seul être que j'eusse aimé complètement. » Georgette aurait pu dire maintenant à Margaret : Je t'aime, parce que ton être est celui d'une femme.

À vingt-cinq ans, elle s'était éprise de l'un de plus grands poètes symbolistes européens. Elle l'avait renouvelé, accompagné jusqu'au sommet de la gloire et au-delà, égarée par une passion proche de la folie. Depuis 1920, Monique, mère de substitution douce et compréhensive, éducatrice et nourricière, veillait sur elle.

En 1921, à cinquante-trois ans, Georgette eut la chance d'être aimée de Margaret Anderson. Quand il lui parut évident qu'une telle passion devait être sauvée de l'oubli, Margaret écrivit : « Il n'est pas possible que nous nous soyons rencontrées par hasard, Georgette et moi, car nous avons su tout de suite que nous étions destinées à unir nos mains et à avancer ensemble à travers la vie. (...) Au début, je ne comprenais pas sa langue, mais quand j'en devins capable, je ne fus pas étonnée de découvrir que ce qu'elle disait était toujours sans égal. Pendant vingt ans, j'ai écouté ses paroles avec, en permanence, le sentiment d'être bénie ou sauvée. »[488]

---

[488] Margaret ANDERSON, Op. Cit.

Dans la dèche à Bernardsville, New Jersey

Après neuf mois de luttes, elle avait besoin de se reposer de New York. Margaret proposa Brookhaven (Long Island), la campagne. Mais les quatre femmes ne possédaient ensemble que quelques *cents*. Margaret emprunta huit dollars chez les commerçants de la Sixième avenue et elles purent sortir de la ville. Margaret offrait à Georgette et Monique de partager tout l'été le bungalow que Jane et elle avaient entièrement construit et meublé de leurs mains. La jalousie de Jane rendit bientôt ce séjour impossible.

Margaret suivit les Françaises à New York, où Georgette obtint cent dollars de l'éditeur Dodd. Puis elles engagèrent des biens pour cinquante dollars au mont-de-piété. Sur les conseils de Margaret, elles choisirent un nouveau lieu de villégiature estival plus en rapport avec le mode de vie d'une grande cantatrice : Bernardsville, dans le New Jersey.

Aussitôt arrivées, elles louèrent une « maison blanche, gaie et vaste ». Tout autour, « un jardin de roses, un vieux parc ». Cette thébaïde au milieu de collines odorantes coûtait cent cinquante dollars par mois. Mais il y avait le silence, l'air vivifiant, les pelouses, les arbres.

Le loyer payé, quoique de nouveau sans argent, elles étaient sauvées de la rue pour un mois.

Bien décidées à ne pas mourir de faim, elles firent appel aux fournisseurs qu'elles rassurèrent en réussissant à leur faire croire qu'elles disposaient d'une nombreuse domesticité. Allen Tanner, qui les avait rejointes, obtint tout à crédit, y compris un Steinway.

Dans une maison aussi vaste, la communauté pouvait s'agrandir. Les artistes aiment être en nombre. Ils mettent leurs ressources en commun, se montrent leur travail, et ainsi, tout en progressant dans l'échange constant avec leurs pairs, résistent mieux à l'hostilité et à l'indifférence des gens ordinaires. Le trio féminin et Allen invitèrent le jeune compositeur George Antheil. Il arriva presque aussitôt et monopolisa le Steinway. « Il choisissait un thème de cinq ou six notes, il le répétait insatiablement et sans discontinuer pendant des heures. Il semblait s'hypnotiser avec certaines vibrations, puis, tout à coup, il courait à sa chambre et se remettait à écrire jusqu'au lendemain. »[489]

Né en 1900 dans le New Jersey, Antheil avait étudié au Conservatoire Sternberg de Philadephie et travaillé avec le compositeur américain d'origine helvétique, Ernest Bloch. L'année suivante, il s'expatriera en France et en Allemagne où, pendant une dizaine d'années, il participera aux recherches de l'avant-garde musicale, avant d'écrire de la musique de film.

Le phalanstère s'organisait : travail, repas, jeux, discussions. « Nous étions comme des étudiants libres qui étudieraient par amour, pour vivre plus et mieux. C'était l'échange que j'avais toujours souhaité. J'étais habituée à me dire, à me jeter tout entière comme une balle contre un mur. Le mur recevait et la balle me revenait. C'est le lot de ceux qui se prodiguent sans discernement. »[490]

Antheil composait son *Ballet Mécanique* pour xylophones, cloches électriques, huit pianos et un piano mécanique, dont Fernand Léger tirera un film expérimental en 1924. Allen jouait Bach, Chopin, Scriabine. Margaret improvisait.

---

[489] Georgette LEBLANC, II, Op. Cit

[490] Ibid.

« Quelquefois exténuée par les vibrations, elle posait sa belle tête au bord de la fenêtre. Coiffée de lune, elle dormait comme un ange dans son auréole. »[491]

Cette vie sublime, qui se terminait chaque nuit par un souper à deux heures du matin, pendant lequel on riait, disait des poèmes et racontait des histoires, prit fin brutalement en automne. Après l'été indien, les arbres perdirent leurs feuilles et l'hiver s'annonça par des chutes de neige.

Les fournisseurs n'étant plus payés cessèrent leurs livraisons. La maison devint glaciale. Monique trouva la solution. Dans la cave, il y avait un poêle à bois et « une grande table à repasser ». Après avoir connu à New York le sentiment des hauteurs au sommet des gratte-ciels, Georgette goûta l'enfouissement dans les profondeurs, près d'un poêle. Allen décora la cave de son mieux, puis, avec Margaret, se rendit à New York chercher un engagement pour Georgette. En restant sur place, la cantatrice et Monique rassuraient le propriétaire et leur conservait une base de repli, au cas où l'expédition new-yorkaise tournerait mal.

Le soir, elles remontaient dormir dans leur chambre. Au matin, elles descendaient se réchauffer dans leur cave. Puis Georgette eut une idée de génie : elle alla trouver le propriétaire de la maison et lui dit la vérité. Dès qu'elle recevrait de l'argent, elle réglerait les arriérés et partirait. Le propriétaire accepta et ne fit pas couper le téléphone.

Dès lors, les deux femmes, telles des carmélites, vécurent en paix, dans l'attente du miracle qui les sauverait. Au-dehors, la neige étouffait tous les bruits. Georgette guettait la sonnerie du téléphone en regardant les flocons épaissir insidieusement la bande ouatée qui bordait le vasistas par où tombait la lumière blanche.

C'est dans cette ambiance surnaturelle qu'elle écrivit ses premiers poèmes. « À partir de ce jour, j'aimai la poésie réellement. Elle m'apparut comme une expression qui prend sa place entre soi-même et le langage. »[492]

Fin novembre, l'appel téléphonique salvateur les tira de leur hibernation. Allen et Margaret avaient réussi. Une dame riche de la Cinquième Avenue désirait écouter la grande Georgette Leblanc. Le cachet avait été payé d'avance. Allen arriva avec les dollars. On régla les arriérés de loyer, on rétribua les fournisseurs et on dit adieu à la vie claustrale de Bernardsville.

Journaliste et artiste à New York

L'argent donnant toutes les audaces à ceux qui ont supporté le dénuement, Georgette loua à bas prix un appartement meublé avec loggia, Riverside Drive n°3, au bord de l'Hudson. Puis elle chanta, accompagnée au piano par Margaret, chez la dame riche de la Cinquième Avenue. La réussite de la soirée rendit la dame généreuse : elle versa un second cachet. Les finances de la cantatrice, qui faisait vivre maintenant une petite équipe constituée de Monique, de Margaret et d'Allen — Jane s'étant retirée par convenance personnelle —, furent provisoirement renflouées.

Au printemps de 1922, dans un salon de thé, un certain Jules Bouy, connu dans le passé à Bruxelles, et à qui elle donna son adresse, s'inquiéta de la savoir locataire d'un bordel de luxe. Georgette n'en était plus à s'arrêter à ce genre de

[491] Ibid.
[492] Ibid.

détail, mais Bouy la persuada que ce serait fort ennuyeux pour sa carrière si la presse venait à divulguer le fait. Pour tout ce qui concernait de près ou de loin la sexualité, les Américains étaient d'une hypocrisie sans bornes. Bouy promit de la tirer de cette situation embarrassante. Le lendemain, on apporta de sa part une liste d'appartements à louer et deux cents dollars pour faciliter le déménagement.

Elle s'installa Washington place, au *Village*, où elle loua, pour elle et ses amies, un « studio-appartement, style auberge normande, avec terrasse entourée d'arbres. »[493]

Elle continua de donner des récitals privés et chanta dans quelques salles de Broadway, parfois, à la radio. Paraphrasant Groucho Marx, elle aurait pu dire qu'elle était passée de l'extrême misère à la pauvreté.

Hearst ne possédait pas tous les journaux de New York. La presse payant relativement bien, elle y collabora, écrivant des articles alimentaires que Margaret et Monique traduisaient. Souvent, elle illustrait elle-même ses textes. Un des premiers, qu'elle revendit en 1929 à *Comœdia*, s'intitulait : « New York, ville cubiste, ville de silence, ville de lumière. » Réadapté pour le public français, il mérite d'être cité pour son intelligence de la ville alors la plus extraordinaire des États-Unis, dont l'architecture annonce ce que seront la plupart des grandes métropoles mondiales de ce siècle.

« Quand je partis pour New York, je n'y allai pas pour y voir Athènes, Constantinople ou Bagdad.

« J'aime Rembrandt mais quand j'ai vu un Picasso pour la première fois, je ne me suis pas écriée : « Affreux, rien de Rembrandt ! » J'ai dit : « Quelle beauté ! »[494]

« Ma première impression de New York fut si forte que je ne songeai pas à expliquer, définir ou défendre.

« Mon guide, un journaliste de la cité, s'excusait à chaque tournant de rue. Il pensait que je devais être surprise par tant de laideur ! C'est lui qui me surprenait. Plus tard, je me suis habituée à l'ignorante modestie des Américains. Après tout, comprendre n'est pas l'affaire des gens : c'est le "business" de l'élite ou des artistes. En général, ceux-là ont vu assez de choses et assez de pays pour être affranchis de la tyrannie des comparaisons. Je ne trouvais à New York rien de ce que j'avais rencontré dans toutes les capitales de l'Europe. Cité neuve, conception neuve, air neuf ! (l'air de là-bas fouette la vie). Une ville qui n'emprunte rien aux autres et ne se soucie pas des imitations, si l'on excepte quelques buildings, moins récents, dont la prétention néogothique choque, non pas comme une fausse note (la musique moderne justifie les fausses notes), mais comme une erreur.

« La cité américaine fut construite par une nouvelle pléiade d'artistes : les architectes-ingénieurs. C'est la ville cubiste. Elle restera comme la représentation d'une époque qui a bouleversé les lois de l'art. À ce titre il est étrange qu'elle ne soit pas universellement comprise et même "cataloguée". Notre Tour Eiffel née de la même esthétique et qui pourrait être un petit doigt égaré de la géante New York, cette tour si ridiculisée autrefois n'est-elle pas réhabilitée ?

---

[493] Ibid.

[494] Vers 1942, Maeterlinck, alors aux États-Unis, se laissait aller à griffonner à l'encre rouge : « Picasso, un ingénieux fumiste, qui exploite énergiquement et scientifiquement les basfonds de la stupidité humaine. » (Bibliothèque Carlo De Poortere)

« On critique la dureté de la ville, découpée en damier, taillée à angles droits, formant à perte de vue d'énormes blocs. Pas d'ornements, rien qui amuse et accroche l'œil sur ces murs qui n'en finissent plus, et pas d'arbres surtout… c'est un des grands griefs que l'on fait à New York. En vérité, imaginez-vous la tête que feraient des arbres comme ceux qui charment nos boulevards à côté des gratte-ciels ? Inutile de les exposer à cette humiliation. (…)

« Parisien, martyr des cornes d'automobiles ! Peux-tu dormir avant trois heures et après six heures du matin ? Peux-tu ouvrir ta fenêtre au printemps ? Respirer les soirs d'été, aérer tes poumons ? Peux-tu seulement, malgré tes persiennes, tes doubles rideaux, et en tous temps, réfléchir et travailler dans ce vacarme ?

« As-tu rêvé comme moi d'une loi qui imposerait à tous les automobilistes de n'user que d'un seul son ? (…)

« À New York, pendant quatre années, je n'ai pas entendu (les avertisseurs). (…) du haut de ma fenêtre, à quatre heures de l'après-midi, je voyais circuler des millions d'automobiles (…) ! Des ruisseaux de petites bêtes dont je distinguais à peine les couleurs différentes, remontaient ou descendaient le courant, fuyant ou s'approchant, tournant, retournant ou s'arrêtant, tandis que de plus gros insectes vert et or, les autobus, majestueux cloportes, brillants sous le soleil, se suivaient plus lentement, parfois huit ou dix se touchant presque.

« En ce moment le trafic est augmenté de telle sorte que l'on arrive à la "congestion". (…) La circulation est si lente que l'on se demande pourquoi les piétons qui s'étouffent sur les trottoirs, également "congestionnés", ne marchent pas tranquillement sur le toit des voitures ; certes ils en viendraient là si l'ingéniosité américaine ne répondait à leur impatience. On parle donc de superposer des voies aériennes (…). Ainsi pourra-t-on choisir les routes inférieures sans orages et sans soleil, ou les routes supérieures livrées aux intempéries… Belle morale que celle de New York, toujours de la place en haut !

« Mais le secret de la mécanique à silence ? Il est simple. Tous les deux cents mètres s'élève une minuscule tour Eiffel au sommet de laquelle vit un policeman, confortablement installé dans une cage de verre. Ce dieu de la Direction est également le dieu du Silence, armé d'un jeu de disques qui fonctionne toujours et règle la circulation. Et surtout, surtout ! Il dresse des procès-verbaux aux chauffeurs qui par hasard auraient l'outrecuidance de corner ! Je me souviens d'avoir dormi (…) à l'hôtel Brevoort, Plaza ou Ritz, en plein centre, les fenêtres grandes ouvertes, à toute heure de la nuit ou du jour. (…)

« Que dure-t-elle la nuit de New York, et où est-elle ?

« La mesure du temps, pareille dans les deux mondes, n'est pas à la taille des États-Unis. (…)

« Les Américains ont jeté dans l'espace un pont de lumière qui va du crépuscule à l'aurore. Et cela a créé la féerie de Broadway. Chaque soir commence un deuxième monde dans le ciel. Plus de ténèbres, d'étoiles et de lune élégiaque, des choses, des êtres, des mots dessinés en feux multicolores vivent, dansent et gesticulent dans l'infini. Des gerbes, des chutes, des cascades de pierreries… un éclatement de diamants pour crier : " Je suis la *gum* X ! Je suis l'automobile Z ! Je suis la machine B ! Je suis l'eau de Jouvence ! " et des pluies de rubis, de saphirs et d'émeraudes, semblent inonder la ville entière.

« Quand mon guide américain me présenta ce merveilleux délire électrique, il me dit avec un ton humble : " C'est très beau, mais… il faut bien reconnaître que ce n'est pas cela l'Art ! " C'était vraiment drôle de voir ce bon gentleman admirer sans comprendre et respecter sans savoir. Ici commence l'Art, ici finit l'Art ! Qu'auraient dit les grands artistes d'autrefois si on leur avait parlé de l'esthétique des machines et de tout ce qui constitue l'Art d'aujourd'hui ?...

« Une autre nuit existe, belle comme un conte oriental. Elle apparaît sur l'Hudson, quand on fait la traversée d'une rive à l'autre.

Le long des cent mille tours escaladant les cieux, des millions de fenêtres rangées en tables de multiplication lançaient des feux plus vivants, plus forts, plus proches que les étoiles. (...)

Le soir, tous ces étages qui ruissellent créent d'invraisemblables palais d'une beauté magique, folle, démesurée, et quand sur le fleuve le bateau glisse dans un silence où l'on n' entend que le rythme sourd de la machine (...), on songe à l'ordre, à " la beauté ", au " luxe ", au " calme "... Seul le dernier mot du vers s'enfuit... (Je dirai une autre fois pourquoi la " volupté " n'est pas là.) »

Dans les five o' clock, on lui posait toutes sortes de questions, à brûle-pourpoint. Questions anodines de la part du ou de la mondaine qui n'attendait peut-être pas de réponse. Par exemple, « On m'a demandé ce que *j'aime*. J'ai dit *l'indéfinissable* qui provoque l'amour. *C'était vrai* mais ce n'était qu'une petite vérité appropriée à un five o' clock ! J'avais envie de crier des injures, de frapper sur la table et de leur dire, ce n'est ni l'heure ni le lieu de vous dire une chose pareille ! »

D'une petite vérité à la révélation qu'elle tenait pour authentique, elle aurait pu leur hurler aux oreilles : « La vérité, elle est dans le spasme, parce que lui seul nous tient quelquefois secoués entre la vie et la mort, dans une région sans images et que l'être humain n'est créé que pour cela. »

Dès les premières chaleurs d'avril, certains artistes quittaient le centre de New York pour les résidences plus aérées des gens riches. Désormais accclimatée, Georgette ne faillit pas à la règle, d'autant qu'une relation de Margaret, une femme d'affaires, les invitait dans sa villa de Woodstock, lieu de villégiature situé entre New York et Albany. Des mécènes, des musiciens d'avant-garde se réunissaient là dans une sorte de phalanstère. Georgette donna son récital et retrouva parmi les invités le déconcertant Marcel Duchamp. Pour elle, c'était un ami. L'avait-elle connu en 1920 à son arrivée à New York ou avant-guerre à Paris ? Elle ne le précise pas. En 1922, Duchamp a trente-cinq ans. Elle le décrit : « Aristocrate de la tenue parfaite, réserve du sourire, du ton, des gestes, ironie concentrée. Il résout le problème de vivre avec rien d'une façon suprême. Peintre, poète, écrivain, il a choisi le dédain. Il pourrait être célèbre, il préfère jouer aux échecs. »[495] Elle le rencontrera de nouveau, mais à Paris cette fois, dans les années'30, toujours aussi décontracté.

Georgette, Monique et Margaret séjournèrent à Woodstock[496] jusqu'au début de l'été. On y faisait de la bonne musique.

Rentrée à New York, elle donna des cours de chant, activité peu lucrative

[495] Georgette LEBLANC, II, Op.Cit.

[496] Moins d'un demi-siècle plus tard, le 15 août 1969, la localité campagnarde entrait dans l'histoire moderne en accueillant sur son territoire le premier concert de musique pop' réunissant 400 000 personnes venues de toute l'Amérique écouter 40 groupes pendant 3 jours.

mais sûre, déjà pratiquée à Paris, en 1918, après sa ruine financière. Malheureusement, elle fit une chute, et son bras droit fut immobilisé pendant plusieurs mois. Poursuivie de tracas, elle n'eut pas, dit-elle, « le temps de s'en occuper ». Puis elle obtint un rendez-vous à l'Institut Rockefeller, dans le service de Lecomte du Noüy. Sur la radio, les deux os de l'épaule étaient légèrement séparés. Un chirurgien « viennois » conseilla une opération chirurgicale. Georgette — qui n'avait pas d'argent — ne pouvait se permettre d'être hospitalisée pendant des semaines. Les soins quotidiens d'une masseuse lui rendirent, quatre mois plus tard, l'usage à peu près total de son bras. Elle vécut désormais avec cette gêne légère qu'elle surmonta, et surtout qu'elle sut rendre invisible aux autres. Elle résistait à la douleur et à la fatigue physiques en s'économisant. Roger Karl avait assisté, stupéfait, à sa métamorphose. Dans son *Journal*, il notera, vingt ans plus tard : « Je vis au ralenti. Bon système dont Georgette Leblanc m'a jadis donné l'exemple quand elle l'avait l'air d'une vieille, toute malade l'après-midi, et le soir paraissant légère, transformée, une femme de trente ans. »

En 1922, le climat musical de New York se réglait déjà sur l'avant-garde. Edgard Varèse, génie brutal, avait fondé l'année précédente, avec le concours du harpiste Carlos Salzedo, sa Guilde internationale des compositeurs *(International Composers' Guild)*. Fidèle à sa raison sociale, l'*Internationale* fit jouer Berg, Schoenberg, Stravinski, Webern. Les échanges artistiques vivants entre New York, Paris, Berlin ou Vienne n'obéissaient qu'à la nécessité intérieure des artistes étouffés — pour de multiples et spécifiques raisons — dans leur pays d'origine, et non aux lois de l'économie de marché. La vitesse de la création étant alors à son maximum, tout ce qui se traitait par l'entremise des ambassades et des ministères était de l'art dépassé, de la matière morte, culturelle. Nombre d'Européens d'avant-garde — musiciens et plasticiens surtout — s'exilaient à New York, tandis que leurs homologues américains rêvant d'écrire, composer et peindre en toute liberté à Paris franchissaient l'Atlantique.[497] En avril 1922, Varèse avait donné à New York l'audition d'*Offrandes*, sa première grande œuvre américaine. Georgette Leblanc aurait pu contresigner la devise de la Guilde, « Mourir est le privilège de ceux qui sont épuisés. Les compositeurs d'aujourd'hui refusent de mourir. ». Elle entra en contact avec Varèse et, dès qu'elle en eut les moyens, contribua au rayonnement des compositeurs français que la Guilde faisait elle-même connaître aux États-Unis : Debussy, Poulenc, Ravel, Satie, Honegger, etc. Le bouillonnement de la vie musicale new-yorkaise lui dut aussi quelque chose de sa vitalité.

St-Wandrille à Manhattan : un rêve

Pendant qu'elle avait encore le bras en écharpe, la pianiste Olga Samaroff, épouse de Léopold Stokowski, l'invita à donner en août un récital à Bar Harbor, près de Philadelphie. Grâce à Stokowski et à sa femme, qui y avaient leur résidence, Bar Harbor était un centre musical de première importance. Né Anglais

[497] Naturellement, des collectionneurs américains achetaient des œuvres à Paris, soit aux artistes, soit par l'intermédiaire de courtiers et de galeristes. Les artistes gardaient cependant leur liberté d'action et leur pouvoir de transformer la compréhension, la vision et l'écoute de leurs contemporains.

et naturalisé Américain, Stokowski avait travaillé à Londres, Paris, Munich, et s'était tourné vers les Etats-Unis où il avait dirigé l'Orchestre symphonique de Cincinnati avant de prendre la direction de celui de Philadelphie, dont il avait fait une des premières formations américaines. Dans sa nouvelle patrie, il créera *Wozzeck* d'Alban Berg. C'était l'un des chefs invités de la Guilde.

Le 10 août à la Maison des Arts (the Building of Arts) de Bar Harbor, Walter Damrosch, directeur de la New York Symphony Society, accompagna Georgette au piano dans la partie classique de son récital, Olga Samaroff prenant la suite pour Debussy, Ravel et Stravinsky. Un public nombreux était venu souhaiter la bienvenue à « an artist of most unusual powers », comme l'écrira, admiratif, le *Bar Harbor Times*. « The "divine spark" undoubtedly lives in this woman, who makes of each song and each poem a drama. »

Elle retrouva Stokowski chez les amies du Bruxellois Jules Bouy. Elle chanta, le musicien l'accompagna. Elle évoqua l'esprit des manifestations de Saint-Wandrille... Stokowski lui apprit qu'il existait à la pointe de Manhattan un cloître reconstitué par les soins du sculpteur George Gray Barnard, ce que l'on appelle aujourd'hui le musée des cloîtres (Cloister Museum).[498] En parlant, le projet de donner un concert dans cette enceinte désacralisée prit de plus en plus corps. Stokowski orchestrerait des pages de Monteverdi, Bach, Gluck. Puis l'on ferait intervenir des chœurs de Palestrina. Quarante musiciens joueraient dans une galerie supérieure. Georgette s'enthousiasmait. Quand elle visita le cloître — joyau de l'architecture romane — reconstruit à l'identique sur le sol américain, elle crut qu'elle allait inaugurer ici un nouveau Saint-Wandrille. Pour ne pas gêner sa vie privée et heurter le clergé, Maeterlinck l'avait empêchée de transformer le monastère normand en centre artistique. Ici, à Manhattan, tout redevenait possible, les mécènes dépensant des sommes considérables pour la musique. Elle se voyait déjà chantant de grandes œuvres, avec Stokowski au pupitre. Le musicien semblait l'approuver. Georgette vint répéter à Bar Harbor. Les deux artistes communiaient dans l'enthousiasme. Le premier concert aurait lieu le 30 octobre 1922. Hélas, les statuts de la Philadephia Orchestra Society réduisirent tout cela à néant.

Finalement, aux environs du 19 octobre, Stokowski se rendit compte — son manager lui ayant ouvert les yeux — qu'il était impossible de diminuer ou de diviser l'orchestre. Les artistes se laissent emporter par leurs désirs et oublient tout. Stokowski, revenu sur terre, écrivit à Georgette : « Je sais que vous comprendrez l'immense travail que j'ai fait avec mon orchestre pendant dix ans, répétant chaque matin durant sept mois de l'année pour obtenir la qualité de ton, la flexibilité du rythme et l'ensemble du phrasé qui est mon idéal. À un certain degré, j'ai atteint tout cela ; mais en deux ou trois répétitions il me serait impossible d'approcher même du résultat qui m'a coûté tant d'années ici... Ma seule pensée en organisant cette matinée était de collaborer avec vous à une manifes-

---

[498] À l'époque où Georgette découvre ce lieu, les cloîtres sont originaires de la Catalogne française. Démontés sur place, ils ont été reconstruits à New York. En 1935, à la mort d'un riche Américain, G. Blumenthal, le Cloister Museum héritera de onze triples fenêtres en ogive en provenance du monastère de Froville, en Lorraine. Blumenthal les avait intégrées à sa résidence parisienne.

tation d'art de la plus haute qualité... Je ne me pardonne pas d'avoir oublié le côté pratique... Je suis vraiment désolé. »[499]

La création d'un nouveau Saint-Wandrille à New York s'était volatilisée.

Georgette, qui était toujours allée de l'avant en pensant que les contingences se plieraient à la nécessité de ses rêves, excusa Léopold Stokowski. Sa défection involontaire laissait la place à d'autres projets, d'autres utopies.

Rentrée au *Village*, elle fut contactée par une admiratrice, critique musicale au *Corriere d'America*, quotidien italien de New York, qui se faisait fort de l'aider. Elle se nommait Mme Barella. La dame avait été touchée aux larmes par son interprétation d'*Infidélité* de Reynaldo Hahn. Elle et son mari retinrent la salle de Town-Hall, sur la 44e rue et, en fait de publicité, louèrent un espace minuscule sur la 42e rue, à Broadway. « Je me découvris dans le ciel, entre les Chewing-gums et les Savons. Le culte des Barella m'avait exhaussée jusqu'à l'infini..., au-dessus des Aspirateurs et des Cirages. Cette affiche, lilliputienne de la rue, était géante en réalité. J'emportais dans les nuages l'annonce du concert, la date et la fortune des Barella. »[500]

Allen Tanner ne parvint pas à faire comprendre au couple que la publicité a ses lois et qu'on n'annonce pas un concert ou un récital comme on vend n'importe quel produit.

La naïve initiative des admirateurs italo-américains de la cantatrice n'eut pas de suite, mais la presse fut compréhensive. Des articles saluèrent l'obstination mal récompensée de la grande artiste. Les échos de sa lutte titanesque contre le groupe Hearst s'ajoutant à ses déboires — tels que les journaux les avait contés — de femme honteusement abandonnée par le brutal Maeterlinck, avaient fini par lui conférer un statut de victime intéressante. De quel côté allait pencher la balance ?

Il était temps que le sort lui devînt enfin favorable. La « bonté » américaine se résignait mal à rester impuissante devant le cas de Georgette Leblanc.

1923 : l'année-charnière

Deux ans après son arrivée en Amérique, grâce à M. Otto H. Kahn, elle retrouva une situation qu'elle n'avait plus connue depuis 1912.

Dans son passé, il y avait déjà eu une figure paternelle en la personne d'Henry Deutsch de la Meurthe, grand industriel. En Amérique, ce n'était pas tant l'âge (il n'avait que deux ans de plus qu'elle mais elle se rajeunissait de six ans !), que la richesse et la puissance qui faisaient d'Otto H. Kahn le père bienfaisant dont Georgette avait besoin. Cette femme entourée de femmes — qui l'aimaient autant qu'elle les aimait — s'était attiré, par l'intermédiaire de Margaret, l'admiration de celui qui était encore en 1920 président du conseil d'administration du MET de New York. Sous sa présidence avait été monté *L'Oiseau bleu*, l'opéra composé et dirigé par Albert Wolf. Si le destin ne s'en était pas mêlé, venant à New York chanter le rôle de La Lumière, Georgette Leblanc aurait connu Otto H. Kahn dès 1919. D'ailleurs, féru d'opéra et de musique française comme il l'était, on peut difficilement croire qu'il n'ait jamais entendu parler de la créatrice d'*Ariane et Barbe-Bleue* avant son arrivée aux États-Unis.

---

499 Ibid.
500 Ibid.

En 1919, à l'occasion de la parution en français d'un livre de réflexions de M. Kahn (préfacé par Théodore Roosevelt),[501] son traducteur note que la grande presse (c'est encore valable aujourd'hui) passe sous silence ceux qu'il nomme les « producteurs réels » et parmi lesquels il range évidemment ce puissant banquier, sauf pour nous « conter qu'ils ont des petits chiens chinois ou font collection de boutons de manchette ».

Otto H. Kahn naquit en 1867 à Mannheim d'un père banquier. Mais la famille Kahn s'occupait aussi d'art et de musique. Après son service militaire dans les hussards, le jeune Otto se rendit à Londres où il apprit son métier et c'est comme représentant de la maison Spayers qu'il gagna les États-Unis où il épousa une demoiselle Addie Wolff, fille de l'un des fondateurs de la banque Kuhn, Loeb and Cy. Associé à cette maison, il se fit naturaliser Américain et, très vite, devint le bras droit de Harriman, magnat des chemins de fer, l'un des capitalistes les plus puissants du pays avec Carnegie, le roi de l'acier. Grâce à la stratégie de Kahn, Harriman devint le maître absolu des chemins de fer américains.

Par francophilie et dans l'intérêt bien compris de ses banques et de son pays, Kahn, en 1916, fit inscrire à la Bourse de Paris cinquante millions de dollars d'obligations que la France replaça aux États-Unis pour y améliorer son change au cours de la guerre. Il contribua également à la formation de l'American International Corporation au capital de cinquante millions de dollars également destinés à promouvoir le commerce mondial de l'Amérique. Il comprit vite que le cinéma était une industrie qui rapportait gros, en permettant aux patrons de la Paramount, Adolphe Zukor et Jesse Lasky, d'émettre dix millions de dollars d'actions. De ce fait, Wall Street contrôlait l'usine à rêves américaine.

Plus constant dans son action que les autres milliardaires des États-Unis, Kahn se montra un bienfaiteur assidu des beaux-arts, du théâtre et de la musique. Il passe encore aujourd'hui pour le plus grand protecteur des arts que son pays ait jamais eu. Avec le New Theater et le Century Opera, il voulut que le théâtre et l'art lyrique fussent abordables grâce à un prix des places modéré. Il fonda le Théâtre Français de New York où joua la troupe du Nouveau-Colombier, accueillant Jouvet, Copeau et leurs camarades dans sa vaste résidence néo-Renaissance de Cedar Court, dans le New Jersey. Sa philanthropie s'étendit aux Opéras de Boston et de Chicago, sans oublier Covent Garden. Pendant la Grande Guerre, il créa et présida le Comité franco-américain. Sous le patronage du ministère français des Beaux-Arts, le Comité envoyait des artistes en Amérique pour y faire connaître la musique et l'art dramatique de notre pays. Défilèrent alors à New York, parmi beaucoup d'autres, la Société des instruments anciens, la Société des Concerts du Conservatoire, avec en vedettes le chef d'orchestre André Messager et le pianiste Alfred Cortot.

Kahn lança également la Ligue française, qui avait pour but de resserrer les liens artistiques et intellectuels entre les États-Unis et la France. Son activité philanthropique semble avoir été sans limites, car loin de se cantonner aux Beaux-Arts et à la musique, il s'occupait à New York du Club des soldats et marins français, ces derniers trouvant le gîte et le couvert dans une maison lui appartenant.

Durant le conflit, il se fit conférencier et parcourut plusieurs États américains où, en raison d'une forte population d'origine germanique, les sentiments

[501] Librairie académique Perrin, 1919.

pro-allemands s'exprimaient dans un sens favorable à l'isolationnisme. Il s'employa à les désarmer pour que son pays pût secourir les Alliés.

Georgette Leblanc avait fait la connaissance d'Otto H. Kahn en avril 1921, mais les effets de sa générosité ne se firent sentir qu'au début de 1923. À cinquante-six ans, le financier ne pratiquait pas seulement un mécénat de façade et d'investissement. Il goûtait réellement les arts qu'il protégeait. Il avait entrepris une collection d'œuvres modernes et était en rapports suivis avec Henri-Pierre Roché, ami de Duchamp et de Brancusi, pour ne citer qu'eux. Recherchant la compagnie des artistes, il reconnut en Georgette Leblanc la quintessence de la Française raffinée et littéraire et lui donna les moyens de mener sa carrière en Amérique. Fut-elle sa maîtresse ? Rien n'est moins sûr. Pour la bagatelle, Otto H. Kahn disposait d'une suite au Ritz où il invitait les plus jolies « petites femmes » de New York. Venaient à ces soirées ses amis de la haute finance, de l'industrie du cinéma et de la politique. Louise Brooks — dix-sept ans en 1924 — participa, avec des danseuses de son âge, à des *parties* dans la suite d'Otto H. Kahn. Les filles couchaient si elles voulaient et elles en étaient toujours récompensées. Parfois, elles gagnaient un rôle dans un film. Un producteur ne disait jamais non à M. Kahn.

Georgette n'était jamais parvenue à émouvoir les employés de Citizen Hearst. Un stupéfiant retournement du destin lui permit de goûter les bienfaits de Citizen Kahn.

Bientôt, elle fonda sa propre société dont le siège était situé au vingt-troisième étage du Fisk Building. Elle fit imprimer sa raison sociale sur du papier à en-tête, des cartes de visite et des affiches : Art Direction Georgette Leblanc inc. - Fisk Building - 250 west - 57th street - New York City - Louise Davidson - personal manager. Celle-là même qui avait succédé à Margaret auprès de l'actrice Gladys Tilden. Assez expérimentée, Louise, grâce à Margaret, obtint le poste. Les journaux la présentèrent aussitôt comme l'unique représentante de son sexe dans la profession d'imprésario. Si la fortune souriait maintenant à la cantatrice française, la presse informa ses lecteurs que ce n'était pas grâce à une fée qui, d'un coup de baguette magique, aurait fait surgir tous ces trésors à ses pieds, mais à un brave capitaliste : « Rich man aid discarded wife of Maurice Maeterlinck. » D'avoir été utilisée et rejetée par un écrivain mondialement célèbre, rendait son cas des plus intéressants. Kahn — « capitaliste sans entrailles » — décida peut-être de réparer l'injustice commise par le grand poète. Et Georgette, heureuse d'apprendre à Maeterlinck qu'elle s'était remise à vivre sans lui de ce côté-ci de l'Atlantique, lui envoya sur papier à en-tête une offre de le représenter aux États-Unis. Il y répondit personnellement,[502] l'autorisant à négocier les droits cinématographiques de *Monna Vanna* et de *Sœur Béatrice*. Qu'espérait-elle au-delà de cette démarche qui prouvait à son ancien compagnon qu'elle ne renonçait pas à lui être utile ? Renouer des liens, avec le secret espoir de le retrouver à un niveau humain. Mais c'était encore trop tôt, et, de toute façon, trop lui demander. Mais Georgette, portée par une vague optimiste, se croyait capable de franchir les murailles du château de Barbe-Bleue.

Au vingt-troisième étage de l'immeuble Fisk, Art Direction Georgette Leblanc inc. était inscrit en lettres d'or sur la porte du local, deux pièces, l'une pour la cantatrice et Louise Davidson, l'autre pour les dactylos. Aux murs nus

[502] Lettre du 4/1/1923. (Bibliothèque Carlo De Poortere)

étaient accrochées des aquarelles de Fernand Léger. L'agence était meublée de fauteuils de cuir, de « bureaux américains », de machines à écrire. Sur la table de Georgette, un simple bouquet de roses. Les dactylos lui souriaient d'un sourire américain, manifestation automatique de joie de vivre. De ses fenêtres, elle voyait l'Hudson, Riverside Drive, Times Square et Columbus Circle, la Cinquième Avenue et Central Park. « Il ne faut pas aller en Amérique pour contempler la nature. »

Des tournées dans plusieurs États étaient prévues, mais Georgette voyait plus grand, et plus généreusement. Elle n'oublierait plus ses deux années de misère. « J'avais un but précis — j'établirais une agence internationale qui assurerait aux artistes de tous les pays aide et protection dès leur arrivée. »[503] En attendant, il lui fallait une salle à New York. Elle en trouva rapidement une, promise à la démolition à une date incertaine, 47, Washington Square South. On lui laissa espérer un sursis d'un an et elle loua la salle, l'appartement et les bureaux qui allaient ensemble pour une somme dérisoire, toutes les réparations naturellement à sa charge.

Elle tourna la sévère législation sur les salles de spectacle, en fondant un cercle privé. Le premier dimanche de février 1923, cent vingt personnes furent présentes. Elles s'abonnèrent. Et d'un soir à l'autre, d'autres abonnés voulurent appartenir à ce club où la maîtresse des lieux chantait, récitait et dialoguait avec le public. « Mon concert commençait à neuf heures et durait deux heures, mais je recommençais aussi longtemps qu'il y avait du monde et de l'enthousiasme. Ainsi je terminais généralement à trois ou quatre heures du matin. »[504] C'était Margaret qui avait choisi le piano de concert et elle restait au clavier aussi longtemps que Georgette le désirait. L'essentiel du répertoire proposé était franchement contemporain : Darius Milhaud, Alfredo Casella, Manuel de Falla, Debussy, Honegger, Stravinsky, George Antheil, Érik Satie, Poulenc, Edgar Varèse.[505] Georgette disait aussi des poèmes de Mallarmé, Baudelaire, Gourmont, Van Lerberghe et Verhaeren. La seule œuvre de Maeterlinck qu'elle se permettait de chanter était la scène de la tour de Pelléas et Mélisande. Et, remontant dans le temps, elle donnait des mélodies fin de siècle de Chausson, Bordes et Reynaldo Hahn. À l'exception des œuvres de George Antheil et Falla, elle chantait et disait en français en plein cœur de New York. « Je venais m'asseoir au bord de la scène et je commençais par n'importe quelle improvisation, comme pour tâter l'air. On me posait des questions — j'adorais cela. Je pouvais être vraie, rester près de la vie — je hais tout ce qui s'oppose à la vie. »[506] Elle conserva d'ailleurs le même programme, quoique plus allégé, et le même style familier pour ses tournées dans les États du centre et de l'ouest.

Lorsqu'elle apprit la mort de Sarah Bernhardt — décédée à Paris le 26 mars 1923 —, elle confia sa peine au public. « On me pria de continuer…, si bien qu'il n'y eut pas de musique ce soir-là. »[507]

Le club du 47, Washington Square South cessa ses activités au début de mai 1923. Georgette Leblanc y avait chanté et parlé soixante-deux nuits de suite. Entretemps, elle avait su convaincre Otto H. Kahn de lui confier de l'argent destiné à

---

[503] Georgette LEBLANC, II, Op. Cit.
[504] Ibid.
[505] Selon le programme, Varèse aurait composé une mélodie sur un poème d'Apollinaire intitulé La Tour.
[506] Ibid.
[507] Ibid.

produire un film français d'avant-garde dont elle serait la vedette. L'idée était simple et séduisante : le cinéma — cet art total — réunirait les meilleurs artistes français de ce temps. Face à Kahn, qui voyait avant tout dans le cinéma une industrie très lucrative fabriquant des distractions pour les masses et non un art aussi élevé et digne à soutenir que la musique, l'opéra et le théâtre, elle puisa son argumentation dans son article du *Mercure*. Elle avait écrit : « Si le cinéma aujourd'hui nous semble difficilement conciliable avec l'art, ne peut-on pas l'orienter vers d'autres conceptions et d'autres réalisations ? Auprès d'aventures romanesques, qui n'auraient pas de mal à être mieux traitées, d'autres films ne pourraient-ils s'ajouter, féeriques, documentaires, biographiques et même philosophiques ? Bien des choses sont à tenter sur l'écran ! Si le théâtre paraît avoir donné sa mesure ; si l'on y a tout essayé, jusqu'à mêler les spectateurs aux acteurs, la scène et la salle ; si la division semble faite une fois pour toutes entre les pièces jouables et les pièces " non jouables " ; si l'esprit doit trouver toujours une pâture plus infinie et plus profonde dans la lecture qu'au théâtre, le cinéma, par contre, est si jeune que l'on peut difficilement prévoir toutes ses possibilités et toutes les satisfactions que nous avons le droit d'en attendre du point de vue intellectuel. *La pensée n'est-elle pas dans la suggestion, et ne peut-on pas tout suggérer par l'image ? Ne pensons-nous pas à l'aide de visions et de mots, et la succession soudaine, multiple et infinie des aspects, n'est-ce pas le cinéma seul qui peut l'enregistrer ? »*

Par admiration pour la France et ses arts dont Georgette défendait si bien la cause auprès de lui, Otto H. Kahn courut le risque que ses dollars soient investis à perte dans un film réalisé par un cinéaste français inconnu en Amérique. Mais qui le saurait à Wall Street ?

En France, en pleine débâcle spirituelle et affective, elle recherchait avant tout, dans le mouvement et la vie reproduits sur la pellicule, l'oubli de sa propre souffrance. Le cinéma américain lui avait apporté une image désirable de la splendeur et de la vitalité d'un peuple. Elle qui voulait s'arracher par tous les moyens à la défaite de sa vie gâchée et échapper à l'ambiance de deuil qui régnait alors sur l'Europe, était allée vers le Nouveau Monde comme si elle partait retrouver sa propre jeunesse. Maintenant certaine d'avoir passé le cap des tempêtes, elle reviendrait à Paris avec une vision et de l'argent pour la réaliser, afin de convaincre que si le cinéma était l'avenir de l'art, une création pourrait se faire avec son concours, ses ambitions allant dans le sens du futur. Grâce au cinéma, elle rendrait caducs les arts du passé : opéra, théâtre, littérature, ces religions inférieures qui avaient failli la tuer. Maeterlinck, qui l'avait rejetée après l'avoir utilisée, l'obsédait parfois. Et elle se disait qu'un jour ou l'autre il finirait par l'écouter. Elle retournait en Europe en position de force et non pas en mendiante. Un des hommes les plus riches des États-Unis l'adulait, lui donnant tout : voiture de luxe avec chauffeur, bijoux, fourrures, imprésario, bureaux, secrétaires… À Paris, elle serait entourée de jeunes artistes pleins de vie et d'enthousiasme. C'était l'homme Maeterlinck qu'elle voulait retrouver pour nettoyer leur union des calomnies qui l'avaient atrocement caricaturée. L'écrivain ne l'intéressait plus. Pour elle, en tant que créateur, il était fini. Elle ignorait pourtant si, en France, elle aurait le temps de l'approcher. Toute son énergie serait consacrée au film dont elle souhaitait que Marcel L'Herbier fût le metteur en scène.

Le *Boston American* du 16 mai 1923 publia une photo de Georgette Leblanc, Margaret Anderson et Louise Davidson, habillées à la dernière mode. Le même jour, d'autres journaux les montrèrent sur le pont du paquebot *Paris*. Ou bien, le navire ayant levé l'ancre, Georgette et Monique saluaient. Georgette est vêtue d'un tailleur à jupe longue, la veste ouverte sur un corsage blanc. Elle a jeté un vison sur ses épaules. Monique, coiffée d'un chapeau cloche, est emmitouflée dans un manteau de fourrure mi-long.

À cette date, la cantatrice, sa gouvernante et son accompagnatrice étaient déjà depuis deux jours en mer, le *Paris* croisant vers la France.

Restée à New York, Louise Davidson négocia la publication d'un récit de Georgette dans la grande presse et prépara sa tournée d'automne. Le retour en France de l'artiste n'était qu'une parenthèse. Son film français terminé, elle se voyait prendre le chemin des studios américains.

Artiste invitée sur le *Paris*, elle chanta pendant la traversée. Elle fit un dessin de Paderewski qui regagnait l'Europe, où il allait enseigner pendant l'été. L'homme d'État polonais — ancien président du Conseil et ministre des Affaires étrangères de son pays — qui était aussi un des plus grands pianistes de son temps, recommençait cette année-là à donner des concerts.

Georgette profitait avec ses amies de ce climat de confort que l'on trouvait sur les transatlantiques et qu'elle devait à la puissance de Kahn, sur laquelle elle s'appuyait désormais. Elle parla de ce fabuleux film qu'elle tournerait en France. Depuis six mois, les choses allaient de mieux en mieux. Kahn et ses associés payaient sans désemparer. Non contents de financer la production du film, ils lui donnaient carte blanche pour acheter un château en Normandie tout en lui offrant une dotation à vie. C'était fou, merveilleux. L'enthousiasme régnait dans les cabines des trois femmes. Dans une lettre à Allen Tanner, alors à Berlin, Margaret s'épancha sur les causes de la réussite de Georgette : [*ce qui lui arrive*] « est vraiment par trop stupéfiant mais réellement exact. Aussi est-elle en passe de devenir millionnaire grâce à un groupe de vrais *gagas* qui ont misé sur elle une fortune… » Margaret évoque aussi la jalousie de ses anciennes amantes, en particulier Jane Heap dont les lettres sont remplies de menaces et de chantages. Elle promet à Allen de les lui faire lire dès qu'ils se retrouveront à Paris.

Quant à Georgette, plus que jamais *businesswoman*, elle fit adresser un câble à Marcel L'Herbier. Fin mai, elle serait à Paris pour lui parler de *leur* projet de film. L'Herbier lui répondit qu'il serait heureux de la recevoir dans ses bureaux de Cinégraphic.

Avant *L'Inhumaine*

Marcel L'Herbier avait fait ses preuves. *Rose-France*, son premier film, datait *déjà* de 1918. Après cet échec commercial, Gaumont lui fit immédiatement tourner *Le Bercail*, d'après Henry Bernstein, dont le jeune cinéaste s'acquitta très honorablement, le but de l'opération étant que le producteur récupère son investissement dans *Rose-France*. *Le Bercail* tint ses promesses et remboursa Gaumont. Le producteur voulut s'attacher un talent si prometteur et L'Herbier signa avec lui un contrat de deux ans. Le cinéaste réalisa alors *Le Carnaval des Vérités*, un de ses scénarios originaux, engageant pour ce film l'actrice Suzanne Desprès, qui n'avait jamais tourné auparavant. Les décors étaient de Claude Autant-Lara — lui-même fils d'une célèbre actrice —, qui collaborait pour la première fois à un film.

En 1920, L'Herbier écrivit le scénario de *L'Homme du Large*, librement inspiré d'un récit de Balzac, qu'il tourna en Bretagne. Roger Karl y incarnait le père de Jaque Catelain, fils rebelle. Charles Boyer, âme damnée de ce dernier, faisait ses débuts dans un rôle de voyou. Puis ce fut *Villa Destin*, film comique, tourné très vite. Et enfin, *El Dorado*, grand mélodrame — avec déformation d'images, flou, constrastes pour exprimer la vision des personnages et l'atmosphère des scènes — tourné en Andalousie.[508] Ève Francis, en fille-mère, dansait sur la scène d'un bouge… Cette dernière œuvre mettait théoriquement fin à la collaboration avec Gaumont. L'Herbier réalisa cependant un autre film pour la firme à la Marguerite, *Don Juan et Faust*, dont certaines prises de vue furent effectuées en Castille. Il confia le rôle de Faust à la basse Vanni Marcoux, Philippe Hériat, qui avait joué d'une manière inquiétante un contorsionniste sans scrupules dans *El Dorado*, interprétant Wagner. Le cinéaste souffrit des entraves financières de Léon Gaumont. Quant à ce dernier, il reprocha à L'Herbier d'avoir dépassé le budget prévu initialement.

Scénariste, L'Herbier sut se dégager, dans la mesure où il s'estimait trahi, de la contrainte d'en passer par un metteur en scène pour voir son œuvre à l'écran. À son tour cinéaste, réalisateur de ses propres scénarios, il rencontra sur sa route un nouveau maître — exigeant et tracassier —, le producteur.

Après quelques hésitations, le cinéaste sauta le pas.

Fondateur de la société Cinégraphic, entreprise de production des films L'Herbier, 9, rue Boissy d'Anglas, située non loin du cabaret « Le bœuf sur le toit », il se proposait de produire, selon le prospectus de sa société : *Résurrection*, d'après Tolstoï, avec Emmy Lynn ; *Le Marchand de plaisirs*, dont la réalisation serait confiée au jeune acteur Jaque Catelain ; *Phèdre, vue par Marcel l'Herbier*, avec Ida Rubinstein ; et, par la suite : *La Cavalière Elsa*, d'après le roman de Pierre Mac Orlan ; *Une Garden-party chez Maeterlinck*, féerie par Marcel L'Herbier.

Bien qu'entrepris, le premier de la liste ne fut pas terminé. D'énormes difficultés semblent s'être abattues sur cette production. L'Herbier manque alors succomber à un accès de fièvre typhoïde… La maladie est endémique en France. Radiguet en mourra à la fin de 1923.

En définitive, la seule réalisation des merveilles promises par la jeune et ambitieuse société Cinégraphic à ses débuts fut *Le Marchand de plaisirs*, la plus commerciale. *Une Garden-party chez Maeterlinck* se voulait l'équivalent cinématographique de ce que fut en littérature *Huit jours chez M. Renan* de Maurice Barrès. L'Herbier était conscient que son programme « était aux trois quarts du rêve pur. » Il se battait, le dos au mur, afin d'éviter le naufrage de sa société de production. Et voilà que, alors qu'il devait renoncer à la très littéraire *Garden-party chez Maeterlinck*, Georgette Leblanc, ex-égérie du poète de *Pelléas et Mélisande*, son amie depuis dix ans, lui télégraphiait qu'elle désirait tourner un film sous sa direction.

De La Femme de Glace à *L'Inhumaine*

Georgette Leblanc, Margaret Anderson et Monique Serrure débarquèrent au Havre par une belle matinée de printemps. Georgette retrouvait sa terre

[508] À la projection du premier montage, Léon Gaumont crut la lentille de l'appareil mal réglée…

natale. En roulant vers Paris, elle se rapprocherait de Tancarville et surtout de Saint-Wandrille. Elle passerait par Rouen, la ville de son enfance, dont elle n'avait pu s'évader qu'au prix d'un mariage arrangé. En empruntant cet itinéraire à la fois logique et sentimental, elle entraînait ses amies dans son passé le plus intime. Margaret le sentit, qui aima la France dès ce jour en y entrant par l'une de ses provinces les plus mythiques, guidée par sa dame de cœur.

Sans soucis d'argent, Georgette loua un hôtel particulier, rue Vaneau. Le lendemain de leur installation, elle se fit annoncer au siège de Cinégraphic.

Elle n'avait plus revu le cinéaste depuis quatre ans. Toujours rempli d'admiration pour l'artiste, L'Herbier fut cependant tout de suite alerté par la faible cinégénie de son visage. L'art muet utilisait la plupart du temps de très jeunes actrices, leurs visages surmontant seuls l'épreuve de la caméra. Les conventions du théâtre et de l'opéra où les jeunes filles étaient jouées par des vedettes quadragénaires n'étaient pas transposables au cinéma. Dans le système américain, la question de donner le rôle principal à Georgette ne se serait même pas posée. D'ailleurs, quand le projet d'adapter *L'Oiseau bleu* fut lancé, on lui refusa le rôle de La Lumière qu'elle avait créé au théâtre, et le film se fit sans elle. Aux États-Unis, Chaplin n'hésita pas à se séparer de sa charmante complice Edna Purviance, jugée trop âgée à vingt-sept ans. Georgette en avait cinquante-quatre lorsqu'elle se présenta à son ami cinéaste. Mais elle apportait son personnage de diva, son intelligence, et l'argent dont Cinégraphic avait grand besoin. Car l'entreprise est également un laboratoire. On y tente des expériences. La recherche est rarement rentable. On manque toujours de temps et de moyens financiers pour mener à bien les travaux les plus ambitieux.

Avant ce projet de film avec une Georgette Leblanc dynamisée par son équipée américaine, L'Herbier rêvait de mettre en scène Ida Rubinstein, incarnation sur la scène de Phèdre, Hérodiade, saint Sébastien et Cléopâtre. Mais Ida, bien qu'elle eût reçu vingt-cinq mille francs d'avance, était réticente : « le gros plan (…) lui causait une peur mythologiquement panique. Et à la scruter de près, tout compte fait de ses étrangetés physiques, je ne pouvais que lui donner raison. Il n'y avait donc rien à faire pour la persuader, comme je le tentais, qu'avec des stimulants de la photogénie, des magies du contre-jour, le jeu des contrepoints visuels, on pouvait transcender les apparences… Peine perdue. »[509] À la suite de cet échec, le cinéaste avait continué l'aventure de la production de *Résurrection*, sans parvenir à l'achever. D'où de nouvelles pertes financières que compensaient à peine quelques rares succès. Mais les projets ne devaient pas seulement rester lettre morte. L'Herbier voulait produire Louis Delluc, René Clair, Jaque Catelain, Claude Autant-Lara — actuellement le seul survivant de cette équipe — et son prochain film à lui, *La Femme de Glace*. Quelques jours après leur première entrevue, il en proposa le scénario à Georgette. Elle avait ses propres idées sur le cinéma et l'apprécia assez peu. C'eût été un film d'aventures. Elle ne croyait pas que ses commanditaires attendaient cela d'elle et du cinéma français. Durant les mois précédant son exil, le cinéma américain lui était apparu comme l'expression de la jeunesse et de la puissance d'un peuple neuf touché par la grâce. Son installation à New York renforça cette impression, sans l'aveugler. Les scénarios étaient souvent puérils. Les images valaient mieux que les histoires. Mais si la puissance

[509] Marcel L'HERBIER, *La Tête qui tourne*, Éditions Belfond, 1979.

du septième art d'outre-Atlantique, son goût pour la vie américaine et son désir, après ce premier film, de continuer sa carrière cinématographique en Amérique l'influençaient, ils n'avaient pas biaisé sa vision personnelle. L'Herbier, conciliant, engagea Pierre Mac Orlan, qui aida le metteur en scène à scénariser les propositions de sa vedette-productrice. « La Femme de Glace » devint *L'Inhumaine*, film de science-fiction, dans des décors avant-gardistes. Pour L'Herbier, une féerie. Ce qu'il subsistait de l'influence de Maeterlinck sur le cinéaste était contenu dans ce mot. *L'Oiseau bleu* était une féerie. *Garden-party* ... en eût été une autre, qui eût sans doute déplu à Maeterlinck si L'Herbier avait réussi à se montrer aussi insolent que Barrès le fut envers Renan.

Les difficultés de conception en voie d'être surmontées, Georgette et L'Herbier signèrent un contrat devant notaire. Elle investissait centre trente mille francs[510] dans la production (50 %), jouait le rôle principal, celui — évidemment — d'une cantatrice, et exploiterait elle-même le film en Amérique sous le titre *The New Enchantment.* Le contrat précisait encore que Cinégraphic engageait le peintre Francis Picabia pour dessiner les décors du film. Pourquoi Picabia ? Georgette savait qu'il était entré au comité de rédaction de *The Little review.* Margaret Anderson, et surtout Duchamp, le tenaient pour le peintre français le plus représentatif de l'art contemporain. De l'aveu même de L'Herbier, ce fut lui qui l'évinça « au profit de Fernand Léger qui prenait cette affaire beaucoup plus au sérieux ».[511]

Raconté ainsi, cela paraît idyllique. Georgette Leblanc et Marcel L'Herbier s'estiment depuis 1912. En ce qui les concerne, il n'est pas question de s'arrêter aux contingences. Cinquante ans après l'aventure, lorsqu'il rédigera ses mémoires, le cinéaste donnera de Georgette une image sans tache et lui rendra un hommage passionné. Jaque Catelain dira de même son enthousiasme pour la « superfemme ».[512] Claude Autant-Lara, le plus jeune membre de l'équipe de Cinégraphic, ne fut, lui, semble-t-il, pas le moins du monde émerveillé par la diva de retour des États-Unis. À en croire ses curieux souvenirs composés en versets pseudocéliniens, l'arrivée de Georgette qu'il baptise « la dame à dollars » et présente en Messaline quinquagénaire avide de chair fraîche, fut ressentie comme l'intrusion d'une femme de pouvoir et d'argent à qui il fallait bien obéir si l'on voulait sauver l'entreprise de la faillite. « Chaque fois (...) que Marcel L'Herbier paraissait sur le seuil, nous retenions notre souffle. / Qu'allait-il nous apprendre ? / C'est ainsi qu'un jour, avec un sourire en coin... /... un peu amer, il nous déclara sur un ton ambigu, bizarre — singulier... / qu'il fallait s'y résigner — « *aux femmes qui paient* » — et nous ne comprenions pas. / Il ajouta sur un ton un peu méprisant : / — après tout... celle-là ou une autre... »[513] Dans la longue éructation haineuse qui suit, Autant-Lara s'étend sur les turpitudes supposées de Georgette et, surtout, sur ses folles exigences : non seulement s'imposer comme premier rôle féminin en dépit de son physique ingrat et de son âge canonique,

---

510 À peu près 390 000 francs d'aujourd'hui, soit un budget, avec l'apport de Cinégraphic, d'environ 780 000 francs. Le coût moyen d'un film français en 1997 est de 25 millions.
511 Marcel L'HERBIER, Op. Cit.
512 Jaque CATELAIN, Op. Cit.
513 Claude AUTANT-LARA, *La Rage dans le cœur* (Chronique cinématographique du XXe siècle), Henry Veyrier, 1984.

mais contrôler la réalisation du film. Il montre au passage un L'Herbier « Poli, discret, galant, incapable de muflerie — même justifiée », tout le contraire d'Autant-Lara en somme. C'est pourquoi, n'ayant pas le culte des grands vieillards qui renient leur jeunesse, nous ne suivrons pas l'intégralité du récit de l'ancien cinéaste, obnubilé rétrospectivement par la tyrannie des femmes mûres qui « brûlent dans leur chair », surtout si elles sont nanties de dollars en provenance de cette Amérique qu'il abhorre.

Fidèle à ses habitudes estivales, Georgette emmena Margaret et Monique chez sa sœur, au château de Tancarville, pendant que L'Herbier et son équipe préparaient le tournage de *L'Inhumaine*, dont les premières prises de vues devaient commencer début septembre au studio de Joinville, la cantatrice reprenant la mer le 10 octobre.

Aidé de Mac Orlan, L'Herbier réécrivait le scénario et le communiquait à mesure à Georgette qui le renvoyait avec ses notes critiques. Durant cet été, elle ne pensa qu'au film, donnant au château une conférence sur le cinéma américain qu'elle égratigne au passage pour sa pudibonderie. Son admiration ne la rend pas dupe. « Quant à la censure en Amérique, on ne peut pas imaginer à quel point elle est comique. Elle est d'ailleurs si importante, si infinie que nous n'avons pas le temps de nous engager sur un terrain aussi vaste. Qu'il nous suffise de savoir que cet instrument barbare a déterminé une mesure pour les baisers de l'écran... 1/2 seconde de plus et les ciseaux interviennent ! » Ceci peut aussi d'ailleurs expliquer la chasteté des relations entre les deux personnages principaux de *L'Inhumaine*, la cantatrice Claire Lescot (Georgette Leblanc) et le jeune savant suédois Einar Norsen (Jaque Catelain). Ils s'aiment d'un amour fou et pourtant ne s'embrassent ni ne s'étreignent. Autant-Lara explique cette timidité par la différence flagrante entre l'aspect physique de Georgette et celui de son partenaire, qui aurait rendu toute manifestation un peu moins tiède scandaleuse ou ridicule. Mais cette retenue des personnages contribue, entre autres, au ton si poétique du film.

Le 31 août, *Comœdia* publia ses propos sur le cinéma américain : « Une question se pose d'abord... Est-il différent du cinéma français ?... Oui... Surtout par la place qu'on lui donne là-bas, par la considération qu'on lui accorde. En Amérique, on compte le cinéma comme la quatrième industrie par ordre d'importance. À New York seulement, il y a autant d'établissements de *pictures* que dans toute la France. Les plus belles salles sont aussi grandes que celles de l'Opéra de Paris ; les plus petites sont encore magnifiques. Elles sont luxueuses, éclatantes, confortables, flanquées de chaque côté de la scène par deux grandes orgues dont les tuyaux montent jusqu'au plafond, munies d'un orchestre nombreux, parfaitement dirigé et jouant d'excellente musique, parfois même de la musique « avancée ». Les représentations commencent à onze heures du matin et finissent à minuit. Chacune dure environ deux heures et demie et n'a pas d'entracte. (...) Le programme commence par des actualités qui sont choisies avec éclectisme dans toutes les nations. Puis il y a un soliste (étoile de violon, de chant ou de piano), puis vient le film « comique », ensuite des danses avec décors et grand orchestre, et pour finir, le film principal. Tout cela est minuté sur l'affiche d'entrée. On peut choisir ce que l'on veut voir ou entendre, sans perdre de temps. (...) Il y a pourtant des points noirs (...). D'abord, il y a le scénario qui devrait être la chose la plus importante et qui est la partie faible... je n'ai pas le temps de l'analyser ici comme elle le mérite... On médit beaucoup des scénarios américains... On n'a pas tort ! Mais la différence avec les nôtres est-elle suffisante pour en parler ? M. Otto Kahn, dans un discours prononcé dernièrement au Congrès du Cinéma a dit très justement : « Ne sous-estimez pas votre public. Bien que la grande masse du public américain soit encore inéduquée, elle possède néanmoins un sens intuitif très développé touchant les choses qui en valent la peine. » À plus forte raison, nous pouvons dire bien plus du public français, mais c'est l'éternelle crainte de perdre de l'argent qui empêche d'avancer et d'en gagner davantage. La faute est à ceux qui n'ont pas le sens des risques nécessaires ! À cause de cela, l'art du cinéma est en retard et son véritable, son profond intérêt n'est pas encore mis en évidence. Deux choses funestes le retardent davantage en Amérique, c'est la « standardisation » et la censure. La « standardisation » qui oblige l'auteur à se conformer à certaines formules qui soi-disant assurent le succès : sinon, les « arrangeurs » coupent, transforment, défigurent afin que chaque scénario soit taillé sur le même patron, selon une mesure idéalement conforme à la commercialisation. » La suite de cet article traitait de la censure dans les mêmes termes que sa conférence donnée au château de Tancarville. Son investissement financier dans *L'Inhumaine* n'avait rien changé à sa conception et à son intelligence de l'art. Ses propos de 1923 restent parfaitement d'actualité en notre fin de XXe siècle, puisqu'aujourd'hui, non seulement les *script doctors* des chaînes de télévision et des gros producteurs européens réduisent les scénarios de fiction « selon une mesure idéalement conforme à la commercialisation », en appliquant les fatwas narratives promulguées par les savants docteurs de « La Mecque du Cinéma », mais des producteurs de plus en plus « comptables » ploient sous « l'éternelle crainte de perdre de l'argent ».

Au soir de ce dernier jour d'août, en accord avec Marcel L'Herbier, Georgette Leblanc chanta à l'antenne Radiola de la Compagnie française de radiophonie. Elle avait choisi *La Flûte* de Maurice Ravel et un extrait de l'*Orphée* de Gluck, avant de donner sa conférence sur le cinéma américain, élargissant son audience à 400 000 auditeurs. Au cours de la même émission, L'Herbier annonça le tournage de *leur* film et inaugura une rubrique de critique cinématographique mondiale à la radio, ce qu'un journaliste appela la « radiochronique de l'écran ». Ricciotto Canudo, théoricien du Septième Art, reconnut à L'Herbier, « le plus poète de nos écranistes »,[514] la primauté de sa démarche, et l'en félicita chaudement quelques jours plus tard dans *Paris-Midi* et *Le Siècle*.

La rancune de Maeterlinck

Tandis que Georgette travaillait à la préparation de son film, des amis communs intervinrent à sa demande auprès de Maeterlinck, dans l'espoir que le poète accepte une entrevue. Elle voulait absolument le revoir avant son retour aux États-Unis, prévu pour la mi-octobre. Quatre ans après la rupture, elle croyait le moment venu de se parler plus amicalement qu'au travers de projets liés au « business ». À Nice, Maeterlinck prit peur. Ce que Georgette, aux États-Unis, avait dû laisser filtrer de leur vie passée, s'était retrouvé amplifié par la presse à scandales. De plus en plus éloigné du présent par des conditions de vie aristocratiques, en essayant néanmoins de garder le contact avec son époque, Maeterlinck portait beau pour ses soixante et un ans. Son voyage en Amérique ne lui avait pas apporté le renouvelle-

[514] Ricciotto CANUDO, *Manifeste des Sept Arts*, Séguier, 1995.

ment tant espéré. L'adaptation de *L'Oiseau bleu* au cinéma aurait dû lui permettre de pratiquer une nouvelle forme d'écriture. L'industrie cinématographique s'intéressant à son ancien théâtre, il se faisait fort d'écrire des scénarios à la demande. Ce n'était pas humiliant et, en outre, très bien payé. On sait qu'il ne s'intéressait plus à ses œuvres anciennes, ni même aux plus récentes, sauf sous le rapport financier.

Rares furent les grands écrivains qui réussirent à se mettre au service du cinéma sans rien perdre de leur talent. Comparable à Maeterlinck par la célébrité internationale, D'Annunzio écrivit des scénarios avant 1914. *Cabiria*, film distribué mondialement, fut le fruit de sa collaboration avec le metteur en scène Giovanni Pastrone. Maeterlinck, lui, manquait de l'infinie versatilité et de l'appétit insatiable de nouveauté qui possédaient un D'Annunzio se prenant en même temps de passion pour l'aviation et le cinéma. En Amérique, l'auteur de *L'Oiseau bleu* eut la naïveté de croire qu'il était facile de travailler pour la Métro-Goldwin-Mayer. Il dut cependant en rabattre. Il n'était pas fait pour rédiger des scripts à l'attention de producteurs littérairement incultes. Pourtant, ainsi que Henry Bernstein[515] l'affirmait encore en 1924, quand la Société des auteurs refusa d'accepter les metteurs en scènes de cinéma en son sein : « Maeterlinck était un poète cinématographique né », son « don de suggestion extraordinaire aurait dû être exploité sur les écrans ». Bernstein pensait — conviction partagée par tous — que les vrais auteurs des films étaient les écrivains de théâtre dont on adaptait les pièces ou ceux qu'il nommait les « écrivains de cinéma », autrement dit les scénaristes. Bernstein, pas plus que Maeterlinck d'ailleurs, ne semblait comprendre que le cinéma — art spécifique — créait ses propres lois, et qu'un grand auteur au théâtre pouvait se révéler particulièrement inapte à la modeste mais indispensable fonction de scénariste. Heureusement pour le lauréat du prix Nobel, sa fortune le mettait à l'abri de l'humiliation et lui évita la nécessité de pointer à l'usine à rêves ! Les véritables écrivains contraints de noircir du papier à Hollywood subirent un calvaire et furent les plus malheureux employés du cinéma américain.

À Los Angeles, ses entretiens avec la presse le ridiculisèrent. Il parlait un anglais littéraire à l'accent comique, et on s'était moqué de lui. « You might as well get me to try to lift an elephant as to try to teach him English »,[516] déclara Sheridan Russel, le fils de l'ancien imprésario de Georgette. Pourtant, le poète se présentait sous l'aspect serein et équilibré d'un bel homme d'âge mûr, qui eût pu passer pour Anglo-saxon. Sa nouvelle femme, quoique jeune et belle, ne fit pas non plus bonne impression. La charmante Renée ne possédait pas le dixième du charisme de Georgette. Ça, il fallait le reconnaître.

La posture olympienne de Maeterlinck ne l'avait pas protégé des insolences de la presse d'outre-Atlantique. De retour en France, lui qui avait donné jusqu'ici l'image d'un homme en parfaite santé — à la fois sportif et aimant la bonne chère — souffrit brusquement d'hypertension grave. Il dut surveiller son alimentation et réduire sa consommation de bourgogne. Sans qu'il soit possible de l'affirmer avec certitude, on peut néanmoins supposer que son échec américain lui coûta beaucoup et ne fut pas pour rien dans l'apparition soudaine de ses symptômes.

---

[515] Bernstein admirait Maeterlinck. Directeur du Gymnase, il rêve en 1921 de monter une pièce de celui qu'il tient pour « le plus grand auteur dramatique de ce temps ». Mais ce projet ne voit pas le jour. (Cf. *Bernstein le Magnifique*, de Georges Bernstein Gruber et Gilbert Maurin, J.C. Lattès, 1988.)

[516] *Maurice Maeterlinck*, 1862-1962, Op. Cit.

Il reçut très mal la tentative de rapprochement de Georgette. Elle réussissait si bien là-bas, parce qu'elle avait vendu certains épisodes de leur biographie commune, et elle osait le relancer ! Dans quel but, sinon de puiser dans leurs retrouvailles une nouvelle matière à trafiquer dès qu'elle serait retournée aux États-Unis ? Il prit le temps de lui répondre, et le 10 octobre, jour de son embarquement au Havre, il la menaça de révélations susceptibles de lui causer le plus grand tort, au cas où elle persisterait dans ses intentions. S'il avait réagi plus tôt, et dans un sens favorable à son attente, on ne voit d'ailleurs pas comment elle eût pu trouver le temps de se rendre à Nice. À moins de compromettre la réalisation du film. Tenons pour certain qu'elle l'eût osé.

En quatrième vitesse

Le tournage commença sur le plateau de Joinville. L'Herbier n'eut désormais plus qu'une préoccupation : impressionner le maximum de pellicule avant que sa vedette ne reprenne la mer. Georgette devait impérativement se trouver à New York le 20 octobre pour inaugurer sa nouvelle saison de concerts et chercher sans tarder un débouché au film sur le territoire américain.

Elle se plia à toutes les contraintes avec une disponibilité totale. Margaret ne mit pas les pieds à Joinville. Elle retrouva Jane Heap arrivée en France une semaine après elle. Redevenues pour un temps, le couple d'éditrices de la *Little Review*, elles visitèrent les exilés américains de la génération perdue qui les avaient précédées sur la rive gauche.

Si le scénario de *L'Inhumaine* est un mélodrame moderne, le film manifestera les grandes tendances de l'art français contemporain. Aussi Marcel L'Herbier a-t-il obtenu la collaboration de Fernand Léger, des architectes Robert Mallet-Stevens et Pierre Chareau, ce dernier étant aussi un grand ensemblier décorateur, un créateur de meubles réputé, du couturier Paul Poiret et du compositeur Darius Milhaud, cousin de son associé Éric Allatini. Paris, ville de la danse moderne — que l'on se rappelle *La Péri*, *Jeux*, *Le Sacre du Printemps* ou *Parade* — cet art, pas plus que la haute couture, ne peut être absent du film. L'Herbier s'assure le concours des Ballets Suédois et de leur danseur étoile-chorégraphe Jean Börlin. Quant à la présence de George Antheil, elle doit tout à l'amicale insistance de Georgette qui n'avait pas oublié les marathons musicaux du jeune compositeur à Bernardsville.

Le film s'ouvre sur une somptueuse réception. Georgette Leblanc, habillée par Poiret, est dévorée des yeux — charbonneux — par le maharadjah Djora de Manilha (Philippe Hériat). Elle incarne Claire Lescot, *L'Inhumaine* du titre, femme extraordinaire à l'intelligence dévorante, maîtresse de ses passions, et habitant une « demeure vaste, d'une ordonnance limpide, géométrique, [*qui*] domine la ville... » On reconnaît d'emblée dans le bref portrait de la cantatrice donné en quelques lignes par des cartons, le profil du personnage dont en réalité il s'inspire. C'est Georgette Leblanc vue par elle-même et L'Herbier, bien placé pour la décrire... On trouve dans le nom Claire Lescot des réminiscences du passé de Georgette. Elle aurait voulu s'appeler Claire, comme l'héroïne de *L'Enthousiasme*, le roman de Maurice Leblanc, transposition de leur adolescence rouennaise. Lescot rappelle Manon Lescaut, autre inhumaine, souvenir de l'admiration de jeunesse de Georgette pour l'opéra de Massenet et le personnage de l'abbé Prévost.

La réception qu'offre *L'Inhumaine* a lieu dans un « immense salon posé sur un tapis à damiers géants (...), la table du souper dressée dans une île est au milieu d'une pièce d'eau sur laquelle nagent des cygnes. Des valets en livrée portent des masques stéréotypés. »[517] Bientôt, un jeune homme blond, en habit, entre dans la salle, Jaque Catelain, le jeune premier, qui est Einar Norsen..., un disciple d'Einstein. Les autres invités de Claire Lescot sont l'agitateur « unitariste » Kranine, joué par L.V. de Malte, une sorte de bolchevick raspoutinien, le brasseur d'affaires Frank Mahler, « un des hommes les plus riches du monde » et qui possède les « douze plus grands théâtres lyriques »[518] des États-Unis. Par ce détail, Frank Mahler n'est pas sans rappeler le puissant Otto H. Kahn... Le maharadjah est présenté comme étant un « maître du despotisme ».

Ces personnages rendent visibles les forces obscures et puissantes qui travaillent souterrainement la société. C'est aussi l'époque du Docteur Mabuse... On a encore la naïveté de croire que le Mal peut être personnifié. Dans *L'Inhumaine*, comme dans tout mélodrame, le Bien et le Mal s'affrontent. Mais ici les Sciences sont au service du Bien, du Beau et de l'Amour. Kranine, Mahler et le Maharadjah désirent s'attacher la cantatrice en lui offrant un destin hors du commun, elle qui est déjà si exceptionnellement douée pour l'extraordinaire. Kranine propose qu'ils se partagent la domination des masses de l'Asie, Mahler lui donne la gloire mondiale, Djora de Manilha met à ses pieds les prestiges des Indes. Elle y sera une déesse. Claire Lescot, toujours insoumise, se rit de leurs fabuleuses propositions. Finalement, c'est le jeune ingénieur Einar Norsen qui parvient, par des moyens extravagants, à faire naître en elle un sentiment d'amour mêlé d'admiration et de reconnaissance, lorsqu'il la ressuscite après qu'elle eut succombé à la morsure d'un serpent.

Le petit mois dont L'Herbier dispose, la complexité des décors et des effets spéciaux plus que celle de l'intrigue rendent les conditions de réalisation particulièrement pénibles. « On tourne jusqu'à quatre heures du matin. Les machinistes et les électriciens dorment debout (...), les opérateurs titubent d'épuisement. Sous leur fard, les acteurs dont la barbe pousse ont des rides qui se creusent. Cela fait deux semaines que l'on dort trois heures par nuit... mais Marcel L'Herbier, toujours ganté, rasé de près, est infatigable. »[519] Il travaille d'une manière originale, la seule possible. S'étant aperçu rapidement qu'il était illusoire de faire collaborer les différents créateurs engagés, qui ne sont pas des techniciens mais des artistes, il avait confié à chacun le décor de son choix, les hommes de Cinégraphic, Autant-Lara et Cavalcanti, outre leurs propres réalisations, étant chargés de superviser et de rendre conciliables les différents styles des maîtres Mallet-Stevens, Fernand Léger et Pierre Chareau. Pour la partie purement visuelle, L'Herbier s'était entouré des opérateurs Specht et Roche, auxquels il avait adjoint les photographes américains Brown et O'Neil.

Afin de ne pas gaspiller un temps si précieux dans des allers-retours, Georgette et Catelain ne quittèrent pas Joinville. Ils dormaient dans un pavillon « délabré », situé tout près du plateau, qu'ils partageaient avec Cavalcanti et sa mère, « Mouchka ». Le pavillon servait aussi de salon de maquillage. C'était Catelain — non seulement acteur, metteur en scène mais aussi maquilleur — qui était chargé de « replâtrer » Georgette dont le maquillage fondait sous les projecteurs.

---

[517] Jaque CATELAIN, Op. Cit.
[518] Ibid.
[519] Ibid.

Pour ne pas perdre de temps, elle avait cru pouvoir garder le sien quarante-huit heures d'affilée…

Le début du mois d'octobre arriva trop vite, et il fut évident que le film ne serait jamais terminé avant son départ. L'Herbier voulait à tout prix mettre au moins en boîte la scène du Théâtre des Champs-Élysées, qui réclamait deux mille cinq cents figurants, dix caméras pour filmer les mouvements d'indignation des spectateurs qui font finalement un triomphe à la cantatrice. Les heures de sommeil furent encore réduites.

Le choix de L'Herbier se comprend. Ce théâtre est un des plus beaux exemples de l'architecture du début du siècle, avec sa façade ornée de bas-reliefs et de sculptures de Bourdelle représentant Isadora Duncan. Les Ballets russes de Diaghilev y créèrent *Jeux* en 1913. En 1920, Rolf de Maré loua la salle pour sept ans au profit des Ballets suédois et permit aux Ballets russes de s'y produire. Le Théâtre des Champs-Élysées fut donc le centre de la vie artistique parisienne des années d'avant et d'après-guerre. La grande diva Claire Lescot ne pouvait chanter sur une autre scène. Le scandale — un des morceaux de bravoure du film — aurait immanquablement lieu là où Nijinski avait révolutionné la danse.

Le 4 octobre au matin, le théâtre se remplit de figurants volontaires, les représentants du Tout-Paris de l'époque. Il y a parmi eux des amis de L'Herbier : le jeune cinéaste René Clair ou la belle poétesse Lise Deharme. Tous sont venus sur invitation assister à un curieux programme. La salle et la scène sont éclairées comme en plein jour, la lumière provenant de six camions électrogènes garés avenue Montaigne.

L'ouverture est jouée par l'orchestre Pasdeloup. Sur la scène se succèdent — présentés par Pierre Bertin, qui fut le *Pelléas* de l'Odéon — Paul Poiret et un défilé de mannequins, George Antheil tapant au piano sa stridente musique mécanique. Après l'entracte, Jean Börlin danse sa *Nuit de Saint-Jean*, une chorégraphie inspirée des danses populaires suédoises, déjà bien rodée puisque créée en octobre 1920. Börlin et ses principaux partenaires, Edith Bonsdorff et Klara Kjellblad évoluent dans les nouveaux décors du peintre Nils de Dardel. Darius Milhaud dirige de la fosse d'orchestre.

Après la représentation des Ballets Suédois, Georgette Leblanc paraît et chante, accompagnée par l'orchestre Pasdeloup sous la direction d'André Soyer. La salle est filmée sans relâche par L'Herbier. Quand le tour de chant se termine, le public est prêt, sur commande, à se muer en foule en colère et à huer l'apparition de Claire Lescot. Dans le scénario, une cabale est fomentée pour punir *l'inhumaine* cantatrice que l'on accuse, par son dédain, d'avoir poussé au suicide Einar Norsen.

Dès que Claire Lescot revient en scène, accompagnée au piano par Catelain en personne — qui est l'un des hommes-orchestres de cette production —, les spectateurs obéissant à un signal se dressent et l'invectivent. Des clans s'affrontent sous les plafonds peints par Maurice Denis. On crie, on siffle. La caméra isole les responsables de la cabale, parmi lesquels l'agitateur Kranine et le millionnaire Frank Mahler, ceux que *l'inhumaine* a rejetés.

Fatigué de hurler, le Tout-Paris des premières finit par ovationner la cantatrice qui ne s'est jamais départie de son calme souriant. Quand le silence revient, elle chante et se fait à nouveau applaudir.

L'Herbier avait utilisé trois mille mètres de pellicule pour filmer ce morceau de bravoure, une des séquences d'anthologie du cinéma muet. Comme Abel

Gance, il aimait les mouvements de foule, les attitudes paroxystiques, tout ce qui permettait d'exalter la virtuosité de sa caméra. Il avait le culte de l'image.

Les cinq jours restants sont utilisés au maximum sur le plateau de Joinville. Au grand dam d'Autant-Lara, qui, cinquante ans plus tard s'en étouffe encore d'indignation, Georgette Leblanc « assistait à toutes les projections — le soir… / … et demandait — avec une fermeté exemplaire — que l'on retourne tel ou tel de SES plans qui ne lui plaisait pas — du tout. / Pas assez photogénique qu'elle se trouvait. »[520]

Sur ce problème, qui inquiétait autant L'Herbier que sa vedette, le cinéaste s'est noblement expliqué et a tenté d'y remédier sans se prétendre violé. « Georgette ne discutait jamais des indications de mise en film, mais elle raffinait abusivement sur les questions d'apparences : maquillage et toilettes. (…) [*Elle*] exigeait [*en souriant*] qu'on la maquille et la remaquille et cela incombait à Jaque, inventeur de la photogénie de ces dames, comme de ce visage cubiste qu'il s'était composé lui-même pour certaines évocations de son rôle de mort-vivant. » Ou bien : « Elle (…) présentait les mêmes difficultés photogéniques qu'une Ida Rubinstein. Mais quelle *intelligence* elle avait en plus ! Je m'en aperçus au cours des discussions même profondément amicales que souleva entre nous la mise au point définitive de mon scénario (…), mais aussi pendant les prises de vues (…). »[521] Quand il s'agit de caractériser Georgette, à quelque génération qu'appartiennent ses partenaires, c'est le mot intelligence qui revient le plus souvent, à une époque où on en est volontiers avare envers les femmes.

À la veille du départ de la cantatrice, le film, tourné dans ses grandes lignes, n'était pas terminé. Les scènes manquantes seraient ajoutées dès son retour, au printemps de 1924.

La diva américaine

Monique Serrure était revenue épuisée de ses trois années américaines. Comme elle assistait Georgette en permanence, le tournage l'avait en outre extrêmement fatiguée. Ce qui s'annonçait lui apparut au-dessus de ses forces. La tournée commencée à l'automne conduirait Georgette et Margaret dans le sud et l'ouest des États-Unis, avec un crochet possible par Mexico. Les voyages en train — interminables — dureraient jusqu'au printemps de 1924. Georgette consentit à se séparer quelques mois de « sa Monique ». Il était entendu que, quoi qu'il pût arriver aux États-Unis, elle reviendrait en France finir le film de L'Herbier.

Monique resta, mais avec une mission bien précise : rencontrer Maeterlinck dès que Georgette le lui demanderait.

Sur le quai d'embarquement, Georgette et Margaret firent leurs adieux à leur amie et montèrent à bord de l'*Aquitania*, un paquebot de la Cunard Line, qui transportait mille deux cent soixante passagers.

Du Havre à New York, les tempêtes rendirent la traversée mouvementée. À l'arrivée, quatre cents passagers avaient souffert du mal de mer. Georgette et Margaret, parfaitement en forme, foncèrent jusqu'au Fisk Building où Louise les attendait avec impatience.

---

520 Claude AUTANT-LARA, Op. Cit.
521 Marcel L'HERBIER, Op. Cit.

Dès le 28 octobre, la presse annonça leur retour et célébra l'ampleur de leur saison américaine. Avant de partir en tournée, Georgette rendit compte à son principal commanditaire de l'état d'avancement de *L'Inhumaine* et des conceptions de L'Herbier qui étaient aussi les siennes. Le cinéaste français avait prévu une séquence en couleurs. Otto H. Kahn ne semblait pas pressé de voir le film. Il attendrait qu'il soit terminé et on organiserait une projection à New York. Puis il retourna à ses multiples activités. Rien n'avait changé. Le loyer de l'agence Georgette Leblanc Art Direction Inc. était réglé, les salaires de la dactylo et de Louise Davidson versés. Le conte de fées continuait. Georgette était rassurée sur son sort.

Fin octobre, le *Daily News* apprit ce fait bouleversant à ses lecteurs : Mme Renée Maeterlinck interdisait à Georgette Leblanc d'utiliser le nom du poète dont elle était, elle, l'épouse légitime. Ceci était peut-être en rapport avec les « révélations » dont il avait menacé Georgette. Cette « information » du *Daily News* renvoyait l'écho d'une guerre sourde entre Renée et Georgette, comme si la cantatrice, remise en selle, tentait de prendre sa revanche en empoisonnant l'existence de la jeune madame Maeterlinck. Mais qu'y pouvait Georgette si on la désignait comme étant l'ex-femme de celui qui s'était laissé surnommer « bébé » pendant près de vingt ans ? Et si son imprésario inondait les rédactions de la nouvelle de la riposte — vraie ou fausse — de Renée ? Ce qui était tout bénéfice pour la presse « people », car si le terme n'existait pas encore, le genre s'épanouissait depuis des lustres.

Avant leur départ pour le Sud et la Californie, Georgette se fit photographier dans le hall du Waldorf Astoria. Elle portait une fourrure évaluée à 8 000 dollars. Les lecteurs n'appréciaient rien tant que la réussite. Fastueusement habillée, la cantatrice devait faire rêver jusqu'au fond du Tennessee, cette photo et l'article l'accompagnant étant repris par de nombreux journaux américains, y compris les gazettes les plus locales, par exemple celle de Butte, cité minière du Montana, qui défrayait alors la chronique par ses affrontements sanglants entre mineurs syndiqués et gangs patronaux.

Georgette Leblanc, Margaret Anderson et leur femme de chambre française montèrent dans le train à Grand Central Station, sous les flashes des photographes.

À en croire la grande presse, dithyrambique à quelques nuances près, la cantatrice et sa pianiste volèrent de triomphe en triomphe. Georgette était devenue un fétiche des journaux populaires. On reconnaissait dans cet intérêt soutenu la patte de Louise Davidson, son « personal manager », qui se targuait de la puissante protection dont jouissait sa patronne. Au sommet des unes, Georgette tenait des propos de star hollywoodienne. On l'interrogeait souvent sur l'amour et les différences entre façons d'aimer françaises et américaines. Elle fut, un temps, pour les journalistes, « A Love Doctor ». Quelques mois plus tard, elle vendit une série d'articles sur la vie américaine observée par une artiste française. Cependant, la critique musicale sérieuse la respectait. Le *Musical Observer* publia une grande interview de la cantatrice en décembre 1923. Jusqu'en mars 1924, elle vécut pleinement le « rêve américain », ce cliché inusable : « les dieux furent pour moi. Le public américain, même mondain, garde toujours quelque chose d'universitaire à cause de son insatiable curiosité et de son emballement. De vieilles dames agitaient leur chapeau à bout de bras à la fin des concerts, comme pour les adieux aux paquebots. Dans les entractes les sympathies m'étouffaient, je ne parvenais pas à regagner ma loge où ma femme de chambre livrait un combat contre les amateurs de souvenirs. Mon manteau de soirée malencontreusement garni de plumes d'autruche diminuait à vue d'œil, il n'en restait que les arêtes à la fin du voyage. »[522]

Margaret évoquera plus tard « ces merveilleux concerts dans les petites et les grandes villes tout au long du trajet de New York à San Francisco ; je me souviens des critiques écrivant que Georgette Leblanc, si on le lui demandait, pourrait chanter les tables de multiplication de façon aussi exquise que Palissy décorait de la céramique. Je me rappelle les trains qui filent, les porteurs noirs secoués d'hilarité devant la langue française. (...) Je me rappelle les chambres d'hôtels remplies de roses et un bungalow de Beverly Hills parmi les orangers (...). Je me rappelle les déserts plus éclatants que des peintures et les forêts plus vastes que la vie. Je me rappelle un inconcevable Grand Canyon. Je me rappelle les conversations avec les diverses populations que génère le continent américain. »[523]

À Los Angeles, Georgette fut invitée à des matinées littéraires en même temps qu'Amy Lowell[524] et Rebecca West.[525] Puis elle gagna Hollywood où se concentraient maintenant les grands studios de cinéma. Elle resta un mois à Beverly Hills, visitant avec Margaret les studios de United Artists où elles virent Claire Eames costumée en reine Élisabeth et Douglas Fairbanks franchissant en se jouant les barrières de sécurité. Cet aspect merveilleux d'Hollywood amusa surtout Margaret. Au contact de ce milieu, Georgette retrouva vite ses réflexes de femme d'affaires et rencontra des producteurs. Elle tourna même un bout d'essai dans une cage à tigres. Elle eût dîné avec le diable s'il se fût présenté... Sa présence à Hollywood ridiculisait les prédictions qui l'avaient si vite enterrée. Ceux qui affirmaient qu'elle n'était rien sans Maeterlinck, étaient démentis par son exil dans les pires conditions et le tournage de *L'Inhumaine*. Elle se croyait au début d'une renaissance par le chant et le cinéma. L'écriture n'était plus qu'un exercice alimentaire et un défoulement. Elle se produisit à San Francisco, où elle inaugura l'Art Theater. Au Plaza, ce fut le « triomphe de l'année ». Il y avait « douze femmes en elle », etc. et autres hyperboles. La presse — son ancienne ennemie — n'en finissait pas de la couronner.

« Le malheur du lien » et l'amour-propre de Maeterlinck

Au cours de ses longs déplacements, et bien qu'heureuse avec Margaret, elle ne perdait pas de vue un de ses principaux soucis, en dehors de la réalisation de

---

[522] Georgette LEBLANC, Op. Cit.

[523] Margaret ANDERSON, Op. Cit.

[524] Amy Lowell (1874-1925), poétesse et critique américaine. Du fait de son obésité, ses déplacements étaient rares. À l'époque, elle était surtout reconnue comme critique littéraire.

[525] Rebecca West (1892-1983). Anglaise, née Cicily Isobel Fairfield, elle adopte le nom de Rebecca West, héroïne de la pièce d'Ibsen, *Rosmersholm*. Actrice, journaliste, puis romancière. À cette époque, elle avait déjà publié une étude sur Henry James et un premier roman inspiré de la Grande Guerre, *Le Retour du soldat* (1918), suivi de *Le Juge* (1922). De sensibilité de gauche, pacifiste, Rebecca West poursuivra une carrière littéraire qui lui vaudra de nombreux succès.

nouveaux projets cinématographiques et de la distribution aux États-Unis de *L'Inhumaine*. Il s'agissait de Maeterlinck, encore et toujours. Par leurs relations communes, elle connaissait exactement son état d'esprit. Depuis sa lettre menaçante du10 octobre, il n'avait pas évolué. Si elle s'était ensevelie dans le silence, aurait-il consenti à la revoir ? Peut-être... Dans le cas présent, sa méfiance innée, sa rancune tenace l'inclinaient à penser qu'elle mettait une malice particulière à rappeler sans arrêt et en l'exagérant — bien entendu ! — le rôle tenu auprès de lui durant les vingt années de leur aventure commune. Mais elle ne disparaîtrait pas de la surface de la terre pour qu'il fût apaisé et guéri de son sentiment de persécution. Autant ne pas parler de remords, Maeterlinck les ignorait. Dans un moment de désespoir lucide, elle écrivit de New York, où elle était revenue passer les fêtes de fin d'année, ses instructions à Monique :

« 3 janvier 1924, — — Donc question M.M. [*Maurice Maeterlinck*]. Oui, je désire que tu le voies. C'est difficile, il se dérobera avec un mot méchant. Il faut comprendre, se mettre à sa place : il est saturé d'erreurs. Moi, je suis loin. Ma réalité, ma vérité a quitté sa vie après un cataclysme dans lequel son instinct a trouvé déjà un aliment contre moi. Il y a eu une seule réalité directe de lui à moi, elle fut à mon désavantage. (...) Cela a fatigué mon amour. Mais cela n'a pas attaqué la partie la plus profonde du lien. Quelque chose qui n'a pas de nom et qui vit en dehors de la vie et qui est certainement le *malheur du lien* — « l'inattaquable », le plus haut. Mais ce qui est important malheureusement pour lui, c'est le flot quotidien de la vie qui n'a cessé de lui apporter de la saleté contre moi. Il fallait une forteresse autour de lui pour assurer notre séparation, pour la prolonger. On peut briser tout à coup un lien de vingt-trois ans si l'on frappe juste sur l'amour-propre d'un homme, mais un esprit judicieux et intéressé à l'avenir comprend le danger de la « suite ». L'immense lien brisé en mille racines qui peuvent reprendre des forces et qui sont autant de menaces pour l'avenir. Cela fut compris autour de lui et la séparation fut alimentée si bien qu'il y a un an, M.M. répondait à quelqu'un : « Georgette a eu autant d'amants qu'il y a d'étoiles dans le ciel ! ! ! » Par mille petits complots habilement apportés à son oreille, de temps en temps un nom arrive, quelque chose, un petit incident qui semble fortuit donne la vie à un mensonge. C'est pourquoi tout concordant à alimenter cette séparation, il ne voit plus les vieux amis qui pourraient déformer la nouvelle et sale vision qu'il doit avoir de moi — pour protéger l'avenir ceci et quelques petites crises de nerf pour assurer l'éloignement des vieux amis, en voilà plus qu'il n'en faut pour assurer chez un homme une vision fausse, hélas ! Alors, est-il heureux ? Peut-il être heureux ? avec une telle saleté posée sur un passé qui fut magnifique et qu'il ne peut plus croire magnifique ! Qu'est-ce que je demande, quand je désire que tu le voies ? Je demande l'impossible, je le sens — c'est-à-dire que je désire l'impossible, car on ne le demande pas. Alors, c'est bien difficile. Inutile de l'expliquer puisque je sais par ma psychologie que c'est impossible. S'il était resté lui-même, s'il était le maître de sa vie, il ne se serait pas totalement éloigné de moi, mais je sens en écrivant que je m'égare. Je vois trop clair pour continuer à parler dans le vide.

« Un énorme complot l'a séparé (puisqu'il pouvait se marier et faire ce qu'il voulait en accord avec mes éternelles compréhensions). Le même complot l'a éloigné de plus en plus et tout cela est si solidement fait que rien au monde ne pourrait lui faire voir maintenant celle que je suis. Donc, n'en parlons plus — Je serais heureuse d'une simple conversation où j'espère que tu le sentirais en bonne santé morale et physique. Heureuse que tu visites la villa — que tu m'envoies un petit brin de feuillage du jardin, que tu voies toutes les choses et que tu lui racontes (s'il te laisse parler) un peu des tortures que nous avons vécues pour empêcher qu'on le déshonore. Évidemment, il ne fallait rien laisser passer du tout dans le *Sunday American* pour que le geste soit complet, mais où aurais-je pris l'argent qu'il fallait rendre ? et si le *Sunday* n'avait pas avancé l'argent pour que nous vivions (dans la misère mais tout de même vivre), comment aurions-nous pu avoir le lait, le pain et le tramway ? C'était une impasse et tout l'héroïsme, le sacrifice de la vie même n'a été fait que pour éviter la vraie boue. Je n'ai pu éviter les éclaboussures ni pour lui ni pour moi. Alors si tu te présentes en ton nom, portes closes — ton nom a été sur des enveloppes — si tu te présentes, dis « une vieille amie de Marie Mali[526] » et donne le nom de ta mère. Le mieux serait de le rencontrer : il est dans l'avenue de la gare entre 16 heures trente et 18 heures. Il descend son avenue des Baumettes vers 16 heures généralement. »

Tout porte à croire que la tentative échoua. Georgette notait à la même époque dans ses carnets : « Comment M.M. peut-il écrire, lui *qui n'a rien connu* ? — lui qui m'a dit quelquefois : " Crois-tu que l'on puisse éprouver telle ou telle chose dans la douleur ? Ceci est-il juste ? " Je crains qu'il n'ait ressenti à cause de moi sa première grande douleur lorsque la cuisinière et sa femme m'ont défigurée à ses yeux. Montrant mes actes sous un jour dégoûtant. Mais cette grande douleur, hélas ! il l'a si mal reçue que je crains qu'elle ne lui ait rien enseigné. Il a opposé à une grande souffrance le petit bouclier de la vanité. Je n'ai aperçu en ses yeux qu'un amour-propre d'homme. »

Victime bafouée dans sa candeur — selon lui —, Maeterlinck ne réservait pas son ressentiment à la seule Georgette, aux amis et relations qui lui auraient manqué. À la fin de l'année, il fit savoir à un rédacteur du *Berliner Tageblatt* l'ayant prié de venir en aide moralement aux intellectuels allemands : « Vous semblez ignorer, monsieur, que je suis belge et qu'il m'est, par conséquent, impossible d'oublier. Comment donc faudrait-il m'y prendre pour ne plus me rappeler, entre tant d'autres crimes, l'odieux manifeste de ces intellectuels, au profit desquels vous venez aujourd'hui demander mon appui ? Quand l'Allemagne aura réparé une partie du mal qu'elle a fait, je pourrai, sinon pardonner — car il est des choses que le pardon ne saurait atteindre — essayer, du moins, de jeter un voile qui sera toujours transparent sur des souvenirs qui ne s'éteindront qu'avec ma vie. » Il se justifiait publiquement de refuser le pardon aux « intellectuels allemands » coupables d'avoir approuvé l'impérialisme wilhelminien. Sa rancœur implacable à l'égard de Georgette, elle, resta secrète mais se manifesta sous une forme mesquine dans la décennie suivante. L'auteur de *Marie-Magdeleine* — pièce dont il avait « emprunté », contre son gré, certains arguments à un poète allemand — ne pratiquait pas le pardon des offenses et considérait la lapidation — tout au moins morale — de la femme soi-disant adultère comme un châtiment légitime.

---

[526] Marie Mali fut la traductrice, sous le pseudonyme de J. Will, des *Sept Essais* d'Emerson (préfacés par Maeterlinck) et l'auteur de *L'Esthétique du contact humain.*

Georgette Leblanc, multimédia

En janvier 1924, elle chanta à l'Alliance française de Nashville et obtint un chaleureux accueil. Son répertoire était rodé depuis les soirées magiques qui avaient fait la gloire, sinon la fortune, de son théâtre privé de Washington square. Elle dialoguait toujours autant avec un public qui découvrait le meilleur de la poésie et de la musique françaises. Nashville était une cité de méthodistes et de baptistes, le centre industriel et universitaire d'un État rural du Sud où l'on pratiquait la ségrégation raciale. Issue d'une vieille civilisation raffinée, Georgette avait connu les plus grands écrivains et poètes européens. La justice américaine avait condamné Margaret, sa pianiste, pour avoir « importé » d'Europe de la littérature dite obscène. Elles n'avaient pas la moindre idée de la réalité sinistre du « vieux Sud ». Le public de l'Alliance française était peut-être moins tenu par ses pasteurs que le reste de la population. Georgette garda un excellent souvenir de Nashville.

De retour à New York fin janvier, elle envoya à Marcel L'Herbier une longue lettre qui détaillait ses nombreuses démarches auprès des producteurs, tout en annonçant au cinéaste l'envoi d'un synopsis où elle voyait Jaque Catelain dans le rôle principal. En février, arrivèrent à ses bureaux des câblogrammes du metteur en scène. Il lui parlait de ses autres productions tout en s'inquiétant de la distribution de *L'Inhumaine* à New York. Bien que le film fût encore inachevé, les premières bobines devaient être montrées à des exploitants américains. L'infatigable épistolière rédigea aussitôt plusieurs lettres.

Dans celle du 15 février 1924, elle réclama une copie de cette *Inhumaine* fragmentaire. Elle l'attendait impérativement au plus tard pour le 15 mars, qui était la veille de son concert du 16.

« Marcel chéri » devait lui donner le nom du bateau qui transportait le paquet, afin qu'elle vînt le réceptionner sur le quai. Elle lui précisa : « dès qu'il est dans le port, nous crions autour de la poste… et c'est un pays où l'on écoute les femmes ici ! ».[527] Art Direction Georgette Leblanc inc. avait déjà préparé la publicité de la représentation du 16 mars. Le projet consistait à louer une salle et à y projeter des fragments de*The new Enchantment* (L'Inhumaine) devant des invités des différentes branches de la profession cinématographique. Et pourquoi ne pas louer la salle deux semaines et passer le film en *sneak preview* ? Elle avait contacté un agent dont elle vanta l'importance à L'Herbier. « (…) nous sommes en bonnes mains, notre agent est celui des meilleures étoiles de ciné actuelles et bien connu « sur le marché » — Or cet homme disait hier : « si le film est apprécié, rien de plus facile que de faire un contrat avec L'Herbier ici et (l'étoile mâle) = J. Catelain ! ! Alors le rêve surgit… L'Espagne… notre été… et à l'automne nous partons ensemble et nous allons tourner en Californie… peut-être *L'Idiot* ! !… qui je suppose est très travail de studio ? Je vais le relire. — Personnellement j'ai, à travers des amis, des capitalistes demi-français également excités par Claire. [*L'Inhumaine*] Ce sont ceux-là que je m'efforce de préparer souterrainement pour une commandite franco-américaine. Enfin Marcel, l'atmosphère est vibrante autour de notre affaire — Elle est dans l'air et elle s'y installera de plus en plus jusqu'au 16 mars. Moi, je n'ose pas penser ou je vais voir, ça

---

[527] Collection Marie-Ange L'Herbier.

me fait trop trop trop peur… j'ai une peur et un désir affreux… J'ai l'espoir solide que nous allons conclure à la fin de mars. Alors j'ai deux concerts au commencement d'avril ou 5 mai au début et je peux partir aussitôt et je ferai tout si tu dis qu'il y a un très beau rôle pour moi dans ton affaire espagnole ! parce que je suis folle (…) Je t'embrasse un million de fois ! Oui, comme nous le méritons ! car nous sommes vraiment très bien ! G. »[528]

Parmi les « capitalistes demi-français » dont elle parle, devait se trouver Maurice Tourneur, à la fois producteur et metteur en scène. Tourneur travaillait pour Éclair, les studios qui « captèrent » *Macbeth* à Saint-Wandrille. Il réalisa *L'Oiseau bleu* — une production Éclair — aux États-Unis. Georgette et Tourneur avaient en outre un ami commun, Lecomte du Noüy, qui vint visiter Hollywood pendant l'été 1920. Le cinéaste lui proposa de tenter une carrière cinématographique, mais du Noüy préféra son laboratoire aux fastes des studios. Si Georgette ne connaissait pas Tourneur avant son arrivée en Amérique, il est plus que probable que c'est par l'entremise du scientifique français qu'elle le rencontra.

Le 20 février, elle envoie à L'Herbier le synopsis détaillé d'une histoire destinée, croit-elle, à satisfaire « l'avidité du public américain pour tout ce qui est (…) royal ». Elle projette enfin d'écrire une série dont le personnage principal serait une héroïne dans le style de la cantatrice Claire Lescot. « Pourquoi ne pas créer (…) au *ciné aussi* des types, des genres, celui-ci serait le premier type de femme *intéressante*, à condition, bien sûr, que « notre Claire marche ».[529]

Le récit mettant en scène un personnage royal est tiré d'un épisode de sa vie, sa rencontre avec le roi Georges Ier de Grèce et son fils cadet Constantin, en 1902, l'année de la grande tournée européenne de *Monna Vanna*. Georgette ne donne que les grandes lignes de ce synopsis ultraromanesque. Elle attend d'abord l'avis du cinéaste avant de se lancer dans un développement. Une de ses préoccupations essentielles durant ce mois de février semble être le projet de tournage en Espagne, dont elle entend bien être la vedette. Elle n'admet pas que son âge puisse constituer un obstacle insurmontable, tant elle est sûre de l'admiration affectueuse de L'Herbier et de Jaque Catelain, ses cadets de vingt ans. Pour ce film en projet, elle se dit prête à retarder d'un an tous ses concerts.

La vie new-yorkaise provoque en elle une boulimie d'activités axées, dirait-on aujourd'hui, sur les « nouvelles technologies » de l'image et du son — à l'époque, le cinéma et la radio. Elle a déjà donné une conférence radiophonique et un concert à Paris. Vers le 20 mars, elle chantera en direct à quatre heures du matin, dans un studio de radio. La station américaine émettra en direction de Paris et de la Tour Eiffel, où on captera son interprétation de *Pelléas et Mélisande* aux environs de 21 heures. La transmission de la voix sur une aussi longue distance est encore difficile à réaliser. Le succès de l'entreprise dépend du climat et de la température. « Il faut qu'il fasse très froid pour tenter le coup. On a seulement essayé avec des instruments et cela a réussi. L'épreuve est excitante. »

Elle achève sa missive de huit pages par un post-scriptum : « *8 heures du soir.* (…), j'ai passé trois bonnes heures à mon « office ». J'ai une publicité intense en ce moment jusqu'à mon concert. Cette affaire de radio va faire du bruit aussi.

---

528 Ibid.

529 Ibid.

Voudrais-tu la faire annoncer dans les journaux de radio = entre le 20 et le 25 mars = Pelléas et Mélisande par moi seule. Ce serait bien *bien* nécessaire mais est-ce possible pour Radiola ? »[530]

Si elle n'a pas eu la chance de créer le rôle de Mélisande en 1902, elle veut être la première à le chanter à la radio, lancer sa voix dans l'éther par une nuit froide au-dessus de l'Océan atlantique.

Infatigable, remplie d'énergie, elle déborde de projets : « Je ferai probablement une tournée en Australie au printemps 25 et ensuite l'Amérique du Sud. Je pourrais faire *L'Idiot* l'automne prochain. Dis-moi tes projets. Au revoir mon chéri ! au revoir YEUX QUI ONT VU ! ! ! ! ! G. »[531]

La chute de *Art Direction Georgette Leblanc, Inc.*

À la fin du mois, l'agence artistique Georgette Leblanc ferma ses bureaux. Georgette écrivit à Louise Davidson qu'à la suite de calomnies, un certain « M. d'Aoust » renonçait désormais à mettre la main à son portefeuille. Sa décision semblait irrévocable. Appartenait-il à ce groupe de capitalistes d'origine française qu'elle avait mentionné dans sa lettre à L'Herbier ? Était-ce un prête-nom d'Otto H. Kahn ou un autre généreux mécène ? Nous l'ignorons. Ce qui est à peu près certain, c'est qu'un ou plusieurs hommes riches et bienfaisants entretenaient Georgette. Où allait l'argent rapporté par les concerts ? L'entreprise ne dégageait-elle aucun bénéfice ? Georgette et Margaret vivaient, voyageaient, dépensaient sans compter. Louise Davidson, l'unique manager féminine des États-Unis, se payait. Et Georgette, comme par le passé, ne vérifiait aucun compte, ne se préoccupant à aucun moment de la gestion.

Les projets de tournage californien s'effondrèrent. Adieu son rôle dans l'adaptation de *L'Idiot* et tout ce qu'elle avait fait miroiter au cinéaste français. Le coup fut si rude qu'elle fut malade pendant deux mois. Cela se comprend : affronter un si grave échec dans un pays qui lui avait permis de se relever pouvait se révéler au-dessus de ses forces. Ayant investi tous ses gains et la donation d'Otto H. Kahn dans la production de *L'Inhumaine*, elle ne possédait pas de réserve.

Les enchaînements qui firent avorter son rêve américain nous échappent. Cependant, des rumeurs répandues par Jane Heap et d'autres, accusant Georgette et Margaret d'avoir une liaison homosexuelle, ont pu parvenir aux oreilles du ou des millionnaires — Kahn et le mystérieux M. d'Aoust — et les inciter à rompre par peur du scandale. Ces hommes d'affaires étaient des citoyens respectables et ne pouvaient laisser planer un doute sur leur honorabilité.

Malgré tout, Georgette reprit courage et tenta, avec l'aide de son imprésario, de mettre sur pied une saison 1925. Elle rentrerait en France achever *L'Inhumaine*. Le film sorti à Paris, elle reviendrait outre-Atlantique pour le distribuer et le présenter dans tout le pays. Conférences, concerts et film. Quel programme ! Il fallait *seulement* de l'argent. Elle reprit donc la plume et vendit au journal *The Evening World* une série d'articles : *My Impression of American Life* et, surtout, *New York, The city of Angels and Demons*, en six livraisons qu'elle illustra elle-même de dessins gentiment humoristiques. Louise Davidson avait négocié les

---

530 Ibid.

531 Ibid.

conditions de sa collaboration et le contenu des textes. Le journal réclamait du « vécu » pittoresque, l'histoire des malheurs — encore et toujours — d'une artiste française obligée d'affronter la misère après son abandon par l'affreux Maeterlinck, pour mieux faire ressortir la magnifique bonté de l'Amérique. Georgette se révolta. Elle écrivit à Louise : « Donc comprenez-moi bien, je ne peux parler de la misère que j'ai traversée si quelque chose peut laisser supposer que je suis encore dans la misère à New York et ceci malgré mon succès ! » En effet, la situation du printemps 1924 — les bureaux du Fisk Building fermés, la vie à l'hôtel — rappelait tristement l'époque des années vingt à vingt-deux. Ce qui intéressait au plus haut point le journal, le système en vigueur dans la presse « people » d'hier et d'aujourd'hui consistant à révéler des rivalités plus ou moins fausses entre vedettes, à faire état de l'ascension d'une star pour mieux précipiter sa chute à coups de scandales, puis, plus tard, de la replacer éventuellement au pinacle, etc. Car une rédemption est toujours possible. Dans cette optique, les héros plus ou moins complices de la presse populaire ne connaissent que l'enfer ou le paradis. Georgette en avait l'expérience, d'où sa rébellion contre les travers de la « machine à gloire » américaine.

Plus tard, Margaret et Georgette méditeront chacune à leur manière sur cette période new-yorkaise, où tout paraissait possible. « L'histoire de ce conte de fées inattendu et de sa fin subite (...), est l'une de ces extravagances qui ne peuvent arriver qu'à des gens comme nous, écrira Margaret. Les autres n'en comprendraient ni le début ni la fin et, si nous devions leur raconter ce qui est arrivé, ils ne manqueraient pas de dire : " il doit y avoir deux faces à cette histoire ". Mais certaines histoires n'en possèdent qu'une seule. Ce sont celles auxquelles personne ne croit. Georgette disait toujours que les gens croiraient n'importe quoi, pourvu que ce ne soit pas vrai. »[532]

La cantatrice noya l'événement qui mit brutalement fin à sa carrière américaine sous des considérations élevées : « Les inévitables chaînes essayaient de se former — les plus légères — mais aussi les plus graves. Et rien, vraiment rien de tout cela ne pouvait s'adapter à ma volonté, à mes désirs ni à ma morale personnelle. Je ne suis pas femme à perles, à châteaux, à hermine — placements sûrs, beautés marchandes qui par cela ont perdu leur authentique valeur. Je ne réalisais pas l'idéal vedette que l'on attendait de moi, mais la ténacité de ma confiance ne s'arrêtait à aucun doute. (...) Pourtant je ne regrette rien. J'ai toujours su que j'obéissais à quelque chose de beaucoup plus grave que le bonheur. Je n'hésitai pas une seconde. Je crains le luxe qui ne descend pas de moi seule ; et s'il est facile de briser une union quelconque, je savais que je ne me dégagerais pas de l'emprise d'une parfaite bonté. »[533]

Au moment où la catastrophe s'abattit sur elle, elle fut moins sereine.

La projection payante (deux dollars le fauteuil) des fragments de *The New Enchantment* fut cependant maintenue et eut lieu le 17 mars au Klaw Theater. D'importants personnages visionnèrent le film et décidèrent d'attendre qu'il fût terminé avant de prendre la moindre décision. La veille, un dimanche soir, Georgette avait donné un concert au Booth Theater sur Broadway, 48e rue ouest.

---

532 Margaret ANDERSON, Op. Cit.
533 Georgette LEBLANC, II, Op. Cit.

Ses lettres à Marcel L'Herbier — projets d'affaires et synopsis — montrent une détermination farouche. Elle remue ciel et terre pour tirer de l'argent de ceux qu'elle nomme sans complexe les capitalistes. Non seulement, elle essaie de vendre ses projets à Hollywood, mais elle exhorte L'Herbier et Jaque Catelain à venir la rejoindre. Ils seront ainsi plus forts. Paramount lui étant fermée à cause de la rupture avec Otto H. Kahn et ses amis, elle cherche du côté de la Universal, cependant sans succès. L'analyse qu'elle fait du cinéma américain prouve qu'elle a parfaitement compris la logique et la finalité de son système financier et industriel, d'ailleurs inchangé. Les entreprises ont besoin avant tout de techniciens, qu'ils soient metteurs en scène, scénaristes ou acteurs. Elle avertit son jeune associé : les hommes du cinéma américain, qu'il se disent producteurs, cinéastes ou écrivains ne sont pas, comme elle et lui, des artistes. Il ne faut surtout pas se tromper.

Le cinéma marquant le pas, elle tenta de contracter des engagements fermes pour un « Second Recital Tour in America » en janvier, février et mars 1925. *Dates now booking.* Elle fit paraître dans le *Musical Courrier* une publicité sur ses prochains concerts à Vienne, Prague, Milan, Gênes, Florence, Rome, Lucerne..., avec cette appréciation louangeuse : *« Georgette Leblanc is an experience. Hers is an universal art. Bring her back to us ! »* (Jessie Mac Bride — *Washington Herald*). Ses publicités comportaient d'ailleurs, traduites en anglais, des déclarations élogieuses d'Anatole France, de Mallarmé et de critiques français. D'Anatole France, on lit : *« A voice, a heart, a mind and a body that sing. »* Ou ceci, de Jean de Bonnefon, romancier, spécialiste de politique allemande et de religion : *« Georgette Leblanc, the great artist, who makes one believe in the genius of composers. »* [534] Elle eut l'intention d'ajouter à ce florilège une phrase de Marcel Proust, si l'on en croit une liste d'éloges manuscrits et tapés à la machine, tirée de ses papiers posthumes. Au-dessus du nom de Proust, on lit, à côté d'un espace laissé en blanc : « à rechercher dans *Le Figaro.* »[535] Georgette voulait convaincre son public américain qu'elle était la cantatrice préférée des grands écrivains français. Et au-delà de sa réussite, ce qui paraît incroyable vu d'aujourd'hui, c'est que ces grands noms aient impressionné les Américains cultivés de la première moitié des années vingt. Pour ce public, qu'il fût de Nashville, de San Francisco ou de New York, la France représentait avant tout le plus haut niveau de l'art et de la culture.

Elle donna les deux derniers concerts de la saison 1924 au Booth Theater, les dimanches 30 mars et 6 avril à vingt heures trente. L'affiche la présentant comme *« The great french lyric-tragedienne in a recital of music, poetry and drama »*, elle joua la dixième scène de *Monna Vanna*, chanta celle de la tour de *Pelléas et Mélisande*, dit et interpréta Apollinaire-Poulenc *(Le Bestiaire)*, Manuel de Falla *(Chansons espagnoles)*, Verlaine et Baudelaire, Arthur Honegger, Reynaldo Hahn, Ernest Chausson, Charles Bordes, Stravinsky, George Antheil *(Song of Death, A jazz)*, Alfredo Casella, Erik Satie et Edgar Varèse, le compositeur le plus extrémiste de son époque. Il est parfaitement symptomatique de l'attitude de Georgette Leblanc d'avoir mis une de ses pièces à son répertoire. Pour autant, elle n'oubliait pas ses amis disparus. Le public entendit des poèmes de Gourmont, Van Lerberghe

---

[534] Jean de Bonnefon est nommé dans le *Journal* de Jules Renard. « L'énorme et inutile Bonnefon. Il aurait fait un si beau moine ! »

[535] Je n'ai pas réussi à retrouver cette citation proustienne qui n'a peut-être existé que dans l'imagination de Georgette.

et Verhaeren. Georgette ne reniait rien. Elle n'avait plus l'âge des passions exclusives. Ainsi cohabitaient dans son programme le proustien Reynaldo Hahn, l'émule de Debussy et Stravinski, Alfredo Casella, et le volcanique et infernal Varèse.

Sur ce bouquet final, elle dit au revoir à New York. Elle reviendrait l'année prochaine, le temps de terminer *The New Enchantment* et sa grande tournée européenne. Pour mieux cacher son anxiété quant à l'avenir, elle s'efforçait de simuler la gaieté factice et l'enthousiasme constant des Américains. La presse newyorkaise, y compris celle en yiddish, l'encensa. On la vit photographiée entre le ténor irlandais John Mac Cormack et le baryton italien Emilio de Gorgorza. Le *New York American* la qualifia de *« delightful and intelligent interpreter, sensing and revealing the dramatic significance of each word and line. » Le New York Evening Telegram* estima qu'il y avait dans son interprétation, *« the same mysterious unearthly quality that is found in the plays of Maeterlinck. She was the inspiration of them. As she sang songs old and new, classic and popular, she was a person inspired. »* Le *Morning Telegraph* titra : *« A tiger Lily from France »* et informa ses lecteurs qu'elle passerait ses vacances dans les Pyrénées.

La presse clamait ses succès et ignorait ses chagrins. La mort d'Eleonora Duse[536], le 21 avril à Pittsburgh, la remit face à son passé. Elle se souvint de leur première rencontre à Bruxelles… il y avait presque trente ans de cela. Alors, soulevée par la tristesse, elle écrivit *Mes conversations avec la Duse*, texte vibrant qui nous restitue le génie poétique de la grande actrice italienne.

Rencontre avec un homme remarquable

Avant d'embarquer sur le paquebot *Léviathan*, Georgette et Margaret découvrirent les danses et les conférences d'un inconnu célèbre, Georges Ivanovitch Gurdjieff, auquel la presse française et américaine donnait le titre de *professeur*. Russe d'origine grecque, né dans une ville du Caucase, il dirigeait près de Fontainebleau l'Institut pour le développement harmonieux de l'Homme, en raccourci l'Institut Gurdjieff. En décembre 1923, il présenta au théâtre des Champs-Élysées, le laboratoire de l'avant-garde, des danses mystico-orientales simplement appelées *mouvements*. Selon *Comœdia*, ces mouvements ne relevaient pas seulement de l'art chorégraphique pur. Il s'agissait principalement « d'illustrations d'une conception générale nouvelle de la formation de l'homme, de la rééducation de son système psychologique et de l'amélioration de son être, de son moi sous tous les rapports. » Rien de moins.

À New York, Margaret et Jane avaient déjà assisté à une conférence d'un des disciples de Gurdjieff, Alfred Richard Orage, ancien directeur de l'hebdomadaire *The New Age* de Londres. Orage parla abondamment de la nouvelle « philosophie » et cita le journaliste et publiciste russe P. D. Ouspenski, auteur de *Tertium Organum*. Il préparait un livre sur la vie et l'enseignement de son maître, qui paraîtrait en français sous le titre *Fragments d'un enseignement inconnu*. Après la conférence, elles retrouvèrent Orage dans un restaurant Child, du nom d'une

---

[536] A 68 ans, la Duse effectuait une tournée aux États-Unis. Elle quitta la Californie pour la Pennsylvanie. À Pittsburgh, elle contracta une pneumonie et joua quand même *La Porte close* (La Porta chiusa), pièce dont l'auteur était le duc Gallerati-Scotti, ancien ambassadeur d'Italie à Londres. Elle dut s'aliter et fut emportée, après quinze jours de maladie, par une congestion pulmonaire.

chaîne de restaurants économiques, et lui posèrent toutes sortes de questions. « À minuit, écrit Margaret, nous avions appris que cette doctrine n'allait pas rencontrer nos espoirs, elle allait les dépasser. »[537]

Orage précédait son maître pour ouvrir les esprits. Gurdjieff, le compositeur de Hartmann et les danseurs ne tardèrent pas arriver. Les représentations inspirées des danses des derviches et des moines tibétains attirèrent un public d'intellectuels et d'artistes au Neighbourhood Playhouse, une salle assez excentrée. Dans les coulisses, Gurdjieff préparait ses danseurs. Le soin de présenter les mouvements revenait à Orage et aux rares anglophones de l'équipe. Un journaliste du *New Evening Post* exprima sa frustration : « Il est impossible de décrire ces danses qui paraissent appartenir aux religions antiques. (...) les danses, autrefois, avaient pour but de faire accomplir à l'être des actes réels de grâce, de louange ou de supplication. On nous présenta à ce propos, la danse tourbillonnante du derviche, qui pourrait être un numéro sensationnel du cirque Barnum and Bailey. »[538]

Évidemment, les *mouvements* affectèrent tout autrement Georgette et Margaret : « ce que les philosophes ont enseigné comme étant la sagesse, ce que les savants ont enseigné dans les textes et les traités, ce que les mystiques ont enseigné à travers la révélation de l'extase, Gurdjieff l'enseignait comme une science — une science exacte du comportement de l'homme et de l'humain — une science suprême de Dieu, du monde, de l'homme — basée sur des sources extérieures à la capacité, à la portée, à la connaissance ou à la conception des savants et des psychologues modernes. »[539]

À la fin du siècle passé, Georgette avait fréquenté des « initiés » ou se disant tels, dont l'extravagant Joséphin Péladan. Elle avait lu *Les Torrents spirituels* de la mystique Mme Guyon, certaines œuvres d'Hello, Emerson et les mystiques flamands traduits par Maeterlinck. Elle s'était approchée de l'hindouisme et de la théosophie, avait participé à des séances de spiritisme, dans l'espoir de discerner la fantasmagorie du réel. Elle demandait aux voyantes de lui dévoiler l'avenir. Elle ne croyait pas en Dieu mais aux « puissances ». Il y avait en elle une disponibilité toujours en éveil aux mystères de l'esprit. Elle était d'accord avec Lecomte du Noüy — scientifique incontestable — qu'il existait réellement des espaces spirituels que les sciences, malgré leur puissance d'élucidation, ne banniraient jamais de la vie humaine.

L'allure physique de Gurdjieff, d'autre part, n'était pas étrangère à l'intensité de son message. Margaret aperçut « un homme hâlé, au visage oriental, dont la vie semblait résider dans les yeux. Il avait une présence impossible à décrire car je n'avais jamais rencontré quelqu'un de comparable. »[540] Quant à Georgette, elle dit simplement : (...) je rencontrai quelqu'un et quelque chose. Alors je commençai à penser : « il y a là une Vérité. »[541]

Il y eut d'autres représentations, cette fois à Carnegie Hall, où les deux amies se précipitèrent, malgré les préparatifs de départ et, pour Georgette, le travail du tournage et de la promotion de *L'Inhumaine* dès son arrivée en France. Mais on ne passe pas sans s'arrêter à côté d'un homme qui possède une telle force intérieure.

---

537 Margaret ANDERSON, Op. Cit.
538 Louis PAUWELS, *Monsieur Gurdjieff*, Seuil, 1954.
539 Margaret ANDERSON, Op. Cit.
540 Ibid.
541 Georgette LEBLANC, II, Op. Cit.

Les danses de Carnegie Hall furent accompagnées au piano par Hartmann « avec l'éclat percutant voulu par Gurdjieff. (...) New York resta intéressé mais les intellectuels s'étaient mis à regretter que les visages des danseurs n'expriment pas la " joie ". Je suppose, écrivit Margaret, que ces critiques auraient été comblés par l'expressivité d'une Isadora Duncan dansant les mouvements des planètes dans l'espace. »[542]

Et puis, Gurdjieff vint lui-même dans un autre restaurant Child. Margaret et Georgette purent le voir de près, l'écouter et lui parler.[543]

Georgette reçut de cette rencontre une impulsion définitive qui l'aida à se tenir au-dessus de sa condition physique le reste de sa vie. Malgré les maladies et le vieillissement, elle resta active et « jeune », au moins jusqu'en juin 1939.

En route

Georgette Leblanc, la diva, celle qui souriait aux photographes, rentrait en Europe terminer son film, avec l'espoir, à l'automne, de poursuivre aux États-Unis une carrière dont elle n'était pas encore dégoûtée. L'Amérique était plus que l'Amérique, c'était l'élixir de la jeunesse. Tout au moins dans son apparence. Mais la personne humaine qui recherchait la vérité avec l'enthousiasme et l'esprit de sacrifice des navigateurs du XVIe siècle tentant de découvrir le passage du nord-ouest, celle qui avait côtoyé, Mallarmé, Oscar Wilde, et qui restait aux yeux de tous l'ancienne collaboratrice de Maeterlinck, savait qu'il existait du côté de Fontainebleau un institut dont les travaux consistaient à ouvrir une voie vers la vraie vie. Le matériau principal de ces recherches était l'être humain lui-même. L'homme et la femme, à la fois savants audacieux et animaux de laboratoire. On risquait d'en mourir, comme Katherine Mansfield, si on se trompait sur ce qu'était réellement l'endroit. En tout cas, pas un sanatorium pour tuberculeux. Cette voie périlleuse — proche du dérèglement de tous les sens préconisé jadis par Rimbaud —, les rationalistes et autres gens sensés[544] la condamnaient sans appel.

Au milieu de l'Atlantique, l'*Olympic* tenta de rattraper le *Léviathan* et Georgette donna ses impressions sur ce match « sensationnel » à une presse avide de performances. Si elle avait pu réellement exprimer ce qu'elle ressentait, elle aurait hurlé son angoisse. Une fois de plus, elle jouait son sort à la roulette. Tout allait dépendre de la façon dont le public français, *L'Inhumaine* distribuée, accueillerait le film. Il y avait de quoi se faire un sang d'encre.

---

[542] Margaret ANDERSON, Op.Cit.

[543] Nous ne tenterons pas de résumer ici l'inconnaissable « philosophie » de Gurdjieff. Il s'opposait à ce que l'on prît des notes durant ses conférences. Bien que cela eût été techniquement possible, elles ne furent ni enregistrées, ni prises en sténo. Si bien qu'il n'en reste que ce que la mémoire de ses auditeurs a bien voulu en retenir.

[544] Parmi eux, les catholiques qui croient aux dogmes de l'Immaculée Conception et de l'infaillibilité du pape, par exemple. Mais dans les années '20, de nombreux poètes sont sensibles à la métaphysique de l'Extrême-Orient : Antonin Artaud publie son Adresse au Dalaï-Lama et sa Lettre aux écoles du Bouddha dans *La Révolution surréaliste* (1925) ; et il faudra compter avec la génération du Grand Jeu, René Daumal surtout. Ce dernier aura des contacts étroits avec Jeanne de Salzmann, une des premières disciples de Gurdjieff.

Pendant la traversée, elle eut la liberté de réfléchir : « J'ai l'impression que toute ma vie je l'ai vécue pour mon particulier présent. Je dois avouer que je n'ai pas fini avec l'art et les clairs de lune, avec la musique et le printemps, et que je ne serai jamais insensible à tous les ravissements qui sont l'adorable écume de la terre. Mais apprendre à vivre demande un peu d'abdication. Il y a des changements de plan et de rang, et puis il y a des manières de regarder qui sont infinies et donnent aux bonheurs la place qu'ils méritent. »[545]

L'Inhumaine incomprise

Le *Léviathan* accosta avant minuit à Cherbourg. On était à la fin du mois d'avril. Le temps pressait. Georgette, Margaret et Jane, qui s'était jointe à elles, prirent le dernier train pour Paris, où elles descendirent à l'hôtel du Beaujolais, près du Palais-Royal. Monique avait loué trois chambres dont les fenêtres donnaient sur les jardins.

Dès le lendemain, Georgette était à Cinégraphic. L'Herbier ayant réuni son équipe, le tournage reprit à Joinville. Il restait d'importants raccords à terminer.

Comme cela arrive, il y eut quelques frictions entre Georgette et Catelain. La vedette mit en doute le talent de maquilleur du jeune acteur, l'accusant même d'avoir « ruiné sa carrière cinématographique ».[546] Elle décida qu'on ne la maquillerait plus, et pour qu'on y consente, s'appuya sur son « expérience » de Hollywood. L'Herbier s'inclina. Et le tournage s'acheva sans autres incidents.

En voyant le film aujourd'hui, on est surpris par les différences d'expression du visage de Georgette. Sur certains plans, elle semble porter un masque blanc alors que sur d'autres son visage apparaît sans artifice, au naturel, marqué par ses cinquante-cinq ans, mais plus vivant et d'une beauté émouvante. Des mouvements et des attitudes de l'actrice se dégagent une énergie et une autorité qui nous restituent l'ascendant exercé dans la vie réelle par son personnage hors du commun. Et certains de ses sourires nous font rêver à la grâce de l'adolescente et de la jeune femme qu'elle fut.

Terminée dans la fièvre, *L'Inhumaine* fut montrée en séance privée le 6 mai au Colisée, où l'accueil fut assez distant. Ensuite, L'Herbier, Georgette et Catelain affrontèrent les professionnels (exploitants, distributeurs), qui eurent une réaction négative au cours de la projection faite au Marivaux le vendredi 18 juillet. Ce pur produit de l'École cinématographique française, conçu à New York par une lutteuse qui n'avait, jusqu'à présent, jamais jeté le gant, fut programmé pendant une semaine de gala au Madeleine-Cinéma. Le film ne laissait personne indifférent. Les spectateurs se battaient, s'insultaient. On prenait la défense des images de L'Herbier ou on les conspuait. À une époque où la télévision[547] n'en était qu'au stade de la recherche et où personne, parmi la critique et le public ne

---

[545] Georgette LEBLANC, II, Op. Cit.

[546] Jaque CATELAIN, Op. Cit.

[547] En France, l'ingénieur Maurice Leblanc (1857-1923) propose en 1880 l'exploitation de l'image ligne par ligne par un jeu de miroirs oscillants, ainsi qu'une télévision en couleur. L'image serait projetée sur un écran. En 1927, Fernand Holweck, collaborateur de Marie Curie, reçoit une image sur un tube cathodique. Mais les premières émissions officielles en 455 lignes datent de 1937. (Cf. Christian Brochand, *Histoire de la Radio et de la Télévision en France*, T.I, La Documentation française.)

possédait la moindre lumière sur le sens de ce mot et de la technique dont il était porteur (le mot, créé en 1900, ne devant se répandre qu'après 1945), le film, pour la première fois, montrait une télévision, quoique assez particulière. L'invention de Norsen devait convaincre Claire Lescot de l'inutilité des tournées. Pourquoi irait-elle au-devant du public, sa voix merveilleuse étant captée partout, en direct, sur tous les continents, grâce à la Téléphonie sans Fil ? De plus, l'écran de la télévision lui montrait son public. L'inventeur supposait qu'elle en avait besoin, tandis que les auditeurs se contentaient de sa voix, sans paraître frustrés de son image, au contraire, si l'on en croyait les scènes de ravissement qui parvenaient à Claire sur l'écran mural du laboratoire. En fait, Norsen était semblable à Maeterlinck, du temps où « bébé » se désolait des départs de Georgette. Le jeune ingénieur désirait retenir Claire auprès de lui et qu'elle ne le quitte plus jamais. Son invention n'avait pas d'autre but. L'amour et la jeunesse alliés à la technique gagnaient la partie. Norsen aurait pu être le fils de Claire Lescot.

L'Herbier et Mac Orlan entrevirent-ils la possibilité de la télévision, parce qu'ils étaient informés des recherches menées dans certains laboratoires américains, russes et français, ou bien proposèrent-ils cette nouvelle technique de transmission des images pour répondre aux nécessités de leur scénario ? Quoi qu'il en soit, ils l'avaient refusée tout aussitôt. Priorité au cinéma et aux salles obscures, les temples du nouveau culte ! On n'allait tout de même pas suggérer aux gens qu'il était possible de voir et écouter en même temps des spectacles à domicile. L'innovation montrée dans *L'Inhumaine* n'était que l'expression du désir amoureux d'un inventeur, une bizarrerie pour *happy few*. Néanmoins, le film magnifiait la radio et la télévision, instruments de communication qui allaient faire de la planète ce « village global » décrit par Mac Luhan au début des années soixante. Si bien que l'unique film de Georgette Leblanc, actrice et productrice, ne fut pas seulement un manifeste de l'Art Décoratif et du cinéma d'avant-garde, mais une anticipation optimiste de la vie contemporaine. C'est sans doute sa principale faiblesse, pour qui visionne le film aujourd'hui.[548] En Italie, en 1925, on mit l'accent sur l'aspect utopiste de *L'Inhumaine* et le film fut distribué dans la péninsule sous le titre : « Futurismo — Un dramma passionale Nell'anno 1950 ».

En dépit de son insuccès relatif à Paris, la pellicule sortit sur de nombreux écrans européens. Bruxelles, Londres, Varsovie, Genève, Barcelone, connurent aussi des premières agitées. Les critiques louèrent ou condamnèrent le film sans retenue. En Suisse, L'Herbier, s'estimant diffamé, intenta un procès à un journaliste de Lausanne. En France, hormis quelques grands critiques de cinéma, il fut surtout compris par des écrivains comme Joseph Delteil, certains professionnels de la copie rivalisant dans l'injure et l'imbécillité. On jugea que L'Herbier abusait du « flou artistique ». On cria « Au flou ! » et le chansonnier Rip lâcha : « C'est flou… ce qu'elle est belle ! » Georgette devait naturellement se sentir visée. Elle déclara simplement à la sortie du film : « Maintenant elle est apparue hier, cette inhumaine, qui est en vérité un peu plus… qu'humaine. Elle est apparue seulement pour nos amis, nos amis l'ont beaucoup fêtée et pour moi, aujourd'hui, c'est une des plus grandes joies de ma vie. Surtout !… Surtout parce que nous avons

[548] L'éditrice de Margaret Anderson, Mathilda Hills, compare *L'Inhumaine* à *Sunset Boulevard*, mais Georgette Leblanc et Jaque Catelain, si la première a vingt ans de plus que le second, appartiennent encore à la même époque et au même cinéma, à la différence de Gloria Swanson et de William Holden.

tenté quelque chose. D'abord, nous avons rompu bravement avec l'humanité un peu primaire que nous présente trop souvent le cinéma. On peut dire que notre scénario est avant tout le véhicule des merveilles cinématographiques, que Marcel L'Herbier est le premier aujourd'hui à présenter au public. Et nous n'avons pas craint de troubler l'esprit d'habitude, en divisant l'intérêt des visions en deux parties : la première nous attire pour son humanité ; la seconde, par la beauté abstraite des formes et des volumes, qui constituent la beauté de l'art moderne. » À Vienne, l'architecte Adolf Loos, un précurseur de Le Corbusier, signa ces lignes extraordinaires dans la *Neue Freie Presse* : « Pour Marcel L'Herbier, le cubisme n'est pas le rêve d'un fou, c'est le résultat d'une pensée bien nette. Ce metteur en scène a établi dans L'Inhumaine des images qui vous enlèvent la respiration. C'est une chanson éclatante sur la grandeur de la technique moderne. Toute cette réalisation visuelle tend vers la musique et le cri de Tristan devient vrai : « J'entends la lumière ! »... L'Inhumaine dépasse l'imagination. En sortant de la voir, on a l'impression d'avoir vécu l'heure de la naissance d'un nouvel art. » Que Loos ait vu dans les images de L'Herbier un poème musical lui rappelant *Tristan et Isolde* n'est pas l'un des moindres paradoxes de ce chef-d'œuvre de l'*Arte Muta*. C'est de Genève que vint un des plus beaux hommages au talent de Georgette Leblanc : « (...) notre Duse française, qui joue Claire Lescot. La grande tragédienne a composé là une figure lyrique saisissante qui ajoutera encore si possible à la gloire de cette artiste qui a consacré sa vie au culte du beau. » Margaret Anderson exprima dans *The Little Review* tout le bien qu'elle pensait du film et de sa principale interprète. *L'Inhumaine* était simplement « le plus important apport que la France ait, jusqu'à présent, fait au septième art. » Malheureusement, l'impact de la revue sur les spectateurs de New York était assez limité.

The New Enchantment désarçonna les spectateurs américains peu sensibles aux audaces visuelles, architecturales, cinématiques et conceptuelles dont l'œuvre expérimentale resplendissait. Les personnages étaient trop éloignés du grand public qui paie sa place. Une cantatrice aristocratique, hautaine et mûrissante qui subjuguait un jeune savant, lequel menaçait de se suicider si elle ne lui appartenait pas. La cantatrice répliquant qu'il ne tenait qu'à lui de s'exécuter et lui fournissant même l'instrument de sa mort. « Si vous voulez mourir, c'est que votre vie n'en vaut pas la peine. » Les personnages appartenaient plus au domaine de l'opéra qu'à celui du cinéma populaire américain.

Georgette le savait. L'échec commercial de *L'Inhumaine* ici et de *The New Enchantment* là-bas signifiait la fin de sa carrière cinématographique, enfermée dans un film élitiste, et, par ricochet, celle de sa carrière lyrique aux États-Unis. Avec de l'argent, elle eût pu ouvrir un nouveau bureau à New York, lancer de jeunes chanteuses, travailler avec les compositeurs d'avant-garde. Elle avait misé le tout sur le tout et avait perdu. Son association avec L'Herbier demeura unique. Comme il arrive souvent après un échec, les relations entre la vedette et le metteur en scène se distendirent. La tête pleine de projets, encore jeune, L'Herbier suivit son chemin. L'année suivante, il adapta *Feu Matthias Pascal* et donna d'autres grands films au cinéma muet, dont *L'Argent* fut sans doute le sommet. Le parlant ne mit pas fin à sa carrière, qui continua — plus ou moins heureuse — et il travailla même à la télévision, le nouveau médium si poétiquement révélé dans *L'Inhumaine*.

L'Institut pour le développement harmonieux de l'homme

L'exotisme de Georgette Leblanc, cantatrice et diseuse, avait passionné le public d'outre-Atlantique. Alors, repartir ? Recommencer à zéro ? Elle y rêva sans en trouver la force. À qui emprunter de l'argent ? Maurice Leblanc ? Il ne fallait plus y songer. La fille prodigue ne repart plus, même si l'on n'a pas tué le veau gras. Les deux aînés eussent préféré la savoir au loin, délivrés de cette sœur qui leur causait bien des soucis, mais leurs liens restaient forts malgré les années et les griefs. La famille — Maurice surtout — acceptait d'aider individuellement Georgette, certainement pas de prendre en charge le trio « immoral » qu'elle formait avec Margaret et Monique. Non seulement elle n'avait jamais été l'épouse légitime de Maeterlinck, en dépit des avertissements, mais on n'ignorait pas le caractère spécial de sa liaison avec Mathilde Deschamps, sa « secrétaire » spoliatrice. Aujourd'hui, à cinquante-cinq ans, ruinée pour la deuxième fois, elle était nantie de deux amies pauvres et lesbiennes. On croyait qu'elle avait gagné beaucoup d'argent outre-Atlantique. Au lieu de l'investir dans une affaire sérieuse, elle l'avait jeté dans une production cinématographique d'esthète. Maurice Leblanc savait bien qu'elle avait publié un roman estimé, quatre autres livres, dont deux édités aux États-Unis, plus l'anthologie de Maeterlinck, plusieurs articles dans de grandes revues, et que la littérature de son ancien compagnon lui devait beaucoup, mais il estimait déjà, en 1920, que l'avenir de sa sœur était derrière elle. Jehanne, l'aînée, épouse de rentier, ne s'intéressait pas aux préoccupations philosophiques de sa cadette, une cantatrice et comédienne sans avenir. Son mode de vie, par contre, lui apparaissait scandaleux. Sa richesse, du temps de sa gloire, autorisait ces excentricités. On en souriait. Son actuelle indigence rendait ce comportement d'autant plus intolérable que Jehanne ne pourrait faire autrement que d'héberger Georgette et ses amies. Ne fût-ce que pour éviter un scandale plus grand.

Son exil et son adhésion passionnée à la vie américaine entre 1920 et 1924 l'avaient rendue doublement étrangère. « Je rentrai (...) avec du New York dans les cellules. Jamais adaptée, j'étais maintenant désassortie. J'avais perdu le sens de l'impossible. Autrefois j'allais dans les rues avec des chapeaux catafalques, à présent mes vues plus amples ne s'arrêtaient plus à moi, j'avais faim du gratte-ciel. On me disait que j'avais un drôle d'air. Cet air-là, c'était l'exotisme qu'on adore là-bas. On se maquille en lignes montantes, parce que c'est « sophisticated », sourcils et coin d'œil sont escarpés. Je parlais mal l'anglais mais j'en rapportais l'accent. (...) Beaucoup de défauts américains tombaient à pic avec ma nature, au point que je crois n'avoir pas été influencée mais retrempée en moi-même comme si *le temps et la France* m'avaient peu à peu déteinte — et que feraient le temps et les habitudes sinon cela ? (...) À mon retour je croyais circuler dans une forêt pétrifiée. »[549]

Alors, quand on en arrive là, peut-être vaut-il mieux ne pas faire les choses à moitié et entrer au plus vite en recherche de soi comme on entre en religion. Il y avait un endroit pour cela, au prieuré d'Avon, non loin de Paris.

L'engagement gurdjeffien de Georgette et Margaret, sans même parler de celui de Monique ou de Jane Heap, ne fut pas un choix délibéré. Les aléas de leur existence compliquée les orientèrent vers cette fabrique de l'homme nouveau

[549] Georgette LEBLANC, II, Op. Cit.

que l'Institut prétendait être. Certes, à New York, Gurdjieff avait marqué leur esprit. Mais que se serait-il passé si, tandis que *L'Inhumaine* triomphait, les spectateurs entendant comme Adolf Loos « le cri de Tristan », des contrats avaient obligé la cantatrice à parcourir l'Europe ? Si une proposition de film s'était concrétisée ? Sans doute Georgette et ses compagnes eussent-elles passé quelques jours au prieuré, entre deux tournées, avant de repartir avec un petit supplément d'âme. Georgette aurait remis à plus tard l'examen des questions nécessaires. Sa vie aurait continué dans l'illusion et elle se serait raccrochée à l'espoir de mythiques retrouvailles avec Maeterlinck.

Maintenant, les trois compagnes et leur amie Jane étaient acculées et cherchaient tout simplement un refuge où vivre leur amour si dérangeant au regard de la normalité. Vivre, c'est-à-dire travailler, penser, et entreprendre la rénovation humaine en cette époque de remise en question générale. La Grande Guerre n'était terminée que depuis six ans. Les Empires centraux s'étaient effondrés. La Révolution russe et la guerre civile s'achevaient à peine. Et c'était précisément à la faveur du chaos russe et asiatique que Gurdjieff s'était glissé jusqu'à Paris dans une période où les secteurs économiques les plus avancés de l'Europe commençaient à s'américaniser. Dans l'art et la poésie, d'autres bouleversements se préparaient. 1924 fut l'année du manifeste du surréalisme, mouvement qui allait être aussi important pour les générations de l'entre-deux-guerres que le symbolisme quand Georgette avait vingt ans. On trouve d'ailleurs dans le manifeste de Breton des phrases qui vont dans le sens de la démarche présente de Georgette et de ses amies, quand il s'en prend au réalisme « hostile à tout essor intellectuel et moral », ou bien lorsqu'il affirme : « Il fallut que Colomb partît avec des fous pour découvrir l'Amérique. Et voyez comme cette folie a pris corps et durée… » Gurdjieff n'était-il pas une sorte de Colomb de l'aventure spirituelle, tenu pour fou ainsi que ceux qu'il entraînait à sa suite, par les rentiers, les psychologues positivistes, les universitaires rassis, les hommes sensés, ces garants de l'ordre et de la stabilité sociale qui avaient mis l'Europe à feu et à sang pendant cinq ans ? Quant à partir en Amérique, Georgette, en décidant de s'y exiler en 1920, avait encouru les reproches de sa famille. Pour Maurice Leblanc, c'était une folie… Les analogies sont parfois trompeuses, certes, mais ceux qui risquent le tout pour le tout constamment sont souvent traités de fous. Ces fous que Breton déclarait chérir dans son manifeste…

Margaret l'écrit crûment dans ses mémoires : l'hôtel de la rue de Beaujolais devenu trop cher, il fallut se replier sur Passy et le Pavillon des Muses que Jehanne et Fernand Prat laissaient vide l'été. Après de laborieuses négociations, Jehanne accepta de prêter sa somptueuse demeure, tout en cachant que les principales pièces en seraient fermées. Georgette et Margaret considéraient l'ancienne propriété de Montesquiou comme un pied-à-terre, d'où elles se seraient rendues à Fontainebleau chaque matin pour y revenir le soir. L'obsession de l'économie et la méfiance de Jehanne Prat les contraignaient maintenant à résider au prieuré d'Avon, ce qu'elles décidèrent de faire après une nuit de discussion dans le jardin des Muses.

Gurdjieff avait acheté le domaine dit du Prieuré des Basses-Loges, qui comprenait un château, des jardins et une centaine d'hectares de forêt, à la veuve de Me Labori[550]. Il s'y était installé en 1922 avec une équipe réduite, afin de défri-

[550] Me Labori fut le défenseur d'Émile Zola pendant l'affaire Dreyfus.

cher le parc, vider et nettoyer le château, rendre les lieux habitables pour une communauté d'hommes et de femmes tournés vers l'ascèse. Les meilleures chambres situées au-dessus des salons furent réservées aux visiteurs de marque. Les simples disciples surnommaient cette aile du prieuré « le Ritz », preuve de son confort relatif et de l'inconfort certain de leurs chambres spartiates occupant deux étages, dans une partie du château appelée très justement « le monastère ». « Le Ritz », « le monastère », on voyait par là que l'Institut entendait privilégier une élite de passage susceptible de faire une bonne publicité à l'extérieur. C'était sans doute utile depuis la mort misérable, à trente-quatre ans, de Katherine Mansfield.

Descendue à la gare de Fontainebleau, la romancière avait pris un fiacre jusqu'à l'Institut. Georgette, Monique, Margaret et Jane arrivèrent à la même gare dans la matinée et se rendirent à pied à Avon par la route de Valvins.[551] L'Institut se trouvait à la sortie d'Avon, près du bois Gauthier où commence la forêt. Elles s'arrêtèrent devant la grille. Jane tira la sonnette. Elles furent accueillies par Alexandre et Jeanne de Salzmann, ceux en qui Gurdjieff avait placé sa confiance.

On leur offrit des chambres au « monastère ». De la fenêtre de sa cellule, Jane apercevait l'étable où Katherine Mansfield avait terminé sa vie. La chambre de Georgette donnait sur la forêt.

Nombre de résidents étaient Anglais, Américains ou Russes. Il n'y avait pas de Français, à l'exception de Georgette, Monique étant toujours Belge.

Georgette s'adapta à la règle de l'Institut. On dormait peu et, en guise d'oraison, on travaillait sur les textes que Gurdjieff avait commencé de dicter après son grave accident de voiture, ce qu'il appelait sa « Critique objectivement impartiale de la vie des hommes », et qui fourniraient le temps aidant une somme réunie en volumes sous le titre « Récits de Belzébuth à son petit-fils ». On suivait les conférences d'Orage et d'Ouspenski. En fait d'exercices spirituels, on apprenait les danses, les fameux *mouvements*, sous la direction du compositeur de Hartmann. Gurdjieff se manifestait peu. Comme tout maître spirituel, il restait lointain et n'intervenait qu'à bon escient. Georgette le vit pourtant suffisamment de près pour qu'il lui apparût tel « un géant qui avait choisi la plus petite porte sur le monde et se courbait en deux pour passer. Il était sur la terre comme dans un manteau trop étroit qu'il faisait éclater de tous côtés. »[552] Il était en outre, selon elle, désintéressé. Cette assertion provoquera le haussement d'épaules de ceux qui le tiennent pour un mage et un escroc ayant profité de la crédulité de ses adeptes pour s'enrichir. Mais ce qu'ils oublient généralement, c'est qu'à la différence des gourous et des sectes d'aujourd'hui, les groupes formés autour de Gurdjieff ne retenaient personne. Au prieuré, on entrait et on sortait quand on voulait.

Pour les adeptes, il y avait des tâches à accomplir, nécessaires à la vie collective. Georgette s'occupa du jardin potager. À Saint-Wandrille, elle avait été une belle et riche abbesse suivant les fantaisies de son imagination. Au prieuré d'Avon, elle était une sœur jardinière qui maniait le sarcloir et le fossoir. Ici, le père abbé était Gurdjieff, et Georgette s'efforçait d'être une converse de l'ordre, tout en

---

[551] La beauté et l'histoire des lieux de vie de G.L. l'emportent toujours sur l'utilitaire et le confortable, comme nous le verrons encore par la suite. La localité d'Avon n'est pas un trou anonyme : on y accède par Fontainebleau, ville impériale et royale. Barbizon et le souvenir de ses peintres n'était pas loin non plus. Mallarmé, mort à Valvins, était enterré à Samois. Élémir Bourges avait habité Samois ; et Armand Point, Marlotte.

[552] Ibid.

essayant de comprendre pourquoi elle y mettait autant de bonne volonté. Si l'Institut y eût fonctionné comme un couvent, elle eût pu y demeurer jusqu'à la fin. Mais le « prieuré » ne prenait pas de pensionnaires à vie. On ne se mariait pas avec Gurdjieff en y entrant, comme les religieuses épousent l'Homme-Dieu. Le maître conseillait d'ailleurs de ne pas s'attarder. Somme toute, depuis des années, elle vivait dans un cadre architectural d'inspiration religieuse ou y approchant. Le « presbytère » de Gruchet Saint-Siméon, l'abbaye de Saint-Wandrille ou la cave de Bernardsville, cette dernière, une sorte de cellule cistercienne. Le décor de ses appartements parisiens s'inspirait de la simplicité des béguinages flamands. Son arrivée ici avait donc été inconsciemment préparée.

Dans la partie du prieuré appelée « monastère », les chambres sans chauffage des disciples ressemblaient vraiment à des cellules. À lire les récits de Georgette et de Margaret sur leur séjour à l'Institut, on comprend qu'elle sont passées audessus de ces contingences. Elles ne les évoquent même pas. Elles ne furent jamais, comme l'écrivit Cocteau, de ces « petites femmes qui songent à des robes et à des meubles ».[553] Il faut donc imaginer la cantatrice célèbre, la productrice et star de cinéma éphémère, l'ex-compagne d'un prix Nobel de littérature, la sœur du créateur d'Arsène Lupin, dormant sur un lit de fer seulement recouvert de minces couvertures. Elle s'est couchée à quatre heures du matin. Elle se lève à huit ou à neuf heures. Et toute la matinée, elle vaque à ses tâches au jardin et au réfectoire. À midi, elle déjeune d'une soupe abondante servie avec un peu de farine d'avoine. Parfois, elle a droit à un pudding au riz. Le labeur reprend l'aprèsmidi, les conférences, les discussions et les danses ont lieu le soir et la nuit.

À ce régime, on descend facilement à l'état de parfait adepte : on ne pense plus, on exécute, et on est heureux de voir de temps en temps le maître s'approcher et dire quelques mots dans un français ou un anglais très sommaire et plus qu'approximatif. Or ni Georgette ni Margaret ne se convertissent. Elles gardent leur faculté de jugement intacte et réussissent à tirer quelque chose de leur séjour au prieuré. Certains propos de Gurdjieff sur l'acteur durent donner à penser à celle qui monta trente ans durant sur les planches. « Tous les efforts de l'acteur sont vains, dit Gurdjieff ; ce n'est qu'une perte d'énergie. Si ce matériel était économisé et dépensé pour quelque chose de neuf, il serait plus utile. Mais en fait, c'est toujours la même chanson. Ce n'est que dans sa propre imagination et celle des autres qu'un acteur fait figure de créateur. En réalité, il ne peut pas créer. Dans notre travail, cette profession ne peut pas être une aide, au contraire, elle ne peut que gâcher les choses pour demain. Plus vite un homme abandonnera cette occupation, mieux ça vaudra, et plus il lui sera facile d'entreprendre quelque chose de nouveau. »[554] Voici un autre extrait de ce qui circulait dans l'atmosphère laborieuse du prieuré : « Si vous aidez les autres, vous serez aidés, peutêtre demain, peut-être dans cent ans, mais vous serez aidés. La nature doit s'acquitter de sa dette. C'est une loi mathématique, et toute vie n'est que mathématique. » Des « pensées » de Gurdjieff étaient inscrites sur le velum de la salle d'études du prieuré, « conformément à un alphabet secret que les élèves étaient seuls à pouvoir déchiffrer ». L'une d'entre elles avait dû frapper Georgette dès son arrivée : « 5. Souviens-toi que tu es venu ici parce que tu as compris la nécessité de lutter contre toi-même — uniquement contre toi-même. Remercie donc

[553] Jean COCTEAU, Préface à *La Machine à courage*, J.B. Janin, 1947.

[554] Georges I. GURDJIEFF, *Gurdjieff parle à ses élèves*, Stock, 1980.

quiconque t'en fournit l'occasion. » Les aphorismes du Maître n'avaient rien de consolant, si l'on songe qu'il offrait aussi celui-ci à la méditation de ses disciples : « 6. Ici nous pouvons donner une direction et créer des conditions — mais non pas aider. »[555]

Affectée également au potager et au jardin d'agrément, Margaret participait à la tonte du gazon et à l'abattage des arbres. Elle s'entendit dire par un Gurdjieff bref et pressé : « Trop lent, devez trouver moyen de le faire en moitié de temps. »[556] Un jour, elle emmena sous les ifs un petit piano portable muet, pour s'exercer. « Perte de temps. Devez trouver raccourci », lui répéta Gurdjieff qui passait avec Hartmann. Elle s'enquit auprès du musicien d'une interprétation des paroles du Maître. Hartmann lui parla du pianiste Arenski. (Il) « n'avait que quatre doigts à une main mais il pouvait jouer n'importe quoi et le jouer comme il le voulait. Question de technique. » [557] Et Margaret d'avouer : « Ensuite, il me donna tant d'informations nouvelles sur les techniques et les mécanismes du corps en relation avec les instruments, que je fus tentée de revenir vers l'Art. »[558]

À condition d'être en bonne santé physique, de n'être pas névropathe, l'Enseignement fortifiait ceux qui repartaient affronter la vie avec ce qu'ils avaient appris sur eux-mêmes. Les autres mettaient des années à s'en remettre ou n'en sortaient pas.

Pendant un an et demi, Georgette fit de fréquents séjours de longueur inégale au prieuré. Et c'est à n'en pas douter cette cure morcelée qui la tira de la dépression où l'avaient jeté l'âge, la mort de tout espoir de retrouver Maeterlinck au plan spirituel et sa carrière déclinante, en lui permettant d'être désespérée « de n'avoir pas connu plus tôt ce dur enseignement qui m'eût appris comment j'eus pu vivre. Désespoir de tout instant, puisque tout instant me faisait prendre conscience d'une âme que je n'avais pas accomplie. (...) Je me voyais comme nous tous, une machine à répétition ; et toujours j'avais aspiré à un état différent... Finir, finir avec cette vie si douce mais si nulle — la vie humaine qui ne mène à rien quand elle ne mène pas à tout. Trop longtemps je m'étais reposée dans ce « moi » illusoire qui nous approuve perpétuellement. »[559] L'enseignement de Gurdjieff lui permit de se transmuer et de recommencer une vie, non une carrière. Au prieuré, il y avait eu séparation entre les deux, l'artiste commençant à se détacher de la personne. Elle se battit encore sur scène, non pour imposer son nouveau personnage, mais pour défendre et faire connaître la musique et la poésie contemporaines. Quand elle éprouvait des coups de cœur.

Contrairement à Maeterlinck qui se cachait derrière ses livres, dont les anciens ouvrages étaient réimprimés, et qui produisait toujours à une cadence régulière (huit titres étaient parus depuis 1918), Georgette avait, elle, tout à dire sur l'être mystérieux qu'elle sentait en elle. Sa tâche consistait à s'enfanter elle-même. Mais pour que cette renaissance fût possible, il fallait manger, se chauffer, s'habiller, prêter aux contingences une attention désormais de tous les instants.

---

[555] Ibid.
[556] Margaret ANDERSON, Op. Cit.
[557] Ibid.
[558] Ibid.
[559] Georgette LEBLANC, II, Op. Cit.

Georgette Leblanc au Vittoriale : l'impossible Gabriele D'Annunzio

En décembre 1924, elle accepta une tournée de récitals dans le nord de l'Italie. Margaret l'accompagnerait au piano, et la fidèle Monique complèterait le trio en se chargeant des tâches subalternes du voyage. Monique était le dévouement en personne. Être au côté de Georgette lui importait par-dessus tout. Alors pourquoi pas l'Italie ? Cela ne pouvait être pire que l'Amérique ou le prieuré d'Avon. Certains soirs, des joies simples et des fous rires succédaient au désespoir. Pourvu qu'elles soient ensemble.

À Gênes, le premier récital de la tournée fut donné à l'Opéra. La salle était immense et le public occupait seulement les premiers rangs. Quelques isolés se penchaient au bord des baignoires. Georgette s'efforçait de ne pas regarder au-delà de la rampe. Cependant, son répertoire, toujours ultramoderne, n'était peut-être pas fait pour un auditoire de province. Fauré, Reynaldo Hahn, Bordes passent encore ; mais Poulenc, Stravinski, George Antheil ? L'imprésario des Concerti Carlotto Aldovrandi de Milan déclara qu'il n'y comprenait rien, étant donné la célébrité de la grande cantatrice en France et en Amérique. La diva comprenait, elle, qu'il n'avait pas dépensé un sou de publicité et menaça de retourner à Paris sans plus attendre. L'imprésario jura qu'à Turin tout avait été méticuleusement mis en œuvre pour que le succès fût au rendez-vous.

À Turin, les deux artistes eurent l'impression pénible d'avoir été flouées. Là encore, l'organisation avait laissé de côté l'information du public, si bien qu'elles n'attirèrent guère plus de monde qu'à Gênes. C'était d'autant plus rageant que *L'Inhumaine* allait sortir en Italie.

Georgette comprit trop tard qu'elle s'était mise entre les mains d'un incapable. Devant la déconfiture de la tournée, l'homme préféra prendre la fuite plutôt que d'affronter sa colère. La cantatrice et ses compagnes restèrent en rade à l'hôtel, le temps de téléphoner à un imprésario de Milan. Afin que le tableau fût complet, son manteau de vison lui fut volé au restaurant de l'hôtel. Georgette tenait à ce reliquat de sa splendeur américaine, sa seule richesse matérielle avec les robes de Poiret créées pour *L'Inhumaine*. Une cantatrice devait porter un vison, surtout à Turin en janvier. La fourrure était estimée à 100 000 francs.

La police la soupçonna d'avoir imaginé toute l'histoire pour se faire de la publicité et extorquer de l'argent. Quant à la direction de l'hôtel, elle refusa de rembourser un vol à ce point suspect que les policiers n'y croyaient pas. Devant ce scepticisme insultant, Georgette en appela à Mussolini et à D'Annunzio. Les noms de ces deux grands Italiens calmèrent les policiers et le directeur de l'hôtel redevint courtois. L'illustre cantatrice, la pianiste et la caméristе pourraient continuer leur voyage sans être inquiétées. Georgette emprunta une fourrure, confia son affaire à un avocat de Turin et télégraphia à D'Annunzio en donnant, pour la réponse, son adresse à Milan où un engagement allait être possible.

À Milan, elle déclara à la presse, curieuse de connaître son sentiment après le vol : « le ciel, en ce matin de Noël, est d'une transparence et d'une fluidité telles qu'il [*me*] console de ce fâcheux incident. »

Elle se produisit dans la grande ville lombarde, donnant le même répertoire qui avait fait son succès aux États-Unis, sans recueillir ici le même enthousiasme. Dans la période de réaction nationaliste que traversait l'Italie, c'eût été étonnant. La période futuriste était loin.

En janvier, D'Annunzio ayant répondu à son télégramme depuis sa retraite du Vittoriale, elle s'installa, sans lui annoncer sa présence, au Grand Hôtel de Gardone, au bord du lac de Garde. Qu'espérait-elle du poète ? Imperméable à la politique, elle n'était pas attirée par le tribun et le guerrier à la rhétorique incantatoire. Ses défis envers les grandes puissances et le pouvoir parlementaire italien n'avaient qu'une importance minime à ses yeux, sauf qu'ils confirmaient son indomptable énergie. D'Annunzio s'était, en effet, démultiplié pendant sept ans. Cependant, quelque chose de mystérieux de la personnalité du Commandant, titre sous lequel on le vénérait désormais, l'avait mise en mouvement.

Tant par son esthétique surannée que son engagement politique, D'Annunzio est aujourd'hui un repoussoir. Le nationalisme a engendré des monstres politico-littéraires qui nous sont insupportables, surtout quand ils ont pavé la voie du fascisme. Mais à l'époque, qui savait en Europe ce que signifiait le fascisme, en dehors des révolutionnaires marxistes ? En France, les lois de la République laïque mettaient les femmes à l'écart de la politique. Dans tous les pays latins, quel que soit le régime, voter, déléguer, légiférer, représenter, diriger, commander, gouverner, était exclusivement une affaire d'hommes, les femmes ne disposant pas du simple droit de vote. On serait tenté de dire aujourd'hui que, tout au long de sa vie, Georgette Leblanc répondit à cette exclusion par l'indifférence. Il est plus vrai que, n'ayant pas été formée à la compréhension de l'organisation de la société ni de son histoire et s'étant projetée très jeune dans l'art, son seul champ possible d'autonomie, elle ne se soucia jamais de la chose publique. Durant la période maintenant lointaine où Maeterlinck eut une sensibilité sociale et se dit dreyfusard, il n'est pas certain qu'ils consacrèrent plus d'une heure de discussion à une question politique.

Aux yeux de Georgette, D'Annunzio n'aurait eu d'importance qu'en tant que poète, écrivain et orateur s'accompagnant partout et toujours de la lyre d'Orphée. Or ce dieu vivant de la poésie italienne, elle l'avait rejeté avant 1914, du temps de son exil en France. Elle savait ce que la Duse avait enduré à cause de lui. Elle connaissait son comportement odieux envers les femmes. Mais on le disait revenu de tout, cloîtré… Le diable s'était fait ermite. Les personnalités hors du commun, les monstres sacrés attiraient Georgette, sinon elle n'eût jamais supporté si longtemps Maeterlinck. Alors pourquoi pas D'Annunzio ? N'était-il pas par sa démesure, son mauvais goût atroce, sa constante hésitation entre le sublime et le grotesque le seul écrivain au monde à qui elle pouvait encore parler ? Et qui sait si le miracle qui avait eu lieu à Bruxelles en 1895, lorsqu'elle avait subjugué Maeterlinck, ne se reproduirait pas trente ans plus tard à Gardone, parce que le Commandant était précisément l'anti-Maeterlinck ? Georgette avait cinquante-six ans, Gabriele soixante-deux. Elle se voyait toujours un avenir. « Selon moi la vie commence à cinquante ans et après ne cesse de monter. Tout ce qui vaut la peine de vivre commence à ce moment-là. C'est l'heure de vivre « autre chose ».[560] Ils avaient chacun combattu et perdu une guerre. Pour Georgette, la « guerre » avait commencé en 1911 par son abaissement. La rupture — le crime des crimes — l'écrasa sans lui briser les os. Il y eut ensuite la lutte quotidienne en Amérique. Puis la bataille de *L'Inhumaine*. Treize ans d'épreuves qui ne l'avaient pas tuée, un vortex où elle s'était retrempé l'esprit.

---

[560] Ibid.

Le premier conflit mondial fut pour D'Annunzio le révélateur de sa nature profonde. Anarchiste à la manière d'un empereur de la décadence, il vécut avec faste tout en séduisant et en combattant. Ses cantonnements étaient le Danieli ou des palais princiers de Venise. Il mêlait habilement héroïsme, propagande et publicité de soi-même. Son audacieux raid aérien sur Vienne le rendit célèbre dans toute l'Europe. À la tête d'une escadrille de sept monoplans, il déversa sur la capitale ennemie 400 000 tracts appelant les Autrichiens à la reddition. Sa participation active à des missions encore plus dangereuses dans l'air, sur terre ou sur mer était avérée. Il n'oublia jamais les mots, restant ce qu'il était depuis toujours, un incorrigible esthète. Avant le départ d'une action de bombardement où étaient engagés trente-six appareils, il fut choqué d'entendre les aviateurs italiens crier Hurrah ! et protesta : « Dorénavant, votre cri sera *alalà*, par lequel Achille excitait ses chevaux à la bataille. Le barbare *Hip !* sera remplacé par la douce et sonore exclamation latine *eja !* À Pola *(Pula en Croatie)*, quand toutes les bombes seront lancées, chaque équipage, avant de reprendre le chemin du retour, lancera ce cri au milieu des tirs de barrage. »[561] Ces actions plus prestigieuses qu'efficaces étaient accomplies par un quinquagénaire qui n'y voyait plus que d'un œil. Au retour d'un vol d'observation au-dessus de Trieste, son hydravion obligé d'amerrir en catastrophe, D'Annunzio fut projeté contre la mitrailleuse de l'appareil. Touché à la tempe et à l'arcade sourcilière droite, il saigna, mais surtout perdit presque totalement la vue durant quelques heures. Le lendemain, il repartit en vol sur un autre appareil. Ses yeux étaient atteints et il souffrit d'une demi-cécité jusqu'en janvier 1917, ce qui ne l'empêcha pas de remplir ses missions d'observation dans des conditions dangereuses. Enfin, les symptômes devenant de plus en plus inquiétants, il se fit examiner par un ophtalmologue. Il était plus que temps. L'accident de juin avait provoqué le décollement de la rétine de l'œil droit, qui était perdu. Pour sauver l'autre, D'Annunzio devait accepter le bandage des deux yeux et l'immobilité complète. Se pliant à la nécessité, le poète demeura deux mois immobile dans sa chambre de la Casetta Rossa, à Venise, et écrivit au crayon le *Nocturne* (Notturno) sur des lanières de papier que sa fille lui préparait et lui passait à mesure. *Nulla dies sine linea.* (Pas un jour sans une ligne.) C'était comme une longue bande de télégramme. Quand D'Annunzio recouvra la vue, il s'aperçut qu'il avait tracé ses mots sur dix mille bandelettes de papier. Sa fille les recopia et en fit un manuscrit. Le poète révisa son texte qu'il découpa et distribua en courts alinéas. L'écriture — en comparaison des œuvres précédentes déliquescentes et verbeuses — était sèche et dure. D'Annunzio avait inventé un nouveau style de journal intime, l'introspection d'un poète-guerrier couché dans une nuit traversée par instants de flammes aveuglantes.

À peine convalescent, il retourna à ses habitudes mondaines et aristocratiques. Barrès, venu lui rendre visite à la Cassetta Rosa, le vit écoutant des pages de César Franck, Ravel et Scriabine jouées par un quatuor de femmes. Mais dès qu'il fut en mesure de remonter au front, n'ayant pas cessé d'autre part de séduire, il reprit, en septembre 1916, le commandement de son escadrille, avant de se faire muter dans l'infanterie pour participer à la huitième bataille de l'Isonzo.

La suite de sa vie mouvementée, l'équipée de Fiume *(Rijeka)* à la tête des Arditi, l'occupation du port Adriatique revendiqué pour l'Italie, et ses implications politiques dans l'histoire italienne et européenne parallèles à la naissance

---

[561] Paolo ALATRI, *Gabriele D'Annunzio*, Op. Cit.

du fascisme sont trop connues pour que nous en tentions le résumé ici. Mais chef de guerre et politique, il demeure l'incroyable Narcisse qu'il a été sa vie durant. À Fiume, il écrit, en hommage à sa maîtresse vénitienne, Luisa Bàccara : « Selon la loi du genre, une chose est d'autant plus belle qu'elle manifeste sa destination dans sa forme. Un lévrier ou un cheval de course bien entraîné, les jambes d'Ida Rubinstein, le corps d'un vrai ardito de retour des gués du Piave, *le modelé et les sutures de mon crâne très lisse*, par exemple, font partie des beautés les plus expressives du monde. »[562]

C'est pendant l'occupation du grand port de l'Istrie qu'il s'initie aux stupéfiants, et particulièrement à la cocaïne. Son goût de la chair est toujours aussi vif et exige plusieurs partenaires en même temps.

Les réalités internationales mettent fin à la geste dannunzienne en janvier 1921.

Le D'Annunzio que Georgette Leblanc approchait avec prudence mais résolution en ce mois de janvier 1925, avait été isolé par Mussolini. Décoré, anobli, adulé, encensé, presque sanctifié, il semblait avoir pris son parti de sa relégation au bord du lac de Garde. Place aux techniciens du pouvoir ! D'Annunzio, en qui le Verbe l'emportait toujours sur les tactiques de la politique, ne présentait plus d'utilité pour le pouvoir fasciste qui se radicalisait, sauf comme relique d'un temps révolu.

Dessaoulé de sa grande beuverie nationaliste, il se laissa offrir la villa du Cargnacco transformée à grands frais en Vittoriale, comme ultime refuge d'un homme qui rompt avec son époque et se retire dans sa sphère privée.

Quand il se l'appropria en 1921, la demeure contenait des souvenirs liés à la musique du XIXe siècle et était déjà remplie de plus de 6 000 volumes en allemand consacrés aux beaux-arts. L'ancien propriétaire, Henry Thode, un professeur allemand d'histoire de l'art, avait épousé Daniela Senta Von Bülow, fille de Cosima Liszt et du chef d'orchestre Hans Von Bülow. Cosima était issue elle-même de l'union de Liszt et de Marie d'Agout, en littérature Daniel Stern. Cosima épousa d'abord le chef d'orchestre Hans Von Bülow, divorça et convola avec Richard Wagner. L'épouse de Thode étant liée de ce fait à Wagner et à son beau-père, la villa abritait encore un piano ayant appartenu à Liszt, des dédicaces de la main de Wagner, des manuscrits et des toiles de maître. D'Annunzio restitua quelques documents et objets précieux, ainsi qu'une partie des meubles aux deux veuves d'Henry Thode.[563] Il avait besoin de place pour caser les 30 000 volumes de ses éditions italiennes et françaises, et le monstrueux bric-à-brac entassé dans la villa du Mouleau pendant son exil en France. Huit wagons furent nécessaires pour transporter le tout à Venise, puis à Gardone.

Dès 1923, il entreprit d'agrandir la villa à sa dimension. Le mausolée de l'homme d'action et le palais du poète jouisseur, tel serait le « Vittoriale degli Italiani ». Il acheta de nouveaux terrains — construits ou non — qui quadruplèrent la superficie initiale. Et bientôt, la villa primitive et ses satellites — telle la villa Romanelli acquise en 1924 — formèrent une demeure à l'aspect labyrinthique avec ses trente-six pièces reliées par d'étroits couloirs. D'Annunzio bourra littéralement l'espace de bibelots, de bustes, de coussins, de moulages de statues célèbres, de meubles en tous genres, de tapis, de tapisseries. Chaque pièce portait

[562] Ibid.

[563] Thode divorça de Daniela Senta Von Bülow et épousa une violoniste danoise.

un nom typiquement dannunzien. Les murs s'ornaient de citations et de devises. La salle à manger vous accueillait par ses couleurs : jaune vif, rouge sang, bleu d'azur. La table était recouverte d'une nappe damassée sur laquelle s'empilaient des objets en bronze. La chambre du poète ne comportait pas de fenêtre. Les rares ouvertures des autres pièces étaient cachées par d'épaisses tentures. C'était le temple du décadentisme, la réalisation frénétique de Des Esseintes ressuscité, qui faisait prendre en charge ses fantaisies sans limites par l'État fasciste italien. Il coûta, en effet, entre 1924 et 1927, cinq millions deux cent mille lires au Trésor de son pays. Mussolini préférait entretenir D'Annunzio et le faire étroitement surveiller par sa police, plutôt que de subir ses foucades. L'imprévisible poète eût pu, dans une ultime pose héroïque, s'exiler en France et rallier à lui les dissidents et les ennemis libéraux du régime.

Le Commandant n'accumulait pas seulement les objets les plus hétéroclites, il collectionnait les parfums, les uniformes militaires, les vêtements civils, — d'intérieur, de soirée, de ville et de parade. Il s'inondait de parfum dans son bain, sur sa personne, et changeait de chemise deux fois par jour, ce qui était peut-être nécessaire dans une demeure où, quelle que fût la saison, la température était maintenue à plus de trente degrés. Mais ce souci extravagant de la tenue était rendu possible par la possession de trois cents chemises de soie, de cent costumes, d'une cinquantaine de cravates, de manteaux et de fourrures. Dans son appartement privé, il disposait d'autant de pyjamas et de robes de chambre. Le nombre de ses chapeaux et couvre-chefs équivalait à celui de ses costumes. Dans ses tiroirs, son personnel puisait dans un trésor de trois cents paires de chaussettes. S'il désirait sortir, il pouvait choisir entre deux cents paires de chaussures. « Personne n'imagine, écrivit-il, avec quelle envie je suis entré dans ce refuge, avec quel besoin de replonger en moi-même et dans la source la plus secrète de ma poésie. » Mais il n'était pas le genre de poète à se contenter — à condition qu'on l'eût muni de plumes, d'encre et de papier — d'une table, d'une chaise et d'un lit. La publication de ses œuvres complètes, parallèle à l'édification du Vittoriale, lui rapporta une fortune.

Quinze lettres de Gabriele à Armide [564]

Georgette Leblanc savait-elle vraiment quel satrape était D'Annunzio ? Elle habitait le Grand Hôtel de Gardone avec Margaret, sa pianiste, et Monique, sa secrétaire, comme disaient les journaux. On lui avait volé son manteau de fourrure. Elle était pauvre. Son ancien compagnon venait d'acquérir le château médiéval de Médan. Son frère Maurice Leblanc recevait d'imposants droits d'auteur. L'homme le plus célèbre de Gardone et de l'Italie dépensait des millions. Et elle, avait abouti au bord du lac de Garde. Elle lut le *Nocturne* dans sa traduction française et ne reconnut pas l'auteur du *Feu*. « Simplicité, concision. » Il n'était plus le même. Le livre l'eût-elle déçue, parce qu'elle y aurait retrouvé les vieux tics d'avant 1914, qu'eût-elle fait ? Sans aucun doute rebroussé chemin tant la personnalité du D'Annunzio parisien la mettait hors d'elle. Mais il y avait le

---

[564] Jusqu'en 1991, elles furent gardées par le collectionneur Claude Labarre. J'ai pu les copier dans leur intégralité en juillet 1990. Ces feuillets dactylographiés — dont certains sont annotés de la main de G.L. — se trouvent actuellement aux Archives & Musée de la Littérature (Bruxelles).

Nocturne. Il faut se rappeler que c'est la préface de Maeterlinck aux *Sept Essais* d'Emerson qui embrasa jadis sa passion pour le poète. Illuminée par une étincelle de génie, elle conçut d'abord un amour philosophique et littéraire.

Ce qu'elle allait tenter maintenant ressemblait au coup de dés d'un autre poète. Elle avait fait savoir intentionnellement à certains, comme Ildebrando Pizzetti, compositeur attitré du Commandant, qu'elle se trouvait à Gardone. Pizzetti s'était récrié : « Pourquoi ne se manifestait-elle pas auprès de Gabriele ? »

Le 26 janvier, elle lui écrivit : « Cher Gabriele D'Annunzio, Qui sait que vous me voulez voir ? personne — alors depuis vingt jours, malade, je ne vous ai point exprimé mon grand désir — Maintenant, je suis guérie et je ne peux pas approuver mon silence… J'ai passé tous ces jours avec *Nocturne* qui aura été dans ma vie un "événement", un événement qui devait s'accomplir ici, dans vos vibrations — Je voudrais vous voir un soir, et partir surtout de cette force occulte qui vous fait embrasser la vie et la mort avec une égale passion… C'est elle aussi qui porte ma vie de femme et la fait grande —

« Nous nous sommes rencontrés autrefois mais vous étiez *un autre* et j'étais *une autre*. Simplement par courtoisie envers la beauté, vous m'appeliez "Armide l'enchanteresse" — Rien ne nous rapprochait. Le sens profond de mon admiration d'aujourd'hui me fait comprendre qu'avant je vous méconnaissais ———

« Mais savez-vous qu'il fallait l'immensité de la guerre dans le ciel pour tracer au moins votre ombre sur la terre ? Cela je l'ai su en lisant *Nocturne* et en regardant vos derniers portraits qui révèlent un visage sculpté uniquement par la vie psychique. — (…) »

Le même jour, elle reçut la lettre suivante, écrite en français :

« Chère Armide des Jardins invisibles, en cette lettre inattendue *vous ne pouvez approuver votre silence*. Or moi, fraternellement, je le désapprouve.

« Ildebrando da Parma, le haut et altier musicien, pourrait vous dire mon étonnement — un peu assombri de rancune et de regret — quand par lui j'ai appris votre présence cachée à l'ombre du Victoriale !

« Sans doute, vous me méconnaissiez autrefois, quand j'aimais à dissimuler dans les plaisirs mon infaillible prédestination héroïque. Mais aujourd'hui, vous ne cessez point de me méconnaître.

« Je n'étais pas *un autre* ; et j'avais pour vous une amitié sagace et fuyante, qui noua nos mains une seule fois (et je me souviens de cette lointaine soirée).

« Vous avez raison. En ce Victorial, glorieuse prison et voluptueux ermitage, je ne veux voir personne : *nessuno*, mais dans le sens homérique d'Ulysse. Je ne veux voir que des esprits décharnés et des chairs lumineuses.

« En mon souvenir, chère Armide, vous étiez tour à tour l'une chose et l'autre.

« Alors je veux vous revoir, pour que vous puissez me méconnaître la troisième fois.

« Depuis trois jours, je me prépare à célébrer, en mon âme la plus belle, le huitième anniversaire du trépas de celle qui sculpta humainement ma vie mortelle et qui divinement sculpte ma vie immortelle. Vous avez peut-être lu, dans le *Nocturne*, les pages de mon retour à la maison maternelle.

« Je suis dans le recueillement, dans le « troisième lieu » entre la vie et la mort. C'est demain 27, le jour mystique, il me faut être seul.

« Voudriez-vous monter au Victorial le 28 ?

« Depuis hier, je suis malade stupidement : mais je sais tyranniser ma carcasse.

« Voici mon visage de guerre (10 février 1918). Et j'aurai la tristesse et la honte de vous montrer — tel Chateaubriand à l'Occitanienne — une figure de noble vieillard !

Gabriele D'Annunzio. »

La lettre et la photo du guerrier-poète étaient accompagnées d'une profusion de fleurs et d'un énorme flacon de parfum. Que pensèrent Monique et Margaret de l'invitation faite à Georgette de pénétrer dans le « voluptueux ermitage » ? Monique n'a pas laissé de notes sur cette période (ou elles ont été perdues) et Margaret, dans ses mémoires, a préféré oublier l'épisode de Gardone. Que Georgette — qu'elle aimait — pût s'intéresser à un personnage aussi décadent que ce D'Annunzio, amateur enthousiaste de la boucherie de 14-18 et collectionneur despotique de femmes dominées par son charme latin et sa voix mélodieuse, devait dépasser sa compréhension d'Américaine anarchiste, féministe et lesbienne. Mais Margaret disposait d'une vie intérieure suffisamment personnelle pour ne pas se sentir atteinte par la dernière folie de Georgette. Elle admettait d'autre part que, dans leur vie si précaire, il fût nécessaire de supporter quelque temps des partenaires masculins, toujours indésirables mais parfois utiles. Margaret les nommait *gagas* ou *idiots*.

Le 28, le jour de la visite au Maître, le chauffeur apporta une lettre. D'Annunzio proposait, en français toujours, un autre rendez-vous. Pas parce qu'il avait prolongé la célébration de l'anniversaire de la mort de sa mère — décédée effectivement le 27 janvier 1917 — mais tout simplement parce qu'il souffrait d'un rhume.

« Armide, je suis malade très bêtement. Le rhume de cerveau ! Horace connaissait bien l'horreur du coryza. Je la connais après dix ans d'immunité guerrière.

« J'allais mieux et cette nuit, je n'ai pu résister à la tentation d'aller voir mon MAS-96, mon sublime esquif de Buccari, arrivé dans mes eaux lacustres hier soir.

« J'étais seul, la nuit était noire ; mais les sept étoiles de la Grande Ourse flamboyaient sur mon oriflamme bleue.

« Eh bien, cette image d'ascète remonte au matin de ma « piraterie » de Buccari ! Veuillez la garder.

« À présent, j'ai des yeux rougis, un nez informe, une fureur muette à l'aspect ridicule.

« Je me confie à la glycothymoline et au sirop Rami. Tombé en enfance.

« Je vous propose de venir prendre avec le Prieur, le repas du soir (9heures) dans le Cénacle des Reliques Sanglantes, demain 29 (2+9 = 11).

« Je vous embrasse. AVE.

Gabriele D'Annunzio. »

Il avait ajouté ce post-scriptum : « L'autre aussitôt de s'excuser alléguant un grand rhume : il ne pouvait que dire *sans odorat*. La Fontaine. »

L'aggravation de son rhume avait été provoquée par la commémoration d'un de ses anciens exploits nautiques. Georgette ignorait plus que probablement la

« piraterie de Buccari », tout en comprenant qu'il s'agissait d'une action militaire dont le Commandant tirait gloire. C'était, en effet, avec le lancer de tracts sur Vienne, l'expédition la plus fameuse de D'Annunzio sur le théâtre des opérations. Le MAS 96 était une vedette lance-torpilles. Avec deux vedettes similaires remorquées par un contre-torpilleur jusque dans les eaux territoriales ennemies, le 10 février 1918, il levait l'ancre de la base militaire de Venise. La traversée de l'Adriatique accomplie, les trois vedettes avaient foncé de nuit dans les eaux noires du golfe de Fiume jusqu'à la baie de Buccari *(Bakar)*, occupée par une base navale autrichienne. Les MAS avaient tiré sans résultat, les filets de protection ennemis ayant arrêté les torpilles italiennes. Mais les vedettes réussirent à regagner Venise par Ancône sans se faire prendre. La propagande se chargea de muer l'équipée en exploit. D'annunzio chanta ses propres louanges dans son journal de la *Beffa di Buccari* (La farce de Bakar) qui fut publié dans le *Corriere della Sera*.

En cette fin de janvier 1925, le Commandant venait donc de recevoir son jouet et pouvait désormais naviguer à sa guise sur le paisible lac de Garde. Il avait joint à sa lettre à « Armide » une photo prise au matin de son coup de main sur Buccari en espérant que ses photos de guerrier et le souvenir qu'elle avait gardé de lui conjureraient l'effet éventuellement négatif de son apparition réelle.

Le Cénacle des Reliques Sanglantes était son panthéon personnel. Il y avait réuni des statues de saints catholiques et de divinités de toutes les religions.

Dans l'après-midi du 29, Georgette reçut une troisième lettre confirmant l'invitation à dîner :

« Douce amère Armide au « songe du vergier », je suis moins humilié et moins irrité.

« J'enverrai l'auto vous prendre à huit heures trente, à l'hôtel.

« Nous prendrons quelques haricots jaunes et rouges dans l'écuelle du lépreux, à neuf heures.

« Pensez que vous venez dans l'ermitage sévère et silencieux.

« Je serai en vareuse de vieux marin condamné à l'eau douce, ou bien en tunique sale de capucin.

« Nous serons à trois yeux. Evitez les atours.

Frère Ariel.
Ce 29 (2+9 = 11). »

Une croix rayonnante était dessinée à côté de la signature.

Georgette se prépara. S'habilla-t-elle modestement pour obéir au conseil de « Frère Ariel » ? Rien n'est moins sûr. Elle dut suivre son instinct qui lui commandait, en toute occasion, de ne jamais rater son entrée.

L'auto, pilotée par un chauffeur costumé en ordonnance, fut exacte au rendez-vous. En traversant le hall du Grand Hôtel, Georgette se sentit dévisagée par le personnel. Il lui sembla qu'elle les intimidait tous, jusqu'au portier qui la « salua avec une spéciale considération ».[565] N'était-ce pas plutôt une indiscrète curiosité envers la femme qui montait au château de Barbe-Bleue, en laissant derrière elle ses deux compagnes ? Les domestiques du Grand Hôtel n'ignoraient

---

[565] Georgette LEBLANC, *D'Annunzio au Vittoriale*, Les œuvres libres, 1938.

pas l'insatiable appétit sexuel du Commandant et devaient se moquer secrètement de l'élue. Les serviteurs sont maîtres dans l'art de dissimuler leurs sentiments.

L'intérieur de la limousine était luxueux : « cuir vert, couverture de fourrure, voluptueux coussins ». Le moteur fonctionnait admirablement.

D'Annunzio avait écrit avec humour, au cas où elle aurait oublié qu'il était borgne : « Nous serons à trois yeux »,[566] ce qui signifiait en tête à tête. Ce soir, le reste de la maisonnée se tiendrait à l'écart. Le poète disposait d'une compagne quasi officielle, Luisa Bàccara, pianiste, et d'une gouvernante-maîtresse française découverte à Paris, Emilie Mazoyer, dite Aélis. Deux femmes de chambre et une cuisinière composaient la domesticité féminine. Le personnel masculin du Vittoriale (jardinier, chauffeur, marin-gardien de la proue du navire *Puglia*, tapissier, pilote de la MAS 96) se cantonnait dans ses tâches, ce qui n'était pas le cas des femmes.

À l'entrée du Vittoriale, Georgette fut aussitôt guidée par une servante silencieuse, certainement Aélis à qui il incombait de recevoir les visiteuses. À la sortie d'un corridor, elle fut laissée dans un « parloir » où flambait un grand feu. Et là, elle eut le loisir de se pénétrer du génie du lieu : « ce feu apparaissait là comme un symbole, un spectacle, qu'une banquette garnie de coussins et posée devant la cheminée invitait à contempler. »[567]

D'Annunzio l'avait mise en situation d'attente. Il voulait la surprendre. Bientôt, la portière glissa, le Commandant surgit et lui baisa les mains. Ils firent aussitôt assaut d'esprit, se rappelant l'un à l'autre en riant que leurs relations avant-guerre auraient pu être meilleures. Georgette estima qu'il n'était plus le même. D'Annunzio protesta qu'il n'avait pas changé, sauf qu'il était maintenant un vieillard. Ce fut au tour de Georgette de protester contre ce mot inconvenant. Pas lui !

Sans plus tarder, il lui fit visiter ses appartements labyrinthiques, en insistant sur certains objets. Il prétendait avoir tout réalisé lui-même : peinture, sculpture, orfèvrerie, tapisserie, ébénisterie.

Georgette fit semblant de s'intéresser à l'étalage de son habileté et de son savoir-faire. En réalité, elle l'observait. Evidemment, il était habillé d'une manière classique et élégante, ni en marin ni en capucin. Elle étudia son visage « asymétrique, changeant, insaisissable, moins impossible à décrire qu'à dessiner ou à surprendre avec l'objectif. Visage qu'expliquait sa nature multiple — deux profils en contradiction. Le droit, impérieux, presque dur à force d'énergie. Sculpté solidement, il retenait la lumière et l'ombre. Le profil gauche au contraire était sensible jusqu'à l'extrême, la lumière glissait sur lui, sans le creuser. Celui-là, pas encore touché par la souffrance, semblait être protégé comme certains visages de femmes que le temps affine subtilement sans les déformer ni les flétrir. » (...) Absolument imberbe, le crâne nu et les yeux pâles, il donnait une étrange sensation de luminosité dans laquelle se jouaient des expressions rapides toujours qui ne permettaient pas de fixer ses traits. Il n'avait pas autrefois cette curieuse beauté. »[568]

---

[566] Un roman de Maurice Leblanc, *Les trois yeux*, était paru en 1920...
[567] Ibid.
[568] Ibid.

Elle ne perdit rien non plus des mouvements de son corps sous les vêtements. Un corps « assoupli par la guerre et les sports. »

À un moment, il se vanta d'être « de fer » et rappela qu'il était tombé d'une des fenêtres du premier étage. Georgette croyait que c'était en écoutant de la musique. Pas du tout. Elle le vit alors sauter « à pieds joints sur le rebord de la fenêtre. » « Je parlais, expliqua-t-il, comme ça… avec des amis et, tout en parlant, je faisais le clown. (…) j'ai perdu l'équilibre, voilà ! »[569]

Cette chute typiquement dannunzienne datait du 13 août 1922, dans la soirée. Elle a donné lieu à une débauche d'interprétations[570]. Personne n'a, semble-t-il, voulu admettre qu'il s'agissait d'un simple accident. Dans la « salle de musique » où il se trouvait maintenant seul avec son invitée, faisant la démonstration de son agilité, le poète était ce soir-là en compagnie de sa maîtresse en titre Luisa Bàccara et de la jeune sœur de celle-ci, Jolanda, et peut-être d'un compagnon d'armes, l'aviateur Aldo Finzi, ancien participant au fameux raid sur Vienne. La fenêtre était à une hauteur de huit mètres au-dessus du sol.

La visiteuse et son guide continuèrent l'exploration de la Thélème dannunzienne. Les pièces se succédaient, toutes bordées « d'infinies murailles de livres »[571] aux reliures dorées, précieuses ou éteintes.

Ils retournèrent dans la salle à manger qu'il utilisait encore comme « salle de musique » en attendant que la nouvelle, en construction, fût « pourvue d'un orgue et de tous les perfectionnements possibles. » « Mais figurez-vous [*c'est D'Annunzio qui parle*], que je ne n'obtiens pas la sonorité admirable qu'il y a ici. J'ai étudié les lois de l'acoustique et quelque chose m'échappe encore. »[572]

Les murs de la salle étaient recouverts d'un lourd brocart drapé rattaché au plafond de manière à former un dôme. Georgette lui apprit que les studios de radio, en Amérique, était eux aussi tapissés d'un épais tissu.

Il se tut d'un seul coup et précisa seulement, quand il la vit regarder le piano à queue, que c'était celui de Liszt. Sur l'instrument, des bouddhas de toutes tailles s'alignaient.

La table de la salle à manger était nappée de dentelle. Les servantes y avaient déposé de la verrerie de Venise. Avant d'inviter Georgette à s'asseoir, le Commandant « désigna un autel sur lequel étaient disposés des reliquaires, des vestiges de drapeaux, des trophées, des armes. — Tous mes souvenirs, tous mes amis… tout ce qui me reste d'eux, »[573] dit-il.

Il n'était pas étonnant qu'il se fît servir par des femmes. Il les appelait les « Sept Clarisses ». Georgette dit qu'elles étaient vêtues de noir avec un col et des gants blancs. Il y a dans son récit une réminiscence des « sept filles d'Orlamonde » d'*Ariane et Barbe-Bleue*. Les deux sœurs Bàccarra, Aélis, la gouvernante, les deux femmes de chambre, Albina, l'excellente cuisinière vénitienne, cela ne faisait encore que six clarisses. Mais à cette époque, le poète recevait également deux autres femmes, une jeune Française, Angèle Lager, et l'actrice de cinéma Elena Sangro. Si bien que, ce soir du 29 janvier, le magique chiffre sept eût été facilement atteint.

---

[569] Ibid.
[570] Paolo ALATRI, Op. Cit.
[571] Georgette LEBLANC, *D'Annunzio…* Op. Cit.
[572] Ibid.
[573] Ibid.

Le repas à peine terminé, il tenta de la séduire. Elle résista. « Naturellement dès les premières heures, nous avons échangé quelques injures éternelles, car il lui fallait asservir ses amis et davantage ses amies. »[574]

Elle retourna au Grand Hôtel vers cinq heures du matin, les bras chargés de cadeaux : « bonbons, fleurs, poupées, étoffes brodées ».[575] Elle lui avait offert une de ses photographies.

Deux jours passèrent. Puis elle reçut cette lettre datée du 1er février :

« Armide, la joie ailée en me quittant m'a laissé la tristesse immobile.

« Je souffre très souvent de ces accès funestes. « Je vois de vos chagrins les funestes accès », me disait autrefois cet imbécile aigu de Voltaire.

« J'aime à courir et à dévaster mes royaumes intérieurs. Votre royaume a des frontières et des barrières. Je vous plains.

« J'attends le calme stupide, avec la patience du génie.

« Je vous embrasse la chair divine qui cache " la jointure de l'os de l'épaule qu'on dit humérus ".

Gabriele de l'Annonciation. »

Elle lui répondit sans tarder. Le 2 février, il répliqua :

« Obscure Armide des Jardins solaires, je vous demande pardon de ce retard. Je reçois votre foudroyant billet à cet instant même. Je sors d'un bain tiède long de deux heures. Je ne retiens que cela de l'hygiène napoléonienne. Cette langueur molle rétablit tous les équilibres, et donne le calme lucide. Et, chose étrange, la permanence en un milieu perméable rend imperméable !

« Je me sens réfractaire aux choses de l'esprit. En effet, vous voyez que je suis en train de m'abâtardir en un langage presque scientifique.

« Je regarde votre image. Vous avez trop de volonté, non seulement au menton mais aux chevilles admirables !

« Je n'aime que les esclaves apprenties.

« Aujourd'hui, si je vous rencontrais, je ne ferais que vous combattre. Et ce bain napoléonien me donne de la langueur dédaigneuse : c'est-à-dire de l'infériorité !

« Je vous embrasse ce qui cache « cet os, etc. etc. etc. »

Gabriele Ariel. »

L'illusion s'était dissipée. D'Annunzio avait raison : il était toujours le même. Quant à elle, ancienne « abbesse » séculière de Saint-Wandrille, elle ne se sentait pas une vocation de « clarisse ». Ni l'homme ni son œuvre ne la passionnaient à ce point. Ils avaient amplement vécu, l'un et l'autre. Par défi, elle avait affirmé que la vie commence à cinquante ans. Mais si c'était pour qu'un Don Juan narcissique utilise sa féminité et son intelligence d'adversaire élue pour entretenir sa vigueur intellectuelle et physique, merci... Barbe-Bleue-D'Annunzio achèverait sa vie dans son « prieuré », ainsi qu'il nommait ses appartements du rez-de-chaussée comprenant la « chambre du mort » et la « chambre de la prostituée » (zambra della zambracca), son cabinet privé où il recevait ses proies, laissant l'étage aux recluses à son service. Georgette, telle Ariane, continuerait sa course. « Prieuré » pour « Prieuré », elle préférait celui d'Avon, dont le supérieur ne se prenait pas

[574] Ibid.
[575] Ibid.

pour l'Arétin. Mais elle n'était pas encore fatiguée de l'impudique Frère Gabriel qui détournait le vocabulaire et la règle de saint François au profit de son érotomanie, et, avant de quitter définitivement Gardone, elle se mesurerait à lui.

Entre le deux et le six du mois, elle revint au Vittoriale et pénétra avec le Commandant dans la « chambre du mort ». Elle l'écouta lui conter ce qui lui avait inspiré le lieu et son décor religieux, où l'on voyait les emblèmes de la Passion et l'inscription de la Croix. « Il y a trente ans, dit-il, je me promenais dans le vieux Ferrare, je fus profondément impressionné par des ruines qui rappelaient le couvent de « La mère de la Consolation », couvent qui fut transformé en hôpital pour les lépreux. Alors, j'eus l'idée de reproduire sur le plafond de cette chambre de mort les fresques qui représentent cette légende. »[576]

Il montra les fresques et les décrivit : « Voyez, le poète est ici, loin du monde, confiné dans une cellule et malade de la lèpre. La lèpre symbolise l'amour des choses vaines et temporelles. Cinq femmes viennent à lui, portant un remède souverain pour sa santé spirituelle. La Sibylle de Flandre lui offre des sandales et un manteau, la deuxième, Elisabeth de Hongrie, lui donne une corde pour nouer autour de sa taille et une écuelle de lait ; la troisième, Odile d'Alsace, lui présente un coffret plein de trésors ; la quatrième est Catherine de Sienne qui apporte au poète un livre, une fleur et une lampe à huile. Quant à la cinquième, je ne me souviens pas de son rôle. Les cinq femmes semblent voler à travers un ciel de nuit. »[577]

Le Commandant ajouta : « Cette chambre a trois noms : la chambre du songe pur, la chambre du lépreux et la chambre du mort. »[578]

Des tentures de cuir beige tombaient de chaque côté des marches qui menaient à l'alcôve. Une lumière d'église envoyait ses reflets rouges sur les têtes des gros clous d'or enfoncés dans les murs tendus de cuir beige. Sur les panneaux de l'alcôve étaient peintes des scènes évangéliques. Une grande lampe de Murano suspendue au plafond éclairait le lit couvert d'un drap noir sur lequel était dessiné un écusson doré renfermant la devise : « Il donne sans rien reprendre. »

Il lui offrit l'hospitalité nocturne de la chambre du mort, puis lui proposa de s'établir au Vittoriale. Elle aurait sa chambre avec une salle de bains attenante « constituée par une adorable vasque bleue ».[579] Mais elle retourna au Grand Hôtel, rejoindre ses amies.

Le 5 février, elle lui envoya un étrange poème en forme de litanie, qui ne laisse aucun doute sur l'état d'exaltation dans lequel il l'avait mise, malgré ses résolutions et ses défenses :

« Ange Gabriele / prophète Gabriele / Guerrier Gabriele / Roi Gabriele / Philosophe Gabriele / Ascète Gabriele / Démon Gabriele / Saint Gabriele / Infant Gabriele / et / Gabriele de luxure / Gabriele Dynamo / Gabriele radio / Gabriele des harmonies / Gabriele voyant / Gabriele de tous les arts / Gabriele douleur et ardeur / Gabriele conquérant de l'espace / et / Cœur Gabriele gardien des reliques héroïques / Entendez les douces prières de votre triste Armide. »

---

576 Ibid.
577 Ibid.
578 Ibid.
579 Ibid.

Le 6 février, il évoqua leur dernière rencontre sur le mode de la nostalgie :

« A (R) MI (D) E, AMIE, vous souvient-il ! ?

« À la fin de cette ivresse de pensées et d'aspirations, de reconnaissances et de divinations, je vous disais : « N'ayez pas de hâte, ne soyez pas anxieuse de partir dans la nuit. Cette heure, avec sa cargaison si riche et si simple, si lourde et si impondérable, ne reviendra jamais plus. N'ayez pas de hâte à me fuir. »

« Vous souvient-il ?

« Pourquoi en un geste presque enfantin vous avez voulu découvrir le « Gabriele de luxure » ? Et pourquoi m'avez-vous humilié ?

« El Nar me ressemble, plus qu'à vous.

« J'ai eu des inquiétudes, des fureurs, des renoncements, des faims et des soifs, des désirs chastes vers une intelligence couverte d'une peau lisse et odorante. J'ai vécu dans la tempête sans nuages. J'ai nagé dans le sillon violent de mon MAS héroïque.

« Soyez tranquille, Amie.

« La vie est si sage !

« Je passe mes heures penché sur un petit chien malade, qui s'appelle *Dangiero*. C'est le mot français *danger*, passé dans la langue primitive d'Italie, avant l'apparition de Dante. Dangiero me regarde avec des yeux mourants, où la lumière se meurt avant l'amour.

« Si cette nuit je pouvais délivrer les puissances de ma magie, je vous entraînerais dans une voluptueuse souffrance et je vous écraserais peut-être sous le plus beau de mes coussins.

« Les étoiles sont demain
néfastes.

ARIEL.

[*signature précédée d'une croix rayonnante*]. »

Après tant d'autres, il s'inclinait devant son « intelligence couverte d'une peau lisse et odorante ». Venant de quelqu'un qui recherchait avant tout « l'animal » dans la femme, pour le déchaîner et le pousser au paroxysme, c'était un singulier compliment. L'allusion à El Nar est obscure, El Nar étant un coursier arabe que le poète rêve de posséder. C'est aussi l'écho d'une discussion à propos de chevaux qu'ils étaient allés admirer ensemble à la fin de janvier.

Contrairement à Maeterlinck, il ne rompait pas avec les femmes qu'il avait aimées plus que d'autres. Maria de Gallese, son ex-épouse, vint souvent lui rendre visite et il entretint jusqu'à la fin une correspondance avec la Duse. Après la mort d'Eleonora, il lui dédia certains de ses livres. Dans sa pièce de travail — L'officine — il avait placé un buste et un moulage des mains de l'actrice sur sa table. Caché sous une pièce de soie noire, le buste n'était dévoilé que lorsque le poète écrivait. À la mort de son ancienne amante le 21 avril 1924, D'Annunzio fit intervenir Mussolini qui dépêcha à Pittsburgh l'ambassadeur d'Italie. Le corps de la Duse fut ramené dans sa patrie où on lui fit des funérailles nationales.

Un soir de février 1925, il montra à Georgette les plans de la maison qui eût été celle d'Eleonora. « Ici, au bout du parc, (...). D'abord une pergola qui eût dissimulé la porte d'entrée — vous savez comme elle désirait la solitude. Voici le studio avec de grandes fenêtres découvrant l'horizon et une deuxième porte, sur la campagne. Puis les chambres. Pas d'étages, pour épargner sa fatigue. Naturellement deux clarisses eussent assuré son service. Mais ce qui me plaisait le plus, c'est l'idée que j'avais pour qu'elle puisse réaliser toutes ses volontés sans rien dire à personne. Voici tout un tableau de sonneries reliant sa demeure à la mienne, avec toutes les indications possibles, un vrai langage par lequel elle pouvait demander des livres, des fleurs, de la musique, l'automobile. Elle aimait tant la musique. Voyez-vous, là au dehors, je devais construire un abri où les musiciens seraient placés tout près de chez elle, sans la déranger ». Soyons sûrs que son architecte Gian Carlo Maroni eût suivi exactement ses indications. Mais il est douteux que la Duse, en raison des sentiments qu'elle lui portait, eût souhaité vivre dans son voisinage. On raconte qu'elle lui aurait pardonné seulement avant de mourir sa « dureté, ses cruautés, ses trahisons ».[580]. Ne l'avait-il pas « exploitée, ruinée, humiliée » ?

Georgette décida d'affronter le sublime prédateur. Cette nuit-là, elle prit l'initiative dans la « chambre du mort », et, bouleversant le scénario habituel, le déstabilisa. Armide, la magicienne, était de toute façon plus forte que Renaud. La menace sadique qui terminait la lettre du six février n'était qu'une rodomontade.

Une semaine plus tard, suite à un échange de lettres, « Ariel » refit surface.

« (Le Victorial)
« Longue nuit de sommeil à l'insaisissable Armide !
« Pour dormir, je prends ma triste « Adalina » de blessé.
« Mon chien Dangiero est mort. Le monde est malade. Le MAS aussi.
« Et des peaux de bêtes recouvrent la souplesse de mes rêves.

Ariel. [*une croix dessinée*]
Vendredi 13 : Santa Fosca. »

Trois jours s'écoulèrent. Une nouvelle rencontre se préparait pour la soirée du seize février :

« Armide, vous ignorez de moi l'essentiel : mon tourment quotidien, et la sombre mélancolie qui suit mes heures d'oubli. Ma vie, que vous appelez « radieuse », est mêlée à la mort, aujourd'hui bien plus que dans les rouges mutations de la bataille.

« Je ne veux pas ici dénombrer mes efforts et mes ennuis de la trop brève journée. Je dédaigne la compassion, même fraternelle. Et je demande en vain la compréhension.

« J'aurai une heure libre ce soir, à dix. Mais après la mort de mon Dangiero, vient d'expirer la douce enfant de mon chauffeur. Je tâcherai de vous envoyer une autre voiture, si vous êtes disposée à monter vers le Victorial nuageux. (Veuillez dire à l'homme « pédestre » un oui ou un non.)

« Je suis tout blanc de lèpre. Et « l'imbécile aigu » dirait : « Je vous écris d'une main lépreuse aussi hardiment que si j'avais votre peau douce et unie ! »

Gabriele D'Annunzio. »

La « peau douce et unie » de Georgette toucha-t-elle ce soir-là celle du « lépreux » ? Les lettres suivantes laissent supposer que oui. Puis, sa santé rétablie, elle partit donner un récital à Milan, ce qui ne dut pas déplaire à Margaret et Monique, les recluses du Grand Hôtel.

---

[580] Paolo ALATRI, Op. Cit.

À Milan, la cantatrice connut une revanche sur ses débuts difficiles en Italie. Elle fut fêtée, applaudie par les membres de la haute société devant lesquels elle se produisit. Le patronage de D'Annunzio lui avait ouvert des portes jusqu'ici fermées. Le « cercle maléfique » était rompu.

Le vingt février, Georgette et ses assistantes étaient de retour à Gardone.

Un employé du Vittoriale remit à Georgette cette neuvième missive du Commandant :

« Agitante et non agitable Armide, ce soir vous êtes fatiguée du voyage, sans doute. (Vous n'avez pas même pensé à me télégraphier pour que je puisse vous envoyer l'auto !).

« Les tonnerres ont salué votre retour avec une formidable symphonie.

« Mais vous revenez chargée d'adorations ! (On appelle en Italie *adorations* quelque chose d'analogue au *raseur de velours*.)

« Moi, ce soir, je suis sans souffle. La nuit dernière, on a écrasé mes grappes vermeilles (de Corinthe) jusqu'au dernier grain. (Assez de cette épître à parenthèses.)

« Dormez sans rêver, et sans défaillances. Nous nous verrons demain ; et je vous posséderai à travers les goulus baisers de Clothilde.

« C'est demain le neuvième anniversaire de l'œil blessé et perdu.

« Je viens de recevoir un petit livre charmant.

« J'ose vous l'offrir.

Gabriel Ariel. »

Il lui donna aussi des bagues et des bracelets « qu'il me priait de porter toujours — « Qui me porte porte ma chance ».[581] Les cadeaux et les lettres arrivaient souvent de nuit, mettant à rude épreuve les nerfs du personnel et des clients du Grand Hôtel.

Le vingt et un, elle monta donc au Vittoriale et se laissa aimer par « Gabriel Ariel » avec la complicité de celle qu'il surnommait « Clothilde », une des sept Clarisses. Était-ce la « douce Virginia », une messagère qu'il lui avait envoyée au Grand Hôtel ? Était-ce Luisa Bàccara, la maîtresse officielle ? Georgette l'avait écouté lui décrire son esclavage doré, l'impossibilité dans laquelle elle se trouvait de mener sa vie indépendamment des désirs et des foucades du Commandant, « le plus charmant et le plus terrible tyran du monde ».[582] Ce n'était pas impossible comme le prouvera la suite.

Le vingt-deux, la dixième lettre — très courte celle-là — fut apportée à Georgette.

« Amie, je viens de déjeuner après un jeûne rituel de 27 heures. Je renonce avec regret à notre repas franciscain éclairé par les foudres du cerveau mâle. Je peux vous attendre ce soir à dix heures.

« Je suis dans des jours d'intense activité et j'aurais osé vous déconseiller de quitter Milan, si vous m'aviez « interpellé », il faut que votre flambeau reste allumé à l'ombre de Saint-Ambroise.

Au revoir.

Gabriele [*dessin de croix rayonnante*]
22 février 1925 (2 + 2 = 4 !). »

---

[581] Georgette LEBLANC, *D'annunzio…*, Op. Cit.

[582] Ibid.

D'Annunzio se fatiguait-il de l'indocile présence d'Armide ? Il se pourrait. Enfin, il essayait de l'aider dans sa tentative de percer en Italie du Nord. Devant les obstacles qui se dressaient à Paris depuis son retour de New York, il n'est pas douteux, en dépit de son profond désir de renoncement aux illusions de la scène, qu'elle ait cherché à s'établir un temps à Milan, grâce à ses appuis. Dans sa onzième lettre, il lui écrit :

« Amie, je viens de recevoir du Sénateur Mangiagalli la lettre ci-incluse.

« Il écrit avec quelques compliments pour vos yeux ! qu'il vous a donné rendez-vous au Palazzo Marino (mercredi) "appuntamento per mercoledi al Palazzo Marino ".

« Dois-je lui télégraphier que vous restez encore ici quelques jours ?

« Oh ! graisse du Mardi gras !

« Las ! Merancolie ! » soupire Charles d'Orléans.

Ariel. »

Georgette et ses amies s'absentèrent une semaine de Gardone, le temps pour la cantatrice de remplir quelques contrats et de parler aux importants personnages recommandés par D'Annunzio.

Le premier mars, elles étaient de retour au Grand Hôtel, non sans que Georgette eût adressé une dépêche et une lettre à l'ermite voluptueux. Ces messages durent beaucoup lui plaire, si l'on en croit sa réponse :

« Chère Amie,

« Je vous envoie LOYSE BACCARIS [*Luisa Bàcarra*]. Je suis malade pour abus de jeûne.

« J'ai reçu la dépêche avant la lettre.

« Étonnement ?

« Non, vous êtes divinement folle, et aujourd'hui commence mon Mars fou.

Gabriel. »

À l'époque de son adolescence rouennaise, Georgette, qui s'imaginait un avenir de cantatrice, avait inventé à son père Émile des origines italiennes. Elle prétendit ensuite que leur véritable nom était Bianconi, francisé en Leblanc par Émile à son arrivée en Normandie. Elle confia le même fantasme à D'Annunzio, car la treizième lettre du poète fut adressée à Madame Georgette Leblanc/Giorgina Bianconi. Malgré ses ennuis de santé, le Commandant se montrait enthousiaste :

« Armide, un sourire flotte sur ma souffrance.

« L'immortel dialogue entre les deux femmes assises est le sommet de ma doctrine et de ma vie !

« J'espère être bien demain, et vous revoir en glace et en feu, ou au chaud-froid. Soyez sage en attendant.

« Je rêve de *l'affaire* (honni soit qui mal y pense, avec ou sans jarretière).

« Vous êtes plus surprenante que moi ! ! !

Gabriel [*une croix rayonnante*]
[*une autre croix rayonnante*] Ce 2 mars. »

L'homme d'action retiré dans sa mélancolie avait reçu d'Armide une proposition inestimable. Il s'inclinait devant son audace.

Luisa, sa maîtresse en titre, aurait pu être l'interface érotique entre lui et

Georgette. Mais il est vrai que le nom et la qualité de la troisième partenaire n'a guère d'importance lorsque le plaisir est partagé.

Offrir à Frère Gabriele ce qu'il désirait plus que tout n'entama pas la lucidité de Georgette. Au contraire. Elle n'avait jamais été moins dupe du personnage que depuis qu'elle était entrée dans son jeu : « Un soir, raconte-t-elle, il me parla des grandes amours qu'il avait eues. Je lui dis que la tâche avait dû être difficile parfois, à celles qui l'avaient aimé. Il répliqua vivement : — Je suis simple, pourtant, quand on me connaît. — Oui, mais vous êtes multiple. — Cela n'importait pas, dit-il, puisqu'elles me comprenaient. — C'est vrai, mais en amour comprendre ne suffit pas, il faut pouvoir *supporter*. »[583]

Entre le deux et le sept mars, les choses se précipitèrent. L'amitié entre Georgette et *Clothilde* (Luisa ?) avait porté ses fruits. D'Annunzio en avait profité. Mais ce qui ne servait pas son érotomanie l'irritait. Georgette proposa de dire ses poèmes français à Milan. Il fut à la fois flatté et ennuyé. Pourquoi rechercher ces poèmes de jeunesse, qui dataient de 1896 et qui n'avaient jamais été publiés ? Georgette insista : elle voulait les douze *Sonnets cisalpins*.

Il lui envoya ce billet le 7 mars :

« Amie Armide, Armide Amie,

« Je suis maladivement inquiet. Je suis fatigué de chercher les poèmes, en cet horrible désordre studieux. Je suis dégoûté des cinq figues et des cinq pépins. Je suis travaillé par le mois de Mars, et par le « Moi ». J'ai 106 ans. Je me meurs de ne pas mourir.

Ariel. [*une croix rayonnante*]. »

La quinzième et dernière lettre est non datée. Elle a été écrite en mars et est adressée à « Mme Georgette Leblanc - Grand Hôtel

« Armide Amie, je suis en retard. J'ai des raseurs inévitables chez moi.

« Voici les lettres. Dario pourra tout arranger avec son ingénieuse noblesse.

« Je vous baise les mains.

« Ave.

Gabriele D'Annunzio. »

Ces quelques lignes sonnaient comme un adieu. Il lui offrait les poèmes français et les copies de ses lettres. Les poèmes, elle les dirait au cours d'une séance donnée au profit de *L'Œuvre antituberculeuse enfantine de Milan* à la fin du mois de mars.

À s'en tenir à un écho paru dans la presse française à la fin de mars 1925, la parenthèse dannunzienne que Georgette venait de refermer se serait réduite à ceci : « Georgette Leblanc, qui, de retour d'Amérique, est allée se reposer à Gardone, sur le lac de Garde, a accepté avec empressement, de dire des vers inédits, en français, de Gabriele D'Annunzio (...). C'est de sa part un délicat hommage au génie du plus grand poète de l'Italie de nos jours. »

Au début du mois d'avril encore, elle habitait l'hôtel Cavour de Milan. Elle écrivit à l'ermite de Gardone sur du papier à en-tête de son ancienne agence newyorkaise : « Ami, ami, je viens à vous sans remerciement... puisque c'est jus-

583 Ibid.

tement interdit au Victorial, mais avec un cœur qui vous apporte sa joie et son émotion. (...) » Et, parlant de la lecture de ses poèmes, elle précisa : « Quand ma voix doit envoyer les mots trop fort, mon esprit, toujours, retourne plus profondément à leur source, dans l'âme du poète. »

D'Annunzio a conservé une trentaine de lettres et billets de Georgette, ainsi que des télégrammes envoyés de France après qu'elle eut reçu ses livres. Il a laissé huit lignes de notes rapides, qui constituent une esquisse à la fois psychologique et physique de la femme, telle qu'elle lui apparut en 1925. C'est un hommage presque technique dans sa brièveté et sa sécheresse. Le dernière annotation attribue à « Armida » : « Le sens de la vie combattue et combattante. »

Concerts express

Rentrées à Paris, Georgette et ses amies retournèrent à leur hôtel, rue de Beaujolais. C'en était fini des magies dannunziennes. Grâce à ses capacités à vivre dans son propre rêve, Margaret, quant à elle, oublia ce qui avait dû lui apparaître comme un chapitre peu glorieux de ses relations avec Georgette. Comment ne pas effacer au plus vite l'image de son amante se livrant au priapique et chauve Commandant dans la « chambre du mort » du Vittoriale ? Et avant qu'elles se retrouvent dans l'incapacité de payer la note, Margaret, évoquant la sœur de « Lupin », rédigea une lettre poétique à l'intention de Maurice Leblanc : « Il y a toujours quelque chose à faire plutôt que d'écrire des lettres qui lui dérobent le sommeil. Pensez, avec Monique et moi, à la prière de Rilke dans La Mort du Poète : Silence, Silence / présente-lui une tendre, une confiante journée, / conduis-le / tout près du jardin, compense ses nuits trop pesantes / Préserve-le... »[584] D'après Margaret, Georgette fut convoquée Villa Herran. Là, elle s'entendit reprocher l'insolence inouïe de son amie américaine.

Quand sa sœur se leva pour partir, Maurice sortit cinq billets de cent francs d'une des poches extérieures de sa veste et les lui donna. Puis il fouilla dans une poche intérieure d'où apparurent deux nouveaux billets de cent francs. Et enfin, quand elle atteignit la porte, il lui offrit trois billets de cent francs supplémentaires. La bonne action de Maurice se montait donc à mille cinq cents francs, ce qui n'était pas négligeable.

Georgette loua un entresol meublé, 80, rue de l'Université.

Le plaisir de chanter et de dire des poèmes était sorti intact de l'Institut Gurdjieff. Elle n'y était pas retournée, en effet, depuis six mois lorsqu'elle donna un récital, salle *Comœdia*, accompagnée au piano, pour la partie chantée, par Margaret Anderson.

Georgette ouvrit la séance en récitant superbement *Apparition* de Mallarmé, puis elle dit des pages d'Apollinaire, Cocteau, Valéry et Eluard. On lisait rarement ces poètes hors des salons. Quant à Eluard, sorti de la mouvance surréaliste, il était quasiment inconnu. Les surréalistes étaient boycottés par la presse depuis le scandale Saint-Pol-Roux de la Closerie des Lilas au mois de juillet 1925. [585]

---

[584] Margaret ANDERSON, Op. Cit.

[585] La bagarre avait été générale. Les jeunes surréalistes s'en étaient pris à Rachilde, une des organisatrices de l'hommage à Saint-Pol-Roux patronné par Le Mercure de France. (Cf. *Histoire du Surréalisme* de Maurice Nadeau, Éditions du Seuil, 1964.)

Deux des compositeurs de la deuxième partie du concert appartenaient au « groupe des six », soit ce soir-là Poulenc et Honegger. Ils avaient moins de trente ans. En 1925, leurs œuvres étaient d'une modernité assez rugueuse. Mais grâce à la cantatrice, *L'Adieu* de Honegger, *La Carpe* de Poulenc furent applaudis. Honegger fut même bissé. Quant à Satie, le parrain de ces « jeunes », lui aussi fut réclamé, et Georgette dut s'exécuter à nouveau. La mélodie de Debussy — « Je tremble en voyant ton visage » — exquisément chantée par l'artiste, écrit le journaliste Henry-Jacques, est une révélation. » Mais le sommet de la soirée fut pour lui la scène de la tour de « Pelléas et Mélisande ». C'était la première fois que Georgette la chantait en France et personne ne s'y était risqué avant elle. Le jazz ne fut pas oublié. Margaret lui donnant le rythme, elle interpréta sa fameuse cantate jazz, *Boniment pour la plus grande foire du monde*, s'écriant avec le ton déchirant de l'expérience : « Ici, le business cache le ciel et la lumière artificielle a mangé les étoiles ! »

Georgette et Margaret formaient un duo extraordinaire. Hiératique, la cantatrice blonde et rousse au visage très maquillé était vêtue de la robe à traîne de *L'Inhumaine*. Margaret s'était glissée dans son éternel tailleur très ajusté qui soulignait ses formes rondes. Le journaliste, qui avait rendu de vibrants hommages au talent et à l'audace de Georgette, n'oublia pas son accompagnatrice. « Belle, d'une netteté moderne, elle était au piano comme une machiniste sensible, n'ignorant rien de la technique la plus raffinée et capable de tous les grands mouvements d'âme. » Or Margaret n'était pas une pianiste professionnelle. Elle accompagna Georgette Leblanc parce qu'elle l'aimait. Cette passion exclusive pour la personnalité et la voix d'une femme incarnant la musique ressemblait assez à ce que fut pendant plus de vingt ans l'attitude de Georgette envers Maeterlinck. L'ancienne prêtresse de la religion maeterlinckiste était devenue elle-même l'objet d'un culte. De celui-ci découlait l'indifférence croissante de Margaret envers la littérature et l'édition. Après avoir publié Joyce, Pound et tant d'autres, peu de contemporains étaient encore capables de la surprendre. Georgette, par contre, ne cessait de l'étonner et, à son contact, elle continuait d'apprendre. Parlant de son art, Georgette avait écrit : « Selon moi, la voix doit être une palette chargée de toutes les couleurs, en ajoutant celles — infinies — de l'esprit. » Margaret voyait l'esprit de Georgette tendre vers l'infini, dans ce sens qu'il n'était limité par aucun préjugé, aucune défense. Et elle aimait infiniment son esprit.

Le journaliste de *Comœdia* ne put s'empêcher, à cause de son « oreille habituée aux chanteuses », de faire connaître ses impressions à ses lecteurs : « Certes, elle a une voix, une voix capable de brillants éclats et d'exquis pianissimi, mais aucune homogénéité. Reste à savoir, reconnaissait-il modestement, si pour l'esthétique musicale moderne, ceci est une faute ou un éloge. »

Après cet essai, elle mit un an à préparer son vrai retour sur scène. C'était un projet sans équivalent à Paris qui nécessita beaucoup de soins et de répétitions. À cinquante-sept ans, elle ne se résignait pas au petit concert aimable qui fait plaisir aux oreilles et aide à la digestion.

À la fin du mois de juin 1926, le Théâtre du Colisée hébergea Georgette Leblanc les lundi 22, mercredi 24 et samedi 27, pour « Six concerts express » les après-midi. Les concerts express étaient donnés comme des séances de cinéma permanent de 15 heures quarante à 17 heures quarante. « Le même concert sera répété deux fois selon les principes du cinéma. Les personnes arrivées au cours du premier concert peuvent rester pour le suivant. Les concerts commenceront et se termineront à l'heure exacte sans aucun entracte. »

Cette fois, Margaret n'accompagna pas Georgette. Le pianiste était M. Georges Lebaillif.

Autre nouveauté, elle s'était adjoint le concours d'une danseuse peinte jadis par Van Dongen, Maria Ricotti, qui proposait, avant chaque récital, des « impressions plastiques ».

Le programme était audacieux, imposant et éclectique. Le premier jour, le public entendit, regroupées sous le titre « Les plaintes d'amour », des œuvres de Lully et Honegger, Schumann et de Falla, Beethoven et Pizzetti, Martini et... Irving Berlin, des classiques, des romantiques, des modernes, et un compositeur de chansons populaires américaines, pur produit de Tin Pan Alley, ami de Gershwin et des Marx Brothers[586]. La troisième partie, « Quelques brèves impressions ultramodernes », fit découvrir des « mélodies aquatiques, drôleries musicales » de Ravel, Stravinski, Satie, Poulenc, Malipiero, de Falla, Casella, Antheil et un Jazz américain. En dernière partie, ce fut le *Boniment pour la plus grande foire du monde*, fable et farce[587] de Georgette Leblanc.

Deux jours plus tard, à la même heure, avec la même Maria Ricotti et ses « impressions plastiques » en « vedette américaine », la deuxième partie s'appelait « Chants d'amour », avec des mélodies de Rameau, Milhaud, Schubert, Fauré, Scriabine, Schumann, Ravel, Honegger. Georgette chanta encore les deux voix de Pelléas et Mélisande dans la scène dite de la Chevelure ou de la Tour, son morceau de bravoure. La « Volupté », soit la troisième partie, était illustrée par ce que Wagner, Debussy, Casella, Antheil avaient composé dans le sens que Georgette prêtait musicalement à ce mot.

Enfin, le samedi après-midi 17 juin fut réservé aux poètes. On pouvait éviter Maria Ricotti et ses « impressions plastiques » en arrivant juste pour entendre Georgette dire « Quelques poètes contemporains ». Elle avait choisi des textes de Rémy de Gourmont, Mallarmé, Verhaeren, Maeterlinck, Van Lerberghe, D'Annunzio, Apollinaire, Cocteau, Picabia, Eluard et Reverdy. Choix impresionnant de modernité en ce qui concerne les cinq derniers. Pour terminer, ce furent Baudelaire et Verlaine — des classiques — avec des musiques de Debussy, Ravel, Duparc, Fauré, Bordes, Hahn (Reynaldo), et Rollinat.

Un tel répertoire démontrait une connaissance approfondie de deux siècles de musique et de poésie. Elle recommencera salle Gaveau, ne craignant pas d'intimider les auditeurs avec un programme encore plus étoffé, intitulé simplement « De Bach au Jazz ». Rien ne limitait Georgette, ni le passé ni l'avenir. Elle avait aimé Massenet *et* Rameau ; les romantiques *et* les symbolistes ; Dukas *et* Boito ; Satie *et* Irving Berlin ; elle avait parlé-chanté *La Mort de Tintagiles*, etc. En s'appuyant sur la tradition musicale, elle défendait aussi la poésie de 1925. Avec la même intelligence, la même passion, au mépris des modes et des exclusives.

---

[586] Irving Berlin, né en Russie en 1888 sous le nom d'Israël Baline, grandit dans le Lower East Side de Manhattan. Parolier, puis compositeur de mélodies célèbres, il écrivit la comédie musicale *The Cocoanuts* dans laquelle triomphèrent les Marx Brothers en 1925. Tin Pan Alley est le surnom donné au quartier de Broadway où se trouvaient les principaux éditeurs de musique populaire.

[587] Le texte en est malheureusement perdu.

Quand elle se retrouva dans l'incapacité de louer une salle de spectacle, la femme d'affaires qu'elle avait été aussi pendant seize ans pour le plus grand profit de Maeterlinck, puis en Amérique, sortit de ses gonds et fonça, tête baissée, dans l'utopie. Elle tenta d'intéresser Hébertot à des projets qui, pour elle, étaient « très simples », mais qui parurent pharamineux au directeur du théâtre des Champs-Élysées. « Il s'agissait *tout bonnement*, écrit-elle, de réunir les deux continents : six mois de concerts internationaux (...) ; ensuite six mois d'un théâtre d'art également international. »[588] Les œuvres musicales auraient été celles des compositeurs membres de la « Guilde » fondée par Varese. L'orchestre invité ? Le Philadelphia Orchestra. Elle se voyait monter *Les Exilés* de James Joyce ou des Français très modernes, à une époque où triomphait à Paris le théâtre de Bernstein et de ses pareils. Hébertot, éberlué, l'éconduisit gentiment. Elle prit rendez-vous avec Gabriel Astruc, imprésario de génie, que l'on surnommait Astre et Truc. Cet homme à « l'intelligent visage de héron »[589] lui réclama, pour la relancer, 100 000 francs de publicité. Sans doute ignorait-il qu'elle ne possédait pas le dixième de cette somme. Alors, elle imagina de nouvelles et audacieuses formules : une tente au bois de Boulogne, une péniche — vestige de l'exposition des Arts décoratifs — amarrée à un quai de la Seine, une cave voûtée dans l'île Saint-Louis, le musée de Cluny, le parvis de Notre-Dame, les jardins de certains ministères. À l'époque, il était parfaitement incongru de sortir des salles spécialisées, d'autant que cabarets et music-halls foisonnaient dans la Ville lumière. Georgette n'avait qu'un demi-siècle d'avance.

Elle voyait si grand que la terrasse d'un immense garage qui dominait les toits de Paris lui parut soudain le seul temple adapté à la liberté de ses rêves. Continuant de penser avec la démesure de la Claire Lescot de *L'Inhumaine*, elle conçut un complexe avec « club, théâtre, salle de musique, jardins, bassin et jet d'eau »[590], salle de cinéma et salon de jeux, mais elle ne jouait plus dans un film de Marcel L'Herbier. Restant des heures sur la terrasse du garage, elle esquissait ses plans, recevait ses architectes et ses commanditaires. Ceux-ci trouvaient l'idée géniale, puis disparaissaient. Mais Georgette ne perdit pas courage. Sur le toit, « je possédais Paris comme j'avais possédé New York avec Margaret et Allen dans les nuits sur notre toit de la 73e rue. »[591] La grandiose illusion creva comme une bulle et il fallut redescendre se mesurer à la médiocrité des habitudes.

Vieilles dentelles symbolistes. Jeunes admirateurs

Dans le Paris des années vingt, les surréalistes et les dadaïstes — repentis ou non — côtoyaient les cubistes, les unanimistes et autres *istes* anciens et modernes. Il y avait aussi, disséminés dans les hôtels de la rive gauche, les poètes et écrivains américains de la *génération perdue*, elle-même divisée en courants rivaux. Encore plus séparées, plus à part, vivant seules ou en couples, les femmes de lettres et artistes lesbiennes. Américaines ou Anglaises, celles-ci retrouvaient parfois les anciennes, établies au tournant du siècle, telles Natalie Barney ou Gertrude Stein et Alice Toklas.

---

[588] Georgette LEBLANC, II, Op. Cit.
[589] Ibid.
[590] Ibid.
[591] Ibid.

Radicalisés par dada, les surréalistes, un moment tentés par la table rase, s'étaient découverts des précurseurs dans le passé, une généalogie d'ancêtres maudits (Sade, Lautréamont, Rimbaud, Maturin, etc.) et avaient tendance à se considérer comme les seuls ouvriers et théoriciens du verbe contemporain. Valéry, Claudel, Reverdy, Léon-Paul Fargues, Cocteau, Jules Romains, Pierre-Albert Birot, Max Jacob, Yvan Goll existaient mais étaient rejetés pour différentes raisons. Les surréalistes menaient leur guérilla contre tout ce qui pouvait leur rappeler la littérature, désormais honnie. Au temps de leur adolescence, ils avaient aimé les symbolistes, et, peut-être pour s'en excuser, les tenaient aujourd'hui pour morts, à l'exception de Saint-Pol-Roux qui avait eu la décence de se faire oublier à la pointe de la Bretagne. On l'a vu au moment de la dernière création de *Pelléas et Mélisande* à l'Odéon, Maeterlinck, après quatre années de guerre, semblait venir de très loin. Il était relégué d'autant plus fatalement dans l'autre siècle que son œuvre, depuis 1900, avait débordé des cadres du symbolisme sans que l'on pût la raccrocher aux avant-gardes naissantes. Lui que sa pente naturelle eût conduit au silence, s'il n'eût connu Georgette Leblanc, s'était efforcé de produire afin de mériter son amour, et ce malgré le dégoût que chaque nouvelle œuvre lui inspirait. Esclave de son désir de plaire à sa compagne, il avait aussi trop vite composé avec son public, d'où une littérature à succès artificielle, une gloire qui ne lui survivrait pas.

Même réduits à l'état de morts-vivants de la poésie, Albert Mockel, Gustave Kahn, Henri de Régnier et son épouse Marie de Hérédia (Gérard d'Houville), André Fontainas, Paul Fort, Edouard Dujardin maintenaient à bas bruit la tradition symboliste, pareille à une incurable maladie. Ils se contentaient de réunions modestes, où ils disaient leurs vers. Car ils produisaient toujours, en vers ou en prose. Henri de Régnier appartenait à l'Académie française. Dujardin, quant à lui, fut sauvé de l'oubli lorsque Joyce reconnut lui avoir emprunté la technique du monologue intérieur.

Les peintres et les écrivains anglo-saxons mangeaient « Chez Henriette », un restaurant de la rue Léopold-Robert, près du cimetière de Montparnasse, où se voyaient encore des fresques symbolistes ou préraphaélites. Dans le même quartier, à l'angle du Boulevard Montparnasse et de la rue Campagne-Première, une maison à un étage abritait les soirées poétiques d'Alexandre Mercereau. Des poètes, des veuves de poètes — dont celle de Jean de Bonnefon — et des acteurs venaient y dire des vers. Tous les styles étaient représentés, des Parnassiens aux symbolistes, mais pas au-delà. Avant-guerre pourtant, Marinetti[592] était monté sur l'estrade de la petite salle où il avait déclamé ses poèmes futuristes.

Georgette Leblanc renoua avec ce milieu fané et poussiéreux. Elle donna des concerts pour des cercles d'admirateurs attardés de ces poètes gentiment désuets. On la vit avec Margaret chez monsieur et madame Thémanlys, un couple qui s'adonnait à la poésie et à la magie blanche, comme au temps des belles années du décadentisme et de l'occultisme.[593] Georgette et Margaret parurent de-

[592] Le poète italien fut soutenu dès 1899 par Gustave Kahn. Marinetti respectait Kahn en qui il voyait le créateur du vers libre. (cf. *Lettres à Gustave et Rachel Kahn*, Op. Cit.)
[593] Gérard Encausse (Papus) et Joséphin Péladan étaient morts : le premier, en 1916 ; le second, en 1918. En 1926, une réédition de *Modestie et Vanité*, seizième volume de *La Décadence latine*, fut préfacée par Camille Mauclair. Mauclair voyait en l'impressionnisme la pointe extrême de la peinture moderne. Effrayé par les courants ultérieurs, il préconisait un retour aux valeurs prônées jadis par les Rose+Croix.

vant un parterre de dames et de messieurs dont les émotions esthétiques s'ancraient dans le dernier quart du XIXe siècle. Elles étaient arrivées en retard, comme de juste. Un témoin de la scène — l'acteur Stéphane Audel — assista à l'entrée d'une reine « vêtue d'une ample robe de soie noire sur laquelle serpentaient des flammes d'un rouge éclatant. Un turban d'or d'où s'échappaient quelques mèches d'un blond roux encadraient un visage violemment maquillé. Les yeux glauques cernés de fard, les lèvres pourpres figées dans un sourire ajoutaient on ne savait quoi d'irréel à cette apparition. Madame Leblanc avança d'un pas sautillant (elle était de taille moyenne mais parfaitement proportionnée) et répondit d'une voix lointaine et pour ainsi dire immatérielle à l'accueil révérencieux des invités. » Georgette savait admirablement préparer ses entrées. Trente ans auparavant dans le salon d'Edmond Picard, à Bruxelles, Camille Lemonnier l'avait comparée à une reine de Byzance. Audel fut frappé par la modestie de la mise de Margaret. L'accompagnatrice, elle aussi, était parfaitement dans son rôle.

Georgette aurait déclaré à propos des Mélodies de Venise de Fauré : « Gabriel Fauré était un merveilleux compositeur, mais il ne savait pas choisir ses poètes. » Les choix du compositeur n'étaient pas toujours heureux, en effet, mais le poète des cinq mélodies dites de Venise (Op. 58) n'est autre que Verlaine. Elle les chanta cependant et, d'après Audel, s'en tira très bien car « sa musicalité et son art des nuances étaient sans défaut ». Le concert fut interrompu par une maladresse de Margaret qui fit tomber la partition et les bougies du piano. Malgré ses excuses, Georgette, peut-être secrètement ravie, mit fin à l'audition : le charme s'était envolé. Les lampes furent rallumées. Les vieilles dames et les vieux messieurs soupirèrent sans mot dire. On ne contrariait pas Georgette Leblanc que les Thémanlys recevaient depuis au moins une quinzaine d'années.

Le même témoin, qui s'attachait par crainte du présent — trop violent à son goût — aux anciennes gloires de la poésie et du théâtre, la vit en mai 1928 au Théâtre Michel donner une conférence sur *Macbeth*, évidemment vu et traduit par Maeterlinck. Georgette remuait les cendres de son amour refroidi. Pour illustrer ses idées, elle interpréta la scène de l'hallucination de Lady Macbeth. Un spectateur, qui n'était autre que Porto-Riche, applaudit bruyamment, mais si ostensiblement qu'Audel crut comprendre qu'il se moquait. De toute façon, les œuvres de Maeterlinck et de Porto-Riche étaient si éloignées qu'on peut se demander ce qui avait poussé le vieux dramaturge à s'enfermer dans une baignoire de théâtre.

À ses débuts à Paris, vers 1928, le ténor suisse Hugues Cuenod rencontra Georgette Leblanc dans un cabaret du huitième arrondissement, dont la propriétaire était une de ses amies. La dame composait des chansons et organisait des après-midi musicaux. Georgette était venue proposer une conférence sur la création de *Pelléas et Mélisande*. Il fut bientôt question que le jeune ténor et sa partenaire Madeleine Dubuis chantassent en duo des extraits de l'opéra de Debussy, afin d'illustrer la conférence de la cantatrice. Cuenod lui rendit visite, rue de l'Université : « J'ai trouvé une femme très étrange, grande,[594] bien habillée, avec un certain exotisme : on aurait dit le style 1900 dans les pays de l'Est ! *(sic)* Elle avait une suivante et vivait dans un appartement d'autrefois avec des

---

[594] On remarquera la différence de la perception. Georgette apparut petite à Stéphane Audel, grande à Hugues Cuenod. Elle était en fait de taille moyenne mais effectivement « admirablement proportionnée ».

coussins noirs ornés de pierrots, des coussins rouges avec des dessins de couleur. On m'a servi du thé très parfumé ; il y avait de l'encens. Elle était très aimable, mais elle ressemblait si peu aux bourgeoises de l'époque que je me sentais un peu gêné. »[595]

À ce chanteur débutant de moins de trente ans et qui avait — coïncidence — déjà rencontré Mary Garden chez sa sœur Helen à Vevey, Georgette Leblanc apparut comme un mythe flamboyant et des plus intimidants. Son aura particulière la mettait au-dessus des cantatrices en renom de son époque, y compris de la première interprète de Mélisande

D'après Hugues Cuenod, elle raconta une histoire des plus bizarres. Maeterlinck, au début de leur liaison, craignait la vengeance de son mari. Un jour qu'ils se trouvaient ensemble sur un banc public, le poète sentit une présence menaçante derrière eux et, se sachant désarmé (il avait oublié d'emporter son révolver), eut tellement peur qu'il grimpa à un arbre. Elle répéta cette anecdote au cours de sa conférence.

Quoi qu'il en soit, il semble avéré qu'à la fin des années vingt, Georgette, pour survivre, faisait flèche de tout bois et monnayait les histoires de son passé avec Maeterlinck comme elle aurait vendu des objets d'art ou des meubles précieux, si elle en eût possédé.

20, rue Jacob : retrouvailles avec Natalie Barney
De nouveaux amis : Claire et Yvan Goll

Natalie Clifford Barney, Américaine de Paris, née à Dayton (Ohio) en 1876, était de neuf ans la cadette de Georgette Leblanc. Ne paraissant pas son âge réel, cette dernière passait pour la contemporaine exacte de l'Amazone. En 1912, Natalie était venue à Saint-Wandrille en compagnie de Rémy de Gourmont. En 1925 et après, Georgette, donnant le bras à son amie Margaret, se sentait en pays de connaissance dans le salon de l'hôtel particulier dont la façade donnait sur la cour intérieure du 20, rue Jacob.

Natalie Barney accueillait chaque vendredi après-midi une société mélangée de poètes, d'esthètes mâles, de compositeurs et de femmes de lettres hétéros, bisexuelles ou préférant les dames. Les générations se mêlaient et les vendredis ne se ressemblaient pas. Djuna Barnes, le couple Gertrude Stein-Alice Toklas, Romaine Brooks, Aurel, Radclyffe Hall (qui se travestissait en homme et se faisait appeler John), René Crevel, Mina Loy, Lucie Delarue-Mardrus et bien d'autres se croisèrent autour d'un thé.

Mina Loy — veuve d'Arthur Cravan —, était une des rares poétesses anglosaxonnes de la compagnie à persévérer dans l'hétérosexualité. Dix ans après la disparition du « poète aux cheveux les plus courts du monde », elle déclarait à la *Little Review,* en réponse à l'enquête : Quels furent les moments les plus heureux de votre vie ? Les plus malheureux ? : *« Every moment I spent with Arthur Cravan. The rest all the time. »*

Georgette s'était coupé les cheveux en Amérique et portait encore les robes de Poiret dessinées pour *L'Inhumaine*. Natalie avait sacrifié sa longue chevelure blonde et s'habillait aussi chez Poiret, parce que c'était la mode et que sa fortune

[595] Hugues CUENOD, *D'une voix légère*, (Entretiens avec François Hudry), La Bibliothèque des Arts, Lausanne, 1996. Le ténor est né en 1902…

en millions de dollars le lui permettait. Elle recevait parfois, le buste ceint de son gilet « crêpe Georgette Leblanc », l'ex-égérie de Maeterlinck. Ses sentiments étaient ambivalents. Les deux femmes sympathisaient de loin, Natalie se méfiant de cette cantatrice qui passait si facilement des bras d'un homme à ceux d'une femme et réciproquement. Natalie avait suscité la passion platonique de Rémy de Gourmont. Georgette, aimée de Maeterlinck, avait partagé sa vie. Leur ressemblance s'arrêtait là. Georgette connaissait les hommes et les aimait. Roger Karl en savait quelque chose. Avant Margaret, elle avait éprouvé des coups de cœur pour d'autres femmes, sans même parler de son ancienne et durable liaison ancillaire. Natalie s'était bien gardée de telles expériences. Elle ne comprenait pas la bissexualité.

En 1929, elle dessina un croquis sommaire de son salon et le remplit des dizaines de noms qui en firent la gloire. Dans cette fourmilière scripturale, Georgette Leblanc côtoie Gide, Rilke, Emma Calvé, Claudel, Lugné-Poe, Florent Schmidt, Honegger, Darius Milhaud, Virgil Thomson, Berthe Bady, De Max, Isadora Duncan, Marie Lenéru, Proust et tant d'autres représentants de la société parisienne d'avant 1914 et d'entre les deux guerres.[596]

Quant à Georgette, à bien scruter ses écrits, on n'y lit nulle part le nom de Natalie Barney.

Ce fut entre le buffet et l'un des coins du salon de l'Amazone qu'elle fit la connaissance d'Yvan et Claire Goll. Georgette éprouva une sympathie immédiate pour le couple. Ils étaient l'un et l'autre beaux, ingénus et poètes. Vivant depuis l'automne 1919 à Paris, les jeunes écrivains, par leurs origines franco-allemandes et leur bilinguisme s'étaient spontanément intégrés à la bohème cosmopolite de la capitale. D'après Claire Goll, qui avait trente-quatre ans en 1925, Natalie Barney tenta avec obstination de la séduire. Sans succès. Claire explique son absence d'attirance pour les femmes, à cause du soin maniaque avec lequel sa mère vérifiait si elle portait ses sous-vêtements. L'intrusion maternelle sous ses robes lui avait « donné l'horreur de l'attouchement d'une femme. »[597]

Pendant que Natalie se cassait les dents sur le refus de Claire, Georgette essaya, sans plus y réussir (selon Claire), d'obtenir les hommages d'Yvan Goll. Ce poète français de trente-six ans, né à Saint-Dié d'une mère lorraine et d'un père alsacien, avait fait ses études secondaires et universitaires à Metz puis à Berlin. Doté d'une culture littéraire étendue dans les domaines français et allemand, il se réfugia en Suisse pendant la guerre. Il y rencontra Romain Rolland, Pierre-Jean Jouve et assista avec Claire aux réunions dadaïstes. Très beau, de haute taille, il aurait eu tout pour séduire Georgette si leur différence d'âge n'eût empêché une relation approfondie. D'ailleurs Yvan fut moins farouche que Claire le prétend. Dans une lettre qu'elle lui adresse, Georgette se moque avec gentillesse de sa manie flirteuse.

Elle ne fut pas indifférente à Claire non plus. Assez belle, rousse, l'ancienne amie de Rilke écrivait des poèmes au ton très personnel. Mais là encore l'attrait sentimental et littéraire transcenda l'éventuelle attirance sexuelle que Georgette eût pu ressentir, simplement parce que Claire était une jeune femme.

---

[596] Natalie Clifford BARNEY, Op. Cit.

[597] Claire GOLL, *La Poursuite du vent*, (avec la collaboration d'Otto Hahn), Olivier Orban, 1976.

Yvan et Claire Goll considéraient leurs poèmes et leurs activités comme relevant du surréalisme. Mais la conception qu'ils se faisaient du mot et de la chose n'avait rien à voir avec celle de Breton et des siens. Influencé par l'expressionnisme allemand plus que par Apollinaire et Freud, davantage poète spontané que théoricien, Yvan Goll fut rejeté par le groupe, surtout après qu'il eut frappé Breton.

Pour Claire Goll, Georgette et Margaret n'étaient pas de « vraies » lesbiennes. Elle ne se trompait que sur Margaret. Cependant, qu'est-ce qu'une « vraie lesbienne » ? Georgette a dit de Margaret : « Si la main qui se pose sur la sienne est plus matérielle et moins pure qu'une fleur, elle souffre et se rétracte toute. » Quant à Georgette, si elle aspirait encore à aimer un homme, ce ne pouvait être qu'un écrivain de génie, mais qui n'eût pas recherché avant tout la jeunesse chez les femmes. Autant dire tout de suite qu'elle ne découvrit jamais pareille rareté dans le Paris des années vingt. Poètes et écrivains de talent ne manquaient pas et on comptait parmi eux quelques génies en herbe, mais quand ils n'étaient pas homosexuels, ils se comportaient avec les femmes en hommes ordinaires, ceux dont on dit qu'ils les « aiment », parce qu'ils ont une sexualité « normale ».

Son âge, son passé, son allure desservaient les désirs et les ambitions de Georgette. En 1925, on n'en était pas encore à considérer que la vie commence à cinquante ans, surtout chez une femme. Si Gide l'avait dit pour lui-même, personne ne se serait récrié. Malgré sa décrépitude physique, il séduisait toujours par son esprit, ses livres, sans même parler de sa solide fortune bourgeoise et de l'autorité qu'il tirait de son influence chez Gallimard. Plus ou moins clandestinement, il cueillait les jeunes garçons, qu'ils soient ou non de bonne famille, et les amenait dans son lit. Homme, grand bourgeois, grand écrivain, il gagnait sur tous les tableaux. Tout autant esprit que lui, Georgette était disqualifiée par la société. Il était vraiment exceptionnel que l'on recherchât d'abord l'intelligence chez une cantatrice de réputation artistique et d'âge controversés, et que l'on savait déchue. Bien sûr, on disait qu'elle avait été la compagne de Maeterlinck et que ce dernier lui devait beaucoup, mais la jeune génération ne lisait plus Maeterlinck, à l'exception de quelques surréalistes qui lui avaient rendu hommage.[598] La génération nouvelle qualifiait Georgette d'ex-égérie, ex-cantatrice, ex-actrice. Ex en latin signifie « hors de ». En français, cela veut dire « antérieurement ». Quand on est désigné ainsi, on n'est plus rien dans le présent. Et quand on s'obstine à poursuivre une action quelconque au-delà de l'époque qui vous légitime, on passe pour excentrique. Par son maquillage, sa blondeur, ses robes, Georgette en rajoutait dans la visibilité pour ne pas être effacée. Si elle ne s'était pas signalée par son goût des femmes et ses tenues vestimentaires originales, elle se fût exposée aux affronts d'une jeunesse volontiers misogyne. L'inclassable intimidait. Pas bourgeoise, mais grande dame. Alors, les sarcasmes étaient ravalés.

Bien que peu de monde trouvât grâce à ses yeux, Claire vit cependant en elle « la femme-soleil, l'inspiratrice rayonnante », mais elle ignorait tout de son passé et de ses ambitions littéraires constamment battues en brèche depuis trente ans. Quand Georgette lui en parla, Claire ne les prit pas au sérieux. Pour la jeune femme, le talent poétique était l'apanage de spécialistes — des hommes particu-

---

[598] En 1923, Stock avait réédité *Douze chansons* avec une préface d'Antonin Artaud. (Un volume de 57 pages dans la collection « Les Contemporains ».)

lièrement doués, comme Rilke, Jouve, Goll, Maeterlinck certainement, encore qu'il appartînt avec Georgette à la société d'avant 1914.

La « femme-soleil » avait surtout contre elle ses robes à traîne, sa théâtralité dans la vie quotidienne. Tout ce qui faisait l'admiration de la sobre Margaret dont l'originalité était parfaitement maîtrisée et intériorisée. Question d'époque, sans doute. Georgette avait eu une apparence moderne — c'est-à-dire en phase avec son temps — en 1900, lorsque Margaret était âgée de quatorze ans, Claire neuf. Et encore lui reprochait-on déjà d'exagérer dans l'ostentation. Les modes et les mouvements artistiques vieillissent plus vite que le corps humain. Le futurisme, par exemple, dont Mina Loy fut une des poétesses les plus en vue, paraissait déjà lointain. Que dire alors du symbolisme ? Cependant, Georgette Leblanc, au prix d'un effort inouï, s'était arrachée à l'Europe et, comme une femme de vingt ans, était partie vivre à New York sans argent et en ignorant l'anglais. Qui, parmi les futuristes et les dadaïstes, l'eût osé à son âge ? Marcel Duchamp, Picabia, Cravan étaient jeunes. Celle qui disait : « Si l'on n'a pas vécu à New York, on n'a pas vécu dans le Monde Moderne. », Mina Loy, avait trente-quatre et non cinquante et un ans, quand elle tenta l'aventure. Les jeunes femmes qui voyaient Georgette pour la première fois dans le salon de Natalie ne pensaient pas une seconde qu'elle avait vécu quatre années folles à New York. Si elle semblait revenir de loin, c'était du purgatoire lesbien du Paris fin de siècle. Wilde a eu raison de dire que le plus terrible, ce n'est pas de vieillir, mais de rester jeune.

Au moment de sa rencontre avec les Goll, Georgette essayait, après neuf années de silence, de recommencer une œuvre. C'était difficile. Son dilettantisme, son instabilité, ses passions, son incommensurable dégoût des réalités la plaçaient constamment en position de faiblesse. Sa vie passée faisait toujours barrage à son imaginaire. Elle écrivait des poèmes sans trop y croire et admirait la faculté orphique de Claire alors que la jeune femme croyait tout devoir à Yvan Goll. Certains poèmes de cette période lui furent inspirés par l'amour fou que se vouaient les deux poètes.

Georgette eut envie de protéger et aider Claire. N'était-elle pas victime — comme elle naguère — des inhibitions de la femme amoureuse ? À la fois soumise et révoltée, et finalement heureuse que l'homme lui dérobât ses trésors. N'était-ce pas pour créer quelque chose de mieux, de plus beau, de plus fort, qui faisait tout l'orgueil du couple uni comme les doigts de la main ? Claire donnait elle aussi dans ce panneau. Au temps de sa jeunesse amoureuse, Georgette se comparait « à une bulle de savon qui flotte dans l'air et n'est attachée à rien de réel ». « Même au fond de moi je sens que je ne suis pas. », écrivait-elle à Maeterlinck. « Un seul souci existe peut-être en ce vide, c'est mon insatisfaction de me voir ainsi. Comme si, pour changer, je devais accomplir quelque chose que j'ignore. Ça vient de très loin en moi, comme une idée perdue, un commandement auquel je ne peux pas donner de forme, et je cherche, je cherche… »

Chez Miss Barney, un vendredi après-midi, parmi les groupes qui tournoyaient autour de la table de thé, Georgette montra à Claire intimidée l'écrivain Colette en discussion avec des admirateurs. Elles se rapprochèrent de la célèbre romancière.

Jeune femme, Colette avait participé ici même aux fêtes données dans le Temple de l'Amitié. Ex-Gabrielle Sidonie, ex-Willy, ex-de Jouvenel, on la montrait en exemple. Voici la réussite féminine en littérature qui passe. Saluons. Le servage imposé par Willy lui avait profité. Willy écrivain n'existait pas ; c'était un contremaître d'atelier, et l'homme était méprisable. Sauvée de sa férule, Colette était passée du music-hall au journalisme. Son œuvre avait grandi avec elle. Les écrivains, les critiques la prenaient au sérieux et son passé sulfureux, grâce à ses dons littéraires, ne lui nuisait pas. Au contraire. Elle parlait si bien des femmes, faisant admirablement sentir l'infériorité de ces esclaves heureuses de leur « différence » et refusant de s'affranchir. Non aristocratique, non intellectuelle, son œuvre recherchait la connivence. Elle acceptait d'avance les honneurs dont on voudrait bien couvrir son passé douteux.

Claire se sentit ignorée avec obstination, mais Georgette, qui n'était paralysée ni par l'envie ni par l'admiration, tapa familièrement sur l'épaule de sa vieille camarade. « Colette, permets-moi de te présenter un grand poète, Claire Goll. » La Bourguignonne aux yeux de chat, âgée de cinquante-trois ans, toisa la longue chevelure rousse et laisa tomber de sa voix rocailleuse : « Grand poète ? Une femme ? Cela n'existe pas. »

Georgette dut entraîner à l'écart une Claire humiliée, au bord des larmes. Bien des années plus tard, Claire fréquenta Colette et estima que ce fut leur commune détestation des femmes qui les rapprocha.

Georgette Leblanc « clairegollienne »

Claire Goll et Georgette Leblanc devinrent des amies très proches, ainsi qu'en témoignent les lettres souvent passionnées de « la femme-soleil » à sa cadette. Si elle s'adresse particulièrement à Claire, Georgette n'oublie pas Yvan, indissociable de sa femme.

« Lundi — ma Claire chérie, un retard encore pour la joie de vous revoir ! Gilles [?] vient de faire dire qu'il ne vient pas ! ! ! C'est navrant, navrant, alors quand nous voir ? Ivan peut-il téléphoner et nous préparerons quelque chose un après-midi, prendre le thé dans notre petit coin des muses.[599] Quand ? À vous de le dire. Excepté mercredi, je peux les autres jours. J'écris en voiture en hâte pour vous prévenir. J'ai hâte de vous voir, d'avoir des nouvelles de tout ce que vous faites. Je vous aime, toi et lui compris. »

« 2 heures du matin, mardi-mercredi, Claire chérie, (...) vous ne pouvez pas savoir combien votre pneumatique m'a touchée. Pour moi, c'est la même chose = (...) images grandissant sans cesse en ma pensée et je sais que je vous retrouverai à chaque fois de plus en plus. Venez me prendre vendredi chez moi à 5 heures **(pas plus tard**) et après ce serait bien de rester ensemble ? N'oubliez pas les poèmes que j'aime tant ! Je vous embrasse tous les deux et pour nous deux. Georgette qui voulait signer Claire ! »

Elle leur envoie ses livres : « Amis chéris, voici 3 enfants de moi — Je ne puis que prêter le I — Seul exemplaire qui me reste — Il est d'ailleurs lourd, maladroit... étranglé. Je vous dirai pourquoi —

« Claire je suis folle de votre cheval ! ... [Il s'agit du "*Journal d'un cheval*" illustré par Chagall.] Vous verrez avec mon Golaud ["*Golaud, le surchien*", extrait de son livre, *Nos chiens*.] combien nous sommes parentes — Je suis hantée par vos poèmes et par la joie d'aller là-bas les admirer, les louer en public. Combien cela me sera facile ! Margaret demande vite une copie pour faire un choix

---

[599] La partie du Pavillon des Muses où elle était hébergée par sa sœur.

— Je me réjouis de les lire-relire. C'est plus que du vers.

« Je vous embrasse beaucoup. Je me guéris ici — Quand vous voir ? Georgette.

« Nous pensons que dans le "chapeau" de l'article il faudrait dire "actrice, chanteuse, écrivain", puisque je vais me présenter sous ces trois aspects. Ça prépare ma publicité. »

Margaret a demandé des poèmes de Claire pour *The Little Review*. Georgette les dira en public. « Là-bas » semble suggérer un voyage à Berlin.

Claire et Yvan ont téléphoné rue de l'Université, mais au moment où Georgette se trouvait, pour écrire, au Jardin d'Acclimation. Ils ne parviennent pas à se voir.

Réfugiée au Pavillon des Muses, Georgette est soumise au bon vouloir de sa sœur. Elle doit la suivre. Jehanne, craignant de la laisser maîtresse de sa demeure pendant son absence, se méfie plus que jamais de ses douteuses fréquentations.

Georgette écrit aux Goll un dimanche matin : « Amis chéris, je pars demain matin pour Tancarville. Décision soudaine de la famille. Je suis ravie mais triste de ne pas vous avoir revus avant. Ce sera une semaine d'absence. Quand la Ire ? Je reviendrais exprès si elle était cette semaine.

« Savez-vous quand vous allez à Berlin et imaginez-vous à quelle époque je vous y retrouverais ? J'accepte un récital le 4 avril à Paris. Je pourrais changer la date tout de suite si vous supposez que Berlin sera à ce moment ?

« Figurez-vous que je fais des clairegolliens et des yvangolliens sans cesse en prêtant vos livres et je dois dire des vers de vous deux fois en février chez Yorska et Lounsbury. Le 13 février 5 heures, vous viendrez ? et le 15 au soir — probablement. Vous recevrez des invitations. Je suis ravie car dans mon cœur la belle plante gollienne devient chaque jour plus grande. Je vous embrasse. G. »

Yorska était cette lesbienne remarquée par Roger Karl pour sa possessivité envers Georgette, un soir de janvier 1920 au Cirque d'Hiver. Elle faisait équipe avec Hundt, l'Américain qui s'était institué l'agent de la cantatrice aux États-Unis, et joua un rôle peu reluisant auprès de Georgette, essayant de l'exploiter pour son propre compte. À la fin des années vingt, elle vivait, 12, rue Guynemer, dans l'hôtel particulier d'un couple de femmes, Esther Simpson et son amie américaine, le sculpteur Grace Lounsbury. Mlle Lounsbury donnait des réceptions et reçut de nombreuses personnalités des milieux artistiques et littéraires tels Ezra Pound, Gertrude Stein et Alice Toklas.

Georgette prépare donc un récital de poèmes de Claire et Yvan Goll chez Mlle Lounsbury.

Les Goll peuvent la joindre au château de Tancarville et chez elle, 80, rue de l'Université, où Monique répondra au téléphone (Fleurus-66 15).

Sans nouvelle d'eux, Georgette leur envoya une carte du château de Tancarville. Elle les y avait invités en termes chaleureux, pleine d'espoir en leur venue. Les Goll habitaient toujours le même appartement, 27, rue du Jasmin, dans le XVIe arrondissement, où ils reçurent André et Clara Malraux, ainsi que de nombreux peintres, Chagall, Gleizes, Delaunay, Léger et Foujita. Georgette s'inquiétait de connaître la date de la création de *Mathusalem*[600], le drame d'Yvan Goll.

Georgette dit les poèmes de Claire et Yvan aux dates et aux heures prévues. Les auteurs vinrent rue Guynemer soutenir l'effort de leur interprète bénévole.

---

[600] La pièce fut effectivement créée au Théâtre Michel, avec Antonin Artaud, dans une mise en scène de Jean Painlevé. Painlevé filma également les scènes où jouait l'acteur.

Mais pour le couple Goll, ces lectures privées n'étaient que de la menue monnaie. En 1925, leur rencontre à Paris avec Kurt Weill donna naissance à une fructueuse collaboration. Weill lut les poèmes d'Yvan Goll et composa en septembre la cantate *Der Neue Orpheus*, pour soprano, violon et orchestre. D'octobre à janvier 1926, le poète et le compositeur travaillèrent à un opéra-ballet en un acte, *Royal Palace*.

Le voyage à Berlin qui excitait tant Georgette eut lieu à l'occasion des créations de *Royal Palace* et de *Der Neue Orpheus* au Staatsoper de la capitale allemande, le 2 mars 1927.

Y assista-t-elle ? Rien n'est moins sûr. Du reste, ayant interprété nombre d'œuvres modernes à New York, San Francisco, Philadelphie, Paris et Milan, elle dut espérer, malgré l'obstacle de la langue allemande, créer la cantate de Goll et Kurt Weill, la musique des années vingt et une nouvelle dramaturgie étant seules capables de la faire remonter sur scène autrement que dans un but lucratif. Mais, de toute évidence, son désir de collaboration, fondé sur un malentendu, fut impitoyablement découragé. La différence entre générations — niée par Georgette — constituait un obstacle insurmontable à toute entreprise d'envergure. Les « jeunes » Goll ne pouvaient vraiment collaborer — d'un point de vue artistique s'entend — avec la créatrice d'*Ariane et Barbe-Bleue* et de *La Tragédie de Macbeth*, malgré toute la bonne volonté qu'elle y mettait.

Ses relations avec Claire et Yvan Goll ne reprirent qu'en 1930.

SEPTIÈME PARTIE
(1926-1941)

Trois fausses vieilles dames

« Mais j'ai à craindre une vieillesse allègre, sèche, la vieille dame au pied vif... enfin la fausse vieille dame comme je suis actuellement une parfaite fausse jeune femme. Ce sera la médaille retournée. »

Georgette Leblanc.

« Je garde à l'esprit que seules les choses physiques ont un commencement et une fin, que les autres choses n'ont ni début ni fin, qu'elles persistent toujours. Aucune guerre ne peut changer cela, ni l'espace, ni le temps, ni la distance. Que vous alliez en Amérique ou restiez en France alors que moi je reste ici, je dirai toujours : les gestes d'amour, les pensées d'amour, les mots d'amour et de compréhension et nos efforts pour devenir, cela ou le résultat de ces choses ne changent jamais. Si nous pouvions seulement comprendre que c'est le même Grand Moi en chacun de nous ; que nous sommes seulement comme des perles enfilées sur ce Grand Moi — (...). Chère Georgette, je voudrais pouvoir t'apporter de l'aide. Si tu as besoin de mon aide, j'ai aussi besoin de te la donner. »

Jane Heap
(lettre à Georgette Leblanc, 1941) [601]

« Ne tirez pas les rideaux, ne fermez pas les volets...
Je refuse à l'avance l'ombre que l'usage étend
sur le corps abandonné, beauté désertée qui désire la clarté...
le mien, doux et sage serviteur de plaisir et de douleur,
ne veut jamais que des chants, des cloches, des rayons et des rires —
toutes les lumières d'une vie qu'à travers toutes choses
je n'ai cessé de bénir. »

Georgette Leblanc [602]

---

[601] Margaret ANDERSON, Op. Cit.
[602] Georgette LEBLANC, II, Op. Cit.

Un scénario pour Germaine Dulac

Georgette ne supportait plus les quartiers de la rive gauche où les arbres, l'air et l'espace lui manquaient. Elle souffrait de l'inconfort des hôtels et du bruit de la circulation automobile. Un changement formidable était intervenu dans la vie quotidienne des Parisiens qui n'en mesuraient pas encore vraiment les conséquences pour leur santé. Quasi inexistante à la fin du XIXe siècle, la voiture bruyante et polluante n'épargnait plus aucune rue de Paris dès le milieu des années vingt.

De 1893 à 1919, Georgette habita principalement près du bois de Boulogne et à Neuilly. Encore n'occupait-elle ses appartements que l'hiver. Dès le printemps, elle se retirait en Normandie ou sur la Côte d'Azur. Sans compter les tournées qui l'avaient emmenée dans de nombreux pays d'Europe et en Amérique, elle avait vécu la plupart du temps davantage à l'extérieur de la capitale que dans ses murs. Aujourd'hui, elle suffoquait.

Au début de1926, Maria Ricotti lui prêta son appartement de Neuilly. Laissant l'entresol de la rue de l'Université à ses amies, Georgette se mit au vert pour travailler et respirer plus au calme. L'envie de faire du cinéma ne l'avait pas abandonnée. Durant cette période, elle écrivit un scénario qui se passait à Bruges et où il était question de Bach et du Jazz. Le 31 mars, soit trois ans après l'aventure de *L'Inhumaine*, elle le présenta à Germaine Dulac. La cinéaste sembla conquise par le sujet ou tout au moins par la fougue avec laquelle Georgette le défendit. Les deux femmes sympathisèrent. De plus en plus enthousiasmée, Dulac imagina le tournage dans un avenir très proche.

Georgette écrivit aussitôt à Maria Ricotti : « Bruges au mois de juin prochain… un rêve et vous y viendrez aussi puisque vous voulez connaître cette ville. » Elle dit à son amie que la « sainte Blandine qui est en elle sera séduite par les béguinages ». Le film resta, hélas pour Georgette, à l'état de rêve. Née en 1882, Germaine Dulac, une des rares femmes de sa profession, avait déjà réalisé en 1920 *La Fête espagnole* sur un scénario de Louis Delluc. En 1926, elle tournera *La Coquille et le Clergyman* dont l'auteur était Antonin Artaud. Éprise de recherches formelles, cataloguée d'avant-garde, pouvait-elle accorder ses conceptions avec celles de Georgette Leblanc ? Le script ayant été perdu, il est impossible de se faire une opinion sur sa valeur. Du reste, depuis que le cinéma existe, des légions de bons scénarios n'ont pas été tournés ou ont servi de matière première à d'autres. Quoi qu'il en soit, cet échec empêcha pendant cinq ans Georgette d'écrire une ligne pour le cinéma, où elle avait espéré revenir par la petite porte du scénario. Elle dut admettre que son passé, sa personnalité, son sexe et son âge ne jouaient pas en sa faveur.

Châteaux et misères

En février 1927, Margaret essaya d'attirer Solita Solano, compagne de Janet Flanner — deux autres Américaines de la génération perdue — dans le cercle d'études gurdjieffiennes dont Jane Heap avait pris la direction. Chaque lundi, des réunions se tenaient dans l'entresol de Georgette, rue de l'Université. Jane lisait et commentait la parole du penseur géorgien. Les efforts de recrutement de Margaret ne furent pas immédiatement couronnés de succès. Ayant séjourné récemment au Prieuré, Solita se déclarait réfractaire à la philosophie de Gurdjieff. Mais dès le début de l'hiver 1927/28, elle finit par suivre les studieuses séances du cercle, Margaret l'attirant particulièrement. Janet, elle, assistait aux réunions dans l'espoir que son amie ne succombât pas complètement aux charmes de Margaret, d'autant qu'elle-même y était sensible, ne comprenant pas ce qui l'unissait à Georgette Leblanc. Janet était journaliste au *New Yorker*. Loyale, assez terre-à-terre, pragmatique, elle inclinait au scepticisme philosophique. Aux lundis de Jane, Solita ne devint pas tout de suite une adepte de Gurdjieff, elle resta simplement amoureuse de Margaret. Cette situation dura de nombreuses années et n'entraîna pas de rupture, Janet et Georgette tolérant la liaison de leurs compagnes.

Le *New Yorker* publiait régulièrement la « Lettre de Paris » de Janet Flanner, qui signait Genêt. Née à Indianapolis comme Margaret, mais en 1892, elle habitait l'hôtel Saint-Germain-des-Prés, rue Bonaparte, et venait de publier un roman, *The Cubical City*. Blonde, sympathique, d'apparence masculine — cet aspect s'accentuerait avec le temps —, sa liaison déjà ancienne avec Solita Solano[603], brune aux yeux bleus d'une féminité toute sud-américaine, était connue des seules initiées. Une photo de Solita par Man Ray parut en 1929 dans l'un des derniers numéros de *The Little Review*. Solita s'appelait en réalité Sarah Wilkinson — née en 1886 dans l'État de New York — et détestait son nom et sa famille. Georgette s'était imaginé naïvement des ancêtres vénitiens pour lester sa vocation de cantatrice d'un atavisme familial auquel on ne résiste pas. Solita s'inventa des origines espagnoles en haine de son clan WASP. Elle voyagea très jeune en Extrême-Orient, devint actrice à son retour aux États-Unis, puis entra dans le journalisme. Ancienne rédactrice et critique dramatique du *Boston Herald-Traveler*, de *Variety* et du *New York Tribune*, Solita était établie à Paris depuis 1922. Elle écrivit trois romans entre 1924 et 1927[604] et abandonna ensuite la littérature.

Les recherches spirituelles et la vie amoureuse de ces dames se déroulaient sur fond de pauvreté matérielle. Bénéficiant d'un emploi régulier, les deux

---

[603] Les deux jeunes femmes se rencontrèrent à New York pendant l'hiver de 1919. Elles partirent en Grèce et en Turquie pour le *National Geographic* et séjournèrent à Vienne avant de s'installer à Paris.

[604] Un extrait du troisième et dernier roman de Solita Solano fut publié dans la revue *Transition* dirigée par Maria et Eugène Jolas.

journalistes s'en sortaient mieux. Georgette et ses amies, comme d'habitude, faisaient de la corde raide sans filet.

À un moment se reposa — et elles connaîtraient encore à l'avenir ces crises de misère extrême — la question de leur survie à Paris. Leurs ressources étant de nouveau retombées à zéro, Georgette, aux abois, recontacta Hundt, son peu efficace agent new-yorkais du début des années '20, qui l'avait surtout pressurée. Elle détenait une première version de ses mémoires, alors traduite et réécrite, prête à être publiée en feuilleton. Après plusieurs courriers, elle envoya ce câble : « Vous confirme détermination irrévocable de compléter, publier mes mémoires. Envoyez projet contrat éditeurs. Devront me soumettre version anglaise avant publication. Plusieurs chapitres partiront Californie lundi. Georgette Leblanc. »

Mais l'ouverture qu'elle avait cru discerner en Amérique n'était qu'un leurre. Et elle referma définitivement le chapitre de ses relations avec Hundt et compagnie. Ses premiers essais d'autobiographie n'étaient pas encore publiables en l'état. Elle avait besoin d'un lieu favorable pour la mener à bien et de quelques années de travail supplémentaires. Alors la publication et les traductions suivraient.

En attendant, il fallait survivre.

La mort dans l'âme, elle se résolut — une fois de plus — à demander l'hospitalité à sa sœur. Jehanne et son mari, le rentier, occupaient seuls la trentaine de pièces du château de Tancarville. Elle était la personnalité dominante du couple, Fernand lui obéissait sans rechigner. Leurs filles étaient mariées. La blonde Marcelle — la préférée de Georgette — avait épousé Bertrand de Jouvenel, fils d'Henry de Jouvenel et de Claire Boas. On sait que Colette, devenue Mme Henry de Jouvenel en 1912, lui avait donné une fille ; puis, qu'en 1920, Bertrand, alors âgé de 17 ans, avait eu une aventure avec sa belle-mère, femme de 48 ans. Colette et Henry de Jouvenel étaient séparés depuis deux ans, quand ils divorcèrent en 1925. Marcelle Prat était un excellent parti pour Bertrand de Jouvenel, quoiqu'elle fût son aînée de sept ans.

L'originalité de caractère des Leblanc prenait chez Jehanne des formes perverses. Mesquine et avare, chicaneuse, cancanière, d'une curiosité maladive, elle rognait sur tout. Georgette eût préféré se jeter dans la Seine plutôt que de se replacer dans la situation humiliante déjà vécue tant de fois depuis la rupture avec Maeterlinck. Mais elle avait deux amies à sa charge. La triade ne devait pas disparaître. Cet impératif lui donna le courage d'imposer Margaret et Monique aux châtelains. Prat ne faisait strictement rien, sauf manger, se promener, lire distraitement un journal ou jouer aux échecs. Le rentier ne tentait jamais un geste pour saisir un vêtement ou un chapeau. L'un de ses serviteurs le lui tendait. Madame commandait et surveillait la domesticité ainsi que les cours de la Bourse. Elle veillait à ce que la maisonnée consommât le moins possible. L'Américaine du Midwest observait sans en croire ses yeux une nouvelle espèce d'humanité : le bourgeois français de province vivant de ses rentes. Les demeures historiques que la sœur et le beau-frère de Georgette occupèrent au long de leur vie économe avaient été bâties pour des aristocrates dispendieux, voire des rois qui ignoraient le verbe thésauriser. Ironie de l'Histoire, ces vastes bâtiments étaient tombés entre les mains d'une génération sans énergie, dont les ancêtres détruisirent l'Ancien Régime. Les seules occupantes légitimes de ces châteaux eussent été Georgette, Margaret et Monique, deux artistes et leur gouvernante à l'âme sacrificielle, mais elles n'étaient tolérées qu'en parentes pauvres, triplement étrangères par leurs mœurs, leur nationalité et l'extravagance de leur vie. Du point de vue de la famille, Georgette, seule Française du trio, avait commis les péchés les plus infâmes. Ayant trahi sa classe, perdu sa dot et dilapidé des fortunes, elle ne sut jamais veiller à ses intérêts, faisant confiance au monde entier et se laissant spolier au gré de ses amours. Enfin, elle demeurait tout de même une Leblanc. Et la propriétaire du Pavillon des Muses, châtelaine de Tancarville et autres lieux, écoutant la voix du sang, remplissait son devoir, malgré le fossé d'incompréhension qui la séparait de sa sœur. Il existait un accord tacite entre Jehanne et Maurice. L'aînée hébergeait la cadette que le puîné aidait parfois financièrement. Dans ses somptueuses et historiques demeures, Jehanne tenait Georgette serrée, elle la nourrissait comme un oiseau en cage, et la laissait lancer de temps en temps quelques trilles et becqueter les barreaux.

En octobre, Maurice Leblanc rejoignait le reste de la famille à Tancarville et y terminait son livre annuel. Il possédait un hôtel particulier de quinze pièces à Passy au milieu d'un jardin, mais semblait avoir besoin de l'atmosphère intemporelle du château où il peaufinait tranquillement les intrigues de ses romans. Entre 1905[605] et 1925, il avait donné plus de 130 contributions littéraires : romans, feuilletons, contes, nouvelles, articles, discours, souvenirs, réponses à des enquêtes, presque toutes dominées par la silhouette monoclée d'Arsène Lupin, gentleman-cambrioleur. À soixante-deux ans, c'était un homme accablé d'indigestions et d'insomnies. Son grand succès commercial ne l'avait pas guéri de sa tendance à la neurasthénie. Car si le public le plébiscitait de longue date, la critique et les écrivains de sa génération l'ignoraient délibérément. La matinée, il rédigeait sa page quotidienne, d'une écriture fine et serrée. On le voyait paraître aux déjeuners, les épaules couvertes d'un châle écossais. Après le repas de midi, il essayait de faire une sieste d'une demi-heure, sans y parvenir vraiment. Pour finalement sortir sur la terrasse dominant la Seine. Il longeait l'ancien chemin de ronde du château médiéval, contemplait les ruines d'antiques salles maintenant ouvertes aux vents et aux brumes et allait jusqu'au portail flanqué de deux tours rondes, puis revenait dans la seule aile habitable où il avait pris pension et s'asseyait dans un fauteuil. Il cogitait, prenait le thé et remontait dans sa chambre. On le voyait redescendre au salon avant le dîner. Il s'installait face à la cheminée et regardait brûler le feu, déclamant soudain Racine et Corneille.

L'année précédente, « Lupin » avait su se montrer généreux. Les rapports entre les deux artistes de la famille étaient curieux. Empreints d'affection, mais aussi d'une certaine dureté cynique de la part de l'aîné qui paraissait reproduire des comportements anciens remontant à leur enfance. À Passy, au printemps, alors qu'ils se trouvaient dans son jardin et que Georgette lui parlait de sa nostalgie de la nature, il avait rétorqué en ricanant : « Eh bien, tu posséderas un jour un jardin, ma chère : au cimetière, ha ha ha ! »[606]

Au château, on servait du poisson le vendredi. Était-ce dû au hasard ? Georgette recevait la plus petite portion. Maurice, qui s'estimait trop bien servi, en offrait généreusement à sa sœur. En fait, c'était seulement la tête dont il se privait…

---

[605] Avant l'apparition d'Arsène Lupin, il aura fourni près de 200 contributions, une majorité de contes et de chroniques et sept romans.

[606] Margaret ANDERSON, Op.Cit.

Réécrivant scrupuleusement ses pages, peut-être révisa-t-il tout près de son modèle qu'il aimait brimer — qui aime bien châtie bien — *La Demoiselle aux yeux verts*, dont le personnage féminin, Aurélie, était tout le portrait de sa sœur à vingt ans. Perpétuellement sauvée par Raoul de Limézy alias Arsène Lupin, Aurélie, ardemment désirée par son beau-père et un commissaire de police, ne cessait de subir les violences les plus gratuites. Mais le roman commençait par des scènes charmantes. Le lecteur faisait connaissance d'Aurélie dans une pâtisserie où la jeune femme rassasiait de gâteaux trois petits pauvres. Cette scène en rappelait une autre : Georgette en 1894 chez le pâtissier Gagé, nourrissant ses deux lévriers de succulentes douceurs. Aurélie était cantatrice et chantait au Théâtre Royal de la Monnaie… Des bribes de la vie de Georgette s'étaient glissées dans l'imaginaire de Maurice. *La Demoiselle aux yeux verts* allait paraître en feuilleton dès le 8 décembre 1926, dans le *Journal*. En 1923, deux autres « aventures » de Georgette — sa liaison avec Roger Karl et sa brève carrière cinématographique — lui fournirent matière à une nouvelle très enlevée, *Le Film révélateur*. Le portrait de l'amant de Rose-Andrée n'était autre que celui de Karl. Cette fois encore, Maurice/Arsène, en sauvant l'actrice Rose-Andrée, sauvait sa sœur.

Les Prat aimaient les châteaux à la folie. Ils louèrent celui de la Muette dans la forêt de Saint-Germain, près de Maisons-Laffitte, à une vingtaine de kilomètres de Paris. Comme ils envisageaient d'y passer l'hiver, Georgette obtint d'y être hébergée avec ses amies. Elles ne contribueraient pas au paiement du loyer, mais elles régleraient tout ce qui serait dépensé par elles en nourriture et services. En véritable type de provinciale avaricieuse digne de figurer dans La Comédie Humaine, Madame Prat persécuta ses invitées au-delà du raisonnable, à propos de leur consommation d'eau, de gaz, d'électricité et de téléphone. Les bains étaient payés six francs, comme à l'hôtel.

Non loin du château, on remarquait un pavillon de chasse. Appelé Pavillon de la Muette, il datait de François Ier et avait été restauré et offert par Louis XV à Mme de Pompadour. Classé monument historique, l'édifice appartenait au ministère des Beaux-Arts. Les Prat le louèrent aussi. Ils n'entendaient pas y habiter, seulement l'avoir sous les yeux comme s'il leur appartenait vraiment.

Georgette fut conquise par cette élégante construction, autrefois folie d'Artois, avec sa « façade en rotonde dont les degrés descendent vers une cour arrondie. (…) Plus bas, au milieu des ombres, les troncs d'argent des bouleaux scintillaient. Des marronniers formaient le noble hémicycle qui m'avait tout de suite frappée. »[607] Et Margaret se rappela que Georgette, s'étant promenée tout autour du pavillon, avait contemplé « les larmes aux yeux » ses proportions parfaites.

Le pavillon Louis XV représentait une alternative héroïque à une existence confinée dans une chambre d'hôtel parisien à laquelle elles eussent dû autrement se résigner l'hiver prochain, la tyrannie domestique de Jehanne rendant impossible toute nouvelle cohabitation au château, à moins d'accepter de mourir d'humiliation. Il était plus que temps de négocier la sous-location de l'ancienne folie du comte d'Artois au couple de rentiers. A priori, ils n'avaient aucune raison d'accepter, car rien ne les y obligeait. La joie de posséder ou de louer de grands châteaux vides la plupart du temps, la manie d'épargner des bouts de chandelles occupaient entièrement le cerveau de Jehanne. L'idée que sa sœur

[607] Ibid.

risquait de souffrir six mois de l'inconfort d'un hôtel minable de la Rive Gauche, alors qu'elle-même jouissait d'immenses demeures n'arrivait pas jusqu'à elle. Quant à Fernand, il se contentait d'être neutre.

Finalement, après d'âpres discussions entre la cantatrice désargentée et sa sœur millionnaire, elles obtinrent la location du charmant édifice pour la moitié du prix de ce que les Prat payaient aux Beaux-Arts. C'était une victoire de l'Idéal et du Beau sur l'avarice, le pratique et l'utilitaire, car en hiver le Pavillon était inhabitable pour toute personne sensée. Georgette et ses compagnes n'appartenaient pas à cette espèce. Et puis, quelle plus belle manifestation d'humour, de la part d'une cantatrice qui ne chantait presque plus en public, que de sous-louer le Pavillon de la Muette !

Deux écrivains dans un phare

Au printemps1927, elles se promenaient toutes trois au bord de la Seine, sous la haute falaise surplombant l'estuaire, et s'étaient assises à la terrasse d'un café, quand un rayon de soleil fit apparaître une mystérieuse coupole émergeant des feuillages. Une demeure de rêve… Georgette la vit « en stratosphère », Margaret telle une église russe. Ce pouvait être l'endroit qu'elles cherchaient, en contact avec la nature — l'eau, le ciel, la terre —, le feu, elles l'avaient à l'intérieur d'elles-mêmes —, et suffisamment éloigné des rentiers du château de Tancarville. Elles questionnèrent le patron du café. Cette coupole était celle de l'ancien phare. Il n'était plus en service depuis des années, et personne n'y habitait. À la suite de travaux entrepris à la fin du XIXe siècle, le fleuve doublé par un canal ne coulait plus au pied des falaises. C'est à cette époque que le phare avait été désaffecté.

De simples mortels y souffriraient de la solitude, du froid et de l'inconfort ? Parfait ! Le phare leur était réservé. Quand on vivait comme elles, de plus en plus détachées de la vie ordinaire, rien n'arrivait par hasard. Margaret venue du midwest américain découvrait le dôme enchanté de ses rêves de petite fille. Georgette retrouvait au bord de la Seine, où elle était née, les hauteurs de New York. Là-haut, sur la falaise, il y aurait de l'air et de la lumière en abondance. Monique approuva Georgette. Une maison où elle seraient ensemble, sans aucun contact avec l'extérieur, lui convenait absolument.

À ce moment, Georgette ne croyait plus à une nouvelle carrière, dès lors que les mieux intentionnés la renvoyaient à son passé. Qu'avait-elle à faire désormais de *Carmen* et autres « vieilles formules d'opéra » ? « Le monde de l'art avait changé et mes conceptions aussi. Tourner en rond, remettre mes pas dans les empreintes d'autrefois me paraissait absurde. *J'aurais voulu créer un personnage neuf. Ce n'était pas possible.* Alors je songeai à situer notre vie. »[608]

Elles montèrent avec enthousiasme le chemin escarpé jusqu'à une auberge de campagne bâtie au flanc de la falaise. On essaya de leur faire retrouver leur bon sens. L'ancien sentier conduisant au phare était entièrement envahi par les ronces. La vie était impossible là-haut. Margaret, la plus solide, réclama une faux. On la lui prêta. Elle se fraya un chemin à travers ronces, broussailles et hautes herbes et, enfin, le phare fut accessible. Il combla toutes leurs espérances. Au sommet de la tourelle, la coupole d'où le réflecteur envoyait jadis ses rayons

[608] Margaret ANDERSON, Op. Cit.

lumineux aux navires était une chapelle baignée de soleil. Le bâtiment ne ressemblait pas à un phare traditionnel. Ce n'était pas une tour orgueilleuse faite pour affronter les tempêtes, mais une maison féminine à un étage, entourée d'arbres et d'herbes folles. Le jardin sauvage descendait en pente douce jusqu'au bord d'une terrasse. Là, on dominait le large estuaire, la falaise d'en face et les bois environnants.

Les murs du bâtiment étaient en bon état, mais il faudrait changer les portes et les fenêtres. Les pièces nécessitaient un nettoyage à fond. Les murs devaient être blanchis à la chaux. Margaret était prête à conduire ces travaux. Elle avait construit de ses mains des chalets de fortune près de New York et en Californie. Il suffisait de s'entendre avec le propriétaire, un habitant de Tancarville. Il consentit à louer le phare à Georgette Leblanc, sœur de Jehanne Prat, notable du village, et réclama un loyer de cinquante francs par mois (environ douze francs d'aujourd'hui).

Il était juste que celle qui avait incarné La Lumière de *L'Oiseau bleu*, après avoir été Ariane, trouvât enfin une maison à sa mesure. Loin des hommes et au milieu des éléments.

Jehanne et Fernand Prat acceptèrent de financer les travaux de restauration, peut-être dans l'espoir de se débarrasser de l'infernale triade. Si bien que les amies passèrent l'été 1927 à restaurer le phare.[609]

Elles ne se contentèrent pas de passer les murs à la chaux, de faucher l'herbe et de rendre confortable la maisonnette où elles espéraient s'abriter maintenant du printemps à l'automne, tant qu'elles réussiraient à payer le loyer. Georgette et Margaret écrivirent chacune un livre. Entre l'œuvre véritable commencée avant 1904 et interrompue paradoxalement à cette date par la parution du *Choix de la vie*, il y avait toute la densité de ses vingt-trois années d'union libre avec Maeterlinck. Dix ans après la séparation, la partie d'elle-même consumée par le feu sacrificiel était enfin morte. La survivante pouvait désormais parler des longues années de joies, de tristesses et d'erreurs de l'autre Georgette attachée au grand poète à vocation mondiale. Elle devait les raconter de la manière la plus juste — sans accuser personne —, afin de voir clair en elle-même et aller de l'avant. Elle ne se cachait pas ce qu'il y avait d'inacceptable dans son ambition de dire *sa* vérité. Coûte que coûte cependant, on saurait qui elle était vraiment et l'on apprendrait enfin qu'un grand écrivain (ou artiste) ne se fait pas tout seul. Souvent à ses côtés, une femme de talent et d'audace met ses dons créatifs au service de sa carrière[610]. De cette situation naît parfois une injustice dont il est pratiquement impossible de guérir. Après ce livre, se disait Georgette, j'écrirai pour moi, comme avant de connaître Maeterlinck. Elle avait cinquante-huit ans. Peut-on en finir une fois pour toutes avec son ancienne personnalité et, ayant fait peau neuve, créer ? Elle l'espérait.

Margaret n'oubliait pas qu'elle avait fondé *The Little Review* et ce que cette publication représentait pour son développement personnel et la littérature anglo-américaine contemporaine. Avant son départ pour la France, elle en avait confié

[609] En 1996, cet endroit merveilleux a été abandonné depuis qu'on a construit à proximité le pont de Tancarville long de 1 410 mètres.

[610] On a souligné qu'Alice B. Toklas contribua d'une manière indirecte à l'œuvre de sa compagne Gertrude Stein, Alice et Gertrude vivant en fait de la même manière qu'un couple hétérosexuel. Mais nous ne connaissons pas l'opinion d'Alice à ce sujet.

provisoirement la direction à Ezra Pound, uniquement sur sa réputation. Lorsqu'elle le rencontra à Paris en 1924, il y eut entre eux une telle incompatibilité d'humeur qu'elle finit par l'écarter. Pound montrait de l'animosité envers les femmes qui ne partageaient pas ses vues, autrement dit qui ne lui obéissaient pas. Il avait pris la direction de *The Little Review* dans le but de l'utiliser à son profit. Cependant les années Pound furent fastes. À Paris, la revue devint trimestrielle et publia de nombreux écrivains et poètes français : Jacques Baron, René Crevel, Drieu la Rochelle, Paul Eluard, Pierre Reverdy et Tristan Tzara. Mais avant même l'exil de ses éditrices à Paris, le sommaire comportait déjà les noms d'Aragon et de Breton. En 1922 également, deux numéros spéciaux avaient été consacrés à Brancusi et Picabia. En 1923, la revue publia des rayogrammes de Man Ray. La rencontre entre Margaret et Pound ne provoqua pas seulement l'affrontement et la désillusion. Margaret présenta au poète le compositeur George Antheil, et Pound écrivit *Antheil et le traité sur l'harmonie*. Quant à Antheil, il donna à la revue un article sur « l'Abstraction et le Temps dans la Musique ».

Absorbée par sa liaison avec Georgette et la musique, Margaret se désintéressa à nouveau de son « enfant » et le confia à Jane Heap qui en assura la tutelle de 1924 à 1929, date de la disparition définitive de la mythique revue.

Au sein de la colonie artistique américaine, Margaret et Jane étaient recherchées pour leur rôle de têtes chercheuses de l'avant-garde littéraire. James Joyce tint à saluer Margaret, sa première éditrice aux États-Unis. Ils se virent dans le studio de Pound. Elle fut heureuse de n'être pas déçue par Joyce comme elle l'avait été par Pound. Au contraire ! Elle lui trouva même une ressemblance physique et morale avec son père jeune. Ils avaient l'un comme l'autre « la même patience attentive, la même gentillesse, le même sens de l'humour désapprobateur dans le sourire, la même qualité d'aristocrate. » Elle fut aussi enchantée par Nora Barnacle-Joyce et en parla affectueusement dans son livre. Avec une pénétration peu commune, elle avait parfaitement compris le rôle stimulant de Nora dans le couple, alors que la plupart des intellectuels tenaient la femme de Joyce pour une petite bourgeoise insignifiante, indigne de partager la vie d'un génie.[611]

Les relations de Margaret et de Djuna Barnes ne furent jamais chaleureuses, mais il faut se souvenir que Jane Heap avait quitté Djuna pour Margaret. Enfin, quoique réputée pour son étrange caractère de « femme vivant sur un nuage » — l'expression est de Janet Flanner —, d'originale compagne d'une cantatrice qui aurait pu être sa mère, ses relations avec les femmes et les hommes écrivains de la *génération perdue* ne furent pas uniquement conflictuelles. L'une de ses grandes amies en France était Janet, et sa liaison secrète avec Solita Solano dura jusqu'à la fin des années trente.

Compagne « officielle » mais sans ostentation de Janet, Solita était une des figures les plus modestes de la colonie américaine de Paris. Janet et Solita ne vivaient pas en couple comme Gertrude et Alice et ne recevaient pas leurs amis communs à domicile. La vie à l'hôtel et dans les cafés dépersonnalisant les relations sociales, cela leur permettait de ne pas apparaître comme des lesbiennes affichées. Sage précaution. Prise non pas contre le milieu lesbien qui savait évidemment à quoi s'en tenir, mais en raison de la moralité ambiante des gens normaux.

[611] Margaret ANDERSON, *My Thirty years' war,* Covici Friede, New York, 1930. Knopf, Londres, 1930.

Il était préférable, à l'époque, de cacher ce genre de relations « déviantes », même dans le milieu « artiste », soi-disant le plus ouvert. Là encore, les homosexualités étaient tolérées, à condition d'être invisibles. Georgette, Margaret et Monique dans leur phare isolé, loin des regards, faisaient fantasmer les braves habitants de Tancarville. Certains imaginèrent des partouses entre les trois femmes et leurs hôtes de passage — hommes et femmes.[612] Mais leur différence et l'isolement les protégeaient. Là où les choses étaient censées avoir lieu, le village ne prétendait pas exercer un droit de contrôle.

Au phare et dans la demeure historique où elles passeraient l'hiver 1927/28, Margaret revisita sa vie depuis son entrée en lice à Chicago au début du siècle et la fondation de *The Little Review*, jusqu'à son arrivée à Paris. Elle émergeait d'un long conflit avec elle-même et les autres. Le titre de son ouvrage — « Ma guerre de trente ans » — est sufisamment explicite. Elle envoyait ses pages à Janet Flanner. En journaliste habituée aux faits, Janet exigeait plus de précisions concrètes sur les conditions de création de la *Review*. Elle pensait que le lecteur serait curieux de connaître en détail le pourquoi et le comment d'une telle démarche qui avait puissamment contribué à la naissance d'une littérature moderne aux États-Unis. Après tout, *The Little Review* fut l'une des premières à publier poèmes et nouvelles d'Ernest Hemingway !

Au château de la Muette, les trois amies avaient compté les jours qui les séparaient du printemps.

En mai, elles furent de retour au phare où Georgette et Margaret se remirent à écrire en paix, entre ciel et terre, tandis que Monique opérait des miracles pour les nourrir. Elle relisait et corrigeait aussi les manuscrits de Georgette.

Le béguinage transposé en Normandie, entouré d'un jardin digne de protéger le pur amour de trois femmes, retentissait de rires, de chants, de notes de piano et du cliquetis de la machine à écrire. Ici, on était loin des mondanités parisiano-lesbiennes du Temple de l'Amitié de Natalie Barney. Ici, Georgette aurait pu orner le linteau de la porte du distique latin : « O beata solitudo / O sola beatidudo ! », gravé par un moine sur le mur du réfectoire de Saint-Wandrille.

Défense de Charlot

Tout en travaillant à ses mémoires, Georgette donne à la presse des articles sur l'Amérique. Pour alimentaires qu'ils soient, ces travaux gardent une certaine tenue. On y reconnaît d'emblée un ton qui n'appartient qu'à elle. Le retentissement international du procès intenté par madame Chaplin — ex-Lita Grey — à son mari, l'acteur Charles Chaplin, lui offrit l'occasion de parler de l'homme qu'elle avait rencontré à New York et des lois américaines en faveur des femmes. Dans *Le cas Charlot* — témoignage publié par *L'Intransigeant* —, elle écrit notamment : « Combien avons-nous d'exemples d'hommes de génie sur l'écran ? Chaplin est peut-être le premier. Le conflit de sa vie intime, rendu mondial par sa femme, nous pose donc pour la première fois un problème intéressant : il affirme le nouvel aspect d'une vérité qui échappe à tout contrôle. Ceux qui connaissent l'artiste et son histoire en ont la preuve, mais si nous ne savons rien de ce qu'il fut

---

[612] Confidence de Claude Labarre à l'auteur (été 1990).

dans ses drames conjugaux, étudions-le dans ses films..., il éclaire sa cause, il la plaide mieux que ne le pourrait faire le plus habile avocat. »

Après l'avoir montré tel qu'elle l'avait vu pendant la soirée où ils jouèrent l'un et l'autre une saynette comique, elle en revient à la défense de l'homme mis en danger par l'épouse et les lois américaines. « D'un côté un être traqué, dépouillé, arrêté dans son travail et dans toute sa vie. De l'autre, une insensée qui le poursuit, crie, jure, tempête, ameute l'univers contre lui, réclame de l'argent, le rejette, le réclame encore et recommence le cycle, entraînant avec elle un chœur de furies qui grossit de jour en jour. Formidable force soulevée autour d'un pauvre malentendu comme il y en a journellement dans tous les pays ! Cette rage intempestive est d'autant plus stupide que la loi américaine, les habitudes, les principes (...) donnent à toute femme tous les droits, toutes les protections, tous les avantages, et cela en dehors de toute justice. »

Pour bien apprécier ce texte, il ne faut pas oublier que l'on est en 1928. Comparées aux Françaises, les Américaines semblent des privilégiées. La Française de l'entre-deux-guerres attend encore son émancipation politique, sociale et culturelle. La Chambre des Députés du gouvernement Clemenceau lui a refusé le droit de vote en 1919.

Ayant par prudence critiqué les excès d'une législation « trop » favorable aux femmes des États-Unis, Georgette conclut lucidement : « On reste mélancolique devant cette manifestation d'une admirable solidarité féminine dont on peut cependant déplorer l'absence en Europe. »

Solidarité féminine bien mal fondée durent penser la plupart des lecteurs de *L'Intran*. Et s'il s'en trouva parmi eux, certains surréalistes.

Charlot était si populaire en France que Breton et son mouvement ne négligèrent pas de s'exprimer à son propos. Ils le firent évidemment à leur manière radicale, par un tract intitulé *Hands off Love*. Défense passionnée de l'artiste et attaque virulente contre l'hypocrisie des habitudes bourgeoises en matière de sexualité, visant à ridiculiser ceux qui les prônent. Les signataires demeurent insensibles aux abus sexuels dont les femmes — pas seulement les starlettes — sont victimes.[613] Ils considèrent uniquement le cas d'un artiste admirable persécuté par une *sotte*. Le tract ne s'en prend pas qu'aux mœurs étroites de la plaignante, il met en garde d'une manière prophétique contre « la moyenne opinion morale aux États-Unis (...), c'est-à-dire celle d'un des plus grands groupements humains, opinion qui tendra à se répandre et à prévaloir partout, dans la mesure où l'immense réservoir qui s'engorge de marchandises dans l'Amérique du Nord est aussi un immense réservoir de sottises toujours prêt à se déverser sur nous et particulièrement à crétiniser tout à fait l'amorphe clientèle d'Europe, toujours à la merci d'un dernier enchérisseur. »[614]

Il n'en était pas moins vrai que les femmes américaines trompées et violentées — la jeune épouse de Chaplin, elle, s'était mariée à seize ans et demi — pouvaient davantage compter que les Françaises sur les lois de leur pays afin

---

613 Dans l'amour entre partenaires consentants, Breton, par exemple, juge « colossal » le fait de demander au préalable à la femme ce qui lui ferait plaisir. Selon lui, cela entraîne trop de « complications ». Séance du 27 janvier 1928, in Archives du Surréalisme, *Recherches sur la sexualité*, Gallimard, 1990.

614 Maurice NADEAU, Op. Cit.

d'obtenir une plus ou moins juste réparation. C'était cette différence de condition entre Américaines et Européennes qui rendait Georgette Leblanc « mélancolique ». Son mariage — en 1891 — avait été un échec. Sa dot de 1 800 000 francs d'aujourd'hui était restée entre les mains de son époux. Vingt-huit ans plus tard, elle avait été écartée par Maeterlinck sans que ce dernier se fût inquiété de son sort.

Au fond, qu'espérait-elle de lui, quand elle écrivait ses mémoires ? Simplement qu'il admît en son for intérieur que sa présence avait été profitable à son œuvre. Mais il avait fallu quasiment lui extorquer cet aveu en ce qui concernait *La Sagesse et la Destinée,* dans la période la plus haute de leur amour. Comment pouvait-elle croire que dix ans après leur séparation, il ne serait pas outré par un livre dévoilant les aspects secrets de son personnage entre 1895 et la Grande Guerre ? Elle le surestimait toujours. Ne condamnait aucun homme. Et prenait la défense de Charlot.

Mystérieux voyage à Duino

Quelles furent les causes du second voyage de Georgette et Margaret en Italie du nord ? Comment entrèrent-elles en contact avec le prince de Thurn und Taxis, il est impossible de le dire actuellement. Toujours est-il qu'une photographie représente la cantatrice, son amie et un homme de haute taille dans un décor qui peut passer pour méditerranéen. Au dos de la photo est inscrit un nom : « Prince Von Thurn und Taxis ».[615] Dans cette graphie, Mathilda Hills[616] a reconnu formellement l'écriture de Margaret. D'autre part, une lettre de la fondatrice de *The Little Review* décrit le séjour d'un mois qu'elle effectua avec Georgette au château de Duino où elles interprétèrent un extrait du *Martyre de saint Sébastien* devant le prince et ses hôtes, Georgette jouant ou mimant saint Sébastien, puis chantant le rôle de la Vierge Erigone, tandis que Margaret l'accompagnait au piano.

D'Annunzio aurait-il parrainé Georgette, la mettant en relations avec le châtelain de Duino ? À moins que Claire Goll, ayant jadis connu Rilke — mort en 1926 —, ait pu servir de lien entre la cantatrice et les propriétaires du château où le poète avait commencé ses fameuses *Élégies* ? Questions, là encore, sans réponses.[617] Que ce soit dans *La Machine à courage* ou ses papiers posthumes,

---

[615] Cette famille princière, dont l'un des ancêtres fonda, au XVIe siècle, la première liaison postale entre Bruxelles et Paris, était apparentée aux familles régnantes d'Europe centrale. La princesse Marguerite portait le titre d'archiduchesse d'Autriche. À la fin du siècle dernier, la maison de Thurn und Taxis était établie à Regensburg (Ratisbonne), ville arrosée par le Danube et ancienne capitale des ducs de Bavière. Dans ses mémoires, la princesse Louise de Belgique a décrit avec esprit cette cour figée dans ses rites désuets. (Cf. Princesse Louise de Belgique, *Autour des trônes que j'ai vus tomber*, Le Cri, Bruxelles, 1997)

[616] Mathilda Hills est l'éditrice de *Forbidden Fires* (Naiad Press, 1996), l'unique roman de la fondatrice de *The Little Review*. Pour situer le séjour de Georgette et Margaret à Duino en juin 1928, elle s'appuie sur différentes sources dont une lettre non datée de Margaret, où celle-ci parle de la visite à Duino et d'un cadeau offert par Solita à la fin de 1927.

[617] Un tel épisode renforce l'auteur dans sa conviction que la plus complète des biographies ne peut franchir une certaine part d'ombre inhérente à toute vie.

Georgette Leblanc ne fait aucune allusion à ce séjour de juin 1928 sur les bords de l'Adriatique. Mieux : *Le Martyre de saint Sébastien* n'a jamais figuré au programme de ses concerts ni avant ni après 1928. Et pourtant Margaret Anderson n'a pas complètement inventé cette visite à Duino. Sur la photo, les deux amies sont vêtues de tenues d'été typiques de la mode de 1928. L'homme en leur compagnie ne peut être confondu avec quelqu'un de leur entourage.

Ainsi, après le phare, le château de Tancarville, le Pavillon des Muses, le château de la Muette, le « prieuré » d'Avon et les hôtels de la Rive Gauche, ont-elles ajouté à cette collection de demeures provisoires celle d'un des grands noms de l'aristocratie européenne.

De l'égérie à l'écrivain

My Thirty year's war (Ma guerre de trente ans) parut en 1930[618] à New York et à Londres. Margaret y racontait donc l'aventure de *The Little review* jusqu'à sa rencontre avec Gurdjieff et Georgette Leblanc, sans omettre son conflit avec Ezra (Pound). Autobiographie foisonnante, pleine de conversations et de détails sur sa vie à Chicago et New York, où passent les figures d'Emma Goldmann, de Jane Heap et de Joyce. Elle concluait un peu vite, comme si elle jetait l'éponge à l'issue d'un combat désespéré, que les formes modernes des arts de notre temps ayant été inventées les vingt premières années du siècle, tout ce qui viendrait après ne serait plus que répétition.

Le livre ayant un certain succès dans les pays de langue anglaise, les trois amies payèrent sans trop de difficultés la location du phare et s'installèrent au Pavillon de la Muette en espérant que les mémoires de Georgette rapporteraient de substantiels droits d'auteur.

Bernard Grasset avait été intéressé par un premier état du manuscrit, qui s'intitulait alors *Ma vie avec Maeterlinck*. Au fil des réécritures successives, ce texte s'était émancipé du manuscrit matrice *Histoire de ma vie*. Elle avait écarté de nombreux épisodes et anecdotes, en particulier sur ses relations avec des écrivains, des musiciens ou des gens de théâtre célèbres. Par le fond et la forme, *Ma vie avec Maeterlinck* était la chronique altière de la relation humaine et littéraire de Georgette et du poète entre 1895 et 1918. Elle y travailla beaucoup au phare, parfois Villa Herran, chez Maurice Leblanc, et au Pavillon de la Muette, de1928 à 1930. L'auteur belge Herman Closson[619] a prétendu qu'il l'avait aidée à toiletter son manuscrit quand elle séjournait chez son frère. Il se souvient surtout d'une séance de travail par une journée d'été particulièrement torride. Georgette se serait mise nue devant lui et lui aurait demandé de l'asperger d'eau froide dans le jardin. Il se serait exécuté avec joie, d'autant qu'elle avait toujours un corps splendide malgré ses soixante ans. Le but de cet arrosage aurait été de le convaincre

---

[618] À New York, chez Covici Friede ; à Londres, chez Knopf.

[619] Herman Closson (1901-1982), auteur de théâtre célèbre en Belgique. Ses entretiens avec Jacques De Decker et Paul Émond ont eu lieu en 1979/80. (Archives et Musée de la Littérature, Bruxelles) L'anecdote de départ a peut-être été exagérée par l'auteur lui-même, dont le ton est franchement jubilatoire (le document sonore est à cet égard extrêmement parlant !). « Nègre » et gigolo de Georgette Leblanc, quel beau début dans la carrière des lettres, et, pour un jeune écrivain belge, quel pied de nez à Maeterlinck !

qu'il n'avait pas besoin de chercher ailleurs ce qu'elle lui offrait si généreusement. Ce dont il fut convaincu.

Ayant à cœur de terminer son manuscrit, elle se déplaçait d'une résidence de fortune à l'autre, essayant de rendre habitable le Pavillon de la Muette, où, c'était décidé, elle passerait avec ses amies l'hiver 1930/31.

En mai, la lumière entrait à flots par les fenêtres et les portes ouvertes du phare. L'été, les trois amies nageaient dans la Seine et prenaient des bains de soleil sur la terrasse qui surplombait le fleuve.

Entre le temps consacré à son manuscrit et la détente, Georgette n'oubliait pas le courrier. Le 14 juillet, elle écrivit à Louis Fabulet, traducteur de Kipling, qui venait de perdre le fruit de son travail dans un conflit opposant les éditeurs Delagrave et Kra : « Je pense, cher ami, au coup terrible que tu as reçu et à ta façon de le supporter. Évidemment, il faut lutter, on ne sait pas… et ce Valette est un chic type. Il est peut-être capable de faire ce que tu ferais, ce que je ferais.

« En tout cas, si ton travail est hélas perdu pour tes amis, il ne l'est pas pour toi — notre effort compte surtout pour nous-mêmes. J'ai le droit de l'affirmer ayant passé ma vie à travailler dans l'ombre d'un homme célèbre.

« *Certes, un grand orgueil s'élève d'une vie sans cesse humiliée, mais l'un soutenant l'autre, c'est une solide charpente pour l'âme que l'on édifie secrètement.*

« J'admire ta réaction, ou plutôt ta non-réaction devant le hasard stupide et révoltant.

« Il faudrait au moins obtenir l'autorisation d'un tirage limité.

« J'ai vu parfois une grande similitude dans notre manière d'envisager = vivre. Et j'en suis fière. De tout cœur. Ton amie, G.

« J'espère bien venir en août. J'aimerais causer avec toi tranquillement, regarder tes livres et cette vierge noire qui m'intrigue et que j'aimerai sûrement d'après ce que tu m'en as dit… Tiens-moi au courant de l'affaire Valette.

« Une pensée de Berl qui me plaît : « Aller sans savoir où, première, seule noblesse de la pensée, de la vie. Si comme il est bien possible l'existence humaine n'est qu'une aventure dans un univers d'absurdités, l'homme ne vaut que comme aventurier… »

Cette lettre — incomplète — à un camarade malheureux annonce le ton qui sera le sien dans son livre, constamment digne, loin des ouvrages anecdotiques des anciennes gloires du théâtre et du cinéma à qui, un jour ou l'autre, un éditeur avisé fait écrire ses mémoires.[620] Rien que la phrase : « Certes, un grand orgueil s'élève d'une vie sans cesse humiliée, mais l'un soutenant l'autre, c'est une solide charpente pour l'âme que l'on édifie secrètement. » annonce d'emblée la hauteur de son entreprise littéraire.

Georgette rendit effectivement visite à son ami d'enfance, qui était aussi celui de Maurice Leblanc. La précarité de son existence aventureuse et le genre de ses amours la rapprochaient davantage de Fabulet que Maurice, lequel, homme riche et de mœurs bourgeoises, passait ses hivers à Nice.

L'été, Fabulet habitait son ermitage du Genetay, sur une bande de forêt défrichée proche de Rouen. Ses conditions de vie étaient aussi simples que celles de Georgette au phare de Tancarville. L'hiver, il se repliait sur Rouen, ne tirant

[620] Comme celles de Cécile Sorel. Elle y raconte une visite à Maeterlinck et évoque discrètement devant l'homme de lettres le sort injuste fait à Georgette.

apparemment ses moyens d'existence que de ses traductions. Il eût donc été heureux que *Le Mercure* pût lui venir en aide en publiant son travail, mais en 1932 encore, l'affaire n'était pas résolue et Valette dut engager l'avocat Maurice Garçon dans la défense de leurs intérêts.

Georgette encore et toujours ou
Les tourments d'un homme de lettres

Toute allusion à sa vie privée faisait se cabrer Maeterlinck qui se dissimulait derrière sa carrière. Il avait toujours maintenu une séparation totale entre les deux, comme il avait tenu cachées les sources réelles de son inspiration. Quand Georgette crut que sa contribution l'autorisait à être coauteur de *La Sagesse et la Destinée*, il mit en avant le trouble de l'intrusion journalistique dans « l'alcôve » pour mieux lui refuser satisfaction. Plus ou moins contraint, il composa finalement une dédicace qui lui reconnaissait un rôle de muse — et non de collaboratrice —, ce dont elle avait dû se contenter tant que dura leur « union ». En 1903, le Bottin Mondain ignorait Georgette Leblanc et reprenait seulement dans ses pages comme résidant au 54, rue Raynouard, Maeterlinck, *homme de lettres.* Georgette n'étant pas mariée, il était normal dans l'optique 1900 que son compagnon seul apparût au grand jour. En fait, une courtisane de haut vol, au statut reconnu socialement, telle Liane de Pougy, était mieux traitée qu'une concubine.

Que Georgette vécût dans son ombre était pour Maeterlinck l'évidence même.

Cinq ans après leur séparation, il écrivit à Fasquelle, qui lui avait proposé une réédition de *La Sagesse et la Destinée* dans la collection Le Livre de Demain : « D'accord pour les Fayard. Profitons-en pour supprimer la dédicace à Georgette. Elle est imméritée... »

Lorsqu'il apprit la décision de Grasset de publier les mémoires de son ancienne compagne, il protesta auprès de l'éditeur et dénigra le manuscrit, selon lui un tissu de ragots, « genre concierge ». Grasset, fair play ou prudent, le lui avait-il adressé ? C'est possible. En tout cas, l'éditeur ne se laissa pas impressionner par l'autorité du Prix Nobel, membre de l'Académie royale de Belgique — où il ne parut point —, auteur vénéré sur plusieurs continents.

En 1931, le vieil homme craignait un règlement de comptes, des révélations qui auraient terni sa respectabilité. Rangé, riche, honoré (Grand Croix de la Légion d'honneur, diverses décorations françaises et étrangères), propriétaire foncier, devenu politiquement conservateur, sinon fasciste — n'avait-il pas préfacé les écrits de Salazar, le dictateur portugais ? — ; et, de plus, reniant le symbolisme de sa jeunesse, l'irruption de son passé vu par l'ex-compagne délaissée au profit de Renée Dahon l'effrayait. La jeune madame Maeterlinck attisait ses craintes, anticipant un déballage de leur vie intime entre 1911 et 1918, sûrement préjudiciable à l'anoblissement du poète prévu pour 1932, ce dont ils étaient informés par la cour de Belgique.

Les articles de la presse Hearst publiés entre 1920 et 1923 laissaient, en effet, présager le pire, mais à condition que Georgette fût habitée par l'esprit de vengeance. Les révélations de la presse américaine étaient plus à mettre au passif des méthodes journalistiques en usage outre-Atlantique qu'à celui de la cantatrice, qui essaya, dans la mesure du possible, d'atténuer le contenu de ses premières confessions, la seule marchandise monnayable grâce à laquelle elle survécut les deux premières années à New York. En fait, Maeterlinck et Renée jugeaient par rapport à eux-mêmes. Se trouvant dans la situation de leur soi-disant persécutrice, ils eussent probablement utilisé tous les moyens pour la détruire.

Compagne d'une des figures les plus pures de la *Lost Generation*, Georgette Leblanc marchait dans une autre direction que ceux qui, ayant atteint son âge, réussirent à se retirer sur une position matérielle héritée ou acquise. En1894, elle aidait les poètes et les peintres décadendistes dans le besoin. En 1930, ex-cantatrice, écrivain oublié, retournée à la marge, elle réunissait les morceaux épars de sa vie autour de sa passion pour le poète et son œuvre. Tout était parti de là et tout y revenait maintenant, au risque de l'incompréhension. Mais elle n'y pouvait rien. Sa vie n'était pas plus incohérente que celle de son ancien compagnon. Georgette gardait donc la tête haute. Elle se demandait quand même parfois si, pour ceux de sa génération, elle n'était pas devenue une sorte d'injure vivante. Au cours d'un voyage en train dans le Midi, elle avait croisé André Gide et avait écrit à sa vieille amie Madeleine Maus : « J'ai vu qu'il me reconnaissait. J'aurais voulu lui parler, mais puisqu'il m'ignora totalement, je lui ai offert davantage en lui foutant la paix. » Elle aurait pourtant aimé discuter avec Gide de *Si le grain ne meurt*, son livre de chevet depuis quelques années.

Jeune femme, elle avait rarement réussi à entraîner Maeterlinck dans ses tournées. Renée, elle, le fit voyager. Sous son impulsion, entre 1921 et 1926, ils parcoururent le sud de l'Europe, le Proche-Orient et le Maghreb. En 1925, il acheta le château de Médan. Il ne lui était pas indifférent que Ronsard y eût séjourné ou que Henri IV y eût dormi avec Gabrielle d'Estrées. Il ne put s'empêcher de relater ces anecdotes relevant de la petite histoire de Médan à un de ses amis d'enfance, l'écrivain flamand Cyriel Buysse qu'il louait d'autre part d'avoir choisi le néerlandais comme langue littéraire. Trait d'humour typiquement maeterlinckien !

Autrefois, Zola avait habité Médan, dans une belle maison bourgeoise où, chaque année depuis sa mort tragique, l'on célébrait sa mémoire. La petite ville se trouve dans l'ancien département de Seine-et-Oise comme Maisons-Laffitte et Saint-Germain-en-Laye entre lesquels se situe le Pavillon de la Muette. Ainsi Georgette et Maeterlinck étaient proches géographiquement.

Un parc entourait le château. Se croyant désormais entomologiste, le Prix Nobel publia sur les fourmis, les termites et les araignées des livres qui se vendirent très bien. Renée, qui rêvait toujours d'une carrière théâtrale, crut marcher sur les traces de Georgette en se faisant aménager un salon-théâtre pour lequel Maeterlinck écrivit de courtes pièces à trois ou quatre personnages. Ni l'autoflagellation pratiquée depuis ses débuts, ni l'âge ne nuisaient, en termes quantitatifs, à sa production toujours abondante ; et son désir d'être publié et joué, que ce fût au théâtre, à l'opéra ou au cinéma, demeurait extrêmement vif. L'une des pièces écrites pour le salon-théâtre, *Le Malheur passe*[621], n'est pas sans rapport avec la crise de 1918, qui détruisit pour toujours sa confiance en Georgette. À la fois policier, psychologique et historique, ce drame en trois actes se déroule dans la propriété d'un Russe, en Finlande, « près d'Helsingfors », pendant quelques jours de l'année 1903. La localisation géographique et temporelle précise indique un souci réaliste, chose assez rare chez Maeterlinck. Le plus intéressant

[621] Publiée dans *Les Œuvres libres* en 1925, elle fut jouée au Théâtre du Parc de Bruxelles en 1927.

est évidemment ce qui se joue entre Axel, jeune Finlandais, et les jeunes filles russes, Tatiana et Sonia, toutes deux amoureuses de lui. Tatiana, recueillie par les Bielensky et traitée comme une sœur par Sonia, se révèle machiavélique. Sachant qu'Axel est l'assassin involontaire du père de Sonia, elle manipule doublement sa « sœur » et le jeune meurtrier, puisqu'elle s'apprête à dénoncer ce dernier au commissaire Tormassov. Ne le perdra-t-elle pas de toute façon ? Mais elle se vengera de Sonia et d'Axel. Avant de le livrer, elle apprend à Sonia qu'il a tué son père. Sonia est alors prise entre le devoir et l'amour. Axel avoue mais explique qu'il s'agit d'un accident. On était dans l'oscurité. Un homme allait l'abattre : il a tiré le premier. Hélas, c'était le père de Sonia. La jeune fille devrait haïr le meurtrier, mais n'y parvient point. Tatiana comprend que Sonia aime trop Axel pour ne pas lui pardonner la mort de son père. Mais alors que Tormassov va arrêter le Finlandais, Tatiana l'innocente et se suicide. Si on enlève le malentendu qui conduit Axel à tuer stupidement le père de Sonia, on a dans toute sa pureté le conflit typiquement maeterlinckien de l'homme qui, ne pouvant choisir entre deux femmes, ne parvient pas à les aimer en toute équité. L'une doit donc se sacrifier pour qu'il soit heureux, ou en tout cas soit sauvé de ce dilemme.

Dans *Aglavaine et Sélysette*, l'infantile épouse délaissée par son mari se suicide, de telle manière que sa mort passe pour un accident. Aglavaine et Méléandre ne sont pas dupes et leur amour « coupable » est désormais ruiné par le remords. On se souvient que Maeterlinck avait écrit cette pièce en compensation de sa rupture avec Laurence Alma-Tadema. Vaincue dans la vie par Georgette, Laurence *(Sélysette* dans la pièce) l'emportait au théâtre au détriment de la belle et puissante *Aglavaine* (Georgette dans la vie). Ainsi Maeterlinck se pardonnait-il à lui-même la défaite de Laurence et la sienne. N'avait-il pas été contraint de choisir ? Dans *Le Malheur passe*, Tatiana évoque Renée — accueillie et « traitée comme une sœur » par Georgette —, tandis que Sonia n'est autre que Georgette. Tatiana se suicide au théâtre, mais Renée, son modèle, a épousé Axel-Maeterlinck. Dans la vie, Georgette perdait la partie, à la suite d'un obscur complot fomenté par Renée, qui forçait Maeterlinck à rompre par souci de sauver la face. Sonia, dans une Finlande imaginaire, gardait Axel sauvé par le sacrifice de Tatiana. Comme d'autres personnages masculins de Maeterlinck, Axel subissait les événements plus qu'il ne les entraînait. Il était le frère de Pelléas, de Méléandre, de Lancéor, un homme passif et lâche devant les femmes... Dans *Le Malheur passe*, on entendait une chanson étrangement significative du désarroi psychologique du poète après sa rupture avec Georgette : « L'amant dit à la belle / — Où est la vérité ? / — La vérité, dit-elle / Qui donc s'en fût douté ? / La vérité, dit-elle, / Est morte et enterrée... »

Si cette pièce fut effectivement représentée à Médan, elle dut mettre mal à l'aise Renée Maeterlinck et les relations anciennes de l'écrivain ...

Le couple régnait sans complexe sur son domaine. Un écho de presse nous rapporte que madame Renée Maeterlinck, au volant de sa voiture, renversa un cycliste qui s'en tira sans aucune contusion. Elle fut cependant bassement insultée par la victime et des témoins. Maeterlinck, son passager, dut distribuer quelques coups de poing pour disperser les manants. L'accident donna lieu à un jugement devant le tribunal correctionnel mais la conductrice maladroite fut relaxée.

Stratégie et manies d'un grand éditeur

Grasset sentait tous les ingrédients du succès dans le manuscrit de Georgette et désirait le publier, que cela fît plaisir ou non à Maeterlinck.

À l'automne de 1930, les trois amies, avec beaucoup d'ingéniosité et peu de moyens, aménageaient le Pavillon de la Muette en prévision de l'hiver, lorsque Georgette reçut les notes à partir desquelles Grasset pensait rédiger une préface à son livre. Était-ce la crainte d'un procès qui l'animait ? Il exprimait une « animosité grossière » envers Maeterlinck. Devant les protestations de la mémorialiste, l'éditeur la pria d'attendre le texte avant de juger. Au début de 1931, elle réceptionna la première mouture de l'introduction et reprocha au préfacier de la présenter d'une manière caricaturale, comme une espèce de « revendicatrice », ce qu'elle n'était pas, ainsi que son livre le faisait aisément apparaître. En fait, au lieu de défendre bec et ongles l'auteur dont il allait mettre le livre en vente, Grasset le critiquait tout en faisant semblant de partager avec lui la responsabilité de son œuvre. C'était navrant.

Georgette ignorait tout de la manie scripturaire de son éditeur. Il avait déjà essayé de se substituer à André Rouveyre, à qui l'on doit en France la réédition des œuvres de Balthazar Gracian, en lui proposant cavalièrement de remplacer sa préface par la sienne. L'ami d'Apollinaire tint bon et Grasset dut abandonner ses prétentions. Mais sa graphomanie s'aggrava, ainsi que ses troubles psychologiques. Il tenta « d'introduire » les romans de ses auteurs les plus prestigieux qui, tous, avec un bel ensemble, refusèrent. Ce qui ne l'empêcha pas, dans certains cas, d'abuser de son pouvoir. De plus, les préfaces ne suffisant plus à combler sa dévorante passion, il se lança tout seul dans l'écriture et trouva même en la personne de Gaston Gallimard — son principal rival à Paris — un éditeur, peut-être secrètement ravi de publier les élucubrations parfois ridicules de son ami Bernard.

Georgette avait une autre raison d'être sur ses gardes. Son contrat était léonin. Elle demanda conseil à Maurice Leblanc, qui se reposait à Nice. « Lupin » grippé répondit : « (...) J'ai su par Jehanne que vous aviez été deux jours à Tancarville. As-tu de la veine de garder cette activité sans te fatiguer ! » Remarque plaisante de la part de quelqu'un habitant un hôtel particulier de la rue de la Pompe, propriétaire du Clos-Lupin à Étretat, qui séjournait au Carlton ou au Négresco, et sachant sa sœur locataire d'un pavillon de chasse sans confort situé dans la forêt de Saint-Germain. Naturellement, de sa position d'auteur à succès, Maurice s'indigna et conseilla la fermeté : « J'espère que tu n'auras pas cédé devant la tentative inqualifiable de Grasset. Il profite de ta faiblesse pour t'extirper une concession qui est considérée pour tout le monde comme une monstruosité. Une large commission, soit. Un pourcentage est honteux, étant donné ton apport dans le passé et dans le présent. Mais ça ne se discute même pas : un tiers pour lui, deux tiers pour toi, c'est déjà inespéré pour lui. »

Les propos de Maurice laissent entendre qu'il y a pire que la préface abusive. Grasset toilettait les manuscrits de ses auteurs, raturait, conseillait. En ce qui concerne la chose littéraire, il était crédité d'un flair exceptionnel. On peut donc se demander si, non content d'imposer une préface à Georgette, il ne lui fit pas payer aussi ses suggestions et ses remaniements forcés en exigeant un pourcentage sur ses droits d'auteur. Dans ce cas alors, Maurice aurait eu raison, c'eût été vraiment « honteux ».

Enfin, le 3 mars 1931, elle prit connaissance des épreuves de l'introduction face à l'éditeur à la mèche sur le front et à la petite moustache, à qui, le temps passant, l'on trouverait de plus en plus de ressemblance avec un célèbre homme d'État d'outre-Rhin. La thèse de Grasset était une réplique outrancière au livre qu'il prétendait « défendre » et pour lequel il se déclarait plein de sollicitude. Il peut arriver qu'un éditeur se trompe sur le sens du manuscrit qu'il accepte, mais généralement le public n'en sait rien. Là, au seuil de *Souvenirs*, Grasset étalait ses fantasmes avec une telle véhémence, que Georgette refusa désormais sa prose.

Henry Muller — secrétaire général de la Maison — occupait le bureau mitoyen. Il entendit des hurlements et vit sortir l'auteur et l'éditeur. « Je ne veux pas de votre préface ! » criait Georgette, tandis que Grasset : « Sans ma préface, votre livre n'est plus rien, sachez-le bien ! » Et comme Georgette portait son manteau en peau de léopard, Grasset lui jeta : « Ah ! Et puis la barbe, je ne suis pas un dompteur ! » Il profita de sa « stupeur outragée » pour disparaître.[622]

Entre la première mouture de l'introduction qu'elle avait jugée injuste envers Maeterlinck et la dernière — odieusement simpliste mais dans le sens opposé —, il s'était passé un petit événement ridicule mais lourd de conséquences. Grasset aimait essayer sur ses visiteurs l'effet de sa prose. André Malraux était entré dans son bureau. À trente ans, il passait pour un révolutionnaire. Avant son second voyage en Indochine, Grasset se l'était attaché en lui versant une avance de 3 000 francs sans qu'il eût écrit une ligne. Depuis, ayant publié un essai et deux grands romans, l'écrivain poursuivait son ascension. Deux ans plus tard, il recevrait le prix Goncourt pour *La Condition humaine*. Il écouta Grasset lire son introduction et exprima son désaccord. Selon lui, un grand écrivain ne devait jamais rien à une femme, et surtout pas un Maeterlinck à une Georgette Leblanc ! Sans Maeterlinck, soutint Malraux, Georgette Leblanc n'eût été rien du tout. Il reste à savoir comment il put prendre une position aussi tranchée envers des personnages qu'il ne connaissait pas. Éprouvait-il une farouche admiration envers l'œuvre de Maeterlinck ? Claire et Yvan Goll avaient-ils critiqué Georgette devant lui ? Rempli de son propre génie et aspirant lui-même aux plus hautes destinées littéraires, sans doute se retrouvait-il spontanément, dès lors qu'il était illustre, au côté d'un poète soi-disant attaqué. Et il n'est pas exclu, sans chercher plus loin, qu'il ait combattu la thèse antimaeterlinckienne de son éditeur par esprit de contradiction. Cependant, on trouve une explication très plausible de la position sans nuance de Malraux dans un texte de sa première épouse. Clara Malraux écrivit dans *Nos vingt ans* : « Mon compagnon était misogyne. (...) Je me souviens du ton sur lequel il disait : « C'est de la peinture de femme. » Il me parla aussi de l'esprit de corps féminin ; (...) Mais une fois qu'il m'eut parlé de l'esprit de corps féminin, je ne fus pas longue à découvrir l'esprit de corps masculin, puis, un peu plus tard, tout ce que cet esprit de corps impliquait de mépris, conscient ou inconscient, pour les femmes. » Cet esprit de corps masculin régnait en maître dans les milieux de l'art et de l'édition. À l'appui de ses dires, Malraux conseilla perfidement à Grasset de lire *Nous autres les chiens* (sic), le charmant livre que Georgette avait publié en 1919. Il méprisait tellement ce livre qu'il en estropia le titre, *Nos chiens,* pour mieux ridiculiser cette femme qui osait « juger » Maeterlinck. Ravi d'avoir manifesté sa solidarité envers un de ses pairs tout en désarçonnant son éditeur connu pour sa versatilité, il oublia

[622] Henry MULLER, *Trois pas en arrière*, La Table ronde. 1952.

aussitôt la controverse. Grasset, quant à lui, obsédé par son sujet, se procura le livre de Georgette, ne l'aima pas et en déduisit mécaniquement que l'auteur d'un livre aussi léger ne pouvait prétendre avoir réellement influencé l'illustre Maeterlinck. Ce texte frais, enjoué, d'un humour grave et profond sous ses airs divertissants, mettait en scène les animaux de la maisonnée Maeterlinck.[623] Golaud, dit le surchien, raisonnait en considérant l'étrange vie de son maître.

Si l'on en croit Henry Muller, ce fut donc l'hostilité déclarée du jeune André Malraux à la personne de Georgette Leblanc qui causa indirectement la rupture de la cantatrice avec Grasset.[624]

Heureux d'avoir cru prendre en défaut un de ses auteurs — ce qui était aussi un trait de son caractère — l'éditeur de la rue des Saints-Pères avait maintenant une autre thèse à défendre.

Elle refusait son texte, mais le contrat était rédigé de telle manière qu'il lui fut impossible d'obtenir gain de cause. Personnalité compulsive et frénétique, écrivain rentré, Grasset tenait autant à son introduction que Georgette à son livre. Il agita plusieurs mesures punitives. Devant le procès, la non-publication de *Souvenirs* et — le comble ! — la menace de l'édition en plaquette de la satanée préface, elle céda sur les conseils de son propre avocat, Me Moro-Gaffieri. Sa lutte épique contre le groupe Hearst aux États-Unis lui avait au moins appris qu'une femme-auteur, solitaire et pauvre, ne peut espérer faire plier l'un des deux plus grands éditeurs français. L'enjeu que représentait pour elle, après douze ans de silence, la publication de son livre, ajouté à sa misère la forcèrent de subir ce qu'elle aurait combattu trente ans auparavant, forte de sa jeunesse et de l'appui de Maeterlinck. Sur ses services de presse, elle ajouta cependant : « Prière de juger ce livre sur ce qu'il contient, non sur l'introduction. » Grasset les fit détruire. À la fin, elle se résigna et dédicaça ses exemplaires sans plus de résistance. Comme si son introduction-pavé de l'ours ne suffisait pas, Grasset avait fait imprimer une bande : « Une femme donna et se prit à le regretter. » Mais Georgette n'était pas au bout de son humiliation. L'éditeur exigea d'elle une dédicace sur un exemplaire de luxe. Elle refusa. Alors : « Vous n'avez qu'à écrire à ce salaud de Grasset » ou « l'ignoble Grasset qui... » Puis voyant que son cynisme ne marchait pas, il passa à un autre registre : « (...) je n'imaginais pas que vous seriez si contrariée, pourtant vous ne m'avez pas attendu pour vous laisser rouler... vous devriez avoir l'habitude d'être roulée ! »[625] Leurs relations déjà bien compromises s'arrêtèrent là. Dans ses carnets, Georgette esquissa une description de « son » éditeur : « traits puérils, plus jeune que l'âge... en protestation contre l'armature fabriquée par la vanité ; caractère bâti sur la mouvante lâcheté. Un dos passe entre les vitres sales, un dos !... »

À lire l'abusive introduction, on comprend l'indignation de Georgette. D'emblée, l'éditeur se permet de porter un jugement esthétique sur son livre. Selon lui, il serait inutile d'y chercher « l'ordonnance d'une œuvre élaborée. Il participe du désordre de la vie. » Puis il prétend fournir une clé aux lecteurs qui risqueraient

[623] Georges Simenon, dans ses *dictées*, parle de *Nos chiens* avec sympathie. « Il s'agissait, tout en racontant l'histoire des chiens qu'elle-même et Maeterlinck avaient possédés au cours d'une vingtaine d'années, d'évoquer la vie du couple que l'on voyait comme en transparence. » G. Simenon, Op. Cit.

[624] Henry MULLER, Op. Cit.

[625] Georgette LEBLANC, II, Op. Cit.

autrement d'être déroutés. Trente-deux pages lui suffisent à peine. Il plaide… l'ignorance de Georgette. Elle s'est trompée sur toute la ligne. Maeterlinck aussi d'ailleurs… Et l'on croirait entendre la plaidoirie d'un avocat dans un procès en divorce. Comment départager les plaignants ? À qui attribuer les propriétés intellectuelles nées de l'industrie de l'ancien couple ? Au passage, sans les nommer, il évoque Colette, Willy et la querelle sur la paternité de la série des *Claudine*, mais insiste tout de même avec raison sur le fait que *Souvenirs* retrace une controverse d'une autre envergure. À part cela, son analyse du malentendu entre Georgette et le poète souffre de n'être que la projection de sa philosophie simpliste du couple. Pour « s'accomplir », la femme doit accepter de devenir la *chose* de l'homme. Surtout celle d'un génie ; la Nature, l'Enfantement et autres balivernes, tout est jeté pêle-mêle.

Plus sérieusement, la construction intellectuelle de l'éditeur poursuit deux buts pratiques : dissuader Maeterlinck de demander l'interdiction de l'ouvrage et lancer *Souvenirs* sur le marché. Car le livre est neuf aussi bien par sa conception que par son écriture. Ses personnages principaux, le Maître et l'Égérie sont encore bien vivants et il est écrit par la seconde. Aussi Grasset est-il certain de tenir un succès de librairie, ce qui, de son point de vue de grand commerçant du livre, est bien entendu essentiel. Tant pis si son introduction violente le sens du texte qu'elle prétend défendre en insistant sur sa noblesse. À la fin, il plaide éloquemment la « paix des braves » : « À tous les esprits clairvoyants, vous ne pourrez donc apparaître dans votre récit, [*Georgette Leblanc*] que comme une femme douloureuse, victime d'une trop longue erreur. Ne demandez pas davantage. — Et vous, Maurice Maeterlinck, soyez indulgent à ce livre. Supportez-le. Payez de votre silence un attachement qui eut pour vous son prix. Il serait par trop injuste de ne point permettre à une femme, qui préféra votre fécondité à la sienne — même si elle transpose en querelle de l'esprit une révolte de sa nature — de dire au moins son chagrin. » Allons, Maeterlinck, soyez galant, une femme a bien le droit de gémir sur votre inconsolable perte, surtout s'il ne lui reste plus que ses yeux pour pleurer ! L'espoir de l'éditeur est de faire naître une polémique qui servirait à la publicité du livre édité « pour son plaisir ».

Habile stratège, il a lu très attentivement le manuscrit afin d'y trouver le meilleur matériel de lancement possible. Et s'il profère beaucoup de bêtises, il ne se trompe guère — question d'affinités ? — sur le caractère secret de l'illustre poète mis en cause : « Il faudrait, écrit-il, pouvoir parler, en toute liberté, de la féminité de Maeterlinck, si manifeste dans votre récit, en dépit des témoignages contraires qu'il s'attacha toujours à donner aux autres, et surtout peut-être à lui-même, en dépit de son aspect physique de lutteur. Cette féminité qui lui fut particulière, aggrava en effet singulièrement, selon moi, celle qu'il tenait de son génie. »

En définitive, l'éditeur-écrivain croit tellement en la valeur littéraire de son texte qu'il va le réunir à d'autres du même acabit. La simple introduction destinée à stimuler la vente et à témoigner des bonnes manières de Grasset envers Maeterlinck paraîtra en 1936 sous le titre *La Compagne du créateur* dans un nouveau recueil de *Commentaires* publié chez Gallimard.

Un événement littéraire

Ma vie avec Maeterlinck était à la fois vrai et accrocheur. Aussi Grasset fit-il d'abord imprimer le livre sous ce titre, certaines pages de la première édition courante portant encore dans la marge du bas le nom de Maeterlinck. Averti du caractère procédurier de l'auteur de *La Vie des abeilles*, il hésita jusqu'au dernier moment, jugeant finalement plus sage de choisir un titre discret et neutre. Ce fut *Souvenirs*. Pour contrebalancer l'effet de cet effacement, Grasset décida de bien faire comprendre que cette édition relevait de son choix personnel, et il la sortit dans sa collection de prestige « Pour mon plaisir », le fleuron de ses éditions, où étaient déjà parus des romans de Chardonne, Châteaubriant, Cocteau, Giono et Irène Némirovsky. *Souvenirs* fut suivi, dans la même collection, d'œuvres de Yourcenar, Bernanos et Colette…

Avant la parution, Jacques Chardonne, de passage rue des Saints-Pères, félicita Georgette dans la salle des services de presse. Le romancier du bonheur conjugal venait d'accepter — contraint et forcé lui aussi — une préface de Grasset à son roman, *Claire*. Il dit à Georgette, qui se plaignait de l'abus de pouvoir de leur éditeur : « Mais vous avez tort, la préface, ça ne fait rien. Moi, j'étais opposé à l'idée de votre livre, mais je l'ai ouvert et tout de suite je l'ai aimé. »[626] Pourtant, lorsque son roman sortira, il arrachera la maudite préface de Grasset dans les tirages qu'il réservait à ses amis.

En mars 1931, l'édition courante des mémoires de Georgette Leblanc fut disponible en librairie. Le livre était dédié « À mon frère Maurice Leblanc. » Les bibliophiles s'offrirent l'édition numérotée limitée à 2 664 exemplaires de la collection « Pour mon plaisir ». *Souvenirs* en était le neuvième titre.

André Billy, Ernest-Charles, André Maurois, Pierre Descaves, Albert Thibaudet, Vérine, et bien d'autres à Paris et en province, une majorité de critiques littéraires, partagèrent l'opinion de Chardonne sur *Souvenirs*. Dans *La Française*, Vérine écrit : « M. Bernard Grasset mit dernièrement les gens de lettres en grand émoi en décrétant qu'il « casserait les reins au roman ». Qu'est-ce que cela peut bien nous faire qu'il en veuille à mort aux innombrables avortons, nés avant terme et le plus souvent tarés ? (…) Il y a des livres plus passionnants que tous les romans du monde, des livres irritants, dont on discute jusqu'à en perdre le dormir (*La Grande Peur des Bien-Pensants*, de Bernanos), des livres qui sont le sujet de toutes les conversations du jour comme *Souvenirs*, de Georgette Leblanc. Je ne sais s'il existe de roman plus palpitant que ce récit où l'émouvante sincérité de l'auteur nous permet de voir aussi clair que possible dans un cas d'une incroyable complexité. « Êtes-vous pour lui ? êtes-vous pour elle ? vous demande-t-on. Il y a décidément une « Affaire Maeterlinck ». Cependant, la journaliste, si elle reconnaît à Georgette le caractère d'une grande artiste et d'une grande inspiratrice, lui dénie tout génie créateur. Elle la compare à Mme Curie et Colette qui, elles, en sont pourvues ! Le rapprochement de ces deux personnalités laisse cependant rêveur. Marie Curie, génie scientifique, dut affronter d'énormes difficultés pour s'affirmer. En ce qui concerne Colette — incontestable écrivain —, le terme de génie est exagéré. Willy demandait du travail à Colette, pas du génie, des petites histoires croustillantes… Les *Claudine*, qu'elle a revendiquées, n'expriment pas le sommet de la pensée. Colette a fait son apprentissage

[626] Ibid.

et, s'étant purgée de sa sève adolescente dans l'érotisme 1900, libérée du joug, a pu continuer, pour son compte, à romancer sa vie. Georgette n'a jamais appris à écrire de la littérature commerciale. Sa pensée a été directement absorbée dès *Le Trésor des humbles* et *La Sagesse et la Destinée*. Et puis, elle n'avait pas un tempérament de conteuse ou de romancière. Elle aimait être vraie, ce que Maeterlinck lui reprochait avec ironie. Vérine, qui reprend sans sourciller les clichés habituels sur l'homme créateur et la femme inspiratrice, n'est pas consciente du drame qui s'est joué et qui se joue encore pour Georgette, douze ans après la séparation. Des années de refoulement ont affaibli sa force créatrice. Elle se trouve dans l'état d'une grande malade qui n'aurait recouvré que partiellement ses forces. Elle ne peut les disperser… « On ne parle de façon créative que dans la tranquillité comme M.M. Tous les tumultes, les forces, les mouvements devaient d'abord se cristalliser et surgir lentement au milieu des grands espaces vides », écrit-elle dans son carnet de 1931.

Albert Thibaudet, un ami de Mauclair[627], songea, après la lecture de *Souvenirs* aux couples George Sand-Musset, D'Annunzio-la Duse, les amants de Venise, comme il les appelait. Il compara avec humour Maeterlinck à George Sand… Son impression fut plutôt favorable. *Souvenirs* était précieux pour le critique d'aujourd'hui, émouvant pour le lecteur et, somme toute, à l'honneur du couple Maeterlinck-Georgette Leblanc désuni, mais uni avec des hauts et des bas pendant au moins vingt ans.

Souvenirs raviva l'extraordinaire impression reçue par Pierre Descaves autour de la table paternelle et au Théâtre Réjane, lorsque Georgette jouait La Lumière avant 1914. En 1931, critique à *L'Avenir*, il rendit un hommage passionné à la grande artiste. « Rien d'aussi beau ni d'aussi fort n'a été écrit depuis longtemps. Les *Souvenirs* de Mme Georgette Leblanc, c'est l'offrande au génie. Voyons ce que valait le génie ; voyons ce que vaut l'offrande. »[628] Dans son feuilleton littéraire du 23 mars, il défendit Georgette contre son éditeur-préfacier. Il affirma qu'il lui eût été facile, si elle avait voulu se venger, d'écrire un *Maurice Maeterlinck en pantoufles*.[629] Le critique avait compris, lui, que le livre tirait sa valeur de la relation du drame de « deux âmes, de deux corps ; c'était très grand, très beau. » Maeterlinck avait privé son œuvre « de sa partie la plus belle, de son élément le plus immatériel, de sa Lumière ! Il nous devait des explications pour le moins. » Et Pierre Descaves d'interpeller Maeterlinck : « Répondez, Maurice Maeterlinck ! »[630]

Évidemment, Maeterlinck ne répondit pas. « On » répondit pour lui. « On », c'est-à-dire les grands critiques. Pierre Descaves observe judicieusement : « L'auteur du *Trésor des humbles* « tenait » par l'amitié, les souvenirs personnels ou simplement par l'admiration vouée à ses œuvres, les grands maîtres de la férule littéraire. Certes, ils consentirent des articulets, de petits « filets » au livre qui

---

627 Pendant les mois de mai et de juin 1919, Thibaudet rédigea son essai *La campagne avec Thucydide*, dans le bastidon situé sur les hauteurs de Grasse, qui appartenait à Mauclair et à sa femme.

628 Pierre DESCAVES, *Visites à mes fantômes*, Op. Cit.

629 Allusion au livre *Anatole France en pantoufles*, par son ancien secrétaire.

630 Pierre DESCAVES, Op. Cit.

mettait si vivement en cause l'honneur littéraire d'un écrivain, mais en se jouant, en abordant le problème avec une aimable ironie. »[631]

La lucidité de Pierre Descaves lui valut une lettre reconnaissante de Georgette, à en-tête du « Château de la Muette, Maisons-Laffitte (Maisons-Laffitte, 364) », en fait l'adresse et le téléphone de sa sœur. En ce début de printemps, Jehanne devait occuper le château, Georgette et ses compagnes vivant au pavillon. Bientôt, elle donna rendez-vous au critique dans un salon de thé de la rue de Rivoli. C'était le 15 avril. Descaves se souviendra de la toilette de Georgette : « court mantelet de velours noir aux longues manches flottantes intérieurement brodées d'une bande de zibeline, toque « léopard » dégageant le long visage pensif et ferme, tout de blanc poudré. » Par contraste, le mantelet retiré faisait apparaître une « robe très simple ». Peu de bijoux. Une chaîne d'argent et, à l'index de la main droite, « un anneau chargé d'une pierre sombre. »[632]

Enfant, il l'avait contemplée. Une trentaine d'années plus tard, il se retrouvait face à une dame intemporelle. Et ce qui le saisit immédiatement, ce « fut le sens qu'elle possédait de l'exposition des idées générales : aucune frivolité dans cette tête bien organisée, à la froide objectivité. »[633]

La suite de l'entretien le convainquit qu'il ne s'était pas trompé à la lecture de son livre, et même qu'elle se révélait encore plus forte que ce que les meilleurs passages de *Souvenirs* laissait imaginer.

Leur relation épistolaire continua jusqu'à la fin de l'été. Pierre Descaves n'oublia jamais Georgette Leblanc.

La presse catholique française et belge condamne évidemment le déballage intime et lui aurait préféré un « silence digne ». Certains articles de la presse de province raillent la muse indiscrète. En Italie, le *Corriere della Sera* publie un article favorable d'Ugo Ojetti : « un libro indiscreto, s'intendo ma redatto con tante arte et vivezza che l'indiscrezione è sùbito perdonata. »

En juin, Georgette répond dans *Comœdia* à un article de Maurois (lui-même auteur Grasset) paru dans *Les Nouvelles Littéraires*. « Malentendus profonds, sans remède, écrit-elle, entre les autobiographes et ceux qui les interprètent. Tout ce que le lecteur lit entre les lignes appartient à son inconscient ; tout ce que son inconscient refuse de lire dans le texte appartient à l'universelle nécessité de l'homme de s'analyser lui-même à la place de celui qu'il croit analyser.

« Un de mes buts en écrivant mon livre (...) fut de me préserver de cette universelle substitution. Mais on ne se préserve pas contre une tendance humaine. Entre nous et notre expression il y aura toujours l'interprétation d'autrui. Une vie écrite est aussi énigmatique pour le lecteur que l'est une vie vécue pour le spectateur.

« André Maurois, dans un fort bel article d'ailleurs, a parlé (...) du " malentendu profond, sans remède " qui existe toujours " entre les poètes et ceux qui les aiment " — entre le créateur et son public. On n'imagine pas cependant que j'aie pu représenter le public pour Maeterlinck. Nos rapports étaient tout simplement ceux de l'artiste à l'artiste. Là, aucun malentendu possible entre nous.

---

[631] Ibid.
[632] Ibid.
[633] Ibid.

« Il est étonnant et intéressant de constater comment un esprit aussi parfaitement honnête que celui de Maurois peut tourner, changer, altérer le sens de certaines phrases d'un livre pour étayer sa propre thèse.

« Cette thèse tend à démontrer que, si Maeterlinck travaillait ponctuellement, avec un ordre, une mesure irréductibles, moi je ne pouvais comprendre cela. Je devais être déçue par tant de rigueur et ne comprendre que " l'inspiration ". Maurois établit ici un vague rapprochement avec la muse de Flaubert, Louise Colet, poétesse qui n'admet pas que le poète soit le " maçon des mots ". Elle travaille avec la négligence qu'elle appelle " inspiration ", et elle est surprise, indignée, de voir Flaubert se préoccuper de la place d'une virgule ou du choix d'un adjectif ! Tout cela pour arriver à dire que nous ne pouvions guère nous accorder, Maeterlinck et moi.

« Notre entente mentale fut au contraire exceptionnelle. Pour ma part, écrire sans posséder la science de l'adjectif choisi et de la vigilante virgule, c'est — ne pas écrire.

« Certes à vingt ans [*manière de parler : elle a plutôt vingt-six ans comme on sait*], lorsque pour la première fois j'ai entrevu la " mécanique " de la vie du poète, les limites étroites dans lesquelles il se renfermait, le soin qu'il prenait à éviter les moindres dérangements et les moindres troubles, j'ai pu être d'abord surprise ; mais j'ai compris aussitôt que c'était là sa méthode, les habitudes qui étaient conformes à son organisme et favorables à son travail.

« Ce n'est pas une raison pour décréter que tous les écrivains produisent dans les mêmes conditions. Il y a mille espèces d'artistes, autant d'organismes, autant d'habitudes différentes. On ne peut rien créer sans ordre, mais les créateurs peuvent vivre sans ordre. Tous ne règlent pas leur existence suivant un mode irréductible. On a souvent cité la ponctualité d'un Taine, fonctionnant comme une horloge. Elle était donc assez rare.

« D'ailleurs, par mon acquiescement dévotieux, j'ai encouragé la régularité des gestes du poète, et maintenant que je mets au-dessus de tout l'intérêt de la recherche psychologique, j'incline à croire qu'en abritant sa vie, en la préservant sans cesse de tout ennui, j'ai peut-être eu tort. Je ne pense pas qu'il soit favorable à un créateur de vivre sans risques. Rappelons-nous ce que dit excellemment Aldous Huxley dans " Contrepoint " :

« Un homme, retenez bien ça. Ni ange ni diable. Un homme c'est un être sur une corde raide, qui marche délicatement, en équilibre, ayant à l'un des bouts de son balancier l'esprit, la conscience, l'âme, et, à l'autre bout, le corps, l'instinct et tout ce qui est inconscient, tout ce qui appartient à la terre, tout ce qui est mystérieux. En équilibre. Oui. Ce qui est bigrement difficile. »

« Cet équilibre existe chez Maeterlinck. Mais s'il y a une corde raide, elle est tendue près du sol — elle ne franchit pas un abîme. Il n'y a jamais eu, il n'y a pas, il n'y aura jamais de danger dans une vie dirigée comme Maeterlinck dirige la sienne. Quand une fois, il a eu une opportunité de désordre, il s'est précipité dans la voie la plus proche pour y échapper.

« En résumé, Maurois écrit que j'ai été déçue par le silence du créateur. Non. Le silence du créateur nous avait unis. Le silence de l'homme nous a désunis.

« Il dit encore : " Quelle vie peut offrir à une femme celui qui, pour être lui-même, doit vivre hors de la vie " ? Hors de la vie ! C'est pour moi la seule vie. Le reste ? Carnaval des monstres à Nice…

« *Souvenirs* a éclairé tous ces points, mais la thèse d'André Maurois était ailleurs. Pour tenter, finalement, de la solidifier, il lui fallait prouver que j'avais apporté à Maeterlinck une vie élémentaire. Il a donc prélevé dans deux lettres du poète deux tronçons de phrases et les a assemblés. Ainsi, il obtint le sens dont il avait besoin — sens absolument opposé à la vérité des citations.

« Tout écrivain, nous dit Maurois, s'attache à ceux ou à celles qui le replongent dans la nature, dans la vie élémentaire. Maeterlinck à Georgette Leblanc : " Tu es, me semble-t-il, l'être le plus vivant qui ait jamais existé... Tu es un être de vie et de lumière... tu m'as fait revivre. Vraiment j'ai besoin que tu joues parfois devant moi, que tu ries, que tu cries, que tu sautes dans l'herbe. "

« Et voici la suite de la pensée de Maeterlinck : " que tu sautes dans l'herbe pour recommencer à croire à ton existence matérielle ; tu es si haute que sans cela je ne verrais plus en toi l'être humain, que je t'aimerais comme une chose impossible et abstraite. "

« Cet exemple de déformation n'est-il pas plein d'intérêt ?

« Mon livre est une consciente maçonnerie. Mais aucune maçonnerie de mots n'est assez forte pour empêcher les gens de lire ce qu'ils veulent lire au lieu de ce qui est écrit. Base de la nécessité des vies romancées. »

Amusante flèche finale visant plus particulièrement l'auteur prolixe de « vies romancées »[634] qu'était déjà Maurois en 1931, sept ans avant son élection à l'Académie française !

Georgette Leblanc défrayait la chronique. Dédicataire de son livre, son frère dont elle avait parlé avec sympathie, écrivain à succès depuis la parution de *L'arrestation d'Arsène Lupin* en 1905 dans *Je Sais Tout* était, en 1931, paradoxalement moins connu qu'elle. *Souvenirs* évoquant un Maurice Leblanc prélupinien rappela à la critique qu'Arsène Lupin cachait l'auteur de romans « littéraires » appréciés par Jules Renard et Léon Bloy. Georges Charensol publia un long entretien avec Maurice dans *Les Nouvelles Littéraires* du 27 juin 1931, sous la rubrique « Maîtres du roman populaire ».[635] L'article s'intitulait très justement : « Les illustres inconnus : Maurice Leblanc ». On ne pouvait mieux dire la façon dont étaient perçus les « écrivains populaires » par la critique sérieuse. Tout romancier populaire qu'il fût, Maurice Leblanc rendit hommage à Benjamin Constant, Voltaire, Mme de La Fayette, Valéry, Gide. « Quel roman-feuilleton fut jamais plus mouvementé que *Les Caves du Vatican* ? interroge-t-il. Pour enchaîner : « J'admire aussi profondément les *Mémoires* de ma sœur Georgette, et j'aime beaucoup Mac Orlan, Kessel, Carco, Morand ». Le coup de pouce de « l'illustre inconnu » à sa cadette citée au milieu d'écrivains contemporains est une manifestation de gratitude envers celle qui lui rendait une existence littéraire en le replaçant dans son milieu d'origine, du temps où l'on croyait voir en lui l'un des héritiers de Flaubert et de Maupassant. Dans son énumération, il omit Maeterlinck. Certainement pas par défaut de mémoire.

---

[634] Selon Auriant, qui l'écrit dans *Le Mercure de France* (1er mars 1928), Maurois aurait tiré ses *Vie de Disraëli* et *Vie de Shelley* d'ouvrages parus en Angleterre. (cité par Claire Paulhan in C. Pozzi, *Journal* 1913-1934, Seghers, 1990.)

[635] Cf. Maurice LEBLANC, *Arsène Lupin*, T.II, (édition établie par Francis Lacassin), Op. Cit.

Furieux que Grasset eût méprisé ses avertissements, Maeterlinck lui envoya une dernière lettre de menaces. Mais la notoriété du livre, le débat qu'il provoquait et qui intéressait tant de gens qui n'étaient pas tous, loin de là, des ménages d'écrivains, le dissuadèrent de s'en prendre à l'éditeur. En regard des lois et de la jurisprudence sur l'édition en France, il n'eût, de toute façon, pas obtenu gain de cause. Il tenta néanmoins de bloquer certaines éditions étrangères. Sa vieille manie procédurière ne pouvant s'exercer, plein de rage impuissante, il en fut réduit à dénigrer Georgette, confiant à ses carnets intimes que, lorsqu'il l'avait rencontrée, « (...) son éducation littéraire était celle d'une bourgeoise de province à peu près illettrée... »[636] ! Il voulait réduire à néant son apport personnel à son œuvre, dans la crainte ridicule qu'elle ne l'en dépossède. Il connaissait les rumeurs, les on-dit, mais avait-il lu *Souvenirs* ? Georgette racontait simplement son histoire. Une jeune cantatrice douée pour l'écriture tombe amoureuse d'un grand poète et se donne intégralement à lui. Il prend. Rien de plus. Quand elle ne lui offre pas ses textes, elle ne cesse de lui inspirer des idées de nouvelles, de romans, de théâtre, comme celle-ci retrouvée dans ses carnets de 1910/13 : « Une femme comme Georgette — qui serait reine — devant, par exemple, choisir entre l'homme qu'elle aime mais qui est détesté de ses sujets (ou déshonoré à leurs yeux) et le bonheur de son peuple. » Toujours le choix, la grande épreuve ! L'ordalie ! Il n'y a pas d'amour, il n'y a que des preuves d'amour.

L'année 1931, l'écrivain Georgette Leblanc répondit à des questions, donna des entretiens à la presse et prononça des conférences, y compris à Rouen, sa ville natale. *Souvenirs* avait provoqué de sérieux remous.

L'acteur Roger Karl fut particulièrement ulcéré par le livre et son succès. Lui-même auteur, sous le peudonyme de Michel Balfort, il nota dans son Journal : « Mars 1931. Je ne puis lire sans révolte le livre de souvenirs que Georgette L. (Jane Arnoul) vient de publier pour se venger de l'abandon de son mari. Je sais trop combien il est rempli de mensonges en ce qui concerne le temps où je l'ai connue. Elle souligne l'ingratitude de l'écrivain qui, selon elle, lui doit la meilleure partie de son œuvre. »[637]

Peut-être n'avait-t-il pas apprécié le portrait qu'elle traçait de lui, sans d'ailleurs le nommer : « J'avais rencontré un homme qui m'offrait exactement ce qui pouvait me toucher à cette époque. (...) Une nature trop forte et trop faible pour se soumettre au verdict de la raison. (...) Mais ce qui me fascinait par-dessus tout c'est qu'il y avait en lui ce que l'on ne trouve plus maintenant dans le monde : une volonté de passion, une vie consacrée à la passion en dépit des préoccupations de l'esprit. »[638]

Après tout, il aurait pu se sentir flatté.

Il venait de rédiger un récit assez exact de leur ancienne liaison, où il n'avait fait que changer les noms des personnages réels. Karl est un diariste, il n'a pas d'imagination. Soucieux de profiter du climat créé par la polémique autour de *Souvenirs*, il chargea sa maîtresse du moment, Fernande Olivier (la première femme de Picasso) de tâter le terrain auprès de Léautaud, en vue d'une éven-

---

636 Bibliothèque Carlo De Poortere.
637 Michel BALFORT (Roger Karl), Op. Cit.
638 Georgette LEBLANC, II, Op. Cit.

tuelle publication de *Mme Arnoul* au Mercure de France. Fernande Olivier dit à Léautaud que Karl se rangeait du côté de Maeterlinck. Léautaud fut quelque peu surpris de cette position. « C'est tout de même curieux, nota-t-il, sans vouloir jouer au moraliste, de voir un monsieur qui a été l'amant d'une femme, et la cause de la rupture de cette femme avec son autre amant, se ranger du côté de celui-ci, et pour le justifier (c'est le mot qu'il emploie au dire de Mme Fernande Olivier) publier un livre sur sa liaison avec cette femme. »[639]

Georgette s'était décidément trompée sur Karl. Il était opportuniste et voulait se venger d'elle. Par bêtise et frustration, il se sentait solidaire de Maeterlinck, l'écrivain international qu'il avait eu l'honneur de cocufier et dont il avait joué une mauvaise pièce.

Chacun trouva ce qu'il cherchait dans le livre de Georgette. Femme intelligente et belle, Anaïs Nin était âgée de 29 ans. Engagée dans une relation amoureuse avec Henry Miller, déjà quadragénaire, mais toujours pauvre et inconnu, Anaïs confia à sa mère, Rosa Culmell : « Je viens juste de lire la vie de Georgette Leblanc et de Maeterlinck. Très intéressant. Elle lui reproche tout le temps de ne pas lui avoir attribué le mérite de toute l'inspiration qu'elle lui a donnée. Il avait l'habitude d'écrire tout ce qu'elle disait et de prétendre que c'était de lui ! »[640] Etonnante simplification mais qui s'explique à ce moment-là par les sentiments ambivalents d'Anaïs pour Miller. Il lui paraît que Miller la « vole »... elle aussi.

Georgette crut Janet Flanner capable de traduire son livre. Mais la journaliste du *New Yorker* ne comprit pas vraiment la langue de *Souvenirs*, qu'elle trouvait « baroque et nébuleuse ». L'éditeur américain exigeant la traduction au plus vite, ses pressions achevèrent de perturber Janet. Malgré l'aide de son amie Solita, Margaret et Georgette venant en renfort, elle bâcla et livra une version remplie d'erreurs. Selon Margaret, Janet « bousilla » tout simplement le livre. Le travail étant payé 400 dollars, elle partagea équitablement la somme, gardant 200 dollars pour elle et Solita, le solde — environ 4 000 francs de 1931 — allant à Georgette et Margaret.

My life with Maeterlinck fut publié en 1932 aux États-Unis chez E.P. Dutton. L'édition anglaise eut un titre un peu différent : *Maeterlinck and I*. Ces deux éditions rapportèrent quelques dizaines de milliers de francs d'à-valoir qui furent engloutis par les aménagements du Pavillon de la Muette et du phare. Par chance, *The Children's Blue Bird* (ce conte pour enfants écrit vingt ans auparavant à l'abbaye de Saint-Wandrille) reparut en Amérique dans une série de livres pour écoliers et dégagea de nouveaux droits d'auteur. Ce qui, à long terme, ne changeait pas grand-chose à l'insécurité matérielle de Georgette et de ses amies.

En Europe, *Souvenirs* intéressa des éditeurs dans des pays où la notoriété de Maeterlinck ne se discutait pas. Des traductions italienne et espagnole suivirent. Il parvint à empêcher une édition allemande. S'il avait eu vent de la préparation d'une publication portugaise, on imagine qu'il eût fait intervenir Salazar en personne.

Quant à Grasset, dont on se doute qu'il aurait publié sans problème le dernier livre du poète, il fit paraître, en juillet 1931, chez son éditeur habituel,

---

639 Paul LÉAUTAUD, Op. Cit.

640 Deirdre BAIR, *Anaïs Nin*, Biographie, Stock, 1996.

Remarques sur le bonheur, dédié à Maurice Maeterlinck. Cet encens dut chatouiller agréablement les narines du vieil homme et apaiser sa colère.

En 1935, alors que Grasset était en pleine débâcle psychologique et que la justice s'apprêtait à lui confisquer sa maison, des fidèles lancèrent une pétition qui réunit, parmi beaucoup d'autres, les noms de Gide, Maurras et Maeterlinck…

Chronique d'une « vie intime toujours plus parfaite » au Pavillon de la Muette

Les services des Beaux-Arts tenaient certainement Georgette, Margaret et Monique pour des héroïnes d'un conte de Perrault. Ne vivaient-elles pas seules dans un ancien pavillon de chasse classé monument historique ? Avaient-elle vraiment besoin de se chauffer, de se laver, de vivre décemment dans une demeure où personne de sensé n'aurait accepté de rester plus de vingt-quatre heures en hiver ? Dans leur obstination, elles effectuèrent des démarches auprès du ministère, elles assaillirent pendant des mois les bureaux, mais sans résultat tangible, bien qu'elles fussent prêtes à tout prendre à leur charge. Deux ouvriers arrivèrent au printemps, mais restèrent les bras croisés. La restauration du Pavillon de la Muette n'intéressait personne, sauf trois folles semblant appartenir à un autre siècle. Margaret était la seule à s'habiller d'une manière vraiment contemporaine. Pour mieux s'accorder à l'univers de sa maîtresse, Monique s'était composé une allure d'institutrice du siècle dernier. Georgette demeurait elle-même, dans toutes les circonstances.

La journaliste Suzanne Normand[641] vint la voir au Pavillon et en garda un souvenir mémorable : « C'est en qualité d'écrivain — et quel écrivain soudain révélé — qu'il m'était donné de la rencontrer. (…) Ainsi se vérifiait le destin qui voulait que jamais elle n'occupât la maison de « tout le monde ». (…) On était en mai. Ce pavillon, loin de tout, de tous côtés pressé par les arbres, surgissait dans la lumière de miel des sous-bois palpitante de jeunes feuilles, exactement comme la maison que cherchent, dans les contes, les enfants perdus. L'enchantement commençait. Alors, au seuil d'une vaste pièce ornée de meubles luisants et lourds, de hauts flambeaux, je vis paraître une femme enveloppée dans un long vêtement incommode et théâtral. Un capuchon couvrait sa tête. Des cheveux en sortaient, un peu trop blonds, autour d'un visage un peu trop fardé. Mais déjà, elle vous accueillait, les mains tendues. Déjà, elle souriait, parlait, vous évaluait de son regard brûlant et bienveillant. Déjà, on oubliait le vêtement, le capuchon, le fard inutile. Tout à l'heure, plus rien de cela n'existerait. Et très vite vous sauriez que ce qui venait à vous, c'était la jeunesse même, la seule incorruptible, celle de l'esprit et celle du cœur. Qu'enfin, l'extraordinaire intelligence de Georgette Leblanc n'eût été que peu de chose, si chaque phrase d'elle n'eût révélé, avec le jaillissement d'une sensibilité et d'une générosité sans rides, ce don, si rare même chez les êtres les mieux doués, et qui s'appelle le rayonnement. »

Le rayonnement de Georgette, son esprit, son intelligence n'impressionnèrent pas les Beaux-Arts, pas plus qu'ils ne la protégèrent, elle et ses amies, de l'inertie et de l'incompétence. Les améliorations apportées au bâtiment ne servirent à rien. Une pompe fut installée, puis une nouvelle canalisation, mais la plupart du temps, elles n'obtenaient de l'eau qu'une fois sur deux. Quand elles en avaient !

---

641 Romancière, elle publia dans Les Œuvres Libres.

Le monde imaginaire qu'elles s'étaient bâti avait la puissance d'une citadelle. Elles puisaient de l'eau au puits, se chauffaient avec des bûches et s'éclairaient à la bougie comme au XVIIIe siècle, sans disposer de la domesticité de Mme de Pompadour, qui eût rendu leur séjour plus confortable. Leur seul compagnon était un berger allemand, un grand chien roux que Georgette appelait Thomas l'Imposteur. Si l'eau froide était une merveille et l'eau chaude un cadeau des dieux, si elles souffraient du froid, au moins il leur restait la vue des châtaigniers. « En mai, écrivit Margaret, un coucou y chantait toute la journée, en octobre ils transformaient la forêt en un décor de théâtre, en décembre nous vivions dans un cercle d'arbres enneigés. Je n'oublierai jamais les nuits quand, des fenêtres obscures, à l'étage, je regardais en bas, le halo de lumières des bougies venant des fenêtres du salon et les perspectives de fleurs de neige comme des soleils allant sous la lumière de la lune et des étoiles, vers les champs élyséens immaculés. »[642] Margaret était surtout sensible à la vision des arbres sous la neige. Georgette aimait l'architecture du pavillon, « les grandes salles du rez-de-chaussée — la rotonde élevée comme une nef d'église et ornée de boiseries adorables ; ses fenêtres en plein cintre — courbe que j'aime au point de la fabriquer partout où j'habite ; le hall où la favorite fit construire une vaste cheminée de marbre, et deux autres pièces de proportions superbes. »[643] On disait qu'au deuxième étage, l'abbé Prévost avait écrit Manon Lescaut. Les fantômes de la marquise et de l'abbé justifiaient aux yeux de Georgette leur présence dans cette « folie » d'où s'approchaient les cerfs et les biches.

Après les créations de *Mathusalem* et de *Royal Palace* à Berlin, Georgette Leblanc et Claire Goll ne s'étaient plus revues qu'épisodiquement. Les difficultés matérielles du couple Goll, quoique sérieuses, n'atteignaient pas les sommets où se tenait en équilibre instable la triade du Pavillon de la Muette. Georgette et Margaret — à l'exception de la fidèle Monique — connurent de brèves amours qui ne mirent pas en péril leur trinité. Les amies ne se faisaient pas de mal. Il était toujours possible de se parler. Claire, elle, était régulièrement trompée par Yvan, séducteur incorrigible, et fit plusieurs tentatives de suicide.

Les Goll occupaient maintenant un appartement,14, rue de Condé, dans l'ancien hôtel particulier d'Henry de Jouvenel, l'ex- mari de Colette.

La correspondance entre Georgette et Claire reprit en 1930, sur le prétexte d'un échange de livres. Georgette écrivit plusieurs lettres à en-tête du Pavillon de la Muette et des cartes postales de Tancarville.

Claire ne devait pas être une épistolière très assidue, à moins que ses sentiments envers Georgette se fussent refroidis. La cantatrice se plaignit à plusieurs reprises de ne pas recevoir de nouvelles. « Ce sacré silence va-t-il finir ! ! ! ! ! Sapristi ! Ça dure trop longtemps — As-tu lu le livre de Margaret ? ? Épatant. Le mien est pour fin octobre — Et Yvan ? Que fait-il ? Et ta santé chérie ? *Mais où êtes-vous donc ?* Je vous embrasse. Nous vous embrassons. »

En juin 1930 encore, Georgette lui envoie une carte postale. Georgette fait l'éloge du dernier roman de Claire, *Une perle*, publié chez Crès. « Claire chérie, je n'ai qu'une seconde mais tout à coup je ne peux plus attendre une minute pour t'embrasser. Oh ta *Perle* ! ! ! ! Auras-tu reçu ma lettre ? Ma passion pour cette perle reste ardente comme au premier jour. Mais où êtes-vous ? »

---

642 Margaret ANDERSON, Op. Cit.

643 Georgette LEBLANC, II, Op. Cit.

Claire finit par se décider. Comme Suzanne Normand et bien d'autres, elle était sensible au charisme de la femme-soleil, qui demeurait intact en dépit de ses tenues théâtrales et de ses demeures précaires. À chacun de ses retours, Claire croyait percevoir le travail du temps et, comme en accéléré, voyait le Pavillon de la Muette se transformer en ruine. Mais Georgette et ses amies vivaient au centre d'un cercle magique, l'endroit rêvé en dépit des contingences matérielles qui, certains hivers, se manifestèrent d'une manière tenace et rude. Elles étaient aussi à l'aise sur une terrasse new-yorkaise qu'au cœur de la forêt de Saint-Germain. Était-ce de l'inconscience ou de l'héroïsme se demandait Claire, qui connaîtrait à son tour des années difficiles ?

Allen Tanner habitait Paris, 150, boulevard du Montparnasse. Son ami intime était le peintre Pavel Tchelitchev. Jane Heap fit connaître les toiles de ce dernier à Gertrude Stein, qui crut découvrir alors un nouvel aspect de la peinture contemporaine. Elle apprécia quelque temps Tchelitchev, puis lui préféra Christian Bérard. Ces jeunes peintres formaient un groupe informel de cinq artistes. Tchelitchev accusait Bérard de le copier.

Tchelitchev, le peintre recherché[644], et Tanner, le musicien inconnu — les « Ibounes », comme les surnommait leur ami René Crevel — appartenaient au milieu homosexuel et cosmopolite de Paris.

Tanner séjourna au Pavillon de la Muette. La nuit, il jouait du Bach dans la rotonde jusqu'à l'extinction des étoiles.

En juillet 1931, stimulée par l'accueil fait à *Souvenirs*, Georgette commença les premières pages de ce qui serait son dernier livre, *La Machine à courage*, baptisé provisoirement « Souvenirs II ». En classant sa correspondance, elle reconnut l'écriture de René Boylesve, auteur de *La Leçon d'amour dans un parc*, et laissa vagabonder ses pensées sans amertume. Elle avait connu tant d'écrivains, les vivants désormais à peu près tous de l'Académie française, de l'Académie Goncourt et d'autres honorables instituts. Et elle habitait un pavillon appartenant aux Beaux-Arts et un phare normand ! Eux étaient « arrivés » ; elle continuait son voyage. Vers quoi ? Vers où ? Elle ne le savait pas.

Cependant, on eût dit que les « puissances » lui accordaient enfin un répit. Pour vivre, écrire, aimer. Cette année, elle se sentit très heureuse, recevant de belles lettres de femmes et notant, le 11 septembre, au phare : « vie intime toujours plus parfaite ».

Ce n'est pas elle qui se convertirait tout à coup comme Cocteau et Maritain. « Croire en Dieu, c'est vraiment trop facile ! »

À soixante-deux ans, elle conduit elle-même sa voiture et s'amuse des quiproquos qui naissent d'un accident de circulation sans gravité. Aux gendarmes de Bolbec, elle déclare en souriant qu'elle a quarante-cinq ans. On la croit. En possession de son extrait de naissance, les gendarmes supposent que l'employé de mairie s'est trompé et viennent au phare vérifier leur première impression, comme s'ils connaissaient l'aphorisme d'Oscar Wilde : « Il ne faut jamais avoir confiance dans une femme qui vous dit son âge véritable. Une femme capable de vous dire cela serait capable de vous dire n'importe quoi. » C'est très flatteur et elle s'en amuse. Elle est dans une période où elle a tendance à s'amuser de tout. Malgré le

[644] Il s'exilera à New York pendant la seconde guerre mondiale et on le verra à la Pierre Matisse Gallery en compagnie de Breton, Max Ernst, Tanguy, Chagall, Mondrian etc.

coup de la préface de Grasset, la rigidité haineuse de Maeterlinck, il lui semble que tout redevient possible.

En novembre, dans l'espoir d'y lancer son livre, elle espère obtenir une tournée de conférences en Amérique et se met à apprendre sérieusement l'anglais. Il est un moment question qu'elle parte à l'automne 1932. Elle y croit très fort. Peut-être espère-t-elle l'aide des Affaires étrangères où elle connaît Philippe Berthelot ? Ce dernier intervient aimablement à sa demande dans une affaire privée. Une de ses amies américaines a un problème de passeport. Georgette est tout étonnée de la simplicité avec laquelle Berthelot la reçoit et lui vient en aide. La gentillesse et la disponibilité de Berthelot envers la très lointaine relation que devait être Georgette, si, comme nous le croyons, ils se sont rencontrés quand elle était l'amie de Mauclair, autour d'Armand Point, d'Élémir Bourges et de Mallarmé, sont en effet admirables. Pour le secrétaire général des Affaires étrangères, l'année 1931 est particulièrement éprouvante. Conférences à Londres et à Berlin, pourparlers secrets entre la France et la Russie, graves problèmes de santé, il avait toutes les raisons de la faire éconduire. On comprend alors que son accueil par un si important personnage l'ait en quelque sorte rassurée sur sa place dans la société.

À la fin de l'année 1931, elle va de mieux en mieux et donne à Noël une grande fête au Pavillon de la Muette. Elle note : « Pour moi, c'est le haut de l'échelle que je remonte depuis des années. Ça signifie : une vie abritée, un toit, une adresse, et par suite retrouver les vieux amis — c'est une sorte de pesage moral. La chose matérielle devient le résultat du travail et de l'esprit. » Parmi ses invités, Darius Milhaud, Germaine Dulac, la styliste anglaise Elspeth Champcommunal que n'accompagnait pas son amie Jane Heap, malade. James Joyce et Nora se perdirent dans la forêt de Saint-Germain et durent rentrer à Paris.

1932 démarre agréablement. Elle peut choisir entre deux amies intimes, qui ne sont pas Margaret et Monique, fidèles compagnes dont elle ne se séparera de toute façon jamais. Il s'agit de deux Américaines plus jeunes. Si l'une nous est inconnue, l'autre se nomme Kathryn Hulme, plus tard auteur de deux romans, *The Wild Place* et *The Nun's Story*.

Cette « vie délicieuse » est altérée par les problèmes matériels et la peur du lendemain. « Quand les grandes notes seront payées, restera 4 000 en banque ! Qu'ils sont drôles, les gens qui se disent ruinés par la crise ! »

Elle ne perd pourtant pas espoir. Les contrats vont arriver d'Amérique. Mais dans cette attente et la dèche qui se profile, elle perd ses moyens. Elle tente d'écrire un article sur Jules Bois, l'occultiste. Besogne alimentaire. « Pas encore de vrai travail. Je suis désespérée. Je traîne ma vie comme une montagne. (...) Plus rien de Grasset. Rien encore de Dutton. »

Heureusement son amie Kathryn est toujours gentille et s'efforce de lui faire plaisir.

À la fin de ce mois de janvier 1932, elle se rend au chevet de Jane Heap, hospitalisée pour cause de diabète dans une clinique de Neuilly. Elle la décrit ainsi : « bonne mine, forte, rouge, impression monstrueuse, un prophète parle. » Elle lui soumet son découragement. Pour Jane, il est actif, donc fécond. « Comme toujours, elle me fait du bien. Je suis arrêtée par les pensées contraires — le poison éternel de l'humain. »

Le moral remonte fin février : elle a reçu le chèque de Dutton. Le projet de conférences aux États-Unis prend corps. Un imprésario essaie de la « vendre » là-bas, en insistant sur sa ressemblance avec Sarah Bernhardt. Sur ces entrefaites, elle réussit à placer un article à *Vogue* [645], qui lui rapporte 1 000 francs.

Elle a soixante-trois ans. Autour d'elle, des couples d'Américaines se font et se déchirent. Dans ce pavillon seulement habité par des femmes et un chien presque sauvage qui attaque les nouveaux venus, les lettres de Tippy alias Josephine Plows Day — « Tip » pour Georgette — viennent semer le trouble. Margaret n'a pas oublié cette ancienne actrice anglaise qu'elle a connue à New York avant de rencontrer Georgette. Elle lui écrit depuis quelque temps. Une lettre de « Tip » est interceptée par Solita. Jalouse, « Sol » informe aussitôt la vieille Anglaise que Margaret est lesbienne, ce dont « Tip », paraît-il, ne se doutait pas. Naturellement, cette dernière condamne le saphisme et interrompt sa correspondance. Du coup, la *love affair* de Solita et de Margaret bat de l'aile.

Détachée ou extrêmement tolérante, Georgette note : « Démission dégoûtante et basse de Sol — Vilains actes — Vilaine lettre et sa fuite — Constatations : Dire toujours et même cruellement la vérité ne sert à rien — Quand le démon de la jalousie et tous les démons de l'instinct s'emparent d'un être — Aveuglement fatalement nécessairement — il accuse l'autre de mentir et il l'accable injustement. Je ne croyais pas qu'une histoire pareille pourrait arriver à Margaret. Je pensais qu'en cela elle dirigeait sa vie comme j'aurais dû diriger la mienne et je me faisais des reproches. »

Solita aidait financièrement Margaret et lui achetait même des vêtements, ce que réprouvait Janet. C'étaient les créations de Elspeth Champcommunal alors styliste chez Worth.

Margaret tombe malade mais est bien soignée, tandis que « Tip » arrive par surprise et reste huit jours au pavillon. Georgette se plaint du phénomène de fausseté et de refoulement qu'elle représente à ses yeux.

Entre Margaret, Solita et Janet, il est question d'amitié, de coups de foudre et de connivences insoupçonnées. Janet est jalouse de Margaret, mais l'aime. Par contre, elle ne supporte pas Georgette, dont le chant, confie-t-elle, lui donne envie de se jeter dans la Seine. Mais elle la tient objectivement pour une « diseuse douée d'une sensibilité tout à fait exceptionnelle ».[646] Georgette, quant à elle, semble ne s'être jamais intéressée, ni de près ni de loin, à la journaliste qui, se sentant délaissée, s'est rapprochée de Nancy Cunard. Avec le temps, Solita, sous l'influence de Margaret, participe aux activités du groupe gurdjieffien, au point de servir d'interprète lorsqu'après la fermeture du Prieuré, le charismatique personnage donne des déjeuners-conférences au Café de la Paix.

Cette période voit de nombreuses Américaines passer au Pavillon et au phare, attirées par la fondatrice de *The Little Review* et sa compagne, déjà légendaire dans ces milieux, ou bien c'est Louise Davidson, l'ex-*personal manager* de Georgette en Amérique, qui désire se réconcilier avec son ancienne patronne. Elle se présente à elle en compagnie de sa dernière conquête, la créatrice de chapeaux Alice Rohrer (une millionnaire). Proche de Paris, le pavillon se

[645] Nos recherches dans les archives de *Vogue* (édition française et américaine) ne nous ont pas permis de retrouver ce texte, sans doute non retenu par la rédaction du magazine qui avait alors une direction commune.

[646] Janet FLANNER, Portrait de Margaret Anderson, 1973.

transforme pendant quelque temps en colonie de Lesbos. Mais un jeune homme y fait pourtant une apparition remarquée. Américain, il passe de France en Allemagne et réciproquement, selon les fluctuations du dollar. Teddy — c'est ainsi que Georgette le nomme — a moins de vingt ans. Poète ou se disant tel, il a passé l'été au phare de Tancarville. Sa vitalité, sa jeunesse ont séduit la femme qu'est toujours Georgette, malgré l'âge qu'elle prétend ne pas avoir. Qui est Teddy ? Un beau gosse insolent, un peu voyou — genre Radiguet d'outre-Atlantique — qui lui a donné un plaisir physique qu'elle n'espérait plus.

Au phare, dans la maisonnette aménagée à côté du bâtiment principal, Teddy, plongé dans le sommeil, suscite l'émotion de Georgette. Sans faire de bruit, elle va chercher ses amies. Dans un silence émerveillé, les trois femmes regardent dormir le jeune homme.

À un moment, elle projette de l'accompagner à Berlin et d'y écrire avec lui un scénario. « L'inactuelle », comme la surnomma Cocteau, étant à nouveau amoureuse d'un jeune homme, avait immédiatement pensé à l'art le plus contemporain qui soit, le cinéma.

Le 9 août 1932, elle retrouve Saint-Wandrille. « J'ai tout vu avec détachement et admiré sans souffrance, écrit-elle. J'ai été heureuse d'apporter là un être nouveau et chargé de nouvelles richesses. J'ai remercié tout ce qui m'a aidée à être ce que je suis aujourd'hui. Depuis mon livre et depuis Teddy. »

Mais Teddy disparaît de sa vie aussi mystérieusement qu'il y est entré. On n'en entend plus parler. Aussi fugace qu'il ait été, cet amour fut le dernier de Georgette.

Margaret et Jane firent le pélerinage rue de Fleurus, chez les incontournables Gertrude Stein et Alice B. Toklas. Margaret rencontra Gertrude à plusieurs reprises à Paris ou à Orgeval, dans la ferme aménagée d'une récente amie intime de Janet Flanner, la chanteuse américaine Noel Haskins Murphy, sans ressentir autre chose qu'une irritation croissante quand Gertrude parlait, ce qui était réciproque. Selon Janet Flanner, « une des choses qui rendait Margaret insupportable à d'autres femmes d'esprit, c'est qu'elle était persuadée que son jugement était infaillible. » À Orgeval, lors d'un déjeuner réunissant plusieurs invitées, ce fut, d'après Flanner, Gertrude Stein qui domina entièrement la discussion. Mais Margaret était satisfaite d'avoir pu défendre son point de vue bec et ongles. Elle adorait la conversation, même si elle dégénérait en joutes verbales à la fin desquelles chacune campait sur ses positions. L'hostilité que Margaret et Gertrude nourrissaient l'une pour l'autre ne tenait pas qu'à leur caractère peu disposé aux concessions. Jane Heap admirait les œuvres de Stein, tandis que Margaret n'y attachait qu'une importance relative. Mieux encore, Jane se fit son agent littéraire pugnace aux États-Unis et en Angleterre, ce qui lui valut sa gratitude. Ce fut encore Jane qui publia dans la *Little Review* « Les Bonnes et leurs Pays » et « Poème de la Saint-Valentin pour Sherwood Anderson » de Gertrude Stein.

Georgette et Margaret furent aussi invitées, en tant que couple, dans la maison de Noel Murphy, et Solita y fut discrètement accueillie par la maîtresse de maison comme « l'épouse légale » de Janet. Il y avait une circulation incessante de femmes de lettres et artistes américaines entre les hôtels de la rive gauche, le pavillon de la Muette à Maisons-Laffitte et la demeure de Noel Murphy à Orgeval, village situé au nord-est de la capitale, à quelques kilomètres de Saint-Germain-en-Laye.

Deux ans passèrent. Les quelques réparations onéreuses arrachées aux services des Beaux-Arts valurent à Georgette une hausse considérable du loyer. Du coup, la Muette et sa forêt n'étaient plus dans ses moyens. Souhaitant rénover le Pavillon, afin que le président du Conseil en exercice pût venir s'y reposer, l'administration avait trouvé là un moyen efficace de la chasser. Elle partit. Si elle s'était entêtée, ses droits d'auteur et une somme de 15 000 francs reçue de Marcel L'Herbier — qui mettait fin à un conflit né de l'exploitation de *L'Inhumaine* — n'y auraient pas suffi.

Le conte des trois femmes solitaires dans la forêt de Saint-Germain était terminé. « La perte était émotionnellement si bouleversante, écrivit Margaret, que nous avons décidé d'en ignorer la réalité et de nous rappeler seulement que, pendant ces deux années, nous avions vécu comme on peut rarement espérer le faire ; que notre souvenir de cette vie personnelle fabuleuse et inattendue serait éternel ».

Au printemps de 1933, Georgette et ses amies retournèrent au phare de Tancarville.

La Bavière et l'Autriche en voiture avec six américaines

Faisant montre de compréhension envers Solita et ses élans pour Margaret, Georgette lui adressa en avril plusieurs lettres qui l'incitèrent à revenir. Margaret et Solita se réconcilièrent.

À la fin de l'été, Monique restant au phare, Georgette et Margaret partirent en vacances en Bavière et en Autriche. Jane Heap, qui vivait depuis peu à Londres, s'était jointe à elles avec sa vieille amie du temps de ses études à Chicago, Florence Reynolds, pour ce périple du Havre à Bayreuth, Munich, Salzbourg et Vienne, en passant par Paris et Strasbourg. Margaret pilotait la Citroën de Georgette. À Paris, elles retrouvèrent Solita, Janet et Noel Murphy qui voyageaient dans la voiture de cette dernière. Six Américaines et une Française dans deux voitures.

Elles visitèrent les hauts lieux wagnériens et mozartiens, ainsi que le village d'Oberammergau célèbre pour sa « Passion » jouée par les villageois, mais elles gardèrent les yeux ouverts sur ce qui se passait au quotidien dans certaines villes de Bavière.

Ainsi à Nuremberg... De la terrasse d'un restaurant, elles assistèrent glacées à une scène de haine raciale qui allait devenir monnaie courante dans le Reich et les territoires qu'il allait occuper ou annexer. Une foule gronde et entoure un homme ; un écriteau portant l'inscription « J'ai péché avec une chrétienne » pend à son cou. Interrogé, un garçon confirme que la « chrétienne » arrêtée dans un jardin public en compagnie d'un « juif » a déjà été exposée aux crachats de la foule après qu'on lui eut rasé la tête. Elle aussi portait un écriteau infamant : « J'ai péché avec un juif » Un tel événement monstrueux, ainsi que des fêtes nazies qui se déroulèrent sous leurs yeux convainquirent les « touristes » que si l'Europe tolérait de telles manifestations, elle courrait au désastre.

En comparaison, l'Autriche leur parut un pays civilisé. Le groupe se scinda à Vienne. Margaret relança « Tip ». Cette dernière accourut. Les deux femmes visitèrent l'ancienne capitale impériale et Budapest. Puis, lassée de ne pouvoir se faire aimer de la vieille Anglaise, Margaret l'abandonna sur place et finit par rejoindre Georgette déjà rentrée à Paris avec Solita.

Georgette rédigea une série d'articles qui furent publiés du 24 au 28 septembre dans le journal illustré *Excelsior*.[647] Il s'agissait le plus souvent de « choses vues », comme la scène du défilé de la honte à Nuremberg. Ou bien la description d'une rencontre de mangeurs de saucisses dans une des brasseries de la même ville : les consommateurs s'empiffrent et boivent des litres de bière jusqu'à s'endormir à table. Georgette s'était aussi transportée au bord du petit lac de Staffelsee, non loin de Munich. Dans la localité éponyme, on montrait la maison qui avait abrité Hitler et où il s'était fait arrêter après le putsch manqué du 8 novembre 1923. À Staffelsee, Georgette rencontra une vieille aristocrate allemande « amie de la France », dont le fils était un intime de Hitler. Elle écrit qu'elle chercha à obtenir un rendez-vous de ce dignitaire qui préparait le congrès de Nuremberg. Mais le hiérarque, pris par ses obligations, ne rentra pas à Staffelsee et Georgette dut abandonner le projet. Elle se rabattit alors sur sa mère dont le « rêve le plus cher est de voir avant de mourir un rapprochement entre les deux nations. — Les Français et les Allemands sont faits pour se comprendre, déclare-t-elle. J'objecte : — Personne ne comprend personne. »

À l'instar de l'écrasante majorité des femmes françaises des années trente, Georgette Leblanc n'a pas de « vision politique ». C'est une spécialité masculine qui s'acquiert par l'éducation, le droit de vote, l'appartenance à un parti ou à un syndicat et la lecture des journaux. Ses articles, sans porter un jugement sur la situation historique allemande, ont quand même une tonalité antinazie et sont franchement pessimistes quant à l'avenir.

L'*Excelsior* du mardi 26 septembre, où était imprimé en première page l'article de « Mme Georgette Leblanc », livrait, dans un cartouche à gauche du titre du journal, la pensée du jour : « Il faut être heureux pour rendre heureux et il faut rendre heureux pour demeurer heureux. » Ce truisme était dû, par un malicieux hasard, à Maurice Maeterlinck.

La maladie comme moyen d'expression

Les douze dernières années, dont les deux dernières au Pavillon de la Muette, ont pesé lourdement sur Georgette. Elle a soixante-quatre ans. Son frère, sa sœur, son ex-compagnon occupent des résidences somptueuses et confortables. Ils mangent à leur faim et sont servis à toute heure, selon leurs désirs. Maurice Leblanc ne quitte son hôtel particulier que pour la Côte d'Azur ou la Normandie où il posséde le Clos-Lupin. Les Prat sont propriétaires d'une grande villa à Saint-Germain-en-Laye et d'un appartement à Neuilly. Anobli par Albert Ier, le comte Maeterlinck a acheté à Nice un fabuleux domaine, la Villa Orlamonde, construction néo-palladienne qui s'étage de la corniche à la mer.

Bien que résistante et discrètement aidée par Maurice Leblanc, qui réglait certaines petites ardoises, Georgette avait des moments de découragement. Depuis sa rupture avec Grasset, sa carrière littéraire marquait à nouveau le pas. Au moment de la parution de *Souvenirs*, elle annonçait, en préparation, la suite de son autobiographie, *La Machine à courage* : quatre années à New York (1920-1924), des *Poèmes* et un *Journal intime*. À l'exception du premier, qui parut après sa mort, les ouvrages suivants ne virent jamais le jour. Des fragments des poésies

[647] Solita Solano publia un article, *Both Banks of the Rhine*, en décembre 1933, dans le *Detroit Athletic Club News*, journal dont elle était la correspondante à Paris.

et du Journal furent ajoutés à *La Machine à courage*. Le reste des manuscrits disparut.

À leur retour d'Allemagne, Georgette et Margaret rejoignirent Monique à Tancarville, où elles passèrent les plus beaux jours de l'automne. Georgette lut *L'Amant de Lady Chatterley* et nota, sans s'expliquer davantage, que Mellors, le garde-chasse, était un « intellectuel ».

Elles tinrent le plus longtemps possible au phare, mais en novembre durent se résoudre à regagner Paris. L'obsession quotidienne de survivre — trouver des solutions à des problèmes élémentaires matériels — laissait peu de temps à la création littéraire.

Deux ans après la parution de *Souvenirs*, en dépit d'un honorable succès de librairie, tout était à reprendre de zéro.

En janvier 1934, elles habitaient un vieil hôtel inconfortable de la rue Jacob, dans ce quartier cher aux Américains exilés, quand Georgette, rentrant d'un voyage au Luxembourg où elle avait donné une conférence, commença l'année par une pneumonie.

Le 8 janvier, Margaret, affolée, téléphone à Jehanne Prat. Georgette est au plus mal. La voiture des Prat vient la chercher et on l'emmène à cinq heures du soir dans une clinique parisienne de la rue Boileau. Margaret et Monique suivent en taxi.

À la clinique, on lui fait inhaler de l'oxygène. Margaret pleure à son chevet. Le médecin, le docteur Maurice Delort, dit à Georgette : « Je ne peux rien sans vous, on ne peut rien pour le malade qui s'abandonne. J'ai besoin de vous, ne nous lâchez pas. » Quand il sort de sa chambre, il confie à Margaret et Fernand Prat : « Elle joue sa dernière carte, et avec tant de vaillance ! » Fernand Prat parla des honoraires, avança la pauvreté de la malade et la prise en charge par la famille. Le médecin dit : « Cher Monsieur, il n'y a pas d'honoraires pour Georgette Leblanc. »

Une infirmière veilla sur elle jusqu'à son rétablissement qui dut être suivi d'une convalescence.

La pneumonie à peine guérie, des complications rénales surgirent. Il fallut opérer d'urgence, ce qui fut fait à l'hôpital américain de Neuilly. Jehanne Prat, désolée, vint au chevet de sa sœur. À Maurice Leblanc, lui-même en mauvaise santé, on cacha la maladie de la cadette.

Rue Boileau et à l'hôpital américain, Georgette reçut la visite de la journaliste Suzanne Normand, venue l'interviewer au Pavillon de la Muette. Le premier mouvement de la jeune femme était compassionnel. Elle admirait l'écrivain et croyait, par sa présence, l'aider à surmonter la solitude qu'éprouve tout malade lorsqu'il connaît la gravité de son mal. « À l'annonce que cette femme — que rien n'atteignait, ni l'âge, ni la pauvreté — risquait de sombrer dans le découragement de la maladie, écrira-t-elle, ce qui me poussait vers elle, c'était le naïf désir de lui être secourable. Ainsi arrivais-je, chargée d'intentions : que puis-je faire pour elle, comment l'aider ? Lorsque je partais, je découvrais que celle qui sortait enrichie de notre entretien, c'était moi. Que celle qui avait aidé l'autre, c'était elle. Que je voulais donner, et que j'avais reçu. Qu'enfin cette femme, qu'avaient désertée la jeunesse, la fortune, la santé, sans y tâcher, par la seule confiance qui rayonnait d'elle, avait enseigné ma jeunesse, ma vigueur. »

Les soins dispensés à l'hôpital coûtaient cher. La convalescence nécessitait un long séjour à l'air pur.

Dès que Georgette put voyager, Monique partit avec elle à Vernet-les-Bains, station climatique et thermale renommée, située dans les Pyrénées-Orientales, au pied du massif du Canigou. Il n'y avait pas assez d'argent pour trois et Margaret resta à Paris. La famille ne s'était pas sentie obligée de payer le voyage de l'Américaine. Mais Georgette ne pouvant se passer d'une gouvernante, ils étaient persuadés que Monique remplirait mieux cet office.

Une maison de trois pièces avait été louée à l'année, au cœur de ce village d'un millier d'habitants. Margaret arriva quand même en octobre et les trois amies furent à nouveau réunies. Elles approfondirent encore leurs relations pendant que Georgette guérissait lentement. Entente parfaite de trois rebelles tranquilles dans leur maison de village. Certitude d'avoir été créées l'une pour l'autre. Margaret s'émerveillait de la perfection de Georgette. « Pendant vingt et un ans, écrivit-elle, je n'ai jamais vu Georgette Leblanc faire quelque chose, je ne l'ai jamais entendue dire quelque chose qui ne jaillisse pas de cette perfection. C'est une qualité, je crois, qui provient d'un esprit créatif. Mettre ma confiance en cette qualité me faisait sentir que, qui que je puisse être, le meilleur de moi (ou même le pire) ne serait jamais mal compris par Georgette. (…) Elle a toujours eu le don de me faire sentir qu'il y avait quelque chose de parfait en moi. (…) Puisqu'elle le croyait, ce devait être ainsi. Aussi longtemps qu'elle a vécu, je me suis toujours sentie souriante. »[648]

Margaret comprit un fait essentiel : Georgette avait une « psyché absolument dépourvue des poisons que la plupart des psychés accumulent de leur vivant par autodéfense. En conséquence, elle avait de nombreux ennemis — ainsi Maeterlinck devint son ennemi. Elle était trop bonne pour être vraie. Georgette n'était l'ennemie de personne. »[649]

Margaret n'emploie pas un vocabulaire religieux, sinon elle dirait que Georgette est une sainte. À sa mort, elle emploiera cependant l'expression « sainte du lyrisme », ce qui est à la fois peu et beaucoup dire. Là, elle évoque son humanité, mais une humanité tellement au-dessus de la moyenne que l'on se retrouve dans un monde quelque peu supérieur. Et le mot sainte, dans le vocabulaire occidental, est peut-être le plus approprié, quand il s'agit de qualifier un être exceptionnellement bienfaisant pour son entourage. Avant de gagner l'éternité, les saintes à la manière de Georgette vivent parmi nous. Elles n'appartiennent pas à un ordre spécial, et l'Église ne les reconnaît jamais. Elles sont pareilles aux fées des légendes, celles qu'à l'âge classique on traita de sorcières et qui montèrent sur le bûcher.

Les trois amies s'étaient depuis longtemps aperçues de leur différence, mais n'en souffraient guère. Dans sa jeunesse, Georgette avait appartenu à un milieu où la poésie et l'idéal étaient les plus nobles buts ; poète, peintre, sculpteur, activités sacerdotales. Elle avait travaillé et aimé dans les mondes de l'opéra, du théâtre et de la littérature, tutoyé des compositeurs, des gens de cinéma, des peintres. Rodin, un génie de la matière, l'avait tenue dans ses bras. Elle rangeait ceux qu'elle appelait « intellectuels » dans une espèce assez étrangère. Elle dit à Margaret : « Nous vivons pour les émotions ; ils vivent pour les événements. De nos relations avec les gens, nous attendons l'épanouissement d'une atmosphère personnelle ; ils n'attendent pas, ils s'accroupissent. Cet accroupissement décon-

---

[648] Margaret ANDERSON, Op. Cit.
[649] Ibid.

certe notre intelligence ; les accroupis sont comme des chats devant un trou de souris. (...) Ils ne sont pas heureux en faisant cela ; ils sont avides, ils ne parlent pas aux autres dans le but de les connaître, mais seulement pour apprendre d'eux quelque chose. Ils deviennent critiques. *Une personne de génie peut être assommante ; elle a ses plaisanteries et ses anecdotes, mais ceci est compensé par la saveur de sa présence qui, tôt ou tard, pénètre la situation.* »[650]

Quand le climat le permettait, elles faisaient de longues promenades. Assis sur le seuil de leur maison, les habitants de Vernet les saluaient avec une politesse paysanne, empreinte de déférence et de gentillesse.

Au début du printemps 1935, Georgette, se croyant guérie, crut nécessaire de remonter à Paris. Elle retrouva Saint-Germain-des-Prés et l'hôtel de la rue Bonaparte, où habitaient Janet Flanner et Solita Solano.

Une vedette 1900

Était-ce parce qu'elle avait cru mourir, elle accepta d'accorder un entretien à la journaliste Marcelle-Maurette, pour le *Journal de la Femme*. Cette publication faisait paraître une série intitulée « 1900 vu par ses vedettes ». C'était indiquer à quel point cette période était maintenant ancienne pour les lectrices de 1935 ! Ayant survécu à une grave maladie mais se sentant encore fragile et prête à rechuter, Georgette préféra laisser publier d'elle-même un portrait nostalgique et incomplet plutôt que de disparaître dans l'anonymat. La série avait déjà présenté d'autres « vedettes 1900 » telles Yvette Guilbert, la comédienne Armande Cassive — vedette de l'Eden-Concert et de Bobino, ancienne partenaire de De Max et Raimu, actrice préférée de Feydeau — ou Félix Mayol, le plus populaire des chanteurs de café-concert, le créateur de *Viens poupoule* et *Les Mains de femme*. Naturellement l'article mit l'accent sur la carrière de la cantatrice et de l'actrice, son idylle avec Maeterlinck, au détriment de tout le reste. Il faut bien faire rêver les lectrices. Cependant, malgré les contraintes du genre, Marcelle-Maurette dressa un beau portrait de celle que l'on aurait pu croire exilée, hors de son époque. D'après la journaliste, il n'en était rien. « La voici aujourd'hui, toujours charmante, lovée dans ses tuniques étranges, bien à elle, qui collent à son corps étroit, dérobent ses pieds, s'envolent jusqu'aux mains, et qu'elle ceinture à la Sarah Bernhardt, de « châtelaines » cliquetantes... Elle a maigri de souffrance, mais ses indomptables yeux toisent l'avenir, sa belle bouche lui sourit avec une coquetterie courageuse qui hanche sa taille, tend sa main criblée de bagues et chante au fond de sa voix douce qui scande les mots, musicalement... »

Qu'on ne s'attende pas à trouver dans le phare de Tancarville, une dame de soixante-six ans qui déviderait ses souvenirs de jeunesse. La journaliste la sent « si peu sage, ô Georgette, qu'il suffirait d'un nouvel idéal, d'une infortune dévoilée pour la jeter au hasard vers son nouveau destin... »

Allons, il faut aussi décrire le phare, évoquer les cris des mouettes. Le phare, en effet... « C'est là que pense, travaille, respire, Georgette Leblanc. Elle a torturé les murs paysans. Le ripolin rose, le pochoir azur, les grosses faïences rouennaises ont rasé leur hâle d'adorable façon. Il y a même une salle de bains ! On s'éclaire aux bougies, par exemple, et des ombres courent sur les lits de paquebot placés l'un par dessus l'autre, en tartines [*sic*], et voilés de filets de pêche. »

---

[650] Ibid.

Mais Georgette Leblanc ne laissera pas Marcelle-Maurette sur une pure impression de pittoresque, qui dissimule, en fait, une misère matérielle artistiquement aménagée. Ce n'est pas parce que l'on vit dans un phare que l'on aime le passé. Avec courage, elle affirme, souriante, qu'elle préfère 1935 à 1900. « Il est entendu que je ne parle pas de vie matérielle… C'est assez de la subir, elle et son chœur de gémissements ! Non, personnellement, je préfère 35 parce qu'il est le *présent.* Parce que rien au monde ne vaut ce qui nous appartient, ce dont nous disposons. C'est la garantie d'aujourd'hui d'être assez radieusement vaste pour contenir un magnifique hier… Impersonnellement, parce que l'époque est plus vraie, plus simple. Parce que l'homme n'a jamais été plus intelligent et plus chercheur. »

Pour finir, elle délivre à sa visiteuse un sentiment quasi voltairien de confiance en l'humanité, même si celle-ci est capable des plus grandes folies : « Quant à être pessimiste ou optimiste pour notre époque, je pense que le monde n'est pas au bout de ses bêtises et que lorsqu'il aura fini… il en recommencera de plus grandes ! Laissons-le faire et travaillons. »

Candide disait, lui : « Cultivons notre jardin. »

L'article parut le 10 août 1935 en double page, sous la tête de rubrique, « Les arts et la femme ». Trois photos de Georgette Leblanc l'illustraient. La première en médaillon, prise en 1935 : coiffée d'un turban et vêtue d'une longue tunique, le visage amaigri par la maladie, elle sourit. Le jeûne et l'intelligence lui donnent une expression sereine et intemporelle. Les deux autres la montraient au temps de sa jeunesse, en 1900, en tenue de ville sous un chapeau à plumes, et dans le rôle de *Joyzelle*, en 1903.

Georgette s'était rappelée au bon souvenir des lectrices de 1935. Manière de saluer son époque avant de s'en aller… comme Ariane à la fin de l'opéra de Paul Dukas.

Mesquinerie de Maeterlinck en son palais

De Vernet-les-Bains, elle avait écrit à différents correspondants, sans rien leur cacher de sa misère matérielle. La libraire parisienne Elvire Manasse alerta plusieurs personnalités qu'elle supposait aussi sensibles qu'elle, mais commit l'erreur d'adresser une supplique à Maeterlinck.

De Grasse, le 3 avril, Adeline, une vieille amie de Georgette et du prix Nobel, s'émut de sa situation auprès du rédacteur en chef de *L'Éclaireur de Nice et du Sud-Est* : « Cher ami Maurevert, Demande d'aide pour Georgette : cette dame en a parlé à Charles Steiner [?] et elle pense qu'il fera quelque chose. Pauvre grande Georgette : elle a mon admiration, ma reconnaissance et ma tendresse. La première préface demandée et dite par elle, « La Lumière », commençait par « Souviens-toi, mon enfant… » Adeline. P.-S. Surtout si C. Steiner donnait satisfaction, pas un mot à Georgette en ce qui me concerne. »

Journaliste, Adeline avait fait ses débuts littéraires en 1913, publiant chez Armand Colin, *Les songeries d'Adeline à treize ans*, curieux recueil d'écrits de « petite fille », préfacé par Maeterlinck. Était-elle vraiment si jeune quand elle les fit éditer ou s'agissait-il seulement d'habiles pastiches commis par une adulte ? En tout cas, la pièce de théâtre du recueil ressemblait fort à du Maeterlinck. La plupart des textes dédiés à Maeterlinck et à Maurevert portaient comme date et lieu de rédaction, tantôt Grasse, tantôt Varengeville-sur-mer, en Normandie. Certains ont cru qu'ils sortaient, en réalité, de la plume de Georgette Leblanc.

Malgré son « admiration, sa reconnaissance et sa tendresse » pour la délaissée, Adeline ne mit pas fin à ses relations avec Maeterlinck, puisqu'en juillet 1932, *Le Figaro* l'envoya en reportage Villa Orlamonde.

Comte belge[651], propriétaire d'une demeure située au pied du Mont-Boron et dominant la baie des Anges, le septuagénaire en était arrivé un peu au même point que D'Annunzio. Il ne mettait plus son talent dans ses œuvres, mais dans l'embellissement de ses propriétés matérielles. Contrairement aux appartements de la Villa Dupont et de la rue Raynouard, au presbytère de Gruchet Saint-Siméon et à la partie habitable de l'abbaye de Saint-Wandrille dont Georgette fut la décoratrice inspirée, le palais Orlamonde, dans ses aménagements intérieurs, portait uniquement la marque de Maeterlinck. On était très loin ici de l'accumulation frénétique et du tarabiscoté fin de siècle de D'Annunzio. Tout était vaste, lumineux, mais lourd et solennel comme dans un temple.

« Aujourd'hui, écrit Adeline, quittant délibérément les charmes terriens, l'auteur de *Sagesse et Destinée* s'est fixé en plein espace marin, bâtissant sur le roc un nid de goélands et un palais de conte nordique. Voué au midi de la France, le Gantois peut traiter le Nord de « pourrissoir de l'Europe », comme il qualifiait sa première œuvre de « Shakespeatrerie » (sic), quoi qu'il fasse il demeurera essentiellement nordique et il le sait bien. »

Et voici ce qui s'offre à la visiteuse : « Une grille ouverte, fermée d'habitude à triple tour, un tournant à pic : l'auto hésite sur le vide qui est partout. Au bout d'une place carrée formée en partie par la toiture d'un immense bâtiment en construction, apparaît la maison véritable avec ses signes caractéristiques : porte massive, fenêtres ogivales, façade blanche. (...) Presque aussi vastes que le hall, en bas, en haut, plongeant sur l'abîme bleu qui murmure aux meneaux des fenêtres, les pièces de marbres se suivent avec leurs meubles hollandais de même envergure, leurs fauteuils de velours violet pour géants, avec des lits de rois fainéants, des plafonds peints, des chandeliers à sept branches, des vases de lis. (...) "Toute ma vie, j'ai voulu vivre dans un conte de fées", explique Maeterlinck. "Les prémices y étaient, représentant onze millions" (environ 33 millions d'aujourd'hui). (...) Maintenant, au point le plus élevé de son domaine, où un homme s'est tué il y a une semaine, Maeterlinck nous enjoint de dominer notre vertige, nous tient par la main pour nous montrer la plage d'Orlamonde, loin, loin en dessous de nous. »

La porte de fer ouvragé de la salle de réception donnant sur les portiques, le jardin d'hiver, la galerie de marbre, le cabinet de travail de Maeterlinck, la salle à manger, le petit salon, le grand salon du premier étage avec vue sur la mer, tout évoque la démesure. Contemplant aujourd'hui les photos d'André Kertesz — seul témoignage de ces décors disparus — on se prend à imaginer la vie du poète

---

651 Le roi Albert Ier écrivait le 12 juillet 1932 à Maeterlinck : « J'ai éprouvé un plaisir tout particulier à signer l'arrêté qui vous octroie concession de noblesse et je tiens à cette occasion à vous exprimer mes chaleureuses félicitations. En acceptant de devenir comte, le plus illustre de nos littérateurs rend un hommage précieux à la souveraineté belge et en même temps confère à ce titre le prestige d'une gloire qui est mondiale... » *(Maurice Maeterlinck*, catalogue de l'exposition organisée pour le centenaire de sa naissance, Bruxelles, Bibliothèque Albert Ier.)

millionnaire dans ce mausolée. Puis on se dit qu'elle continua à l'identique, telle qu'elle s'était déroulée dans des lieux moins fastueux. Maeterlinck s'était créé le sanctuaire où il honorait le petit dieu de l'habitude. Chaque journée se répétait, la même que la précédente. Monotonie dans la torpeur. Tranquilles vaguelettes qui se succèdent.

Adeline, comparant le Vittoriale à la Villa Orlamonde, concluait : « enfoncé D'Annunzio ! » Pas sûr. Risquons un parallèle : l'Italien racheta la villa du Cargnacco et l'agrandit sans cesse ; Maeterlinck, lui aussi, eut besoin d'un site déjà bâti par un autre. Il y ajouta seulement sa décoration pompeuse et ses aménagements confortables. Pendant sa période créatrice, D'Annunzio s'était appuyé sur les livres des écrivains européens — surtout français ou traduits en français — afin que son imagination, mise au défi, produisît des œuvres de niveau comparable. Maeterlinck, lui, jusqu'en 1894, avait puisé dans les contes germaniques, la poésie flamande médiévale, les écrits de Ruysbroeck, Shakespeare, Emerson, Carlyle..., les poèmes de Verlaine... Dès le début de sa longue liaison avec Georgette, il sut comment la rentabiliser au mieux, tout en faisant quelques emprunts mineurs à d'autres littérateurs.[652] En dépit de personnalités aux apparences antagonistes, le destin final des deux poètes mondialement célèbres semblait étrangement similaire. En proie à une érotomanie grandissante, D'Annunzio ne produisait plus rien qui vaille. Depuis 1920, Maeterlinck, réduit à « l'autophagie », se parodiait sans se fatiguer. André Billy le définissait ainsi : « Un des moralistes les plus goûtés du monde anglo-saxon, à cause, sans doute, de cet optimisme pratique et sentimental tout ensemble dont notre radicalisme latin ne saurait s'accommoder. » Le temps des passions, il est vrai, était clos.

Mais comment Orlamonde, sa demeure de « conte de fées », était-elle sortie du sol ? « Vers la fin de la guerre, confie-t-il à Edmond Epardaud, un affairiste slave vint jeter son dévolu sur ces rocailles du cap de Nice qui bordent la route de Villefranche. Il avait formé le rêve — car c'était bien un rêve — d'établir là un casino, un vaste établissement de plaisirs et de jeux. Il obtint les autorisations nécessaires, réunit des capitaux et se lança à corps perdu dans l'aventure. Notre homme dépensa treize millions de l'époque — une cinquantaine de millions aujourd'hui — pour ne rien achever. Sur la falaise à pic on creusa de vastes terrasses, on apporta de la terre, on enfonça les fondations jusqu'aux abords du rivage. Il adorait le marbre et tout devait en être revêtu, les parquets, les parois, les colonnes. Quand je me suis installé là j'ai déjà trouvé pour plus d'un million de marbres dépensé — toujours au taux d'il y a vingt ans. Le Russe avait vu trop grand. L'affaire ne marcha pas et il manqua d'argent pour achever son œuvre, ce qui fut peut-être dommage, car la conception était remarquable. Par la suite, il eut des ennuis avec la justice française. Et cet homme qui avait manié des millions fut inquiété pour une peccadille d'un millier de francs. »

Ainsi parle le poète millionnaire des hauteurs de sa fortune. Pour lui, un millier de francs représente une bagatelle. Pour Georgette Leblanc, un millier de francs (environ trois mille francs actuels) est le montant de la mensualité que son frère lui verse plus ou moins régulièrement. C'est avec cette somme — dérisoire selon le point de vue du comte Maeterlinck — qu'elle doit vivre, se soigner et

[652] La postmodernité de Maeterlinck réside peut-être dans ces « vols », certains avoués d'autres non. Lautréamont n'écrivait-il pas : « Le plagiat est nécessaire, le progrès l'implique, etc. » ?

faire vivre ses deux amies, encore que Monique reçoive une pension d'institutrice en retraite. Mais Margaret n'a aucun moyens d'existence.

Maurevert informa Georgette de ses démarches. Elle allait recevoir un peu d'argent.

Elle le remercia le samedi 4 mai, de son hôtel du 36, rue Bonaparte.

« 9 heures du matin,

« Cher ami, le geste est adorable et votre façon de le faire, en gentleman, ajoute encore à mon émotion. Dites-le à l'ami Marchand : je ne remercie pas puisque vous ne voulez pas mais mon cœur est touché plus que je ne puis le dire !

« Je suis contente de l'espoir que vous me donnez pour l'Artistique, [*un engagement ?*] je vais écrire à Gaston, mais sans nom, sans adresse, est-ce suffisant à Nice ? en mettant « avocat » naturellement.

« Je le ferai dès que je serai au phare où je vais partir dans deux jours. Le régime « bistrots » et « lits durs », sans compter les courses à pied, le bruit, etc. me feraient reperdre les précieux kilos gagnés cet hiver.

« Imaginez-vous que je n'ai eu votre bonne lettre qu'hier à la fin de la journée… j'étais sortie et je n'étais pas passée la prendre, convaincue qu'il s'agissait de la première clinique où l'on me fit transporter en 1934, car dernièrement une lettre du directeur me révélait qu'il n'avait pas encore obtenu de ma famille la fin de la note, soit 1 200 francs, et qu'il allait commencer les poursuites contre moi à la fin d'avril.

« J'ai aussitôt écrit à Jehanne et à Maurice mais je dois dire qu'ils n'ont rien fait…

« Je dois faire un instantané (qu'on me demande) en arrivant au phare. J'en enverrai à vous deux et dites à Marchand que je trufferai pour lui le livre d'Amérique que je vais achever maintenant. Je vais le conduire jusqu'en 34 et 35. J'étais ennuyée de l'arrêter à mon départ de là-bas, en 24, et cela faisait un bouquin uniquement anecdotique. Ça plaît au public mais pas à moi ni aux amis comme vous qui ne sauraient se contenter de burlesque…

« Vous qui avez été comme moi tout près de la mort, vous savez aussi combien nous rapportons de ces relations dangereuses.

« J'adorais la vie, maintenant j'apprends à mieux vivre.

« Est-ce la maladie qui a manqué à ce pauvre Maeterlinck ? Malgré sa richesse, je ne le sens pas riche. »

Le 7 mai 1935, sur un ordre de M. Charles Steiner de Lausanne, la Société de Banque Suisse vire à l'ordre de Monsieur Maurevert, 93, quai des États-Unis, Nice, la somme de 400 francs à remettre à Mme Georgette Leblanc. 400 francs, soit environ 1 200 francs actuels. Le produit de la collecte organisée par Maurevert !

Il lui fit parvenir cet argent et, le 11 mai, osa s'adresser à la « générosité » de Maeterlinck : « Mon bien cher ami, j'estime de mon devoir de vous informer d'une chose assez grave. Je viens de recevoir une lettre de Georgette. Elle est très malheureuse, frappe à toutes les portes pour chercher de quoi vivre. Elle me dit qu'elle est la plupart du temps sans le sou, démunie souvent au point d'hésiter devant l'achat d'un journal. Elle a été malade, soignée d'abord à l'hôpital américain de Neuilly, ensuite dans une clinique, à laquelle elle doit encore 1 200 francs. Elle voudrait tenir jusqu'à l'hiver dans l'espoir de donner quelques conférences. Maurice et Fernand l'aident bien un peu.

« Bref, avec quelques amis, j'ai pu recueillir quelques centaines de francs que je lui ai immédiatement envoyés. Elle ne parle pas de vous, c'est pourquoi l'idée m'est venue de vous parler d'elle.

« *Oubliant un mauvais moment, ne croyant qu'à celle qui fut votre belle et bonne compagne pendant un quart de siècle,* pouvez-vous faire à votre tour quelque chose pour elle même anonymement. Un chèque barré sur le Crédit... à mon nom et je lui ferai parvenir l'argent sans lui dire de qui il vient.

« *Vous feriez une bonne action de plus dans votre vie.*

« Je ne vous en dis pas davantage et je vous serre fraternellement les mains.

« Je vous ai bien connu. Je sais que vous êtes l'un des meilleurs qui soient et je ne... »

Le 13, il reçut une courte et sèche fin de non-recevoir du propriétaire d'Orlamonde, le poète à qui les aménagements et la finition de sa demeure avaient coûté onze millions de francs : « *Par égard pour notre vieille amitié, j'aimerais mieux ne pas vous répondre car je serais obligé de vous dire des choses désagréables. Votre dévoué, Maeterlinck.* »

Bouleversé, Maurevert lui répondit le 15 : « Maeterlinck, Étant donné les rapports espacés que j'ai eus avec vous depuis quinze ans, excusez-moi de n'avoir pu soupçonner l'étendue et la profondeur comme la permanence d'un ressentiment que vous éprouviez à l'égard d'une personne au sujet de laquelle... On croit parfois tellement facile ce que l'on espère. »

Georgette, Margaret et Monique rejoignirent pour l'été le phare de Tancarville. Un adolescent, Claude Labarre[653], venait leur rendre visite. Il lui arriva d'accompagner Georgette chez son frère Maurice Leblanc, propriétaire à Étretat du Clos-Lupin. Les soirées, on jouait au bridge.

Contrairement à Maeterlinck de deux ans plus âgé et qui reste un beau vieillard, Maurice Leblanc semble rapetisser et s'alléger avec l'âge. Mais son aspect de petit vieux frêle n'a rien à voir avec sa personnalité. La tendresse qu'il éprouve réellement pour sa sœur a vaincu l'atavisme de l'esprit bourgeois de province. Son aide est parcimonieuse mais elle existe et s'est manifestée de longue date. Et, après tout, quel natif de Normandie même devenu parisien eût toléré la trinité amoureuse que formait sa sœur de soixante-six ans avec une femme de son âge et une autre de quarante-neuf ans ?

L'hiver, les conditions de vie au phare pouvant mettre en péril la santé de Georgette, les trois amies, sans autre solution, retournèrent à Vernet-les-Bains, dans la même maison de village.

En décembre 1935, Georgette écrivit à son vieux camarade niçois : « Bien cher Maurevert, Il me fut facile de "deviner" la démarche que vous avez faite en juin. [*en mai*] Vous fûtes gêné, m'avez-vous dit, du résultat. Ce n'était pas à vous de l'être mais à celui qui prouvait son manque de bonté. Bonté qui eût été plus que naturelle ! ! !

[653] En 1991, M. Claude Labarre vivait toujours à Tancarville. Collectionneur, bibliophile, cinéaste-amateur, il nous a toujours reçu aimablement dans sa demeure, La Vieille Eglise.

« L'opération du rein fut très grave, très longue.

« Avec la pension que Maurice [*Leblanc*] a la gentillesse de me faire actuellement : mille francs par mois, ma vie n'est guère libre. Je n'arrive qu'en ne bougeant pas, car il y a les soins, médicaments.

« Enfin j'ai reçu une fois encore le " cadeau du riche " et je connais sa valeur mieux qu'autrefois.

« Je n'ai pas de nouvelles de Maurice qui doit être à Cannes en quelque palace. »

Le « cadeau du riche », belle trouvaille...

Le 30 avril 1936, invitée par la Société Anna de Noailles de Toulouse, elle présida dans la ville rose une « grande journée commémorative » du troisième anniversaire de la mort de la poétesse des *Éblouissements*. À 16 heures, sous « le haut patronage de Monsieur le Maire de Toulouse », elle remit le prix Anna de Noailles au lauréat, puis à 17 heures 15, au Royal, elle donna une conférence intitulée « Mes confessions », et signa quelques exemplaires de *Souvenirs*. Pour aguicher le public toulousain, on l'avait présentée comme « l'ex-collaboratrice de Maeterlinck ». Huit jours plus tard, elle prononça la même conférence à Castres. Elle envoya le programme des festivités à son amie Elvire Manasse, avec ces quelques mots : « Cette mauvaise image pour te mettre au courant... » et soulignant d'un trait la qualification "ex-collaboratrice de Maurice Maeterlinck", « ceci n'est pas de moi ».

Elle retrouva Paris avec un peu d'argent en mai 1936.

À l'ombre de Gurdjieff, le thaumaturge

En cette année historique où éclatent en France grèves, manifestations, occupations d'usines et bouleversement sociaux, Georgette ne se sent absolument pas concernée. Ce ne sont pas seulement l'âge — elle a maintenant soixante-sept ans — et la maladie qui l'empêchent de voir les événements sociaux qui secouent le pays mais un mode de vie particulier entièrement centré sur son personnage, la musique et la littérature d'abord, puis, dès la fin des années vingt, la recherche spirituelle qui lui permettrait d'accéder enfin à la vérité de son être. Au centre de sa sphère privée, elle mène d'abord le combat de l'être. Constatant ses progrès, elle notait déjà en 1930 : « Il fallait l'écrasement de cette vie pour me conduire au véritable triomphe d'aujourd'hui... Triomphe de la conscience qui pour la première fois agite ses ailes. » Et, dans sa période de maladie, en 1935 : « Je ne me connais pas le droit de sortir du danger comme j'y suis entrée, j'ai eu le cadeau de vivre sans le savoir, et sans le savoir j'ai vécu mon idée de la jeunesse, de la beauté, de la santé, du succès, de l'amour, du bonheur. Et c'est comme un esprit de justice qui a tout arraché de mes bras pour me forcer à comprendre... Vais-je comprendre plus loin ? Je le crois. Il s'agit de me le prouver. »[654]

En 1936, la lutte des classes tourne à plein régime. Les riches Français ont peur. Ils cachent leur argent en Suisse. Les très pauvres ont un vague espoir, tandis que les ouvriers et les employés organisés se battent pour que cesse l'exploitation. Léon Blum, qui avait salué *L'Oiseau bleu* en 1912 dans *Comœdia*, entré en politique et devenu secrétaire général de la S.F.I.O., va être nommé

[654] Georgette LEBLANC, II, Op. Cit.

président du Conseil. Georgette et ses amies, elles, sont totalement isolées des mouvements sociaux. Que pourraient d'ailleurs apporter au « socialisme » trois femmes vivant tantôt à l'hôtel, tantôt dans la solitude d'un phare et dont les activités favorites sont l'introspection, l'écriture et la musique ? Georgette et Margaret travaillent à un prochain livre. Monique et Georgette remplissent depuis 1921 des carnets, journal de bord de leur vie, Georgette notant ses pensées au jour le jour, Monique tenant la chronique des événements quotidiens. Par son intelligence pratique qui desserre l'étau de la misère matérielle, Monique les sauve à plusieurs reprises du suicide. Une anecdote racontée dans la famille Leblanc[655] se rapporte peut-être à cette période. Ne dit-on pas que les trois amies auraient branché un câble électrique sur le compteur d'un voisin pour se procurer gratuitement de l'électricité ? La fraude ayant été découverte, Monique aurait appelé le fils de Maurice Leblanc à la rescousse. Claude, ingénieur des arts et manufactures, possédait les relations nécessaires pour éteindre les poursuites contre les trois imprudentes.

Ne possédant aucun bien, à l'exception d'un cabriolet 9 ch. — son seul luxe —, à part cela subsistant avec mille francs (1936) par mois, remontant péniblement la pente après deux années de grave maladie, Georgette est heureuse de louer un appartement à Paris, dans le VIIe, 17, rue Casimir-Périer, « entre l'église et les arbres »[656] (L'église Sainte-Clotilde dont César Franck fut organiste.) Pour des raisons fiscales, l'appartement est au nom de Monique. Dans sa déclaration d'impôts, Georgette affirme vivre chez madame Mathilde (Monique) Serrure. Institutrice en retraite, Monique n'est pas imposable, tandis que Georgette Leblanc, artiste, écrivain, pourrait l'être. Même sur sa déclaration fiscale, Georgette se rajeunit de cinq ans. C'est probablement devenu un automatisme inconscient.

Georgette et Margaret désiraient reprendre contact avec Gurdjieff. Georgette mettait assez justement ses maladies au compte de sa souffrance d'exister et de son impuissance à mener à bien une œuvre aboutie. Elle rédigeait, raturait, réécrivait énormément sans se satisfaire du résultat. Jusqu'au bout, elle a noirci des milliers de pages recto-verso. Dans ses manuscrits posthumes, on trouve une pièce de théâtre en trois actes et six personnages, *L'Halluciné*, des brouillons d'articles, des fragments de son Journal, des notes sur des projets, des aphorismes et des allusions au scénario qu'elle destinait à Germaine Dulac. Entre autres.

La question de Maeterlinck avait été traitée. Le chemin était donc ouvert. Mais elle se retrouvait sans énergie. Hésitante. « Le pire mal de mon caractère aura été l'hésitation. Je mourrai sans avoir solutionné certains problèmes de ma vie. Je n'ai pas su faire un trait d'union entre mes planètes Jupiter et Saturne. La lumière m'attire et l'ombre m'obsède. Je vis déchirée par l'hésitation. » À la fin de *Souvenirs*, elle avait conclu d'une manière qu'elle devait juger, six ans plus tard, trop optimiste : « Je le sais à présent : nous ne pouvons chercher et atteindre qu'un être, celui qui nous fut donné, qui est en nous, et qui attend sa naissance de nous-mêmes. Je sens chaque jour que je me quitte un peu plus pour mieux aller à ma rencontre. »

Le processus était grippé. Il fallait le débloquer et donner un coup d'accélérateur. Comment y parvenir, si les conflits internes qui enrayaient la montée vers l'être, attaquaient, en plus, les organes vitaux ? Pour vaincre le mal, être forte et

[655] Propos de Mme Marie Leblanc recueillis par l'auteur en 1997.
[656] Margaret ANDERSON, Op.Cit.

vraie, il lui fallait conquérir le plus rapidement possible son âme véritable et non se contenter d'un moi fluctuant comme tout le monde. Margaret partageait ses intuitions mais son but n'était pas aussi urgent. De vingt ans plus jeune, elle avait la chance de jouir d'une santé de fer. Margaret faisait un travail de recherche sur elle-même, Georgette essayait d'échapper à la mort totale de l'esprit et du corps.

Elle habitait près de l'église Sainte-Clotilde mais le catholicisme ne pouvait lui être d'aucun secours. « Je pense, écrit-elle, que la religion est à sa place dans un monastère où son égoïsme concentrique peut exister sans limites. Avec la vie elle boite, dans la société elle empoisonne… et quelle erreur de croire qu'il suffit de souffrir pour grandir. Alors notre planète serait couverte de saints et d'anges. À force de souffrir les uns meurent, les autres gâtifient, d'autres enragent, très peu se bonifient et progressent par la douleur. Il y faut une technique, la plus dure peut-être… J'avais toujours été croyante d'instinct, mais je ne pouvais accepter le Dieu que la religion proposait. Dieu converti en refuge alors qu'il doit être le divin aboutissement de l'âme qui le contient. Il n'est ni un refuge ni un espoir. Mais chaque être est le miroir du Dieu qu'il conçoit, et beaucoup sont des miroirs de poche. Ma seule espérance était dans ma capacité d'efforts. »[657]

Gurdjieff habitait maintenant le premier étage d'un immeuble sans style, rue des Colonels-Renard, entre la place St-Ferdinand et l'avenue des Ternes.

La période du Prieuré d'Avon était close. Les disciples n'avaient plus rien à faire d'autre que venir chez le Maître, écouter la lecture de ses œuvres et participer à des repas arrosés de vodka. Finis la vie monacale, le travail physique intense, le peu de sommeil accordé aux membres du groupe. Changement de méthode ou atonie ? Qu'impliquait vraiment l'abandon de la dureté des débuts ? Louis Pauwels a supposé, en s'appuyant sur le témoignage de Pierre Schaeffer, que l'aggiornamento de Gurdjieff poursuivait un but de déstabilisation des forces morales et intellectuelles déjà bien affaiblies de l'Europe des Lumières. Des groupes se réclamant de Gurdjieff avaient essaimé en Europe, en Amérique. Le gurdjieffisme était en passe de se réifier en succédané de religion. Opposé à la liquidation du savoir ésotérique dont son maître, croyait-il, était un des dépositaires, Ouspensky, qui soupçonnait par ailleurs le conteur oriental des « Récits de Belzébuth à son petit-fils » de n'être finalement qu'un pervers, rompit avec lui. L'aura de Gurdjieff n'en fut nullement ternie, au contraire. Et l'appartement du vieux mage ne désemplit plus jusqu'à sa mort.

À l'extérieur, dans le monde réel de 1936, le Front populaire arriva au pouvoir en juin et accomplit des réformes sociales importantes. Rue des Colonels-Renard, Georgette Leblanc retrouva Gurdjieff. « Le temps passe, lui dit-elle, et je ne fais pas de progrès. Je n'ai plus beaucoup de temps à vivre, voulez-vous me permettre de lire les nouvelles parties de votre manuscrit. »[658]

Gurdjieff accepta et l'invita à revenir le lendemain.

Polytechnicien, compositeur, théoricien de la musique et des sons, Pierre Schaeffer appelle Gurdjieff le « moderne thaumaturge ». Il décrit une assemblée hétéroclite : « Le XVIe arrondissement aux odeurs minoritaires mais puissantes (Dior et Lanvin) parfume un prolétariat légèrement exotique. Il y a un bohémien qui porte la boucle d'oreille (une seule). Il y a un banquier, deux comtesses et

---

[657] Georgette LEBLANC, II, Op. cit.

[658] Ibid.

plusieurs dactylographes. Il y a des barbus et des glabres, des peintres bavards et des inspecteurs des finances réservés. Il y a des toupies et des blondes etc… » Le compositeur cite une phrase de Gurdjieff : « Je ne suis là que pour les désespérés. » Quand il écrit ce témoignage, Schaeffer avoue que Gurdjieff l'a sauvé.

Georgette Leblanc et Pierre Schaeffer que deux générations séparaient, appartenaient à la même espèce d'aventuriers de l'esprit qui ne craignent pas d'approcher un homme scandaleux ou réputé tel. En tout cas, pour le moins inclassable.

Georgette tint un « Journal de cure » de la fin juin à la fin décembre 1936. Et à se consacrer presque quotidiennement à la méthode, son état s'améliora. À tel point que le monde extérieur fut de nouveau perçu avec une acuité remarquable, sans illusions. Le 27 septembre, elle notait : « Depuis plusieurs mois, on voit clairement l'inconscient des hommes fabriquer ce qu'ils appellent la fatalité : la guerre. Cela tout en déclarant sincèrement qu'ils ne veulent que la paix. »[659]

Pendant l'été, Gurdjieff déclare à son sujet devant d'autres personnes : « Elle était candidate à la mort, elle est déjà candidate à la vie… » Georgette précise : « Au déjeuner il me regarde avec des yeux pleins de malice. »[660]

Le lundi 2 novembre, elle est en proie à une illumination. Elle voit Gurdjieff comme jamais auparavant : « Quand je suis arrivée à son appartement, c'est lui-même qui m'a ouvert la porte. (…) La lumière qui venait du petit salon l'éclairait complètement. Au lieu de se dérober, il se rejeta en arrière s'appuyant contre le mur. Alors, pour la première fois, il m'a laissé voir ce qu'il est véritablement…, comme s'il avait arraché soudain les masques sous lesquels il a le devoir de se cacher. Son visage était empreint d'une charité qui embrassait le monde entier. Figée, debout en face de lui, je le voyais de toutes mes forces et j'éprouvais une gratitude si profonde, si douloureuse, qu'il a senti la nécessité de m'apaiser. Avec un regard inoubliable il a prononcé : « God helps me. »[661]

Après un dîner, à la fin du mois de novembre, elle l'écoute jouer de l'orgue portatif. Elle écrit : « On voit la musique « passer » par lui. Il exécute, il n'est pas l'exécutant. Il est directement le moyen d'expression d'un « penser impersonnel » — serviteur parfait d'une idée. On voit vivre un homme, un cercle. On entend un langage qui emprunte à l'art son essence même pour s'ajuster exactement à une forme qu'il veut communiquer. Et quel regard extraordinaire — la richesse de son sourire — richesse de bonté, richesse de vérité. »[662]

À la fin de l'hiver, elle était guérie, de nouveau pourvue de désirs et d'élans. Mais sans que l'angoisse l'abandonne vraiment. De janvier à décembre 1937, elle poursuivit son avancée sur ce qu'elle appelait, assez ironiquement il est vrai : la « route de la connaissance ». Puis vint le temps du travail plus ardu qu'il fallait accomplir pour faire un bond qualitatif dans l'Enseignement. Georgette et Margaret demandèrent à Gurdjieff si l'époque des expériences personnelles était venue. Il s'agissait d'épreuves. Georgette nota avec une confiance sublime dans les pouvoirs de l'être humain : « (…) rien ne sera changé en apparence. J'aurai

---

[659] Ibid.

[660] Ibid. Gurdjieff ne s'exprimait pas aussi clairement en français. Il usait d'un sabir franco-anglo-russe, son accent déformant les mots. S'il parlait en russe, Mme de Salzmann traduisait.

[661] Ibid.

[662] Ibid. La musique de Gurdjieff, transcrite par de Hartmann, a été enregistrée.

toujours mon nom que je n'aime pas, je serai habillée comme je le suis. Aucun signe ne sera fait, aucune promesse. J'irai demain et simplement je dirai « I will do ». (...) devant moi-même, ce sera le plus grand événement de ma vie. Quand je dirai cela, j'apercevrai devant moi en esprit une succession d'arcanes dont je ne verrai pas la fin, et que je franchirai quoi qu'il advienne. (...) Ma fin, je croyais comme tout le monde que ce serait ma mort. Maintenant arrive une fin avant la fin, une mort avant ma mort. Et cela, c'est pour gagner la vie. Je ne peux pas écrire ces mots sans trembler : « I will do ».[663]

La mystérieuse initiation eut lieu le 21 octobre 1937 au soir. « En résumé, écrit Georgette, j'ai vécu quelques instants réels. »

À la fin de 1937, elle dit à Gurdjieff : « J'ai presque peur — la vie monte en moi comme la mer. »

Il répéta : « C'est seulement un très petit commencement. »[664]

La suite relevait de l'incommunicable. Faut-il le préciser ? Georgette crut sincèrement que l'initiation avait sauvé son être. Par conséquent, elle n'était plus, comme disait Gurdjieff, une « merdité absolue ». Elle vivait plus fort, sur un autre plan, où la mort ne signifie plus néant mais recomposition éternelle de l'être.

Margaret traversa des phases différentes éclairées par la vérité profonde de son homosexualité. En définitive, elle confessa qu'elle se sentait enfant, jeune fille, garçon, voire homme, mais *femme* en aucun cas. Aujourd'hui, dans les pays industrialisés, femme signifie adulte de sexe féminin libre et responsable participant à la vie politique, et non plus être inférieur, infantilisé par son sexe, son appareil reproducteur et les lois de la cité. Femme en 1936, pour Margaret, était l'équivalent d'esclave. Elle se félicitait d'avoir échappé à cette malédiction, tout en étant consciente qu'appartenir à une minorité sexuelle et avoir raison ne suffisait pas. C'est pourquoi elle tentait de se libérer de tout déterminisme auprès de Gurdjieff. À la fin de 1938, elle arriva au même résultat que Georgette. « Une bénédiction était sur moi, écrivit-elle, je la sentais de tous côtés. Je ne serais plus épargnée ni tuée ni protégée. Je serais aidée. Les années passeront et je sais ce que je ferai. Je ne saurai pas où je vivrai, ce que je mangerai ou porterai, à quoi je ressemblerai ou comment je me sentirai ou qui je fréquenterai. Dans le monde, il y aura la guerre, dans mon monde, il n'y aura pas de paix — si ce n'est ce qui passe l'entendement : le temps d'une vie pour une vie — pour ce qui demeure brillant, pas brûlant comme au-dessous, ni courroucé mais au contraire vital, serein, transcendant, régénérant et non plus un feu dévorant. »

Maintenant elles croyaient vraiment que leur âme était assurée de survivre à la débâcle physique, lorsque celle-ci se produirait. Qui ne désirerait pas cette délivrance ?

La Tragédie et la Farce

Le soir du 1er mars 1938, au Vittoriale, D'Annunzio était à sa table de travail. Il se leva pour se rendre à sa bibliothèque et mourut d'une hémorragie cérébrale. Il avait soixante-quinze ans.

---

663 Ibid.

664 Ibid.

En hommage lucide au poète foudroyé, Georgette publia, la même année, *D'Annunzio au Vittoriale*[665]. À côté du monomane séducteur, de l'ancien homme d'action, elle décrivit un homme sensible, évoquant avec tristesse et regrets le souvenir d'Eleonora Duse. Armide passa évidemment sous silence sa liaison avec celui qui signait ses lettres « Gabriele de l'Annonciation » ou « Ariel ».

En 1938, les trois amies connurent à peu près les mêmes difficultés matérielles que les années précédentes. Sauf que Georgette se croyait sauvée et que Margaret était elle aussi revenue à la vie. Leur bonheur chèrement payé résistait à la pauvreté chronique la moitié de l'automne et l'hiver à Paris ; le printemps, l'été et le début de l'automne à Tancarville.

Quelque chose d'étonnant faillit même arriver, alors que Georgette approchait ses soixante-dix ans. En 1923/24, coproduisant *L'Inhumaine*, elle avait voulu le rôle principal du film pour s'assurer une nouvelle carrière. En fait, sans en être consciente, elle projetait son image dans l'avenir et accédait à l'immortalité que confère le cinéma, dès l'instant où les films sont conservés. L'automne 1938, elle entreprit à Londres une série d'enregistrements de mélodies de Duparc, Debussy, Reynaldo Hahn et Ravel, ainsi que d'extraits de *Pelléas et Mélisande*. Les premiers essais la laissèrent insatisfaite et elle abandonna cette tentative de nous conserver sa voix. On ne doit pas le regretter plus qu'elle. L'organe d'une cantatrice se transformant avec l'âge, même si elle avait produit un disque, nous n'eussions pas entendu le chant qui avait subjugué Mallarmé une quarantaine d'années auparavant. À la fin des années vingt, les critiques les mieux intentionnés s'interrogeaient sur ce qu'il lui restait vraiment de puissance vocale.

Au moins sa carrière resta-t-elle digne du début à la fin. Elle ne s'était jamais imposée que par son charisme.

Dans un monde parallèle, du côté de l'argent et du pouvoir précisément, Renée, comtesse Maeterlinck, essayait depuis vingt ans d'imiter Georgette. Ses propres talents — quoique puissamment poussés — ne la menèrent pas bien haut. Il faut croire qu'elle n'en possédait guère. Elle joua *Berniquel*, pièce de son mari mise en scène par le vieux Lugné-Poe qui accepta d'être le comparse de cette actrice très protégée. Maeterlinck, Lugné-Poe, l'épouse de l'auteur, cela rappelait d'une manière dérisoire le trio vainqueur de *Monna Vanna*. Quoiqu' à peine moins oubliée aujourd'hui, *Monna Vanna* fut un triomphe. *Berniquel*, une pièce nulle jouée par une piétre comédienne.

En 1935, dans une nouvelle tentative d'imposer sa femme, Maeterlinck fit représenter *La Princesse Isabelle* au Théâtre de la Renaissance-Cora Laparcerie. La dédicace est éclairante : « à Maleine, à Mélisande, à Sélysette, à Isabelle, à toutes c'est-à-dire à toi. » Aglavaine, Ariane, Monna Vanna, Joyzelle, La Lumière sont en enfer. Parfaitement soumise, l'enfantine Renée incarne l'image de la femme-victime — perdant son sang, tuée, suicidée, folle —, celle qui fait battre vraiment le cœur de Maeterlinck dans la vie. Georgette Leblanc, reconnaît un critique, n'appartenait pas à ce genre-là, encore qu'elle ait beaucoup perdu, parfois à son corps défendant, dans l'aventure. Renée avait tout à gagner à rester unie au vieux poète. Comme il s'était jadis servi de Georgette, il se sert en 1935 de Renée pour créer le personnage d'Isabelle. Hommage très ambigu, qui en rappelle un autre : la création du personnage d'Aglavaine. Maeterlinck ne peut

---

[665] Les Œuvres libres, Fayard, 1938.

s'empêcher de malmener ses femmes, comme on va le voir… La *Princesse* Isabelle n'est qu'une jeune aliénée qui se croit archiduchesse et fille d'un roi d'Espagne. Ses parents l'ont placée auprès d'une famille du village flamand de Gheel, où l'on héberge les malades mentaux depuis le Moyen-Âge. Est-ce dû à la vieillesse ? Les phobies de jeunesse de Maeterlinck sont de retour : l'eau, profonde et traîtresse, les caves, les cryptes… Cette fois, le personnage-victime survit : Isabelle échappe à la noyade, sauvée par un fou difforme et amoureux d'elle. Naturellement, la *Princesse* croit devoir la vie à son psychiatre, le jeune docteur Gabriel. Elle passe ainsi d'un délire à l'autre, moins extrême, qui la libère de Gheel, mais qui l'attache désormais pour toujours au psychiatre, lequel a le pouvoir de dire qui est fou et qui ne l'est pas.

Maeterlinck gardait le contrôle et faisait jouer Renée pour sa délectation personnelle. Sans doute espérait-il, en renouant avec sa période d'avant *Aglavaine et Sélysette*, retrouver sa puissance créatrice d'antan, mais depuis *L'Oiseau bleu* son génie l'avait bel et bien abandonné. *Les Fiançailles* et la suite prouvent que Renée ne redonna pas au vieux poète son ancienne verdeur. *La Princesse Isabelle* n'eut pas plus d'importance que *Berniquel*. Si l'on avait réuni des contemporains de Maeterlinckdans la salle, on peut parier qu'ils eussent tous regretté le tragique mystérieux de *Pelléas*, la vigueur de *Monna Vanna*, la noirceur de *La Mort de Tintagiles*, l'enchantement féerique de *L'Oiseau bleu. La Princesse Isabelle* eût dû être écrite et jouée avant 1900, et encore !

En 1935, l'année même de la création de cette chétive mouture, Georgette se posait cette question : « De l'époque 1900 quelle littérature survit et survivra ? » La réponse était déjà probablement induite dans la question. Elle s'incluait elle-même dans cette défaite de la littérature sur le temps. Avec le recul, elle jugeait le théâtre de cette période encore plus sévèrement. Quant à son ancien métier — comédienne —, c'était un leurre, un chemin pavé d'erreurs où elle avait failli se perdre.

Femme oisive, habituée à la vie de château et de palace, Renée visait la consécration suprême : jouer *Pelléas et Mélisande* dans un grand théâtre. Cela prit du temps, mais l'ancienne figurante était tenace. Le 9 avril 1935, elle eut l'honneur d'être Mélisande, pour une unique représentation, dans la grande salle du Palais des Beaux-Arts de Bruxelles. Ses partenaires étaient des acteurs de la Comédie-Française.

Représenté à l'Odéon la dernière année de la Grande Guerre, *Pelléas et Mélisande* revint au répertoire du même théâtre le 28 janvier 1939. La pièce eut dix représentations. À quarante-six ans, Renée interprétait pour la deuxième fois le rôle de Mélisande sur une scène. Elle connut ainsi son apogée, applaudie par un Maeterlinck de soixante-dix-sept ans.

Vers l'abîme

L'union de Georgette, Margaret et Monique était un miracle d'équilibre. Subissant les pires épreuves, elle avait tenu pendant dix-neuf ans. Les événements extérieurs qui allaient retourner l'Europe de fond en comble constituaient pour la triade une menace supplémentaire, peut-être fatale. On était maintenant à sept mois du déclenchement du second conflit mondial. Mais si la Grande Guerre avait accéléré la décomposition du couple Georgette/Maeterlinck, la conflagration à venir n'atteindrait pas la cohésion des trois funambules qui exerçaient leur art d'aimer au-dessus de la misère du monde. Pas plus que le cancer qui se développait dans le corps de Georgette, personnage central et unificateur de leur trinité.

Le voyage effectué en Allemagne l'été 1933 les avait inquiétées. Durant sa cure chez Gurdjieff, Georgette avait vu la guerre se rapprocher comme un orage. L'inconscient des hommes comme le ciel était noir. Par Janet et Solita, les trois femmes savaient que l'embrasement général viendrait du IIIe Reich qui préparait d'autres annexions territoriales. La journaliste du *New Yorker* s'était rendue en Autriche annexée, elle en était revenue persuadée que les démocraties ne tiendraient pas le choc.

L'Angleterre et la France cédèrent devant les exigences d'Hitler qui occupa les Sudètes. Par les accords de Munich, les deux dernières grandes démocraties d'Europe reconnurent le fait accompli. Il fallait « calmer » l'Allemagne par des concessions pour sauvegarder la paix. Elles crurent un moment y être parvenues. Cette illusion se dissipa en mars 1939 quand le Reich envahit toute la Tchécoslovaquie. La France et l'Angleterre n'émirent alors que des protestations. Partout en France, à Tancarville et dans la calme rue Casimir-Périer, autour de l'église Ste-Clotilde, les conversations alarmistes reprirent.

La situation européenne était catastrophique, la situation intérieure de la France révélait une fracture, les classes possédantes se remettant à peine de la crise économique des années 30-31 et de la peur que leur avait causée le Front populaire. Les démocraties baissaient la tête devant les fascismes et le stalinisme. L'ordre européen né du Traité de Versailles se décomposait.

Cependant, la reculade avait des limites. En juin 1939, plus personne ne pouvait croire que la guerre épargnerait le pays. Il suffisait qu'Hitler touchât à la Pologne, et on savait qu'il attendait le moment.

Les signes annonciateurs de l'explosion crevaient les yeux. Mais les Français, leur alliée et le lointain ami américain espéraient que le baromètre resterait éternellement au beau fixe. Janet Flanner donna son opinion dans sa *Lettre de Paris* : « Les grands hôtels regorgeaient de touristes américains. Le franc français tient bon ; le discours du ministre des Finances, Reynaud, sur sa politique de récupération, prononcé devant les puissants journalistes anglo-américains, lors d'un déjeuner, plut apparemment aux journalistes étrangers, et plus encore sans doute aux paysans français lorsqu'ils le lurent. (...) Le grand bal costumé de l'été fut donné par le comte Étienne de Beaumont. Les invités y arrivèrent vêtus en personnages des pièces de Racine, dont on célèbre actuellement le tricentenaire. (...) Maurice de Rothschild en Bajazet l'Ottoman, portait les célèbres diamants de sa mère sur son turban et, sur sa ceinture, les joyaux rares Renaissance qui font partie de la Collection Cellini appartenant à sa famille. »[666]

C'est dans ce climat qui rend aveugle et inconscient, parce qu'autrement ce serait à se tuer, que Georgette Leblanc reçut l'annonce de sa fin. Elle refusa d'y croire, elle aussi, comme les Parisiens qui rêvaient de paix et songeaient aux vacances, les dernières avant la guerre, surtout que l'été s'annonçait chaud.

[666] Janet FLANNER, *Paris c'était hier* (Chroniques d'une Américaine à Paris 1925-1939), (traduction de Roland Delouya), Mazarine, 1981.

Un matin de juin, Georgette remarqua une « petite bosse bizarre » sur son sein gauche. Elle en fit part à Monique et Margaret qui opinèrent dans le même sens : ce n'était sûrement pas grave.

Pour être tout à fait rassurée avant de partir à Tancarville, elle consulta le docteur Edmond Gros de l'hôpital américain de Neuilly. Après l'avoir examinée, celui-ci l'envoya à son collègue, le docteur Thierry de Martel[667], chirurgien français réputé, spécialiste en gynécologie et en chirurgie du système nerveux. Grand praticien et inventeur d'instruments chirurgicaux, il était également lié aux milieux du théâtre par son beau-père, Henry Fouquier, chroniqueur au *Figaro*, et son amitié pour Henry Bernstein qui lui dédia sa pièce, *Espoir*. De Martel avait d'ailleurs opéré d'un cancer du sein la propre épouse de Bernstein. Parfait homme du monde, connu pour ses manières douces et affables, il recevait dans sa maison de la rue André-Pascal, près des jardins du Ranelagh. Connaissait-il Georgette personnellement avant de la rencontrer en tant que patiente ? Au moins en avait-il entendu parler et l'avait-il vue au théâtre.

Il donna son diagnostic le lendemain. C'était une grosseur vraisemblablement bénigne mais il y avait un risque si l'on n'opérait pas rapidement. Georgette comprit ce qu'elle voulut. L'idée d'une intervention chirurgicale la terrifiait. Elle ne se souvenait que trop de son dernier passage sur le billard, en 1935. À la rentrée de septembre, il serait bien temps, si on ne pouvait faire autrement. Peut-être voulait-elle jouir d'un dernier été dans le phare ? Le mot cancer n'avait pas été prononcé. Comme on évitait sur les berges de la Seine le mot invasion. Elle s'appuyait sur la force de son esprit, les Français sur la ligne Maginot.

En ce qui concerne sa volonté de ne pas savoir, Margaret trouva une explication : « Les docteurs pouvaient lui raconter n'importe quoi sur le plan médical, elle les croyait... pour autant qu'ils lui parlent d'une manière intellectuelle. Georgette a toujours été le genre de personne avec qui les grands docteurs se livrent à de longues conversations. Ils arrivaient à passer rapidement des faits physiologiques aux faits psychologiques : une discussion sur le miracle du système circulatoire les conduisait au miracle du système nerveux sympathique et de là à une spéculation sans fin sur « l'homme, cet inconnu ». [668]

Démissionnaire de l'Institut Rockefeller en 1928 et entré à l'Institut Pasteur, Pierre Lecomte du Noüy s'était fixé à Paris. Malheureusement, à la suite d'intrigues, il dut renoncer à ses recherches. À titre de réparation, le savant reçut un laboratoire à la Sorbonne et fut nommé directeur à l'École des Hautes Études. Mais il lui manqua deux voix pour être élu au Collège de France. L'été, Lecomte du Noüy venait souvent à Étretat où il avait passé les heureuses années de son enfance. Et, malgré les tracas que lui valait l'installation d'un nouveau laboratoire à Saint-Cloud, il rendit visite à Georgette en juillet 1939. Au phare, ils eurent ce genre de discussion que mentionne ironiquement Margaret. Pour le savant, le sens de l'évolution était clair. L'être humain n'était sur terre que pour se spiri-

---

[667] Sa mère, Sibylle, comtesse de Martel de Janville, fut un prolifique auteur sous le pseudonyme de Gyp. Nationaliste et cocardière, elle était antidreyfusarde.

[668] Margaret Anderson, Op. Cit. Margaret fait ici allusion à l'ouvrage paru en 1936 — et qui fit grand bruit à l'époque — du chirurgien et prix Nobel Alexis Carrel, *L'homme, cet inconnu*. Après la défaite de 1940, Lecomte du Noüy rompit avec Carrel qui avait choisi de servir Pétain.

tualiser et devenir immortel.[669] Georgette voulait croire en l'initiation reçue de Gurdjieff. Son être *réel* la préserverait de la destruction. La matière dominée par l'esprit, la guérison s'effectuerait sans chirurgie barbare. En elle, et depuis 1936, la foi éclipsait par moments la raison. On peut tenter de l'expliquer par les difficultés matérielles quotidiennes, la peur de mourir, un vieux fonds religieux, et maintenant la crainte de la maladie et de ses souffrances. Cependant, cette foi en une gnose ne diminua ni son humanité ni son courage. Au contraire.

Mais pouvait-elle guérir seule et être sauvée de la guerre ? Les affiches de la Mobilisation générale… Comment croire que « la mobilisation n'est pas la guerre » lorsque les hommes montent dans les trains, gare de l'Est ? Quand Georgette eut deux ans, les Prussiens occupèrent Rouen. Et, dans la famille, on en parla encore longtemps après. Pendant la Grande Guerre, elle vécut à Paris bombardé par l'aviation teutonne et la « grosse Bertha ». Contrairement à Margaret dont les souvenirs d'enfance étaient indemnes de frayeurs guerrières et qui n'avait jamais senti l'odeur des hôpitaux militaires, voyagé dans les trains bondés de soldats et fui devant la menace d'une armée étrangère, elle éprouvait depuis trois ans la peur physique de l'agression allemande. De son vivant, la France avait déjà subi deux invasions.

Le docteur Thierry de Martel recevait ses patients dans sa clinique privée et à l'Hôpital américain. Sa vie professionnelle et mondaine n'était en rien affectée par les événements. Il refusait de croire à la défaite. Lorsqu'il sut, début août, que Georgette s'était décidée à l'ablation de la bosse devenue entre-temps une grosseur, peut-être bénigne en juin mais certainement cancéreuse deux mois après, il se prépara à intervenir dans les plus brefs délais. La date de l'opération fut fixée et une chambre réservée à l'Hôpital américain. Il avait suffi d'un mois au phare, à constater l'évolution inéluctable de la grosseur, pour que Georgette en appelle néanmoins à la chirurgie. Margaret et Monique semblent l'avoir aidée à accepter ce risque.

Elles rentrèrent à Paris. Mais dans la capitale, la tension n'avait pas baissé.

Toujours ambivalente et moins confiante que Martel en la force de nos armes si la guerre était déclarée, Georgette craignait le bombardement de Paris. Dans ces conditions, comment se déroulerait l'opération ? Face à cette patiente terrorisée, le chirurgien accepta de remettre l'intervention à plus tard. De toute façon, en prévision de la guerre, l'Hôpital américain allait être évacué sur Étretat.

Elle fut soulagée d'échapper une fois encore à la morphine et au bistouri. On eût dit qu'elle cherchait à utiliser ses deux ennemis, la maladie et la guerre. La guerre retardant indéfiniment l'opération la rendrait peut-être inutile, si Georgette connaissait une rémission spontanée de son mal. Cela s'était déjà vu. Cela s'appelle un miracle. Elle n'était pas la seule à y croire en ces derniers jours d'été et de paix. Combien de Français priaient pour que la guerre n'eût pas lieu ?

Dans les périodes de catastrophe — celle qui se préparait étant comparable à la chute de l'Empire romain sous le déferlement des Barbares —, les signes et les lieux acquièrent une importance qu'on ne leur accorderait pas en temps normal. La Normandie demeurait plus que jamais une province sacrée, lieu de naissance,

---

[669] Lecomte du Noüy publia *L'Avenir de l'esprit* en 1941. *L'Homme et sa Destinée* parut après sa mort en 1948.

de vie, de poésie et de mort. Le phare, le château de Tancarville, Saint-Wandrille, Étretat se chargeaient d'une valeur surnaturelle du fait de l'horrible menace que l'on sentait poindre au-delà de la ligne Maginot. Tant que la sœur de « Lupin » resterait en Normandie, il ne lui arriverait rien.

Mais il fallait sortir de Paris tant que c'était encore possible.

Le pacte germano-soviétique signé le 23 août fit encore monter l'angoisse. L'alliance « contre-nature » du nazisme et du bolchevisme s'était réalisée sans qu'on la vît venir. Hitler avait désormais toutes les cartes en mains.

Ce coup de théâtre, s'il plongea tout le monde dans la stupeur, engagea Georgette et ses amies à réagir. Dans la crainte que leur voiture fût réquisitionnée (les véhicules le furent en effet le 2 septembre), le 24 août, accompagnées de Janet et Solita, elles se sauvèrent de la capitale comme si les troupes allemandes étaient lancées à leur poursuite.

Georgette croyait ne plus revoir Paris. Elle se trompait.

Elles étaient parties en convoi, à trois voitures chargées de choses utiles dans un exode.

Finalement, ayant dépassé Saint-Germain-en-Laye, elles roulèrent encore une quinzaine de kilomètres jusqu'à Orgeval. La maison de Noel Murphy — l'amie intime de Janet Flanner — était déjà pleine d'Américains. Solita et Janet s'y installèrent quand même. Georgette et ses compagnes restèrent une semaine dans une auberge, se promenant la nuit dans les champs et observant les étoiles. Le jour, elles se réfugiaient dans la maison de Noel, écoutant les projets de fuite des exilés affolés de n'avoir prise sur rien. Les drames personnels étaient amplifiés par le désastre imminent. Pauline et Ernest Hemingway se séparaient. Djuna Barnes, malade et sans argent, se terrait à Paris. Georgette allait devoir être opérée. Toutes savaient qu'on lui cachait la vérité.

Le 1er septembre, les troupes allemandes envahirent la Pologne, tandis que les armées russes attaquaient à l'est. La Pologne, qui devait résister sur deux fronts, fut liquidée en trois semaines. Le 3 septembre, la Grande-Bretagne déclara la guerre à l'Allemagne. La France, sans plus d'enthousiasme, se décida à l'imiter. La deuxième guerre mondiale commençait. Mais à l'ouest, ce fut immédiatement « la drôle de guerre ».

La situation semblant bizarrement gelée, Georgette, Margaret et Monique reprirent la route et firent halte à Tancarville avant de rejoindre Étretat.

L'Hôpital américain s'installait à l'Hôtel du Golf, où Georgette fut examinée par le docteur Fuller. Il ne fallait plus attendre : tel fut le diagnostic. Mais la France désormais en guerre, Martel, mobilisé, se retrouvait dans l'impossibilité de quitter Paris. De plus, à supposer qu'il obtînt la permission de se déplacer, son matériel chirurgical n'arriverait pas à Étretat avant plusieurs semaines. Retourner à Neuilly ? L'Hôpital américain avait été réquisitionné par l'armée française. L'unique solution était que le médecin opérât Georgette dans sa clinique privée, rue Vercingétorix.

Elles rechargèrent la Citroën, Margaret prit au volant et elles arrivèrent à Paris le samedi 9 septembre en fin d'après-midi. Leur appartement de la rue Casimir-Périer était encore plus calme.

Georgette entra en clinique dès le lendemain dimanche.

L'ablation de la tumeur eut lieu le mardi. La nuit suivante, les sirènes des alertes obligèrent Georgette et ses amies à descendre dans l'abri antiaérien.

Durant les nuits de septembre et jusqu'à l'effondrement final, le black-out fut de rigueur dans les rues de Paris. Les trois femmes reçurent chacune un masque à gaz qu'elles n'utilisèrent pas. Les bombardements au gaz que l'on craignait, et qui avaient été si meurtriers au front pendant la Grande Guerre, ne furent pas employés par l'aviation allemande.

Margaret laissa Georgette aux bons soins de Monique et retourna quelques jours à Orgeval. Les quatre Américaines écoutaient la radio du matin au soir. Janet et Solita décidèrent de rentrer aux États-Unis. Noel Murphy, au contraire, travaillant déjà pour le Comité américain pour le secours civil, fondé par Ann Morgan, la fille de J.P. Morgan, s'était engagée à rester sur place. Mais avant de rejoindre son poste à Blérancourt, dans l'Aisne, elle voulut bien conduire Janet et Solita à Bordeaux, d'où elles s'embarqueraient. Quant à Margaret, il était impensable qu'elle abandonnât Georgette.

Le 16 septembre à l'aube, Janet et Solita montèrent dans la voiture de leur amie chargée de bidons d'essence et de bagages. Noel prit le volant et elles roulèrent par des chemins de campagne jusqu'à un carrefour où se croisaient les directions de Paris et de Chartres. Margaret les avait suivies dans la Citroën et s'arrêta à côté de leur véhicule. Elles s'embrassèrent et se dirent adieu dans la brume. Tandis que le trio se dirigeait vers Chartres, sa première étape, Margaret retournait à Paris.

Georgette dit au revoir au docteur de Martel. Elle lui était reconnaissante pour tout ce qu'il avait fait, malgré elle et malgré la guerre. Le chirurgien se montra résolument optimiste. Tous deux l'ignoraient : ils n'allaient plus se revoir. Il mourrait avant Georgette, et de mort violente.

Elle sortit de la clinique le 24 septembre. Monique et Margaret l'entouraient. La rue Casimir-Périer étant trop proche de la Chambre des députés et du ministère des Affaires étrangères, qui auraient pu constituer des cibles pour les bombardiers allemands, elles se réfugièrent dans un petit hôtel de la rive gauche.

Une semaine plus tard, la guérison de Georgette paraissant en bonne voie, elles décidèrent de regagner la Normandie. Par chance, leur voiture n'ayant pas été réquisitionnée, elles purent sortir de Paris sans difficulté.

À Tancarville, en fin d'après-midi, elles voulurent annoncer à Jehanne le succès de l'opération de sa sœur. Mais Fernand était mort subitement dans la matinée. Lorsqu'elles entrèrent dans la partie habitable du château, elles le trouvèrent allongé sur son lit. Jehanne en grand deuil, alors âgée de soixante-dix-sept ans, préparait ses obsèques. Elles assistèrent à l'enterrement, qui eut lieu devant les notabilités du village. Maurice Leblanc, lui, était resté bloqué à Paris.

Les trois femmes terminèrent le mois de septembre au phare. En octobre, elles s'installèrent au château sans savoir combien de temps durerait leur séjour. Près d'un mois après l'opération, l'optimisme du début n'était plus de mise. La plaie de Georgette tardait à cicatriser. Quant à l'autre fléau, la guerre, les antagonistes ne bougeaient pas ou presque. Les actions militaires se limitaient à des incursions loin du théâtre d'opération principal. Margaret suivait les nouvelles à la radio.

Georgette et ses amies envisagèrent, dans un premier temps, de passer l'hiver à Tancarville. Il n'y ferait pas plus froid qu'au Pavillon de la Muette. Vivre dans les pièces utiles du château, se chauffer avec le bois, manger les légumes du potager, à ce régime-là elles atteindraient le printemps sans dommages.

Les restrictions matérielles n'étaient rien en comparaison de la perte que Margaret se préparait à subir. Elle savait que Georgette allait mourir. C'était simplement une question de temps. Exécutée trop tard, l'opération retardait seulement l'échéance. Georgette lutterait, bien sûr, mais sa vaillance serait vaine. La fin inévitable de son amante, sa souffrance, jetèrent Margaret dans le désespoir. « Qu'était-il advenu de cette autre vie — vitale, calme, qui nous transmuait, nous reposait, ayant cessé d'être celle d'un feu qui se consume. À présent, (...), ce n'était rien. J'étais retournée au néant, car je ne pouvais affronter la vie sans la présence du symbole qu'elle m'avait offert : le symbole que Georgette représentait, l'être humain parfait. »[670]

Margaret essayait de s'abrutir en lisant des romans policiers. Monique ne quittait pas la chambre de Georgette. Jehanne Prat s'habituait à l'absence de Fernand. L'aînée des Leblanc rendait parfois visite à sa cadette. Elles se regardaient sans parler. En cet automne d'un pays en guerre, le domaine de Tancarville, seulement peuplé de femmes dont la plus jeune avait cinquante-trois ans, et dont l'une était gravement malade, ressemblait maintenant à un de ces châteaux maeterlinckiens où l'on meurt lentement dans le silence.

Georgette était la seule à ne pas désespérer. Elle voulait guérir. Le médecin de Tancarville manquait des compétences nécessaires pour réussir ce miracle. Première raison impérieuse de fuir le château. La seconde tout aussi impérative : il fallait échapper au piège de l'invasion, qui se refermerait sur elles quand les Allemands occuperaient la région. Alors Georgette mourrait, faute de soins appropriés. Le scénario de l'effondrement militaire rapide de la France leur avait traversé l'esprit, tant la population manquait de ressort.

Margaret fut frappée par l'action négative de la guerre sur un pays atteint d'impuissance. La ligne Maginot, pourtant réputée imprenable, ne rassurait pas grand monde. Beaucoup de Parisiens et d'habitants du nord de la Loire avaient déjà gagné l'extrême-sud du pays, là où, croyait-on, les Allemands n'arriveraient jamais.

Venue à Hendaye pour l'été, Marcelle Prat y était restée avec son fils Roland, l'enfant qu'elle avait eu de Bertrand de Jouvenel. Georgette chargea sa nièce de trouver un refuge à Hendaye. Elle espérait assez rapidement partir pour l'Amérique avec ses amies. Là-bas, Lecomte du Noüy[671] la confierait à un grand médecin. Rien n'était perdu. Tant qu'elle se battrait bec et ongles contre la mort, les « Puissances » ne l'abandonneraient pas. Grâce à ses droits d'auteur, ses conférences, ses concerts à la radio, la vie excitante de New York recommencerait. Les trois femmes laisseraient les Européens s'entretuer comme ils savaient si bien le faire. Georgette se refusait à pâtir d'une nouvelle guerre mondiale.

---

[670] Ibid.

[671] La défaite militaire anéantit les efforts scientifiques de Lecomte du Noüy en France. Il n'eût pas demandé mieux de retourner en Amérique. Mais vivant en zone occupée, il ne put passer en zone libre avant 1941. Gagner l'Espagne puis le Portugal prit du temps : il n'arriva à New York qu'à la fin de décembre 1942.

Marcelle répondit par télégramme : « Avons trouvé charmante villa pour vous — quatre chambres — trois cents francs par mois »[672] (environ 50 francs d'aujourd'hui).

Margaret et Monique rechargèrent la Citroën. Au phare, elles abandonnèrent une partie des précieux carnets américains de Georgette et Monique, la robe de scène de La Lumière de *L'Oiseau bleu*, des robes de Poiret portées dans *L'Inhumaine* et une quantité de choses et d'objets personnels qui ne trouvent jamais place dans une voiture mais dont il faut se séparer, lorsque l'on doit prendre la route de l'exil.

Les sœurs Leblanc se dirent adieu. Leurs relations n'avaient jamais été faciles. L'aînée ne comprenait pas la cadette. Celle-ci avait trop longtemps considéré sa sœur comme une seconde mère qui lui devait aide et protection. Jehanne n'avait vraiment accepté ce rôle qu'à contrecœur. Les jugements lapidaires de Georgette sur l'aînée étaient sans tendresse. Certes, dans *Souvenirs,* elle l'avait présentée comme sa couturière, « Jehanne aux doigts de fée », mais dans ses lettres on ne trouvait que des critiques sur son absence de sensibilité. Cependant, les liens noués à Rouen ne s'étaient jamais rompus. On peut s'étonner de cette persistance, malgré les différences de personnalité, de fortune, de vision de la vie, mais on ne peut la nier. Si les relations de Georgette et Maurice continuèrent, ce fut parce qu'elle se fondaient sur une complicité d'artistes, un pacte formé à la fin de l'adolescence. Avec Jehanne, rien de tel, pas de complicité intellectuelle et sentimentale, simplement cette mystérieuse connivence de la fratrie qui résiste à tout.

Georgette et ses amies étaient en avance sur le grand exode de 1940, aussi roulèrent-elles facilement jusqu'à Hendaye, Margaret et Monique se relayant au volant. Dans la boîte à gants, il y avait deux revolvers chargés dont elles ne se servirent heureusement jamais.

Au bord de l'Atlantique

Bâtie au bord de l'estuaire de la Bidassoa, Hendaye était célèbre pour sa plage et son climat. Pierre Loti s'y retira et y mourut en 1923.

La maisonnette aux fenêtres donnant sur l'océan, qui allait être pour quelques mois la résidence de Georgette et de ses amies, s'appelait Villa Victor Marie. Construite en briques et en ciment, elle avait quatre chambres, une cuisine et était suffisamment spacieuse pour des voyageuses en transit.

L'air était encore doux en novembre. Le soir, les trois femmes se promenaient sur la plage et admiraient le coucher de soleil. La guerre était loin, comme arrêtée au nord. Là, tout près de l'Espagne, il était possible d'attendre qu'elle se termine en regardant l'église Saint-Vincent et en respirant l'odeur des eucalyptus. Leurs moyens ne leur permettant pas encore de quitter la France, en vraies bohèmes elles s'adaptèrent à leur nouveau milieu. Seule la maladie de Georgette les empêchait de se croire en vacances. De Paris, le docteur de Martel prescrivit les rayons X. Elle suivit régulièrement le traitement à Saint-Jean-de-Luz.

Depuis 1931, elle avait accumulé des pages et des pages. *Souvenirs II* prenait forme. Le titre définitif avait été trouvé : c'était *La Machine à courage*. Elle remit sur le métier le manuscrit et s'amusa beaucoup avec Roland de Jouvenel, son

[672] Margaret ANDERSON, Op. Cit.

petit-neveu de huit ans. Les soirs pluvieux de novembre, elle dessinait pour lui les aventures d'un ours polaire nommé Victor. L'enfant et sa tante riaient. Leur connivence changeait ces soirées lugubres de temps de guerre en délicieuses veillées d'autrefois.

La plaie cicatrisa. Georgette se crut guérie et affronta avec le sourire la nouvelle période de vaches maigres qui s'annonçait. C'était tellement habituel : l'argent manquait. Comment payer la location de la villa, la nourriture, les rayons X ? Le 20 novembre, un chèque mit fin provisoirement au drame qui couvait. Le signataire était un des éditeurs de Georgette à New York, Dodd Mead. Il avait procédé au tirage d'une édition de luxe de *The Children's Bluebird*, le joli conte pour enfants qu'elle avait tiré de *L'Oiseau bleu*. En Amérique, la pièce de Maeterlinck venait d'être adaptée au cinéma pour la deuxième fois. La vedette du film était Shirley Temple et le volatile hollywoodien promettait d'être un grand succès. L'éditeur entendait en profiter. Il ne se douta jamais à quel point son initiative tombait à pic pour l'auteur et ses amies. Ce chèque de 28 300 francs[673] (environ 90 000 francs actuels) était une manne inespérée et, pour trois femmes habituées à se serrer la ceinture, une petite fortune.

Margaret se fit plaisir en s'achetant du chocolat, des fruits confits et une bouteille de quinquina. Elle s'offrit en outre un magazine illustré et acheta un poulet pour le dimanche. Monique donna trois petits cadeaux à Georgette. Quant à l'auteur de *The Children's Bluebird*, elle envoya deux mandats de cinquante francs chacun à deux amis dans le besoin restés à Paris.

Puis dans la villa au bord de l'océan, elles fêtèrent l'anniversaire de Margaret, née un 24 novembre.

Cette période de détente ne dura pas. La santé de Georgette, jusque-là encourageante, se détériora à nouveau. Elles en déduisirent que l'air océanique était, pour elle, trop chargé d'iode en cette saison. Une maison fut trouvée d'urgence dans l'arrière-pays, à Biriatou, village distant seulement de six kilomètres d'Hendaye. Le déménagement nécessita dix voyages en voiture.

Celui-ci à peine terminé, elles découvrirent la véritable cause des malaises de Georgette dans la villa d'Hendaye. Ils étaient dus à des émanations de gaz carbonique provenant du tuyau du fourneau de la cuisine qui traversait sa chambre. Elles en rirent, soulagées. La mort qui tournait autour d'elles s'éloignait, une fois de plus.

La villa étant plus confortable que la maison de village, elles y retournèrent, au prix d'un nouveau déménagement et d'un réaménagement épuisants. La propriétaire, stupéfaite d'un retour aussi rapide, accepta néanmoins de les reprendre.

Malgré ces contretemps, Georgette avançait dans son nouveau livre, dont elle avait déjà écrit l'essentiel entre 1931 et 1936. C'est au phare, en 1939, qu'elle avait commencé à le mettre en forme. Elle s'y astreignait le plus souvent possible, comme sa nièce Marcelle put le constater à Hendaye.

Elle termina les trois premières parties de *La Machine à courage* le 26 janvier, remettant à plus tard celle — Vers le but — consacrée à Gurdjieff.

La possibilité d'une offensive militaire franco-britannique qui aurait permis d'en revenir au statu quo ante et de signer un accord de paix avec l'Allemagne

---

[673] Envoyé un an plus tard, ce chèque eût été plus modeste, les vainqueurs, après l'Armistice, ayant imposé à la France une dévaluation.

dut leur sembler probable, car au lieu d'essayer de s'embarquer à Bordeaux ou de demander un visa de transit pour l'Espagne et le Portugal, Georgette et ses amies mirent le cap sur la Côte d'Azur, où elles arrivèrent le 10 février 1940.

C'était une grave erreur de se croire, à Cannes, à l'abri de l'Histoire.

Une convalescence au paradis

Le Cannet est distant de trois kilomètres du centre de Cannes et se situe sur les hauteurs de la ville côtière. Quand elles y arrivèrent, c'était encore un village provençal classique. Aujourd'hui, Le Cannet n'est plus qu'une banlieue de la grande cité touristique, mais il a conservé ses rues anciennes, son campanile et son cimetière.

Au début, elles eurent l'impression d'être au paradis. Margaret — qui découvrait la côte — a tout dit sur le bonheur des premières semaines de leur installation. « Notre balcon s'ouvrait sur la Méditerranée ; nos fenêtres donnaient sur la place Bellevue où les paysans arrivaient le matin avec des narcisses et des jonquilles et les disposaient sur des tables sous les platanes. Vieilles femmes et jeunes filles venaient puiser de l'eau à la fontaine. Il y avait un petit café avec une terrasse improvisée, une *mercerie*, une *boucherie* avec un auvent rouge et blanc, une *épicerie* pleine de beaux légumes et de bouteilles de vin, une *pharmacie* pour tous nos besoins. »[674]

Leur appartement de location était décoré de bouquets de narcisses. Les branches des platanes de la place touchaient leur balcon. La journée était rythmée par le carillon du campanile et, avec le printemps, arriva le parfum des fleurs d'oranger.

Dans ce pays heureux au climat bienfaisant, Georgette eut l'impression de se rétablir enfin. Les trois amies sortaient pique-niquer et se reposaient sous les oliviers.

Georgette écrivait sous un micocoulier. La très sensible amélioration de sa santé lui donna l'audace de se croire enfin sauvée. Elle ne s'était jamais sentie aussi bien, même à Hendaye, avant l'épisode tragi-comique des émanations de gaz carbonique. Elle venait d'avoir soixante et onze ans.

La fin de la « drôle de guerre » changea tout. L'Allemagne passa brusquement à l'offensive le 10 mai 1940 en attaquant par les Ardennes et en envahissant les Pays-Bas et la Belgique. Ceux-ci capitulèrent le 15 et le 28 mai.

En France, la Wehrmacht bouscula l'armée française, tandis que les Anglais se repliaient sur Dunkerque.

Ces nouvelles terribles expulsèrent les trois femmes de leur sérénité. Monique et Margaret reçurent le coup de grâce chez un médecin de Nice, lors d'une visite de routine, à laquelle Georgette s'était astreinte par précautions. Pendant qu'elle se rhabillait, le praticien, les prenant à part, leur confia qu'elle n'avait plus que six mois à vivre. Georgette — à qui l'on cachait la vérité depuis près d'un an — persista à se croire guérie. Ne disposant d'aucun moyen thérapeutique de retarder sa fin ni d'empêcher les souffrances qui n'allaient pas tarder à la faire hurler, le médecin lui entretenait un moral d'acier. Georgette était beaucoup plus résistante que son état général ne le laissait supposer. Elle dépasserait de neuf mois la prédiction du médecin.

---

[674] Margaret ANDERSON, Op. Cit.

Atterrées, Margaret et Monique s'arrangèrent pour que le mensonge fût indécelable.

À Nice, on soupçonnait l'Italie de vouloir prendre la France à revers. Le Cannet n'était donc plus sûr. Le projet américain refit surface. Tant qu'elles possédaient encore un peu d'argent, il fallait rejoindre Bordeaux que les Allemands, pensaient-elles, n'atteindraient pas. La rumeur de l'attaque surprise des troupes italiennes ne cessait d'enfler. Si les Italiens envahissaient Nice et la Provence et qu'ils ne rencontraient pas plus de résistance que les Allemands au nord et à l'est, ils occuperaient la région et interdiraient toute fuite. Certains riches habitants de la Côte d'Azur s'esquivaient déjà. Le comte Maurice Maeterlinck, membre de l'Institut et propriétaire d'Orlamonde, sur les hauteurs de Nice, avait plié bagage et se trouvait au Portugal d'où il ne tarderait pas à émigrer aux États-Unis.[675] Lui qui avait loué en 1932, dans *L'Araignée de verre,* « la bonne et salutaire discipline du fascisme », avait craint d'en pâtir.

Fin mai, les nouvelles en provenance du nord étaient si désastreuses — corps expéditionnaire britannique encerclé avec des éléments de l'armée française, en voie de rapatriement à Dunkerque — qu'il eût été imprudent de s'attarder davantage. Prévoyante, Margaret fit remplir le réservoir de la Citroën (107 litres) et emporta en outre dix bidons de cinq litres.

Les tribulations de l'exode

Le 31 mai, à cinq heures de l'après-midi, elles partirent, la voiture lourdement chargée, par une route nationale à peu près déserte. À dix-neuf heures, elles étaient à Brignoles, dans l'arrière-pays varois. Rassérénée par la beauté de la petite ville, Margaret espérait y rester une semaine, mais toutes les chambres de leur hôtel étaient déjà réservées à dater du 1er juin par une clientèle déboussolée, qui ne se sentait plus en sécurité sur la Côte d'Azur. En fait, plus aucune chambre n'était disponible à Brignoles. Les résidents de la Côte avaient anticipé de dix jours l'attaque italienne.

Une rumeur propagée par des Aixois dépeignait Montpellier et sa région submergés de fuyards. Elles ne modifièrent pas pour autant leur itinéraire et prirent par Arles, Montpellier, Toulouse, Auch, Condom, Langon pour être au plus vite à Bordeaux, où le Consulat général des États-Unis délivrait des visas. Tout le monde semblait pressé d'arriver à Bordeaux, y compris le gouvernement de la IIIe République, lui sous le prétexte d'y continuer la lutte, en réalité pour préparer la capitulation.

Le voyage des amies se déroula au mieux. Les cohortes de réfugiés annoncées n'encombraient pas encore les routes. Pourtant, depuis que le front avait craqué sur la Somme et l'Aisne, le nord et l'est de la France semblaient couler tout entiers vers le sud sous la poussée de l'armée allemande.

[675] À ce moment du récit, on ne peut s'empêcher d'évoquer le sort tragique de Saint-Pol-Roux (1861-1940), poète de la génération de Maeterlinck. Dans leur jeunesse, il s'était enthousiasmé pour le théâtre première manière du poète belge. L'originalité de son œuvre poétique et théâtrale tint toute sa vie Saint-Pol-Roux à la lisière du succès. Dans la nuit du 23 au 24 juin 1940, un soldat allemand ivre fit irruption dans son manoir breton, tua sa servante et viola sa fille Divine, une femme de 42 ans. Le manoir fut incendié et pillé. Saint-Pol-Roux mourut au mois d'octobre à l'hôpital de Brest.

Georgette et ses compagnes s'arrêtèrent dans un village proche d'Auch, Castera Verduzan, et s'interrogèrent sur la nécessité de continuer. Le village était magnifique. Margaret croyait qu'il n'avait pas changé depuis Henri IV. Pourquoi ne pas s'installer ici ? Elle était moins pressée que Georgette d'arriver aux États-Unis. Les deux amies se nourrissaient de mythologies différentes. Georgette avait la nostalgie de New York, ville de sa renaissance. Même si sa santé ne lui causait plus d'inquiétude, elle désirait vivement sortir du champ de bataille européen. La guerre était pour elle une absurdité. Elle estimait avoir suffisamment payé en 14-18. La patrie d'élection de Margaret était la France. Somme toute, pour paraphraser Becket, elle préférait vivre dans la France en guerre plutôt que dans l'Amérique en paix. Sous les arguments de Georgette et Monique, elle dut se rendre à l'évidence. Il n'était plus temps de flâner sur les sentiers fleuris de la belle France du XVIe siècle, étant donné les circonstances. La présence de réfugiés belges à Castera Verduzan indiquait assez que les Allemands ne rencontraient plus aucune résistance et chassaient tout le monde devant eux.

Elles arrivèrent à Bordeaux début juin. Margaret apprit qu'un navire battant pavillon américain, le *S.S. Washington* devait prendre la mer le 8, destination New York. Au consulat américain de Bordeaux, on accorda un visa à Georgette Leblanc, citoyenne française et à Margaret Anderson, Américaine expatriée, mais pas à Monique Serrure, Belge dont le pays était maintenant occupé par l'Allemagne. Margaret essaya de parlementer. Il n'y eut rien à faire.

Janet et Solita s'étaient embarquées le 5 octobre 1939 et Noel Murphy était remontée vers le nord, afin de rejoindre son poste. Elles étaient maintenant sans nouvelles les unes des autres. Quinze mille Américains avaient transité par Bordeaux dans l'espoir de gagner un pays neutre ou de rentrer chez eux. Ceux qui restèrent le firent par choix ou parce qu'ils ne pouvaient faire autrement. Ils étaient peu nombreux. Gertrude Stein et Alice Toklas n'abandonnèrent pas la France, Sylvia Beach non plus. Natalie Barney et Romaine Brooks s'exilèrent à Florence pendant toute la durée de la guerre. Avec le temps, Natalie Barney en était venue à sympathiser avec le fascisme et à justifier l'antisémitisme.

Georgette et ses amies allèrent s'asseoir sur un banc de la place de la Comédie, où d'autres personnes déplacées, en instance de départ ou d'errance, s'accordaient un répit. Une quarantaine d'années auparavant, la cantatrice s'était fait applaudir au Grand Théâtre de Bordeaux. Les spectateurs eussent été étonnés d'apprendre qu'elle portait un cilice sous la robe de Thaïs.

Décidée à ne pas se séparer, quoi qu'il arrive, la trinité préféra sortir de Bordeaux — on pouvait bombarder la ville-refuge de la République — mais de ne pas trop s'en éloigner. Au cas où la situation diplomatique des Belges s'améliorerait au Consulat américain, elles y retourneraient immédiatement chercher un visa pour Monique.

Les principaux hôtels de la cité girondine étaient bondés. Les gens dormaient dans les couloirs. La direction du Royal Gascogne offrit une solution aux trois voyageuses : « deux chambres dans une maison de passe où nous avons dormi dans un décor de peluche rouge et, à ma surprise [*C'est Margaret qui écrit*], parmi une étonnante quantité de bons livres. »[676]

Le lendemain, elles ne perdirent pas de temps. Au bout de neuf heures de

---

[676] Margaret ANDERSON, Op. Cit.

patience, elles obtinrent un permis de circulation et les papiers nécessaires pour reprendre la route.

Elles s'arrêtèrent à Saucats, à vingt-cinq kilomètres au sud de Bordeaux. L'atmosphère était encore paisible. Au bout de trois jours, des fugitifs arrivés de Paris et d'ailleurs propagèrent des rumeurs de routes bloquées par l'afflux de réfugiés. Saucats n'étant plus sûr, la fuite par Bordeaux devenait impossible. Il fallait donc se rapprocher de l'Espagne. Elles prirent aussitôt la route de Bayonne et y arrivèrent suffisamment en avance pour louer encore deux chambres au Grand Hôtel.

L'Italie fasciste sachant la partie perdue pour la France se joignit, le 10 juin, à la curée. Elle ne remporta aucun succès militaire et son aviation se distingua particulièrement par des mitraillages de réfugiés sur les routes.

Le 14, le gouvernement français s'installait à Bordeaux dans la pagaille. Paul Reynaud présidait encore le Conseil des ministres et De Gaulle était secrétaire d'État à la Guerre ; Lebrun, chef de l'État. L'acte de décès de la IIIe République n'était pas encore signé. La défaite militaire ne semblait pas acceptée comme un fait inéluctable. Au Grand Hôtel de Bayonne, ceux qui croyaient en un miracle gardaient leur place près du poste de radio.

Le soir où Reynaud parla aux Français pour la dernière fois, Georgette et ses amies dînaient dans un restaurant. Vers 21h trente, le président du Conseil annonça qu'il avait supplié l'Amérique d'intervenir. Mais Roosevelt avait d'autres priorités que de sauver la France et fit la sourde oreille. *America first* ! Le gouvernement quelque peu libre-penseur et à tout le moins laïque de la IIIe République tenta également de mettre l'Église dans son camp et, derrière son Président, assista à un Te Deum à Notre- Dame. Dieu se montra aussi insensible que Roosevelt aux malheurs de la Fille Aînée de l'Église. Le 16 juin, mis en minorité, Reynaud démissionna.

À Bordeaux, le 17, Pétain forma le nouveau gouvernement qui allait demander l'armistice. Le 22, il fut signé dans le wagon de Rethondes, et le 24, à Rome. La France était hors-jeu pour quatre ans. Mais De Gaulle, de Londres, avait déjà répondu aux partisans de la capitulation. L'Histoire continuait.

Georgette et ses amies apprirent l'entrée des troupes allemandes dans Paris en écoutant la B.B.C. sur leur radio à ondes courtes, les radios françaises restant muettes de stupeur sur ce point.

Que Paris fût occupé par l'armée hitlérienne broyait le cœur des Américains expatriés autant que celui des Français. Tous les Français n'aimaient pas Paris comme Margaret Anderson, Gertrude Stein, Janet Flanner, Djuna Barnes ou Joyce. Cependant, Thierry de Martel ne supporta pas de voir le drapeau à croix gammée flotter sur les Champs-Élysées et se suicida à la strychnine. La nouvelle fit un effet énorme et fut même commentée à Vichy. Quelques mois avant l'armistice, dans une suite du Ritz, des amis proches de Martel avaient évoqué devant lui ce qu'ils feraient au cas où la France perdrait la guerre. Il s'agissait de Bernstein, Ève Curie, Minou de Montgomery et André Maurois.[677] Bernstein déclara que lui et Ève Curie se supprimeraient. Il avait déjà acheté deux revolvers chez le fameux armurier Gastine-Renette. Maurois partirait. Seul Martel ne dévoilà pas ses intentions. Il fut aussi le seul à mettre fin à ses jours.

Bayonne commença à se remplir de Parisiens. Margaret reconnut qu' « ils se comportaient comme les Français que nous avions toujours aimés, avec un esprit

[677] Georges BERNSTEIN GRUBER et Gilbert MAURIN, Op. Cit.

et un courage incroyables. Je parlai à une vieille femme qui était venue à pied de Paris à Orléans, en portant deux énormes valises, c'était impossible, mais elle l'avait fait. Dans notre petit restaurant apparurent un jour un homme, sa femme et leur fils de huit ans avec une brouette. Ils avaient pris le train à Paris mais en avaient été expulsés (...) et avaient marché plus de 400 kilomètres, en poussant leurs affaires dans la brouette et en dormant dans les champs. »[678]

Depuis qu'elle savait que la place de la Comédie grouillante de gens, où elles s'étaient reposées, avait été pilonnée par les Allemands quelques jours après leur passage, les morts se comptant par dizaines, Margaret éprouvait maintenant la même peur physique que Georgette devant les bombardements.

Parmi les réfugiés américains de Bayonne, elle reconnut le compositeur Virgil Thomson. Il espérait, lui aussi, rentrer au pays. Le Portugal restait la seule porte ouverte sur l'Atlantique et la liberté. Encore fallait-il y accéder. Monique et Margaret patientèrent toute la nuit devant le consulat portugais de Bayonne, dans l'espoir d'un visa. Au matin, elles surent qu'elles n'obtiendraient plus rien. L'indestructible trio était pris dans la nasse.

Bayonne fut envahie à son tour par l'armée allemande. Toute la façade atlantique appartenait à la zone occupée.

Retour en zone libre

Georgette s'affaiblissait. Ce n'était pas seulement dû à la fatigue de l'âge, au stress causé par la guerre et l'insécurité. Son cancer se généralisait.

La présence des soldats allemands lui étant physiquement insupportable, elle ne sortit plus de l'hôtel. Margaret, qui ramenait tout au plan esthétique, les jugea séduisants. Leurs uniformes leur donnait l'allure de ce qu'ils étaient, des vainqueurs. À sa décharge, elle avait trop vu de soldats français dépenaillés pour que le contraste ne lui sautât pas aux yeux.

Les trois amies décidèrent de fuir au plus vite la zone occupée. Malgré leur « politesse » et leur « élégance », les Allemands appliqueraient les lois de la guerre avec la plus grande cruauté, dès qu'on leur en fournirait l'occasion. En zone dite libre, elles auraient peut-être une chance de quitter la France par Marseille. Malgré leurs passeports égarés, elles obtinrent, sans trop de formalités, des papiers qui allaient leur permettre de passer la ligne de démarcation — véritable frontière intérieure — et de s'installer sur le territoire de l'État français.

Avec son efficacité habituelle, Margaret se chargea des réserves de carburant et elles purent quitter Bayonne en août. Le franchissement de la ligne de démarcation eut lieu à Orthez. Un jeune soldat de faction examina leurs papiers avec bienveillance et leur demanda en souriant largement si elles étaient des vedettes de cinéma. Les trois voyageuses opinèrent. C'était plus simple d'être ce que voulait le soldat. Après tout, elles transportaient des revolvers, ce qui eût pu irriter l'Allemand. Leur voiture ne fut pas fouillée et elles entrèrent sans encombres en zone libre.

Elles se rendirent d'abord en Corrèze, au château de Saint-Pardoux-la-Croisille, où étaient réfugiés des membres de la famille Prat, dont Jehanne — que Georgette ne croyait plus revoir —, Marcelle de Jouvenel et son fils Roland. Le château étant bondé, elles choisirent l'auberge et y restèrent un mois.

[678] Margaret ANDERSON, Op. Cit.

« Nous avons vécu là (...), dans une extase de paix. Georgette découvrit un lieu dans les bois où l'odeur des pins se concentrait en un élixir. Nous l'appelions *« la salle verte »* et y passions nos après-midi à respirer consciencieusement assez d'air de pins pour dédommager Georgette de n'avoir pas vécu toute sa vie sous les pins ainsi qu'elle l'aurait voulu. »[679]

En septembre 1940, Georgette annonça leur départ à sa sœur — leur séparation fut cette fois définitive —, et les trois amies se remirent en route, direction Le Cannet.

L'appartement qui donnait sur la place n'était plus libre. Par chance, elles découvrirent avenue Victoria, sur les hauteurs du village, une maisonnette à un étage qui ressemblait, pour Margaret qui ne manquait pas d'imagination, à un chalet suisse. Le Chalet Rose avait deux chambres à coucher au rez-de-chaussée et un studio-cuisine au premier étage. C'était maintenant tout ce qu'elles pouvaient se permettre. Mais la maisonnette à l'aspect misérable, protégée des curieux par un mur, était entourée de pins, d'oliviers et de mimosas. À travers les branches, on apercevait la Méditerranée.

Georgette reprit *La Machine à courage* et retravailla le chapitre II de la quatrième partie (quatrième roue) qui contient des extraits de son journal. Elle écrivait aussi à son petit-neveu, Roland de Jouvenel, la suite de la saga de Victor, l'ours polaire, commencée à Hendaye.

Sur une photo prise en novembre 1940 devant Le Chalet rose, elle est assise, emmitouflée dans une sorte de manteau-peignoir, sous lequel dépasse une robe longue. Quoique malade, elle rayonne, elle sourit. Elle ne paraît pas ses soixante-douze ans. Debout derrière elle, comme il sied à une garde-malade, Monique, qui a le même âge et est en bonne santé, ressemble à une petite vieille.

Après Noël 1940, la santé de Georgette s'altéra brusquement et, avant son anniversaire, le 8 février, jour de ses soixante-douze ans, sa main gauche se mit à enfler. En quelques semaines, son bras lui-même prit des proportions monstrueuses.

Poursuivre le traitement aux rayons X ? Le docteur Gros — consulté à distance — le conseilla, à défaut d'une méthode plus efficace.

La mort à venir n'empêcha pas le retour des stupides ennuis d'argent. Mais Margaret sut mobiliser les bonnes volontés de Jane, d'Elspeth, de « Tip », de bien d'autres, et des dollars arrivèrent d'Angleterre et des États-Unis.

Par ces contacts épistolaires, elle apprit la mort de James Joyce, à Zurich. Après beaucoup d'hésitations, les autorités suisses l'avaient laissé entrer le 16 décembre 1940. Joyce souffrait d'un ulcère à l'estomac depuis sept ans et ne s'était jamais fait soigner. Après la perforation de l'ulcère, la péritonite se déclara. Transporté à l'hôpital de la Croix Rouge, Joyce y décéda le 13 janvier 1941.

Le point final mis à *La Machine à courage*, Georgette en prépara soigneusement l'édition. Cocteau devait rédiger la préface et Georgette eut envie d'en parler à Jane repliée à Londres. Elle lui écrivit dans son anglais élémentaire appris sur le tard à New York. On eût dit de très émouvantes lettres de petite fille. « Merveilleuse Jane, tu es si admirable et si courageuse, tu es seule dans la dure vie, seule dans le vaste esprit, seule dans le ciel unique et réel qui est sur la terre. Me comprends-tu ? Mon anglais difficile aujourd'hui, sur le papier, et par mon esprit qui est fatigué. J'ai écrit pendant cinq nuits et jours parce que le charmant Cocteau fait une introduction à mon livre. Alors, j'ai vu toutes ces pages avec *son*

[679] Ibid.

œil particulier de Cocteau. Certainement nous changeons avec le lecteur, comme je peux écrire en anglais pour toi seulement ! Je suis aujourd'hui très loin de mon corps, si fatiguée... Ma chérie, j'espère te voir très bientôt. Viens, très bientôt, vite, mon cœur. » Ne sachant pas le français, l'ancienne coéditrice de *The Little Review* lui répondit (en anglais) : « Chère Georgette, quelle femme étonnante tu es ! Tu achèves ton livre au milieu de calamités physiques. Tu es un véritable Phœnix. Comme j'aime tes lettres. Je les lis et les relis et je ris aux larmes. Ton anglais me ravit toujours, tu le rends insupportablement drôle, une parfaite caricature de la langue parlée. Parfois, je suis obligée de hurler à cause de son côté inattendu. Ceci est seulement l'aspect extérieur, bien sûr, je suis profondément touchée que tu m'écrives de telles lettres. »[680] Cette correspondance parfaite entre deux femmes si différentes mais qui se rejoignaient à l'écart absolu de la norme dura jusqu'au bout. Elle fut un défi à la mort, à l'anéantissement, à la guerre, l'Angleterre étant sévèrement bombardée.

Inséparables

La morphine ne lui faisant aucun effet, ses souffrances physiques étaient insupportables. Grâce à des injections de Sédol, elle dormait quand même la nuit, mais la journée, elle hurlait de douleur.

Au moment des crises, Margaret et Monique l'aidaient en la faisant marcher dans la petite chambre. Georgette, son énorme bras en écharpe, glapissait sur tous les tons pendant une demi-heure. Elles s'égosillaient avec elle et cette séance de cris violents se terminait généralement par un fou rire si puissant que « la douleur s'apaisait progressivement. »

Tant qu'il y eut un souffle de vie en elle, elle chanta, dansa et écrivit. Avec Margaret et Monique, elle alla au cinéma à Cannes voir un film inspiré de la vie de Tchaïkowski. La séance terminée, elles se promenèrent dans la rue d'Antibes tout en parlant du film.

En septembre, Reynaldo Hahn vint diriger l'orchestre du Casino et l'invita. Elle descendit à Cannes en autobus gazogène, seulement accompagnée de voisins. Hahn l'accueillit dans sa loge et lui offrit des roses rouges. Au retour, debout à l'arrêt, elle attendit stoïquement l'autobus, surveillée du coin de l'œil par ses voisins qui craignaient de la voir mourir sur le trottoir.

Le froid du mois d'octobre, le rationnement entamèrent sa vitalité. Elle rêvait tout haut d'un voyage en Algérie. Elles partiraient ensemble et s'installeraient dans une oasis.

Le médecin conseilla de la faire hospitaliser. Au moins serait-elle mieux nourrie et recevrait-elle les soins que nécessitait la gravité de son état. Elle accepta d'entrer à la clinique de La Bocca dirigée par des religieuses. Le 14 octobre, c'était un lundi, « une ambulance s'arrêta devant la porte verte du Chalet Rose et nos voisins virent Georgette en sortir, souriante. Sa robe longue, son manteau de fourrure drapé et ses adieux à ses amis qui déposèrent dans son bras droit des fleurs à longues tiges, évoquaient une prima donna s'en allant vers le triomphe plutôt qu'une femme de soixante-douze ans, mortellement malade, entrant dans une ambulance. »[681]

---

[680] Ibid.

[681] Ibid.

Le matin, dans sa chambre, elle lisait des textes de Gurdjieff. Elle croyait qu'il existait une alternative au néant. Mais avait-elle déjà suffisamment développé le « troisième corps », autrement dit l'âme immortelle ? La seconde de vérité approchant, elle pouvait craindre la réponse. Bien sûr, elle s'accrochait toujours au premier corps, l'enveloppe charnelle dont elle souffrait jusqu'à hurler. Un espoir ténu mais réel l'empêchait de s'abandonner à la mort physique. Elle qui s'était montrée ferme, raillant jadis les conversions de Maritain ou de Cocteau, se mit à réciter chaque soir la Prière au Seigneur en français et en anglais. Qu'espérait-elle ? Sa mémoire avait réactivé la vieille croyance en l'immortalité de l'âme qu'on lui avait inculquée dans son enfance et qui maintenant se confondait avec la doctrine de Gurdjieff. Le Dieu chrétien était remonté à la surface de sa conscience.

Margaret et Monique se relayaient à son chevet. Chaque nuit, elles croyaient qu'elle allait s'éteindre. Au matin, elle était prête à vivre une nouvelle journée.

Au bout d'une semaine, elle voulut rentrer au Chalet Rose. Elle avait questionné le médecin sur ses chances. Incapable de contrôler son émotion, celui-ci s'était trahi par une mimique désolée qui équivalait à une condamnation à mort, avant de se reprendre et de sourire d'une manière rassurante à la malade. L'expression de sa conviction n'avait peut-être duré qu'une seconde, mais cela avait suffi. Elle savait enfin ce qu'on lui cachait et ce qu'elle s'était caché à elle-même pendant deux ans. Maintenant l'espoir de sauver le premier corps était définitivement atteint. Il fallait partir.

L'ambulance ramena la malade et ses amies au Chalet Rose. Une infirmière vint les assister.

« C'est alors qu'un changement se fit en nous. », écrit Margaret. (...) C'était comme si, du jour au lendemain, sans aucun besoin, sans nouvel apprentissage ni consolation, nous étions de quelque manière préparées à prendre nos places dans un drame qui allait être représenté pour nous et duquel nous acceptions le développement et la fin comme étant au-delà de notre capacité à en changer le cours. (...) Notre angoisse de la mort s'apaisa. Nous entamions cette transition qui conduit du désespoir à la destinée, du grief individuel à la tragédie impersonnelle et qui est comme le changement qui se produit dans l'art — de l'absence de style à la forme. »[682]

À son retour de la clinique, Georgette dicta quatre poèmes à Monique. Seul le premier est d'inspiration proprement religieuse — plus déiste cependant que catholique — ; les trois autres expriment une reconnaissance envers la vie qui va disparaître, mais sans angoisse. Ils sont inspirés par l'environnement immédiat de la moribonde : fenêtres, oiseaux, arbres, fleurs, parfums, le ciel en ses couleurs changeantes. Sont-ils « beaux », ces poèmes ? Ils sont en tout cas émouvants, en tant que témoignages obstinés d'une femme aux forces tendues jusqu'à la fin vers l'expression de son être. Sous le titre *Ultima Verba*, ils seront publiés dans *La Machine à courage*.

Le 22 octobre 1941, Monique écrivit à Georges Maurevert — Maurice Leblanc, très diminué, étant alors réfugié à Perpignan avec sa femme, son fils et sa belle-fille, n'eût pu se déplacer :

« Cher Monsieur, hélas ! Georgette est bien mal. Le docteur estime que la chose affreuse est proche, très proche... d'ici peu de jours... Voulez-vous la

[682] Ibid.

revoir ? Alors, ne tardez pas... Pleine d'illusions sur sa guérison prochaine jusqu'à hier. À présent, elle a vu la vérité... parle de sa mort ! ... n'a plus peur mais elle espère tellement « faire encore beaucoup de choses ! ! !

« Adieu. C'est trop épouvantable. »

Sa chambre était remplie de fleurs. Des habitants du Cannet apportèrent en cadeaux de la nourriture et du vin.

Trois jours avant sa mort, elle reçut une carte interzone envoyée de Paris par Gurdjieff. Ces quelques lignes où il l'appelait son amie, la félicitant pour sa force de caractère, la raffermirent. La conclusion de *La Machine à courage*, commencée au phare de Tancarville, continuée, revue et achevée en février au Chalet Rose, se terminait sur ces lignes : « Je dormais, ce fut comme une déchirure qui fendit mon sommeil en deux et cette idée parut : où se passe ce désespoir que j'ai décrit, alors que ma vie est si heureuse ? (...) Ainsi j'ai subi pendant des années l'ombre d'une préoccupation pesante qui pourtant m'éclairait et découvrait à mon regard beaucoup de choses... Je ne comprends pas comment ce fut possible. Mon subsconscient[683] a donc sa vie propre qui ne se mêle en rien à la mienne ? La mienne pouvait être en paix quand la sienne traversait son drame personnel. Ce drame c'est comme un amour qui n'aurait pas de nom, pas de visage, et qui se débattrait perpétuellement pour prendre une forme, pour ÊTRE, et donner l'être à quelqu'un... Ce quelqu'un c'était moi qui ne le savais pas. »[684]

Le dimanche dans la soirée, l'infirmière appela Margaret et Monique. Georgette Leblanc agonisait.

« Nous l'avons tenue contre nous. Ses yeux étaient clos, elle ne pouvait pas voir. Sa respiration était si douce, si paisible que nous pouvions à peine l'entendre, mais nous comprenions finalement qu'elle était en train de mourir. Ce fut comme la mort d'une fleur ou d'une feuille ; ainsi qu'elle l'écrivait dans son adieu à la Muette : « en une lente spirale qui retourne doucement à la terre. »

On était le 26 octobre, à 8 heures du soir.[685] Le 27, Monique envoya le télégramme suivant à Georges Maurevert, directeur de *L'Éclaireur de Nice et du sud-est* : « Georgette éteinte paisiblement hier soir 20h 30. De tout cœur. »

---

683 Il est probable que Georgette emploie ici le mot subsconcient dans le sens d'inconscient, ce qui était encore très courant à l'époque. Cependant, dans son introduction aux *Morceaux choisis* de Maeterlinck, elle parle de l'inconscient du poète. Or c'est bien le terme de subsconcient qui est usuel en psychologie à la fin du siècle dernier et dans les premières années du XXe siècle.

684 Georgette LEBLANC, II, Op. Cit.

685 Un employé des pompes-funèbres — la maison Roblot — déclara la mort de Georgette à la mairie du Cannet, le 28 octobre 1941. Il se nommait Denis Daon. (Cité par Jacques DEROUARD, Op. Cit.) À une lettre près, il portait le nom de jeune fille de Renée. Cette coïncidence n'a pu échapper à Monique. J. Dérouard ayant découvert que l'acte de décès de Georgette donnait comme date et lieu de naissance, 1875 à Tancarville, on peut supposer que Monique en était encore persuadée au moment de la mort de la cantatrice. À moins que Margaret, dont le français était quelque peu sommaire, ait involontairement induit en erreur l'employé Denis Daon ? Car si pour Monique l'année de la naissance de Georgette était bien 1875, Margaret devait le croire aussi. Parue en 1947, *La Machine à courage* mentionne cependant la date et le lieu de naissance exacts de l'auteur : 1869 à Rouen. Entre-temps, Monique a dû se documenter pour préparer l'édition du dernier livre de son amie. Sur la tombe de Georgette, qui sera également celle de Monique et de Margaret, les dates de naissance et de décès des occupantes sont correctes.

Le mardi 28, Maurevert publia en page deux, sous la rubrique « Échos et Nouvelles », un bel article nécrologique illustré d'une photo. Il la qualifiait d'inspiratrice et de collaboratrice de Maeterlinck, et ajoutait : « Sa mort ramène au jour de l'actualité le souvenir d'une femme à la personnalité puissante, d'une artiste dont l'enthousiasme et le goût de la vie animaient et élevaient le talent. »

Après une cérémonie religieuse à l'église Sainte-Philomène, le mercredi à onze heures, elle fut inhumée au cimetière des Anges du Cannet. La tombe était minuscule. Le climat de dépression qui prévalait depuis la défaite rendit encore plus noire la tristesse de ces funérailles de pauvre.

À Nice, Cannes, Monte-Carlo, Saint-Raphaël, la vie, la mort, le spectacle, les jeux continuaient. Un certain général Robert Guitry — sans lien de parenté avec Sacha — était mort en captivité en Allemagne. On annonçait la chanteuse Bernadette Delprat, de l'Opéra, dans un récital au Casino municipal de Cannes, tandis que Valentine Tessier allait interpréter *Duo.* Au Ruhl, on préparait la reprise de « La Belle Époque 1900 » pour le 31 octobre.

Margaret et Monique écrivirent au vieux camarade de Georgette le 9 novembre. Margaret, en anglais : « Cher Monsieur Maurevert,

« Excusez-moi de ne pas vous avoir écrit plus tôt pour vous remercier de votre article sur Georgette dans « L'Éclaireur ». Nous étions toutes les deux si reconnaissantes et si heureuses de voir la photographie si bien reproduite. Qu'elle soit morte me paraît toujours inconcevable. Sa présence vit toujours dans notre petite maison et ni l'une ni l'autre ne pouvons supporter l'idée de partir d'ici pour les États-Unis ; ce que nos amis nous conseillent vivement de faire. De plus, nous devons nous arranger pour la publication de *La Machine à courage* le plus vite possible. (...) »[686]

Et Monique : « Cher ami de Georgette,

« Pas plus que nous, vous ne pouvez réaliser n'est-ce pas que nous ne verrons plus son regard, que nous n'entendrons plus sa voix, que nous ne recevrons plus de lettres d'elle.

« " Comment est-ce possible ? " fut une de ses dernières paroles. Sachez que c'est vous qui avez eu son dernier sourire conscient et son adorable " au revoir ".

« Elle avait été si émue quand nous lui annoncions votre visite.

« Nous faisons reproduire un beau portrait d'où émane tout le rayonnement de sa beauté, de son charisme, de sa lumière. Vous en aurez une épreuve.

« Nous espérons que le pauvre Maurice n'a pas su qu'il avait perdu sa plus divine amie et c'est pour nous un soulagement qu'elle n'ait pas été ébranlée encore par ce chagrin-là ! »

L'allusion au « pauvre Maurice », évidemment Maeterlinck, laisse pantois et ne peut s'expliquer que par la douleur de Monique. Soixante-dix-neuf ans, habitant un

[686] Traduit de l'anglais par Geneviève Herquel. « Chalet Rose, November 9, 1941, Dear Monsieur Maurevert, Forgive me for not writing sooner to thank for your article about Georgette in the "Éclaireur". We were both so grateful, ay to see that the photograph reproduced so well. The fact that she had died is still incredible to me ; her presence lives on in this little house and neither of us can bear the idea of leaving here for America, as all our friends keep urging. Besides, we must arrange for the publication of " La machine à courage " as soon as possible. Forgive me for not writing more. I'm too worn out with grief to write coherently. Thanking you again, and with best wishes to you. Faithfully yours. Margaret Anderson. » (*Bibliothèque Carlo de Poortere*)

des meilleurs hôtels de New York, le Plaza Athénée, le comte Maeterlinck n'était pas seulement éloigné par les années et l'espace de son grand amour de jeunesse. On le sait, six ans avant la mort de Georgette, son ressentiment, toujours aussi puissant, avait tué en lui toute compassion. On n'imagine pas, en 1941, le vieillard attristé par sa disparition, d'autant qu'un article annonçant son décès dans le *Herald Tribune* laissait entendre qu'elle avait exercé une influence considérable sur sa vie et son œuvre : « Ces dernières années, la plume de Maeterlinck est restée improductive : on a pu se demander si la rupture avec Mme Leblanc avait pu assombrir ce talent qui, vingt années durant, avait brillé d'un tel éclat. »

D'ailleurs, qu'est-ce qui touchait vraiment Maeterlinck à l'époque ? Claire Goll le vit à New York dans sa suite. Venue avec Yvan solliciter la collaboration du vieux poète à la revue *Hémisphères* que Goll avait fondée, elle l'entendit avec stupeur réclamer un paiement en dollars pour les quelques lignes qu'il livrerait, au prétexte qu'il lui fallait bien vivre. Les lettres patentes qui le faisaient comte étaient encadrées et accrochées au mur, bien visibles. À part sa récente noblesse, Maeterlinck s'intéressait en priorité à la commercialisation de ses œuvres. Claire Goll l'ayant accompagné à une projection privée de *L'Oiseau bleu*, elle fut témoin de sa déception. Il déclara à un ponte de la MGM qu'il ne reconnaissait plus sa pièce dans le film de Walter Lang.

Rentrée depuis peu à New York, Djuna Barnes eut une pensée pour Georgette et dessina de mémoire un très beau portrait de la cantatrice.

Pour que l'histoire soit sans fin : vies et destins du cercle de Georgette

Quelques mois encore avant son décès, et pratiquement jusqu'au bout, il y eut un contraste éclatant entre la vigueur de son intelligence, frémissante de sensibilité et d'ouverture au monde, et son âge réel. Certains sont vieillis par la souffrance qui accompagne la mort. Pas elle. On ne parvient pas à l'imaginer diminuée par la misère physique. Sans le cancer qui l'emporta — deux ans après son opération — peut-être eût-elle survécu à Maeterlinck et à Colette.

L'histoire de sa vie racontée jusqu'à son initiation par Gurdjieff, Georgette, jouissant toujours de ses facultés intellectuelles, eût naturellement livré d'ultimes pensées sur Maeterlinck (après la mort de ce dernier), des aphorismes et des contes pour enfants, pour lesquels elle était douée.

Mais elle était morte. En 1941, elle laissait *Le Choix de la vie*, *Souvenirs*, *La Machine à courage*, un film, *L'Inhumaine* — sans attenter à la mémoire de Marcel L'Herbier, il était un peu le sien —, et quelques charmants livres, des poèmes, des articles, mince bagage pour franchir les déserts du purgatoire dans un pays aussi sèchement littéraire que la France.

Consciemment ou non, elle avait fait de sa vie une œuvre d'art. Rien n'est plus fragile ni plus périssable. On ne peut se l'approprier comme un poème, une toile, un film. Tout ce qui fait sens dans la trajectoire d'un vivant exceptionnel — pensées, paroles, actes, gestes, chant — ne se conserve pas dans la vérité de l'instant. Il faut une médiation. Les médiateurs de Georgette étaient ses livres mais surtout celles et ceux qui l'avaient connue. Ainsi Jane Heap écrivant à Margaret Anderson : « Georgette ne disparaîtra jamais. Mourir, nous le devons tous, mais nous pouvons espérer qu'aucun de nous qui avons « mangé » la nourriture de Gurdjieff ne périra jamais. Elspeth et moi avons passé le dimanche, le dernier jour de la vie de Georgette, à vagabonder par la mémoire à travers tout ce beau passé de Paris, à partager les visions de toutes nos chambres et de nos vêtements, à entendre à nouveau les voix et la musique et les rires. Ce fut une journée délicieuse. À la fin, Elspeth dit : " Oh, Georgette restera toujours vivante et active à mes yeux. " Combien plus encore ceci sera vrai pour toi et Monique, quand vous serez reposées et que vous pourrez la savoir immédiate et présente ainsi qu'elle l'a toujours été, même si ce n'est que dans l'enlacement du cœur. »[687]

Maurice Leblanc mourut le 6 novembre à l'hôpital de Perpignan. Son fils lui avait annoncé avec ménagement le décès de Georgette. Précaution inutile : le vieillard, trop affaibli, n'avait pas saisi le sens de ses paroles. Aussi triste qu'elle soit pour ses proches, et dans le contexte tragique du temps, la disparition de Maurice Leblanc était naturelle. C'était un homme de soixante-dix-sept ans. Il laissait un personnage immortel, Arsène Lupin. Certes, l'écrivain avait souffert dans son amour-propre d'être évincé par le gentleman-cambrioleur, mais c'est la rançon inévitable du succès lorsqu'un personnage se révèle plus fort que son auteur. Pourquoi ne l'aurait-il pas dominé ? À y regarder de près, la personnalité sympathique de Maurice était plutôt terne. Rien à voir avec celle de Balzac que Vautrin et tant d'autres admirables créations n'ont pu rejeter dans l'ombre. Question de style et de puissance.

À Paris, « Les amis de Georgette Leblanc », réunis sous la présidence d'honneur de Reynaldo Hahn, célébrèrent sa mémoire le 26 octobre 1945, jour anniversaire de sa mort, en l'église des Dominicains, rue du Faubourg Saint-Honoré. La messe fut dite par le R.P. Webert. (Union catholique du Théâtre). Sur le bord opposé, Suzanne Normand donna, le 3 novembre, un très bel article aux *Lettres françaises* de Louis Aragon. La photo illustrant le texte était légendée : « Georgette Leblanc, actrice, écrivain, être de légende ». Et la journaliste, évoquant leurs rencontres, terminait sur ces mots : « En vérité, c'est cela qui est inoubliable. En vérité, c'est peu qu'un être soit brillant, qu'il ait ce qu'on appelle de l'esprit — celui de Georgette Leblanc était d'une qualité supérieure — si l'épreuve ne l'a pas confirmé dans la plus haute expression de lui-même. (...) Depuis la défaite, je n'avais rien su d'elle. Soudain, j'apprenais qu'à quelques kilomètres de moi — je vivais à Nice et elle au Cannet — elle avait dû, enfin, capituler. Rappelons-nous : octobre 1941. C'était le temps du désespoir. Le temps où l'on tâtonnait encore à la recherche des amitiés perdues. Où, pour aucun de nous, l'exil, le silence, choisis ou imposés, n'avaient encore pris fin. S'il m'avait été donné de la revoir, quelle eût pu être notre rencontre ? Cette femme ravagée, au bout de sa course — et moi qui n'arrivais pas à dominer mon désarroi... Pourtant, chère Georgette Leblanc, j'ai souvent pensé que, de nous deux, c'est vous qui étiez en train de mourir, vous à jamais vivante, qui auriez dit à l'autre les paroles qu'il fallait. »

À soixante-treize ans, l'année où l'on commémorait la disparition de son amour de jeunesse, Camille Mauclair quitta ce monde qu'il ne comprenait plus depuis longtemps. En 1940, lui qui n'avait cessé de stigmatiser quarante années de « décadence » dans l'art, la peinture, la littérature et la musique, se sentit exaucé. Avec Pétain au pouvoir, les valeurs de la tradition seraient remises à leur juste

[687] Margaret ANDERSON, Op. Cit.

place. En 1930, il avait dénoncé « la farce de l'art vivant, et, pour être plus explicite, « les métèques dans l'art français. »[688] Passant aux travaux pratiques, il exposa de nombreuses œuvres antimodernistes dans les Salons du *Figaro*. Bernanos souligna les points communs entre cette peinture « française » et la peinture nazie.[689]

Critique d'art abondant, auteur décoré, Mauclair donnait sa prose à tous les journaux de Paris et de province qui l'acceptaient. En 1940, ce fut à *La Gerbe*, hebdomadaire dirigé par Alphonse de Châteaubriant, un des organes les plus engagés dans la Collaboration. Le 21 janvier 1941, Mauclair appela, une fois de plus, à « l'assainissement littéraire » et attaqua la N.R.F., sa bête noire, depuis l'éreintement de son roman *L'Ennemie des rêves* avant la guerre. « Cette production plus ou moins habile et putréfiante, écrivit-il, dans l'hebdomadaire pronazi, fut présentée à l'étranger comme l'expression suprême du goût et des aspirations des Français d'après-guerre par la néfaste N.R.F. du juif Hirsh et autres officines. »[690] L'année de sa disparition coïncida avec la victoire de tout ce qu'il détestait. Dès 1896, Georgette Leblanc, Rémy de Gourmont, Rachilde, Léautaud et quelques autres avaient perçu sa vacuité. Sa précocité s'était muée en virtuosité stérile. N'ayant pas les moyens de sa haute ambition littéraire, après sa flambée fin de siècle il resta, pour la meilleure part de son œuvre, un auteur confidentiel et mésestimé, et, pour vivre, dut se résigner à devenir un « écrivain d'art ». Il en conçut du ressentiment, puis de la haine pour tous ceux qui, croyait-il, l'excluaient du monde littéraire, l'empêchant d'être à sa « vraie » place. Cinquante ans après sa mort, quelques beaux textes peuvent être sauvés du naufrage de son énorme production.

À la fin de 1945, l'acteur Roger Karl — décidément revenu de tout — s'enfonçait dans la misanthropie. Les articles commémorant la mort de Georgette Leblanc lui arrachèrent des sarcasmes. « Georgette L… (Jane Arnoul) décharnée dans sa tombe. Anniversaire. Articles sur elle, faux, ridicules. Et si méprisants (les imbéciles !), si injustes pour Maet… Regret d'avoir brûlé cinq ou six cents lettres d'elle. C'était une femme d'une rare intelligence mais d'un « putanisme », d'une hypocrisie encore plus rares. Chacune de ses paroles était un mensonge. Encore une que j'ai prise au sérieux comme femme ! »[691] À soixante-trois ans, le promeneur nonchalant souffrait de n'être plus que lui-même et devait se supporter. À mesure que le temps passait, il exprimait ses gémissements, sa nostalgie en termes toujours identiques, davantage que ses « pensées »… Il vieillissait et son Journal intime recueillit surtout un fastidieux ressassement de plaintes avec çà et là des souvenirs de son ancienne amie, comme celui-ci, au moment des funérailles nationales de Colette, en 1954 : « Il y a du style chez Colette, mais si peu d'idées. (…) Georgette Leblanc me disait que l'on ne pouvait pas causer avec elle. Gide s'exprime de même dans son *Journal :* " Après quelques mots affectueux je sais bien que nous n'aurons plus rien à nous dire. " Georgette mettait

---

[688] cf. Christophe BEAUFILS, Op. Cit. pp. 446-447.
[689] Ibid.
[690] cf. Pierre HEBEY, *La Nouvelle Revue Française des Années Sombres*, 1940-1941, Gallimard, 1992.
[691] Michel BALFORT (Roger Karl), Op. Cit.

très au-dessus d'elle, même avec ses excès romantiques, Anna de Noailles. Elle avait raison, je crois. »[692]

Quelques années plus tard, il notait encore, après une promenade au cimetière Montparnasse : « Je viens de relire une lettre de Georgette Leblanc jadis... [*Il ne les avait donc pas toutes détruites* !] Que de paroles tendres pour me remonter ! " Ne t'abandonne pas, ne pense pas à la mort (c'est quand j'avais ces crises vésicales si douloureuses en 14-18), tu as du temps devant toi, tu peux tout réaliser... ne t'abandonne pas. Après tu goûteras si bien tout, tu seras tellement mieux qu'avant ! Tu as tant progressé. *J'en suis sûre.* " »

Et cette fois, le vieil homme ne retient plus son émotion : « Oui... oui... ces paroles d'une amie qui me reviennent de si loin ! On dirait que c'est elle qui vient me parler dans le moment que je désespère encore si douloureusement. »[693]

Roger Karl alias Roger Trouvé alias Michel Balfort, diariste impénitent, qui se considérait comme un homme de nulle part[694], mourut en 1984 à cent deux ans.

Le 26 octobre 1945, au crépuscule, Margaret était assise sur un banc de Whashington Square et regardait l'entrée du N° 47, là où, vingt-deux ans auparavant, les spectateurs entraient écouter Georgette Leblanc. Elle se disait : « Toute cette journée, j'ai vécu et fait des choses dont je n'arrive pas à me souvenir. Ma journée new-yorkaise a disparu et à sa place, j'ai revécu notre vie. J'ai gagné une journée de plus. Elle sera toujours à moi. »[695]

Quand la nuit fut entièrement tombée, elle rentra à l'hôtel Brevoort où elle avait habité avec Georgette en 1923.

À New York, Margaret se sentait devenir une légende. Elle avait survécu à la fin de *The Little Review*. Supporterait-elle de vivre sans Georgette jusqu'à la fin de ses jours ? Et pourtant, elle n'était plus seule. Une nouvelle compagne était apparue en 1942.

Huit mois après la mort de Georgette, Margaret s'était décidée à rentrer en Amérique. Non seulement, elle subissait la perte de son amour et devait en partager la douleur avec Monique, qui ne pouvait l'aider davantage, mais elle avait maintenant tout à craindre de l'entrée en guerre des États-Unis. Sa citoyenneté américaine faisait d'elle une ennemie des Italiens et des Allemands. Bientôt, ils envahiraient la zone dite libre et elle serait peut-être déportée. Car elle n'avait pas, à l'instar de Pound à Rapallo ou de Natalie Barney à Florence, la moindre sympathie pour le fascisme.

Grâce aux quatre cents dollars que lui envoya Hemingway, « en souvenir du bon vieux temps », ayant fait ses adieux à Monique, elle parvint à gagner Lisbonne et à fuir l'Europe à bord du « S.S. Drottingholm ». C'est sur ce navire qui voguait vers New York qu'elle rencontra Dorothy Caruso, veuve depuis vingt et un ans du ténor italien. Après plusieurs années en France, Dorothy rentrait en Amérique avec sa famille. Margaret lui parla de sa vie passée auprès de Georgette Leblanc, de *The Little Review* et de Gurdjieff. Quelque chose se passa, qui était

---

[692] Ibid.
[693] Ibid.
[694] *Journal d'un homme de nulle part*, titre naturellement inspiré de *La Femme de nulle part*, film de Louis Delluc, où Roger Karl est le partenaire d'Ève Francis.
[695] Ibid.

de l'ordre de l'affectif et de l'illumination. Les mots de Margaret tombèrent en Dorothy de telle manière qu'ils la subjuguèrent.

En débarquant à New York le 4 juillet, Margaret eut l'heureuse surprise d'être accueillie par ses amies de Paris, Solita, Kathryn et Janet. Les trois femmes avaient formé chacune un nouveau couple. Et finalement, c'était mieux ainsi.

Dorothy et Margaret se mirent en quête d'une maison isolée, quelque part en Nouvelle-Angleterre. Elles la trouvèrent à Sudbury, village situé à huit milles de Concord, dans le Massachussets.

Préfacée par Jean Cocteau, *La Machine à courage* sortit en juin 1947, dans la collection « Le temps retrouvé ». Cocteau avait donné un texte débordant d'affection et d'admiration, qui convenait admirablement au personnage et à l'époque qu'il entendait célébrer. « A la lecture de ce titre, je la vois armée de roues et de mains mystérieuses comme les mécanismes du rêve d'Ezéchiel. De roues qui tournent, de langues de feu, de mains, d'ailes, d'étoiles crépitantes. (...) Pareille à Phèdre, trouant le laurier avec son épingle d'or, elle se cache entre les massifs et surprend les marchandages de la vie. Elle n'y peut croire. Elle brave la ruine et la fortune. Son but est la gloire profonde, la terrible bataille de l'ange : vaincre les pièges de la beauté. »[696]

Dans sa postface traduite par Monique Serrure, Margaret racontait les deux dernières années de leur amie, dont la vie, disait-elle, citant une strophe du poète Stephen Spender, s'était déroulée « à travers des corridors de lumière où les heures sont solaires, / sans fin et en chantant... » *La Machine à courage*, qui retraçait les moments significatifs de ses aventures américaines suivies de son engagement spirituel, la restituait à la première moitié du XXe siècle tout en la projetant vers nous. Cependant, dans la France de l'immédiat après-guerre, le livre n'intéressa que les lecteurs qui se souvenaient encore de son nom et, bien sûr, les esprits curieux. Louis Pauwels cita largement les passages consacrés au mage géorgien, dans *Monsieur Gurdjieff*, son gros livre-enquête publié en 1954. Quant à l'histoire proprement dite des vingt ans d'amitié intime liant trois femmes qui ignoraient délibérément les codes de la morale patriarcale, elle fut jugée trop scandaleuse pour mériter un autre traitement que le silence. La profondeur de cette liaison, l'âge de ses protagonistes, non, il valait mieux jeter un voile pudique sur de tels errements. Car il était facile de ressentir entre les lignes l'intensité de la passion qui les unissait. Claude Leblanc, le neveu de Georgette, attribuait les reproches acerbes de Margaret visant sa famille, à cet amour sans limites : « Elle l'aimait trop. »[697] Cinquante ans après, l'amour fou de Margaret Anderson pour Georgette Leblanc, le dévouement « maternel » de Monique Serrure provoquent toujours le malaise. Tolère-t-on vraiment sans restrictions que trois femmes s'isolent dans leur amour et que celui-ci dure au-delà de la mort ? Colette raconte dans *Le Pur et l'Impur* l'histoire de deux jeunes Galloises qui scandalisèrent la société aristocratique de la fin du XVIIIe siècle en s'enfuyant dans un village où elles vécurent ensemble jusqu'à la fin. Si elle n'avait pas complètement *perdu de vue* Georgette, Colette aurait pu citer en exemple les trois dames du phare de Tancarville, du Pavillon de la Muette et du Chalet Rose.

---

[696] in Georgette LEBLANC, II, Op. Cit.

[697] Propos de Claude Leblanc recueillis par l'auteur à l'automne 1990.

Comme d'autres Américaines de la *génération perdue*, Margaret, la paix retrouvée, fut prise de nostalgie. Elle, ce n'était pas seulement la France qui lui manquait. Elle voulut revoir la tombe de Georgette, Monique au Chalet Rose, et Gurdjieff. Dorothy, elle, tenait à rencontrer celui que Margaret appelait « l'homme du Tibet ». N'était-ce qu'une légende ? Certains disciples croyaient qu'il avait été initié à Lhassa avant 1914, alors qu'agent secret, il travaillait pour le compte de la Russie impériale.

Les deux femmes quittèrent leur retraite de Nouvelle-Angleterre et arrivèrent en France en juin 1948.

Leur première visite à Paris fut pour Gurdjieff.

Elles passèrent ensemble plus d'un an à Paris, Giverny et Orgeval. Margaret retourna seule à Tancarville, puis au Cannet. Monique habitait toujours le Chalet Rose. Au cimetière, une stèle ornait maintenant la tombe de Georgette. On y avait gravé les trois premiers vers de l'un de ses derniers poèmes : « Mon Dieu, je ne suis qu'une chose / qui repose / entre vos mains. » À soixante-dix-neuf ans, Monique entretenait la tombe de sa bien-aimée et avait pris ses dispositions pour y prendre place le moment venu. Elle était en excellente santé et allait vivre encore treize années au Chalet Rose.

Georgette emportait les lettres de Maeterlinck dans tous ses déplacements. Durant ses quinze années de misère, elle fut parfois tentée de les négocier. Elle les confia quelque temps à son neveu Claude[698], mais finalement les reprit et les conserva jusqu'à sa mort. *Souvenirs* contient quelques extraits significatifs des plus belles.

Monique conservait précieusement cette correspondance[699]. Elle la réunit à celle de Georgette, dans le but de la publier à la suite de *La Machine à courage*. Le projet de la vendre vint-il à l'esprit de Margaret qui convainquit Monique de s'en séparer ? Ou bien leur fit-on d'abord une offre ? Monique était très pauvre. Margaret vivait des libéralités de Dorothy Caruso.

Quoi qu'il en soit, les deux amies négocièrent ce legs à leur profit, Mme Marguerite Smadja s'en rendant acquéreur. Propriétaire foncier d'origine tunisienne et administrateur du journal *Combat*, où écrivait encore Albert Camus, Henry Smadja fut un patron de presse atypique. Son épouse apparut au premier plan dans cette transaction. Si l'on en croit le courrier échangé entre elle et Margaret, les discussions furent assez âpres. Il fut même question un moment de la publication des lettres de Georgette Leblanc et Maeterlinck dans *Combat*. Finalement, rien ne parut. La correspondance[700] de la cantatrice et du poète fut mise sous le boisseau. Il est possible que Mme Smadja n'ait été qu'un prête-nom et qu'elle ait remis la centaine d'autographes à Renée, qui ne tenait pas à les voir circuler. Elle

[698] Ibid.

[699] Les papiers personnels de Georgette Leblanc abandonnés dans le phare furent confiés par Margaret Anderson à Claude Labarre, leur voisin de Tancarville. Collectionneur et bibliophile passionné, il les conserva dans sa « vieille église » jusqu'en 1991.

[700] Monique la dactylographia à peu près intégralement. L'ensemble porte à certains endroits des précisions en anglais, de la main de Margaret. Cette centaine de pages est arrivée on ne sait comment entre les mains de Claude Leblanc qui m'autorisa à en prendre copie et à la publier.

allait être veuve[701] l'année suivante et a pu craindre, à juste titre, que la parution de *La Machine à courage* n'entraîne celle d'un recueil épistolaire compromettant. Mme Smadja et son mari connaissaient la comtesse Maeterlinck. En 1962, celle-ci céda le château de Médan à Smadja. Devenu entre-temps le seul patron de *Combat*, il y transféra les rotatives de son journal.

Margaret rejoignit Dorothy à Paris, où elles habitèrent un hôtel proche de la rue des Colonels-Renard. Chez le vieux thaumaturge, Margaret était en terrain connu. Elle dut trouver rassurant que Mme de Salzmann[702], déjà présente au prieuré d'Avon, fût toujours là pour accueillir les visiteurs. Dorothy était une néophyte si naïve qu'elle ignorait la notion de vie intérieure. Gurdjieff l'aida à entrouvrir cette porte close et elle fit ses premiers pas vers la connaissance de soi. Pour ce qu'il lui permit d'entrevoir, elle lui voua une reconnaissance touchante qu'elle exprima dans un livre de témoignage. Elle n'oublia pas non plus sa dette spirituelle envers Margaret.

Les deux femmes suivirent régulièrement l'Enseignement du vieil homme, toujours traité de mage de bazar par les positivistes de notre fin de siècle, et, ce qui va ensemble, de charlatan avide d'argent, de domination et de sexe — les plus indulgents le décrivant comme un personnage énigmatique et confus dont le charisme ne peut cependant être nié. Mais justement, en fit-il constamment mauvais usage, comme le prétendent ceux que Louis Pauwels nomme les « témoins à charge » ? On peut s'interroger sur l'extraordinaire vogue de Gurdjieff, dans l'immédiat après-guerre, époque pourtant peu favorable aux courants spiritualistes. Le marxisme est en pleine expansion et les raisons de balayer d'un haussement d'épaules toutes les religions, y compris les moins officielles, ne manquent pas. Après Auschwitz, n'est-ce pas... Mais l'appartement de Ghiorghivantch, comme le surnomment ses familiers, ne désemplit pas. Et on y voit, en dehors des disciples connus comme tels, des gens importants ou qui le deviendront, somme toute du très beau monde...[703]

Margaret et Dorothy reçurent à Giverny la nouvelle du grave accident de Gurdjieff. Il conduisait vite et mal. Le précédent, au milieu des années vingt, avait déjà failli le tuer.

---

701 Rentrés depuis peu d'Amérique, le comte et la comtesse Maeterlinck habitaient un hôtel. Occupée pendant cinq ans, la Villa Orlamonde était dans un état lamentable. Les réparations prirent plusieurs mois, Dès que cela fut possible, le poète se réinstalla dans sa demeure et y mourut à quatre-vingt- sept ans, le 7 mai 1949. Son corps fut incinéré, l'urne contenant ses cendres placée à Orlamonde.

702 Curieux personnage que cette Mme de Salzmann, qui exerça une profonde influence sur René Daumal...

703 Dans sa récente autobiographie intellectuelle, le philosophe et éditorialiste Jean-François Revel apporte sa pierre à la lapidation de Gurdjieff. Il a fréquenté les soirées de la rue des Colonels-Renard : « Oh, certes, j'étais en bonne compagnie. Seule la discrétion m'empêche de nommer les gens influents ou célèbres, à l'époque ou par la suite (...). Je côtoyai (...) d'actuels ou futurs présidents de grandes entreprises, des hauts fonctionnaires, d'éminents journalistes et directeurs de journaux, des médecins des hôpitaux et professeurs de facultés, des artistes renommés, qui se mêlaient à une faune moins reluisante de petits employés bigots ou d'Anglaises gâteuses mais dévouées et rémunératrices. » (J.-F. Revel, *Mémoires - Le Voleur dans la maison vide*, Plon, 1997.

En 1949, Ghiorghivantch était âgé d'environ 83 ans. On l'avait transporté inanimé à l'hôpital. Le lendemain matin, il était chez lui.

Margaret et Dorothy le trouvèrent mal en point. Blessé au visage, ayant plusieurs côtes fracturées, il souffrait de nombreuses contusions et peut-être de lésions internes.

D'après le récit de la crédule Dorothy, il se rétablit lui-même sans l'aide de la médecine et reçut encore de nombreux visiteurs.

Les deux amies reprirent le bateau en octobre. Était-ce un adieu définitif à la France et à Gurdjieff ? Margaret ne le savait pas. Incapable de vivre seule, littéralement possédée par le souvenir de Georgette, elle suivait passivement Dorothy.

Gurdjieff mourut à l'hôpital américain de Neuilly le 29 octobre 1949, deux jours après leur arrivée à New York.

Pour surmonter ce nouveau deuil, Margaret commença à rédiger *The Unknowable Gurdjieff*,[704] défense passionnée de la mémoire du penseur russe contre Mauriac qui dénonçait en lui un imposteur.

Gurdjieff était un homme seul, à part. Russe ou Géorgien d'origine, ne parlant correctement ni le français ni l'anglais, se situant hors des réseaux traditionnels de pouvoir à l'époque de la IIIe République, il en imposait par sa personnalité. Quel était son statut juridique en France ? Avait-il acquis la nationalité française ou était-il resté soviétique ou apatride ? Sa marginalité aurait pu lui valoir des ennuis avant, pendant et après la guerre. Il n'en fut rien. Peu d'individus sans titre universitaire, ne bénéficiant même pas de l'aura du poète ou de l'écrivain, détinrent une telle autorité spirituelle entre 1920 et 1949. Aventurier, initié, détenteur d'incommunicables secrets, il réunissait en lui tout ce qui attire les hommes et les femmes les plus capables de se remettre en question dans une époque donnée. Les inclassables. Katherine Mansfield, Georgette Leblanc, Margaret Anderson, Jane Heap, la modeste Monique Serrure étaient de cette espèce qui ne se rend jamais. Détachées des religions officielles et des gnoses consolantes, elles durent fatalement errer et souffrir. Dans ces conditions, accepter que quelqu'un vous mène hors de la déréliction n'est pas un signe de débilité, c'est une manifestation de confiance en la nature humaine. Tant pis si l'on se trompe. Tous les risques ne peuvent être couverts. En France, où l'indifférence religieuse n'a cessé de s'étendre depuis la guerre, les différents courants psychanalytiques et les sectes ont probablement pris la place laissée vacante par le « gurdjieffisme ». Tel qui s'est allongé sur le divan de Lacan, aurait fait antichambre en 1945 chez Gurdjieff. Après tout, lui aussi « s'autorisait de lui-même »...

Margaret avait terminé à Giverny *The Fiery Fountains*. Commencé avant-guerre, peu après la parution de *My thirty Years' War*, il exalte Georgette Leblanc, femme-soleil, sainte du lyrisme, être parfait, telle que la voyait Margaret pour l'éternité. Il parut à New York en 1951. Toujours détachée à Paris par le *New Yorker*, Janet Flanner écrivit à sa nouvelle amie, Natalia Danesi Murray : « L'« érotomanie » est un vocable très fort, très agressivement vulgaire pour désigner ceux qui aiment trop l'amour ; (...) Que dirais-tu d'« amorophile » ou de « vénusienne » pour une femme ? Margaret Anderson en était certainement une. (...) Je n'ai pas encore fini son livre ; comment diable l'envie t'est-elle venue de le lire ? Est-ce par curiosité malsaine ? Je le trouve bien construit, bien rédigé,

---

[704] Il parut en 1962.

mieux que le précédent qui était mal structuré, irrationnel et mégalomane. Je suis cependant allée lire son compte rendu de la mort de Georgette que j'ai trouvé profondément simple, sincère, racontant d'une traite tragique comment elle a vécu, en observatrice, un événement pathétique, presque statique, la mort d'une vieille femme vaincue par le cancer, clouée au lit où *son esprit continuait à se mouvoir...* »[705]

Margaret et Dorothy vécurent à l'écart. La veuve de Caruso fut atteinte, elle aussi, d'un cancer et décéda, « après une longue maladie », en 1955.

Pour la première fois, à soixante-neuf ans, Margaret se retrouvait seule. Elle se rendit à Riderwood, dans le Maryland, mais n'y resta que quelques semaines. Elle ne reconnaissait plus l'Amérique, et ne paraissait plus capable de se faire de nouvelles amies dans ce pays.

Déjà en 1942, après vingt ans d'absence, elle s'était sentie isolée face aux nouvelles relations de Janet Flanner, et singulièrement ostracisée par Natalia Danesi Murray qui avait supplanté Solita auprès de Janet. Solita, quant à elle, avait trouvé en Élisabeth Jenks Clark, dite Lib Clark, une nouvelle compagne. Après 1945, Solita et Lib retournèrent en France où elles achetèrent une maison proche de celle de Noel Murphy, à Orgeval.

Jane Heap vivait à Londres. Mais entre elle et Margaret, plus question de vie commune. Jane et Elspeth formaient un couple solide. Monique habitait toujours Le Cannet.

Margaret prit rapidement sa décision. En mai 1955, elle retourna en France. Au Havre, elle prit le train pour Paris et passa d'abord à Orgeval, chez Solita et Lib, où elle fit la connaissance de Vera Daumal, veuve du poète René Daumal. Puis elle descendit sur la Côte d'Azur.

Monique l'accueillit au Chalet Rose. Georgette se trouvait au cimetière. Tout était *presque* comme avant.

Après une parenthèse américaine de treize années, la vie de Margaret recommençait là où elle s'était arrêtée en 1941.

Elle termina son livre sur Gurdjieff et commença *The Strange Necessity*, ouvrage de réflexion sur l'art et l'amitié, dédié à Solita Solano, « avec amour, admiration et gratitude ».

Exercice assez rare pour elle qui s'intéressait peu à la fiction, elle composa un court roman d'une centaine de pages et l'intitula *Forbidden Fires*. Le sujet en était l'amour qui lie les femmes entre elles. L'une des principales protagonistes se nommait Claire Lescaut, à deux lettres près, ce qui ne changeait rien à la prononciation pour une Américaine, le nom de l'héroïne de *L'Inhumaine*, autrement dit la si humaine Georgette Leblanc. Les amies vivaient dans un château rappelant beaucoup le Pavillon de la Muette en forêt de Saint-Germain.

Margaret tenta de publier son roman en France et aux États-Unis, mais sans succès. Les éditeurs parisiens n'en voulurent pas, à commencer par Olympia Press.[706] Il n'était pas assez érotique. Aux États-Unis, où les chances étaient encore plus minces en raison du sujet « délicat », son vieil ami Ben Hecht essaya de le placer, mais le résultat fut également nul. Le point de vue de Margaret sur la femme lesbienne était peut-être trop optimiste pour l'époque. Contrairement à

[705] Janet Flanner, *Darlinghissima*, Op. Cit.
[706] *Lolita* et *Le Festin Nu* ont été publiés par Olympia Press.

l'auteur du *Puits de Solitude*, elle vivait son lesbianisme sans honte. Elle ne pouvait donc écrire un roman avec des héroïnes malheureuses d'être ce qu'elles sont. *Forbidden Fires* fut finalement édité en Amérique, vingt-trois ans après sa mort.[707]

Monique Serrure s'éteignit en juin 1961, à quatre-vingt-douze ans. Elle fut naturellement enterrée auprès de Georgette Leblanc. Margaret reçut la nouvelle du décès de Jane Heap à Londres, en 1964.

Georgette et Monique au cimetière, Margaret resta sans compagne auprès d'elle jusqu'à la fin. Dans son voisinage, elle eut cependant une amie, Marcelle Simon. Elle écrivit, entretint une correspondance avec Janet, reçut les visites de Solita et Lib, de Kathryn Hulme. Elle allait fleurir la tombe de ses compagnes. Ses voyages en France se réduisirent à quelques déplacements à Cannes et elle effectua de rares séjours à Orgeval durant la décennie.

Les universités américaines commençant à évaluer le rôle des femmes dans les mouvements littéraires d'avant-garde du premier quart du XXe siècle, de jeunes chercheuses interrogèrent Margaret sur *The Little Review*, Joyce, l'influence de Pound et, plus généralement, sur le Paris de l'entre-deux-guerres avec ses dissensions et ses coteries. Margaret attribua tous les mérites à Jane et entérina l'influence de Pound. Quand on essayait d'aller plus loin, elle répondait elliptiquement ou par des images. Le pourquoi et le comment de sa revue ne l'intéressaient plus depuis longtemps que par rapport à elle-même, et ses brèves explications déçurent les universitaires par leur apparente simplicité. En fait, elle ne s'intéressait pas à son passé pour les autres. Elle le revivait dans sa mémoire quand elle en avait envie.

Elle apprit à la fin des années soixante la présence de Djuna Barnes à New York.

Bien qu'elle souffrît d'emphysème, en 1970 elle accepta une invitation à New York pour la sortie de son dernier livre, *The Strange Necessity*. Elle revit Djuna Barnes, Carl Van Vechten et d'autres survivants, à Patchin Place, dans le *Village*. La presse prit des photos. Margaret y apparaît en vieille dame souriante aux cheveux blonds, gaie et élégante, rien de la loque qu'elle déclarait être à Janet Flanner. Par contre, le visage de Djuna Barnes, qui fut très belle aussi, s'était singulièrement transformé. On lui voit un masque aux traits durs, presque masculins. Que purent-elles se dire, alors qu'elles ne s'aimaient guère ?

Margaret rentra au plus vite en France.

Le Cannet se transformait comme toute la Côte d'Azur. La prospérité générale, le développement du tourisme et des affaires condamnaient le Chalet Rose. Il fut rasé et des immeubles à plusieurs étages s'élevèrent sur la colline d'où l'on voyait la mer.

Margaret ne possédait pas de quoi s'acheter un appartement. Elle renoua avec sa bohème jeunesse et habita un modeste hôtel, le Reine des Prés.

Elle y mourut le 18 octobre 1973 au soir, à l'âge de quatre-vingt-sept ans (dont trente-huit passés en France). Sans regrets. Elle avait laissé ces lignes dans son dernier livre : « Les grâces que je voulais, c'étaient : l'amour, la musique, les livres, les grandes idées et la beauté du monde. J'ai tout eu, et au-delà de ce que j'avais demandé, et même au-delà de ce que j'avais imaginé. »

---

[707] Nous devons cette édition à Mathilda Hills, à l'enseigne de The Naiad Press.

Elle avait pris ses dispositions testamentaires pour être inhumée sous la même dalle que Georgette Leblanc et Monique Serrure, au cimetière des Anges.

Les amies reposent sous la stèle érigée peu après l'enterrement de Georgette, leur nom gravé l'un au-dessous de l'autre. Pas moins unies dans la mort que dans la vie. Les lettres des noms s'effacent, mais de toutes leurs demeures terrestres, celle-ci est apparemment la plus solide. De bons murs et la réputation d'hôtes illustres[708] protègent l'étroite sépulture. La mythique triade est entrée dans l'éternité des amours réprouvées, les plus mémorables.

Lorgues, 1990 — Bruxelles, mars 1998.

---

[708] Le peintre Bonnard, décédé en 1947, est leur voisin.

ANNEXES *

* Les lettres de Georgette Leblanc, Maurice Maeterlinck, Camille Mauclair, Laurence Alma-Tadema, Gabriele D'Annunzio, Margaret Anderson et autres personnages de cette biographie, données intégralement ou partiellement, sont, pour la plupart, inédites.
Les extraits d'articles ou d'ouvrages cités qui ne sont pas assortis d'une note de renvoi sont, sauf oubli de notre part, référencés dans le texte lui-même.
Souvenirs et *La Machine à courage* sont remplacés dans les notes par les chiffres romains I et II.

SOURCES, DOCUMENTS, BIBLIOGRAPHIE

GEORGETTE LEBLANC

Correspondance, carnets, manuscrits, papiers divers inédits :

Lettres de Georgette Leblanc à Maurice Maeterlinck. (57 pages dactylographiées complètes + 19 pages dactylographiées de fragments et de lettres achevées, soit 76 pages dactylographiées qui recoupent les 94 lettres autographes de G.L. à M.M. de la Bibliothèque Carlo De Poortere. Les Lettres dactylographiées portent parfois des annotations en français et anglais dues à Margaret Anderson et Monique Serrure. Elles m'ont été remises par M. Claude Leblanc qui désirait les voir publiées. Georgette Leblanc a donné elle-même dans ses *Souvenirs* des fragments parfois remaniés de ses lettres à Maeterlinck. Quand nous les citons, ils sont signalés par une note. Cet ensemble inédit comprend également une lettre de Georgette Leblanc à Laurence Alma-Tadema.) (Collection de l'auteur)

Lettres de Georgette Leblanc à Gabriele D'Annunzio. (50 pages autographes presque toutes signées « Armide » — Fondazione « Il Vittoriale degli Italiani » Archivi.)

Lettre de Laurence Alma-Tadema à Georgette Leblanc. (Archives & Musée de la Littérature, Bruxelles)

Lettre de Georgette Leblanc à Monique Serrure. (Idem.)

Une lettre de M. Hottois à Georgette Leblanc. (Idem.)

Une lettre (fragment) de Georgette Leblanc à Louis Fabulet. (Idem)

Lettre de Georgette Leblanc à un proche d'Émile Verhaeren. (Idem.)

Lettre (fragment) de Georgette Leblanc à « Lathie ». (Idem.)

Brouillon de lettre à Yvan Goll. (Idem.)

Lettres de Georgette Leblanc à Marcel L'Herbier. (Collection Marie-Ange L'Herbier)

Lettres de Georgette Leblanc à Georges Maurevert. (Bibliothèque Carlo De Poortere.)

Une lettre de Camille Mauclair à Georges Maurevert. (Idem.)

Lettres de Monique Serrure et Margaret Anderson à Georges Maurevert. (Idem.)

Correspondance Monique Serrure/Margaret Anderson et Mme Smadja. (Idem.)

Lettres et cartes de Georgette Leblanc à Claire et Yvan Goll. (Fonds Claire et Yvan Goll, Médiathèque municipale de Saint-Dié-des-Vosges, France)

Carnets de Georgette Leblanc et de Monique Serrure, allant de 1920 à 1932. (Musée & Archives de la Littérature)

Histoire de ma vie, manuscrit dactylographié. (Idem.)

Liasses de manuscrits au crayon ou à la plume ; fragments dactylographiés ; articles de presse ; ébauches ; brouillons ; papiers personnels ; contrats d'édition ; programmes musicaux ; affichettes ; press-books (Idem)

Coupures de presse ; articles ; entretiens ; critiques littéraires ; critiques musicales ; programmes de concerts, de conférences, de représentations théâtrales, d'opéras, de cinéma (sur *L'Inhumaine*). (Bibliothèque Marguerite DURAND, Paris)

Œuvres :

APHORISMES, revue La Vogue (3e série), 1899.

LE CHOIX DE LA VIE, Fasquelle, 1904.

THE GIRL WHO FOUND THE BLUE BIRD, Dodd Meade, New York, 1912. (petit livre sur Helen Keller).

UN PÉLERINAGE AU PAYS DE MADAME BOVARY, Lib. Sansot, 1913.

THE CHILDREN'S BLUEBIRD, Methuen, Londres, 1913, (illustré par Albert Rothenstein). Et Dodd Meade, New York, 1913. (Les deux éditions sont traduites du français par Alexander Teixeira de Mattos. L'édition américaine sera plusieurs fois réimprimée jusqu'à la fin des années cinquante.)

NOS CHIENS, illustré par l'auteur, Fasquelle, 1919. (Traduit en anglais par Alexander Teixeira de Mattos sous le titre MAETERLINCK'S DOGS, Methuen, Londres, 1919.)

SOUVENIRS, 1895-1918, (précédé d'une introduction par Bernard Grasset), collection « Pour mon plaisir », IX, tirage numéroté sur alfa. Et édition courante, Grasset, 1931. Dédié « À mon frère Maurice Leblanc. »

(Ce titre a été édité en anglais : MY LIFE WITH MAETERLINCK, translated from the french by Janet Flanner, EP Dutton, New York, 1932. La même traduction a paru à Londres sous le titre, MAETERLINCK AND I. Une nouvelle édition américaine a vu le jour en 1976, à New York, chez Da Capo, collection « The Lyric stage ». L'édition espagnole date de 1931 et l'édition italienne de 1947.)

LA MACHINE À COURAGE, préface de Jean Cocteau, Collection « Le Temps Retrouvé », illustré de planches hors texte, postface de Margaret Anderson (traduite de l'anglais par Monique Serrure), J.B. Janin, 1947.

***Préfaces, Articles* :**

INTRODUCTION aux MORCEAUX CHOISIS de MAETERLINCK, Éditions Nelson, 1910.

PRÉFACE à Gérard Harry, LE MIRACLE DES HOMMES. HELEN KELLER, 1912.

QUAND J'ÉTAIS LADY MACBETH, Lectures pour tous. Réédition : Éditions Dynamo, Liège, 1962.

ÉTUDE SUR LE CINÉMA, Le Mercure de France, 1919.

MES CONVERSATIONS AVEC ELEONORA DUSE, Les Œuvres Libres, Fayard, 1926.

IMPRESSIONS D'AMÉRIQUE, L'Intransigeant et Comœdia.

Collaboration à VOGUE, 1932.

VOYAGE EN ALLEMAGNE, Excelsior, 1933.

D'ANNUNZIO AU VITTORIALE, Les Œuvres Libres, Fayard, 1938.

MAURICE MAETERLINCK

Correspondance et textes inédits :

Lettres de Maurice Maeterlinck à Georgette Leblanc. (31 pages dactylographiées, soit 29 lettres à Georgette Leblanc, une lettre à Laurence Alma-Tadema où il est question de G.L., et trois télégrammes. Cet ensemble inédit recoupe souvent les 43 lettres et billets autographes adressés par M.M. à G.L. de la Bibliothèque Carlo De Poortere. Comme celles de Georgette Leblanc, les lettres dactylographiées de Maeterlinck m'ont été remises par M. Claude Leblanc. Des extraits plus ou moins longs de certaines d'entre elles sont dans *Souvenirs*. Quand nous les citons, ils sont signalés par une note. La lettre de M.M. à Laurence Alma-Tadema est totalement inédite. Nous la publions intégralement.

Lettres de Maeterlinck à Bernard Grasset, sur Georgette Leblanc. (Bibliothèque Carlo De Poortere)

Correspondance Maurice Maeterlinck/Georges Maurevert. (Idem)

Lettres à la Comtesse Renée Maeterlinck. (Idem)

Un agenda. Divers (Idem)

Lettres à Opplen-Brokinowski. (Bibliothèque royale Albert Ier)

Œuvres :

(Les œuvres de Maeterlinck citées dans cette bibliographie, qu'elles soient antérieures à sa rencontre avec Georgette Leblanc, écrites pendant leur union libre (1895-1919), ou postérieures à la rupture, ont toutes un rapport important avec le couple Leblanc/ Maeterlinck. C'est la raison de notre choix.)

SERRES CHAUDES, QUINZE CHANSONS, LA PRINCESSE MALEINE, (préface de Paul Gorceix), Poésie/Gallimard, 1983.

THEATRE I, II, III.

I. *(La Princesse Maleine*, 1890. *L'Intruse*, 1891. *Les Aveugles*, 1891.) II. *(Pelléas et Mélisande*, 1892. *Alladines et Palomides*, 1894. *Intérieur*, 1894. *La Mort de Tintagiles*, 1894.) III. *(Aglavaine et Sélysette*, 1896. *Ariane et Barbe-Bleue*, 1901. *Sœur Béatrice*, 1901.) Bruxelles, 1901/1902.

PRÉFACE à SEPT ESSAIS de R.V. Emerson (traduits par J. Will), Lacomblez, Bruxelles, 1894.

LE TRÉSOR DES HUMBLES, — s'ouvre par *Le Silence*, dédié à Mme Georgette Leblanc — Mercure de France, 1896. Réédition : (préface de Marc Rombaut), Éditions Labor, Bruxelles, 1986.

AGLAVAINE ET SÉLYSETTE, Mercure de France, Paris, 1896.

LA SAGESSE ET LA DESTINÉE — dédié à Mme Georgette Leblanc — Fasquelle, 1898. Réédition : 1993, Le Cri, Bruxelles (présentation de Maxime Benoît-Jeannin).

LA VIE DES ABEILLES, Fasquelle, Paris, 1901.

PELLÉAS ET MÉLISANDE, livret de l'opéra de Debussy, Lacomblez, Bruxelles, 1902.

LE TEMPLE ENSEVELI, Fasquelle, Paris, 1902.

MONNA VANNA, pièce en trois actes, Fasquelle, 1902. (Création mondiale de Georgette Leblanc)

JOYZELLE, pièce en cinq actes, Fasquelle, 1903. (Création mondiale de Georgette Leblanc)

LE DOUBLE JARDIN, Fasquelle, 1904.

L'INTELLIGENCE DES FLEURS, Fasquelle, 1907.

ARIANE ET BARBE-BLEUE (ou la Délivrance inutile), opéra, musique de Paul Dukas, Lacomblez, Bruxelles, 1907. Avec partition d'orchestre, Durand VI, Paris, 1907. (Création mondiale de Georgette Leblanc).

L'OISEAU BLEU, Fasquelle, 1909. (Création française de Georgette Leblanc). *L'Illustration théâtrale*, avril 1911.

MORCEAUX CHOISIS, introduction de Georgette Leblanc, Nelson, Paris, 1910.

LA MORT, Fasquelle, 1913.

MARIE-MAGDELEINE, pièce en trois actes, Fasquelle, 1913. (Création mondiale de Georgette Leblanc). *L'Illustration théâtrale*, juin 1913.

L'HÔTE INCONNU, Fasquelle, 1917.

LE BOURGMESTRE DE STILMONDE, pièce en trois actes, Edouard-Joseph, Paris, 1919.

LES FIANÇAILLES, féérie en cinq actes et onze tableaux, Eugène Fasquelle, éditeur, 1922.

LE MALHEUR PASSE, pièce en trois actes, Les Œuvres libres, Fayard, 1925.

LA PRINCESSE ISABELLE, pièce en vingt tableaux, Fasquelle, 1935.

BULLES BLEUES, Souvenirs heureux, Éditions du Rocher, 1948. Réédition : (avant-propos de Gaston Compère) Le Cri, Bruxelles, 1992.

Traductions :

L'ORNEMENT DES NOCES SPIRITUELLES DE RUYSBROECK L'ADMIRABLE, Lacomblez, 1891. (traduit du flamand)

LA TRAGÉDIE DE MACBETH, DE SHAKESPEARE, *L'Illustration théâtrale*, août 1909. Fasquelle, 1910.

BIBLIOGRAPHIE SÉLECTIVE DES PRINCIPAUX PROTAGONISTES DE CET OUVRAGE

CAMILLE MAUCLAIR :

Une lettre (fragment) de Camille Mauclair à Maurice Maeterlinck. (Bibliothèque Royale Albert Ier, Bruxelles)

LE SOLEIL DES MORTS, roman contemporain — dédié à Ernest Chausson, Ollendorff, Paris, 1898. (Ce roman à clés est bâti autour du personnage de la cantatrice Lucienne Lestrange, qui n'est autre que Georgette Leblanc. Les contemporains ne s'y sont pas trompés. Dans les marges de mon exemplaire de travail — dédicacé de la main de Mauclair à M. et Mme Théo Van Rysselberghe —, on peut lire, inscrits au crayon, les noms des personnes réelles en face de ceux des personnages de la fiction.)

JULES RENARD :

JOURNAL, 1887-1910, Édition de Henry Bouillier, Robert Laffont, 1990.

COLETTE :

MES VÉRITÉS, entretiens avec André Parinaud, Ecriture, 1996.

MES APPRENTISSAGES, in Colette / Romans-Récits-Souvenirs (1920-1940), Robert Laffont, 1989.

LETTRES DE LA VAGABONDE, Flammarion, 1961.

PAUL LÉAUTAUD :

JOURNAL LITTÉRAIRE, Mercure de France,

LE THÉÂTRE DE MAURICE BOISSARD, 1907-1914, I, (avant-propos de Marie Dormoy), Gallimard, 1958.

MICHEL BALFORT (Roger Karl) :

MADAME ARNOUL, roman, Éditions de la Nouvelle Revue Belgique, Bruxelles, 1942.

(Présenté comme un roman, ce livre est en fait le récit à peine transposé de la liaison entre Georgette Leblanc et Roger Karl (de son nom de plume Michel Balfort). Les lettres que Jane Arnoul envoie à son amant sont les lettres, données telles quelles, de Georgette

Leblanc à Karl. Le style de Georgette y est parfaitement reconnaissable. Karl a d'abord tenté de publier *Madame Arnoul* au Mercure de France et n'a pas caché à Léautaud qu'il s'était contenté de changer les noms des personnages. (cf. Léautaud, *Journal*). Pour Valette et Léautaud, le livre n'était intéressant que si l'on rétablissait les noms véritables. Mais il y avait alors risque de procès, ce qui fit reculer les éditeurs. Les faits relatés dans *Madame Arnoul* sont corroborés par le *Journal* de Karl, ses deux récits autobiographiques, ainsi que par la correspondance et les carnets intimes de Georgette Leblanc.)

COMÉDIEN MALGRÉ MOI, autobiographie, Éditions J.A.R. Paris, 1957.

NOUS SOMMES TOUS DES COMÉDIENS, autobiographie, Le Lérot rêveur, n°32, septembre 1981, Tusson 16140 Aigre. (À la fin de cette brochure, on mentionne les publications de l'auteur. Le titre *Madame Arnoul* est suivi de la parenthèse : Sur Georgette Leblanc.)

JOURNAL D'UN HOMME DE NULLE PART, 4 volumes, Éditions Galilée, Paris, 1977-1979.

<u>MAURICE LEBLANC :</u>

ARMELLE ET CLAUDE, roman, Ollendorff, 1897.

L'ENTHOUSIASME, roman, Ollendorff, 1901. Dédié « À ma sœur Georgette Leblanc. »

LE FILM RÉVÉLATEUR, nouvelle, 1923. Reprise dans *Les Huit coups de l'horloge*, Lafitte, 1923. Réédition : Robert Laffont, 1986.

LA DEMOISELLE AUX YEUX VERTS, roman, Lafitte, 1927. Réédition : Robert Laffont, 1986.

<u>MARCEL L'HERBIER :</u>

LA TETE QUI TOURNE, mémoires, Éditions Belfond, 1979.

<u>MARGARET ANDERSON :</u>

MY THIRTY YEARS' WAR, Covici Friede, New York, 1930. Knopf, Londres, 1930.

THE FIERY FOUNTAINS, Hermitage House, 1951. Rider, Londres, 1953. (Traduction de l'américain par Nicole Leclerc ; non publiée.)

THE LITTLE REVIEW ANTHOLOGY, Hermitage House, New York, 1953.

THE UNKNOWABLE GURDJIEFF, Routledge and Paul, Londres, 1962.

THE STRANGE NECESSITY, Horizon, New York, 1970.

FORBIDDEN FIRES, (Edited and with an introduction by Mathilda Hills), The Naiad Press, Inc., 1996.

Sur Margaret Anderson, Jane Heap et The Little Review :

Margaret ANDERSON, Paula R. Feldman, (University of South Carolina), Dictionary of Literary Biography.

<u>GABRIELE D'ANNUNZIO :</u>

LE FEU *(Il Fuoco)*, 1908.

LE LIVRE SECRET, (Traduit de l'italien par Constance Thompson-Pasquali, préface de Gérard-Georges Lemaire), Christian Bourgois, éditeur, 1993.

NOCTURNE, fragments, (Traduction et postface de Jean-François Bory), L'école des lettres, Seuil, 1996.

DI ME A ME STESSO, (a cura di Annamaria Andreoli), Arnoldo Mondadori editore, 1990.

CLAIRE GOLL :

(avec la collaboration de Otto Hahn), LA POURSUITE DU VENT, Olivier Orban, 1976.

GEORGES IVANOVITCH GURDJIEFF :

GURDJIEFF PARLE À SES ÉLÈVES, 1917-1931, Stock, 1980.

RENCONTRES AVEC DES HOMMES REMARQUABLES, Stock.

RÉCITS DE BELZÉBUTH À SON PETIT-FILS, (3 volumes), Stock, 1979.

BIBLIOGRAPHIE GÉNÉRALE

Paolo Alatri, GABRIELE D'ANNUNZIO, (traduit de l'italien par Alain Sarrabayrouse), Fayard, 1992.

Louis Aragon, PROJET D'HISTOIRE LITTÉRAIRE CONTEMPORAINE, (édition établie, préfacée et annotée par M. Dachy), Mercure de France.

Armory, CINQUANTE ANS DE VIE PARISIENNE, Jean-Renard, 1943.

Deirdre Bair, ANAIS NIN, (traduit de l'anglais par Isabelle Caron), Stock, 1996.

Natalie Clifford Barney, AVENTURES DE L'ESPRIT, Émile-Paul, 1929.

— SOUVENIRS INDISCRETS, Flammarion, 1960.

Jean Barraqué, DEBUSSY, Seuil, 1962.

Jean-Luc Barré, LE SEIGNEUR-CHAT, Philippe Berthelot, 1866-1934, Plon, 1988.

Christophe Beaufils, JOSÉPHIN PÉLADAN, 1858-1918, Jérôme Millon, 1993.

Alain Beausire, QUAND RODIN EXPOSAIT, Musée Rodin, 1988.

Maxime Benoît-Jeannin, EUGENE YSAYE, Le Cri, Bruxelles ; Belfond, Paris, 1989.

Shari Benstock, FEMMES DE LA RIVE GAUCHE (Paris 1900-1940), des femmes, 1987.

Célia Bertin, LA DERNIERE BONAPARTE, Perrin, 1982.

Clément Borgal, JACQUES COPEAU, L'Arche éditeur, 1960.

Maria Lluïsa Borràs, CRAVAN, Une stratégie du scandale, Jean-Michel Place, 1996.

Jean Bothorel, BERNARD GRASSET, Vie et passions d'un éditeur, Grasset, 1989.

Alfred Bruneau, À L'OMBRE D'UN GRAND CŒUR, Ressources, Slatkine, 1980.

Ricciotto Canudo, MANIFESTE DES SEPT ARTS, Séguier, 1995.

Valère Catogan, LA VÉRITABLE IDENTITÉ D'ARSENE LUPIN (préface de François Georges), La Manufacture, 1986.

Jaque Catelain, MARCEL L'HERBIER, Éditions Jacques Vautrain, Paris, 1950.

Jean Chalon, PORTRAIT D'UNE SÉDUCTRICE, Éditions Stock, 1976. — LE DESTIN LUMINEUX D'ALEXANDRA DAVID-NÉEL, Librairie académique Perrin, 1985.

Georges Charbonnier, ENTRETIENS AVEC EDGARD VARESE, Éditions Pierre Belfond, 1970.

Jean Cocteau, MES MONSTRES SACRÉS, Encre, 1979.

Jean Collomb et Lucien Patry, DU CINÉMATOGRAPHE AU CINÉMA, 1895-1995 (100 ans de technologies cinématographiques françaises), Préface de Robert Enrico, Dixit, 1995.

Gaston Compère, LE THÉATRE DE MAURICE MAETERLINCK, Palais des Académies, Bruxelles, 1955. — MAETERLINCK, La Manufacture, Paris 1990.

André Comte-Sponville et François Georges, ARSENE LUPIN, gentilhomme-philosopheur, Éditions du Félin, 1996.

Jean Contrucci, EMMA CALVÉ, la diva du siècle, Albin Michel, 1989.

Jacques Copeau, JOURNAL I (1901-1915) ; II (1916-1948), Seghers, 1991.

CORRESPONDANCE DE CLAUDE DEBUSSY et PIERRE LOUŸS (1893-1904), recueillie et annotée par Henri Borgeaud, Librairie José Corti, 1945.

CORRESPONDANCES CROISÉES (Pierre Louÿs, Natalie Clifford Barney, Renée Vivien), Éditions de Jean-Paul Goujon, Muizon, À l'Écart, 1983.

René Crevel, LETTRES DE DÉSIR ET DE SOUFFRANCE, (Préface de Julien Green), Édition de Eric Le Bouvier, Fayard, 1996.

Hugues Cuenod, D'UNE VOIX LÉGÈRE (entretiens avec François Hudry), Collection « Paroles vives », La Bibliothèque des arts, Lausanne, 1996.

Claude Debussy, LETTRES, 1884-1918 (réunies et présentées par François Lesure), Hermann, Paris, 1980.

Claude Debussy, LETTRES À DEUX AMIS, 78 lettres inédites à Robert Godet et G. Jean-Aubry, Introduction de R. G. et G. J.-A., José Corti, 1942.

Lucie Delarue-Mardrus, MES MÉMOIRES, N.R.F., 1938.

Robert L. Delevoy, JOURNAL DU SYMBOLISME, Skira, 1977.

Jacques Dérouard, MAURICE LEBLANC, Arsène Lupin malgré lui, Séguier, 1989.

DICTIONNAIRE DE BIOGRAPHIE FRANÇAISE, T. XVI, Librairie Le Touzey et Ané, 1985.

Geneviève Dormann, AMOUREUSE COLETTE, Herscher, 1984.

Gabriel Fauré, CORRESPONDANCE, (présentée par J.-M. Nectoux), Flammarion, 1980.

Andrew Field, DJUNA BARNES, (traduit de l'anglais par Sophie Mayoux et Christiane Guillois), Rivages, 1986.

Albert Flament, LE BAL DU PRÉ CATELAN, Fayard, 1946.

Janet Flanner, PARIS C'ÉTAIT HIER, Chroniques d'une Américaine à Paris 1925-1939, (traduction de Roland Delouya), Mazarine, 1981 — DARLINGHISSIMA, (traduit de l'américain par Catherine Pigeaire), Éditions des Femmes, 1988.

Maurice de Fleury, L'ANGOISSE HUMAINE, Éditions de France, 1924.

Eve Francis, TEMPS HÉROIQUES ; Théâtre, Cinéma (préface de Paul Claudel), À l'enseigne du chat qui pêche/Denoël, 1949.

Jean Gallois, ERNEST CHAUSSON, Seghers, 1967.

François Georges, MAURICE LEBLANC, La Loi et le Phénomène ; à propos d'un cas de possession littéraire, Christian Bourgois, 1978.

André Gide, JOURNAL, Pléiade, 1949.

Claire Goll (présentation par Georges Cattaui, Edmée de la Rochefoucauld, Armand Lanoux), CHOIX DE TEXTES, Poètes d'Aujourd'hui, Seghers, 1967.

André Guérin, LA VIE QUOTIDIENNE EN NORMANDIE au temps de Mme Bovary, Hachette, 1975.

Edmond et Jules de Goncourt, JOURNAL, 1851-1896, 3 volumes, Bouquins, Robert Laffont, 1989.

Yvette Guilbert, LA CHANSON DE MA VIE, Mes Mémoires, Les Cahiers Rouges, Grasset, 1995.

Pierre Guiral, LA VIE QUOTIDIENNE EN FRANCE à l'âge d'or du capitalisme 1852-1879, Hachette, 1976.

Gérard Harry, MAURICE MAETERLINCK, Ch. Carrington, Libraire-Éditeur, Bruxelles-Paris, 1909.

Bengt Häger, LES BALLETS SUÉDOIS, Jacques Damase/Denoël éditeurs, 1989.

Pierre Hebey, LA NOUVELLE REVUE FRANÇAISE DES ANNÉES SOMBRES, 1940-1941, Gallimard, 1992.

Henrik Ibsen, QUAND NOUS NOUS RÉVEILLERONS D'ENTRE LES MORTS, (traduit et précédé d'une préface par le comte Prozor), Paris, 1900.

Henri-René Lenormand, LES CONFESSIONS D'UN AUTEUR DRAMATIQUE, 2 vol., Albin Michel, 1949-1953.

François Lesure, DEBUSSY, Iconographie musicale, Éditions Minkoff & Lattès, 1980.

LETTRES À GUSTAVE ET RACHEL KAHN, (1886-1934), Édition de Richard Shryock, Librairie Nizet, Saint-Genouph, 1996.

Marcel L'Herbier, INTELLIGENCE DU CINÉMATOGRAPHE, Corrêa, 1946. — LA TETE QUI TOURNE, Éditions Belfond, 1979.

Giovanni Lista, LOIE FULLER, danseuse de la Belle Époque, Stock/Somogy, 1994.

Brenda Maddox, NORA, La vérité sur les rapports de Nora et James Joyce, (traduit de l'anglais par Marianne Véron), Albin Michel, 1990.

Edward Lockspeiser et Harry Halbreich, DEBUSSY, Fayard, 1980.

Albert Londres, D'ANNUNZIO, CONQUÉRANT DE FIUME, Julliard, 1990.

Pierre Loti, LE LIVRE DE LA PITIÉ ET DE LA MORT, Calmann-Lévy, 1891.

MAURICE MAETERLINCK, 1862-1962, (sous la direction de Joseph Hanse et Robert Vivier), La Renaissance du Livre, 1962.

MAURICE MAETERLINCK, Catalogue de l'Exposition du Centenaire de la naissance de M.M., Bibliothèque Albert Ier, Bruxelles, 1962.

Stéphane Mallarmé, ŒUVRES COMPLÈTES, (texte établi et annoté par Henri Mondor et G. Jean-Aubry), Pléiade, N.R.F., Gallimard, 1945. — CORRESPONDANCE, (présentée et annotée par H. Mondor), 10 volumes, Gallimard, 1959-1983.

Clara Malraux, NOS VINGT ANS, Les Cahiers Rouges, Grasset, 1992.

Gilles Manceron, SEGALEN, J.-C. Lattès, 1991.

Jules Massenet, MES SOUVENIRS (1848-1912), Lafitte et Cie, 1912.

Camille Mauclair, LA VILLE-LUMIERE, Ollendorff, Paris, 1905. — SERVITUDE ET GRANDEUR LITTÉRAIRES : Souvenirs d'arts et de lettres de 1890 à 1900, Ollendorff, 1922.

John Middleton Murry, KATHERINE MANSFIELD ET MOI, (traduit de l'anglais par Nicole Bordeaux et Maurice Lacoste), Fernand Sorlot, Paris, 1941.

Octave Mirbeau, GENS DE THÉÂTRE, Première série, (1884-1902) Flammarion, 1924. Deuxième série : (1895-1910), Flammarion, 1926.

Henri Mondor, L'AMITIÉ DE VERLAINE ET MALLARMÉ, N.R.F., Gallimard, 1939.

Abbé Mugnier, JOURNAL, Mercure de France, 1985.

Henry Muller, TROIS PAS EN ARRIÈRE, La Table Ronde, 1952.

Maurice Nadeau, HISTOIRE DU SURRÉALISME, Seuil, 1964.

Jean-Michel Nectoux, FAURÉ, Seuil, 1986.

Barry Paris, LOUISE BROOKS, (traduit de l'américain par Aline Weil), P.U.F. 1993.

Louis Pauwels, MONSIEUR GURDJIEFF, Seuil, 1954.

Joséphin Péladan, ŒUVRES CHOISIES, Les Formes du Secret, 1979.

René Peter, CLAUDE DEBUSSY, Gallimard, 1952.

Georges Rodenbach, BRUGES-LA-MORTE, Éditions Labor, Bruxelles, 1986.

RODIN ET L'EXTREME-ORIENT, Musée Rodin, 1979.

Maurice Rostand, CONFESSION D'UN DEMI-SIECLE, La Jeune Parque, 1948.

Michèle Sarde, COLETTE, libre et entravée, Stock, 1978.

André Segond, DIVINES DIVAS, Gallimard Musique, 1993.

José J. Schürmann, DERRIERE LE RIDEAU.

Georges Simenon, ON DIT QUE J'AI SOIXANTE-QUINZE ANS, DESTINÉES, (Mes dictées) Presses de la Cité, 1980-1981.

Constantin S. Stanislawski, MA VIE DANS L'ART, Collection Théâtre années 20, (traduction, préface et notes de Denise Yoccoz), L'âge d'homme, Lausanne, 1980..

Gertrude Stein, AUTOBIOGRAPHIE D'ALICE TOKLAS, L'Imaginaire, Gallimard, 1995.

August Strindberg, INFERNO, L'Étrangère/Gallimard, 1996.

August Strindberg, PERE, tragédie en trois actes, (traduit du suédois par R. Lepoutre et T. Sindig) Imprimerie nationale, Paris, 1991.

Vern Swanson, ALMA-TADEMA, (traduit de l'anglais par Michel Courtois-Fourcy), Chêne, 1977.

Jean-Yves Tadié, MARCEL PROUST, Biographies, Gallimard, 1996.

Pierre-Daniel Templier, ERIK SATIE, Éditions d'Aujourd'hui,1976.

Denise Tual, AU CŒUR DU TEMPS, Préface de Jean-Claude Carrière, Carrère, 1987.

Maurice de Waleffe, QUAND PARIS ÉTAIT UN PARADIS, 1900-1939, Denoël, 1947.

Adolphe Van Bever, MAURICE MAETERLINCK, E. Sansot et Cie Éditeurs, Paris, 1904.

Andréa Weiss, PARIS ÉTAIT UNE FEMME, (traduit de l'anglais par J.-B. Médina), Anatolia éditions, 1996.

Brenda Wineapple, GENET, a biography of Janet Flanner, Pandora, 1989.

INDEX DES NOMS CITÉS

G

M

TABLE DES MATIÈRES

Première Partie (1869-1893)
LIBRE ET DÉCLASSÉE

Deuxième partie (1893-1897)
UN SIMPLE RÔLE SUR LA TERRE

Troisième partie (1897-1902)
NOTRE DESTINÉE

Quatrième Partie (1902-1910)
L'ÂGE DE FEMME

Cinquième partie (1911-1919)
LA LUMIÈRE BLESSÉE

Sixième partie (1920-1925)
LA RENAISSANCE AMÉRICAINE :
RENCONTRE AVEC QUELQUES ÊTRES EXCEPTIONNELS

Septième partie (1926-1941)
TROIS FAUSSES VIEILLES DAMES

ANNEXES

Achevé d'imprimer en avril 1998,
sur les presses de l'imprimerie Hayez à Bruxelles.
Réalisation E.D.P. s.a.